2012 年 5 月 13—17 日，“国际证监会组织（IOSCO）第 37 届年会”在北京召开，中国证监会主席郭树清在会议上发表讲话。

2012年6月6日，中国上市公司协会、中央电视台联合主办的“2012中国上市公司峰会”启动仪式在深圳举行。图为中国证监会副主席庄心一（左）、中国上市公司协会执行副会长李小雪（中）和中央电视台副台长魏地春出席启动仪式。

2012年8月23日，中国上市公司协会会长陈清泰在中国上市公司协会第一届常务理事会第一次会议上讲话。

2012年8月23日，中国上市公司协会执行副会长李小雪在中国上市公司协会第一届常务理事会第一次会议上作工作报告。

2012 年 8 月 24 日，中国证监会副主席刘新华在中国上市公司协会、中央电视台联合主办的“2012 中国上市公司峰会”上致辞。

2012 年 8 月 23 日，中国上市公司协会第一届常务理事会第一次会议参会的部分代表合影。

2012年11月5—9日，中国证监会、中国上市公司协会有关负责同志赴广东开展“倡导独立董事、监事会最佳实践活动”调研。图为中国上市公司协会会长陈清泰（前排右二）、副会长杨桦（前排左二）、中国证监会上市公司监管一部主任欧阳泽华（前排中）、中国上市公司协会秘书长安青松（前排左一）听取香雪制药董事长王永辉介绍公司情况。

2012年9月18日，中国上市公司协会副会长杨桦（左）赴浙江调研，并在传化股份听取情况介绍。

2012 年 8 月 23 日，在中国上市公司协会第一届常务理事会第一次会议上，参会代表签署“倡导独立董事、监事会最佳实践活动”倡议书。图为中国上市公司协会副会长范辉（中）。

2012 年 10 月 5 日，中国上市公司协会秘书长安青松在香港特许秘书公会“第八届公司治理研讨会”上发表演讲。

2012 年 9 月 11 日　中国证监会、中国上市公司协会共同主办的“上市公司控股股东、董事长研修班”在北京举行。

2012 年 11 月 26 日，中国上市公司协会主办的“中国上市公司‘走出去’研讨会——走进巴西”在北京举行。

2012 年 10 月 17 日，中国上市公司协会在成都召开“上市公司控股股东公司治理座谈会”。

2012 年 12 月 17 日，中国上市公司协会“上市公司行业分类专家委员会”在北京成立，共聘任委员 37 人。

2012 年 8 月 28—30 日，“《中国上市公司年鉴（2012）》编纂工作会议”在呼和浩特市召开。图为参会代表合影。

2011 年 4 月 17 日，“绿色汽车 和谐社会——中国·合肥私人购买新能源汽车示范应用仪式”在江淮汽车举行，全国政协副主席、科技部部长万钢出席仪式。

2012 年 9 月 28 日，中色股份总经理王宏前（前右二）代表中色股份与伊朗南方铝业公司签署伊朗南方电解铝项目二期合同，项目总合同额 72 亿元人民币。项目的签署进一步奠定了中色股份在国际工程承包领域的领先地位，为将中色股份打造成为国际有色金属行业知名的跨国矿业公司打下良好基础。

2011 年 10 月 2—8 日，受委内瑞拉农业与土地部副部长 Yvan 邀请，南京红太阳股份有限公司董事长杨寿海出访委内瑞拉并实地考察委内瑞拉 Agropatria 公司。

2011 年 1 月 14 日，招商银行与新加坡普洛斯公司举行“战略合作协议签约仪式”。图为签约仪式现场。

2011 年 4 月 19 日，“中粮集团崇左甘蔗制糖循环经济项目启动仪式”在广西崇左市举行。广西壮族自治区党委书记郭声琨，自治区党委常委、统战部部长黄道伟，自治区副主席杨道喜，中粮集团董事长宁高宁，总裁于旭波，崇左市市委书记赵乐秦共同出席仪式并为项目启动。

2011 年 6 月 29 日，福瑞股份部分高管人员与法国 Echosens 公司原股东在法国巴黎签署《股票出售及购买协议》。

2011 年 2 月，西部矿业股份有限公司为庆祝 2011 年 1 月 17 日成功发行公司 40 亿元债券举办酒会，青海省副省长骆玉林、西宁市市长毛小兵、青海省金融办主任乌成云、青海证监局局长王建军、西部矿业董事长汪海涛、总裁孙永贵、董事李宏贵、副总裁刘惠君共同在酒会现场浇注冰雕。

2012 年 6 月 28 日，金宇集团董事长、总裁张翀宇（前右）代表公司与法国的 TH 公司，就建设国家高级别生物安全实验室的概念设计项目签订合作协议。

2011 年 12 月 24 日，光正钢机有限责任公司举行“光正钢机有限责任公司年产 12 万吨钢结构加工基地开工奠基仪式”。

2011 年 11 月 30 日，新疆百花村股份有限公司为疏勒县“启慧”双语幼儿园建设捐款 10 万元。图为党委书记、董事长刘威东与受捐幼儿园小朋友在一起。

以上图片由下列单位提供：

中国证监会
中国上市公司协会
中国证监会北京监管局
中国证监会安徽监管局
中国证监会江苏监管局
中国证监会深圳监管局
中国证监会新疆监管局
中国证监会青海监管局
中国证监会内蒙古监管局

全球股票市场基本情况图

图1　2011年世界主要交易所市值

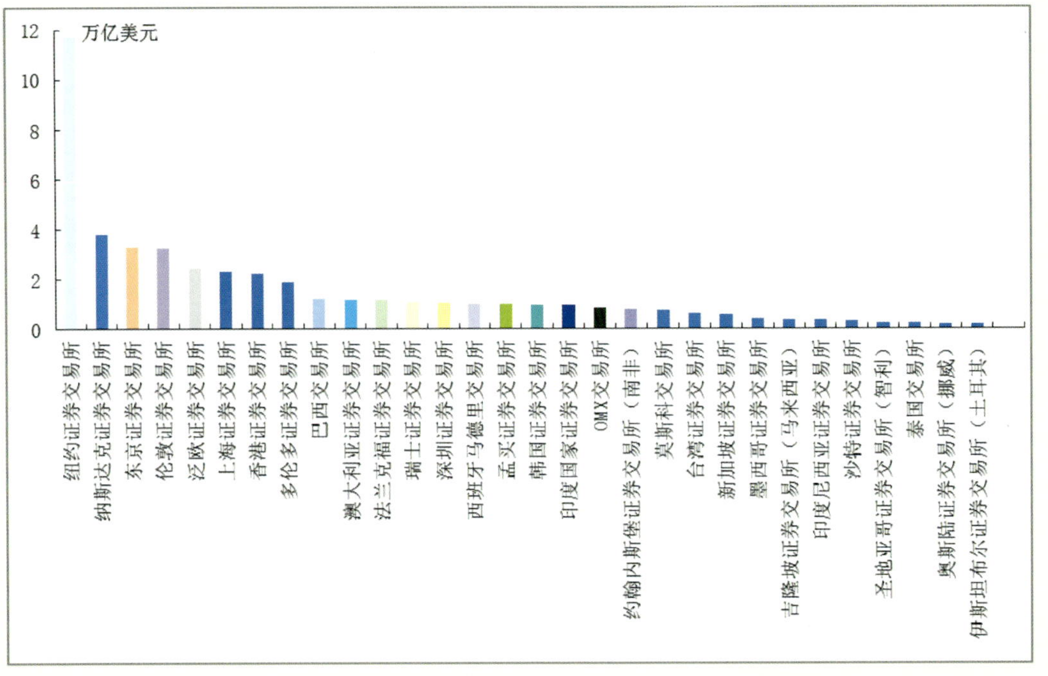

■ 数据来源：世界交易所联合会

图2　2011年全球主要股票指数变动情况(%)

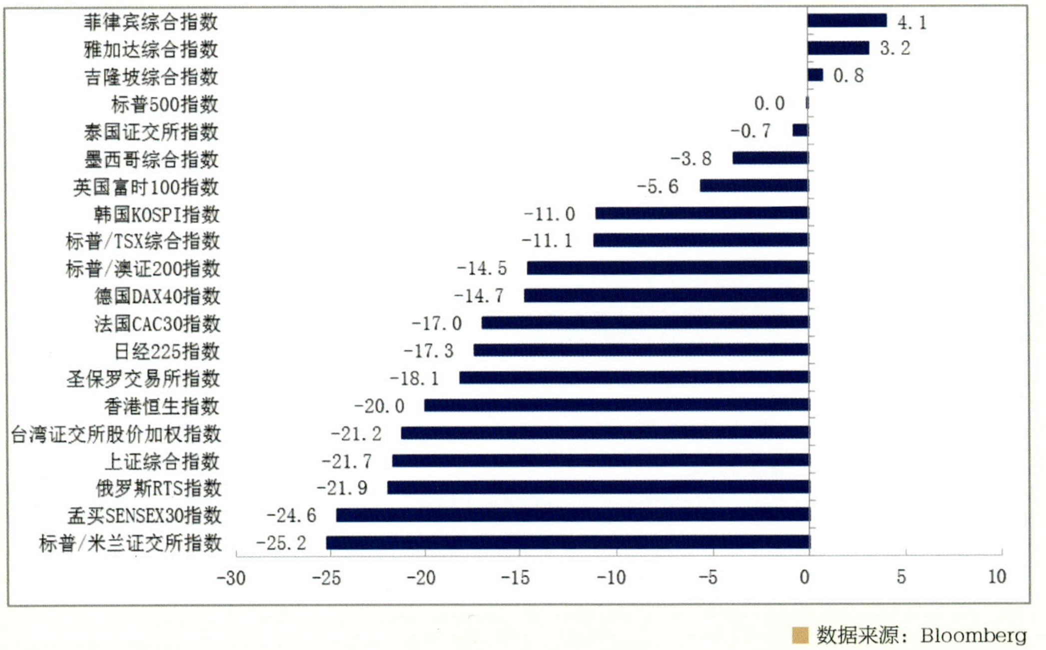

■ 数据来源：Bloomberg

图3　全球股票总市值历年变化情况

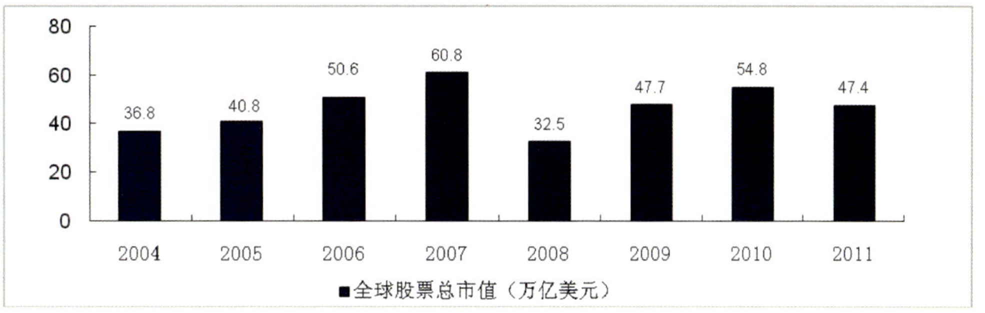

数据来源：世界交易所联合会

图4　上证综指和深证综指走势

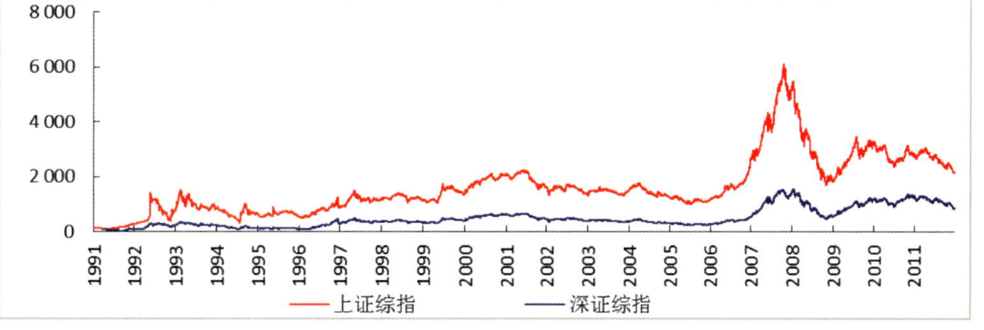

数据来源：上海证券交易所　深圳证券交易所

图5　沪深300指数、中小板综指和创业板综指走势

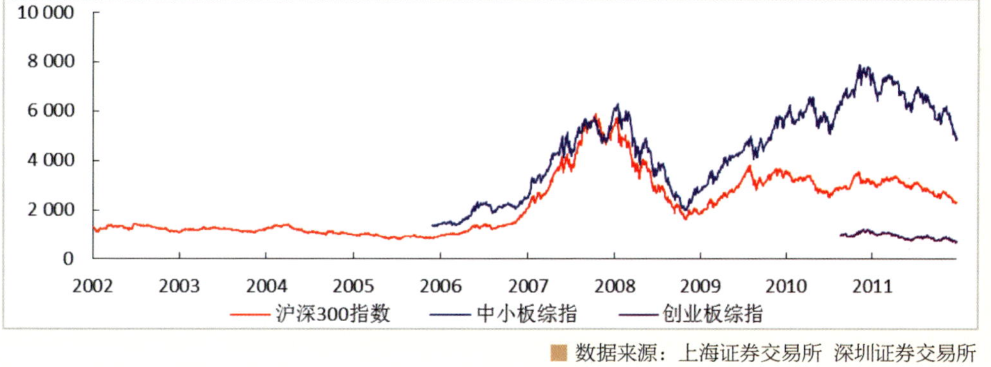

数据来源：上海证券交易所　深圳证券交易所

图6　摩根士丹利全球股票指数走势

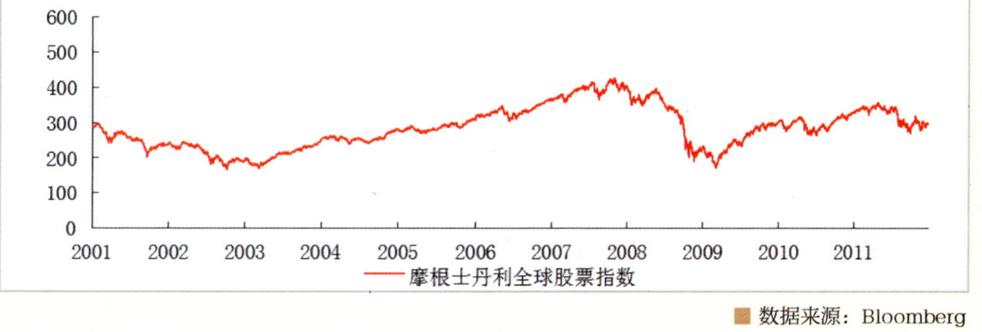

数据来源：Bloomberg

图7 摩根士丹利全球发达国家股票指数走势

数据来源：Bloomberg

图8 摩根士丹利发展中国家股票指数走势

数据来源：Bloomberg

图9 摩根士丹利欧洲国家股票指数走势

数据来源：Bloomberg

图10 摩根士丹利金砖四国股票指数走势

数据来源：Bloomberg

图11 摩根士丹利东欧国家股票指数走势

数据来源：Bloomberg

图12 摩根士丹利拉美国家股票指数走势

数据来源：Bloomberg

ALMANAC OF THE
CHINESE LISTED COMPANIES

中国上市公司年鉴

2012

中国证券监督管理委员会
中国上市公司协会 /编

中国经济出版社
CHINA ECONOMIC PUBLISHING HOUSE
北京

图书在版编目（CIP）数据

中国上市公司年鉴（2012）/中国证监会、中国上市公司协会编.

北京：中国经济出版社，2013.5

ISBN 978-7-5136-2534-0

Ⅰ.①中… Ⅱ.①中… ②中… Ⅲ.①上市公司—中国—2012—年鉴 Ⅳ.①F279.246-54

中国版本图书馆 CIP 数据核字（2013）第 097792 号

责任编辑　陈所华　师少林
责任审读　霍宏涛
责任印制　张江虹
封面设计　久品轩

出版发行　中国经济出版社
印 刷 者　北京市媛明印刷厂
经 销 者　各地新华书店
开　　本　889×1194mm　1/16
印　　张　70
字　　数　1600 千字
版　　次　2013 年 5 月第 1 版
印　　次　2013 年 5 月第 1 次
书　　号　ISBN 978-7-5136-2534-0/F·9766
定　　价　768.00 元

《中国上市公司年鉴》编辑部电话：88009680
邮　　箱：ssgsnj@sina.com

中国经济出版社 **网址** www.economyph.com **社址** 北京市西城区百万庄北街 3 号 **邮编** 100037

本版图书如存在印装质量问题，请与本社发行中心联系调换（联系电话：010-68319116）

《中国上市公司年鉴(2012)》编辑委员会

孙才仁	中国证券监督管理委员会山西监管局	局　长
芮跃华	中国证券监督管理委员会湖北监管局	局　长
李秉恒	中国证券监督管理委员会广西监管局	局　长
邱　勇	中国证券监督管理委员会厦门监管局	局　长
初乃祯	中国证券监督管理委员会黑龙江监管局	局　长
张思宁	中国证券监督管理委员会上海监管局	局　长
张海文	中国证券监督管理委员会天津监管局	副局长（主持工作）
陈士轰	中国证券监督管理委员会宁夏监管局	局　长
陈小澎	中国证券监督管理委员会福建监管局	局　长
邵锡秋	中国证券监督管理委员会宁波监管局	局　长
周四波	中国证券监督管理委员会海南监管局	局　长
赵胜德	中国证券监督管理委员会西藏监管局	副局长
胡伏云	中国证券监督管理委员会江西监管局	局　长
柳　磊	中国证券监督管理委员会大连监管局	局　长
侯外林	中国证券监督管理委员会广东监管局	局　长
侯丽春	中国证券监督管理委员会新疆监管局	局　长
姜　岩	中国证券监督管理委员会青岛监管局	局　长
徐　铁	中国证券监督管理委员会山东监管局	局　长
郭文英	中国证券监督管理委员会贵州监管局	局　长
郭润伟	中国证券监督管理委员会河北监管局	局　长
焦津洪	中国证券监督管理委员会深圳监管局	局　长
管兴业	中国证券监督管理委员会甘肃监管局	局　长
熊国森	中国证券监督管理委员会湖南监管局	局　长
潘学先	中国证券监督管理委员会辽宁监管局	局　长

赵金厚	赵春志	赵晓光	赵晓闯	赵雪芹	赵瑞群	胡　伟
柯素荣	钟文林	钟晓婷	段　寒	侯　迪	宫衍海	费加航
姚　俊	袁同济	袁兆霞	袁宏生	钱　凯	徐　冉	徐　欢
徐　洋	徐　哲	徐翌成	殷　刚	奚怀亮	高　飞	郭　昊
唐圣波	黄　忠	黄　洁	黄敏之	黄瑞娇	黄锡成	崔晓超
彭　宇	董志刚	韩永宁	惠　明	舒　萍	鲁再平	温丽萍
温科银	鄢　鹏	鲍珊君	鲍荣富	赫荣祥	蔡铭哲	翟太煌
颜　艳	潘荣伟	薄娉婷				

支持单位：（排名不分先后）

中国国际金融有限公司
中信证券股份有限公司
申银万国证券股份有限公司
国泰君安证券股份有限公司
招商证券股份有限公司
天相投资顾问有限公司
山西证券股份有限公司
世纪证券有限责任公司
新时代证券有限责任公司
上海证券交易所
深圳证券交易所
纽约证券交易所
伦敦证券交易所
德意志证券交易所
多伦多证券交易所
东京证券交易所
中联资产评估集团
三一重工股份有限公司
《中国证券报》《上海证券报》《证券时报》《证券日报》

编写说明

一、《中国上市公司年鉴》由中国证监会、中国上市公司协会组织编撰，是一部全面反映中国上市公司经营、发展和改革状况，以及上市公司监管政策、法律法规体系的专业性、权威性、综合性年鉴。《中国上市公司年鉴》从2007年起，每年一卷，以作为上市公司、投资者、监管工作者、研究机构、证券公司、基金公司、有关中介机构等共享和沟通上市公司信息资源的平台。

二、《中国上市公司年鉴(2012)》全方位、多角度、跨地区、跨行业地汇集了上市公司2011年度的基本状况，尤其是对不同行业、不同地区上市公司经营状况及相关数据进行了详尽的采集和深度的分析，使读者可以全面、细致、深入地了解上市公司的经营状况和发展前景。

三、《中国上市公司年鉴(2012)》共设有11个篇目，各篇目下按具体内容分为章、节、目、段多个层次。篇目内容依次为：重要文献篇、综合发展篇、上市公司行业篇、上市公司地区篇、上市公司治理篇、上市公司并购重组篇、专辑、政策法规篇、统计篇、附录及大事记。为方便读者，本年鉴配有CD-ROM电子出版物，另外，因篇幅所限，政策法规篇和统计篇的内容只进入了电子出版物。

四、《中国上市公司年鉴(2012)》由中国证监会、中国上市公司协会负责组织编辑，会内各相关部门、各证监局、上海证券交易所、深圳证券交易所、部分证券公司、《中国证券报》等单位及部分专家、学者共同参与编写，各种资料和数据权威、可靠，均经各撰稿单位审阅。

五、《中国上市公司年鉴(2012)》由中国证监会原副主席范福春同志任编委会名誉主任，中国上市公司协会会长陈清泰同志、中国上市公司协会执行副会长李小雪同志任编委会主任，中国证监会上市一部主任、中国证监会上市二部主任、上海证券交易所总经理、深圳证券交易所总经理、中国上市公司协会负责人任编委会副主任，各证监局负责人任编委会委员。

六、《中国上市公司年鉴(2012)》"上市公司行业篇"中的数据，除特别说明外，由天相投资顾问有限公司依据上海证券交易所、深圳证券交易所数据整理提供。

七、《中国上市公司年鉴(2012)》中的资料、数据，除特别说明外，截止时间为2011年12月31日。

八、《中国上市公司年鉴(2012)》的编撰工作，得到了各撰稿单位及撰稿人的大力支持，在此谨表示衷心的感谢！对本年鉴的不足之处，诚请提出批评和改进意见，以使《中国上市公司年鉴》日臻完善。

《中国上市公司年鉴》编辑部

2013年3月　北京

目　录

第一篇　重要文献篇

第二篇　综合发展篇

第三篇　上市公司行业篇

第四篇　上市公司地区篇

第五篇　上市公司治理篇

第六篇　上市公司并购重组篇

第七篇　倡导独立董事、监事会最佳实践专辑

附 件

大 事 记

注:限于篇幅,以下内容只进入随书CD-ROM,目录只做列示。

政策法规篇

法律

行政法规及法规性文件

国务院关于贯彻实施《中华人民共和国行政强制法》的通知
（2011 年 8 月 14 日　国发[2011]25 号）

中国证监会发布的部门规章及规范性文件

综合

关于修改《中国证券监督管理委员会冻结、查封实施办法》的决定
（2011 年 5 月 23 日　证监会令第 71 号）
创业板专家咨询委员会工作规则（试行）
（2011 年 9 月 19 日　证监会公告[2011]25 号）
中国证券监督管理委员会上市公司并购重组审核委员会工作规程（2011 年修订）
（2011 年 12 月 28 日　证监会公告[2011]40 号）

证券

发行类

中国证券监督管理委员会公告
（2011 年 10 月 20 日　证监会公告[2011]29 号）

上市公司类

《上市公司收购管理办法》第六十二条有关上市公司严重财务困难的适用意见
——证券期货法律适用意见第 7 号
（2011 年 1 月 10 日　证监会公告[2011]1 号）
《上市公司收购管理办法》第六十二条、第六十三条有关要约豁免申请的条款发生竞合时的适用意见
——证券期货法律适用意见第 8 号
（2011 年 1 月 17 日　证监会公告[2011]2 号）
《上市公司收购管理办法》第七十四条有关通过集中竞价交易方式增持上市公司股份的收购完成时点认定的适用意见
——证券期货法律适用意见第 9 号
（2011 年 1 月 17 日　证监会公告[2011]3 号）
《上市公司重大资产重组管理办法》第三条有关拟购买资产存在资金占用问题的适用意见
——证券期货法律适用意见第 10 号
（2011 年 1 月 17 日　证监会公告[2011]4 号）

《上市公司重大资产重组管理办法》第十二条上市公司在12个月内连续购买、出售同一或者相关资产的有关比例计算的适用意见
——证券期货法律适用意见第11号
（2011年1月17日　证监会公告[2011]5号）
关于修改上市公司重大资产重组与配套融资相关规定的决定
（2011年8月1日　证监会令第73号）
《上市公司重大资产重组管理办法》第十三条、第四十三条的适用意见
——证券期货法律适用意见第12号
（2011年8月1日　证监会公告[2011]17号）
关于上市公司建立内幕信息知情人登记管理制度的规定
（2011年10月25日 证监会公告[2011]30号）

信息披露类

信息披露违法行为行政责任认定规则
（2011年4月29日　证监会公告[2011]11号）

附录

司法解释

最高人民法院关于适用《中华人民共和国公司法》若干问题的规定（三）
（2011年1月27日　法释[2011]3号）
最高人民法院印发《关于审理证券行政处罚案件证据若干问题的座谈会纪要》的通知
（2011年7月13日　法[2011]225号）
最高人民法院关于人民法院委托评估、拍卖工作的若干规定
（2011年9月7日　法释[2011]21号）

其他部委发布的相关部门规章及规范性文件

国家外汇管理局关于印发《国际收支统计间接申报核查制度》的通知
（2011年1月12日　汇发[2011]1号）
国家税务总局关于企业年金个人所得税有关问题补充规定的公告
（2011年1月30日　国家税务总局公告2011年第9号）
国家外汇管理局关于人民币对外汇期权交易有关问题的通知
（2011年2月14日　汇发[2011]8号）
国家税务总局关于纳税人资产重组有关增值税问题的公告
（2011年2月18日　国家税务总局公告2011年第13号）

关于豁免国有创业投资机构和国有创业投资引导基金国有股转持义务有关审核问题的通知

（2011年2月22日　财企[2011]14号）

关于进一步完善税务登记管理有关问题的公告

（2011年3月21日　国家税务总局公告2011年第21号）

国家税务总局关于切实加强高收入者个人所得税征管的通知

（2011年4月15日　国税发[2011]50号）

国家外汇管理局关于取消和调整部分资本项目外汇业务审核权限及管理措施的通知

（2011年5月23日　汇发[2011]20号）

中国银监会关于支持商业银行进一步改进小企业金融服务的通知

（2011年5月25日　银监发[2011]59号）

中央企业境外国有产权管理暂行办法

（2011年6月14日　国务院国有资产监督管理委员会令第27号）

关于金融企业国有资产评估监督管理有关问题的通知

（2011年6月16日　财金[2011]59号）

商务部实施外国投资者并购境内企业安全审查制度的规定

（2011年8月25日　商务部公告2011年第53号）

关于加强中央企业境外国有产权管理有关工作的通知

（2011年9月29日　国资发产权[2011]144号）

外商直接投资人民币结算业务管理办法

（2011年10月13日　中国人民银行公告[2011]第23号）

中国银监会关于支持商业银行进一步改进小型微型企业金融服务的补充通知

（2011年10月21日　银监发[2011]94号）

关于进一步深化中央企业全面预算管理工作的通知

（2011年11月8日　国资发评价[2011]167号）

国家外汇管理局关于银行办理人民币对外汇期权组合业务有关问题的通知

（2011年11月8日　汇发[2011]43号）

公司债权转股权登记管理办法

（2011年11月23日　国家工商行政管理总局令第57号）

关于做好公司合并分立登记支持企业兼并重组的意见

（2011年11月28日　工商企字[2011]226号）

统　计　篇

概况

上市公司数量及分布情况

上市公司财务指标概况

其他统计情况

第一篇　重要文献篇

- **积极、审慎地探索和创造**
  ——在证券公司创新发展研讨会上的讲话　（郭树清）
- **不改善金融结构　中国经济将没有出路**
  ——在 2012 陆家嘴论坛上的讲话　（郭树清）
- **在证券公司创新发展研讨会上的讲话**
  （庄心一）
- **在倡导独立董事、监事会最佳实践工作视频会议上的讲话**
  （庄心一）
- **超越争议　推进改革**
  ——在 2012 中国上市公司峰会上的讲话　（陈清泰）
- **服务"走出去"战略　做上市公司进入国际市场的"助推器"**
  ——在"走进巴西"研讨会上的演讲　（李小雪）

积极、审慎地探索和创造

——在证券公司创新发展研讨会上的讲话

中国证监会主席　郭树清

（2012 年 5 月 7 日）

同志们、朋友们：

大家上午好！

今天召开的证券公司创新发展研讨会，备受各方关注。市场期待了很久，我们也做了充分准备。一个会议如果想要真正取得实效，做充分的准备很重要。陈云同志曾经说过，要用 90% 以上的时间做调查研究，解决问题不到 10% 的时间就可以了。为准备这次会议，庄心一同志带领机构部、证券业协会、沪深两家交易所，做了大量调研工作。这次会议下发的文件，会前也广泛征求了意见，文件内容很丰富，希望大家在会议期间继续认真讨论，提出修改意见，把文件改好。会上很多同志要作专题讲话，在座的证券公司老总也会发表非常专业的意见，我就扬长避短，讲几个综合性、一般性的问题。

为什么要开这个会议？经过 20 多年的快速发展，证券行业现在到了历史上最好的时期。有人将过去的发展概括为“野蛮生长”、“清理整顿”和“规范发展”三个阶段，现在还处于规范发展阶段，希望从这次会议开始，进入到创新发展的新阶段。为什么证券业要创新发展？是为了行业繁荣？为了让公司有更多业务？为了适应市场需求？都有一定的道理，但不完全，不充分。真正的大背景是，中央经济工作会议、全国金融工作会议都提出，金融一定要提高为实体经济服务的能力。我们的金融服务业虽然有了很大发展，但仍然是一个瓶颈部门。其表现在于，中国储蓄向投资的转化还不够顺畅、不够理想。

作为一个储蓄大国，中国每年的储蓄占 GDP 比例高达 40% 以上，那就是说有大约 20 万亿元，按现在的汇率计算也有 3 万多亿美元，位列世界第一。但是资金的闲置、浪费以及重复建设等问题还很突出，很多企业得不到资金。从总量看，储蓄率非常高，但资本配置的效率不够高。从结构看，大量的资本没有配置到最合适的地方，存在严重的浪费。我们必须正视这个现实：全社会的资金配置，不仅不能说是最优，恐怕也不能说是次优，远远没有达到这个水平。要解决这些问题，在很大程度上就是证券行业和资本市场的责任了。

第一，“两多两难”是我们民族面临的一个挑战。

“两会”结束后我去浙江调研。浙江的同志说，他们现在最难办的问题就是“两多两难”，即中小企业多，融资难；民间资本多，投资难。金融市场上，需求足够多，供应也足够多，但成交不够多。这个问题，不仅是浙江一个省的问题，也是全国性的问题；不仅是一个金融的问题,也是一个国民经济的问题;不仅是经济的问题,无疑也是一个社会和文化的问题。

世界上似乎还没有出现过这种情况。一方面,我们有极高的储蓄率,按现行统计达到50%左右。2011 年底城乡居民银行存款余额达到34.4 万亿元,全部银行存款 80 多万亿元。这和上世纪 80 年代、90 年代的情况完全不一样,那个时候没有钱。我记得 90 年代初的时候,北京市修了两公里的地铁,由于那个项目没有经国家计委批准,所以被全国通报。现在北京地铁同时开工 100 多公里,2011 年有 13 条线路在建,欧洲人、美国人都觉得不可思议。目前中国外汇储备是最多的,我们的资本输出在给全世界做贡献。

而另一方面,市场体系发育不平衡,劳动力、土地等要素市场存在一些扭曲,金融市场不够发达,资本市场的问题更加严重。这些问题造成的后果是全社会资本的闲置、浪费和风险集聚。当前,国内有的领域资金十分紧缺,比如,中小企业、"三农"、教育、医疗、文化及其他民生服务领域,但有些领域却投资过多,产能过剩,例如许多制造业、重化工业、矿业,在一些地方还包括基础设施、能源交通。至于直接由政府主导的投资,与市场没多少关系,但闲置和浪费更为严重。例如,一些城市兴建了很多体育场馆,每个场馆耗资十几亿元、几十亿元,但短暂使用之后,许多都长期搁置在那里,这种情况发达国家都极为少见,我们是发展中国家更不应该如此。

此外,还有城乡二元分割问题。农民进城从事非农产业还按农民对待,城乡要素资源不能双向流动,发展不均衡十分明显。北京周边几十公里外的农民年收入不到2 000美元,如果把河北省算进来,那就形成一个环北京的贫困带,人均收入才只有2 000元人民币,反差相当大。

这里涉及到一个非常深刻的问题,就是资本的稀缺性问题。搞市场经济,无论资本主义也好,社会主义也好,按说资源是稀缺的——现代经济学所有的模型都是以资源稀缺来作为假定前提的,但是在我们这个时代,资本似乎不再那么稀缺。不仅在相对意义上,甚至在绝对意义上似乎也是这样。若按在建房屋的面积来计算,2011 年中国的房屋建设规模大概是世界的一半,全世界一半的工地在中国。

与此同时,中国的资源浪费问题也很严重,其中既有国有企业,也有民营企业。许多所谓的高科技产业、新兴产业,包括光伏产业、电动汽车、风力发电等在内,重复建设的很多是民营企业。居民个人的浪费也很严重,比如城市居民买了房子不出租,不少进城的农民还在老家建新房,都在那儿闲着,实际等于空置。我们中国人很节俭,很爱储蓄,但是很多人没有贴现、折现、现金流的概念,不知道这是占压了自己的资金,客观上必然会有折旧和利息成本,是损失了机会收益的。所以我说"两多两难"问题是我们整个民族在发展中面临的问题,涉及到经济体制的各个领域,当然重要的是价格、金融、财政体制问题,投融资体制则更为直接。解决这个问题很不容易,但是在座的各位投资银行家义不容辞。

第二,不能创新是中国经济和金融的最大风险。

在讨论中国经济问题时,有人认为要吸收借鉴美国、欧洲金融创新过度导致危机的教训，这无疑是非常必要的，但是得出的结论是金融不要创新了。这与中国面临的情况不符。无论是从全局上说，还是具体到金融体系、金融企业，我们最大的危险是不会创新，不能创新。不要认为创新很容易，胡搞乱来不叫创新，真正的创新并不容易。

胡锦涛总书记在2011年“七一”发表的重要讲话中，提出了我们党在新时期面临的“四大危险”：精神懈怠的危险，能力不足的危险，脱离群众的危险，消极腐败的危险。这是政治问题和党的建设问题，但也在一定程度上揭示了经济和金融的一个要害问题，就是能力不足。

从一个角度看，传统的发展经济学理论认为，一个国家的经济增长决定的要素首先是资本，发展中国家都不缺劳动力，土地资源等也可以在国际之间调剂，缺少的是资本。所以资本的多寡，曾经可以解释一切经济发展问题。但在当代的发展实践中，这种理论几乎丧失了生命力。

从另外一个角度看，在上世纪30年代，欧美经济学界发生过一场关于资本主义和社会主义、市场经济和计划经济优劣的辩论。对于计划经济的优越性，有许多道理可以支撑和印证。最有力的学说是由奥斯卡·兰格提出来的，他说，中央计划局可以模仿市场的价格信号，使全社会的生产非常高效，同时避免市场的盲目性。批驳计划经济的经济学家，也拿出了许多过硬的论据，例如消费需求的无限多样性，强迫命令难以持续，平均主义分配会导致激励机制的丧失。更重要的是，以米塞斯和哈耶克为代表的奥地利学派认为，没有货币价格或私人财产的存在，正确的经济计算是不可能达成的。但是，对市场经济捍卫最有力的，是熊彼特提出的“破坏性创造”理论。他认为，市场经济的优越性在于不断地创造新技术、新组合、新模式，西方经济确实有危机和周期性，这恰恰是经济有活力和有动力的表现，是其生命力的源泉，因此是一种“破坏性的创造”。经过这么多年，计划经济的试验在一度取得巨大成功后，最终被证明难以持续下去。市场经济也已经不是当年的形态，实践证明自由竞争与宏观调控必须结合起来。然而，一个基本的元素大家都赞同，就是创新。新增长理论的代表人物保罗·罗默认为，对于经济增长贡献最大的是经验、想法和创意，与过去西方经济学中各种增长理论很不一样，那些理论都认为物质、劳动和资本最重要。

总之，从发达国家的经验看，创新推动已经成为现代经济的主流。美国最典型，从最高层次上，占据了全球竞争的优势，占据了现代农业、制造业、服务业所有领域的优势。中国现在是世界上最大的工业国，我们有200多种产品产量全世界第一，钢铁、汽车等制造能力都已远远超过美国，但是我们比较担心，高增长后会出现停滞，或者没有高速度的时候就很快出现停滞，也就是“中等收入陷阱”。因为我们的经济基本上是模仿和学习发达国家，在产业链低端从事生产，没有多少自己的创新和创造，只能跟在人家后面一步一步往前挪动，这种增长模式很难永久持续。这正是实体经济强调创新驱动的重要原因。2006年1月，党中央、国务院正式提出到2020年建成创新型国家的战略目标，可以说是反映了经济社会发展的时代要求。实现这个目标，要靠体制机制，要靠人才，要靠许多条件，这是很不容易的。迄今为止，我们还有很多不足，经济中追求数量的倾向，科研中依靠政府的倾向，教育中追求分数的倾向还非常普遍。因此，我们说，不能创新是发展的最大危险。

中国的金融体系也是这样的问题。创新能力不足，监管能力也不足。强调审批的环节太多，市场准入门槛很高，一旦进入市场后，对行为、过程的监管就缺失了。进入成本很高，违法违规的成本很低，这样的市场无法做到高效。为什么说我们的金融体系最大的威胁是创新不足呢？分析一下金融体系中的种种奇怪现象也就清楚了。例如，上市企业不能破产，市场化并购太少，公司信用类债券几乎没有违约，这都是很奇怪的现象。按道理债券违约应该是经常发生的，就像破产和倒闭一样，我们这里也没有，尤其是最近几年没有，很奇怪。但实际上经济活动中的风险既没有化解，也没有消失，既没有分散，也没有转移。在对外开放程度不高的情况下，金融体系的风险在日益积聚。所以，和经济体系一样，创新不足是中国金融体系面临的最大问题。

第三，金融创新迎来了最好的历史时期。

这是业界一致的看法，表现为以下几个方面：

一是我国产业结构调整、转变发展方式的进程在日益深化，这对金融服务实体经济提出了层出不穷的需求，要为不同规模、不同类型、不同发展阶段的企业提供差异化的金融服务。

二是财富管理成为全社会的迫切需要。不仅个人储蓄要保值增值，社保资金、养老基金、住房公积金也面临投资运营的问题。过去10年，地方管理的养老基金平均回报率扣除通胀后是负的0.9%。目前，全国企业存款20多万亿元，机构存款20多万亿元，个人存款30多万亿元，其中很大比例需要通过财富管理实现保值增值。

三是利率和汇率市场化改革正在加速深化，金融产品定价和管理市场风险，成为企业和家庭极为现实和普遍的需求。

四是社会各界对推进新一轮证券行业的改革具有较高期望。当前，我国几乎所有行业都正在经历着新一轮的改革，社会普遍呼唤再次去行政化，对于金融行业尤甚。中国金融业和资本市场的改革从没有停止过。上半年，我们按照温家宝总理在《政府工作报告》中的要求，在新股发行、分红、退市等方面加快改革进程。媒体非常关注，但是有的报刊文章，把这些叫做所谓的“新政”，这不正确，其实这是证监会一直在做的工作。

五是进一步扩大开放和国际化，使得金融创新具有更好的条件。中国企业和居民个人以各种形式走出去的步伐正在加快，如沃尔沃被吉利并购，IBM个人电脑被联想并购，中国人在很多发达国家作为外来居民买房的数量都是数一数二的，这个速度还会加快，世界希望中国有更多的需求，有更多的投资。所以创新也是必然的，否则无法适应需要。例如，我们的证券公司还没有一家能够为海外并购做财务顾问，更多的优势还是在国内，所以我们鼓励大家“走出去”。

六是资本市场已经发育到一定水平，为正常合理的金融创新奠定了坚实基础。经过20多年的改革发展，我国资本市场规模快速扩大，体系不断健全，结构日益优化，监管的有效性切实增强。目前，中国股票市值位居全球第三，债券市场规模世界排名也是第四或第五，资本市场已经发育到需要加快创新的阶段了。例如，股票市场因盲目投资和炒作已经付出了巨大的代价，"三炒"的恶劣后果也已尽人皆知，价值投资、长期投资能够得到合理的回报，开始逐步成为大家的共识。

中国证券市场还很不成熟，问题还很多，投资回报率较低，投资费用成本过高。但也要看到，短短10年间，中国股票市场的规模从几万亿元扩展到20多万亿元，市盈率从平均的50～60倍变成目前的13、14倍，发生了根本性的变化，这种市场结构的改善，为进一步创新提供了基础。再比如，债券的重要性在行业内得到了普遍的认同。债券的规模应当比股票大，金融市场价格体系、估值体系、风险控制体系要建立在债券市场上。国外经验表明，对于投行业务来讲，将来成长潜力最大、收入最多的可能就是固定收益产品。除公开发行的股票、基金、债券外，今后私募、场外交易、柜台交易等理财、债券和股本类创新产品的规模也将快速增长，证券中介服务的增长潜力必将得到进一步释放。

第四，创新必须紧紧围绕实体经济的需要。

一定要牢记，实体经济的需要是金融创新的源泉，否则就成了无源之水、无本之木。亚洲金融危机，特别是爆发于欧美发达国家的全球金融危机，给全球金融行业带来极大震撼，同时也在深刻地警示我们，只有紧紧抓住国民经济的关键领域和薄弱环节，才能取得社会各个方面的理解和支持，证券行业的创新才具有强大的生命力。从商业的角度来说，着眼长远，着眼全局，注重投资的联动效应，做好市场渗透，才能赢得客户。美国的投资银行，经常能找到有潜力的小公司，这种小公司有的就办在居民楼的地下室或车库里，给予及时的、数量恰当的资金支持。中国资本市场就缺乏这样的筛选机制和服务能力。证券行业应该支持中小微企业、"三农"、文化创意产业、科技企业，还可以通过市场并购等途径促进其加快发展。明显的例证是，我们对于发展现代农业、抓好食品安全的需求很迫切。比如奶制品行业，若没有现代化企业成长起来，面对诸如千家万户养奶牛的无序局面，挤奶、送奶这样的复杂环节，如何控制风险，又如何能够提高产业竞争力，是个很大难题，而这与金融服务不足又有很大的关系。

投资银行里的人都号称是最聪明的人，针对这些问题应该能够找到好的解决方案。我们比较重视"新三板"，重视中小企业私募债，重视各种投资基金、农产品期货，这对证券行业的健康发展非常有好处。两个证券交易所深入实际，到中西部地区、工业园区进行沟通和联系，期货交易所也做得很好，正在研发许多新的产品，拜访了很多客户，这些都是非常重要的。

除了直接的金融服务以外，间接服务于实体经济的产品和工具同样重要。要积极探索利率互换、外汇远期、国债期货、商品期权等金融工具，切实提高资源配置效率，降低风险危害，为实体经济提供间接服务。

第五，创新特别需要理解和包容。

像柯达公司这样的世界知名公司、百年老店，即使倒闭了，也值得人们永远怀念。柯达不仅把胶片做到极致，而且正是它发明了为自己带来灭顶之灾的数码相机。经济发展、技术进步，都会导致企业经营困难，这不是柯达公司一家的问题。我们现阶段的金融创新，有相当多的"拿来主义"，很多实际上不是我们的原创。可以充分学习和借鉴发达国家,这是有利的条件,但是也有其危险性,就是容易简单照搬、食洋不化。创新不可能不犯错误,要懂得宽容,但还是要努力避免犯那种可以避免的错误。

首先,要避免重复我们自己的错误。建议大家一定要认真读一读新近出版的《朱镕基讲话实录》,朱总理的这套书里,不少文章和讲稿都提到我国金融领域过去曾经出现过的"乱拆借、乱贷款、乱集资"问题,以及证券期货行业挪用客户保证金问题。这些错误警示我们,在创新过程中一定要防止出现一哄而起、一哄而上。永远不要忘记我们曾经有过的"开发区热"、"房地产热"和"股票热"。第二要避免重复西方发达国家的错误。中国证券公司的杠杆率普遍很低,欧美投资银行是我们的10倍,我们的杠杆率可以提高。但我们可能需要谨慎对待直投业务,我们的直接投资业务平均占4%,美国高盛、摩根占1%,我们还是比较高。

推进证券业创新需要把握的原则是:①严格区分公募和私募,逐步完善投资者适当性制度。如果区分得当,一多半的风险可以避免。②永远不做自己不懂的产品。要将场外交易和柜台交易纳入登记、备案制度,保持一定的透明度。③不取不义之财。一定要牢固树立诚信观念,继承优秀的中国金融文化传统,特别是对客户,一定要有充分的风险提示机制,不欺骗客户、蒙蔽客户,这是好的投资银行和差的投资银行的根本区别。④风险敞口始终保持在可以控制的范围内。⑤时刻做好经营状况向最坏方向发展的准备,要有逆周期的拨备。

第六,证券公司应该勇敢地承担起自己的责任。

首先是行业的责任。中国的金融创新主要集中在直接金融领域,间接金融领域也有,但不那么多。也就是说,创新主要集中在证券行业、基金行业、期货行业等方面。当然,我理解的证券行业是一个开放的行业,不能局限为就是109家证券公司26万人。金融行业的相互交叉是必然的,关键是要分业监管、行为监管、公平竞争。

证券业要发展必须开放。要坚持自主渐进、互利共赢、风险可控。自主,不是搞自我封闭、自我保护,而是有利于我们学习先进经验和技术。改革开放后的相当长时期内,我们是以"引进来"为主,这是正确的,也是必然的,因为它符合我们的核心利益。外国人来中国办厂设机构,要求我们开放市场,根据对等原则,我们也可以到对方市场设机构。但我们是发展中国家,需要技术和资本,美国等发达国家对我们开放了市场又有多大意义?因为我们的知识和技术要靠间接的学习和利用,所以以我为主,就是从金融业、国民经济发展的最紧迫的需要出发,从我们金融业发展的现实阶段出发。

我相信,只要具备开放的心态,证券业也好,投资银行也好,发展成熟的速度就会大大加快。我在商业银行工作时深有体会。从2004年开始到现在,有几百家外资银行进入中国市场,但市场份额到现在也只有2%左右,这是平等竞争的结果。外资银行网点不如我们多,对当地的文化不了解,怎么能竞争过中国的银行呢?如果中国的银行也使用先进的管理方式、同样的网络、同样的IT、同样的ATM机,肯定比外资银行好,没有什么做不好的。国有商业银行的重组上市过程中,外资银行参股最高的达到将近20%,有人说中国的银行变成外资的提款机了,如今赚钱了要撤了。外资确实赚了钱，但中国的商业银行在对外开放过程中，技术水平进步了，经验方面提高了，人才培养了，最根本的是劳动生产率迅速接近了发达国家银行。

其次是市场责任。你们是市场的组织者、主要参与者，市场是否有秩序，是否公开、公正、公平，投资者权益是否得到足够保护，证监会有责任，你们在座各位都有责任。比如说发行、退市、分红制度的实施，上市公司的治理，都要靠你们去监督，去教育，去培训。

证券公司上市我们都赞成。但为什么有的公司发行市盈率达到40、50倍？如果市场认可、投资者认可，定80倍也没问题，但投行保荐人必须要说出道理来。对企业的定价绝不能建立在搞关系、讲人情、相互交易、送礼等不公平做法上。要建立诚信档案，严格按照法律追究，法律如果没有规定则可以建议推动修法。总之，要采取最严格、最严厉的措施，遇到一单处理一单。把投资者当傻瓜来圈钱的时代一去不复返了。世界上没有免费的午餐，投资银行家应该最清楚这一点。

最后还有社会责任。这次会议印发的《关于推进证券公司改革开放、创新发展的思路与措施》的征求意见稿，专门有一段写社会责任。表面上看这和创新这一本次会议的主题关联不大，是我建议写进去的。

证券公司也好，证券行业也好，必须有强烈的社会责任感。牢固树立诚实守信、依法合规、关心国家、热爱人民、扶贫济困、绿色环保的理念。证券公司党组织和管理层也要讨论是不是有精神懈怠的危险，是不是也有能力不足的危险，是不是存在脱离群众、消极腐败的危险。在座的很多人也是下过乡、扛过枪，在工厂里干过活的，任何时候，不管做什么事，都要和国家、人民同呼吸共命运，要尽可能地多到社会基层走一走，多和普通群众在一起聊一聊，这样就和社会保持了一种紧密的联系。每一个机构，每一个企业都应当组织更多的专业或业余活动，深入社会实际。

深交所党委开民主生活会时，一些同志在发言中认真分析了美国和欧洲金融危机的经验教训，提出中国绝不能出现像美欧那样，由于少数金融机构向其管理人员，支付与他们的贡献和责任严重脱节的高收入，而造成的对社会的撕裂，即所谓1%和99%的严重对立。我们确实不能也不应该产生这种华尔街式的社会分裂，我们也完全有能力避免这样的结果。

谢谢大家！

不改善金融结构　中国经济将没有出路

——在2012陆家嘴论坛上的讲话

中国证监会主席　郭树清

(2012年6月29日)

尊敬的俞正声书记、韩正市长、周小川行长、尚福林主席、项俊波主席,各位来宾、各位同事:

大家上午好!

中国经济持续30多年的超高速增长,促成了全球经济政治格局的根本改变。然而,我们的成就并非没有代价。从要素投入成本和资源配置效率的角度来看,许多方面已经达到极限。所以,今年以来,国民经济增速有所放缓,这非常正常也非常合理。我们不能不转变发展方式,这正是"十二五"规划的核心内容。在此过程中,金融体系的深入改革,承担着全局的、历史的责任。

一、中国经济中储蓄和投资结构严重失衡

让我们以国家统计局的数据为基础来进行分析和比较。2011年国内生产总值47万亿元,其中最终消费为22.5万亿元,资本形成为22.9万亿元,净出口为1.2万亿元。照此计算,中国的储蓄率高达52%,这在世界上差不多是绝无仅有,而且就大国经济而言,历史上也不曾有过先例。一些经济学家因此而怀疑中国的核算方法与国际通行规则存在较大差异。然而,即使我们按照45%的储蓄率来计算,目前中国一年的总储蓄也超过21.5万亿元,按现行汇率折算约3.4万亿美元。这个数字在世界上是最高的,因此,中国不能说资金短缺。

我们的储蓄,首先是用于工业投资,占到全部固定资产投资的40%。但是早在2009年,24个工业行业中,21个已经产能过剩。凡属技术成熟的制造业,几乎找不出一个产能不足的行业。"十二五"期间淘汰落后产能的任务有增无减,近年来大规模投资的所谓高新技术产业,例如多晶硅、太阳能电池、风电设备和电动汽车正在面临或即将面临大面积亏损。

其次,我们也大量投资于基础设施建设。能源、交通、通信占到全部固定资产投资的12%左右。这本来是我们的"瓶颈",但现在已经出现局部过剩。一些通道和线路注定会闲置,还有相当大比例的设施已经破损。

第三,我们的城市建设占很大比重,其中仅房地产就达到25%左右。由于种种原因,普遍存在着明显的反复拆建的问题。一些道路和管线设施,建成没有几年就被拆掉重建。公共事业,包括农村地区,学校和医院,在短缺的同时,也存在比较严重的重复闲置问题。

第四，农村投资占比不高，也即每年3万多亿元，然而，浪费的比率一点也不低。农民自己建房、反复拆建的问题甚至更加严重。在沿海发达地区，改革开放以来，已经建到第四或第五代住房，每年投入估计有上万亿元，平均每六、七年就要重建一次。由于许多人就业在外，事实上很多房子没有人居住，浪费之大不言而喻。

最后，我们来看其他服务业，在全部固定资产投资中的比重不到20%。其中，批发和零售2.4%；科研和技术服务0.5%；教育1.3%；卫生和社会福利0.8%；居民服务0.4%；文化娱乐1%。特别需要注意的是，水利、林业和环保合计只有1.9%。

与物质资本形成相比，人力资本形成可能更加重要。高收入国家2008年用于教育的公共支出平均占GDP的5.4%，中等收入国家4.5%，世界平均4.6%，我国今年有望达到法定的4%。医疗卫生方面，世界平均的支出占GDP的9.7%，中等收入国家5.4%，高收入国家11.2%，我国为4.3%，其中公共资金覆盖的比率我国也低于其他国家的平均水平。

储蓄的形式也差别很大。中国人口比美国人口老化得多，60岁以上人口占比达到13.7%，但积累的养老金很少。目前全部加在一起只有约3万亿元，占GDP的比例不到7%，人均2 300元。而根据OECD的统计，2010年美国养老金规模占GDP的73%，人均3.5万美元。这一比例在英国为87%，加拿大61%，智利67%。

储蓄、投资和消费结构的偏离常态，很好地解释了经济产出的结构失衡。在国民经济的三次产业中，包括金融在内的整个第三产业发展不足，2011年第三产业仅占全部GDP的43%。这与发达国家73%左右、中等收入国家53%左右的比例差距不小，甚至低于很多发展中国家，2008年世界平均的水平是69%。

结构失衡的问题有着深刻的社会、文化和经济政治体制背景。一个重要原因是要素市场未能充分发挥其在资源配置中的基础性作用，这需要我们继续深化改革，打破劳动力、土地、资本等要素市场长期存在的体制性障碍，显著地提高资源配置的效率。

二、金融服务业体系迫切需要健全和完善

说到金融业，大家都知道一个悖论，这就是我们特有的“两多两难问题”：企业多，融资难；资金多，投资难。资金多总是相对的，我们每年提供给国际经济使用的储蓄资源就有近2 000亿美元，超过了国内农业的全部固定资产投资。

这个悖论与论坛的主题密切相关，要害在于金融体系改革和资本市场建设。事实上，我国金融市场本身也存在着较为严重的结构性问题。

首先是金融业内部结构失衡。最突出的表现是高度依赖间接融资体系，直接融资比重过低。今年以来，社会融资总规模中贷款及承兑票据占80%，只有不足20%来自股票和债券融资。从社会融资存量看，2011年底银行贷款余额占54%，企业股票市值和债券余额仅占到26%，这一比例不仅远低于直接融资为主导的美国和英国，分别为73%和62%，也低于间接融资占主导的德国和日本，分别为39%和44%。从居民个人金融投资的角度看，银行存款占总额的64%，股

票、债券、基金等投资比例不到14%，而美国的居民金融资产中，股票、基金和投资于资本市场的养老金合在一起，达到了近70%的比例。

其次，在资本市场内部，也存在着结构失衡。一是债券市场发展严重滞后。2011年底股票市值约为公司债余额的4.5倍，而大部分成熟市场中，公司债的规模往往大于股票市场。二是股权融资市场层次单一。美国有纽交所、纳斯达克、场外报价市场和粉单市场、灰色市场等几个层次，大致呈金字塔状。而我国市场的主板、中小板、创业板和代办转让系统正好呈现“倒金字塔”形。三是期货及衍生品发展不足。成熟市场的期货、期权、掉期等衍生工具品种十分丰富，交易规模很大，与经济发展的关联度很高，而我们的衍生品市场发展还很不够。四是投资者结构很不合理。A股市场的专业投资机构持有市值的15.6%，而发达市场这一比例大致为70%。更为不合理的是交易结构，A股市场个人投资者持有市值占比26%，但却完成了85%的交易。

第三，面向实体经济的金融服务存在结构性失衡。在以商业银行为主导的金融体系中，大企业、政府相关企业占有的金融资源优势比较明显，中小微企业和创新企业获得的服务非常有限。2011年，我国有超过1 000万户的中小企业，贡献了税收的50%，创造了国内生产总值的60%，完成了创新成果的70%，解决了城镇就业的80%，占全国企业总数的99%。仅中关村科技园区初步符合创业板上市条件的公司就有1 000多家，但它们参与资本市场的渠道还非常狭窄。更不用说还有武汉东湖、上海张江，还有天津、重庆、深圳、成都、西安、长春等等园区。

三、直接金融具有推动产业结构调整升级的天然优势

如前所述，我国经济中目前最尖锐的问题是小型微型企业融资难。我们固然应该挖掘银行的一切潜力，而且也要积极推动民间信贷的规范发展。但小型微型企业往往需要的是本金，或者是时间稍长一点的债务融资，而这种服务只能由基础的直接融资来提供。

发展科技创新和文化创意产业，实现产业升级，需要我们更多地利用好资本市场这一平台。在对大量现有产业的整合过程中，应该更多发挥并购市场的作用。发达国家中，市场化并购完成的交易额，常常占到GDP的5%以上，甚至超过10%，即使新兴市场国家也占到了3%以上，我国却只有1%左右。在对战略性新兴产业的发现和推动过程中，同样应该充分发挥资本市场的作用。真正的新兴产业往往孕育于小微企业之中，其极大的不确定性和轻资产的特点，决定其往往难以获得银行信贷资金的支持，而资本市场，包括股票、债券，以及风险投资、私募股权基金等等，提供了一套融资方和投资方风险共担、利益共享的机制，可以成为推动创新型企业成长的基础平台。

事实上，每一轮全球新兴产业竞争的焦点，都在于各国经济社会资源配置的效率。美国之所以能够在发端于上世纪80年代的高科技浪潮中独占鳌头，缘于其高效的资本和科技的对接机制。近年来美国的苹果和脸谱等公司取得了令人赞叹的成功，引领了智能手机、平板电脑和社交网络等新兴产业

的迅速崛起，都得益于其资本市场在危机后敏锐地捕捉到了这些产业并推动其快速成长。今年4月5日美国出台了中小企业促进法，简化中小企业上市流程，降低上市准入门槛，也是为了进一步为创新型、成长型企业提供良好的金融服务环境。

完善民生保障，从根本上要求资本市场能够充分发展。预计到2020年中国65岁以上的人口将占到全体人口的12%，而社会保障和养老体系建设严重不足，社保资金和企业年金等长期资金面临投资渠道狭窄和体制建设落后等挑战，保值增值压力巨大，需要通过专业机构投资者的发展，科学合理地参与资本市场。我国居民人均银行存款2.3万元，从储蓄动机来看，其中很大比例将用于养老。这本身是一件不同寻常的好事，问题在于，一定要使之能够保值增值。没有资本市场这是做不到的。

资本市场的发展，有利于分散金融体系的内部风险，而且也可以减少系统性危机的发生频率，减轻其不良后果。直接融资体系提供了融资者和投资者直接对接的场所，在降低社会成本的同时，也对融资主体的诚实守信和投资者的风险认知提出了更高要求。欧洲早期荷兰、英国和法国三大资本市场相继发生泡沫和危机，正是与当时的信息高度不对称和市场的盲目追捧有关。资本市场发展也与其他要素市场的发展，以及整个社会的公平正义和民主法治高度关联。不断提高市场效率、优化资源配置是一个永恒的主题。美国脸谱公司上市的“打新”和“炒新”现象说明，即使是成熟市场上也存在很多不理性行为。摩根大通“伦敦鲸”事件则警示大家，即使是危机中表现最好的银行，其风险控制仍可能存在着很要命的薄弱环节。

2008年发生全球金融危机时，美国本来是金融风暴的中心，欧洲只是受到波及，但震荡发生的三年后，美国经济的恢复却比欧洲要快得多。到目前为止，美国GDP实现连续12个季度正增长，其产出规模已恢复到危机前的水平，而欧元区经济陷入负增长。金融体系结构的不同是解释两者差别的一个很重要的原因。以直接融资为主的经济体显示出了更强的弹性和更快的恢复能力。这主要得益于资本市场广泛的参与群体能够更好地分散市场冲击，化解危机的不利影响。事实上，即使在危机最严重的年份，美国的实体经济都影响有限，大企业现金充裕，真正有创新的企业照样可以从股本市场和高收益债券市场筹措到所需资金。

国际货币基金组织的两位经济学家，早在次贷危机前，就曾经对84次危机后17个经济体的恢复情况进行过研究。结果显示，以美国、加拿大和澳大利亚等以直接金融为主导的经济体，复苏速度和质量远高于比利时、意大利、西班牙和葡萄牙等银行为主导的经济体。芝加哥大学两位经济学家，曾经观察了美国等国家在20世纪金融结构的演进过程。他们发现在1913年美国股票市场市值和银行存款的比率大致是1:1，1960年才恢复到1929年的2:1的水平，1990年接近3:1，1999年这个比例升至9:1。当人们说美国现在仍然牢牢占据着全球金融市场的制高点，或者说是死死掌握着国际经济霸权，主要的依据可能就是这个事实。

四、推进资本市场的科学发展需要下苦功夫

中国的资本市场，没有理由不成为世界

一流。但是,我们不可能轻轻松松地实现这个目标。相反,必须脚踏实地向前推进。媒体有朋友为了鼓励我们,说证监会每四天推出一项新政,其实这是误解。近期来看,我们面临着如下艰巨任务:

坚定不移地深化发行和退市制度改革。加大对新股发行过程中各种违法违规行为的监管和惩治力度,增强行业机构的责任意识和法纪意识。抓紧实施主板、中小板的退市制度改革方案,做好新老制度执行的衔接工作,加强对具体实施过程的监控,及时发现风险,改进措施,确保平稳过渡。

加快发展多层次、多产品的资本市场体系。大力发展债券市场,积极推进统一监管的场外市场,规范发展区域性股权交易市场。稳步发展期货及衍生品市场,形成多层次的资本市场体系,增强资本市场的涵盖面和包容度。加大产品创新力度,认真做好中小企业私募债试点,推出石油期货和国债期货,拓宽居民理财的渠道。

狠抓上市公司治理结构完善。坚持"关口"前移,要在上市过程中就重点关注公司治理是否健全,是否具有清晰的权力制衡和有效的制度约束。要更加注重监督上市公司董事会、监事会的运行情况,确保治理机制有效发挥。只有上市公司的质量靠得住,股票市场的基础才能扎得牢。

以更大决心和更细致的服务培育机构投资者。壮大财富管理行业,加大对外开放力度,引进各种专业化的机构投资者,为企业年金、社保基金、住房公积金和养老金参与资本市场提供公平高效的平台。当保险行业还排在全球第6名,共同基金还排在全球10强之外时,我们很难有一个强大成熟的资本市场。

不断提高市场效率。始终把保护投资者利益放在首位,强化市场投资功能,建设成熟理性的市场文化;加强中介机构建设和资本市场司法制度建设;正确处理政府和市场的关系,推进市场化改革;维护公平竞争的市场秩序,强化惩戒机制,健全诚信体系。

坚决守住不发生区域性、系统性风险的底线。在国务院统一部署和领导下,加快清理整顿不规范的交易场所。金融危机表明,除了要加强市场微观主体的监管以外,还需要强化宏观审慎监管,特别是要防范系统性风险。次贷危机前,美国房地产贷款余额与GDP的比率高达90%,远高于其他国家30%~40%的水平,这可能是当时最直观的先行预警指标,但未引起监管者的足够重视。这个教训应当汲取,必须加强宏观经济分析,加强不同监管部门和地方政府之间的协作,共同防范系统性金融风险。

五、继续全力支持上海的国际金融中心建设

上海是一座从来都不缺少金融基因的城市。中国现代金融的起源和繁衍,似乎也非常偏爱这座城市。1921年,曾经有过一场交易所浪潮,全国出现了136家交易所,其中有112家在上海,不过这些交易所交易的标的大部分与现代金融无关。但愿现在各地出现的文化交易中心、红酒销售店、养生保健馆,不会也像当年一样,成为一阵清风,一场运动,过段时间后就销声匿迹。

1986年,工商银行静安营业部开始了股票柜台交易,开创了新中国资本市场发展的先河。以1990年上海证券交易所成立为发端,今天的上海已经成为全国股票、债券、商

品期货、金融期货以及外汇、黄金、货币等交易机构积聚的最重要的金融高地。今年6月1日，上海、东京市场启动了人民币和日元的直接交易，这对人民币国际化和上海国际金融中心建设具有重要意义。从全局上来看，多项实证研究表明，人民币在资本项下的可兑换，实际的进展比之理论状态要远为迅速。上海成为国际金融中心值得期待。

上海有着得天独厚的优势。上海是一座非常开放和国际化的城市，大量的外商和合资机构落户上海，上海的基础设施和人力资本也日益接近国际先进城市。上海所处的长三角地区经济发达，企业和社会对金融服务的需求非常旺盛。还有更加重要的一点，上海的金融生态很好，诚信水平比较高，上海的出租车，经营非常规范，很少会带着乘客绕路。诚信对金融市场的发展至关重要，上海开埠至今200余年，积淀了良好的商业文化传统，可以说这是上海最重要的一个优势。

上海国际金融中心的建设离不开资本市场的发展。金融中心的建设并非简单地堆砌金融机构，资本市场是金融中心最重要的核心要素。中国证监会将一如既往地全力支持和服务上海国际金融中心建设，也期待上海能够利用国际国内两种资源优势和人才优势，在引进各类机构投资者，发展现代财富管理行业，培养优秀分析师队伍，孕育信奉长期投资和价值投资理念的公司等等方面，在深化金融改革，加快结构调整，实现发展方式转变的过程中，发挥更大更具创造性的作用。

谢谢大家！

在证券公司创新发展研讨会上的讲话

中国证监会副主席 庄心一

（2012年5月8日）

同志们：

在春暖花开、阳光明媚的五月，应邀参加证券公司创新发展研讨会，感到很高兴。昨天，郭树清主席作了立意高远、系统深刻且又极具现实针对性的精彩讲话，对证券行业创新发展具有十分重要的指导意义；姚刚副主席、姜洋主席助理、朱从玖主席助理分别介绍了资本市场改革创新的有关工作，有利于证券公司把握好当前创新发展的重点。全行业围绕这次会议的主题，会前周密准备，会上认真总结分析、务实交流探讨，大家集思广益，凝聚共识，对行业当前和未来的发展和改革都具有积极意义。

听了四位会领导的讲话和大家的发言，我深受启发。借此机会，谈几点意见，供大家参考。

一、创新是证券公司的永恒课题，不同的阶段各有侧重

我国证券公司是经济体制改革的产物，自上世纪80年代诞生以来，伴随着资本市场的实验、发育和发展一路走来，逐步拓展业务领域、探索发展模式、增强功能作用，在开拓进取、试错纠偏中，由小到大、由弱趋强，不断成长进步。全行业（包括已离开行业的从业人员）为此付出了艰辛努力，作出了真情奉献。

综合治理以来，行业发生了巨大的变化：一是痛下决心刮骨疗毒，彻底化解历史遗留风险，一举甩掉沉重的包袱，轻装迈入了新的征途；二是深刻吸取教训，切实增强规范审慎意识，构建比较完整的业务和内控制度，初步奠定了持续稳定发展的良好基础；三是在着力拓展传统业务的同时，平稳推出了集合理财、资产证券化、融资融券、直接投资、报价回购、约定购回等一系列新业务新产品，若干走在行业前列的证券公司，2004年以来新增业务和产品在2011年所产生的收入，已占到总收入的30%左右；四是行业实力大幅增加，结构得到改善。2011年，全行业总资产、净资产、营业收入分别是2004年的4倍、8倍和7倍，从业人员是4倍，营业网点数将近翻番，境外合规设立的子公司为20家（2004年为1家），上市证券公司为19家（2004年为2家）。

全面观察和理解行业的整个发展历程，大家会看到，我们取得的每一个进步，都离不开脚踏实地、艰苦细致、务实有效的创新。从无到有形成一个独立的证券行业，是金融体系的创新；从单一的交易中介到证券经纪、投资银行、资产管理、融资融券等多业并

举，是业务种类的创新；从过度依赖自营投资到侧重资本市场中介业务，是业务模式的创新；从简单粗放管理到建立健全风险控制、合规管理制度，是内控机制的创新；随之而发生的监管制度和监管方法的改进完善，是监管制度的创新。

我讲这些，是想说明，创新发展是证券行业永恒的课题，但在不同阶段，行业创新的重点会因面临的主要矛盾和任务不同而有所区别。当前，我国实体经济进入了以转型升级为主要任务的新阶段，与此相适应，大力发展资本市场，显著提高直接融资比重，成为金融领域日益紧迫的任务。证券公司是资本市场最重要的中介机构，是直接融资的主要服务提供商，是重要的专业投资管理者，在资本市场发挥着不可或缺、举足轻重的作用，进而对服务于市场经济的发展乃至国家强盛、民族复兴承担着重要责任。与发展了的形势和客观要求相比，目前证券公司的创新明显不足，为市场提供的金融产品、交易工具、中介服务短缺，服务经济社会的能力亟待增强；扬长不显、避短不足，创造力、应变力、进取性、市场化、专业化未能与时俱进，没能在中国资本市场充分体现独特优势，尚未形成不可替代的核心竞争力。这是证券行业当前面临的主要矛盾和问题。因此，加快创新发展，着力提升中介服务能力，不断增强核心竞争力，是证券公司在新时期新阶段的紧迫任务。

二、行业创新要自觉吸取经验教训，坚持正确的方向和原则

国内外金融创新的实践反复证明，切合实际、追求实效是创新工作的内在要求。与其他金融行业相比，我国证券公司身处透明度最高、利益诉求最集中、矛盾冲突最显性的“新兴加转轨”的资本市场，实践中受到的挑战和冲击最直接，受到的检验和约束最严格。证券公司的创新，必须始终坚持从国情、市情出发，自觉吸取国内外经验教训，实事求是、循序渐进、量力而行，努力避免重蹈覆辙。

第一，坚持服务实体经济。服务实体经济，既是金融业的根本价值所在，也是其自身发展壮大的坚实基础。证券公司应当按照国家“十二五”规划和全国金融工作会议的要求，以服务国民经济转方式、调结构和金融体系改革优化为目标，在全面深入细致地了解企业和居民投融资和财富管理需求的基础上，以市场为导向、以客户为中心，开展业务和产品的创新。

第二，坚持资本市场中介服务的基本属性。资本市场专业中介服务是证券公司的职责所在、优势所在，不以资本市场中介服务为主业的公司，不称其为证券公司。证券公司应当服从于健全多层次资本市场体系、提升市场优化资源配置能力的需要，通过创新，不断深化和拓展中介服务功能，真正发挥市场组织者、交易撮合者、流动性提供者和财富管理者等应有的作用。

第三，坚持立足公司自身实际。各公司的发展战略、市场定位、业务能力、管理水平、团队素质、客户结构和竞争优势不尽相同，创新的具体方向和重点自然应当有所不同。推出全新的业务与产品是创新，拓展现有业务和产品的广度与深度也是创新。学习借鉴他人成果重在落地生根，开花结果。各证券公司要根据自身的战略和定位，深入分析自身的优势和不足，找准创新的着力点

和突破口，确定清晰的创新目标，形成具体可行的创新方案。从自身实际出发开展创新，就是扬长避短、厚积薄发、实现差异化发展、培育自身核心竞争力的过程。

第四，坚持保护投资者合法权益。国内外大量案例表明，金融机构损害投资者利益，必将损害自身根本利益，甚至可能引发严重的经济和社会后果。证券公司要把保护投资者合法权益提升到对社会、对国家负责的高度来认识，融入到企业战略、经营理念、业务流程、考核机制中，贯穿于金融创新和业务发展的全过程，切实防止盲目创设和不适当销售复杂金融产品，甚至欺诈误导客户，向客户转嫁风险等损害投资者合法权益的行为。

第五，坚持创新发展和内控管理"两个轮子"协调并进。内控管理是证券公司创新发展的必要保障，证券公司应当始终保持创新发展和内控管理的均衡匹配。创新实践中，要针对新业务新产品所具有的不同于传统业务和产品的风险特征，创新风险管理的方法和技术，把风险控制在自身可承受的范围内。全行业在创新全过程中都要牢牢守住不发生系统性、区域性风险这一底线。

三、顺应创新发展的新形势，有针对性地推进监管改革创新

证券公司创新发展是一个系统工程，其中行业监管是十分重要的环节。监管的目标是保护投资者合法权益和防范系统性、区域性风险。监管不能替代证券公司进行创新，但要为证券公司创新发展营造适宜的环境。新形势下，证监会将按照国家"十二五"规划和全国金融工作会议的要求，坚持市场化、国际化、法治化方向，持续推动资本市场改革创新，促进市场深度和广度的拓展，为行业创新发展提供更加宽广的领域；同时，进一步减少事前审批，继续放松行业管制，为证券公司创新活动提供足够的空间。在这个过程中，还要继续实施证券行业对外开放，改善证券公司竞争格局，培育跨境业务能力，促进行业整体服务和管理水平的提升。

下一步监管改革的主要思路大体是：

第一，坚持正确的监管理念，牢固树立服务意识，不断提升监管公信力。监管部门应当以开放的心态满腔热情地支持证券公司创新，永远不要对行业的任何创意说"不"！要在守住监管底线的前提下，鼓励支持证券公司将好的创意转化为务实可行的创新方案，并应当允许试错，宽容失败。要增强实践意识，深入调查研究，注重学习积累，不断提升监管能力和专业水平，科学有效地履行监管职责。要公平公正地对待每一家公司，保持监管过程和结果的公开透明，坚决捍卫并持续提升监管的公信力。

第二，牢牢维护风险控制和合规管理两项基本制度的有效性。这两项基本制度对创新发展具有极其重要的支撑和保障作用，从根本上说，也是行业持续稳定发展的基石。今后，这两项基本制度改进完善的方向，是强化行业自律和公司自治在其中的地位和作用，凡是行业、公司能解决的，均应当由其自主管理。在紧密互动、不出现管理真空的前提下，相关的业务监管制度要据此不断调整改进。我们欢迎业界对监管规则和方式提出质疑和建议，也十分愿意在规则制定过程中吸取行业意见，但有一点需要强调，任何现行有效的法规都应当严格执行，

这是维护法治严肃性和公共利益所必须坚持的。

第三，改进、完善监管手段和方法，适应行业创新发展的实际需要。减少审批、放松管制后，事中监测和事后问责要随之强化；信息报送和披露、信息比对和分析、风险监测和预警要同步加强；对新情况、新问题要密切跟踪关注，及时分析研判，准确应对处理；对违法违规行为，要迅速实施精准打击，以切实有效地维护监管的威慑力。

第四，全力支持自律组织工作。证监会全力支持各自律组织充分发挥自身优势，依法独立履行自律职责。各自律组织要以改革创新的精神、积极务实的态度，勤勉尽责、专业高效地做好自律管理和服务，支持、推动证券公司规范运行和创新发展。

会议印发的《关于推进证券公司改革开放、创新发展的思路与措施（征求意见稿）》及配套材料，来自于我们对近年来行业改革发展经验的总结，也集中反映了调研中大多数证券公司的意见和建议。各证券公司和证券监管系统各单位要认真研究，建言献策，以便我们修改完善，为今后一个时期行业创新发展形成一个切合实际、总体可行的框架性文件。

促进证券行业创新发展，是监管制度改革的重要内涵。证监会将始终如一、坚定务实地做好监管改革工作，满怀期盼地关注证券公司的每一个进步。我相信，全行业一定会清醒地认识到，创新既是机遇，更是挑战。对内对外开放中，业务竞争会加剧；放松管制中，市场主体的责任会加大；业务拓展中，风险管控的要求会更高。总之，创新在带来新的机遇、新的作为、新的前景的同时必定会带来新的矛盾、新的问题、新的冲击、新的压力。对此，各公司一定要充分准备，妥善应对。创新需要理想、激情，需要毅力、定力，需要担当、奉献；需要克服许许多多困难、抵御各种诱惑；需要正向的激励机制和适宜的生态环境，更需要有“自强不息、厚德载物”的精神。深切期望各公司以这次会议为新的契机、新的起点，审时度势、统筹兼顾，将深沉的忧患意识和满腔的创新热情转化为具体实在的创新行动，将清醒客观的认知转化为更有效的风控手段和合规体系，将良好的机遇、条件转化为综合素质持续不断提升的现实，切实承担起自己的历史责任，为中国证券行业的发展写上华彩壮丽的新篇章！

谢谢大家！

在倡导独立董事、监事会最佳实践工作视频会议上的讲话

中国证监会副主席 庄心一

(2012年9月27日)

同志们:

大家上午好!今天,我们召集各证监局、沪深交易所、各地上市公司协会参加这次视频会议,目的是推动中国上市公司协会关于倡导独立董事、监事会最佳实践的相关工作。良好的公司治理是企业可持续发展的制度保障,是核心竞争力的重要内容。独立董事制度和监事会制度是我国公司治理的重要组成部分,是在建立现代企业制度、完善上市公司治理机制的改革实践过程中,结合实际并借鉴国际经验不断探索的产物,以此为切入点,务实总结分析实践经验,对于继续深入探索完善我国公司治理具有积极的意义。下面,我就此谈几点看法和意见。

一、公司治理是在我国改革开放的探索实践中逐步形成和发展的

我国公司治理的起步、演进和发展与经济体制改革、建立社会主义市场经济体系、引入现代企业制度、培育和发展资本市场的历史大背景密不可分。经济体制改革初期推行的租赁制、资产经营责任制、承包经营责任制等多种形式的改革措施,是企业制度市场化改革的重要突破。随着市场化改革的不断深化,实践中逐渐出现了公司治理的初步框架。

1993年11月,党的十四届三中全会通过了《关于建立社会主义市场经济体制若干问题的决定》,明确要求"进一步转换企业经营机制,建立适应市场经济要求,产权清晰、权责明确、政企分开、管理科学的现代企业制度"。同年12月,《公司法》颁布,为现代企业制度的建立提供了法律依据,奠定了我国公司治理机制的基本架构。

资本市场的发展为进一步深化企业改革提供了良好的条件,也推动了我国公司治理的不断完善。证监会一直把完善公司治理作为监管工作的重要目标。在党中央、国务院的正确领导下,通过相关各方、市场各界长期的共同努力,特别是企业改制上市和上市后的规范运作,上市公司的实践较为集中地反映了当前我国公司治理的成果。

一是建立健全公司治理的法规制度体系。我国有关公司治理的法规建设虽然起步较晚,但是发展迅速,渐成体系。《公司法》、《证券法》、《刑法修正案(六)》、《企业国有资产法》等奠定了我国公司治理的法律基础。在此基础上,关于上市公司治理的一系列行政法规、部门规章和规范性文件相继出台,包括《国务院关于推进资本市场改革

开放和稳定发展的若干意见》、《国务院批转证监会关于提高上市公司质量意见的通知》、《上市公司治理准则》、《上市公司章程指引》、《股票上市规则》等，内容涵盖了“三会”制度、独立董事、股权激励、中小投资者保护等诸多方面，初步建立了较为完备的上市公司治理的制度体系。

二是实施股权分置改革，夯实公司治理的共同利益基础。股权分置是我国经济体制转轨过程中的遗留问题，它的存在使得不同类别的股东存在不同的利益取向，公司治理缺乏共同的利益基础，并衍生出一系列制度性缺陷。实施股权分置改革，消除了不同股份转让的制度性差异，解决了长期制约我国资本市场健康发展的重大障碍，理顺了市场机制，夯实了公司治理的共同利益基础。

三是推进完善公司治理的实践活动，促进提高上市公司治理水平。针对我国上市公司治理中存在的问题和不足，证监会采取多种措施，加大推动完善公司治理的工作力度。组织了清理大股东及其关联方侵占上市公司资金的工作，开展为期三年的上市公司治理专项活动。通过这些工作，上市公司法人财产得到保护，独立性和透明度显著提高，“董监高”的规范意识明显增强，“三会”运作的有效性和规范性得到改善。

四是以机构投资者为主体的外部约束机制初步形成。随着广大投资者参与公司治理的意识逐步增强，尤其是包括证券投资基金、社保基金、保险公司、证券公司、一般法人投资者、境外合格机构投资者等在内的多元化机构投资者队伍发展壮大，他们对改善上市公司治理的应有作用得到增强，公司治理的外部约束机制初步形成。

在充分肯定成绩与进步的同时，我们必须清醒地看到存在的问题和不足。由于各个主体客观存在的差异性和多样性，经济社会发展的不平衡，认识的不一致，措施的不完善、不配套等诸多原因，我国上市公司治理水平参差不齐，既形成了一些适合中国国情、行之有效的成功经验，也存在不少被动的形式合规，即“形似而神不至”的现象，甚至一些受利益驱动以各种方式损害公司治理的恶劣行径也时有发生。我国资本市场仍处于“新兴加转轨”的阶段，我们对于公司治理的认识、采取的措施方法、建立的制度以及实效的评估，都是在实践中逐步深化，不断探索试错和调整完善的，并需要在实践中继续检验。从实际出发，依法规范公司运行，落实公司治理结构，健全与完善公司治理机制仍是当前和今后相当长一个阶段的重要任务。

二、倡导独立董事、监事会最佳实践工作是当前推动完善公司治理的重要切入点

经济合作与发展组织曾对公司治理下过一个有代表性的定义，“公司治理是一种据以对工商公司进行管理和控制的体系”，它包括股东、董事、监事、经营层、员工等公司参与主体的权利和责任的分布、相互间的授权与制衡，既有实体的内容，也有程序性的规定，而且随着现代公司理念的发展，企业社会责任也越来越多地被纳入其中。良好的公司治理就是通过一系列的制度和机制的安排实现权利义务的均衡配置，激励约束作用的有效发挥，从而维护相关各方利益格局的公平、公正，实现公司的有序、有效运作。公司治理是一套完整的系统，独立董事和监事会是其中重要的组成部分。此次倡

导独立董事和监事会最佳实践活动，就是以此为切入点推动上市公司治理的进一步改进和完善。

上市公司独立董事制度建立 10 余年来，在增强董事会独立性、防范内部人控制和道德风险、维护投资者的权益方面发挥了积极的作用。同时，我们也看到，现行独立董事制度还需要完善，独立董事的作用也还不能满足投资者和社会各界的期望。独立董事不独立、不“懂事”、形式化等问题屡屡受到投资者以及市场的诟病。

监事会低效也是我国企业制度的突出问题，实践中董事会、监事会并存的结构并没有完全达到《公司法》设置监事会以有效监督董事会和管理层的预期目的。

因此，从发掘独立董事和监事会好的做法、成功的案例入手，分析总结它们具有代表性和说服力的先进经验并交流推广，形成示范效应，有利于补齐我国公司治理中的短板，推动公司治理水平的提高，也有利于各方增强信心，深化认识，明确进一步健全与完善相关制度、机制的思路。

三、充分发挥上市公司等市场主体的创造性和主动性，多方形成合力，力求独立董事、监事会最佳实践活动取得实效

大家知道，指导公司治理的原则是普遍的、一致的，但是不同的国家、不同的阶段、不同的企业，因为历史传统和自然禀赋的不同，因为法律制度和组织文化以及市场生态的差异，采用的治理模式和需要解决的问题也不尽相同。我国的公司治理一方面要充分借鉴成熟市场的经验，另一方面更应当在认识实践、总结实践、服务实践的过程中不断探索。在实践的过程中深化认识，更新理念，改进方法，完善制度，并最终体现到推动公司发展上来。如何从我国的客观现实出发，使之与资本市场的基本要求有机衔接，需要在实践中探索才能找到答案。牢牢把握市场化、法治化的方向，坚持实事求是的基本原则是我们重要的认识论；从实践中来到实践中去是我们重要的方法论。

如何组织好倡导最佳实践活动，使之取得实效，我提几点意见，供大家参考。

第一，充分发挥上市公司、证券公司和其他中介机构等市场主体的创造性和主动性。他们是公司治理实践的主体，实践最丰富，感受最直接，认识最深刻。证监会一方面支持、鼓励各市场主体和责任人员依法合规参与公司治理，另一方面依法对违反公司治理要求的行为采取必要的制约、监管措施。

第二，充分发挥中国上市公司协会的作用。协会要发挥贴近会员、贴近市场的优势，认真履行发掘案例、总结分析、交流培训、宣传推广的组织协调职能，通过务实周密、公正合理、适当可行的工作，将最佳实践活动的预期目标落到实处。

郭树清主席对发挥好上市公司协会在推进完善上市公司治理方面的作用寄予厚望，多次批示，明确要求“健全和完善公司治理机制非常重要，请协会配合上市部等机构多做工作”。在这里，我请各证监局积极支持协会做好倡导独立董事、监事会最佳实践的活动，把这项活动作为当前推进完善上市公司治理的一个重要抓手。

第三，各证监局、沪深交易所、各地上市公司协会要认真参与这项工作。上市公司协会制定的《关于倡导独立董事、监事会最

佳实践工作方案》已发各证监局和各地上市公司协会。各地上市公司协会具体负责落实相关工作部署，各证监局要加强指导，支持上市公司协会开展这项工作；在未成立上市公司协会的辖区，已经由上市部向辖区证监局转发了相关工作部署，请证监局指导辖区上市公司做好相关工作。

这次活动共有征集最佳实践、交流研讨、培训传导、调查研究和总结最佳实践等5个相互联系的模块。近期，郭主席针对此项工作作了“多一些座谈、交流、讲座、报告，包括接受央视、大报、大刊的采访”的批示。请各证监局及各上市公司协会结合本地区上市公司的实际，有针对性地发掘、总结辖区上市公司独立董事、监事会行之有效的经验和做法。工作中要坚持务实，追求实效，不搞“大而空”，工作形式要服从内容，服从质量。同时，在工作中还要始终注意尊重企业的意愿，不要给市场主体增加不必要的负担。另外，请办公厅指导上市公司协会统筹相关的宣传工作。

最后，在中秋节和国庆节即将来临之际，祝大家节日愉快，阖家幸福！

谢谢大家。

超越争议 推进改革

——在2012中国上市公司峰会上的讲话

中国上市公司协会会长 陈清泰

（2012年8月24日）

各位来宾：

大家上午好。

今年以来对国有企业有一些争论，其中有的是观点的分歧，也有不少是概念的混淆。澄清那些含混的认识，有利于超越争论，形成共识，推进改革。

一、关于“企业做强做大”与“国有资本有进有退”

国有企业做强做大与国有资本布局调整，这是改革发展都必须进行的两件大事。在谈到“国有经济有进有退”时，往往误解为“国有企业有进有退”。国企高管对此十分为难，不知道该怎么“进”、怎么“退”。

需要澄清的是，“有进有退”指的是国有资本投向的调整；而企业的天职则是做强做大。这是两个不同的范畴，在公司制度下并不矛盾。就是说，企业追求做强做大并不受股东成分和股权结构的影响；国有资本从哪些行业或企业的进退也不受个别企业的牵制。

例如，沃尔沃原本是一家瑞典人投资的公司，1999年4月转手到福特；2010年3月福特退出，由吉利收购。投资者在10年内两出两进，而沃尔沃公司依然在发展。

现在国有资本的功能和个别企业目标的差异日益明显。例如，一方面国有钢铁企业制定雄心勃勃的战略规划，努力做强做大；另一方面，国有资本可能从部分钢铁企业退出，转向投资于战略性新兴产业。这是作为市场主体的企业和国有资本投资主体各自理性的选择。国有资本从产能过剩的行业退出，并不意味着国家不支持这些行业的结构升级；而企业做强做大，也不能限制国有资本布局的调整。

目前的掣肘在于国有资产实现形式没有资本化，“顶层”国有企业没有进行股份制改制，所有权与经营权没有分离。应改革国有资产实现形式，利用公司制度的特点，“解放两个自由度”：放开国有资本的流动性；同时，保障企业自主经营，做强做大。

二、完善公司治理与保障国家股东权益

公司治理是有法律保障的、制度严谨的分权—分责—制衡的规则和机制，可以较好地处理由于所有权与经营权分离而产生的信托—代理关系，维护所有者权益、维系公司各利益相关者之间的平衡，使所有权与经营权分离成为可能。将其移植到国有企业，

可以解开长期困扰我们的政府与企业所面临的所有权与经营权关系的死结。正是基于此，党的十五届四中全会决定确认，“公司法人治理结构是公司制的核心”。

受体制惯性和传统理念的影响，有些部门和控股机构还习惯于以行政方式“管”企业，很难接受在两权分离情况下，通过有效的公司治理维护股东权益的制度变革。比如经常可以听到这样的提问：离开了主管部门的干预和审批，就凭董事会怎能做出重大决策？如果大股东的权利也不过就是用手或“脚”投票，怎能保证自身的控制地位？控股股东要牢牢掌握董事长、董事的任用权自不必说，如果不直接控制经理、副经理及主要部门负责人的任用，怎能保证自身的权益？实际上不少人依然认为对公司决策直接管理得越多越可靠、对经营管理层直接控制的面越宽越安全。岂不知，打乱了公司制严谨的分权、分责、制衡关系，破坏了公司议事规则，必将陷入低效率和无人负责，甚至给内部人控制留出来空间。

这就出现了一种悖论：公司治理的要义是维护股东权益，但一些公司的治理缺陷却大都出于大股东的非正常行为；市场监管部门以很大的力度督导和规范公司的内部治理，但一些机构和股东又不时超越《公司法》从外部进行干预，他们不太在意中小股东权益，也未能顾及维护良好的公司内部治理。

目前的情况是，上市公司自身可以做的，无论是公司章程、议事规则，还是机构设置，以及独立董事、董事会秘书等组织构件已经完备，会议和活动按章程和程序进行，且质量不断提高。但是某些来自外部超越《公司法》的干预，使一些重要决策往往通过非正常渠道完成，公司既无奈又难以抗拒。这就使一些公司的治理就显得貌似神离。建立有效公司治理的主导力量是股东，特别是控股股东。如果股东缺乏建立有效公司治理的意愿，那么内部人则更愿意构筑自己的控制地位，甚至形成“内部人控制”。

在我国工业化、产业升级、培育有全球竞争力企业的重要时期，可以说，有效公司治理是中国微观经济最重要的制度建设。公司治理是建立符合市场经济的“政资关系”、“政企关系”的一把钥匙，它的有效性关系国企改革的成败。公司治理水平影响投资者，特别是中小投资者的信心，涉及大股东与小股东、公司与利益相关者的关系，是资本市场稳定发展的一块基石。公司治理机制决定企业的决策机制和风险水平、盈利能力和融资成本，是企业竞争力最重要的基础软件。

在我国，改善公司治理是一个与体制改革密切相关的命题，涉及公司内部的治理，也受制于公司外部的治理。而外部治理的改善不是公司层面可以做的，需要深层改革的支持。

三、关于“国进民退”与“民进国退”

对于“国进民退”或“民进国退”的争论是没有意义的。作为执政的党和政府追求的绝不是谁进或谁退，而是鼓励所有企业公平竞争，都做强做大，所有资本资源都能最大限度地发挥潜能。争论的实质不是这个问题的本身，而是竞争的公平性，应消除企业的“所有制鸿沟”。

在我国渐进式改革中曾不得不采取对不同所有制企业区别对待、轮番政策调整的做法，其中不少一直延续至今，有的甚至在强化。舆论、政府管理和涉及企业的方方面面几乎都打上了“所有制烙印”。包括已经上市的股权多元化的公众公司，每家企业都有一个“所有制标签”，在市场中形成了一条很深的“所有制鸿沟”，分作“体制内”和“体制外”，政府对其有亲有疏，各类企业实质上处于严重的不平等的地位。其中，国有企业处于强势。一是它属“体制内”、有“行政级别”和从政府那里获得稀缺资源的优势。如获得土地、矿产等自然资源，获得电网、电讯等特许经营权等，获得政府投资项目的能力也最强。二是可以方便地获得银行贷款。国企产出大约占 1/3，但获得的银行贷款约占 70%。三是国企在一些上游产业、基础服务业形成寡头垄断，获得超额利润。四是即使在竞争行业，也有市场准入和行政审批两道门槛。一些重要产业的准入条件往往为大型企业“量身定制”，而行政审批则和与政府的亲疏程度相关。很多民营企业因此被挡在门外，称此为“玻璃门”。五是政府承担了过多的建设职能，在既有国企之外，通过“融资平台”又建立了一批国有企业，在基础设施等领域不少民营企业被挤了出去。

实际上，企业按所有制和隶属关系被分成了“三六九等”。近年来，为“躲避风险”，国企更倾向于在内部进行交易、形成配套。如为发展电动车，央企在自己圈子内组成联盟，大手笔投资，建立产业链，对民营企业形成了市场壁垒。银行显性或隐性地把民企看作不可信任的企业群，为规避“政治风险”，都有远离民企的倾向。再如，有的地方政府不惜直接出面干预，来“做大”国有企业，甚至强制盈利的民营企业被亏损国有企业兼并。在钢铁、煤炭、民航等领域屡屡出现民企被挤出的案例。

20 世纪 90 年代初“姓资姓社”问题的突破，大大解放了思想，为建立社会主义市场经济体制扫清了障碍，极大地调动了经济增长潜力；今天，在特别需要鼓励创新创业、扩大中等收入阶层的时候，如果能摘掉企业“所有制标签”，消除“所有制鸿沟”，突破“姓国姓民”的桎梏，将是生产力的又一次解放。

四、解决争议：推动国有资产“资本化”

在确立“现代企业制度是国有企业改革方向”的同时，中央一直特别关注的另一个问题是国有资产管理如何能与市场经济相融合。早在 1993 年十四届三中全会《决定》就提出，“积极探索国有资产管理和经营的合理形式和途径”。1997 年十五大进一步指出，“要努力寻找能够极大促进生产力发展的公有制实现形式”。2003 年十六届三中全会《决定》进一步强调“积极探索国有资产监管和经营的有效形式”。

迄今为止，我们一直将国有经济等同于国有企业，在产业领域把实物形态的“国有企业”作为国有经济的唯一实现形式。尽管在部分市场失灵的领域仍有实际意义，但随着改革的深化，在一般领域继续以拥有、管理和控制“国有企业”群，作为国有资产实现形式，给完善市场经济增加了障碍，使企业和政府不断遇到各种困惑。

对经营性国有资产选择可以用财务语言清晰界定、计量，并具有良好流动性、可进入市场运作的资本化的实现形式，具有重要意义。银行业国有资产资本化管理已经取得了较好的效果。在一般领域，国有资产实现方式的资本化是进一步深化改革重要的突破口：

一是国有资产资本化意味着国家从拥有、管理和控制国有企业，转向拥有和运作国有资本；意味着顶层国有企业的整体改制。持股机构与投资的企业建立股东与公司的关系，政府不再控制和管理企业；企业依法成为独立市场主体，聚焦于财务业绩，在董事会指导下，在竞争中做强做大。这对政府和企业都是又一次解放。

二是资本化的国有资产具有良好的流动性，国有经济布局调整将通过国有资本在行业和企业间的“有进有退”来实现。这种进退，原则上不影响企业的经营范围和业务结构。

三是政府摆脱了与“国有企业”关联关系的掣肘，有助于站到超脱地位，进行市场监管，提供公共服务，公平地对待各类企业，消除“所有制鸿沟”，完善社会主义市场经济体制。

四是国有资本可分作两种投向、两种运作机制。在市场失灵的领域国家委托专业投资控股机构投资运作，实现政府特定的公共目标。在一般领域，国有资本投资机构回归到追求更高财务回报的本性。两类投资各有明确的目标，有利于提高效率。

五是国有资本投资收益通过国有资本经营预算主要用于弥补体制转轨过程中必须解决的那些需要公共财政支付的历史欠账，保障经济社会平稳转型，并使“全民所有”回归到全民分享的本性。

六是国有资本预期功能主要通过市场运作实现，而不是以破坏市场机制为前提。这就使国有资本具有“亲市场性”。规模较大的国有经济的这种存在，原则上没有扭曲市场的动因，而是维护市场的力量。

国有企业改革已经取得了很大进展，但改革的任务并没有完成。党的十四届三中全会以来中央对国有企业改革的重大理论创新和指导方针是完全正确的。进一步深化国有企业改革，将为体制转轨、实现可持续发展奠定基础。

谢谢大家！

服务"走出去"战略　做上市公司进入国际市场的"助推器"

——在"走进巴西"研讨会上的演讲

中国上市公司协会执行副会长　李小雪

(2012 年 11 月 26 日)

各位来宾,女士们、先生们:

大家上午好!

中国上市公司协会服务上市公司"走出去"系列活动今天正式启动。作为首场活动——"走进巴西"研讨会由中国上市公司协会和巴西证券期货交易所联合主办,中国上市公司协会的副会长单位复星集团协办,《中国证券报》作为媒体支持单位也给予了极大关注。在此,我谨代表中方对远道而来的巴西朋友,以及出席本次会议的中国证监会、相关部委、上市公司、中介服务机构的代表以及媒体朋友们,表示最热烈的欢迎!

中国上市公司协会于 2012 年 2 月 15 日正式成立,是以"服务、自律、规范、提高"为宗旨的全国性自律组织。目前,上市公司会员数量超过了 1 600 家,约占中国上市公司总数的 66%,并且还在不断地增加之中。自 2012 年 2 月 15 日正式成立以来,中国上市公司协会积极开拓,努力为会员探寻各类对外合作与交流的机会。为会员国际化发展和实施"走出去"战略服务已经纳入协会的《章程》。下面我就上市公司"走出去"谈三点内容:

第一,上市公司"走出去"是建设我国开放型经济体系的战略要求。

在刚刚结束的十八大上,我们党和国家领导人再次对全面提高开放型经济水平做出明确的指示,提出"适应经济全球化新形势,必须实行更加积极主动的开放战略,完善互利共赢、多元平衡、安全高效的开放型经济体系"的重要论述,要求"加快走出去步伐,增强企业国际化经营能力,培育一批世界水平的跨国公司"。

改革开放 30 余年来,我国企业一直都在积极探索"引进来"和"走出去"两种不同的做法,实现国内、国外两种资源的优化组合。到本世纪初,随着全球化趋势进一步加速,我国把"走出去"提升为国家战略。培育具有国际竞争力的大型跨国公司,"走出去"是一种必然选择,也是中国对外开放提高到一个新水平的重要标志。"走出去"战略对增强我国经济发展的动力和后劲,促进我国的长远发展,具有极为重大的意义。

第二,上市公司"走出去"过程中暴露出诸多问题,需要多方支持帮助和企业自身努力。

我们欣喜地看到,上市公司已成为实施"走出去"战略的主力军。有部分上市公司在"走出去"方面获得令人瞩目的成绩、积累了丰富的经验。然而,上市公司"走出去"过程中也暴露出许多问题,主要是整体实力不强、企业分散、要素分散等。如走出去的内容上,主要是商品走出去；对外直接投资项目上，以传统制造业如服装加工、轻工消费品为多；企业关系上，仍各自为战，缺乏彼此紧密合作；企业发展方面，在境外举步维艰、折戟沉沙的情况也不少，走出去的上市公司在海外存活率相对较低。同时，我们也注意到，中国企业在“走出去”过程中遭遇不公平对待的情形屡见不鲜，不少国家仍带着“有色眼镜”来看待中国，为保护本土企业利益，对中国企业设置各种进入障碍，在经济危机的背景下尤其明显。

中国上市公司协会近期在上市公司会员中开展了一次问卷调查，调查结果显示，许多企业对到境外进行直接投资、并购重组了解不多，海外市场存在着制度陌生、语言障碍、思维藩篱、法律差异等切实的难题，不仅增加“走出去”的成本，而且加剧了风险。

面对各种困难与挑战，不能靠一个个上市公司自己“单打独斗”。我们必须以科学发展观为指导，团结各方，形成合力，支持与帮助企业顺利“走出去”。我国中央及各级政府的政策扶持，是企业激发活力、提高创新力、增强国际化经营能力的孵化器；中国上市公司协会以及各类中介服务机构的支持与帮助，是上市公司提升国际竞争力必不可少的助推器。当然，企业“走出去”更多的要依靠自身努力，其中走出国门、在国际上站稳并发展壮大，我认为各个企业还需要一种稳定器。这个稳定器是在企业“走出去”过程中，通过大小结合、抱团取暖，融入当地、造福人民形成的。中国企业无论走到哪里，不仅要给当地带去投资、产品、技术和管理，同时更要着力帮助提高当地人民的就业，传播中国的文化，让当地人民深切感受到，中国企业的发展与当地的经济繁荣、文化发展和人民福祉都息息相关。只有被当地人民充分认可，中国企业在海外才可能健康稳定发展，才能成为真正意义上的跨国公司。

第三，中国上市公司协会将做好上市公司“走出去”战略的倡导者、推动者和服务者。

中国上市公司协会作为“上市公司之家”，将帮助上市公司搭建平台，提供“走出去”相关的政策解析、咨询信息和业务培训，加强渠道建设，促进经验交流，助力会员企业成为具有世界水平的跨国公司。

以今天为例，我们有幸邀请到国家开发银行前副行长、中国上市公司协会顾问刘克崮同志，中国上市公司协会副会长单位复星集团、特别会员上海证券交易所、非会员常务理事单位发改委财金司、商务部外资司等都指派代表到会发言，部分已成功“走出去”中资企业和中介服务机构的代表也到会演讲或交流经验。中国证监会办公厅、上市监管一部、上市监管二部、国际合作部等都派代表参会指导。巴西方面也组织了包括联邦政府、州政府、交易所、投资银行和律师事务所代表等在内的重量级团队进行宣讲。希望各位嘉宾能够给在座的企业家们带来更多的思考和有益的信息。

我们还将陆续组织系列服务上市公司“走出去”的活动，根据上市公司需求组织相关的国际研讨、业务培训、境外投资咨询、项目推介和境外商务考察等活动。相信届时将会有更多的会员企业参与到跟“走出去”相关的各类活动中来。我们有理由相信，越来越多的会员企业通过实施“走出去”战略，不断增强国际化经营能力、发展壮大，最终实现成为世界级跨国公司的目标。

最后，预祝本次研讨会圆满成功。

谢谢大家！

第二篇 综合发展篇

- 2011 年上市公司基本情况
- 2011 年沪市上市公司年报业绩总体情况分析
- 2011 年沪市上市公司重大资产重组情况分析
- 2011 年沪市上市公司社会责任报告披露情况分析
- 2011 年沪市央企上市公司年报分析
- 2011 年沪市民营上市公司年报分析
- 2011 年深市主板上市公司年报业绩分析
- 2011 年中小板上市公司年报业绩分析
- 2011 年创业板上市公司业绩分析
- 深交所多层次资本市场上市公司 2011 年年报实证分析报告
- 2011 年海外股票市场基本情况

2011年上市公司基本情况

2011年我国经济增速逐季放缓，在外需疲软的情况下，进口相对稳定，出口增速呈现不断向下的态势。在高基数的影响下，消费仍然维持较快增长，但增速略有下降。自2010年下半年物价指数开始抬头，2011年我国面临明显的通胀压力，通过政府一系列控通胀的措施，居民当月消费价格指数在7月达到高点后不断回落，为刺激经济扫除了障碍，增加了宏观调控的空间。在经济增速放缓的情况下，积极推进多个领域改革，加快经济结构调整，转变发展方式，是实现经济软着陆的关键。作为我国现代企业制度的先行者，上市公司是国民经济中最为活跃、最具创造力和竞争力的部分，证券市场则反映了我国经济的变化，发挥着经济"晴雨表"的功能。

截至2011年底，我国境内上市公司数量升至2 342家，上市公司总资产规模达到102.88万亿元，净资产规模达到13.58万亿元，归属于上市公司净利润规模达到1.91万亿元。

2011年中国经济增速逐步放缓，但上市公司整体经营业绩仍有一定增长。上市公司在所属行业中的地位更加突出，业务占比进一步扩大；大盘蓝筹公司依然是市场业绩的中坚力量。

一、上市公司数量增幅较大

自1990年上海证券交易所和深圳证券交易所成立以来，我国证券市场不断发展，上市公司数量快速提升，一批上市公司借助证券市场融资获得高速成长，成为行业及区域经济的领头羊，为推动国民经济发展作出重要贡献。

截至2011年底，我国股票市场的上市公司数量达到2 342家（见图1），超过香港证券交易所上市公司数量。从上市交易地点来看，上交所上市的公司有931家，深交所上市的公司有1 411家。2011年上市公司数量大幅增加主要是深交所上市公司数量较上年增长20.70%，增幅较大；上交所新增上市公司37家，是自2005年以来新增上市公司最多的一年。

截至2011年底，在2 342家上市公司中，仅发行A股的上市公司有2 234家，仅发行B股的上市公司有22家，A+B股上市公司86家。

二、上市公司股本规模继续快速扩张

随着上市公司数量的增加，上市公司股本规模持续扩大。其中股本在100亿元以上的公司中银行业居多。截至2011年12月31日，上市公司总股本（包括A股、B股和H股）达36 201亿股，其中境内股本（包括A股和B股）达29 745亿股，境内流通股本（包括流通A股和流通B股）达22 426亿股。上市公司平均总股本达到15.46亿股，其中平均境内总股本及平均境内流通股本分别为12.70亿股和9.58亿股。

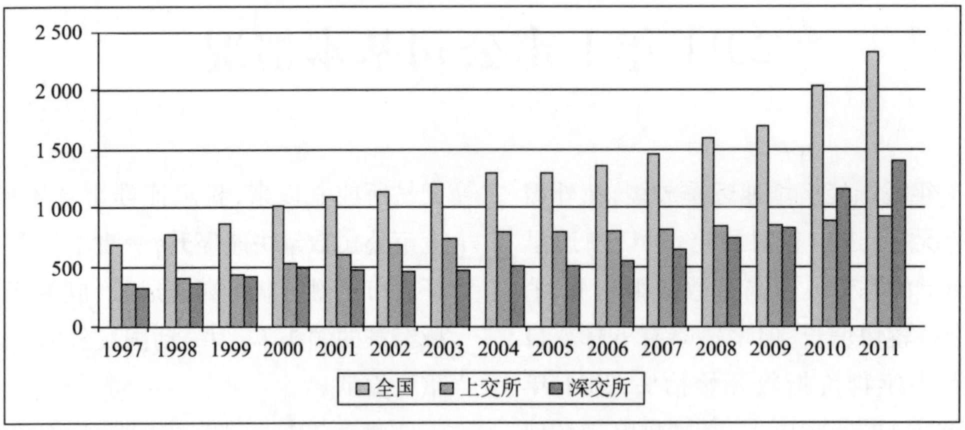

图1　各年全国证券市场上市公司数量(1997—2011年)

表1　2011年底上市公司按股本规模数量分布

总股本规模	上海(家)	深圳(家)	合计(家)
1亿以下	10	160	170
1至2亿	82	408	490
2至3亿	111	282	393
3至5亿	236	253	489
5至10亿	226	194	420
10亿以上	266	114	380
合　计	931	1 411	2 342

统计数据显示，股本规模在5亿股以上的上市公司在1996年底仅为35家，到2011年底增加至800家；股本规模在10亿股以上的特大型企业在1996年底仅为10家，到2011年底增加至380家；股本规模超过100亿股的公司在2011年底达到了44家，分别为工商银行(3 491亿股)、农业银行(3 248亿股)、中国银行(2 791亿股)、建设银行(2 500亿股)、中国石油(1 830亿股)、中国石化(867亿股)、交通银行(619亿股)、中信银行(468亿股)、光大银行(404亿股)、中国建筑(300亿股)、中国人寿(283亿股)、民生银行(267亿股)、上港集团(228亿股)、紫金矿业(218亿股)、招商银行(216亿股)、中国中铁(213亿股)、中国联通(212亿股)、中国神华(199亿股)、中国中冶(191亿股)、浦发银行(187亿股)、宝钢股份(175亿股)、长江电力(165亿股)、国电电力(154亿股)、大秦铁路(149亿股)、中国重工(147亿股)、华能国际(141亿股)、中国铝业(135亿股)、京东方A(135亿股)、大唐发电(133亿股)、中煤能源(133亿股)、中国国航(129亿股)、上海电气(128亿股)、宁波港(128亿股)、中国铁建(123亿股)、中国南车(118

亿股)、中海集运(117 亿股)、东方航空(113 亿股)、上汽集团(110 亿股)、中信证券(110 亿股)、万科 A(110 亿股)、兴业银行(108 亿股)、河北钢铁(106 亿股)、中国远洋(102 亿股)、武钢股份(101 亿股)。

表 2　　2011 年底总股本超过 100 亿股的 44 家公司股本情况

代　码	名　称	总股本(亿股)	A 股(亿股)	H 股(亿股)
601398	工商银行	3 491	2 623	868
601288	农业银行	3 248	2 941	307
601988	中国银行	2 791	1 955	836
601939	建设银行	2 500	96	2 404
601857	中国石油	1 830	1619	211
600028	中国石化	867	699	168
601328	交通银行	619	327	292
601998	中信银行	468	319	149
601818	光大银行	404	404	0
601668	中国建筑	300	300	0
601628	中国人寿	283	208	74
600016	民生银行	267	226	41
600018	上港集团	228	228	0
601899	紫金矿业	218	158	60
600036	招商银行	216	177	39
601390	中国中铁	213	171	42
600050	中国联通	212	212	0
601088	中国神华	199	165	34
601618	中国中冶	191	162	29
600000	浦发银行	187	187	0
600019	宝钢股份	175	175	0
600900	长江电力	165	165	0
600795	国电电力	154	154	0
601006	大秦铁路	149	149	0
601989	中国重工	147	147	0
600011	华能国际	141	105	36
601600	中国铝业	135	96	39
000725	京东方 A	135	122	0
601991	大唐发电	133	100	33
601898	中煤能源	133	92	41
601111	中国国航	129	83	46

续表

代 码	名 称	总股本(亿股)	A 股(亿股)	H 股(亿股)
601727	上海电气	128	99	30
601018	宁波港	128	128	0
601186	中国铁建	123	103	21
601766	中国南车	118	98	20
601866	中海集运	117	79	38
600115	东方航空	113	78	35
600104	上汽集团	110	110	0
600030	中信证券	110	98	12
000002	万科 A	110	97	0
601166	兴业银行	108	108	0
000709	河北钢铁	106	106	0
601919	中国远洋	102	76	26
600005	武钢股份	101	101	0

三、上市公司行业分布合理，地区分布仍不平衡

上世纪 90 年代末起，中国陆续出台西部开发、中部崛起、东北振兴等区域经济规划，但由于资源条件等多方面差别，经济发展区域不平衡的状况未能根本改变，区域发展不平衡使得上市公司的区域分布及业绩增长呈现区域差异。目前，中国经济发展形成了长江三角洲、珠江三角洲和北京三大快速增长的经济圈，并以此为中心带动周边经济发展。

经济发达地区上市公司比较集中，截至 2011 年底，浙江、江苏、上海、北京、深圳、广东等经济发达地区拥有的上市公司数量分别为 226 家、214 家、196 家、194 家、172 家和 167 家，合计占全部上市公司数量的 50%。

经济落后地区的资本证券化发展慢于发达地区。2011 年，少数民族地区的上市公司数量没有显著增长，与东部地区的差距仍然较大。截至 2011 年底，西藏、青海、宁夏、贵州等西部地区上市公司数量分别为 9 家、10 家、12 家和 20 家，与 2010 年底持平。

表 3　2011 年底上市公司按省市区数量分布

地 区	上市公司数量(家)	地 区	上市公司数量(家)
浙 江	226	天 津	37
江 苏	214	新 疆	37
上 海	196	吉 林	37
北 京	194	重 庆	36
深 圳	172	山 西	34

续表

地　区	上市公司数量(家)	地　区	上市公司数量(家)
广　东	167	江　西	31
山　东	145	黑龙江	30
四　川	86	广　西	29
湖　北	81	云　南	28
福　建	81	海　南	25
安　徽	77	甘　肃	24
湖　南	70	内蒙古	22
辽　宁	66	贵　州	20
河　南	63	宁　夏	12
河　北	46	青　海	10
陕　西	38	西　藏	9

注:1. 广东上市公司家数中未包含深圳,深圳数据单独列出。
2. 上海和浙江均将浙报传媒归入本省(市)。

在上市公司区域分布上,华东地区有上市公司 969 家,占全部上市公司的比例为 41.37%,占据最大比重;中南地区其次,有上市公司 607 家,比重为 25.92%;最少的是西北地区,拥有上市公司 121 家,占全部上市公司的 5.17%。上市公司数量区域分布不均衡的状况与我国目前的经济格局基本一致。

表 4　　2011 年底全国上市公司各区域分布

地　区	数量(家)	比例(%)	包括省份
东北地区	133	5.68	辽、吉、黑
华北地区	333	14.22	京、津、冀、晋、内蒙古
西北地区	121	5.17	陕、甘、宁、青、新
华东地区	969	41.37	鲁、苏、皖、浙、沪、赣、闽
中南地区	607	25.92	鄂、湘、桂、粤、琼、豫
西南地区	179	7.64	滇、黔、蜀、藏、渝
合　计	2 342	100.00	—

上市公司行业布局持续优化,金融保险、机械、冶金钢铁、石油化工、能源电力、信息技术等基础产业和新兴产业正在成为市场的主导。一方面,行业之间数量比例变化,带来最佳效益的产业结构;另一方面,各行业互相促进、融合发展,促进产业转型升级。

表 5　　2011 年底全国上市公司按行业比例分布

行　业	上市公司家数	占比(%)	行　业	上市公司家数	占比(%)
机械、设备、仪表	449	19.17	电力、煤气及水的生产和供应业	73	3.12

续表

行　业	上市公司家数	占比(%)	行　业	上市公司家数	占比(%)
石油、化学、塑胶、塑料	253	10.80	社会服务业	69	2.95
金属、非金属	187	7.98	综合类	57	2.43
信息技术业	182	7.77	采掘业	52	2.22
医药、生物制品	144	6.15	建筑业	51	2.18
电　子	140	5.98	农、林、牧、渔业	46	1.96
房地产业	123	5.25	造纸、印刷	43	1.84
批发和零售贸易	122	5.21	金融、保险业	41	1.75
纺织、服装、皮毛	78	3.33	其他制造业	26	1.11
交通运输、仓储业	75	3.20	木材家具	13	0.56

截至2011年底，我国工业类上市公司占上市公司总数的比例继续提高。其中，机械仪表、石油化工、金属非金属三个行业公司合计占全部公司的37.96%，与2010年底相比提升1.74个百分点；电子和信息技术业上市公司数量所占比重由2010年的5.82%、7.27%分别上升到5.98%、7.77%。

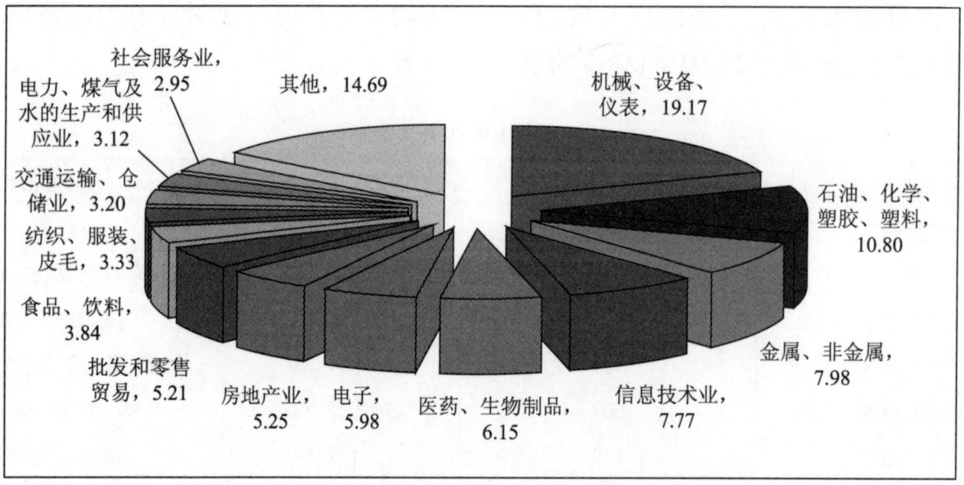

图2　2011年底上市公司按行业数量分布(%)

注：其他行业包括综合类、采掘业、建筑业、农林牧渔业、造纸印刷、金融保险业、传播与文化产业、木材家具和其他制造业等行业。

四、中国证监会发布转融通业务监督管理试行办法

中国证监会于2011年10月26日发布公文,《转融通业务监督管理试行办法》于2011年7月5日中国证券监督管理委员会第300次主席办公会议审议通过，并从发布公文之日起施行。

转融通业务是指由银行、基金和保险公

司等机构提供资金和证券，证券公司作为中介将这些资金和证券提供给融资融券客户。投资者以部分自有资金（或证券）以及向金融机构借入的其余部分资金（或证券）买入（或卖出）某种证券，其不足部分，即为向证券金融机构借入的垫付款（或证券），证券金融机构垫付的差价款在多数情况下是向银行的贷款或在货币市场上的融资，称为转融通，包括资金转融通和证券转融通。

短期来看，受融券数量限制、相关法律尚不成熟及融券成本较高的影响，转融通制度的推出对A股市场的影响并不明显。而就长期来看，随着相关法律及融资融券规则的完善，在证券市场中引入相对完整的融资融券机制是健全证券市场功能的重要内容。

五、2011年上市公司经营概况

根据上市公司2011年披露的年报数据统计显示，2011年度全部上市公司共实现营业收入220 742亿元，营业利润25 131亿元，归属于母公司所有者净利润19 107亿元。

2011年是“十二五”开局之年，国内投资、消费实现较快增长，通过调整经营计划，上市公司的营业收入和盈利能力都有了较为明显的提高。按可比口径计算（剔除2011年新上市公司），上市公司2011年实现营业收入214 040亿元，同比增长23.56%；营业利润24 578亿元，同比增长12.86%；归属于母公司净利润18 623亿元，同比增长13.18%。

上市公司2011年年报数据呈现出以下特点：

（一）上市公司经营状况与国民经济走势齐头并进

上市公司的盈利能力与国民经济发展状况密切相关，受益于国民经济良好的发展态势，2011年我国上市公司营业收入及盈利能力均有一定程度的提高，而上市公司良好的经营状况也印证了国民经济的良好发展态势。

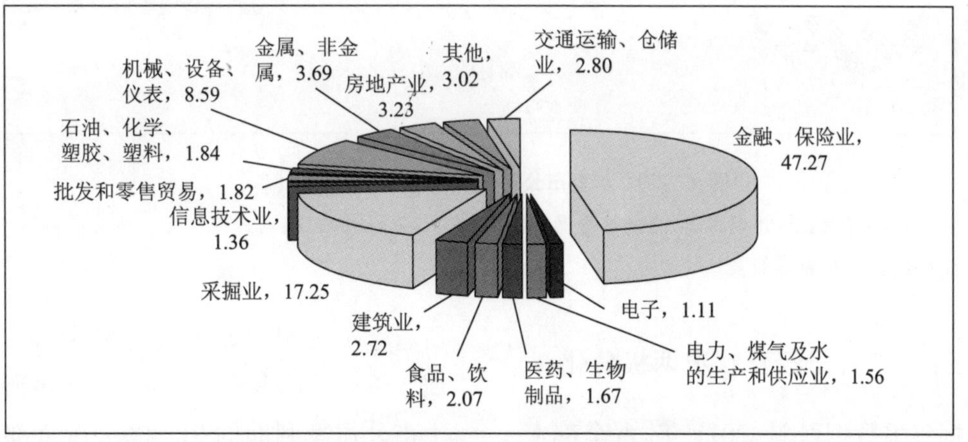

图3　2011年上市公司净利润分行业构成（%）

注：其他包括社会服务业，纺织、服装、皮毛，综合类，传播与文化产业，其他制造业，农、林、牧、渔业，造纸、印刷和木材家具。

(二)国内经济增速下降但仍处高位,亏损公司数量增加

2011 年我国经济增速逐季下降,但仍处于快速增长阶段,在经济增速趋缓的背景下,上市公司盈利能力进一步分化,盈利较好公司继续增长,部分盈利较差公司转入亏损状态。根据年报披露情况来看,上市公司盈利公司数量为 2 177 家,同比增加 11.99%,占全部上市公司总数的 92.95%。按可比口径计算,2011 年度亏损公司数量为 162 家,较 2010 年增加 44 家。

根据上市公司盈利水平分布状况统计,2011 年度实现归属于母公司净利润超过 6 000万元水平的上市公司数量为 1 448 家,比 2010 年的 1 242 家增加 206 家,增长幅度为 16.59%;而实现归属于母公司净利润超过 1 亿元的上市公司数量为 1 080 家,较 2010 年的 943 家增加 137 家,增长幅度为 14.53%;实现归属于母公司净利润超过 10 亿元的有 175 家,较 2010 年的 160 家增加 15 家;超过 100 亿元的有 22 家,较 2010 年的 21 家增加 1 家。

根据上市公司 2011 年年报数据统计,主营业务收入、归属于母公司净利润、净资产和总资产等指标都实现了稳步增长,净资产收益率小幅回落。

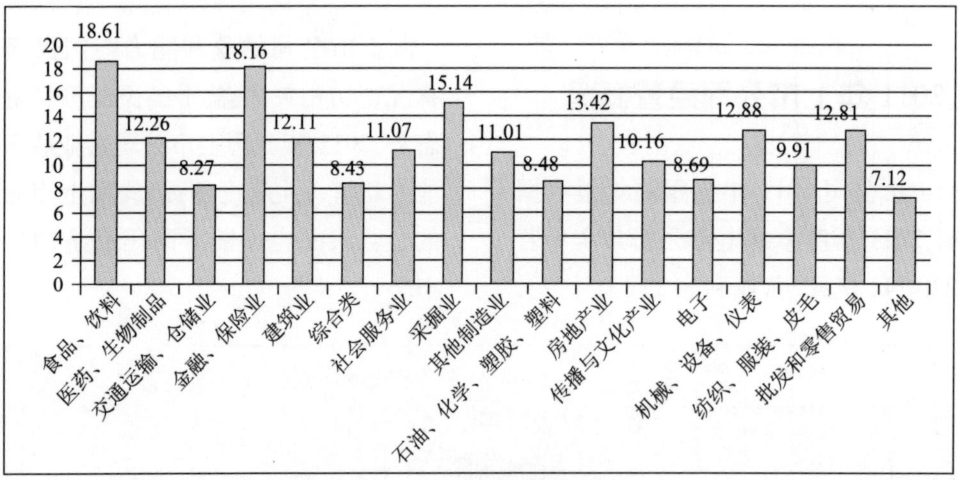

图 4 2011 年上市公司分行业净资产收益率(%)

注:其他包括木材家具、金属非金属、信息技术业、农林牧渔业、电力煤气及水的生产和供应业、造纸印刷等行业。

(三)上市公司经营状况两极分化

根据年报数据统计,2011 年,占全部上市公司总数 20% 的上市公司(盈利居前的 468 家公司)实现营业收入 178 107 亿元,占所有上市公司营业收入的 80.69%;实现归属于母公司净利润 17 948 亿元,占所有盈利上市公司净利润的 91.80%,占全部上市公司所有净利润的 93.93%。

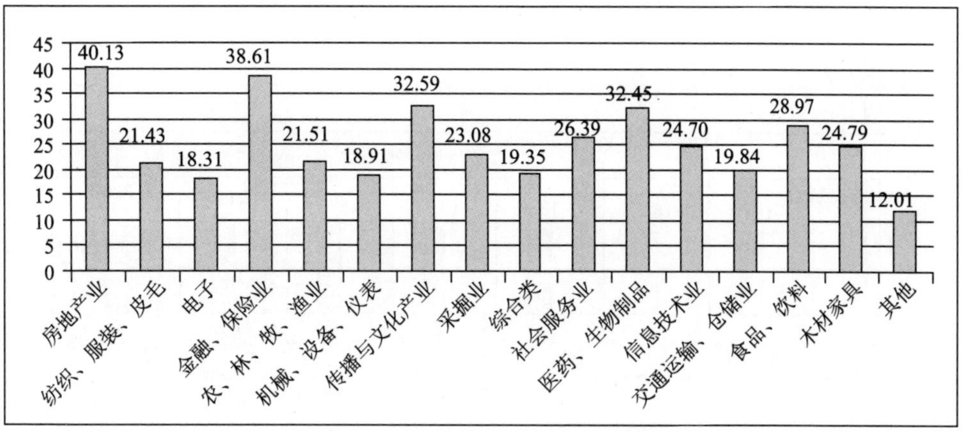

图5 2011年上市公司分行业毛利率(%)

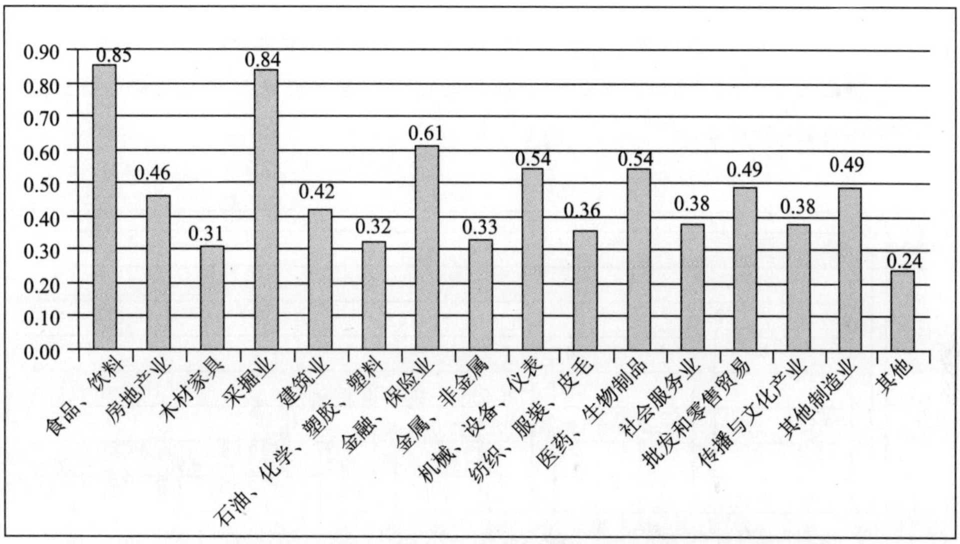

图6 2011年上市公司分行业平均每股收益(单位:元)

注:其他包括信息技术业、电子、交通运输仓储业、综合类、农林牧渔业、电力煤气及水的生产和供应业、造纸印刷等行业。

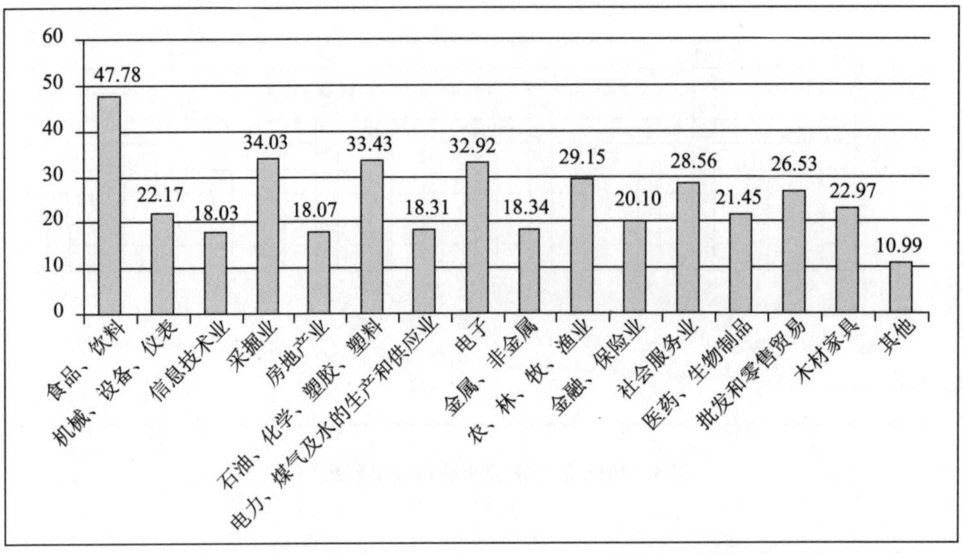

图 7　2011 年上市公司分行业主营业务收入增长率(%)

注:其他包括综合类、纺织服装皮毛、传播与文化产业、其他制造业、交通运输仓储业、造纸印刷业、建筑业等行业。

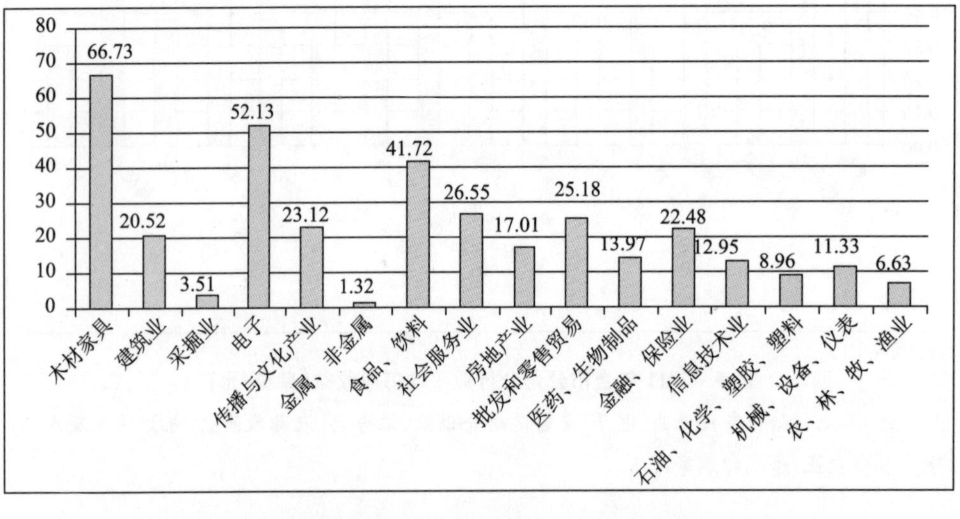

图 8　2011 年上市公司分行业归属于母公司净利润增长率(%)

注:纺织服装皮毛、综合类、其他制造业、电力煤气及水的生产和供应业、交通运输仓储业、造纸印刷行业 2011 年归属于母公司净利润实现负增长。

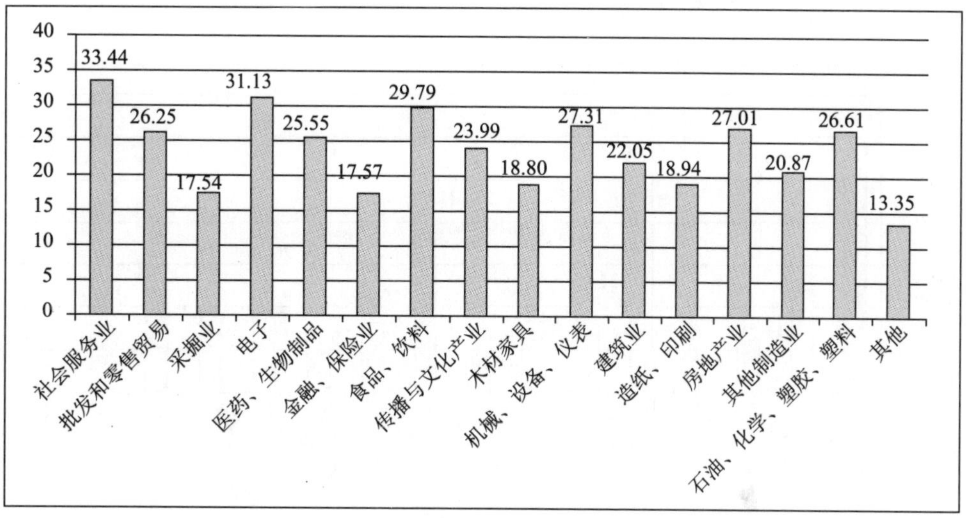

图9　2011年上市公司分行业总资产增长率(%)

注:其他包括信息技术业、综合类、纺织服装皮毛、金属非金属、电力煤气及水的生产和供应业、农林牧渔业和交通运输仓储业等行业。

2011年,所有上市公司中归属于母公司净利润排名前10位的分别是工商银行、建设银行、中国石油、中国银行、农业银行、中国石化、交通银行、中国神华、招商银行和中信银行。这10家上市公司共实现营业收入65 960亿元,占全部上市公司营业收入的29.88%;实现营业利润13 181亿元,占全部上市公司营业利润的52.45%;实现归属于母公司净利润9 908亿元,占全部上市公司净利润的51.86%。

2011年我国上市公司的盈利能力两极分化现象与2010年基本一致,随着今后国有大型企业整体上市、资产注入步伐加快以及优质红筹公司的回归,预计这一现象将会持续。我国证券市场上市公司呈现出两极分化的趋势与国际成熟市场的发展趋势相似,这也说明随着市场主体结构的变化和投资者的日趋成熟,我国证券市场在不断发展和成熟。

(四)周期性行业年度业绩表现不佳

2011年是"十二五"开局之年,也是经济形势异常复杂的一年。总体来看,我国经济仍处于由危机应对向常规增长转型的过程之中,也正在开始由传统发展方式向新的发展方式转型。从2011年全年来看,经济增速呈现逐季下滑的态势,同时价格涨幅逐月升高后高位回落,由于国内外宏观经济增速放缓并持续低迷,周期性行业景气度下行,按不同细分行业在产业链中的位置,地产、汽车等处在产业下游,受需求影响较直接;钢铁、化纤处于中游,有色金属、煤炭则在上游。

2011年国内投资有所趋缓,2011年全社会固定资产投资30.10万亿元,同比增长23.6%,增速较上一年回落0.2个百分点,投资增速有所回落。从行业利润水平分行业来看,交通运输、仓储业净利润下降34.39%,同时金属、非金属业以及石油、化学、塑胶、塑料业净利润增长率大幅放缓，增幅分别为 3.95% 和 9.10%。

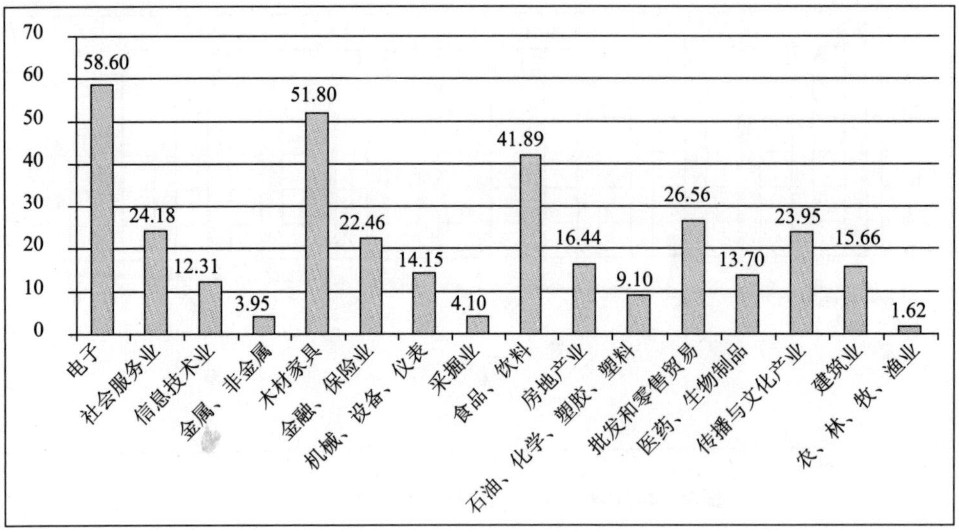

图 10　2011 年上市公司分行业净利润增长率(%)

注:纺织服装皮毛、综合类、其他制造业、电力煤气及水的生产和供应业、交通运输仓储业、造纸印刷行业 2011 年净利润实现负增长。

(五)各地上市公司的经营状况呈现地域差异

根据上市公司 2011 年年报，比较各省、市、自治区平均每家上市公司的主营业务收入状况(见表 6)，平均每家上市公司营业收入靠前的省市依次是北京、上海、山西、河北和江西，排名靠后的依次是海南、吉林、陕西、宁夏和西藏。北京的上市公司平均营业收入达 534.25 亿元/家，是最后一位西藏上市公司平均营业收入的 32 倍，差距较上年同期虽然有所减少但依然巨大。我国这种各地上市公司经营成果悬殊的状况同我国大部分国有大型企业总部设在北京且注册在北京的背景相符。

表 6　2011 年全国各省区上市公司平均营业收入和归属于母公司净利润状况

省　区	上市公司数量(家)	营业收入(亿元)	归属于母公司净利润(亿元)	平均营业收入(亿元/家)	平均归属于母公司净利润(亿元/家)
北　京	194	103 644.53	11 103.67	534.25	57.24
上　海	196	24 101.67	1 753.17	122.97	8.94
深　圳	172	11 434.57	1 329.24	66.48	7.73
山　东	145	7 288.93	467.88	50.27	3.23
江　苏	214	7 262.62	472.60	33.94	2.21
广　东	167	7 198.17	441.26	43.10	2.64
浙　江	226	6 295.72	514.90	27.86	2.28

续表

省　区	上市公司数量(家)	营业收入(亿元)	归属于母公司净利润(亿元)	平均营业收入(亿元/家)	平均归属于母公司净利润(亿元/家)
福　建	81	4 673.93	470.57	57.70	5.81
安　徽	77	4 595.69	281.70	59.68	3.66
河　北	46	4 344.72	188.82	94.45	4.10
四　川	86	4 341.43	246.61	50.48	2.87
辽　宁	66	4 125.47	125.14	62.51	1.90
山　西	34	4 076.29	284.65	119.89	8.37
湖　北	81	3 751.46	143.24	46.31	1.77
湖　南	70	3 223.51	237.17	46.05	3.39
河　南	63	3 098.04	129.83	49.18	2.06
江　西	31	2 810.71	134.82	90.67	4.35
天　津	37	2 368.91	-12.86	64.02	-0.35
内蒙古	22	1 660.86	170.57	75.49	7.75
重　庆	36	1 430.57	56.83	39.74	1.58
新　疆	37	1 307.86	67.86	35.35	1.83
广　西	29	1 242.81	51.18	42.86	1.76
云　南	28	1 229.25	46.06	43.90	1.65
甘　肃	24	1 029.75	38.45	42.91	1.60
吉　林	37	950.36	54.84	25.69	1.48
黑龙江	30	867.29	41.86	28.91	1.40
陕　西	38	743.23	30.92	19.56	0.81
贵　州	20	669.93	124.83	33.50	6.24
海　南	25	663.86	49.09	26.55	1.96
青　海	10	507.29	46.29	50.73	4.63
宁　夏	12	208.92	8.09	17.41	0.67
西　藏	9	148.55	13.22	16.51	1.47
总　计	2 342	220 742.15	19 106.96	94.25	8.16

注:上海和浙江均将浙报传媒归入本省(市)。

我国上市公司的盈利情况也存在区域性差异。2011年,平均每家上市公司归属于母公司净利润靠前的省市依次是北京、上海、山西、内蒙古和深圳,排名靠后的依次是西藏、黑龙江、陕西、甘肃、宁夏和天津。与西部经济欠发达地区的上市公司相比,东部的经济发达地区上市公司数量较多且经营业绩更好,反映出我国经济实力东强西弱的整体格局。

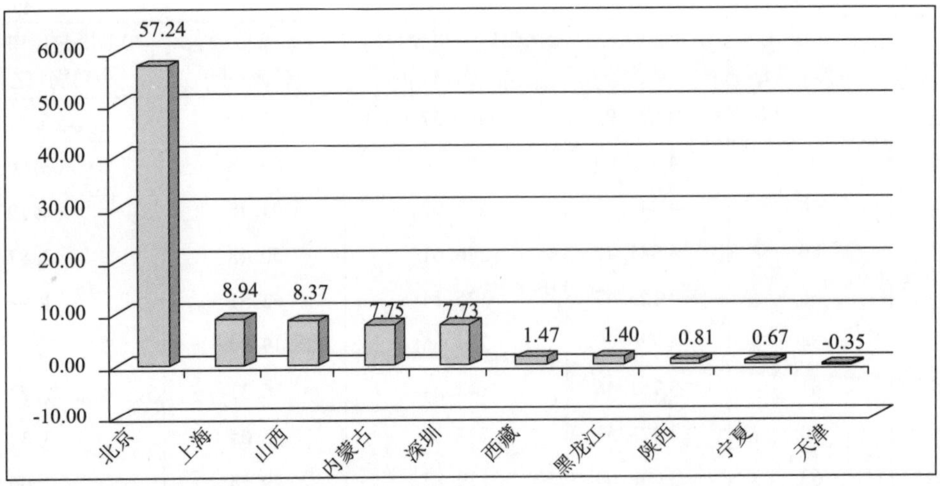

图 11　2011 年平均每家上市公司归属于母公司净利润排名前五名和后五名省份(单位:亿元/家)

六. 能源及国民经济支柱性产业上市公司在所属行业中的影响力

(一)石油和天然气开采业

2011 年,国内石油和天然气开采业原油总产量 2.04 亿吨,天然气产量 1 025.31 亿立方米。按中国证监会行业划分,归属石油和天然气开采业的上市公司原油产量 1.63 亿吨,占全行业原油产量比重为 79.87%;天然气产量 825.02 亿立方米,占全行业天然气产量比重为 80.47%。从营业收入占比来看,2011 年上市公司营业收入在国内石油和天然气开采业工业企业主营收入中的比重为 80.11%。

表 7　　石油和天然气开采业上市公司在全行业中的地位

年　份	上市公司主要产品产量				营业收入/所属行业工业企业主营收入(%)
	原油(亿吨)	全行业占比(%)	天然气(亿立方米)	全行业占比(%)	
2011 年	1.63	79.87	825.02	80.47	80.11

注:依据上市公司年报中披露的算法,中国石油原油产量按 1 吨 = 7.389 桶,天然气按 1 立方米 = 35.315 立方英尺换算,中国石化原油产量按 1 吨 = 7.1 桶,天然气按 1 立方米 = 35.31 立方英尺换算。

(二)黑色金属冶炼及压延加工业

2011 年,国内粗钢产量 6.83 亿吨;按中国证监会行业划分,归属黑色金属冶炼及压延加工业的上市公司粗钢产量 2.48 亿吨,占全行业粗钢产量的比重为 36.33%。

2011 年,国内钢材产量 8.81 亿吨;按中国证监会行业划分,归属黑色金属冶炼及压延加工业的上市公司钢材产量 2.33 亿吨,占全行业钢材产量的比重为 26.48%。

从营业收入占比来看,2011 年黑色金属冶炼及压延加工业上市公司营业收入占所属行业工业企业主营收入的比例为 20.18%。

从利润总额占比来看,2011 年黑色金属冶炼及压延加工业上市公司利润总额占所属行业工业企业利润总额的比例为 9.89%。

从总资产占比来看,2011 年黑色金属冶炼及压延加工业上市公司总资产占所属行业工业企业总资产的比例为 24.38%。

表 8　黑色金属冶炼及压延加工业上市公司在所属行业中的地位

年　份	上市公司主要产品产量(亿吨)				营业收入/工业企业主营收入(%)	利润总额/工业企业利润总额(%)	总资产/工业企业总资产(%)
	粗钢	全行业占比(%)	钢材	全行业占比(%)			
2011 年	2.48	36.33	2.33	26.48	20.18	9.89	24.38

(三)电力、煤气及水的生产和供应业

2011 年,国内发电量 46 036.60 亿千瓦时;按中国证监会行业划分,归属电力、煤气及水的生产和供应业上市公司发电量 14 313.37亿千瓦时,占全行业发电量的比重为 31.09%。

从营业收入占比来看,2011 年电力、煤气及水的生产和供应业上市公司营业收入占所属行业工业企业主营收入的比例为 12.66%。

从利润总额占比来看,2011 年电力、煤气及水的生产和供应业上市公司利润总额占所属行业工业企业利润总额的比例为 22.79%。

从总资产占比来看,2011 年电力、煤气及水的生产和供应业上市公司总资产占所属行业工业企业总资产的比例为 19.62%。

表 9　电力、煤气及水的生产和供应业上市公司在所属行业中的地位

年　份	上市公司主要产品产量		营业收入/工业企业主营收入(%)	利润总额/工业企业利润总额(%)	总资产/工业企业总资产(%)
	发电量(亿千瓦时)	全行业占比(%)			
2011 年	14 313.37	31.09	12.66	22.79	19.62

(四)煤炭开采和洗选业

2011 年,国内煤炭产量 35.20 亿吨;按中国证监会行业划分,归属煤炭开采和洗选业上市公司的煤炭产量为 8.28 亿吨,占全行业煤炭产量的比重为 23.53%。

从营业收入占比来看,2011 年煤炭开采和洗选业上市公司营业收入占所属行业工业企业主营收入的比例为 22.86%。

从利润总额占比来看,2011 年煤炭开采和洗选业上市公司利润总额占所属行业工业企业利润总额的比例为 32.10%。

从总资产占比来看,2011 年煤炭开采和洗选业上市公司总资产占所属行业工业企业总资产的比例为 28.22%。

表 10　煤炭开采和洗选业上市公司在所属行业中的地位

年　份	上市公司主要产品产量		营业收入/工业企业主营收入(%)	利润总额/工业企业利润总额(%)	总资产/工业企业总资产(%)
	煤炭(亿吨)	全行业占比(%)			
2011 年	8.28	23.53	22.86	32.10	28.22

（五）交通运输设备制造业

2011 年，国内汽车销量 1 850.50 万辆；按中国证监会行业划分，归属交通运输设备制造业上市公司汽车销量 982.72 万辆，占全行业汽车销量的比重为 53.11%。

从营业收入占比来看，2011 年归属交通运输设备制造业上市公司营业收入占所属行业工业企业主营收入的比例为 19.77%。

从利润总额占比来看，2011 年归属交通运输设备制造业上市公司利润总额占所属行业工业企业利润总额的比例为 19.75%。

从总资产占比来看，2011 年归属交通运输设备制造业上市公司总资产占所属行业工业企业总资产的比例为 21.59%。

表 11　　交通运输设备制造业上市公司在所属行业中的地位

年　份	上市公司主要产品销量		营业收入/工业企业主营收入（%）	利润总额/工业企业利润总额（%）	总资产/工业企业总资产（%）
	汽车（万辆）	全行业占比（%）			
2011 年	982.72	53.11	19.77	19.75	21.59

注：上市公司汽车销量包含合营、联营企业的数据。

（六）航空

2011 年，航空业上市公司运输总周转量为 476.23 亿吨公里，占全行业的比例为 83.08%。

航空业上市公司旅客周转量为3 824.27 亿客公里，占全行业的比例为 84.67%。

航空业上市公司货邮周转量为 135.70 亿吨公里，占全行业的比例为 79.05%。

表 12　　航空业上市公司在所属行业中的地位

年　份	上市公司运输总周转量（亿吨公里）	全行业占比（%）	上市公司旅客周转量（亿客公里）	全行业占比（%）	上市公司货邮周转量（亿吨公里）	全行业占比（%）
2011 年	476.23	83.08	3 824.27	84.67	135.70	79.05

注：山航 B 股只披露了总周转量数据，且占行业比例只有 2.52%，故上市公司数据剔除了山东航空。

（七）金融

2011 年，银行业上市公司总资产为 74.50 万亿元；上市公司总负债 69.97 万亿元；银行业上市公司贷款总额 37.77 万亿元；上市公司存款总额 56.93 万亿元；各项指标占全行业的比重均在 66.00% 左右。

表 13　　银行业上市公司在所属行业中的地位　　单位：万亿元

年　份	上市公司总资产	全行业占比（%）	上市公司总负债	全行业占比（%）	上市公司总权益	全行业占比（%）	上市公司贷款总额	全行业占比（%）	上市公司存款总额	全行业占比（%）
2011 年	74.50	65.76	69.97	65.96	4.52	62.74	37.77	64.90	56.93	68.86

2011 年，保险业上市公司总资产为 4.83 万亿元，占全行业的比例为 80.26%；

上市公司原保费收入为 0.77 万亿元，占全行业的比例为 53.71%；上市公司财产险总额为 0.14 万亿元，占全行业的比例为 31.38%；上市公司人身险总额为 0.63 万亿元，占全行业的比例为 64.31%。

表 14　　保险业上市公司在所属行业中的地位　　单位：万亿元

年　份	上市公司总资产	全行业占比(%)	上市公司原保费收入	全行业占比(%)	上市公司财产险	全行业占比(%)	上市公司人身险	全行业占比(%)
2011 年	4.83	80.26	0.77	53.71	0.14	31.38	0.63	64.31

2011 年，证券期货上市公司总资产为 6 573.02亿元，占全行业的比例为 41.87%；净资产为 2 973.83 亿元，占全行业的比例为 47.18%；营业收入为 672.96 亿元，占全行业的比例为 49.50%；净利润为 250.07 亿元，占全行业的比例为 63.51%；代理买卖收入为 240.66 亿元，占全行业的比例为 34.94%。

表 15　　证券期货上市公司在所属行业中的地位　　单位：亿元

2011 年	营业收入	净利润	总资产	净资产	代理买卖收入
上市券商	672.96	250.07	6 573.02	2 973.83	240.66
全行业	1 359.50	393.77	15 700.00	6 302.55	688.87
上市券商占比(%)	49.50	63.51	41.87	47.18	34.94

七. 金融类上市公司在证券市场依然占据主导地位

截至 2011 年 12 月 31 日，我国证券市场共有金融类上市公司 41 家，其中银行类上市公司 16 家、保险类上市公司 4 家、证券期货类上市公司 16 家、信托类上市公司 3 家、其他金融业上市公司 2 家。41 家金融类上市公司占全部上市公司数量的 1.75%，其总股本、境内流通股本分别为 15 640 亿股、7 255亿股，占全部上市公司总股本、境内流通总股本的43.20%和32.35%；主营业务收入和归属于母公司净利润分别为 43 976 亿元和 9 508 亿元，占所有上市公司的 19.92%和 49.76%。金融类公司作为资本市场的中坚力量，依然占据证券市场的主导地位。

表 16　　2011 年底金融类上市公司股本、市值情况

代　码	证券简称	总股本(亿股)	境内流通股本(亿股)	境内总股本(亿股)	境内总市值(亿元)	行业简称
601398	工商银行	3 490.83	2 622.89	2 622.89	11 121.06	银行业
601288	农业银行	3 247.94	204.56	2 940.55	7 704.25	银行业
601988	中国银行	2 791.47	1 955.25	1 955.25	5 709.33	银行业
601939	建设银行	2 500.11	95.94	95.94	435.55	银行业
601328	交通银行	618.86	327.09	327.09	1 465.37	银行业

续表

代　码	证券简称	总股本（亿股）	境内流通股本（亿股）	境内总股本（亿股）	境内总市值（亿元）	行业简称
601998	中信银行	467.87	316.91	319.05	1 288.97	银行业
601818	光大银行	404.35	152.17	404.35	1 164.52	银行业
600016	民生银行	267.15	225.88	225.88	1 330.41	银行业
600036	招商银行	215.77	176.66	176.66	2 096.97	银行业
600000	浦发银行	186.53	149.23	186.53	1 583.68	银行业
601166	兴业银行	107.86	107.86	107.86	1 350.46	银行业
600015	华夏银行	68.50	49.91	68.50	769.22	银行业
601169	北京银行	62.28	62.28	62.28	577.92	银行业
000001	深发展 A	51.23	31.05	51.23	798.73	银行业
601009	南京银行	29.69	29.69	29.69	275.52	银行业
002142	宁波银行	28.84	24.81	28.84	264.16	银行业
600030	中信证券	110.17	98.15	98.39	955.33	证券、期货业
600837	海通证券	82.28	82.28	82.28	609.68	证券、期货业
601688	华泰证券	56.00	17.72	56.00	437.92	证券、期货业
600999	招商证券	46.61	24.56	46.61	474.50	证券、期货业
000776	广发证券	29.60	7.75	29.60	621.53	证券、期货业
002500	山西证券	24.00	14.58	24.00	155.27	证券、期货业
000783	长江证券	23.71	23.71	23.71	169.54	证券、期货业
600369	西南证券	23.23	7.98	23.23	200.44	证券、期货业
601377	兴业证券	22.00	15.20	22.00	204.60	证券、期货业
601555	东吴证券	20.00	2.75	20.00	131.40	证券、期货业
000728	国元证券	19.64	19.64	19.64	166.95	证券、期货业
601099	太平洋	15.03	14.84	15.03	101.17	证券、期货业
000562	宏源证券	14.61	14.61	14.61	156.64	证券、期货业
600109	国金证券	10.00	10.00	10.00	99.22	证券、期货业
000750	国海证券	7.17	1.47	7.17	79.92	证券、期货业
000686	东北证券	6.39	6.39	6.39	79.27	证券、期货业
601628	中国人寿	282.65	208.24	208.24	3 673.27	保险业
601601	中国太保	86.00	62.08	62.87	1 207.68	保险业
601318	中国平安	79.16	47.86	47.86	1 648.44	保险业
601336	新华保险	31.17	1.27	20.86	581.28	保险业
600643	爱建股份	8.20	8.18	8.20	52.51	金融信托业
600816	安信信托	4.54	4.54	4.54	61.08	金融信托业
000563	陕国投 A	3.58	3.58	3.58	36.38	金融信托业
601901	方正证券	61.00	15.00	61.00	254.37	其他金融业
601788	光大证券	34.18	10.93	34.18	348.64	其他金融业

2011 年沪市上市公司年报业绩总体情况分析

截至 2012 年 4 月 28 日,沪市 938 家上市公司全部如期披露了 2011 年年报(其中 5 家新上市公司以招股说明书的形式披露了年度财务资料)。年报显示,面对国内外复杂的宏观经济形势,2011 年沪市上市公司整体业绩受到显著影响,12.46% 的业绩增幅是自 2009 年上市公司整体走出金融危机之后的增速低点,而扣除 31 家金融类公司相关数值的影响后,沪市 907 家非金融类上市公司的净利润增幅仅为 1.05%,呈现出增收不增利的特点。与沪市上市公司整体业绩水平相比,以上证 50 指数样本股为代表的大盘蓝筹股业绩表现突出,表现出高于市场平均水平的盈利能力。从行业数据来看,2011 年度除金融保险业、建筑业以及传播和文化产业业绩继续保持较快增长以外,其他行业的业绩增长都明显放缓,交通运输仓储业、电力煤气及水的生产和供应业以及农林牧渔业甚至出现大幅度的负增长。

年报数据也显示,受到原材料、人工等成本持续上涨等诸多不利因素的影响,2011 年非金融类上市公司毛利率为 18.37%,较 2010 年下降 1.32 个百分点。过半公司经营活动产生的现金流量净额同比出现下滑,建设周期长、资金需求大的房地产业和建筑业经营活动甚至出现了入不敷出的情况。

2011 年,沪市 938 家公司中有 289 家上市公司发生公允价值变动损益,家数比上年度增加 20 家,其中 92 家实现了收益,196 家为亏损。金融保险及交通运输类上市公司的公允价值变动损益绝对金额较大,但总体而言,公允价值变动损益对上市公司净利润的影响不大。

2011 年,沪市上市公司获得 698.46 亿元的非经常性收益,占当期净利润的 4.25%,对整体上市公司业绩质量影响不大。分项来看,非流动资产处置损益、政府补助和同一控制下企业合并产生的子公司期初至合并日的当期净损益仍然是非经常性收益的主要来源。

2011 年年报披露后,共有 579 家上市公司公布了利润分配预案,占沪市上市公司总数的 62%,较 2010 年和 2009 年呈逐年上升趋势。属于红利指数的 50 家公司,除哈药股份外,其余 49 家公司全部公布了利润分配预案,而且全部包含派现方案。从利润分配行为构成来看,绝大多数公司仍旧采取了单纯派现的分配方式,2011 年沪市上市公司总派现金额达到 5 156 亿元,占同期净利润总额的 31.4%。

2011 年年报披露期,共有 377 家公司发布了 2011 年业绩预告,占全部公司的 40.19%,占应预告公司的 106.50%,仅有少数公司应发布而未发布业绩预告。377 家预告公司中,有 76 家公司在首次预告后又做了更正公告,其中有 22 家公司在首次预告后发布了业绩变脸预告,有 3 家公司发布了 2 次或 2 次以上业绩预告更正公告。除此之外，还有 117 家公司在年报披露前发布了业绩快报。

一、年报整体业绩情况

结合上市公司 2011 年年报披露的财务数据[①]，就其业绩总体情况、主要特点，以及从业绩分析发现的值得关注的问题等方面分析如下：

（一）上市公司 2011 年年报业绩的总体情况[②]

2011 年度，548 家上市公司净利润较 2010 年有所增长，占全体沪市上市公司的 58%。同时，78 家上市公司出现亏损，亏损面达 8%，较 2010 年的亏损比例 6% 有所上升。

根据统计，2011 年度沪市上市公司的总营业收入为 178 433.24 亿元，同比增长 21.61%；总营业成本为 119 889.33 亿元，同比增长 23.90%，毛利率略有下降。2011 年沪市上市公司的营业利润总额为 21 859.37 亿元，同比增长 13.63%；净利润为 16 422.87 亿元，同比增长 12.46%。2011 年沪市上市公司实现加权平均每股收益和每股净资产分别为 0.55 元和 3.68 元，较上年同期增长 6.31% 和 8.15%；但净资产收益率略有下降，2011 年沪市上市公司加权平均净资产收益率为 14.99%，较上年同期下降 1.70%。

表 1

指　标	2011 年	2010 年	增长率（%）
基本每股收益（元）	0.5510	0.5183	6.31
每股净资产（元）	3.6800	3.4000	8.15
净资产收益率（%）	14.99	15.25	-1.70

值得关注的是，扣除 31 家金融类公司相关数值的影响后，沪市 907 家非金融类上市公司呈现出增收不增利的特点。2011 年度非金融类上市公司总营业收入为 146 863.17 亿元，同比增长 21.91%，占全体上市公司总营业收入的 82.31%；实现净利润 7 089.89 亿元，同比增幅仅为 1.05%，占全体上市公司净利润的 43.17%。同时，年度内加权平均基本每股收益和净资产收益率分别下降 7.75% 和 9.80%。

表 2

项　目	2011 年			增长率	
	全体上市公司	非金融类公司	非金融类公司占比（%）	全体上市公司（%）	非金融类公司（%）
营业收入（亿元）	178 433.24	146 863.17	82.31	21.61	21.91
净利润（亿元）	16 422.87	7 089.89	43.17	12.46	1.05

① 上市公司财务数据由 Wind 资讯提供。

② 本文 2010 年度的比较数据均以 2011 年年报披露的上期数为准，是可比数据，如因会计政策变更及会计差错更正等追溯调整或重述以前年度会计数据的，本文以调整后数据为准；本文净资产、净利润均指归属于母公司（上市公司）股东的净资产和净利润。

续表

项　目	2011年			增长率	
	全体上市公司	非金融类公司	非金融类公司占比(%)	全体上市公司(%)	非金融类公司(%)
基本每股收益(元)	0.5510	0.4932	—	6.31	-7.75
每股净资产(元)	3.68	4.10	—	8.15	2.27
净资产收益率(%)	14.99	12.03	—	-1.70	-9.80

(二)上市公司2011年年报业绩的主要特点

1. 利润构成分析表明,多因素共同作用下2010年沪市上市公司总体业绩增速放缓

2011年度,79%的沪市上市公司实现营业收入增长,53%的上市公司实现营业收入、净利润双增长。相较于2010年沪市上市公司营业收入、净利润同比34.34%和37.25%的高增长,2011年面对国内外复杂多变的经济形势,上市公司经营面临较大压力,总体业绩增速放缓。

表3　　单位:亿元

项　目	2011年		2010年		增长率(%)
	金　额	利润构成(%)	金　额	利润构成(%)	
营业收入	178 433.24	1 086.49	146 723.47	1 004.77	21.61
营业成本	119 889.33	730.01	96 761.85	662.63	23.90
销售费用	4 005.99	24.39	3 577.38	24.50	11.98
管理费用	14 127.03	86.02	11 951.42	81.84	18.20
财务费用	1 481.91	9.02	1 126.13	7.71	31.59
资产减值损失	2 916.80	17.76	2 191.00	15.00	33.13
公允价值变动收益	12.66	0.08	88.75	0.61	-85.74
投资收益	3 013.10	18.35	2 647.95	18.13	13.79
营业利润	21 859.37	133.10	19 237.06	131.74	13.63
营业外收支净额	609.31	3.71	453.70	3.11	34.30
利润总额	22 469.10	136.82	19 704.18	134.93	14.03
净利润	16 422.87	100.00	14 602.75	100.00	12.46

(1)上市公司毛利率水平略有下降。2011年,受国内经济增长减速、欧债危机引发外围市场需求下滑,同时原材料、人工等成本持续上涨等诸多不利因素的影响,沪市上市公司整体毛利率水平小幅下滑。2011年非金融类上市公司毛利率为18.37%,较2010年下降1.32个百分点。

(2)三费合计增长18%,财务费用增幅显著。2011年度沪市938家上市公司三项费用合计增长17.77%,其中销售费用、管理费用增长保持在合理水平内,均未超过营业收入增幅,而财务费用上升幅度达到31.59%,主要原因是年度内上市公司利息支出显著增加。2011年,国内货币环境整体偏紧,市场利率高企,这造成上市公司的贷款利息支出增加,进而侵蚀公司利润。

(3)资产减值损失继续加大。2011 年，沪市上市公司资产减值损失达 2 916.80 亿元，较 2010 年的 2 191.00 亿元增长 33.13%。分项来看，坏账损失、存货跌价损失、固定资产减值损失依然是资产减值损失的主要组成项目。2011 年沪市上市公司共计提坏账损失 157.02 亿元，同比增长 11.43%；存货跌价损失 217.13 亿元，同比增长 90.49%；固定资产减值损失 180.90 亿元，同比下降 4.65%。受国内外经济放缓需求减少的影响，许多上市公司出现存货增加、周转率下降的局面。同时，部分上市公司所处行业景气度下降，导致存货价格下跌而使得资产减值损失增加，吞噬利润。

(4)公允价值变动收益大幅减少。沪市上市公司 2011 年年报显示，共有 288 家上市公司发生公允价值变动损益，其中 92 家公司产生公允价值变动收益，总额为 120.89 亿元，196 家公司发生公允价值变动损失，总额为 108.24 亿元，两者合计反映为净收益 12.66 亿元，较上年同期下降 85.74%。根据统计，2011 年公允价值变动损失金额前 10 名上市公司中有 9 家上市公司为金融类公司，其公允价值变动损益合计为 -69.43 亿元，主要源于金融类上市公司采用公允价值计量的资产比重大，2011 年交易性金融资产和衍生金融工具市值的下降导致金融类上市公司金融资产公允价值变动损失。

(5)非经常性收益占比连续三年下降。2011 年，沪市上市公司获得 698.46 亿元的非经常性收益，占当期净利润的 4.25%。统计数据表明，近三年来非经常性收益对整体上市公司业绩的影响不大。

表 4 单位：亿元

项　目	2011 年	2010 年	2009 年
非经常性损益	698.46	696.04	712.31
占当期净利润比例(%)	4.25	4.77	6.73

分项来看，非流动资产处置损益、政府补助、同一控制下企业合并产生的子公司期初至合并日的当期净损益是非经常性收益的主要来源，2011 年分别确认收益 175.07 亿元、316.08 亿元、103.36 亿元。

2. 大盘蓝筹股业绩表现突出

上证 50 指数样本股是沪市蓝筹指标股的代表群体，2011 年上证 50 指数共更换 9 只股票①。根据对最新样本股 2011 年年报数据的统计分析发现，样本股公司 2011 年末的总资产、净资产分别占上市公司总和的 60.41% 和 54.96%。2011 年共实现营业收入 97 734.63 亿元，净利润 10 154.59 亿元，分别占全部上市公司总营业收入和净利润的 54.77% 和 61.83%，营业收入和净利润分别比 2010 年度增长 27.90% 和 16.19%，不仅业绩表现高于沪市平均水平，且在 2011 年度整体经济增速放缓的大环境里，其业绩增速仍高于沪市整体水平。

① 调出武钢股份、中国中冶、光大证券、中国银行、中信银行、中国中铁、华泰证券、中国远洋、建设银行，调入兖州煤业、海螺水泥、海南橡胶、中国南车、中国重工、包钢股份、五矿发展、葛洲坝、中国北车。

表5

项　目	2011年			增长率	
	全体公司	上证50	上证50占比(%)	全体公司(%)	上证50(%)
总资产(亿元)	953 350.61	575 888.06	60.41	16.89	18.16
净资产(亿元)	109 588.51	60 231.99	54.96	14.41	13.69
营业总收入(亿元)	178 433.24	97 734.63	54.77	21.61	27.90
净利润(亿元)	16 422.87	10 154.59	61.83	12.46	16.19
基本每股收益(元)	0.5510	0.6800	—	6.31	12.80
每股净资产(元)	3.6800	4.0300	—	8.15	10.37
净资产收益率(%)	14.99	16.86	—	-1.70	2.20

上述指标表明，大盘蓝筹指标股资产规模大，资产质量高，盈利能力强，堪称沪市蓝筹市场的中坚力量。

3. 行业业绩分析表明，上市公司业绩增长明显放缓

从主要行业业绩变动情况看，2011年度除金融保险业、建筑业以及传播和文化产业业绩继续保持较大幅度增长以外，其他行业的业绩增长都明显放缓，交通运输仓储业、电力煤气及水的生产和供应业以及农林牧渔业甚至出现大幅度的负增长。对总体利润贡献最大的行业依然为金融保险业，实现净利润占全体上市公司净利润总额的56.83%，比重较2010年的53.26%有所上升。其次是采掘业和制造业，分别占全体上市公司净利润总额的18.93%和11.73%。四大国有银行和两桶油（工商银行、建设银行、中国银行、农业银行、中国石油和中国石化）净利润占全部上市公司净利润的50.40%，与2010年水平相当。

表6　　单位：亿元

行　业	公司家数	2011年净利润	2010年净利润	2011年较2010年同比增长(%)	2010年较2009年同比增长(%)
金融、保险业	31	9 332.98	7 586.35	23.02	29.61
采掘业	33	3 108.65	3 025.56	2.75	28.54
制造业	477	1 926.45	1 789.64	7.64	74.65
建筑业	28	551.29	459.34	20.02	15.12
交通运输、仓储业	52	468.55	771.09	-39.24	266.97
房地产业	67	325.16	274.09	18.63	27.37
电力、煤气及水的生产和供应业	47	238.38	278.31	-14.35	21.58
批发和零售贸易	66	181.58	149.44	21.50	47.21
综合类	37	88.07	84.95	3.68	52.41
信息技术业	42	85.27	76.08	12.07	-5.58
社会服务业	22	56.94	49.20	15.72	32.94

续表

行　业	公司家数	2011 年 净利润	2010 年 净利润	2011 年较 2010 年 同比增长(%)	2010 年较 2009 年 同比增长(%)
传播与文化产业	16	50.68	42.99	17.89	16.60
农、林、牧、渔业	20	8.88	15.72	-43.53	50.42
合　计	938	16 422.87	14 602.75	12.46	37.43

沪市金融类 29 家上市公司中有 14 家银行、11 家证券公司、4 家保险公司，2011 年全行业上市公司整体业绩增长显著，实现净利润 9 329.84 亿元，占全体上市公司净利润总和的 56.81%，同比增长 23.01%，高于整体净利润增长率 12.46%。受益于存贷利差的加大，银行业年报亮丽，业绩继续大幅提升；证券市场的漫长寒冬给券商带来的是经纪业务的大幅缩水和自营业务的损失，同样也带给保险公司投资损失和资产减值，导致证券业和保险业业绩双双大幅下滑。

2011 年，上市商业银行净利润为 8 614.74亿元，同比增长 28.81%。各银行业绩普遍明显上升，其中，民生银行本期净利润同比增长 58.81%，为各银行之首。上市保险公司 2011 年实现净利润 489.18 亿元，同比下降 20.77%，其中，中国平安同比增长 12.50%，2011 年首发上市的新华保险同比增长 24.46%，中国人寿同比下降 45.49%，中国太保同比下降 2.85%。上市证券公司 2011 年实现净利润 225.92 亿元，同比下降 19.06%，除中信证券同比增长 11.18%外，其他证券公司业绩均出现不同程度的下降，其中 2011 年首发上市的方正证券和东吴证券同比下降分别为 79.42%和 59.79%。

表 7

单位：亿元

金融细分行业	公司家数	2011 年净利润	占全体上市公司 净利润比例(%)	2010 年净利润 (%)	增长率 (%)
银　行	14	8 614.74	52.46	6 687.84	28.81
保　险	4	489.18	2.98	617.43	-20.77
证　券	11	225.92	1.38	279.10	-19.06
金融企业合计	29	9 329.84	56.81	7 584.37	23.01
全体公司合计	938	16 422.87	100.00	14 602.75	12.46

注：本表未包括安信信托和爱建股份。

在非金融类行业中，采掘业对沪市上市公司总体经营业绩的影响巨大。2011 年采掘业上市公司业绩增长明显放缓，共实现净利润 3 106.65 亿元，同比仅小幅增长 2.75%，大幅低于 2010 年的净利润增长率 28.54%。受到原油加工亏损的拖累，中国石油、中国石化业绩不佳，中国石化净利润仅同比增长 1.39%，中国石油同比下降 4.92%。受 2011 年有色金属价格持续上涨影响，有色金属类上市公司继续保持高速增长，中国黄金和山东黄金 2011 年净利润同比分别增长 51% 和 55.55%。受到海外煤价大幅下滑和生产成本增长较快的影响，煤炭类上市公司 2011 年业绩普遍负增长，大同煤业和兖州煤业净利润同比分别下降16.48%和4.28%。

2011年国内经济平稳较快增长，作为经济发展的支柱性产业，建筑业维持稳定的盈利水平，实现净利润551.29亿元，同比增长20.02%，中国建筑和中国交建净利润同比分别增长46.5%和22.93%。2011年房地产行业受益于2009年和2010年持续增长的销售，虽然在现金流方面压力很大，但是账面业绩仍旧平稳增长，实现净利润325.16亿元，同比增长18.63%。

由于国内通胀的影响，制造业在综合成本以及市场需求方面面临双重压力下，2011年仅实现净利润1 926.45亿元，小幅增长7.64%，与2010年74.65%的增长率相差甚远。交通运输、仓储业2011年经营惨淡，实现净利润468.55亿元，同比下降39.24%，成为2011年业绩较2010年反差最大的行业。四大航空上市公司净利润出现同比10%～40%不同程度的下降，中国远洋和中海集运发生亏损合计132亿元。

4. 其他值得关注的事项

(1)非金融类上市公司经营活动产生的现金流量净额出现下滑，存货和应收账款增加。

2011年度，938家沪市上市公司中，经营活动产生的现金流量净额为负的公司有313家，占比33.37%，较2010年净额为负的公司比例有所增加；经营活动产生的现金流量净额出现下滑的上市公司有526家，占比达到56.08%。

沪市938家上市公司经营活动产生的现金流量净额共计29 442.49亿元，同比增长17.79%；每股经营活动产生的现金流量净额为0.99元，同比增长11.34%。但扣除金融类公司相关数值的影响后，沪市907家非金融类上市公司经营活动产生的现金流量净额共计9 675.48亿元，同比减少11.74%，每股经营活动产生的现金流量净额同比减少19.43%。分行业看，仍旧是建设周期长、资金需求大的房地产业和建筑业经营活动出现了入不敷出的情况。

表8

单位：亿元

类 别	2011年经营活动产生的现金流量净额	2010年经营活动产生的现金流量净额	同比增减
金融、保险业	19 767.01	14 034.01	5 733.01
非金融类上市公司合计	9 675.48	10 962.54	-1 287.06
房地产业	-303.06	-629.08	326.02
农、林、牧、渔业	29.63	-21.98	51.61
信息技术业	723.35	720.19	3.16
综合类	2.71	0.54	2.15
传播与文化产业	71.93	70.13	1.79
社会服务业	89.71	96.38	-6.67
电力、煤气及水的生产和供应业	904.10	951.88	-47.78
批发和零售贸易	60.73	112.12	-51.38

续表

类　别	2011 年经营活动产生的现金流量净额	2010 年经营活动产生的现金流量净额	同比增减
采掘业	6 063.51	6 265.38	-201.87
交通运输、仓储业	1 053.65	1 319.33	-265.67
建筑业	-460.10	22.68	-482.78
制造业	1 439.31	2 054.95	-615.64
合　计	29 442.49	24 996.54	4 445.95

2011 年,非金融类上市公司的资金面捉襟见肘,宏观上是受到经济增速放缓与流动性紧缩的影响,微观方面,许多上市公司现金支出增速明显加快,同时,存货和应收账款的规模有所增加也是重要因素。2011 年年报显示,期末沪市非金融类上市公司存货总量达 28 994.31 亿元,较期初增长 23.39%。同时,部分企业销售回款速度下降,导致应收账款增加。2011 年末沪市非金融类上市公司应收账款总额为 10 927.75 亿元,相较于期初 8 897.64 亿元的应收账款增长 22.82%。86 家上市公司的应收账款增幅达到 100% 以上。

(2)半数以上的上市公司进行利润分配,现金分红公司家数及净利润占比均有上升①。

2011 年度共有 579 家上市公司进行利润分配,占沪市全体上市公司的 62%,其中 558 家公司现金分红,较 2010 年 503 家现金分红的上市公司数量有所增加。2011 年沪市上市公司总派现金额达到 5 156.27 亿元,占同期净利润总额的 31.40%,较 2010 年增加 1.88 个百分点。

根据 2011 年末沪市总市值 182 174.30 亿元(含 H 股市值)计算,沪市上市公司加权平均股息率为 2.83%,较上年增加了 0.84 个百分点。股息率快速回升一方面得益于上市公司现金分红的增长,另一方面也是因为 2011 年底沪指收于 2 199.42 的低点。

2011 年派现金额超过 100 亿元的上市公司有 7 家,即工商银行、中国石油、建设银行、中国银行、农业银行、中国石化、中国神华,分别占其净利润的 34.03%、44.99%、34.93%、34.84%、35.03%、36.28% 和 39.94%。

另外,年度内共计 119 家上市公司提出了含送转股的利润分配方案,2011 年年报披露的送转比例在每 10 股送转 5 股以上的有 68 家公司,26 家公司推出了 10 送转 10 股以上的方案,其中华业地产拟每 10 股转增 12 股,敦煌种业拟每 10 股转增 12 股,山鹰纸业拟每 10 股转增 11 股。

二、公允价值计量与披露

2011 年,沪市 938 家公司中有 289 家上市公司发生公允价值变动损益,家数比上年度增加 20 家,其中 92 家实现了收益,196 家为亏损。虽然制造业上市公司家数最多,但

① 统计数据含中期利润分配情况。

金融保险及交通运输类上市公司的公允价值变动损益绝对金额较大。总体而言，公允价值变动损益对上市公司净利润的影响不大。

(一)2011年公允价值变动对公司净利润的影响

截至2012年4月28日，沪市938家(包括5家招股说明书)上市公司全部按期披露2011年年报。其中289家上市公司发生公允价值变动损益，占比30.81%，与上年相比略有上升。289家上市公司中，有92家公司实现公允价值收益120.89亿元，196家上市公司产生公允价值损失108.24亿元，合计实现公允价值净收益12.65亿元，占2011年度沪市上市公司净利润16 422.87亿元的0.08%。2011年度上市公司公允价值变动情况与上年度对比如表9所示。

表9

项目名称	2011年	2010年
发生公允价值变动损益的公司家数	288	269
实现公允价值变动净收益(损失)	12.66亿元	88.17亿元
公允价值变动净值占当年净利润的比例	0.08%	0.62%
发生公允价值变动收益的家数	92家	124家
实现公允价值变动收益	120.89亿元	109.48亿元
发生公允价值变动损失的家数	196家	145家
实现公允价值变动损失	108.24亿元	21.31亿元

总体上看，2011年度公允价值变动损益占净利润的比重低，对净利润的影响不大。以下重点分析公允价值变动损益较大的上市公司的情况。

公允价值变动收益较大的上市公司如表10。

表10

单位：元

序号	证券代码	证券简称	公允价值变动收益	本期净利润	占比(%)
1	601988	中国银行	4 367 000 000.00	130 319 000 000.00	3.35
2	600028	中国石化	1 423 000 000.00	76 864 000 000.00	1.85
3	601998	中信银行	878 000 000.00	30 844 000 000.00	2.85
4	600221	海南航空	869 871 000.00	2 834 208 000.00	30.69
5	601328	交通银行	802 000 000.00	50 817 000 000.00	1.58
6	601992	金隅股份	776 747 551.26	3 593 125 258.84	21.62
7	600100	同方股份	472 422 784.47	868 525 565.79	54.39
8	601288	农业银行	409 000 000.00	121 956 000 000.00	0.34
9	600362	江西铜业	297 544 627.00	6 610 484 015.00	4.50
10	600880	博瑞传播	191 695 228.60	420 516 447.59	45.59

续表

序号	证券代码	证券简称	公允价值变动收益	本期净利润	占比(%)
11	601919	中国远洋	191 476 840.03	-8 838 826 405.18	-2.17
12	600823	世茂股份	173 646 106.87	1 235 917 810.05	14.05
13	601628	中国人寿	165 000 000.00	18 491 000 000.00	0.89
14	601088	中国神华	114 000 000.00	51 507 000 000.00	0.22
15	600655	豫园商城	97 854 562.61	906 019 939.24	10.80
16	600282	南钢股份	88 902 608.12	325 667 252.06	27.30
17	600115	东方航空	86 851 000.00	4 902 487 000.00	1.77
18	601688	华泰证券	75 886 290.02	1 820 739 815.85	4.17
19	601118	海南橡胶	61 116 366.72	763 494 624.37	8.00
20	600759	正和股份	60 257 015.95	130 521 613.89	46.17
21	600036	招商银行	49 000 000.00	36 127 000 000.00	0.14
22	600153	建发股份	47 522 407.82	2 788 497 181.86	1.70
23	601111	中国国航	33 744 000.00	7 897 609 000.00	0.43
24	600320	振华重工	33 444 020.00	29 654 996.00	112.78
25	600851	海欣股份	32 459 723.44	43 954 849.27	73.85
26	601299	中国北车	30 812 000.00	3 104 991 000.00	0.99
27	601168	西部矿业	28 948 233.00	876 452 921.00	3.30
28	601766	中国南车	27 478 820.00	4 743 239 677.00	0.58
29	601009	南京银行	23 877 000.00	3 235 352 000.00	0.74
30	600477	杭萧钢构	18 105 336.51	89 698 133.30	20.18
合　计			11 927 663 522.42	555 307 330 695.93	2.15

从行业上看，在30家上市公司中8家公司属于金融保险业，包括中国银行等6家商业银行、中国人寿1家保险类公司和华泰证券1家证券类公司。8家金融保险业公司合计实现的公允价值变动收益约67.70亿元，占30家公司合计数的56.76%。4家公司属于交通运输业，包括中国国航等3家航空公司和中国远洋1家海运公司。这4家公司合计实现的公允价值变动收益约11.82亿元，占30家公司合计数的9.91%。7家公司属于制造业，包括金隅股份、江西铜业等。这7家公司合计实现的公允价值变动收益约12.87亿元，占30家公司合计数的10.79%。

公允价值变动收益占当期净利润比重较大的上市公司主要有振华重工、海欣股份、同方股份、正和股份、博瑞传播、海南航空、南钢股份、金隅股份、杭萧钢构等，前5家公司公允价值变动收益占当期净利润的比重均超过40%。其中振华重工公允价值变动收益占当期净利润的比重为112.78%，海欣股份公允价值变动收益占当期净利润的比重为73.85%。后4家公司公允价值变动收益占当期净利润的比重均超过20%。

(二)公允价值变动净损失排名

公允价值变动损失前30家上市公司情况如表11所示。

表11

单位:元

序 号	证券代码	证券简称	公允价值变动损失	本期净利润	占比(%)
1	601939	建设银行	-1 396 000 000.00	169 439 000 000.00	-0.82
2	601336	新华保险	-1 228 000 000.00	2 800 000 000.00	-43.86
3	601818	光大银行	-1 042 576 000.00	18 085 122 000.00	-5.76
4	600000	浦发银行	-859 837 000.00	27 355 112 000.00	-3.14
5	600030	中信证券	-755 001 289.65	12 604 488 861.89	-5.99
6	600369	西南证券	-484 332 214.77	262 675 208.26	-184.38
7	600837	海通证券	-473 868 822.88	3 281 996 820.74	-14.44
8	601601	中国太保	-383 000 000.00	8 393 000 000.00	-4.56
9	600104	上汽集团	-325 823 779.35	34 989 631 033.19	-0.93
10	601318	中国平安	-320 000 000.00	22 582 000 000.00	-1.42
11	600999	招商证券	-318 077 507.85	2 008 293 999.84	-15.84
12	601901	方正证券	-305 342 303.09	251 258 392.36	-121.53
13	601166	兴业银行	-283 000 000.00	25 597 000 000.00	-1.11
14	600016	民生银行	-280 000 000.00	28 443 000 000.00	-0.98
15	601788	光大证券	-259 301 992.14	1 595 425 612.97	-16.25
16	601668	中国建筑	-217 568 000.00	19 238 541 000.00	-1.13
17	601398	工商银行	-211 000 000.00	208 445 000 000.00	-0.10
18	600550	天威保变	-178 489 545.60	65 359 938.43	-273.09
19	601390	中国中铁	-130 168 000.00	7 239 546 000.00	-1.80
20	601377	兴业证券	-122 836 528.45	546 155 938.18	-22.49
21	601555	东吴证券	-111 049 921.13	235 688 600.41	-47.12
22	600068	葛洲坝	-98 661 552.78	1 810 070 861.25	-5.45
23	600031	三一重工	-68 664 436.19	9 361 554 986.78	-0.73
24	600064	南京高科	-66 127 429.74	386 522 034.00	-17.11
25	600576	万好万家	-59 863 597.14	18 898 571.69	-316.76
26	601899	紫金矿业	-57 130 642.00	6 910 525 409.00	-0.83
27	600612	老凤祥	-41 491 483.44	682 666 494.69	-6.08
28	600875	东方电气	-41 087 165.89	3 118 217 731.99	-1.32
29	600896	中海海盛	-40 091 172.58	23 202 546.35	-172.79
30	600751	SST天海	-38 547 311.94	-156 935 028.69	24.56
合 计			-10 196 937 696.61	615 613 019 013.33	-1.66

从行业分布看，金融保险业在30家公允价值变动损失的上市公司中家数最多，为17家，包括建设银行等6家商业银行、中信证券等8家证券公司和新华保险、中国太保和中国平安3家保险公司。17家金融保险类上市公司发生的公允价值变动损失合计约88.33亿元，占30家公司公允价值变动损失合计数的86.63%。

公允价值变动损失占当期净利润的比超过100%的有5家公司，分别是万好万家、天威保变、西南证券、中海海盛和方正证券，新华保险、东吴证券公允价值变动损失占当期净利润的比也超过40%。

（三）以公允价值计量的资产类别

2011年度，持有金融资产的上市公司407家，期末合计金额60 524.68亿元。其中以公允价值计量且变动计入当期损益金融资产的上市公司有349家，期末合计金额6 240.57亿元；持有衍生金融资产的上市公司54家，期末合计金额605.39亿元；持有可供出售金融资产的上市公司299家，期末合计金额51 112.47亿元。持有投资性房地产、生产性生物资产及其他资产的上市公司共有46家。持有金融负债的上市公司有69家，期末合计金额4 897.79亿元。

从行业看，金融保险业上市公司期末共持有金融资产金额为55 974.60亿元，占金融资产期末总额的92.48%；持有金融负债4 804.44亿元，占金融负债期末总额的98.09%。

（四）分行业具体分析

1. 上市银行情况分析

上市银行公允价值变动损益情况如表12所示。

表12

单位：元

序　号	证券代码	证券简称	公允价值变动损益	本期净利润	占比（%）
1	601988	中国银行	4 367 000 000.00	130 319 000 000.00	3.35
2	601998	中信银行	878 000 000.00	30 844 000 000.00	2.85
3	601328	交通银行	802 000 000.00	50 817 000 000.00	1.58
4	601288	农业银行	409 000 000.00	121 956 000 000.00	0.34
5	600036	招商银行	49 000 000.00	36 127 000 000.00	0.14
6	601009	南京银行	23 877 000.00	3 235 352 000.00	0.74
7	601169	北京银行	10 820 000.00	8 945 985 000.00	0.12
8	600015	华夏银行	-14 023 074.34	9 220 971 803.51	-0.15
9	601398	工商银行	-211 000 000.00	208 445 000 000.00	-0.10
10	600016	民生银行	-280 000 000.00	28 443 000 000.00	-0.98
11	601166	兴业银行	-283 000 000.00	25 597 000 000.00	-1.11
12	600000	浦发银行	-859 837 000.00	27 355 112 000.00	-3.14
13	601818	光大银行	-1 042 576 000.00	18 085 122 000.00	-5.76
14	601939	建设银行	-1 396 000 000.00	169 439 000 000.00	-0.82
合　计			2 135 183 417.81	870 837 836 803.35	0.25

从表中我们可以看出,14家上市银行中实现公允价值变动收益的7家,公允价值变动损失的7家。与2010年度相比,实现损益的公司家数无变化,但公允价值变动损益在当期净利润的占比有所上升。变化较大的有建设银行、交通银行、兴业银行、工商银行、华夏银行等。其中,2010年公允价值变动实现收益,2011年公允价值变动实现损失的有建设银行、兴业银行、工商银行和华夏银行;2010年公允价值变动实现损失、2011年公允价值变动实现收益的有交通银行、招商银行、南京银行和北京银行。从金额上看,变化最大的是建设银行,其2010年公允价值变动实现收益16.59亿元,2011年公允价值变动实现损失13.96亿元,相当于损失增加了30.55亿元;其次是中国银行,其2010、2011年公允价值变动都是实现收益,且2011年公允价值变动实现收益比2010年增加了30.50亿元。

2. 上市保险公司情况分析

上市保险公司公允价值变动损益情况如表13所示。

表13

单位:元

序号	证券代码	证券简称	公允价值变动损益	本期净利润	占比(%)
1	601628	中国人寿	165 000 000.00	18 491 000 000.00	0.89
2	601318	中国平安	-320 000 000.00	22 582 000 000.00	-1.42
3	601601	中国太保	-383 000 000.00	8 393 000 000.00	-4.56
4	601336	新华保险	-1 228 000 000.00	2 800 000V000.00	-43.86
合 计			-1 766 000 000.00	52 266 000 000.00	-3.38

2011年,新增1家保险类上市公司:新华保险。4家上市保险公司中除中国人寿外都产生公允价值变动损失。4家公司公允价值变动共实现17.66亿元损失,占4家公司净利润的3.38%。新华保险公允价值变动实现损失最大为12.28亿元,占公司净利润的43.86%。与2010年相比,中国太保公允价值变动实现损益变化最大,2010年其公允价值变动实现收益1.93亿元,2011年其公允价值变动损失为3.83亿元,相当于损失增加5.76亿元。

3. 上市证券公司情况分析

上市证券公司公允价值变动损益情况如表14所示。

表14

单位:元

序号	证券代码	证券简称	公允价值变动损益	本期净利润	占比(%)
1	601688	华泰证券	75 886 290.02	1 820 739 815.85	4.17
2	601099	太平洋	6 791 574.37	156 680 800.95	4.33
3	600643	爱建股份	-2 179 473.71	119 327 433.62	-1.83
4	600109	国金证券	-12 859 264.46	231 671 103.63	-5.55
5	601555	东吴证券	-111 049 921.13	235 688 600.41	-47.12
6	601377	兴业证券	-122 836 528.45	546 155 938.18	-22.49

续表

序号	证券代码	证券简称	公允价值变动损益	本期净利润	占比(%)
7	601788	光大证券	-259 301 992.14	1 595 425 612.97	-16.25
8	601901	方正证券	-305 342 303.09	251 258 392.36	-121.53
9	600999	招商证券	-318 077 507.85	2 008 293 999.84	-15.84
10	600837	海通证券	-473 868 822.88	3 281 996 820.74	-14.44
11	600369	西南证券	-484 332 214.77	262 675 208.26	-184.38
12	600030	中信证券	-755 001 289.65	12 604 488 861.89	-5.99
合　计			-2 762 171 453.74	23 114 402 588.70	-11.95

2011 年沪市新增 2 家上市证券公司:东吴证券、方正证券。12 家证券公司公允价值变动总体损失 27.62 亿元,只有华泰证券和太平洋 2 家公司公允价值变动实现了收益,其余 10 家公司公允价值变动产生了损失。与 2010 年相比,变化较大的有中信证券、海通证券和招商证券。中信证券 2010 年公允价值变动实现收益 5.65 亿元,2011 年公允价值变动产生损失 7.55 亿元,相当于损失增加了 13.20 亿元;海通证券 2010 年公允价值变动实现收益 1.04 亿元,2011 年公允价值变动产生损失 4.74 亿元,相当于损失增加了 5.74 亿元;招商证券 2010 年公允价值变动实现收益 2.05 亿元,2011 年公允价值变动产生损失 3.18 亿元,相当于损失增加了 5.23 亿元。

4. 交通运输——航空及水上运输行业情况分析

上市航空及水上运输公司公允价值变动损益情况如表 15 所示。

表 15　　单位:元

序号	证券代码	证券简称	公允价值变动损益	本期净利润	占比(%)
1	600221	海南航空	869 871 000.00	2 834 208 000.00	30.69
2	601919	中国远洋	191 476 840.03	-8 838 826 405.18	-2.17
3	600115	东方航空	86 851 000.00	4 902 487 000.00	1.77
4	601111	中国国航	33 744 000.00	7 897 609 000.00	0.43
5	600029	南方航空	13 000 000.00	6 049 000 000.00	0.21
6	601872	招商轮船	8 277 914.00	163 901 221.00	5.05
7	600751	SST 天海	-38 547 311.94	-156 935 028.69	24.56
8	600896	中海海盛	-40 091 172.58	23 202 546.35	-172.79
合　计			1 124 582 269.51	12 874 646 333.48	8.73

上市航空公司与 2010 年度公允价值变动全面实现收益一样,4 家航空公司 2011 年公允价值变动也全面实现收益。其中海南航空公允价值变动实现收益最大,为 8.70 亿元,占净利润的比重最大,为 30.69%。

5. 采用公允价值计量的投资性房地产公司情况分析

采用公允价值计量的投资性房地产公司情况如表 16 所示。

表 16

单位:元

序号	证券代码	证券简称	期初余额	期末余额	公允价值变动损益	占比(%)
1	601988	中国银行	13 839 000 000. 00	14 616 000 000. 00	1 864 000 000. 00	1. 43
2	600221	海南航空	9 873 489 000. 00	6 839 112 000. 00	869 845 000. 00	30. 69
3	601992	金隅股份	10 592 900 000. 00	11 599 000 000. 00	795 582 666. 96	22. 14
4	600823	世茂股份	7 639 300 000. 00	10 808 300 000. 00	466 000 000. 00	37. 70
5	601288	农业银行	786 000 000. 00	287 000 000. 00	155 000 000. 00	0. 13
6	600759	正和股份	1 786 173 008. 88	1 927 093 469. 20	61 375 752. 72	47. 02
7	601328	交通银行	141 000 000. 00	196 000 000. 00	61 000 000. 00	0. 12
8	600851	海欣股份	233 692 269. 59	310 079 011. 83	35 219 844. 64	80. 13
9	601998	中信银行	248 000 000. 00	272 000 000. 00	29 000 000. 00	0. 09
10	600515	ST 海建	142 647 875. 00	432 208 805. 00	3 788 213. 00	-4. 20
11	600234	ST 天龙	313 714 700. 00	316 877 100. 00	3 162 400. 00	4. 77
12	600735	新华锦	40 566 300. 00	43 V356 900. 00	2 790 000. 00	24. 26
13	600168	武汉控股	9 657 718. 00	10 590 930. 00	699 909. 00	1. 14
14	600173	卧龙地产	4 103 902. 55	11 571 805. 00	619 000. 58	0. 48
15	600702	沱牌曲酒	75 128 691. 14	75 225 481. 75	96 790. 61	0. 05
16	600721	ST 百花	152 888 647. 60	152 888 647. 60	0. 00	0. 00
17	601901	方正证券	137 408 840. 00	141 192 270. 00	-3 783 430. 00	-1. 51
合　计			46 015 670 952. 76	48 038 496 420. 38	4 344 396 147. 51	1. 27

截至 2011 年年底，沪市共有 468 家公司拥有投资性房地产，只有 17 家公司，其中包括新上市的方正证券采用公允价值模式对投资性房地产进行后续计量，占拥有投资性房地产公司总数的 3. 63%。只有方正证券公允价值变动实现损失。总体而言，应用公允价值计量投资性房地产的公司家数不多，其公允价值变动损益对当期净利润的影响不大。

(五)2011 年公允价值计量的特点

1. 公允价值变动损益行业特点明显

从以上分析可知，采用公允价值计量的上市公司行业主要集中在金融保险业。2011 年度，30 家金融保险业上市公司期末共持有金融资产金额占金融资产期末总额的 92. 48%；持有金融负债占金融负债期末总额的 98. 09%。

金融保险业上市公司中，14 家上市银行公允价值变动总体实现收益 21. 35 亿元；4 家保险公司公允价值变动总体实现损失 17. 66 亿元；12 家证券公司总体实现损失 27. 62 亿元。

2. 采用公允价值计量投资性房地产影响小

2011 年有 17 家公司采用公允价值模式对投资性房地产进行后续计量，占拥有投资性房地产公司总数的3.63%。其中方正证券确认公允价值变动损失,ST百花未确认公允价值变动损失。与2010年相比,应用公允价值计量投资性房地产的上市公司公允价值变动损益占当期净利润的比重有所下降。

三、非经常性损益分析

(一)2011年度非经常性损益总体情况

1. 2011年度非经常性损益总额较上年微减,相对净利润①总额的比重稍有下降

表17

年 度	2011	2010	变动(%)
归属于上市公司股东的净利润总额(单位:亿元)	16422.87	14602.75	12.46
非经常性损益净额合计数(单位:亿元)	698.46	696.04	0.3
扣除非经常性损益后的净利润总额(单位:亿元)	15724.41	13906.71	13.7
非经常性损益净额占净利润的比重(%)	4.25	4.77	减少0.52个百分点
加权平均每股收益(元/股)	0.550	0.520	6.31
加权平均每股非经常性损益(元/股)	0.023	0.024	-3.7

根据2011年度沪市938家公司披露的年报信息,虽然2011年净利润总额较上年有一成多的增长,但非经常性损益总额并未同比增长,反而较上年微减。总体来说,非经常性损益占净利润的比重比上年降低了0.5个百分点,上市公司主业的业绩水平有所提升。

2. 87%的公司非经常性损益为正值;总体上公司业绩受非经常性损益的影响较上年有所增加

表18

非经常性损益类型	2011年			2010年		
	公司家数	占比(%)	金额合计(亿元)	公司家数	占比(%)	金额合计(亿元)
非经常性损益为正值(含零②)	817	87.10	780.00	805	85.82	754.94
非经常性损益为负值	121	12.90	-81.54	133	14.18	-58.90
合 计	938	100	698.46	938	100	696.04

从表18可以看出,2011年非经常性损益为正值的公司比2010年增加了12家,正值合计金额增加了25亿元;2011年仅有12.90%的公司非经常性损益为负值,虽在公司数量上减少了12家,但净亏损额却扩大了22.64亿元。从上述正负两方面的金额得出,2011年公司业绩受非经常性损益的正面影响与负面影响较2010年均有所增加。

① 本文净利润均指合并报表中归属于母公司股东的净利润。

② 道博股份2010年非经常性损益为0。

3. 非经常性损益的金额分布情况

表 19

非经常性损益金额分布		2011 年		2010 年	
		公司家数	占比(%)	公司家数	占比(%)
正　值	10 亿元级	12	1.0	13	1.0
	亿元级	164	17.0	142	15.0
	千万元级	422	45.0	392	42.0
	百万元级	184	20.0	202	22.0
	100 万元以下	35	4.0	56	6.0
	小　计	817	87.0	805	86.0
负　值	-100 万元以下	30	3.0	22	3.0
	负百万元级	47	5.0	61	7.0
	负千万元级	33	4.0	43	5.0
	负亿元级	10	1.0	6	0.6
	-30 亿元以上	1	0.1	1	0.1
	小　计	121	13.0	133	14.0

2011 年仍是近九成的公司获得了非经常性净收益，此项的公司家数比例与 2010 年比仅有 1 个点的差别。从各公司获得的数额来看，相比 2010 年，更多的公司获得了千万元级和亿元级的非经常净收益，比例近 2/3。

2011 年非经常性净收益额在 10 亿元以上的公司为 12 家，比上年减少 1 家。上汽集团连续两年以超 30 亿元的金额名列第一（主要为同一控制下企业合并事项产生的损益）。有 6 家公司连续三年的非经常性损益超过 10 亿元，分别是中国石化、中国国航、雅戈尔、农业银行、中国银行和建设银行。10 亿元级别的 12 家公司的非经常性损益合计金额为 184.83 亿元，表明 1% 的公司获得了沪市上市公司 26% 的非经常净损益。中国石油以 -49.21亿元（根据年报披露，主要为“非流动资产处置损益”和“其他营业外支出”）连续第二年居非经常性损益负值的榜首。

（二）非经常性损益对公司业绩的影响

2011 年，115 家公司靠非经常性损益避免了亏损，比 2010 年多 8 家；3/4 公司的非经常性损益对其净利润未构成重大影响，六成的公司非经常性损益占净利润的比重在 20% 以下。

表 20

非经常性损益占净利润比重（取绝对值）	影响程度	2011		2010	
		家　数	比例(%)	家　数	比例(%)
盈亏影响	实质性影响	115	12	108①	12
50% 以上	重大影响	103	11	117	12

① 2010 年有 107 家公司的非经常性损益直接影响了盈亏，其中 1 家公司 ST 兴业因非经常性损益导致亏损。

续表

非经常性损益占净利润比重（取绝对值）	影响程度	2011		2010	
		家　数	比例（%）	家　数	比例（%）
20% –50%	较大影响	161	17	135	14
5% –20%	有影响	273	29	266	28
5%以下	影响很小	286	30	313	33
合　计		938	100	938	100

在2010年靠非经常性收益而盈利的107家公司中，近九成的公司并未在2011年经营好转，其中34家公司在2011年亏损，60家公司在2011年主业继续亏损并继续靠非经常性收益扭亏，两者合计达94家，仅有13家公司在2011年真正实现盈利。

表21为60家连续两年依赖非经常性损益扭亏的公司名单，其中23家公司已经连续3年依赖非经常性损益扭亏，以＊号标记。

表21

标　记	证券代码	证券简称	标　记	证券代码	证券简称
	600027	华电国际	＊	600610	SST中纺
	600095	哈高科		600614	鼎立股份
	600103	青山纸业		600617	ST联华
	600119	长江投资	＊	600630	龙头股份
	600151	航天机电		600643	爱建股份
＊	600156	华升股份		600653	申华控股
	600158	中体产业	＊	600654	飞乐股份
＊	600198	大唐电信	＊	600661	新南洋
＊	600200	江苏吴中	＊	600679	金山开发
＊	600215	长春经开	＊	600681	ST万鸿
	600229	青岛碱业		600689	上海三毛
＊	600232	金鹰股份		600695	大江股份
＊	600249	两面针	＊	600705	S＊ST北亚
＊	600287	江苏舜天		600726	华电能源
	600291	西水股份		600727	ST鲁北
	600297	美罗药业		600732	上海新梅
＊	600306	商业城		600771	ST东盛
	600312	平高电气		600803	威远生化
	600313	ST中农		600817	＊ST宏盛
＊	600381	贤成矿业	＊	600818	中路股份
	600389	江山股份	＊	600821	津劝业

续表

标　记	证券代码	证券简称	标　记	证券代码	证券简称
	600419	ST 天宏		600836	界龙实业
	600429	三元股份		600848	自仪股份
	600476	湘邮科技		600855	航天长峰
	600490	ST 合臣		600860	ST 北人
*	600555	九龙山		600868	ST 梅雁
	600593	大连圣亚	*	600896	中海海盛
*	600602	广电电子		600984	ST 建机
*	600605	汇通能源		600988	ST 宝龙
	600608	ST 沪科		900939	ST 汇丽 B

(三)非经常性损益的项目构成分析

2011年年报中"非经常性损益"披露的主要依据仍然是《公开发行证券的公司信息披露规范问答第1号——非经常性损益(2008年修订)》。此《规范问答》规定将20类项目纳入非经常性损益。我们对2011年年报中披露的非经常性损益进行了分项统计,详见表22。

表22　　　　单位:亿元

序　号	非经常性损益项目	总　额[①]	金额排名
1	非流动资产处置损益	175.07	2
2	越权审批,或无正式批准文件,或偶发性的税收返还、减免	1.19	17
3	计入当期损益的政府补助,但与公司正常经营业务密切相关,符合国家政策规定、按照一定标准定额或定量持续享受的政府补助除外	316.08	1
4	计入当期损益的对非金融企业收取的资金占用费	10.87	12
5	企业取得子公司、联营企业及合营企业的投资成本小于取得投资时应享有被投资单位可辨认净资产公允价值产生的收益	10.69	13
6	非货币性资产交换损益	3.47	15
7	委托他人投资或管理资产的损益	3.62	14
8	因不可抗力因素,如遭受自然灾害而计提的各项资产减值准备	-5.72	21
9	债务重组损益	41.07	7
10	企业重组费用,如安置职工的支出、整合费用等	-5.48	20
11	交易价格显失公允的交易产生的超过公允价值部分的损益	—	18
12	同一控制下企业合并产生的子公司期初至合并日的当期净损益	103.36	3
13	与公司正常经营业务无关的或有事项产生的损益	-2.28	19

① 此处的统计金额未剔除少数股东权益享有的金额及所得税影响额。

续表

序号	非经常性损益项目	总额①	金额排名
14	除同公司正常经营业务相关的有效套期保值业务外，持有交易性金融资产、交易性金融负债产生的公允价值变动损益，以及处置交易性金融资产、交易性金融负债和可供出售金融资产取得的投资收益	87.20	4
15	单独进行减值测试的应收款项减值准备转回	25.50	8
16	对外委托贷款取得的损益	13.39	11
17	采用公允价值模式进行后续计量的投资性房地产公允价值变动产生的损益	42.20	6
18	根据税收、会计等法律、法规的要求对当期损益进行一次性调整对当期损益的影响	18.07	10
19	受托经营取得的托管费收入	1.44	16
20	除上述各项之外的其他营业外收入和支出	20.10	9
21	其他符合非经常性损益定义的损益项目	48.55	5

1. 非经常性损益项目构成情况总体分析

“政府补助”已连续两年成为公司非经常性损益的最主要来源，合计金额达316.08亿元，几乎达到非经常性损益总额的一半。金额名列第二和第三的项目分别为“非流动资产处置损益”（175.07亿元）和“同一控制下企业合并产生的子公司期初至合并日的当期净损益”（103.36亿元）。上述三项的金额已经达到所有非经常性损益的85%。受宏观经济形势影响，“持有和处置交易性金融资产及负债等产生的公允价值变动和投资损益”继续减少，跌破百亿元，排名也从2010年的第三跌至第四。

2. 非经常性损益项目金额较大公司

非流动资产处置损益最多的是国电电力15.52亿元。

政府补助前三名仍然有中国石油12.25亿元、中国国航9.27亿元，以及华能国际11.38亿元。

“根据税收、会计等法律、法规的要求对当期损益进行一次性调整对当期损益的影响”最大的是辽宁成大17.88亿元。

获得债务重组损益最多的公司是＊ST宝硕22.90亿元、中国交建9.30亿元。

“同一控制下企业合并产生的子公司期初至合并日的当期净损益”最多的三家公司是上汽集团66亿元、友谊股份7.69亿元和ST华源3.34亿元。

雅戈尔以11.78亿元再次获得最多的“持有或处置金融资产产生公允价值变动损益或投资收益”，其次是上汽集团6.43亿元和长园集团5.26亿元；而中国建筑和海南橡胶则在此项上亏损1.53亿元和1.25亿元。

中国银行、海南航空和金隅股份采用公允价值模式进行后续计量的投资性房地产公允价值变动产生损益分别为18.64亿元、

① 此处的统计金额未剔除少数股东权益享有的金额及所得税影响额。

8.70 亿元和 7.70 亿元。

因“单独进行减值测试的应收款项减值准备转回”而获得最多收益的是新华保险 4.23 亿元和上海电气 3.63 亿元。

非经常性损益第 20 项“其他营业外收支”项目最少的两家公司依然是中国石油 38.59 亿元和中国远洋 15.45 亿元（对亏损合同的预计负债），最多的是农业银行 12.49 亿元。

第 21 项“其他符合非经常性损益定义的损益项目”中，金额较大的是中国远洋 14.16 亿元、中国石化 10.15 亿元、工商银行 9.28 亿元、宏达股份 7.40 亿元、上海医药 5.19 亿元、雅戈尔 -5.36 亿元、* ST 石岘 -5.11亿元。此项目为损益大杂烩，其中也不乏公司分类不仔细，将某些可能明确归入特定类别的损益直接放入此类。

（四）非经常性损益在扭亏中的关键作用

1. 通过非经常性损益扭亏的因素分析

如前所述，2011 年共有 115 家公司因非经常性损益的贡献而避免了亏损，占所有沪市上市公司的 12%，占所有沪市盈利公司的 13%。我们详细分析了这些公司的非经常性损益构成情况，挑出每家公司非经常性损益的关键性项目，该项目为所有非经常性损益项目中金额最大的一个或两个，以此项的金额或者两项的合计能直接弥补公司扣除非经常性损益后的亏损。

表 23

非经常性损益项目①	依该项目扭亏的公司数②	其中 * ST 和 ST 公司数	单独依该项目扭亏的公司数	其中 * ST 和 ST 公司数
1. 非流动资产处置损益	48	14	35	11
3. 计入当期损益的政府补助，但与公司正常经营业务密切相关，符合国家政策规定、按照一定标准定额或定量持续享受的政府补助除外	37	13	27	6
4. 计入当期损益的对非金融企业收取的资金占用费	2	0	1	0
7. 委托他人投资或管理资产的损益	1	0	1	0
9. 债务重组损益	6	5	6	5
12. 同一控制下企业合并产生的子公司期初至合并日的当期净损益	2	0	2	0
13. 与公司正常经营业务无关的或有事项产生的损益	2	1	2	1

① 项目编号与表 22 一致。

② 表示该项非经常性损益直接让公司扭亏，或作为让公司扭亏的两个关键项目之一。

续表

非经常性损益项目①	依该项目扭亏的公司数②	其中＊ST和ST公司数	单独依该项目扭亏的公司数	其中＊ST和ST公司数
14. 除同公司正常经营业务相关的有效套期保值业务外，持有交易性金融资产、交易性金融负债产生的公允价值变动损益，以及处置交易性金融资产、交易性金融负债和可供出售金融资产取得的投资收益	13	1	8	1
15. 单独进行减值测试的应收款项减值准备转回	3	2	2	1
16. 对外委托贷款取得的损益	3	0	2	0
17. 采用公允价值模式进行后续计量的投资性房地产公允价值变动产生的损益	1	0	1	0
20. 除上述各项之外的其他营业外收入和支出	9	4	5	2
21. 其他符合非经常性损益定义的损益项目	7	1	5	1

统计发现，2011年依靠非经常性损益扭亏的关键因素相对集中，上述115家公司中90%公司的扭亏归功于四个非经常性损益项目。74%是依靠"非流动资产处置损益"和"政府补助"实现扭亏，其中54%的公司单独依靠两者之一就弥补了正常经营的亏损，"非流动资产处置损益"在这方面发挥的作用最大。还有16.5%的公司利用"债务重组"或"交易性金融资产及可供出售金融资产"来帮助扭亏。

2. ST类公司通过非经常性损益扭亏的情况

2011年沪市ST和＊ST公司（以下都简称为"ST类公司"）计87家，其中39家亏损，48家盈利。在48家盈利的ST类公司中靠非经常性损益盈利的有32家，达2/3；只有16家（占所有ST类公司的18%）依靠正常经营在2011年实现了盈利。

2011年依靠非经常性损益盈利的ST类公司，主要借助的项目是"非流动资产处置损益"（占43.75%）、"政府补助"（占40.63%）和"债务重组收益"（占15.63%）。

四、利润分配预案状况分析

（一）2011年度沪市上市公司利润分配预案情况

1. 总体情况

2011年度，沪市如期披露年报的938家上市公司（其中5家新上市公司以招股说明书的形式披露了年度财务资料）中，共有579家上市公司（包括中报）公布了利润分配预案，占已经披露年报公司总数的62%；359家上市公司无利润分配预案，占已经披露年报公司总数的38%，其中亏损公司有76家。

① 项目编号与表22一致。

② 表示该项非经常性损益直接让公司扭亏，或作为让公司扭亏的两个关键项目之一。

与2010年度和2009年度相比较，公布利润分配预案的公司数量和占所有上市公司的比例逐年上升，而无利润分配预案的公司的数量和占所有上市公司的比例都有所下降。

属于红利指数的50家公司，除哈药股份外，其余49家公司全部公布了利润分配预案，而且全部包括派现方案。

表24

年　度	公布利润分配预案的公司	占所有上市公司比例(%)	无利润分配预案的公司	占所有上市公司比例(%)
2011	579	62	359	38
2010	526	58	380	42
2009	491	56	382	44

另外，2011年全年，有119家上市公司提出了含送转股的利润分配预案。其中，年报中送转比例在每10股送转5股及以上的有68家公司，26家公司在年报中推出了10送转10股以上的方案，其中华业地产和敦煌种业均拟每10股转增12股。

上市公司公布的利润分配预案需要在得到股东大会通过后实施。

2. 关于利润分配预案的构成

总体上来看，2011年度（包括中报）采取单纯派现的公司有460家，占当年公布利润分配预案公司的比例为79.5%；单纯转增的公司21家，占比3.6%；同时采用派现及送股的25家，占比4.3%；同时采用派现及转增的58家，占比10.0%；同时采用送股、派现及转增的15家，占比2.6%。

从2011年度公布利润分配预案公司的利润分配行为构成来看，基本上与2010、2009年度相似，仍然是绝大多数公司采取了单纯派现的分配方式（如2009—2011年度，单纯派现的分配方式占当年公布利润分配预案公司的比例分别为72.7%、75.4%和79.5%），此外，派现及送股、转增相结合的方式也使用较多。具体参见表25：

表25

利润分配方式	2009年度	占比(%)	2010年度	占比(%)	2011年度	占比(%)
单纯派现	357	72.7	395	75.4	460	79.5
单纯送股	6	1.2	1	0.2	0	0.0
单纯转增	25	5.1	20	3.8	21	3.6
派现及送股	29	5.9	32	6.1	25	4.3
派现及转增	52	10.6	49	9.4	58	10.0
转增及送股	3	0.6	0	0.0	0	0.0
送股、派现及转增	19	3.9	27	5.2	15	2.6

3. 关于派现情况

2011年度（包括中报），共有558家公司在利润分配预案中有派现方案，占所有沪市上市公司的59.5%，高于2010年年报

(503 家)的 55.5% 和 2009 年年报(457 家)的 52.3%;2011 年度拟分配的现金红利总额达到 5 156 亿元,占 2011 年上市公司净利润总额的 31.4%;派现金额和派现占净利润总额比例均高于 2010 年。

从派现数额来看,558 家公司在各派现数额区间内的公司数量以及占所有有派现行为公司的比例分别为:“0 < 每 10 股派现 <1 元”有 222 家,占比为 39.8%;“1 元≤每 10 股派现 <2 元”有 183 家,占比为 32.8%;“2 元≤每 10 股派现 <3 元”有 69 家,占比为 12.4%;“3 元≤每 10 股派现 <4 元”有 41 家,占比为 7.3%;“4 元≤每 10 股派现 <5 元”有 15 家,占比为 2.7%;“5 元≤每 10 股派现 <10 元”有 25 家,占比为 4.5%,“10 元≤每 10 股派现”有 3 家,占比为 0.5%,其中,贵州茅台每 10 股派送 39.97 元,再创沪市每股最高派息纪录。这一分布区间基本上与 2010 年度和 2009 年度表现一致,即 70% 以上有派现行为公司的派现数额都在 2 元以下。

具体参见表 26:

表 26

派现区间	2009 年度	占比(%)	2010 年度	占比(%)	2011 年度	占比(%)
0 < 每 10 股 <1 元	184	40.1	198	39.4	222	39.8
1 元≤每 10 股 <2 元	176	38.3	182	36.2	183	32.8
2 元≤每 10 股 <3 元	46	10.0	57	11.3	69	12.4
3 元≤每 10 股 <4 元	26	5.7	30	6.0	41	7.3
4 元≤每 10 股 <5 元	5	1.1	13	2.6	15	2.7
5 元≤每 10 股 <10 元	18	3.9	19	3.8	25	4.5
10 元≤每 10 股	4	0.9	4	0.7	3	0.5

(二)2011 年度沪市上市公司利润分配情况的特点

1. 过半数上市公司公布了利润分配预案,上市公司回报股东意愿比较强

分析其原因大致在于:第一,在上市公司经营业绩整体连续几年呈现增长态势的情况下,上市公司有能力实施利润分配行为;第二,有关监管政策对于增强上市公司利润分配意愿起到了很大的激励作用。2011 年以来,证监会强化分红方面的政策,要求上市公司树立牢固的分红意识,采取措施完善分红政策及其决策机制,进一步加强对上市公司利润分配决策过程和执行情况的监管,以及要求在公司招股说明书中细化分红政策和分红计划,这些都对上市公司树立良好的分红理念起到了促进作用。

2. 超大型上市公司仍然是现金分红的主力

2011 年派现金额超过 100 亿元的公司有 7 家;派现金额在 10 亿元至 100 亿元之间的公司有 43 家。派现金额在 10 亿元以上的公司派现金额共计派现 4 481 亿元,占总派现金额的 86.9%。

其中,2011 年度派现金额排名前 10 的公司中,有 7 家为上市银行。表 27 为 2011 年度派现金额排名前 10 的公司以及近 3 年派现情况。

表 27

代　码	公司简称	2011 年度派现金额(亿元)	占 2011 年度净利润比率(%)	2010 年度派现金额(亿元)	2009 年度派现金额(亿元)
601398	工商银行	709	34.03	642	568
601857	中国石油	598	44.99	630	465
601939	建设银行	591	34.93	531	472
601988	中国银行	433	34.84	408	355
601288	农业银行	427	35.03	175	—
600028	中国石化	260	36.28	182	156
601088	中国神华	179	39.94	149	105
600036	招商银行	91	25.08	63	45
601998	中信银行	89	28.98	—	34
600016	民生银行	80	28.71	27	11

如果排除上市银行,2011 年度派现金额排名前 10 的公司情况及近 3 年派现情况如表 28:

表 28

代　码	公司简称	2011 年度派现金额(亿元)	占 2011 年度净利润比率	2010 年度派现金额(亿元)	2009 年度派现金额(亿元)
601857	中国石油	598	44.99	630	465
600028	中国石化	260	36.28	182	156
601088	中国神华	179	39.94	149	105
601628	中国人寿	65	35.46	113	198
600030	中信证券	47	37.67	50	33
600900	长江电力	42	54.56	42	41
600519	贵州茅台	41	47.35	22	11
600019	宝钢股份	35	47.57	53	35
600104	上汽集团	33	16.36	18	3
601318	中国平安	32	16.26	42	34

五、业绩预告分析

根据上海证券交易所股票上市规则的规定,上市公司预计本年度亏损或者业绩较上年上升、下降 50% 以上或者实现扭亏为盈的,应在会计年度结束后一个月内进行业绩预告。预计本年度业绩较上年上升、下降 50% 以上,如果上年每股收益绝对值低于 0.05 元的,可以申请豁免业绩预告。上市公司披露业绩预告后,又预计本年度业绩与已披露的业绩预告情况差异较大的,应及时刊登业绩预告更正公告。

(一)应发布业绩预告的总体情况

沪市共938家公司全部如期披露了2011年年报(其中4家2012年新上市公司在上市公告书中披露了2011年度财务数据),共有78家公司业绩出现亏损(其中61家为首次亏损,17家为连续亏损;续亏公司中有10家公司的亏损增幅超过50%,续亏公司中只有1家公司减亏50%以上),有37家公司实现了业绩的扭亏为盈,(扣除61家首亏公司和10家亏损扩大50%以上公司)有82家公司业绩下降50%以上,(扣除37家扭亏公司和1家减亏超过50%公司)有157家公司业绩增长50%以上。

根据以上统计,共有354家公司应该对2011年度业绩进行预告(占全部公司的37.74%),其中应预亏公司78家(占全部应预告公司的22.03%),应预盈公司37家(占全部应预告公司的10.45%),应预增公司157家(占全部应预告公司的44.35%),应预减公司82家(占全部应预告公司的23.16%)。

(二)实际发布业绩预告的总体情况

1. 业绩预告家数及种类

938家公司中,共有377家公司发布了2011年业绩预告(占全部公司的40.19%,占应预告公司的106.50%,仅有少数公司因为上年度的基数低而未发布业绩预告),其中预亏76家(占全部预告公司的20.16%),预盈39家(占全部预告公司的10.34%),预增157家(占全部预告公司的41.64%),预减76家(占全部预告公司的20.16%),预告业绩略减9家,预告业绩略增13家,预告业绩不确定3家,预告续盈4家。

2. 业绩预告发布时间

377家预告公司中,有43家在年底前作了预告而未在年后预告(其中35家在三季报预告,1家在4月预告,1家在8月预告,6家在12月预告),334家在年后预告(包含部分在年前就预告过的公司。其中317家在1月预告,7家在2月预告,4家在3月预告,6家在4月预告)。

3. 业绩预告更正情况

377家预告公司中,有76家公司在首次预告后,又做了更正公告。其中68家公司是在2012年对2011年发布的预告进行更正公告,7家公司是对2012年1月发布的预告又做了更正公告,有2家公司发布了2次预告更正公告(分别是长春一东和ST狮头于2012年1月对2011年三季报预告的更正、三季报对半年报预告的更正),1家公司发布了3次预告更正公告(*ST华光于2011年7月预告年度扭亏、11月却称无法确定是否扭亏、2012年1月又称无法确定、2月份最后预亏)。76家预告更正公司中,有22家公司在首次预告后发布了业绩变脸预告。

4. 业绩快报

总共938家公司中,除377家公司发布业绩预告外,还有117家公司在年报披露前发布了业绩快报,提前披露了主要财务数据。

2011年沪市上市公司重大资产重组情况分析

一、上市公司重大资产重组的统计与分析

(一)2011年度整体情况

2011年度沪市涉及重大资产重组的公司共有74家,涉及重组76单,其中2家公司重组实施完成后又启动新的重组,根据重组进展分为四类:①40家公司实施完成了重大资产重组(以下简称"已实施");②13家公司取得重大进展,包括经重组委审核通过或取得证监会核准文件,但截至报告期末尚未实施完成(以下简称"取得重大进展");③22家公司报告期内启动重组、尚未取得重大进展(以下简称为"报告期内启动");④1家公司在2010年启动了重组,至报告期末未取得重大进展(以下简称为"报告期前启动"),见表1。

表1　2011年重组公司进展情况表

重组所处阶段	家　数	占比(%)
已实施	40	53
取得重大进展	13	17
报告期内启动	22	30
报告期前启动	1	0
总　计	76	100

注:1. 2家公司2011年完成重大资产重组后再次启动重组程序,具体为威远生化、*ST力阳。

2. 2011年进入重组程序的上市公司中,除上述22家外,已有15家公司已取消或终止重组,其中11家未披露重组预案直接取消、3家披露重组预案后因各种原因终止重组事项、1家进入重组停牌程序后声称重大事项不构成重组(联创光电),这15家公司不纳入下文分析范围。

3. 2010年进入重组程序的上市公司中,有3家公司于2011年、2012年宣布终止重组事项,分别为中航重机(标的资产经营业绩出现下滑,持续经营能力存在较大不确定性)、航空动力(股东大会前未取得国有资产监督管理部门的批复)、*ST黑化(重组方不愿延长承诺补偿期),目前仅有*ST宝硕仍在继续。

(二)重组公司情况分析

上述74家公司,其基本情况分析如下:

1. 2/3是国有控股上市公司(50家),该比例与2010年基本持平

2. 重组公司主要集中在制造业,与沪市上市公司整体行业分布一致

根据证监会行业分类,74家重组公司中,42家属于制造业,比2010年46家略有下降,但仍占重组公司的大部分(57%);如果进一步分析这42家公司的行业,其中包括化学原料及化学制品制造业(6家)、化学

纤维制造业(3家)、交通运输设备制造业(3家)、日用电子器具制造业(3家)、汽车制造业(3家)、医药制造业(3家)、专用设备制造业(3家)等。重组公司分布的其他行业主要包括建筑业(5家)、综合类(4家)、批发零售贸易业(3家)、采掘业(3家)、金融保险业(2家)等。

值得一提的是,重组公司中仅有1家属于房地产行业,为*ST海鸟,2011年提出两次重大资产重组,第一次已取消,反映出在国家对房地产行业持续调控的影响下,房地产上市公司以及以房地产项目为标的的并购重组活动已趋于停止;根据证监会的相关规定,目前仅有两类涉及房地产的并购重组可以进行:标的资产主要从事土地一级开发或工业园区开发业务;标的资产主要经营已建成的商业零售配套资产(如购物中心等)。

3. 经济发达地区仍是重大资产重组的活跃地带

与往年相同,经济发达地区的上市公司重组相对比较活跃,具体分布见表2。

表2　2011年重组公司地区分布表

地　区	公司数量(家)	占比(%)	2012年数量
上　海	18	24	14
山　东	8	11	4
北　京	6	8	7
河北、江苏、浙江、广东	4	5	—
安　徽	3	4	—
辽宁、陕西、河南、湖北、江西、福建	2	3	—
黑龙江、吉林、宁夏、青海、山西、天津、西藏、云南、四川、湖南、重庆	1	1	—
合　计	74	100	76

2011年上海、山东地区的重组公司数量较2010年进一步上升,北京、广东地区的重组公司数量略有下降。

4. 控股股东、实际控制人及其关联方的资产注入仍然是重组的主要形式

结合交易对方与上市公司关系、标的资产与公司主营业务关系、重组前后控制权是否转移,重大资产重组可以分为资产注入、行业整合、借壳上市三类。资产注入指控股股东、实际控制人及其关联方向上市公司出售资产,通过资产注入实现公司做大做强,或者达到解决同业竞争、减少关联交易的目的;行业整合指上市公司向独立第三方出售、购买资产,通过行业整合可以拓展产业链、扩大市场份额。资产注入和行业整合式重组一般不会导致上市公司控制权的转移,主营业务也不会发生彻底改变,而借壳上市一般体现为公司主营业务和公司控制权的同时改变,例如上市公司出售其全部经营性资产和业务,然后向第三方发行股份购买与原有主营业务完全不相关的资产和业务,第三方认购股份后成为上市公司新的控股股东。

有时区分借壳上市和资产注入较为困

难,例如,＊ST盛工以其全部资产和负债(作为置出资产),与实际控制人中国机械工业集团有限公司(国机集团)持有的中国进口汽车贸易有限公司(中进汽贸)14.06%股权进行置换;同时,公司向国机集团和天津渤海国有资产经营管理有限公司(天津渤海)发行股份购买分别持有的中进汽贸70.39%和15.55%股权。即公司出售全部资产和负债,同时购买中进汽贸100%股权,差额部分发行股份支付。公司购买的资产主要来自于实际控制人,似乎属于资产注入,但重组完成后公司主营业务转变为汽车进口贸易,实质是中进汽贸借壳上市,尽管上市公司的实际控制人没有发生变化。所以,认定一项重组是否为借壳上市,不能仅以控制权是否发生变更为依据,而是上市公司的业务是否发生了"脱胎换骨"的变化,本期该类型的重组还有安源股份、中卫国脉等。

资产注入占比48%,借壳上市、行业整合占比分别为28%、24%,资产注入比重较上年64%水平有所下降,如上文所述,可能是统计归类的影响,见表3。

表3　　2011年重组类型汇总表

重组类型	已实施	尚未实施	启　动	合　计	占比(%)
资产注入	18	4	15	37	48
借壳上市	12	5	4	21	28
行业整合	10	4	4	18	24
总　计	40	13	23	76	100

5. 股份仍然是上市公司重组的主要支付手段

资产注入、行业整合、借壳上市大都采用发行股份方式进行,74家公司中有56家公司发生57次发行股份购买资产(威远生化两次重组均为发行股份购买资产),占比60%,较2010年62次、62%的数量和占比略有下降,详见表4。

表4　　2011年重组交易方式汇总表

交易方式	数量(次)	占比(%)
发行股份购买资产	57	60.0
资产置换	14	15.0
吸收合并	12	12.5
现金类交易(出售和购买)	12	12.5
合　计	95	100.0

注:一次重组中可能包含多种交易方式,例如资产置换同时发行股份购买置入资产差额部分,或者换股吸收合并同时发行股份购买资产等。

已实施完毕的40家重组公司,重组交易金额合计1 546亿元,较2010年增长超过200%,其中21家公司通过发行股份购买资产的方式进行,合计发行股份约143.57亿股,较2010年增长136%。

6. 交易标的定价依据与评估方法

上市公司吸收合并上市公司或者被非上市公司吸收合并的换股价一般参考停牌前股票交易均价（如停牌前20个交易日均价）；除此以外，除2家尚未披露重组预案的公司外，其余重组交易标的定价依据均为资产评估机构的评估结果，或者在评估结果基础上协商定价。扣除上述吸收合并和尚未披露预案的9单重组，剩余67单重组均披露了标的资产评估方法：一般采用两种评估方法，以其中一项评估结果作为定价依据；某些情况下，标的资产整体采用一种评估方法，其中某项占比较大的资产采用另一种评估方法，例如资产整体以成本法评估，其中的矿业权采用收益法评估。表5列出了重组中最终采纳的评估方法。

表5　2011年重组标的资产评估方法汇总表

评估方法	涉及重组次数
资产基础法	17
收益法	37
成本法	18
市场法	3
合　计	67

可见，一半以上的重组交易标的定价依据采用收益法评估结果，较2010年38%的水平有较大幅度上升。

7. 对已实施完毕重组公司的进一步分析

（1）市值变化分析

本文对完成重组公司的启动重组日、完成重组日的市值进行比较，启动重组日为重大资产重组停牌起始日，完成重组日为刊登“重大资产重组实施情况报告书”的日期，对于个别未刊登实施情况报告书的公司，以刊登“非公开发行股票发行结果暨股份变动公告”（适用于发行股份购买资产）或者资产交割公告（适用于未发行股份情形）日期作为完成重组日。

表6　重组公司市值变化情况统计

市值变化率（%）	家　数	占比（%）
< 0	8	20.0
0～50	7	17.5
50～100	5	12.5
100～200	5	12.5
200～500	10	25.0
> 500	5	12.5
总　计	40	100.0

在市值减少的公司中，除百联股份被友谊股份吸收合并外，其余大都是没有发行股

份或者发行股份数量较少的公司:如冠豪高新、*ST力阳、锦江股份,采取资产置换或者现金购买资产的方式;科达机电发行股份数量较少,为2 493万股。市值增幅超过500%的公司中,除中航电子外,其余是借壳上市或者被控股股东吸收合并公司,包括华夏幸福、金隅股份、大有能源、梅花集团,原上市公司规模较小,脱胎换骨式重组导致公司市值急剧上升。

从绝对值来看,市值增加最大的5家公司为中国重工、金隅股份、梅花集团、中航电子、中国平安,增加额分别为791.93亿元、542.66亿元、427.45亿元、305.6亿元、242.9亿元。

(2)净利润变化分析

重大资产重组的目的之一是提高上市公司的盈利能力,2011年完成重组的公司中,除百联股份被吸收合并外,其余39家公司2010年、2011年归属于上市公司股东的净利润分别为546亿元、637亿元,2011年净利润较2010年增长16.65%。

表7 重组公司净利润变化情况统计

净利润同比增长幅度(%)	家数	占比(%)
<0	9	23
0~50	24	62
50~100	3	8
100~200	2	5
200~500	1	2
总计	39	100

整体上看,2011年完成重组公司的当年净利润增长幅度不如2010年完成重组公司,例如,2010年完成重组的公司中,超过50%的公司当年净利润增长幅度超过100%,而2011年完成重组的公司一半以上当年度净利润增长幅度在50%以内。2011年,净利润下降幅度最大的重组公司是*ST力阳,净利润从2010年的997万元降至2011年的-1.36亿元,其次是亿晶光电和威远生化,净利润下降幅度均超过50%。

净利润增长幅度最大公司是华夏幸福,增长225.46%;净利润绝对值增长最大的公司是上汽集团,增长38亿元。

(3)重组完成时间分析

对于完成重组的40家公司,从公告进入重大资产重组停牌程序,到发布重组实施完毕公告,平均间隔15个月,期限较2010年完成重组公司的平均17个月有所缩短。其中,完成时间在半年以内的有3家,分别为冠豪高新(3个月)、上海建工(5个月)、科达机电(6个月),完成时间在2年以上的有4家,分别为浙报传媒(24个月)、华夏幸福(26个月)、威远生化(27个月)、亿晶光电(27个月)。

二、2011 年度采取的主要重组监管措施

(一)推进并购重组各项制度建设

(1)上海交易所发布《重大资产重组工作备忘录》第十一号“上市公司现金选择权业务指引”,规范现金选择权业务操作流程;发布第十二号“上市公司重大资产重组预案格式指引”,规范重组预案的编写,同时规定重组预案摘要见报,预案全文仅上网,大大降低了重组公司的信息披露成本。

(2)上海交易所根据证监会《关于修订〈上市公司收购管理办法〉第六十二条及第六十三条的决定》,对 2008 年上海交易所发布的《上市公司股东及其一致行动人增持股份行为指引》进行修订并重新发布。

(3)上海交易所与深圳交易所一起制定《关于加强与上市公司重大资产重组相关股票异常交易监管的通知》。

(4)上海交易所对并购重组相关的公告类别进行梳理、补充、完善。

(二)做好并购重组日常工作

(1)上海交易所继续做好重大资产重组的股票二级市场核查和信息披露审核工作。对于重大资产重组,实行每单必查(二级市场核查),对于每份重组预案均由部门并购重组服务团队、分管、复核讨论后向公司发出书面反馈意见;对于二级市场核查结果存在明显异常,或者重组存在实质性障碍的,一律劝退。

(2)上海交易所及时统计、更新并购重组相关数据。

(三)为上市公司并购重组相关方提供服务

(1)结合 2011 年上海交易所“公司治理论坛”,推动评选 2009 年以来沪市已实施完成的典型并购重组案例,及时总结经验,引导市场规范发展。

(2)上海交易所提供并购重组业务培训 10 多次,包括上海交易所外派实践锻炼人员、董事会秘书后续培训、证监会和证监局举办的各类培训等。

2011 年沪市上市公司社会责任报告披露情况分析

自 2008 年上海证券交易所（以下简称“上交所”）发布《关于加强上市公司社会责任承担工作暨发布〈上海证券交易所上市公司环境信息披露指引〉的通知》，鼓励上市公司发布社会责任报告以来，至今已有 4 年。4 年来，沪市上市公司认真履行社会责任，社会责任报告披露数量不断增加，披露质量不断提升，披露工作日趋成熟完善，对促进公众与投资者了解上市公司在环境保护与社会贡献等方面所做工作，倡导社会责任价值投资理念，发挥了重要的作用。

一、沪市上市公司 2011 年社会责任报告披露概况

2011 年，沪市上市公司共计 351 家披露社会责任报告。其中，“上证公司治理板块”样本公司 263 家，发行境外上市外资股公司 59 家，金融类公司 31 家。扣除重复计算，351 家披露公司中，296 家为应披露企业，55 家为自愿披露企业（详见附表一）。根据上交所要求，2011 年应披露公司全部披露。与此同时，2011 年社会责任报告披露数量逐步上升，报告披露数较 2010 年增加 24 篇，增幅 7%；自愿披露公司数由 2010 年的 52 家，增加至 2011 年的 55 家。

91 家上市公司披露了每股社会贡献值（名单见附表二），与 2010 年的 92 家基本持平。22 家上市公司聘请了中介机构对公司披露的年度社会责任报告进行审验（名单见附表三），较 2010 年度的 15 家增加了 7 家。

表 1　社会责任报告披露情况对照表

	2011	2010	2009	2008
社会责任报告披露总数	351	327	318	290
其中：“上证公司治理板块”样本公司	263	241	237	231
发行境外上市外资股公司	59	56	55	49
金融类公司	31	28	26	21
自愿披露公司	55	52	39	32
注：重复计算的公司数	57	50	39	43

表 2　　每股社会贡献值及聘请中介机构审验情况对照表

	2011	2010	2009	2008
披露每股社会贡献值的公司	91	92	88	76
聘请中介机构进行审验的公司	22	15	16	12

从披露公司的所有制情况看,287 家为国有企业,64 家为民营企业。在聘请第三方机构进行审验的 22 家企业中,21 家为国有企业,1 家为民营企业。报告编制内容呈现出国有企业编制质量好于民营企业,中央企业编制质量好于地方企业的特点。

二、多层次蓝筹市场社会责任报告披露情况

根据《上海证券交易所指数三年发展规划纲要》的设计,多层次蓝筹市场上市公司按其规模、业绩及行业影响力等指标,分为 180 指数成分股公司、380 指数成分股公司和其他公司。根据不同层次蓝筹市场,各层次市场上市公司社会责任报告披露情况呈现以下特点:

(一)上证 180 指数样本公司

上证 180 指数样本公司为各行业支柱和领军企业,核心资产规模大、经营业绩好、产品品牌广为人知,集中在金融、能源、原材料和装备制造等传统行业。无论披露数量还是总体质量,上证 180 指数样本公司社会责任报告质量均较好。

一是披露比例大,报告质量高。180 家上市公司中,125 家披露社会责任报告,占总数的 69%;一半以上公司采用国际上较为普遍的可持续发展报告指南(G3 指南)或利益相关方模型对社会责任报告进行系统编制。多数公司在以往编制经验基础上,对 2011 年报告内容进行了进一步丰富和完善。如,中国远洋大幅拓展了 2011 年社会责任报告内容,报告既涵盖 G3 指南及行业补充指引要求,又融入了《ISO26000 社会责任指南》有关核心条款,同时体现了上交所《公司履行社会责任的报告》编制指引要求。又如,招商证券以 2011 年度在云南普洱市镇沅县中坡村建成的“爱心溪桥”作为社会责任报告开篇,不仅感人至深,而且用实际行动说明了社会责任内涵。此外,还有部分公司以中英文对照方式编制社会责任报告(如中国建筑、中国中铁),从内容和形式上与国际接轨。

二是较广泛地聘用了审验机构。在披露社会责任报告的上证 180 成分股公司中,19 家公司聘请了专门的社会责任审验机构或会计师事务所进行审验,占全部聘请审验机构公司总数的 90%。从验证结论来看,绝大多数中介机构评价积极、正面。

三是每股社会贡献值内涵不断丰富。2008 年 5 月,上交所发布《关于加强上市公司社会责任承担工作暨发布〈上海证券交易所上市公司环境信息披露指引〉的通知》,规定每股社会贡献值计算方法。在 2011 年 124 份上证 180 成分股社会责任报告中,37 份披露了每股社会贡献值及其计算过程。许多公司严格依照交易所发布的计算公式计算,部分公司根据实际情况对公式中的个别参数进行调整,以充分反映社会责任履行

情况,如小商品城增加了"经营户让利"指标。每股贡献值的计算结果从－0.19元/股至9.8元/股不等。

但与此同时,每股社会贡献值计算仍有待不断完善。第一,由于参数选取差异,数据可比性有待提高。如,一些矿业公司将"排污费、煤炭可持续发展基金、水土流失补偿费、矿山环境治理恢复保证金"等纳入环境成本和其他费用,而另一些矿业公司没有环境费用。第二,尽管一些公司披露了每股社会贡献值,但未对计算方法和各项参数作详细披露,投资者无法判断结果的准确性与合理性。第三,除少数公司将2011年每股社会贡献值与往年情况进行对比外,大多数公司未与历史数据比较。

四是社会责任逐步融入到企业日常运作、战略决策和公司核心价值理念当中。如,中国神华在社会责任报告的"员工权益"部分,独具特色地提出了"员工幸福指数"概念,并通过具体而生动的案例诠释了对员工权益的保障;浦发银行将自身经济责任归纳为"国计民生责任、金融普惠责任、优质服务责任、金融创新责任"四大领域,自觉将企业社会责任融入银行营运管理、商业模式和经营战略之中;国中水务从企业特性出发,提炼出"启动心智,关爱环保——共创清新未来"的经营理念,并将其贯穿于社会责任工作始终;中国铝业将公司的社会责任核心理念概括为"点石成金,造福人类",凸显公司行业特色和为子孙后代可持续发展作贡献的职责。将社会责任融入企业价值、文化、战略和日常经营之中,已逐步成为众多企业的经营理念和主流趋势。

(二)上证380指数样本公司

上证380指数成分公司,是根据股票营业收入增长率、净资产收益率、成交金额和总市值对股票在行业内进行综合排名,除去上证180指数成分公司筛选出来的代表性企业。在上证380成分股公司当中,172家披露2011年社会责任报告、42家披露每股社会贡献值、3家聘请中介机构审验。

一是自愿披露公司逐步增多,履行社会责任主观能动性逐步增强。数据显示,25家上证380指数成分股公司自愿披露社会责任报告,占自愿披露报告数的近半成,许多报告亮点突出。如,陕鼓动力在社会责任报告中介绍了公司治理生产废水、废气、噪声污染所采取的一系列措施,并列示了三废产生、处置及排放数据,不仅内容翔实而且说服力较强。伊力特在报告中提出了公司在保护及提高所在区域生物多样性所做出的努力,通过每年春季植树造林、秋季保养树木等措施,防止虫害,保护树木,保护环境,体现了对利益相关方的深入理解和灵活应用。

二是报告披露数量总体较大,质量不断提升。上证380指数样本公司披露社会责任报告数达172家,占报告总数的50%。许多报告内容充实、质量较高。如,海立股份运用30多个实际案例及统计数据,阐述公司在保护环境、服务员工、回馈社会等多个方面所作努力。上港集团和广州控股两家公司的报告不仅内容翔实,而且严格采用G3模型编制,并聘请了审验机构对报告进行验证。值得注意的是,两家公司的社会责任报告均附"读者反馈意见表",内容包含对此份报告及企业本身的意见和建议,旨在持续改进社会责任报告。

（三）未纳入指数成分股的公司

截至2012年4月30日，除上证180、上证380指数样本公司外的380家沪市上市公司中，54家披露了社会责任报告，其中披露每股社会贡献值的公司7家。

一是新上市公司社会责任报告编制处于探索起步阶段。新上市公司由于上市时间较短，对社会责任报告编制处于探索阶段，但均按照要求认真学习，努力尝试。如，江南嘉捷在社会责任报告中，通过直观数据和图表展示了用户和经销商满意度、公司解决投诉比例，以及员工对于工作环境、公司福利、公司制度等满意程度；通过数字与图表相结合形式，反映公司在维护利益相关方权益上所做出的努力。中国交建参照了中国社会科学院《中国企业社会责任报告编制指南》和ISO26000社会责任指南标准，编制社会责任报告，报告全篇围绕“企业责任”为主线，运用大量自身案例说明公司践行社会责任的实际行动。

二是盈利能力较强的公司报告质量较好。在54份非指数样本公司的社会责任报告中，盈利能力较强的公司社会责任报告编制精致、内容丰富、重点突出，体现了公司在经济、环境、回馈社会、员工发展工作，以及落实社会责任的具体行动。盈利能力较弱的公司报告普遍比较简单。极个别公司对于社会责任的理解较为狭窄，如将履行社会责任简单等同于慈善和公益等。

三是自愿披露社会责任报告公司占比较大。在54家公司中，16家公司自愿披露社会责任报告，占比30%。主动披露社会责任报告，表明上市公司从被动式地完成任务、满足要求，进入到主动向公众公开信息、接受监督，也是将披露工作向社会责任主动实践的延伸。

三、社会责任报告未来重点与方向思考

为不断完善上市公司社会责任报告披露工作，可通过扩大披露范围、制定报告指引、加强督促、鼓励创新等方式，积极引导上市公司强化社会责任，提高披露质量，促进上市公司企业形象与企业竞争力的提升。

一是扩大披露范围。上海证券交易所发布的《关于加强上市公司社会责任承担工作的通知》，对三类在上交所市场上有重要影响的公司，强制要求披露社会责任报告，对其他公司则采取鼓励披露原则。采用强制和自愿相结合的方式，目的是希望在社会责任工作开展初期，发挥优秀上市公司的带动作用。2011年，上交所强制披露社会责任报告公司296家，占沪市所有上市公司的30%。随着投资者对社会责任信息公开和企业践行社会责任要求的不断提高，未来可考虑进一步扩大社会责任报告的披露范围，逐步要求更多企业披露社会责任报告。例如，对于钢铁、冶金、电力等这些对环境资源和股市走势的影响都比较大的上市公司，建议逐步要求其强制披露社会责任报告和环境影响年度报告。

二是制定报告指引。由于目前未对企业社会责任报告的格式与内容作统一规定，因此社会责任报告形式各异、内容多样，数据缺乏可比性。未来，一方面建议明确和细化社会责任报告披露内容，不同行业公司选择不同侧重点。例如，对环境影响较大的工

业企业重点披露环境保护、资源循环利用等相关信息；对环境影响较小的如金融企业，可重点披露日常经营之外的经济贡献和成本，如员工福利及社会捐赠等信息。另一方面，持续跟踪研究国际相关机构报告框架和指标，如《全球报告倡议组织（GRI）可持续发展报告指南》的 G3 标准、ISO26000 指标等，并按中国实际情况加以改进，鼓励企业予以采纳，增强报告的可比性和规范性，提高报告质量。

三是督促企业践行社会责任。上交所一直积极推动沪市上市公司社会责任报告的编制与发布工作，倡导企业践行社会责任义务。随着越来越多的企业将社会责任理念贯穿于生产和经营之中，未来可积极推动企业根据行业特征和日常生产经营流程，分析社会责任履行和绩效情况，加强报告的可读性和信息有效性，力争将工作贯穿于社会责任工作始终。

四是鼓励更多的机构推进社会责任产品创新。伴随着投资者的日益成熟、资本市场制度的完善，价值投资理念将深入人心，市场将步入可持续发展理性投资时代。公司社会责任意识与创造的社会价值将成为投资者衡量公司可持续发展能力的重要指标。建议更多的机构推出社会责任主题的 ETF 产品，并围绕社会责任投资进行更多的产品创新。通过将资本市场资源配置给社会责任表现优异的公司，倡导社会责任投资理念，完成资本市场本身应履行的“社会责任”。

撰稿人：黄敏之

附　表

附表一　　自愿披露 2011 年度社会责任报告的公司（按公司代码排序）

序　号	公司代码	公司简称	序　号	公司代码	公司简称
1	600070	浙江富润	29	600711	盛屯矿业
2	600103	青山纸业	30	600725	云维股份
3	600111	包钢稀土	31	600734	实达集团
4	600160	巨化股份	32	600741	华域汽车
5	600187	国中水务	33	600765	中航重机
6	600193	创兴资源	34	600792	云煤能源
7	600197	伊力特	35	600802	福建水泥
8	600208	新湖中宝	36	600824	益民集团
9	600219	南山铝业	37	600848	自仪股份
10	600288	大恒科技	38	600872	中炬高新
11	600298	安琪酵母	39	600884	杉杉股份
12	600330	天通股份	40	600893	航空动力
13	600352	浙江龙盛	41	600998	九州通

续表

序号	公司代码	公司简称	序号	公司代码	公司简称
14	600381	ST 贤成	42	601018	宁波港
15	600388	龙净环保	43	601117	中国化学
16	600415	小商品城	44	601118	海南橡胶
17	600436	片仔癀	45	601139	深圳燃气
18	600487	亨通光电	46	601188	龙江交通
19	600493	凤竹纺织	47	601313	江南嘉捷
20	600503	华丽家族	48	601369	陕鼓动力
21	600505	西昌电力	49	601518	吉林高速
22	600573	惠泉啤酒	50	601519	大智慧
23	600644	乐山电力	51	601566	九牧王
24	600653	申华控股	52	601669	中国水电
25	600655	豫园商城	53	601877	正泰电器
26	600660	福耀玻璃	54	601933	永辉超市
27	600693	东百集团	55	900948	伊泰 B 股
28	600704	物产中大			

附表二　　计算每股社会贡献值的公司(按公司代码排序)

序号	代码	公司简称	每股社会贡献值(元)	序号	代码	公司简称	每股社会贡献值(元)
1	600000	浦发银行	5. 95	47	600528	中铁二局	3. 23
2	600016	民生银行	4. 17	48	600535	天士力	3. 16
3	600017	日照港	0. 56	49	600549	厦门钨业	4. 76
4	600018	上港集团	0. 4911	50	600551	时代出版	1. 36
5	600026	中海发展	1. 15	51	600557	康缘药业	1. 74
6	600030	中信证券	2. 09	52	600560	金自天正	1. 39
7	600036	招商银行	5. 49	53	600569	安阳钢铁	1. 3
8	600048	保利地产	4. 08	54	600580	卧龙电气	0. 86
9	600056	中国医药	1. 2845	55	600619	海立股份	0. 71
10	600058	五矿发展	2. 78	56	600657	信达地产	1. 26
11	600063	皖维高新	0. 57	57	600658	电子城	0. 91
12	600071	凤凰光学	1. 22	58	600718	东软集团	2. 65
13	600089	特变电工	1. 27	59	600734	实达集团	1. 35
14	600098	广州控股	5. 2734	60	600739	辽宁成大	2. 48
15	600100	同方股份	1. 31	61	600741	华域汽车	2. 871
16	600104	上汽集团	1. 834	62	600743	华远地产	1. 005
17	600110	中科英华	0. 24	63	600755	厦门国贸	1. 92

续表

序　号	代　码	公司简称	每股社会贡献值(元)	序　号	代　码	公司简称	每股社会贡献值(元)
18	600111	包钢稀土	5.94	64	600802	福建水泥	1.27
19	600125	铁龙物流	0.71	65	600816	安信信托	0.77
20	600138	中青旅	2.6049	66	600829	三精制药	1.71
21	600166	福田汽车	2.634	67	600845	宝信软件	3.96
22	600173	卧龙地产	0.36	68	600858	银座股份	4.89
23	600188	兖州煤业	5.14	69	600881	亚泰集团	2.01
24	600197	伊力特	1.3264	70	600888	新疆众和	1.83
25	600210	紫江企业	1.63	71	600893	航空动力	1.25
26	600243	青海华鼎	1.19	72	600970	中材国际	3.79
27	600261	阳光照明	1.82	73	600995	文山电力	1.26
28	600266	北京城建	3.36	74	600997	开滦股份	2.73
29	600269	赣粤高速	1.054	75	601006	大秦铁路	1.7
30	600271	航天信息	2.76	76	601009	南京银行	4.15
31	600282	南钢股份	0.82	77	601111	中国国航	2.235
32	600303	曙光股份	1.88	78	601166	兴业银行	9.8
33	600317	营口港	1.31	79	601288	农业银行	1.37
34	600323	南海发展	1.17	80	601328	交通银行	2.93
35	600325	华发股份	1.88	81	601333	广深铁路	0.89
36	600329	中新药业	1.51	82	601369	陕鼓动力	1.0303
37	600352	浙江龙盛	1.36	83	601390	中国中铁	4.56
38	600362	江西铜业	3.87	84	601398	工商银行	1.76
39	600415	小商品城	1.95	85	601566	九牧王	2.15
40	600456	宝钛股份	0.85	86	601600	中国铝业	1.25
41	600458	时代新材	1.33	87	601699	潞安环能	5.33
42	600469	风神股份	3.35	88	601919	中国远洋	-0.19
43	600487	亨通光电	4.66	89	601988	中国银行	1.39
44	600495	晋西车轴	1.04	90	601998	中信银行	2.33
45	600497	驰宏锌锗	1.56	91	900948	伊泰B股	7.36
46	600500	中化国际	1.49				

附表三　　聘请第三方机构审验的公司（按公司代码排序）

公司代码	公司简称	审验机构
600000	浦发银行	普华永道中天会计师事务所有限公司
600015	华夏银行	必维国际检验集团
600018	上港集团	劳氏质量认证（上海）有限公司（LRQA）
600029	南方航空	必维国际检验集团
600036	招商银行	必维国际检验集团
600098	广州控股	香港通用公证行有限公司
600196	复星医药	通标标准技术服务有限公司
600415	小商品城	立信会计师事务所
600619	海立股份	上海质量体系审核中心
600657	信达地产	中瑞岳华会计师事务所有限公司
601088	中国神华	毕马威华振会计师事务所
601111	中国国航	必维国际检验集团
601288	农业银行	德勤华永会计师事务所有限公司
601318	中国平安	安永华明会计师事务所
601328	交通银行	德勤华永会计师事务所
601398	工商银行	安永华明会计师事务所
601601	中国太保	DNV 管理服务集团
601668	中国建筑	德国汉德技术监督服务有限公司
601699	潞安环能	立信会计师事务所
601919	中国远洋	挪威船级社
601988	中国银行	普华永道中天会计师事务所有限公司
601998	中信银行	毕马威华振会计师事务所

2011年沪市央企上市公司年报分析

一、2011年央企上市公司年报业绩总体情况分析

(一)央企上市公司在上交所上市的基本情况

截至2012年4月28日，沪市938家上市公司全部如期披露了2011年年报(其中5家新上市公司以招股说明书的形式披露了年度财务资料)，其中国务院国资委所属上市公司(以下简称“央企上市公司”)共168家①，占上交所目前938家上市公司的17.91%。2011年度，沪市共新增加7家央企，分别为蓝科高新、中国水电、中交股份、岳阳纸业(由地方划转)、振华科技(由地方划转)、国机汽车(原*ST盛工)、S*ST北亚(资产注入尚未实施完毕)。

截至2011年12月31日，168家央企上市公司股份合计7 608亿股，其中A股的股数为6 571亿股，对应A股在2011年12月31日的总市值为4.802万亿元(其中流通A股的市值为4.313万亿元)，占沪市2010年12月31日总市值14.84万亿元的32.36%。A股总市值排名前五位的央企上市公司分别是：中国石油、中国石化、中国神华、中国联通和长江电力，流通市值排名前五位的央企上市公司分别是：中国石油、中国石化、中国神华、中国联通和宝钢股份。

168家央企上市公司中有10家ST公司，占沪市89家ST公司的11.2%，另外，尚未完成股改的公司2家，分别为S上石化和S仪化，以及7家含B股公司。

(二)央企上市公司2011年年报业绩的总体情况

1. 央企上市公司资产规模大，所占资本市场比重较大，具有较强的盈利能力，是上交所蓝筹市场的重要组成部分

表1　央企上市公司和沪市全部上市公司的基本财务数据对比　单位：亿元

项　目	2011年			2010		
	全部938家	央企168家	比例(%)	全部906家	央企161家	比例(%)
总资产	953 351	105 306	11	803 180	87 590	11
净资产	109 589	34 087	31	93 396	30 653	33
营业总收入	178 433	98 246	55	138 714	76 317	55
归属于母公司股东的净利润	16 423	3 932	24	14 167	4 092	29

① 招商银行、招商证券的第一大股东并未绝对控股，而且公司行业属于金融业，所以未包含在此次统计之中。

续表

项　目	2011 年			2010		
	全部 938 家	央企 168 家	比例(%)	全部 906 家	央企 161 家	比例(%)
扣除非经常性损益后的净利润	15 605	3 777	24	13 583	3 896	29
平均净资产收益率(%)①	14.99(全体)	11.54	—	15.17(全体)	13.34	—
	12.03(非金融类)	11.54	—	13.19(非金融类)	13.34	
平均每股收益(%)②	0.5510	0.51	—	0.50	0.55	110
平均每股净资产(%)③	3.68	4.39	119	2.89	4.23	146
资产负债率(%)④	88.50	67.70	—	88.40	65.00	—

根据统计，2011 年，168 家央企上市公司归属于母公司股东的权益（以下简称"净资产"）、营业总收入和归属于母公司股东的净利润（以下简称"净利润"）合计分别占到上交所全部上市公司的 31%、55% 和 24%，净资产和营业总收入的占比与 2010 年基本持平，但净利润的占比明显低于 2010 年的水平，而且央企上市公司的净资产收益率在 2011 年已经低于沪市非金融类上市公司的平均净资产收益率，显示出在宏观经济进行调整的时期，由于大部分央企上市公司都属于周期性行业，其盈利能力受影响较大。可以说，尽管上市公司数量不断变化，但央企上市公司作为一个群体，对于整个上交所蓝筹市场的稳定和健康发展一直有着举足轻重的作用，在整个上市公司中的地位不言而喻。

2. 2011 年度，沪市上市公司的总体业绩增速放缓，而央企上市公司总体的业绩出现了下滑

表 2　　央企上市公司基本财务数据的对比　　单位：亿元

项　目	2011	2010⑤	变动比例(%)
总资产	105 306	92 034	14.0
净资产	34 087	31 435	8.4
营业总收入	98 246	80 421	22.0
归属于母公司股东的净利润	3 932	4 227	-7.0
扣除非经常性损益后的净利润	3 777	4 009	-5.8
平均净资产收益率(%)	11.54	13.34	-13.5
资产负债率(%)	67.7	65.00	4.2

① 按整体法摊薄计算，下同。
② 按整体法期末股本摊薄计算。
③ 按整体法：Σ(成分股．归属母公司股东的权益)/Σ(成分股．报告截止日总股本)
④ 方法同上。
⑤ 2010 年所取央企上市公司各项数据是以 2011 年的沪市 168 家央企为基础计算的。

截至 2011 年末，央企上市公司净资产总值 34 087 亿元，较 2010 年末的 31 435 亿元增长 8.4 %。央企上市公司在 2011 年度实现营业总收入 98 246 亿元，比上年同期大幅增长 22%，但净利润却下降了 7%，仅为 3 932 亿元。出现了明显的增收不增利的现象。

表 3　　央企上市公司和非金融类上市公司基本财务数据比较

项　目	2011 年			增长率		
	全体上市公司	非金融类公司	央　企	全体上市公司（%）	非金融类公司（%）	央　企（%）
营业总收入（亿元）	178 433	146 863	98 246	21.61	21.91	22.0
净利润（亿元）	16 423	7 090	3 932	12.46	1.05	-7.0
基本每股收益（元）	0.55	0.49	0.51	6.31	-7.75	-9.3
每股净资产（元）	3.68	4.10	4.39	8.15	2.27	3.8
净资产收益率（%）	14.99	12.03	11.54	-1.70	-9.80	-14.5

2011 年度沪市非金融类上市公司营业总收入为 146 863.17 亿元，同比增长 21.91%，实现净利润 7 089.89 亿元，同比增幅仅为 1.05%，央企上市公司实现的净利润占全体非金融类上市公司净利润的 55.46%。沪市非金融类上市公司在 2011 年度内加权平均基本每股收益和净资产收益率分别下降 7.75% 和 9.80%，而央企的下降幅度却是 9.3% 和 14.5%，这些数据表明央企上市公司由于资产规模大、运营效率不高，而且大多数属于周期性行业，其受宏观经济的影响要远远大于其他非金融类上市公司。

2011 年央企上市公司经营活动产生的现金流量净额合计达到 6 975 亿元，同比减少了 17.4%，每股经营活动产生的现金流量净额也由 2010 年的 1.12 元下降至 0.9 元。这表明央企上市公司的存货增加、成本费用上升，回款时间增加，经营状况不如 2010 年。

值得注意的是，上交所全部上市公司经营活动产生的现金流量净额合计比 2010 年增加了 17.79%，且每股经营活动产生的现金流量净额为 0.99 元，同比增长了 11.34%。但这主要是由于金融类上市公司的业绩继续大幅提升，现金流仍然很充沛。

3. 2011 年不到半数的央企上市公司同比实现了利润增长，亏损的公司数量较 2010 年大幅增加，资产负债率进一步提高

表 4　　央企上市公司每股收益分布情况

每股收益（元）	2011 年		2010 年	
	家　数	比例（%）	家　数	比例（%）
低于 0	18	10.7	11	6.7
0 ~ 0.2	57	33.9	53	32.5
0.2 ~ 0.5	50	29.8	58	35.6
0.5 ~ 1	32	19.0	29	17.8
超过 1	11	6.5	12	7.4

年报显示，168家央企上市公司中46.4%（78家）的上市公司净利润较2010年有所增长，同时，18家央企上市公司亏损，亏损面为10.7%，较2010年6.7%的亏损面大幅增加，略高于沪市整体8%（78家）的亏损率。

表5　　央企上市公司资产负债率分布情况

资产负债率区间(%)	2011年家数	2010年家数	2011年家数占比(%)
0～25	12	9	7.14
25～50	45	53	26.80
50～75	77	76	45.80
75～100	32	27	19.00
100及以上	2	1	1.20

2011年，沪市全部非金融类上市公司平均资产负债率为60.7%，比2010年的59.9%略有增加，而沪市央企上市公司平均资产负债率要高于沪市非金融类上市公司平均水平，达到67.7%，较2010年的65%上升2.7%。

2011年，央企控股境内上市公司分别有12家和45家资产负债率处于0～25%和25%～50%区间，资产负债率相对较低；有77家和32家资产负债率处于50%～75%和75%～100%区间，资产负债率较高；有2家（＊ST黄海和＊ST大成）资产负债率超过100%，已经资不抵债。资产负债率超过80%的公司主要集中在电力和建筑行业。

（三）央企上市公司2011年年报业绩的主要特点

表6　　央企上市公司的利润表数据　　单位：亿元

项　目	2011年		2010年	
	金额	利润构成(%)	金额	利润构成(%)
营业收入	98 246	—	80 421	—
营业成本	93 259	—	75 112	—
销售费用	1 922	49.0	1 765	42.0
管理费用	3 590	91.0	3 107	74.0
财务费用	845	21.0	657	16.0
资产减值损失	407	10.0	397	9.4
公允价值变动收益	12	0.3	31	0.7
投资收益	454	12.0	399	9.4
营业利润	5 454	138.0	5 745	136.0
营业外收支净额	233	6.0	135	3.2
利润总额	5 686	145.0	5 904	140.0
净利润	3 932	100.0	4 227	100.0

1. 央企上市公司毛利率下降

2011 年，受国内经济增长减速、欧债危机引发外围市场需求下滑，同时原材料、人工等成本持续上涨等诸多不利因素的影响，沪市上市公司整体毛利率水平小幅下滑。央企上市公司毛利率低于沪市非金融类上市公司的平均水平，而且下降幅度更大。2011 年非金融类上市公司毛利率为 5.79%，较 2010 年下降 1.16 个百分点，央企上市公司的毛利率仅为 5.08%。

2. 三费占比增长，侵蚀公司利润

央企上市公司 2011 年业绩下滑有部分原因可归咎于三项费用增长。2011 年度沪市 168 家央企上市公司三项费用合计增长 14.98%，低于沪市 938 家上市公司三项费用合计增长率 17.77%，其中销售费用、管理费用增长保持在合理水平内，均未超过营业收入增幅。而且央企上市公司 2011 年度财务费用上升幅度仅为 13%，明显低于沪市财务费用总体 31.59% 的增幅，这说明在 2011 年国内货币环境整体偏紧，市场利率高企，上市公司的贷款利息支出增加的大环境下，央企的信贷融资能力远远强于其他上市公司，融资成本低于一般企业。

财务费用快速增长是 2011 年度沪市上市公司面临的典型问题，央企上市公司虽然和银行关系较为稳定，融资成本相对一般企业为低，但由于体量大，2011 年度沪市财务费用超过 20 亿元的 15 家公司全部为央企上市公司，其中中国石油的财务费用最高为 98.16 亿元，同比增长率为 63.14%；排在第二和第三位的公司分别是华能国际和大唐发电，其财务费用分别是 74.94 亿元和 69.92 亿元，同比增长率分别为 46.77% 和 31.06%。

财务费用超过 20 亿元的公司中，来自电力行业的公司就占据了 5 席，分别是华能国际、大唐发电、国电电力、华电国际和国投电力，5 家公司 2011 年的财务费用分别为 74.93 亿元、69.9 亿元、50.11 亿元、49.25 亿元和 21.61 亿元。

除了电力行业上市公司财务费用增加明显外，房地产、纺织服装、化工等行业内上市公司财务费用也增加不少。

3. 公允价值变动收益较上期大幅减少

沪市央企上市公司 2011 年年报显示，共有 48 家上市公司发生公允价值变动损益，其中 26 家公司产生公允价值变动收益，22 家公司发生公允价值变动损失，两者合计反映为净收益 11.99 亿元，较上年同期下降 61%。

公允价值变动收益主要来源于交易性金融资产和衍生金融工具价值。2011 年度央企上市公司中公允价值变动收益金额最大的公司为中石化，其公允价值变动收益为 14.23 亿元。

4. 非经常性收益减少，上市公司盈利质量提升

2011 年，沪市央企上市公司获得 154.5 亿元的非经常性收益，占当期净利润的 3.9%。统计数据表明，近三年来非经常性收益对央企上市公司业绩的影响逐年降低。

表 7　　央企上市公司非经常性收益比较

项　目	2011 年	2010 年	2009 年
非经常性损益(亿元)	154.5	166.45	186.45
占当期净利润比例(%)	3.9	4.1	6.8

分项来看,非流动资产处置损益、政府补助、同一控制下企业合并产生的子公司期初至合并日的当期净损益是非经常性收益的主要来源。

2011 年 23 家央企上市公司靠非经常性损益避免了亏损,其中有 5 家央企上市公司已经连续两年依赖非经常性损益扭亏,分别为华电国际、航天机电、江山化工、华电能源和中海海盛。

5. 资产减值损失不增反降

受国内外经济放缓需求减少的影响,沪市许多上市公司出现存货增加、周转率下降的局面。同时,部分上市公司所处行业景气度下降,导致存货价格下跌、坏账增加等原因而使得资产减值损失增加,吞噬利润,而央企上市公司的资产减值损失在 2011 年度却不升反降。

2011 年,沪市上市公司资产减值损失达 2 916.80 亿元,较 2010 年的 2 191.00 亿元增长 33.13%。而央企上市公司在 2011 年的资产减值损失为 377 亿元,比 2010 年的 407 亿元还减少了 7%,这一方面反映出央企的资产质量比较高,另一方面也说明央企在资产减值计提方面不如其他上市公司谨慎。

表 8　　央企上市公司资产减值损失表

	2011 年			2010 年			增减比例	
	全体沪市上市公司(亿元)	央企(亿元)	占比(%)	全体沪市上市公司(亿元)	央企(亿元)	占比(%)	全体沪市上市公司(%)	央企(%)
资产减值总额	2 917	377	12.94	2 191	407	18.58	33.00	-7.0
坏账损失	157	80	50.95	141	78	55.32	11.43	11.0
存货跌价损失	217	120	55.30	217	72	33.18	90.00	67.0
固定资产损失	181	149	82.32	190	159	83.68	-4.50	-9.0

6. 行业业绩分析表明,央企沪市上市公司业绩呈现负增长

采掘业公司业绩对整体经营业绩的影响依然较大,交通运输仓储业、电力、金属非金属、塑料化工等行业的业绩下降幅度较大。

表9 央企上市公司行业业绩情况表

序　号	所属证监会行业	2011年			2010年	增减比例(%)
		家数	净利润(亿元)	占全部央企的比例(%)	净利润(亿元)	
1	采掘	9	2 678	68.0	2633	1.7
2	建筑	10	535	13.6	440	21.6
3	制造业	49	218	5.5	216	1.0
4	电力	19	165	4.2	195	-15.4
5	信息技术	15	47	1.2	37	27.0
6	房地产	2	66	1.7	49	34.7
7	金属、非金属	13	99	2.5	181	-45.3
8	石油、化学、塑胶、塑料	16	16	0.4	47	-66.0
9	食品、饮料	1	0.3	—	-6	—
10	医药、生物制品	5	14	0.4	11	27.3
11	造纸	2	2.4	—	3	-20.0
12	纺织、服装、皮毛	2	8	—	6	33.3
13	电子	4	-5	—	0.4	—
14	批发和零售贸易	5	19	0.48	16	0.4
15	社会服务	2	6.2	—	4.3	19.0
16	农、林、牧、渔	1	0.4	—	-0.6	0.04
17	交通运输、仓储	12	57	1.4	378	-85.0
18	综合	1	0.04	—	8.0	—
	合　计	—	3 932	—	4 227	-7.0

从主要行业业绩变动情况看,2011年度除建筑业继续保持较大幅度增长以外,其他行业的业绩增长都明显放缓,交通运输仓储业、电力煤气及水的生产和供应业以及金属非金属、塑料化工等甚至出现大幅度的负增长。对总体利润贡献最大的行业依然为采掘业,2011年该行业实现的净利润基本和2010年持平,仅同比增长1.7%,占全部央企上市公司净利润的68%。其中中国石油和中国石化的业绩表现对央企整体业绩影响尤其重大。2011年,受到原油加工亏损的拖累,中国石油、中国石化业绩不佳,分别实现净利润1 329.84亿元和716.97亿元,合计2 046.81亿元,同比减少了59亿元,其中中国石油同比下降4.92%,中国石化净利润仅同比增长1.39%,这两家公司的净利润占央企上市公司净利润总额的52%。

2011年国内经济平稳较快增长,作为经济发展的支柱产业,建筑业维持稳定的盈利水平,实现净利润5 359亿元,同比增长21.6%,中国建筑和中国交建净利润同比分别增长46.5%和22.93%。2011年房地产行业受益于2009年和2010年持续增长的销售,虽然在现金流方面压力很大,但是账面业绩仍旧平稳增长,两家房地产企业实现净利润66亿元,同比增长34.7%。

由于国内通胀影响，制造业在综合成本以及市场需求方面面临双重压力下，2011 年 49 家沪市央企制造业仅实现净利润 218 亿元，小幅增长 1%。交通运输仓储业 2011 年经营惨淡，12 家沪市央企实现净利润 57 亿元，同比下降 85%，成为 2011 年业绩较 2010 年反差最大的行业。三大央企航空上市公司净利润出现同比下降 28%，中国远洋和中海集运发生亏损合计 132 亿元，其中中国远洋亏损高达 104.5 亿元，成为年度 A 股“亏损冠军”。

（四）其他值得关注的事项

1. 央企上市公司 2011 年累计分红情况同比好于上年，略高于市场平均水平

表 10　央企上市公司和沪市上市公司的分红情况表

项　目	2011 年			2010 年		
	央企（亿元）	沪市上市公司（亿元）	比例（%）	央企（亿元）	沪市上市公司（亿元）	比例（%）
分红总额（亿元）	1 432.22	5 155	27.8	1 351.6	4 018	33.6
分红金额占净利润的比例（%）	36.4	31.39	116.0	33.07	28.36	118.0
平均股息率（%）	2.6	2.8	93.0	1.9	1.9	102.0

2011 年 105 家央企公布了利润分配方案，其中 103 家央企上市公司的年度利润分配预案中含有现金分红，占央企上市公司家数的 61.3%；预计分红总金额为 1 432.22 亿元，高于 2010 年的 1 351.6 亿元；2011 年度央企累计分红金额占所有央企上市公司净利润的 36.4%，远高于沪市整体同期净利润总额 31.39% 的净利润分配率。但央企沪市上市公司 2011 年加权平均股息率① 为 2.6%，要略低于沪市 2.8% 的平均股息率②，2011 年的股息率比 2010 年快速回升，一方面得益于上市公司现金分红的增长，另一方面也是因为 2011 年底沪指收于 2 199.42 的低点。

央企上市公司回报股东意愿比一般上市公司强。分析其原因在于：第一，央企很多上市公司在沪港两地上市，分红回报股东的观念比较成熟；第二，有关监管政策对于增强上市公司利润分配意愿起到了很大的促进作用。2011 年以来证监会强化分红方面的政策，要求上市公司树立牢固的分红意识，采取措施完善分红政策及其决策机制，进一步加强对上市公司利润分配决策过程和执行情况的监管，以及要求在公司招股说明书中细化分红政策和分红计划，这些都对上市公司树立良好的分红理念起到了促进作用。

虽然央企上市公司的分红比例逐年增加，但 2011 年股息率超过 3% 的只有 10 家，股息率最高的是中材国际，达到了 6%。

① 股息率：分红金额/该年度 12 日 31 的总市值

② 沪市平均股息率高主要是金融类上市公司的贡献较大。

表11　　股息率大于3%的央企上市公司排名表

代　码	公司简称	分红金额（亿元）	总市值（亿元）（2011/12/31）	净利润（亿元）	股息率（%）	分红占净利润的比例（%）
600970	中材国际	8.72	143.59	15.37	6.07	56.73
600480	凌云股份	1.45	29.52	1.98	4.90	73.23
600029	南方航空	19.64	465.35	50.75	4.22	38.70
600028	中国石化	260.11	6 225.24	716.97	4.18	36.27
601766	中国南车	21.31	512.67	38.64	4.16	55.15
600019	宝钢股份	35.02	849.33	73.61	4.12	47.54
600900	长江电力	42.01	1 049.40	76.99	4.00	54.56
600795	国电电力	15.39	429.51	36.47	3.58	42.20
601088	中国神华	179.01	5 038.04	447.95	3.55	39.95
600270	外运发展	1.81	53.33	4.53	3.40	39.99
601857	中国石油	598.31	17 826.24	1 329.84	3.36	44.99

2011年央企上市公司派现金额排名前5的公司情况及近3年派现情况如下表：

表12　　央企上市公司派现金额排名表

代　码	公司简称	2011年度派现金额（亿元）	占2011年度净利润比率（%）	2010年度派现金额（亿元）	2009年度派现金额（亿元）
601857	中国石油	598	44.99	630	465
600028	中国石化	260	36.27	182	156
601088	中国神华	179	39.95	149	105
600900	长江电力	42	54.56	42	41
600019	宝钢股份	35	45.28	53	35

累计分红超过100亿元的公司只有中国石油、中国石化和中国神华3家，年度分红总额分别为598亿元、260亿元和179亿元，分别占到其2011年净利润的45%、36%和40%。三者分红总计占所有央企上市公司的72%。

2.6家央企上市公司年报被会计师出具非标准审计意见

2011年有6家央企被出具了带强调事项段的无保留意见。分别是ST黑化、＊ST大成、＊ST轻骑、S＊ST北亚、＊ST黄海和中国中冶，与2010年度被出具非标审计意见（6家）的家数持平。

从审计意见内容看，ST黑化、＊ST大成、S＊ST北亚、＊ST轻骑和ST黄海因会计师对公司持续经营能力存在疑虑而出具非标准审计意见；中国中冶因一起工程承包合同是否需计提预计损失被会计师出具带强调事项的无保留意见。

3．部分央企上市公司存在退市风险

上海证券交易所在2012年4月末发布了《关于完善上海证券交易所上市公司退市制度的方案（征求意见稿）》，如果相关规定得以执行，结合2011年的年报数据，在

2012年年报公布后可能有约20余家沪市上市公司被终止上市，其中也会包含若干央企上市公司，现将详细情况分析说明如下：

（1）现行的退市条件

①按照现行的退市条件，16家沪市上市公司在2011年度报告公布后，由于2010、2011年两年连续亏损（或追溯调整亏损），其股票交易已被实行退市风险警示。其中央企业上市公司有2家，分别为＊ST黄海和＊ST大成。

②按照现行的退市条件，1家央企上市公司＊ST轻骑由于2009—2011年三年连续亏损已被暂停上市。

表13　＊ST轻骑的近3年净利润　单位：元

序号	证券代码	证券简称	2009年度	2010年度	2011年度
1	600698	＊ST轻骑	-89 297 357	-66 346 881	-111 825 449

③针对2012年1月1日前已暂停上市的5家沪市上市公司，上海证券交易所将根据原规则在2012年12月31日前对其作出恢复上市或者终止上市的决定。其包含1家央企上市公司，即S＊ST北亚。

（2）调整后的退市条件

根据《关于完善上海证券交易所上司公司退市制度的方案（征求意见稿）》，调整后的退市条件将新增净资产指标、营业收入指标和市场指标，同时纳入审计意见类型指标、扣除非经常性损益后的净利润指标，并且扩大适用未在法定期限内如期披露年报的指标。

根据《征求意见稿》中的衔接安排，新规则实施后，退市标准中涉及净资产、营业收入和审计意见类型等3项指标的，以上市公司2012年的年报数据为最近一年数，以2011年、2012年的年报数据为最近两年数，最近三年数及最近四年数依此类推。如最终采用该衔接安排，上市公司是否被实行退市风险警示、暂停上市或者终止上市将取决于其2012年年报数据是否触及相关标准。如触及相关标准，则可能导致29家沪市上市公司将在2012年年度报告公布后终止上市，其中包含若干家央企上市公司，具体分类如下：

①因"净资产连续两年为负"可能终止上市的公司

截至2011年12月31日，26家上市公司净资产为负。如果这些公司2012年12月31日的净资产仍为负，则此等公司将在2012年年度报告公布后终止上市。其中央企有＊ST大成和＊ST黄海。

②因"纳入扣除非经常性损益后的净利润指标"可能终止上市的公司

＊ST轻骑因2009—2011年三年连续亏损将被暂停上市，如其2012年度扣除非经常性损益前后的净利润孰低为负，则其将在2012年度报告公布后终止上市。

4. 董事、高管薪酬均有提高，但并未同业绩挂钩

沪市2011年薪酬排名中，金融、保险业上市公司的董监高薪酬最高，房地产、采掘业的薪酬水平也较高，而制造业的平均水平教低，但也有个别业绩突出的制造业上市公司薪酬水平较好。

央企上市公司董监高2011年度的平均薪酬约60万元（因许多董监高在其他单位领取薪酬，因此无法得出准确结论），较以往有相应提高，行业薪酬的差异也基本符合上

述特征。央企上市公司独立董事的薪酬也有较大提高。

在股权激励方面，2011年度，央企上市公司中只有二重重装一家公司提出了股权激励方案，远低于市场的平均水平，可见在种种限制条件下，如何将央企上市公司董监高和关键技术人员的薪酬和工作业绩兼顾，制定出合理的薪酬激励方案以激发其工作积极性是急待破解的难题。

5. 2011年度重大资产重组和融资情况

2011年度报告期内已经完成或者正在进行重大资产重组的上市公司有76家，其中央企上市公司有14家，占比为18.5%，其中共有7家公司在本报告期内实施完成了重大资产重组；至本报告期末，有7家公司在本报告期内新启动了重组但还未获得中国证监会的行政许可。

报告期内已经完成或正在进行的上市公司重大资产重组，2/3是国有控股上市公司，其中央企为14家，地方国企为37家，占比为27%，可见地方国有上市公司在重大资产重组方面比央企上市公司活跃，是重大资产重组的主力军。

2011年共有2家央企（中国水电和蓝科高新）以IPO方式进行了融资，共计募集资金143.8亿元；中远航运和天威保变等2家央企以配股方式进行了融资，共计募集资金129.6亿元，14家央企上市公司以增发方式进行了融资，筹集资金461.29亿元，占沪市公司增发募集总额的31%。4家央企以可转债方式进行了融资，共计募集资金358.5亿元，占沪市公司增发募集总额的93%。4家央企以公司债方式进行了融资，共计募集资金76亿元，占沪市公司增发募集总额的9%。

表14　央企和沪市上市公司融资情况表

筹资方式	2011年央企融资额（公司家数）	2011年沪市融资总额（公司家数）	央企占比（%）	2010年央企融资额（公司家数）	2010年沪市融资总额（公司家数）	央企占比（%）
首发	144亿元（2家）	1 014亿元（36家）	14	281亿元（4家）	1 900亿元（26家）	15.0
增发	461亿元（14家）	1 859亿元（82家）	25	531亿元（12家）	1 720亿元（57家）	31.0
配股	129亿元（3家）	380亿元（7家）	34	18.6亿元（2家）	1 460亿元（17家）	1.3
可转债	359亿元（4家）	387亿元（6家）	93	—	673亿元（4家）	—
公司债	76亿元（4家）	883.9亿元（48家）	9	320亿元（2家）	385亿元（10家）	83.0

二、央企上市公司治理、规范运作情况

（一）规范运作情况

总体上，央企上市公司在公司治理、规范运作方面的表现值得赞扬，大部分公司都能模范遵守相关法律法规，规范运作。

在上交所2011年度公司治理专项奖评选中，央企上市公司得到了充分肯定，2家公司获得2011年度董事会奖或信息披露奖，占所有获奖公司总数的10%，另有8家公司获得了董事会提名或信息披露提名奖，占获奖公司总数的40%。

2011年全年，央企上市公司中没有发生被上交所公开谴责的情形，在予以通报批评

的31家(次)上市公司中,也仅有2家央企上市公司因违规买卖股票和利润分配事宜而被批评。上述数据表明央企在规范运作方面的表现明显好于沪市平均水平。

此外,2011年,上交所共对上市公司发出了27次监管关注函,其中向5家央企上市公司发出了5次监管关注函,主要内容详见下表。

表15　　2011年度对央企上市公司的监管措施

公司代码	公司简称	处罚措施	处罚对象	处罚原因
600087	*ST长油	通报批评	公司及其董秘	未在股东大会审议通过利润分配方案后2个月内完成利润分配事项,并在非公开发行股票中违反《证券发行与承销管理办法》第33条的规定(上市公司发行证券,存在利润分配方案、公积金转增股本方案尚未提交股东大会表决或者虽经股东大会表决通过但未实施的,应当在方案实施后发行。相关方案实施前,主承销商不得承销上市公司发行的证券)。公司董事会秘书在具体负责实施上述利润分配和非公开发行事项中未能勤勉尽责,对公司信息披露等违规行为负有相应责任
601918	国投新集	通报批评	股东安徽新集煤电(集团)有限公司	股东安徽新集煤电(集团)有限公司减持比例超过5%,未按照《上市公司收购管理办法》第13条的规定停止买卖并及时履行法定的信息披露义务
600498	烽火通讯	监管关注	副总裁	短线交易、违反禁售期的规定
600680	上海普天	监管关注	监事	窗口期买股
600737	中粮屯河	监管关注	公司、董事长、总经理、独董兼审计委员会召集人、董秘、财务总监	公司2010年度业绩预告由大幅下降变更为亏损
600776	东方通信	监管关注	公司	接到相关补偿未及时履行信息披露义务
600896	中海海盛	监管关注	公司	频繁取消董监事候选人提名

(二)2011年年报中有关内部控制和社会责任的披露情况分析

根据XBRL数据,共有884家公司填报了内部控制的建设情况,其中417家披露了董事会内部控制自我评估报告,229家公司还自愿聘请审计机构对公司内控进行了核实评价。163家央企上市公司中,披露内部控制自我评估报告的94家公司中有66.6%的公司(62家)聘请审计机构对公司内控进行了核实评价,这一比例高于沪市总体54.9%的比例。

另据统计,163家央企上市公司已经全部设立了审计委员会和薪酬委员会,且绝大多数审计委员会中,独立董事占多数并担任召集人。结合内控评估报告的具体披露及审计委员会对年报工作的履职情况分析,央企上市公司董事会下属机构均能发挥其作用,其中审计委员会作用更为突出。在证券监管机构对审计委员会年报工作规程的指引下,提高审计委员会的工作质量和效率有了明显的提高。

2011 年共有 350 家公司披露了履行社会责任的报告，其中央企上市公司共有 82 家，有 19 家在社会责任报告中披露每股社会贡献值。报告显示，央企上市公司高度重视履行企业社会责任，为经济社会的可持续健康发展作出了积极贡献。在落实国家宏观调控政策，保证市场供应，实施国家重大发展战略等方面发挥了重要的作用。从编制质量上看，央企上市公司要明显强于地方国企和民营企业。

以往报告质量较高的公司，在过去的编制基础上，对 2011 年报告的内容进行了丰富和完善：如中国远洋将上年 133 页的社会责任报告扩展到 187 页，为篇幅最长的社会责任报告。报告范围也在 2010 年的基础上有所扩充，涵盖了 G3 指南和行业补充指引的要求，融入《ISO26000 社会责任指南》的核心条款，同时涉及上交所《公司履行社会责任的报告》编制指引等各相关方要求。

新上市公司处于探索阶段，不乏努力与尝试。如中国交建则创新地参照了中国社会科学院《中国企业社会责任报告编制指南》和 ISO26000 社会责任指南标准编制社会责任报告，报告围绕“企业责任”为主线，全篇运用大量案例说明公司践行社会责任的实际行动。

上交所一直以来不断地强调，编制社会责任报告稿的内涵是要企业将社会责任贯穿于生产和经营之中，其本质是社会责任的饯行。可喜的是，一些企业已经将这一理念融入到实践中，如中国神华在社会责任报告的“员工权益”部分，独具特色地提出了“员工幸福指数”的概念，并且通过具体而生动的案例诠释了对员工权益的保障。未来，上市公司应根据其行业特征和日常生产经营流程，分析并报告社会责任的履行和绩效情况以加强报告的可读性和信息的有效性，同时力争将报告中涉及到的各项工作贯穿其社会责任工作的始终。

（三）资金占用情况

根据沪市上市公司 2011 年年报披露数据，截至 2011 年 12 月 31 日，沪市 906 家上市公司中，有 29 家公司存在被控股股东及其关联方非经营性占用资金的情况，占用余额合计约 35.35 亿元。存在非经营性资金占用的公司家数占沪市上市公司总数的 3.2%，其中央企上市公司中有 7 家存在资金占用问题，占央企上市公司总数的 4.3%。

表 16　　央企上市公司的资金占用情况表

序　号	证券代码	证券简称	辖　区	2010 年年报披露期末余额（万元）	目前清偿情况
1	601600	中国铝业	北　京	771.09	承诺近期清偿
2	600737	中粮屯河	新　疆	37 381.94	尚未清偿
3	600890	ST 中房	北　京	4 760.79	尚未清偿
4	600876	洛阳玻璃	河　南	1 333.64	已清偿
5	600343	航天动力	陕　西	30 000.00	已清偿
6	601618	中国中冶	北　京	696.50	已清偿
7	6001991	大唐发电	北　京	5 232.00	已清偿
占用余额合计				80 175.96	

2011 年沪市民营上市公司年报分析

截至 2012 年 4 月 30 日，沪市上市公司共 938 家[①]，其中民营上市公司[②] 277 家，占沪市上市公司总数的 29.53%。277 家民营上市公司均在法定期限内披露了 2011 年度报告。虽然沪市上市公司仍有近 2/3 为国有企业，但在 2011 年沪市新增的 48 家上市公司[③]中，有 33 家为民营企业，因此，民营上市公司的比例有所增加。

一、民营上市公司区域、行业分布及规模概况

(一)区域分布

从区域分布看，沪市民营上市公司虽遍布全国各省、直辖市和自治区，但其区域分布依然呈现一定的规律性，尤以东部省份居多。其中浙江、江苏、上海的民营上市公司数量在全国各省份中排名前三，分别是 44 家、34 家、32 家，各占当地沪市上市公司总数的 58%、43%、22%。

(二)行业分布

从行业分布看，沪市民营上市公司涵盖了 13 个证监会行业门类，其中民营上市公司涉足最多的行业为制造业，共 160 家民营公司从事制造业的相关业务，占民营公司总家数的 57.76%。制造业中，从事医药制造业的民营公司数量最多，为 28 家；其次为交通运输设备制造业，为 13 家。制造业、批发和零售贸易、房地产业、信息技术类、综合类五大行业分列民营上市公司家数前五位，从事这五类行业的民营上市公司共 247 家，占全体民营公司家数的 89.17%。总体上看，民营上市公司从事的行业具有一定的集中度。金融、保险业及电力、煤气及水的生产和供应业为民营上市公司较少涉足的行业，从事这两个行业的民营公司各仅有 1 家。

另一方面，从各行业中民营公司占全体上市公司总数的比例来看，比例排名前三位的行业分别是综合类、信息技术业、批发和零售贸易业。这三大行业中，超过 40% 的上市公司为民营公司。反之，交通运输仓储业、金融保险业、电力煤气及水的生产和制造业中，民营上市公司家数占比最少。

① 公司数量的统计均截至 2012 年 4 月 30 日。

② 统计口径为披露实际控制人为个人的沪市上市公司。

③ 新增公司数量的统计口径为首发日期在 2011 年 1 月 1 日至 2012 年 4 月 30 日的公司。

表1　民营上市公司行业分类汇总表

证监会行业门类	民营公司家数	该行业公司总数	占民营公司总家数比例(%)	占该行业公司总数比例(%)
制造业	160	477	57.76	33.54
批发和零售贸易	27	67	9.75	40.30
房地产业	26	66	9.39	39.39
信息技术业	18	42	6.50	42.86
综合类	16	37	5.78	43.24
建筑业	9	28	3.25	32.14
农、林、牧、渔业	6	20	2.20	30.00
社会服务业	4	22	1.44	18.18
采掘业	3	33	1.08	9.09
传播与文化产业	3	16	1.08	18.75
交通运输、仓储业	3	52	1.08	5.77
金融、保险业	1	31	0.36	3.23
电力、煤气及水的生产和供应业	1	47	0.36	2.13
合　计	277	938	100.00	—

(三)股本、资产规模及盈利能力有待提高

民营上市公司虽然家数占全体沪市上市公司的近1/3,但其股本及资产规模却远远没有占据相应比例。截至2012年4月30日,277家民营上市公司总股本1 818.72亿股,仅占938家上市公司的6%;2011年末净资产总额5 769.61亿元,仅占5.26%。上年度,民营上市公司总股本和净资产总额所占的比重分别为5.1%和4.25%①。虽然2011年度民营上市公司总股本和资产规模比重略有增长,但反观国有上市公司,其股本和净资产总额分别占据全体沪市上市公司的89.21%和86.74%,两者差距仍然十分巨大。2011年度,277家民营上市公司共实现净利润777.75亿元,仅占全体上市公司净利润总额的4.74%,平均每股收益0.43元;而606家国有上市公司共实现净利润14 279.76亿元,占全体公司净利润总额的86.95%,平均每股收益0.53元。

由此可见,沪市上市公司依然由国有企业占据主导地位,民营公司的规模和盈利能力均有待进一步提高。

表2　民营上市公司股本、净资产规模及盈利能力汇总表

企业类型	总股本		净资产		净利润	
	数额(亿股)	占比(%)	金额(亿元)	占比(%)	金额(亿元)	占比(%)
民营公司	1 818.72	6.00	5 769.61	5.26	777.75	4.74
国有公司	27 024.74	89.21	95 054.68	86.74	14 279.76	86.95
其他合计	1 448.91	4.79	8 764.22	8.00	1 365.36	8.31
全部公司	30 292.37	100.00	109 588.51	100.00	16 422.87	100.00

① 数据引用自《沪市民营上市公司2010年年报分析》。

二、2011年总体业绩及盈亏情况分析

(一)民营上市公司总体业绩比上年度增加

2011年民营上市公司共实现营业收入9 923.80亿元,比2010年[①]增长22.33%;实现归属上市公司股东的净利润777.75亿元,比2010年增长18.99%;扣除非经常性损益后的净利润为607.14亿元,占全部上市公司扣除非经常性损益后净利润总额的3.86%,比2010年增长10.83%。总体来看,2011年度民营上市公司的净资产收益率[②]略低于全部上市公司的平均值,营业收入与上年相比的增长幅度略低于全部上市公司总体水平,净利润的增长幅度超过了总体水平。另外,从民营公司对总体营业收入和净利润的贡献来看,2011年度民营公司营业收入、净利润占全部上市公司总额的比重与上年度相比基本持平。

表3　2011年民营上市公司业绩同比增减情况表

	2011年度			2010年度			增减幅度		
企业类型	营业收入(亿元)	净利润(亿元)	净资产收益率	营业收入(亿元)	净利润(亿元)	净资产收益率	营业收入	净利润	净资产收益率
民营公司	9 923.80	777.75	13.48%	8 112.41	653.60	15.13%	增加22.33%	增加18.99%	减少1.65个百分点
全部公司	178 433.21	16 422.87	14.99%	144 125.12	14 474.18	15.26%	增加23.8%	增加13.46%	减少0.27个百分点
民营占比	5.56%	4.74%	—	5.63%	4.52%	—	—	—	—

(二)民营上市公司总体亏损情况加重,存在两极分化现象

2011年度277家民营上市公司中有251家实现盈利,26家发生亏损,亏损家数占民营上市公司总数的9.4%,占沪市全部亏损家数(78家)的1/3。这26家公司亏损额16.69亿元,78家沪市上市公司发生亏损总额274.25亿元,民营公司亏损金额占全部公司亏损总额的比例为6.1%。而2010年度254家民营上市公司中23家发生亏损,亏损额15.26亿元,占当年全部上市公司亏损总额的0.27%。因此,与上年度相比,无论从亏损家数占比还是亏损总额占比来看,2011年度民营上市公司的亏损情况有所加重。

2011年度亏损额在1亿元以上的沪市上市公司有19家,其中民营公司4家,4家民营公司共计亏损10.11亿元,占26家民营公司亏损总额的60.58%。

反观盈利排名,2011年度净利润最高的民营上市公司仍旧为三一重工,净利润86.49亿元,比上年同期增长54%,净利润

① 考虑到公司家数的增加导致可比范围变化,2010年数据采用2011年度所有公司的上年可比数据。

② 在此净资产增长率粗略计算为目标公司2011年度净利润总额与年末净资产总额的比值。

位列全部沪市公司的第27位，相比上年上升了8位。净利润在10亿元以上的上市公司共127家，其中民营上市公司有16家，共实现净利润348亿元，占277家民营上市公司净利润总和的44.74%。民营上市公司盈亏情况两极分化的现象依然存在。

（三）民营上市公司数量和资产规模实现增长

从数量上看，2011年民营上市公司由254家上升到277家，2011年沪市新增的48家上市公司①中，33家为民营公司，民营上市公司数量占比由28.04%增加到29.53%。资产规模方面，民营上市公司净资产由2010年末的4 319.14亿元增加到2011年末的5 769.61亿元，增加幅度33.58%。而全体上市公司的净资产增长幅度为15.56%。2011年民营上市公司的资产规模增幅超过平均值。

三、融资及利润分配情况②

（一）民营上市公司首发家数大幅增加，融资规模同比扩大

2011年度沪市共有65家民营上市公司在证券市场上成功实现融资，相比上年增加了21家。其中，33家公司实现首发，占首发公司总数的68.75%，相比上年增加了27家；32家公司进行了再融资，包括增发股份27家，发行债券8家，其中3家公司同年增发股份和发行公司债。实施融资的民营上市公司占2011年民营公司总数的23.47%，实施再融资的民营上市公司占比11.55%。从全体上市公司来看，进行再融资的公司106家，占上市公司总数的11.30%。实施再融资的民营公司比例基本与总体持平，民营公司并未表现出突出的再融资意图。

从融资规模上看，包括首发募集资金，2011年度65家民营上市公司共筹集资金1 119.49亿元，占沪市上市公司融资总额的26.11%。其中，首发募资总额601.83亿元，占全部沪市公司的52.53%。民营上市公司IPO的家数占全体公司的2/3强，募资总额过半数，说明民营公司进入证券市场的势头正在增强。然而民营公司上市后，融资积极性相对国有公司较弱。2011年度民营公司再融资募集资金517.66亿元，仅占全部上市公司再融资总额的16.47%；而国有公司再融资总额2 213.55亿元，在全部公司中所占比重为70.44%。分析民营公司的再融资方式，选择增发方式融资的公司较多，而进行配股、公司债的公司较少。

表4　　各所有制类型上市公司融资规模汇总表　　单位：亿元

企业类型	首发募资总额	增发募资总额	配股募资总额	公司债	合　计
民营公司	601.83	395.66	—	122.00	1 119.49
国有公司	375.31	1 329.30	283.55	600.70	2 588.86
其他合计	168.61	336.11	24.28	51.00	580.00
全部公司	1 145.75	2 061.07	307.83	773.70	4 288.35

① 在此新增公司数量的统计区间为2011年1月1日至2012年4月30日。而2010年度民营公司数量的统计截止日期为2011年4月30日，因此出现不同统计口径下民营公司增量的不一致。

② 因数据收集、统计限制，本报告的融资类型仅包括IPO、增发股份、发行公司债及配股。

与2010年度相比①,2011年民营上市公司的融资规模增长异常显著。首发募集资金规模同比增长330.43%,再融资募集资金规模同比增长132.17%。其中融资规模增幅最为显著的为公司债,2010年度民营公司通过公司债融资13.80亿元,2011年度发行公司债募集资金122亿元,实现近800%的增长。

表5 民营上市公司融资规模同比增减情况表 单位:亿元

融资方式	2011年度	2010年度	增减幅度(%)
IPO	601.83	139.82	330.43
配股	—	45.54	—
增发	395.66	163.63	141.80
公司债	122.00	13.80	784.06
再融资小计	517.66	222.97	132.17
合计	1 119.49	362.79	208.58

(二)民营上市公司现金分红②比例有所提高

2011年度拟进行利润分配的民营上市公司共146家,比上年度增加了22家,拟分配的民营公司数占民营公司总数的比例由上年度的48%增加到52.71%。但拟进行利润分配公司比例相对于国有上市公司(65.18%)依然偏低,也低于总体分配公司比例(61.73%)。提出利润分配方案的民营上市公司中,选择现金分红的公司占多数,共139家,占民营公司总数的50.18%。选择资本公积金转增股本或送股的民营上市公司数量相对较少。在利润分配方式选择上,民营公司与国有及全部上市公司趋势相近。

表6 2011年度拟进行利润分配的公司数量及比例③情况

	民营公司	国有公司	全部上市公司
利润分配家数	146	395	579
分配家数占比(%)	52.71	65.18	61.73
现金分红家数	139	381	558
分红家数占比(%)	50.18	62.87	59.49
送股家数	12	25	40
送股家数占比(%)	4.33	4.13	4.26
转增家数	39	50	93
转增家数占比(%)	14.08	8.25	9.91

民营上市公司2011年现金分红总额201.09亿元,仅占全部上市公司分红总额

① 2010年度融资数据来自于《沪市民营上市公司2010年年报分析》。

② 统计数据包括中期分红。

③ 分配家数的比例=该类别分配家数/该类别公司总家数

5 156.27亿元的3.90%；送股、转增股份数分别为24.75亿股、186.45亿股，占全部上市公司送股、转增股份数的23.62%、39.46%。从分配方式总体情况看，民营公司现金分红金额比重偏低。

表7　　2011年度民营上市公司利润分配总体情况表

	现金分红总额(亿元)	送股总数(亿股)	转增总数(亿股)
民营公司	201.09	24.75	186.45
全部上市公司	5 156.27	104.79	472.49
民营占比(%)	3.90	23.62	39.46

现金分红方面，针对民营上市公司年度现金分红与净利润的关系作进一步分析。2011年度民营公司分红总额占当年实现净利润的比例为25.86%，相对应国有公司2011年分红占实现净利润的比例为32.34%，而全部上市公司的分红比例为31.40%。由此可见，民营上市公司分红金额占净利润的比重低于国有公司，也略低于整体水平。纵向比较，2010年度民营公司分红占净利润的比例为17.95%，因此，民营公司虽在分红绝对值上落后于整体水平，但同比已有较大增长，且增长幅度远高于国有公司及全部上市公司。

表8　　2011年度民营上市公司现金分红情况表　　单位：亿元

企业类型	2011年分红总额	2011年净利润总额	2011年分红/净利润比例(%)	2010年分红/净利润比例(%)	分红比例增减变动
民营公司	201.09	777.75	25.86	17.95	增加7.91个百分点
国有公司	4 617.95	14 279.76	32.34	30.99	增加1.35个百分点
全部上市公司	5 156.27	16 422.87	31.40	29.78	增加1.62个百分点

2011年度每股派现比例最高的前三位分别是贵州茅台、伊泰B股和三普药业。其中伊泰B股、三普药业均为民营公司，派现比例分别为1.5元/股、1元/股。2011年现金分红总额最高的民营上市公司是三一重工，派现总金额22.78亿元，占其当年实现净利润的26.34%，略高于民营公司平均比例。三一重工的派现总额在全部沪市上市公司中排名第29位。从总体上看，民营上市公司受资本规模和盈利能力所限，现金分红总额远低于国有上市公司。

四、重大资产重组情况

(一)进行重大资产重组的民营上市公司总体情况

民营上市公司重大资产重组活动比非民营上市公司相对活跃。2011年度共计有74家沪市上市公司涉及重大资产重组，占938家沪市上市公司总数的7.89%。其中，24家民营上市公司涉及重大资产重组，占277家民营上市公司总数的8.66%，略高于沪市总体水平;50 家国有上市公司涉及重大资产重组,占 606 家国有上市公司总数的 8.25%。

(二)进行重大资产重组的民营上市公司行业特点

24 家涉及重大资产重组的民营上市公司的行业分布基本上与前述行业分布集中度相对应。涉及重大资产重组的 24 家民营上市公司具体分布在 6 个行业,其中制造业最多,达 17 家,占比达到 70% 以上;其余 7 家分布在信息技术业(2 家)、综合类(2 家)、建筑业(1 家)、房地产开发与经营业(1 家)及农、林、牧、渔业(1 家)。

(三)民营上市公司重大资产重组的类型以借壳上市居多

在重大资产重组的类型方面,民营上市公司与国有上市公司呈现出一定的差异。24 家涉及重大资产重组的民营上市公司中,半数民营上市公司采用借壳上市的方式,41.67%(10 家)的民营上市公司采用资产注入的方式,余下 2 家采用行业整合方式;50 家涉及重大资产重组的国有上市公司中,一半以上系采用资产注入的方式(26 家,52.00%),其余的公司中采用借壳上市和行业整合方式均为 12 家(各占 24.00%)。出现这种现象原因可能是,实施重大资产重组的民营上市公司常常伴随着实际控制人和主营业务也发生变更,因此采用借壳上市方式的多;而实施重大资产重组的国有上市公司更多是向大股东购买与主营业务相关的资产,进行整体上市等,因此采用大股东资产注入或者行业整合的居多。

(四)民营上市公司重组涉及的资产规模低于总体平均水平

在重大资产重组中购买和出售资产的金额方面,民营上市公司明显小于沪市上市公司总体平均水平。以置入资产金额为例,74 家涉及重大资产重组的沪市上市公司中,有 47 家进行了置入资产,该 47 家公司置入资产的总金额为 18 002 428.41 万元,平均每家 383 030.39 万元。其中,有 14 家民营上市公司进行了置入资产,该 14 家民营上市公司置入资产的总金额为 3 268 361.83 万元,平均每家 233 454.42 万元,仅为沪市整体平均水平的 60.95%;34 家国有上市公司进行了置入资产,该 34 家国有上市公司置入资产的总金额为 14 734 066.58 万元,平均每家 433 354.90 万元,比民营上市公司高出 85.63%。这不仅反映出国有上市公司重大资产重组的金额大于民营上市公司,而且从另一个角度反映出国有上市公司的资产规模普遍大于民营上市公司。

(五)民营上市公司的重组实施进度

从实施进度来看,2011 年年度报告期内,民营上市公司实施完成重大资产重组的有 14 家(包括 2 家在 2011 年度启动的民营上市公司),获得中国证监会核准,并实施完成;启动重大资产重组的有 12 家(包括 2 家在 2011 年度实施完毕的民营上市公司);另有 2 家民营上市公司报告期前已启动,但报告期内仍未获得核准;2011 年度未发现有获核准但尚未实施完毕或者取消重大资产重组的民营上市公司。

表9　民营上市公司重大资产重组实施情况表

实施进度	公司名称及家数
实施完成	威远生化、亨通光电、五洲明珠(梅花集团)、ST国祥(华夏幸福)、ST东盛、海通集团(亿晶光电)、百科集团(宋都股份)、*ST力阳、ST得亨、科达机电、*ST华源、*ST申龙(14家)
启　动	华阳科技、ST得亨、科达机电、新华锦、*ST力阳、*ST九发、置信电气、威远生化、ST兴业、盛屯矿业、宁波建工、*ST海鸟(12家)
2011年之前启动但仍未获核准	*ST宝硕、ST长信(2家)

五、高管①薪酬和股权激励情况

(一)民营上市公司的高管薪酬大幅提高

2011年度,民营上市公司高管薪酬的总数和每家公司的平均数均有较大幅度增长,但仍低于国有上市公司的平均水平。2011年度,936家②沪市上市公司高管2011年度从公司领取的薪酬总数为48.72亿元,平均每家公司向其高管发放薪酬520.51万元,比2010年度沪市上市公司的薪酬总数41.95亿元和平均每家公司的薪酬发放额463.02万元③分别增长16.14%和12.42%;前三名董事薪酬总额平均为159.30万元,前三名董事薪酬的平均薪酬为53.10万元;前三名高管(此处仅指高级管理人员)薪酬总额平均为175.94万元,前三名高管(此处仅指高级管理人员)薪酬的平均薪酬为58.65万元。

277家民营上市公司高管2011年度从公司领取的薪酬总数为12.06亿元,平均每家公司向其高管发放薪酬435.28万元,比2010年度民营上市公司的薪酬总数9.20亿元和平均每家公司的薪酬发放额362.2万元④分别增长31.09%和20.18%;前三名董事薪酬总额平均为157.67万元,前三名董事薪酬的平均薪酬为52.56万元;前三名高管(此处仅指高级管理人员)薪酬总额平均为151.95万元,前三名高管(此处仅指高级管理人员)薪酬的平均薪酬为50.65万元。

604家国有上市公司高管2011年度从公司领取的薪酬总数为30.75亿元,平均每家公司向其高管发放薪酬509.11万元,比2010年度民营上市公司的薪酬总数26.87亿元和平均每家公司的薪酬发放额447.83万元⑤分别增长14.44%和13.68%;前三名董事薪酬总额平均为146.29万元,前三名董事的平均薪酬为48.76万元;前三名高管(此处仅指高级管理人员)薪酬总额平均为170.48万元,前三名高管(此处仅指高级管理人员)的平均薪酬为56.83万元。

可见,在薪酬总数、平均每家公司发放的薪酬总额、前三名高管(此处仅指高级管理人员)薪酬总额等方面,民营上市公司的

① 这里所称的"高管"包括上市公司的董事、监事和高级管理人员,高级管理人员则仅指高级管理人员。
② 因广汽集团和百视通未披露2011年度其高管薪酬情况,故薪酬和股权激励情况分析将该两家公司排除在外。
③ 数据来源于《沪市民营上市公司2010年年报分析》。
④ 同上。
⑤ 同上。

数据均低于国有上市公司的数据。但是,在薪酬总额和每家公司发放薪酬总额的增长率、前三名董事薪酬总额、最高人均年薪和最低人均年薪的悬殊对比上,民营上市公司却高于国有上市公司。由此体现,民营上市公司高管的薪酬普遍低于国有上市公司,且公司之间的薪酬差距也比国有上市公司更悬殊。

(二)民营上市公司积极参与股权激励

民营上市公司进行股权激励的积极性明显高于非民营上市公司。截至 2012 年 4 月 30 日,共计有 99 家沪市上市公司涉及股权激励,占沪市上市公司总数的 10.55%,该 99 家公司先后共涉及 125 次股权激励。其中,进行股权激励的民营上市公司有 59 家,占涉及股权激励沪市上市公司总数的一半以上(59.60%),占民营上市公司总数的比例达 21.30%,该 59 家民营上市公司先后共涉及 75 次股权激励。同期,进行股权激励的国有上市公司只有 34 家,分别仅占涉及股权激励沪市上市公司总数和国有上市公司总数的 34.34% 和 5.61%,该 34 家国有上市公司先后共涉及 40 次股权激励。出现这种现象的主要原因在于,国有上市公司受国有企业股权激励政策的影响和限制,实施股权激励不积极、不活跃,而民营上市公司的股权激励机制相对国有上市公司要活跃得多,其实际控制人更有动力通过实施股权激励来留住公司管理人员和核心技术人员等人才,并调动、激发他们的工作积极性。基于此,一些民营上市公司先后启动或实施了多次股权激励,如金发科技、新湖中宝等。

从民营上市公司的股权激励标的物来看,以股票期权形式的最多,达 49 次,占总次数的 65.33%。以股票作为激励标的物的民营上市公司有 24 次,以股票增值权作为激励标的物的民营上市公司为 2 次(美克股份和正泰电器)。

从民营上市公司采用的激励方式上看,48 次系采用授予期权并由上市公司向激励对象定向发行股票方式(占总次数的 64.00%),14 次采用授予限制性股票并由上市公司向激励对象定向发行股票方式(占总次数的 18.67%),8 次采用由股东向激励对象提供(转让)股票方式(占总次数的 10.67%),3 次采用由上市公司提取激励基金给激励对象买入流通股 A 股方式,余下 2 次则采用股票增值权方式。

从股权激励的进度来看,共计有 45 家民营上市公司实施了股权激励方案,占涉及股权激励民营上市公司总数的 60%,其中 18 家民营上市公司在 2011 年度内披露了股权激励首次实施公告。

六、公司治理、内控及违规等情况

(一)公司治理和规范运作方面

民营上市公司的公司治理意识尚需进一步强化。截至 2011 年末,277 家民营上市公司中,属于公司治理板块成分股的民营上市公司仅有 41 家,仅占公司治理板块成分股公司总数(263 家)的 15.59%,远低于民营上市公司在沪市上市公司总数中的比重(29.53%);同期,606 家国有上市公司中,属于公司治理板块成分股的国有上市公司有 202 家,占公司治理板块成分股公司总数(263 家)的 76.81%,大大高于国有上市公司在沪市上市公司总数中的比重(64.74%)。

在公司组织架构方面，各民营上市公司的股东大会、董事会、监事会和管理层各在其位。董事会均已下设专门委员会，承担对发展战略、审计关联交易控制、风险管理、提名与薪酬等方面的专业职责，有效地提高了董事会运作效率和决策水平。因此，总体上民营上市公司的组织架构是健全的。

在公司决策机制方面，各民营上市公司通过公司章程、股东大会、董事会和监事会的议事规则及董事会、监事会相关专门委员会工作制度，明晰了各机构的决策内容、决策程序和决策方式，保证股东大会、董事会、监事会的运行顺畅。因此，总体上民营上市公司的决策机制基本合理。

在规范运作方面，2011年绝大部分民营上市公司均能按照法律、法规、公司章程及上交所上市规则等相关规定和公司治理的要求，规范"三会"运作，依法经营，并履行相应的决策程序和信息披露义务，进而推动公司不断发展。

（二）内部控制和社会责任意识还不够强，与非民营上市公司相比仍有较大差距

2011年年报中，938家沪市上市公司中419家披露了内控报告，占沪市上市公司总数的44.67%，半数以上公司（216家）还自愿聘请审计机构对其内控报告进行审计、核实、评价；346家披露了社会责任报告，占沪市上市公司总数的36.87%。其中，82家民营上市公司披露了内控报告，仅占民营上市公司数的29.60%，自愿聘请审计机构对其内控报告进行核实、评价的民营上市公司有31家；66家民营上市公司披露了社会责任报告，只占民营上市公司数的23.83%；59家民营上市公司同时披露了内控报告和社会责任报告的，其中包括了属于公司治理板块成分股的41家民营上市公司。

2011年年报中，共计有303家国有上市公司披露了内控报告，正好占国有上市公司数的半数，其中，167家国有上市公司自愿聘请审计机构对其内控报告进行审计、核实、评价，占披露的国有上市公司数量的55.11%；253家国有上市公司披露了社会责任报告，占国有上市公司数的41.75%；244家国有上市公司同时披露内控报告和社会责任报告，其中包括了属于公司治理板块成分股的198家国有上市公司。

（三）民营上市公司因违规被处罚情况

近年来，民营上市公司按照现代企业制度的要求，在公司治理和规范运作等方面取得了重要进展。但通过2011年年报，我们看到，仍有一些民营上市公司因各种违规行为而被监管部门予以处罚。报告期内，共计有8家民营上市公司被中国证监会、上海交易所及其他机构予以处罚。其中，有7家公司的违规类型是因未及时披露重大事项而被处罚，表明在目前市场情况下，信息披露违规是民营上市公司最容易触犯的违规类型。因此，有必要进一步提升民营上市公司的信息披露意识，提高其进行信息披露的主动性、自觉性和积极性，进而确保其切实遵守信息披露的公平性和及时性原则。

撰稿人：吴建忠 张欣

2011年深市主板上市公司年报业绩分析

截至2012年4月28日，深市主板483家上市公司全部完成2011年年度报告披露。统计数据表明，主板公司2011年末总资产规模达56 397.55亿元，净资产16 912.23亿元；全年实现营业收入32 193.42亿元，归属于母公司净利润1 647.97亿元，净资产收益率为11.44%。2011年共有65家公司出现亏损。年报披露后，新增1家暂停上市公司，共有19家公司处于暂停上市状态。

一、总体业绩分析

（一）规模持续增长，盈利增速减缓

2011年度483家上市公司实现营业收入、营业利润分别为32 193.42亿元、2 046.25亿元，同比增长20.67%、10.97%，总体营业收入利润率较上年同期略微下降0.56个百分点。483家上市公司2011年度实现净利润1 812.80亿元，同比增长20.20%，净利润增速自2009年度持续下降，2009、2010年度净利润同比增长率分别为54.46%、42.10%。2011年度418家上市公司实现盈利，占公司总数的86.54%，其中245家公司实现盈利增长，占盈利公司的58.61%，29家公司实现扭亏为盈；同期65家公司出现亏损，其中42家为新亏损公司，总体亏损面扩大，较2010年扩大32.65%。归属于母公司净利润1 647.97亿元，同比增加78.41亿元，增长5%。

2011年483家上市公司经营性现金流净额为521.37亿元，较2011年同期大幅减少610.32亿元，下滑幅度达53.93%。经营性现金流净额的大幅下滑，直接反映了公司经营活动的现金流出现了明显的减少，揭示公司在统计期内实现的利润质量出现下降，公司经营活动对现金的需求缺口扩大。

截至2011年末，深市主板上市公司资产总额达到56 397.55亿元，净资产16 912.23亿元，较上一年度分别增长27.56%、33.17%。净资产收益率为11.44%，较2010年度下降0.43个百分点。

表1　深市主板上市公司总体业绩变动情况

	2011	2010	同期相比增长	同期增长率（%）
资产总额（亿元）	56 397.55	44 212.56	12 184.99	27.56
净资产（亿元）	16 912.24	12 700.10	4 212.14	33.17
营业收入（亿元）	32 193.43	26 678.62	5 514.81	20.67
净利润（亿元）	2 046.25	1 844.04	202.21	10.97
经营性现金流净额（亿元）	521.37	1 131.69	－610.32	－53.93

续表

	2011	2010	同期相比增长	同期增长率(%)
净利润(亿元)	1 812.80	1 508.13	304.67	20.20
基本每股收益(元)	0.3283	0.4212	-0.0929	-22.06
净资产收益率(%)	11.44	11.87	-0.43	-3.61
资产负债率(%)	70.01	67.72	2.29	3.39
盈利公司数量(家)	418	436	-18	-4.13
亏损公司数量(家)	65	49	16	32.65
总股本数量(亿股)	3 982.96	3 579.49	403.47	11.27

(二)盈利质量下降,经营压力增大

2011年宏观经济环境出现波动,欧美经济体持续呈现高失业率,海外商品需求回落,欧洲债务危机影响扩大,影响欧洲银行体系,深化了2008年世界金融危机的后遗症。国内市场在稳健货币政策及积极财政政策的推动下持续增长,内部需求持续扩大,但受人民银行宏观调控影响,增速减缓。深市483家上市公司总体呈现业绩上升,盈利规模增加,盈利质量下降及增速减缓现象。

(1)70%以上公司实现营业收入同比增长,9成以上公司实现营业利润同比增长,40%以上公司实现净利润及扣除非经常性损益后净利润同比增长。

(2)仅10%公司实现营业收入增长50%以上,仍有9成公司实现营业利润增长50%以上,但仅20%左右的公司实现净利润及扣除非经常性损益后净利润同比增长50%以上。

(3)财务费用增长影响公司盈利能力,63%公司财务费用同比增长,近3成公司财务费用增长超过50%。

(4)2011年度经营性现金流净额减少及财务费用上升均反映公司面临较大经营压力。2011年人民银行实行7次存款准备金调整,其中6次上浮0.5%,1次下调0.5%,存款准备金率累计上浮2.5%,降低了货币市场流动性;同期,银监会对商业银行新增信贷规模实施调控,上述因素均增加了公司的经营压力。

表2　深市主板上市公司经营成果增减分布总体分析

项目	增加		增加50%以上		减少		减少50%以上	
	数量	占比(%)	数量	占比(%)	数量	占比(%)	数量	占比(%)
营业收入变动	353	73.08	50	10.35	130	26.92	17	3.52
营业利润变动	451	93.37	442	91.51	32	6.63	30	6.21
净利润变动	232	48.03	91	18.84	251	51.97	141	29.19
扣除非经常性损益后净利润变动	238	49.28	100	20.70	245	50.72	149	30.85
财务费用变动	305	63.15	142	29.40	178	36.85	81	16.77

（三）三费比重上升，资产减值增幅大

2011年度483家上市公司销售费用、管理费用及财务费用占当期营业利润的比例分别为65.01%、78.17%及22.32%，较2010年均出现比重上升，同比增长分别为6.22%、13.44%及21.50%，财务费用因宏观货币市场调控因素的影响上升明显。

2011年市场波动，各项资产价值受到不同程度影响，增加了资产减值计提，同期资产减值损失达到189.97亿元，占当期营业利润的9.28%。

三费比重上升、资产减值增加，都影响了上市公司的营业利润及毛利率。

表3　深市主板上市公司三费及资产减值损失占比分析（%）

项　目	占当期营业利润比例	
	2011	2010
销售费用	65.01	61.20
管理费用	78.17	68.91
财务费用	22.32	18.37
资产减值损失	9.28	6.98

（四）非经常性损益基本持平

表4反映2011年度483家上市公司营业外收支占净利润的比重，2011年度营业外收支对净利润的影响与上年同期相比基本持平，营业外收入及营业外支出占净利润的比重分别为17.73%、3.10%。

表4　深市主板上市公司营业外收支比较（%）

项　目	占当期净利润比例	
	2011	2010
营业外收入	17.73	17.40
营业外支出	3.10	3.61

2011年483家上市公司非经常性损益占净利润的比重与2010年度相比基本持平，非经常性损益占净利润100%以上及50%～100%这两个区间的比例分别为12.22%、9.52%，与上年同期相比无变化。非经常性损益占净利润10%～50%的公司数量从2010年的117家增加到2011年的136家，同比增长16.24%。非经常性损益占净利润10%以下的公司则相对下降，降至242家。

表5　深市主板上市公司非经常性损益影响比较

非经常性损益	2011		2010	
占净利润比例（%）	数　量	占比（%）	数　量	占比（%）
100以上	59	12.22	59	12.22
50～100	46	9.52	45	9.32
10～50	136	28.16	117	24.22
10以下	242	50.10	262	54.24

表6针对ST、＊ST公司的非经常性损益占净利润比例情况进行了统计，2011年度ST、＊ST公司的非经常性损益对净利润的影响程度较2010年度有所下降，但利用非经常性损益扭转乾坤，仍是部分ST、＊ST公司的救命稻草。

表6　ST、＊ST公司非经常性损益影响统计

非经常性损益占净利润比例(%)	2011		2010	
	数　量	占比(%)	数　量	占比(%)
100以上	17	22.97	26	35.14
50~100	8	10.81	6	8.11
10~50	11	14.86	9	12.16
10以下	41	55.41	33	44.59

二、重点行业业绩分析

2011年是形势复杂多变的一年，2008年底中央为抵御全球金融危机，扩大内需拉动国内经济增长，推出4万亿财政刺激计划，该计划自2008年底延续至2010年。2011年中央继续实行稳健的货币政策及积极的财政政策，并通过多次调整存款准备金率和存贷款利率进行宏观市场调控，以控制增速过快的通货膨胀。同年欧美经济问题继续深化，北美及欧洲市场失业率继续维持在较高水平，经济增长低迷，商品进口需求减弱，欧洲债务危机问题扩大，影响欧美金融体系稳定，导致国际贸易总量下滑。我国继续推动人民币汇率改革，2011年人民币对美元累计升值5.11%。上述因素均对深市主板上市公司造成不同程度的影响，加之行业差异发展继续深化，2011年主板上市公司行业表现延续着较大的差异化表现。根据统计数据，我们对主板483家上市公司中银行、计算机软硬件及元器件、民航业、农产品、机械、汽车及配件、纺织服装、房地产、钢铁、家电等十大重点行业进行了比较分析。

表7　深市主板十大重点行业主要业绩指标　单位：亿元

行　业	营业收入			净利润			经营性现金流净额		
	2011	2010	增幅(%)	2011	2010	增幅(%)	2011	2010	增幅(%)
计算机软硬件及元器件	1 551.07	1 519.11	2.10	66.38	28.54	132.60	-1.67	-24.93	93.32
民航业	30.10	27.79	8.33	10.44	10.58	-1.38	9.49	12.13	-21.74
农产品	973.33	746.89	30.32	38.69	31.20	24.00	30.93	12.63	144.89
机　械	2 356.06	1 929.67	22.10	243.69	184.10	32.37	12.10	67.62	-82.11
汽车及配件	2 365.44	2 459.72	-3.83	155.33	212.17	-26.79	68.81	193.99	-64.53
纺织服装	178.27	148.42	20.11	16.21	16.31	-0.61	1.81	11.55	-84.31
房地产	2 240.65	1 962.04	14.20	444.51	406.42	9.37	-276.04	-353.60	21.94
钢　铁	6 227.41	5 675.03	9.73	42.12	97.54	-56.82	448.08	235.45	90.31
家　电	3 028.42	2 522.65	20.05	169.57	127.40	33.10	70.74	87.83	-19.46
银　行	296.43	179.72	64.94	132.57	79.48	66.79	-144.39	220.46	-165.50

表8　　2011年深市主板十大重点行业经营指标　　单位:亿元,%

行　业	资产总额	净资产	净资产收益率	资产负债率	行业总股本占比
计算机软硬件及元器件	1 842.13	835.64	8.14	54.64	3.16
民航业	118.75	85.95	12.99	27.62	0.28
农产品	494.99	227.49	17.98	54.04	0.79
机　械	3 029.65	1 271.90	20.64	58.02	3.54
汽车及配件	2 230.04	995.17	16.78	55.37	2.54
纺织服装	270.35	128.14	12.42	52.60	0.62
房地产	9 264.96	2 562.65	18.61	72.34	8.39
钢　铁	5 594.88	2 027.65	2.04	63.76	5.53
家　电	2 726.73	817.71	23.22	70.01	2.85
银　行	12 581.77	753.81	24.42	94.01	0.64

(一)房地产业:深度宏观调控加大经营压力

2011年房地产市场调控为2010年调控的延续和深化。2011年为进一步巩固房地产调控成果,中央升级调控力度,综合运用行政、经济手段,仍以抑制投资投机需求、增加供给为总体思路。2011年中央在2010年“国十条”的限购政策基础上继续加大力度,推出“国八条”并明确列出必须限购的城市和限购条件。本轮调控将“落实地方政府责任”列为重中之重,各级地方政府落实执行中央推出的商品房限购政策。房产税改革取得新突破。保障房方面,加大保障房建设仍是2011年的重头戏,2011年已完成开工建设1 000万套保障房任务,中央政府加大保障房融资支持,重视保障房建设质量和公平分配。2011年12月,中央经济工作会议指出“坚持房地产调控政策不动摇,促进房价合理回归”。

人民银行通过提高存贷款利率、存款准备金率等措施,持续收缩货币市场流动性,以经济手段影响房地产业的供需。截至2011年7月人民银行上调准备金率6次,年度内严重收缩新增贷款供应量。虽然2011年12月自2008年首次下调存款准备金率,但此次调整对信贷市场的影响无法在年度内反应。在调整存款准备金率的同时,人民银行3次提高贷款利率,取消首套房购房优惠利率,提高购房成本。

2011年度主板房地产上市公司总资产规模达到9 264.96亿元,净资产2 562.65亿元,实现营业收入2 240.65亿元,净利润444.51亿元,同比分别增长14.20%、9.37%。净资产收益率18.61%,高于主板总体样本的净资产收益率11.44%。房地产业上市公司经营性现金流净额为-276.04亿元,同比下降21.94%。2010、2011年连续两年经营性现金流净额为负,较2009年经营性现金流净额194.81亿元出现明显且持续性的下滑。货币市场流动性紧缩、信贷环境收缩等因素正严重影响房地产业上市公司的经营环境及盈利质量。

(二)金融业:细分行业差异化发展

截至2011年末,深市主板上市金融业上市公司包括银行业1家(深发展A)、1家信托类上市公司(陕国投A)和6家证券类上市公司。2011年金融业上市公司总资产、净资产规模分别达到14 324.55亿元、1 473.45亿元,同比分别增长51.61%、61.14%。相比较增长迅猛的资产规模,金融业上市公司的营业收入及净利润表现则黯淡不少。2011年金融业上市公司营业收入及净利润分别为2 450.66亿元、2 153.10亿元,营业收入同比增长1.37%,净利润则同比下降0.35%,营业收入及净利润基本与2010年持平。

金融业内不同细分行业的表现呈现出明显的差异,银行业资产总额达到12 581.77亿元、净资产达753.81亿元,分别同比增长73%、127%;实现296.43亿元营业收入及103.90亿元净利润,同比增长均达到65%。信托类上市公司2011年度内实现资产总额及净资产同比增长0.67%、14.36%,营业收入及净利润则分别同比大幅增长38.27%、89.35%。由于上述细分行业均只有1家上市公司,因此样本表现受单家公司经营业绩影响严重,未能全面反映全行业的表现趋势。

2011年度受国内市场波动影响,国内主要证券市场交易表现滑坡,上证指数全年累计跌幅达到21.68%,深证指数全年累计跌幅达到28.41%,A股市场表现在全球主要股票市场中跌幅最大。2011年我国证券市场全年股票成交金额421 646.7亿元,同比下降22.72%;股票有效账户数14 050.37万户,同比增长4.92%。

受证券指数、股票成交量大幅下跌影响,证券业上市公司表现全面下滑,营业收入及净利润均实现负增长,具体公司表现详见表9;根据表10数据,证券业上市公司资产总额普遍出现下滑,净资产总额变动则出现差异化表现。

2012年证券市场一季度仍处于调整阶段,一季度成交金额88 919.65亿元,同比下降34%。证券业上市公司2012年一季度净利润延续2011年的下滑趋势,同比下降23%。

表9 深市主板金融业业绩指标分析 单位:亿元

公司名称	营业收入			净利润		
	2011	2010	同比增长(%)	2011	2010	同比增长(%)
深发展A	296.43	179.72	64.94	103.90	62.47	66.34
宏源证券	23.54	33.05	-28.78	6.46	13.06	-50.58
陕国投A	3.04	2.20	38.27	1.54	0.82	89.35
东北证券	8.10	17.00	-52.37	-1.51	5.28	-128.62
国元证券	17.75	22.42	-20.83	5.63	9.26	-39.23
国海证券	12.71	18.95	-32.95	1.14	4.97	-77.00
广发证券	59.46	102.19	-41.82	20.58	41.98	-50.97
长江证券	18.64	31.99	-41.75	4.35	12.83	-66.10

表 10 深市主板金融业经营指标分析 单位:亿元

公司名称	资产总额			净资产		
	2011	2010	同比增长(%)	2011	2010	同比增长(%)
深发展 A	12 581.77	7 272.07	73.01	753.81	331.98	127.07
宏源证券	212.87	268.34	-20.67	71.21	72.99	-2.44
陕国投 A	12.12	12.04	0.67	8.50	7.43	14.36
东北证券	125.34	195.76	-35.97	30.93	34.69	-10.83
国元证券	225.97	249.01	-9.25	147.99	149.80	-1.21
国海证券	111.75	133.79	-16.47	29.32	27.91	5.04
广发证券	768.11	959.47	-19.94	316.68	194.31	62.97
长江证券	286.62	357.73	-19.88	115.03	95.29	20.72

(三)钢铁业:需求下滑、原材料价格上涨、产能过剩

2011 年是深市主板钢铁业上市公司经营环境严峻的一年,随着欧洲债务危机问题深化,海外市场对钢铁需求下滑;国内房地产市场经历宏观调控,房地产销售及新增投资减少,形成钢铁业海内外市场需求同时减少的局面。钢铁业产能过剩问题仍然严重,2011 年粗钢产量累计达到 6.83 亿吨、钢材产量达到 8.81 亿吨,同比分别增长 8.89%、12.3%。受市场需求疲弱及产能过剩影响,钢铁产品 2011 年价格产生波动,并自 2011 年第四季度出现明显下滑。2011 年以来我国进口铁矿石平均价格除 1 月和 12 月外,均保持在 160 美元/吨高位运行,从 4 月开始连续上涨,年内最高点出现在 9 月的 176.1 美元/吨,10 月份开始回落,但全年铁矿石平均价格维持在高位。根据海关总署数据统计,2011 年我国铁矿石进口 6.86 亿吨,同比增长 10.9%;平均价格为 163.8 美元/吨,同比增长 27%。受上游原材料价格上涨压力、下游需求疲弱、钢铁产品价格下滑,钢铁业上市公司承受巨大经营压力。

2011 年钢铁业上市公司营业收入合计 6 227.41 亿元,较 2010 年同期增长 552.38 亿元,同比上涨 9.73%;相比增长的营业收入,净利润出现大幅下滑,2011 年钢铁业净利润 33.95 亿元,同比减少 57.12%。2011 年钢铁业资产总额达到 5 594.88 亿元,净资产 2 027.65 亿元,同比分别轻微下滑 1.32%、3.39%。

钢铁原材料铁矿石进口价格自 2011 年第四季度开始回落,但国内及海外市场需求持续疲弱,产能过剩问题未能得到有效解决,2012 年钢铁业发展仍面临重大挑战及不确定性。

表 11 深市主板钢铁业业绩指标分析 单位:亿元

公司名称	营业收入			净利润		
	2011	2010	同比增长(%)	2011	2010	同比增长(%)
攀钢钒钛	525.41	450.68	16.58	0.13	16.44	-99.23
金岭矿业	17.84	15.40	15.81	4.97	4.91	1.26
大冶特钢	92.62	78.93	17.34	5.85	5.62	4.10
河北钢铁	1 333.44	1 248.04	6.84	14.53	18.05	-19.54

续表

公司名称	营业收入			净利润		
	2011	2010	同比增长(%)	2011	2010	同比增长(%)
韶钢松山	228.74	188.36	21.44	-11.38	0.21	-5 534.32
本钢板材	504.32	456.88	10.38	7.96	9.25	-14.02
新兴铸管	522.29	374.13	39.60	17.55	15.45	13.60
太钢不锈	962.20	871.98	10.35	17.89	13.72	30.43
法 尔 胜	18.11	16.83	7.56	0.13	0.19	-30.01
鞍钢股份	904.23	924.31	-2.17	-23.32	19.50	-219.59
南方建材	238.61	149.11	60.02	0.85	0.87	-2.21
中钢吉炭	16.55	15.68	5.53	0.02	0.05	-67.22
华菱钢铁	737.89	605.63	21.84	0.73	-27.40	-102.67
首钢股份	125.16	279.06	-55.15	-1.95	2.32	-183.87
合 计	6 227.41	5 675.03	9.73	33.95	79.18	-57.12

表 12　深市主板钢铁业经营指标分析　单位:亿元

公司名称	资产总额			净资产		
	2011	2010	同比增长(%)	2011	2010	同比增长(%)
攀钢钒钛	313.33	692.28	-54.74	148.60	245.89	-39.57
金岭矿业	29.34	24.39	20.26	26.00	21.62	20.28
大冶特钢	47.01	45.37	3.62	28.99	25.39	14.19
河北钢铁	1 410.41	1 349.90	4.48	447.77	432.06	3.64
韶钢松山	243.61	230.99	5.46	46.79	58.17	-19.57
本钢板材	410.59	358.72	14.46	155.59	150.45	3.42
新兴铸管	327.17	267.07	22.50	134.26	120.65	11.28
太钢不锈	658.12	636.05	3.47	250.58	229.36	9.25
法 尔 胜	33.01	33.78	-2.29	11.78	11.92	-1.15
鞍钢股份	1 029.88	1 051.14	-2.02	523.05	553.45	-5.49
南方建材	43.05	33.32	29.20	13.77	11.34	21.40
中钢吉炭	24.76	24.16	2.50	9.37	9.59	-2.27
华菱钢铁	859.69	747.16	15.06	151.85	144.90	4.80
首钢股份	164.92	175.49	-6.03	79.24	84.04	-5.71
合 计	5 594.88	5 669.82	-1.32	2 027.65	2 098.82	-3.39

(四)其他重点行业分析

2011 年我国服装市场最明显的特点是服装商品平均单价同比出现了较大幅度的上涨,同时高端服装消费增速放缓、网上购物增多、快时尚和平价服装增速较快。2011 年全国重点大型零售企业品牌类服装价格同比上涨 20.3%,较 2010 年上升了 1.2%。单价增长对零售额增长的贡献率达 80%,较 2010 年大幅提高了 28.2 个百分点。由于服装价格的快速上涨，我国服装消费呈现下滑态势，高端服装消费增速显著放缓。据统计，2011年全国重点大型零售企业中高档商场服装商品零售额同比增长10%，比整体水平低11.5%，而零售量则同比下滑12.7%。受材料上涨及高端消费放缓影响，深市主板上市纺织业公司尽管营业收入同比增长20.11%，净利润却同比下降0.61%。

2011年计算机软硬件及元器件行业深市主板上市公司营业收入达到1 551.07亿元，实现净利润66.38亿元，分别同比增长2.1%、132.6%。计算机行业上市公司净利润增长率远超出营业收入增长水平，反映计算机行业毛利率水平上升，计算机细分行业中软件的毛利率和净利率最高，其次是服务，最后才是硬件。统计数据显示，2011年是计算机行业公司大规模招聘的一年，2011年从业人员总数达19.38万人，同比增长23%。薪酬上涨及货币市场流动性收紧对计算机行业造成经营性现金流压力，计算机业上市公司2011年经营性现金流净额为-1.67亿元。

2011年，全国汽车市场呈现平稳增长态势，平均每月产销突破150万辆，全年汽车销售超过1 850万辆，刷新全球销售纪录。据中国汽车工业协会统计，全国2011年累计生产汽车1 841.89万辆，同比增长0.8%；销售汽车1 850.51万辆，同比增长2.5%。其中，乘用车市场保持平稳增长，商用车市场下降较为明显。2011年，乘用车生产、销售分别实现1 448.53万辆和1 447.24万辆，同比分别增长4.2%、5.2%；商用车产销分别完成393.36万辆和403.27万辆，同比分别下降10.0%和6.3%。2011年1—11月，全国汽车行业规模以上企业累计完成工业总产值4.50万亿元，同比增长16.8%。同期17家重点企业(集团)累计完成工业增加值4 302.70亿元，同比增长6.8%；累计实现主营业务收入1.84万亿元，同比增长5.4%；累计实现利润总额2 106.09亿元，同比增长11.3%。与总体汽车行业表现相比，深市主板汽车业上市公司营业收入及净利润下滑，分别同比下降3.83%、26.79%。

据中国民用航空局数据统计，民航业2011年累计实现营业收入5 001亿元，比上年增长21.2%；利润总额363亿元，同比下降13.9%。其中，航空公司实现营业收入3 532亿元，比上年增长17.9%，利润总额278亿元，同比下降17.7%；机场实现营业收入498亿元，同比增长15.7%，利润总额43亿元，同比下降16.8%；保障企业实现营业收入971亿元，同比增长39%，利润总额42亿元，同比增长31.2%。深市主板民航业上市公司2家，其中一家细分行业为机场(深圳机场)，另一家细分行业属航空运输业(中信海直)。由于统计样本较小，未能完全反映行业总体发展情况。

三、分析结论

2011年，深市主板上市公司规模保持持续增长，蓝筹股表现突出，主板净利润排名前10位的上市公司合计实现净利润占主板公司总体净利润的35.74%。但受各方影响盈利增速减缓，盈利质量下降，行业差异化进一步深化。展望2012年，随着存款准备金率下调等调控措施的实施，有望为主板公司业绩增长带来新的机遇。

审稿人：费加航

撰稿人：柯素荣

2011 年中小板上市公司年报业绩分析

2011 年,中小企业板上市公司平均实现营业收入 19.56 亿元,比上年增长 22.68%;平均实现归属于上市公司股东的净利润(以下简称“净利润”)1.56 亿元,比上年增长 9.23%;平均每股收益为 0.53 元,平均净资产收益率为 10.76%,平均每股经营活动现金流净额为 0.09 元。总体而言,中小板上市公司 2011 年业绩增长幅度同比放缓,但基本保持了平稳增长的态势,具体情况如下:

一、中小板上市公司 2011 年业绩总体分析

2011 年在全球经济复苏乏力、宏观调控政策趋紧的背景下,上市公司的生产经营面临巨大压力:一方面,国内银根紧缩,原材料等成本持续攀升,侵蚀公司盈利;另一方面,市场竞争及行业波动加剧,产品销售价格下滑,盈利空间进一步受到挤压,导致 2011 年中小板上市公司业绩增幅同比放缓。

(一)业绩分布情况

报告期内中小板上市公司营业收入和净利润保持增长的公司分别有 597 家和 458 家,占比分别为 89.10% 和 68.36%。经营性现金流净额保持增长的公司有 297 家,占比 44.33%。中小板实现营业收入和净利润双增长的公司为 443 家,占比 66.12%。实现净利润和经营性现金流双增长的公司为 221 家,占比 32.99%。此外,中小板亏损公司家数为 20 家,占比 2.99%。

在营业收入保持增长的 597 家公司中,有 8 家公司的收入增长幅度在 100% 以上,其中江南化工、康得新及立讯精密居中小板营业收入增幅前三位,增幅分别为 2.81 倍、1.91 倍及 1.55 倍。在净利润实现增长的 458 家公司中,有 38 家公司的净利润较上年实现翻倍,其中美欣达、准油股份及华昌化工,净利润增长幅度分别为 9.34 倍、6.8 倍及 6.72 倍,居中小板净利润增幅前三位。

(二)业绩构成情况

2011 年中小板披露了年报的 653 家上市公司平均毛利率(扣除金融业)如表 1 所示,受产品价格下滑、原材料等生产成本价格持续上涨影响,平均毛利率较 2010 年下降近 1 个百分点,由 2010 年的 23.35% 下降到 2011 年的 22.30%。

表 1　　中小板公司 2011 年毛利率情况　　单位：万元

	2011 年平均值	2010 年平均值
营业收入	198 734	161 786
营业成本	154 407	124 016
主营业务利润	44 327	37 770
主营业务毛利率(%)	22.30	23.35

从表 2 中可以看出，中小板上市公司 2011 年销售费用、管理费用、财务费用增长较为稳定，增幅比例均在 30% 以内。但是，资产减值损失增长幅度较大，相比 2010 年增长 47.53%，占利润总额的比重由 2010 年的 4.1% 升至 5.58%，主要是由于大额计提存货跌价准备以及应收账款增加相应计提了坏账损失。

表 2　　中小板公司 2011 年利润构成分析　　单位：万元，%

	2011 年平均额	占利润总额比例	2010 年平均额	占利润总额比例	变动幅度
主营业务利润	44 820	224.26	38 169	207.02	17.42
销售费用	11 885	59.47	9 609	52.12	23.68
管理费用	11 474	57.41	9 047	49.07	26.82
财务费用	1 492	7.47	1 240	6.72	20.35
资产减值损失	1 114	5.58	755	4.10	47.53
公允价值变动损益	-31	-0.16	-10	-0.05	-208.68
投资收益	749	3.75	558	3.02	34.43
营业外收支净额	1 500	7.50	1 109	6.02	35.22
利润总额	19 986	100.00	18 437	100.00	8.40

(三)年报审计意见类型

从年报的审计意见来看，中小板已披露年报的 653 家上市公司中出具标准无保留意见的为 645 家，占比 98.77%。中小板共有 8 家上市公司 2011 年度财务报告被出具非标审计意见，所占比例较上年略有上升，其中，＊ST 钛白、＊ST 大地、超日太阳、紫鑫药业 4 家公司被出具保留意见，ST 金材、ST 德棉、＊ST 锌电、汉王科技 4 家公司被出具带强调事项段的无保留意见。

(四)2011 年中小板业绩总体特点

1. 近 7 成公司业绩同比增长

2011 年，中小板上市公司尽管整体业绩增速有所放缓，但业绩仍然保持平稳增长，平均实现净利润 1.56 亿元，同比增幅为 9.23%。从实现业绩增长的公司占比来看，中小板共有 458 家上市公司业绩实现增长，占比 68.36%，其中，118 家公司业绩同比增幅在 50% 以上，占比 17.61%。除扭亏为盈及基数较小的公司以外，精工科技、雏鹰农牧、卫星石化、海宁皮城、三钢闽光等一批公司业绩均实现 100% 以上的增长。此外，2011 年完成重大资产重组的江南化工、华邦制药等 8 家中小板上市公司的业绩，呈现出良好的协同效应，平均营业收入由上年同期的 9.47 亿元增至 29.39 亿元，增幅为 210.19%；平均净利润由上年同期的 1.31 亿元增至 2.83 亿元，增幅高达 115.40%。中小板上市公司通过并购重组，盈利能力得到进一步提升。

2. 业绩分化愈加明显

报告期内中小板上市公司继续延续了业绩分化的趋势，一方面，以苏宁电器、洋河股份等为首的绩优公司在复杂多变的宏观环境中显现出稳定的抗风险能力，继续保持较强的盈利能力。2011年净利润排名前10位的中小板上市公司实现净利润总额为221.43亿元，占中小板净利润总和的21.50%，净利润排名前10%的公司占中小板净利润总和的48.31%；另一方面，绩差公司受困于行业周期波动及原材料等生产成本大幅攀升，转嫁风险能力有限，经营业绩持续恶化。2011年净利润排名后10名的中小板上市公司亏损额占中小板净利润总和的-2.48%，净利润排名后10%的公司亏损额占中小板净利润总和的-2.38%。在较为严峻的经济形势下，中小板上市公司业绩分化现象愈加明显。

3. 业绩增速明显放缓

2011年中小板上市公司虽然整体业绩保持平稳增长，但业绩增速明显低于2009年和2010年。与2011年上半年比较，中小板上市公司2011年下半年业绩增速也明显下滑，全年呈现出前高后低的态势。这一情况表明，金融危机的深远影响远未消除，中小板上市公司生产经营面临较多不稳定因素，业绩保持高速增长面临较大挑战。

4. 业绩增长源于主营业务

2011年中小板上市公司平均实现净利润1.56亿元，扣除非经常性损益后的净利润为1.43亿元，非经常性损益占净利润的比重约为9.51%。报告期内，中小板653家上市公司发生非经常性损益总额为97.98亿元。其中，政府补助总额达到78.28亿元，在非经常性损益中所占比重达到79.90%，是非经常性损益的主要构成。

5. 近半数公司经营性现金流实现同比增长

2011年，中小板上市公司平均实现经营性现金流为净流入2 585万元，较2010年下降84.89%。若剔除作为金融企业的宁波银行的影响，中小板上市公司2011年平均实现经营性现金流为净流入6 304万元，较2010年下降27.25%。其中，经营性现金流同比增长的中小板上市公司达到297家，占全部中小板上市公司的比重为44.33%。这一情况明显好于2011年上半年。2011年上半年，中小板上市公司剔除宁波银行后的平均经营性现金流为净流出1 808万元，同比下滑266.74%。

在中小板13个大类行业中，有3个行业平均经营性现金流为负值，分别是房地产业、金融保险业及综合业。其中，房地产业中小板上市公司平均经营性现金流为净流出9.85亿元，与平均净利润4.72亿元形成巨大反差，表明房地产行业经历宏观调控资金链依然紧绷。值得注意的是，在中小板占据3/4的制造业上市公司经营性现金流为净流入5 674万元，较上年下滑35.18%，说明制造业中小企业的经营形势仍不容乐观。

6. 应收账款与存货同步上升，资产减值准备大幅增加

从披露2011年报的653家公司看，中小板上市公司2011年末应收款项（含应收账款和应收票据）余额较年初增长38%，高于同期销售收入的增幅，而应收账款周转率由上年的8.37次降为7.4次；年末存货余额较年初增长33%，存货周转率由上年的3.87次下降

为3.69次。与此同时，如表3所示，中小板上市公司2011年资产减值损失平均额达1 041万元，较上年增长48%，其中存货跌价损失较上年大幅增长151%，表明部分公司原材料和产品市场价格下滑，市场需求下降，市场竞争激烈，去库存化压力较大。

表3　中小板上市公司2011年平均资产减值损失明细表　单位：万元

科目名称	2011年年平均额	2010年年平均额	同比变动幅度(%)
存货跌价损失	364	145	151
坏账损失	526	432	22
固定资产减值损失	40	70	-42
商誉减值等其他资产减值损失	110	57	94
合　计	1 041	705	48

此外，部分中小板上市公司经营环境发生重大变化，大额计提资产减值准备，也是导致整个板块资产减值损失大幅增加的重要原因。2011年，资产减值损失金额排名前10位的中小板上市公司平均发生资产减值损失2.50亿元，比上年增长212%，占当期利润总额的比例达到34%。

二、中小板上市公司2011年分行业业绩分析

(一)中小板各行业上市公司业绩情况

中小板653家上市公司分属13个行业，其中制造业比重最高，达到76.72%；信息技术业其次，比重达到8.88%。中小板上市公司2011年各行业业绩整体情况如表4所示。

表4　中小板2011年各行业业绩明细表　单位：万元，%

行业名称	公司家数	平均营业收入		平均净利润		平均经营性现金流净额	
		2011年度	同比增幅	2011年度	同比增幅	2011年度	同比增幅
采掘业	7	203 903	28	40 867	32	23 255	-27
传播与文化产业	2	59 107	2	6 437	40	16 825	-19
电力、煤气及水的生产和供应业	3	181 847	13	17 144	-15	51 685	-26
房地产业	7	275 741	5	47 165	15	-98 533	-301
建筑业	17	342 145	33	20 154	37	765	128
交通运输、仓储业	6	40 154	11	9 209	19	11 200	2
金融、保险业	2	453 211	22	172 328	25	-1 444 866	-153
农、林、牧、渔业	11	127 245	36	21 288	71	16 132	103
批发和零售贸易	22	968 443	26	50 856	23	43 862	46
社会服务业	16	227 283	40	10 644	40	42 644	4 886

续表

行业名称	公司家数	平均营业收入		平均净利润		平均经营性现金流净额	
		2011年度	同比增幅	2011年度	同比增幅	2011年度	同比增幅
信息技术业	58	80 098	17	9 360	5	4 056	-17
制造业	501	175 752	21	13 573	3	5 674	-35
综合类	1	257 835	31	6 492	29	-66 911	-154

从收入增长情况来看，在13个大类行业中，中小板有4个行业的营业收入平均增长率超过30%，其中，社会服务业、农林牧渔业以及建筑业的增幅居前三位，分别为40%、36%和33%。

从盈利增长情况看，中小板有12个行业净利润实现同比增长，其中5个行业净利润增幅在30%以上，增幅最大依次为批发零售、农林牧渔、社会服务和传播与文化产业，增幅分别为71%、40%及40%，仅有电力、煤气及水的生产和供应业1个行业盈利水平同比下降，降幅为15%。

从经营性现金流净额情况看，中小板共有批发零售、建筑、社会服务业、农林牧渔业、交通运输和仓储业等5个行业经营性现金流净额同比实现增长，而房地产业、金融保险业及制造业等8个行业经营性现金流净额同比呈下降态势。值得注意的是，金融保险业、房地产业、综合类3个行业的平均经营性现金流净额为负值。其中，金融保险业平均经营性现金流净额为-144.49亿元，主要原因是宁波银行本期拆放同业业务大幅增长；房地产业平均经营性现金流净额为-9.85亿元，较上年的-2.46亿元净流出大幅增加7.40亿元，与房地产行业宏观调控政策吻合。

（二）中小板制造业上市公司业绩情况

2011年中小板制造业上市公司平均营业收入增幅为21%，净利润增幅为3%，经营性现金流增幅为-35%。具体而言，中小板制造业10个细分行业上市公司的营业收入全部实现同比增长，其中食品饮料业的营业收入增幅40%，居中小板制造业之首；营业收入增幅最低的为其他制造业，仅增长6%。

从盈利增长情况看，中小板制造业中有4个细分行业实现净利润增长，其中增幅最高的是食品饮料业，增幅为52%；其次为纺织、服装、皮毛业，增幅为26%。这反映出，虽然整体经济环境趋紧，但与居民日常生活密切相关的行业并未受到较大影响。平均净利润出现下滑的共有6个细分行业，大多数细分行业盈利降幅在10%以内。

从经营性现金流情况看，中小板制造业中有7个细分行业平均经营性现金流净额出现下滑，其中机械设备仪表、金属非金属以及石化塑料等三个子类降幅位居前三位，下降幅度分别为150%、83%和48%。只有木材家具、食品饮料和其他制造业平均经营性现金流净额实现同比增长，增幅分别为110%、66%和55%。具体情况如表5所示：

表5　中小板制造业子类公司业绩情况　单位:亿元,%

行业名称	公司家数	平均营业收入		平均净利润		平均经营性现金净流量	
		2011年	同比增幅	2011年	同比增幅	2011年	同比增幅
电　子	57	12.29	28	1.19	-1	0.53	-30
纺织、服装、皮毛	29	14.71	20	1.28	26	0.64	-19
机械、设备、仪表	152	14.07	13	1.29	-6	-0.27	-150
金属、非金属	68	23.79	23	0.89	-7	0.10	-83
木材、家具	7	12.53	21	0.76	-1	0.76	110
其他制造业	16	42.49	6	1.76	-27	3.24	55
石油、化学、塑胶、塑料	89	18.65	34	1.19	7	0.45	-48
食品、饮料	28	30.09	40	2.73	52	3.44	66
医药、生物制品	34	9.87	8	2.36	8	1.43	-2
造纸、印刷	21	15.05	13	1.10	-5	1.31	-16

三、中小板上市公司2011年度利润分配情况

(一)大多数公司现金分红比例高

2011年度,在中国证监会鼓励现金分红的政策引导下,中小板上市公司继续保持了积极回报投资者的优良传统,推出了优厚的现金分红方案。在653家披露2011年年报的中小板上市公司中,共有552家公司推出了现金分红方案,占比达84%,高于上年78%的比例。这些公司合计拟现金分红325.81亿元,占当年净利润总和的32%,其中74家公司现金分红金额超过1亿元。中小板上市公司最近三年现金分红比例连续保持在30%以上。在上述552家拟进行现金分红的中小板上市公司中,21家同时推出送红股方案,222家同时推出资本公积金转增股本方案,10家公司同时采用派现、送股和转增三种方式。

(二)高送转公司数量和比例均低于上年

在653家披露2011年年报的中小板上市公司中,共有84家公司推出了每10股送股转增合计比例达到10股的分配方案,占比为12.9%,其中77家公司推出了每10股用资本公积金转增股本10股的分配方案,高送转公司数量与比例均低于上年。中小板送股转增比例在每10股送转5~10股(不含10股)之间的上市公司共有85家,相比2010年减少20家。

审稿人:陈朝晖

撰稿人:孙晓芳　吴志国　朱锦培

2011 年创业板上市公司业绩分析

截至 2012 年 4 月 30 日，创业板全部 311 家上市公司在 2011 年年度报告或上市公告书中披露了 2011 年年报业绩数据。311 家公司 2011 年实现营业总收入 1 502.88亿元，平均营业收入为 4.83 亿元，较上年同期增长 27.09%；实现归属于上市公司股东的净利润 235.19 亿元，平均为 7 562.47万元，较上年同期增长 15.46%。

一、上市公司业绩持续增长，部分公司成长性突出

总体来看，2011 年大部分创业板公司业绩保持平稳增长态势，其中一批公司实现了业绩的高增长。311 家公司中，2011 年度营业总收入增长率在 20% 以上的公司有 194 家，所占比例为 62.4%；增长率在 30% 以上的公司有 134 家，所占比例为 43.1%；有 62 家公司（所占比例为 19.9%）2011 年度营业总收入增长率达到 50% 以上，碧水源、易联众、华星创业、上海钢联、乐视网、蓝色光标等 6 家公司增长率超过 100%。在营业总收入增长的同时，净利润总体上保持同步增长。2011 年度归属于上市公司股东的净利润增长率在 20% 以上的公司有 142 家，所占比例为 45.6%；增长率在 30% 以上的公司有 105 家，所占比例为 33.8%；有 49 家公司（所占比例为 15.7%）增长率达到 50% 以上，蓝色光标、汤臣倍健、铁汉生态、华录百纳、易联众、银河磁体等 6 家公司增长率达到 100% 以上。

表 1　　创业板公司 2011 年营业收入和净利润增长率分布

	营业收入增长率		净利润增长率	
	公司家数	占比（%）	公司家数	占比（%）
50% 以上	62	19.93	49	15.75
30% ~50%	72	23.15	56	18.01
20% ~30%	60	19.29	37	11.90
0 ~20%	87	27.98	80	25.72
负增长	30	9.65	89	28.62
合　计	311	100.00	311	100.00

从业绩增长的持续性来看，大多数公司的成长性具有可持续性，并且涌现出一批高成长性公司。2009—2011 年，披露年报的 292 家创业板公司营业总收入复合增长率达到 33.5%，归属于上市公司股东的净利润复合增长率达到 24.3%。其中，有 211 家公司（占比 72.3%）最近三年营业总收入复合增长率达到 20% 以上，147 家公司（占比

50.3%)达到30%以上,经纬电材、阳光电源、乐视网、星星科技等4家公司复合增长率达到100%以上;从归属于上市公司股东的净利润来看,有161家公司(占比55.1%)最近三年复合增长率达到20%以上,116家公司达到30%以上,易华录、尔康制药、阳光电源、朗玛信息、和佳股份等5家公司复合增长率超过100%。

二、毛利率水平较高,反映创业板公司技术的领先性及业务模式的创新性

虽然2011年创业板上市公司经历了原材料涨价、人工成本上涨等不利影响,但公司通过调整产品结构、提高技术水平等措施积极消化成本上升的不利影响,努力使毛利率保持在较高水平。2011年披露年报的292家创业板公司毛利率平均为35.2%,与上年同期的36.5%基本持平。其中,81家公司(占比27.7%)毛利率达到50%以上,冠昊生物、顺网科技、沃森生物等3家公司毛利率超过90%。较高的毛利率在很大程度上反映创业板公司产品在技术方面处于领先地位,在业务模式上具有创新性。

表2　2011年创业板公司毛利率分布

	公司家数	所占比例(%)
50%以上	81	27.74
30%~50%	124	42.46
20%~30%	56	19.18
20%以下	31	10.62
合　计	292	100.00

三、成长性及盈利能力持续领先,体现了创业板公司的特色

2011年,虽然宏观经济环境复杂多变,给公司经营带来了很大冲击,但创业板公司在营业收入增长速度、净利润增长速度及毛利率水平方面仍然保持领先地位。从披露年报的292家公司来看,2011年创业板上市公司营业总收入增长率平均为26.4%,主板和中小板公司分别为16.4%和23.1%;创业板公司归属于上市公司股东的净利润增长率平均为12.8%,主板和中小板公司分别为5.0%和8.9%;创业板公司毛利率平均为35.2%,主板公司和中小板公司分别为18.2%和22.5%。无论成长性还是盈利水平,创业板公司皆领先于主板和中小板公司。

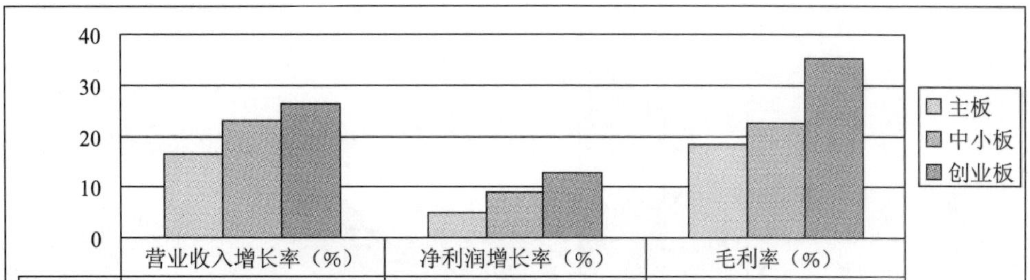

	营业收入增长率（%）	净利润增长率（%）	毛利率（%）
主板	16.45	4.98	18.22
中小板	23.08	8.89	22.46
创业板	26.38	12.83	35.22

图 1　主板、中小板、创业板成长性及盈利能力比较

四、主营业务突出，部分公司业绩对募集资金存款利息收入存在较大的依赖性

2011 年创业板公司非经常性损益占净利润的比例平均为 8.39%，略高于 2010 年 6.87% 的水平，显示创业板公司净利润仍然主要来源于主营业务，公司业绩对非经常性损益的依赖很小。另外，2011 年由于部分公司业绩下滑或增长放缓，导致募集资金存款利息收入对净利润的影响有所显现。2011 年，创业板上市公司利息收入占净利润的比例平均为 14.4%。其中，康芝药业、中青宝、朗科科技、国联水产、宝德股份、恒信移动等 10 家公司利息收入占净利润的比例超过 50%。

五、研发投入力度加大，进一步提升公司创新能力

2011 年度，创业板 292 家公司研发投入合计 71.48 亿元，比上年同期增长 37.8%，平均每家公司研发投入 2 447.88 万元，占营业总收入的比例平均为 5.04%，高于 2010 年 4.62% 的水平。天源迪科、大富科技、神州泰岳、汇川技术、国民技术、中青宝等 6 家公司 2011 年研发投入超过 1 亿元。

六、期间费用水平较高，上升幅度较大，反映创业板公司的开拓性特征

2011 年度，创业板公司由于加大市场开拓力度、人力成本支出增加、加大研发投入力度等原因，期间费用上升幅度较大。2011 年创业板上市公司销售费用、财务费用和管理费用合计较上年同期上升 29.0%，而同期主板公司期间费用同比上升 17.5%，中小板上升 24.9%，创业板公司上升幅度较大。其中，销售费用同比上升 36.4%，管理费用上升 40.9%，仅财务费用因募集资金存款利息收入增加而大幅下降，由上年同期的 2.9 亿元下降为 -14.87 亿元。另外，从期间费用水平来看，2011 年创业板公司销售费用占营业总收入的比例为 8.0%，同期主板和中小板分别为 4.1% 和 5.9%；创业板公司管理费用占营业总收入的比例为 10.4%，同期主板和中小板分别为 5.0% 和 5.7%，创业板公司期间费用水平较高。

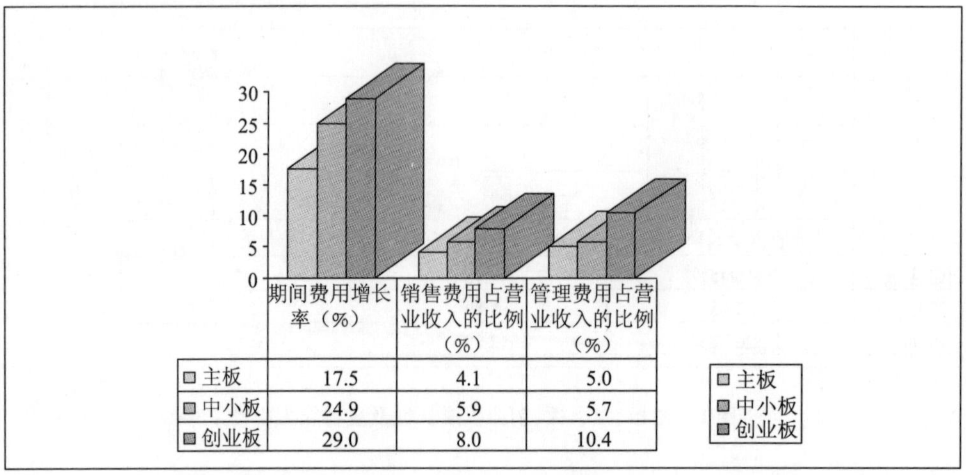

图 2　主板、中小板、创业板期间费用比较

七、应收账款大幅增长，存货水平上升，经营现金流量净额大幅下降

2011 年度，受货币政策紧缩影响，创业板公司上下游客户普遍出现资金紧张，再加上许多公司为扩大销售而调整应收账款政策，以及为扩大规模而增加存货，创业板上市公司 2011 年度经营现金流量净额大幅下降。

2011 年，创业板公司期末应收账款较年初增长 49.8%，许多公司 2011 年新增收入大部分体现为应收账款，显示在不利的经营环境中公司为取得好的业绩，只能更多地选择赊销方式，导致公司资金周转速度下降。从存货来看，2011 年创业板公司期末存货较年初增长 55.0%，其中原材料增长 41.0%，在产品增长 64.8%，库存商品增长 61.6%，一方面反映公司增加存货以扩大规模，另一方面反映公司产品存在一定程度的滞销问题。

表 3　　2011 年创业板公司期末存货结构

	期末平均余额（万元）	所占比例（%）	增长率（%）
原材料	3 167.80	27.50	41.0
在产品	2 457.57	21.34	64.8
库存商品	4 202.05	36.48	61.6

受应收账款和存货大幅增加影响，2011 年创业板公司经营现金流量净额较 2010 年下降 95.8%。其中，销售商品、提供劳务收入的现金较上年增长 20.96%，低于营业收入的增长幅度，而购买商品、接受劳务支出的现金较上年增长 32.3%。另外，2011 年支付给职工以及为职工支付的现金较上年增长 47.0%，这也是导致经营现金流净额大幅下滑的一个原因。

八、大范围现金分红积极回报股东，高比例转增快速扩张股本

2011 年，创业板 292 家上市公司中有 266 家公司提出了现金股利分配预案，占全部公司的比例为 91.1%，高于 2010 年的比例，派现总额达 78.23 亿元，占净利润的比例达到 33.3%。部分公司派现水平较高。其中，有 30 家公司每 10 股派现比例达到 5 元以上，紫光华宇、东软载波、汤臣倍健、开山股份、光线传媒等 5 家公司每 10 股派现比例达到 10 元以上。

在大范围现金分配的同时，创业板公司继续进行高比例的资本公积金转增股本以快速扩大股本规模。2011 年度，有 146 家公司提出了资本公积金转增股本预案，所占比例为 50%。其中，每 10 股转增 5 股以上的公司有 124 家，所占比例为 42.5%，每 10 股转增 10 股以上的公司有 60 家，所占比例为 20.5%，通裕重工、东软载波、光线传媒、燃控科技、东方电热、海伦哲等 6 家公司每 10 股转增比例超过 10 股。

深交所多层次资本市场上市公司2011年年报实证分析报告

截至2012年4月30日，深交所1 429家上市公司如期披露了2011年年报或年报数据。随着多层次资本市场建设的推进，深交所上市公司在国民经济特别是新兴产业、中小企业中的代表性不断增强，2011年的年报数据从一个侧面反映了资本市场支持和服务实体经济的状况，也体现了我国经济转型时期的复杂性和趋势性特征。

年报的全样本统计分析显示：①上市公司总体实现业绩增长，多层次资本市场支持国民经济重点领域和薄弱环节的能力有所增强，上市公司社会贡献度提升；②多层次资本市场差别化发展的特征进一步明晰，不同板块上市公司业绩增长呈现阶梯状特征；③上市公司经营情况反映了当前经济形势和转型阶段的特点：经营及筹资活动现金流趋紧，但是投资支出强劲增长；外部环境不确定性增加，出口型行业业绩降幅较大；要素成本上升，上市公司转型压力加大；存货和应收账款增加，资金周转效率降低；行业景气度分化，凸显经济结构调整期特征；④以下情况值得关注：公司发展增速放缓，分化加剧；经济结构转型任重道远，新兴产业优势有待发挥；资本市场服务国民经济薄弱环节的工作力度需要进一步增强；上市公司融资结构有待优化，产业整合和资源配置效率有待提升。

一、2011年度上市公司总体情况分析

2011年是"十二五"开局之年，调结构、转方式有序展开。在复杂多变的内外经济环境下，我国经济整体保持了平稳增长，深交所多层次资本市场各板块上市公司也取得了较好发展。

（一）上市公司总体实现业绩增长

2011年，深交所上市公司总体业绩继续保持增长态势。营业收入较上年增长17.97%，净利润同比增长6.90%。深市83.28%的上市公司实现营业收入增长，63.19%的上市公司实现净利润增长。扣除非经常性损益后，深交所非金融业上市公司利润增长率为1.55%，主板上市公司净利增速在扣除非经常性损益后出现下降。上市公司净资产收益率为11.54%，与上年基本持平，总体资产收益情况良好。

（二）多层次资本市场支持国民经济重点领域和薄弱环节的能力有所增强

1. 助力战略性新兴产业持续发展

根据深圳证券信息公司发布的战略性新兴产业指数的统计口径，在公布2011年年报的1 429家上市公司中，战略性新兴产业

上市公司477家，占全部上市公司总数的33.38%，比2010年上升4.46个百分点，其中2011年新增95家，在资本市场支持下发展迅速。以创业板为例，2011年，已披露固定资产投资数据的102家创业板战略性新兴产业上市公司累计完成固定资产投资62.41亿元，同比增长45.08%。

2. 对农业和文化产业等其他重点产业支持力度加强

2011年底，在深交所上市的涉农企业49家，比2010年底增加6家。收入较上年增长31.07%，高于全部公司17.97%的增幅，净利润增长28.63%，显著高于全部公司平均6.9%的水平。文化产业方面，按宽口径计算，2011年底上市的文化企业55家，比2010年底增加10家。收入较上年增长19.35%，净利润增长17.73%，也均高于平均水平。

3. 积极支持高新技术企业

2011年底，深交所上市公司国家级高新技术企业861家，其中主板146家，中小板457家，创业板258家。高新技术企业群体继续是资本市场的重点支持对象，中小板和创业板成为高新技术企业进入资本市场的重要渠道。在主板、中小板和创业板，高新技术企业占比分别为28.51%、69.98%和88.36%。截至2011年底，深交所高新技术企业平均每家获得24项发明专利，52项实用新型专利，27项外观设计专利，均超过上市公司的总体平均水平（分别为6.5项、39项和21项）。

4. 上市公司研发强度显著提高

2011年，深交所上市公司研发支出金额合计992.30亿元，平均每家0.69亿元，较2010年增加27.73%。从上市公司研发投入占营业收入比例的区间分布情况看，2011年，有266家上市公司研发投入占比超过5%，占全部上市公司样本总数的18.61%，较上年略有上升。研发强度较高的上市公司主要集中于中小板和创业板，在上述266家公司中，中小板和创业板分别有124家和119家。就板块平均水平而言，创业板研发支出占营业收入的比重居三板块之首，达到5.04%，高于中小板2.53%和主板3.05%的水平。

5. 服务区域和城乡平衡发展

2011年，中西部地区中小板和创业板公司总数为206家，其中中部119家，西部87家，合计比2010年增长55家[①]，占两个板块上市公司数的21.8%。中西部地区上市公司营业收入增长20.23%，净利润增长9.52%，分别高于深交所上市公司总体2.26个百分点和2.62个百分点。

2011年深交所上市公司中有642家和168家分别来自地级和县级市（按公司总部注册地计算，不含直辖市和副省级城市的区），合计占深市上市公司总数的56.68%。168家总部设在县级市的企业中，超过8成在中小板（118家）和创业板（21家）上市。多层次资本市场的发展，对提高资本市场渗透力、发展县域经济、促进区域均衡发展的作用初步显现。

（三）上市公司社会贡献度提升

1. 就业人数和员工薪酬双增长

2011年深交所上市公司职工薪酬支出合计2 801.79亿元，较上年增长24.39%。

① 2011年度中小板、创业板新增中西部地区上市公司50家，此处55家系包含了2012年4月30日前上市且公布年报数据的5家公司。

深交所1 429家上市公司领薪员工总人数为509.53万人，同比增加8.50%，其中，创业板上市公司员工人数增速最快，较2010年增长了28.66%。从人均薪酬看，2011年上市公司员工人均薪酬支出5.50万元，同比上升14.64%，其中主板、中小板和创业板增幅分别为15.98%、15.20%、12.52%。

2. 税收贡献能力不断增强

2011年深交所上市公司合计支付各项税费2 836.26亿元①，同比增长23.33%。其中，上市公司合计所得税费用771.68亿元②，近三年在全国企业所得税税收收入的占比一直稳定。

3. 现金分红力度加大

2011年，深交所共1 030家上市公司推出现金分红预案，占全部上市公司的72.08%，分红公司数较2010年增加84家，涉及分红金额773.91亿元，同比增长14.54%。上市公司分红预案数据显示，2011年上市公司平均股利支付率29.62%，其中，创业板上市公司平均股利支付率38.75%，高于中小板公司5个百分点，高于主板公司13个百分点。

4. 环保投入促进可持续发展

2011年深交所968家上市公司报告了环保支出数据，当年环保支出合计160.89亿元，占营业收入的比重为0.42%，其中主板、中小板和创业板上市公司分别为0.44%、0.36%、0.87%，创业板上市公司环保投入强度最大。

二、多层次资本市场差别化发展特征进一步明晰

深交所多层次资本市场不同板块上市公司业绩增长继续呈现阶梯状特征。截至2011年12月31日，主板、中小板、创业板公司的平均资产规模分别为116.6亿元、30.8亿元、11.5亿元。平均营业收入增速由高到低依次为创业板、中小板和主板。平均净利润增速方面，创业板为12.83%，分别高于中小板、主板近4个和8个百分点，体现了资本市场发展的多层次特征。

（一）主板公司业绩集中度进一步提高

2011年度，主板净利润排名前10位的上市公司合计实现净利润589.06亿元，占主板公司总体净利润的35.75%，较2010年上升了6.6个百分点。这10家上市公司2011年平均净利润增速为28.75%，高于主板公司总体增速近24个百分点。行业分布显示，上述公司多处于制造业、房地产等传统行业，其中制造业占7家③。借助资本市场平台，不少主板上市公司自我积累与外延扩张相结合，推动企业持续做优做强，成为蓝筹企业。

① 根据现金流量表企业经营活动现金流出项下“支付的各项税费”科目计算。

② 企业所得税缴纳金额取自利润表中“所得税费用”科目。

③ 如无特别说明，分析报告中净利润指归属于母公司股东净利润指标；若按利润表中“净利润”指标计算，主板有8家制造业上市公司位列净利润前十。

（二）中小板优势企业不断涌现，行业分布更趋广泛

2011年中小板公司数量稳步增加，一批细分行业领先企业脱颖而出，净利润居前的上市公司中，荣盛石化、海康威视、森马服饰、比亚迪均在2010年至2011年间上市。苏宁电器、洋河股份等细分行业龙头企业继续保持快速发展。中小板不断吸收和涌现一批行业细分龙头企业，行业代表性更加广泛，以2011年净利润前20名中小板公司为例，其分布既有房地产、石化、采掘等传统行业，也有生物医药、商业连锁等新兴行业或经营模式企业。

（三）创业板盈利能力较强，资产扩张速度快

创业板公司主要集中于电子信息技术、环保、新材料、新能源、高端制造、生物医药等行业，具有相对较高的研发投入比例，一定程度上有利于维持较高的销售毛利率。2011年创业板上市公司平均毛利率达35.22%，显著高于主板和中小板，显示了较强的盈利能力。与主板和中小板公司相比，创业板公司的资产规模增长较快。2011年创业板公司资产规模平均增加43.31%，所有者权益增加46.41%，显著高于其他板块。

三、上市公司经营情况反映了当前经济形势和转型阶段的特点

（一）经营及筹资活动现金流趋紧，但是投资支出强劲增长

整体上看，2011年深交所上市公司面临较大的现金流约束，剔除金融行业外现金流净值降幅达69.16%，其中房地产行业受调控政策的影响，净现金流同比大幅下降170%。从经营活动现金流净值分析，剔除金融行业，上市公司经营活动现金流净额同比下降1.99个百分点，除主板仍维持同比增长外，中小板和创业板同比降幅分别达20.07%和95.83%。但是，2011年上市公司投资活动强劲，除金融行业外，投资活动净现金支出同比增长35.80%，传播与文化产业、机械制造业、电子制造业、石化、采掘等行业均保持了较高的投资增速，呈现逆势扩张的态势。

（二）外部环境不确定性增加，出口型行业业绩降幅较大

由于外部环境的不确定性增加，2011年机电、服装等当前我国出口商品集中的行业业绩增长趋势仍不容乐观。以电子行业为例，2011年该行业实现了19.79%的营业收入增速，但增速较2010年同比下降了近20个百分点。与此同时，汇率波动成为上市公司面临的挑战，以主板上市公司为例，2011年汇兑损失扩大12.02倍，汇兑损失达到财务费用总额的4.03%。

（三）要素成本上升，上市公司转型压力加大

剔除金融行业，2011年深交所上市公司营业成本增速为18.87%，高于营业收入增速0.8个百分点，导致毛利率同比下降。长期以来生产要素成本过低的局面初步扭转，上市公司面临更大的经营转型压力。以资金成本和劳动力成本为例，2011年央行先后3次上调存贷款基准利率共0.75%，连续加

息使上市公司资金成本迅速上升，如2011年主板484家上市公司财务费用同比增长28.12%。劳动力成本方面，剔除金融行业，2011年上市公司支付给职工以及为职工支付的现金支出上升26.22%，其中，主板、中小板、创业板支付职工的现金支出增速分别为21.87%、32.27%和47.04%。

(四)存货和应收账款增加，资金周转效率降低

2011年，剔除房地产业，上市公司存货增速虽较2010年有所降低，但依然高达27.61%(中值数据)，存货增速快于营收增速9.64个百分点。分项统计显示，存货构成最大的分别是在产品、库存商品和原材料，占比依次为34.06%、26.19%和17.48%，上述三项存货分别较上年增长41.53%、27.72%和7.74%，显示企业库存商品和在产品的未来销售压力较大。此外，2011年834家上市公司计提存货跌价准备共计187.24亿元，同比增长40.22%。

2011年，上市公司应收账款也出现较大幅度的增长。截至2011年末，剔除金融行业外，上市公司应收账款同比增加27.34%，增幅超过营业收入9.37个百分点。

(五)行业景气度分化，凸显经济结构调整期特征

2011年，采掘业、建筑业、农林牧渔、批发零售贸易、食品饮料行业实现了较高的收入增长和净利润增长。但是，2011年，交通运输与仓储、电力、信息及技术、金属非金属等行业出现了增收不增利的情况，净利润出现不同程度的下降。有7个行业上市公司平均毛利率水平较上年有所提高，其中，传播与文化产业毛利率升幅较大，毛利率同比上升6.65个百分点。有10个行业出现不同程度的毛利率下降，其中，交通运输、仓储业和电力、煤气及水的生产和供应业毛利率水平同比分别下降了5.12个百分点和3.32个百分点。总体而言，泛消费类、新兴产业类公司保持相对平稳的增长，而部分高能耗、强周期行业，则经受了较大的压力。

四、需要关注的主要问题

(一)公司发展增速放缓，分化加剧

2011年上市公司营业收入和净利润虽同比增长，但增速有所放缓，这一现象在2011年下半年已现端倪，上市公司业绩前高后低导致全年业绩增长情况不及上半年。

上市公司的净利润更加趋于分化。2011年，有265家上市公司净利润增幅超过50%，占样本总数的18.54%；183家上市公司净利润同比下降幅度超过50%，占样本总数的12.81%。与营收增长情况相比，利润增长情况集中于两端的现象更为明显。

(二)经济结构转型任重道远，新兴产业优势有待发挥

当前，我国转变经济发展方式、调整经济结构进入关键时期。在钢铁、石化、采掘等传统行业，依然面临产业低端化或经营效率不高等问题的困扰。即使是战略性新兴产业，其业绩优势仍有待体现：2011年年报数据显示，战略性新兴产业上市公司主营业务收入和净利润增速均小幅低于全体上市公司的平均水平。部分上市公司虽处于战略性新兴产业，但是位于产业链的低端，甚

至出现产能过剩，应对环境变化的能力较为脆弱。以光伏产业为例，由于较大程度依赖国外需求，受欧债危机、光伏业产能过剩以及多个国家缩减光伏产业补贴的影响，该行业在2011年经历了较大的冲击。2011年光伏行业虽仍保持22.82%的营业收入增速，但净利润同比负增长，降幅达23.50个百分点。

实体经济体制机制改革滞后也影响了新兴产业的发展。例如，种子行业是现代农业的基础，是国家战略性、基础性核心产业，但是受行业政策、科研体制、市场割据等因素的影响，深市种子行业上市公司增长迟缓，行业集中度多年来徘徊不前，深交所上市的隆平高科、登海种业等5家种子公司，按规模都位列我国种业十强，2011年5家公司种子销售收入约40亿元，占全国种子销售额不足15%，仅相当于美国种业巨头孟山都一家的1/12。

（三）资本市场服务国民经济薄弱环节的工作力度需要进一步增强

2011年，越来越多的涉农企业、文化企业以及中西部企业进入资本市场，但是与这些企业在国民经济中的战略地位相比，依然属于资本市场服务的薄弱环节，工作力度需要进一步增强。例如，2011年深交所涉农企业上市6家，比2010年的10家还有所降低。截至2011年底，按宽口径计算，在深交所上市的文化企业只有55家，总的销售收入912.65亿元，年底市值2 878.77亿元，这种发展水平与国家促进文化产业大发展的要求仍有差距，与文化产业约3.9万亿元的总产值也不匹配。2011年，中西部的GDP约占全国的40%，增长率近年来持续高于全国平均水平，但是在深交所上市的公司市值占总市值的比重不到30%。

（四）上市公司融资结构有待优化，产业整合和资源配置效率有待提升

2011年底，剔除金融行业，上市公司平均资产负债率为55.45%，同比微幅上升，但资产负债率中值较2010年下移了5.91个百分点。创业板上市公司资产负债率最低，仅为19.24%，远低于主板63.27%和中小板43.48%的水平。中小板，尤其是创业板，需要合理利用债务融资，改善融资结构，提升净资产收益率和股东回报率。此外，2011年末，上市公司应付公司债券余额1 371.28亿元，虽然同比增长73%，但是仅占全部债务余额的2.73%，利用债券市场有很大空间。

深交所上市公司并购重组主要集中在主板，2011年主板公司占全部上市公司并购重组金额近9成，中小板、创业板上市公司并购重组涉及金额总体较小，表明中小板、创业板上市公司还主要依赖内源扩张，可以更多利用资本市场优势加大并购重组和产业整合力度，提高资源配置效率。

深交所综合研究所年报分析课题小组

2011 年海外股票市场基本情况

一、美国

(一)2011 年美国经济增长情况

2011 年,美国经济延续 2010 年的复苏通道,但受地缘政治紧张、日本地震、欧债危机等外部消极因素以及国内房地产市场低迷的影响,经济复苏动力不足。

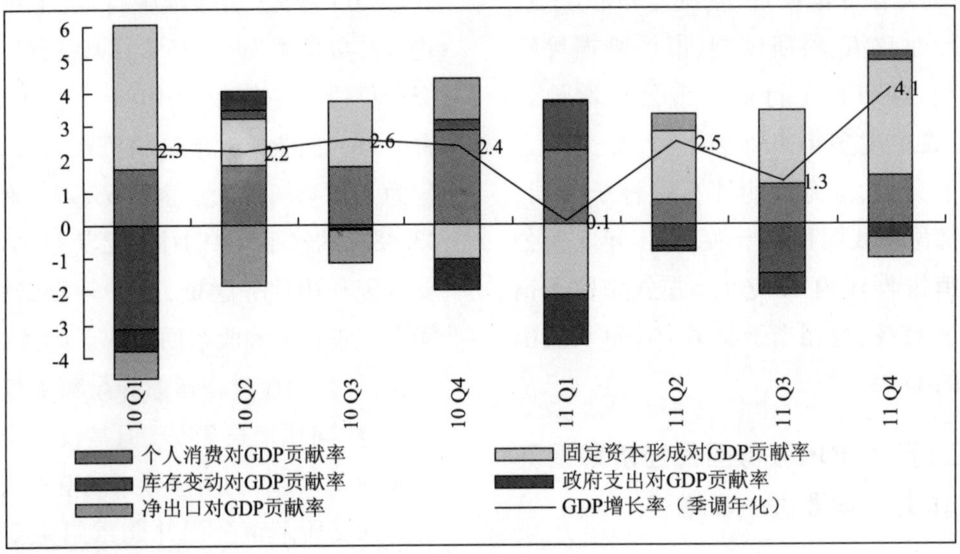

图 1　美国经济增长情况(%)

数据来源:Bloomberg

1. 经济增长前低后高

2011 年,美国经济呈现前低后高的增长态势,美国商务部公布的美国 2011 年四个季度的 GDP(季调年化)环比增速分别为 0.1%、2.5%、1.3% 和 4.1%。2011 年 3 月 11 日,日本发生强烈地震并引发罕见海啸,国内乃至全球工业供应链受到冲击,美国消费者信心严重下降,加之美国债务上限制约了政府支出对经济增长的支持力度,这些不利因素共同影响美国经济的增长。2011 年下半年,外部诸多不利因素有所好转,美国个人消费支出大幅上升,与投资共同推动经济复苏。

2. 通胀水平保持高位

2011 年前三季度,国际原油价格高企,美国通胀水平受此影响逐渐攀升,各月 CPI(消费者价格指数)同比增速均在 3.1% 以上,9 月达到全年的最高点 3.9%,PPI(生产者物价指数)同比增速 5 月达到全年最高点 7.1%。第四季度,随着油价及国际大宗商品价格的回落，美国CPI和PPI同比增速逐渐降低，但剔除食品和能源的核心CPI和PPI同比增速仍保持相对高位。

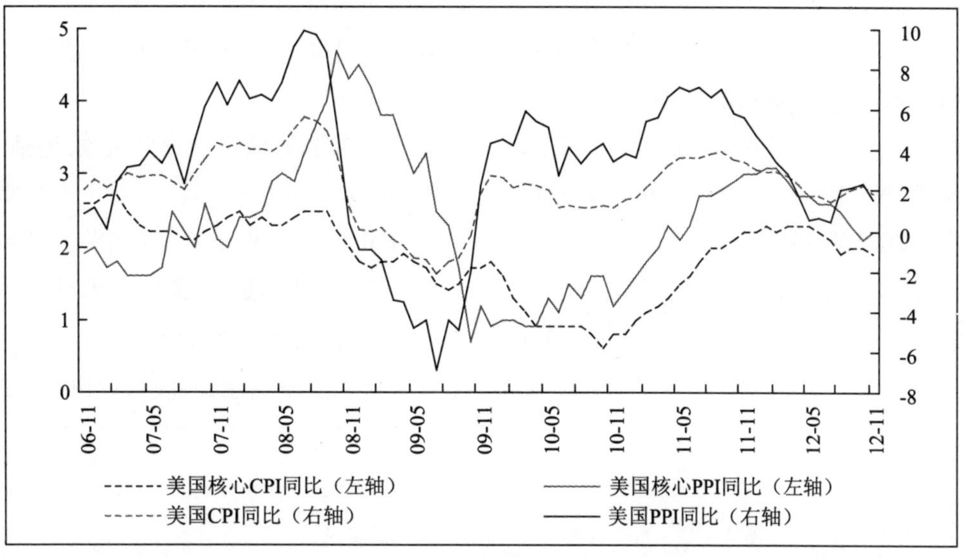

图2　美国通胀情况(%)

数据来源：Bloomberg

3. 就业情况有所改善

2011年，美国就业市场持续好转，失业率有所降低。2011年12月，美国失业率为8.5%，较同年1月的9.1%有所降低。此外，美国非农就业人数持续增加，全年有8个月的非农就业人数增加均在10万人以上。

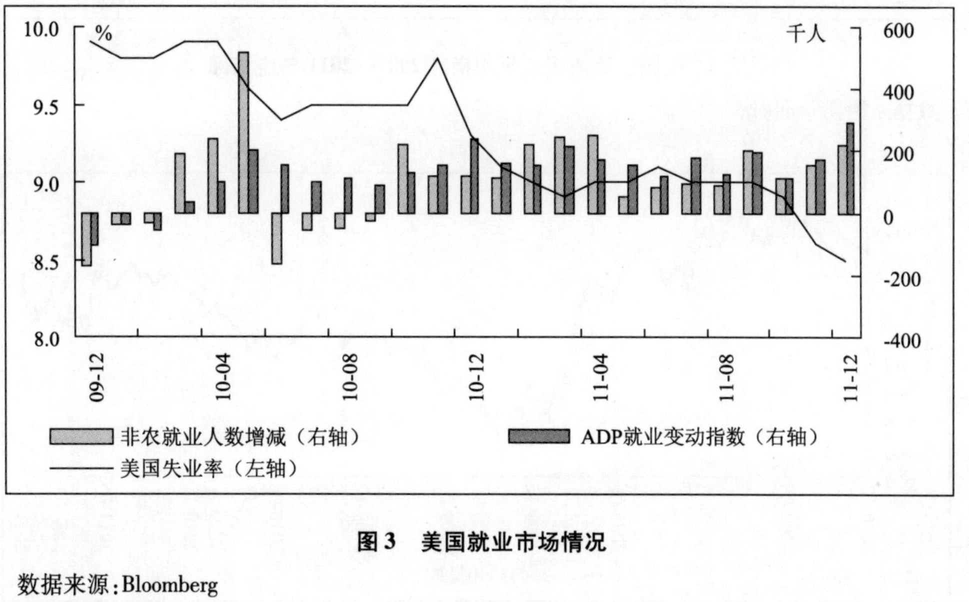

图3　美国就业市场情况

数据来源：Bloomberg

（二）2011 年美国三大股指走势及其情况

自 2008 年以来，美国先后实施两次量化宽松货币政策和一系列财政政策，复苏进程明显快于欧元区和日本等其他发达国家，三大股指走势也持续上升，逐渐恢复到危机前的水平。2011 年第四季度，尽管美国经济形势有所好转，但受到欧元区经济持续衰退影响，美国三大股指巨幅震荡。截至 2011 年 12 月 31 日，道琼斯工业指数收于 12 217.56，较 2010 年同期的 11 577.51 上升 5.53%；标准普尔 500 指数收于 1 257.6，与 2010 年同期水平基本持平；纳斯达克综合指数收于 2 605.15，较 2010 年同期的 2 652.87 下降 1.80%。

美国道琼斯工业平均指数包括 30 家著名的工业公司股票，其中，前十大权重股分别为 IBM、雪佛龙德士古、麦当劳、卡特彼勒、艾克森美孚、3M、波音、联合技术、可口可乐、宝洁，共计占总体权重的 57.7%，所在行业主要集中于大型制造业、能源行业以及食品行业。

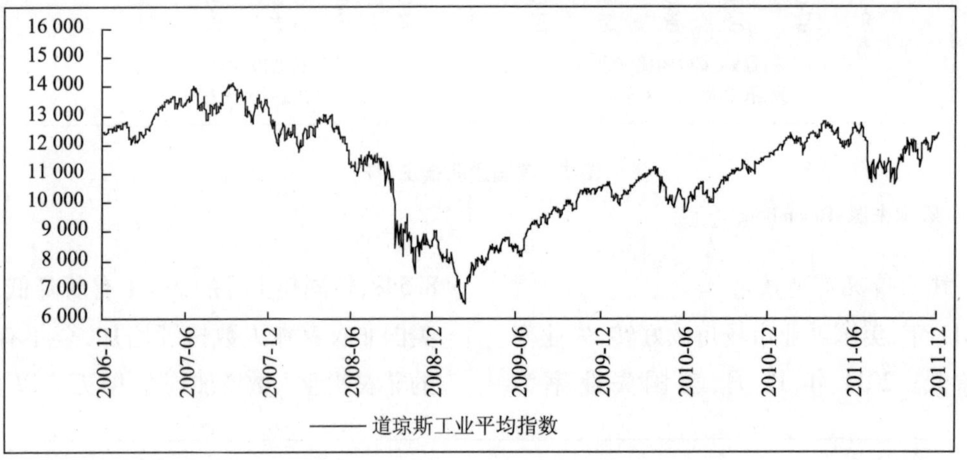

图 4　美国道琼斯工业平均指数 2007—2011 年走势图

数据来源：Bloomberg

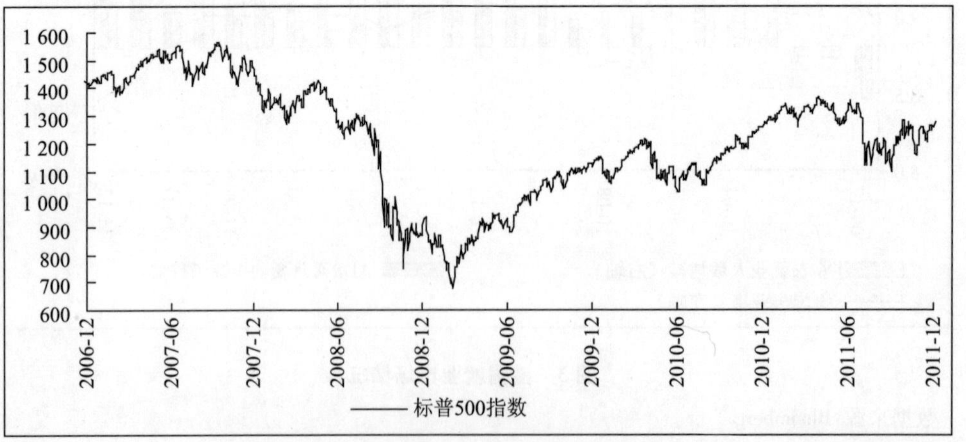

图 5　美国标准普尔 500 指数 2007—2011 年走势图

数据来源：Bloomberg

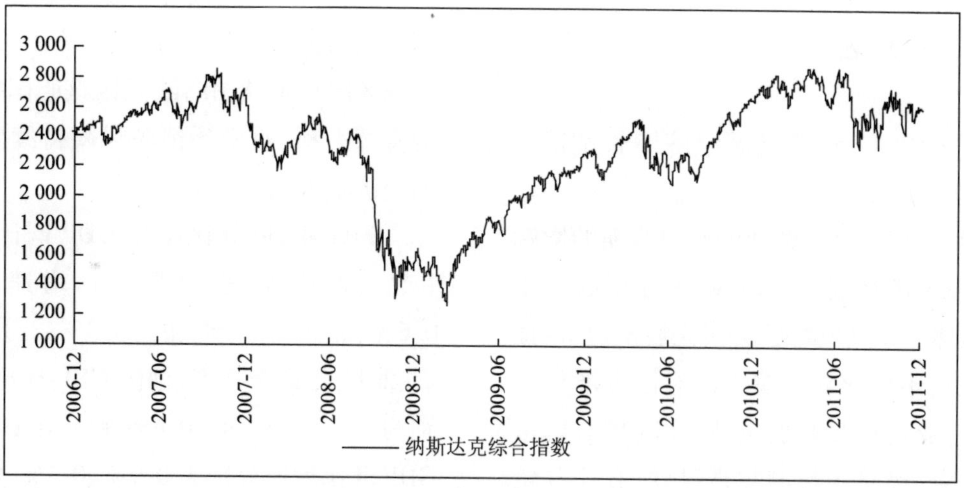

图6 美国纳斯达克综合指数2007—2011年走势图

数据来源：Bloomberg

(三)2011年美国股票市值及其占比情况

截至2011年12月31日，美国股票总市值为15.0万亿美元，占全球总市值的32.7%，高于2010年29.7%的占比。图7显示，从2003年至2011年，随着发展中国家资本市场的健全，美国股票市值占比大幅回落。

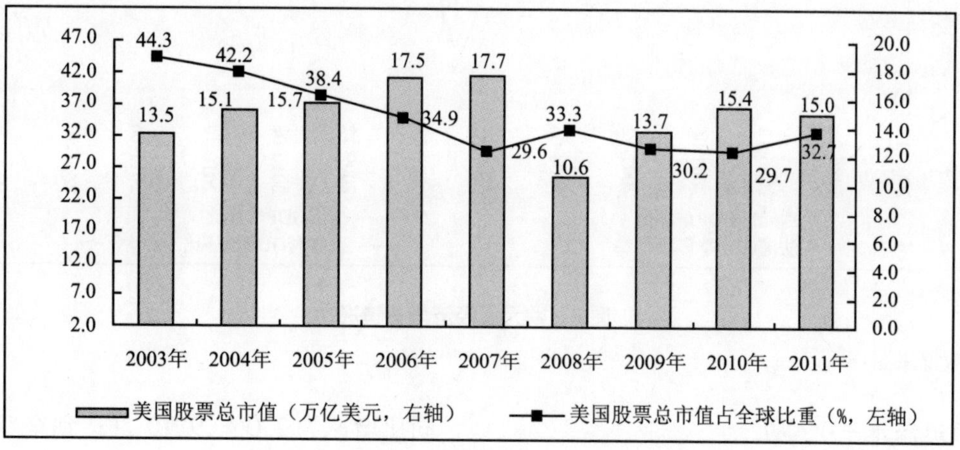

图7 美国股票总市值及其占全球比重

数据来源：Bloomberg

二、欧元区

(一)2011 年欧元区经济增长情况

2011 年,在欧债危机与财政紧缩的影响下,欧洲经济增速明显放缓,失业率居高不下。虽然一系列"救火"方案先后出台,但债务危机仍不断纵深扩展。政府债务堆积如山、银行业危机日益加重、欧元区核心国家相继告急、经济增长濒临衰退,所有这些负面因素都给欧元的前景蒙上了阴影。

1. 经济增长乏力

2011 年,欧洲债务危机不断升级,各国政府为应对危机纷纷采取紧缩措施,导致政府支出与公众福利下降、失业率上升。主权债务风险从重债国向欧元区核心国家蔓延,随着意大利、西班牙债务风险持续发酵,欧洲经济陷入低迷。

2011 年,欧元区全年 GDP 同比增速为 1.5%,四个季度 GDP 环比增速分别为 0.6%、0.2%、0.1% 和 -0.3%。分国家来看,2011 年四个季度,德国 GDP 环比增速分别为 1.2%、0.5%、0.4% 和 -0.1%,法国 GDP 环比增速分别为 0.9%、0.1%、0.2% 和 0.0 %,意大利 GDP 环比增速分别为 0.1%、0.3%、-0.2% 和 -0.7%。

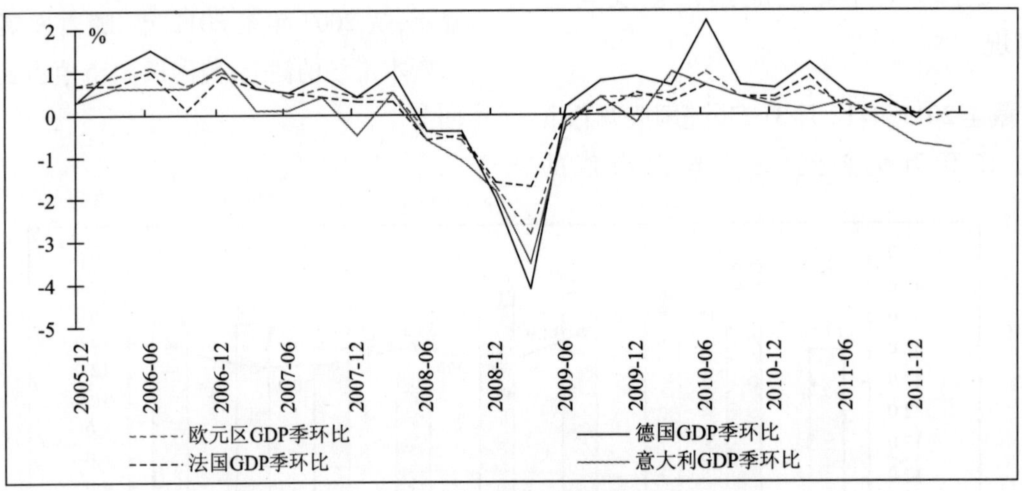

图 8 欧元区经济增长情况

数据来源:Bloomberg

2. 通胀水平小幅上升

2011 年,欧元区通胀水平呈小幅上升趋势,9、10、11 月欧元区 CPI 同比增速均达到全年的最高水平 3.0%,也是 2009 年以来的历史最高水平。分国家来看,德国 CPI 同比增速整体呈倒"U"型走势,2011 年 1 月 CPI 同比增速为 2.0%,9、10 月达到全年的最高水平 2.9%,12 月回落至 2.3%;法国 CPI 同比增速逐渐提高,11、12 月达到全年最高水平 2.7%,也是 2009 年以来的最高水平;意大利 CPI 同比增速大幅上升,10 月达到全年最高点 3.8%,也是 2009 年以来的最高点。

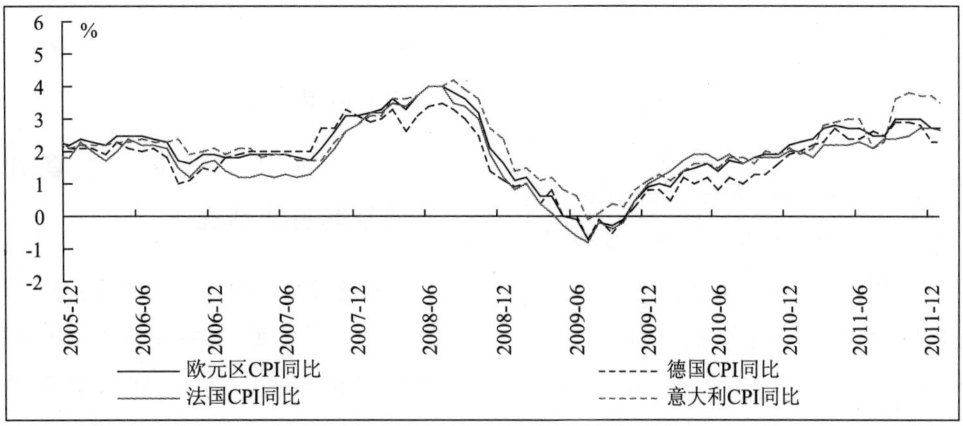

图9 欧元区及主要国家 CPI 同比增长情况

数据来源：Bloomberg

3. 就业市场不断恶化

2011年，欧债危机不断升级，欧元区各成员国纷纷实施紧缩的财政政策，政府和私人部门纷纷裁员，失业率大幅上升。2011年，欧元区失业率从1月的10.0%上升至12月的10.7%，达到2009年以来的最高点。分国家来看，德国失业率由1月的6.5%下降至12月的5.6%，除德国外的其他主要国家就业市场表现均不甚乐观：法国失业率小幅上升，由1月份的9.6%上升至12月份的9.8%；意大利失业率大幅上升，从3、4月的全年最低水平7.9%，上升至12月的9.4%，达到2009年后的最高点。

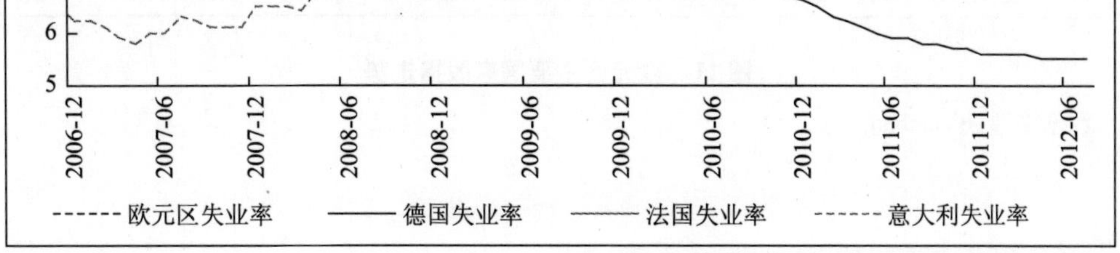

图10 欧元区及主要国家失业率

数据来源：Bloomberg

(二)2011 年欧元区主要国家股指走势及其情况

2011 年,受欧债危机深化影响,欧元区国家主要股指大幅下跌,摩根士丹利欧元区指数较 2010 年下跌 16.5%。分国家来看,德国 DAX40 指数较 2010 年下跌 14.7%,法国 CAC30 指数较 2010 年下跌 17.0%,意大利标普/米兰证交所指数较 2010 年下跌 25.2%。

德国 DAX40 指数的权重股包括安联保险、宝马汽车、德国商业银行、德意志银行等,法国 CAC30 指数的前五大权重股为道达尔、赛诺菲安万特、法国巴黎银行、LV、法国液化空气,意大利标普/米兰证交所指数的权重股包括菲亚特、意大利裕信银行、意大利电信银行等。

(三)2011 年欧元区主要国家股票市值及其占比情况

截至 2011 年 12 月 31 日,德国股票总市值为 1.2 万亿美元,占全球总市值的 2.7%,低于 2010 年的 2.9%;法国股票总市值为 1.4 万亿美元,占全球总市值的 3.1%,低于 2010 年的 3.4%;意大利股票总市值为 0.5 万亿美元,占全球总市值的 1.0%,低于 2010 年的 1.2%。

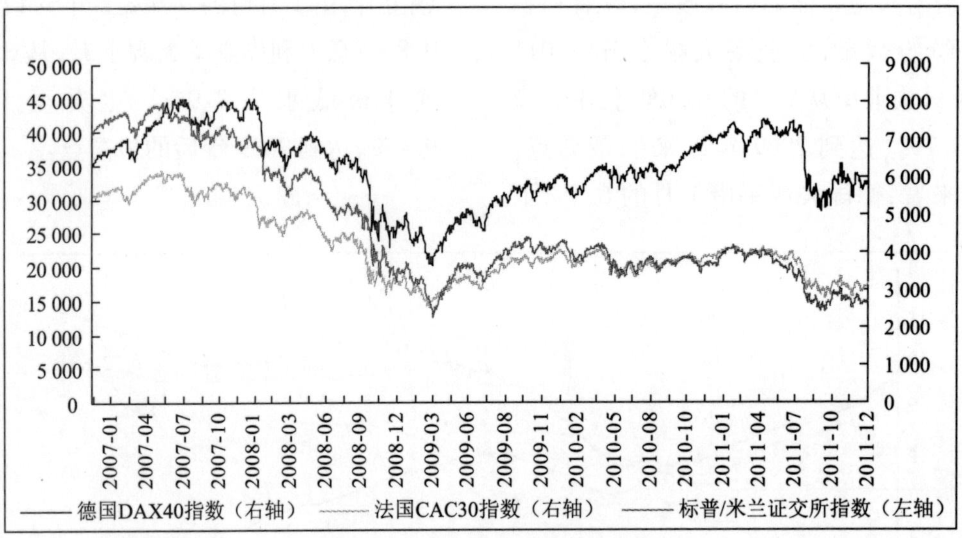

图 11　欧元区主要国家股指走势

数据来源:Bloomberg

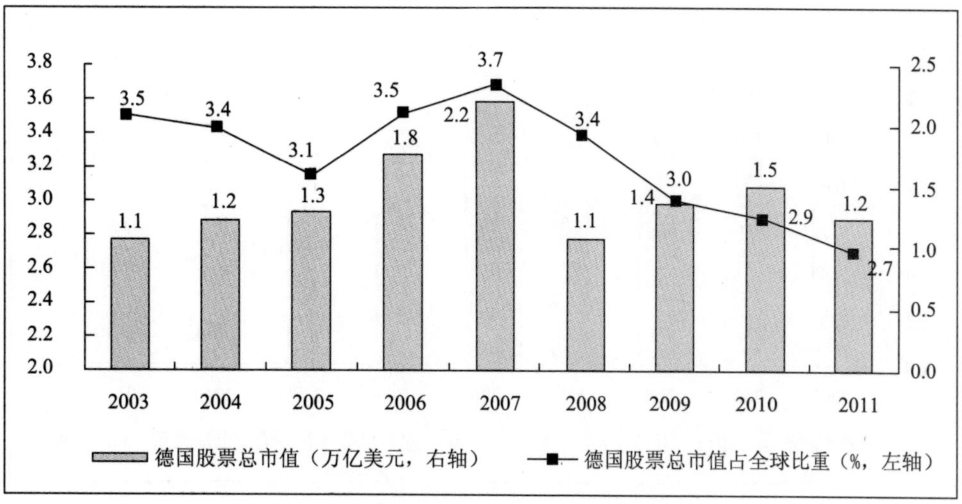

图12　德国股票总市值及其占全球比重

数据来源：Bloomberg

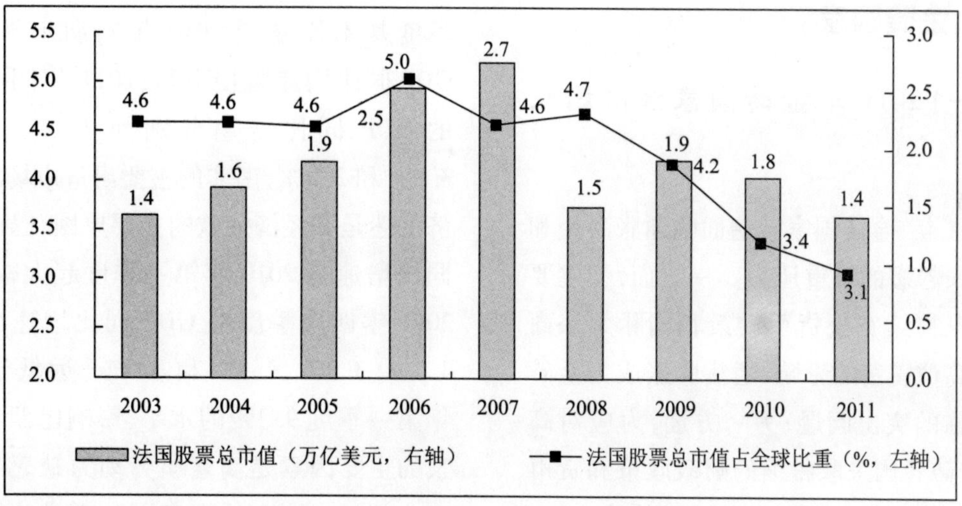

图13　法国股票总市值及其占全球比重

数据来源：Bloomberg

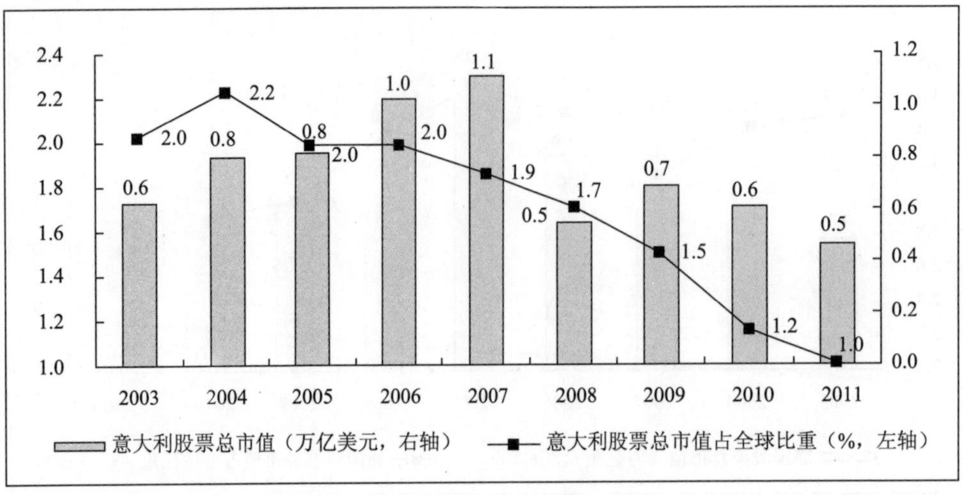

图 14　意大利股票总市值及其占全球比重

数据来源：Bloomberg

三、金砖国家

（一）2011 年金砖国家经济增长情况

2011 年，金砖国家普遍面临通胀高企和经济增长趋缓的双重压力。一方面，受主要发达国家持续宽松货币政策和国际大宗商品价格高位震荡的影响，通货膨胀成为金砖国家面临的突出问题；另一方面，为应对高通胀，金砖各国采取紧缩的财政政策和货币政策，加上外需“乏力”，经济增长趋缓。

1. 经济增速普遍下滑

2011 年，金砖国家经济增速普遍下滑。分国家来看，2011 年，俄罗斯 GDP 同比增速前低后高，四个季度的 GDP 同比增速分别为 4.0%、3.4%、5.0% 和 4.8%，在第三、四季度基本恢复到 2010 年同期水平；南非 GDP 同比增速缓慢下行，2011 年四个季度的 GDP 同比增速分别为 3.4%、3.3%、3.0% 和 2.9%，南非的主要出口市场欧洲经济低迷是其经济疲软的主要原因；巴西 GDP 同比增速自 2010 年第一季度起大幅下降，2011 年四个季度的 GDP 同比增速分别为 4.2%、3.3%、2.1% 和 1.4%，远低于 2010 年第一季度 9.3% 的水平，影响巴西经济增长的主要因素是高素质劳动力缺乏导致的工业部门生产力低下和国际需求疲软对于巴西出口的影响；2011 年，印度经济增速快速下行，四个季度 GDP 同比增速分别为 9.2%、8.0%、6.7% 和 6.1%。

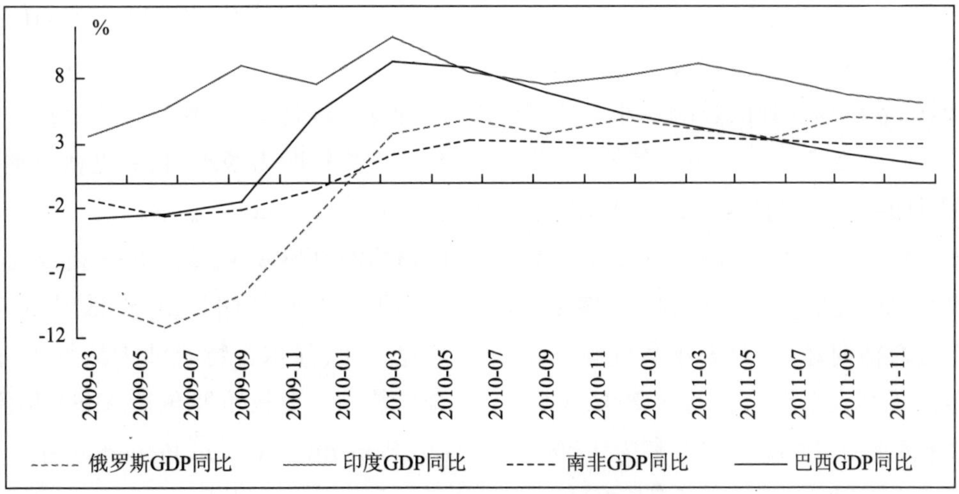

图15　金砖四国经济增长情况

数据来源:Bloomberg

2. 通胀压力较大

2011年,金砖国家通胀压力较大。分国家来看,2011年俄罗斯通胀水平有所降低,得益于粮食丰收以及政府政策调控措施,CPI同比增速从1月9.6%的高点降至12月的6.1%;南非通胀水平明显上升,CPI同比增速从1月的3.7%上升至12月的6.1%,食品和能源价格居高不下是南非CPI持续上升的主要原因,汇率贬值引致进口商品价格上涨也进一步推高了南非的通胀率;巴西通胀水平逐步上升,9月升至年内最高点7.3%,12月小幅回落至6.5%,实现巴西中央银行设定的通胀目标上限,食品和能源价格上涨是巴西通胀水平上升的主要原因;印度9月CPI(工业劳动者)同比增速达到10.1%的高位,燃料价格大幅上升及印度卢比对美元贬值导致进口成本上涨是其通胀的主要原因。

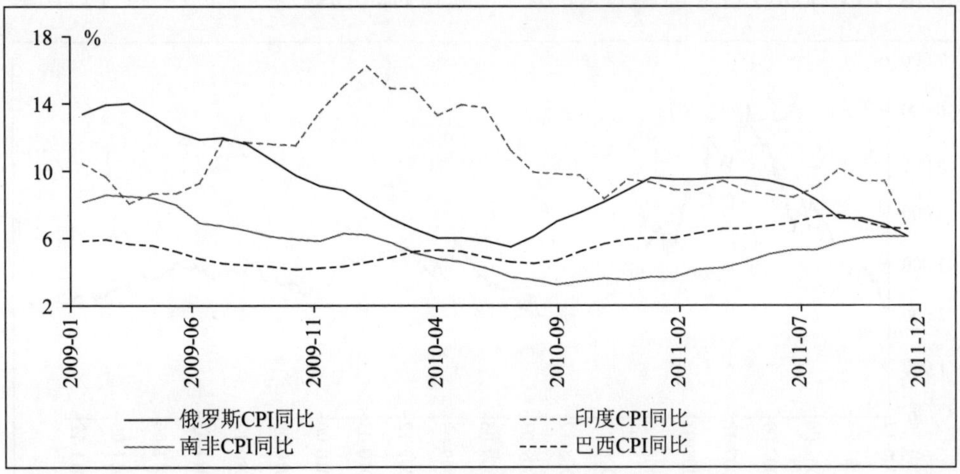

图16　金砖国家通胀情况

数据来源:Bloomberg

3. 就业市场影响较小

2011 年,金砖国家经济增长普遍面临下行压力,但就业市场受到的影响较小。分国家看,2011 年,俄罗斯失业率由 1 月的 7.8%下降至 12 月的 6.1%,与危机前基本持平;南非失业率依然在高位运行,四个季度失业率水平分别为 25%、25.7%、25% 和 23.9%;巴西就业市场总体向好,12 月失业率为 4.7%,远低于年内最高点 6.5%,也是自 2002 年以来同期最低水平;印度 12 月失业率为 9.8%,低于 2010 年同期水平,就业市场有所好转。

(二)2011 年金砖国家股指走势及其情况

2011 年,金砖国家股指跌幅较大,摩根士丹利金砖四国股指较 2010 年下跌 24.9%。分国家来看,2011 年,中国上证综合指数、印度孟买 SENSEX30 指数、俄罗斯 RTS 指数、巴西圣保罗交易所指数和富时/JSE 南非综合指数较 2010 年同期分别下跌 21.7%、24.6%、21.9%、18.1% 和 0.4 %。

中国上证综指的前五大权重股为中国石油、工商银行、农业银行、中国银行、中国石化;印度孟买 SENSEX30 指数的前五大权重股为 ITC、Reliance、ICICI、HDFC、印度房产开发融资公司;巴西圣保罗交易所指数的前五大权重股为淡水河谷、巴西石油、OGX、巴西 BancoItau 金融银行控股和 BM&FBOVESPA;俄罗斯 RTS 指数的权重股包括俄罗斯联邦储蓄银行、俄罗斯天然气、卢克石油、苏尔古特石油天然气等;南非综合指数的主要权重股包括 ABSA 集团、Acucap Properties、Acucap Properties 等。

(三)2011 年金砖国家股票市值及其占比情况

截至 2011 年 12 月 31 日,中国内地股票市场总市值为 21.5 万亿元人民币,低于 2010 年的 26.5 万亿元人民币;印度股票市场总市值为 1.0 万亿美元,占全球总市值的 2.2%,低于 2010 年的 3.1%;巴西股票市场总市值为 1.2 万亿美元,占全球总市值的 2.6%,低于 2010 年的 2.8%;俄罗斯股票市场总市值为 0.8 万亿美元,占全球总市值的 1.7%,低于 2010 年的 1.9%;南非股票市场总市值为 0.4 万亿美元,占全球总市值的 1.0%,与 2010 年占比基本持平。

图 17 中国上证综合指数走势

数据来源:Bloomberg

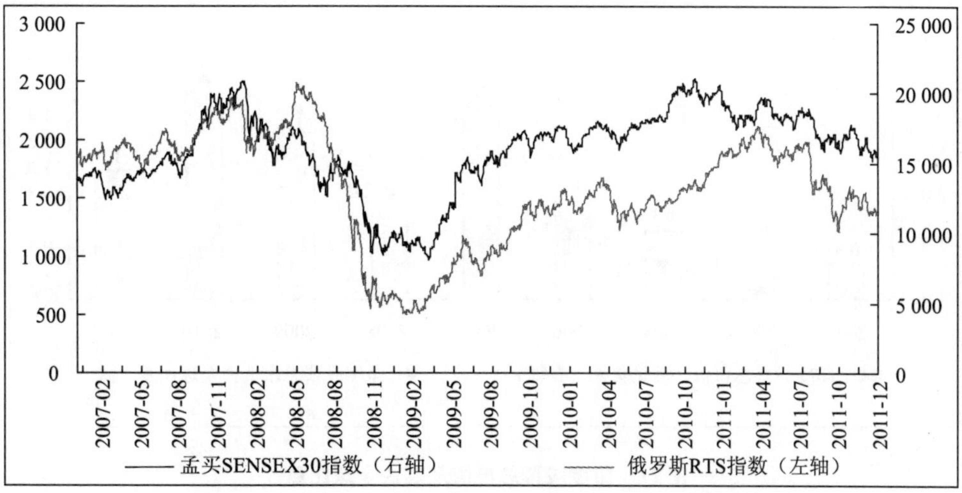

图 18　孟买 SENSEX30 指数和俄罗斯 RTS 指数走势图

数据来源：Bloomberg

图 19　巴西圣保罗交易所指数和富时/JSE 南非综合指数走势图

数据来源：Bloomberg

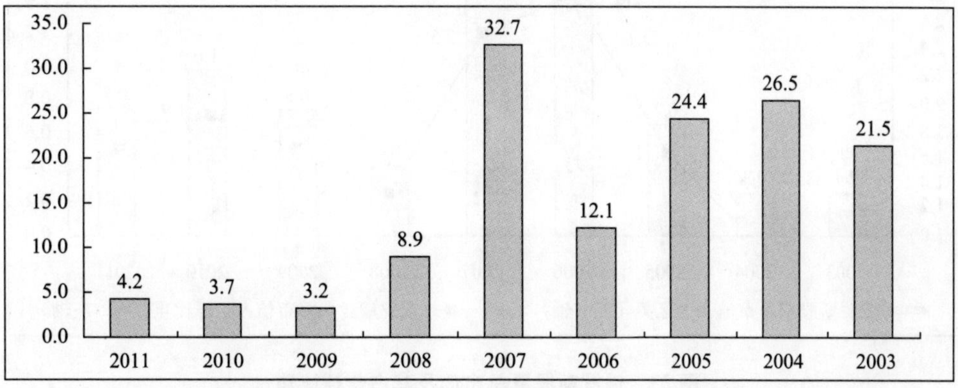

图 20　中国内地股票总市值(单位:万亿元人民币)

数据来源：中国证券期货统计年鉴

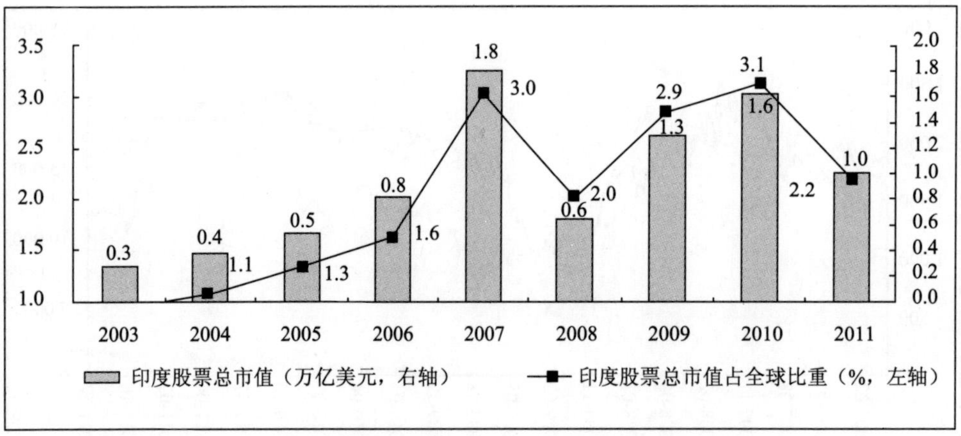

图 21　印度股票总市值及其占全球比重

数据来源：Bloomberg

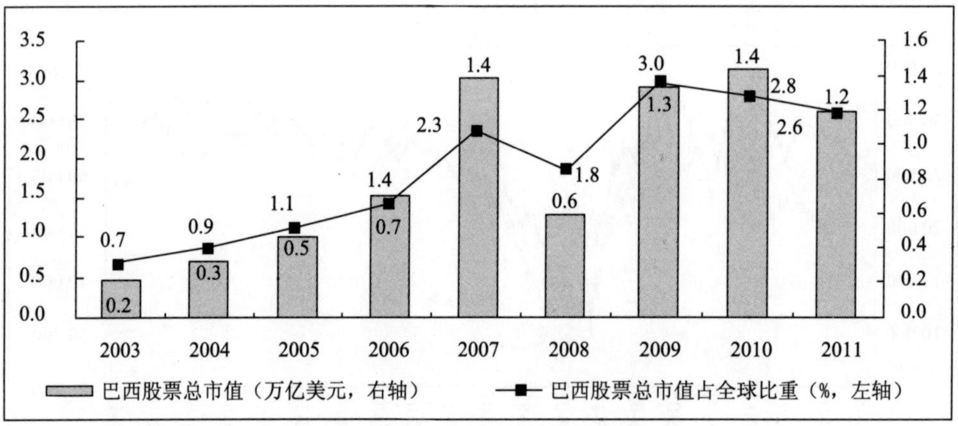

图 22　巴西股票总市值及其占全球比重

数据来源：Bloomberg

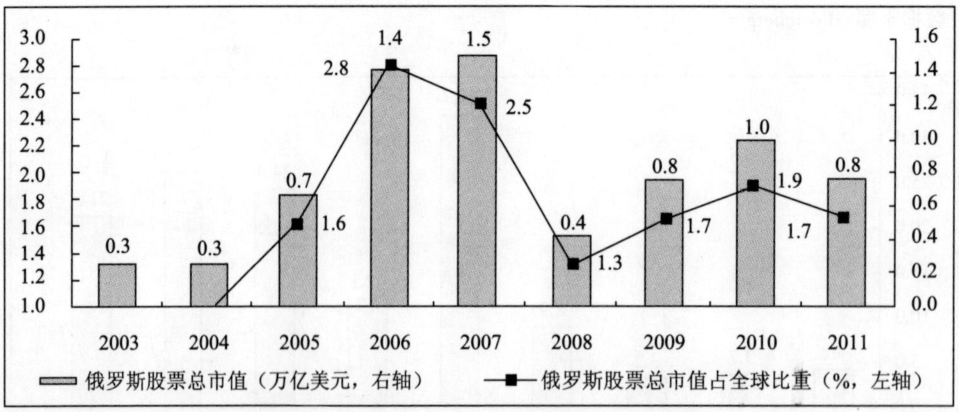

图 23　俄罗斯股票总市值及其占全球比重

数据来源：Bloomberg

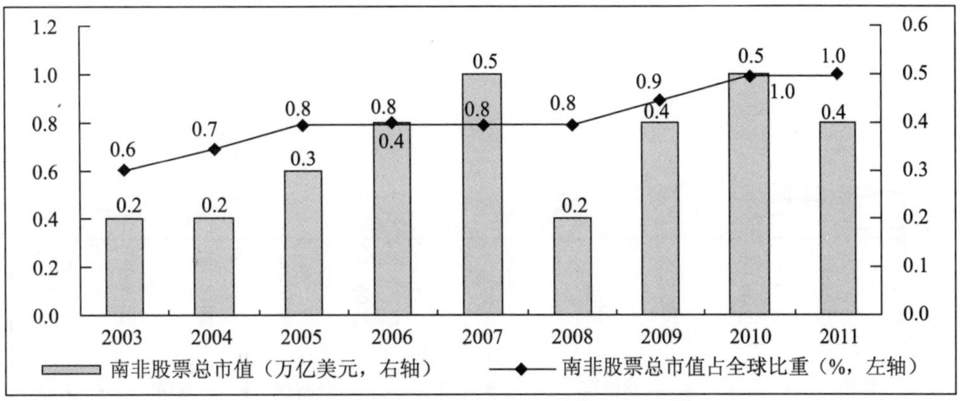

图 24　南非股票总市值及其占全球比重

数据来源：Bloomberg

四、亚洲主要国家和地区

（一）2011 年亚洲主要国家和地区经济增长情况

1. 经济增长情况

2011 年，受全球经济大环境影响，中国香港和台湾地区经济增速持续下降。2011 年四个季度，中国香港 GDP 同比增速分别为 7.8%、5.1%、4.3% 和 2.8%，中国台湾 GDP 同比增速分别为 6.6%、4.5%、3.5% 和 1.9%。2011 年，中国周边国家经济普遍低速增长，但也有个别国家保持平稳增长，分国家来看，2011 年，日本受欧债危机、美国经济走弱影响较大，四个季度的 GDP 同比增速分别为 0.0%、-0.8%、-0.6% 和 -0.7%；韩国经济持续下行，GDP 同比增速从第一季度的 4.2% 下滑至第四季度的 3.3%；新加坡经济波动较大，四个季度 GDP 同比增速分别为 9.1%、1.2%、6.0% 和 3.6%；泰国经济在前三个季度保持增长态势，但第四季度出现大幅衰退，四个季度 GDP 同比增速分别为 3.2%、2.7%、3.7% 和 -8.9%；2011 年，印尼四个季度的 GDP 同比增速分别为 6.4%、6.5%、6.5% 和 6.5%，经济保持稳定增长；马来西亚经济虽然弱于衰退之前，但增长基本保持稳定，四个季度 GDP 同比增速分别为 5.1%、4.3%、5.7% 和 5.2%；2011 年，菲律宾四个季度 GDP 同比增速分别为 4.9%、3.6%、3.2% 和 4.0%。

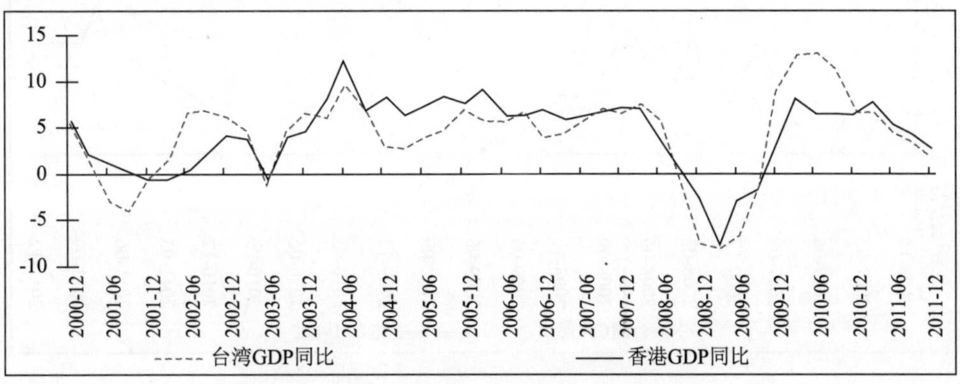

图 25　中国台湾和香港地区经济增长情况（%）

数据来源：Bloomberg

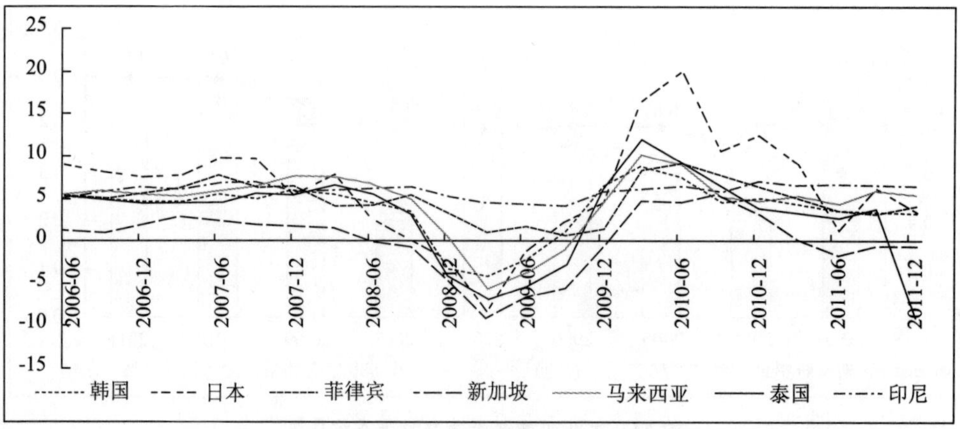

图 26　我国周边国家经济增长情况(%)

数据来源:Bloomberg

2. 通胀水平

2011 年,中国台湾地区各月 CPI 同比增速多数保持在 1.0% 和 2.0% 之间;中国香港地区 CPI 同比增速持续上升,7 月达到年内最高点 7.9%。周边国家中,日本在次贷危机后处于通缩状态,2011 年,日本 CPI 同比增速仅在 7、8、9 三个月份出现增长(或持平);2011 年韩国通胀水平在高位运行,CPI 同比增速保持在 4.0% 左右,8 月创年内新高,达到 4.7%;2011 年,新加坡通胀高企,CPI 月同比增速平均为 5.2%,并在 8、11 月达到年内最高水平 5.7%;2011 年,泰国的通胀水平也维持在较高的水平,各月 CPI 同比增速大多在 4.0% 以上,8 月 CPI 同比增速达到年内最高点 4.3%;2011 年,印度尼西亚的通胀压力逐渐减小,CPI 同比增速从 1 月的 7.0% 回落至 12 月的 3.8%,全年 CPI 同比增速为 5.4%;2011 年,马来西亚通胀水平保持稳定,CPI 同比增速保持在 3.2% 左右,6 月达到年内最高点 3.5%;2011 年,菲律宾通胀水平保持适中,全年 CPI 同比增速为 4.7%,低于历史水平,其中,6 月和 10 月达到年内最高水平 5.2%,12 月回落至年内最低点 4.2%。

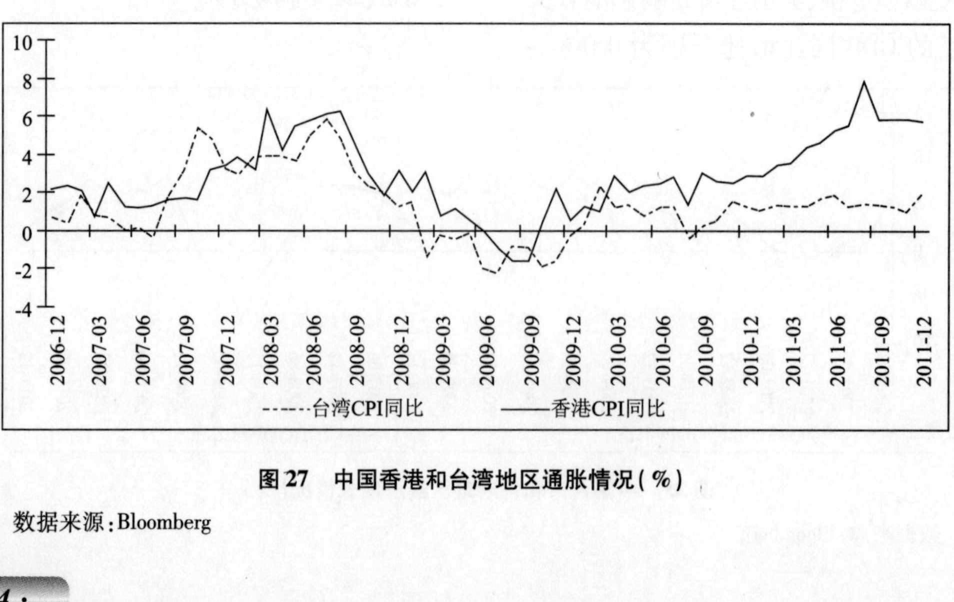

图 27　中国香港和台湾地区通胀情况(%)

数据来源:Bloomberg

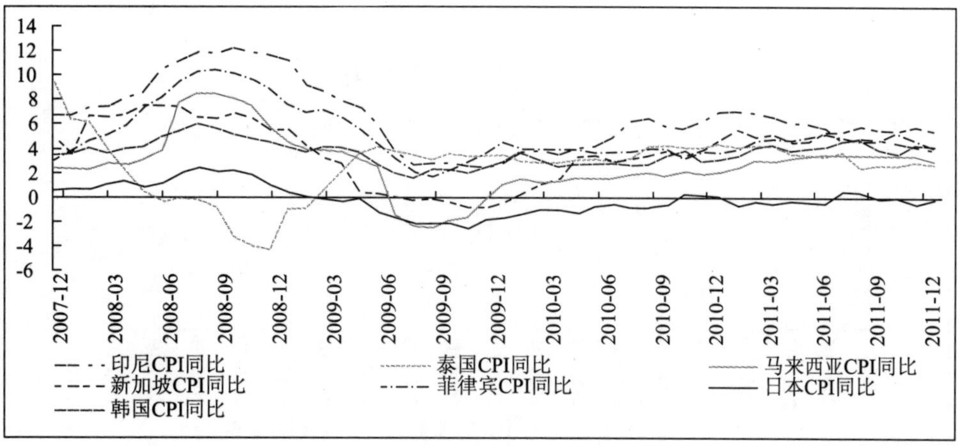

图 28 我国周边主要国家通胀情况(%)

数据来源:Bloomberg

3. 就业市场

2011 年,中国香港和台地区湾就业市场均逐渐好转。中国香港失业率(季调)从 2011 年 1 月的 3.8% 降至 2011 年 12 月的 3.3%;中国台湾失业率(季调)从 2011 年 1 月的 4.7% 下降至 2011 年 12 月的 4.2%。我国周边国家就业形势也比较乐观,失业率持续下降或基本持平。分国家来看,2011 年 10 月菲律宾的失业率为 6.4%,低于 2011 年 1 月 7.4% 的水平;韩国 2011 年 12 月的失业率为 3.0%,低于 2011 年 1 月 3.8% 的水平;泰国 2011 年 12 月的失业率为 0.43%,低于 2011 年 1 月 0.98% 的水平;新加坡 2011 年 12 月的失业率为 1.8%,与 2011 年 1 月持平;马来西亚 2011 年 12 月的失业率为 3.0%,略低于 2011 年 1 月 3.1% 的水平。

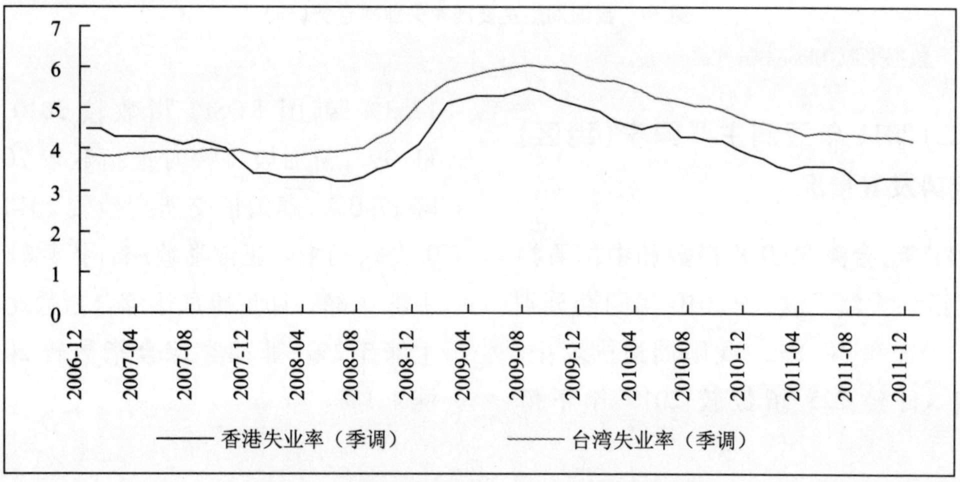

图 29 中国香港和台湾地区失业率走势(%)

数据来源:Bloomberg

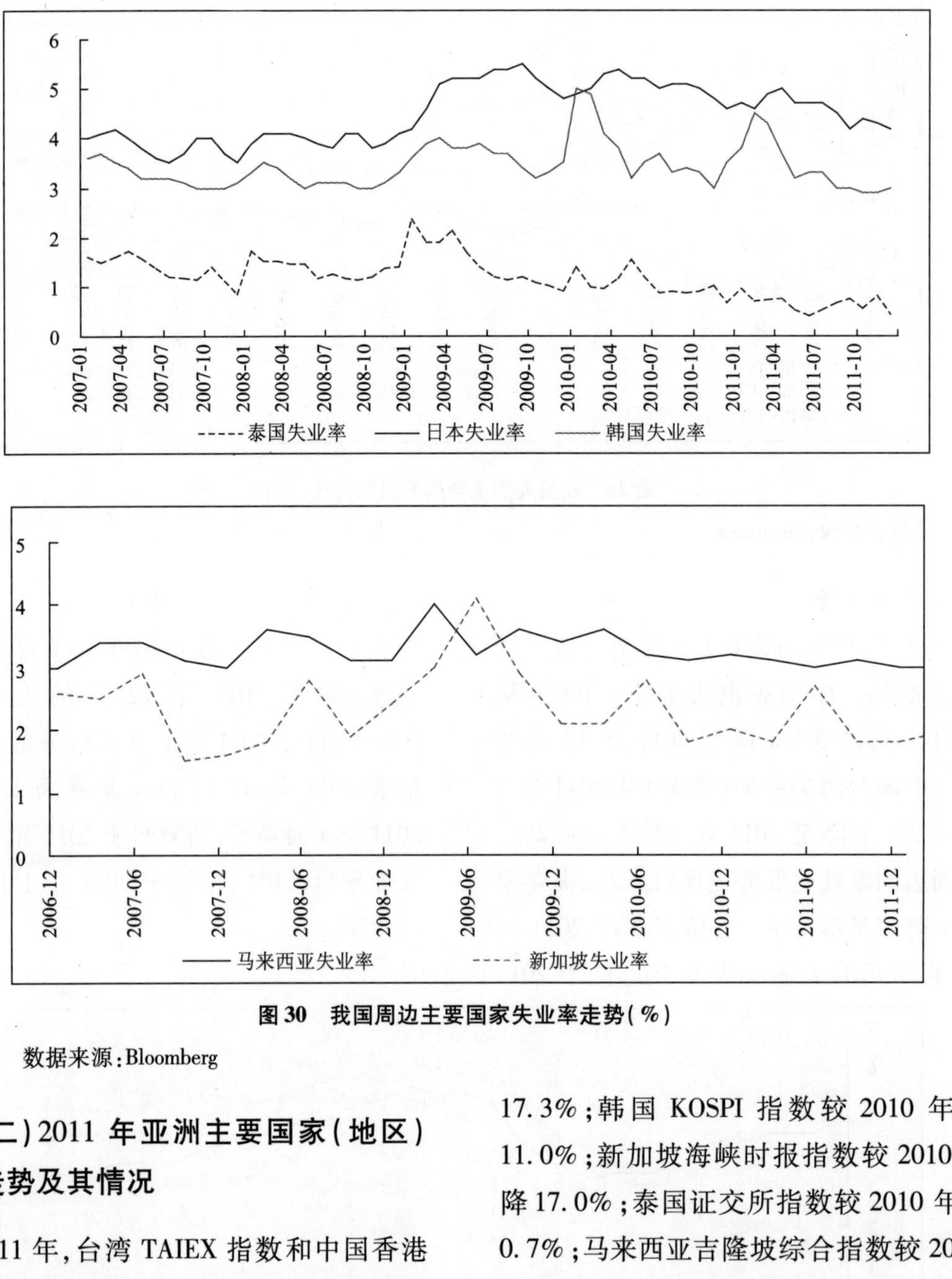

图 30 我国周边主要国家失业率走势(%)

数据来源:Bloomberg

(二)2011 年亚洲主要国家(地区)股指走势及其情况

2011 年,台湾 TAIEX 指数和中国香港恒生股指均大幅下跌,较 2010 年同期分别下跌 20.0% 和 21.2%。我国周边国家中,2011 年,日经 225 指数较 2010 年下降 17.3%;韩国 KOSPI 指数较 2010 年下降 11.0%;新加坡海峡时报指数较 2010 年下降 17.0%;泰国证交所指数较 2010 年下跌 0.7%;马来西亚吉隆坡综合指数较 2010 年上涨 0.8%;印尼雅加达综合指数比 2010 年上涨 3.2%;菲律宾综合指数较 2010 年上涨 4.1%。

图 31　台湾 TAIEX 指数和香港恒生股指走势

数据来源：Bloomberg

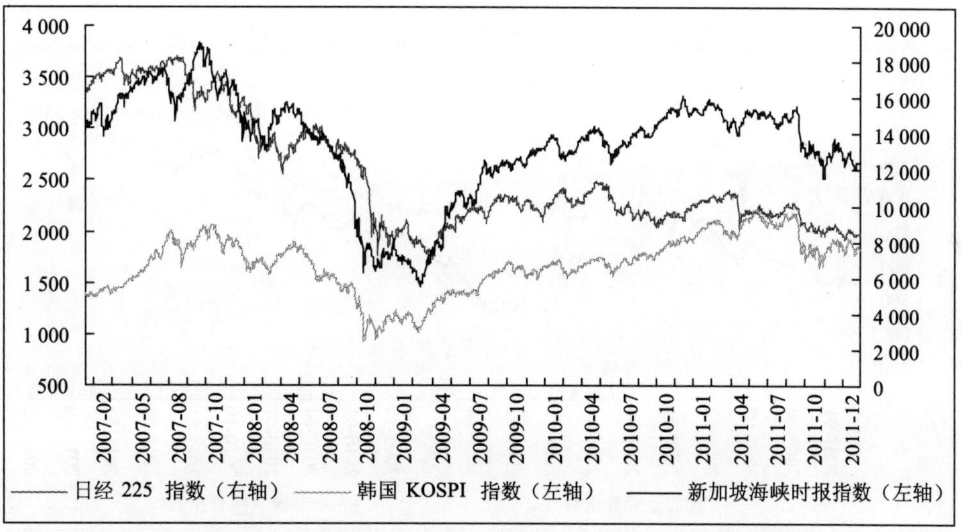

图 32　日经 225 指数、韩国 KOSPI 指数和新加坡海峡时报指数走势

数据来源：Bloomberg

图 33　泰国证交所指数和吉隆坡综合指数走势

数据来源：Bloomberg

图 34　雅加达综合指数和菲律宾综合指数走势

数据来源：Bloomberg

中国台湾 TAIEX 指数的前五大权重股为台积电、鸿海、台塑石化、中华电、台塑；中国香港恒生指数的前五大权重股为汇丰控股、中国移动、建设银行、工商银行和友邦保险；日经 225 指数的前五大权重股为讯销、发那科、软银、京瓷、KDDI；韩国 KOSPI 指数的前五大权重股为韩国三星电子、现代汽车、浦向制铁、现代精工、起亚汽车；新加坡海峡时报指数的前五大权重股为星展集团、新加坡电信、华侨银行、新加坡大华银行、恰和控股；泰国证交所指数的前五大权重股为 PTT、亿旺咨询（ATS）、暹罗商业银行、PTT 勘探与生产、暹罗水泥；马来西亚吉隆坡综合指数的前五大权重股为大众银行、马来西亚银行、森达美、联昌集团和亚通集团;印尼雅加达综合指数的前五大权重股为阿斯特拉、中亚银行、印尼电信、印尼联合利华和曼迪利银行。

(三)2011 年亚洲主要国家和地区股票市值及其占比情况

截至2011年12月31日,中国香港股票总市值为2.8万亿美元,占全球总市值的6.2%,略低于2010年的6.4%;中国台湾股票总市值为0.7万亿美元,占全球总市值的1.5%,略低于2010年的1.8%。截至2011年12月31日,中国周边国家中(仅指日本、韩国、新加坡、泰国、印度尼西亚、马来西亚、菲律宾),日本股票总市值为3.5万亿美元,占全球总市值的比重约为7.6%,低于2010年的7.7%;韩国股票市场总市值为1.0万亿美元,占全球总市值的2.1%,与2010年占比基本持平;新加坡股票市场总市值为0.5万亿美元,占全球总市值的1.0%,占比低于2010年的1.1%。近几年,印度尼西亚、马来西亚、泰国、菲律宾股票市值占全球的比重持续上升。其中,2011年印度尼西亚股票总市值0.4万亿美元,占全球总市值的0.8%,占比高于2010年的0.7%;马来西亚市场总市值为0.4万亿美元,占全球总市值的0.9%,占比高于2010年的0.8%;泰国市场总市值为0.3万亿美元,占全球总市值的0.6%,占比高于2010年的0.5%;菲律宾股票市场股票总市值为0.2万亿美元,占全球总市值的0.3%,与2010年占比基本持平。

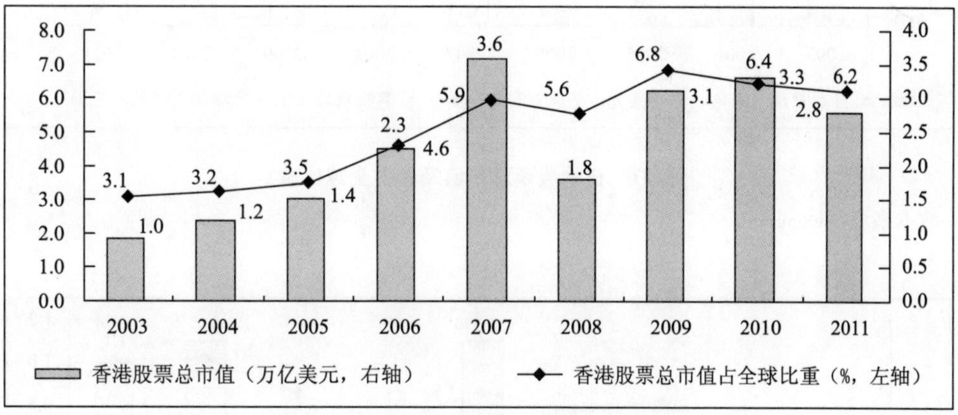

图35 香港股票总市值及其占全球比重

数据来源:Bloomberg

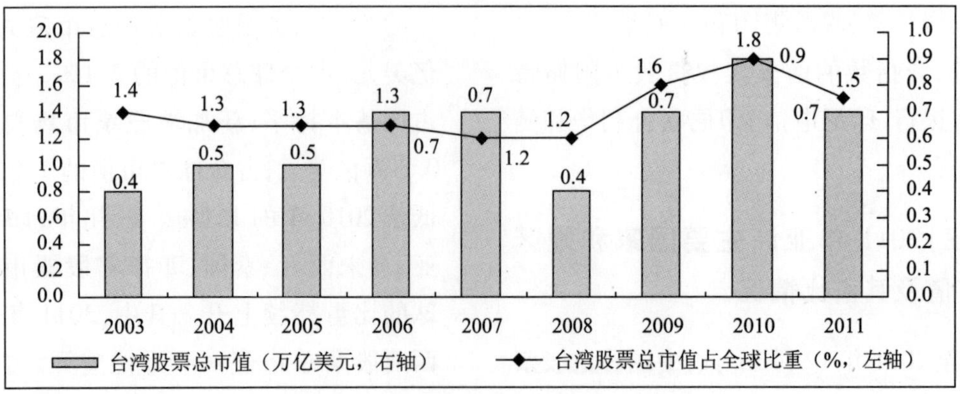

图 36　台湾股票总市值及其占全球比重

数据来源：Bloomberg

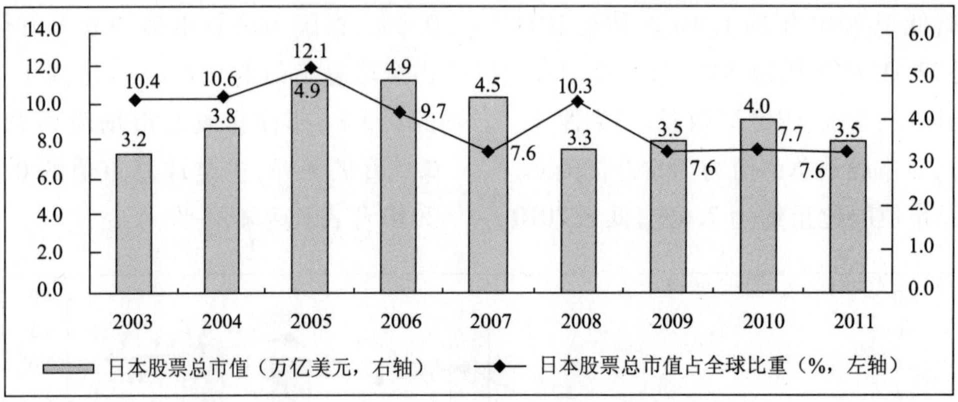

图 37　日本股票总市值及其占全球比重

数据来源：Bloomberg

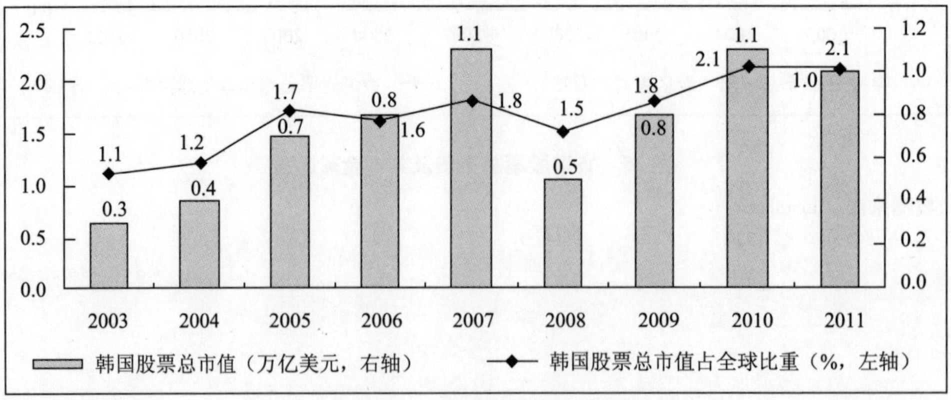

图 38　韩国股票总市值及其占全球比重

数据来源：Bloomberg

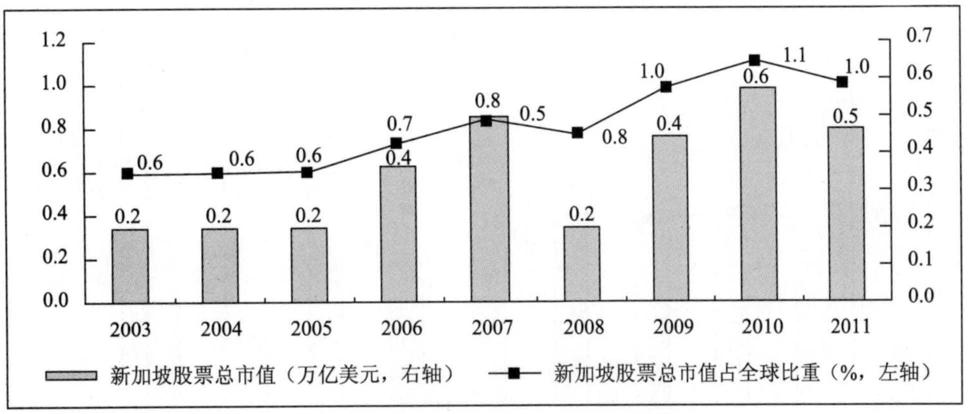

图 39　新加坡股票总市值及其占全球比重

数据来源：Bloomberg

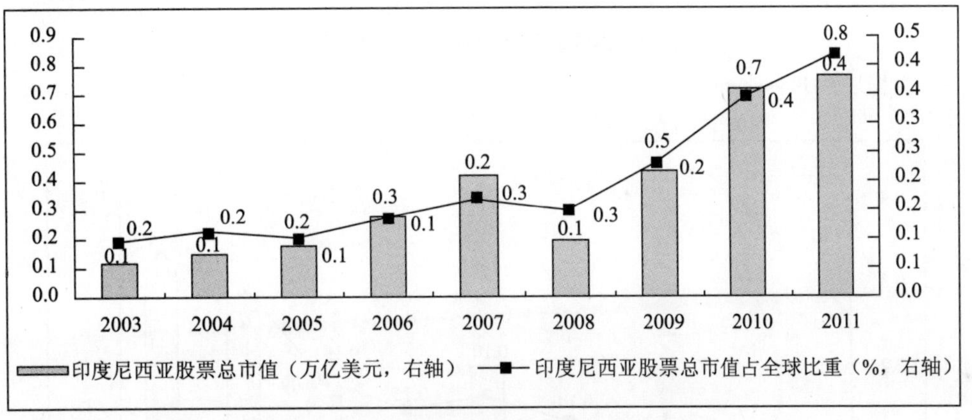

图 40　印度尼西亚股票总市值及其占全球比重

数据来源：Bloomberg

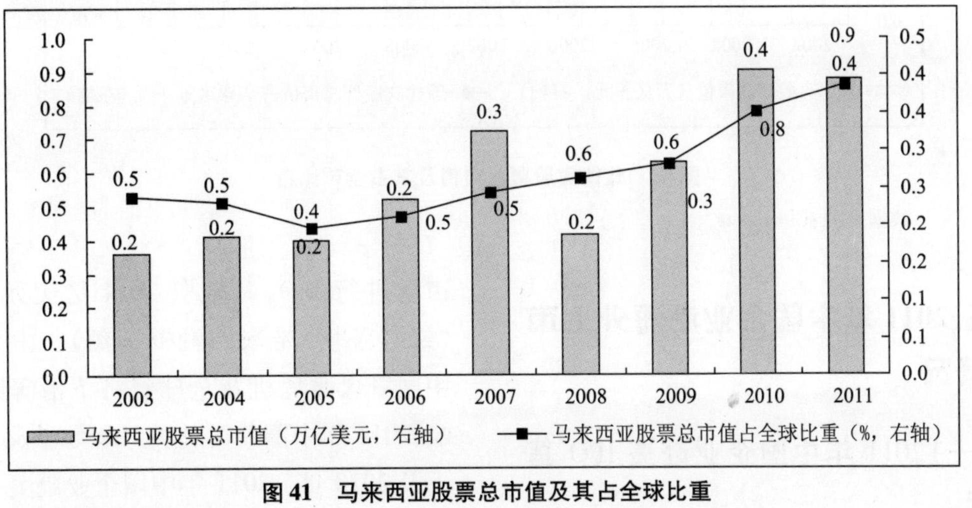

图 41　马来西亚股票总市值及其占全球比重

数据来源：Bloomberg

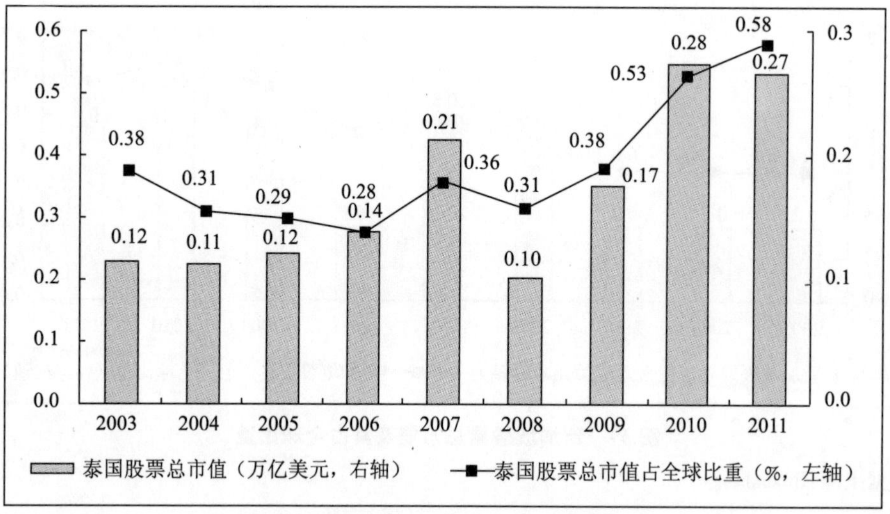

图42 泰国股票总市值及其占全球比重

数据来源:Bloomberg

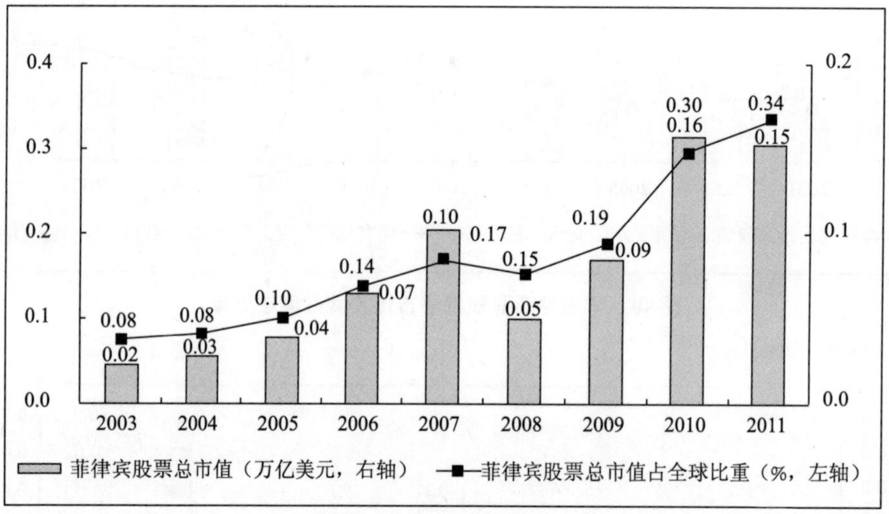

图43 菲律宾股票总市值及其占全球比重

数据来源:Bloomberg

五、2011年中国企业赴海外上市基本情况

(一)2011年中国企业赴美IPO基本情况

1. 中国企业赴美IPO概况

2011年共有11家中国公司在美国资本市场进行IPO,共融资20.4亿美元(包括"绿鞋条款"带来的融资金额)。由于受到中国概念股危机及全球经济下滑等因素影响,2011年中国公司赴美IPO数量及表现均不及2010年。2011年中国企业赴美IPO的公司名单如下:

纽交所					纳斯达克				
编号	公司名称	交易代码	行　业	上市日期 月/日	编号	公司名称	交易代码	行　业	上市日期 月/日
1	左岸服饰	ZA	消　费	2/14	1	BCD半导体	BCDS	科　技	1/28
2	奇虎360	QIHU	互联网	3/30	2	世纪互联	VNET	互联网	4/20
3	人人公司	RENN	互联网	5/4	3	世纪佳缘	DATE	互联网	5/11
4	网　秦	NQ	无限互联网	5/5	4	土豆网	TUDO	互联网	8/17
5	正兴车轮	ZX	制造业	5/12					
6	凤凰新媒体	FENG	互联网	5/12					
7	淘　米	TAOM	互联网	6/9					

图 44　2011 年中国企业赴美 IPO 公司

数据来源:纽约证券交易所

2011 年中国公司赴美 IPO 的数量远低于 2010 年,但与 2008 年和 2009 年相比仍较为可观。以下是 2007—2011 年中国公司在美国 IPO 数量的统计。

年　度	纽交所	纳斯达克	总　计
2007	18	11	29
2008	8	1	4
2009	5	5	10
2010	22	12	34
2011	7	4	11

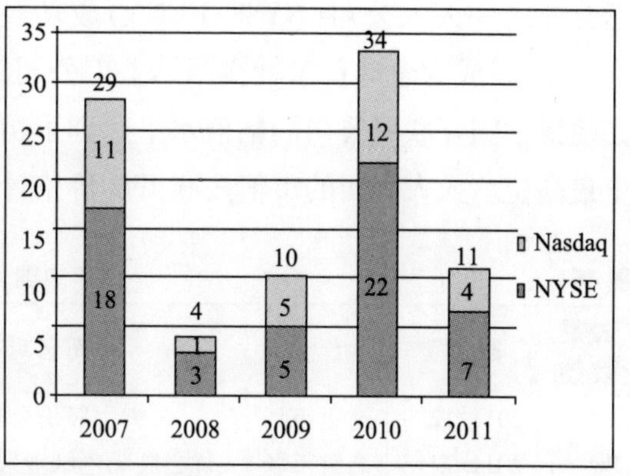

图 45　历年中国公司赴美 IPO 统计图

数据来源:纽约证券交易所

2011 年中国公司赴美 IPO 的数量较 2010 年下降。2011 年 5 月以后中国上市公司在美国市场股价持续低迷,新股 IPO 基本处于停顿状态,但前景仍较为乐观,原因是:

第一,与全球绝大多数地区和国家相比,中国经济的增长性仍然处于相对较好的状态,投资者在进行中长期资产配置时不能忽略中国公司的投资价值。

第二,人民币的长期升值过程仍然没有出现本质的逆转,而中国对资本项下的外汇管制也不可能在近期放松,因此投资于在海外上市的中国公司是应对人民币升值的一种不错的投资策略。

第三,经过中国概念股危机的洗礼,市场有一个自然淘汰的过程,保留下来的质地优良的中国公司的投资价值得到进一步凸显,投资者也会重新发现中国上市公司的投资机会。

2011 年 6 月以后,等待 IPO 的名单已经累积了比较多的中国公司,其中不乏一些非常优秀的公司。随着全球经济形势逐步趋稳,金融市场转暖,投资者对中国公司的信心持续提高,中国公司在美国资本市场的IPO将重新进入正常状态。

2. 2011年赴美上市的主要中国(概念)公司介绍

(1)奇虎360公司(NYSE:QIHU)

奇虎360公司(NYSE:QIHU)2011年3月30日上市当天股价大涨134%,成为过去10年美国资本市场上市首日涨幅第三高的IPO(前两名分别为2005年的百度和2010年的优酷;也就是说,过去10年,在美国资本市场上首日表现最好的3家公司均为中国公司)。

(2)人人公司(NYSE:RENN)

2011年5月4日,中国最大的社交网站运营商之一人人公司(NYSE:RENN)成功登陆纽交所,成为全球首家社交网站上市公司,亦使得中国互联网公司的估值水平达到了历史最高位。人人公司的市值按照IPO价格计算为56亿美元,按照上市当日收盘价计算为72亿美元,在中国概念股的历史上名列第一,而大部分已上市的中国互联网公司的股价也在那个时间达到历史最高位。2011年,人人公司以8.55亿美元的IPO融资金额在同年11家在美IPO的中国概念股中遥遥领先。

(二)2011年中国企业赴德IPO基本情况

1. 中国企业赴德IPO概况

2011年共有5家中国(概念)企业在法兰克福证券交易所上市公开发行股票,首次发行融资共1.47165亿欧元(约相当于1.89亿美元)。截至2011年12月31日,共计15家中国(概念)企业已成功在法兰克福证券市场上市。其中,6家企业上市首日股价出现不同程度的上涨,5家企业的上市首日股价基本持平,仅有一家企业下跌。

图46 历年中国公司赴德IPO统计

交易类型	时 间	板 块	公司名称	行 业	发行价格(欧元)	发行数量(百万欧元)
PO/NI	2011/12/9	高级市场	索力股份公司	消费品	9.00	6.30
PO/NI	2011/7/13	高级市场	优必胜绿色纸业股份公司	能源/原材料	6.50	1.415
PO/NI	2011/7/1	高级市场	中国特种玻璃股份公司	工 业	9.00	23.85
PO/NI	2011/6/10	高级市场	联合动力科技股份公司	工 业	9.00	20.70
PO/NI	2011/4/11	高级市场	保兰德股份公司	消费品	15.00	94.90
PO	2010/12/22	一般市场	中国商务传媒集团	传 媒	—	—
PP/NI	2010/12/10	初级市场	中国生物肥料集团有限公司	化 工	6.80	5.00
PO/NI	2010/8/6	初级市场	金豪股份公司	消费品	15.00	15.00
PO/NI	2010/5/26	初级市场	欧亚第一地产有限公司	房地产	5.00	6.00
PO/NI	2010/3/30	高级市场	中宇股份公司	消费品/家用品	13.00	104.65
PO/NI	2009/10/1	高级市场	网讯无线技术股份公司	科技/通讯技术	10.75	55.60
LI/TR	2008/10/15	初级市场	理想地产有限公司	房地产	—	—
PO/NI	2007/11/20	初级市场	大中华精密部件有限公司	工 业	3.80	28.50
PO/NI	2007/11/16	高级市场	亚洲竹业股份公司	基本原料/林业&造纸业	17.00	82.60
PO/NI	2007/7/6	高级市场	中德环保技术股份公司	工业/工业产品&服务	26.00	108.82

数据来源:德意志交易所

*LI:准入交易 PO:公开发行 PP:私募融资 NI:首次上市 TR:转板

数据显示,自 2007 年,中国赴德国 IPO 公司的数量和融资金额呈现稳健增长的势头。

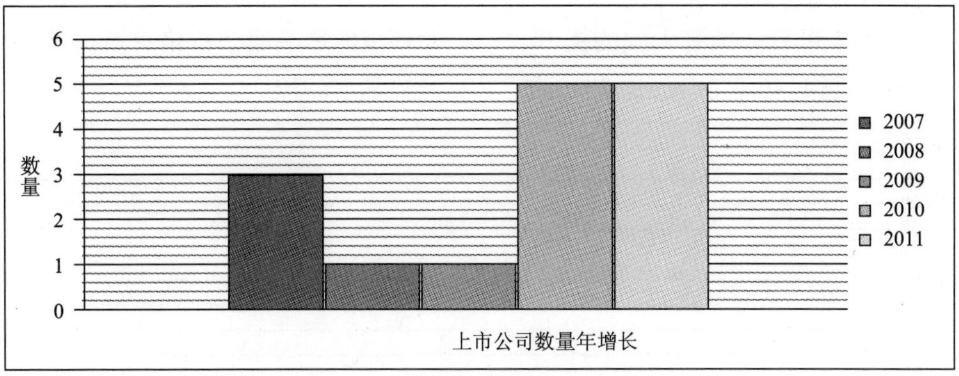

图 47 历年中国公司赴德 IPO 数量

数据来源:德意志交易所

法兰克福证券交易所设置三大不同板块,分别是高级市场、一般市场和初级市场,以满足不同规模的企业的需求,帮助企业以最小的成本获得公开融资机会。其中要求最严的高级市场是大多数中国(概念)企业的首选,体现了赴德中国(概念)企业的实力。

从行业分布来看,截止至 2011 年底,在法兰克福交易所上市的中国(概念)公司的行业分布日趋多样化、合理化,一定程度上体现了中国重要产业的构成情况,其中消费品类和工业类上市企业所占比例最高。

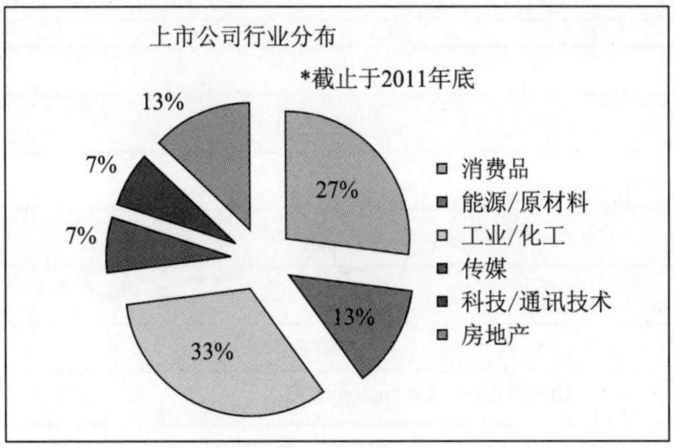

图 48 上市公司行业分布

数据来源:德意志交易所

2. 2011 年赴德上市的主要中国(概念)公司介绍

(1)保兰德股份公司

保兰德股份公司是一家生产皮具箱包的公司,在福建设有工业生产基地,在中国已拥有 12 家分公司,市场份额不断扩大。2011 年 4 月 11 日,保兰德在法兰克福证券交易所首次公开发行股票,发行价格为 15 欧元,开盘价格为 16.5 欧元,市值达到 2.47 亿欧元。IPO 完成后,保兰德股票的流动性一直保持在较高的水平，日流通量达3万余欧元，2011年12月30日的日交易量达540笔。

保兰德公司上市后业绩有大幅的提升，2011年实现销售额1.46亿欧元，比2010年增长了3 000余万欧元，涨幅达30%。从图50中可发现，虽然保兰德公司受到全球经济大环境的影响股票价格有所降低，但与大盘走势基本一致。

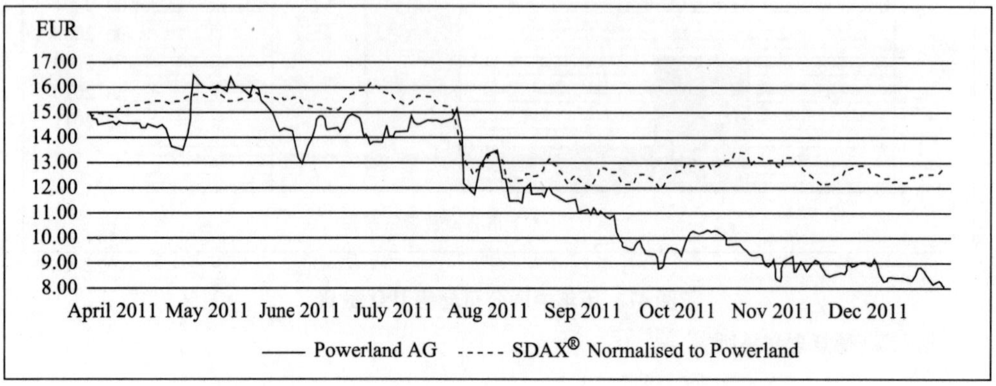

图49　2011年保兰德股份公司股票价格与SDAX指数的对比

数据来源：德意志交易所

(2)联合动力科技股份公司

联合动力科技股份公司成立于2003年，业务涉及中小型通用发电机、通用发电机组、水泵及清洗机等家用中小型机电产品，现拥有福建联合动力机电科技有限公司、福建联合动力设备制造有限公司和福州西联机械制造有限公司等在内的多家全资及控股子公司。

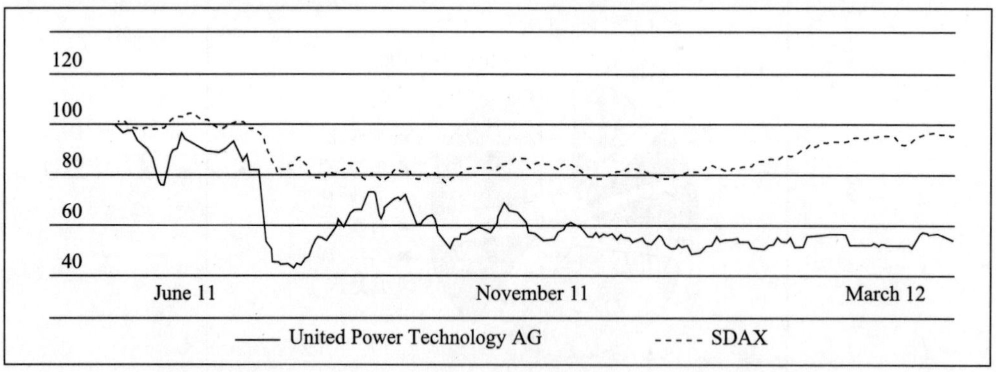

图50　2011年联合动力科技股份公司股票价格与SDAX指数的对比

数据来源：德意志交易所

2011年6月10日，联合动力科技股份公司在法兰克福证券交易所高级市场上市，发行价为9欧元，开盘价格小幅上涨至9.1欧元，发行股票总数为230万股。联合动力IPO所获融资投入到新技术和产品的开发，以满足全球市场的多样化需求，销售业绩实现大幅上升，2011年总收入达1亿余欧元，较2010年增长18.55%。

(3)优必胜绿色纸业股份公司

优必胜绿色纸业股份公司创立于1999年，主要业务为生产绿色环保的再生牛皮纸等高档次的包装用纸，2011年7月13日正式在法兰克福证券交易所的高级市场挂牌上市,发行价为6.5欧元,开盘价为6.6欧元。优必胜首次公开发行融资141万余欧元,通过增资提高产能至上市之前的3倍水平。优必胜IPO后的股价表现较为稳定。

从图51可以看出,较整个大盘而言,优必胜股票价格波动相对较小,2011年的股票收盘价格较2010年仅降低0.2欧元。

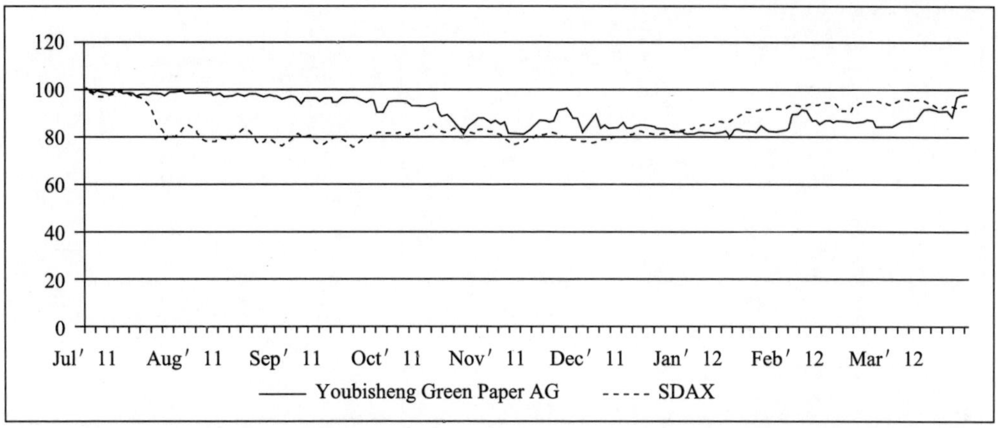

图51 2011年优必胜绿色纸业股份公司股票价格与SDAX指数的对比

数据来源:德意志交易所

纽约证券交易所

德意志交易所

天相投顾年鉴编写组

第三篇　上市公司行业篇

- **农、林、牧、渔业**
- **采掘业**
- **制造业**

  食品、饮料·纺织、服装、皮毛·木材、家具·造纸、印刷·石油、化学、塑胶、塑料·电子·金属、非金属·机械、设备、仪表·医药、生物制品·其他制造业
- **电力、煤气及水的生产和供应业**
- **建筑业**
- **交通运输、仓储业**
- **信息技术业**
- **批发和零售贸易业**
- **金融、保险业**
- **房地产业**
- **社会服务业**
- **传播与文化产业**
- **综合类**

农、林、牧、渔业

一、农、林、牧、渔业总体概况

2011年，在国内外各种因素的影响下，中国粮食市场稳步上行。具体来看，2011年我国农产品生产者价格指数上涨16.5%。其中，毛猪上涨37.0%，居各类农产品上涨幅度之首；种植业产品价格普遍上升，全年增长7.8%，稻谷、油料、糖料涨幅均在10%以上。

畜产品价格大幅上涨，全年增长26.2%，主要是因为猪肉价格大涨。渔业产品价格增长10.0%，其中海水产品价格涨幅高于淡水产品。2011年，中国粮食总产量创纪录地达到了5.7亿吨，同比增长4.53%。

2011年，中国继续强化各项强农惠农政策。中央财政安排用于"三农"的支出9 884.5亿元，比上年增加1 304.8亿元，增长15.2%。其中，一是支持农业生产支出3 938.7亿元，主要包括强化以水利为重点的农业农村基础设施建设投资1 575.4亿元，农业综合开发资金230亿元，农业扶贫开发资金306亿元，草原生态保护补助奖励资金136.6亿元，农业保险保费补贴94.06亿元等。二是安排农业"四补贴"1 406亿元，具体为粮食直补151亿元，农资综合补贴860亿元，良种补贴220亿元，农机购置补贴175亿元。三是促进农村教育、卫生等社会事业发展支出3 963.6亿元，其中，村级公益事业建设一事一议财政奖补资金160亿元。

2011年，中国农、林、牧、渔业总产值为81 303.92亿元，较2010年增长17.29%。子行业中，按国家统计局统计数据，农业占行业总产值比重最大，达51.64%，畜牧业次之，渔业和林业占比相对较小。

二、行业内上市公司发展概况

（一）行业内上市公司基本情况

截至2011年底，农、林、牧、渔业共涵盖46只A、B股，其中B股1只。截至2011年底，该行业市值总额为2 034.74亿元，占沪深两市总市值的0.94%；流通A股总市值为1 398.88亿元，占两市流通A股市值的0.86%；流通B股市值为3.26亿元，占两市流通B股市值的0.23%。

表1　2011年农、林、牧、渔业上市公司发行股票概况

门　类	A、B股总数	A股股票数	B股股票数	境内总市值（亿元）	流通A股市值（亿元）	流通B股市值（亿元）
农、林、牧、渔业	46	45	1	2 034.74	1 398.88	3.26
占沪深两市比重(%)	1.89	1.85	0.04	0.94	0.86	0.23

资料来源：沪深交易所，天相投资分析系统

注："占沪深两市比重"分别为行业"A、B股总数"、"A股股票数"、"B股股票数"与"沪深两市A、B股股票总数"之比，行业"境内总市值"、"流通A股市值"、"流通B股市值"分别与"沪深境内总市值"、"沪深流通A股市值"、"沪深流通B股市值"之比。其他行业该指标统计方式同上。

(二)行业内上市公司构成情况

按上市地分,行业中在上海证券交易所上市的有20家,在深圳证券交易所上市的有26家,分别占行业内上市公司总数的43.48%和56.52%。

按A、B股来分,在A股上市的有45家,而在B股上市的仅1家,仅占该行业上市公司总数的2.17%。

从经营角度来看,行业内A股上市公司中被ST和*ST处理的分别有4家和2家,分别占行业上市公司数量的9%和4%。

表2　　2011年农、林、牧、渔业上市公司构成情况

门　类	沪　市			深　市			ST/*ST
	仅A股	仅B股	A+B股	仅A股	仅B股	A+B股	
农、林、牧、渔业(家)	20	0	0	25	1	0	4/2
占行业内上市公司比重(%)	43.48	0.00	0.00	54.35	2.17	0.00	9/4

资料来源:沪深交易所,天相投资分析系统

按公司所处行业大类来看,可分为农业、林业、畜牧业、渔业和农林牧渔服务业5个大类。5个大类分别涵盖的上市公司数量是20家、4家、10家、9家和3家。其中,渔业公司单独在B股上市1家。

表3　　2011年农、林、牧、渔业上市公司具体分布

A、B股类别	公司代码	公司名称	所属大类
沪市A股	600189	吉林森工	林　业
	600265	景谷林业	
	600257	大湖股份	农林牧渔服务业
	600108	亚盛集团	农　业
	600180	*ST九发	
	600313	ST中农	
	600354	敦煌种业	
	600359	新农开发	
	600371	万向德农	
	600506	ST香梨	
	600540	新赛股份	
	600598	北大荒	
	600962	国投中鲁	
	601118	海南橡胶	
	600965	福成五丰	畜牧业
	600975	新五丰	
	600097	开创国际	渔　业
	600242	中昌海运	
	600275	ST昌鱼	
	600467	好当家	

续表

A、B股类别	公司代码	公司名称	所属大类
深市A股	000592	中福实业	林　业
	000663	永安林业	
	300094	国联水产	农林牧渔服务业
	300186	大华农	
	000713	丰乐种业	农　业
	000860	顺鑫农业	
	000998	隆平高科	
	002041	登海种业	
	002200	*ST大地	
	300087	荃银高科	
	300143	菇木真	
	300175	朗源股份	
	300189	神农大丰	
	000735	罗牛山	畜牧业
	002234	民和股份	
	002299	圣农发展	
	002321	华英农业	
	002458	益生股份	
	002477	雏鹰农牧	
	002505	大康牧业	
	300106	西部牧业	
	000798	中水渔业	渔　业
	002069	獐子岛	
	002086	东方海洋	
	002447	壹桥苗业	
深市B股	200992	中　鲁B	渔　业

资料来源：沪深交易所，天相投资分析系统

（三）行业内上市公司融资情况

2011年，共有9家上市公司进行了融资，占沪深两市473家融资公司总数的1.90%。其中4家是首次发行，5家是增发新股。

表4　2011年农、林、牧、渔业上市公司与沪深两市融资情况对比　单位：家

	融资家数	新　股	配　股	增　发
农、林、牧、渔业	9	4	0	5
沪深两市总数	473	277	13	183
占比(%)	1.90	1.44	0.00	2.73

资料来源：沪深交易所，天相投资分析系统

表 5　　2011 年农、林、牧、渔业上市公司融资情况

代　码	公司名称	融资类别	所属大类	证券类型
002069	獐子岛	增　发	渔　业	中小板
002234	民和股份	增　发	畜牧业	中小板
002299	圣农发展	增　发	畜牧业	中小板
300175	朗源股份	首　发	农　业	创业板
300186	大华农	首　发	农林牧渔服务业	创业板
300189	神农大丰	首　发	农　业	创业板
600354	敦煌种业	增　发	农　业	沪　市
600467	好当家	增　发	渔　业	沪　市
601118	海南橡胶	首　发	农　业	沪　市

资料来源：沪深交易所，天相投资分析系统

从融资效果来看，上述公司合计实际发行 11.91 亿股，共筹集资金 117.49 亿元，基本完成融资计划。

表 6　　2011 年农、林、牧、渔业上市公司融资明细

代　码	公司名称	发行价格（元）	实际发行数量（万股）	实募集资金数（亿元）
002069	獐子岛	36.90	2 167.48	7.76
002234	民和股份	19.30	4 352.33	8.12
002299	圣农发展	16.50	9 090.00	14.71
300175	朗源股份	17.10	2 700.00	4.23
300186	大华农	22.00	6 700.00	14.13
300189	神农大丰	24.00	4 000.00	8.72
600354	敦煌种业	25.00	1 758.00	4.10
600467	好当家	11.45	9 689.72	10.92
601118	海南橡胶	5.99	78 600.00	44.80
总　计			119 057.53	117.49

资料来源：沪深交易所，天相投资分析系统

（四）行业内上市公司资产及业绩情况

截至 2011 年底，农、林、牧、渔业上市公司总资产规模达到 1 223.23 亿元，按可比样本计算同比增长 12.02%。其中流动资产 714.78 亿元，按可比样本计算同比增长 12.44%。净资产 622.06 亿元，按可比样本计算同比增长 19.55%。

表 7　　2011 年农、林、牧、渔业上市公司资产情况　　单位：亿元

指　标	2011 年	2011 年可比样本增长(%)	2010 年	2010 年可比样本增长(%)	2009 年
总资产	1 223. 23	12. 02	950. 81	31. 49	956. 84
流动资产	714. 78	12. 44	551. 22	41. 73	531. 95
占比(%)	58. 43	0. 22	57. 97	4. 19	55. 59
非流动资产	508. 46	11. 45	399. 59	19. 57	424. 89
占比(%)	41. 57	-0. 22	42. 03	-4. 19	44. 41
流动负债	503. 96	6. 51	434. 25	36. 62	458. 95
占比(%)	41. 20	-2. 13	45. 67	1. 72	47. 97
非流动负债	65. 24	-9. 22	64. 00	32. 59	85. 83
占比(%)	5. 33	-1. 25	6. 73	0. 06	8. 97
归属于母公司股东权益	622. 06	19. 55	426. 62	27. 93	376. 44
占比(%)	50. 85	3. 20	44. 87	-1. 25	39. 34

资料来源：沪深交易所，天相投资分析系统

注：行业篇中 2011 年和 2010 年同比增长(变动)数据分别采用 2011 年 12 月 31 日和 2010 年 12 月 31 日上市公司样本对应当年财务数据与追溯上一年度财务数据按公式计算求得。

2011 年，行业内上市公司实现营业收入 710. 21 亿元，按可比样本计算同比增长 29. 15%。共实现利润总额 48. 41 亿元，实现归属于母公司所有者的净利润 42. 70 亿元，按可比样本计算同比分别增长 0. 30% 和 6. 63%。

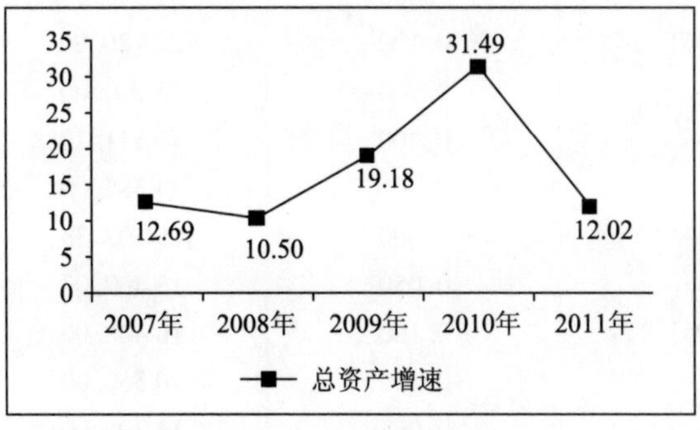

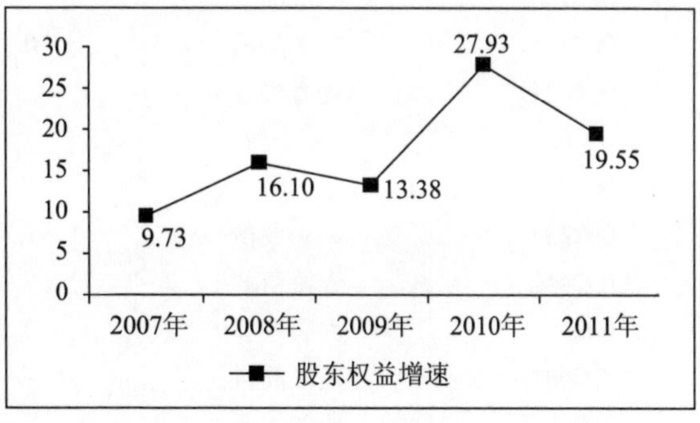

图 1　农、林、牧、渔业上市公司 2007—2011 年可比样本总资产和归属于母公司股东权益增长情况(%)

资料来源：沪深交易所，天相投资分析系统

表 8　　2011 年农、林、牧、渔业上市公司收入实现情况　　单位：亿元

指　标	2011 年	2011 年可比样本增长(%)	2010 年	2010 年可比样本增长(%)	2009 年
营业收入	710. 21	29. 15	472. 35	22. 08	558. 06
利润总额	48. 41	0. 30	39. 52	62. 73	25. 36
归属于母公司所有者的净利润	42. 70	6. 63	31. 83	57. 85	19. 77

资料来源：沪深交易所，天相投资分析系统

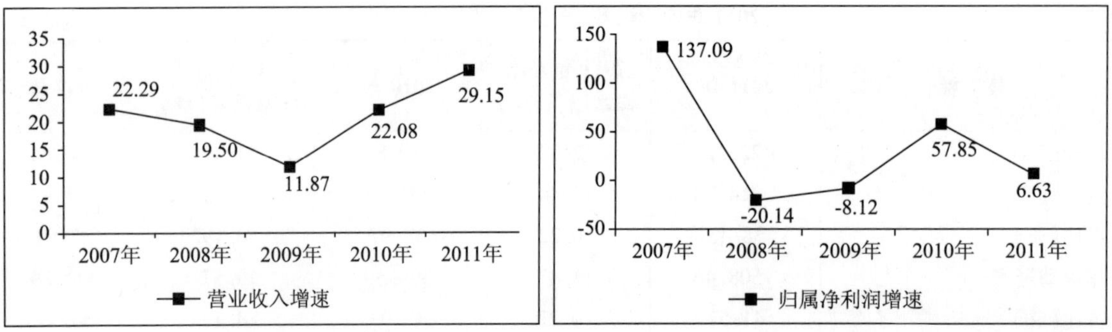

图2　农、林、牧、渔业上市公司2007—2011年可比样本营业收入及归属于母公司所有者的净利润增长情况(%)

资料来源:沪深交易所,天相投资分析系统

(五)利润分配情况

2011年全年,农、林、牧、渔业共有22家公司实施了分红送配,其中20家进行了派息,5家既派息又送股及转增,2家仅送股及转增,15家仅派息。派息达0.5元/股的只有民和股份,送股及转增比例最高的也是民和股份(送股及转增比例为1.00)。

表9　2011年农、林、牧、渔业上市公司分红明细

代　码	名　称	送股及转增比例	每股派息(税前　元)	基准股本(万股)
000592	中福实业	0.300	—	65 185.16
000713	丰乐种业	—	0.030	29 887.60
000798	中水渔业	—	0.050	31 945.50
000998	隆平高科	0.500	0.100	27 720.00
002041	登海种业	—	0.100	35 200.00
002069	獐子岛	—	0.400	71 111.22
002086	东方海洋	—	0.200	24 385.00
002234	民和股份	1.000	1.000	15 102.33
002447	壹桥苗业	—	0.050	13 400.00
002505	大康牧业	0.500	0.100	16 448.00
300087	荃银高科	—	0.100	10 560.00
300106	西部牧业	—	0.065	11 700.00
300189	神农大丰	0.600	0.100	16 000.00
600097	开创国际	—	0.080	20 259.79
600189	吉林森工	—	0.200	31 050.00
600371	万向德农	—	0.300	17 050.00
600467	好当家	—	0.050	73 049.72
600598	北大荒	—	0.185	177 767.99
600962	国投中鲁	0.300	0.050	20 170.00
600965	福成五丰	—	0.030	27 940.32
600975	新五丰	0.300	—	18 027.70
601118	海南橡胶	—	0.080	393 117.16

资料来源:沪深交易所,天相投资分析系统

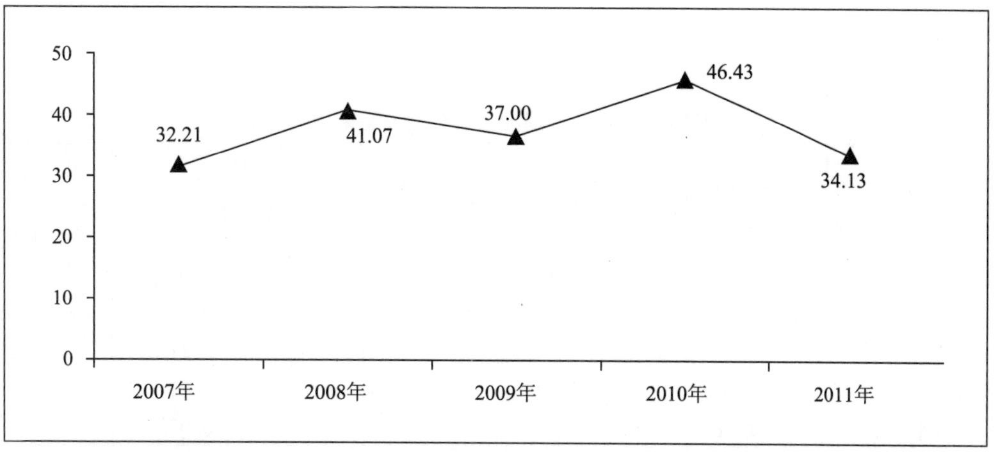

图3　农、林、牧、渔业上市公司2007—2011年可比样本分配利润占比情况(%)

资料来源:沪深交易所,天相投资分析系统

(六)其他财务指标情况

1. 盈利能力指标

2011年,农、林、牧、渔业毛利率为21.51%,按可比样本计算同比下降1.25个百分点。净资产收益率、销售净利率和资产净利率按可比样本计算也略有下降。

表10　2011年农、林、牧、渔业上市公司盈利能力情况

指　标	2011年	2011年可比样本变动	2010年	2010年可比样本变动	2009年
毛利率(%)	21.51	-1.25	22.70	0.81	18.54
净资产收益率(%)	6.86	-0.83	7.46	1.41	5.25
销售净利率(%)	6.01	-1.27	6.74	1.53	3.54
资产净利率(%)	3.69	-0.54	3.80	0.82	2.25

资料来源:沪深交易所,天相投资分析系统

2. 偿债能力指标

2011年,农、林、牧、渔业加强了偿债风险管理,2011年底资产负债率为46.53%,按可比样本计算同比下降3.38个百分点,流动比率和速动比率指标也保持良好,整体偿债能力较强。

表11　2011年农、林、牧、渔业上市公司偿债能力指标

指　标	2011年	2011年可比样本变动	2010年	2010年可比样本变动	2009年
流动比率	1.42	0.07	1.27	0.05	1.16
速动比率	0.75	0.00	0.66	0.05	0.55
资产负债率(%)	46.53	-3.38	52.40	1.77	56.94

资料来源:沪深交易所,天相投资分析系统

3. 营运能力指标

2011 年,农、林、牧、渔业营运能力有所改善,营运能力指标按可比样本计算均微幅上涨。

表 12　　2011 年农、林、牧、渔业上市公司营运能力情况　　单位:次

指　标	2011 年	2011 年可比样本变动	2010 年	2010 年可比样本变动	2009 年
存货周转率	1.79	0.06	1.58	-0.01	1.87
应收账款周转率	14.91	0.48	13.33	0.91	11.08
流动资产周转率	1.05	0.00	1.00	-0.05	1.16
固定资产周转率	2.48	0.24	2.01	0.11	2.08
总资产周转率	0.61	0.03	0.56	-0.01	0.63
净资产周转率	1.18	0.02	1.17	0.02	1.43

资料来源:沪深交易所,天相投资分析系统

三、重点细分行业介绍

农、林、牧、渔业共涵盖农业、林业、畜牧业、渔业和农林牧渔服务业 5 个大类。其中农业类上市公司最多,为 20 家,占农、林、牧、渔业公司数量的 43.48%;总市值为 1 076.94亿元,占农、林、牧、渔业总市值的 53.01%。市值最低的是农林牧渔服务业类公司,总市值为 89.62 亿元,占农、林、牧、渔业市值的比例仅为 4.41%。

表 13　　2011 年农、林、牧、渔业上市公司数量分布及市值情况

大　类	上市公司家数(家)	占行业内比重(%)	境内总市值(亿元)	占行业内比重(%)
农　业	20	43.48	1 076.94	53.01
林　业	4	8.70	72.50	3.57
畜牧业	10	21.74	392.05	19.30
渔　业	9	19.57	400.60	19.72
农林牧渔服务业	3	6.52	89.62	4.41

资料来源:沪深交易所,天相投资分析系统

(一)农业

1. 行业概况

2011 年,中国农业总产值为 41 988.64 亿元,较 2010 年增长 13.66%。

粮食价格方面,各类粮食价格延续了 2010 年的发展态势,2011 年全年呈现出稳步上升的态势。粮食价格是国家重点调控的领域,国家通过鼓励农业生产、加强农产品进出口管理、提高粮食最低收购价、国储收购及抛储等手段,在国际粮食价格震荡上行的背景下,维护了国内农业生产和粮食价格的稳定。

粮食产量方面,2011 年党中央和国务院进一步加大粮食生产扶持力度,各级政府积极开展粮食稳定增产行动,科技支撑力度明显加大,农业气候条件总体偏好。中国粮食产量连续 8 年丰收,粮食总产量创纪录地达

到了5.7亿吨，同比增长4.5%。与以往的恢复性大幅度增产不同，2011年的粮食大幅度增产是在2010年粮食产量较大幅度增产、产量基数很高的基础上实现的，来之不易。目前我国主要粮食品种均能自足供应。

2. 行业内上市公司发展状况

2011年，农业行业上市公司总资产规模为708.16亿元，按可比样本计算同比增长4.01%；归属于母公司股东权益为317.98亿元，按可比样本计算同比增长8.12%。

2011年，农业行业上市公司共实现营业收入472.15亿元，按可比样本计算同比增长31.19%；共实现归属于母公司所有者的净利润14.59亿元，按可比样本计算同比降低29.66%。从上市公司口径来看，农业行业收入占比为66.48%，净利润占比为34.18%，是农、林、牧、渔业最大的子行业。

2011年，农业行业上市公司整体毛利率为20.55%，按可比样本计算同比下降2.97个百分点；净资产收益率4.59%，按可比样本计算同比下降2.46个百分点。总体来看，盈利能力较上年有所下降。

2011年，农业行业上市公司财务和营运整体水平比较平稳。

表14　2011年农业上市公司收入及资产增长情况　单位：亿元

指　标	2011年	2011年可比样本增长(%)	2010年	2010年可比样本增长(%)	2009年
营业收入	472.15	31.19	288.52	18.55	332.49
利润总额	18.36	-32.82	20.20	57.33	15.28
归属于母公司所有者的净利润	14.59	-29.66	13.91	53.06	10.65
总资产	708.16	4.01	547.08	27.57	619.75
归属于母公司股东权益	317.98	8.12	205.94	16.28	215.55

资料来源：沪深交易所，天相投资分析系统

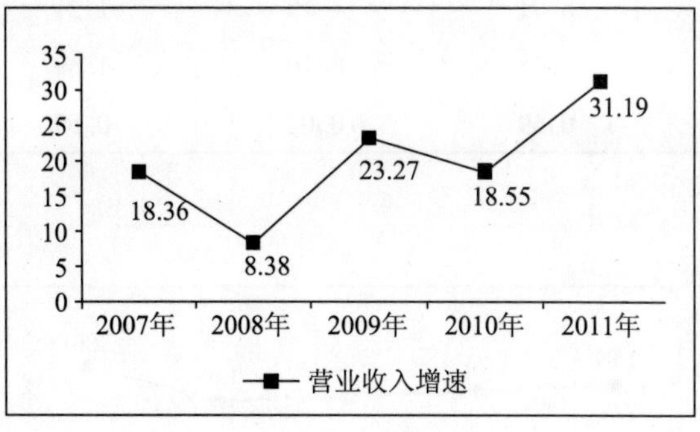

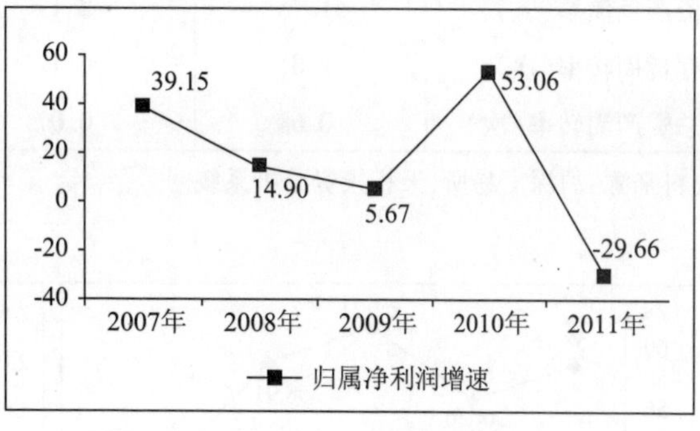

图4　农业上市公司2007—2011年可比样本营业收入及归属于母公司所有者的净利润变化情况(%)

资料来源：沪深交易所，天相投资分析系统

表 15　　2011 年农业上市公司盈利能力情况

指　标	2011 年	2011 年可比样本变动	2010 年	2010 年可比样本变动	2009 年
毛利率(%)	20.55	-2.97	24.22	1.13	21.10
净资产收益率(%)	4.59	-2.46	6.76	1.62	4.94
销售净利率(%)	3.09	-2.67	4.82	1.09	3.20
资产净利率(%)	2.10	-1.41	2.85	0.57	1.90

资料来源:沪深交易所,天相投资分析系统

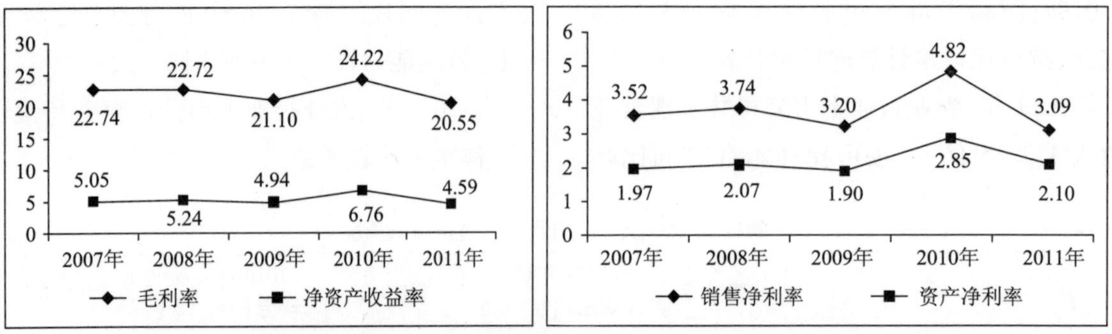

图 5　农业上市公司 2007—2011 年盈利能力指标情况(%)

资料来源:沪深交易所,天相投资分析系统

表 16　　2011 年农业上市公司偿债及营运情况

指　标	2011 年	2011 年可比样本变动	2010 年	2010 年可比样本变动	2009 年
资产负债率(%)	51.75	-2.19	58.91	4.15	61.21
存货周转率(次)	2.01	0.12	1.65	-0.10	1.69
总资产周转率(次)	0.68	0.07	0.59	-0.02	0.59

资料来源:沪深交易所,天相投资分析系统

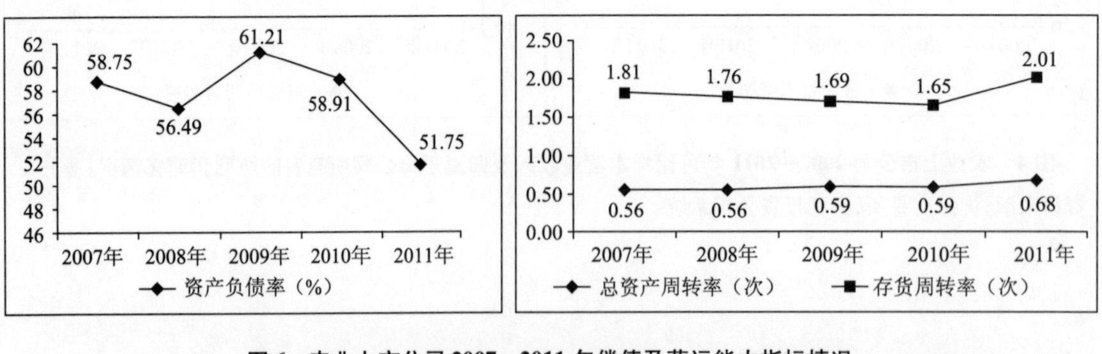

图 6　农业上市公司 2007—2011 年偿债及营运能力指标情况

资料来源:沪深交易所,天相投资分析系统

（二）林业

1. 行业概况

2011 年，中国林业总产值为 3.06 万亿元（按照当年价格计算），较 2010 年上升 34.32%。

2011 年，林业政策和投入取得新突破，中央林业投资继续向林业重点工程和林业民生工程倾斜，造林、森林抚育等补贴资金的补贴范围和资金总量增加，支持木本油料产业发展的资金得到整合，中央财政森林保险保费补贴试点范围进一步扩大，公共财政支持林业的长效机制逐步建立。2011 年，林业各类建设资金来源合计 2 744.48 亿元。全部林业投资完成额达到 2 632.61 亿元，比 2010 年增长 69.48%，其中国家投资完成 1 106.60 亿元，占全部林业投资完成额的 42.03%。在资金和政策的推动下，2011 年，全国共完成荒山荒地造林面积 599.66 万公顷，国家林业重点工程完成造林面积 309.39 万公顷。

2011 年，集体林权制度改革取得阶段性的成果。一是明晰产权工作基本完成：目前，已有 26 个省区市基本完成明晰产权、承包到户的任务；全国已确权集体林地 26 亿亩，占集体林地总面积的 95%，其中，发证面积 22.65 亿亩，占已确权集体林地总面积的 87%，8 379 万农户拿到了林权证，4 亿农民直接受益。二是深化改革积极推进：扶持集体林业发展的政策措施不断健全完善，生态效益补偿、造林补贴、林机购置补贴等公共财政扶持力度显著增强，林权抵押贷款、森林保险发展态势良好，农民林业专业合作经济组织达 10 万多个，县级以上林权管理服务机构达 989 家。

2. 行业内上市公司发展状况

2011 年，林业行业上市公司总资产规模为 67.36 亿元，按可比样本计算同比下降 1.05%；归属于母公司股东权益为 28.52 亿元，按可比样本计算同比下降 4.38%。

2011 年，林业行业上市公司共实现营业收入 29.12 亿元，按可比样本计算同比上升 18.45%；归属于母公司所有者的净利润为 -0.96 亿元，行业由盈转亏。

2011 年，林业行业上市公司整体毛利率为 16.61%，按可比样本计算同比下降 5.51 个百分点；净资产收益率 -3.35%，按可比样本计算同比下降 7.99 个百分点，盈利能力显著降低。

2011 年，林业行业上市公司整体资产负债率为 52.96%，按可比样本计算比上年上升 2.63 个百分点，营运效率整体维持较稳定的水平。

表 17　　2011 年林业上市公司收入及资产增长情况　　单位：亿元

指　标	2011 年	2011 年可比样本增长（%）	2010 年	2010 年可比样本增长（%）	2009 年
营业收入	29.12	18.45	24.58	14.20	21.53
利润总额	-0.81	由盈转亏	1.65	扭亏为盈	-0.26
归属于母公司所有者的净利润	-0.96	由盈转亏	1.38	扭亏为盈	-0.26
总资产	67.36	-1.05	68.08	33.73	50.91
归属于母公司股东权益	28.52	-4.38	29.82	24.53	23.95

资料来源：沪深交易所，天相投资分析系统

表 18　　2011 年林业上市公司盈利能力情况

指　标	2011 年	2011 年可比样本变动	2010 年	2010 年可比样本变动	2009 年
毛利率(%)	16.61	-5.51	22.12	2.63	19.49
净资产收益率(%)	-3.35	-7.99	4.63	5.73	-1.09
销售净利率(%)	-3.29	-8.90	5.62	6.84	-1.22
资产净利率(%)	-1.41	-3.73	2.32	2.84	-0.52

资料来源:沪深交易所,天相投资分析系统

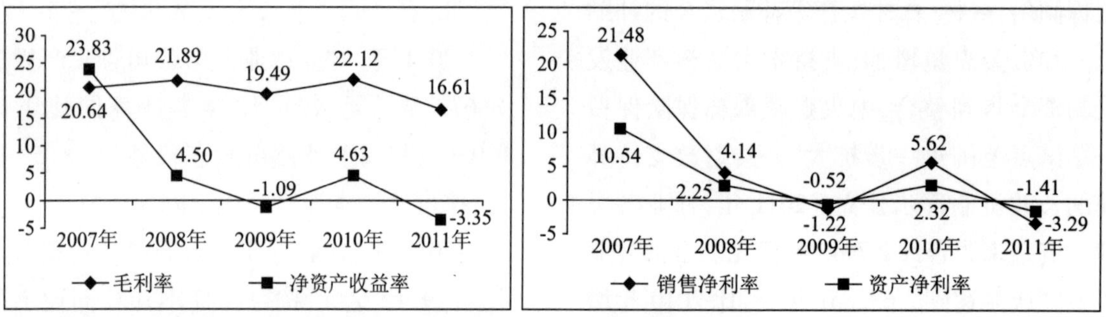

图 7　林业上市公司 2007—2011 年盈利能力指标情况(%)

资料来源:沪深交易所,天相投资分析系统

表 19　　2011 年林业上市公司偿债及营运情况

指　标	2011 年	2011 年可比样本变动	2010 年	2010 年可比样本变动	2009 年
资产负债率(%)	52.96	2.63	50.33	3.72	46.61
存货周转率(次)	1.09	0.14	0.94	-0.09	1.04
总资产周转率(次)	0.43	0.02	0.41	-0.02	0.43

资料来源:沪深交易所,天相投资分析系统

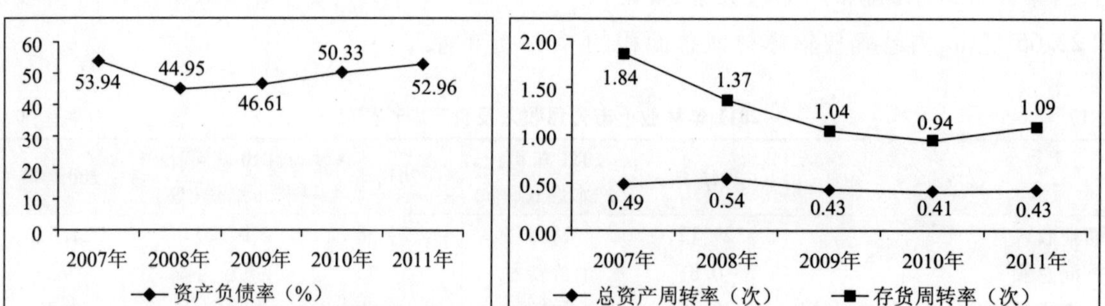

图 8　林业上市公司 2007—2011 年偿债及营运能力指标情况

资料来源:沪深交易所,天相投资分析系统

(三)畜牧业

1. 行业概况

2011 年中国畜牧业总产值为 25 770. 69 亿元,较 2010 年增长 23. 74%。

2011 年畜牧业处于景气高位:经历了 2009 年和 2010 年的低迷期,2011 年猪价逐渐攀升进入本轮猪周期的上升阶段,2011 年生猪价格全年涨幅达 36. 98%,5 月份猪粮比达到 9. 39 的高点。全年头猪盈利的均值达到 480 元,肉鸡养殖单只盈利的均值也达到 4. 45 元,均处于近几年来较高水平。2011 年生猪出栏量 6. 4 亿头,同比减少 5. 4%,是猪价高企的主要原因。

整体来看,全年畜牧产品产量仍保持了上升势头。2011 年中国肉类总产量达 7 958 万吨,同比上升 0. 40%;奶类产量 3 811 万吨,同比上升 1. 67%。

2. 行业内上市公司发展状况

2011 年,畜牧业行业上市公司总资产规模为 200. 77 亿元,按可比样本计算同比上升 30. 22%;归属于母公司股东权益为 133. 89 亿元,按可比样本计算同比上升 39. 01%。

2011 年,畜牧业行业上市公司共实现营业收入 115. 99 亿元,按可比样本计算同比上升 37. 10%;共实现归属于母公司所有者的净利润 16. 45 亿元,按可比样本计算同比上升 159. 24%。

2011 年,畜牧业行业上市公司整体毛利率为 21. 86%,按可比样本计算同比上升 7. 52 个百分点;净资产收益率 12. 29%,按可比样本计算同比上升 5. 70 个百分点;销售净利率为 14. 19%,按可比样本计算同比上升 6. 68 个百分点。总体来看,盈利能力大幅提升。

2011 年,畜牧业行业上市公司整体资产负债率为 31. 71%,按可比样本计算同比下降 4. 54 个百分点;营运周转效率按可比样本计算略有下降。

表 20　2011 年畜牧业上市公司收入及资产增长情况　单位:亿元

指　标	2011 年	2011 年可比样本增长(%)	2010 年	2010 年可比样本增长(%)	2009 年
营业收入	115. 99	37. 10	84. 60	30. 68	50. 16
利润总额	16. 75	160. 85	6. 42	22. 46	2. 94
归属于母公司所有者的净利润	16. 45	159. 24	6. 35	22. 99	2. 86
总资产	200. 77	30. 22	154. 17	41. 61	90. 67
归属于母公司股东权益	133. 89	39. 01	96. 32	47. 23	55. 96

资料来源:沪深交易所,天相投资分析系统

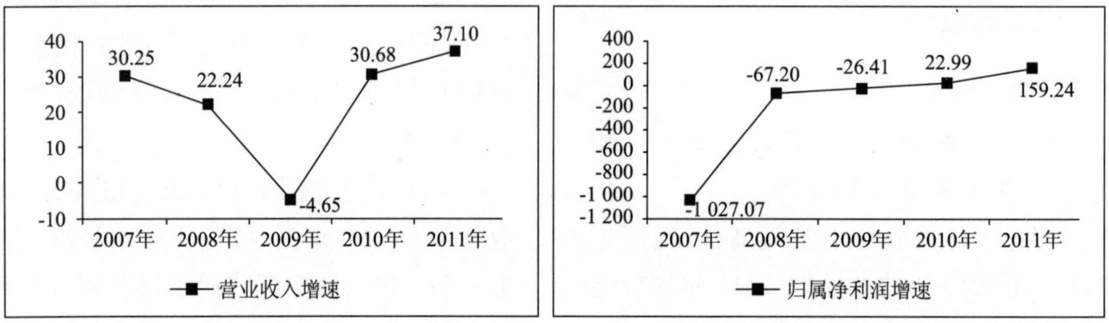

图9　畜牧业上市公司2007—2011年可比样本营业收入及归属于母公司所有者的净利润变化情况(%)

资料来源:沪深交易所,天相投资分析系统

表21　　2011年畜牧业上市公司盈利能力情况

指　标	2011年	2011年可比样本变动	2010年	2010年可比样本变动	2009年
毛利率(%)	21.86	7.52	14.34	-0.85	13.17
净资产收益率(%)	12.29	5.70	6.59	-1.30	5.11
销售净利率(%)	14.19	6.68	7.50	-0.47	5.70
资产净利率(%)	9.27	4.45	4.83	-0.54	3.54

资料来源:沪深交易所,天相投资分析系统

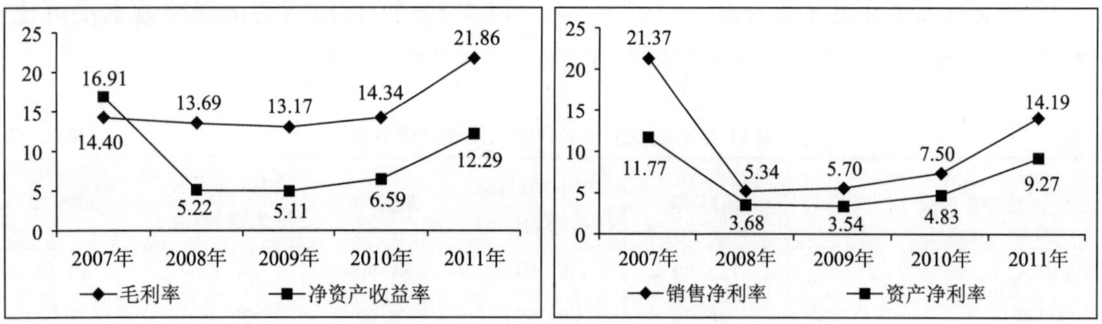

图10　畜牧业上市公司2007—2011年盈利能力指标情况(%)

资料来源:沪深交易所,天相投资分析系统

表22　　2011年畜牧业上市公司偿债及营运情况

指　标	2011年	2011年可比样本变动	2010年	2010年可比样本变动	2009年
资产负债率(%)	31.71	-4.54	36.25	-1.87	36.26
存货周转率(次)	3.43	-0.58	4.01	-0.04	4.11
总资产周转率(次)	0.65	0.01	0.64	-0.03	0.62

资料来源:沪深交易所,天相投资分析系统

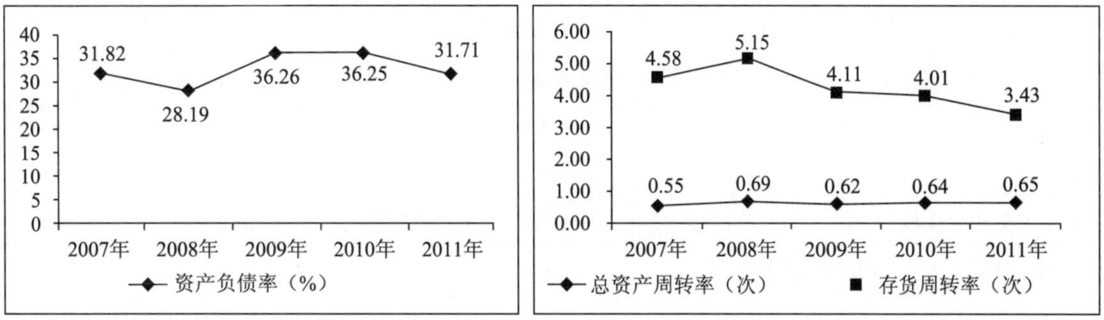

图 11　畜牧业上市公司 2007—2011 年偿债及营运能力指标情况

资料来源：沪深交易所，天相投资分析系统

（四）渔业

1. 行业概况

2011 年，中国渔业总产值为 7 568 亿元，总产量 5 603 万吨，分别较 2010 年上升 17.84% 和 4.28%。水产品出口额 178 亿美元，连续 11 年居国内大宗农产品出口首位；水产品市场供给充足，价格年均涨幅 4.97%。

渔业产业结构进一步优化，水产品加工业稳步发展，企业规模不断壮大，加工能力得到提升，渔业产品附加值提高。同时，渔业发展方式转变步伐加快，集约化养殖正加速取代小规模散养。2011 年，中国水产品总产量中养捕比例为 72∶28。渔业的发展也使渔民收益，2011 年，渔民人均纯收入 10 012 元。

2. 行业内上市公司发展状况

2011 年，渔业上市公司总资产规模为 192.51 亿元，按可比样本计算同比上升 29.49%；归属于母公司股东权益为 98.62 亿元，按可比样本计算同比上升 36.46%。2011 年，渔业上市公司共实现营业收入 67.42 亿元，按可比样本计算同比上升 16.36%；实现归属于母公司所有者的净利润 10.64 亿元，按可比样本计算同比上升 22.81%。

2011 年，渔业上市公司整体毛利率为 28.47%，按可比样本计算同比下降 0.37 个百分点；净资产收益率 10.79%，按可比样本计算同比下降 1.20 个百分点。

2011 年，渔业行业上市公司整体资产负债率为 48.01%，按可比样本计算同比下降 2.76 个百分点。营运效率略有下降，2011 年存货周转率和总资产周转率分别为 0.74 次和 0.40 次，按可比样本计算同比分别下降 0.04 次和 0.05 次。

表 23　　2011 年渔业上市公司收入及资产增长情况　　单位：亿元

指　标	2011 年	2011 年可比样本增长（%）	2010 年	2010 年可比样本增长（%）	2009 年
营业收入	67.42	16.36	57.93	37.43	40.62
利润总额	11.79	22.15	9.65	82.43	4.80

续表

指　标	2011 年	2011 年可比样本增长(%)	2010 年	2010 年可比样本增长(%)	2009 年
归属于母公司所有者的净利润	10.64	22.81	8.67	72.69	4.59
总资产	192.51	29.49	148.67	30.24	111.31
归属于母公司股东权益	98.62	36.46	72.27	26.25	55.42

资料来源:沪深交易所,天相投资分析系统

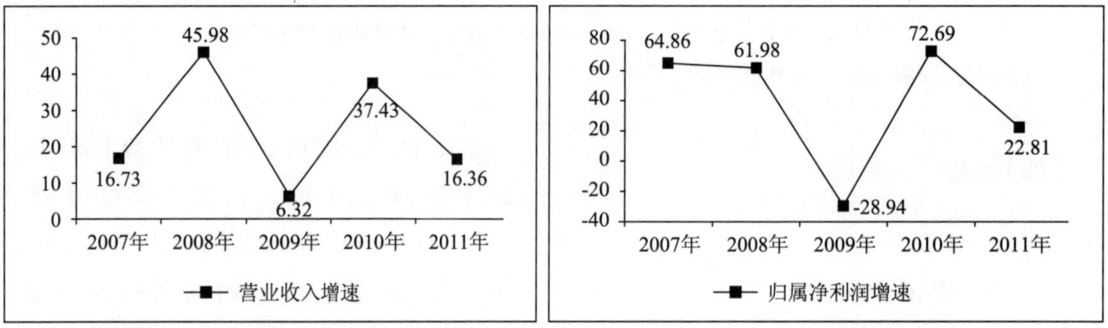

图 12　渔业上市公司 2007—2011 年可比样本营业收入及归属于母公司所有者的净利润变化情况(%)

资料来源:沪深交易所,天相投资分析系统

表 24　2011 年渔业上市公司盈利能力情况

指　标	2011 年	2011 年可比样本变动	2010 年	2010 年可比样本变动	2009 年
毛利率(%)	28.47	-0.37	28.84	1.17	27.03
净资产收益率(%)	10.79	-1.20	11.99	3.23	8.28
销售净利率(%)	15.79	0.83	14.96	3.05	11.29
资产净利率(%)	6.24	-0.36	6.60	2.11	4.19

资料来源:沪深交易所,天相投资分析系统

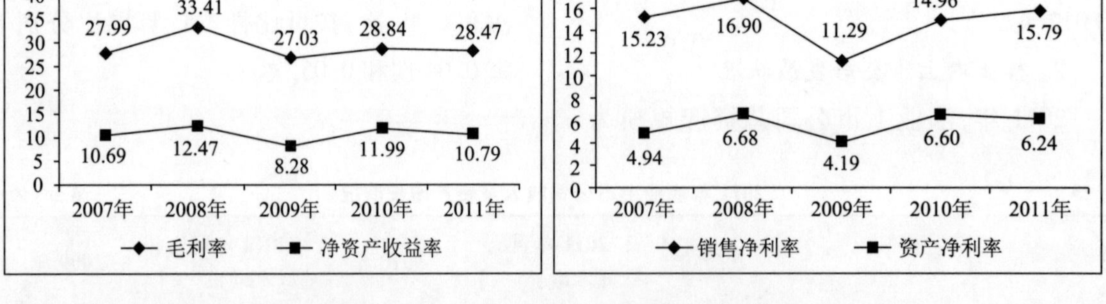

图 13　渔业上市公司 2007—2011 年盈利能力指标情况(%)

资料来源:沪深交易所,天相投资分析系统

表 25　　2011 年渔业上市公司偿债及营运情况

指　标	2011 年	2011 年可比样本变动	2010 年	2010 年可比样本变动	2009 年
资产负债率(%)	48.01	-2.76	50.77	1.93	49.17
存货周转率(次)	0.74	-0.04	0.78	0.13	0.63
总资产周转率(次)	0.40	-0.05	0.44	0.06	0.37

资料来源:沪深交易所,天相投资分析系统

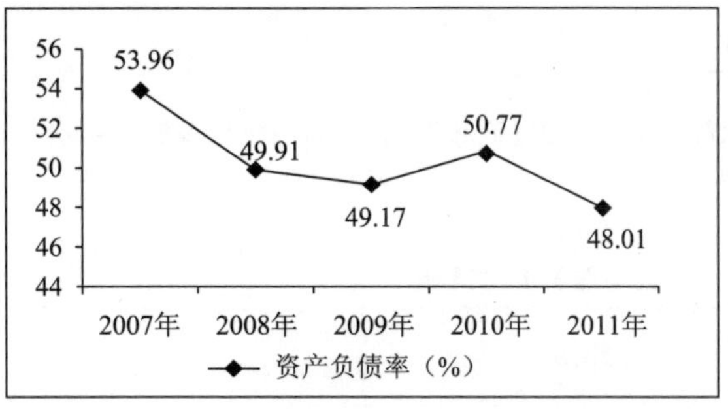

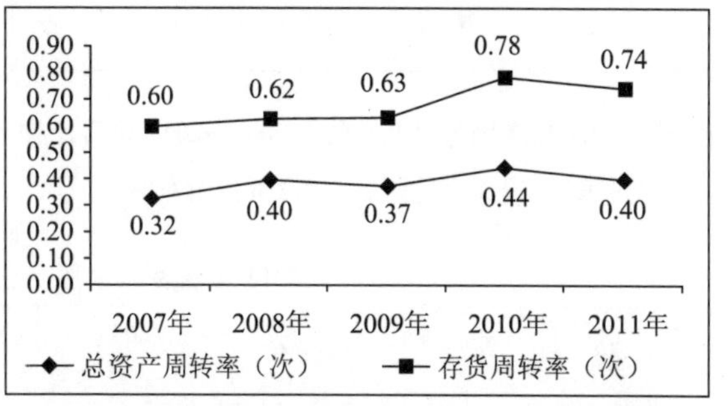

图 14　渔业上市公司 2007—2011 年偿债及营运能力指标情况

资料来源:沪深交易所,天相投资分析系统

(五)农林牧渔服务业

2011 年,农林牧渔服务业行业上市公司总资产规模为 54.43 亿元,按可比样本计算同比上升 35.52%;归属于母公司股东权益为 43.05 亿元,按可比样本计算同比上升 54.82%。2011 年,农林牧渔服务业行业上市公司共实现营业收入 25.53 亿元,按可比样本计算同比上升 11.66%;实现归属于母公司所有者的净利润 1.96 亿元,按可比样本计算同比下降 32.30%。

2011 年,农林牧渔服务业行业上市公司整体毛利率为 24.86%,按可比样本计算同比下降 2.44 个百分点;净资产收益率 4.56%,同比下降 5.87 个百分点。

2011 年,农林牧渔服务业行业上市公司整体资产负债率为 20.11%,按可比样本计算同比下降 10.08 个百分点。营运效率略有下降,2011 年存货周转率和总资产周转率分别为 1.85 次和 0.54 次,按可比样本计算同比分别下降 0.33 次和 0.15 次。

表 26　　2011 年农林牧渔服务业上市公司收入及资产增长情况　　单位:亿元

指　标	2011 年	2011 年可比样本增长(%)	2010 年	2010 年可比样本增长(%)	2009 年
营业收入	25.53	11.66	16.71	10.37	113.25
利润总额	2.33	-27.73	1.60	36.88	2.60
归属于母公司所有者的净利润	1.96	-32.30	1.52	31.52	1.94
总资产	54.43	35.52	32.81	61.25	84.20
归属于母公司股东权益	43.05	54.82	22.27	127.92	25.55

资料来源:沪深交易所,天相投资分析系统

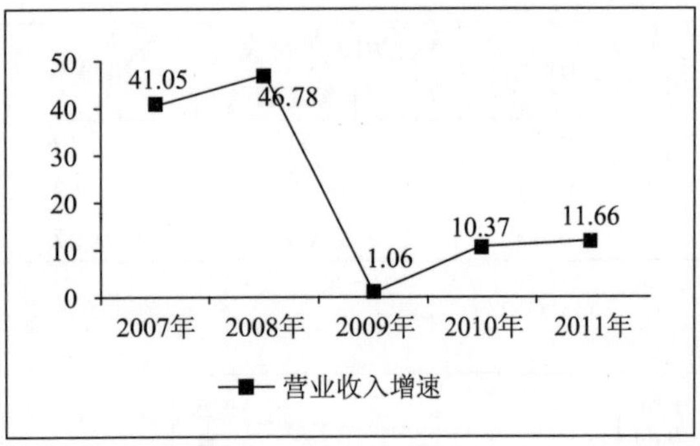

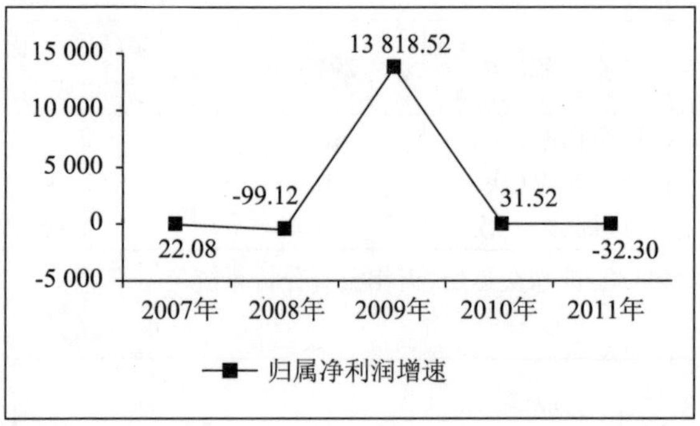

图 15　农林牧渔服务业上市公司 2007—2011 年可比样本营业收入及归属于母公司所有者的净利润变化情况（%）

资料来源：沪深交易所，天相投资分析系统

表 27　　2011 年农林牧渔服务业上市公司盈利能力情况

指　标	2011 年	2011 年可比样本变动	2010 年	2010 年可比样本变动	2009 年
毛利率（%）	24.86	-2.44	18.21	-0.13	10.15
净资产收益率（%）	4.56	-5.87	6.82	-5.00	7.58
销售净利率（%）	7.69	-4.99	9.10	1.46	1.71
资产净利率（%）	4.15	-4.56	5.72	-0.14	2.41

资料来源：沪深交易所，天相投资分析系统

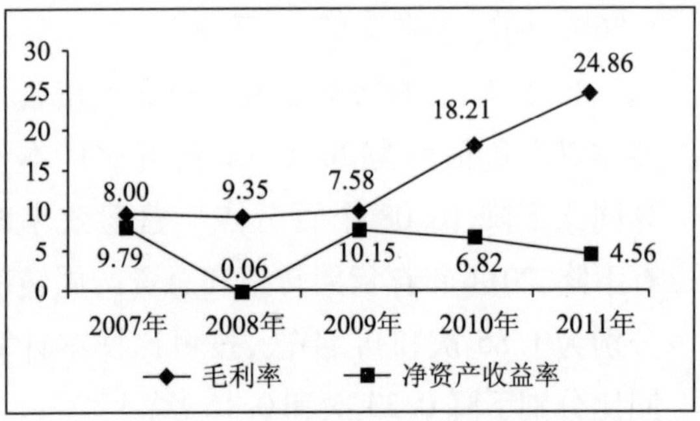

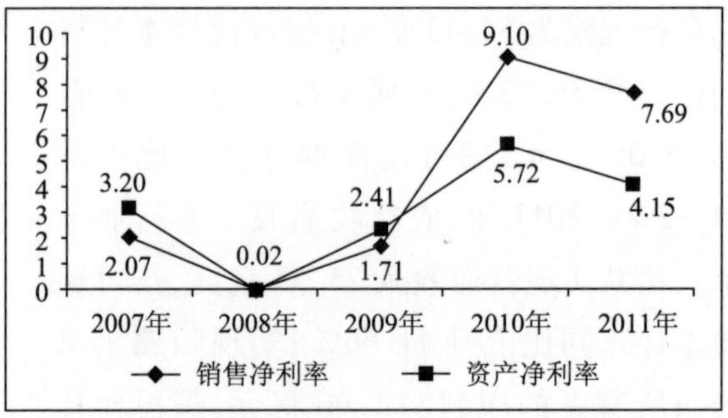

图 16　农林牧渔服务业上市公司 2007—2011 年盈利能力指标情况（%）

资料来源：沪深交易所，天相投资分析系统

表 28　　2011 年农林牧渔服务业上市公司偿债及营运情况

指　标	2011 年	2011 年可比样本变动	2010 年	2010 年可比样本变动	2009 年
资产负债率（%）	20.11	-10.08	31.41	-19.11	64.23
存货周转率（次）	1.85	-0.33	1.97	-0.27	7.32
总资产周转率（次）	0.54	-0.15	0.63	-0.14	1.41

资料来源：沪深交易所，天相投资分析系统

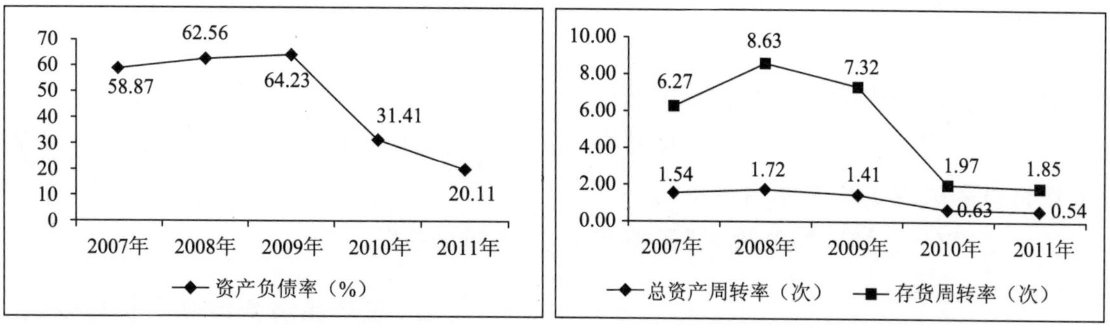

图 17　农林牧渔服务业上市公司 2007—2011 年偿债及营运能力指标情况

资料来源：沪深交易所，天相投资分析系统

四、重点上市公司介绍

大北农

2011 年公司实现营业收入 78.36 亿元，归属于母公司所有者的净利润 5.04 亿元，分别同比上升 49.30% 和 61.86%；全面摊薄的每股收益 1.22 元，净资产收益率 15.11%。

公司盈利能力有所提升，全年销售净利率为 6.7%，同比上升 0.8 个百分点。

公司财务状况基本稳定，2011 年资产负债率为 24.2%，同比上升 2.9 个百分点。资产周转情况与 2010 年大致相同。

大北农是以饲料、动保、种业、植保为主体的农业高科技企业，公司已形成以饲料生产和种子繁育为核心，动物保健和植物保健产品为两翼的业务结构，其中饲料为最主要收入利润来源，2011 年饲料业务收入和营业利润的占比分别达到了 89% 和 77%，公司已开发出 30 余种预混料品种，成为国内最大、品种最为齐全的预混料生产企业。种子业务方面，公司以水稻种和玉米种为核心，是全国第二大水稻种子生产企业，在湖北、江西两个水稻种植大省的市场占有率位居第一。其中“两优培九”水稻品种是国家“863”计划项目和国家总理基金项目的重大研究成果，是我国第一个超级杂交稻组合，全国种植面积达 7 000 万亩以上，是最大的水稻品种之一。公司构建“子公司 + 经销商”两大营销网络体系，其中，子公司负责其所在区域的产品物流、销售、技术推广和服务，经销商负责推行由公司首创的“县级服务站”模式。

雏鹰农牧

2011 年公司实现营业收入 13.0 亿元，归属母公司的净利润 4.29 亿元，分别同比上升 90.36% 和 248.58%；全面摊薄的每股收益 1.61 元，净资产收益率 24.50%。

公司盈利能力大幅提升，全年销售毛利率为 39.30%，同比上升 13.69 个百分点；销售净利率为 32.97%，同比上升 14.97 个百分点。

公司财务状况良好，公司资产负债率为 23.81%，同比上升 11.14 个百分点。资产周转情况与 2010 年大致相同。

公司主要从事家畜、家禽的养殖与销售，已经建立了包括饲料生产、种猪繁育、生猪养殖、屠宰加工等一体化经营模式。目前生猪销售是公司主要收入利润来源，从 2011 年全年的收入来看，商品仔猪、肉猪、二元种猪的收入占比分别为 46%、36% 和 5%。公司“雏鹰模式”以共赢合作方式来最大限度调动农户的积极性,通过“分散养殖、统一管理”保证了高效的养殖环节和疫情风险的可控性,而公司长期培育起的农户信任度及有效的核算机制决定了短时间内竞争对手难以效仿。公司有望凭借“雏鹰模式”迅速实现养殖规模的扩张。

五、上市公司在行业中的影响力

2011 年,中国农业产业链正在发生前所未有的变革。这些变革的产生有些是出自公司微观层面所要求的,例如公司陈旧管理模式遭遇发展瓶颈后经营模式的变革;有些则是行业大背景或社会大环境变迁后的结果,例如劳动力、土地租金等生产成本的上升,农村劳动力人口的下降等。而这绝大多数的变化在给上市公司带来挑战的同时,也促使上市公司求新求变,从而和行业变化之间产生交互影响,具体的体现有:

(一)生产规模化、产业化、机械化正在加速推进

农村土地承包权流转制度的实施、农村合作社组织的兴起,促进了中国土地经营的逐步集中,分散的土地逐步向种植大户集聚,出现了许多规模化经营者。畜禽养殖业规模化趋势则更为明显。据统计,2010 年,中国规模化养殖场(年出栏 50 头以上)生猪出栏量占比达到 65%,并出现了年出栏万头以上的大型养殖场。中国年出栏 2 000 只以上的规模化养殖场年出栏肉鸡 82 亿只,占总出栏量的比例达到 86%。其中符合并推进这一规模化趋势的上市公司的发展也令人瞩目,如生猪养殖企业雏鹰农牧,生猪出栏量逐年增长;白羽肉鸡养殖企业圣农发展,2011 年预计肉鸡养殖(宰杀)规模达到 1.25 亿只左右。这些大型养殖企业的规模化扩张和示范,客观上加速了中国养殖业的规模化进程。

(二)农产品消费持续增长与升级

中国人口基数庞大且持续稳定增长,农产品消费总量持续增加。同时,随着经济收入的提高,消费升级明显加速,肉禽蛋奶消费持续增长,安全、优质、高档农产品消费增加。例如,高档海产品海参,近年来出现了“供求两旺”的良好局面:产量持续快速增长,价格逐渐走高,其背后的支持便是消费快速增长。在这一背景下,上市公司以其产品品质为行业树立了良好的标杆形象。

(三)更多企业聚集产业链价值

随着各路资本进入农业领域,传统的农业企业也在发生前所未有的变革,发展战略、经营理念、盈利模式等均有所变革和提升。比较明显的趋势是:更多的企业开始着力产业链价值实现,推行服务营销,力图为下游企业提供“解决方案”。与下游共赢,这是农业企业得以持续发展的内在驱动力。例如饲料行业中的部分上市公司,已经从单一的通过饲料销售来实现业绩的盈利模式,转变为以提供综合服务来延伸并获取产业链价值的模式。

上海申银万国证券研究所有限公司
审稿人:赵金厚
撰稿人:宫衍海　林隽婕

采掘业

一、采掘业总体概况

采掘业是国民经济的基础性产业，采掘业的发展为各个部门提供了丰富的矿物原料，对国民经济发展起到了支撑作用。

根据国家统计局的数据，2011 年，采掘业合计实现销售收入 54 520.89 亿元，同比增长 34.03%；实现利润总额 4 530.73 亿元，同比增长 4.89%。

从盈利能力来看，2011 年采掘业毛利率为 23.08%，较 2010 年同比下降 3.74 个百分点；销售净利率 5.90%，较 2010 年同比下降 1.74 个百分点。

二、行业内上市公司发展概况

（一）行业内上市公司基本情况

截至 2011 年底，采掘业共涵盖 52 家上市公司，占沪深 A、B 股总数的 2.14%。截至 2011 年底，该行业总市值 34 895.66 亿元，占沪深两市总市值的 16.16%；流通 A 股市值 32 234.55 亿元，占沪深流通 A 股市值的 19.76%；流通 B 股市值 214.69 亿元，占沪深两市流通 B 股市值的 15.13%。

表 1　　2011 年采掘业上市公司发行股票概况

门　类	A、B 股总数	A 股股票数	B 股股票数	境内总市值（亿元）	流通 A 股市值（亿元）	流通 B 股市值（亿元）
采掘业	52	50	2	34 895.66	32 234.55	214.69
占沪深两市比重（%）	2.14	2.06	0.08	16.16	19.76	15.13

资料来源：沪深交易所，天相投资分析系统

（二）行业内上市公司构成情况

按上市地划分，行业中在上海证券交易所的仅 A 股上市公司有 30 家，占行业内上市公司总数的 57.69%；深圳证券交易所的仅 A 股上市公司 20 家，占行业内上市公司总数的 38.46%。

从股改完成情况来看，截至 2011 年底，行业内上市公司 52 家已全部完成股改。

表 2　　2011 年采掘业上市公司构成情况

门　类	沪　市			深　市			ST/＊ST
	仅 A 股	仅 B 股	A＋B 股	仅 A 股	仅 B 股	A＋B 股	
采掘业（家）	30	1	0	20	1	0	0/0
占行业内上市公司比重（%）	57.69	1.92	0.00	38.46	1.92	0.00	0/0

资料来源：沪深交易所，天相投资分析系统

按公司所处行业大类划分，可分为煤炭采选业（涵盖上市公司26家）、石油和天然气开采业（涵盖上市公司3家）、黑色金属矿采选业（涵盖上市公司2家）、有色金属矿采选业（涵盖上市公司11家）以及采掘服务业（涵盖上市公司10家）。

表3　　2011年采掘业上市公司各子行业分布明细

A、B股类别	公司代码	公司名称	所属大类
沪市A股	601808	中海油服	采掘服务业
	600121	郑州煤电	煤炭采选业
	600123	兰花科创	
	600188	兖州煤业	
	600348	阳泉煤业	
	600395	盘江股份	
	600397	安源股份	
	600508	上海能源	
	600546	山煤国际	
	600714	金瑞矿业	
	600971	恒源煤电	
	600997	开滦股份	
	601001	大同煤业	
	601088	中国神华	
	601101	昊华能源	
	601666	平煤股份	
	601699	潞安环能	
	601898	中煤能源	
	601918	国投新集	
	600028	中国石化	石油和天然气开采业
	600583	海油工程	
	601857	中国石油	
	600139	西部资源	有色金属矿采选业
	600259	广晟有色	
	600489	中金黄金	
	600497	驰宏锌锗	
	600547	山东黄金	
	601168	西部矿业	
	601899	紫金矿业	
	601958	金钼股份	
沪市B股	900948	伊泰B股	煤炭采选业

续表

A、B股类别	公司代码	公司名称	所属大类
深市A股	002207	准油股份	采掘服务业
	002353	杰瑞股份	
	002554	惠博普	
	002629	仁智油服	
	300084	海默科技	
	300157	恒泰艾普	
	300164	通源石油	
	300191	潜能恒信	
	000655	金岭矿业	黑色金属矿采选业
	000762	西藏矿业	
	000552	靖远煤电	煤炭采选业
	000780	平庄能源	
	000933	神火股份	
	000937	冀中能源	
	000968	煤 气 化	
	000983	西山煤电	
	002128	露天煤业	
	000758	中色股份	有色金属矿采选业
	002155	辰州矿业	
	002340	格林美	
深市B股	200053	深基地B	采掘服务业

资料来源：沪深交易所，天相投资分析系统

（三）行业内上市公司融资情况

2011年，采掘业共有9家上市公司进行了融资，占沪深两市473家融资上市公司的1.9%，其中，发行新股4家，增发5家，占比分别为1.44%和2.73%。

表4　　2011年采掘业上市公司与沪深两市融资情况对比　　单位：家

	融资家数	新　股	配　股	增　发
采掘业	9	4	0	5
沪深两市总数	473	277	13	183
占比（%）	1.90	1.44	0.00	2.73

资料来源：沪深交易所，天相投资分析系统

表5　　2011年采掘业上市公司融资情况

代　码	公司名称	融资类别	所属大类	证券类型
000762	西藏矿业	增　发	黑色金属矿采选业	深市主板
002340	格林美	增　发	有色金属矿采选业	中小板
002554	惠博普	首　发	采掘服务业	中小板

续表

代　码	公司名称	融资类别	所属大类	证券类型
002629	仁智油服	首　发	采掘服务业	中小板
300164	通源石油	首　发	采掘服务业	创业板
300191	潜能恒信	首　发	采掘服务业	创业板
600139	西部资源	增　发	有色金属矿采选业	沪　市
600489	中金黄金	增　发	有色金属矿采选业	沪　市
600546	山煤国际	增　发	煤炭采选业	沪　市

资料来源:沪深交易所,天相投资分析系统

从融资效果来看,上述公司实际发行数量为57 849.78万股,实际募集资金137.67亿元,基本完成了预定的融资计划。

表6　　2011年采掘业上市公司融资明细

代　码	公司名称	发行价格(元)	实际发行数量(万股)	实募集资金数(亿元)
000762	西藏矿业	29.18	4 161.53	11.74
002340	格林美	22.00	4 715.91	10.00
002554	惠博普	26.00	3 500.00	8.22
002629	仁智油服	15.00	2 861.00	3.86
300164	通源石油	51.10	1 700.00	8.00
300191	潜能恒信	41.46	2 000.00	7.77
600139	西部资源	19.58	3 575.08	6.76
600489	中金黄金	24.97	11 213.46	27.42
600546	山煤国际	22.80	24 122.81	53.90
总　计			57 849.78	137.67

资料来源:沪深交易所,天相投资分析系统

(四)行业内上市公司资产及业绩情况

截至2011年底,采掘业上市公司资产总值已达43 768.85亿元,归属于母公司股东权益21 249.17亿元,按可比样本计算分别同比增长17.54%和10.79%。

表7　　2011年采掘业上市公司资产情况　　单位:亿元

指　标	2011年	2011年可比样本增长(%)	2010年	2010年可比样本增长(%)	2009年
总资产	43 768.85	17.54	37 203.98	14.36	32 107.94
流动资产	11 798.45	27.49	9 226.42	14.42	7 921.30
占比(%)	26.96	2.10	24.80	0.01	24.67
非流动资产	31 970.40	14.25	27 977.56	14.34	24 186.64

续表

指　标	2011 年	2011 年可比样本增长(%)	2010 年	2010 年可比样本增长(%)	2009 年
占比(%)	73.04	-2.10	75.20	-0.01	75.33
流动负债	13 664.41	35.32	10 091.41	11.46	8 888.89
占比(%)	31.22	4.10	27.12	-0.71	27.68
非流动负债	6 834.14	9.68	6 230.27	21.13	5 057.83
占比(%)	15.61	-1.12	16.75	0.93	15.75
归属于母公司股东权益	21 249.17	10.79	19 153.74	13.15	16 778.84
占比(%)	48.55	-2.96	51.48	-0.55	52.26

资料来源:沪深交易所,天相投资分析系统

2011 年,按可比样本计算,采掘业上市公司营业收入总额较 2010 年大幅增长 34.03%,利润总额上涨 4.89%。

表 8　2011 年采掘业上市公司收入实现情况　单位:亿元

指　标	2011 年	2011 年可比样本增长(%)	2010 年	2010 年可比样本增长(%)	2009 年
营业收入	54 520.89	34.03	40 663.33	40.50	28 712.91
利润总额	4 530.73	4.89	4 315.79	32.66	3 223.30
归属于母公司所有者的净利润	3 216.16	3.51	3 103.82	29.61	2 374.03

资料来源:沪深交易所,天相投资分析系统

(五)行业内上市公司利润分配情况

2011 年,采掘业上市公司共有 30 家上市公司实施了分红配股,其中有 7 家上市公司进行了送股或转增。

表 9　2011 年采掘业上市公司分红情况

代　码	名　称	送股及转增比例	每股派息(税前　元)	基准股本(万股)
000552	靖远煤电	—	0.030	17 787.00
000937	冀中能源	—	0.250	231 288.42
000983	西山煤电	—	0.200	315 120.00
002128	露天煤业	—	0.500	132 668.62
002155	辰州矿业	0.400	0.150	54 740.00
002207	准油股份	—	0.050	9 945.87
002340	格林美	1.000	0.200	28 979.11
002629	仁智油服	—	0.320	11 443.00

续表

代　码	名　称	送股及转增比例	每股派息（税前　元）	基准股本（万股）
300084	海默科技	—	0.060	12 800.00
300157	恒泰艾普	—	0.160	17 776.00
300191	潜能恒信	1.000	0.400	8 000.00
600028	中国石化	—	0.200	8 682 023.41
600123	兰花科创	1.000	0.600	57 120.00
600188	兖州煤业	—	0.570	491 840.00
600348	阳泉煤业	—	0.200	240 500.00
600395	盘江股份	0.500	0.850	110 336.79
600489	中金黄金	0.500	0.050	196 215.25
600497	驰宏锌锗	—	0.150	131 009.57
600508	上海能源	—	0.300	72 271.80
600546	山煤国际	—	0.300	99 122.81
600547	山东黄金	—	0.150	142 307.24
600583	海油工程	—	0.035	388 944.00
600997	开滦股份	—	0.100	123 464.00
601001	大同煤业	—	0.190	167 370.00
601088	中国神华	—	0.900	1 988 962.05
601101	昊华能源	0.200	0.350	99 999.86
601666	平煤股份	—	0.200	236 116.50
601699	潞安环能	—	0.500	230 108.40
601808	中海油服	—	0.180	449 532.00
601857	中国石油	—	0.165	18 302 097.78

资料来源：沪深交易所，天相投资分析系统

（六）其他财务指标情况

1. 盈利能力指标

2011 年，采掘业上市公司盈利能力指标按可比样本计算较 2010 年有所下降。

表 10　　2011 年采掘业上市公司盈利能力情况

指　标	2011 年	2011 年可比样本变动	2010 年	2010 年可比样本变动	2009 年
毛利率（%）	23.08	−3.74	26.86	−3.11	29.97
净资产收益率（%）	15.14	−1.06	16.20	2.06	14.15
销售净利率（%）	5.90	−1.74	7.63	−0.64	8.27
资产净利率（%）	7.94	−0.96	8.90	0.88	8.06

资料来源：沪深交易所，天相投资分析系统

2. 偿债能力指标

2011年行业内上市公司偿债能力按可比样本计算维持比较平稳的状态。

表11　　2011年采掘业上市公司偿债能力指标

指　标	2011年	2011年可比样本变动	2010年	2010年可比样本变动	2009年
流动比率	0.86	-0.05	0.91	0.02	0.89
速动比率	0.53	-0.05	0.58	0.01	0.57
资产负债率(%)	46.83	2.98	43.87	0.23	43.44

资料来源:沪深交易所,天相投资分析系统

3. 营运能力指标

2011年,采掘业上市公司营运能力指标中,按可比样本计算除应收账款周转率较2010年有所下降外,存货周转率、流动资产周转率、固定资产周转率、总资产周转率均有所上升,表明采掘业上市公司的营运能力整体上有所提升。

表12　　2011年采掘业上市公司营运能力情况　　单位:次

指　标	2011年	2011年可比样本变动	2010年	2010年可比样本变动	2009年
存货周转率	10.56	1.16	9.41	1.44	8.01
应收账款周转率	38.54	-0.44	39.23	-1.06	41.12
流动资产周转率	5.18	0.49	4.70	0.73	4.02
固定资产周转率	3.84	0.58	3.26	0.51	2.76
总资产周转率	1.35	0.18	1.17	0.20	0.98
净资产周转率	2.47	0.40	2.07	0.41	1.66

资料来源:沪深交易所,天相投资分析系统

三、重点细分行业介绍

采掘行业共涵盖5个大类,分别是煤炭采选业、石油和天然气开采业、黑色金属矿开采业、有色金属矿开采业和采掘服务业。

表13　　2011年采掘业各子行业上市公司及市值情况

大　类	上市公司家数(家)	占行业内比重(%)	境内总市值(亿元)	占行业内比重(%)
煤炭采选业	26	50.00	10 176.23	29.38
石油和天然气开采业	3	5.77	21 005.53	60.64
黑色金属矿采选业	2	3.85	151.51	0.44
有色金属矿采选业	11	21.15	2 556.68	7.38
采掘服务业	10	19.23	747.92	2.16

资料来源:沪深交易所,天相投资分析系统

上表数据显示，采掘业中煤炭采选业上市公司 26 家，占采掘业上市公司家数的 50.00%；市值为 10 176.23 亿元，占采掘业上市公司总市值的 29.38%。石油天然气开采业上市公司为 3 家，占比为 5.77%，而市值为 21 005.53 亿元，占采掘业总市值的 60.64%。

（一）煤炭采选业

1. 行业内上市公司发展状况

（1）2011 年，按可比样本计算，煤炭采选业上市公司收入水平较 2010 年有所提高，增幅为 39.04%，归属于母公司所有者的净利润上涨 16.20%。

表 14　2011 年煤炭采选业上市公司收入及资产增长情况　单位：亿元

指　标	2011 年	2011 年可比样本增长（%）	2010 年	2010 年可比样本增长（%）	2009 年
营业收入	7 450.69	39.04	5 358.64	34.31	3 835.70
利润总额	1 393.85	17.15	1 189.77	31.91	881.67
归属于母公司所有者的净利润	983.48	16.20	846.34	32.77	622.66
总资产	10 605.19	23.03	8 620.28	15.29	7 193.02
归属于母公司股东权益	5 181.36	15.63	4 480.80	19.44	3 647.34

资料来源：沪深交易所，天相投资分析系统

（2）2011 年，煤炭采选业上市公司盈利能力按可比样本计算有所下降。

表 15　2011 年煤炭采选业上市公司盈利能力情况

指　标	2011 年	2011 年可比样本变动	2010 年	2010 年可比样本变动	2009 年
毛利率（%）	30.48	-4.33	34.81	-1.47	36.72
净资产收益率（%）	18.98	0.09	18.89	1.90	17.07
销售净利率（%）	13.20	-2.59	15.79	-0.18	16.23
资产净利率（%）	10.23	-0.28	10.52	1.05	9.62

资料来源：沪深交易所，天相投资分析系统

（3）2011 年，按可比样本计算，煤炭采选业上市公司负债水平上升到 44.05%，而反映营运能力的存货周转率和总资产周转率均有所提高。

表 16　2011 年煤炭采选业上市公司偿债及营运情况

指　标	2011 年	2011 年可比样本变动	2010 年	2010 年可比样本变动	2009 年
资产负债率（%）	44.05	3.04	41.01	-2.30	42.55
存货周转率（次）	13.29	1.24	12.05	0.33	12.19
总资产周转率（次）	0.78	0.11	0.67	0.07	0.59

资料来源：沪深交易所，天相投资分析系统

2. 重点上市公司介绍

中国神华

2011 年,公司实现主营业务收入 2 081.97亿元,同比增长 32.1%;实现净利润 515.07 亿元,同比增长 18.8%;基本每股收益 2.25 元。2011 年公司盈利能力小幅下降:毛利率 41.1%,同比下降 11 个百分点;净利润率 24.73%,同比下降 11.6 个百分点。公司资产负债率由 2010 年的 36.6% 下降到 2011 年的 32.8%,下降 3.8 个百分点。

中煤能源

2011 年,公司实现主营业务收入 888.72 亿元,同比增长 24.27%;实现利润总额 135.6 亿元,同比增长 32%;实现净利润 103 亿元,同比增长 36%;基本每股收益 0.72 元。2011 年公司盈利能力有所上升:销售毛利率 33.62%,基本与 2010 年持平;净资产收益率 12.29%;总资产收益率 9.8%。公司资产负债率由 2010 年的 29.22% 提升到 2011 年的 39.87%,上升幅度较大。

3. 上市公司对行业的影响

2011 年,煤炭采选业上市公司合计实现营业收入 7 450.69 亿元,按可比样本计算同比增长 39.04%。采掘业上市公司实现营业收入 54 520.89 亿元,按可比样本计算同比增长 34.03%。2011 年,煤炭采选业上市公司营业收入占采掘业上市公司总收入的 13.66%。

(二)石油和天然气开采业

1. 行业内上市公司发展状况

(1)2011 年,按可比样本计算,石油和天然气开采业上市公司收入水平较 2010 年有所增长,利润水平略有下降。

表 17 2011 年石油和天然气开采业上市公司收入及资产增长情况 单位:亿元

指　标	2011 年	2011 年可比样本增长(%)	2010 年	2010 年可比样本增长(%)	2009 年
营业收入	45 169.11	33.41	33 857.35	42.36	23 782.88
利润总额	2 871.94	-1.49	2 915.35	31.88	2 210.54
归属于母公司所有者的净利润	2 048.62	-2.76	2 106.68	27.33	1 654.46
总资产	30 663.67	15.29	26 596.78	13.97	23 335.86
归属于母公司股东权益	14 867.26	8.58	13 691.98	10.96	12 339.24

资料来源:沪深交易所,天相投资分析系统

(2)2011 年,按可比样本计算,石油和天然气开采业上市公司收益水平较 2010 年出现小幅下滑。

表 18 2011 年石油和天然气开采业上市公司盈利能力情况

指　标	2011 年	2011 年可比样本变动	2010 年	2010 年可比样本变动	2009 年
毛利率(%)	21.96	-3.79	25.76	-3.56	29.31
净资产收益率(%)	13.78	-1.61	15.39	1.98	13.41
销售净利率(%)	4.54	-1.69	6.22	-0.73	6.96
资产净利率(%)	7.16	-1.28	8.44	0.74	7.70

资料来源:沪深交易所,天相投资分析系统

(3)2011年,石油和天然气开采业上市公司负债水平按可比样本计算有所上升,达到47.77%的水平;反映营运能力的存货周转率和总资产周转率按可比样本计算有所上升,其中存货周转率上升1.24次,总资产周转率上升0.22次。

表19　　2011年石油和天然气开采业上市公司偿债及营运情况

指　标	2011年	2011年可比样本变动	2010年	2010年可比样本变动	2009年
资产负债率(%)	47.77	3.11	44.66	1.13	43.53
存货周转率(次)	10.39	1.24	9.15	1.61	7.54
总资产周转率(次)	1.58	0.22	1.36	0.25	1.11

资料来源:沪深交易所,天相投资分析系统

2. 重点上市公司介绍

中国石油

2011年,公司共实现主营业务收入200 384.3亿元,同比上升36.7%;实现利润总额1 928.25亿元,同比上升5.6%;实现净利润1 434.9亿元,同比上涨2.5%。2011年公司的主营业务毛利率41.46%,净资产收益率22.08%。

中国石化

2011年,公司共实现主营业务收入250 568.3亿元,同比上升30.9%;实现利润总额10 263.8亿元,同比上升0.4%;实现净利润768.6亿元,与上年基本持平;基本每股收益0.83元,平均净资产收益率16.1%。2011年公司的资产负债率略微有所上升,从2010年的54.06%上升到54.91%。

(三)黑色金属矿采选业

2011年,按可比样本计算,黑色金属矿采选业上市公司收入和利润总额较2010年均有所提高,增加幅度分别为16.49%和3.11%。

表20　　2011年黑色金属矿采选业上市公司收入及资产增长情况　　单位:亿元

指　标	2011年	2011年可比样本增长(%)	2010年	2010年可比样本增长(%)	2009年
营业收入	23.41	16.49	20.09	63.89	2.93
利润总额	7.07	3.11	6.86	133.70	0.03
归属于母公司所有者的净利润	5.32	1.53	5.24	130.76	0.10
总资产	55.75	52.34	36.59	23.03	10.56
归属于母公司股东权益	44.69	57.24	28.42	24.02	6.19

资料来源:沪深交易所,天相投资分析系统

2011年,按可比样本计算,黑色金属矿采选业上市公司盈利能力各指标均有所下降。

表 21　　2011 年黑色金属矿采选业上市公司盈利能力情况

指　标	2011 年	2011 年可比样本变动	2010 年	2010 年可比样本变动	2009 年
毛利率(%)	45.10	-4.92	50.02	6.26	51.14
净资产收益率(%)	11.91	-6.53	18.44	8.53	1.63
销售净利率(%)	22.73	-3.35	26.08	7.56	3.45
资产净利率(%)	11.53	-4.28	15.80	7.35	0.97

资料来源:沪深交易所,天相投资分析系统

2011 年,黑色金属矿采选业上市公司按可比样本计算负债水平有所下降,降幅为 5.67 个百分点;存货周转水平及总资产周转水平按可比样本计算则在 2010 年的基础上略有下降。

表 22　　2011 年黑色金属矿采选业上市公司偿债及营运情况

指　标	2011 年	2011 年可比样本变动	2010 年	2010 年可比样本变动	2009 年
资产负债率(%)	12.36	-5.67	18.03	-5.69	43.60
存货周转率(次)	4.95	-0.34	5.29	0.82	1.36
总资产周转率(次)	0.51	-0.10	0.61	0.15	0.28

资料来源:沪深交易所,天相投资分析系统

(四)有色金属矿采选业

1. 行业内上市公司发展状况

(1)2011 年,有色金属矿采选业上市公司收入按可比样本计算较 2010 年继续有较大提高,同比增长了 34.13%;利润总额增幅按可比样本计算更有显著提高,同比增长了 31.82%。

表 23　　2011 年有色金属矿采选业上市公司收入及资产增长情况　　单位:亿元

指　标	2011 年	2011 年可比样本增长(%)	2010 年	2010 年可比样本增长(%)	2009 年
营业收入	1 647.95	34.13	1 228.63	28.19	901.73
利润总额	198.18	31.82	150.35	55.95	92.08
归属于母公司所有者的净利润	128.50	28.66	99.88	51.65	64.16
总资产	1 649.29	32.02	1 249.31	20.21	926.23
归属于母公司股东权益	767.37	17.34	653.99	14.09	549.82

资料来源:沪深交易所,天相投资分析系统

(2)2011 年,按可比样本计算,有色金属矿采选业上市公司盈利能力指标有所提高,资产净利率同比提高了 0.14 个百分点,净资产收益率同比提高了 1.47 个百分点。

表 24　　2011 年有色金属矿采选业上市公司盈利能力情况

指　标	2011 年	2011 年可比样本变动	2010 年	2010 年可比样本变动	2009 年
毛利率(%)	18.48	-1.00	19.48	2.20	17.10
净资产收益率(%)	16.75	1.47	15.27	3.78	11.67
销售净利率(%)	7.80	-0.33	8.13	1.26	7.12
资产净利率(%)	8.87	0.14	8.73	1.89	7.50

资料来源:沪深交易所,天相投资分析系统

(3)2011 年,有色金属矿采选业上市公司按可比样本计算负债水平有所提高,从 2010 年的 40.07% 提高到 46.60%;按可比样本计算,反映营运能力的存货周转率有所下降,同比下降 0.95 次,而总资产周转率则有所提高,同比提高 0.06 次。

表 25　　2011 年有色金属矿采选业上市公司偿债及营运情况

指　标	2011 年	2011 年可比样本变动	2010 年	2010 年可比样本变动	2009 年
资产负债率(%)	46.60	6.52	40.07	2.89	34.29
存货周转率(次)	7.97	-0.95	8.91	-0.38	10.60
总资产周转率(次)	1.14	0.06	1.07	0.08	1.05

资料来源:沪深交易所,天相投资分析系统

(五)采掘服务业

2011 年,采掘服务业上市公司按可比样本计算收入及利润总额均较 2010 年有所提高。

表 26　　2011 年采掘服务业上市公司收入及资产增长情况　　单位:亿元

指　标	2011 年	2011 年可比样本增长(%)	2010 年	2010 年可比样本增长(%)	2009 年
营业收入	229.75	8.34	198.62	0.50	189.66
利润总额	59.69	4.47	53.47	29.00	38.98
归属于母公司所有者的净利润	50.23	2.75	45.68	31.55	32.65
总资产	794.96	8.36	701.03	7.96	642.27
归属于母公司股东权益	388.49	19.92	298.54	23.95	236.26

资料来源:沪深交易所,天相投资分析系统

2011 年采掘服务业上市公司按可比样本计算盈利能力有所下降,各盈利指标均较 2010 年小幅下滑。

表 27　　2011 年采掘服务业上市公司盈利能力情况

指　标	2011 年	2011 年可比样本变动	2010 年	2010 年可比样本变动	2009 年
毛利率(%)	34.06	-2.64	35.93	-0.77	36.55
净资产收益率(%)	12.93	-2.16	15.30	0.88	13.82
销售净利率(%)	21.86	-1.19	23.00	5.43	17.21
资产净利率(%)	6.57	-0.42	6.77	1.21	5.28

资料来源:沪深交易所,天相投资分析系统

2011 年,采掘服务业上市公司按可比样本计算负债水平从 2010 年的 57.27% 下降至 50.78%,下降 4.89 个百分点;按可比样本计算,反映营运能力的存货周转率较 2010 年小幅下跌至 10.08 次,而总资产周转率持平。

表 28　　2011 年采掘服务业上市公司偿债及营运情况

指　标	2011 年	2011 年可比样本变动	2010 年	2010 年可比样本变动	2009 年
资产负债率(%)	50.78	-4.89	57.27	-5.46	63.05
存货周转率(次)	10.08	-1.16	12.07	-0.90	14.73
总资产周转率(次)	0.30	0.00	0.29	-0.02	0.31

资料来源:沪深交易所,天相投资分析系统

招商证券股份有限公司

审稿人:卢平

撰稿人:陈超　王培培　王晓丹

制造业

食品、饮料

一、食品、饮料行业总体概况

2011 年,在宏观经济增速放缓、通胀高企的复杂背景下,食品饮料行业凭借其消费品属性,受益于大消费背景下的消费增长与升级,仍延续了近年来的高速增长势头,景气中枢持续锁定在 130 以上,景气度持续高位运行,继续成为稳定快速增长的典范。

(一)行业整体运行情况

2011 年,食品饮料行业整体运行态势良好,全行业规模以上企业 3. 14 万家,资产总额 36 346. 35 亿元。行业消费量持续增长,各类产品产量增速均达 9% 以上水平。在消费量稳步增长、通胀提价与消费升级等多重因素助推下,行业整体销售收入、利润总额增速均比 2010 年有所提升。据国家统计局数据显示,2011 年全年食品、饮料制造业合计实现营业收入 69 640. 60 亿元,同比增长 28. 14%;实现利润总额 4 675. 55 亿元,同比增长 48. 90%。同时,行业总体盈利能力显著增强,整体毛利率增至 16. 24%,相比 2010 年上升 0. 61 个百分点。行业财务状况基本保持稳定,截至 2011 年底,全行业的资产负债率达到 52. 30%,同比下降 1. 54 个百分点。

(二)细分行业运行概况

2011 年,农副食品加工业景气中枢锁定在 135 以上,规模以上企业 2. 02 万家,实现营业收入 43 896. 10 亿元,同比增长 33. 23%;实现利润 2 372. 96 亿元,同比增长 40. 80%。从盈利能力上看,农副食品加工业毛利率为 12. 03%,同比上升 0. 53 个百分点。资产负债率 54. 53%,同比下降 1. 64 个百分点。

2011 年,食品制造业景气中枢锁定在 130 以上,规模以上企业 0. 66 万家,实现营业收入 12 477. 55 亿元,同比增长 32. 93%;实现利润 907. 73 亿元,同比增长 44. 67%。从盈利能力上看,食品制造业毛利率为 20. 50%,同比上升 0. 77 个百分点。资产负债率 49. 29%,同比下降 2. 63 个百分点。

2011 年,饮料制造业景气中枢锁定在 140 以上,规模以上企业 0. 46 万家,实现营业收入 11 769. 23 亿元,同比增长 33. 19%;实现利润 1 201. 73 亿元,同比增长 41. 11%。从盈利能力上看,饮料制造业毛利率为 26. 85%,同比上升 0. 52 个百分点。资产负债率 50. 44%,同比下降 0. 43 个百分点。

食品、饮料细分行业的景气度指数走势见图 1。

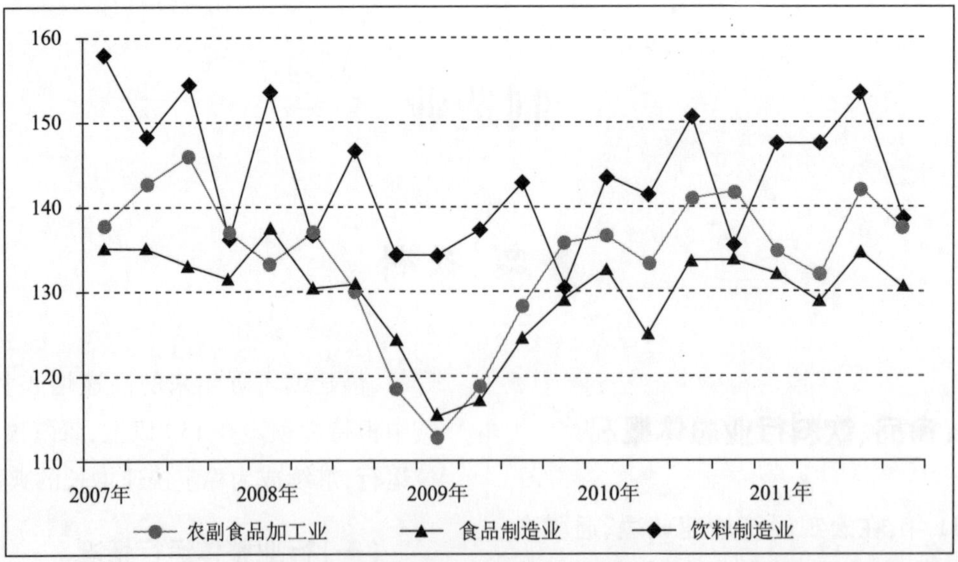

图 1 食品、饮料细分行业景气度指数走势

资料来源:国家统计局,天相投资分析系统

二、行业内上市公司发展概况

(一)行业内上市公司基本情况

截至2011年底,食品、饮料制造业共涵盖94只A、B股,90家上市公司(其中4家上市公司既有A股又有B股),占沪深两市的比重分别为3.71%和0.16%。截至2011年底,该行业上市公司市值总额为10 844.76亿元、流通A股市值为8 339.32亿元、流通B股市值为157.36亿元,分占沪、深两市市值总额的5.02%、流通A股市值的5.11%和流通B股市值的11.09%。

食品、饮料上市公司发行股票的概况见表1。

表1　　2011年食品、饮料上市公司发行股票概况

门　类	A、B股总数	A股股票数	B股股票数	境内总市值(亿元)	流通A股市值(亿元)	流通B股市值(亿元)
食品、饮料	94	90	4	10 844.76	8 339.32	157.36
占沪深两市比重(%)	3.87	3.71	0.16	5.02	5.11	11.09

资料来源:沪深交易所,天相投资分析系统

(二)行业内上市公司构成情况

按上市地划分,食品、饮料制造业在上海证券交易所上市的公司37家,深圳证券交易所上市的公司53家,分别占行业内上市公司总数的41.11%和58.89%。

按A、B股划分,在A板上市的公司86家,其中4家同时在B板上市(沪市1家、深市3家)。

从经营角度看,行业内上市公司中ST、*ST公司均为2家,占行业内上市公司总数的比重均为2%。

食品、饮料上市公司构成情况见表2。

表2　　2011年食品、饮料上市公司构成情况

门　类	沪市			深市			ST/*ST
	仅A股	仅B股	A+B股	仅A股	仅B股	A+B股	
食品、饮料(家)	36	0	1	50	0	3	2/2
占行业内上市公司比重(%)	40.00	0.00	1.11	55.56	0.00	3.33	2/2

资料来源:沪深交易所,天相投资分析系统

按公司所处行业大类划分,可分为食品加工业、食品制造业和饮料制造业,3个大类所涵盖公司数量分别为36家(其中A、B股共存1家)、24家(其中A、B股共存1家)、30家(其中A、B股共存2家),各子行业分布明细见表3。

表 3　　2011 年食品、饮料上市公司各子行业分布明细

A、B 股类别	公司代码	公司名称	所属大类
沪市 A 股	600090	啤酒花	食品加工业
	600095	哈高科	
	600127	金健米业	
	600191	华资实业	
	600238	海南椰岛	
	600251	冠农股份	
	600298	安琪酵母	
	600311	荣华实业	
	600438	通威股份	
	600537	亿晶光电	
	600543	莫高股份	
	600597	光明乳业	
	600695	大江股份	
	600737	中粮屯河	
	600073	上海梅林	食品制造业
	600186	莲花味精	
	600305	恒顺醋业	
	600365	*ST 通葡	
	600429	三元股份	
	600866	星湖科技	
	600873	梅花集团	
	600887	伊利股份	
	600059	古越龙山	饮料制造业
	600084	ST 中葡	
	600132	重庆啤酒	
	600197	伊力特	
	600199	金种子酒	
	600300	维维股份	
	600519	贵州茅台	
	600559	老白干酒	
	600573	惠泉啤酒	
	600600	青岛啤酒	
	600616	金枫酒业	
	600702	沱牌舍得	
	600735	新华锦	
	600779	水井坊	
	600809	山西汾酒	

续表

A、B 股类别	公司代码	公司名称	所属大类
沪市 B 股	900919	大江 B 股	食品加工业
深市 A 股	000529	广弘控股	
	000639	西王食品	
	000702	正虹科技	
	000876	新希望	
	000893	东凌粮油	
	000895	双汇发展	
	000911	南宁糖业	
	000972	*ST 中基	
	002100	天康生物	
	002124	天邦股份	
	002143	高金食品	
	002157	正邦科技	
	002220	天宝股份	
	002311	海大集团	
	002330	得利斯	
	002385	大北农	
	002515	金字火腿	
	002548	金新农	
	002557	洽洽食品	
	002567	唐人神	
	002582	好想你	
	002604	龙力生物	
	000596	古井贡酒	食品制造业
	000796	易食股份	
	000858	五粮液	
	000930	中粮生化	
	002216	三全食品	
	002286	保龄宝	
	002329	皇氏乳业	
	002365	永安药业	
	002481	双塔食品	
	002495	佳隆股份	
	002507	涪陵榨菜	
	002570	贝因美	
	002626	金达威	
	300146	汤臣倍健	
	300149	量子高科	
	300268	万福生科	

续表

A、B股类别	公司代码	公司名称	所属大类
深市A股	000019	深深宝A	饮料制造业
	000048	康达尔	
	000568	泸州老窖	
	000716	南方食品	
	000729	燕京啤酒	
	000752	西藏发展	
	000799	酒鬼酒	
	000848	承德露露	
	000869	张裕A	
	000929	兰州黄河	
	000995	ST皇台	
	002304	洋河股份	
	002387	黑牛食品	
	002461	珠江啤酒	
	002646	青青稞酒	
深市B股	200596	古井贡B	食品制造业
	200019	深深宝B	饮料制造业
	200869	张裕B	

资料来源：沪深交易所，天相投资分析系统

(三)行业内上市公司融资情况

2011年全年食品、饮料制造业共有20家公司进行了融资，占沪深两市473家融资公司的4.23%，其中，新股发行10家，配股0家，增发10家，分别占3.61%、0.00%和5.46%。其中食品加工业、食品制造业和饮料制造业融资公司数量分别占融资总数的45%、40%、15%。

2011年食品、饮料上市公司融资情况见表4，融资企业数量占比情况见图2。

表4　2011年食品、饮料上市公司与沪深两市融资情况对比　单位：家

	融资家数	新股	配股	增发
食品、饮料	20	10	0	10
沪深两市总数	473	277	13	183
占比(%)	4.23	3.61	0.00	5.46

资料来源：沪深交易所，天相投资分析系统

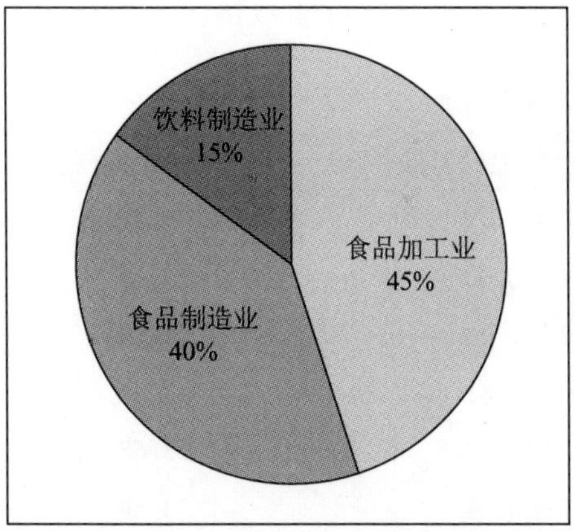

图 2　2011 年食品、饮料各子行业融资企业数量占比

资料来源：沪深交易所，天相投资分析系统

食品、饮料制造业首发的 10 家公司中，有 9 家在中小板上市，1 家在创业板上市；增发的 10 家公司中，有 4 家沪市、4 家深市及 2 家中小板公司。进行融资的 20 家公司中，食品加工业 9 家，食品制造业 8 家，饮料制造业 3 家。

2011 年食品、饮料上市公司融资情况见表 5。

表 5　2011 年食品、饮料上市公司融资情况

代　码	公司名称	融资类别	所属大类	证券类型
000019	深深宝 A	增　发	饮料制造业	深市主板
000596	古井贡酒	增　发	食品制造业	深市主板
000799	酒鬼酒	增　发	饮料制造业	深市主板
000876	新希望	增　发	食品加工业	深市主板
002216	三全食品	增　发	食品制造业	中小板
002220	天宝股份	增　发	食品加工业	中小板
002548	金新农	首　发	食品加工业	中小板
002557	洽洽食品	首　发	食品加工业	中小板
002567	唐人神	首　发	食品加工业	中小板
002570	贝因美	首　发	食品制造业	中小板
002582	好想你	首　发	食品加工业	中小板
002604	龙力生物	首　发	食品加工业	中小板
002626	金达威	首　发	食品制造业	中小板
002646	青青稞酒	首　发	饮料制造业	中小板
002650	加加食品	首　发	食品制造业	中小板
300268	万福生科	首　发	食品制造业	创业板
600073	上海梅林	增　发	食品制造业	沪　市
600298	安琪酵母	增　发	食品加工业	沪　市
600537	亿晶光电	增　发	食品加工业	沪　市
600866	星湖科技	增　发	食品制造业	沪　市

资料来源：沪深交易所，天相投资分析系统

从融资总量来看，食品、饮料上市公司实际发行股票数量 187 151.35 万股，同比增长 22.09%；实际募集资金 252.16 亿元，同比增长 41.11%。

2011年食品、饮料上市公司融资明细见表6,融资额及发行股数情况见图3。

表6　　2011年食品、饮料上市公司融资明细

代　码	公司名称	发行价格(元)	实际发行数量(万股)	实募集资金数(亿元)
000019	深深宝A	8.70	6 897.71	5.72
000596	古井贡酒	75.00	1 680.00	12.27
000799	酒鬼酒	20.10	2 187.90	4.23
000876	新希望	8.00	90 529.81	72.42
600866	星湖科技	13.13	2 929.09	3.68
002216	三全食品	35.50	1 405.44	4.83
002220	天宝股份	16.50	3 636.36	5.83
002548	金新农	24.00	2 400.00	5.45
002557	洽洽食品	40.00	5 000.00	18.88
002567	唐人神	27.00	3 500.00	8.76
002570	贝因美	42.00	4 300.00	17.04
002582	好想你	46.00	1 860.00	8.15
002604	龙力生物	21.50	4 660.00	9.27
002626	金达威	35.00	2 300.00	7.54
002646	青青稞酒	16.00	6 000.00	9.04
002650	加加食品	30.00	4 000.00	11.15
300268	万福生科	25.00	1 700.00	3.95
600073	上海梅林	10.60	14 222.74	14.76
600298	安琪酵母	34.50	2 358.58	7.91
600537	亿晶光电	8.31	25 583.73	21.26
合　计			187 151.35	252.16

资料来源:沪深交易所,天相投资分析系统

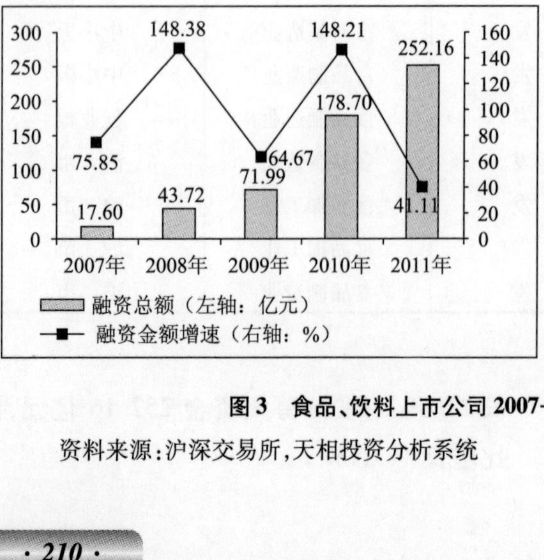

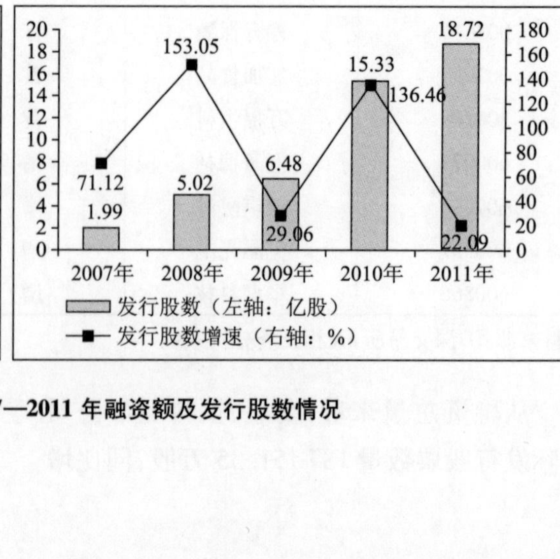

图3　食品、饮料上市公司2007—2011年融资额及发行股数情况

资料来源:沪深交易所,天相投资分析系统

(四)行业内上市公司资产及业绩情况

截至2011年,食品、饮料制造业上市公司资产总值已达4 061.22亿元,流动资产2 374.72亿元,归属于母公司股东权益2 143.35亿元,按可比样本计算分别比2010年同期增长了29.79%、34.02%和29.10%。

2011年食品、饮料上市公司资产情况见表7,总资产和归属于母公司股东权益增长情况见图4。

表7　　2011食品、饮料上市公司年资产情况　　单位:亿元

指　标	2011年	2011年可比样本增长(%)	2010年	2010年可比样本增长(%)	2009年
总资产	4 061.22	29.79	3 035.51	24.64	2 192.18
流动资产	2 374.72	34.02	1 721.29	33.08	1 176.27
占比(%)	58.47	1.85	56.71	3.60	53.66
非流动资产	1 686.50	24.26	1 314.22	15.08	1 015.91
占比(%)	41.53	-1.85	43.29	-3.60	46.34
流动负债	1 593.41	31.79	1 169.32	22.44	837.99
占比(%)	39.23	0.60	38.52	-0.69	38.23
非流动负债	220.51	30.93	158.77	24.51	93.80
占比(%)	5.43	0.05	5.23	-0.01	4.28
归属于母公司股东权益	2 143.35	29.10	1 617.19	28.15	1 175.97
占比(%)	52.78	-0.28	53.28	1.46	53.64

资料来源:沪深交易所,天相投资分析系统

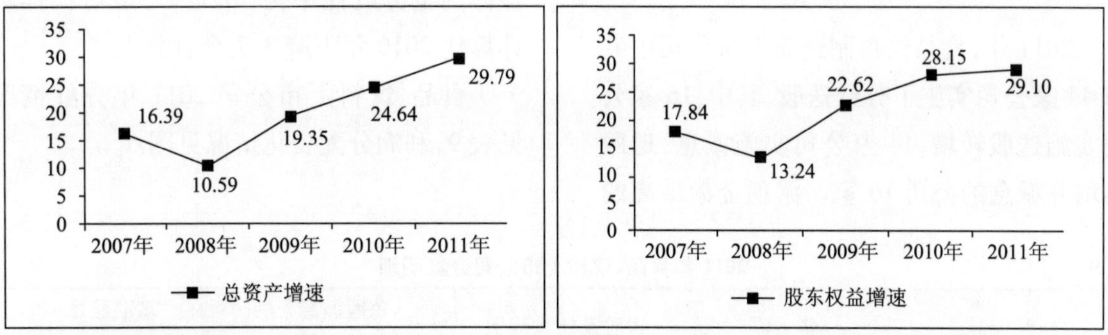

图4　食品、饮料上市公司2007—2011年可比样本总资产和归属于母公司股东权益增长情况(%)

资料来源:沪深交易所,天相投资分析系统

根据2011年年报数据,食品、饮料制造业上市公司合计实现营业收入4 411.64亿元,实现利润总额552.06亿元,实现归属于母公司所有者的净利润398.86亿元,按可比样本计算分别比上年同期增长47.78%、43.55%和41.72%。

食品、饮料上市公司收入实现情况见表8,营业收入及归属于母公司所有者的净利

润变化情况见图5。

表8　　2011年食品、饮料上市公司收入实现情况　　单位:亿元

指　标	2011年	2011年可比样本增长(%)	2010年	2010年可比样本增长(%)	2009年
营业收入	4 411.64	47.78	2 835.48	22.41	2 058.14
利润总额	552.06	43.55	369.16	31.89	272.30
归属于母公司所有者的净利润	398.86	41.72	269.13	33.90	195.48

资料来源:沪深交易所,天相投资分析系统

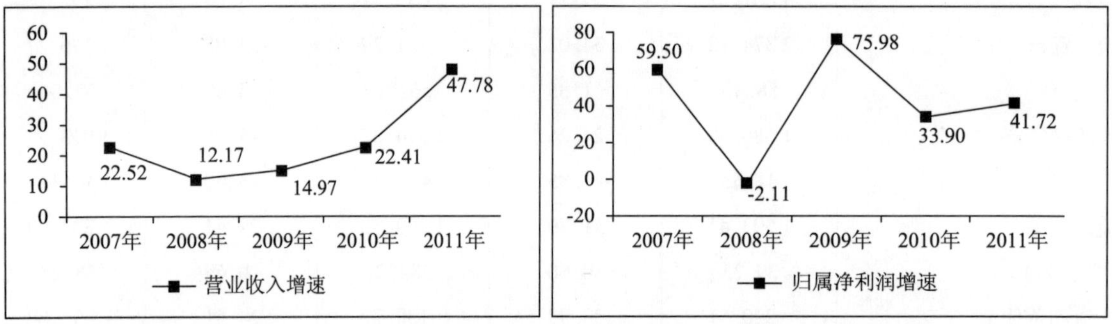

图5　食品、饮料上市公司2007—2011年可比样本营业收入及归属于母公司所有者的净利润变化情况(%)

资料来源:沪深交易所,天相投资分析系统

(五)利润分配情况

2011年,食品饮料制造业上市公司中共有44家公司实施了分红送股,其中,16家公司实施送股转增,44家公司实施派息,送股转增并派息的公司16家。派现金额最高的是贵州茅台(派现金额为3.997元)。行业整体现金分红比率为30.12%,按可比样本计算比2010年下降3.7个百分点。

食品、饮料上市公司2011年分红情况见表9,利润分配变化情况见图6。

表9　　2011年食品、饮料上市公司分红明细

代　码	名　称	送股及转增比例	每股派息(税前　元)	基准股本(万股)
000568	泸州老窖	—	1.400	139 423.95
000639	西王食品	0.500	0.300	12 554.86
000729	燕京啤酒	1.000	0.210	126 128.75
000752	西藏发展	—	0.010	26 375.85
000848	承德露露	0.100	0.500	36 496.51
000869	张　裕A	0.300	1.520	52 728.00
000876	新希望	—	0.170	173 766.96

续表

代　码	名　称	送股及转增比例	每股派息（税前　元）	基准股本（万股）
000911	南宁糖业	—	0.100	28 664.00
002143	高金食品	0.300	0.100	16 050.00
002157	正邦科技	—	0.100	43 105.66
002216	三全食品	—	0.100	20 105.44
002220	天宝股份	1.000	0.150	23 236.36
002286	保龄宝	0.300	0.100	10 400.00
002304	洋河股份	0.200	1.500	90 000.00
002329	皇氏乳业	—	0.100	21 400.00
002330	得利斯	—	0.200	25 100.00
002365	永安药业	—	0.200	18 700.00
002387	黑牛食品	0.300	0.100	24 198.76
002495	佳隆股份	0.500	0.250	18 873.60
002567	唐人神	1.000	0.350	13 800.00
002604	龙力生物	—	0.050	18 640.00
002626	金达威	1.000	0.600	9 000.00
002646	青青稞酒	—	0.200	45 000.00
300268	万福生科	1.000	0.300	6 700.00
600059	古越龙山	—	0.050	63 485.64
600073	上海梅林	0.500	0.050	49 862.74
600132	重庆啤酒	—	0.200	48 397.12
600197	伊力特	—	0.200	44 100.00
600199	金种子酒	—	0.180	55 577.50
600251	冠农股份	—	0.150	36 210.00
600298	安琪酵母	—	0.150	32 963.24
600300	维维股份	—	0.050	167 200.00
600305	恒顺醋业	—	0.036	12 715.00
600438	通威股份	—	0.060	68 752.00
600519	贵州茅台	—	3.997	103 818.00
600573	惠泉啤酒	—	0.050	25 000.00
600600	青岛啤酒	—	0.260	135 098.28
600616	金枫酒业	—	0.100	43 867.15
600702	沱牌舍得	—	0.180	33 730.00
600737	中粮屯河	—	0.030	100 560.42
600779	水井坊	—	0.230	48 854.57
600809	山西汾酒	1.000	0.500	43 292.41
200869	张　裕 B	0.300	1.520	52 728.00
002557	洽洽食品	0.300	0.700	20 000.00
002567	唐人神	—	0.210	13 800.00

资料来源：沪深交易所，天相投资分析系统

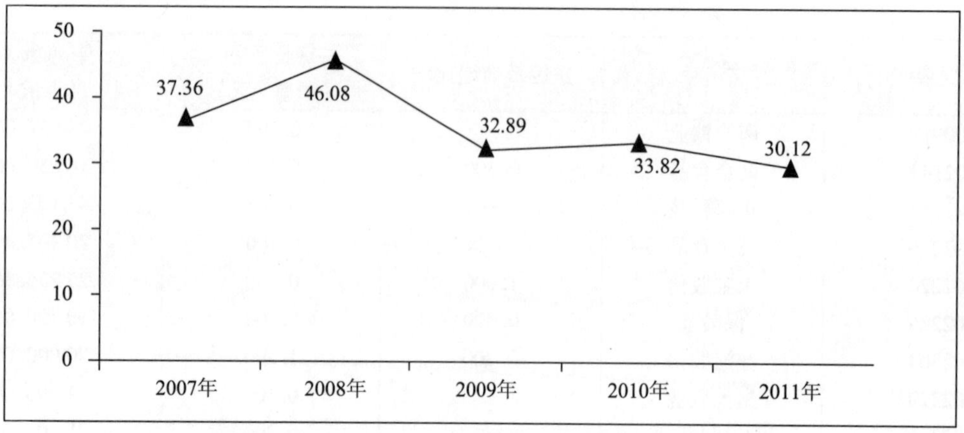

图6　食品、饮料上市公司2007—2011年分配利润占比情况(%)

资料来源:沪深交易所,天相投资分析系统

(六)其他财务指标情况

1. 盈利能力指标

2011年,按可比样本计算,食品、饮料制造业上市公司毛利率有所下降,同比下降2.85个百分点,行业销售净利率亦下降0.39个百分点,不过行业净资产收益率与资产净利率均有所上升,增幅均在1个百分点以上。

食品、饮料上市公司盈利能力情况见表10。

表10　　2011年食品、饮料上市公司盈利能力情况

指　标	2011年	2011年可比样本变动	2010年	2010年可比样本变动	2009年
毛利率(%)	28.97	-2.85	31.77	-0.17	33.79
净资产收益率(%)	18.61	1.66	16.64	0.71	16.62
销售净利率(%)	9.04	-0.39	9.49	0.81	9.50
资产净利率(%)	11.09	1.11	9.84	0.83	9.70

资料来源:沪深交易所,天相投资分析系统

2. 偿债能力指标

2011年行业内上市公司按可比样本计算负债水平上升0.64个百分点,偿债能力基本保持平稳。

食品、饮料上市公司偿债能力指标见表11。

表11　　2011年食品、饮料上市公司偿债能力指标

指　标	2011年	2011年可比样本变动	2010年	2010年可比样本变动	2009年
流动比率	1.49	0.02	1.47	0.12	1.40
速动比率	1.01	0.03	0.99	0.12	0.90
资产负债率(%)	44.67	0.64	43.75	-0.70	42.51

资料来源:沪深交易所,天相投资分析系统

3. 营运能力指标

2011年，行业内上市公司按可比样本计算应收账款周转率明显提升，同时存货周转率有小幅提升，整个行业营运能力进一步增强。

食品、饮料上市公司营运能力情况见表12。

表12　　2011年食品、饮料上市公司营运能力情况　　单位：次

指　标	2011年	2011年可比样本变动	2010年	2010年可比样本变动	2009年
存货周转率	4.65	0.84	3.77	0.14	3.40
应收账款周转率	40.22	6.45	33.88	5.70	34.01
流动资产周转率	2.13	0.20	1.88	-0.13	1.95
固定资产周转率	4.56	1.02	3.47	0.32	3.16
总资产周转率	1.23	0.17	1.04	0.00	1.02
净资产周转率	2.21	0.30	1.85	-0.05	1.80

资料来源：沪深交易所，天相投资分析系统

三、重点细分行业介绍

食品、饮料制造业共涵盖3个大类，分别是食品加工业、食品制造业和饮料制造业。

表13数据显示，上市公司家数最多的是食品加工业，为36家上市公司，但其境内总市值占行业内比重为20.05%；饮料制造业上市公司家数为30家，其境内总市值占行业内比重为55.25%，市值占比为行业内最高。

食品、饮料各子行业上市公司及市值情况见表13。

表13　　2011年食品、饮料各子行业上市公司及市值情况

大　类	上市公司家数（家）	占行业内比重（%）	境内总市值（亿元）	占行业内比重（%）
食品加工业	36	40.00	2 173.98	20.05
食品制造业	24	26.67	2 678.78	24.70
饮料制造业	30	33.33	5 992.01	55.25

资料来源：沪深交易所，天相投资分析系统

（一）食品加工业

1. 行业概况

2011年，食品加工业总资产为18 847.89亿元；实现利润总额2 372.96亿元，同比增长40.80%。

2. 行业内上市公司发展状况

2011年，食品加工业上市公司按可比样本计算整体收入同比增长71.80%，利润总额同比增长30.14%，归属于母公司所有者的净利润同比增长28.07%。

食品加工业上市公司收入及资产增长情况见表14，营业收入及归属于母公司所有者的净利润变化情况见图7。

表 14　　2011 年食品加工业上市公司收入及资产增长情况　　单位:亿元

指　标	2011 年	2011 年可比样本增长(%)	2010 年	2010 年可比样本增长(%)	2009 年
营业收入	2 216. 50	71. 80	1 196. 21	20. 49	806. 82
利润总额	71. 82	30. 14	49. 35	11. 64	39. 53
归属于母公司所有者的净利润	51. 65	28. 07	35. 57	13. 10	28. 49
总资产	1 203. 33	31. 98	862. 16	15. 77	627. 12
归属于母公司股东权益	557. 39	36. 62	386. 34	20. 47	299. 62

资料来源:沪深交易所,天相投资分析系统

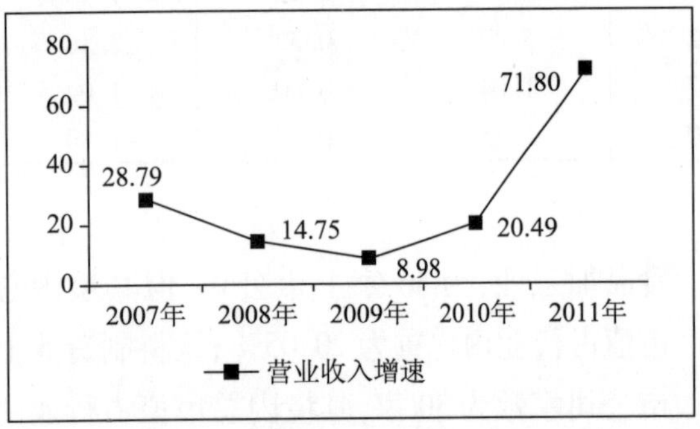

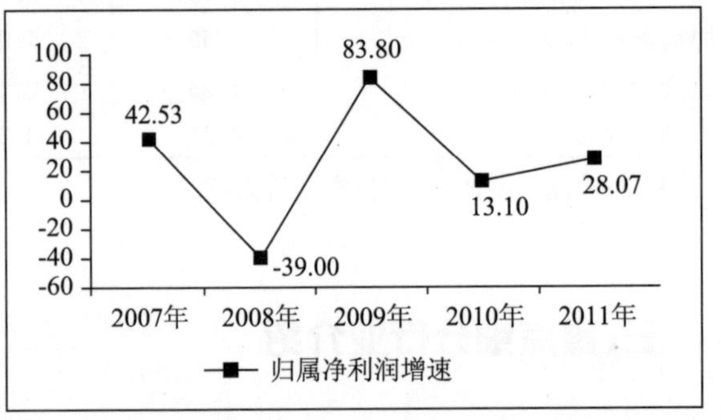

图 7　食品加工业上市公司 2007—2011 年可比样本营业收入及归属于母公司所有者的净利润变化情况(%)

资料来源:沪深交易所,天相投资分析系统

2011 年,食品加工业上市公司按可比样本计算整体毛利率同比下降 2. 51 个百分点,净资产收益率、销售利润率分别下降 0. 62、0. 80 个百分点,仅资产净利率小幅上升 0. 13 个百分点,行业盈利能力略有下降。

食品加工业上市公司盈利能力情况见表 15,盈利能力变化情况见图 8。

表 15　　2011 年食品加工业上市公司盈利能力情况

指　标	2011 年	2011 年可比样本变动	2010 年	2010 年可比样本变动	2009 年
毛利率(%)	11. 11	-2. 51	13. 36	-1. 45	16. 45
净资产收益率(%)	9. 27	-0. 62	9. 21	-0. 60	9. 51
销售净利率(%)	2. 33	-0. 80	2. 97	-0. 19	3. 53
资产净利率(%)	4. 88	0. 13	4. 43	-0. 16	4. 88

资料来源:沪深交易所,天相投资分析系统

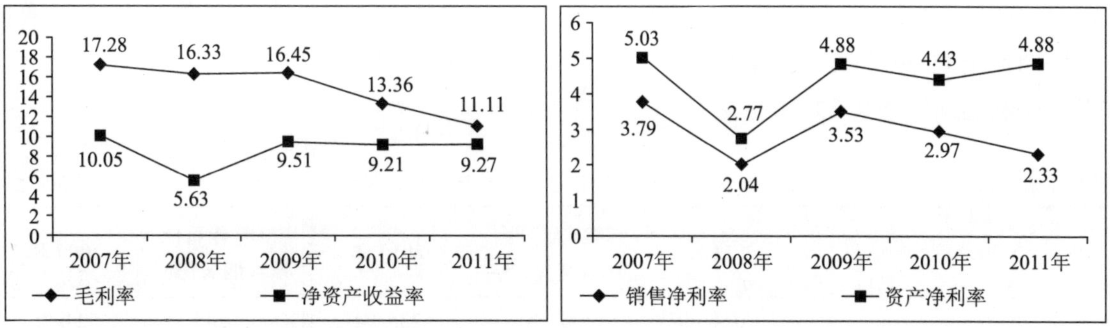

图 8　食品加工业上市公司 2007—2011 年盈利能力情况(%)

资料来源:沪深交易所,天相投资分析系统

2011 年,食品加工业上市公司总体运营状况稳定。资产负债率为 49.25%,按可比样本计算比上年下降 1.38 个百分点;按可比样本计算存货周转加快,资产运营效率有所提升。

食品加工业上市公司偿债及营运情况见表 16,偿债及营运能力指标情况见图 9。

表 16　2011 年食品加工业上市公司偿债及营运情况

指　标	2011 年	2011 年可比样本变动	2010 年	2010 年可比样本变动	2009 年
资产负债率(%)	49.25	-1.38	50.44	-1.11	46.60
存货周转率(次)	9.05	2.69	6.39	-0.18	6.48
总资产周转率(次)	2.10	0.58	1.49	0.04	1.38

资料来源:沪深交易所,天相投资分析系统

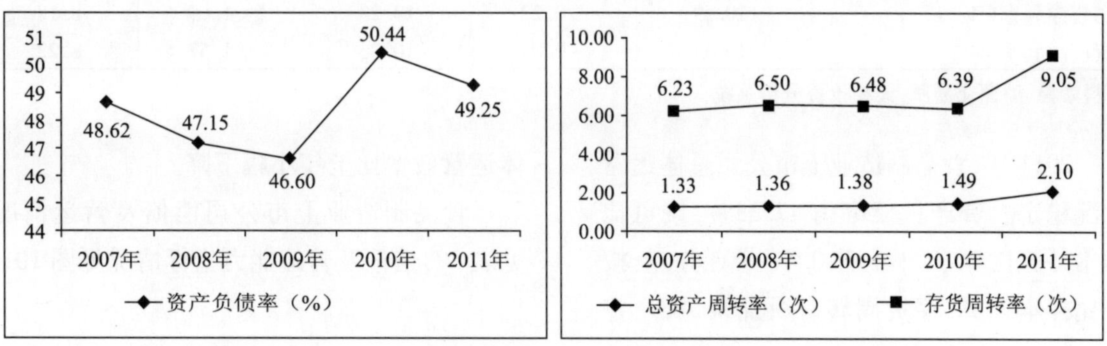

图 9　食品加工业上市公司 2007—2011 年偿债及营运能力指标情况

资料来源:沪深交易所,天相投资分析系统

(二)食品制造业

1. 行业概况

2011 年,食品制造业总资产为 8 311.65 亿元,实现利润总额 1 100.86 亿元,同比增长 49.25%。

2. 行业内上市公司发展状况

2011 年,按可比样本计算,食品制造业上市公司的整体收入同比增长30.38%，利润水平同比增长36.28%，归属于母公司所有者的净利润同比增长33.14%。

食品制造业上市公司收入及资产增长情况见表17。

表17 2011年食品制造业上市公司收入及资产增长情况 单位：亿元

指　标	2011年	2011年可比样本增长(%)	2010年	2010年可比样本增长(%)	2009年
营业收入	1 024.70	30.38	735.94	30.45	524.88
利润总额	144.54	36.28	98.31	51.25	59.02
归属于母公司所有者的净利润	108.48	33.14	75.28	56.19	42.91
总资产	1 190.46	31.18	870.55	39.18	575.30
归属于母公司股东权益	613.85	30.37	453.99	49.11	276.53

资料来源：沪深交易所，天相投资分析系统

2011年，按可比样本计算，食品制造业上市公司的整体毛利率同比下降0.67个百分点，资产净利率同比下降0.09个百分点，销售利润率、净资产收益率出现不同程度的提升。

食品制造业上市公司盈利能力情况见表18。

表18 2011年食品制造业上市公司盈利能力情况

指　标	2011年	2011年可比样本变动	2010年	2010年可比样本变动	2009年
毛利率(%)	36.32	-0.67	35.59	-0.57	36.03
净资产收益率(%)	17.67	0.37	16.58	0.75	15.52
销售净利率(%)	10.59	0.22	10.23	1.69	8.18
资产净利率(%)	10.34	-0.09	10.06	1.57	8.22

资料来源：沪深交易所，天相投资分析系统

2011年，食品制造业上市公司总体运营状况稳定。资产负债率为47.33%，按可比样本计算比2010年上升0.41个百分点；按可比样本计算，存货周转有所加快，资产整体运营效率比上年小幅下降。

食品制造业上市公司偿债及营运情况见表19，偿债及营运能力指标情况见图10。

表19 2011年食品制造业上市公司偿债及营运情况

指　标	2011年	2011年可比样本变动	2010年	2010年可比样本变动	2009年
资产负债率(%)	47.33	0.41	46.60	-2.62	49.92
存货周转率(次)	4.42	0.13	4.35	0.39	4.12
总资产周转率(次)	0.98	-0.03	0.98	-0.01	1.01

资料来源：沪深交易所，天相投资分析系统

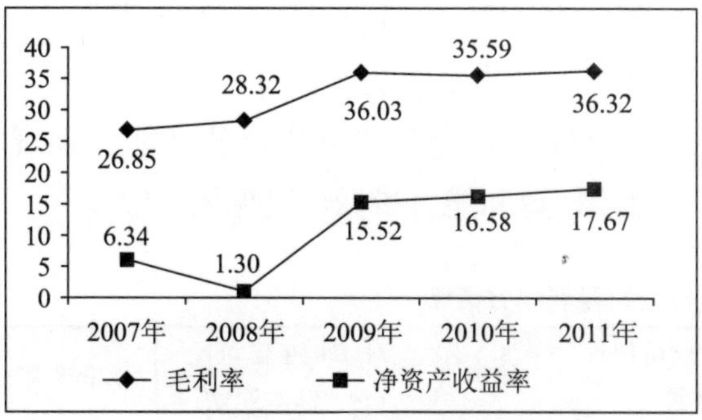

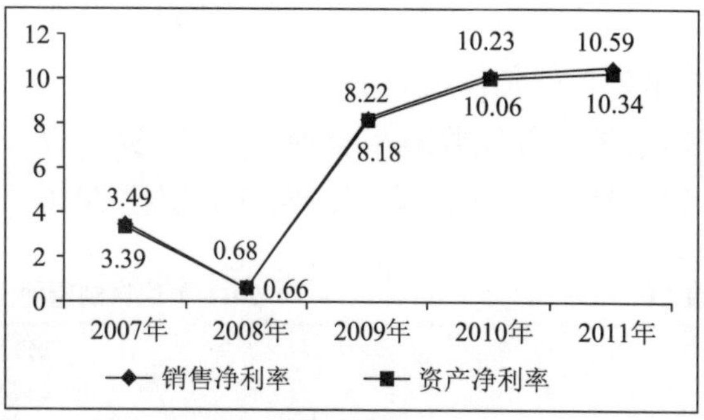

图 10　食品制造业上市公司 2007—2011 年偿债及营运能力指标情况（%）

资料来源：沪深交易所，天相投资分析系统

（三）饮料制造业

1. 行业概况

2011 年，饮料制造业总资产为 9 186.82 亿元；实现利润总额 1 201.73 亿元，按可比样本计算同比增长 41.11%。

2. 行业内上市公司发展状况

2011 年，按可比样本计算，饮料制造业上市公司的整体收入同比增长 28.72%，利润水平同比增长 50.31%，归属于母公司所有者的净利润同比增长 49.54%。

饮料制造业上市公司收入及资产增长情况见表 20，营业收入及归属于母公司所有者的净利润变化情况见图 11。

表 20　2011 年饮料制造业上市公司收入及资产增长情况　单位：亿元

指　标	2011 年	2011 年可比样本增长（%）	2010 年	2010 年可比样本增长（%）	2009 年
营业收入	1 170.44	28.72	903.33	18.95	726.43
利润总额	335.70	50.31	221.50	29.77	173.75
归属于母公司所有者的净利润	238.73	49.54	158.29	30.43	124.08
总资产	1 667.43	27.30	1 302.81	22.30	989.76
归属于母公司股东权益	972.11	24.41	776.86	22.00	599.81

资料来源：沪深交易所，天相投资分析系统

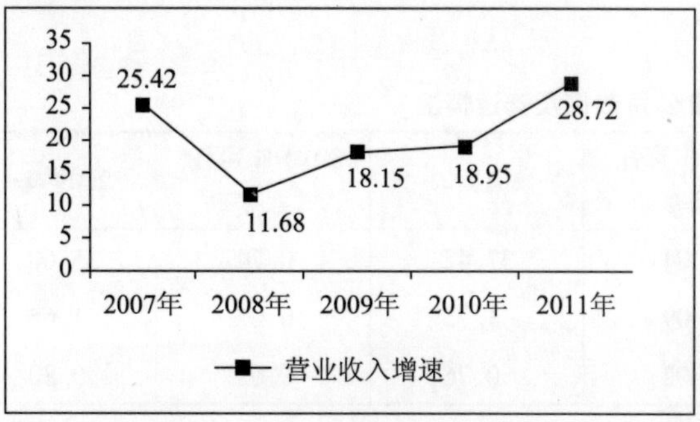

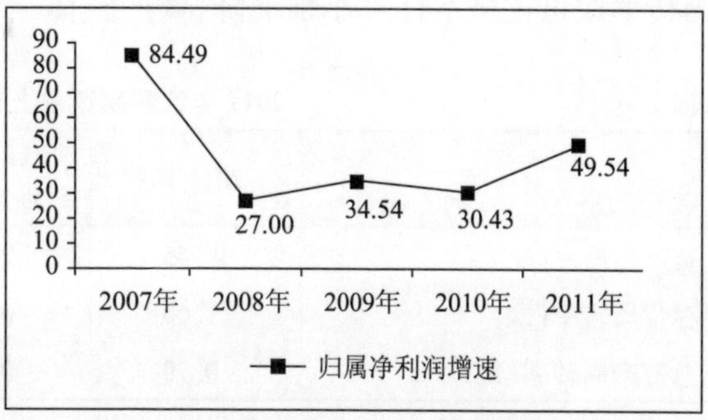

图 11　饮料制造业上市公司 2007—2011 年可比样本营业收入及归属于母公司所有者的净利润变化情况（%）

资料来源：沪深交易所，天相投资分析系统

2011年，按可比样本计算，饮料制造业上市公司的整体毛利率同比上升3.20个百分点，带动各项收益率全面提升，净资产收益率、销售净利率、资产净利率分别比2010年同期上升4.13、2.84、2.61个百分点，行业盈利能力显著提升。

饮料制造业上市公司盈利能力情况见表21，盈利能力指标情况见图12。

表21　　2011年饮料制造业上市公司盈利能力情况

指　标	2011年	2011年可比样本变动	2010年	2010年可比样本变动	2009年
毛利率(%)	56.35	3.20	53.04	1.84	51.44
净资产收益率(%)	24.56	4.13	20.37	1.32	20.69
销售净利率(%)	20.40	2.84	17.52	1.54	17.08
资产净利率(%)	16.04	2.61	13.37	0.96	13.66

资料来源：沪深交易所，天相投资分析系统

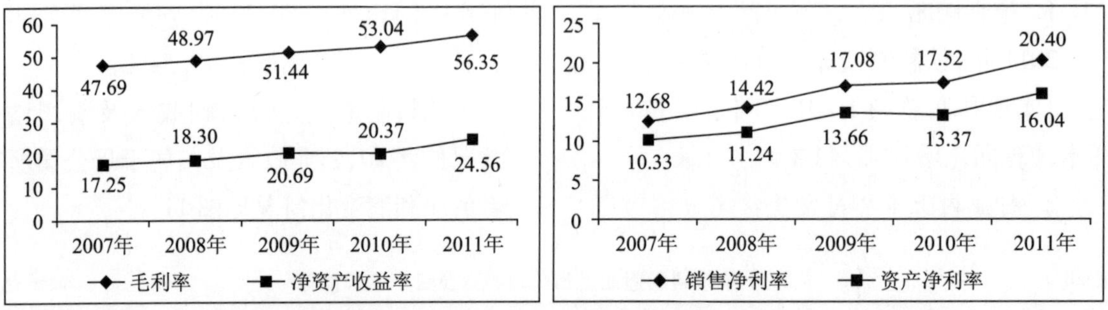

图12　饮料制造业上市公司2007—2011年盈利能力指标情况(%)

资料来源：沪深交易所，天相投资分析系统

2011年，饮料制造业上市公司总体运营状况稳定。资产负债率按可比样本计算为39.45%，比上年上升2.04个百分点；存货周转率按可比样本计算小幅下降，资产整体运营效率与上年基本持平。

饮料制造业上市公司偿债及营运情况见表22，偿债及营运能力指标情况见图13。

表22　　2011年饮料制造业上市公司偿债及营运情况

指　标	2011年	2011年可比样本变动	2010年	2010年可比样本变动	2009年
资产负债率(%)	39.45	2.04	37.42	0.74	35.60
存货周转率(次)	1.66	-0.09	1.75	0.02	1.64
总资产周转率(次)	0.79	0.02	0.76	-0.01	0.80

资料来源：沪深交易所，天相投资分析系统

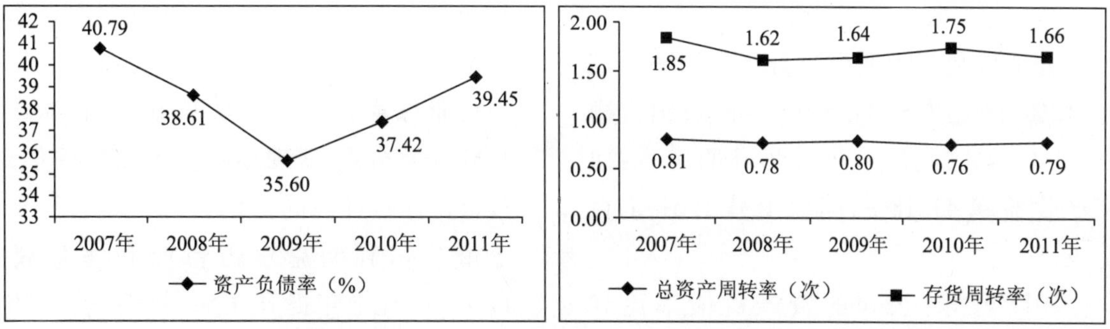

图 13　饮料制造业上市公司 2007—2011 年偿债及营运能力指标情况

资料来源：沪深交易所，天相投资分析系统

四、重点上市公司介绍

贵州茅台

2011 年，公司实现营业收入 184.02 亿元，同比增长 58.19%；实现利润总额 123.35 亿元，同比增长 72.21%；实现归属于母公司所有者的净利润 87.63 亿元，同比增长 73.49%；每股收益 8.44 元。

公司盈利能力显著提升。毛利率达到 91.57%，同比提高 0.62 个百分点；销售净利率 50.27%，同比上升 4.37 个百分点；净资产收益率 40.39%，同比上升 9.48 个百分点。

2011 年末，公司的资产负债率达到 27.21%，同比下降 0.3 个百分点。

五粮液

2011 年，公司实现营业收入 203.51 亿元，同比增长 30.95%；实现利润总额 85.00 亿元，同比增长 40.03%；实现归属于母公司所有者的净利润 61.57 亿元，同比增长 40.09%；每股收益 1.62 元。

公司盈利能力略有提高。毛利率为 66.12%，同比下降 2.59 个百分点；销售净利率 31.42%，同比上升 2.07 个百分点；净资产收益率 30.01%，同比上升 3.33 个百分点。

2011 年末，公司的资产负债率达到 36.47%，同比上升 0.52 个百分点。

洋河股份

2011 年，公司实现营业收入 127.41 亿元，同比增长 67.22%；实现利润总额 55.31 亿元，同比增长 79.79%；实现归属于母公司所有者的净利润 40.21 亿元，同比增长 82.39%；每股收益 4.47 元。

公司盈利能力显著提升。毛利率为 58.17%，同比上升 1.86 个百分点；销售净利率 32.47%，同比上升 2.30 个百分点；净资产收益率 49.16%，同比上升 12.03 个百分点。

2011 年末，公司的资产负债率达到 35.65%，同比上升 11.88 个百分点，主要原因是受到双沟并购的影响。

张裕 A

2011 年，公司实现营业收入 60.28 亿元，同比增长 20.96%；实现利润总额 25.40 亿元，同比增长 31.61%；实现归属于母公司所有者的净利润 19.07 亿元，同比增长

32.98%;每股收益3.62元。

公司盈利能力明显提升。毛利率达到76.12%,同比上升1.36个百分点;销售净利率31.64%,同比上升2.46个百分点;净资产收益率43.18%,同比上升1.61个百分点。

2011年末,公司的资产负债率达到33.21%,同比下降3.80个百分点。

五、上市公司在行业中的影响力

2011年,食品、饮料制造业上市公司影响力进一步增强。截至2011年底,食品、饮料制造业上市公司总资产共计4 061.22亿元,按可比样本计算同比增长29.79%,行业内上市公司总资产占行业总资产的11.17%,比上年提升1.09个百分点;实现营业收入4 411.64亿元,按可比样本计算同比增长47.78%,行业内上市公司营业收入占行业总营业收入的6.33%,比上年提升1.11个百分点;实现利润总额552.06亿元,按可比样本计算同比增长43.55%,行业内上市公司利润总额占行业利润总额的11.81%,比上年提升0.54个百分点。2011年,食品、饮料制造业上市公司毛利率28.97%,远高于行业整体毛利率的16.24%;截至2011年底,食品、饮料制造业上市公司资产负债率44.67%,行业整体资产负债率为52.30%。上市公司盈利能力及偿债能力均好于行业水平。

食品、饮料行业总资产及其中上市公司资产占比见图14,营业收入和利润总额及上市公司占比情况见图15。

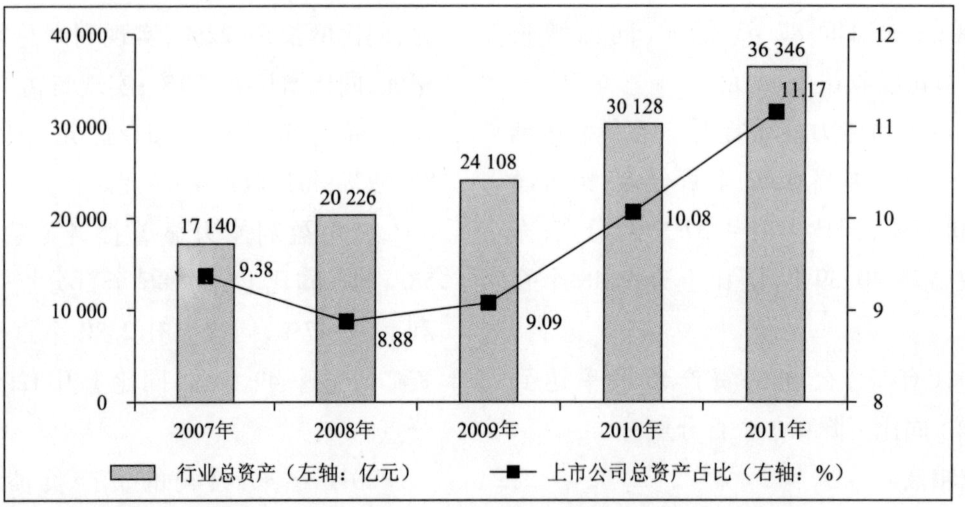

图14　食品、饮料行业2007—2011年总资产及其中上市公司资产占比

资料来源:国家统计局,天相投资分析系统

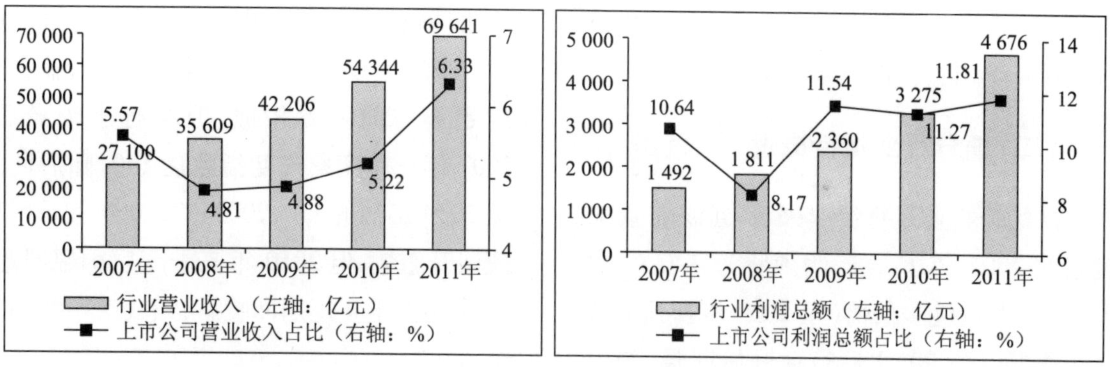

图15 食品、饮料行业2007—2011年营业收入和利润总额及上市公司占比情况

资料来源：国家统计局，天相投资分析系统

山西证券股份有限公司

审稿人：刘小勇

撰稿人：罗胤

纺织、服装、皮毛

一、纺织、服装、皮毛总体概况

（一）行业整体运行情况

根据国家统计局数据，截至2011年11月，纺织服装行业整体实现营业收入41 400.68亿元，同比增长13.78%；实现利润总额2 130.13亿元，同比增长22.07%。

由于欧债危机的持续蔓延和国际市场需求大幅萎缩，全球经济形势呈现出一片低迷之势，全球国际贸易遭受着严峻考验。受此影响，2011年我国进出口增速随之放缓了脚步。据海关信息网统计，2011年全年我国进出口额3.6万亿美元，同比增长22.5%，增幅较上年回落12.3个百分点。其中，出口18 986亿美元，进口17 434.7亿美元，分别增长20.3%和24.9%，较上年分别回落11个百分点和13.9个百分点，反映出全球经济复苏步伐放缓对我国外贸的影响。

据国家统计局统计，2011年全年社会消费品零售总额181 226亿元，同比增长17.1%；城镇居民人均总收入23 979元，其中人均可支配收入21 810元，比2010年增加2 701元，增长14.1%。稳定的消费增长为纺织、服装、皮毛行业的发展提供了可靠的保障。

据中国纺织工业联合会统计中心统计，2011年全年纺织服装行业的总产值增长26.8%，其中出口增长20%以上，内销产值增长29.5%，全行业纺织项目投资增长36.3%。其中，纺织服装、纺织面料、鞋和制帽行业所占比重分别为94.18%、4.15%和1.67%。据统计，2011年中国纺织服装产量达到254.20亿件，同比增长8.14%；纺织鞋产量95.27亿双,同比增长17.51%;生产各种帽子4.52亿打,同比增长9.61%。

(二)细分行业运行概况

从细分行业运行情况来看,纺织业景气度指数2007年上半年达到将近140的高点,之后出现逐步回落,至2009年初达到5年来最低点位90,之后行业开始回暖,2010年三季度升至130之后继续回落,且在2011年出现了加速回落情况,至2011年底景气度指数为100。纺织服装、鞋、帽制造业景气度在2007年达到4年最高点之后进入下行区间,2009年初景气度降至100,之后的两年出现较快的复苏,2010年底之后又开始回落;皮革、毛皮、羽毛(绒)及其制品行业景气度走势与前两者相似,但略有小幅滞后,2007年三季度景气度指数达150,随后回落至2009年初的110,2009—2010年三季度出现回升态势,但2010年三季度后小幅回落,2011年上半年短期回暖后,景气度指数回落至120。

总体上看,纺织业,纺织服装、鞋、帽制造业和皮革、毛皮、羽毛(绒)及其制品业在2007年至2011年期间,景气度呈现出同向波动的态势。

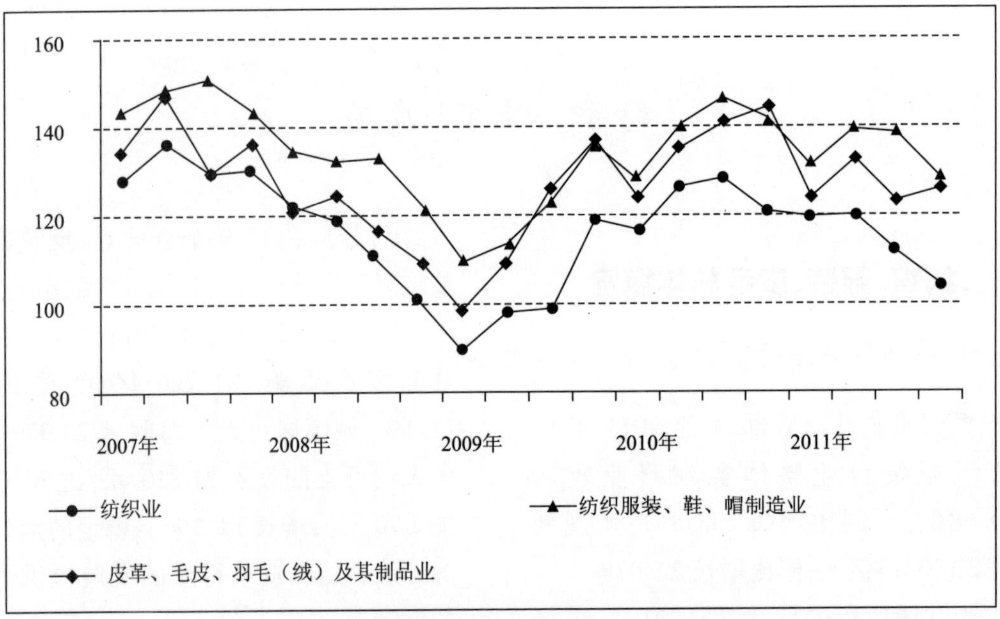

图1 纺织、服装、皮毛细分行业景气度指数走势

资料来源:国家统计局,天相投资分析系统

二、行业内上市公司发展概况

(一)行业内上市公司基本情况

截至2011年底,纺织、服装、皮毛制造业共涵盖85只A、B股,其中A股76只,B股9只,分别占沪深两市比重的3.13%、0.37%。截至2011年底,该行业市值总额为2 581.48亿元,占沪深两市市值总额的1.20%;流通A股市值为1 746.53亿元,占流通A股市值的1.07%;流通B股市值为70.10亿元,占流通B股市值的4.94%。

表 1　2011 年纺织、服装、皮毛上市公司发行股票概况

门　类	A、B 股总数	A 股股票数	B 股股票数	境内总市值（亿元）	流通 A 股市值（亿元）	流通 B 股市值（亿元）
纺织、服装、皮毛	85	76	9	2 581.48	1 746.53	70.10
占沪深两市比重(%)	3.50	3.13	0.37	1.20	1.07	4.94

资料来源：沪深交易所，天相投资分析系统

(二)行业内上市公司构成情况

按上市地划分，行业内在上海证券交易所上市的公司 33 家，深圳证券交易所上市的公司 45 家，分别占行业内上市公司总数的 42.31% 和 57.69%。

按 A、B 股划分，仅在 A 股上市的公司 69 家，仅在 B 股上市的公司 2 家，同时在 A 股和 B 股上市的公司 7 家。

从经营角度看，行业内上市公司中 ST 公司有 6 家，*ST 公司有 1 家，分别占行业内上市公司总数的 8% 和 1%。

表 2　2011 年纺织、服装、皮毛上市公司构成情况

门　类	沪　市			深　市			ST/ *ST
	仅 A 股	仅 B 股	A + B 股	仅 A 股	仅 B 股	A + B 股	
纺织、服装、皮毛(家)	29	0	4	40	2	3	6/1
占行业内上市公司比重(%)	37.18	0.00	5.13	51.28	2.56	3.85	8/1

资料来源：沪深交易所，天相投资分析系统

按上市公司所处行业大类划分，可分为纺织业，服装及其他纤维制品制造业，皮革、毛皮、羽绒及制品制造业，3 个大类所涵盖公司数量分别为 51 家(其中 A、B 股共存 3 家，仅 B 股 1 家)、27 家(其中 A、B 股共存 3 家，仅 B 股 1 家)、4 家(其中 A、B 股共存 1 家)；多家公司同时属于多个细分行业。

表 3　2011 年纺织、服装、皮毛上市公司各子行业分布明细

A、B 股类型	公司代码	公司名称	所属大类
沪市 A 股	600070	浙江富润	纺织业
	600152	维科精华	
	600156	华升股份	
	600220	江苏阳光	
	600232	XD 金鹰股	
	600273	华芳纺织	
	600370	三房巷	
	600398	凯诺科技	
	600448	华纺股份	
	600483	福建南纺	

续表

A、B股类型	公司代码	公司名称	所属大类
沪市A股	600493	凤竹纺织	纺织业
	600626	申达股份	
	600630	龙头股份	
	600677	航天通信	
	600987	航民股份	
	601113	华鼎锦纶	
	601233	桐昆股份	
	601599	鹿港科技	
	600107	美尔雅	服装及其他纤维制品制造业
	600137	浪莎股份	
	600177	雅戈尔	
	600233	大杨创世	
	600241	时代万恒	
	600272	开开实业	
	600295	鄂尔多斯	
	600381	贤成矿业	
	600400	红豆股份	
	600689	上海三毛	
	600757	长江传媒	
	600884	杉杉股份	
	601566	九牧王	
	600439	瑞贝卡	皮革、毛皮、羽绒及制品制造业
	600851	海欣股份	
沪市B股	900922	三毛B股	服装及其他纤维制品制造业
	900936	鄂资B股	
	900943	开开B股	
	900917	海欣B股	皮革、毛皮、羽绒及制品制造业
深市A股	000018	ST中冠A	纺织业
	000045	深纺织A	
	000158	常山股份	
	000726	鲁泰A	
	000779	三毛派神	
	000803	金宇车城	
	000810	华润锦华	
	000813	天山纺织	
	000850	华茂股份	
	000971	ST迈亚	
	000982	中银绒业	
	002015	霞客环保	
	002034	美欣达	

续表

A、B 股类型	公司代码	公司名称	所属大类
深市 A 股	002042	华孚色纺	纺织业
	002044	江苏三友	
	002070	众和股份	
	002072	ST 德棉	
	002083	孚日股份	
	002087	新野纺织	
	002144	宏达高科	
	002193	山东如意	
	002293	罗莱家纺	
	002327	富安娜	
	002394	联发股份	
	002397	梦洁家纺	
	002404	嘉欣丝绸	
	002486	嘉麟杰	
	002516	江苏旷达	
	002634	棒杰股份	
	000681	*ST 远东	服装及其他纤维制品制造业
	000902	中国服装	
	000955	ST 欣龙	
	002029	七 匹 狼	
	002036	宜科科技	
	002154	报 喜 鸟	
	002239	金 飞 达	
	002291	星期六	
	002425	凯撒股份	
	002485	希努尔	
	002517	泰亚股份	
	002569	步森股份	
	002612	朗姿股份	
	002494	华斯股份	皮革、毛皮、羽绒及制品制造业
深市 B 股	200018	ST 中冠 B	纺织业
	200045	深纺织 B	
	200160	ST 大路 B	
	200726	鲁 泰 B	
	200168	ST 雷伊 B	服装及其他纤维制品制造业

资料来源：沪深交易所，天相投资分析系统

(三)行业内上市公司融资情况

2011年,共有473家公司从沪深两市进行融资,其中纺织、服装、皮毛上市公司共有10家,占比达2.11%,且4家属中小板企业、1家属深市主板、5家属沪市A股。纺织、服装、皮毛行业的10家融资企业中,7家为新股上市,占两市发行新股的上市公司总量的2.53%;1家为配股,占两市配股公司总量的7.69%;2家为增发,占两市进行增发的上市公司的1.09%。

表4　2011年纺织、服装、皮毛上市公司与沪深两市融资情况对比　单位:家

	融资家数	新　股	配　股	增　发
纺织、服装、皮毛	10	7	1	2
沪深两市总数	473	277	13	183
占比(%)	2.11	2.53	7.69	1.09

资料来源:沪深交易所,天相投资分析系统

2011年按公司所属子行业划分,纺织业和服装及其他纤维制品制造业融资企业数量占比分别是60%和40%。

其中,首发的7家公司有3家在中小板上市,其余4家均在沪市;增发和配股的公司分别是深市主板和中小板。融资的10家公司中,纺织业6家,服装及其他纤维制品制造业4家。

表5　2011年纺织、服装、皮毛上市公司融资情况

代　码	公司名称	融资类别	所属大类	证券类型
000982	中银绒业	增　发	纺织业	深市主板
002015	霞客环保	配　股	纺织业	中小板
002569	步森股份	首　发	服装及其他纤维制品制造业	中小板
002612	朗姿股份	首　发	服装及其他纤维制品制造业	中小板
002634	棒杰股份	首　发	纺织业	中小板
600381	贤成矿业	增　发	服装及其他纤维制品制造业	沪　市
601113	华鼎锦纶	首　发	纺织业	沪　市
601233	桐昆股份	首　发	纺织业	沪　市
601566	九牧王	首　发	服装及其他纤维制品制造业	沪　市
601599	鹿港科技	首　发	纺织业	沪　市

资料来源:沪深交易所,天相投资分析系统

纺织、服装、皮毛行业上市公司本轮共发行94 010.75万亿股,实际募集资金120.08亿元。从募集资金量及发行价来看,朗姿股份和桐昆股份名列前茅:朗姿股份以35.00元每股价格,发行5 000万股,实际募集16.58亿元,占行业实际募集资金总量的13.81%;桐昆股份以27.60元每股价格,发行12 000万股,实际募集31.31亿元,占行业实际募集资金总量的26.07%。

表 6　　2011 年纺织、服装、皮毛上市公司融资明细

代　码	公司名称	发行价格（元）	实际发行数量（万股）	实募集资金数（亿元）
000982	中银绒业	10. 00	2 900. 00	2. 74
002015	霞客环保	5. 88	3 885. 44	2. 12
002569	步森股份	16. 88	2 334. 00	3. 61
002612	朗姿股份	35. 00	5 000. 00	16. 58
002634	棒杰股份	18. 10	1 670. 00	2. 63
600381	贤成矿业	3. 41	14 694. 58	5. 01
600381	贤成矿业	5. 91	26 226. 73	15. 04
601113	华鼎锦纶	14. 00	8 000. 00	10. 69
601233	桐昆股份	27. 00	12 000. 00	31. 31
601566	九牧王	22. 00	12 000. 00	25. 53
601599	鹿港科技	10. 00	5 300. 00	4. 82
总　计			94 010. 75	120. 08

资料来源：沪深交易所，天相投资分析系统

2007 年至 2011 年，纺织、服装、皮毛行业上市公司融资总额复合增长率为 37. 09%，除了 2008 年之外，融资总额绝对量总体呈上升趋势，但是融资金额增速起伏较大，2007 年和 2009 年增速较快，2010 年增速开始大幅下降，2011 年增速为 14. 14%。

2007 年至 2011 年，纺织、服装、皮毛行业上市公司发行股数总体呈上升趋势，复合增长率为 27. 47%。从发行股数绝对值来看，2008 年有小幅下降，但 2009 年大幅增加，2010 年变化不明显，2011 年发行股数再次较大幅度增加。从增速角度来看，2008 年增速迅速下滑，2009 年大幅上升，但 2010 年又下降了 131. 26 个百分点，2011 年较 2010 年有所回升，同比增速达 37. 83%。

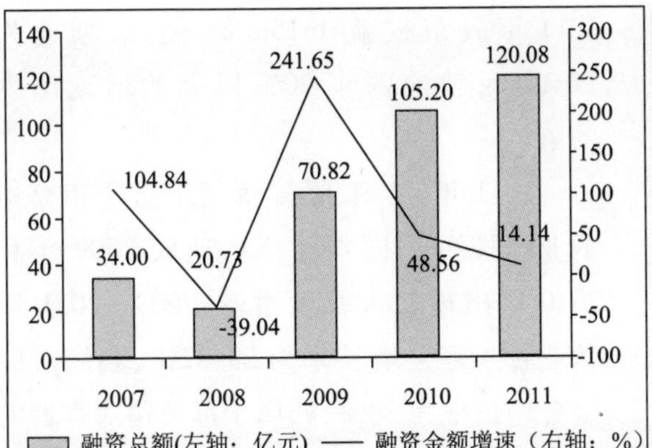

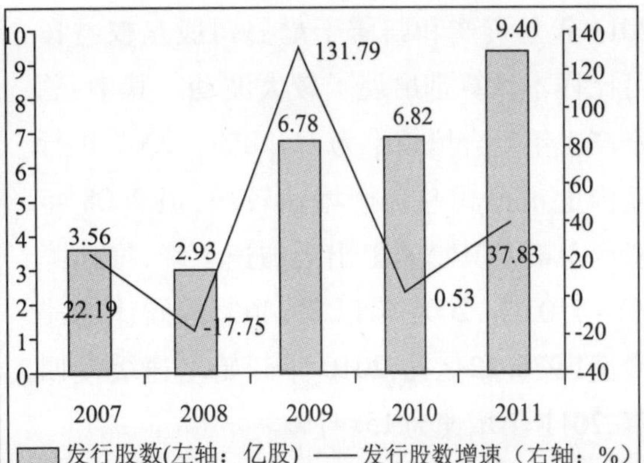

图 2　纺织、服装、皮毛上市公司 2007—2011 年融资额及发行股数情况

资料来源：沪深交易所，天相投资分析系统

（四）行业内上市公司资产及业绩情况

2011年纺织、服装、皮毛行业上市公司总资产按可比样本计算较2010年增长了15.41%，总资产为2 650.00亿元。2011年，总资产中流动资产和非流动资产的增速按可比样本计算均有所下降，流动资产同比增加21.06%，占总资产的比重提升了2.63个百分点至57.17%，非流动资产同比增加8.65%，占总资产比重下降了2.67个百分点至42.83%。

表7　　2011年纺织、服装、皮毛上市公司资产情况　　单位：亿元

指　标	2011年	2011年可比样本增长(%)	2010年	2010年可比样本增长(%)	2009年
总资产	2 650.00	15.41	2 183.93	19.04	1 976.22
流动资产	1 515.09	21.06	1 191.21	29.26	1 013.86
占比(%)	57.17	2.67	54.54	4.31	51.30
非流动资产	1 134.91	8.65	992.72	8.73	962.36
占比(%)	42.83	-2.67	45.46	-4.31	48.70
流动负债	1 154.48	18.25	921.39	13.88	849.82
占比(%)	43.57	1.05	42.19	-1.91	43.00
非流动负债	223.38	-4.41	230.72	23.68	204.97
占比(%)	8.43	-1.75	10.56	0.40	10.37
归属于母公司股东权益	1 156.25	17.12	936.39	23.55	833.51
占比(%)	43.63	0.63	42.88	1.57	42.18

资料来源：沪深交易所，天相投资分析系统

纺织、服装、皮毛上市公司2007年至2011年总资产和归属于母公司股东权益按可比样本计算都出现了较大波动。其中，总资产4年复合增长率为11.28%。2007年行业内上市公司总资产增速较快，但2008年资产总额及其增速都出现加速下降，增速降至-7.02%，2009年以21.46%的同比增速增至1 976.22亿元，2010年开始增速缓慢回落，2011年增速为15.41%。

2007—2011年，按可比样本计算，行业内上市公司归属于母公司股东权益复合增长率为12.50%。2007年大幅增长之后，2008年和2009年经历了加速下降和加速上升两个阶段，从2009年开始增速缓慢下降，2011年股东权益1 156.25亿元，增速为17.12%，较前两年20%以上的增速出现回落。

2011年，纺织、服装、皮毛行业上市公司的业绩按可比样本计算增速较2009年和2010年出现较大幅度滑落，2009—2011年营业收入复合增长率为29.82%，利润总额复合增长率为28%，归属于母公司所有者的净利润复合增长率为26.71%。其中，2011年营业收入同比增加17.70%，利润总额同比增长0.26%，归属于母公司所有者的净利润同比下降6.06%。

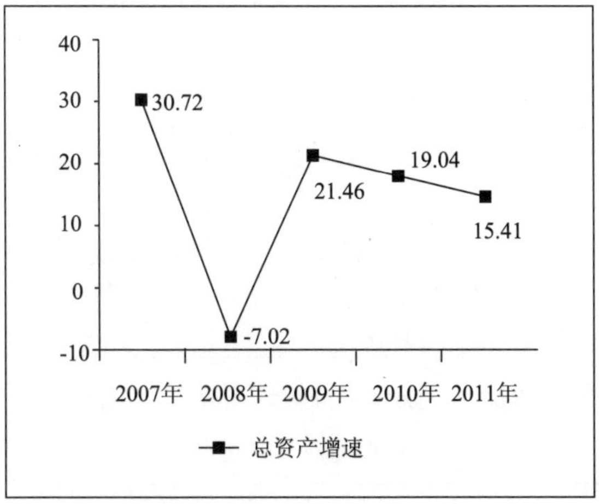

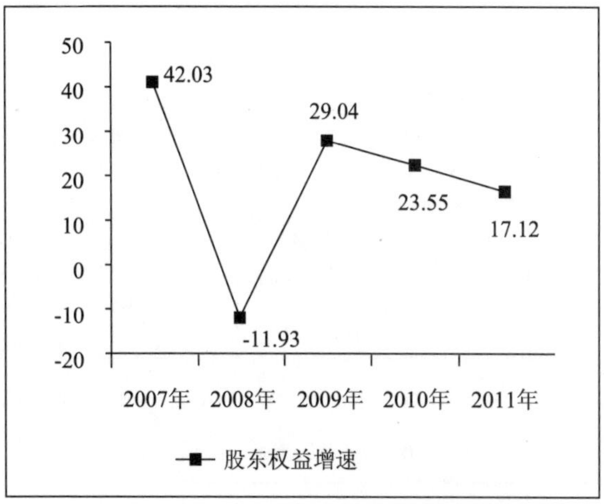

图3　纺织、服装、皮毛上市公司2007—2011年可比样本总资产和归属于母公司股东权益增长情况(%)

资料来源:沪深交易所,天相投资分析系统

表8　2011年纺织、服装、皮毛上市公司收入实现情况　单位:亿元

指　标	2011年	2011年可比样本增长(%)	2010年	2010年可比样本增长(%)	2009年
营业收入	1 741.90	17.70	1 276.14	28.34	1 033.62
利润总额	162.86	0.26	138.54	49.65	99.40
归属于母公司所有者的净利润	114.63	-6.06	103.33	51.19	71.40

资料来源:沪深交易所,天相投资分析系统

2007—2011年,按可比样本计算,行业内上市公司营业收入复合增长率为14.78%,其中,2008年收入出现下滑,2009年开始逐步回暖,营业收入加速上升,2010年达到1 276.14亿元,增速28.34%,但2010年开始增速有所回落,2011年下降至17.70%。按可比样本计算,行业内上市公司归属于母公司所有者的净利润从2007年开始以23.96%的复合增长率增长,2007年归属于母公司所有者的净利润达到48.55亿元,2008年出现同比负增长,2009年大幅回升之后,2010年和2011年增速有所回落。

行业内上市公司按可比样本计算的营业收入变动与归属净利润变动趋势大体相同,但2010年营业收入增速有较大幅度增加,归属于母公司所有者的净利润增速却有所下降(见图4)。

(五)利润分配情况

2011年全年纺织、服装、皮毛上市公司中共有45家公司实施了分红配股。其中,3家公司实施送股及转增股本,35家公司实施派息,既送股、转增又派息的公司7家。

送股及转增比例最高值为每股送转1股(泰亚股份、中银绒业、华孚色纺和桐昆股份)和每股派息0.800元(桐昆股份)。

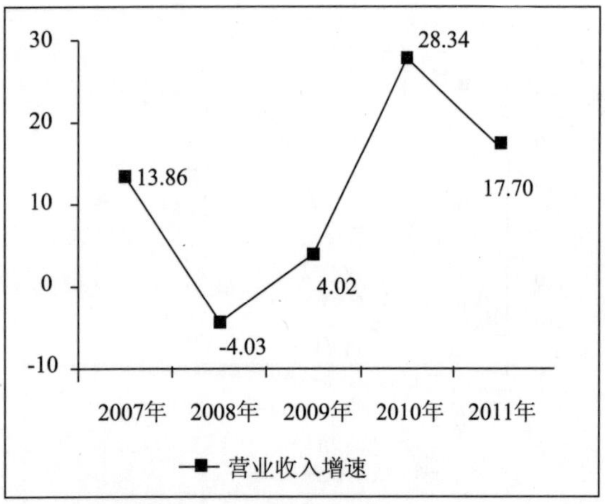

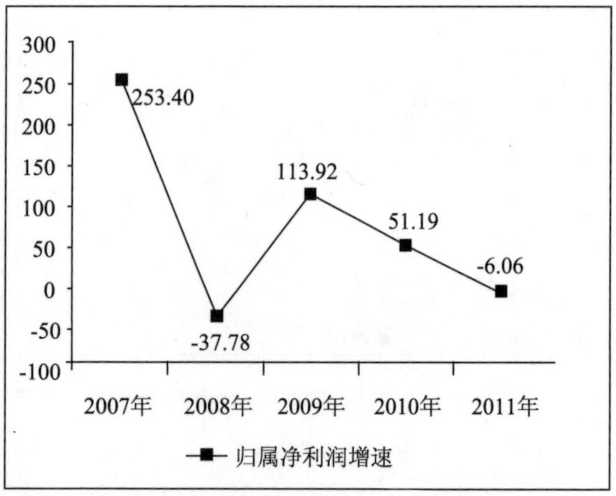

图4　纺织、服装、皮毛上市公司2007—2011年营业收入及归属于母公司所有者的净利润变化情况(%)

资料来源:沪深交易所,天相投资分析系统

表9　　2011年纺织、服装、皮毛上市公司分红明细

代　码	名　称	送股及转增比例	每股派息（税前　元）	基准股本（万股）
000726	鲁　泰A	—	0.280	100 895.48
000810	华润锦华	—	0.150	12 966.57
000850	华茂股份	—	0.050	94 366.50
002034	美欣达	—	0.300	8 112.00
002036	宜科科技	—	0.050	20 224.89
002044	江苏三友	—	0.100	22 425.00
002070	众和股份	0.300	0.020	37 589.24
002083	孚日股份	—	0.060	93 848.30
002087	新野纺织	—	0.040	51 975.84
002144	宏达高科	—	0.200	15 133.88
002154	报喜鸟	—	0.150	59 381.53
002239	金飞达	—	0.020	20 100.00
002394	联发股份	—	0.200	21 580.00
002397	梦洁家纺	—	0.200	15 120.00
002425	凯撒股份	—	0.050	21 400.00
002486	嘉麟杰	—	0.120	20 800.00
002494	华斯股份	—	0.100	11 350.00
002516	江苏旷达	—	0.200	25 000.00
002517	泰亚股份	1.000	0.200	8 840.00

续表

代　码	名　称	送股及转增比例	每股派息（税前　元）	基准股本（万股）
002569	步森股份	—	0.100	9 334.00
002634	棒杰股份	0.500	0.300	6 670.00
600070	浙江富润	0.300	0.300	14 067.58
600152	维科精华	—	0.060	29 349.42
600156	华升股份	—	0.020	40 211.07
600177	雅戈尔	—	0.400	222 661.17
600232	金鹰股份	—	0.100	36 471.85
600233	大杨创世	—	0.120	16 500.00
600295	鄂尔多斯	—	0.100	103 200.00
600398	凯诺科技	—	0.050	64 660.41
600439	瑞贝卡	0.200	0.100	78 610.10
600483	福建南纺	—	0.100	28 848.37
600626	申达股份	—	0.100	71 024.28
600884	杉杉股份	—	0.060	41 085.82
600987	航民股份	—	0.200	42 354.00
601113	华鼎锦纶	1.000	0.150	32 000.00
601566	九牧王	—	0.600	57 293.00
200726	鲁　泰 B	—	0.280	100 895.48
900936	鄂资 B 股	—	0.100	103 200.00
000982	中银绒业	1.000	—	27 800.00
002015	霞客环保	—	0.015	23 994.24
002042	华孚色纺	1.000	—	27 766.42
002394	联发股份	—	0.150	21 580.00
002569	步森股份	—	0.400	9 334.00
600381	贤成矿业	0.500	—	45 332.98
601233	桐昆股份	1.000	0.800	48 180.00

资料来源：沪深交易所，天相投资分析系统

2007—2011 年，按可比样本计算，纺织、服装、皮毛上市公司现金分红数额总体呈上升趋势，复合增长率为 14.23%，2008 年现金分红数额有所下降，之后 3 年逐年增加；按可比样本计算，行业内上市公司归属于母公司所有者的净利润 5 年复合增长率为 23.96%，分配利润占比总体呈现下降趋势，继 2007 年占比 42.41% 和 2008 年达到 54.04% 之后，行业内上市公司现金分红占利润比 2009 年降至 33.43%，2010 年小幅度下降，2011 年比例有所提高，达到 30.58%。

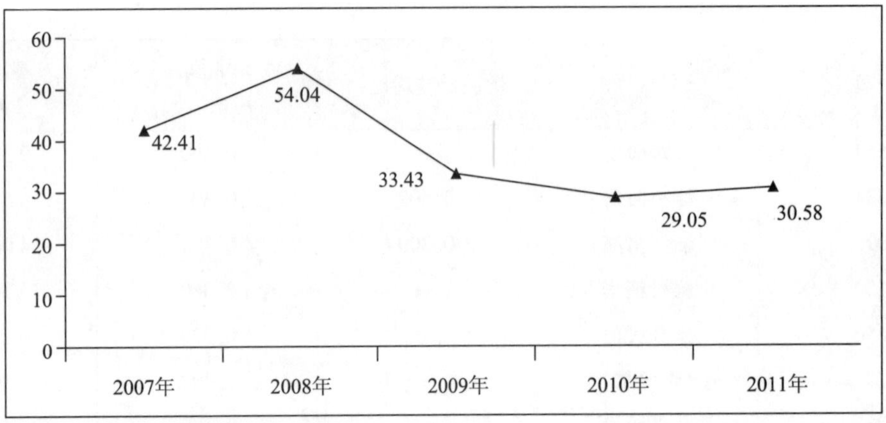

图5　纺织、服装上市公司2007—2011年分配利润占比情况(%)

资料来源:沪深交易所,天相投资分析系统

(六)其他财务指标情况

1. 盈利能力指标

按可比样本计算,纺织、服装、皮毛上市公司毛利率逐年上升,2010年同比上升1.22个百分点至21.90%,2011年同比上升0.07个百分点至21.43%。同时,按可比样本计算,净资产收益率、销售净利率、资产净利率较2010年皆有较大下降,2011年分别达到了9.91%、6.58%、4.64%。

表10　　2011年纺织、服装、皮毛上市公司盈利能力情况

指　标	2011年	2011年可比样本变动	2010年	2010年可比样本变动	2009年
毛利率(%)	21.43	0.07	21.90	1.22	21.00
净资产收益率(%)	9.91	-2.45	11.03	2.02	8.57
销售净利率(%)	6.58	-1.66	8.10	1.22	6.91
资产净利率(%)	4.64	-1.16	5.14	1.07	3.96

资料来源:沪深交易所,天相投资分析系统

2. 偿债能力指标

纺织、服装、皮毛上市公司按可比样本计算的偿债能力较好,特别是短期偿债能力逐年提升,至2011年流动比率和速动比率分别达到1.31和0.75。

表11　　2011年纺织、服装、皮毛上市公司偿债能力指标

指　标	2011年	2011年可比样本变动	2010年	2010年可比样本变动	2009年
流动比率	1.31	0.03	1.29	0.15	1.19
速动比率	0.75	-0.01	0.76	0.15	0.62
资产负债率(%)	51.99	-0.70	52.75	-1.52	53.37

资料来源:沪深交易所,天相投资分析系统

3. 营运能力指标

按可比样本计算，纺织、服装、皮毛上市公司的营运能力和2010年持平，2011年应收账款周转率提升较快，同比增加0.49次至13.86次，同时固定资产周转率增加0.23次至2.94次。

表12　　2011年纺织、服装、皮毛上市公司营运能力情况　　单位：次

指　标	2011年	2011年可比样本变动	2010年	2010年可比样本变动	2009年
存货周转率	2.34	-0.06	2.15	0.18	1.83
应收账款周转率	13.86	0.49	12.13	1.97	10.63
流动资产周转率	1.26	-0.08	1.21	0.05	1.11
固定资产周转率	2.94	0.23	2.50	0.41	2.16
总资产周转率	0.70	0.00	0.64	0.04	0.57
净资产周转率	1.48	-0.03	1.36	0.04	1.26

资料来源：沪深交易所，天相投资分析系统

三、重点细分行业介绍

纺织、服装、皮毛行业主要包括三个子行业：纺织业，服装及其他纤维制品制造业，皮革、毛皮、羽绒及制品制造业。

表13　　2011年纺织、服装、皮毛上市公司数量分布及市值情况

大　类	上市公司家数（家）	占行业内比重（%）	境内总市值（亿元）	占行业内比重（%）
纺织业	48	61.54	1 325.16	51.35
服装及其他纤维制品制造业	27	34.62	1 127.86	43.70
皮革、毛皮、羽绒及制品制造业	3	3.85	127.87	4.95

资料来源：沪深交易所，天相投资分析系统

纺织业共48家上市公司，占行业内公司数量的61.54%，境内总市值占行业内比重为51.35%；服装及其他纤维制品制造业共27家上市公司，数量占比34.62%，境内总市值占比43.70%；皮革、毛皮、羽绒及制品制造业共3家上市公司，数量占比3.85%，境内总市值占比4.95%。

（一）纺织业

1. 行业概况

2011年，纺织业行业总资产为1 993.57亿元，同比增长15.5%；完成利润总额达1 753.64亿元，同比增长28.07 %。

2. 行业内上市公司发展状况

2011年，纺织子行业上市公司按可比样本计算营业收入增速高于整个行业增速5.63个百分点，为23.33%；利润总额及归属于母公司所有者的净利润按可比样本计算增速略高于行业增速，但不及2010年相对于行业整体的优势，其中，利润总额增速超过4.94个百分点至5.2%，归属母公司所有者的净利润增速超过5.52个百分点至-0.54%。

纺织子行业上市公司营业收入按可比样本计算从2009年开始以38.23%的复合增长率增长,但同比增速有所放缓,低于2010年同比增速;按可比样本计算,利润总额复合增长率为44.47%,但2011年利润总额同比出现大幅下滑,下降幅度达66个百分点,归属于母公司所有者的净利润3年复合增长率48.94%,2011年出现负增长,较2010年的增速81.23%大幅度降低。

按可比样本计算,2011年纺织业上市公司总资产增速低于整个行业总资产增速2.28个百分点,归属于母公司股东权益的增速低于整个行业3.42个百分点。

按可比样本计算,2009—2011年行业内上市公司总资产复合增长率为17.11%,但增长速度趋缓,2011年为13.22%,较2010年同比增速有所下降;行业内上市公司归属于母公司股东权益按可比样本计算2009年至2011年复合增长率为20.07%,2011年归属于母公司股东权益为629.60亿元,同比增速为13.70%,较2010年同比增速有所下降。

表14　2011年纺织业上市公司收入及资产增长情况　单位:亿元

指　标	2011年	2011年可比样本增长(%)	2010年	2010年可比样本增长(%)	2009年
营业收入	1 156.56	23.33	761.69	29.70	605.27
利润总额	78.91	5.20	57.63	71.69	37.81
归属于母公司所有者的净利润	56.81	-0.54	43.68	81.23	25.61
总资产	1 232.79	13.22	1 001.28	22.75	898.94
归属于母公司股东权益	629.60	13.70	516.72	33.00	436.68

资料来源:沪市交易所,天相投资分析系统

按可比样本计算,纺织业上市公司营业收入2007—2011年复合增长率为14.75%,2007年收入667.15亿元,同比增速13.24%,2008年营业收入下滑严重,同比增速出现负增长,2009年开始回升,其中2010年增速最快,2011年增速放缓。按可比样本计算,行业内上市公司归属于母公司所有者的净利润2007—2011年复合增长率为14.13%,2009年同比增速达到最高值,但是2011年同比增速又出现大幅度下降。

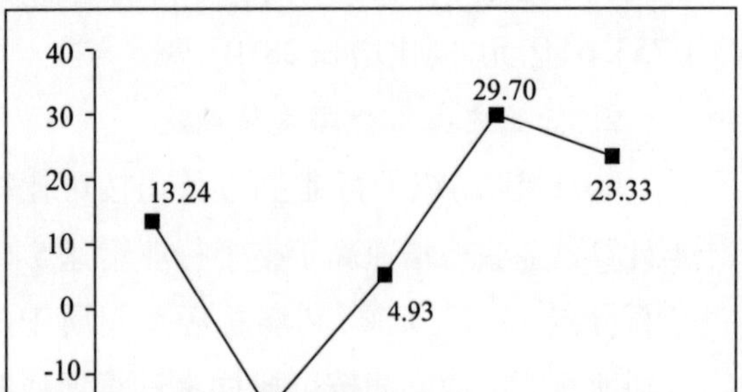

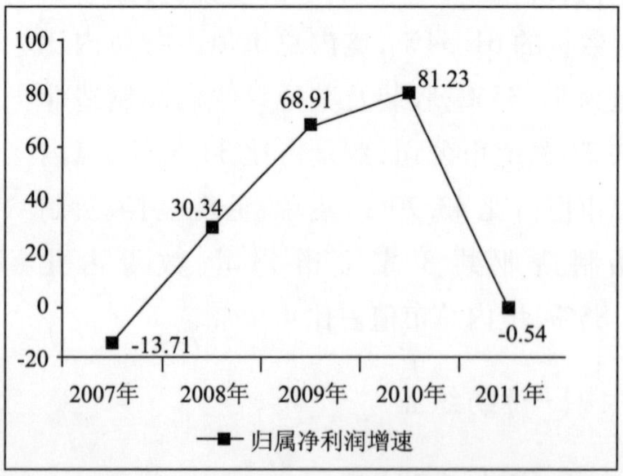

图6　纺织业上市公司2007—2011年可比样本营业收入及归属于母公司所有者的净利润变化情况(%)

资料来源:沪深交易所,天相投资分析系统

2011 年,纺织业上市公司盈利能力低于全行业上市公司水平,其中,毛利率低于行业毛利率 6.27 个百分点,净资产收益率、销售净利率分别低于行业水平 0.89 个百分点和 1.67 个百分点,资产净利率略高于行业 0.25 个百分点。

行业内上市公司 2011 年毛利率为 15.16%,按可比样本计算同比下降 1.02 个百分点,但行业内上市公司的净资产收益率、销售净利率和资产净利率都略高于行业整体水平,其中, 2011 年净资产收益率为 9.02%,按可比样本计算较上年下降 1.29 个百分点;2011 年销售净利率为 4.91%,按可比样本计算较 2010 年下降 1.18 个百分点;行业内上市公司 2011 年资产净利率为 4.89%,按可比样本计算较 2010 年下降 0.91 个百分点。

按可比样本计算,纺织业上市公司 2007—2011 年毛利率增长总体上呈现稳定增长态势,但 2011 年出现下降趋势;行业内上市公司 2007—2011 年净资产收益率按可比样本计算平稳上升;行业内上市公司销售净利率 2007—2011 年稳步上升,但 2011 年有所下降;行业内上市公司资产净利率按可比样本计算 2009 年和 2010 年增幅较大, 2008 年和 2011 年增幅较小。

表 15　　2011 年纺织业上市公司盈利能力情况

指　标	2011 年	2011 年可比样本变动	2010 年	2010 年可比样本变动	2009 年
毛利率(%)	15.16	-1.02	16.95	1.84	16.22
净资产收益率(%)	9.02	-1.29	8.45	2.25	5.87
销售净利率(%)	4.91	-1.18	5.73	1.63	4.23
资产净利率(%)	4.89	-0.91	4.81	1.72	2.96

资料来源:沪深交易所,天相投资分析系统

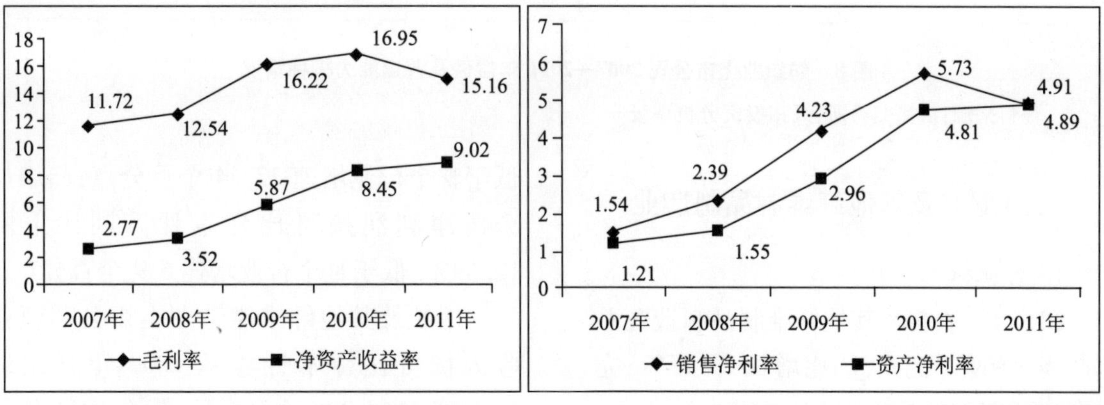

图 7　纺织业上市公司 2007—2011 年盈利能力情况(%)

资料来源:沪深交易所,天相投资分析系统

2011 年,纺织行业上市公司的偿债能力及运营能力都好于行业上市公司整体水平。其中,纺织行业上市公司资产负债率为 46.16%,低于行业资产负债率 5.83 个百分点;存货周转次数为 4.4 次,高于行业水平 2.06 次;总资产周转率为 1 次,高于行业水平 0.3 次。

按可比样本计算，行业内上市公司2011年资产负债率较2010年下降0.27个百分点，周转率较2010年增加0.09次，总资产周转率较2010年增加0.04次。

表16　　2011年纺织业上市公司偿债及营运情况

指　标	2011年	2011年可比样本变动	2010年	2010年可比样本变动	2009年
资产负债率(%)	46.16	-0.27	45.71	-3.59	48.19
存货周转率(次)	4.40	0.09	3.78	0.25	3.07
总资产周转率(次)	1.00	0.04	0.84	0.09	0.70

资料来源：沪深交易所，天相投资分析系统

2007—2011年，纺织业上市公司资产负债率按可比样本计算总体呈现下降趋势，偿债能力有所提高；行业内上市公司存货周转率按可比样本计算2008年和2009年有所下降，2010年和2011年稳步回升；行业内上市公司总资产周转率按可比样本计算2007—2011年总体呈上升趋势，2008年有小幅下降，随后3年总资产周转水平逐年好转。

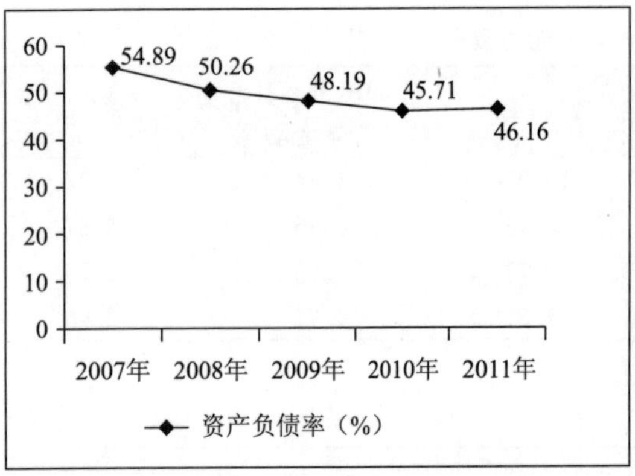

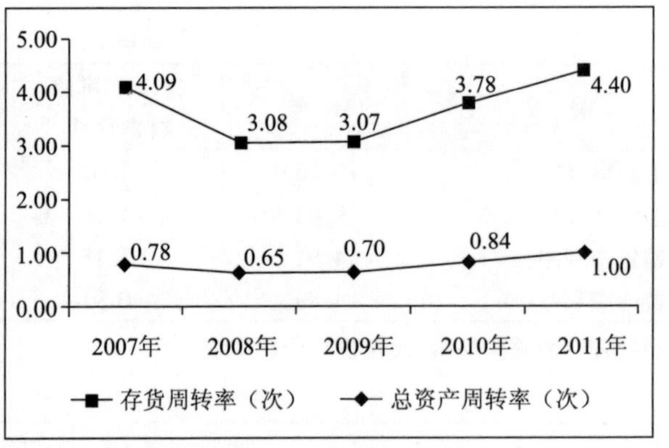

图8　纺织业上市公司2007—2011年偿债及营运能力指标情况

资料来源：沪深交易所，天相投资分析系统

（二）服装及其他纤维制品制造业

1. 行业概况

2011年，服装及其他纤维制品制造业总资产为7 369.7亿元，同比增长23.26%；完成利润总额810.7亿元，同比增长33.18%。

2. 行业内上市公司发展状况

2011年，服装及其他纤维制品制造业子行业营业收入按可比样本计算增幅为7.85%，低于整个行业增速9.85个百分点；利润总额按可比样本计算同比增长5.74%，低于整个行业增速27.44个百分点；归属母公司净利润按可比样本计算同比下降12.69%，低于整个行业增速6.9个百分点。

服装及其他纤维制造业上市公司营业收入按可比样本计算从2009年开始以16.98%的复合增长率增长，其中2011年同比增速为7.85%，较2010年大幅下降；行业内上市公司利润总额按可比样本计算2009—2011年复合增长率为15.52%，其中2011年利润总额为79.73亿元，同比降低5.74%；行业内上市公司归属于母公司所有者的净利润按可比样本计算2009—2011年复合增长率为10.84%，其中2011年为54.36亿元，同比降低12.96%，较2010年的增速34.40%下降47.36个百分点。

2011年行业内上市公司总资产增速低于整个行业总资产增速4.16个百分点，归属于母公司股东权益增速低于整个行业8.62个百分点。2009—2011年服装及其他纤维制造业上市公司按可比样本计算总资产复合增长率为16.15%，其中2011年总资产为1 330.72亿元，同比增速为19.10%，较2010年小幅上升；2009—2011年行业内上市公司按可比样本计算归属于母公司股东权益复合增长率为17.52%，其中2011年归属于母公司股东权益为471.09亿元，同比增速为25.74%，较2010年上升近11个百分点。

表17　　2011年服装及其他纤维制造业上市公司收入及资产增长情况　　单位：亿元

指　标	2011年	2011年可比样本增长(%)	2010年	2010年可比样本增长(%)	2009年
营业收入	545.37	7.85	477.95	27.25	398.56
利润总额	79.73	-5.74	78.06	36.82	59.75
归属于母公司所有者的净利润	54.36	-12.96	57.19	34.40	44.25
总资产	1 330.72	19.10	1 092.70	17.86	986.43
归属于母公司股东权益	471.09	25.74	360.78	15.07	341.10

资料来源：沪深交易所，天相投资分析系统

服装及其他纤维制造业上市公司营业收入2007—2011年绝对量逐年增长，但按可比样本计算同比增速波动较大，5年复合增长率为12.21%，2008年营业收入增速小幅上升，2009年急速下降至7.85%，2010年又进入快速增长阶段，但2011年增速大幅下滑，增速起伏不定。行业内上市公司按可比样本计算归属于股东净利润2007—2011年复合增长率为11.00%，2008年增速下滑，2009年开始好转，2010年和2011年增速大幅下滑。

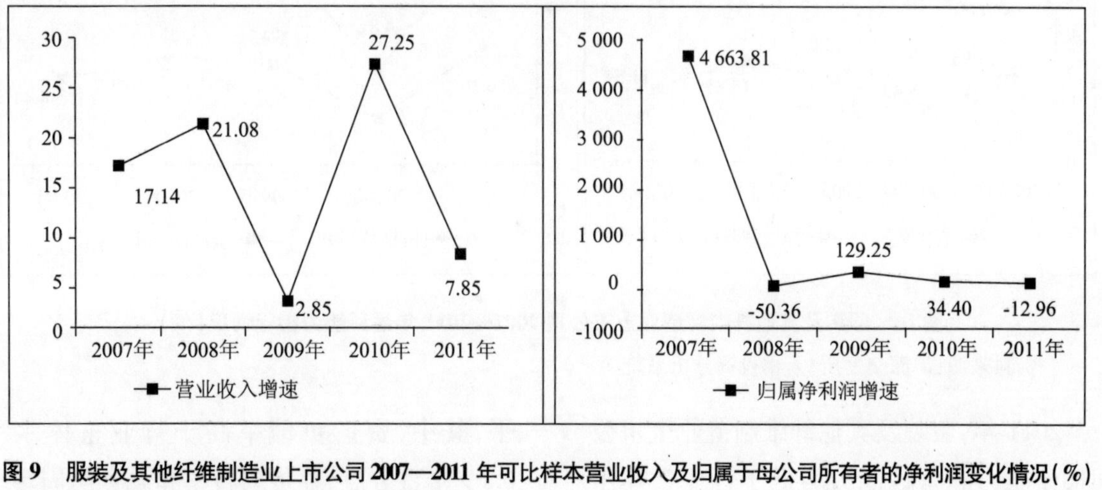

图9　服装及其他纤维制造业上市公司2007—2011年可比样本营业收入及归属于母公司所有者的净利润变化情况(%)

资料来源：沪深交易所，天相投资分析系统

2011年,服装及其他纤维制造业上市公司盈利能力总体来说高于全行业上市公司水平。其中,毛利率、净资产收益率、销售净利率分别高于行业水平12.94个百分点、1.63个百分点和3.39个百分点,资产净利率略低于行业整体水平,相差0.2个百分点。

2011年,行业内上市公司毛利率为34.37%,按可比样本计算同比上升3.49个百分点;净资产收益率为11.54%,按可比样本计算较2010年下降5.13个百分点;销售净利率为9.97%,按可比样本计算较2010年下降2.38个百分点;资产净利率为4.44%,按可比样本计算较2010年下降1.61个百分点。

表18　2011年服装及其他纤维制造业上市公司盈利能力情况

指　标	2011年	2011年可比样本变动	2010年	2010年可比样本变动	2009年
毛利率(%)	34.37	3.49	29.75	0.30	28.21
净资产收益率(%)	11.54	-5.13	15.85	2.28	12.97
销售净利率(%)	9.97	-2.38	11.97	0.64	11.10
资产净利率(%)	4.44	-1.61	5.66	0.48	5.15

资料来源:沪深交易所,天相投资分析系统

2007—2011年服装及其他纤维制造业上市公司毛利率按可比样本计算一直保持持续增长态势;行业内上市公司净资产收益率按可比样本计算2008年下降,2009年开始回升,但2011年又出现下滑;行业内上市公司销售净利率按可比样本计算2008年、2009年快速上升,但2011年出现下降;行业内上市公司资产净利率按可比样本计算2008年降幅较大,2009年开始回升后,2011年又呈现下降态势。

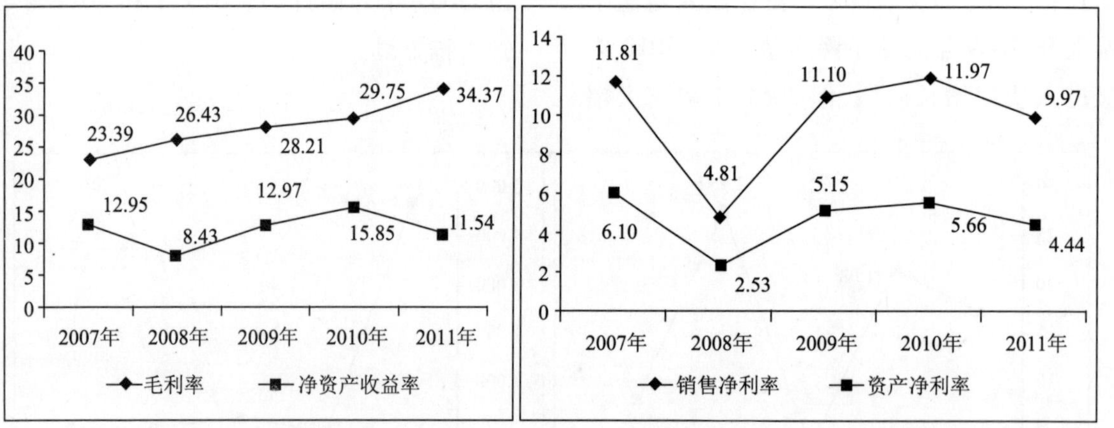

图10　服装及其他纤维制造业上市公司2007—2011年盈利能力指标情况(%)

资料来源:沪深交易所,天相投资分析系统

2011年,服装及其他纤维制造业上市公司偿债能力和营运能力均低于行业整体水平,其中,资产负债率高于行业整体水平6.69个百分点,存货周转率和总资产周转率分别低于行业整体水平 1.29 次和 0.25 次。

2011 年，行业内上市公司资产负债率为 58.68%，按可比样本计算较 2010 年下降 1.8 个百分点；存货周转率为 1.05 次，按可比样本计算较上年下降 0.18 次；总资产周转率为 0.45 次，按可比样本计算较上年下降了 0.04 次。

表 19　　2011 年服装及其他纤维制造业上市公司偿债及营运情况

指　标	2011 年	2011 年可比样本变动	2010 年	2010 年可比样本变动	2009 年
资产负债率(%)	58.68	-1.80	60.91	0.53	59.69
存货周转率(次)	1.05	-0.18	1.21	0.12	1.07
总资产周转率(次)	0.45	-0.04	0.47	0.02	0.46

资料来源：沪深交易所，天相投资分析系统

服装及其他纤维制造业上市公司资产负债率 2008 年高达 63.35%，按可比样本计算 2009 年有所下降，2010 年小幅上升，2011 年降至 58.68%；行业内上市公司存货周转率按可比样本计算整体呈下降趋势；行业内上市公司总资产周转率按可比样本计算总体呈下降趋势，但幅度不大。

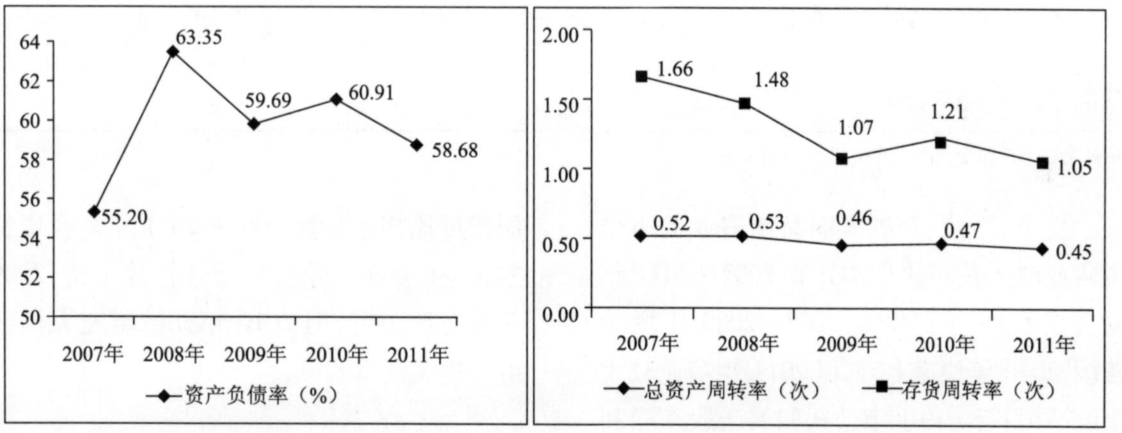

图 11　服装及其他纤维制造业上市公司 2007—2011 年偿债及营运能力指标情况

资料来源：沪深交易所，天相投资分析系统

（三）皮革、毛皮、羽绒及制品制造业

1. 行业概况

2011 年，皮革、毛皮、羽绒及制品制造业总资产为 4 100.76 亿元，同比增长 16.37%；完成利润总额 618.8 亿元，同比增长 29.97%。

2. 行业内上市公司发展状况

2011 年，皮革、毛皮、羽绒及制品制造业上市公司营业收入按可比样本计算增幅为 9.51%，低于整个行业增速 8.91 个百分点；利润总额按可比样本计算同比增长 48.39 %；归属母公司净利润按可比样本计算同比增长 40.91%，高于整个行业增速 46.97 个百分点。

按可比样本计算，毛皮、羽绒及制品制造

业上市公司营业收入从2009年开始以15.81%的复合增长率增长，其中，2011年营业收入为39.97亿元，同比增速为9.51%，较2010年下降6.52个百分点；行业内上市公司利润总额按可比样本计算2009—2011年复合增长率为51.03%，其中，2011年利润总额为4.22亿元，同比增速为48.39%，较2010年有所上升；行业内上市公司归属于母公司所有者的净利润按可比样本计算2009—2011年复合增长率为49.89%，其中2011年为3.46亿元，同比增速为40.91%，较2010年下降近5个百分点。

2009—2011年行业内上市公司总资产按可比样本计算复合增长率为-2.43%，其中，2011年总资产为86.49亿元，同比增速为-3.85%，在2010年的基础上持续减少；行业内上市公司归属于母公司股东权益按可比样本计算2009—2011年复合增长率为-0.15%，其中2011年归属于母公司股东权益为55.56亿元，同比增速为-5.66%，较2010年下降11个百分点。

表20　　2011年皮革、毛皮、羽绒及制品制造业上市公司收入及资产增长情况　　单位：亿元

指　标	2011年	2011年可比样本增长(%)	2010年	2010年可比样本增长(%)	2009年
营业收入	39.97	9.51	36.50	16.03	29.80
利润总额	4.22	48.39	2.84	45.57	1.85
归属于母公司所有者的净利润	3.46	40.91	2.46	45.59	1.54
总资产	86.49	-3.85	89.95	-2.02	90.86
归属于母公司股东权益	55.56	-5.66	58.89	5.47	55.73

资料来源：沪深交易所，天相投资分析系统

皮革、毛皮、羽绒及制品制造业上市公司营业收入按可比样本计算2007—2011年复合增长率为7.43%，2007—2009年增速较缓，2010年快速上升，但2011年增速较大幅度下滑；行业内上市公司归属于股东净利润按可比样本计算2007—2011年复合增长率为-6.06%，2008年增速快速下滑，2009年虽有所上升，但2010年开始增速大幅下滑并持续到2011年。

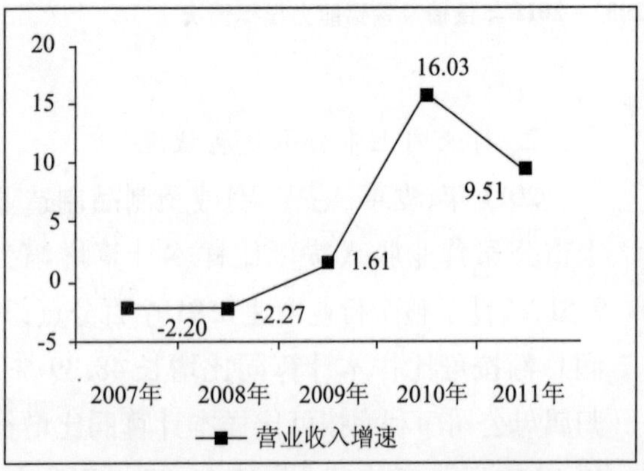

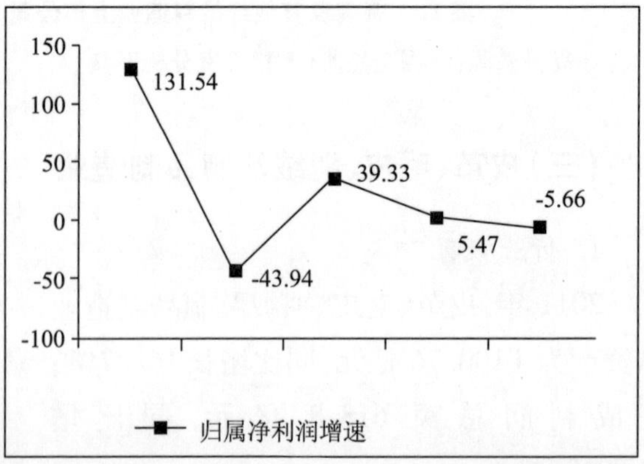

图12　皮革、毛皮、羽绒及制品制造业上市公司2007—2011年可比样本营业收入及归属母公司所有者净利润变化情况(%)

资料来源：沪深交易所，天相投资分析系统

2011年,皮革、毛皮、羽绒及制品制造业上市公司毛利率和销售净利率分别高于行业水平4.74个百分点和2.09个百分点,而净资产收益率和资产净利率分别低于行业水平3.67个百分点和0.71个百分点。

2011年行业内上市公司毛利率为26.17%,按可比样本计算同比上升3.7个百分点;净资产收益率为6.24%,按可比样本计算较2010年提高2.06个百分点;销售净利率8.67%,按可比样本计算较2010年提高1.93个百分点;资产净利率3.93%,按可比样本计算较2010年提高1.22个百分点。

表21　　2011年皮革、毛皮、羽绒及制品制造业上市公司盈利能力情况

指　标	2011年	2011年可比样本变动	2010年	2010年可比样本变动	2009年
毛利率(%)	26.17	3.70	22.48	2.36	21.65
净资产收益率(%)	6.24	2.06	4.17	1.15	2.76
销售净利率(%)	8.67	1.93	6.74	1.37	5.16
资产净利率(%)	3.93	1.22	2.71	0.53	2.00

资料来源:沪深交易所,天相投资分析系统

2007—2011年,皮革、毛皮、羽绒及制品制造业上市公司毛利率按可比样本计算保持着逐年增长态势;行业内上市公司净资产收益率2008年降至-2.72%,按可比样本计算,2009年开始回升,2011年升至6.24%;按可比样本计算,行业内上市公司销售净利率2008年大幅降低,2009年快速上升,2010年和2011年稳步提高;行业内上市公司资产净利率2008年出现负值,之后3年按可比样本计算逐步回升。

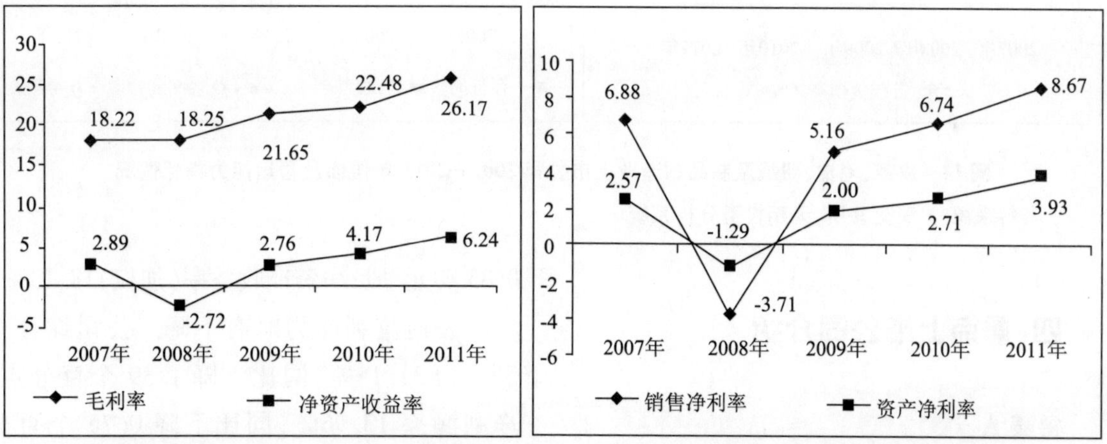

图13　皮革、毛皮、羽绒及制品制造业上市公司2007—2011年盈利能力指标情况(%)

资料来源:沪深交易所,天相投资分析系统

2011年,皮革、毛皮、羽绒及制品制造业上市公司偿债能力好于行业整体,但营运能力小

幅低于行业水平。其中,资产负债率低于行业水平19.71个百分点,存货周转率和总资产周转率低于行业水平0.93次和0.25次。

2011年行业内上市公司资产负债率为32.38%,按可比样本计算较2010年上升0.35个百分点;存货周转率为1.41次,按可比样本计算较上年减少0.23次;总资产周转率为0.45次,按可比样本计算较上年提高了0.05次。

表22　2011年皮革、毛皮、羽绒及制品制造业上市公司偿债及营运情况

指　标	2011年	2011年可比样本变动	2010年	2010年可比样本变动	2009年
资产负债率(%)	32.38	0.35	32.03	-4.67	36.09
存货周转率(次)	1.41	-0.23	1.64	0.06	1.61
总资产周转率(次)	0.45	0.05	0.40	0.00	0.39

资料来源:沪深交易所,天相投资分析系统

2007—2011年,皮革、毛皮、羽绒及制品制造业上市公司资产负债率复合增长率按可比样本计算为2.14%,2007—2009年逐年上升,之后偿债水平有所提高,资产负债率下降至2011年的32.38%;按可比样本计算,行业内上市公司存货周转率整体来看持续下降,总资产周转率总体呈小幅提高。

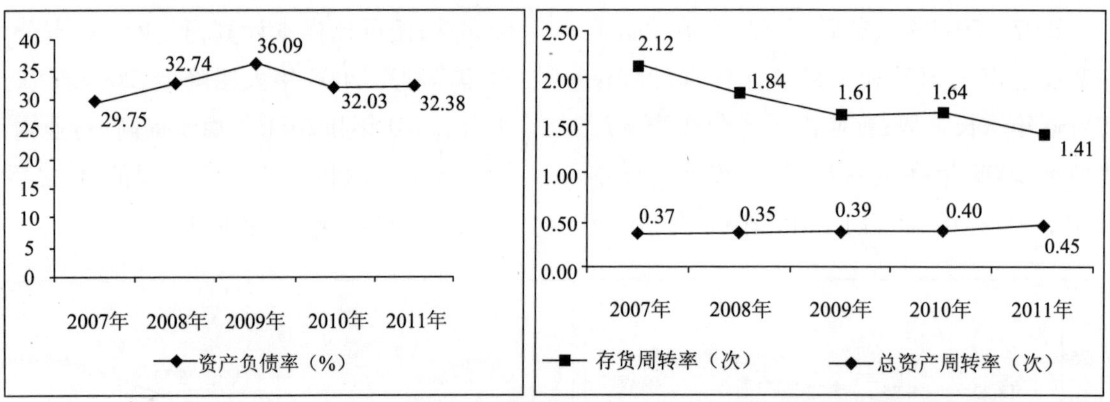

图14　皮革、毛皮、羽绒及制品制造业上市公司2007—2011年偿债及营运能力指标情况

资料来源:沪深交易所,天相投资分析系统

四、重点上市公司介绍

鲁泰A

2011年,公司实现营业收入60.79亿元,同比增长20.95%;营业利润10.35亿元,同比增长13.99%;归属于母公司所有者净利润8.49亿元,同比增长14.81%;基本每股收益0.8500元/股;净资产收益率(加权)18.13%。

公司盈利能力略有下降。公司综合毛利率为31.15%,同比下降1.39个百分点;净利润率13.96%,同比下降0.75个百分点;资产报酬率10.95%,同比增加0.42个百分点;净资产收益率(加权)18.13%,同比提升2.14个百分点。

2011年末,公司的资产负债率达到

29.44%，同比下降2.98个百分点。

七匹狼

2011年，公司实现营业收入29.21亿元，同比增长32.89%；营业利润4.84亿元，同比增长39.48%；归属于母公司所有者净利润4.12亿元，同比增长45.61%；基本每股收益1.46元；净资产收益率（加权）23.16%。

公司盈利能力基本与2010年持平。公司综合毛利率为41.19%，同比下降0.4个百分点；净利润率14.12%，同比提高1.23个百分点；资产报酬率12.91%，同比增加1.27个百分点；净资产收益率（加权）23.16%，同比提升4.04个百分点。

2011年末，公司的资产负债率达到36.06%，同比增加4.40个百分点。

九牧王

2011年九牧王实现营业收入22.6亿元，同比增长34.8%；实现营业利润6.0亿元，同比增长42.5%；归属于母公司所有者净利润5.2亿元，同比增长43.7%；实现每股收益0.99元；净资产收益率（加权）19.49%。

公司盈利能力基本与2010年持平。公司综合毛利率为55.60%，同比下降0.4个百分点；净利润率22.94%，同比提高1.43个百分点；资产报酬率10.89%，同比下降11.75个百分点；净资产收益率（加权）19.49%，同比下降30.40个百分点。

2011年末，公司的资产负债率达到16.37%，同比下降22.35个百分点。

五、上市公司在行业中的影响力

2007—2011年，行业内上市公司总资产占行业总资产比呈现“W”型变化，2007年上市公司总资产占比达8.46%，2008年占比大幅下降，从2009年开始，占比有所回升，至2011年上市公司总资产占全行业总资产比回升至8.44%，与2007年持平。

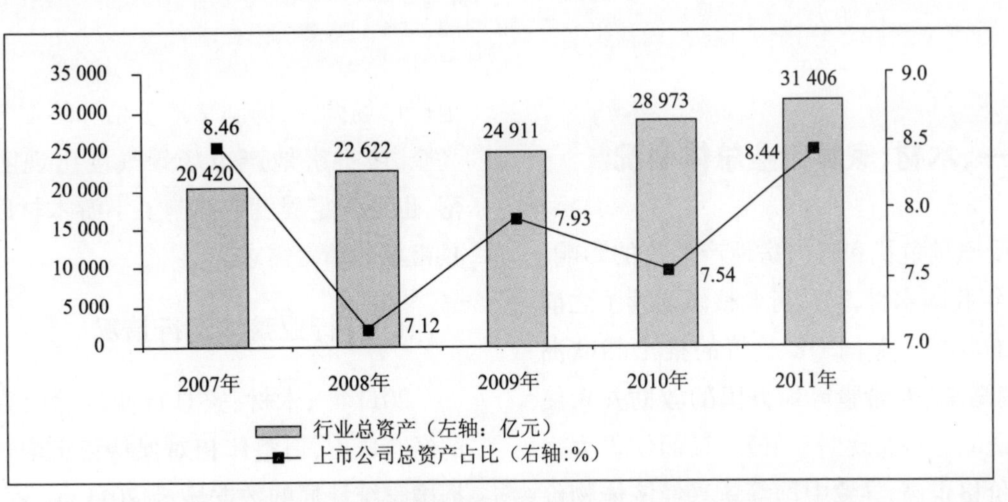

图15　纺织、服装、皮毛行业2007—2011年总资产及其中上市公司资产占比

资料来源：国家统计局，天相投资分析系统

2007—2011年，行业内上市公司营业收入占行业全部营业收入比重波动较小，2008—2010年出现小幅下降，2011年占比升至3.17%，略低于2007年的3.39%；行业内上市公司利润总额占比波动幅度相对较大,2008 年出现了明显下降,2009 年大幅升至 6.13%,但之后两年占比稍有所回落,2011 年为 5.12%。

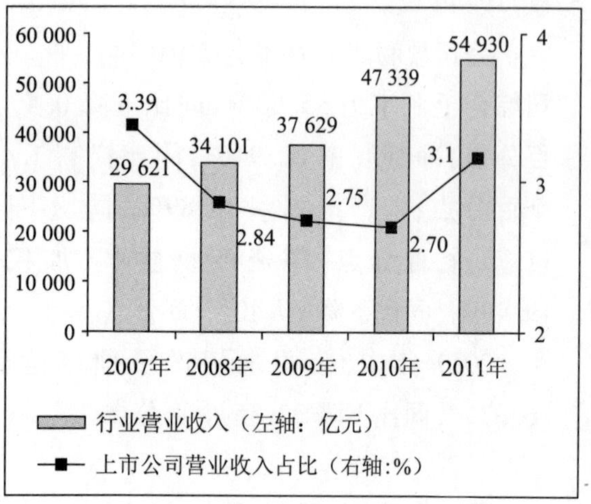

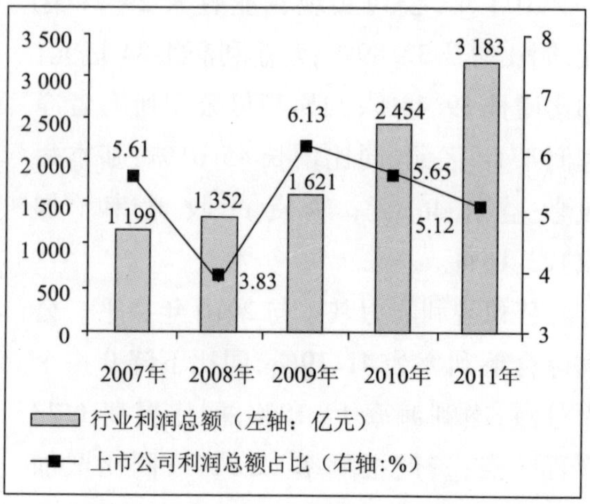

图 16　纺织、服装、皮毛行业 2007—2011 年营业收入和利润总额及上市公司占比情况

资料来源:国家统计局,天相投资分析系统

新时代证券有限责任公司

审稿人:孙卫党

撰稿人:侯迪

木材、家具

一、木材、家具行业总体概况

受欧债危机和国内房地产调控的影响,2011 年我国木材、家具行业整体延续了之前低迷的状况。美国 QE 政策的推出和欧洲“三驾马车”对希腊等债务国的救助并未使主要国家经济实现明显好转,反而使得大宗商品价格走高,导致中国等新兴经济体物价调控面临前所未有的压力。作为我国木材、家具的主要出口国,美国市场的不稳定导致了我国木材、家具出口市场出现一定波动;同时,在内销市场上,由于国家持续推动房地产市场调控,抑制拿地价格和终端售价的高企,使得房地产市场景气度出现明显回落,也在一定程度上抑制了下游木材以及家具市场的消费需求。

(一)行业整体运行情况

2011 年,木材、家具行业虽然面临较大的经营压力,但整体相对保持稳定增长。根据国家统计局的数据显示,2011 年,木材、家具行业合计实现销售收入 13 866.06 亿元,同比增长 21.52%;实现利润总额 864.07 亿元,同比增长 43.04%。

从盈利能力看,2011 年木材、家具制造业整体毛利率达15.42%,同比上升1.14个百分点。

2011年,由于宏观调控和下游需求减弱的影响,木材、家具行业的财务状况出现恶化。截至2011年底,全行业的资产负债率达66.01%,同比上升3.84个百分点。

(二)细分行业运行概况

2011年,木材加工及竹、藤、棕、草制造业整体盈利能力相对较好,财务状况优于行业平均水平。根据国家统计局的数据显示,2011年,木材加工及竹、藤、棕、草制造业实现销售收入8 873.73亿元,同比增长22.01%;实现利润总额574.65亿元,同比增长43.28%。整体毛利率为15.09%,同比上升1.24个百分点。行业资产负债率达45.29%,同比下降2.31个百分点。

2011年,家具制造业整体盈利能力保持稳定,财务状况虽有改善但整体仍面临较大压力。根据国家统计局的数据显示,2011年,家具制造业实现销售收入4 992.30亿元,同比增长20.65%;实现利润总额289.42亿元,同比增长42.57%。整体毛利率为16.01%,同比上升0.98个百分点。行业资产负债率达92.83%,同比下降5.31个百分点。

另外,从国家统计局发布的细分行业的企业景气指数来看,木材加工及竹、藤、棕、草制造业和家具制造业景气度水平虽然延续了金融危机后较高的景气态势,但同比2010年有回落的趋势,其中木材加工及竹、藤、棕、草制造业回落趋势更加明显。

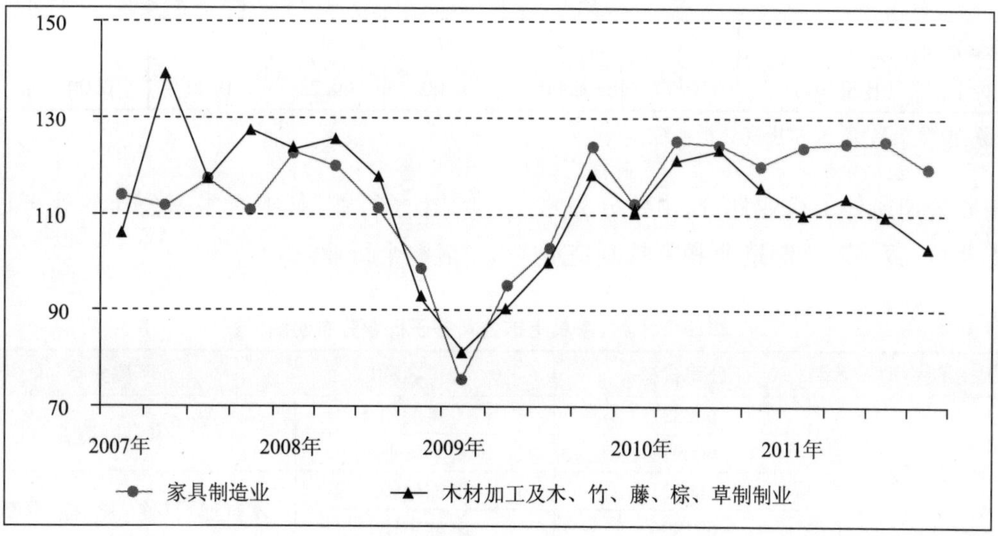

图1 木材、家具细分行业景气度指数走势

资料来源:国家统计局,天相投资分析系统

二、行业内上市公司发展概况

(一)行业内上市公司基本情况

截至2011年底,木材、家具行业共有上市公司13家,占沪深两市A、B股票总数的0.54%;行业总市值为394.62亿元,占两市总市值的0.18%。

表1　　2011年木材、家具上市公司发行股票概况

门　类	A、B股总数	A股股票数	B股股票数	境内总市值（亿元）	流通A股市值（亿元）	流通B股市值（亿元）
木材、家具	13	13	0	394.62	236.65	0.00
占沪深两市比重(%)	0.54	0.54	0.00	0.18	0.15	0.00

资料来源：沪深交易所，天相投资分析系统

(二)行业内上市公司构成情况

按照上市地点划分，木材、家具行业在上海证券交易所上市的公司有4家，占行业内上市公司总数的30.77%；在深圳证券交易所上市的公司有9家，占行业内上市公司总数的69.23%。

截至2011年底，行业共有A股上市公司13家，占行业内上市公司总数的100%。行业内上市公司中有1家ST公司，无*ST公司。

表2　　2011年木材、家具上市公司构成情况

门　类	沪　市			深　市			ST/*ST
	仅A股	仅B股	A+B股	仅A股	仅B股	A+B股	
木材、家具(家)	4	0	0	9	0	0	1/0
占行业内上市公司比重(%)	30.77	0.00	0.00	69.23	0.00	0.00	8/0

资料来源：沪深交易所，天相投资分析系统

按照公司所处子行业划分，主要分为木材加工及竹、藤、棕、草制造业和家具制造业2个子行业，其中有多家公司的业务同时涵盖整个行业。

表3　　2011年木材、家具上市公司各子行业分布明细

A、B股类型	公司代码	公司名称	所属大类
沪市A股	600337	美克股份	家具制造业
	600978	宜华木业	
	600321	国栋建设	木材加工及竹、藤、棕、草制品业
	601996	丰林集团	
深市A股	000587	ST金叶	家具制造业
	002489	浙江永强	
	002572	索菲亚	
	000910	大亚科技	木材加工及竹、藤、棕、草制品业
	002043	兔宝宝	
	002240	威华股份	
	002259	升达林业	
	002354	科冕木业	
	002631	德尔家居	

资料来源：沪深交易所，天相投资分析系统

(三)行业内上市公司融资情况

2011年木材、家具行业共有6家公司进行了融资,占沪深两市473家融资公司的1.27%,其中3家新股,占两市新股发行总数的1.08%,包括中小板上市2家,沪市1家;3家增发,占两市增发公司总数的1.64%,全部为中小板。各子行业融资上市公司数量分布如表4。

表4　2011年木材、家具上市公司与沪深两市融资情况对比　单位:家

门　类	融资家数	新　股	配　股	增发
木材、家具	6	3	0	3
沪深两市总数	473	277	13	183
占比(%)	1.27	1.08	0.00	1.64

资料来源:沪深交易所,天相投资分析系统

表5　2011年木材、家具上市公司融资情况

代　码	公司名称	融资类别	所属大类	证券类型
002043	兔宝宝	增　发	木材加工及竹、藤、棕、草制品业	中小板
002259	升达林业	增　发	木材加工及竹、藤、棕、草制品业	中小板
002572	索菲亚	首　发	家具制造业	中小板
002631	德尔家居	首　发	木材加工及竹、藤、棕、草制品业	中小板
600321	国栋建设	增　发	木材加工及竹、藤、棕、草制品业	沪　市
601996	丰林集团	首　发	木材加工及竹、藤、棕、草制品业	沪　市

资料来源:沪深交易所,天相投资分析系统

表6　2011年木材、家具上市公司融资明细

代　码	公司名称	发行价格(元)	实际发行数量(万股)	实募集资金数(亿元)
002043	兔宝宝	9.10	5 200.99	4.58
002259	升达林业	5.67	5 640.00	3.07
002572	索菲亚	86.00	1 350.00	10.85
002631	德尔家居	22.00	4 000.00	8.35
600321	国栋建设	6.30	13 492.00	8.15
601996	丰林集团	14.00	5 862.00	7.67
合　计			35 544.99	42.66

资料来源:沪深交易所,天相投资分析系统

行业2011年总融资金额为42.66亿元,同比下降2.66%,总融资金额为近5年第二高水平。行业实际发行股数3.55亿股,同比增长0.53%,发行股数处于近5年最高水平。

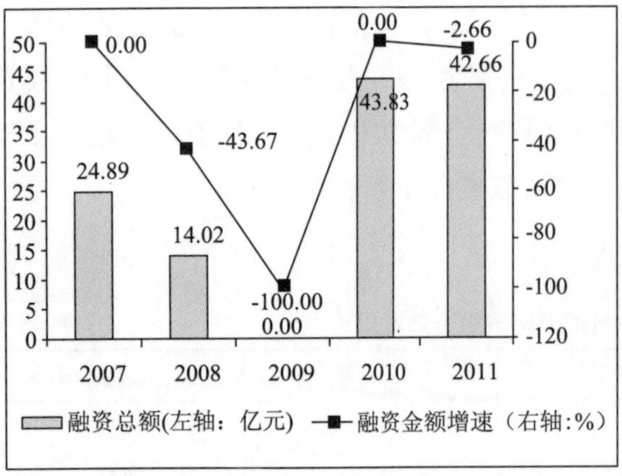

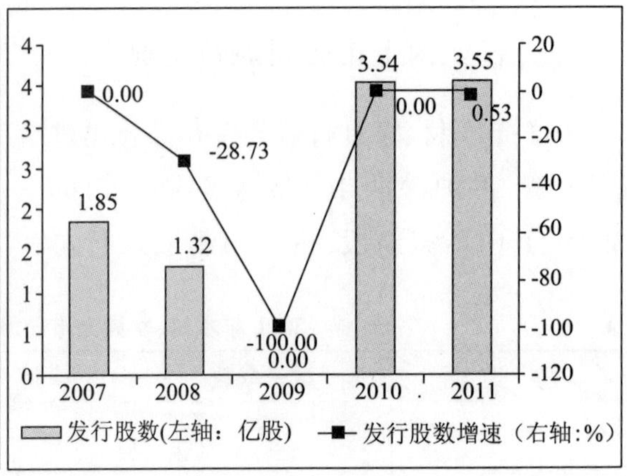

图2　木材、家具上市公司2007—2011年融资额及发行股数变化情况(%)

资料来源：沪深交易所，天相投资分析系统

(四)行业内上市公司资产及业绩情况

截至2011年底，木材、家具行业上市公司总资产为403.74亿元，按可比样本计算同比增长18.80%。其中，流动资产231.85亿元，非流动资产171.89亿元，按可比样本计算同比分别增长24.22%和12.20%；归属母公司股东权益226.01亿元，按可比样本计算同比增长33.60%。

表7　2011年木材、家具上市公司资产情况　单位：亿元

指　标	2011年	2011年可比样本增长(%)	2010年	2010年可比样本增长(%)	2009年
总资产	403.74	18.80	321.50	27.44	130.37
流动资产	231.85	24.22	174.99	46.69	61.95
占比(%)	57.43	2.50	54.43	7.14	47.52
非流动资产	171.89	12.20	146.51	10.17	68.42
占比(%)	42.57	-2.50	45.57	-7.14	52.48
流动负债	135.07	14.78	111.96	12.65	33.83
占比(%)	33.45	-1.17	34.82	-4.57	25.95
非流动负债	35.39	-23.16	45.21	13.36	28.82
占比(%)	8.76	-4.79	14.06	-1.75	22.10
归属于母公司股东权益	226.01	33.60	157.38	48.87	65.98
占比(%)	55.98	6.20	48.95	7.05	50.61

资料来源：沪深交易所，天相投资分析系统

按可比样本计算，2011年行业内上市公司总资产规模持续保持增长，但增速同比下滑8.64个百分点；归属上市公司股东权益虽然达到5年来的新高，但2011年增速按可比样本计算同比下滑15.27个百分点。

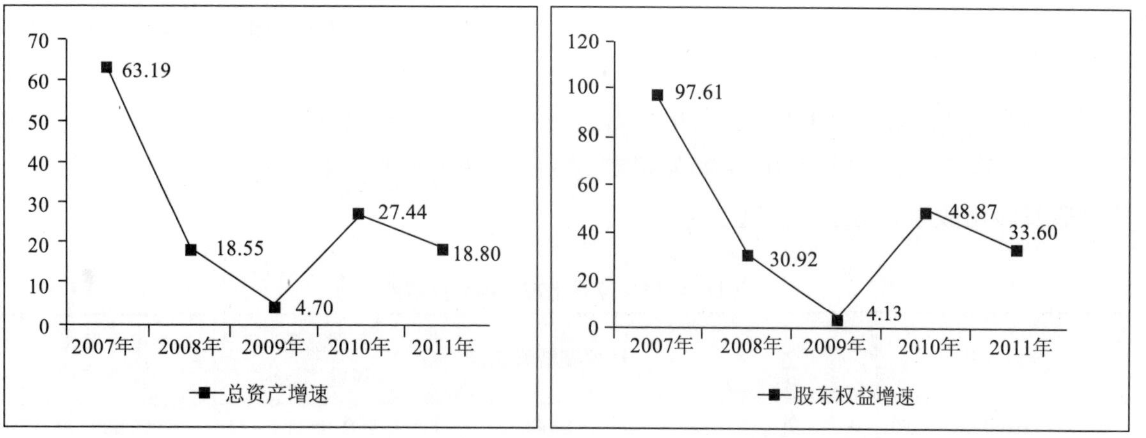

图3 木材、家具上市公司2007—2011年可比样本总资产和归属于母公司股东权益变化情况(%)

资料来源:沪深交易所,天相投资分析系统

2011年行业内上市公司合计实现营业收入250.59亿元,按可比样本计算同比增长22.97%;实现利润总额21.82亿元,按可比样本计算同比增长46.16%;归属于母公司所有者净利润为17.56亿元,按可比样本计算同比增长66.73%。

表8　2011年木材、家具上市公司收入实现情况　单位:亿元

指　标	2011年	2011年可比样本增长(%)	2010年	2010年可比样本增长(%)	2009年
营业收入	250.59	22.97	184.33	19.41	64.59
利润总额	21.82	46.16	11.65	5.95	4.59
归属于母公司所有者的净利润	17.56	66.73	7.58	-3.87	3.38

资料来源:沪深交易所,天相投资分析系统

2011年行业内上市公司合计营业收入处于近5年来最高水平,按可比样本计算同比增速提升3.56个百分点;归属上市公司股东净利润同比也出现快速提升,按可比样本计算同比增速上升70.6个百分点。

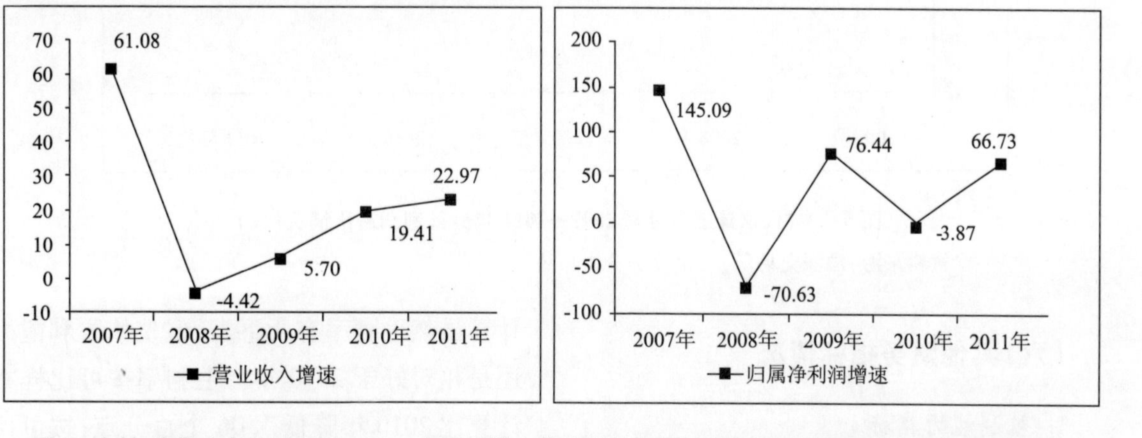

图4 木材、家具上市公司2007—2011年可比样本营业收入及归属于母公司所有者净利润变化情况(%)

资料来源:沪深交易所,天相投资分析系统

(五)利润分配情况

2011 年木材、家具行业上市公司中共有 7 家公司实施了分红送股,其中,4 家公司实施送股及转增股本,5 家公司实施派息,既送股、转增又派息的公司有 2 家。送股、转增及派息比例最高值分别为每股送 1.0 股(兔宝宝、国栋建设和索菲亚)和每股派息 0.80 元(索菲亚)。

表 9　　2011 年木材、家具上市公司分红明细

代　码	名　称	送股及转增比例	每股派息(税前　元)	基准股本(万股)
002043	兔宝宝	1.000	0.080	23 500.99
002354	科冕木业	—	0.100	9 350.00
600321	国栋建设	1.000	—	59 044.00
600337	美克股份	—	0.050	63 268.04
600978	宜华木业	—	0.050	115 266.27
002259	升达林业	0.800	—	35 740.00
002572	索菲亚	1.000	0.800	5 350.00

资料来源:沪深交易所,天相投资分析系统

2011 年行业内上市公司分红总额为 1.60 亿元,比 2010 年减少 2.72 亿元;分红总额占净利润总额的比重达 9.13%,按可比样本计算同比下降 47.81 个百分点。

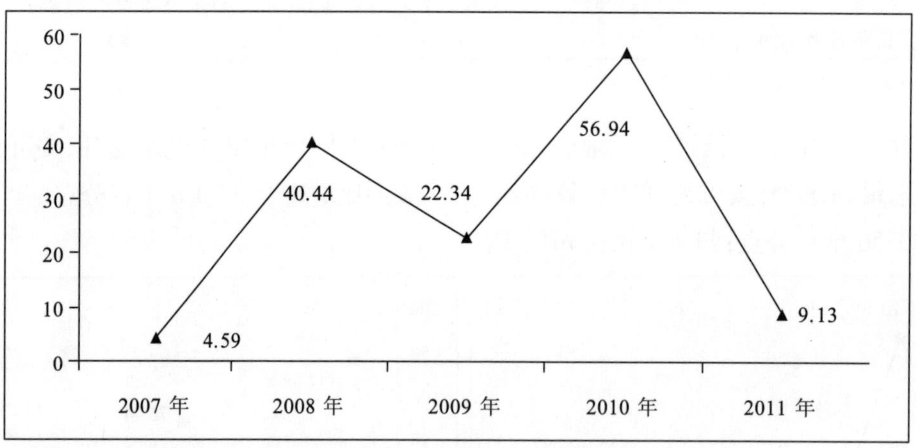

图 5　木材、家具上市公司 2007—2011 年分配利润占比情况(%)

资料来源:沪深交易所,天相投资分析系统

(六)其他财务指标情况

1. 盈利能力指标

2011 年木材、家具上市公司按可比样本计算虽然毛利率有所下滑,但整体盈利能力还是相对好于 2010 年。毛利率按可比样本计算比 2010 年降低 1.06 个百分点;按可比样本计算,净资产收益率上升 1.54 个百分

点，销售净利率上升 1.84 个百分点，资产净利率上升 1.26 个百分点。

表 10　　2011 年木材、家具上市公司盈利能力情况

指　标	2011 年	2011 年可比样本变动	2010 年	2010 年可比样本变动	2009 年
毛利率(%)	24.79	-1.06	25.56	-0.14	27.29
净资产收益率(%)	7.77	1.54	4.82	-2.64	5.12
销售净利率(%)	7.01	1.84	4.11	-1.00	5.23
资产净利率(%)	4.72	1.26	2.64	-0.50	2.65

资料来源：沪深交易所，天相投资分析系统

2. 偿债能力指标

2011 年木材、家具行业上市公司负债水平出现下降，资产负债率按可比样本计算降低 5.96 个百分点；流动比率和速动比率按可比样本计算均有改善，分别上升 0.13 和 0.05。

表 11　　2011 年木材、家具上市公司偿债能力指标

指　标	2011 年	2011 年可比样本变动	2010 年	2010 年可比样本变动	2009 年
流动比率	1.72	0.13	1.56	0.36	1.83
速动比率	1.11	0.05	1.05	0.29	1.12
资产负债率(%)	42.22	-5.96	48.89	-6.32	48.05

资料来源：沪深交易所，天相投资分析系统

3. 营运能力指标

2011 年木材、家具行业上市公司营运能力按可比样本计算相对 2010 年有所下降。存货周转率按可比样本计算下降了 0.15 次；应收账款周转率按可比样本计算下降了 0.21 次；流动资产周转率按可比样本计算下降了 0.10 次；总资产周转率和固定资产周转率按可比样本计算基本持平或略有增加。

表 12　　2011 年木材、家具上市公司营运能力情况　　单位：次

指　标	2011 年	2011 年可比样本变动	2010 年	2010 年可比样本变动	2009 年
存货周转率	2.61	-0.15	2.68	0.14	1.99
应收账款周转率	8.54	-0.21	8.06	0.72	5.51
流动资产周转率	1.20	-0.10	1.25	-0.01	1.02
固定资产周转率	2.29	0.29	1.92	0.02	1.66
总资产周转率	0.67	0.00	0.64	0.03	0.51
净资产周转率	1.22	-0.14	1.33	-0.05	0.97

资料来源：沪深交易所，天相投资分析系统

三、重点细分行业介绍

木材、家具行业沪深两市共覆盖2个大类，分别为木材加工及竹、藤、棕、草制品业和家具制造业。部分上市公司业务同时覆盖全部2个行业，因此为了便于比较，这里以业务收入占总收入比例最高的大类进行统计。

表13　　2011年木材、家具各子行业上市公司数量分布及市值情况

大　类	上市公司家数（家）	占行业内比重（%）	境内总市值（亿元）	占行业内比重（%）
木材加工及竹、藤、棕、草制品业	8	61.54	159.45	40.41
家具制造业	5	38.46	235.17	59.59

资料来源：沪深交易所，天相投资分析系统

（一）木材加工及竹、藤、棕、草制品业

1. 行业概况

2011年，木材加工及竹、藤、棕、草制品业实现销售收入8 873.73亿元，同比增长22.01%；实现利润总额574.65亿元，同比增长43.28%。整体毛利率为15.09%，同比上升1.24个百分点。行业资产负债率达45.29%，同比下降2.31个百分点。

2. 行业内上市公司发展状况

（1）2011年木材加工及竹、藤、棕、草制品业呈现“增收不增利”的局面，营业收入按可比样本计算同比增长8.41%，利润总额按可比样本计算同比下降32.53%。

（2）2011年行业盈利能力有所下滑。其中，毛利率按可比样本计算下降0.39个百分点，净资产收益率按可比样本计算下降3.53个百分点，销售净利率按可比样本计算下降1.66个百分点，因此总体上行业盈利承压较重。

（3）2011年行业负债水平按可比样本计算回落7.33个百分点；存货周转率按可比样本计算减少0.26次，总资产周转率按可比样本计算减少0.03次，营运能力相对2010年有所回落。

表14　　2011年木材加工及竹、藤、棕、草制品业上市公司收入及资产增长情况　　单位：亿元

指　标	2011年	2011年可比样本增长（%）	2010年	2010年可比样本增长（%）	2009年
营业收入	134.18	8.41	110.36	14.97	23.42
利润总额	5.26	-32.53	5.54	扭亏为盈	-0.08
归属于母公司所有者的净利润	3.61	-32.89	3.28	扭亏为盈	-0.13
总资产	226.85	15.44	181.28	12.72	55.01
归属于母公司股东权益	107.16	37.35	68.10	15.58	25.67

资料来源：沪深交易所，天相投资分析系统

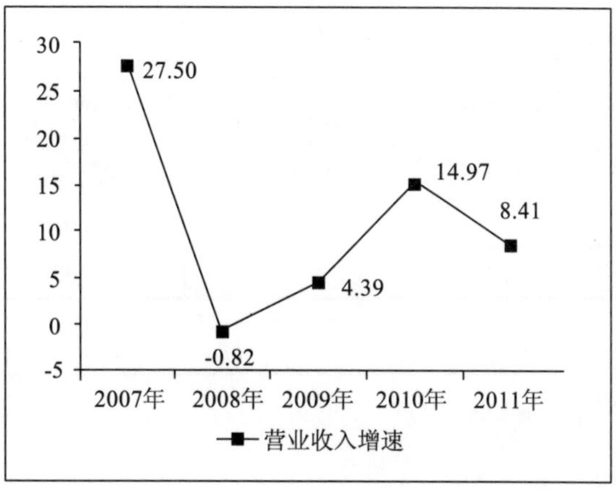

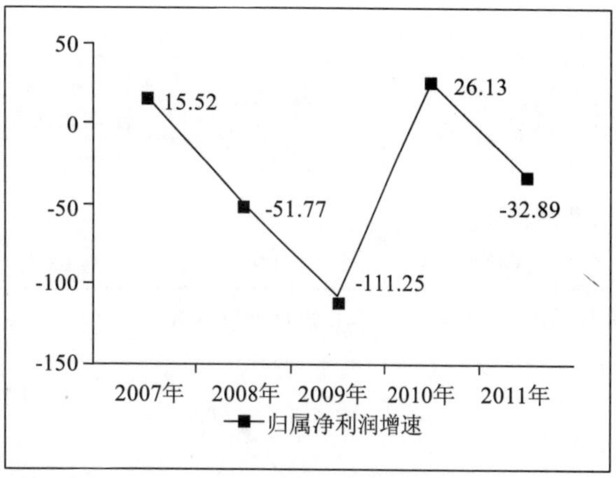

图6 木材加工及竹、藤、棕、草制品业上市公司2007—2011年可比样本营业收入及归属于母公司所有者的净利润变化情况(%)

资料来源:沪深交易所,天相投资分析系统

表15 2011年木材加工及竹、藤、棕、草制品业上市公司盈利能力情况

指　标	2011年	2011年可比样本变动	2010年	2010年可比样本变动	2009年
毛利率(%)	21.69	-0.39	21.72	0.01	16.66
净资产收益率(%)	3.37	-3.53	4.82	0.40	-0.51
销售净利率(%)	2.69	-1.66	2.97	0.26	-0.56
资产净利率(%)	1.71	-1.19	1.92	0.31	-0.24

资料来源:沪深交易所,天相投资分析系统

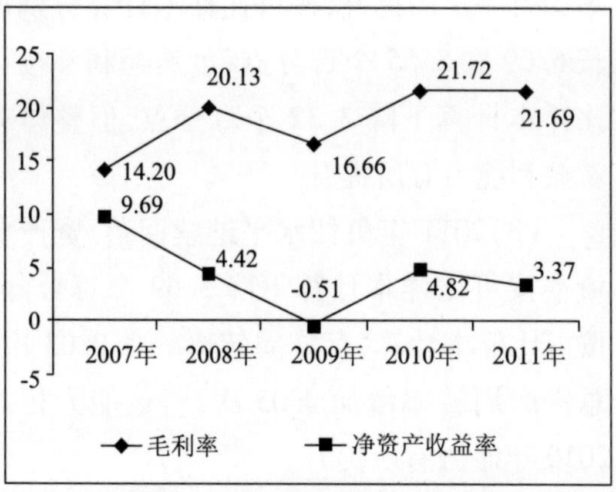

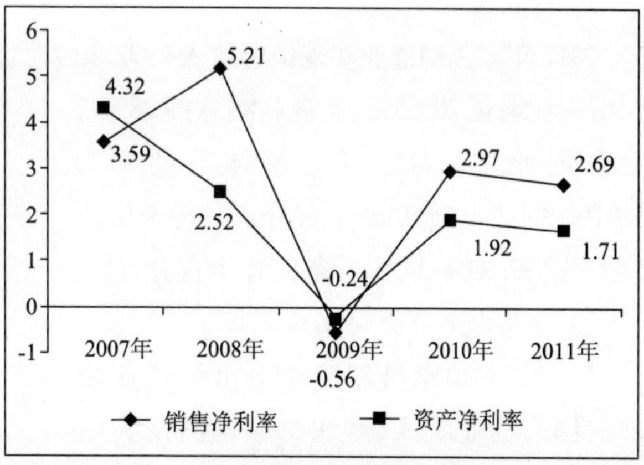

图7 木材加工及竹、藤、棕、草制品业上市公司2007—2011年盈利能力指标情况(%)

资料来源:沪深交易所,天相投资分析系统

表16　　2011年木材加工及竹、藤、棕、草制品业上市公司偿债及营运情况

指　标	2011年	2011年可比样本变动	2010年	2010年可比样本变动	2009年
资产负债率(%)	49.64	-7.13	58.61	-1.10	52.75
存货周转率(次)	2.42	-0.26	2.63	0.09	1.69
总资产周转率(次)	0.63	-0.03	0.65	0.05	0.43

资料来源:沪深交易所,天相投资分析系统

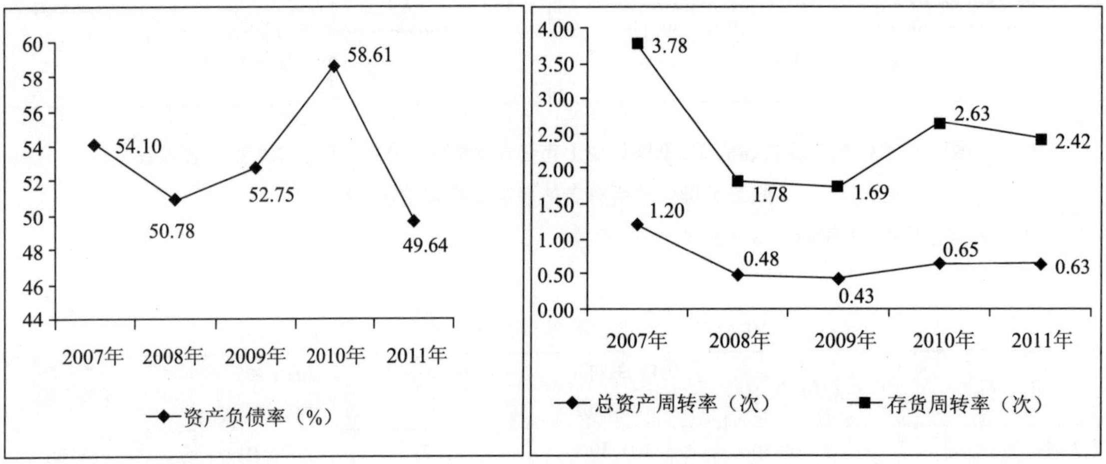

图8　木材加工及竹、藤、棕、草制品业上市公司2007—2011年偿债及营运能力指标情况

资料来源:沪深交易所,天相投资分析系统

(二)家具制造业

1. 行业概况

2011年家具制造业实现销售收入4 992.30亿元,同比增长20.65%;实现利润总额289.42亿元,同比增长42.57%。整体毛利率为16.01%,同比上升0.98个百分点。行业资产负债率达92.83%,同比下降5.31个百分点。

2. 行业内上市公司发展状况

(1)2011年家具制造业上市公司业绩表现良好,营业收入、利润总额均出现大幅提升,按可比样本计算分别同比增长45.49%和132.21%。

(2)2011年净资产收益率和销售净利率均有一定的提升,按可比样本计算分别增长6.09和5.55个百分点;虽然毛利率按可比样本计算下降3.32个百分点,但整体来看盈利能力有所提升。

(3)2011年负债水平继续回落,资产负债率按可比样本计算下降3.69个百分点;按可比样本计算,存货周转率减少0.03次,总资产周转率增加0.05次,营运能力相对2010年略微有所提升。

表 17 2011 年家具制造业上市公司收入及资产增长情况 单位：亿元

指　标	2011 年	2011 年可比样本增长(%)	2010 年	2010 年可比样本增长(%)	2009 年
营业收入	116.41	45.49	73.96	26.72	41.17
利润总额	16.56	132.21	6.11	-11.73	4.67
归属于母公司所有者的净利润	13.94	171.06	4.30	-18.62	3.51
总资产	176.89	23.41	140.22	53.32	75.37
归属于母公司股东权益	118.86	30.40	89.28	90.79	40.31

资料来源：沪深交易所，天相投资分析系统

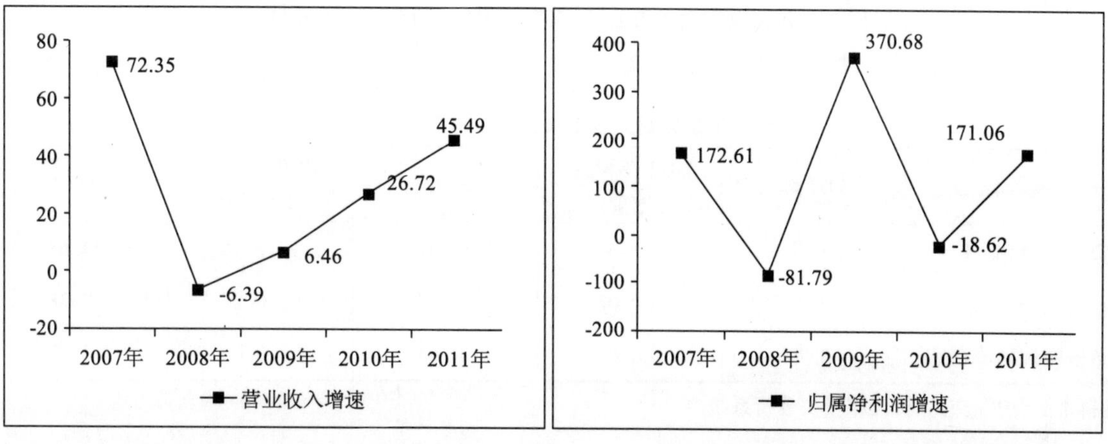

图 9　家具制造业上市公司 2007—2011 年可比样本营业收入及归属于母公司所有者的净利润变化情况(%)

资料来源：沪深交易所，天相投资分析系统

表 18 2011 年家具制造业上市公司盈利能力情况

指　标	2011 年	2011 年可比样本变动	2010 年	2010 年可比样本变动	2009 年
毛利率(%)	28.36	-3.32	31.28	-0.96	33.34
净资产收益率(%)	11.73	6.09	4.82	-6.48	8.70
销售净利率(%)	11.98	5.55	5.82	-3.24	8.52
资产净利率(%)	8.71	4.36	3.72	-2.21	4.84

资料来源：沪深交易所，天相投资分析系统

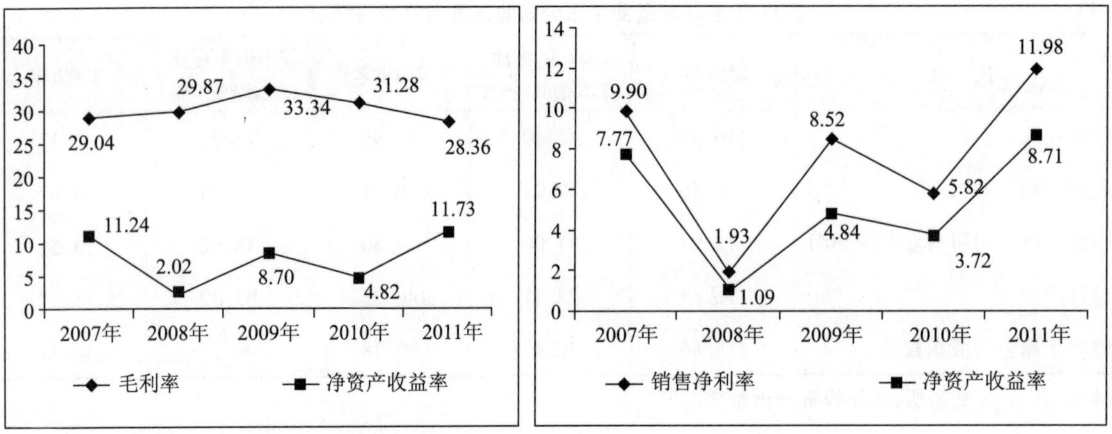

图10　家具制造业上市公司2007—2011年盈利能力情况(%)

资料来源:沪深交易所,天相投资分析系统

表19　　2011年家具制造业上市公司偿债及营运情况

指　标	2011年	2011年可比样本变动	2010年	2010年可比样本变动	2009年
资产负债率(%)	32.70	-3.69	36.31	-10.96	44.63
存货周转率(次)	2.90	-0.03	2.77	0.22	2.28
总资产周转率(次)	0.73	0.05	0.64	-0.02	0.57

资料来源:沪深交易所,天相投资分析系统

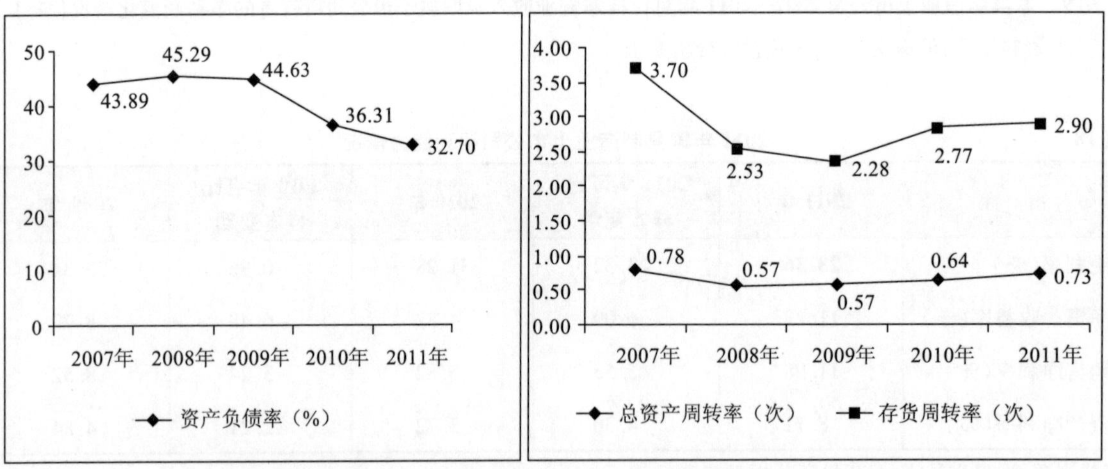

图11　家具制造业上市公司2007—2011年偿债及营运能力指标情况

资料来源:沪深交易所,天相投资分析系统

四、重点上市公司介绍

浙江永强

1. 总体经营情况

公司2011年实现营业收入28.65亿元,同比增加19.04%;归属于母公司的净利润2.66亿元,同比增长6.56%;每股收益0.55元。

截至2011年底,公司短期借款占比下降2.24个百分点,债务结构得到优化。资本支出1 137.32亿元,其中营销及分销板块占比提升,化工板块占比下降。

2. 公司业务情况

公司作为出口类休闲家具制造企业,主要从事户外休闲家具、遮阳制品的研发、生产和销售,其99%的收入来源于出口。报告期内营业收入实现增长的原因在于公司有针对性地根据外销市场的不同情况采取了差异化的营销策略;同时,经过多年培育的美国市场已进入快速增长阶段,在一定程度上克服了欧债危机对欧洲市场需求的影响。综合以上因素,营业收入保持稳定增长。报告期内,主要外销市场中,欧洲市场实现销售收入20.1亿元,同比增长9.3%;美国市场实现销售收入6.7亿元,同比增长60.0%。分产品情况看,休闲家具制品实现销售收入22.17亿元,同比增长19.64%;遮阳制品实现销售收入6.21亿元,同比增长14.36%。

目前公司各募投项目的建设正处于稳步推进中,利用超募资金建设的年产470万件户外休闲用品生产项目已开工建设,如无变化预计2014年左右完全达产;原募投项目"年产345万件新型户外休闲用品生产线"由于规划调整及成本上升等因素的影响出现资金缺口,公司已利用超募资金补充该项目投资资金缺口。另外,在收购MWH相关商标及专利后,公司将进一步在欧洲市场开拓自有品牌业务,在研发、销售环节的前期投入也会继续上升。

五、上市公司在行业中的影响力

(一)上市公司资产在全行业的占比逐年提升

2011年,木材、家具行业总资产规模已达到6 578亿元,同比增长12.77%;全行业上市公司总资产为403.74亿元,同比增长18.80%;上市公司总资产占行业总资产的6.14%,同比提升0.63个百分点,处于近5年来最高水平。

(二)上市公司对行业的引领作用继续增强

2011年,全行业营业收入1.39万亿元,同比增长21.51%。其中,上市公司实现营业收入250.59亿元,按可比样本计算同比增长22.97%,增幅高于全行业水平;上市公司总收入规模占全行业比重达1.81%,为近5年最高水平。2011年全行业利润总额864亿元,同比增长40.95%;其中,上市公司利润总额为21.82亿元,在全行业的占比为2.52%,处于金融危机后的最高水平。

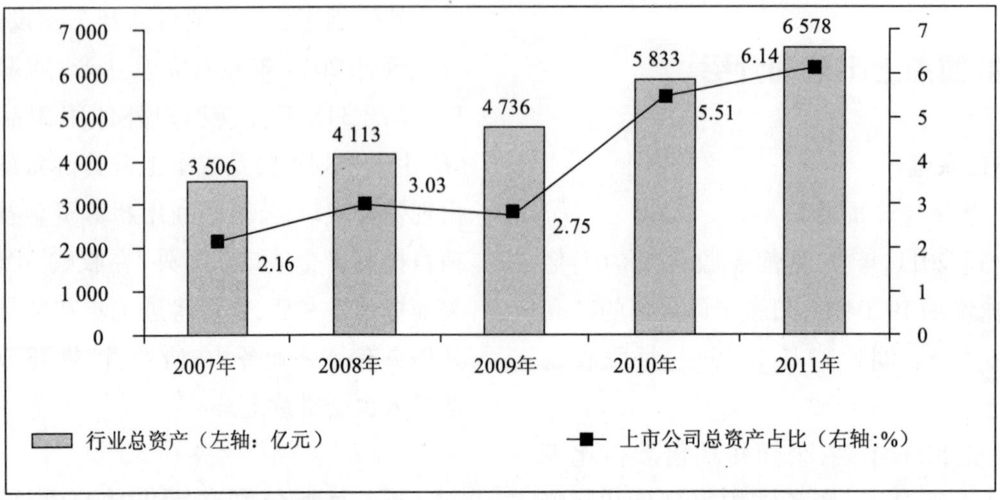

图12　木材、家具行业2007—2011年总资产及其中上市公司资产占比

资料来源:国家统计局,天相投资分析系统

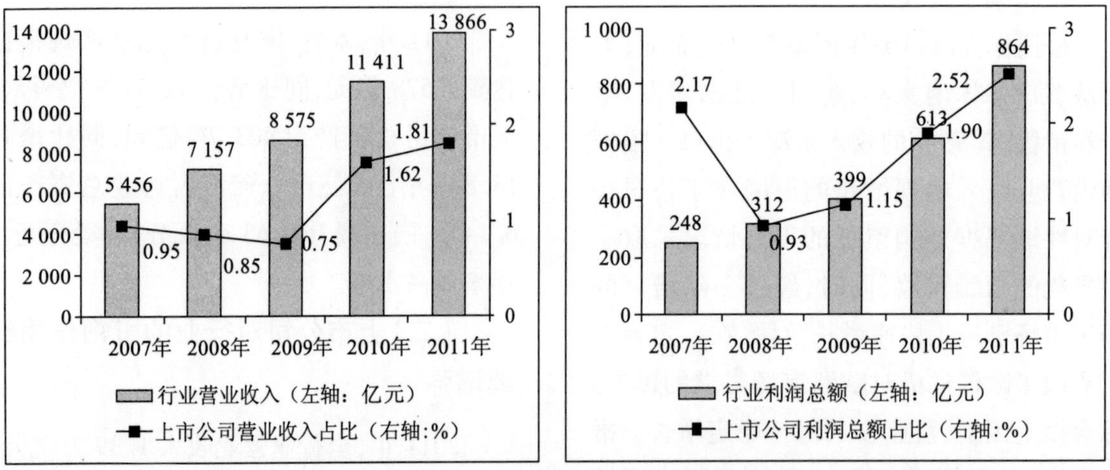

图13　木材、家具行业2007—2011年营业收入和利润总额及上市公司占比情况

资料来源:国家统计局,天相投资分析系统

天相投资顾问有限公司

审稿人:天相投顾年鉴编写组

撰稿人:天相投顾年鉴编写组

造纸、印刷

一、造纸、印刷行业总体概况

(一)行业整体运行情况

由于近年来造纸龙头企业实施大规模产能扩张,行业产能过剩问题凸显,产品收益率走低,多数中小企业持续亏损。2011 年全年,行业投资规模稳步提升,我国造纸及纸制品业累计固定资产投资额为 1 918.72 亿元,同比增长 31.10%,增速较 2010 年提升了 22.90 个百分点。固定资产投资完成额的快速增加,使得行业产能集中释放,产品供给大幅增加,而淘汰落后产能的影响较为有限。2011 年,我国纸浆、纸制品产量分别达到 2 276.31 万吨和 4 513.55 万吨,同比增速分别为 12.06% 和 17.12%,较 2010 年分别下降 1.26 和 3.57 个百分点。而需求方面,受到宏观经济不确定性上升的影响,需求较为疲弱,加剧了供求关系的紧张,行业盈利能力开始下降,2011 年下半年国际浆价的大幅走低令盈利恶化的势头略有放缓。全年来看,造纸及纸制品业行业实现利润 660.92 亿元,同比增长 14.47%。

(二)细分行业运行概况

从国家统计局发布的细分行业的企业景气指数来看,2011 年造纸及纸制品业前 3 季度基本与 2010 年持平,维持在 115 ~ 119 之间,第 4 季度大幅回落至 104.2;印刷业和记录媒介的复制前 3 季度同比均高于 2010 年,仅第 4 季度同比回落了 2.8;文教体育用品制造业景气波动区间较 2010 年略有收窄。

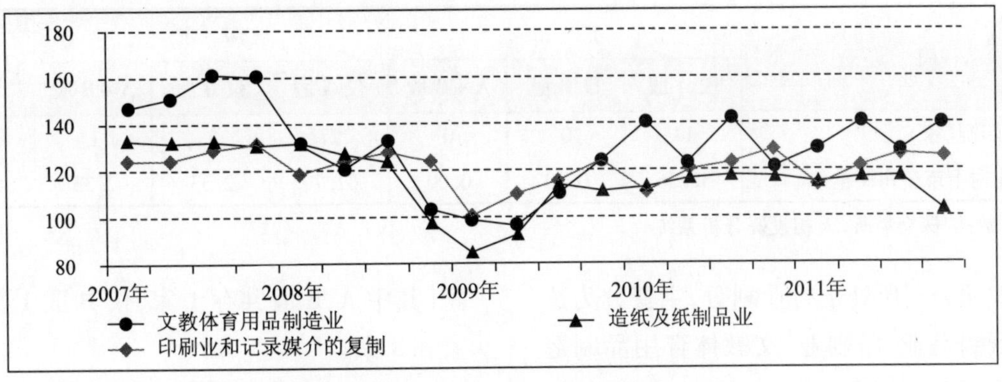

图 1　造纸、印刷细分行业景气度指数走势

资料来源:国家统计局,天相投资分析系统

二、行业内上市公司发展概况

(一)行业内上市公司基本情况

截至2011年底,造纸、印刷业共涵盖44只A、B股,43家上市公司(其中1家上市公司既有A股又有B股),其中A股42家,B股2家,分占A、B股总数的1.73%和0.08%。截至2011年底,该行业市值总额为1 252.74亿元,流通A股市值为810.27亿元,流通B股市值为21.38亿元,分占沪、深两市市值总额的0.58%、流通A股市值的0.50%和流通B股市值的1.51%。

表1　　2011年造纸、印刷上市公司发行股票概况

门　类	A、B股总数	A股股票数	B股股票数	境内总市值(亿元)	流通A股市值(亿元)	流通B股市值(亿元)
造纸、印刷	44	42	2	1 252.74	810.27	21.38
占沪深两市比重(%)	1.81	1.73	0.08	0.58	0.50	1.51

资料来源:沪深交易所,天相投资分析系统

(二)行业内上市公司构成情况

按上市地划分,行业中在上海证券交易所上市的公司有14家,深圳证券交易所上市的公司有29家,分占行业内上市公司的32.56%和67.45%。

按A、B股划分,在A板上市的公司42家(其中1家同时在B板上市),在B板上市的公司2家。

从经营角度来看,行业内上市公司中ST、*ST公司共有5家,占行业内上市公司总数的12%。

表2　　2011年造纸、印刷上市公司构成情况

门　类	沪　市			深　市			ST/*ST
	仅A股	仅B股	A+B股	仅A股	仅B股	A+B股	
造纸、印刷(家)	14	0	0	27	1	1	2/3
占行业内上市公司比重(%)	32.56	0.00	0.00	62.79	2.33	2.33	5/7

资料来源:沪深交易所,天相投资分析系统

按照公司所处子行业划分,主要分为造纸及纸制品业、印刷业、文教体育用品制造业3个子行业,所涵盖公司数量分别为29家(其中A、B股共存1家,仅B股1家)、6家和8家。

表 3　　2011 年造纸、印刷上市公司各子行业分布明细

A、B 股票类型	公司代码	公司名称	所属大类
沪市 A 股	600836	界龙实业	印刷业
	600069	银鸽投资	造纸及纸制品业
	600103	青山纸业	
	600163	福建南纸	
	600235	民丰特纸	
	600308	华泰股份	
	600356	恒丰纸业	
	600419	ST 天宏	
	600433	冠豪高新	
	600462	＊ST 石岘	
	600567	山鹰纸业	
	600793	ST 宜纸	
	600963	岳阳林纸	
	600966	博汇纸业	
深市 A 股	002103	广博股份	文教体育用品制造业
	002105	信隆实业	
	002292	奥飞动漫	
	002301	齐心文具	
	002348	高乐股份	
	002502	骅威股份	
	002575	群兴玩具	
	300043	星辉车模	印刷业
	000812	陕西金叶	
	002117	东港股份	
	002191	劲嘉股份	
	002229	鸿博股份	
	002599	盛通股份	造纸及纸制品业
	000488	晨鸣纸业	
	000815	＊ST 美利	
	000820	＊ST 金城	
	000833	贵糖股份	
	002012	凯恩股份	
	002067	景兴纸业	
	002078	太阳纸业	
	002228	合兴包装	
	002235	安妮股份	
	002303	美盈森	
	002511	中顺洁柔	
	002521	齐峰股份	
	002565	上海绿新	
	002605	姚记扑克	
	300057	万顺股份	

续表

A、B股票类型	公司代码	公司名称	所属大类
深市B股	200488	晨鸣B	造纸及纸制品业
	200986	粤华包B	

资料来源:沪深交易所,天相投资分析系统

(三)行业内上市公司融资情况

2011年全年,造纸、印刷业共有9家公司进行了融资,占沪深两市473家融资公司的1.90%,其中,新股发行4家,增发5家,分占1.44%和2.73%。

首发的4家上市公司全部在中小板上市;增发的5家公司中有3家在中小板,2家在沪市上市。

表4　2011年造纸、印刷上市公司与沪深两市融资情况对比　单位:家

	融资家数	新　股	配　股	增　发
造纸、印刷	9	4	0	5
沪深两市总数	473	277	13	183
占比(%)	1.90	1.44	0.00	2.73

资料来源:沪深交易所,天相投资分析系统

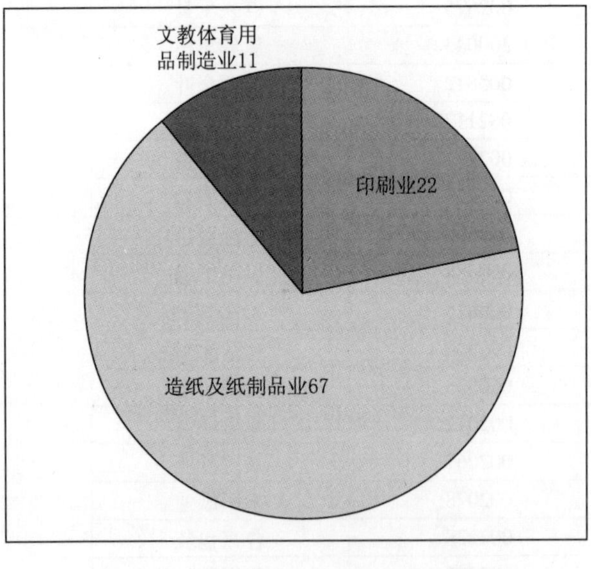

图2　2011年造纸、印刷各子行业融资企业数量占比(%)

资料来源:沪深交易所,天相投资分析系统

表 5　　2011 年造纸、印刷上市公司融资类别明细

代　码	公司名称	融资类别	所属大类	证券类型
002012	凯恩股份	增　发	造纸及纸制品业	中小板
002067	景兴纸业	增　发	造纸及纸制品业	中小板
002229	鸿博股份	增　发	印刷业	中小板
002565	上海绿新	首　发	造纸及纸制品业	中小板
002575	群兴玩具	首　发	文教体育用品制造业	中小板
002599	盛通股份	首　发	印刷业	中小板
002605	姚记扑克	首　发	造纸及纸制品业	中小板
600433	冠豪高新	增　发	造纸及纸制品业	沪　市
600567	山鹰纸业	增　发	造纸及纸制品业	沪　市

资料来源：沪深交易所，天相投资分析系统

从融资总量来看，造纸、印刷上市公司实际发行数量为 64 063.89 万股，同比增长 47.11%；实际募集资金 57.21 亿元，同比下降 27.30%。

表 6　　2011 年造纸、印刷上市公司融资明细

代　码	公司名称	发行价格（元）	实际发行数量（万股）	实募集资金数（亿元）
002012	凯恩股份	12.80	3 902.34	4.78
002067	景兴纸业	6.13	15 497.55	9.31
002229	鸿博股份	13.60	2 094.00	2.63
002565	上海绿新	31.20	3 350.00	9.98
002575	群兴玩具	20.00	3 380.00	6.13
002599	盛通股份	10.00	3 300.00	3.03
002605	姚记扑克	21.00	2 350.00	4.40
600433	冠豪高新	8.45	8 190.00	6.70
600567	山鹰纸业	4.80	22 000.00	10.25
合　计			64 063.89	57.21

资料来源：天相投资分析系统

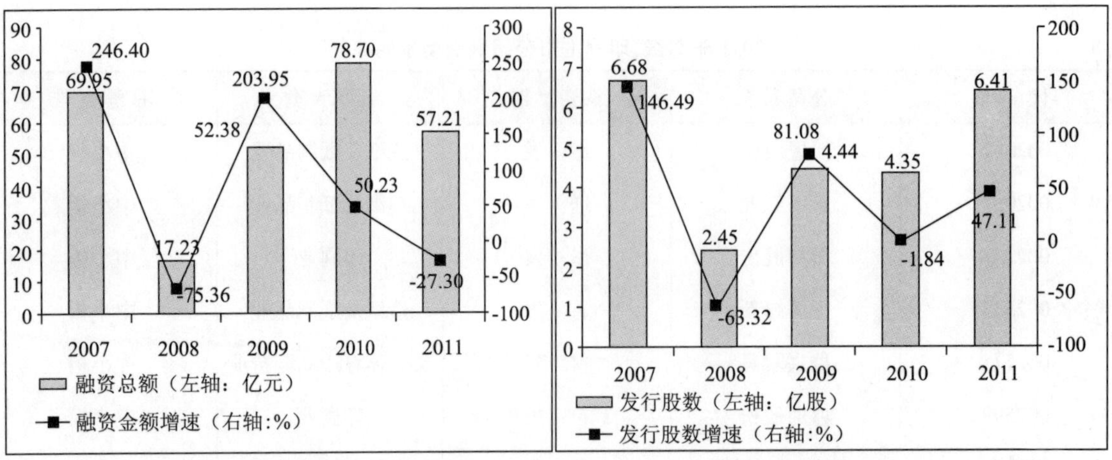

图3　造纸、印刷上市公司2007—2011年融资额及发行股数情况

资料来源：沪深交易所，天相投资分析系统

(四)行业内上市公司资产及业绩情况

截至2011年底，造纸、印刷业上市公司资产总值已达1 874.55亿元，非流动资产1 034.34亿元，归属于母公司股东权益720.12亿元，按可比样本计算分别比2010年同期增长了18.94%、15.02%和9.66%。

表7　　2011年造纸、印刷上市公司资产情况　　单位：亿元

指　标	2011年	2011年可比样本增长(%)	2010年	2010年可比样本增长(%)	2009年
总资产	1 874.55	18.94	1 551.80	21.44	1 324.98
流动资产	840.21	24.15	663.02	30.95	525.50
占比(%)	44.82	1.88	42.73	3.10	39.66
非流动资产	1 034.34	15.02	888.78	15.20	799.47
占比(%)	55.18	-1.88	57.27	-3.10	60.34
流动负债	792.75	27.32	610.59	25.16	517.24
占比(%)	42.29	2.78	39.35	1.17	39.04
非流动负债	306.09	29.99	234.32	25.00	191.11
占比(%)	16.33	1.39	15.10	0.43	14.42
归属于母公司股东权益	720.12	9.66	645.77	18.66	553.42
占比(%)	38.42	-3.25	41.61	-0.98	41.77

资料来源：沪深交易所，天相投资分析系统

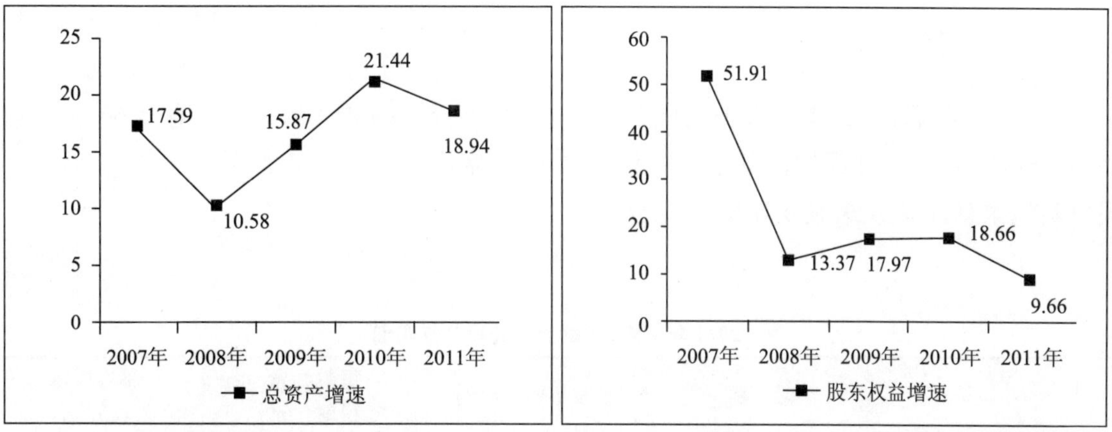

图 4　造纸、印刷上市公司 2007—2011 年可比样本总资产和归属于母公司股东权益增长情况(%)

资料来源:沪深交易所,天相投资分析系统

2011 年年报数据显示,造纸、印刷业上市公司合计实现营业收入 975.17 亿元,按可比样本计算较 2010 年同期增长 11.34%;实现利润总额 35.42 亿元,按可比样本计算同比减少 38.17%;实现归属于母公司所有者的净利润 24.93 亿元,按可比样本计算同比减少 39.21%。

表 8　2011 年造纸、印刷上市公司收入实现情况　单位:亿元

指　标	2011 年	2011 年可比样本增长(%)	2010 年	2010 年可比样本增长(%)	2009 年
营业收入	975.17	11.34	852.81	28.03	685.14
利润总额	35.42	-38.17	53.79	13.79	46.47
归属于母公司所有者的净利润	24.93	-39.21	38.27	10.12	33.37

资料来源:沪深交易所,天相投资分析系统

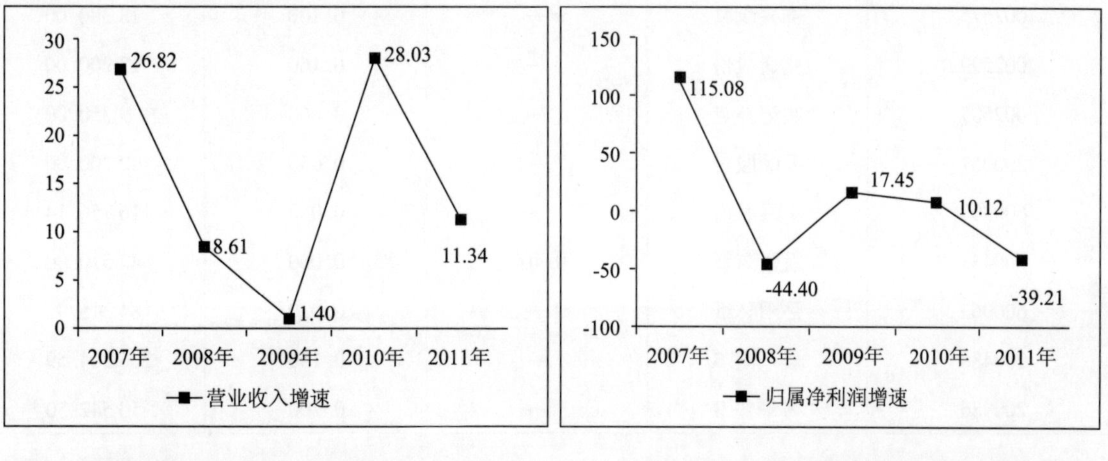

图 5　造纸、印刷上市公司 2007—2011 年可比样本营业收入及归属于母公司所有者的净利润变化情况(%)

资料来源:沪深交易所,天相投资分析系统

(五)利润分配情况

2011 年,造纸、印刷业上市公司中共有 25 家公司实施了分红配股。其中,18 家公司仅实施派息,1 家仅送股及转增,6 家公司既送股、转增又派息。送股及转增、派息比例最高值分别是送股及转增比例为 1(景兴纸业、齐心文具)和每股股息 0.66 元(姚记扑克)。

表 9　　2011 年造纸、印刷上市公司分红明细

代　码	名　称	送股及转增比例	每股派息(税前　元)	基准股本(万股)
000488	晨鸣纸业	—	0.150	206204.59
000812	陕西金叶	—	0.035	44 737.57
000833	贵糖股份	—	0.100	29 606.79
002067	景兴纸业	1.000	—	54 697.55
002078	太阳纸业	—	0.100	100 481.04
002103	广博股份	—	0.100	21 843.10
002105	信隆实业	—	0.100	26 800.00
002228	合兴包装	—	0.100	34 750.40
002292	奥飞动漫	—	0.200	40 960.00
002301	齐心文具	1.000	0.100	19 169.00
002348	高乐股份	—	0.300	23 680.00
002502	骅威股份	0.600	0.100	8 800.00
002511	中顺洁柔	0.300	0.200	16 000.00
002565	上海绿新	0.600	0.130	21 360.00
002575	群兴玩具	—	0.100	13 380.00
002599	盛通股份	—	0.160	13 200.00
002605	姚记扑克	—	0.660	9 350.00
300057	万顺股份	—	0.050	42 200.00
600308	华泰股份	—	0.050	116 756.14
600433	冠豪高新	0.400	0.060	42 510.00
600963	岳阳林纸	—	0.020	84 315.91
200488	晨　鸣 B	—	0.150	206 204.59
200986	粤华包 B	—	0.200	50 542.50

续表

代　码	名　称	送股及转增比例	每股派息（税前　元）	基准股本（万股）
002191	劲嘉股份	—	0.350	64 200.00
002565	上海绿新	0.600	0.300	13 350.00

资料来源：沪深交易所，天相投资分析系统

2011 年行业内上市公司分红总额为 16.72 亿元，分红总额占净利润总额的比重达 67.08%，按可比样本计算同比提升 29.68 个百分点。

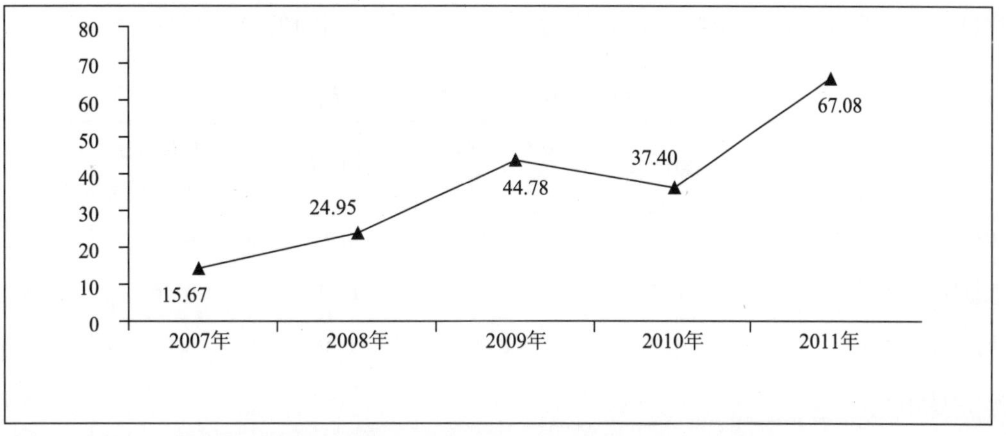

图 6　造纸、印刷上市公司 2007—2011 年分配利润占比情况（%）

资料来源：沪深交易所，天相投资分析系统

（六）其他财务指标情况

1. 盈利能力指标

2011 年，由于行业景气度低迷，加之规模扩张后的折旧以及资金成本的增加，造纸、印刷业上市公司整体各项盈利能力指标按可比样本计算较 2010 年均有不同程度的下降。

表 10　2011 年造纸、印刷上市公司盈利能力情况

指　标	2011 年	2011 年可比样本变动	2010 年	2010 年可比样本变动	2009 年
毛利率（%）	16.69	-1.98	18.54	-0.38	19.07
净资产收益率（%）	3.46	-2.78	5.93	-0.46	6.03
销售净利率（%）	2.56	-2.13	4.49	-0.73	4.87
资产净利率（%）	1.45	-1.41	2.70	-0.23	2.70

资料来源：沪深交易所天相投资分析系统

2. 偿债能力指标

2011 年整个行业上市公司资产负债率水平按可比样本计算上升 4.17 个百分点。

表11　　2011年造纸、印刷上市公司偿债能力指标

指　标	2011年	2011年可比样本变动	2010年	2010年可比样本变动	2009年
流动比率	1.06	-0.03	1.09	0.05	1.02
速动比率	0.73	-0.06	0.79	0.05	0.72
资产负债率(%)	58.62	4.17	54.45	1.60	53.46

资料来源:沪深交易所,天相投资分析系统

3. 营运能力指标

2011年,行业内上市公司各项营运能力指标按可比样本计算较2010年全面下滑,反映行业当前的经营困境。

表12　　2011年造纸、印刷上市公司营运能力情况　　单位:次

指　标	2011年	2011年可比样本变动	2010年	2010年可比样本变动	2009年
存货周转率	3.64	-0.59	4.25	0.71	3.52
应收账款周转率	8.11	-0.45	8.57	0.76	8.10
流动资产周转率	1.29	-0.18	1.46	0.06	1.38
固定资产周转率	1.34	-0.11	1.42	0.19	1.23
总资产周转率	0.57	-0.04	0.60	0.04	0.56
净资产周转率	1.31	-0.01	1.30	0.10	1.20

资料来源:沪深交易所,天相投资分析系统

三、重点细分行业介绍

造纸、印刷业共涵盖3个大类,分别是造纸及纸制品业、印刷业和文教体育用品制造业。

表13　　2011年造纸、印刷各子行业上市公司数量分布及市值情况

大　类	上市公司家数(家)	占行业内比重(%)	境内总市值(亿元)	占行业内比重(%)
造纸及纸制品业	29	67.44	846.03	67.96
印刷业	6	13.95	161.28	12.96
文教体育用品制造业	8	18.60	237.54	19.08

资料来源:沪深交易所,天相投资分析系统

表13的数据显示,造纸及纸制品业上市公司家数为29家,市值比重占67.96%;印刷业上市公司家数为6家,市值比重为12.96%;文教体育用品制造业上市公司家数为8家,市值比重为19.08%。

(一)造纸及纸制品业

1. 行业概况

2011 年,造纸及纸制品业总资产为10 560.58亿元,同比增长 9.38%;实现利润总额660.92 亿元,同比减少 9.10%。

2. 行业内上市公司发展情况

(1)2011 年,按可比样本计算,造纸及纸制品业上市公司的整体收入同比增长11.99%,利润总额同比下降 53.41%,归属于母公司所有者的净利润同比下降56.72%。

表 14　2011 年造纸及纸制品业上市公司收入及资产增长情况　单位:亿元

指　标	2011 年	2011 年可比样本增长(%)	2010 年	2010 年可比样本增长(%)	2009 年
营业收入	854.77	11.99	749.37	30.21	601.31
利润总额	20.23	-53.41	41.16	19.55	34.87
归属于母公司所有者的净利润	13.20	-56.72	28.75	13.80	24.96
总资产	1 664.30	19.63	1 375.92	20.63	1 190.14
归属于母公司股东权益	591.53	8.15	540.14	15.82	476.01

资料来源:沪深交易所,天相投资分析系统

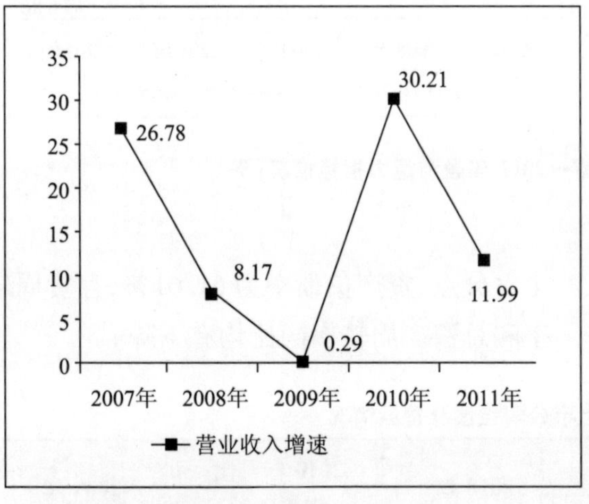

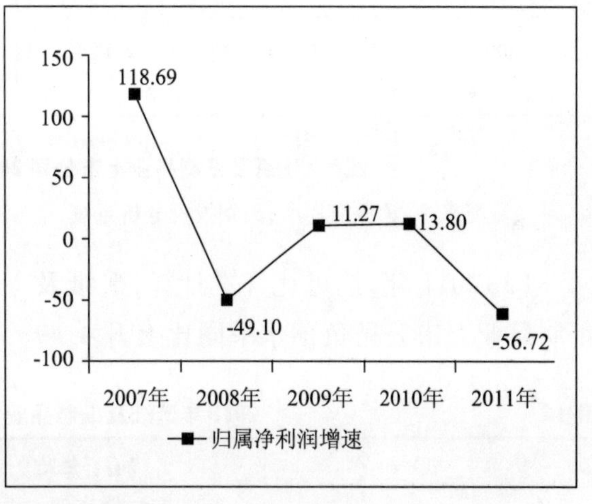

图 7　造纸及纸制品业上市公司 2007—2011 年可比样本营业收入及归属于母公司所有者的净利润变化情况(%)

资料来源:沪深交易所,天相投资分析系统

(2)2011 年,按可比样本计算,造纸及纸制品业上市公司整体毛利率、净资产收益率、销售净利率、资产净利率同比分别下降了 2.30、3.35、2.45 和 1.54 个百分点,盈利能力有所降低。

表 15　　2011 年造纸及纸制品业上市公司盈利能力情况

指　标	2011 年	2011 年可比样本变动	2010 年	2010 年可比样本变动	2009 年
毛利率(%)	15.10	-2.30	17.31	-0.16	17.72
净资产收益率(%)	2.23	-3.35	5.32	-0.09	5.24
销售净利率(%)	1.54	-2.45	3.84	-0.55	4.15
资产净利率(%)	0.86	-1.54	2.29	-0.10	2.25

资料来源:沪深交易所,天相投资分析系统

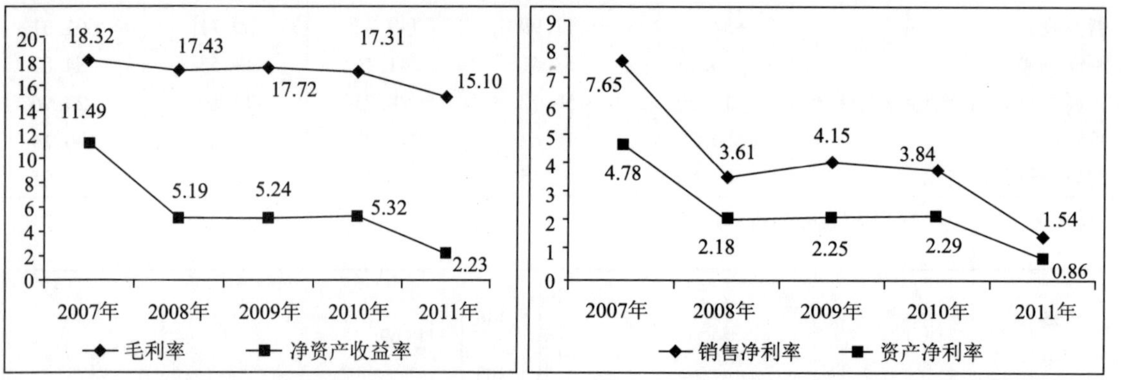

图 8　造纸及纸制品业上市公司 2007—2011 年盈利能力指标情况(%)

资料来源:沪深交易所,天相投资分析系统

(3)2011 年,按可比样本计算,造纸及纸制品业上市公司负债水平同比上升 4.49 个百分点,资产负债率为 61.61%,存货周转率和总资产周转率同比均有下降。

表 16　　2011 年造纸及纸制品业上市公司偿债及营运情况

指　标	2011 年	2011 年可比样本变动	2010 年	2010 年可比样本变动	2009 年
资产负债率(%)	61.61	4.49	57.15	2.24	55.56
存货周转率(次)	3.89	-0.60	4.54	0.84	3.68
总资产周转率(次)	0.56	-0.04	0.60	0.05	0.54

资料来源:沪深交易所,天相投资分析系统

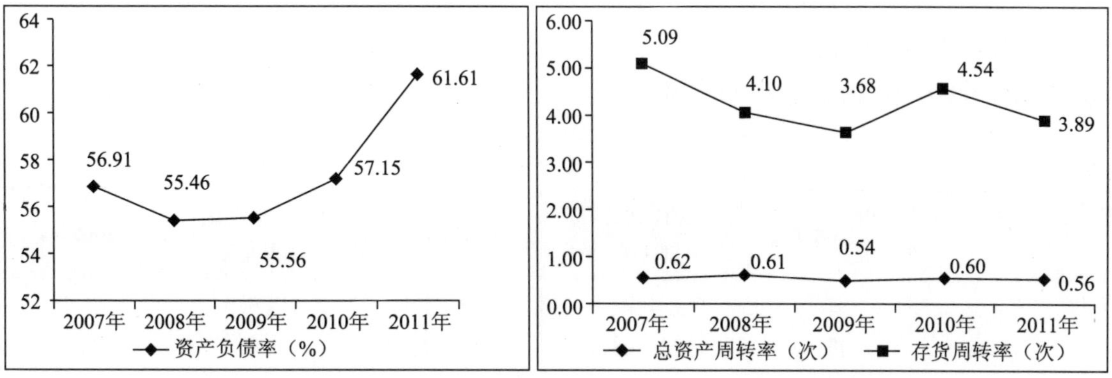

图 9 造纸及纸制品业上市公司 2007—2011 年偿债及营运能力指标情况

资料来源:沪深交易所,天相投资分析系统

(二)印刷业

1. 行业概况

2011 年,印刷业总资产为 3 019.28 亿元,同比减少 6.13%;实现利润总额 307.02 亿元,同比减少 0.71%。

2. 行业内上市公司发展情况

(1)2011 年,按可比样本计算,印刷业上市公司的整体收入同比增长 4.50%,利润总额同比增长 13.17%,归属于母公司所有者的净利润同比增长 19.67%。

表 17 2011 年印刷业上市公司收入及资产增长情况 单位:亿元

指　标	2011 年	2011 年可比样本增长(%)	2010 年	2010 年可比样本增长(%)	2009 年
营业收入	56.69	4.50	49.76	2.13	48.72
利润总额	9.02	13.17	7.41	-3.43	7.67
归属于母公司所有者的净利润	6.44	19.67	4.96	-2.37	5.08
总资产	115.21	13.84	95.26	12.81	84.44
归属于母公司股东权益	55.67	19.10	44.55	12.75	39.51

资料来源:沪深交易所,天相投资分析系统

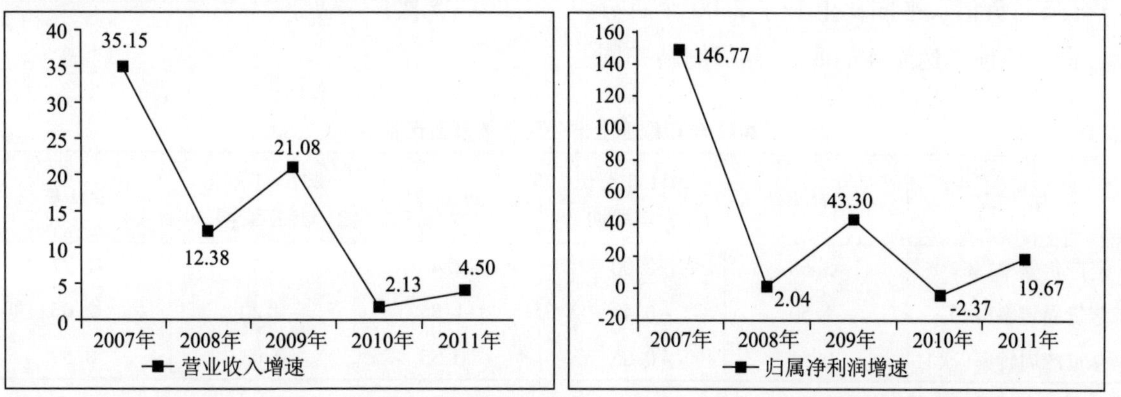

图 10 印刷业上市公司 2007—2011 年可比样本营业收入及归属于母公司所有者的净利润变化情况(%)

资料来源:沪深交易所,天相投资分析系统

（2）2011 年，按可比样本计算，印刷业上市公司整体毛利率同比提升了 1.21 个百分点，净资产收益率、销售净利率和资产净利率分别同比上升了 0.05 个百分点、1.44 个百分点和 0.29 个百分点。

表 18　　2011 年印刷业上市公司盈利能力情况

指　标	2011 年	2011 年可比样本变动	2010 年	2010 年可比样本变动	2009 年
毛利率（%）	31.61	1.21	31.21	0.72	30.49
净资产收益率（%）	11.57	0.05	11.14	-1.72	12.86
销售净利率（%）	11.36	1.44	9.97	-0.46	10.43
资产净利率（%）	5.95	0.29	5.52	-0.59	6.12

资料来源：沪深交易所，天相投资分析系统

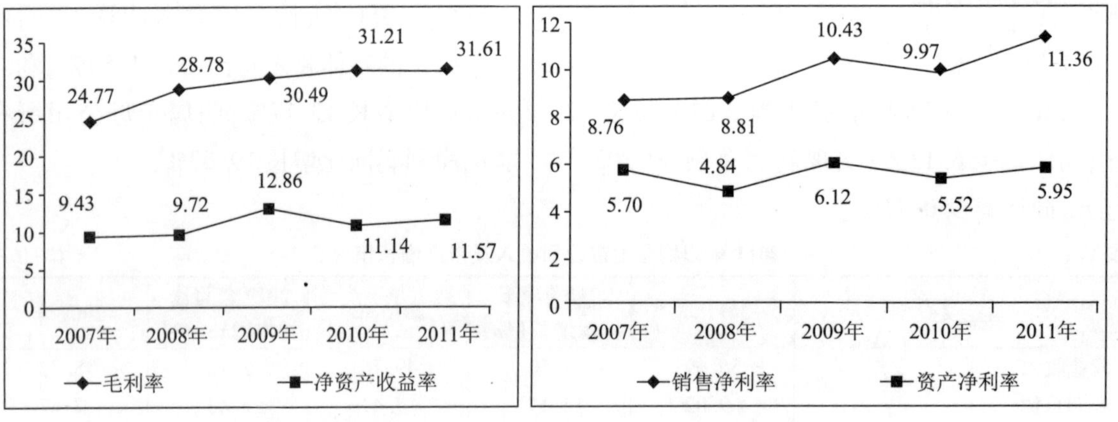

图 11　印刷业上市公司 2007—2011 年盈利能力指标情况（%）

资料来源：沪深交易所，天相投资分析系统

（3）2011 年，按可比样本计算，印刷业上市公司负债水平同比上升了 2.00 个百分点，资产负债率达到 45.68%，存货周转率同比下降了 0.48 次，总资产周转率同比下降了 0.05 次。

表 19　　2011 年印刷业上市公司偿债及营运情况

指　标	2011 年	2011 年可比样本变动	2010 年	2010 年可比样本变动	2009 年
资产负债率（%）	45.68	2.00	42.47	0.69	41.77
存货周转率（次）	1.50	-0.48	1.85	-0.20	2.05
总资产周转率（次）	0.52	-0.05	0.55	-0.03	0.59

资料来源：沪深交易所，天相投资分析系统

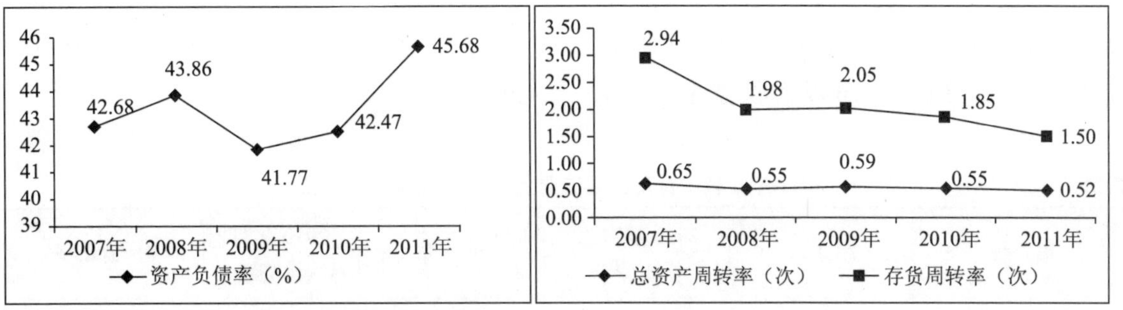

图 12 印刷业上市公司 2007—2011 年偿债及营运能力指标情况

资料来源：沪深交易所，天相投资分析系统

(三)文教体育用品制造业

1. 行业概况

2011 年，文教体育用品制造业总资产为 1 772.31 亿元，同比减少 3.15%；实现利润总额 160.76 亿元，同比减少 2.99%。

2. 行业内上市公司发展情况

(1)2011 年，按可比样本计算，文教体育用品制造业上市公司营业收入同比增长 9.18%，归属于母公司所有者的净利润增长 3.17%。

表 20 2011 年文教体育用品制造业上市公司收入及资产增长情况 单位：亿元

指 标	2011 年	2011 年可比样本增长(%)	2010 年	2010 年可比样本增长(%)	2009 年
营业收入	63.70	9.18	53.68	28.17	35.11
利润总额	6.17	4.75	5.23	0.96	3.92
归属于母公司所有者的净利润	5.29	3.17	4.55	3.41	3.33
总资产	95.05	13.56	80.61	52.78	50.40
归属于母公司股东权益	72.92	15.80	61.09	59.27	37.90

资料来源：沪深交易所，天相投资分析系统

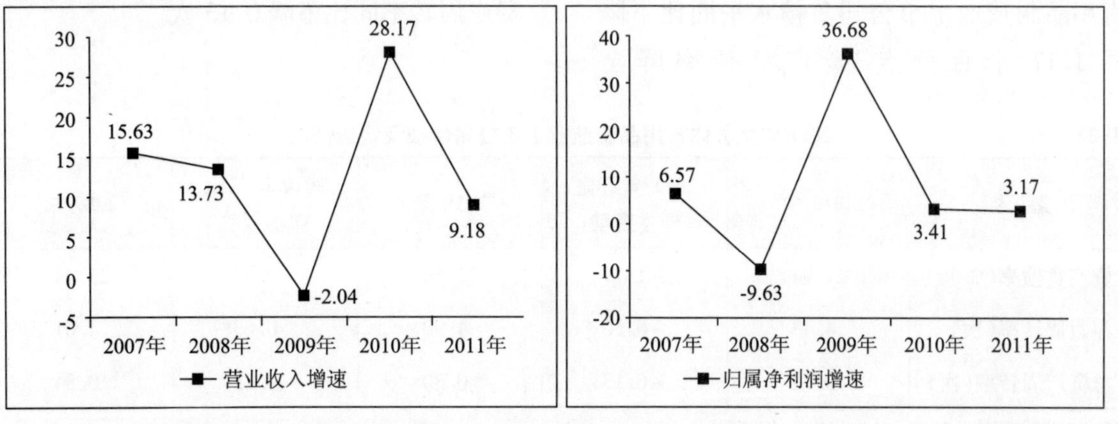

图 13 文教体育用品制造业上市公司 2007—2011 年可比样本营业收入及归属于母公司所有者的净利润变化情况(%)

资料来源：沪深交易所，天相投资分析系统

(2)2011年,按可比样本计算,文教体育用品制造业上市公司整体毛利率同比上升0.41个百分点,而净资产收益率、销售净利率和资产净利率分别同比下降了0.89个百分点、0.48个百分点和1.46个百分点。

表21　　2011年文教体育用品制造业上市公司盈利能力情况

指　标	2011年	2011年可比样本变动	2010年	2010年可比样本变动	2009年
毛利率(%)	24.79	0.41	23.88	-1.29	26.44
净资产收益率(%)	7.26	-0.89	7.46	-4.03	8.78
销售净利率(%)	8.31	-0.48	8.48	-2.03	9.47
资产净利率(%)	5.92	-1.46	6.83	-2.91	7.98

资料来源:沪深交易所,天相投资分析系统

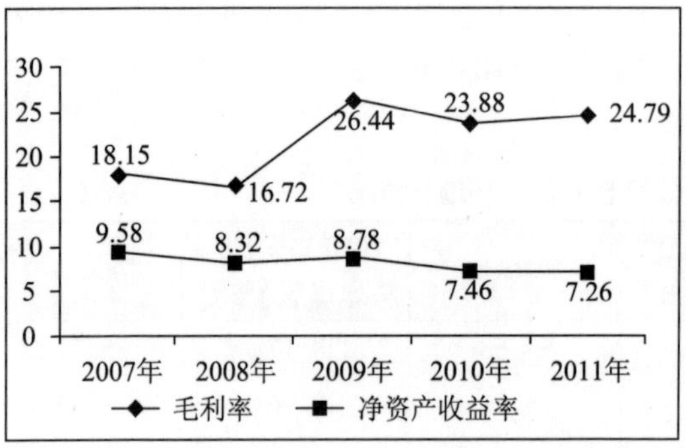

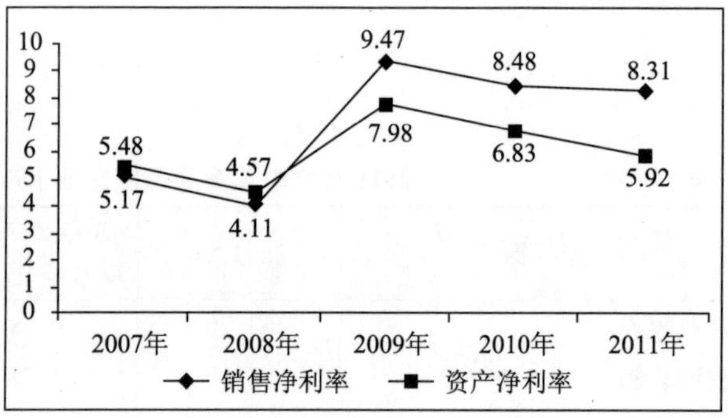

图14　文教体育用品制造业上市公司2007—2011年盈利能力情况(%)

资料来源:沪深交易所,天相投资分析系统

(3)2011年,按可比样本计算,文教体育用品制造业上市公司负债水平同比下降了1.17个百分点,资产负债率降至21.94%,存货周转率同比下降0.50次,总资产周转率同比下降0.13次。

表22　　2011年文教体育用品制造业上市公司偿债及营运情况

指　标	2011年	2011年可比样本变动	2010年	2010年可比样本变动	2009年
资产负债率(%)	21.94	-1.17	22.50	-3.51	23.44
存货周转率(次)	4.43	-0.50	4.90	0.63	4.01
总资产周转率(次)	0.71	-0.13	0.80	-0.12	0.84

资料来源:沪深交易所,天相投资分析系统

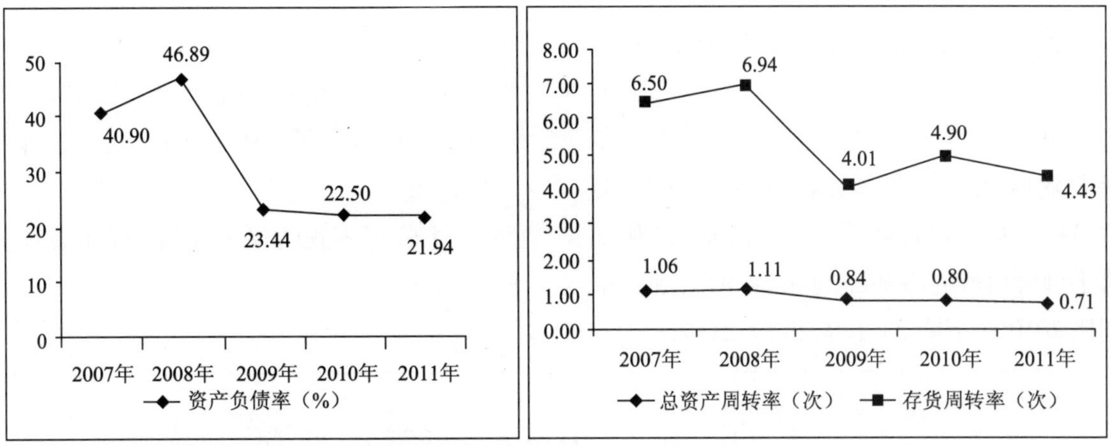

图 15 文教体育用品制造业上市公司 2007—2011 年偿债及营运能力指标情况

资料来源：沪深交易所，天相投资分析系统

四、重点上市公司介绍

晨鸣纸业

2011 年，公司实现营业收入 177.47 亿元，同比增长 3.16%；营业利润 3.76 亿元，同比减少 73.77%；归属于母公司所有者的净利润 6.08 亿元，同比减少 47.71%；实现基本每股收益 0.29 元。

2011 年，公司毛利率为 15.87%，同比下降 4.59 个百分点；净利润率 3.32%，同比下降 4.25 个百分点；净资产收益率 4.50%，同比下降 4.09 个百分点；资产报酬率 1.33%，同比下降 1.99 个百分点。

2011 年末，公司的资产负债率达到 67.15%，同比上升 10.65 个百分点。

太阳纸业

2011 年，公司实现营业收入 87.62 亿元，同比增长 9.02%；营业利润 3.53 亿元，同比减少 59.04%；归属于母公司所有者的净利润 4.99 亿元，同比减少 21.54%；实现基本每股收益 0.50 元。

2011 年，公司毛利率为 16.40%，同比下降 3.02 个百分点；净利润率 6.42%，同比下降 2.94 个百分点；净资产收益率 13.39%，同比下降 6.08 个百分点；资产报酬率 3.29%，同比下降 2.2 个百分点。

2011 年末，公司的资产负债率达到 70.19%，同比上升 6.59 个百分点。

岳阳林纸

2011 年，公司实现营业收入 69.65 亿元，同比增长 13.47%；营业利润 9 296 万元，同比减少 61.26%；归属于母公司所有者的净利润 1.54 亿元，同比减少 42.42%；实现基本每股收益 0.18 元。

2011 年，公司毛利率为 18.92%，同比下降 2.04 个百分点；净利润率 2.21%，同比下降 2.15 个百分点；净资产收益率 3.46%，同比下降 1.61 个百分点；资产报酬率 0.92%，同比下降 0.38 个百分点。

2011 年末，公司的资产负债率达到 72.91%，同比上升 10.81 个百分点。

五、上市公司在行业中的影响力

2011年，造纸、印刷业上市公司合计实现营业收入975.17亿元，较2010年增长11.34%，实现利润总额35.42亿元，实现归属于母公司所有者的净利润24.93亿元，分别比2010年下降38.17%和39.21%。

而行业内所有公司2011年合计实现营业收入18 817亿元，同比增长13.92%；实现利润总额1 129亿元，同比增长17.60%。对比行业内所有公司总体，上市公司的营业收入增速低于行业总体水平，而利润总额方面，上市公司表现为同比下降，行业总体为同比上升。

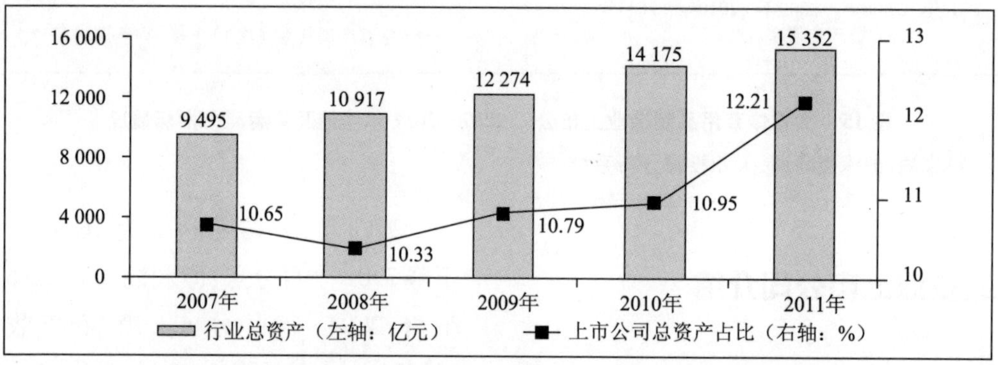

图16　造纸、印刷行业2007—2011年总资产及其中上市公司资产占比

资料来源：国家统计局，天相投资分析系统

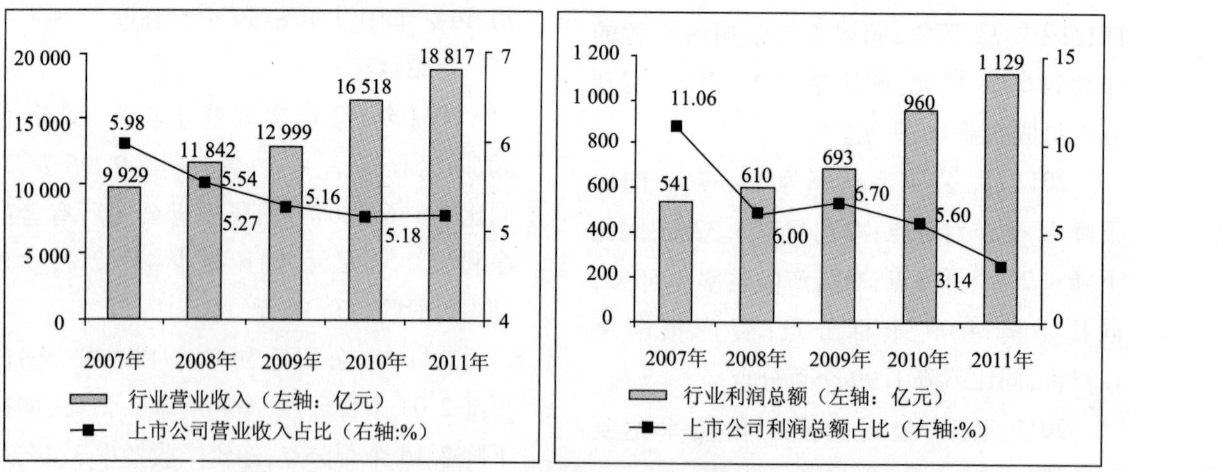

图17　造纸、印刷行业2007—2011年营业收入和利润总额及上市公司占比情况

资料来源：国家统计局，天相投资分析系统

天相投资顾问有限公司

审稿人：天相投顾年鉴编写组

撰稿人：天相投顾年鉴编写组

石油、化学、塑胶、塑料

一、石油、化学、塑胶、塑料制造业总体概况

2011年,我国石油和化学工业在大力推进发展方式转变和产业、产品结构调整的进程中,行业经济呈现平稳增长,整体效益显著提高,经济增长质量进一步提升的良好态势。2011年,石油和化工行业投资稳中趋快,进出口再攀高峰;市场需求旺盛,重点产品保障能力增强;经济运行的内部环境持续改善,经济规模再上新台阶。但是,当前行业经济运行的外部环境日趋严峻,不确定和不稳定因素增多;化学工业产能过剩的问题较为突出;上游投资动力不足,炼油亏损加剧;行业成本高位运行。

(一)行业整体运行情况

2011年,我国石油和化工行业经济平稳增长,实现了“十二五”的良好开局。据统计,截至2011年12月末,全行业规模以上企业26 832家(主营收入2 000万元以上企业),累计总产值11.28万亿元,同比增长31.50%,占全国规模工业总产值的13.20%。

全年固定资产投资1.43万亿元,同比增长23.40%。行业进出口总额6 071.46亿美元,同比增长32.30%,占全国进出口贸易总额的16.70%,其中进口约占25.02%,出口占9.10%;贸易逆差2 624.6亿美元,同比扩大38.01%。

(二)细分行业运行概况

2011年石油加工、炼焦和核燃料加工业、化学纤维制造业企业景气度指数下滑严重。自2009年恢复至120左右后,2011年石油加工、炼焦和核燃料加工业景气度指数跌破100;化学纤维制造业景气度指数从140跌至100附近;化学原料和化学制品制造业、橡胶制品业、塑料制品业景气度指数相对较为稳定,2009年以来保持在120附近。

2011年全国石油加工、炼焦和核燃料加工业总产值为36 444.63亿元,累计增长率为26.77%;出口交货值为357.99亿元,累计增长率为0.33%。

2011年末,我国化学原料和化学制品制造业企业达21 908家,实现利润总额达3 978.19亿元,同比增长32.08%。

2011年末,我国化学纤维制造业企业达1 557家,行业总资产达4 861.70亿元,同比增长17.03%。规模以上化学纤维制造业企业实现主营业务收入达6 330.88亿元,同比增长29.39%;实现利润总额达320.60亿元,同比增长1.49%。

2011年末,我国橡胶制品业企业达3 186家,行业总资产达4 725.15亿元,同比增长20.08%。规模以上橡胶制品业企业实现主营业务收入达7 192.73亿元,同比增长28.26%;实现利润总额达399.78亿元,同比增长20.68%。

2011年末,我国塑料制品业企业达12 963家,实现主营业务收入15 583.70亿元,同比增长27.52%;实现利润总额达882.29亿元,同比增长32.50%。

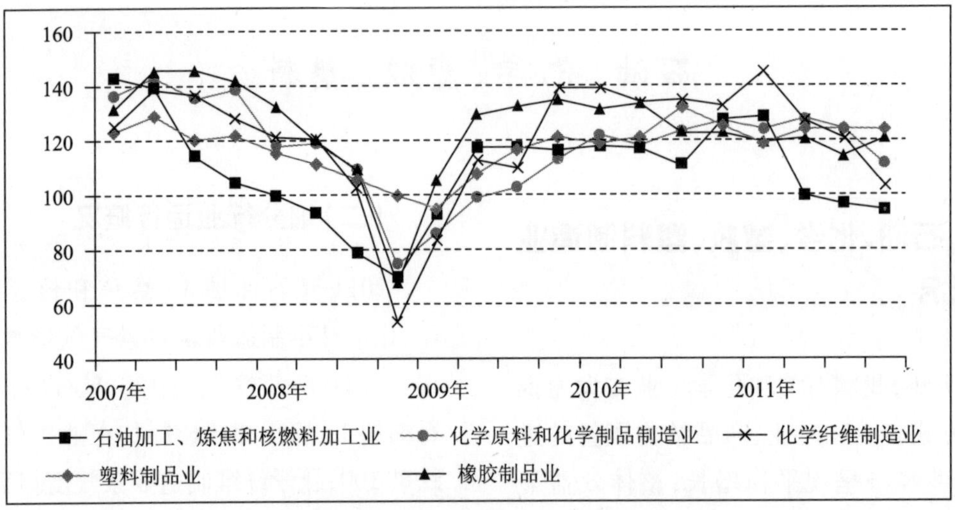

图1 石油、化学、塑胶、塑料细分行业景气度指数走势

资料来源：国家统计局，天相投资分析系统

二、行业内上市公司发展概况

（一）行业内上市公司基本情况

截至2011年底，石油、化学、塑胶、塑料行业共有A、B股258只，占沪深两市A、B股总数的10.63%；其中A股股票数252只，占沪深两市的比重为10.38%。截至2011年底，石油、化学、塑胶、塑料行业上市公司总市值9 535.23亿元，占沪深两市总市值的4.42%；其中流通A股市值为6 174.07亿元，占沪深两市流通A股总市值的3.79%。

表1　　2011年石油、化学、塑胶、塑料上市公司发行股票概况

门　类	A、B股总数	A股股票数	B股股票数	境内总市值（亿元）	流通A股市值（亿元）	流通B股市值（亿元）
石油、化学、塑胶、塑料	258	252	6	9 535.23	6 174.07	37.95
占沪深两市比重（%）	10.63	10.38	0.25	4.42	3.79	2.67

资料来源：沪深交易所，天相投资分析系统

（二）行业内上市公司构成情况

按照上市地点划分，行业中在上海证券交易所上市的有79家，其中仅A股上市公司74家，占行业内上市公司总数的29.25%；在深圳证券交易所上市的公司有174家，其中仅A股上市公司173家，占行业内上市公司总数的68.38%。

从经营角度看，行业内上市公司中共有18家ST公司和11家＊ST公司。

表 2　　2011 年石油、化学、塑胶、塑料上市公司构成情况

门　类	沪　市			深　市			ST/ * ST
	仅 A 股	仅 B 股	A + B 股	仅 A 股	仅 B 股	A + B 股	
石油、化学、塑胶、塑料(家)	74	1	4	173	0	1	18/11
占行业内上市公司比重(%)	29.25	0.40	1.58	68.38	0.00	0.40	7/4

资料来源:沪深交易所,天相投资分析系统

按照公司所处行业大类划分,主要可分为石油加工及炼焦业、化学原料及化学制品制造业、化学纤维制造业、橡胶制造业、塑料制造业 5 个大类,其中有多家公司的业务同时覆盖几个大类。

表 3　　2011 年石油、化学、塑胶、塑料上市公司各子行业分布明细

A、B 股类别	公司代码	公司名称	所属大类
沪市 A 股	600061	中纺投资	化学化纤制造业
	600063	皖维高新	
	600527	江南高纤	
	600617	ST 联华	
	600667	太极实业	
	600699	均胜电子	
	600810	XD 神马股	
	600871	S 仪化	
	600889	南京化纤	
	601208	东材科技	
	600075	新疆天业	化学原料及化学制品制造业
	600078	澄星股份	
	600091	ST 明科	
	600096	云天化	
	600135	乐凯胶片	
	600141	兴发集团	
	600160	巨化股份	
	600227	赤天化	
	600228	ST 昌九	
	600229	青岛碱业	
	600230	沧州大化	
	600277	亿利能源	

续表

A、B 股类别	公司代码	公司名称	所属大类
沪市 A 股	600281	ST 太化	化学原料及化学制品制造业
	600299	ST 新材	
	600301	ST 南化	
	600309	烟台万华	
	600315	上海家化	
	600319	亚星化学	
	600328	兰太实业	
	600352	浙江龙盛	
	600367	红星发展	
	600378	天科股份	
	600389	江山股份	
	600409	三友化工	
	600423	柳化股份	
	600426	华鲁恒升	
	600470	六国化工	
	600486	扬农化工	
	600490	ST 合臣	
	600532	*ST 华科	
	600596	新安股份	
	600599	熊猫烟花	
	600618	氯碱化工	
	600636	三爱富	
	600656	ST 博元	
	600722	ST 金化	
	600725	云维股份	
	600727	鲁北化工	
	600731	湖南海利	
	600746	江苏索普	
	600769	ST 祥龙	
	600803	威远生化	
	600844	丹化科技	
	600882	*ST 大成	
	600885	ST 力阳	
	600985	雷鸣科化	
	601216	内蒙君正	

续表

A、B 股类别	公司代码	公司名称	所属大类
深市 A 股	600146	大元股份	石油加工及炼焦业
	600179	ST 黑化	
	600339	天利高新	
	600408	安泰集团	
	600688	S 上石化	
	600740	山西焦化	
	601011	宝泰隆	
	600074	ST 中达	塑料制造业
	600143	金发科技	
	600155	＊ST 宝硕	
	600260	凯乐科技	
	600401	海润光伏	
	600444	ST 国通	
	600480	凌云股份	
	600589	广东榕泰	
	600182	S 佳通	橡胶制造业
	600458	时代新材	
	600469	风神股份	
	600579	＊ST 黄海	
	600623	双钱股份	
	601058	赛轮股份	
沪市 B 股	900913	ST 联华 B	化学化纤制造业
	900908	氯碱 B 股	化学原料及化学制品制造业
	900921	丹科 B 股	
	900951	大化 B 股	
	900909	双钱 B 股	橡胶制造业
深市 A 股	000420	＊ST 吉纤	化学化纤制造业
	000498	＊ST 丹化	
	000584	友利控股	
	000615	湖北金环	
	000677	＊ST 海龙	
	000687	保定天鹅	
	000703	恒逸石化	
	000936	华西股份	
	000949	新乡化纤	

续表

A、B股类别	公司代码	公司名称	所属大类
深市A股	000976	春晖股份	化学化纤制造业
	002064	华峰氨纶	
	002127	新民科技	
	002172	澳洋科技	
	002206	海利得	
	002246	北化股份	
	002254	泰和新材	
	002427	尤夫股份	
	002493	荣盛石化	
	000059	辽通化工	化学原料及化学制品制造业
	000155	*ST川化	
	000422	湖北宜化	
	000510	金路集团	
	000523	广州浪奇	
	000525	红太阳	
	000553	沙隆达A	
	000565	渝三峡A	
	000606	青海明胶	
	000627	天茂集团	
	000635	英力特	
	000662	*ST索芙	
	000683	远兴能源	
	000698	沈阳化工	
	000707	双环科技	
	000719	大地传媒	
	000731	四川美丰	
	000737	南风化工	
	000755	山西三维	
	000782	美达股份	
	000791	西北化工	
	000792	盐湖股份	
	000818	方大化工	
	000822	山东海化	
	000830	鲁西化工	
	000912	泸天化	

续表

A、B 股类别	公司代码	公司名称	所属大类
深市 A 股	000950	建峰化工	化学原料及化学制品制造业
	000953	ST 河化	
	000985	大庆华科	
	002010	传化股份	
	002018	华星化工	
	002019	*ST 鑫富	
	002037	久联发展	
	002053	云南盐化	
	002054	德美化工	
	002057	中钢天源	
	002061	江山化工	
	002068	黑猫股份	
	002092	中泰化学	
	002096	南岭民爆	
	002109	兴化股份	
	002113	ST 天润	
	002125	湘潭电化	
	002136	安纳达	
	002145	*ST 钛白	
	002165	红宝丽	
	002167	东方锆业	
	002170	芭田股份	
	002192	路翔股份	
	002211	宏达新材	
	002215	诺普信	
	002217	联合化工	
	002226	江南化工	
	002250	联化科技	
	002256	彩虹精化	
	002258	利尔化学	
	002274	华昌化工	

续表

A、B股类别	公司代码	公司名称	所属大类
深市A股	002319	乐通股份	化学原料及化学制品制造业
	002326	永太科技	
	002341	新纶科技	
	002360	同德化工	
	002361	神剑股份	
	002386	天原集团	
	002391	长青股份	
	002407	多氟多	
	002408	齐翔腾达	
	002409	雅克科技	
	002411	九九久	
	002440	闰土股份	
	002442	龙星化工	
	002450	康得新	
	002453	天马精化	
	002455	百川股份	
	002466	天齐锂业	
	002470	金正大	
	002476	宝莫股份	
	002496	辉丰股份	
	002497	雅化集团	
	002513	蓝丰生化	
	002538	司尔特	
	002539	新都化工	
	002562	兄弟科技	
	002568	百润股份	
	002581	万昌科技	
	002584	西陇化工	
	002588	史丹利	

续表

A、B股类别	公司代码	公司名称	所属大类
深市A股	002597	金禾实业	化学原料及化学制品制造业
	002601	佰利联	
	002632	道明光学	
	002637	赞宇科技	
	002643	烟台万润	
	002648	卫星石化	
	300019	硅宝科技	
	300037	新宙邦	
	300041	回天胶业	
	300054	鼎龙股份	
	300063	天龙集团	
	300067	安诺其	
	300072	三聚环保	
	300082	奥克股份	
	300107	建新股份	
	300108	双龙股份	
	300109	新开源	
	300121	阳谷华泰	
	300132	青松股份	
	300135	宝利沥青	
	300174	元力股份	
	300192	科斯伍德	
	300200	高盟新材	
	300214	日科化学	
	300225	金力泰	
	300233	金城医药	
	300236	上海新阳	
	300243	瑞丰高材	
	300261	雅本化学	
	000159	国际实业	石油化工及炼焦业
	000637	茂化实华	
	000723	美锦能源	
	000819	岳阳兴长	
	000835	四川圣达	
	002377	国创高新	

续表

A、B股类别	公司代码	公司名称	所属大类
深市A股	000407	胜利股份	塑料纸制品
	000509	SST华塑	
	000619	海螺型材	
	000659	珠海中富	
	000665	武汉塑料	
	000859	国风塑业	
	000973	佛塑科技	
	002002	ST金材	
	002014	永新股份	
	002108	沧州明珠	
	002243	通产丽星	
	002263	大东南	
	002324	普利特	
	002343	禾欣股份	
	002372	伟星新材	
	002382	蓝帆股份	
	002395	双象股份	
	002420	毅昌股份	
	002464	金利科技	
	002522	浙江众成	
	002585	双星新材	
	002641	永高股份	
	300169	天晟新材	
	300180	华峰超纤	
	300198	纳川股份	
	300218	安利股份	
	300221	银禧科技	
	300230	永利带业	
	000589	黔轮胎A	橡胶制造业
	000599	青岛双星	
	000887	中鼎股份	
	002224	三力士	
	002381	双箭股份	
	300031	宝通带业	
	300237	美晨科技	
深市B股	200553	沙隆达B	化学原料及化学制品制造业

资料来源：沪深交易所，天相投资分析系统

(三)行业内上市公司融资情况

2011 年全年石油、化学、塑胶、塑料行业共有 60 家公司进行了融资，占沪深两市 473 家融资公司的 12.68%，其中，35 家是新股，占两市新股发行总数的 12.64%；24 家是增发，占两市增发公司总数的 13.11%。全年总融资金额为 588.07 亿元，实际发行股数 59.13 亿股。

表 4　　2011 年石油、化学、塑胶、塑料上市公司与沪深两市融资情况对比　　单位：家

	融资家数	新　股	配　股	增　发
石油、化学、塑胶、塑料	60	35	1	24
沪深两市总数	473	277	13	183
占比（%）	12.68	12.64	7.69	13.11

资料来源：沪深交易所，天相投资分析系统

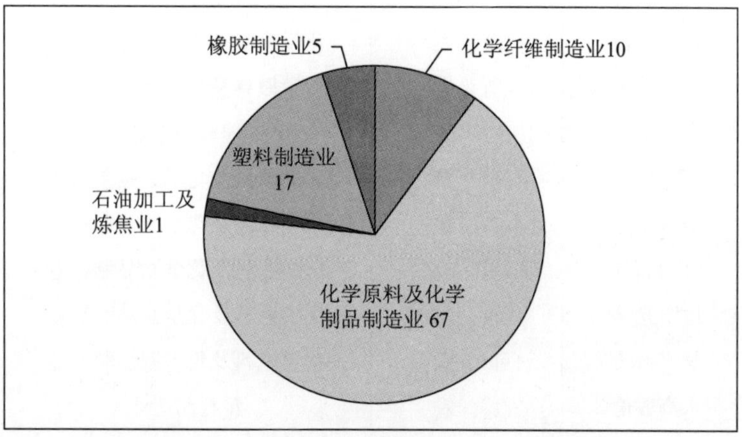

图 2　2011 年石油、化学、塑胶、塑料各子行业融资企业数量占比（%）

资料来源：沪深交易所，天相投资分析系统

表 5　　2011 年石油、化学、塑胶、塑料上市公司融资情况

代　码	公司名称	融资类别	所属大类	证券类型
000422	湖北宜化	增　发	化学原料及化学制品制造业	深市主板
000523	广州浪奇	增　发	化学原料及化学制品制造业	深市主板
000525	红太阳	增　发	化学原料及化学制品制造业	深市主板
000589	黔轮胎 A	配　股	橡胶制造业	深市主板
000703	恒逸石化	增　发	化学纤维制造业	深市主板
000719	大地传媒	增　发	化学原料及化学制品制造业	深市主板
000792	盐湖股份	增　发	化学原料及化学制品制造业	深市主板
000830	鲁西化工	增　发	化学原料及化学制品制造业	深市主板
002068	黑猫股份	增　发	化学原料及化学制品制造业	中小板
002125	湘潭电化	增　发	化学原料及化学制品制造业	中小板

续表

代　码	公司名称	融资类别	所属大类	证券类型
002136	安纳达	增　发	化学原料及化学制品制造业	中小板
002165	红宝丽	增　发	化学原料及化学制品制造业	中小板
002167	东方锆业	增　发	化学原料及化学制品制造业	中小板
002206	海利得	增　发	化学纤维制造业	中小板
002226	江南化工	增　发	化学原料及化学制品制造业	中小板
002250	联化科技	增　发	化学原料及化学制品制造业	中小板
002263	大东南	增　发	塑料制造业	中小板
002538	司尔特	首　发	化学原料及化学制品制造业	中小板
002539	新都化工	首　发	化学原料及化学制品制造业	中小板
002562	兄弟科技	首　发	化学原料及化学制品制造业	中小板
002568	百润股份	首　发	化学原料及化学制品制造业	中小板
002581	万昌科技	首　发	化学原料及化学制品制造业	中小板
002584	西陇化工	首　发	化学原料及化学制品制造业	中小板
002585	双星新材	首　发	塑料制造业	中小板
002588	史丹利	首　发	化学原料及化学制品制造业	中小板
002597	金禾实业	首　发	化学原料及化学制品制造业	中小板
002601	佰利联	首　发	化学原料及化学制品制造业	中小板
002632	道明光学	首　发	化学原料及化学制品制造业	中小板
002637	赞宇科技	首　发	化学原料及化学制品制造业	中小板
002641	永高股份	首　发	塑料制造业	中小板
002643	烟台万润	首　发	化学原料及化学制品制造业	中小板
002648	卫星石化	首　发	化学原料及化学制品制造业	中小板
300169	天晟新材	首　发	塑料制造业	创业板
300174	元力股份	首　发	化学原料及化学制品制造业	创业板
300180	华峰超纤	首　发	塑料制造业	创业板
300192	科斯伍德	首　发	化学原料及化学制品制造业	创业板
300198	纳川股份	首　发	塑料制造业	创业板
300200	高盟新材	首　发	化学原料及化学制品制造业	创业板
300214	日科化学	首　发	化学原料及化学制品制造业	创业板
300218	安利股份	首　发	塑料制造业	创业板
300221	银禧科技	首　发	塑料制造业	创业板
300225	金力泰	首　发	化学原料及化学制品制造业	创业板
300230	永利带业	首　发	塑料制造业	创业板
300233	金城医药	首　发	化学原料及化学制品制造业	创业板

续表

代　码	公司名称	融资类别	所属大类	证券类型
300236	上海新阳	首　发	化学原料及化学制品制造业	创业板
300237	美晨科技	首　发	橡胶制造业	创业板
300243	瑞丰高材	首　发	化学原料及化学制品制造业	创业板
300261	雅本化学	首　发	化学原料及化学制品制造业	创业板
600063	皖维高新	增　发	化学纤维制造业	沪　市
600096	云天化	增　发	化学原料及化学制品制造业	沪　市
600160	巨化股份	增　发	化学原料及化学制品制造业	沪　市
600401	海润光伏	增　发	塑料制造业	沪　市
600409	三友化工	增　发	化学原料及化学制品制造业	沪　市
600527	江南高纤	增　发	化学纤维制造业	沪　市
600699	均胜电子	增　发	化学纤维制造业	沪　市
600803	威远生化	增　发	化学原料及化学制品制造业	沪　市
601011	XD 宝泰隆	首　发	石油加工及炼焦业	沪　市
601058	赛轮股份	首　发	橡胶制造业	沪　市
601208	东材科技	首　发	化学纤维制造业	沪　市
601216	内蒙君正	首　发	化学原料及化学制品制造业	沪　市

资料来源：沪深交易所，天相投资分析系统

表 6　　2011 年石油、化学、塑胶、塑料上市公司融资明细

代　码	公司名称	发行价格（元）	实际发行数量（万股）	实募集资金数（亿元）
000422	湖北宜化	19.30	8 430.00	15.79
000523	广州浪奇	10.40	5 000.00	4.99
000525	红太阳	9.18	22 700.80	20.84
000589	黔轮胎 A	6.86	7 160.91	4.60
000703	恒逸石化	9.78	43 288.38	42.34
000719	大地传媒	4.80	28 526.23	13.69
000792	盐湖股份	—	105 779.86	0.00
000830	鲁西化工	5.10	41 862.75	20.99
002068	黑猫股份	9.16	4 990.00	4.42
002125	湘潭电化	19.53	1 155.66	2.07
002136	安纳达	13.20	2 859.00	3.59
002165	红宝丽	15.16	1 623.08	2.33
002167	东方锆业	30.06	2 727.00	7.94
002206	海利得	18.60	4 838.70	8.83

续表

代　码	公司名称	发行价格（元）	实际发行数量（万股）	实募集资金数（亿元）
002226	江南化工	28.36	12 380.00	35.11
002250	联化科技	35.50	1 929.57	6.48
002263	大东南	9.35	13 779.60	12.61
002538	司尔特	26.00	3 800.00	9.40
002539	新都化工	33.88	4 200.00	13.72
002562	兄弟科技	21.00	2 670.00	5.22
002568	百润股份	26.00	2 000.00	4.76
002581	万昌科技	19.00	2 708.00	4.71
002584	西陇化工	12.50	5 000.00	5.71
002585	双星新材	55.00	5 200.00	27.07
002588	史丹利	35.00	3 250.00	10.87
002597	金禾实业	21.50	3 350.00	6.77
002601	佰利联	55.00	2 400.00	12.58
002632	道明光学	23.00	2 667.00	5.67
002637	赞宇科技	36.00	2 000.00	6.65
002641	永高股份	18.00	5 000.00	8.59
002643	烟台万润	25.00	3 446.00	8.04
002648	卫星石化	40.00	5 000.00	19.01
300169	天晟新材	32.00	2 350.00	6.88
300174	元力股份	24.00	1 700.00	3.78
300180	华峰超纤	19.73	4 000.00	7.50
300192	科斯伍德	22.82	1 850.00	3.71
300198	纳川股份	31.00	2 300.00	6.71
300200	高盟新材	21.88	2 680.00	5.34
300214	日科化学	22.00	3 500.00	6.94
300218	安利股份	18.00	2 640.00	4.41
300221	银禧科技	18.00	2 500.00	4.16
300225	金力泰	28.00	1 700.00	4.42
300230	永利带业	12.90	2 250.00	2.61
300233	金城医药	18.60	3 100.00	5.28
300236	上海新阳	11.07	2 150.00	2.15
300237	美晨科技	25.73	1 430.00	3.32
300243	瑞丰高材	16.00	1 350.00	1.84

续表

代　码	公司名称	发行价格（元）	实际发行数量（万股）	实募集资金金数（亿元）
300261	雅本化学	22.00	2 270.00	4.43
600063	皖维高新	9.16	10 000.00	8.89
600096	云天化	17.93	10 351.32	17.99
600160	巨化股份	18.00	8 935.00	15.74
600401	海润光伏	3.00	77 837.04	23.35
600409	三友化工	6.29	12 044.43	7.58
600527	江南高纤	8.56	4 976.64	4.16
600699	均胜电子	4.30	20 632.48	8.87
600803	威远生化	7.31	7 538.90	5.51
601011	XD 宝泰隆	18.00	9 700.00	16.41
601058	赛轮股份	6.88	9 800.00	6.23
601208	东材科技	20.00	8 000.00	15.30
601216	内蒙君正	25.00	12 000.00	29.16
合　计			591 308.35	588.07

资料来源：沪深交易所，天相投资分析系统

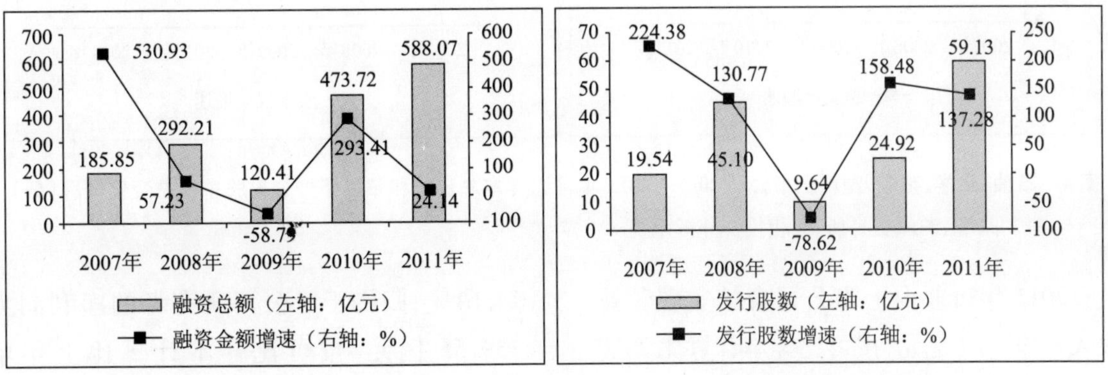

图 3　石油、化学、塑胶、塑料上市公司 2007—2011 年融资额及发行股数情况

资料来源：沪深交易所，天相投资分析系统

（四）行业内上市公司资产及业绩情况

截至 2011 年底，石油、化学、塑胶、塑料行业上市公司总资产为 9 395.52 元，按可比样本计算比上年增加 26.61%。其中，流动资产为 4 143.85 亿元，占比 44.10%，按可比样本计算比 2010 年增长 28.98%；非流动资产 5 251.67 亿元，占比 55.90%，按可比样本计算比 2010 年增长 24.80%；归属于母公司股东权益4 002.70亿元，占比 42.60%，按可比样本计算比 2010 年增长 28.26%。

表7　　2011年石油、化学、塑胶、塑料上市公司资产情况　　单位:亿元

资产指标	2011年	2011年可比样本增长(%)	2010年	2010年可比样本增长(%)	2009年
总资产	9395.52	26.61	7338.90	19.99	5942.40
流动资产	4143.85	28.98	3142.53	33.56	2257.98
占比(%)	44.10	0.81	42.82	4.35	38.00
非流动资产	5251.67	24.80	4196.36	11.51	3684.42
占比(%)	55.90	-0.81	57.18	-4.35	62.00
流动负债	3775.44	28.66	2857.42	16.14	2406.48
占比(%)	40.18	0.64	38.94	-1.29	40.50
非流动负债	1268.06	18.16	1084.33	3.54	1080.39
占比(%)	13.50	-0.97	14.78	-2.35	18.18
归属于母公司股东权益	4002.70	28.26	3073.57	32.01	2174.21
占比(%)	42.60	0.55	41.88	3.81	36.59

资料来源:沪深交易所,天相投资分析系统

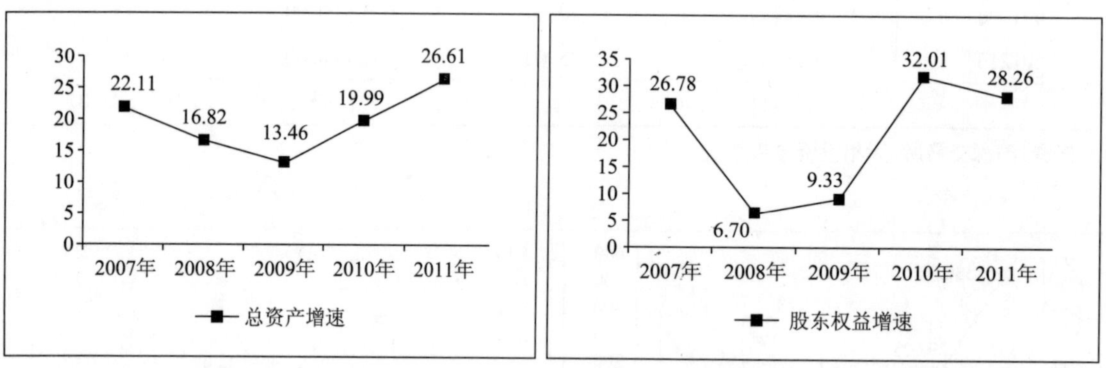

图4　石油、化学、塑胶、塑料上市公司2007—2011年可比样本总资产和归属于母公司股东权益变化情况(%)

资料来源:沪深交易所,天相投资分析系统

2011年行业内上市公司合计实现营业收入8 193.79亿元,按可比样本计算比2010年增长33.43%;实现利润总额464.34亿元,按可比样本计算比2010年增长14.61%;归属于母公司所有者的净利润为339.55亿元,按可比样本计算比上年增长8.96%。

表8　　2011年石油、化学、塑胶、塑料上市公司收入实现情况　　单位:亿元

指　标	2011年	2011年可比样本增长(%)	2010年	2010年可比样本增长(%)	2009年
营业收入	8 193.79	33.43	5 843.72	38.25	3 828.58
利润总额	464.34	14.61	387.59	82.92	170.36
归属于母公司所有者的净利润	339.55	8.96	287.64	122.29	97.74

资料来源:沪深交易所,天相投资分析系统

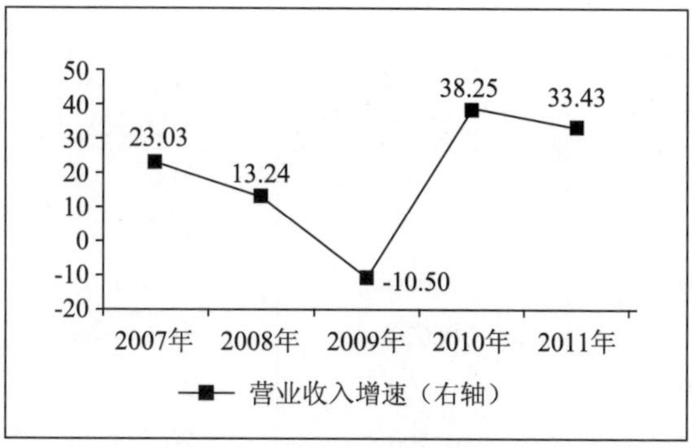

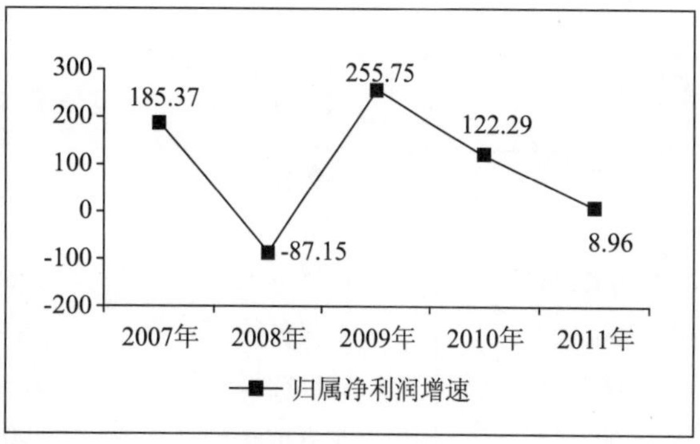

图5　石油、化学、塑胶、塑料上市公司2007—2011年可比样本营业收入及归属于母公司所有者的净利润变化情况(%)

资料来源:沪深交易所,天相投资分析系统

(五)利润分配情况

2011年石油、化学、塑胶、塑料行业上市公司实现归属于母公司所有者的净利润339.55亿元,共有108家上市公司进行了利润分配,其中101家包含现金分红,共计分配61.17亿元,占归属于母公司所有者的净利润的18.02%,低于2010年的25.52%。虽然归属于母公司所有者的净利润总额实现了小幅上涨,但按可比样本计算现金分红的总额和占比都出现了下降。

表9　2011年石油、化学、塑胶、塑料上市公司分红情况

代　码	名　称	送股及转增比例	每股派息(税前　元)	基准股本(万股)
000422	湖北宜化	0.433	0.043	62 667.81
000584	友利控股	—	0.100	40 888.29
000589	黔轮胎A	—	0.060	48 890.43
000619	海螺型材	—	0.050	36 000.00
000659	珠海中富	—	0.010	128 570.25
000683	远兴能源	—	0.100	76 781.40
000707	双环科技	—	0.100	46 414.58
000782	美达股份	—	0.040	40 451.33
000792	盐湖股份	—	0.160	159 050.92
000819	岳阳兴长	—	0.100	21 308.37
000830	鲁西化工	—	0.100	146 486.08
000973	佛塑科技	0.500	0.030	61 255.49
000985	大庆华科	—	0.100	12 963.95
002010	传化股份	—	0.050	48 798.00
002037	久联发展	—	0.200	17 303.00
002053	云南盐化	—	0.050	18 585.11

续表

代　码	名　称	送股及转增比例	每股派息（税前　元）	基准股本（万股）
002054	德美化工	—	0.110	31 210.09
002096	南岭民爆	1.000	0.150	13 220.01
002125	湘潭电化	0.600	0.040	8 695.66
002127	新民科技	—	0.020	44 645.89
002165	红宝丽	1.000	0.100	26 823.08
002167	东方锆业	1.000	0.100	20 698.20
002206	海利得	—	0.400	44 758.05
002215	诺普信	—	0.130	35 408.00
002226	江南化工	—	0.200	39 563.95
002243	通产丽星	—	0.100	25 806.90
002246	北化股份	—	0.050	19 789.10
002254	泰和新材	—	0.250	39 156.00
002256	彩虹精化	0.500	0.060	20 880.00
002263	大东南	—	0.100	60 351.00
002319	乐通股份	—	0.050	10 000.00
002324	普利特	—	0.100	27 000.00
002341	新纶科技	1.000	0.150	14 640.00
002382	蓝帆股份	1.000	0.050	12 000.00
002386	天原集团	—	0.050	47 977.13
002408	齐翔腾达	0.200	0.300	46 720.80
002411	九九久	—	0.050	23 220.00
002427	尤夫股份	—	0.025	23 819.59
002440	闰土股份	—	0.400	38 350.00
002455	百川股份	—	0.100	13 170.00
002464	金利科技	—	0.220	13 500.00
002470	金正大	—	0.150	70 000.00
002476	宝莫股份	1.000	0.050	18 000.00
002584	西陇化工	—	0.150	20 000.00
002585	双星新材	1.000	1.000	20 800.00
002597	金禾实业	0.600	0.300	13 350.00
002601	佰利联	1.000	0.700	9 400.00
002641	永高股份	—	0.110	20 000.00
300054	鼎龙股份	0.500	0.400	9 000.00
300067	安诺其	—	0.100	16 050.00
300169	天晟新材	1.000	0.250	14 025.00
300180	华峰超纤	—	0.150	15 800.00
300192	科斯伍德	0.500	0.200	7 350.00

续表

代　码	名　称	送股及转增比例	每股派息（税前　元）	基准股本（万股）
300214	日科化学	0.500	0.150	13 500.00
300218	安利股份	1.000	0.100	10 560.00
300225	金力泰	0.500	0.500	6 700.00
300230	永利带业	0.800	0.160	8 973.60
300233	金城医药	—	0.200	12 100.00
300236	上海新阳	—	0.270	8 518.00
300237	美晨科技	—	0.600	5 700.00
300243	瑞丰高材	0.600	0.150	5 350.00
600063	皖维高新	0.600	—	93 615.83
600078	澄星股份	—	0.030	66 251.09
600096	云天化	—	0.200	69 363.45
600141	兴发集团	—	0.200	36 548.00
600143	金发科技	0.600	0.300	164 650.00
600160	巨化股份	0.600	0.500	88 557.40
600277	亿利能源	0.700	0.100	90 193.50
600315	上海家化	—	0.400	42 301.10
600328	兰太实业	—	0.030	35 911.80
600339	天利高新	—	0.045	57 815.47
600352	浙江龙盛	—	0.100	146 841.59
600378	天科股份	0.100	0.020	27 017.57
600401	海润光伏	—	0.140	103 641.80
600409	三友化工	—	0.120	123 359.03
600423	柳化股份	—	0.100	39 934.75
600458	时代新材	—	0.100	51 734.14
600469	风神股份	—	0.100	37 494.21
600470	六国化工	—	0.100	52 160.00
600480	凌云股份	—	0.400	36 171.48
600486	扬农化工	—	0.200	17 216.61
600527	江南高纤	1.000	0.050	40 104.47
600589	广东榕泰	—	0.015	60 173.00
600596	新安股份	—	0.060	67 918.46
600636	三爱富	0.100	0.020	34 722.78
600688	S 上石化	—	0.050	720 000.00
600725	云维股份	—	0.050	61 623.50
600810	神马股份	—	0.050	44 228.00
600871	S 仪化	—	0.030	400 000.00

续表

代　码	名　称	送股及转增比例	每股派息（税前　元）	基准股本（万股）
600985	雷鸣科化	—	0.100	12 960.00
601011	宝泰隆	—	0.300	38 700.00
601058	赛轮股份	—	0.100	37 800.00
601216	内蒙君正	1.000	0.100	64 000.00
000523	广州浪奇	1.000	—	22 258.18
000637	茂化实华	—	0.029	51 987.54
002068	黑猫股份	0.600	—	29 981.20
002136	安纳达	1.000	—	10 751.00
002215	诺普信	—	0.120	35 408.00
002226	江南化工	0.500	0.600	26 375.97
002250	联化科技	0.500	—	26 466.17
002407	多氟多	0.600	—	13 910.00
002513	蓝丰生化	0.800	0.300	7 400.00
002539	新都化工	1.000	—	16 552.00
002568	百润股份	—	0.400	8 000.00
002584	西陇化工	—	0.150	20 000.00
300198	纳川股份	0.500	0.300	9 200.00
300225	金力泰	—	0.300	6 700.00
600063	皖维高新	1.000	0.070	46 807.92

资料来源：沪深交易所，天相投资分析系统

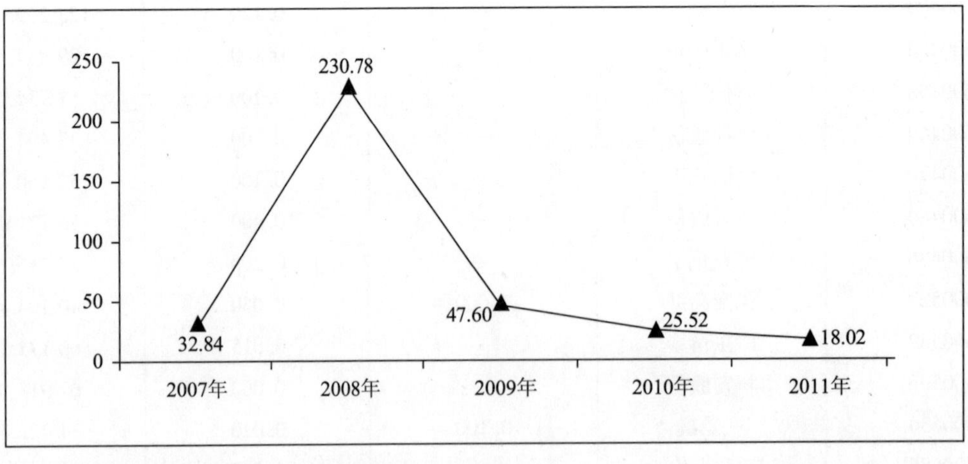

图6　石油、化学、塑胶、塑料上市公司2007—2011年分配利润占比情况（%）

资料来源：沪深交易所，天相投资分析系统

(六)其他财务指标情况

1. 盈利能力指标

2011 年石油、化学、塑胶、塑料行业上市公司盈利能力按可比样本计算相对 2010 年有所下降。行业毛利率按可比样本计算由 2010 年的 16.48% 减少至 15.25%，同比降低了 1.08 个百分点；净资产收益率按可比样本计算由 9.36% 下降至 8.48%，同比降低了 1.50 个百分点。按可比样本计算，销售净利率下降 0.93 个百分点，资产净利率下降了 0.55 个百分点。

表 10　2011 年石油、化学、塑胶、塑料上市公司盈利能力情况

指　标	2011 年	2011 年可比样本变动	2010 年	2010 年可比样本变动	2009 年
毛利率(%)	15.25	-1.08	16.48	-0.71	17.07
净资产收益率(%)	8.48	-1.50	9.36	3.80	4.50
销售净利率(%)	4.14	-0.93	4.92	1.86	2.55
资产净利率(%)	4.04	-0.55	4.28	2.03	1.75

资料来源：沪深交易所，天相投资分析系统

2. 偿债能力指标

2011 年行业内上市公司负债水平降低，资产负债率按可比样本计算降低 0.33 个百分点至 53.68%；流动比率和速动比率按可比样本计算与 2010 年相比并没有出现明显变化。

表 11　2011 年石油、化学、塑胶、塑料上市公司偿债能力指标

指　标	2011 年	2011 年可比样本变动	2010 年	2010 年可比样本变动	2009 年
流动比率	1.10	0.00	1.10	0.14	0.94
速动比率	0.79	0.01	0.79	0.11	0.67
资产负债率(%)	53.68	-0.33	53.71	-3.64	58.68

资料来源：沪深交易所，天相投资分析系统

3. 营运能力指标

2011 年行业内上市公司营运能力按可比样本计算较 2010 年有小幅提升。按可比样本计算，应收账款周转率上升了 0.99 次达 18.43 次，存货周转率上升了 0.34 次达 6.61 次，固定资产周转率上升了 0.35 次达 2.61 次。流动资产周转率、固定资产周转率和净资产周转率按可比样本计算也均有小幅提升。

表 12　2011 年石油、化学、塑胶、塑料上市公司营运能力情况　单位：次

指　标	2011 年	2011 年可比样本变动	2010 年	2010 年可比样本变动	2009 年
存货周转率	6.61	0.34	6.19	0.85	5.05
应收账款周转率	18.43	0.99	17.59	2.55	14.28
流动资产周转率	2.23	0.03	2.13	0.23	1.80

续表

指　标	2011 年	2011 年可比样本变动	2010 年	2010 年可比样本变动	2009 年
固定资产周转率	2.61	0.35	2.21	0.36	1.71
总资产周转率	0.97	0.07	0.87	0.13	0.68
净资产周转率	2.11	0.07	1.95	0.24	1.63

资料来源：沪深交易所，天相投资分析系统

三、重点细分行业介绍

石油、化学、塑胶、塑料行业共覆盖5个大类，分别为石油加工及炼焦业、化学原料及化学制品制造业、化学纤维制造业、橡胶制造业和塑料制造业。有些上市公司业务同时覆盖其中两类或三类，为了便于比较，这里以业务收入占总收入比例最高的大类进行统计。

表13　　2011 年石油、化学、塑胶、塑料各子行业上市公司数量分布及市值情况

大　类	上市公司家数（家）	占行业内比重（%）	境内总市值（亿元）	占行业内比重（%）
石油加工及炼焦业	13	5.14	651.08	6.83
化学原料及化学制品制造业	163	64.43	6 172.82	64.76
化学纤维制造业	28	11.07	1 234.45	12.95
橡胶制造业	13	5.14	383.50	4.02
塑料制造业	36	14.23	1 089.46	11.43

资料来源：沪深交易所，天相投资分析系统

（一）石油加工及炼焦业

1. 行业概况

2011 年，WTI 国际原油价格总体上呈现先涨后跌再回升的趋势。2011 年初，中东、北非地区爆发动乱并迅速蔓延，推动油价快速攀升，4 月份 WTI 油价突破 110 美元/桶；之后，受美国经济复苏不稳、国债面临违约风险影响，国际油价震荡下跌，10 月份跌至 75 美元/桶；4 季度，美国经济数据稍显乐观，原油库存大幅下降，促使油价企稳反弹；年末，伊朗局势趋紧，令市场供给担忧加剧，再度将国际油价推高至 100 美元/桶左右。

2011 年中国原油产量 2.04 亿吨，同比增长 0.31%，增幅较上一年明显回落；原油加工量为 4.48 亿吨，增长 5.88%；全国天然气产量为 1 025.30 亿立方米，同比增长 6.90%；成品油产量为 2.67 亿吨，增长 5.92%，其中，柴油产量为 1.67 亿吨，增长 4.96%；汽油产量为 0.81 亿吨，增长 6.07%。

2. 行业内上市公司发展情况

（1）按可比样本计算，2011 年石油加工及炼焦业上市公司业绩表现平平，营业收入较 2010 年有较大增长，但利润总额却下降了 73.46%。

（2）按可比样本计算，2011 年行业内上市公司盈利能力相比于 2010 年出现了明显下滑，毛利率下降 3.75 个百分点至 10.32%，净资产

收益率降低10.98个百分点至2.83%。

(3)按可比样本计算,营运能力相比于2010年有所提升,存货周转率增加2.44次达到12.03次,总资产周转率增加0.25次达到2.04次。

表14　　2011年石油加工及炼焦业上市公司收入及资产增长情况　　单位:亿元

指　标	2011年	2011年可比样本增长(%)	2010年	2010年可比样本增长(%)	2009年
营业收入	1 264.99	21.38	1 019.27	50.89	686.59
利润总额	13.50	-73.46	48.27	262.63	9.02
归属于母公司所有者的净利润	8.88	-78.45	39.29	628.12	0.95
总资产	649.63	9.80	563.49	2.22	608.86
归属于母公司股东权益	313.87	5.18	288.57	16.84	255.71

资料来源:沪深交易所,天相投资分析系统

表15　　2011年石油加工及炼焦业上市公司盈利能力情况

指　标	2011年	2011年可比样本变动	2010年	2010年可比样本变动	2009年
毛利率(%)	10.32	-3.75	13.99	-0.55	14.00
净资产收益率(%)	2.83	-10.98	13.61	11.43	0.37
销售净利率(%)	0.70	-3.25	3.85	3.06	0.14
资产净利率(%)	1.43	-5.64	7.05	6.03	0.16

资料来源:沪深交易所,天相投资分析系统

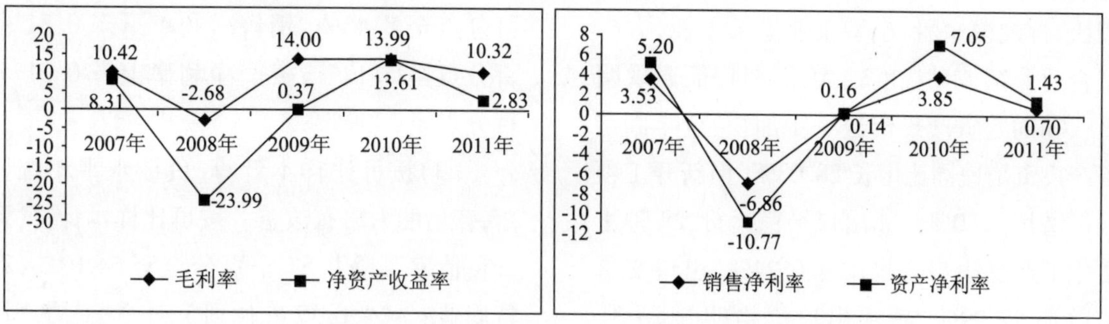

图7　石油加工及炼焦业上市公司2007—2011年盈利能力指标情况(%)

资料来源:沪深交易所,天相投资分析系统

表16　　2011年石油加工及炼焦业上市公司偿债及营运情况

指　标	2011年	2011年可比样本变动	2010年	2010年可比样本变动	2009年
资产负债率(%)	49.52	0.87	47.89	-6.29	56.93
存货周转率(次)	12.03	2.44	9.83	2.63	7.38
总资产周转率(次)	2.04	0.25	1.83	0.55	1.18

资料来源:沪深交易所,天相投资分析系统

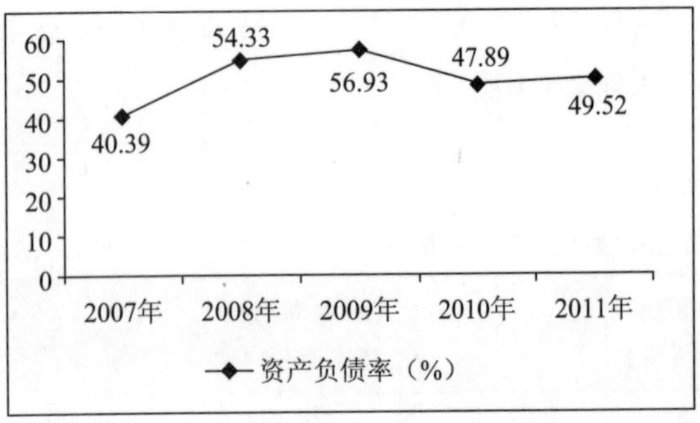

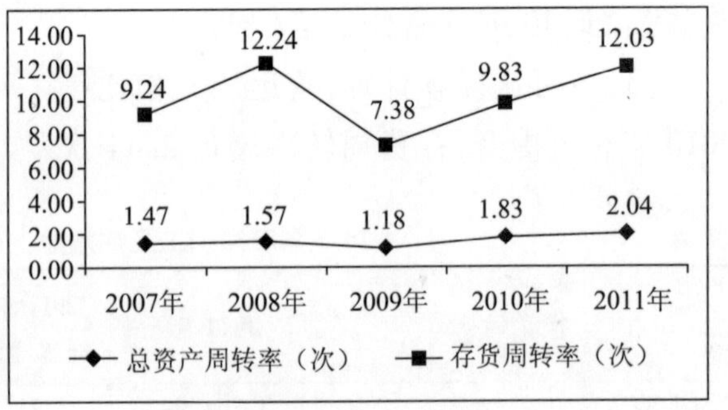

图 8　石油加工及炼焦业上市公司 2007—2011 年偿债及营运能力指标情况

资料来源：沪深交易所，天相投资分析系统

（二）化学原料及化学制品制造业

1. 行业概况

2011 年我国化学原料及化学制品制造业行业运行呈现出五个特点。①前 3 季度行业景气度持续攀升，4 季度迅速转淡。②在行业景气度提升过程中，行业内结构分化明显：分行业来看，基础化学原料制造等行业盈利能力迅速改善，但日化行业毛利持续下滑；分地区来看，中西部地区发展相对较快；分规模来看，小型企业增长平稳，大中型企业业绩波动幅度较大、周期特征表现明显。③固定资产投资进一步加快：全年固定资产投资增速同比增长 28.08%，但新开工项目仅增长 0.80%。④出口平稳运行：28 种主要化工产品出口总量增加 0.24%，出口交货值增加 22.29%，显示出口价格明显提升。⑤电石等部分传统高耗能产品增长反弹，增速明显高于行业平均增速。

2. 行业内上市公司发展情况

（1）按可比样本计算，2011 年化学原料及化学制品制造业上市公司业绩表现良好，营业收入增长 32.63%，利润总额增长 31.44%，相比 2010 年增速放缓。

（2）按可比样本计算，2011 年盈利基本与 2010 年持平，毛利率和净资产收益率均小幅提升，毛利率同比增长 0.62 个百分点至 18.76%，净资产收益率同比下降 0.36 个百分点至 8.45%，销售净利率下降 0.31 个百分点至 5.12%，资产净利率上升 0.01 个百分点至 3.99%。

（3）按可比样本计算，负债水平小幅回落，营运能力略有改善。按可比样本计算，资产负债率下降 0.53 个百分点至 54.07%，存货周转率减少 0.12 次达到 5.81 次，总资产周转率增加 0.05 次达到 0.78 次。

表 17　2011 年化学原料及化学制品制造业上市公司收入及资产增长情况　　单位：亿元

指　标	2011 年	2011 年可比样本增长（%）	2010 年	2010 年可比样本增长（%）	2009 年
营业收入	4 283.37	32.63	3 071.78	34.34	2 123.51
利润总额	299.91	31.44	227.88	91.15	108.07
归属于母公司所有者的净利润	218.84	25.75	164.62	142.61	59.48

续表

指　标	2011 年	2011 年可比样本增长（%）	2010 年	2010 年可比样本增长（%）	2009 年
总资产	6 137.85	26.64	4 900.18	21.77	4 049.02
归属于母公司股东权益	2 590.75	30.10	1 997.77	33.47	1 437.62

资料来源：沪深交易所，天相投资分析系统

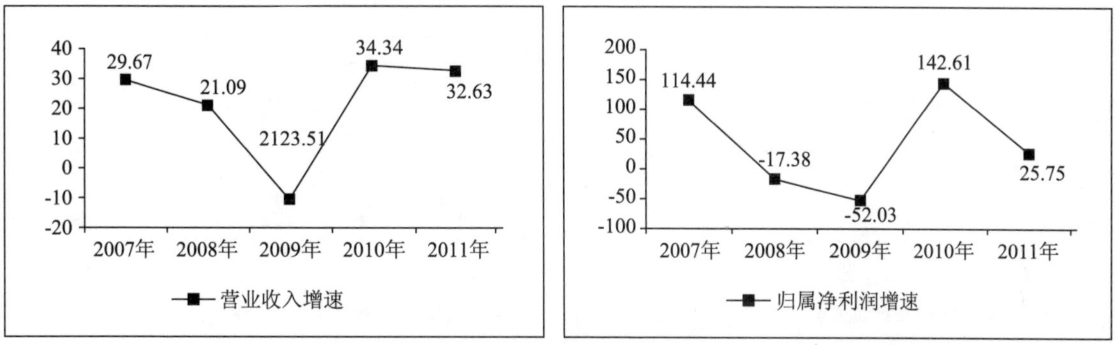

图 9　化学原料及化学制品制造业上市公司 2007—2011 年可比样本营业收入及归属于母公司所有者的净利润变化情况（%）

资料来源：沪深交易所，天相投资分析系统

表 18　　2011 年化学原料及化学制品制造业上市公司盈利能力情况

指　标	2011 年	2011 年可比样本变动	2010 年	2010 年可比样本变动	2009 年
毛利率（%）	18.76	0.62	18.72	0.06	18.91
净资产收益率（%）	8.45	-0.36	8.31	3.71	4.20
销售净利率（%）	5.12	-0.31	5.40	2.40	2.84
资产净利率（%）	3.99	0.01	3.72	1.90	1.59

资料来源：沪深交易所，天相投资分析系统

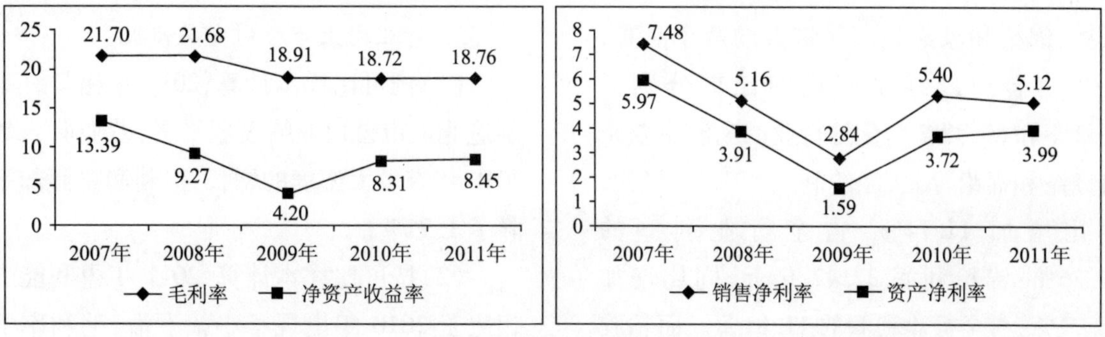

图 10　化学原料及化学制品制造业上市公司 2007—2011 年盈利能力指标情况（%）

资料来源：沪深交易所，天相投资分析系统

表19　　2011年化学原料及化学制品制造业上市公司偿债及营运情况

指　标	2011年	2011年可比样本变动	2010年	2010年可比样本变动	2009年
资产负债率(%)	54.07	-0.53	54.30	-3.37	59.01
存货周转率(次)	5.81	-0.12	5.74	0.68	4.71
总资产周转率(次)	0.78	0.05	0.69	0.08	0.56

资料来源:沪深交易所,天相投资分析系统

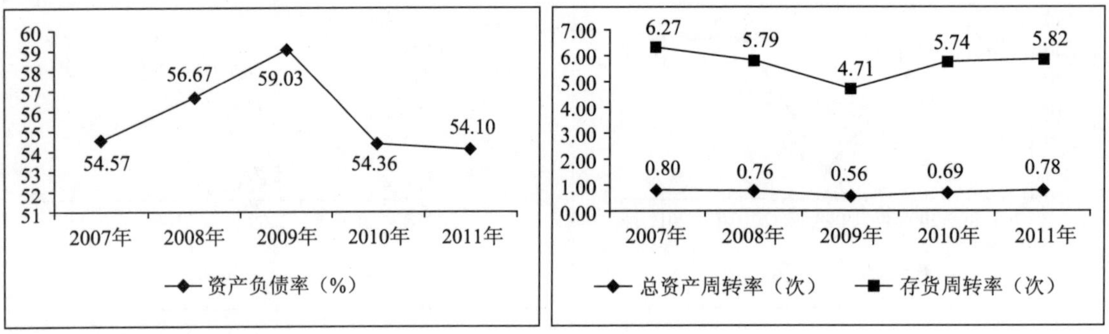

图11　化学原料及化学制品制造业上市公司2007—2011年偿债及营运能力指标情况

资料来源:沪深交易所,天相投资分析系统

(三)化学纤维制造业

1. 行业概况

2011年,中国化学纤维制造业总产量为3 362.36万吨,其中化纤用浆粕201.98万吨,合成纤维3 096.36万吨。合成纤维主要包括锦纶、涤纶、腈纶、维纶、氨纶、丙纶,产量分别为159.14万吨、2 777.64万吨、69.96万吨、5.91万吨、26.17万吨、33.28万吨。其中,锦纶和涤纶是产量最大的两个品种,产量占合成纤维总产量的比重分别为5.11%和89.72%。化纤行业的利润主要来自涤纶和锦纶行业,涤纶利润191.75亿元,同比增加11.14%,占全行业利润的69.76%;锦纶利润32.47亿元,同比增加86.71%,占全行业利润的11.81%。而粘胶纤维行业和氨纶行业相对惨淡,利润同比大幅下滑,已陷入全面亏损局面。

2011年棉花价格一路震荡下行,由于粘胶短纤、涤纶短纤和棉花之间存在很强的替代性,棉花价格的下跌对粘胶短纤和涤纶短纤的市场行情产生很大影响。粘胶短纤从25 200元/吨降至15 900元/吨,降幅为36.90%;涤纶短纤从12 700元/吨降至11 500元/吨,降幅为9.45%;棉花价格从27 400元/吨降至19 500元/吨,降幅为28.83%。

2. 行业内上市公司发展情况

(1)按可比样本计算,2011年化学纤维制造业上市公司业绩表现平平,营业收入较2010年有较大幅度的增长,但利润总额却下降了1.71%。

(2)按可比样本计算,2011年盈利能力相比于2010年出现了小幅下滑,毛利率下降3.53个百分点至9.16%,净资产收益率降低4.04个百分点至7.58%。

(3)按可比样本计算，营运能力相比于2010年有所提升，行业存货周转率增加1.94次达到8.93次，总资产周转率增加0.25次达到1.33次。

表20　　2011年化学化纤制造业上市公司收入及资产增长情况　　单位：亿元

指　标	2011年	2011年可比样本增长(%)	2010年	2010年可比样本增长(%)	2009年
营业收入	1 398.08	61.87	853.54	48.66	453.87
利润总额	61.01	-1.71	60.22	82.88	20.14
归属于母公司所有者的净利润	37.07	-21.32	45.29	86.80	16.01
总资产	1 215.00	36.67	879.43	23.83	580.64
归属于母公司股东权益	489.30	20.66	400.45	28.93	270.00

资料来源：沪深交易所，天相投资分析系统

表21　　2011年化学化纤制造业上市公司盈利能力情况

指　标	2011年	2011年可比样本变动	2010年	2010年可比样本变动	2009年
毛利率(%)	9.16	-3.53	12.48	0.68	11.84
净资产收益率(%)	7.58	-4.04	11.31	3.50	5.93
销售净利率(%)	2.65	-2.80	5.31	1.08	3.53
资产净利率(%)	3.52	-2.34	5.70	2.12	2.94

资料来源：沪深交易所，天相投资分析系统

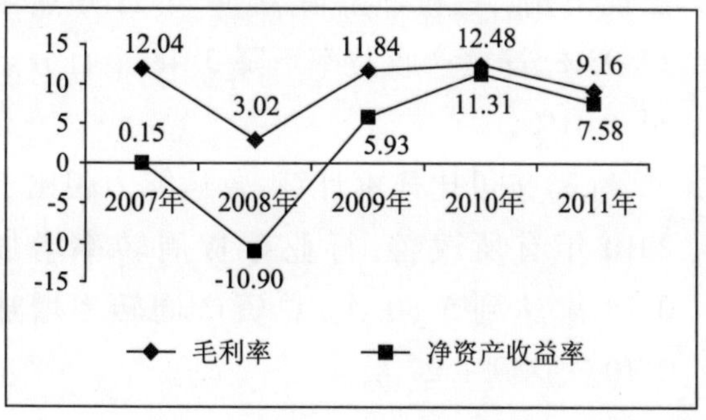

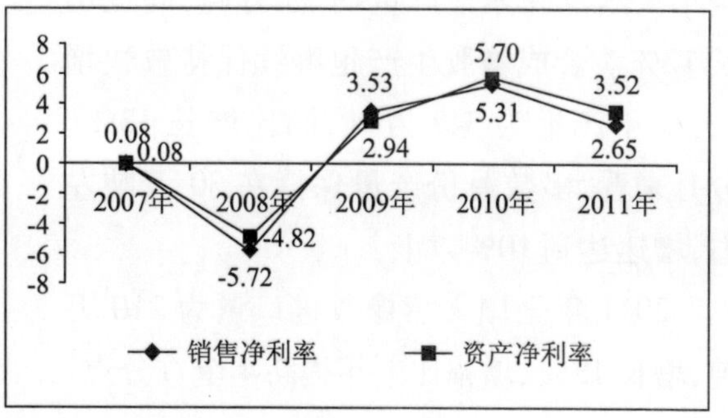

图12　化学化纤制造业上市公司2007—2011年盈利能力指标情况(%)

资料来源：沪深交易所，天相投资分析系统

表22　　2011年化学化纤制造业上市公司偿债及营运情况

指　标	2011年	2011年可比样本变动	2010年	2010年可比样本变动	2009年
资产负债率(%)	55.19	4.88	50.36	-2.26	51.30
存货周转率(次)	8.93	1.94	7.02	0.52	6.03
总资产周转率(次)	1.33	0.25	1.07	0.23	0.83

资料来源：沪深交易所，天相投资分析系统

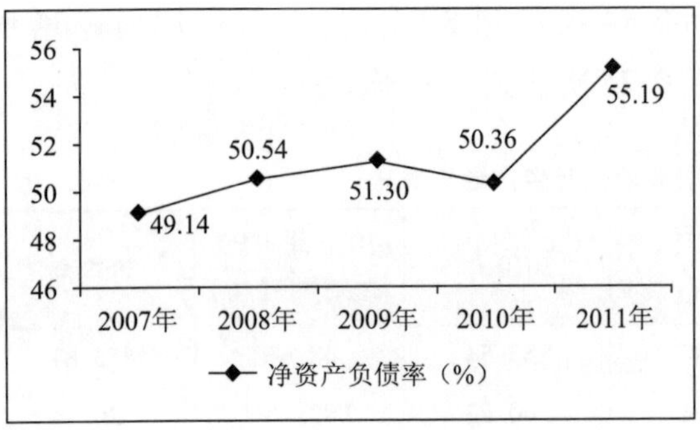

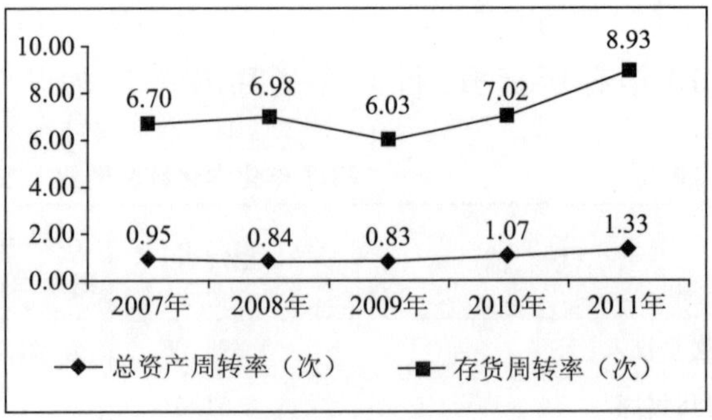

图 13　化学化纤制造业上市公司 2007—2011 年偿债及营运能力指标情况

资料来源：沪深交易所，天相投资分析系统

（四）橡胶制造业

1. 行业概况

2011 年，国内橡胶市场价格高位回落。2011 年初在 2010 年 3.8 万元/吨基础上快速上涨，至 2 月中旬一度达到 4.3 万元/吨，随后一路震荡下行，年底跌至 2.6 万元/吨附近。

2011 年天然橡胶产量呈现较快增长。全年天然橡胶累计产量约 73 万吨，同比增长 12%。合成橡胶生产也继续保持较快增长，全年产量为 349 万吨，同比增长 13%。分月来看，多数月份产量保持在 30 万吨左右，增速达到 10% 以上。

2011 年全国天然橡胶进口量为 210 万吨，增长 13%，增幅比上年提高 4 个百分点。由于近几年国内合成橡胶产能迅速扩张，2011 年合成橡胶进口量下降，全年累计进口 145 万吨，同比下降 8%。

2. 行业内上市公司发展情况

（1）按可比样本计算，2011 年橡胶制造业上市公司营业收入增长 25.13%，利润总额却减少了 14.50%，业绩相对 2010 年没有明显改善。

（2）按可比样本计算，2011 年盈利能力出现下滑，毛利率下降 0.50 个百分点至 12.93%，净资产收益率下降 3.48 个百分点至 7.01%。

（3）按可比样本计算，营运能力相比于 2010 年有所改善，行业存货周转率增加 0.18 次达到 5.80 次，总资产周转率增加 0.10 次达到 1.27 次。

表 23　　2011 年橡胶制造业上市公司收入及资产增长情况　　单位：亿元

指　标	2011 年	2011 年可比样本增长（%）	2010 年	2010 年可比样本增长（%）	2009 年
营业收入	571.27	25.13	410.25	35.72	232.27
利润总额	14.34	-14.50	14.53	-37.26	17.08
归属于母公司所有者的净利润	11.03	-21.61	12.12	-29.84	12.28
总资产	478.94	14.54	374.07	15.43	264.90
归属于母公司股东权益	157.37	17.33	121.15	26.37	75.04

资料来源：沪深交易所，天相投资分析系统

表 24　　2011 年橡胶制造业上市公司盈利能力情况

指　标	2011 年	2011 年可比样本变动	2010 年	2010 年可比样本变动	2009 年
毛利率(%)	12.93	-0.50	13.65	-7.92	20.24
净资产收益率(%)	7.01	-3.48	10.00	-8.02	16.37
销售净利率(%)	1.93	-1.15	2.95	-2.76	5.29
资产净利率(%)	2.46	-1.17	3.47	-2.13	4.84

资料来源:沪深交易所,天相投资分析系统

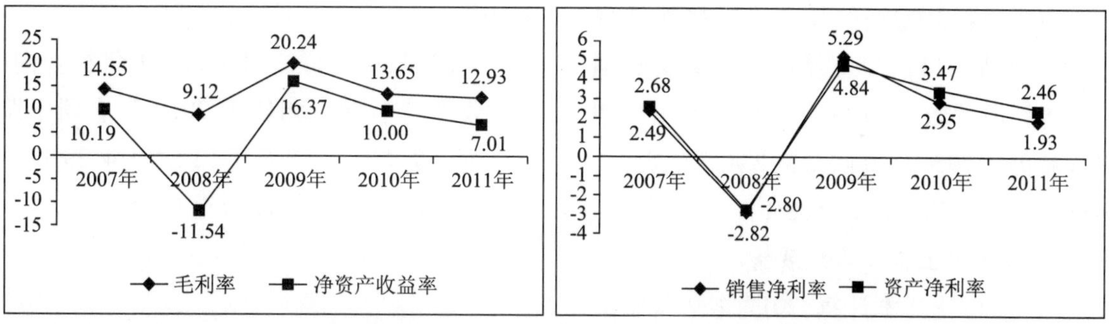

图 14　橡胶制造业上市公司 2007—2011 年盈利能力指标情况(%)

资料来源:沪深交易所,天相投资分析系统

表 25　　2011 年橡胶制造业上市公司偿债及营运情况

指　标	2011 年	2011 年可比样本变动	2010 年	2010 年可比样本变动	2009 年
资产负债率(%)	63.79	-1.39	64.55	-1.88	67.01
存货周转率(次)	5.80	0.18	5.56	0.98	3.91
总资产周转率(次)	1.27	0.10	1.18	0.19	0.92

资料来源:沪深交易所,天相投资分析系统

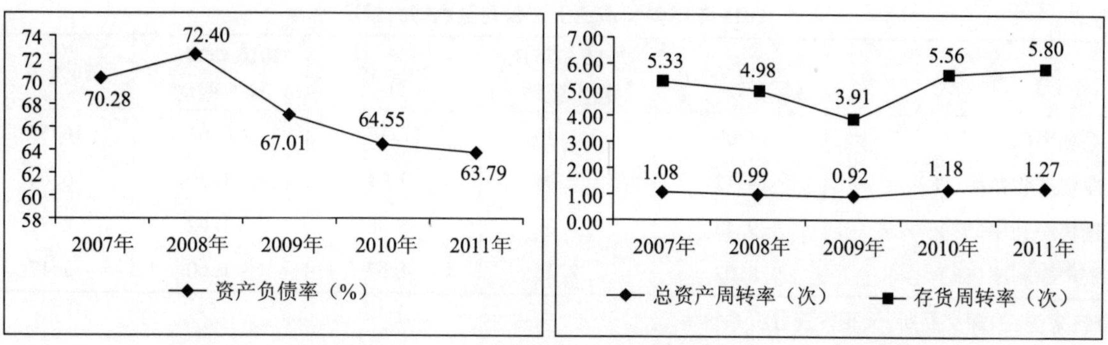

图 15　橡胶制造业上市公司 2007—2011 年偿债及营运能力指标情况

资料来源:沪深交易所,天相投资分析系统

（五）塑料制造业

1. 行业概况

2011年中国塑料制造业出现明显增长，产量达5 474.3万吨，同比增长22.4%。其中，塑料薄膜产量为843.6万吨，占总产量的15.4%；塑料人造革及合成革产量共为239.9万吨，同比增长12%。

中国塑料制造业的繁荣也间接地体现在塑料制品的进出口贸易中。尽管受到国际经济环境的影响，2011年中国累计出口塑料制品仍达795.2万吨，金额234.7亿美元，同比分别增长7.1%和25.8%。

2. 行业内上市公司发展情况

（1）按可比样本计算，2011年塑料制造业上市公司营业收入较2010年增长23.20%，利润总额增长了59.92%，业绩相对2010年有明显改善。

（2）按可比样本计算，2011年行业内上市公司毛利率下降1.40个百分点至17.00%，净资产收益率上升2.04个百分点至14.12%。此外，销售净利率和资产净利率按可比样本计算相比于2010年均有所提升。

（3）按可比样本计算，2011年行业内上市公司营运能力相比于2010年有所下降，行业存货周转率减少0.12次至4.29次，总资产周转率减少0.05次至0.85次。

表26　2011年塑料制造业上市公司收入及资产增长情况　单位：亿元

指　标	2011年	2011年可比样本增长（%）	2010年	2010年可比样本增长（%）	2009年
营业收入	676.08	23.20	488.88	25.84	332.34
利润总额	75.57	59.92	36.70	57.65	16.05
归属于母公司所有者的净利润	63.73	81.12	26.32	79.96	9.02
总资产	914.10	35.31	621.72	22.76	438.99
归属于母公司股东权益	451.41	54.91	265.61	49.25	135.83

资料来源：沪深交易所，天相投资分析系统

表27　2011年塑料制造业上市公司盈利能力情况

指　标	2011年	2011年可比样本变动	2010年	2010年可比样本变动	2009年
毛利率（%）	17.00	-1.40	17.16	-0.61	16.53
净资产收益率（%）	14.12	2.04	9.91	1.69	6.64
销售净利率（%）	9.43	3.01	5.38	1.62	2.71
资产净利率（%）	8.02	2.25	4.67	1.60	2.17

资料来源：沪深交易所，天相投资分析系统

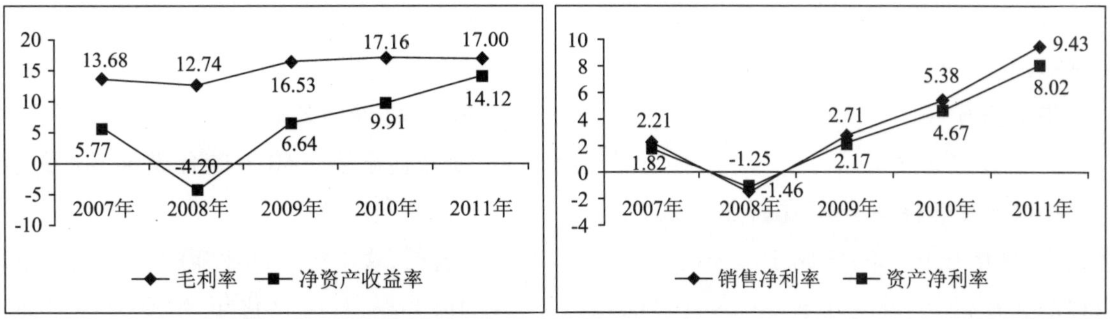

图 16　塑料制造业上市公司 2007—2011 年盈利能力指标情况（%）

资料来源：沪深交易所，天相投资分析系统

表 28　　2011 年塑料制造业上市公司偿债及营运情况

指　标	2011 年	2011 年可比样本变动	2010 年	2010 年可比样本变动	2009 年
资产负债率（%）	46.48	-5.48	52.05	-6.80	62.55
存货周转率（次）	4.29	-0.12	4.29	0.21	4.02
总资产周转率（次）	0.85	-0.05	0.87	0.05	0.80

资料来源：沪深交易所，天相投资分析系统

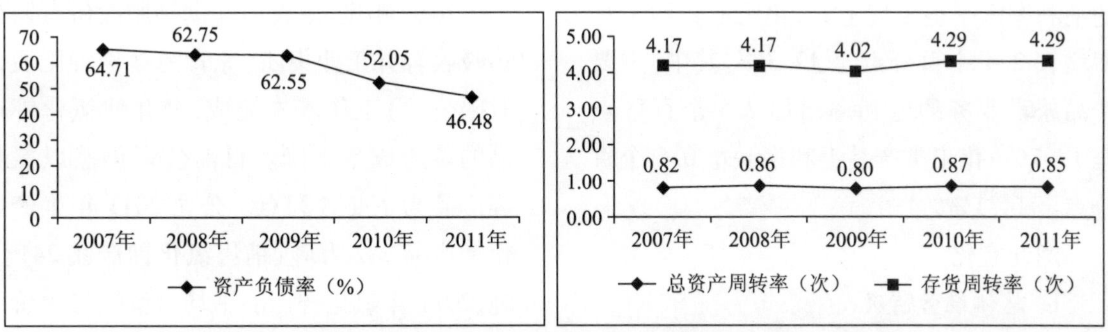

图 17　塑料制造业上市公司 2007—2011 年偿债及营运能力指标情况

资料来源：沪深交易所，天相投资分析系统

四、重点上市公司介绍

桐昆股份

1. 总体经营情况

2011 年 5 月，桐昆股份在上交所实现首次公开发行股票，发行价 27 元/股，募集资金总额 32.4 亿元，扣除发行中的各项费用后，募集资金净额达到了 31.3 亿元。

2011 年，公司实现营业收入 201.2 亿元，同比增长 36.8%；实现归属于母公司股东的净利润 11.2 亿元，同比增长 2.6%；实现每股收益 1.16 元。

2. 公司业务情况

公司主要从事涤纶长丝的生产和销售，主要产品为涤纶牵伸丝（FDY）、涤纶预取向丝（POY）、涤纶加弹丝（DTY）三大系列各种规格的涤纶长丝、PET 切片、纺丝油剂。涤纶预取向丝（POY）是公司 2011 年业绩的最大贡献者，销售收入占公司总收入的54.8%，毛利润占总体的56.4%。

华鲁恒升

1. 总体经营情况

2011年，华鲁恒升实现营业收入52.0亿元，同比增长9.7%；归属于母公司股东的净利润3.6亿元，同比增长36.2%；实现每股收益0.37元。

2. 公司业务情况

2011年，公司继续开张醋酸节能新工艺改造项目、5万吨/年合成尾气制乙二醇节能项目和16万吨/年乙二酸项目的建设，同时10万吨/年三聚氰胺和20万吨/年多元醇项目等后续项目也相继启动。

公司收入规模从2008年的34.4亿元增加至2011年的52.0亿元，同时公司产品的毛利率水平也出现上升，化肥业务的毛利率增长2.4个百分点至17.3%，其中，主要产品尿素业务的毛利率增加2.5个百分点至17.7%；化工类产品毛利率微增0.6个百分点至14.1%。

湖北宜化

1. 总体经营情况

2011年，湖北宜化实现收入177.6亿元，归属于母公司净利润8.2亿元，同比分别增长53.9%、42.8%，实现每股收益1.31元。2011年公司收购宜化肥业、贵州宜化余下的50%权益，两者年内分别实现净利润2.3亿元、0.7亿元，本次收购增加归属于母公司净利润1.5亿元。

2. 公司业务情况

2011年，在煤炭、电力价格上涨等成本因素的推动下，化肥市场价格维持高位。公司以天然气为原料的内蒙古104万吨尿素优势显现，贵州40万吨煤头尿素也展现出明显的成本优势。2011年公司加快产业向西部转移的步伐。2011年7月，青海宜化年产30万吨聚氯乙烯项目竣工；2011年12月，新疆宜化年产40万吨合成氨、60万吨尿素工程顺利投产。

公司2011年经营业绩的增长主要由尿素价格上涨、青海宜化年产30万吨聚氯乙烯项目投产和对贵州宜化、宜化肥业两公司权益自50%增加至100%所致。

盐湖股份

1. 总体经营情况

2011年，盐湖股份实现收入67.8亿元，归属母公司净利润24.8亿元，剔除合并报表因素，同口径分别增长15.2%、9.4%；每股收益1.56元。

2. 公司业务情况

2011年度，原青海盐湖钾肥股份有限公司吸收合并工业集团(原青海盐湖钾肥股份有限公司)工作基本完成，合并使氯化钾产品的制造成本下降。目前公司仍然以氯化钾产品为主要盈利点。公司2011年生产氯化钾产品242万吨，销售氯化钾产品241万吨，2011年氯化钾产品平均含税销售单价为2 782元/吨，比2010年同期增加523元/吨；生产水泥产品90万吨，其中65万吨为试生产出的低碱高端水泥。

烟台万华

1. 总体经营情况

2011年，烟台万华实现营业收入136.6亿元，同比增长44.9%；实现归属于上市公司股东的净利润18.5亿元，同比增长21.2%；基本每股收益0.92元。

2. 公司业务情况

2011年，公司业绩增长的动力来自于产量提升和宁波万华成本的降低。2011年万华宁波二期全面贡献产能,宁波苯胺装置投产及协同效应提高,成本进一步降低,宁波万华2011年净利率达到21.5%,高于万华合并报表净利率4个百分点(17.5%)。

在国内市场,公司准确把握市场形势,2011年前3季度实现了市场份额的较快增长,提升了公司在中国MDI市场的话语权。第4季度受市场供需形势的影响,MDI价格出现较大幅度下跌,公司认识到随着市场地位的不断提升,原有的以产定销的经营模式已不适应形势的变化。国外市场,公司海外区域利润情况取得明显提高。经过10年的海外市场开拓,万华成为了重要的国际聚氨酯供应商,拓展了公司的市场空间。

金发科技

1. 总体经营情况

2011年,金发科技实现营业收入115.5亿元,同比增长12.7%;实现归属于上市公司净利润9.6亿元,同比增长65.2%;每股收益0.68元。

2. 公司业务情况

公司共销售各类塑料产品(含贸易品)78.5万吨,比上年同期增长4.1%。产品销量的稳健增长进一步强化了公司在改性塑料行业的龙头地位,同时,公司的汽车用工程塑料、高性能塑料合金、完全生物降解塑料、木塑复合材料等一批市场前景广阔的化工新产品实现工业化生产,产品升级战略进展顺利,为公司产品在中高端应用领域的进一步拓展打下了坚实的基础。

车用塑料占改性塑料业务比例持续提升。2011年公司车用塑料的销售额占销售收入的比重已经超过30%。公司拟通过其优秀的研发平台和募投项目扩产继续扩大其在车用塑料领域的市场占有率。

五、上市公司在行业中的影响力

2011年,我国石油、化学、塑胶、塑料行业经济增长的结构进一步优化,效益进一步改善,运行质量进一步提高。

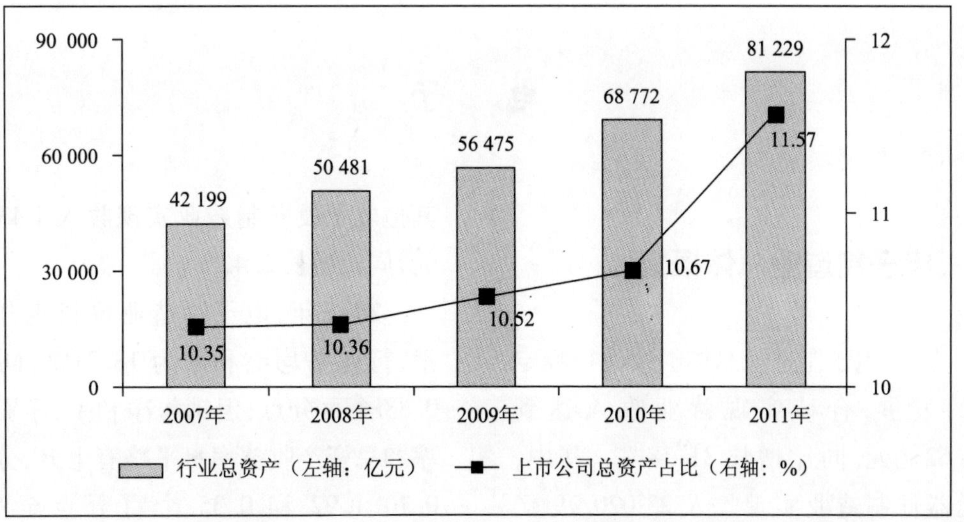

图18 石油、化学、塑胶、塑料行业2007—2011年总资产及其中上市公司资产占比

资料来源:国家统计局,天相投资分析系统

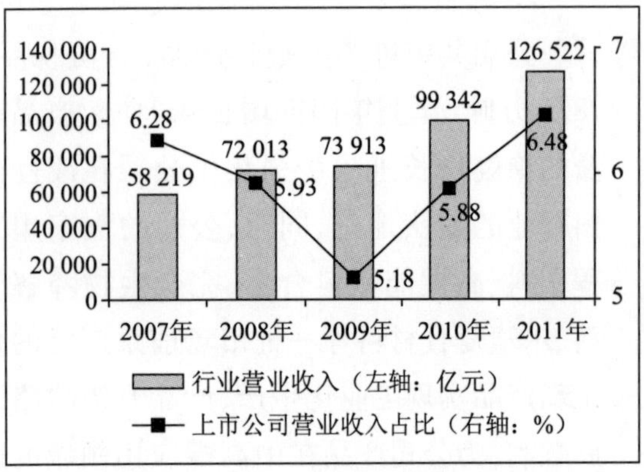

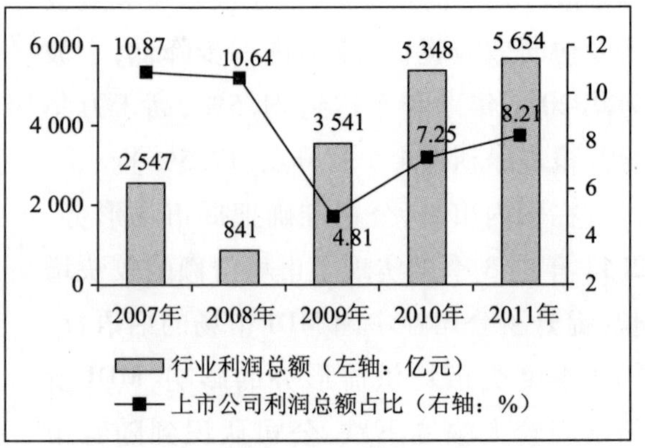

图19 石油、化学、塑胶、塑料行业2007—2011年营业收入和利润总额及上市公司占比情况

资料来源：国家统计局，天相投资分析系统

2011年，行业的资产规模、营业收入、利润总额都实现了稳步增长。截至2011年底，全行业总资产达81 229亿元，上市公司占比由2010年的10.67%增长至11.57%；行业全年实现营业收入126 522亿元，上市公司营业收入占比由2010年的5.88%增长至6.48%；行业全年实现利润总额5 654亿元，其中上市公司利润占比经历2009年的低谷后回升至8.21%。

当前，石油和化学工业的发展仍处于重要的战略机遇期，产业结构处于转型升级的关键时期，技术创新将成为行业发展的主旋律，节能环保、新材料、新能源、新兴煤化工等将成为行业发展的新增长点，而上市公司凭借其资金和规模优势必然在其中发挥更重要的作用。

上海申银万国证券研究所有限公司

审稿人：周小波

撰稿人：林开盛　黄瑞娇

电　子

一、电子制造业总体概况

2011年，电子制造业总体继续保持稳定快速的发展，合计实现营业收入达到29 462.62亿元，同比增长31.18%。其中，电子元器件制造业实现收入23 020.79亿元，同比增长35.2%；日用电子器具制造业实现收入5 002.82亿元，同比增长24.22%；其他电子设备制造业实现收入1 439.01亿元，同比增长2.42%。

2011年，电子制造业盈利能力有所下滑，行业平均毛利率为18.31%，同比下滑0.88个百分点；但销售净利率、净资产收益率和总资产收益率水平略有上升，分别提高0.70、1.92和0.35个百分点至5.52%、8.69%和4.26%。

从财务状况看，2011年电子制造业偿债

能力小幅上升，流动比率和速动比率分别下降0.20和0.25至1.64和1.25，资产负债率较上年同期增长5.72个百分点至50.74%。经营效率基本保持稳定，其中，应收账款周转率小幅提高0.18次，其他指标略微下滑。

二、行业内上市公司发展状况

（一）行业内上市公司基本情况

截至2011年底，电子制造业共涵盖146只A、B股，140家上市公司（其中6家公司既有A股又有B股），分占沪深A、B股总数的6.01%和A股总数的5.77%。截至2011年底，电子制造业境内总市值为6 065.41亿元，流通A股市值为3 878.1亿元，流通B股市值为35.48亿元；占沪深两市境内总市值的2.81%，流通A股市值的2.38%和流通B股市值的2.50%。

表1　　2011年电子制造业上市公司发行股票概况

门　类	A、B股总数	A股股票数	B股股票数	境内总市值（亿元）	流通A股市值（亿元）	流通B股市值（亿元）
电　子	146	140	6	6 065.41	3 878.10	35.48
占沪深两市比重（%）	6.01	5.77	0.25	2.81	2.38	2.50

资料来源：沪深交易所，天相投资分析系统

（二）行业内上市公司构成情况

按上市地划分，行业内在上海证券交易所上市的公司33家，深圳证券交易所上市的公司107家，分占行业内上市公司总数的23.57%和76.43%。

按A、B股划分，行业内仅在A股市场上市的公司134家，仅在B股上市的公司0家，既在A股市场上市又在B股市场上市的公司6家，分占行业内上市公司总数的95.71%、0%和4.29%。

从经营角度看，行业内上市公司中ST和*ST公司分别为6家和1家，各占行业内上市公司总数的4%和1%。

按公司所处行业大类分，可分为电子元器件制造业、日用电子器具制造业和其他电子设备制造业，3个大类所涵盖公司数量分别为97家、17家和26家。

表2　　2011年电子制造业上市公司构成情况

门　类	沪　市			深　市			ST/*ST
	仅A股	仅B股	A+B股	仅A股	仅B股	A+B股	
电子（家）	32	0	1	102	0	5	6/1
占行业内上市公司比重（%）	22.86	0.00	0.71	72.86	0.00	3.57	4/1

资料来源：沪深交易所，天相投资分析系统

表 3　　2011 年电子制造业上市公司各子行业分布明细

A、B 股类型	公司代码	公司名称	所属大类
沪市 A 股	600083	ST 博信	电子元器件制造业
	600171	上海贝岭	
	600183	生益科技	
	600206	有研硅股	
	600207	ST 安彩	
	600237	铜峰电子	
	600330	天通股份	
	600353	旭光股份	
	600360	华微电子	
	600363	联创光电	
	600366	宁波韵升	
	600460	士兰微	
	600478	科力远	
	600525	长园集团	
	600563	法拉电子	
	600584	长电科技	
	600602	仪电电子	
	600621	上海金陵	
	600654	飞乐股份	
	600673	东阳光铝	
	600703	三安光电	
	600980	北矿磁材	
	600355	ST 精伦	其他电子设备制造业
	600405	动力源	
	600057	象屿股份	日用电子器具制造业
	600060	XR 海信电	
	600203	ST 福日	
	600340	华夏幸福	
	600637	百视通	
	600707	彩虹股份	
	600747	大连控股	
	600839	四川长虹	
	600870	ST 厦华	

续表

A、B 股类型	公司代码	公司名称	所属大类
沪市 B 股	900901	仪电 B 股	电子元器件制造业
深市 A 股	000050	深天马 A	电子元器件制造业
	000058	深 赛 格	
	000068	ST 三星	
	000413	宝 石 A	
	000536	华映科技	
	000636	风华高科	
	000697	＊ST 炼石	
	000725	京东方 A	
	000727	华东科技	
	000733	振华科技	
	000823	超声电子	
	000970	中科三环	
	002025	航天电器	
	002045	国光电器	
	002049	晶源电子	
	002055	得润电子	
	002056	横店东磁	
	002079	苏州固锝	
	002106	莱宝高科	
	002119	康强电子	
	002129	中环股份	
	002134	天津普林	
	002137	实 益 达	
	002138	顺络电子	
	002141	蓉胜超微	
	002156	通富微电	
	002179	中航光电	
	002185	华天科技	
	002188	新 嘉 联	
	002189	利达光电	
	002199	东晶电子	
	002222	福晶科技	
	002241	歌尔声学	
	002273	水晶光电	

续表

A、B 股类型	公司代码	公司名称	所属大类
深市 A 股	002288	超华科技	电子元器件制造业
	002289	宇顺电子	
	002351	漫步者	
	002389	南洋科技	
	002402	和而泰	
	002415	海康威视	
	002436	兴森科技	
	002449	国星光电	
	002456	欧菲光	
	002463	沪电股份	
	002475	立讯精密	
	002484	江海股份	
	002504	东光微电	
	002512	达华智能	
	002579	中京电子	
	002600	江粉磁材	
	002618	丹邦科技	
	002636	金安国纪	
	300014	亿纬锂能	
	300032	金龙机电	
	300046	台基股份	
	300053	欧比特	
	300077	国民技术	
	300083	劲胜股份	
	300088	长信科技	
	300102	乾照光电	
	300114	中航电测	
	300127	银河磁体	
	300128	锦富新材	
	300131	英唐智控	
	300139	福星晓程	
	300162	雷曼光电	
	300219	鸿利光电	
	300223	北京君正	

续表

A、B股类型	公司代码	公司名称	所属大类
深市A股	300224	正海磁材	电子元器件制造业
	300227	光韵达	
	300232	洲明科技	
	300241	瑞丰光电	
	300242	明家科技	
	300256	星星科技	
	300279	和晶科技	
	000032	深桑达A	其他电子设备制造业
	000988	华工科技	
	002104	恒宝股份	
	002121	科陆电子	
	002214	大立科技	
	002218	拓日新能	
	002236	大华股份	
	002371	七星电子	
	002388	新亚制程	
	002414	高德红外	
	002506	超日太阳	
	002528	英飞拓	
	002587	奥拓电子	
	300078	中瑞思创	
	300111	向日葵	
	300115	长盈精密	
	300118	东方日升	
	300136	信维通信	
	300154	瑞凌股份	
	300155	安居宝	
	300193	佳士科技	
	300205	天喻信息	
	300220	金运激光	
	300269	联建光电	
	000016	深康佳A	日用电子器具制造业
	000020	深华发A	
	000100	TCL集团	
	000801	四川九洲	

续表

A、B股类型	公司代码	公司名称	所属大类
深市A股	002139	拓邦股份	日用电子器具制造业
	002426	胜利精密	
	002429	兆驰股份	
	002473	圣莱达	
深市B股	200058	深赛格B	电子元器件制造业
	200413	宝石B	
	200725	京东方B	
	200016	深康佳B	日用电子器具制造业
	200020	深华发B	

资料来源:沪深交易所,天相投资分析系统

(三)行业内上市公司融资情况

2011年全年电子制造业上市公司共有32家公司进行了融资,占沪深两市473家融资公司的6.77%,其中,新股发行19家,增发13家,分别占沪深两市新股发行总家数和增发总家数的6.86%和7.10%。

表4　2011年电子制造业上市公司与沪深两市融资情况对比　单位:家

	融资家数	新　股	配　股	增　发
电　子	32	19	0	13
沪深两市总数	473	277	13	183
占比(%)	6.77	6.86	0.00	7.10

资料来源:沪深交易所,天相投资分析系统

表5　2011年电子制造业上市公司融资情况

代　码	公司名称	融资类别	所属大类	证券类型
000988	华工科技	增　发	其他电子设备制造业	深市主板
002055	得润电子	增　发	电子元器件制造业	中小板
002079	苏州固锝	增　发	电子元器件制造业	中小板
002138	顺络电子	增　发	电子元器件制造业	中小板
002185	华天科技	增　发	电子元器件制造业	中小板
002199	东晶电子	增　发	电子元器件制造业	中小板
002218	拓日新能	增　发	其他电子设备制造业	中小板
002273	水晶光电	增　发	电子元器件制造业	中小板
002579	中京电子	首　发	电子元器件制造业	中小板
002587	奥拓电子	首　发	其他电子设备制造业	中小板
002600	江粉磁材	首　发	电子元器件制造业	中小板

续表

代　码	公司名称	融资类别	所属大类	证券类型
002618	丹邦科技	首　发	电子元器件制造业	中小板
002636	金安国纪	首　发	电子元器件制造业	中小板
300162	雷曼光电	首　发	电子元器件制造业	创业板
300193	佳士科技	首　发	其他电子设备制造业	创业板
300205	天喻信息	首　发	其他电子设备制造业	创业板
300219	鸿利光电	首　发	电子元器件制造业	创业板
300220	金运激光	首　发	其他电子设备制造业	创业板
300223	北京君正	首　发	电子元器件制造业	创业板
300224	正海磁材	首　发	电子元器件制造业	创业板
300227	光韵达	首　发	电子元器件制造业	创业板
300232	洲明科技	首　发	电子元器件制造业	创业板
300241	瑞丰光电	首　发	电子元器件制造业	创业板
300242	明家科技	首　发	电子元器件制造业	创业板
300256	星星科技	首　发	电子元器件制造业	创业板
300269	联建光电	首　发	其他电子设备制造业	创业板
300279	和晶科技	首　发	电子元器件制造业	创业板
600057	象屿股份	增　发	日用电子器具制造业	沪　市
600183	生益科技	增　发	电子元器件制造业	沪　市
600340	华夏幸福	增　发	日用电子器具制造业	沪　市
600353	旭光股份	增　发	电子元器件制造业	沪　市
600637	百视通	增　发	日用电子器具制造业	沪　市

资料来源：沪深交易所，天相投资分析系统

表6　2011年电子制造业上市公司融资明细

代　码	公司名称	发行价格（元）	实际发行数量（万股）	实募集资金数（亿元）
000988	华工科技	20.00	3 795.05	7.32
002055	得润电子	21.00	2 857.14	5.79
002079	苏州固锝	13.08	3 960.00	5.05
002138	顺络电子	23.80	1 806.00	4.12
002185	华天科技	11.12	3 290.00	3.51
002199	东晶电子	14.20	2 147.89	2.89
002218	拓日新能	21.00	3 850.00	7.88
002273	水晶光电	35.95	920.00	3.10
002579	中京电子	17.00	2 435.00	3.80

续表

代　码	公司名称	发行价格（元）	实际发行数量（万股）	实募集资金数（亿元）
002587	奥拓电子	16.00	2 100.00	3.10
002600	江粉磁材	8.00	7 950.00	6.00
002618	丹邦科技	13.00	4 000.00	4.96
002636	金安国纪	11.20	7 000.00	7.43
300162	雷曼光电	38.00	1 680.00	6.05
300193	佳士科技	26.50	5 550.00	14.01
300205	天喻信息	40.00	1 991.00	7.30
300219	鸿利光电	16.00	3 100.00	4.66
300220	金运激光	23.36	900.00	1.83
300223	北京君正	43.80	2 000.00	8.26
300224	正海磁材	21.09	4 000.00	7.86
300227	光韵达	12.98	1 700.00	1.94
300232	洲明科技	18.57	2 000.00	3.33
300241	瑞丰光电	10.80	2 700.00	2.65
300242	明家科技	10.00	1 900.00	1.64
300256	星星科技	21.00	2 500.00	4.81
300269	联建光电	20.00	1 840.00	3.35
300279	和晶科技	15.60	1 550.00	2.12
600057	象屿股份	3.71	43 000.00	15.95
600183	生益科技	9.24	13 760.60	12.38
600340	华夏幸福	3.95	35 542.71	14.04
600353	旭光股份	13.80	2 268.96	2.99
600637	百视通	7.67	40 487.15	31.05
总　计			214 581.49	211.15

资料来源：沪深交易所，天相投资分析系统

（四）行业内上市公司资产及业绩情况

截至2011年底，电子制造业上市公司总资产已达5 478.72亿元，非流动资产2 035.22亿元，归属于母公司股东权益2 365.12亿元，按可比样本计算分别比2010年同期增长了31.13%、41.39%和18.53%。

据2011年年报数据，电子制造业上市公司合计实现营业收入3 725.53亿元，按可比样本计算比2010年同期增长32.92%；实现利润总额271.74亿元，实现归属于母公司所有者的净利润205.63亿元，电子制造业上市公司整体盈利。

表7　　2011年电子制造业上市公司资产情况　　单位:亿元

指　标	2011年	2011年可比样本增长(%)	2010年	2010年可比样本增长(%)	2009年
总资产	5 478.72	31.13	4 080.55	52.71	2 337.01
流动资产	3 443.50	25.74	2 672.11	60.88	1 489.57
占比(%)	62.85	-2.70	65.48	3.33	63.74
非流动资产	2 035.22	41.39	1 408.44	39.29	847.44
占比(%)	37.15	2.70	34.52	-3.33	36.26
流动负债	2 098.38	40.79	1 452.19	35.76	970.52
占比(%)	38.30	2.63	35.59	-4.44	41.53
非流动负债	681.38	74.54	385.86	49.53	224.56
占比(%)	12.44	3.09	9.46	-0.20	9.61
归属于母公司股东权益	2 365.12	18.53	1 942.88	65.24	977.39
占比(%)	43.17	-4.59	47.61	3.61	41.82

资料来源:沪深交易所,天相投资分析系统

表8　　2011年电子制造业上市公司收入实现情况　　单位:亿元

指　标	2011年	2011年可比样本增长(%)	2010年	2010年可比样本增长(%)	2009年
营业收入	3 725.53	32.92	2 719.33	34.05	1 745.94
利润总额	271.74	56.83	159.95	124.12	17.36
归属于母公司所有者的净利润	205.63	52.13	123.86	167.30	0.96

资料来源:沪深交易所,天相投资分析系统

(五)利润分配情况

2011年全年,电子制造业公司中共有62家公司实施了分红送股,其中,23家公司实施送股及转增股本,59家公司实施派息,既送股、转增又派息的公司20家。送股、转增及派息比例最高值分别为每股送股及转增1股和每股派息0.5元(福星晓程)。

表9　　2011年电子制造业上市公司分红情况

代　码	名　称	送股及转增比例	每股派息(税前　元)	基准股本(万股)
000016	深康佳A	—	0.010	120 397.27
000636	风华高科	—	0.080	67 096.63
000733	振华科技	—	0.040	35 812.00
000823	超声电子	—	0.120	44 043.60
000988	华工科技	1.000	0.150	44 555.83
002025	航天电器	—	0.100	33 000.00

续表

代　码	名　称	送股及转增比例	每股派息（税前　元）	基准股本（万股）
002045	国光电器	—	0.080	41 690.40
002056	横店东磁	—	0.020	41 090.00
002106	莱宝高科	—	0.150	60 039.62
002121	科陆电子	—	0.020	39 669.00
002179	中航光电	—	0.100	40 162.50
002185	华天科技	0.600	0.100	40 613.00
002222	福晶科技	—	0.120	28 500.00
002236	大华股份	1.000	0.250	27 908.04
002388	新亚制程	—	0.100	19 980.00
002402	和而泰	—	0.150	10 005.00
002414	高德红外	—	0.480	30 000.00
002415	海康威视	1.000	0.400	100 000.00
002426	胜利精密	—	0.100	40 041.00
002436	兴森科技	—	0.300	22 340.00
002449	国星光电	1.000	0.250	21 500.00
002473	圣莱达	—	0.100	16 000.00
002475	立讯精密	0.400	0.200	26 070.00
002484	江海股份	0.300	—	16 000.00
002504	东光微电	—	0.100	10 700.00
002506	超日太阳	0.600	0.100	52 720.00
002512	达华智能	0.500	0.100	21 238.92
002528	英飞拓	0.500	0.200	23 606.40
002579	中京电子	0.600	0.050	9 735.00
002587	奥拓电子	0.300	0.300	8 400.00
002600	江粉磁材	—	0.100	31 780.00
002618	丹邦科技	—	0.035	16 000.00
300014	亿纬锂能	—	0.100	19 800.00
300032	金龙机电	—	0.250	14 270.00
300053	欧比特	—	0.050	20 000.00
300077	国民技术	—	0.300	27 200.00
300078	中瑞思创	—	0.400	16 750.00
300083	劲胜股份	—	0.050	20 000.00
300114	中航电测	—	0.080	12 000.00
300115	长盈精密	0.500	0.100	17 200.00

续表

代码	名称	送股及转增比例	每股派息（税前 元）	基准股本（万股）
300118	东方日升	0.600	0.080	35 000.00
300128	锦富新材	—	0.200	20 000.00
300139	福星晓程	1.000	0.500	5 480.00
300232	洲明科技	0.300	0.100	7 772.01
300241	瑞丰光电	—	0.100	10 700.00
300242	明家科技	—	0.200	7 500.00
300256	星星科技	0.500	0.300	10 000.00
300279	和晶科技	1.000	0.200	6 000.00
600060	海信电器	0.500	—	86 887.43
600171	上海贝岭	—	0.015	67 380.78
600183	生益科技	0.300	0.320	109 462.95
600363	联创光电	—	0.025	37 080.68
600366	宁波韵升	—	0.150	51 449.78
600460	士兰微	1.000	0.100	43 408.00
600525	长园集团	—	0.080	86 351.01
600621	上海金陵	—	0.100	52 408.24
600707	彩虹股份	1.000	—	73 675.77
200016	深康佳 B	—	0.010	120 397.27
002388	新亚制程	—	0.150	19 980.00
002414	高德红外	—	0.400	30 000.00
002579	中京电子	—	0.200	9 735.00
300162	雷曼光电	1.000	0.100	6 700.00

资料来源：沪深交易所，天相投资分析系统

（六）其他财务指标情况

1. 盈利能力指标

2011 年，按可比样本计算，电子制造业毛利率为 18.31%，同比下降 0.88 个百分点，但其他盈利能力指标出现不同程度的上升，其中净资产收益率上升 1.92 个百分点。

表 10　2011 年电子制造业上市公司盈利能力情况

指标	2011 年	2011 年可比样本变动	2010 年	2010 年可比样本变动	2009 年
毛利率（%）	18.31	-0.88	18.88	0.26	17.53
净资产收益率（%）	8.69	1.92	6.38	2.43	0.10
销售净利率（%）	5.52	0.70	4.55	2.27	0.06
资产净利率（%）	4.26	0.35	3.67	1.76	0.05

资料来源：沪深交易所，天相投资分析系统

2. 偿债能力指标

2011 年，按可比样本计算，电子制造业上市公司资产负债率上升 5.72 个百分点，同时流动比率和速动比率出现小幅下降，偿债能力总体降低。

表 11　　2011 年电子制造业上市公司偿债能力情况

指　标	2011 年	2011 年可比样本变动	2010 年	2010 年可比样本变动	2009 年
流动比率	1.64	-0.20	1.84	0.29	1.53
速动比率	1.25	-0.25	1.51	0.32	1.16
资产负债率(%)	50.74	5.72	45.04	-4.64	51.14

资料来源：沪深交易所，天相投资分析系统

3. 营运能力指标

2011 年，按可比样本计算，电子制造业上市公司应收账款周转率上涨 0.18 次，但总体营运能力有所下降。

表 12　　2011 年电子制造业上市公司营运能力情况　　单位：次

指　标	2011 年	2011 年可比样本变动	2010 年	2010 年可比样本变动	2009 年
存货周转率	4.65	-0.41	5.07	0.43	4.27
应收账款周转率	7.19	0.18	7.10	0.47	7.06
流动资产周转率	1.21	-0.06	1.26	-0.14	1.35
固定资产周转率	3.70	-0.07	3.75	0.37	3.51
总资产周转率	0.77	-0.04	0.81	-0.03	0.83
净资产周转率	1.49	-0.03	1.52	-0.16	1.69

资料来源：沪深交易所，天相投资分析系统

三、重点细分行业介绍

电子制造业共涵盖 3 个大类，分别是电子元器件制造业、日用电子器具制造业和其他电子设备制造业。

表 13　　2011 年电子产业上市公司数量分布及市值情况

大　类	上市公司家数（家）	占行业内比重（%）	境内总市值（亿元）	占行业内比重（%）
电子元器件制造业	97	69.29	4 107.51	67.72
日用电子器具制造业	17	12.14	967.34	15.95
其他电子设备制造业	26	18.57	990.56	16.33

资料来源：沪深交易所，天相投资分析系统

数据显示，电子元器件制造业上市公司为97家，占电子制造业境内总市值比重为67.72%；日用电子器具制造业上市公司家数为17家，占电子制造业境内总市值比重为15.95%；其他电子设备制造业上市公司为26家，占电子制造业境内总市值比重为16.33%。

（一）电子元器件制造业

1. 行业概况

2011年受到欧债危机与国内紧缩政策的影响，国内经济增速不断下滑，但电子消费品需求依然旺盛，电子元器件制造业出现较大幅度的增长。2011年，电子元器件制造业实现收入23 020.79亿元，同比增长35.20%，实现利润1 014.45亿元，同比增长9.72%。

2011年电子元器件制造业生产集成电路实现销售收入2 430.27亿元；生产半导体分立器件实现收入719.57亿元；电子真空器件制造实现收入599.02亿元；光电子器件及其他电子器件制造实现收入7 217.40亿元；电子元件及组件制造实现收入9 030.10亿元；印制电路板制造实现收入3 024.43亿元。

2. 行业内上市公司发展状况

（1）2011年，按可比样本计算，电子元器件制造业上市公司的整体收入同比增长27.00%，整体盈利176.79亿元。

（2）2011年，按可比样本计算，电子元器件制造业上市公司的整体毛利率同比回落1.09个百分点，利润增速大幅增长。

（3）2011年，按可比样本计算，电子元器件制造业上市公司的整体资产负债率水平提高3.92个百分点达到38.87%。

表14　2011年电子元器件制造业上市公司收入及资产增长情况　单位：亿元

指　标	2011年	2011年可比样本增长（%）	2010年	2010年可比样本增长（%）	2009年
营业收入	1 364.08	27.00	1 010.31	48.80	432.65
利润总额	176.79	63.65	98.44	扭亏为盈	-18.67
归属于母公司所有者的净利润	134.88	58.22	77.23	扭亏为盈	-20.50
总资产	2 772.80	22.78	2 190.64	54.41	1 082.48
归属于母公司股东权益	1 516.32	15.86	1 276.47	58.60	605.61

资料来源：沪深交易所，天相投资分析系统

表15　2011年电子元器件制造业上市公司盈利能力情况

指　标	2011年	2011年可比样本变动	2010年	2010年可比样本变动	2009年
毛利率（%）	21.62	-1.09	22.44	2.50	15.91
净资产收益率（%）	8.90	2.38	6.05	4.07	-3.38
销售净利率（%）	9.89	1.95	7.64	5.29	-4.74
资产净利率（%）	5.36	0.78	4.28	3.06	-2.07

资料来源：沪深交易所，天相投资分析系统

表 16　　2011 年电子元器件制造业上市公司偿债及营运情况

指　标	2011 年	2011 年可比样本变动	2010 年	2010 年可比样本变动	2009 年
资产负债率(%)	38.87	3.92	34.51	-2.83	36.93
存货周转率(次)	4.86	-0.34	5.18	0.73	3.50
总资产周转率(次)	0.54	-0.03	0.56	0.04	0.44

资料来源:沪深交易所,天相投资分析系统

(二)日用电子器具制造业

1. 行业概况

2011 年,日用电子器具制造业竞争加剧,日用电子器具降价明显,行业出现小幅增长,日用电子器具制造业实现销售收入 5 002.83亿元。其中,家用影视设备制造实现销售收入 3 903.43 亿元,家用音响设备制造实现销售收入 1 099.39 亿元。

2. 行业内上市公司发展状况

(1)2011 年,按可比样本计算,日用电子器具制造业上市公司的整体收入同比上升 40.32%,实现利润总额 72.80 亿元。

(2)2011 年,按可比样本计算,日用电子器具制造业上市公司的整体毛利率同比下降 0.05 个百分点,盈利能力有所下降。

(3)2011 年,按可比样本计算,日用电子器具制造业上市公司的整体资产负债率同比上升 5.48 个百分点,营运能力有所降低。

表 17　　2011 年日用电子器具制造业上市公司收入及资产增长情况　　单位:亿元

指　标	2011 年	2011 年可比样本增长(%)	2010 年	2010 年可比样本增长(%)	2009 年
营业收入	2 122.51	40.32	1 512.63	22.50	1 236.70
利润总额	72.80	123.66	32.55	7.40	29.31
归属于母公司所有者的净利润	52.45	133.16	22.49	30.32	16.20
总资产	2 212.08	44.30	1 533.02	41.99	1 103.21
归属于母公司股东权益	526.22	26.43	416.22	49.92	285.39

资料来源:沪深交易所,天相投资分析系统

表 18　　2011 年日用电子器具制造业上市公司盈利能力情况

指　标	2011 年	2011 年可比样本变动	2010 年	2010 年可比样本变动	2009 年
毛利率(%)	15.15	-0.05	15.20	-1.49	17.11
净资产收益率(%)	9.97	4.56	5.40	-0.81	5.68
销售净利率(%)	2.47	0.98	1.49	0.09	1.31
资产净利率(%)	2.80	1.08	1.72	-0.07	1.65

资料来源:沪深交易所,天相投资分析系统

表 19　　2011 年日用电子器具制造业上市公司偿债及营运情况

指　标	2011 年	2011 年可比样本变动	2010 年	2010 年可比样本变动	2009 年
资产负债率(%)	69.35	5.48	63.87	-2.92	66.74
存货周转率(次)	4.89	-0.42	5.32	0.17	5.04
总资产周转率(次)	1.13	-0.02	1.16	-0.12	1.26

资料来源:沪深交易所,天相投资分析系统

(三)其他电子设备制造业

1. 行业概况

其他电子设备制造业主要包括测量仪器和专用设备等,2011 年实现收入 1 439.01 亿元,同比增长 2.42%,增幅较 2010 年大幅下降 38.82 个百分点;2011 年,其他电子设备制造业实现利润总额 52.95 亿元,同比减少 30.29%。

2. 行业内上市公司发展状况

(1)2011 年,按可比样本计算,其他电子设备制造业上市公司的整体收入同比增长 10.53%,实现利润总额 22.14 亿元。

(2)2011 年,按可比样本计算,其他电子设备制造业上市公司的整体毛利率同比下降 2.21 个百分点,盈利能力有所下降。

(3)2011 年,按可比样本计算,其他电子设备制造业上市公司的整体资产负债率水平增长 4.92 个百分点,运营能力有所下降。

表 20　　2011 年其他电子设备制造业上市公司收入及资产增长情况　　单位:亿元

指　标	2011 年	2011 年可比样本增长(%)	2010 年	2010 年可比样本增长(%)	2009 年
营业收入	238.94	10.53	196.38	71.06	76.60
利润总额	22.14	-32.27	28.96	79.85	6.72
归属于母公司所有者的净利润	18.31	-33.26	24.14	83.92	5.26
总资产	493.84	27.75	356.89	105.38	151.32
归属于母公司股东权益	322.58	19.27	250.19	167.93	86.38

资料来源:沪深交易所,天相投资分析系统

表 21　　2011 年其他电子设备制造业上市公司盈利能力情况

指　标	2011 年	2011 年可比样本变动	2010 年	2010 年可比样本变动	2009 年
毛利率(%)	27.43	-2.21	28.85	-2.64	33.55
净资产收益率(%)	5.67	-4.47	9.65	-4.41	6.09
销售净利率(%)	7.66	-5.03	12.29	0.86	6.87
资产净利率(%)	4.16	-5.38	9.10	0.66	3.81

资料来源:沪深交易所,天相投资分析系统

表 22　　2011 年其他电子设备制造业上市公司偿债及营运情况

指　标	2011 年	2011 年可比样本变动	2010 年	2010 年可比样本变动	2009 年
资产负债率(%)	33.97	4.92	28.84	-15.44	39.06
存货周转率(次)	2.59	-0.66	3.27	0.93	1.70
总资产周转率(次)	0.54	-0.21	0.74	0.00	0.56

资料来源:沪深交易所,天相投资分析系统

四、重点上市公司介绍

京东方 A

2011 年,公司实现营业收入 127.41 亿元,同比增长 58.77%;净利润 5.61 亿元,同比增长 127.99%;每股收益 0.041 元。公司盈利能力明显下降。销售毛利率为 -5.49%,净利润率 4.40%,主营业务利润率 1.23%,净资产收益率 2.19%。

2011 年对 TFT-LCD 面板行业和公司而言是最困难、最具挑战的一年。很多面板厂商提出了"以生存为根本"的战略,行业形势如履薄冰。面对严峻的外部形势,2011 年公司秉承"坚持客户导向和 SOPIC 创新变革,加快产品和技术创新,增强专业基础能力,提升产品竞争力和盈利力,确保全年盈利"的年度经营工作方针,全面落实"十二五"战略规划,推进客户导向和 SOPIC 创新变革,公司整体竞争力有了较大提升,企业整体扭亏为盈。

TCL 集团

2011 年,公司实现营业收入 608.34 亿元,同比增长 17.28%;净利润 10.13 亿元,同比增长 134.24%;每股收益 0.12 元,每股净资产 1.33 元,净资产收益率 9.39%。

公司在多媒体电子产业实现销售收入 272.52 亿元,占 45.84%;移动通讯产业实现销售收入 88.13 亿元,占 14.83%;家电产业实现销售收入 65.03 亿元,占 10.94%;华星光电在 2011 年 10 月开始进入量产,实现销售收入 1.31 亿元,占 0.22%。此外,六大业务群中的翰林汇实现销售收入 122.93 亿元,占 20.68%。按区域划分,国内实现销售收入 371.29 亿元,占 62.46%;海外实现销售收入 223.19 亿元,占 37.54%。

公司累计获得国家、省部级以上奖励 183 项,累计承担国家级项目 63 项,省级项目 169 项。累计申请专利 5 832 项,其中国外专利 404 项;累计授权专利 2 688 项,累计参与制订国际标准 6 项,国家标准 39 项,行业标准 51 项,地方标准 14 项。公司 2011 年全年专利申请量为 2 070 件,较上年同比增长 106%。

超声电子

2011 年,公司实现营业收入 32.93 亿元,同比增长 10.38%;净利润 1.82 亿元,同比增长 12.57%;实现每股收益 0.41 元,每股净资产 4.04 元,净资产收益率 10.54%。

公司主要从事印制线路板、液晶显示器、超声电子仪器、超薄及特种覆铜板的研制生产和销售,是国内电子行业中技术含量高、成长性强的高新技术企业。2011 年,公司荣获工信部颁发的"2011 年电子信息百强企业"称号,并被国家科技部、国务院国资委、中华全国总工会联合认定为"国家创新型企业”,广东省经信委认定为“广东省战略性新兴产业骨干企业”;公司属下汕头超声印制板公司荣获中国印制电路板行业协会颁发的“第二届优秀民族品牌”称号和“第十届(2010)中国印制电路行业百强企业”称号,以及工信部和中国电子元件行业协会颁发的“2011 年(第 24 届)中国电子元件百强企业”称号。

全球经济复苏的不确定性依然存在,国际金融危机的深层次影响还在不断显露,总体上世界经济形势仍将十分复杂。2011 年,公司主营业务收入比 2010 年同期增加 30 379万元,主要是液晶显示器及模块产品、印制板产品、覆铜板产品销售量增加所致。

顺络电子

2011 年,公司实现营业收入 5.50 亿元,同比增加 22.55%;归属于上市公司股东的净利润 8 011.49 万元,同比减少 16.41%;实现每股收益 0.39 元,每股净资产 5.28 元,加权平均净资产收益率 8.12%。

公司主要从事电子元器件的生产和销售,核心资产主要为土地及建筑物、机器设备等,公司产销基本平衡,营业收入连年保持持续增长趋势,核心资产的使用效率较高,盈利能力没有发生重大不良变化,也没有出现替代资产或资产升级换代导致公司核心资产盈利能力降低的重大不良情形。

五、上市公司在行业中的影响力

2011 年,电子制造业上市公司合计实现营业收入 3 725.53 亿元,按可比样本计算同比增长 32.92%,高于行业 31.18% 的增长幅度;电子制造业上市公司营业收入占行业总收入的比例上升,由 2010 年的 12.10% 升至 2011 年的 12.64%。这主要因为上市电子制造业公司规模较大,经营管理能力较强,处于整个行业的领先位置。

按照细分行业来看,上市公司在行业中的地位有所上升:

(1)电子元器件制造业国内上市公司 2011 年收入占全行业的比例为 4.63%,较 2010 年的 4.49% 增长 0.14 个百分点,占全行业比例仍然较低,这也显示出我国的电子上游行业在整个电子产业中依然弱势,更多的企业集中在产业链的中下游。

(2)日用电子器具制造业国内上市公司 2011 年占全行业收入的比例为 7.2%,较 2010 年的 6.73% 上涨 0.47 个百分点。主要还是由于以家电为主的日用电子器具制造业基本完成了行业整合,形成了较多规模较大的优势企业。

(3)其他电子设备制造业国内上市公司 2011 年收入占比较 2010 年下降 0.05 个百分点至 0.82%。

山西证券股份有限公司

审稿人:刘小勇

撰稿人:高飞

金属、非金属

一、金属、非金属制造业总体概况

(一)行业整体运行情况

2011年,受国内外宏观经济疲软、国内房地产持续调控、7·23高铁事故发生导致铁路等基建投资中途滑坡等因素影响,金属、非金属业主要产品价格2011年内表现出先升后降格局,同时原材料价格的上涨挤压了利润空间。全年行业营业收入实现了稳定增长,利润与上年基本持平。

根据国家统计局提供的数据,2011年,金属、非金属制造业合计实现营业收入167 871.36亿元,同比增长24.74%。其中,金属制品业营业收入23 630.30亿元,同比增长20.30%;非金属矿物制品业收入39 671.76亿元,同比增长26.88%;黑色金属冶炼及压延加工业营业收入66 789.02亿元,同比增长22.57%;有色金属冶炼及压延加工业营业收入37 780.27亿元,同比增长29.49%。

金属、非金属制造业合计实现利润总额8 004.29亿元,同比增长0.14%。其中,金属制品业实现1 297.97亿元,同比下降4.89%;非金属矿物制品业实现3 255.68亿元,同比增长13.89%;黑色金属冶炼及压延加工业实现1 737.11亿元,同比下降19.17%;有色金属冶炼及压延加工业实现1 713.53亿元,同比增长5.73%。

从盈利能力看,2011年,金属、非金属制造业的整体毛利率为10.92%,同比下滑0.92个百分点。其中,金属制品业毛利率为13.28%,同比下滑1.01个百分点;非金属矿物制品业毛利率为17.08%,同比微降0.21个百分点;黑色金属冶炼及压延加工业毛利率为7.22%,同比下滑1.36个百分点;有色金属冶炼及压延加工业毛利率为9.53%,同比下滑0.92个百分点。

截至2011年底,金属、非金属制造业的资产负债率达到61.68%,同比上升1.01个百分点。

(二)细分行业运行概况

2011年,除非金属矿物制品业景气指数表现稳定外,黑色金属冶炼和压延加工业、有色金属冶炼及压延加工业、金属制品业景气指数均表现为前3季度相对稳定,第4季度快速下降。

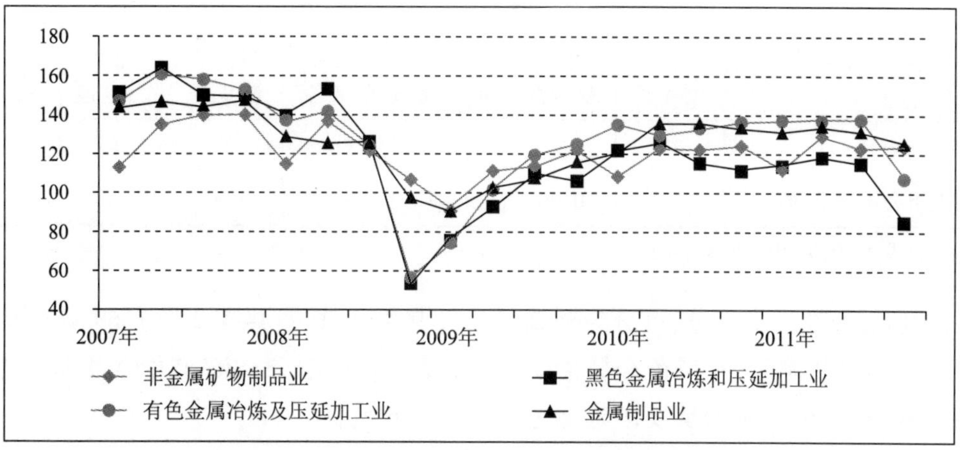

图1 金属、非金属细分行业景气度指数走势

资料来源：国家统计局，天相投资分析系统

二、行业内上市公司发展概况

(一)行业内上市公司基本情况

截至2011年底，金属、非金属行业共涵盖193只股票，其中，187只A股，6只B股，分占沪深两市A、B股票总数、A股股票数和B股股票数的7.95%、7.70%和0.25%。截至2011年底，该行业市值总额为13 548.45亿元，流通A股市值为10 569.07亿元，流通B股市值为190.66亿元，分占沪深两市市值总额的6.28%、流通A股市值的6.48%和流通B股市值的13.44%。

表1　　2011年金属、非金属上市公司发行股票概况

门　类	A、B股总数	A股股票数	B股股票数	境内总市值（亿元）	流通A股市值（亿元）	流通B股市值（亿元）
金属、非金属	193	187	6	13 548.45	10 569.07	190.66
占沪深两市比重(%)	7.95	7.70	0.25	6.28	6.48	13.44

资料来源：沪深交易所，天相投资分析系统

(二)行业内上市公司构成情况

按上市地划分，行业中在上海证券交易所上市的公司有73家，深圳证券交易所上市的公司有114家，分别占行业内上市公司总数的39.04%和60.96%。

按A、B股划分，仅在A板上市的公司有181家，在A、B板同时上市的公司有6家，分别占行业内上市公司总数的96.79%和3.21%。

从经营角度看，行业内上市公司中ST、*ST公司分别有6家和10家，分别占行业内上市公司总数的3%和5%，没有已暂停上市的公司。

表2　　2011年金属、非金属上市公司构成情况

门类	沪市			深市			ST/＊ST
	仅A股	仅B股	A+B股	仅A股	仅B股	A+B股	
金属、非金属(家)	71	0	2	110	0	4	6/10
占行业内上市公司比重(%)	37.97	0.00	1.07	58.82	0.00	2.14	3/5

资料来源:沪深交易所,天相投资分析系统

按公司所处行业大类划分,可分为金属制品业、非金属矿物制品业、黑色金属冶炼及压延加工业和有色金属冶炼及压延加工业,4个大类所涵盖公司数量分别为39家(其中A、B股共存2家)、69家(其中A、B股共存3家)、33家(其中A、B股共存1家)和46家。

表3　　2011年金属、非金属上市公司各子行业分布明细

A、B股类型	公司代码	公司名称	所属大类
沪市A股	600172	黄河旋风	非金属矿物制品业
	600176	中国玻纤	
	600217	ST秦岭	
	600291	西水股份	
	600293	三峡新材	
	600318	巢东股份	
	600425	青松建化	
	600449	宁夏建材	
	600516	方大炭素	
	600529	山东药玻	
	600539	ST狮头	
	600552	方兴科技	
	600562	ST高陶	
	600585	海螺水泥	
	600586	金晶科技	
	600629	棱光实业	
	600660	福耀玻璃	
	600668	尖峰集团	

续表

A、B 股类型	公司代码	公司名称	所属大类
沪市 A 股	600678	＊ST 金顶	非金属矿物制品业
	600720	祁连山	
	600783	鲁信创投	
	600792	云煤能源	
	600801	华新水泥	
	600802	福建水泥	
	600819	耀皮玻璃	
	600876	洛阳玻璃	
	600883	博闻科技	
	601636	旗滨集团	
	601992	金隅股份	
	600005	武钢股份	黑色金属冶炼及压延加工业
	600010	包钢股份	
	600019	宝钢股份	
	600022	山东钢铁	
	600102	莱钢股份	
	600117	西宁特钢	
	600126	杭钢股份	
	600231	凌钢股份	
	600282	南钢股份	
	600307	酒钢宏兴	
	600390	金瑞科技	
	600399	抚顺特钢	
	600569	安阳钢铁	
	600581	八一钢铁	
	600691	＊ST 东碳	
	600784	鲁银投资	
	600808	马钢股份	
	600894	＊ST 广钢	
	601003	柳钢股份	
	601005	重庆钢铁	
	600114	东睦股份	金属制品业
	600165	新日恒力	
	600558	大西洋	

续表

A、B 股类型	公司代码	公司名称	所属大类
沪市 A 股	600782	新钢股份	金属制品业
	600992	贵绳股份	
	601028	玉龙股份	
	600111	包钢稀土	有色金属冶炼及压延加工业
	600219	南山铝业	
	600255	鑫科材料	
	600331	宏达股份	
	600338	*ST 珠峰	
	600362	江西铜业	
	600432	吉恩镍业	
	600456	宝钛股份	
	600459	贵研铂业	
	600531	豫光金铅	
	600549	厦门钨业	
	600595	中孚实业	
	600768	宁波富邦	
	600888	新疆众和	
	600961	株冶集团	
	601137	博威合金	
	601600	中国铝业	
	601677	明泰铝业	
沪市 B 股	900918	耀皮 B 股	非金属矿物物品业
	900933	华新 B 股	
深市 A 股	000012	南 玻 A	非金属矿物制品业
	000401	冀东水泥	
	000408	ST 金谷源	
	000673	ST 当代	
	000786	北新建材	
	000789	江西水泥	
	000795	太原刚玉	
	000856	ST 唐陶	
	000877	天山股份	
	000885	同力水泥	
	000928	中钢吉炭	

续表

A、B 股类型	公司代码	公司名称	所属大类
深市 A 股	000935	四川双马	非金属矿物制品业
	002066	瑞泰科技	
	002080	中材科技	
	002088	鲁阳股份	
	002102	*ST 冠福	
	002162	斯 米 克	
	002201	九鼎新材	
	002205	国统股份	
	002225	濮耐股份	
	002233	塔牌集团	
	002271	东方雨虹	
	002302	西部建设	
	002346	柘中建设	
	002392	北京利尔	
	002457	青龙管业	
	002571	德力股份	
	002596	海南瑞泽	
	002619	巨龙管业	
	002623	亚玛顿	
	002624	金磊股份	
	300064	豫金刚石	
	300073	当升科技	
	300080	新大新材	
	300089	长城集团	
	300093	金刚玻璃	
	300160	秀强股份	
	300179	四方达	
	300196	长海股份	
	300234	开尔新材	
	000629	攀钢钒钛	黑色金属冶炼及压延加工业
	000708	大冶特钢	
	000709	河北钢铁	
	000717	韶钢松山	
	000761	本钢板材	

续表

A、B股类型	公司代码	公司名称	所属大类
深市A股	000825	太钢不锈	黑色金属冶炼及压延加工业
	000898	鞍钢股份	
	000932	华菱钢铁	
	000959	首钢股份	
	002075	沙钢股份	
	002110	三钢闽光	
	002318	久立特材	
	002478	常宝股份	
	000039	中集集团	金属制品业
	000055	方大集团	
	000156	＊ST 嘉瑞	
	000778	新兴铸管	
	000890	法 尔 胜	
	000969	安泰科技	
	002026	山东威达	
	002032	苏 泊 尔	
	002047	成霖股份	
	002071	江苏宏宝	
	002084	海鸥卫浴	
	002132	恒星科技	
	002150	江苏通润	
	002314	雅致股份	
	002328	新朋股份	
	002352	鼎泰新材	
	002359	齐星铁塔	
	002374	丽鹏股份	
	002384	东山精密	
	002403	爱仕达	
	002443	金洲管道	
	002444	巨星科技	
	002445	中南重工	
	002468	艾迪西	
	002487	大金重工	
	002514	宝馨科技	

续表

A、B 股类型	公司代码	公司名称	所属大类
深市 A 股	002541	鸿路钢构	金属制品业
	002545	东方铁塔	
	002547	春兴精工	
	002591	恒大高新	
	002615	哈尔斯	
	002616	长青集团	
	002617	露笑科技	
	000060	中金岭南	有色金属冶炼及压延加工业
	000612	焦作万方	
	000630	铜陵有色	
	000657	*ST 中钨	
	000751	*ST 锌业	
	000807	云铝股份	
	000831	*ST 关铝	
	000878	云南铜业	
	000960	锡业股份	
	000962	东方钽业	
	002082	栋梁新材	
	002114	*ST 锌电	
	002149	西部材料	
	002160	常铝股份	
	002171	精诚铜业	
	002182	云海金属	
	002203	海亮股份	
	002237	恒邦股份	
	002295	精艺股份	
	002333	罗普斯金	
	002378	章源钨业	
	002379	鲁丰股份	
	002428	云南锗业	
	002460	赣锋锂业	
	002501	利源铝业	
	002540	亚太科技	
	002578	闽发铝业	
	300034	钢研高纳	

续表

A、B股类型	公司代码	公司名称	所属大类
深市B股	200012	南玻B	非金属矿物制品业
	200761	本钢板B	黑色金属冶炼及压延加工业
	200039	中集B	金属制品业
	200055	方大B	

资料来源：沪深交易所，天相投资分析系统

（三）行业内上市公司融资情况

2011年全年金属、非金属行业共有41家公司进行了融资，占沪深两市473家融资公司的8.67%，其中，新股发行23家，配股4家，增发14家，分别占沪深两市的8.30%、30.77%和7.65%。

表4　2011年金属、非金属上市公司与沪深两市融资情况对比　单位：家

	融资家数	新　股	配　股	增　发
金属、非金属	41	23	4	14
沪深两市总数	473	277	13	183
占比(%)	8.67	8.30	30.77	7.65

资料来源：沪深交易所，天相投资分析系统

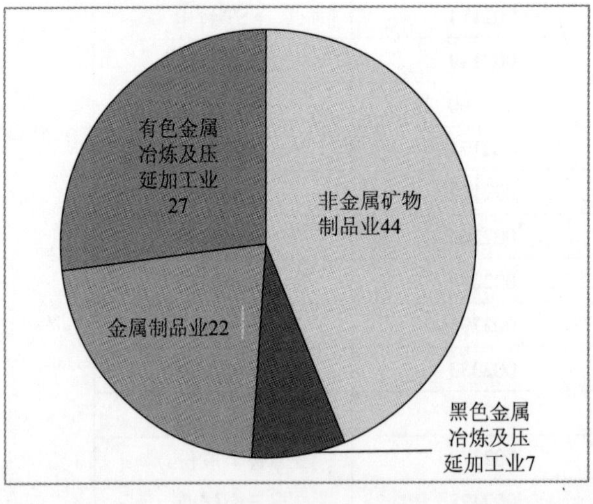

图2　2011年金属、非金属上市公司各子行业融资企业数量占比（%）

资料来源：沪深交易所，天相投资分析系统

其中，首发的23家公司中，有14家在中小板上市，4家在创业板上市；增发的14家公司中，有9家沪市、4家深市及1家中小板公司。按细分行业分，进行融资的41家公司中，非金属矿物制品业18家，黑色金属冶炼及压延加工业3家，有色金属冶炼及压

延加工业 11 家,金属制品业 9 家,分别占比 44%、7%、27%、22%。

表 5　2011 年金属、非金属上市公司融资情况

代　码	公司名称	融资类别	所属大类	证券类型
000709	河北钢铁	增　发	黑色金属冶炼及压延加工业	深市主板
000878	云南铜业	增　发	有色金属冶炼及压延加工业	深市主板
000932	华菱钢铁	增　发	黑色金属冶炼及压延加工业	深市主板
000935	四川双马	增　发	非金属矿物制品业	深市主板
000962	东方钽业	配　股	有色金属冶炼及压延加工业	深市主板
002203	海亮股份	配　股	有色金属冶炼及压延加工业	中小板
002237	恒邦股份	增　发	有色金属冶炼及压延加工业	中小板
002540	亚太科技	首　发	有色金属冶炼及压延加工业	中小板
002541	鸿路钢构	首　发	金属制品业	中小板
002545	东方铁塔	首　发	金属制品业	中小板
002547	春兴精工	首　发	金属制品业	中小板
002571	德力股份	首　发	非金属矿物制品业	中小板
002578	闽发铝业	首　发	有色金属冶炼及压延加工业	中小板
002591	恒大高新	首　发	金属制品业	中小板
002596	海南瑞泽	首　发	非金属矿物制品业	中小板
002615	哈尔斯	首　发	金属制品业	中小板
002616	长青集团	首　发	金属制品业	中小板
002617	露笑科技	首　发	金属制品业	中小板
002619	巨龙管业	首　发	非金属矿物制品业	中小板
002623	亚玛顿	首　发	非金属矿物制品业	中小板
002624	金磊股份	首　发	非金属矿物制品业	中小板
300160	秀强股份	首　发	非金属矿物制品业	创业板
300179	四方达	首　发	非金属矿物制品业	创业板
300196	长海股份	首　发	非金属矿物制品业	创业板
300234	开尔新材	首　发	非金属矿物制品业	创业板
600005	武钢股份	配　股	黑色金属冶炼及压延加工业	沪　市
600165	新日恒力	增　发	金属制品业	沪　市
600172	黄河旋风	增　发	非金属矿物制品业	沪　市
600176	中国玻纤	增　发	非金属矿物制品业	沪　市
600449	宁夏建材	增　发	非金属矿物制品业	沪　市
600459	贵研铂业	增　发	有色金属冶炼及压延加工业	沪　市
600586	金晶科技	增　发	非金属矿物制品业	沪　市
600595	中孚实业	配　股	有色金属冶炼及压延加工业	沪　市

续表

代　码	公司名称	融资类别	所属大类	证券类型
600792	云煤能源	增　发	非金属矿物制品业	沪　市
600801	华新水泥	增　发	非金属矿物制品业	沪　市
600888	新疆众和	增　发	有色金属冶炼及压延加工业	沪　市
601028	玉龙股份	首　发	金属制品业	沪　市
601137	博威合金	首　发	有色金属冶炼及压延加工业	沪　市
601636	旗滨集团	首　发	非金属矿物制品业	沪　市
601677	明泰铝业	首　发	有色金属冶炼及压延加工业	沪　市
601992	金隅股份	首　发	非金属矿物制品业	沪　市

资料来源:沪深交易所,天相投资分析系统

从融资效果看,上述公司实际发行数量为960 591.45 万股;实际募集资金705.59亿元,基本完成了融资计划。

表6　　2011年金属、非金属上市公司融资明细

代　码	公司名称	发行价格（元）	实际发行数量（万股）	实募集资金数（亿元）
000709	河北钢铁	4.28	374 182.24	159.33
000878	云南铜业	18.64	15 971.00	29.17
000932	华菱钢铁	5.57	27 800.00	15.35
000935	四川双马	7.61	29 645.20	22.56
000962	东方钽业	10.68	8 443.26	8.83
002203	海亮股份	6.66	11 591.22	7.50
002237	恒邦股份	35.64	3 600.00	12.53
002540	亚太科技	40.00	4 000.00	15.47
002541	鸿路钢构	41.00	3 400.00	13.30
002545	东方铁塔	39.49	4 350.00	16.41
002547	春兴精工	16.00	3 600.00	5.26
002571	德力股份	28.80	2 200.00	5.88
002578	闽发铝业	15.18	4 300.00	5.95
002591	恒大高新	20.00	2 000.00	3.80
002596	海南瑞泽	12.15	3 400.00	3.81
002615	哈尔斯	18.00	2 280.00	3.64
002616	长青集团	17.80	3 700.00	6.14
002617	露笑科技	18.00	3 000.00	4.96
002619	巨龙管业	16.15	2 350.00	3.41

续表

代　码	公司名称	发行价格（元）	实际发行数量（万股）	实募集资金数（亿元）
002623	亚玛顿	38.00	4 000.00	14.69
002624	金磊股份	11.20	2 500.00	2.44
300160	秀强股份	35.00	2 340.00	7.19
300179	四方达	24.75	2 000.00	4.63
300196	长海股份	18.58	3 000.00	5.23
300234	开尔新材	12.00	2 000.00	2.08
600005	武钢股份	3.70	225 562.75	82.73
600165	新日恒力	7.02	8 000.00	5.48
600172	黄河旋风	14.21	4 574.24	6.26
600176	中国玻纤	19.03	15 436.10	29.37
600449	宁夏建材	22.13	11 377.55	25.18
600459	贵研铂业	22.74	1 280.70	2.73
600586	金晶科技	13.00	12 127.00	15.44
600595	中孚实业	7.32	33 181.37	23.63
600792	云煤能源	7.94	27 400.00	21.76
600801	华新水泥	14.01	12 809.99	17.43
600888	新疆众和	20.05	5 898.35	11.51
601028	玉龙股份	10.80	7 950.00	8.13
601137	博威合金	27.00	5 500.00	14.15
601636	旗滨集团	9.00	16 800.00	14.61
601677	明泰铝业	20.00	6 000.00	11.29
601992	金隅股份	9.00	41 040.46	36.35
总　计			960 591.45	705.59

资料来源：沪深交易所，天相投资分析系统

从2007—2011年数据看，金属、非金属行业融资总额和增速在2008年以后均呈现逐年增长态势，于2011年达到近4年来的高点；发行股数期间有所波动，但整体仍表现出增长趋势。

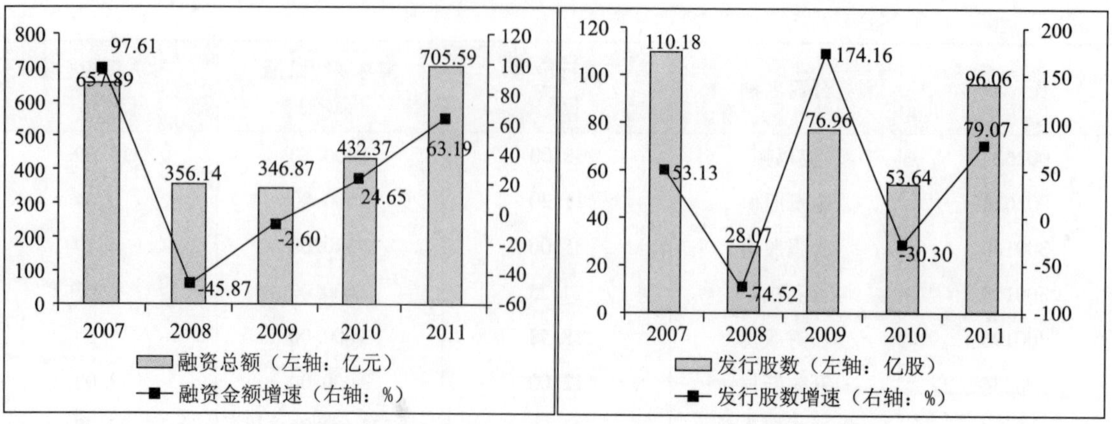

图3　金属、非金属上市公司2007—2011年融资额及发行股数情况

资料来源：沪深交易所，天相投资分析系统

（四）行业内上市公司资产及业绩情况

截至2011年，金属、非金属业上市公司资产总值已达24 221.01亿元，非流动资产13 928.05亿元，归属于母公司股东权益8 999.62亿元，按可比样本计算分别比上年同期增长了13.24%、11.14%和12.51%。

表7　2011年金属、非金属上市公司资产情况　单位：亿元

指　标	2011年	2011年可比样本增长(%)	2010年	2010年可比样本增长(%)	2009年
总资产	24 221.01	13.24	20 561.15	16.08	17 479.16
流动资产	10 292.96	16.22	8 396.01	28.61	6 414.65
占比(%)	42.50	1.09	40.83	3.98	36.70
非流动资产	13 928.05	11.14	12 165.13	8.76	11 064.51
占比(%)	57.50	-1.09	59.17	-3.98	63.30
流动负债	10 984.71	17.73	8 945.82	19.83	7 315.06
占比(%)	45.35	1.73	43.51	1.36	41.85
非流动负债	3 575.32	1.58	3 350.21	10.28	2 978.19
占比(%)	14.76	-1.70	16.29	-0.86	17.04
归属于母公司股东权益	8 999.62	12.51	7 748.20	14.10	6 786.27
占比(%)	37.16	-0.24	37.68	-0.65	38.82

资料来源：沪深交易所，天相投资分析系统

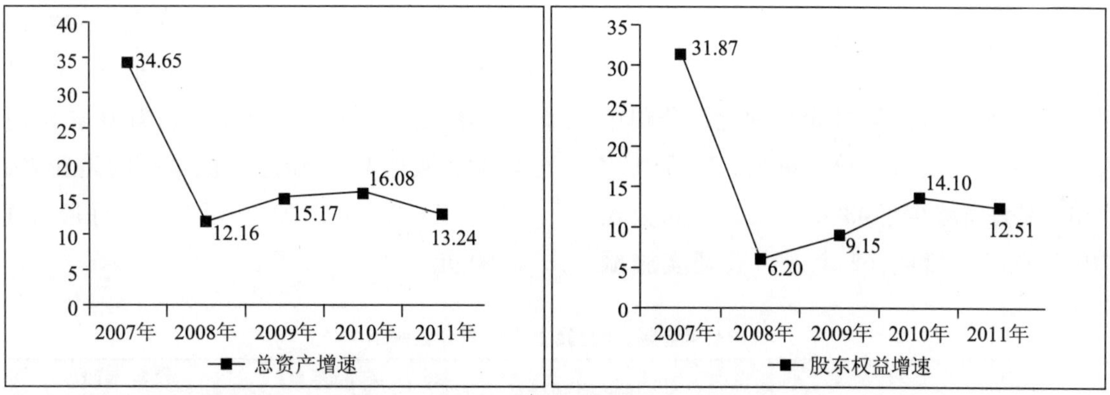

图4　金属、非金属上市公司2007—2011年可比样本总资产和归属于母公司股东权益增长情况(%)

资料来源:沪深交易所,天相投资分析系统

据2011年年报数据,金属、非金属业上市公司合计实现营业收入23 837.95亿元,实现利润总额959.49亿元,实现归属于母公司所有者的净利润681.78亿元,按可比样本计算分别比上年同期增长18.34%、6.69%和1.32%。

从2007—2011年数据看,金属、非金属行业上市公司2011年按可比样本计算收入增速18.34%,低于2010年的增速值38.34%,高于2009年的增速值-14.26%;按可比样本计算归属于母公司所有者的净利润增速1.32%,低于2010年增速值162.97%,高于2008年、2009年增速值-63.57%和-29.25%。

表8　2011年金属、非金属上市公司收入实现情况　单位:亿元

指　标	2011年	2011年可比样本增长(%)	2010年	2010年可比样本增长(%)	2009年
营业收入	23 837.95	18.34	19 653.23	38.34	14 002.23
利润总额	959.49	6.69	831.34	144.18	334.86
归属于母公司所有者的净利润	681.78	1.32	622.11	162.97	230.84

资料来源:沪深交易所,天相投资分析系统

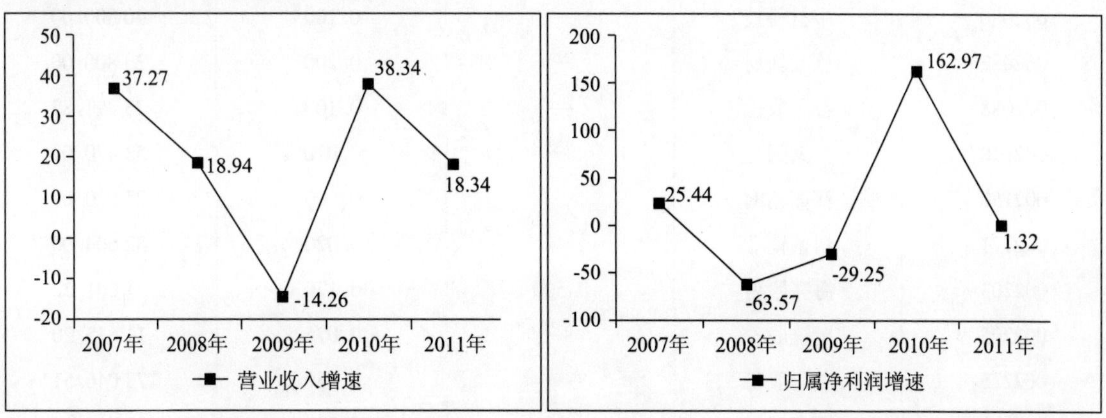

图5　金属、非金属上市公司2007—2011年可比样本营业收入及归属于母公司所有者的净利润变动情况(%)

资料来源:沪深交易所,天相投资分析系统

(五)利润分配情况

2011 年全年金属、非金属业上市公司中共有 66 家公司实施了分红配股,比 2010 年的 109 家公司减少了 43 家。17 家上市公司实施送股或转增股,62 家上市公司实施派息,其中 13 家公司既实施了送股、转增又实施了派息。行业内上市公司送股、转增比例最高的是瑞泰科技、恒邦股份等 6 家公司,均为每股送 1 股;派息比例最高的是新兴铸管和江西铜业 2 家公司,均为每股派息 0.50 元。

表 9　　2011 年金属、非金属上市公司分红明细

代　码	名　称	送股及转增比例	每股派息(税前　元)	基准股本(万股)
000012	南　玻 A	—	0.180	207 583.71
000039	中集集团	—	0.460	266 239.61
000060	中金岭南	—	0.072	206 294.09
000629	攀钢钒钛	0.500	—	572 649.75
000630	铜陵有色	—	0.100	142 160.67
000708	大冶特钢	—	0.400	44 940.85
000709	河北钢铁	—	0.030	1 061 860.74
000761	本钢板材	—	0.100	313 600.00
000778	新兴铸管	—	0.500	191 687.16
000786	北新建材	—	0.290	57 515.00
000807	云铝股份	—	0.030	153 917.30
000825	太钢不锈	—	0.050	569 624.78
000960	锡业股份	—	0.130	90 652.04
000962	东方钽业	—	0.060	44 083.26
002066	瑞泰科技	1.000	0.150	11 550.00
002071	江苏宏宝	—	0.030	18 402.00
002080	中材科技	—	0.100	40 000.00
002082	栋梁新材	—	0.200	23 800.00
002088	鲁阳股份	—	0.100	23 397.87
002110	三钢闽光	—	0.010	53 470.00
002150	江苏通润	—	0.100	25 020.00
002171	精诚铜业	—	0.020	32 604.00
002203	海亮股份	0.500	0.120	51 601.22
002205	国统股份	—	0.075	11 615.20
002225	濮耐股份	—	0.050	73 046.51
002237	恒邦股份	1.000	0.300	22 760.00
002271	东方雨虹	—	0.100	34 352.00

续表

代 码	名 称	送股及转增比例	每股派息（税前 元）	基准股本（万股）
002302	西部建设	—	0.100	21 000.00
002314	雅致股份	—	0.200	29 000.00
002333	罗普斯金	—	0.150	25 236.60
002346	柘中建设	—	0.150	13 500.00
002352	鼎泰新材	—	0.450	7 783.08
002384	东山精密	1.000	0.100	19 200.00
002392	北京利尔	—	0.050	54 000.00
002443	金洲管道	0.700	0.150	17 355.00
002445	中南重工	—	0.100	25 215.00
002478	常宝股份	—	0.125	40 010.00
002514	宝馨科技	0.600	—	6 800.00
002540	亚太科技	—	0.250	20 800.00
002545	东方铁塔	—	0.200	26 025.00
002571	德力股份	1.000	—	8 510.00
002578	闽发铝业	—	0.250	17 180.00
002591	恒大高新	0.250	0.100	8 000.00
002596	海南瑞泽	—	0.200	13 400.00
002615	哈尔斯	—	0.400	9 120.00
002616	长青集团	—	0.100	14 800.00
002617	露笑科技	—	0.100	12 000.00
002619	巨龙管业	0.300	0.250	9 350.00
002623	亚玛顿	—	0.300	16 000.00
002624	金磊股份	1.000	0.250	10 000.00
300034	钢研高纳	—	0.080	21 198.82
300064	豫金刚石	1.000	0.100	30 400.00
300080	新大新材	0.300	—	28 000.00
300089	长城集团	0.500	0.120	10 000.00
300093	金刚玻璃	—	0.020	21 600.00
300234	开尔新材	0.500	0.200	8 000.00
600005	武钢股份	—	0.050	1 009 377.98
600019	宝钢股份	—	0.200	1 751 204.81
600126	杭钢股份	—	0.050	83 893.88
600172	黄河旋风	0.700	0.050	31 374.24
600176	中国玻纤	0.500	0.138	58 175.30

续表

代　码	名　称	送股及转增比例	每股派息（税前　元）	基准股本（万股）
600231	凌钢股份	—	0.020	80 400.22
600255	鑫科材料	—	0.030	44 950.00
600307	酒钢宏兴	—	0.120	409 135.74
600318	巢东股份	—	0.100	24 200.00
600362	江西铜业	—	0.500	346 272.94

资料来源：沪深交易所，天相投资分析系统

从2007—2011年数据看，2011年金属、非金属行业上市公司现金分红总额192.53亿元，按可比样本计算比2010年减少了8.39亿元；分红比例28.24%，按可比样本计算比2010年下降4.06个百分点，是2007年以来的最低值。

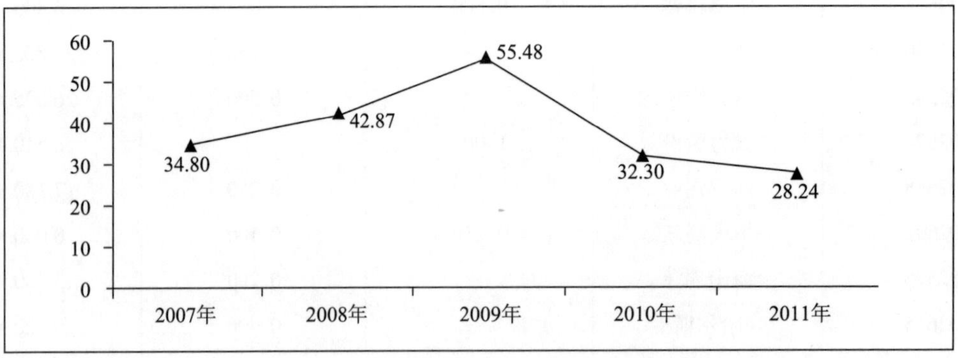

图6　金属、非金属上市公司2007—2011年分配利润占比情况（%）

资料来源：沪深交易所，天相投资分析系统

（六）其他财务指标情况

1. 盈利能力指标

2011年，金属、非金属业上市公司毛利率、净资产收益率、销售净利率、资产净利率指标均有不同程度的下降，按可比样本计算分别下降0.20、0.84、0.48和0.40个百分点。

表10　2011年金属、非金属上市公司盈利能力情况

指　标	2011年	2011年可比样本变动	2010年	2010年可比样本变动	2009年
毛利率（%）	10.60	-0.20	10.50	0.72	9.81
净资产收益率（%）	7.58	-0.84	8.03	4.55	3.40
销售净利率（%）	2.86	-0.48	3.17	1.50	1.65
资产净利率（%）	2.99	-0.40	3.25	1.82	1.41

资料来源：沪深交易所，天相投资分析系统

2. 偿债能力指标

2011年，金属、非金属业上市公司按可比样本计算，流动比率有所下降，速动比率、资产负债率有所上升。

表11　2011年金属、非金属上市公司偿债能力指标

指　标	2011年	2011年可比样本变动	2010年	2010年可比样本变动	2009年
流动比率	0.94	-0.01	0.94	0.06	0.88
速动比率	0.55	0.04	0.51	0.02	0.48
资产负债率(%)	60.11	0.03	59.80	0.51	58.89

资料来源：沪深交易所，天相投资分析系统

3. 营运能力指标

2011年，金属、非金属业上市公司按可比样本计算，应收账款周转率及流动资产周转率有所下降，降幅分别为0.44次和0.08次，其他营运能力指标有所上升。

表12　2011年金属、非金属上市公司营运能力情况　单位：次

指　标	2011年	2011年可比样本变动	2010年	2010年可比样本变动	2009年
存货周转率	5.07	0.06	5.19	0.53	4.62
应收账款周转率	32.11	-0.44	34.48	5.36	30.59
流动资产周转率	2.49	-0.08	2.63	0.33	2.31
固定资产周转率	2.49	0.22	2.25	0.38	1.87
总资产周转率	1.05	0.03	1.03	0.17	0.86
净资产周转率	2.62	0.10	2.54	0.49	2.04

资料来源：沪深交易所，天相投资分析系统

三、重点细分行业介绍

金属、非金属业共涵盖4个大类，分别是金属制品业、非金属矿物制品业、黑色金属冶炼及压延加工业和有色金属冶炼及压延加工业。

上市公司家数最多的是非金属矿物制品业，数量为69家，行业内占比36.90%，境内总市值3 700.25亿元，占行业内市值比重为27.31%；其次是有色金属冶炼及压延加工业，为46家，行业内占比24.60%，境内总市值4 242.81亿元，占行业内比重为31.32%；金属制品业上市公司有39家，占行业比重为20.86%，境内总市值1 400.37亿元，占行业比重为10.34%；上市家数最少的是黑色金属冶炼及压延加工业，上市公司家数为33家，行业内占比17.65%，境内总市值4 205.02亿元，占行业内市值比重为31.04%。

表 13　2011 年金属、非金属上市公司数量分布及市值情况

大　类	上市公司家数（家）	占行业内比重（%）	境内总市值（亿元）	占行业内比重（%）
金属制品业	39	20.86	1 400.37	10.34
非金属矿物制品业	69	36.90	3 700.25	27.31
黑色金属冶炼及压延加工业	33	17.65	4 205.02	31.04
有色金属冶炼及压延加工业	46	24.60	4 242.81	31.32

资料来源：沪深交易所，天相投资分析系统

（一）金属制品业

1. 行业概况

2011 年，金属制品业总资产为 14 229.44 亿元，同比增长 8.17%；完成营业收入23 630.3亿元，同比增长 20.30%；完成利润总额 1 297.97 亿元，同比下降 4.89%；毛利率为 13.28%，同比下降 1.01 个百分点。

2. 行业内上市公司发展情况

（1）2011 年，金属制品业上市公司整体实现营业收入 2 165.10 亿元，按可比样本计算同比增长 22.88%；利润总额和归属于母公司所有者的净利润分别为 112.15 亿元和 83.09 亿元，按可比样本计算分别增长 11.96% 和 3.92%。

表 14　2011 年金属制品业上市公司收入及资产增长情况　单位：亿元

指　标	2011 年	2011 年可比样本增长（%）	2010 年	2010 年可比样本增长（%）	2009 年
营业收入	2 165.10	22.88	1 647.45	63.95	901.16
利润总额	112.15	11.96	89.28	54.80	44.01
归属于母公司所有者的净利润	83.09	3.92	71.23	72.85	29.87
总资产	1 995.65	18.96	1 577.36	34.12	1 073.77
归属于母公司股东权益	814.18	17.86	657.18	29.51	464.28

资料来源：沪深交易所，天相投资分析系统

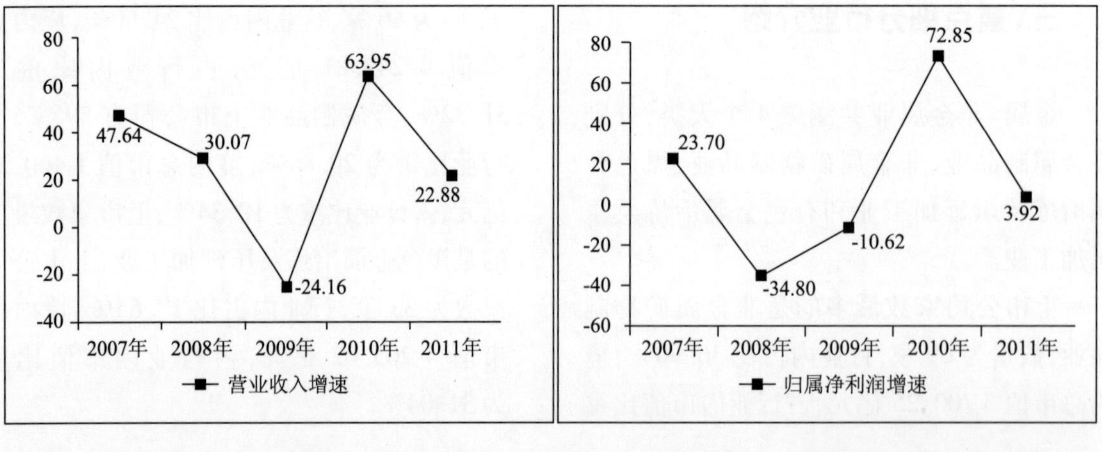

图 7　金属制品业上市公司 2007—2011 年可比样本营业收入及归属于母公司所有者的净利润变化情况（%）

资料来源：沪深交易所，天相投资分析系统

(2)2011 年,按可比样本计算,金属制品业上市公司盈利能力有所下降,毛利率、净资产收益率、销售净利率以及资产净利率分别同比下降0.09、1.37、0.70和0.93个百分点。

表15　　2011年金属制品业上市公司盈利能力情况

指　标	2011年	2011年可比样本变动	2010年	2010年可比样本变动	2009年
毛利率(%)	13.23	-0.09	13.07	-0.99	13.36
净资产收益率(%)	10.21	-1.37	10.84	2.72	6.43
销售净利率(%)	3.84	-0.70	4.32	0.22	3.31
资产净利率(%)	4.52	-0.93	5.17	1.45	2.95

资料来源:沪深交易所,天相投资分析系统

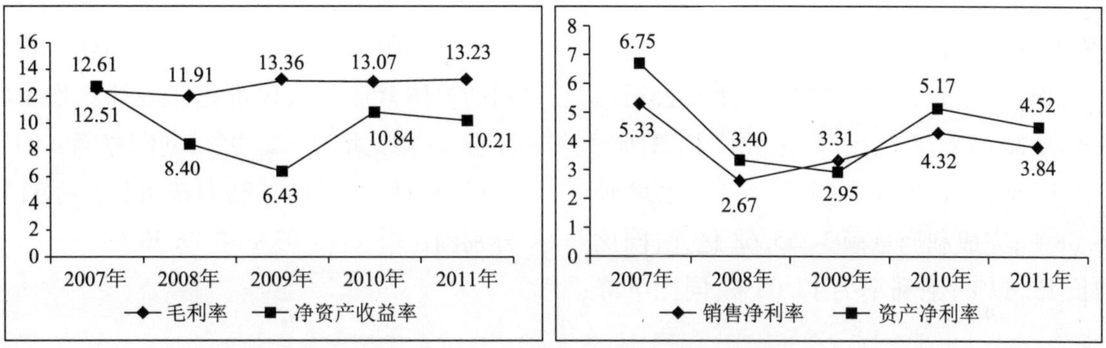

图8　金属制品业上市公司2007—2011年盈利能力情况(%)

资料来源:沪深交易所,天相投资分析系统

(3)2011 年,按可比样本计算,金属制品业上市公司资产负债率有所上升,上升幅度为0.65个百分点,而存货周转率和总资产周转率均有一定幅度的下降。

表16　　2011年金属制品业上市公司偿债及营运情况

指　标	2011年	2011年可比样本变动	2010年	2010年可比样本变动	2009年
资产负债率(%)	55.52	0.65	54.26	0.57	53.76
存货周转率(次)	5.21	-0.33	5.66	1.30	4.33
总资产周转率(次)	1.18	-0.02	1.20	0.29	0.89

资料来源:沪深交易所,天相投资分析系统

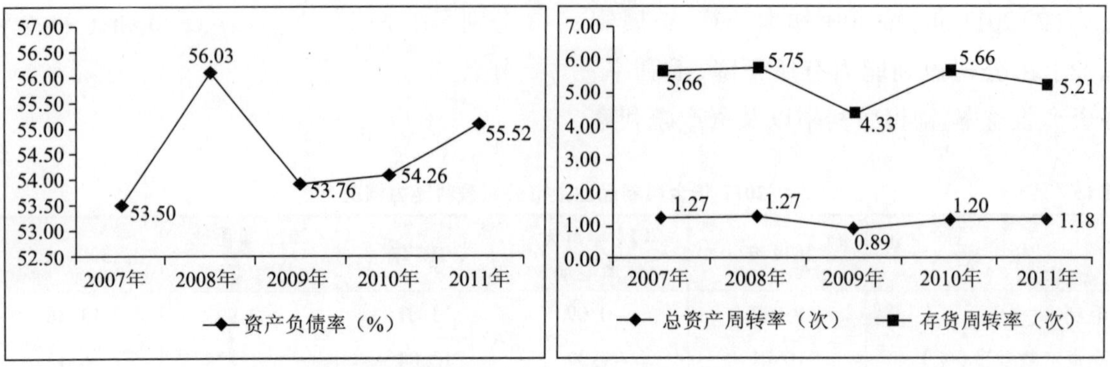

图9　金属制品业上市公司2007—2011年偿债及营运能力指标情况

资料来源:天相投资分析系统

(二)非金属矿物制品业

1. 行业概况

2011年,非金属矿物制品业上市公司总资产为28 689.28亿元,同比增长12.21%;完成营业收入39 671.77亿元,同比增长26.88%;完成利润总额3 255.68亿元,同比增长13.89%;毛利率为17.08%,同比下降0.21个百分点。

2. 行业内上市公司发展情况

(1)2011年,非金属矿物制品业上市公司的整体营业收入按可比样本计算增长幅度较大,同比增长32.39%;利润总额和归属于母公司所有者的净利润按可比样本计算分别同比增长43.03%和39.50%。

表17　2011年非金属矿物制品业上市公司收入及资产增长情况　单位:亿元

指　标	2011年	2011年可比样本增长(%)	2010年	2010年可比样本增长(%)	2009年
营业收入	2 300.39	32.39	1 449.52	32.43	1 138.92
利润总额	407.98	43.03	234.89	84.18	141.51
归属于母公司所有者的净利润	295.70	39.50	175.26	86.11	103.18
总资产	4 475.96	26.51	2 859.20	24.81	2 315.71
归属于母公司股东权益	1 854.19	31.10	1 220.25	29.72	1 015.60

资料来源:沪深交易所,天相投资分析系统

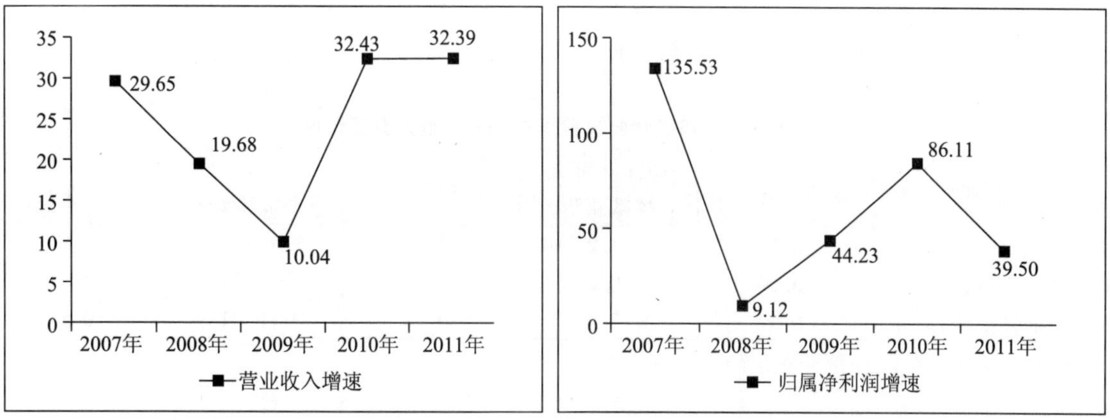

图 10　非金属矿物制品业上市公司 2007—2011 年可比样本营业收入及归属于母公司所有者的净利润变化情况(%)

资料来源:沪深交易所,天相投资分析系统

(2)2011 年,按可比样本计算,非金属矿物制品业上市公司盈利能力均微幅增长,毛利率、净资产收益率、销售净利率和资产净利率分别增长 0.90、0.96、0.66 和 0.63 个百分点。

表 18　　2011 年非金属矿物制品业上市公司盈利能力情况

指　标	2011 年	2011 年可比样本变动	2010 年	2010 年可比样本变动	2009 年
毛利率(%)	29.93	0.90	29.29	2.23	27.94
净资产收益率(%)	15.95	0.96	14.36	4.35	10.16
销售净利率(%)	12.85	0.66	12.09	3.49	9.06
资产净利率(%)	7.38	0.63	6.81	2.32	4.89

资料来源:沪深交易所,天相投资分析系统

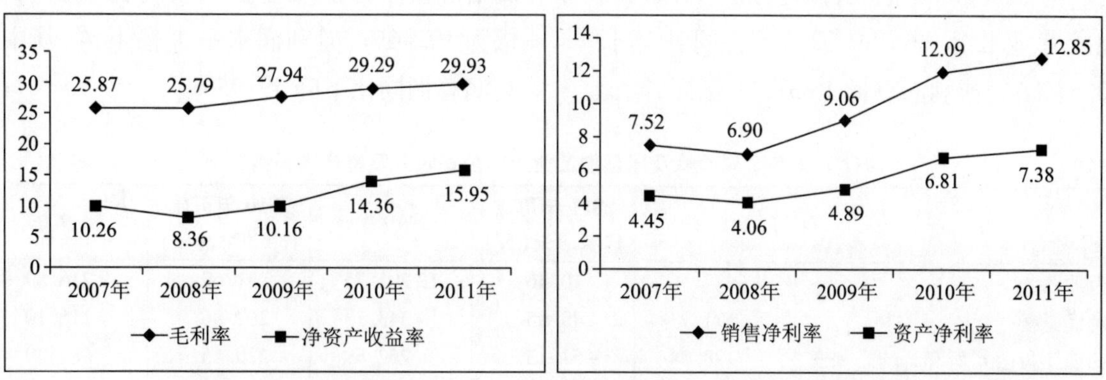

图 11　非金属矿物制品业上市公司 2007—2011 年盈利能力指标情况(%)

资料来源:沪深交易所,天相投资分析系统

（3）2011年，按可比样本计算，非金属矿物制品业资产负债率和存货周转率有所下降，总资产周转率小幅上升。

表19　　2011年非金属矿物制品业上市公司偿债及营运情况

指　标	2011年	2011年可比样本变动	2010年	2010年可比样本变动	2009年
资产负债率(%)	55.32	-1.27	53.74	-1.21	52.57
存货周转率(次)	3.06	-0.23	4.89	0.58	3.84
总资产周转率(次)	0.57	0.02	0.56	0.04	0.54

资料来源：沪深交易所，天相投资分析系统

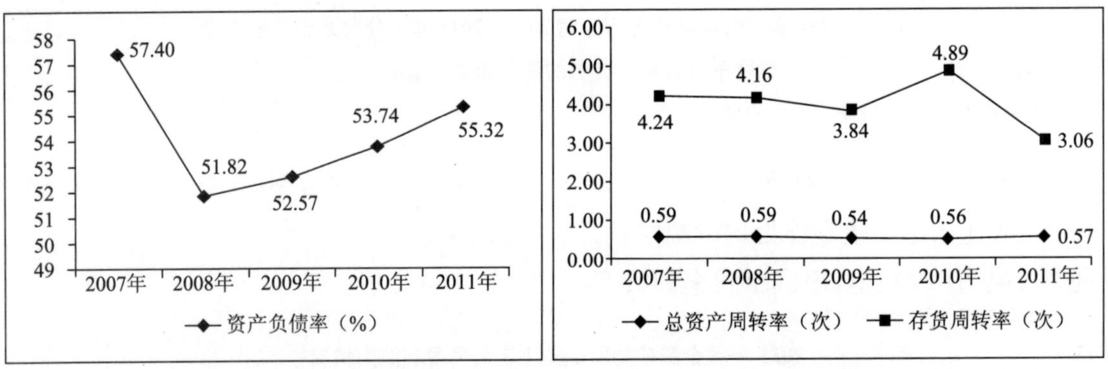

图12　非金属矿物制品业上市公司2007—2011年偿债及营运能力指标情况

资料来源：沪深交易所，天相投资分析系统

（三）黑色金属冶炼及压延加工业

1. 行业概况

2011年，黑色金属冶炼及压延加工业总资产为51 174.50亿元，同比增长11.29%；完成营业收入66 789.02亿元，同比增长22.57%；完成利润总额1 737.11亿元，同比下降19.17%；毛利率为7.22%，同比下降1.36个百分点。

2. 行业内上市公司发展情况

（1）2011年，按可比样本计算，黑色金属冶炼及压延加工业上市公司营业收入增幅为10.46%，但利润水平大幅下滑，其中，利润总额同比下降49.95%。

表20　　2011年黑色金属冶炼及压延加工业上市公司收入及资产增长情况　　单位：亿元

指　标	2011年	2011年可比样本增长(%)	2010年	2010年可比样本增长(%)	2009年
营业收入	13 477.56	10.46	12 201.75	31.69	9 216.59
利润总额	171.73	-49.95	343.13	202.86	116.10
归属于母公司所有者的净利润	128.34	-51.13	262.59	220.45	85.39
总资产	12 477.88	7.40	11 617.77	10.52	10 493.25
归属于母公司股东权益	4 323.15	3.48	4 177.62	6.88	3 918.67

资料来源：沪深交易所，天相投资分析系统

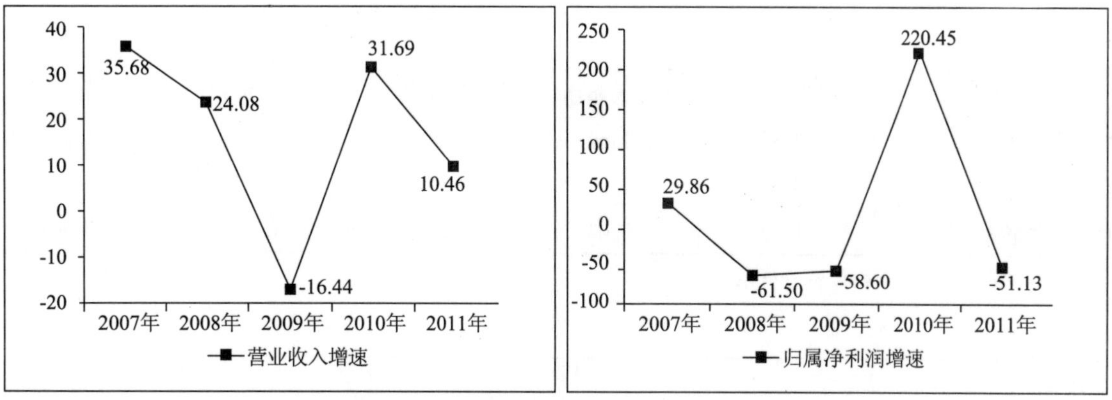

图 13　黑色金属冶炼及压延加工业上市公司 2007—2011 年可比样本营业收入及归属于母公司所有者的净利润变化情况(%)

资料来源:沪深交易所,天相投资分析系统

(2)2011 年,按可比样本计算,黑色金属冶炼及压延加工业上市公司盈利能力指标均有不同程度的下降,其中净资产收益率下降幅度最大,同比下降 3.32 个百分点。

表 21　2011 年黑色金属冶炼及压延加工业上市公司盈利能力情况

指　标	2011 年	2011 年可比样本变动	2010 年	2010 年可比样本变动	2009 年
毛利率(%)	7.20	-1.22	8.41	0.91	7.53
净资产收益率(%)	2.97	-3.32	6.29	4.19	2.18
销售净利率(%)	0.95	-1.20	2.15	1.27	0.93
资产净利率(%)	1.07	-1.31	2.37	1.54	0.87

资料来源:沪深交易所,天相投资分析系统

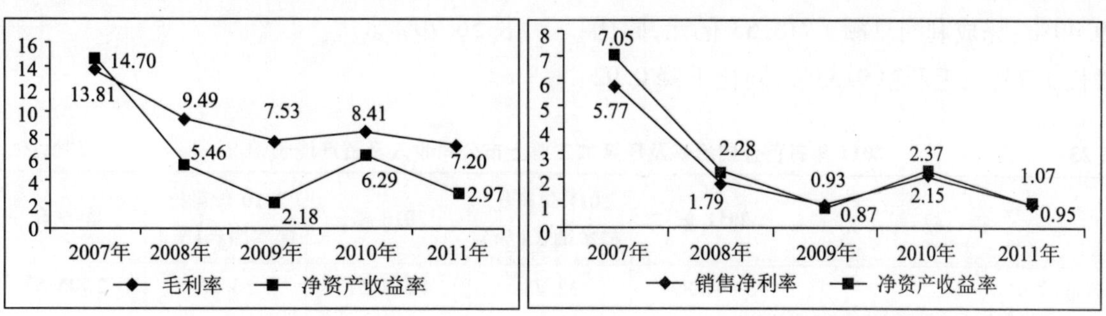

图 14　黑色金属冶炼及压延加工业上市公司 2007—2011 年盈利能力指标情况(%)

资料来源:沪深交易所,天相投资分析系统

(3)2011 年,按可比样本计算,黑色金属冶炼及压延加工业上市公司存货周转率下降 0.05 个百分点,而资产负债率、总资产周转率均有所上升。

表22　　2011年黑色金属冶炼及压延加工业上市公司偿债及营运情况

指　标	2011年	2011年可比样本变动	2010年	2010年可比样本变动	2009年
资产负债率(%)	63.54	1.09	62.45	1.10	61.21
存货周转率(次)	5.69	-0.05	5.74	0.55	5.19
总资产周转率(次)	1.12	0.02	1.10	0.16	0.94

资料来源:沪深交易所,天相投资分析系统

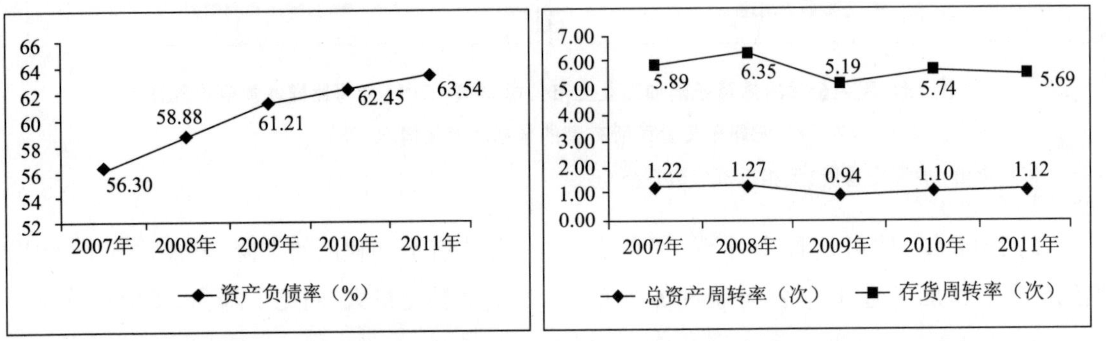

图15　黑色金属冶炼及压延加工业上市公司2007—2011年偿债及营运能力指标情况

资料来源:沪深交易所,天相投资分析系统

(四)有色金属冶炼及压延加工业

1. 行业概况

2011年,有色金属冶炼及压延加工业总资产为23 272.75亿元,同比增长14.65%;完成营业收入37 780.27亿元,同比增长29.49%;完成利润总额1 713.53亿元,同比增长5.73%;毛利率9.53%,同比下降0.92个百分点。

2. 行业内上市公司发展情况

(1)2011年,有色金属冶炼及压延加工业上市公司整体收入有较大上升,营业收入按可比样本计算同比上升32.71%;利润总额有较大涨幅,按可比样本计算同比增长56.70%。

表23　　2011年有色金属冶炼及压延加工业上市公司收入及资产增长情况　　单位:亿元

指　标	2011年	2011年可比样本增长(%)	2010年	2010年可比样本增长(%)	2009年
营业收入	5 894.89	32.71	4 354.51	53.25	2 745.57
利润总额	267.62	56.70	164.04	291.01	33.24
归属于母公司所有者的净利润	174.65	47.55	113.03	487.15	12.39
总资产	5 271.52	15.73	4 506.81	20.70	3 596.44
归属于母公司股东权益	2 008.10	17.02	1 693.15	18.09	1 387.72

资料来源:沪深交易所,天相投资分析系统

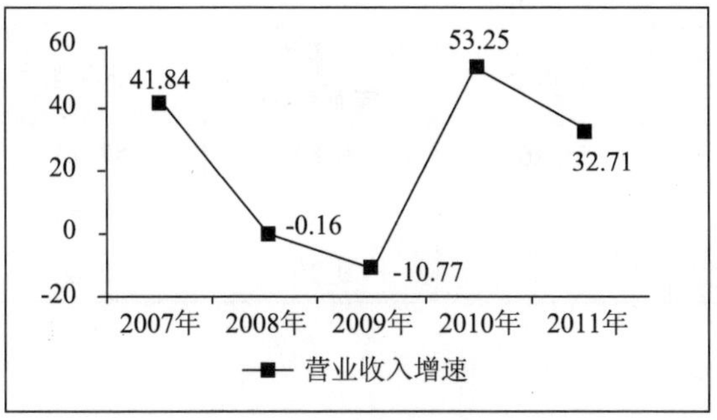

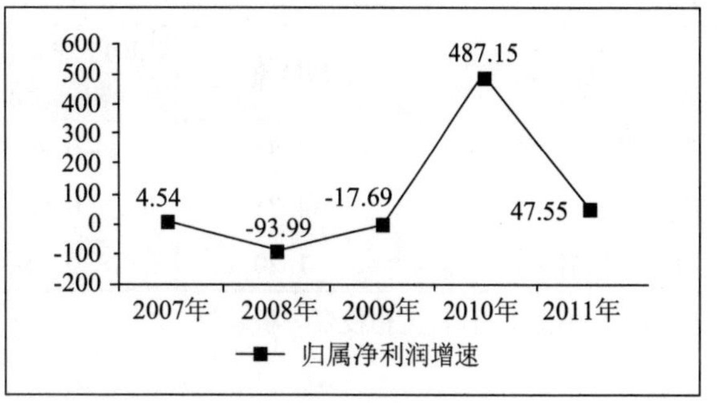

图16　有色金属冶炼及压延加工业上市公司2007—2011年可比样本营业收入及归属于母公司所有者的净利润变化情况(%)

资料来源:沪深交易所,天相投资分析系统

(2)2011年,按可比样本计算,有色金属冶炼及压延加工业上市公司盈利能力有所上升,其中净资产收益率涨幅为1.80个百分点。

表24　2011年有色金属冶炼及压延加工业上市公司盈利能力情况

指　标	2011年	2011年可比样本变动	2010年	2010年可比样本变动	2009年
毛利率(%)	9.86	0.66	9.13	0.09	8.80
净资产收益率(%)	8.70	1.80	6.68	5.33	0.89
销售净利率(%)	2.96	0.30	2.60	1.92	0.45
资产净利率(%)	3.55	0.71	2.74	2.20	0.36

资料来源:沪深交易所,天相投资分析系统

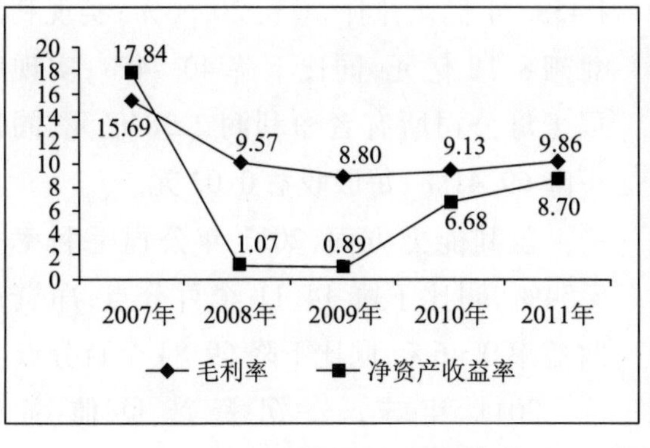

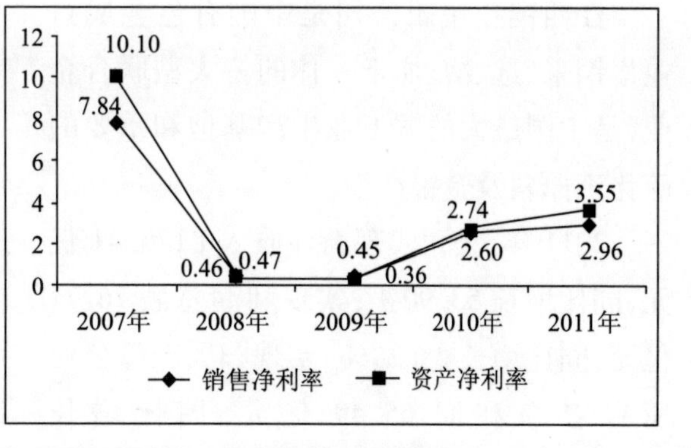

图17　有色金属冶炼及压延加工业上市公司2007—2011年盈利能力指标情况(%)

资料来源:沪深交易所,天相投资分析系统

(3)2011年,按可比样本计算,有色金属冶炼及压延加工业上市公司资产负债率有所下降,存货周转率、总资产周转率微幅上升。

表 25　　2011 年有色金属冶炼及压延加工业上市公司偿债及营运情况

指　标	2011 年	2011 年可比样本变动	2010 年	2010 年可比样本变动	2009 年
资产负债率(%)	57.81	-0.86	58.76	0.83	57.73
存货周转率(次)	4.75	0.68	4.03	0.44	3.58
总资产周转率(次)	1.20	0.13	1.06	0.25	0.80

资料来源:沪深交易所,天相投资分析系统

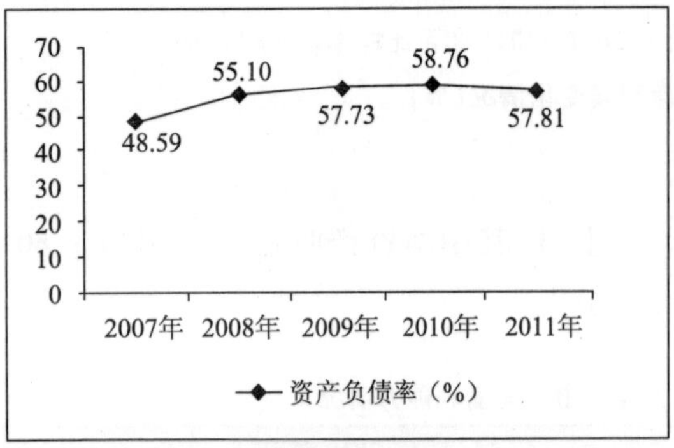

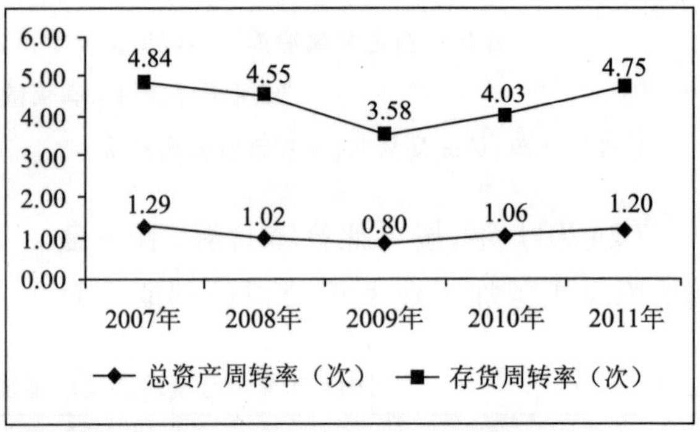

图 18　有色金属冶炼及压延加工业上市公司 2007—2011 年偿债及营运能力指标情况

资料来源:沪深交易所,天相投资分析系统

四、重点上市公司介绍

江西铜业

江西铜业集团公司是中国有色金属行业集铜采、选、冶、加于一体的特大型联合企业,是中国最大的铜工业生产基地和重要的硫化工原料及金银产地。

2011 年,公司实现营业收入 1 176.41 亿元,同比增长 53.90%;实现利润总额 76.71 亿元,同比增长 28.28%;实现归属于母公司所有者净利润 65.49 亿元,同比增长 33.47%;每股收益 1.89 元。

盈利能力方面,2011 年公司销售毛利率为 9.06%,同比下降 16.34 个百分点;净资产收益率 17.84%,同比上升 3.50 个百分点。

2011 年末,公司资产负债率为 41.59%,同比上升 4.57 个百分点。

中国铝业

中国铝业是中国最大的氧化铝、原铝和铝加工生产商。2011 年,公司实现营业收入 1 458.74 亿元,同比增长 20.56%;实现利润总额 8.18 亿元,同比下降 40.74%;实现归属于母公司所有者净利润 2.38 亿元,同比下降 69.41%;每股收益 0.02 元。

盈利能力方面,2011 年公司毛利率为 5.54%,同比下降 14.11 个百分点;净资产收益率 0.46%,同比下降 69.84 个百分点。

2011 年末,公司资产负债率为 62.99%,同比上升 3.46 个百分点。

宝钢股份

宝钢股份是中国最大也最具竞争力的钢铁公司之一。2011 年,公司实现营业收入 2 228.6 亿元,同比增长 10.1%;实现利润总额92.6亿元,同比下降45.71%;实现归属于母公司所有者净利润73.6亿元,同比下降42.79%;每股收益0.42元。

盈利能力方面,2011年公司销售毛利率为8.8%,同比下降4.46个百分点;净资产收益率7.02%,同比下降5.9个百分点。

2011年末,公司资产负债率为50.89%,同比上升2.42个百分点。

西宁特钢

西宁特钢是中国西部有代表性的特钢企业,拥有铁矿石、煤炭等资源优势。2011年,公司实现营业收入82.1亿元,同比增长16.4%;实现利润总额6.1亿元,同比增长46.25%;实现归属于母公司所有者净利润3.2亿元,同比增长39.0%;扣除非经常性损益后归属于母公司所有者净利润2.9亿元,同比增长26.8%;每股收益0.44元。

盈利能力方面,2011年公司营业利润率为20.72%,同比增加1.1个百分点;净资产收益率11.9%,同比增加2.8个百分点。

2011年末,公司资产负债率为73.28%,同比下降0.82个百分点。

恒星科技

恒星科技是河南省大型重点企业、河南省高新技术企业、河南省最大的子午轮胎用钢帘线生产厂家,也是全国最大的镀锌钢丝、钢绞线生产厂家。2011年,公司实现营业收入19.56亿元,同比增长4.87%;实现利润总额8 084.6万元,同比下降33.18%;实现归属于母公司所有者净利润7 131.2万元,同比下降20.41%;归属于上市公司股东的扣除非经常性损益的净利润为3 807.8万元,同比下降31.77%;每股收益0.13元。

盈利能力方面,2011年公司销售毛利率为12.55%,同比下降个0.36个百分点;净资产收益率6.54%,同比下降6.5个百分点。

2011年末,公司资产负债率为61.85%,同比上升6.8个百分点。

海螺水泥

海螺水泥主要从事水泥及商品熟料的生产和销售,是全球最大的单一水泥品牌供应商。2011年,公司水泥、熟料总销量达2.02亿吨。2011年,公司实现营业收入486.54亿元,同比增长40.99%;实现利润总额156.52亿元,同比增长93.76%;实现归属于母公司股东的净利润115.9亿元,同比增长87.8%;每股收益2.19元。

2011年,公司盈利能力大幅提升,毛利率39.89%,同比提高7.8个百分点;销售净利率24.3%,同比提高近6个百分点;净资产收益率25.85%,同比大幅提高8.2个百分点。

2011年末,公司资产负债率为44.24%,同比上升3.2个百分点。

北新建材

北新建材是亚洲最大的新型建材—石膏板龙头公司,2011年规模达到年产12亿平方米,国内市场份额达到42%。2011年,公司实现营业收入59.69亿元,同比增长36.62%;实现利润总额8.36亿元,同比增长28.05%;实现归属于母公司股东净利润5.23亿元,同比增长25.43%;每股收益0.91元。

公司盈利能力有所下降。2011年,公司毛利率22.76%,同比下降4.3个百分点;净利率12.6%,同比下降1.3个百分点;净资产收益率17.33%,同比提高1.3个百分点。

2011年末,公司资产负债率56.05%,同比小幅下降0.18个百分点。

东方雨虹

东方雨虹是国内规模最大、品种最全的新型建筑防水材料公司,包括防水卷材、防水涂料两大类上百个品种,是A股唯一一家防水材料上市公司。公司2008年上市以后,无论是区域布局、产能扩张还是营销网点均增长迅速。目前,公司防水卷材和防水涂料产能达到5 300万平米(含500万高分子防水卷材)和4.5万吨,CAGR均超过40%,在建(拟建)产能有7 000万平米防水卷材和16万吨防水涂料,以及3万吨内外墙涂料、40万吨砂浆、1 000万件橡胶密封材料。

2011年,公司实现营业收入24.74亿元,同比增长24.83%;由于原材料和期间费用上升,实现利润总额1.17亿元,同比下降3.1%;实现归属于母公司股东净利润1.05亿元,同比增长0.66%;每股收益0.3元。

公司盈利能力有所下降。2011年,公司毛利率27.58%,同比下降1.2个百分点;净利率4.21%,同比下降1.2个百分点;净资产收益率9.61%,同比下降0.6个百分点。

2011年底,公司资产负债率52.78%,同比下降0.3个百分点。

五、上市公司在行业中的影响力

2011年,金属、非金属类上市公司合计实现营业收入23 837.69亿元,利润总额959.68亿元,按可比样本计算分别同比增长18.34%、6.69%,营业收入增速低于行业平均值24.74%,利润增速高于行业平均值0.14%。金属、非金属类上市公司营业收入和利润总额分别占行业总收入的14.20%和行业利润总额的11.99%,说明上市公司的盈利能力高于行业平均水平。

从资产质量方面看,截至2011年底,金属、非金属类上市公司合计资产总额占到行业的20.64%,比2010年小幅增长0.67个百分点;金属、非金属类上市公司资产负债率平均为60.11%,低于行业整体的资产负债率61.68%,上市公司的偿债能力略好于行业平均水平。

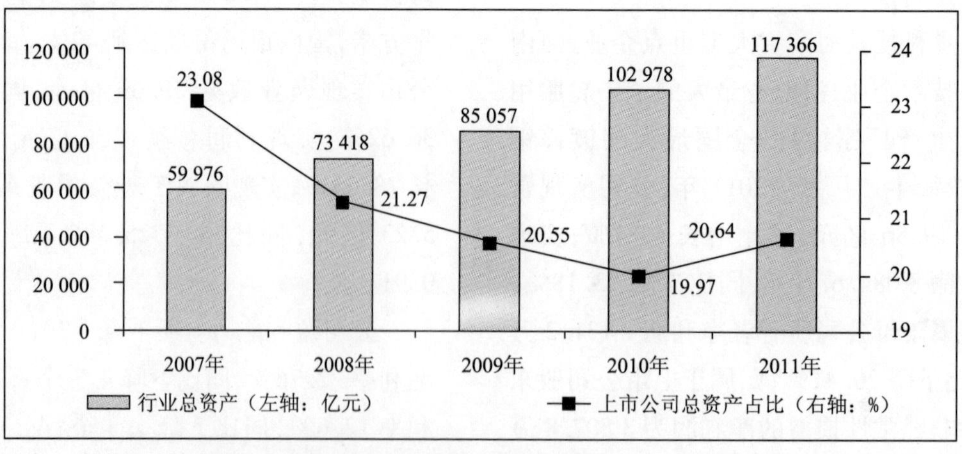

图19 金属、非金属行业2007—2011年总资产及其中上市公司资产占比

资料来源:国家统计局,天相投资分析系统

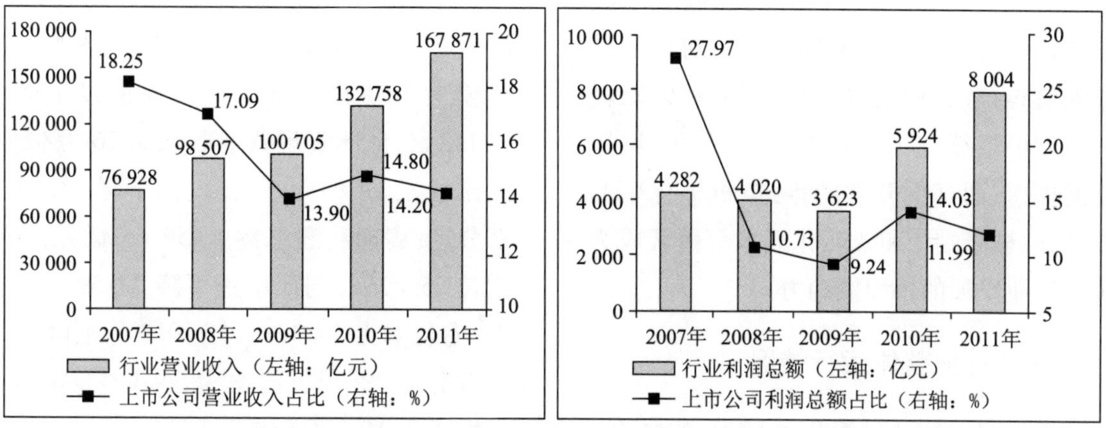

图 20　金属、非金属行业 2007—2011 年营业收入和利润总额及上市公司占比情况

资料来源：国家统计局，天相投资分析系统

山西证券股份有限公司

审稿人：刘小勇

撰稿人：刘俊清　赵红

机械、设备、仪表

一、机械、设备、仪表制造业总体概况

2011 年，作为“十二五”的开局之年，我国经济总体保持了平稳较快的发展势头，尽管国内生产总值增速逐季回落，但季度之间回落幅度不大。全年固定资产投资比 2010 年名义增长 23.8%（扣除价格因素实际增长 16.1%），较 2010 年下降 0.7 个百分点。出口同比增长 20.3%，增幅较 2010 年下降 11 个百分点。整体来看，出口逐步下滑，拖累了我国的外向型经济和制造业的发展；作为经济重要支柱，同时也与机械行业密切相关的房地产行业发展速度也出现了大幅度的减缓，愈发制约了机械设备行业。此外，土地出让金的减少直接导致地方政府投资能力的下降。总体来看，2011 年，机械、设备、仪表行业压力较大。

但是，我们也应该看到积极的信号，随着我国政府一系列投资计划的逐步落实，以及装备制造业等新兴产业发展规划的出台，我国机械行业将迎来黄金发展时期。随着“十二五”规划的逐步实施，国家将加大保障性住房建设、水利工程建设，大力推进海洋建设工程、铁路、公路、城镇公共交通和基础设施、电力、输气工程、输电工程等的建设，这势必推动机械、设备、仪表行业更快的发展。

从短期来看，中央经济工作会议关于稳

增长的定调，以及随后召开的发展改革会议、财政会议、金融会议都增强了对于稳投资的信心；从长期来看，机械工业在国家经济转型中继续充当中坚力量，工业化、城镇化的提速、西部大开发的推进、机械化率的提升、机械高端化和智能化需求等因素成为机械行业发展的持续推动力。

（一）行业整体运行情况

根据国家统计局提供的数据，2011 年，机械、设备、仪表制造业企业共 75 186 家，合计实现营业收入 186 909.79 亿元，同比增长 23.82%；实现利润总额 13 326.26 亿元，同比增长 22.24%。

从盈利能力看，2011 年，机械、设备、仪表制造业的毛利率为 15.86%，同比提高 0.01 个百分点，行业盈利能力基本未发生变化；税前利润率为 7.13%，同比降低 0.09 个百分点。

2011 年，机械、设备、仪表制造业的财务状况较上年变化不大，截至 2011 年底，全行业的资产负债率为 58.38%，同比下降 1.59 个百分点。

（二）细分行业运行概况

通用设备制造业：营业收入和利润总额同比增速下降幅度较大，盈利能力和财务状况较上年变化不大。行业规模以上企业 24 953家，合计实现营业收入 4.09 万亿元，同比增长 18.76%，同比增速下降 10.38 个百分点；实现利润总额 2 862.25 亿元，同比增长 28.96%，同比增速下降 22.92 个百分点；毛利率为 16.24%，较 2010 年下降 0.25 个百分点；资产负债率为 55.69%，较 2010 年下降 0.41 个百分点。

专用设备制造业：营业收入和利润总额同比增速下降幅度较大，盈利能力和财务状况较上年变化不大。行业规模以上企业 13 143家，合计实现营业收入 2.56 万亿元，同比增长 19.97%，同比增速下降 13.85 个百分点；实现利润总额 1 959.65 亿元，同比增长 25.62%，同比增速下降 29.59 个百分点；毛利率为 17.42%，较 2010 年下降 0.59 个百分点；资产负债率为 56.43%，较 2010 年提高 0.04 个百分点。

交通运输设备制造业：营业收入和利润总额同比增速下降幅度较大，盈利能力和资产负债率有所下降。行业规模以上企业 14 490家，合计实现营业收入 6.37 万亿元，同比增长 15.57%，同比增速下降 18.48 个百分点；实现利润总额 5 098.53 亿元，同比增长 17.3%，同比增速下降 41.23 个百分点；毛利率为 15.96%，较 2010 年下降 0.76 个百分点；资产负债率为 61.45%，较 2010 年下降 1.5 个百分点。

电气机械及器材制造业：营业收入和利润总额同比增速下降幅度较大，盈利能力有所下降，财务状况有所改善。行业规模以上企业 19 036 家，合计实现营业收入 4.96 万亿元，同比增长 17.69%，同比增速下降 12.47 个百分点；实现利润总额 2 860.79 亿元，同比增长 14.52%，同比增速下降 29.14 个百分点；毛利率为 14.36%，较 2010 年下降 1.43 个百分点；资产负债率为 58.48%，较 2010 年提高 0.82 个百分点。

仪器仪表及文化、办公用机械设备制造业：营业收入和利润总额同比增速下降幅度较大，盈利能力变化不大，资产负债率有所下降。行业规模以上企业 3 564 家，合计实现营业收入 7 223.27 亿元，同比增长

14.24%，同比增速下降13.77个百分点；实现利润总额545.04亿元，同比增长18.15%，同比增速下降24.75个百分点；毛利率为17.62%，较2010年提高0.01个百分点；资产负债率为49.3%，较2010年下降0.92个百分点。

从国家统计局发布的细分行业的企业景气指数来看，机械、设备、仪表的5个子行业景气度水平在金融危机后恢复了较高的景气态势，但同比2010年有所回落，通用设备制造业、专用设备制造业、交通运输设备制造业、电气机械及器材制造业2011年4个季度景气度指数简单平均值分别较2010年回落9.18、6.73、17.15和6.75个百分点；仪器仪表及文化办公用机械制造业2011年4个季度景气度指数简单平均值较2010年略高0.18个百分点。

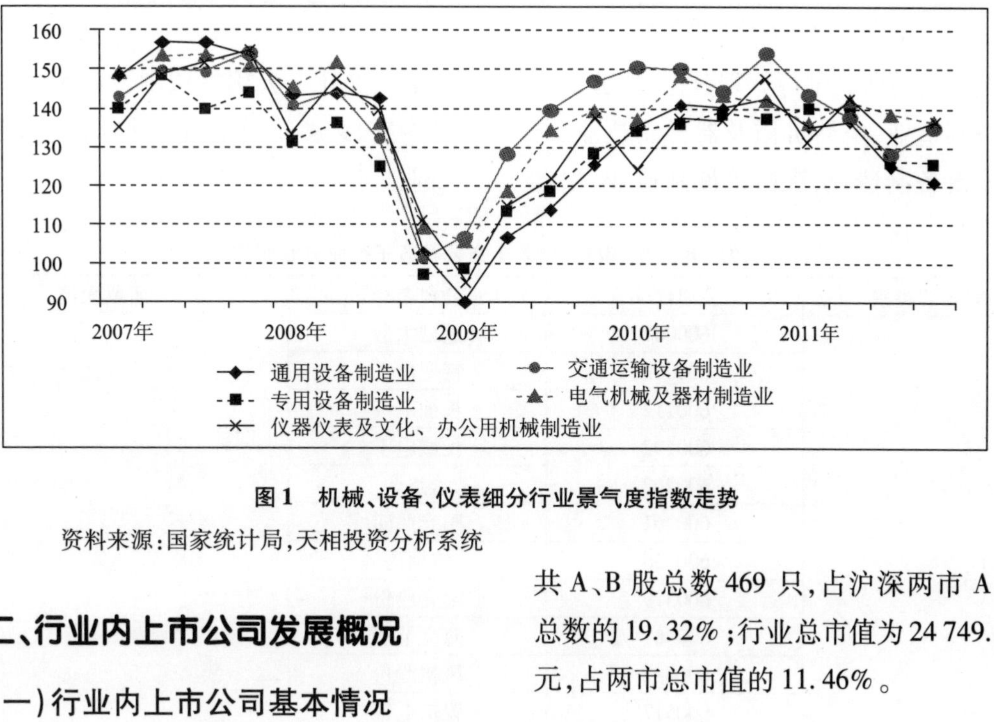

图1 机械、设备、仪表细分行业景气度指数走势

资料来源：国家统计局，天相投资分析系统

二、行业内上市公司发展概况

（一）行业内上市公司基本情况

截至2011年底，机械、设备、仪表行业共A、B股总数469只，占沪深两市A、B股总数的19.32%；行业总市值为24 749.80亿元，占两市总市值的11.46%。

表1　　2011年机械、设备、仪表上市公司发行股票概况

门　类	A、B股总数	A股股票数	B股股票数	境内总市值（亿元）	流通A股市值（亿元）	流通B股市值（亿元）
机械、设备、仪表	469	441	28	24 749.80	16 465.85	256.35
占沪深两市比重（%）	19.32	18.16	1.15	11.46	10.10	18.07

资料来源：沪深交易所，天相投资分析系统

(二)行业内上市公司构成情况

按照上市地划分,机械、设备、仪表行业在上海证券交易所上市的公司有142家,占沪市上市公司总数的15.07%;在深圳证券交易所上市的公司有307家,占深市上市公司总数的25.6%

截至2011年底,行业共有A股上市公司441家,14家ST公司、10家＊ST公司。

表2　　2011年机械、设备、仪表上市公司构成情况

门类	沪市			深市			ST/＊ST
	仅A股	仅B股	A+B股	仅A股	仅B股	A+B股	
机械、设备、仪表(家)	128	3	11	293	5	9	14/10
占行业内上市公司比重(%)	28.51	0.67	2.45	65.26	1.11	2.00	3/2

资料来源:沪深交易所,天相投资分析系统

按照公司所处子行业划分,主要分为专用设备制造业、电器机械及器材制造业、交通运输设备制造业、普通机械制造业、仪器仪表及文化办公用机械制造业5个子行业,其中有多家公司的业务同时涵盖数个子行业。

表3　　2011年机械、设备、仪表上市公司各子行业分布明细

A、B股类别	公司代码	公司名称	所属大类
沪市A股	600067	冠城大通	电器机械及器材制造业
	600089	特变电工	
	600112	长征电气	
	600192	长城电工	
	600202	哈空调	
	600261	阳光照明	
	600336	澳柯玛	
	600379	宝光股份	
	600481	双良节能	
	600482	风帆股份	
	600517	置信电气	
	600520	中发科技	
	600550	天威保变	
	600577	精达股份	
	600580	卧龙电气	
	600590	泰豪科技	
	600619	海立股份	
	600651	飞乐音响	
	600690	青岛海尔	
	600835	上海机电	
	600847	万里股份	
	600854	春兰股份	
	600875	东方电气	

续表

A、B 股类别	公司代码	公司名称	所属大类
沪市 A 股	600973	宝胜股份	电器机械及器材制造业
	600983	合肥三洋	
	601126	四方股份	
	601311	骆驼股份	
	601369	陕鼓动力	
	601727	上海电气	
	601877	正泰电器	
	600006	东风汽车	交通运输设备制造业
	600031	三一重工	
	600038	哈飞股份	
	600066	宇通客车	
	600081	东风科技	
	600093	禾嘉股份	
	600099	林海股份	
	600104	XD 上汽集	
	600148	长春一东	
	600151	航天机电	
	600166	福田汽车	
	600178	东安动力	
	600213	亚星客车	
	600303	曙光股份	
	600316	洪都航空	
	600372	中航电子	
	600375	华菱星马	
	600391	成发科技	
	600418	江淮汽车	
	600495	晋西车轴	
	600501	航天晨光	
	600507	方大特钢	
	600523	贵航股份	
	600565	迪马股份	
	600609	ST 金杯	
	600676	交运股份	
	600679	金山开发	
	600685	广船国际	
	600686	金龙汽车	
	600698	*ST 轻骑	
	600715	ST 松辽	
	600741	华域汽车	
	600742	一汽富维	
	600760	中航黑豹	
	600818	中路股份	

续表

A、B股类别	公司代码	公司名称	所属大类
沪市A股	600877	*ST嘉陵	交通运输设备制造业
	600893	航空动力	
	600960	渤海活塞	
	600967	北方创业	
	600988	ST宝龙	
	600991	广汽长丰	
	601299	中国北车	
	601633	长城汽车	
	601700	风范股份	
	601766	中国南车	
	601777	力帆股份	
	601799	星宇股份	
	600149	ST廊发展	普通机械制造业
	600218	全柴动力	
	600243	青海华鼎	
	600335	国机汽车	
	600343	航天动力	
	600416	湘电股份	
	600468	百利电气	
	600566	洪城股份	
	600592	龙溪股份	
	600605	汇通能源	
	600765	中航重机	
	600841	上柴股份	
	600862	南通科技	
	601002	晋亿实业	
	601177	杭齿前进	
	601717	郑煤机	
	601798	蓝科高新	
	601890	亚星锚链	
	600071	凤凰光学	仪器仪表及文化、办公用机械制造业
	600848	自仪股份	
	601222	林洋电子	
	601567	三星电气	
	600055	华润万东	专用设备制造业
	600072	中船股份	
	600150	中国船舶	
	600169	太原重工	
	600184	光电股份	
	600262	北方股份	
	600268	国电南自	
	600290	华仪电气	

续表

A、B 股类别	公司代码	公司名称	所属大类
沪市 A 股	600302	标准股份	专用设备制造业
	600312	平高电气	
	600320	振华重工	
	600346	大橡塑	
	600388	龙净环保	
	600435	北方导航	
	600475	华光股份	
	600499	科达机电	
	600526	菲达环保	
	600560	金自天正	
	600582	天地科技	
	600587	新华医疗	
	600604	*ST 二纺	
	600610	SST 中纺	
	600710	常林股份	
	600761	安徽合力	
	600806	昆明机床	
	600815	厦工股份	
	600843	上工申贝	
	600855	航天长峰	
	600860	ST 北人	
	600879	航天电子	
	600892	ST 宝诚	
	600984	ST 建机	
	601100	恒立油缸	
	601106	中国一重	
	601218	吉鑫科技	
	601268	二重重装	
	601558	华锐风电	
	601616	广电电气	
	601908	京运通	
	601989	中国重工	
沪市 B 股	900910	海立 B 股	电器机械及器材制造业
	900925	机电 B 股	
	900956	东贝 B 股	
	900915	中路 B 股	交通运输设备制造业
	900916	金山 B 股	
	900946	*ST 轻骑 B	
	900953	凯马 B	
	900920	上柴 B 股	普通机械制造业
	900928	自仪 B 股	仪器仪表及文化、办公用机械制造业
	900902	*ST 二纺 B	专用设备制造业
	900906	ST 中纺 B	
	900924	上工 B 股	
	900935	阳晨 B 股	
	900947	振华 B 股	

续表

A、B股类别	公司代码	公司名称	所属大类
深市A股	000049	德赛电池	电器机械及器材制造业
	000400	许继电气	
	000418	小天鹅A	
	000521	美菱电器	
	000527	美的电器	
	000533	万家乐	
	000541	佛山照明	
	000585	*ST东电	
	000651	格力电器	
	000806	*ST银河	
	000921	ST科龙	
	000922	ST阿继	
	000967	上风高科	
	002005	德豪润达	
	002028	思源电气	
	002035	华帝股份	
	002074	东源电器	
	002076	雪莱特	
	002090	金智科技	
	002112	三变科技	
	002123	荣信股份	
	002168	深圳惠程	
	002169	智光电气	
	002176	江特电机	
	002180	万力达	
	002202	金风科技	
	002212	南洋股份	
	002227	奥特迅	
	002242	九阳股份	
	002249	大洋电机	
	002260	伊立浦	
	002266	浙富股份	
	002276	万马电缆	
	002298	鑫龙电器	
	002300	太阳电缆	
	002309	中利科技	
	002322	理工监测	
	002334	英威腾	
	002335	科华恒盛	
	002350	北京科锐	
	002358	森源电气	
	002364	中恒电气	

续表

A、B 股类别	公司代码	公司名称	所属大类
深市 A 股	002380	科远股份	电器机械及器材制造业
	002451	摩恩电气	
	002452	长高集团	
	002471	中超电缆	
	002498	汉缆股份	
	002508	老板电器	
	002518	科士达	
	002527	新时达	
	002533	金杯电工	
	002543	万和电气	
	002546	新联电子	
	002560	通达股份	
	002576	通达动力	
	002580	圣阳股份	
	002606	大连电瓷	
	002614	蒙发利	
	002622	永大集团	
	002638	勤上光电	
	002647	宏磊股份	
	300001	特锐德	
	300018	中元华电	
	300040	九洲电气	
	300048	合康变频	
	300062	中能电气	
	300068	南都电源	
	300069	金利华电	
	300120	经纬电材	
	300124	汇川技术	
	300126	锐奇股份	
	300140	启源装备	
	300141	和顺电气	
	300153	科泰电源	
	300207	欣旺达	
	300208	恒顺电气	
	300217	东方电热	
	300222	科大智能	
	300247	桑乐金	
	300252	金信诺	
	300265	通光线缆	
	300272	开能环保	
	300274	阳光电源	

续表

A、B股类别	公司代码	公司名称	所属大类
深市A股	000017	*ST中华A	交通运输设备制造业
	000338	潍柴动力	
	000550	江铃汽车	
	000559	万向钱潮	
	000571	新大洲A	
	000572	海马汽车	
	000625	长安汽车	
	000700	模塑科技	
	000710	天兴仪表	
	000738	中航动控	
	000760	博盈投资	
	000768	西飞国际	
	000800	一汽轿车	
	000868	安凯客车	
	000880	潍柴重机	
	000913	钱江摩托	
	000920	南方汇通	
	000927	一汽夏利	
	000951	中国重汽	
	000957	中通客车	
	001696	宗申动力	
	002013	中航精机	
	002048	宁波华翔	
	002085	万丰奥威	
	002126	银轮股份	
	002190	成飞集成	
	002213	特尔佳	
	002265	西仪股份	
	002283	天润曲轴	
	002284	亚太股份	
	002297	博云新材	
	002355	兴民钢圈	
	002363	隆基机械	
	002367	康力电梯	
	002406	远东传动	
	002434	万里扬	
	002448	中原内配	
	002454	松芝股份	
	002488	金固股份	
	002510	天汽模	
	002536	西泵股份	
	002555	顺荣股份	
	002590	万安科技	
	002592	八菱科技	
	002593	日上集团	
	002602	世纪华通	
	002608	舜天船舶	
	002625	龙生股份	
	300011	鼎汉技术	
	300100	双林股份	
	300123	太阳鸟	
	300258	精锻科技	

续表

A、B 股类别	公司代码	公司名称	所属大类
深市 A 股	000410	沈阳机床	普通机械制造业
	000519	江南红箭	
	000530	大冷股份	
	000551	创元科技	
	000570	苏常柴 A	
	000581	威孚高科	
	000595	*ST 西轴	
	000617	石油济柴	
	000678	襄阳轴承	
	000757	*ST 方向	
	000777	中核科技	
	000811	烟台冰轮	
	000816	江淮动力	
	000837	秦川发展	
	000862	银星能源	
	000903	云内动力	
	000908	ST 天一	
	002011	盾安环境	
	002046	轴研科技	
	002050	三花股份	
	002101	广东鸿图	
	002122	天马股份	
	002147	方圆支承	
	002158	汉钟精机	
	002164	东力传动	
	002204	大连重工	
	002248	华东数控	
	002255	海陆重工	
	002270	法因数控	
	002272	川润股份	
	002282	博深工具	
	002347	泰尔重工	
	002366	丹甫股份	
	002413	常发股份	
	002418	康盛股份	
	002430	杭氧股份	
	002438	江苏神通	
	002472	双环传动	
	002480	新筑股份	
	002520	日发数码	
	002530	丰东股份	
	002531	天顺风能	
	002534	杭锅股份	
	002537	海立美达	
	002552	宝鼎重工	
	002553	南方轴承	
	002559	亚威股份	

续表

A、B股类别	公司代码	公司名称	所属大类
深市A股	002598	山东章鼓	普通机械制造业
	002630	华西能源	
	002633	申科股份	
	002639	雪人股份	
	300090	盛运股份	
	300095	华伍股份	
	300105	龙源技术	
	300129	泰胜风能	
	300145	南方泵业	
	300152	燃控科技	
	300161	华中数控	
	300176	鸿特精密	
	300257	开山股份	
	300260	新莱应材	
	300263	隆华传热	
	300266	兴源过滤	
	300280	南通锻压	
	000607	华智控股	仪器仪表及文化、办公用机械制造业
	000611	时代科技	
	000676	ST思达	
	000901	航天科技	
	000980	金马股份	
	002058	威尔泰	
	002175	广陆数测	
	002338	奥普光电	
	002356	浩宁达	
	300007	汉威电子	
	300066	三川股份	
	300112	万讯自控	
	300137	先河环保	
	300165	天瑞仪器	
	300203	聚光科技	
	300259	新天科技	
	000010	S ST华新	专用设备制造业
	000157	中联重科	
	000404	华意压缩	
	000409	ST泰复	
	000425	徐工机械	
	000528	柳工	
	000603	盛达矿业	
	000622	S*ST恒立	
	000666	经纬纺机	

续表

A、B 股类别	公司代码	公司名称	所属大类
深市 A 股	000680	山推股份	专用设备制造业
	000821	京山轻机	
	000852	江钻股份	
	000923	河北宣工	
	000925	众合机电	
	002006	精功科技	
	002008	大族激光	
	002009	天奇股份	
	002021	中捷股份	
	002031	巨轮股份	
	002073	软控股份	
	002097	山河智能	
	002111	威海广泰	
	002131	利欧股份	
	002152	广电运通	
	002177	御银股份	
	002196	方正电机	
	002197	证通电子	
	002209	达 意 隆	
	002223	鱼跃医疗	
	002278	神开股份	
	002323	中联电气	
	002337	赛象科技	
	002423	中原特钢	
	002432	九安医疗	
	002435	长江润发	
	002459	天业通联	
	002483	润邦股份	
	002490	山东墨龙	
	002499	科林环保	
	002509	天广消防	
	002523	天桥起重	
	002526	山东矿机	
	002529	海源机械	
	002532	新界泵业	
	002535	林州重机	
	002551	尚荣医疗	
	002564	张化机	
	002595	豪迈科技	
	002611	东方精工	
	002613	北玻股份	
	002621	大连三垒	

续表

A、B股类别	公司代码	公司名称	所属大类
深市A股	002645	华宏科技	专用设备制造业
	300003	乐普医疗	
	300004	南风股份	
	300021	大禹节水	
	300023	宝德股份	
	300024	机器人	
	300029	天龙光电	
	300030	阳普医疗	
	300035	中科电气	
	300056	三维丝	
	300091	金通灵	
	300092	科新机电	
	300097	智云股份	
	300099	尤洛卡	
	300103	达刚路机	
	300130	新国都	
	300151	昌红科技	
	300156	天立环保	
	300159	新研股份	
	300171	东富龙	
	300173	松德股份	
	300185	通裕重工	
	300195	长荣股份	
	300201	海伦哲	
	300202	聚龙股份	
	300206	理邦仪器	
	300210	森远股份	
	300216	千山药机	
	300228	富瑞特装	
	300238	冠昊生物	
	300246	宝莱特	
	300249	依米康	
	300273	和佳股份	
	300276	三丰智能	
	300278	华昌达	
	300281	金明精机	
深市B股	200418	小天鹅B	电器机械及器材制造业
	200512	闽灿坤B	
	200521	皖美菱B	
	200541	粤照明B	
	200017	*ST中华B	交通运输设备制造业
	200054	建 摩B	
	200550	江 铃B	
	200625	长 安B	

续表

A、B股类别	公司代码	公司名称	所属大类
深市B股	200530	大冷B	普通机械制造业
	200570	苏常柴B	
	200581	苏威孚B	
	200706	瓦轴B	
	200770	*ST武锅B	
	200771	杭汽轮B	

资料来源:沪深交易所,天相投资分析系统

(三)行业内上市公司融资情况

2011年机械、设备、仪表行业共有114家公司进行了融资,占沪深两市473家融资公司的24.10%,其中,82家新股,占两市新股发行总数的29.60%,包括沪市上市12家,中小板上市32家,创业板上市38家;2家配股,占两市配股公司总数的15.38%,包括沪市1家,深市1家;30家增发,占两市增发公司总数的16.39%,包括沪市13家,深市5家和中小板12家。各子行业融资上市公司数量分布如表4。

表4　2011年机械、设备、仪表上市公司与沪深两市融资情况对比　单位:家

	融资家数	新　股	配　股	增　发
机械、设备、仪表	114	82	2	30
沪深两市总数	473	277	13	183
占比(%)	24.10	29.60	15.38	16.39

资料来源:沪深交易所,天相投资分析系统

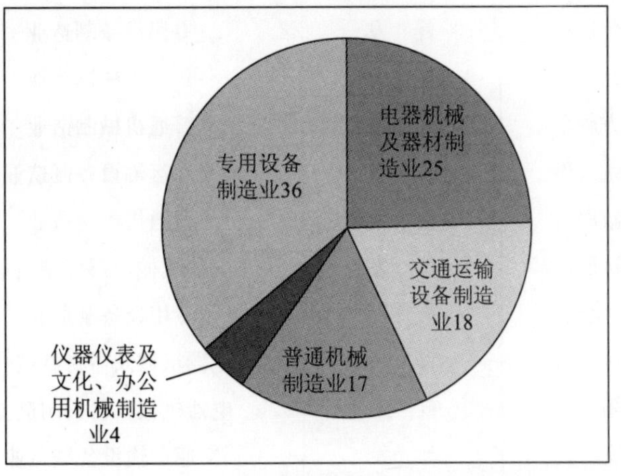

图2　2011年机械、设备、仪表上市各子行业融资企业数量占比(%)

资料来源:沪深交易所,天相投资分析系统

表5　2011年机械、设备、仪表上市公司融资情况

代　码	公司名称	融资类别	所属大类	证券类型
000527	美的电器	增　发	电器机械及器材制造业	深市主板
000603	盛达矿业	增　发	专用设备制造业	深市主板
000625	长安汽车	增　发	交通运输设备制造业	深市主板
000816	江淮动力	配　股	普通机械制造业	深市主板
000868	安凯客车	增　发	交通运输设备制造业	深市主板
000925	众合机电	增　发	专用设备制造业	深市主板
002006	精功科技	增　发	专用设备制造业	中小板
002011	盾安环境	增　发	普通机械制造业	中小板
002085	万丰奥威	增　发	交通运输设备制造业	中小板
002111	威海广泰	增　发	专用设备制造业	中小板
002126	银轮股份	增　发	交通运输设备制造业	中小板
002131	利欧股份	增　发	专用设备制造业	中小板
002176	江特电机	增　发	电器机械及器材制造业	中小板
002190	成飞集成	增　发	交通运输设备制造业	中小板
002204	大连重工	增　发	普通机械制造业	中小板
002249	大洋电机	增　发	电器机械及器材制造业	中小板
002276	万马电缆	增　发	电器机械及器材制造业	中小板
002283	天润曲轴	增　发	交通运输设备制造业	中小板
002543	万和电气	首　发	电器机械及器材制造业	中小板
002546	新联电子	首　发	电器机械及器材制造业	中小板
002551	尚荣医疗	首　发	专用设备制造业	中小板
002552	宝鼎重工	首　发	普通机械制造业	中小板
002553	南方轴承	首　发	普通机械制造业	中小板
002555	顺荣股份	首　发	交通运输设备制造业	中小板
002559	亚威股份	首　发	普通机械制造业	中小板
002560	通达股份	首　发	电器机械及器材制造业	中小板
002564	张化机	首　发	专用设备制造业	中小板
002576	通达动力	首　发	电器机械及器材制造业	中小板
002580	圣阳股份	首　发	电器机械及器材制造业	中小板
002590	万安科技	首　发	交通运输设备制造业	中小板
002592	八菱科技	首　发	交通运输设备制造业	中小板
002593	日上集团	首　发	交通运输设备制造业	中小板
002595	豪迈科技	首　发	专用设备制造业	中小板
002598	山东章鼓	首　发	普通机械制造业	中小板

续表

代　码	公司名称	融资类别	所属大类	证券类型
002602	世纪华通	首　发	交通运输设备制造业	中小板
002606	大连电瓷	首　发	电器机械及器材制造业	中小板
002608	舜天船舶	首　发	交通运输设备制造业	中小板
002611	东方精工	首　发	专用设备制造业	中小板
002613	北玻股份	首　发	专用设备制造业	中小板
002614	蒙发利	首　发	电器机械及器材制造业	中小板
002621	大连三垒	首　发	专用设备制造业	中小板
002622	永大集团	首　发	电器机械及器材制造业	中小板
002625	龙生股份	首　发	交通运输设备制造业	中小板
002630	华西能源	首　发	普通机械制造业	中小板
002633	申科股份	首　发	普通机械制造业	中小板
002638	勤上光电	首　发	电器机械及器材制造业	中小板
002639	雪人股份	首　发	普通机械制造业	中小板
002645	华宏科技	首　发	专用设备制造业	中小板
002647	宏磊股份	首　发	电器机械及器材制造业	中小板
002651	利君股份	首　发	专用设备制造业	中小板
300161	华中数控	首　发	普通机械制造业	创业板
300165	天瑞仪器	首　发	仪器仪表及文化、办公用机械制造业	创业板
300171	东富龙	首　发	专用设备制造业	创业板
300173	松德股份	首　发	专用设备制造业	创业板
300176	鸿特精密	首　发	普通机械制造业	创业板
300185	通裕重工	首　发	专用设备制造业	创业板
300195	长荣股份	首　发	专用设备制造业	创业板
300201	海伦哲	首　发	专用设备制造业	创业板
300202	聚龙股份	首　发	专用设备制造业	创业板
300203	聚光科技	首　发	仪器仪表及文化、办公用机械制造业	创业板
300206	理邦仪器	首　发	专用设备制造业	创业板
300207	欣旺达	首　发	电器机械及器材制造业	创业板
300208	恒顺电气	首　发	电器机械及器材制造业	创业板
300210	森远股份	首　发	专用设备制造业	创业板
300216	千山药机	首　发	专用设备制造业	创业板
300217	东方电热	首　发	电器机械及器材制造业	创业板
300222	科大智能	首　发	电器机械及器材制造业	创业板
300228	富瑞特装	首　发	专用设备制造业	创业板

续表

代　码	公司名称	融资类别	所属大类	证券类型
300238	冠昊生物	首　发	专用设备制造业	创业板
300246	宝莱特	首　发	专用设备制造业	创业板
300247	桑乐金	首　发	电器机械及器材制造业	创业板
300249	依米康	首　发	专用设备制造业	创业板
300252	金信诺	首　发	电器机械及器材制造业	创业板
300257	开山股份	首　发	普通机械制造业	创业板
300258	精锻科技	首　发	交通运输设备制造业	创业板
300259	新天科技	首　发	仪器仪表及文化、办公用机械制造业	创业板
300260	新莱应材	首　发	普通机械制造业	创业板
300263	隆华传热	首　发	普通机械制造业	创业板
300265	通光线缆	首　发	电器机械及器材制造业	创业板
300266	兴源过滤	首　发	普通机械制造业	创业板
300272	开能环保	首　发	电器机械及器材制造业	创业板
300273	和佳股份	首　发	专用设备制造业	创业板
300274	阳光电源	首　发	电器机械及器材制造业	创业板
300276	三丰智能	首　发	专用设备制造业	创业板
300278	华昌达	首　发	专用设备制造业	创业板
300280	南通锻压	首　发	普通机械制造业	创业板
300281	金明精机	首　发	专用设备制造业	创业板
300283	温州宏丰	首　发	电器机械及器材制造业	创业板
600104	上汽集团	增　发	交通运输设备制造业	沪　市
600290	华仪电气	增　发	专用设备制造业	沪　市
600335	国机汽车	增　发	普通机械制造业	沪　市
600346	大橡塑	增　发	专用设备制造业	沪　市
600372	中航电子	增　发	交通运输设备制造业	沪　市
600375	华菱星马	增　发	交通运输设备制造业	沪　市
600391	成发科技	增　发	交通运输设备制造业	沪　市
600499	科达机电	增　发	专用设备制造业	沪　市
600550	天威保变	配　股	电器机械及器材制造业	沪　市
600577	精达股份	增　发	电器机械及器材制造业	沪　市
600710	常林股份	增　发	专用设备制造业	沪　市
600855	航天长峰	增　发	专用设备制造业	沪　市
600855	航天长峰	增　发	专用设备制造业	沪　市
600973	宝胜股份	增　发	电器机械及器材制造业	沪　市

续表

代　码	公司名称	融资类别	所属大类	证券类型
601100	恒立油缸	首　发	专用设备制造业	沪　市
601218	吉鑫科技	首　发	专用设备制造业	沪　市
601222	林洋电子	首　发	仪器仪表及文化、办公用机械制造业	沪　市
601311	骆驼股份	首　发	电器机械及器材制造业	沪　市
601558	华锐风电	首　发	专用设备制造业	沪　市
601567	三星电气	首　发	仪器仪表及文化、办公用机械制造业	沪　市
601616	广电电气	首　发	专用设备制造业	沪　市
601633	长城汽车	首　发	交通运输设备制造业	沪　市
601700	风范股份	首　发	交通运输设备制造业	沪　市
601798	蓝科高新	首　发	普通机械制造业	沪　市
601799	星宇股份	首　发	交通运输设备制造业	沪　市
601908	京运通	首　发	专用设备制造业	沪　市
601989	中国重工	增　发	专用设备制造业	沪　市

资料来源：沪深交易所，天相投资分析系统

表 6　　2011 年机械、设备、仪表上市公司融资明细

代　码	公司名称	发行价格（元）	实际发行数量（万股）	实募集资金数（亿元）
000527	美的电器	16.51	26 408.24	43.00
000603	盛达矿业	7.54	36 462.62	27.49
000625	长安汽车	9.74	36 016.60	34.46
000816	江淮动力	2.78	24 280.33	6.43
000868	安凯客车	10.18	4 500.00	4.42
000925	众合机电	18.60	2 229.00	3.97
002006	精功科技	60.10	772.00	4.45
002011	盾安环境	11.30	8 550.00	9.44
002085	万丰奥威	7.85	10 574.90	8.30
002111	威海广泰	20.06	2 328.02	4.38
002126	银轮股份	16.31	2 900.00	4.55
002131	利欧股份	14.58	1 852.44	2.70
002176	江特电机	22.00	1 701.00	3.56
002190	成飞集成	17.20	5 930.23	10.03
002204	大连重工	25.29	21 519.33	54.42
002249	大洋电机	21.64	4 895.19	10.19
002276	万马电缆	13.32	3 160.00	4.07
002283	天润曲轴	13.60	7 941.18	10.43

续表

代 码	公司名称	发行价格（元）	实际发行数量（万股）	实募集资金数（亿元）
002543	万和电气	30.00	5 000.00	14.21
002546	新联电子	33.80	2 100.00	6.69
002551	尚荣医疗	46.00	2 050.00	8.77
002552	宝鼎重工	20.00	2 500.00	4.59
002553	南方轴承	17.00	2 200.00	3.36
002555	顺荣股份	35.00	1 700.00	5.56
002559	亚威股份	40.00	2 200.00	8.31
002560	通达股份	28.80	2 000.00	5.34
002564	张化机	29.50	4 800.00	13.37
002576	通达动力	19.00	3 200.00	5.52
002580	圣阳股份	25.80	1 880.00	4.38
002590	万安科技	15.60	2 334.00	3.29
002592	八菱科技	17.11	1 890.00	2.75
002593	日上集团	12.88	5 300.00	6.48
002595	豪迈科技	24.00	5 000.00	11.52
002598	山东章鼓	10.00	4 000.00	3.62
002602	世纪华通	23.00	4 500.00	9.92
002606	大连电瓷	17.00	2 500.00	3.94
002608	舜天船舶	22.11	3 700.00	7.85
002611	东方精工	15.50	3 400.00	4.92
002613	北玻股份	13.50	6 700.00	8.21
002614	蒙发利	52.00	3 000.00	14.75
002621	大连三垒	24.00	2 500.00	5.66
002622	永大集团	20.00	3 800.00	7.28
002625	龙生股份	11.18	1 933.80	1.79
002630	华西能源	17.00	4 200.00	6.59
002633	申科股份	14.00	2 500.00	3.14
002638	勤上光电	24.00	4 683.50	10.57
002639	雪人股份	19.80	4 000.00	7.26
002645	华宏科技	27.00	1 667.00	4.16
002647	宏磊股份	12.80	4 223.00	5.03
002651	利君股份	25.00	4 100.00	9.78
300161	华中数控	26.00	2 700.00	6.56
300165	天瑞仪器	65.00	1 850.00	11.08

续表

代　码	公司名称	发行价格（元）	实际发行数量（万股）	实募集资金数（亿元）
300171	东富龙	86.00	2 000.00	15.71
300173	松德股份	22.39	1 700.00	3.47
300176	鸿特精密	16.28	2 240.00	3.34
300185	通裕重工	25.00	9 000.00	21.48
300195	长荣股份	40.00	2 500.00	9.44
300201	海伦哲	21.00	2 000.00	3.75
300202	聚龙股份	22.38	2 120.00	4.37
300203	聚光科技	20.00	4 500.00	8.37
300206	理邦仪器	38.00	2 500.00	8.84
300207	欣旺达	18.66	4 700.00	8.23
300208	恒顺电气	25.00	1 750.00	4.03
300210	森远股份	22.00	1 900.00	3.81
300216	千山药机	29.30	1 700.00	4.65
300217	东方电热	25.88	2 300.00	5.59
300222	科大智能	32.40	1 500.00	4.49
300228	富瑞特装	24.98	1 700.00	3.66
300238	冠昊生物	18.20	1 530.00	2.47
300246	宝莱特	25.00	1 050.00	2.31
300247	桑乐金	16.00	2 050.00	2.96
300249	依米康	17.50	1 960.00	2.97
300252	金信诺	16.20	2 700.00	4.04
300257	开山股份	63.00	3 600.00	21.43
300258	精锻科技	25.00	2 500.00	5.88
300259	新天科技	21.90	1 900.00	3.87
300260	新莱应材	27.00	1 670.00	4.06
300263	隆华传热	33.00	2 000.00	6.11
300265	通光线缆	14.38	3 500.00	4.70
300266	兴源过滤	26.00	1 400.00	3.23
300272	开能环保	11.50	2 750.00	2.78
300273	和佳股份	20.00	3 335.00	6.10
300274	阳光电源	30.50	4 480.00	12.71
300276	三丰智能	25.50	1 500.00	3.38
300278	华昌达	16.56	2 170.00	3.17
300280	南通锻压	11.00	3 200.00	3.14

续表

代　码	公司名称	发行价格（元）	实际发行数量（万股）	实募集资金数（亿元）
300281	金明精机	25.00	1 500.00	3.45
300283	温州宏丰	20.00	1 771.00	3.14
600104	上汽集团	16.33	178 314.49	291.19
600290	华仪电气	12.30	7 723.58	9.08
600335	国机汽车	7.83	28 404.74	22.24
600346	大橡塑	9.63	3 100.00	2.89
600372	中航电子	7.59	33 707.38	25.58
600375	华菱星马	8.18	21 825.93	17.85
600391	成发科技	20.15	5 210.92	10.18
600499	科达机电	15.70	2 492.99	3.91
600550	天威保变	11.94	20 499.09	24.04
600577	精达股份	9.20	6 608.69	5.89
600710	常林股份	10.90	4 737.00	5.00
600855	航天长峰	9.02	3 901.34	3.52
600973	宝胜股份	18.05	4 715.43	8.22
601100	恒立油缸	23.00	10 500.00	23.32
601218	吉鑫科技	22.50	5 080.00	10.77
601222	林洋电子	18.00	7 500.00	12.92
601311	骆驼股份	18.60	8 300.00	14.78
601558	华锐风电	90.00	10 510.00	93.20
601567	三星电气	20.00	6 700.00	12.83
601616	广电电气	19.00	10 500.00	18.53
601633	长城汽车	13.00	30 424.30	38.94
601700	风范股份	35.00	5 490.00	18.51
601798	蓝科高新	11.00	8 000.00	8.28
601799	星宇股份	21.24	6 000.00	12.18
601908	京运通	42.00	6 000.00	24.14
601989	中国重工	6.93	251 631.66	174.38
总　计			1 090 685.91	1 590.07

资料来源：沪深交易所，天相投资分析系统

行业内上市公司2011年全年总融资金额为1 590.07亿元，同比增长0.08%，增速同比降低82.32个百分点，总融资金额保持近两年来的下降趋势。行业内上市公司实际发行股数1 090.70亿股，同比下降5.84%，增速同比降低33.41个百分点，发行股数下降趋势明显。

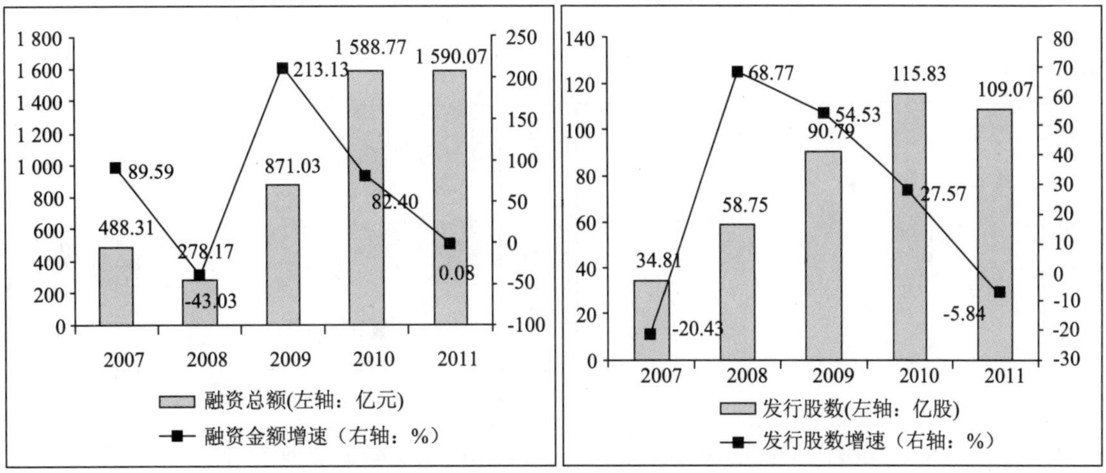

图3　机械、设备、仪表上市公司2007—2011年融资额及发行股数情况

资料来源：沪深交易所，天相投资分析系统

（四）行业内上市公司资产及业绩情况

截至2011年底，机械、设备、仪表行业上市公司总资产为29 641.61亿元，按可比样本计算同比增长27.31%。其中，流动资产20 444.30亿元，非流动资产9 197.31亿元，按可比样本计算同比分别增长25.45%和31.65%；归属于母公司股东权益11 365.58亿元，按可比样本计算同比增长28.44%。

表7　　2011年机械、设备、仪表上市公司资产情况　　单位：亿元

指　标	2011年	2011年可比样本增长(%)	2010年	2010年可比样本增长(%)	2009年
总资产	29 641.61	27.31	22 029.83	32.94	15 882.69
流动资产	20 444.30	25.45	15 378.71	38.22	10 463.13
占比(%)	68.97	-1.02	69.81	2.67	65.88
非流动资产	9 197.31	31.65	6 651.12	22.16	5 419.56
占比(%)	31.03	1.02	30.19	-2.67	34.12
流动负债	14 723.45	21.54	11 420.13	27.31	8 503.83
占比(%)	49.67	-2.36	51.84	-2.29	53.54
非流动负债	2 356.89	61.35	1 374.38	12.52	1 283.76
占比(%)	7.95	1.68	6.24	-1.13	8.08
归属于母公司股东权益	11 365.58	28.44	8 389.85	44.69	5 528.65
占比(%)	38.34	0.34	38.08	3.09	34.81

资料来源：沪深交易所，天相投资分析系统

2011年行业内上市公司总资产规模处于近5年最高水平，但增速按可比样本计算同比下滑5.63个百分点；归属上市公司股东权益连续5年保持增长态势，但2011年增速按可比样本计算下滑16.25个百分点。

2011年行业内上市公司合计实现营业收入25 228.06亿元，按可比样本计算同比增长22.17%；实现利润总额2 068.41亿元，

按可比样本计算同比增长 15.93%;归属母公司所有者净利润为 1 464.37 亿元,按可比样本计算同比增长 11.33%。

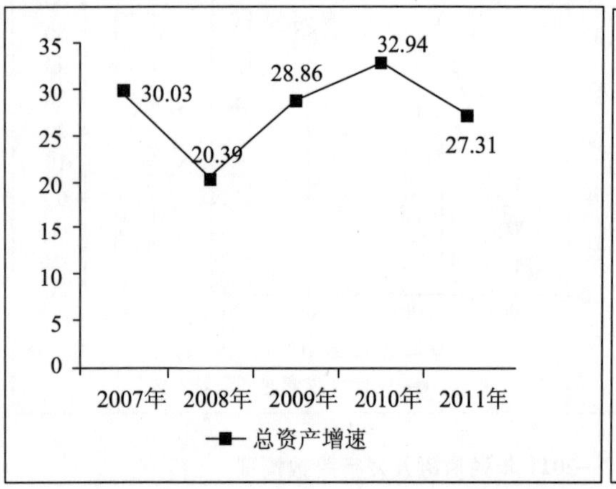

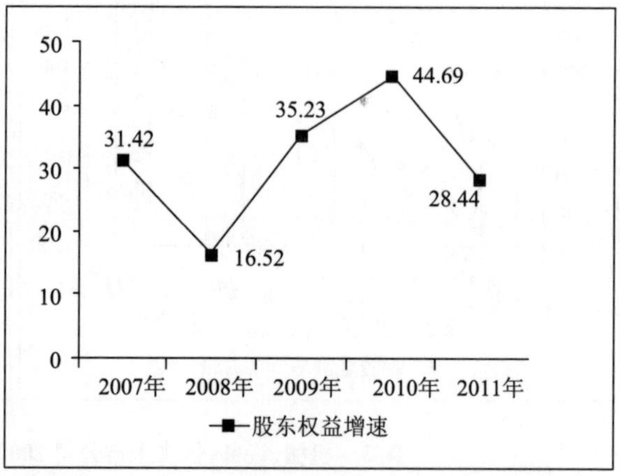

图 4 机械、设备、仪表上市公司 2007—2011 年可比样本总资产和归属于母公司股东权益增长情况(%)

资料来源:沪深交易所,天相投资分析系统

表 8 2011 年机械、设备、仪表上市公司收入实现情况 单位:亿元

指 标	2011 年	2011 年可比样本增长(%)	2010 年	2010 年可比样本增长(%)	2009 年
营业收入	25 228.06	22.17	19 602.34	44.94	12 830.66
利润总额	2 068.41	15.93	1 626.69	64.42	906.86
归属于母公司所有者的净利润	1 464.37	11.33	1 180.04	52.49	698.92

资料来源:沪深交易所,天相投资分析系统

2011 年行业内上市公司合计营业收入处于近 5 年来最高水平,但增速按可比样本计算同比下滑 22.77 个百分点;归属于母公司所有者的净利润也处于近 5 年来最高水平,但增速按可比样本计算同比下滑 41.16 个百分点。

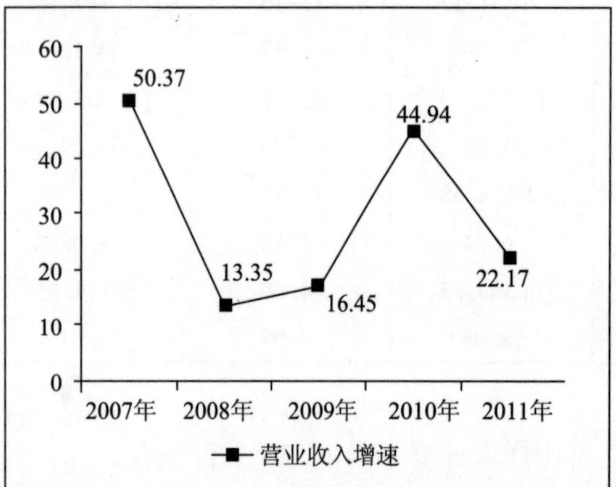

图 5 机械、设备、仪表上市公司 2007—2011 年可比样本营业收入及归属于母公司所有者的净利润增长情况(%)

资料来源:沪深交易所,天相投资分析系统

（五）利润分配情况

2011年机械、设备、仪表上市公司中共有257家公司实施了分红送股，其中，83家公司实施送股及转增股本，245家公司实施派息，既送股、转增又派息的公司71家。送股、转增及派息比例最高值分别为每股送1.2股（东方电热）和每股派息1元（长荣股份、开山股份）。

表9　2011年机械、设备、仪表上市公司分红明细

代　码	名　称	送股及转增比例	每股派息（税前　元）	基准股本（万股）
000049	德赛电池	—	0.250	13 682.92
000157	中联重科	—	0.250	770 595.41
000338	潍柴动力	0.200	0.100	166 609.14
000400	许继电气	—	0.100	37 827.20
000410	沈阳机床	—	0.060	54 547.09
000418	小天鹅A	—	0.200	63 248.78
000425	徐工机械	—	0.250	206 275.82
000521	美菱电器	0.200	0.050	63 644.93
000527	美的电器	—	0.450	338 434.77
000528	柳　工	—	0.300	112 524.21
000530	大冷股份	—	0.150	35 001.50
000541	佛山照明	—	0.250	97 856.37
000550	江铃汽车	—	0.860	86 321.40
000551	创元科技	0.500	0.100	26 672.03
000559	万向钱潮	—	0.300	159 326.36
000570	苏常柴A	—	0.020	56 137.43
000571	新大洲A	—	0.060	73 606.40
000581	威孚高科	—	0.300	68 013.40
000625	长安汽车	—	0.040	466 288.61
000651	格力电器	—	0.500	300 786.54
000666	经纬纺机	—	0.060	60 380.00
000680	山推股份	0.500	0.200	75 916.45
000777	中核科技	—	0.120	21 300.98
000811	烟台冰轮	—	0.100	39 459.74
000816	江淮动力	—	0.010	108 880.33
000837	秦川发展	—	0.097	34 871.76
000862	银星能源	0.200	—	23 589.00
000868	安凯客车	1.000	0.100	35 201.00

续表

代　码	名　称	送股及转增比例	每股派息（税前　元）	基准股本（万股）
000880	潍柴重机	—	0.050	27 610.05
000903	云内动力	—	0.050	68 076.00
000927	一汽夏利	—	0.020	159 517.40
000951	中国重汽	—	0.170	41 942.55
001696	宗申动力	—	0.200	118 649.58
002005	德豪润达	1.000	0.100	58 320.00
002008	大族激光	—	0.200	104 439.66
002009	天奇股份	—	0.030	22 101.08
002011	盾安环境	—	0.200	83 793.75
002021	中捷股份	0.300	0.030	43 678.08
002028	思源电气	—	0.100	43 968.00
002031	巨轮股份	—	0.040	41 261.50
002046	轴研科技	1.000	0.100	13 930.22
002048	宁波华翔	—	0.080	55 320.00
002074	东源电器	—	0.100	25 336.80
002090	金智科技	—	0.050	20 400.00
002097	山河智能	—	0.040	42 145.00
002111	威海广泰	—	0.060	30 727.07
002122	天马股份	—	0.100	118 800.00
002126	银轮股份	1.000	0.050	15 900.00
002158	汉钟精机	—	0.400	21 807.45
002164	东力传动	—	0.030	44 562.50
002168	深圳惠程	0.200	0.004	63 092.06
002175	广陆数测	—	0.110	8 539.83
002176	江特电机	1.000	0.030	21 221.38
002180	万力达	—	0.100	12 498.30
002190	成飞集成	0.300	0.150	26 552.95
002197	证通电子	—	0.100	20 983.20
002202	金风科技	—	0.050	269 458.80
002204	大连重工	0.500	0.160	42 919.33
002209	达意隆	—	0.050	19 524.41
002212	南洋股份	—	0.050	51 026.00
002213	特尔佳	—	0.050	20 600.00
002223	鱼跃医疗	0.300	0.100	40 892.80

续表

代　码	名　称	送股及转增比例	每股派息（税前　元）	基准股本（万股）
002227	奥特迅	—	0.100	10 857.70
002249	大洋电机	0.500	0.390	47 735.19
002255	海陆重工	1.000	0.100	12 910.00
002266	浙富股份	1.000	0.130	29 928.00
002278	神开股份	—	0.200	26 152.33
002282	博深工具	—	0.100	22 542.00
002283	天润曲轴	—	0.030	55 941.18
002300	太阳电缆	—	0.330	30 150.00
002334	英威腾	0.800	0.250	12 160.00
002335	科华恒盛	0.400	0.150	15 996.50
002337	赛象科技	—	0.100	19 200.00
002350	北京科锐	0.700	0.300	12 840.00
002356	浩宁达	—	0.200	8 000.00
002358	森源电气	1.000	0.200	17 200.00
002363	隆基机械	—	0.100	12 000.00
002366	丹甫股份	—	0.300	13 350.00
002406	远东传动	—	0.200	28 050.00
002413	常发股份	—	0.100	22 050.00
002418	康盛股份	—	0.100	22 880.00
002423	中原特钢	—	0.058	46 551.00
002432	九安医疗	—	0.100	24 800.00
002448	中原内配	—	0.300	9 251.05
002451	摩恩电气	0.500	—	14 640.00
002452	长高集团	0.300	0.150	10 000.00
002454	松芝股份	—	0.300	31 200.00
002471	中超电缆	—	0.150	20 800.00
002480	新筑股份	—	0.200	28 000.00
002483	润邦股份	—	0.120	36 000.00
002488	金固股份	—	0.300	18 000.00
002490	山东墨龙	1.000	0.100	39 892.42
002499	科林环保	0.500	0.100	7 500.00
002509	天广消防	1.000	0.200	10 000.00
002523	天桥起重	0.600	0.100	16 000.00

续表

代　码	名　称	送股及转增比例	每股派息（税前　元）	基准股本（万股）
002526	山东矿机	1.000	0.025	26 700.00
002527	新时达	—	0.170	20 000.00
002529	海源机械	—	0.188	16 000.00
002531	天顺风能	—	0.200	20 575.00
002535	林州重机	0.300	0.100	41 417.96
002536	西泵股份	—	0.200	9 600.00
002543	万和电气	—	0.300	20 000.00
002551	尚荣医疗	0.500	0.200	12 300.00
002552	宝鼎重工	—	0.200	15 000.00
002553	南方轴承	—	0.100	8 700.00
002560	通达股份	—	0.150	10 333.28
002564	张化机	—	0.020	30 385.60
002590	万安科技	0.300	0.100	9 334.00
002592	八菱科技	0.300	0.300	7 551.92
002593	日上集团	—	0.150	21 200.00
002602	世纪华通	0.500	0.300	17 500.00
002608	舜天船舶	—	0.150	14 700.00
002611	东方精工	0.300	0.100	13 600.00
002613	北玻股份	0.500	0.300	26 700.00
002622	永大集团	—	0.300	15 000.00
002625	龙生股份	0.500	0.100	7 733.80
002630	华西能源	—	0.100	16 700.00
002633	申科股份	0.500	0.200	10 000.00
002638	勤上光电	1.000	0.100	18 733.50
002639	雪人股份	—	0.130	16 000.00
002647	宏磊股份	—	0.100	16 891.00
300001	特锐德	—	0.200	20 040.00
300004	南风股份	—	0.100	18 800.00
300007	汉威电子	—	0.100	11 800.00
300018	中元华电	—	0.150	13 000.00
300030	阳普医疗	—	0.060	14 800.00
300035	中科电气	—	0.200	11 992.50
300040	九洲电气	—	0.100	13 890.00

续表

代　码	名　称	送股及转增比例	每股派息（税前　元）	基准股本（万股）
300062	中能电气	—	0.130	15 400.00
300090	盛运股份	—	0.050	25 527.22
300091	金通灵	—	0.100	20 900.00
300092	科新机电	—	0.120	9 100.00
300095	华伍股份	—	0.050	7 700.00
300126	锐奇股份	—	0.500	15 156.00
300129	泰胜风能	0.500	0.050	21 600.00
300137	先河环保	—	0.050	15 600.00
300140	启源装备	—	0.150	12 200.00
300145	南方泵业	—	0.150	14 400.00
300151	昌红科技	—	0.200	10 050.00
300153	科泰电源	—	0.150	16 000.00
300156	天立环保	0.800	—	16 040.00
300161	华中数控	—	0.200	10 783.00
300165	天瑞仪器	0.300	0.400	11 840.00
300171	东富龙	0.300	0.600	16 000.00
300173	松德股份	0.300	0.200	8 710.00
300176	鸿特精密	—	0.200	8 940.00
300202	聚龙股份	1.000	0.200	8 480.00
300203	聚光科技	—	0.040	44 500.00
300207	欣旺达	0.300	0.100	18 800.00
300217	东方电热	1.200	0.200	8 988.00
300228	富瑞特装	1.000	—	6 700.00
300246	宝莱特	0.800	0.500	4 058.00
300247	桑乐金	—	0.300	8 175.00
300249	依米康	—	0.100	7 840.00
300252	金信诺	—	0.050	10 800.00
300257	开山股份	1.000	1.000	14 300.00
300258	精锻科技	0.500	0.246	10 000.00
300260	新莱应材	0.500	0.300	6 670.00
300265	通光线缆	—	0.050	13 500.00
300273	和佳股份	0.500	0.500	13 335.00
300276	三丰智能	0.300	0.120	6 000.00

续表

代　码	名　称	送股及转增比例	每股派息（税前　元）	基准股本（万股）
300278	华昌达	1.000	0.200	8 670.00
300281	金明精机	—	0.090	6 000.00
600006	东风汽车	—	0.050	200 000.00
600031	三一重工	—	0.300	759 370.61
600038	哈飞股份	—	0.100	33 735.00
600089	特变电工	—	0.080	263 555.98
600104	上汽集团	—	0.300	1 102 556.66
600112	长征电气	0.200	0.010	42 433.74
600148	长春一东	—	0.060	14 151.65
600150	中国船舶	0.300	0.300	106 009.05
600169	太原重工	0.500	—	161 597.00
600243	青海华鼎	—	0.050	23 685.00
600261	阳光照明	0.500	0.150	43 025.27
600262	北方股份	—	0.150	17 000.00
600268	国电南自	—	0.100	63 524.64
600302	标准股份	—	0.050	34 600.98
600303	曙光股份	—	0.040	57 450.60
600335	国机汽车	—	0.088	56 000.46
600375	华菱星马	—	0.370	40 574.06
600379	宝光股份	0.100	—	21 441.66
600388	龙净环保	—	0.500	21 381.00
600391	成发科技	0.800	0.060	18 340.52
600416	湘电股份	—	0.100	60 848.45
600418	江淮汽车	—	0.150	128 873.66
600475	华光股份	—	0.100	25 600.00
600481	双良节能	—	0.150	81 009.10
600495	晋西车轴	—	0.035	30 223.80
600501	航天晨光	—	0.050	38 928.36
600523	贵航股份	—	0.133	28 879.38
600582	天地科技	0.200	0.150	101 160.00
600587	新华医疗	—	0.100	17 405.31
600590	泰豪科技	—	0.050	45 532.57
600592	龙溪股份	—	0.100	30 000.00

续表

代　码	名　称	送股及转增比例	每股派息（税前　元）	基准股本（万股）
600619	海立股份	—	0.100	60 274.41
600651	飞乐音响	0.200	0.023	61 588.78
600676	交运股份	—	0.100	86 237.39
600686	金龙汽车	—	0.100	44 259.71
600690	青岛海尔	—	0.170	268 512.75
600741	华域汽车	—	0.300	258 320.02
600742	一汽富维	—	0.200	21 152.34
600761	安徽合力	0.200	0.200	42 834.54
600765	中航重机	—	0.020	77 800.32
600806	昆明机床	—	0.020	53 108.11
600815	厦工股份	—	0.100	79 897.00
600835	上海机电	—	0.300	102 273.93
600841	上柴股份	0.600	0.050	54 318.28
600875	东方电气	—	0.160	200 386.00
600893	航空动力	—	0.066	108 957.32
600960	渤海活塞	—	0.050	16 282.35
600967	北方创业	—	0.200	17 323.00
601100	恒立油缸	0.500	0.250	42 000.00
601106	中国一重	—	0.006	653 800.00
601126	四方股份	—	0.250	40 666.40
601177	杭齿前进	—	0.091	40 006.00
601222	林洋电子	0.200	0.200	29 000.00
601299	中国北车	—	0.050	1 032 005.63
601311	骆驼股份	1.000	0.400	42 039.69
601558	华锐风电	1.000	0.350	201 020.00
601567	三星电气	0.500	0.500	26 700.00
601633	长城汽车	—	0.300	304 242.30
601700	风范股份	—	0.200	21 960.00
601727	上海电气	—	0.076	1 282 362.67
601766	中国南车	—	0.180	1 380 300.00
601777	力帆股份	—	0.200	95 144.51
601798	蓝科高新	—	0.060	32 000.00
601890	亚星锚链	—	0.100	46 800.00

续表

代　码	名　称	送股及转增比例	每股派息（税前　元）	基准股本（万股）
601908	京运通	1.000	0.300	42 988.51
200418	小天鹅 B	—	0.200	63 248.78
200521	皖美菱 B	0.200	0.050	63 644.93
200530	大　冷 B	—	0.150	35 001.50
200541	粤照明 B	—	0.250	97 856.37
200550	江　铃 B	—	0.860	86 321.40
200570	苏常柴 B	—	0.020	56 137.43
200581	苏威孚 B	—	0.300	68 013.40
200625	长　安 B	—	0.040	466 288.61
200706	瓦　轴 B	—	0.040	40 260.00
200771	杭汽轮 B	0.200	0.300	62 834.20
900910	海立 B 股	—	0.100	60 274.41
900920	上柴 B 股	0.600	0.050	54 318.28
900925	机电 B 股	—	0.300	102 273.93
900935	阳晨 B 股	—	0.001	24 459.60
002006	精功科技	1.000	—	15 172.00
002073	软控股份	—	0.080	74 236.50
002085	万丰奥威	—	0.500	17 070.60
002111	威海广泰	0.800	—	17 070.60
002242	九阳股份	—	0.700	76 095.00
002366	丹甫股份	—	0.450	13 350.00
002413	常发股份	0.500	0.100	14 700.00
002434	万里扬	1.000	—	17 000.00
002546	新联电子	1.000	—	8 400.00
300099	尤洛卡	—	0.300	10 335.00
300195	长荣股份	0.400	1.000	10 000.00
300206	理邦仪器	—	0.200	10 000.00
600468	百利电气	0.200	0.023	38 016.00
600862	南通科技	1.000	—	31 896.42
601989	中国重工	0.600	—	916 731.66

资料来源：沪深交易所，天相投资分析系统

2011 年行业内上市公司现金分红总额为 1 464.37 亿元，连续 5 年保持增长态势；分红总额占净利润总额比重达 22.48%。

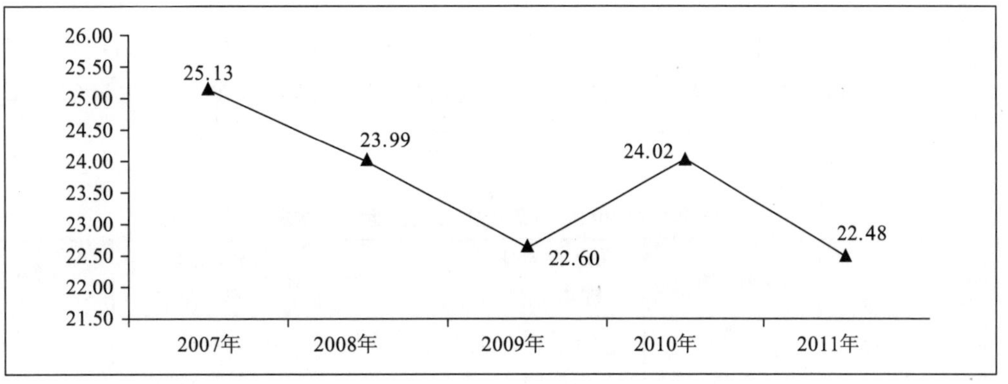

图 6　机械、设备、仪表上市公司 2007—2011 年分配利润占比情况(%)

资料来源:沪深交易所,天相投资分析系统

(六)其他财务指标情况

1. 盈利能力指标

2011 年机械、设备、仪表行业上市公司盈利能力按可比样本计算相对 2010 年没有明显增强。按可比样本计算,行业毛利率比 2010 年降低 0.79 个百分点,净资产收益率降低 1.98 个百分点,销售净利率降低 0.56 个百分点,资产净利率降低 0.93 个百分点。

表 10　　2011 年机械、设备、仪表上市公司盈利能力情况

指　标	2011 年	2011 年可比样本变动	2010 年	2010 年可比样本变动	2009 年
毛利率(%)	18.91	-0.79	19.40	0.71	18.18
净资产收益率(%)	12.88	-1.98	14.07	0.72	12.64
销售净利率(%)	5.80	-0.56	6.02	0.30	5.45
资产净利率(%)	5.53	-0.93	6.11	0.92	4.96

资料来源:沪深交易所,天相投资分析系统

2. 偿债能力指标

2011 年机械、设备、仪表行业上市公司负债水平出现下降,资产负债率按可比样本计算降低 0.68 个百分点;流动比率和速动比率均有改善,按可比样本计算均上升 0.04。

表 11　　2011 年机械、设备、仪表上市公司偿债能力指标

指　标	2011 年	2011 年可比样本变动	2010 年	2010 年可比样本变动	2009 年
流动比率	1.39	0.04	1.35	0.11	1.23
速动比率	1.04	0.04	1.00	0.09	0.90
资产负债率(%)	57.62	-0.68	58.08	-3.42	61.62

资料来源:沪深交易所,天相投资分析系统

3. 营运能力指标

2011年机械、设备、仪表行业营运能力按可比样本计算相对2010年有一定下降。存货周转率按可比样本计算下降了0.13次;应收账款周转率按可比样本计算下降了0.82次;流动资产周转率、固定资产周转率和总资产周转率按可比样本计算也均有所下降。

表12　2011年机械、设备、仪表上市公司营运能力情况　单位:次

指　标	2011年	2011年可比样本变动	2010年	2010年可比样本变动	2009年
存货周转率	4.36	-0.13	4.60	0.72	3.96
应收账款周转率	7.37	-0.82	8.37	0.96	7.88
流动资产周转率	1.37	-0.10	1.48	0.11	1.39
固定资产周转率	6.17	-0.18	6.36	1.05	5.06
总资产周转率	0.95	-0.06	1.02	0.11	0.91
净资产周转率	2.27	-0.25	2.51	0.10	2.41

资料来源:沪深交易所,天相投资分析系统

三、重点细分行业介绍

机械、设备、仪表制造业主要分5个大类,分别是电器机械及器材制造业,交通运输设备制造业,普通机械制造业,仪器仪表及文化、办公用机械制造业,专用设备制造业。因有些上市公司业务同时覆盖其中两类或三类,为了便于比较,这里以业务收入占总收入比例最高的大类进行统计。

2011年各大细分行业上市公司数量均较2010年有所增长,其中专用设备制造业上市企业数量增长最快,较2010年增加32家企业,数量占比和市值占比分别提升至28.51%和27.70%。

表13　2011年机械、设备、仪表上市公司数量分布及市值情况

大　类	上市公司家数(家)	占行业内比重(%)	境内总市值(亿元)	占行业内比重(%)
电器机械及器材制造业	115	25.61	6 273.78	25.41
交通运输设备制造业	101	22.49	8 180.03	33.13
普通机械制造业	85	18.93	2 963.37	12.00
仪器仪表及文化、办公用机械制造业	20	4.45	435.92	1.77
专用设备制造业	128	28.51	6 838.86	27.70

资料来源:沪深交易所,天相投资分析系统

(一)电器机械及器材制造业

1. 行业概况

2011年全年电器机械及器材制造业板块总体弱于大市。2011年全年天相电气设备行业指数下跌42.74%,成为下跌幅度最深的板块,同期上证指数下跌21.68%。

电气设备行业估值大幅下调有三方面原

因:①行业权重公司业绩普遍低于预期;②突发事件频生,使市场对行业形成悲观情绪;③2010年电气设备行业估值水平较高,大盘向下时受到压力较大。

电气设备公司业绩低于预期,可从成本、收入两方面得到答案。成本方面,钢材、铜材等主要原材料受输入型通胀的影响,相关公司要消化高价库存,因此对毛利率造成较大压力;收入方面,下游电厂、电网投资放缓,同时2009年、2010年行业快速扩张期的产能释放,使主要子行业竞争加剧,产品价格大幅下滑。

根据中电联预计,2011年全年电力投资少于年初预计的7 500亿元,全国基建新增装机8 500万千瓦左右,年底全国全口径发电装机容量10.5亿千瓦左右。

发电设备:煤电矛盾使火力发电企业普遍亏损,能源结构调整的继续进行也使火电投资低于上年水平;风电因连续发生多次大型脱网事故,经过前几年的超速发展,风机质量问题也日益突出,国家能源局收紧审批,政策层面从“量”的发展转向“质”的管控;福岛的核电事故使各个国家调整核电规划,我国也暂停了所有核电新项目的审批,并在年内对现有在建项目进行了严格的安全检查;因欧洲主要需求国下调补贴政策及欧债危机的爆发,光伏业遭遇重创,产业链多个环节的产品价格逼近甚至低于成本线。

电网设备:特高压交流的进程慢于预期,对2011年220KV以上级别的输变电影响显著,2011年前3季度220千伏及以上变电设备容量12 817伏安,同比下降13.1%,其中新增500千伏变电设备容量减少最多,比2010年同期减少2 290万千伏安,同比下降37.4%。智能电网的建设2011年也低于预期,尤其是智能变电环节,全年仍处于试点缓慢推进阶段。

2. 行业内上市公司发展情况

(1)2011年,按可比样本计算,电器机械及器材制造业上市公司收入提升16.07%,利润总额提升3.27%,行业业绩相对2010年业绩增长幅度明显下滑。

(2)2011年,按可比样本计算,盈利能力持续下降,毛利率下降0.10个百分点,净资产收益率降低2.50个百分点,销售净利率和资产净利率也都出现一定的下降。

(3)2011年负债水平按可比样本计算持续降低;按可比样本计算,存货周转率减少0.14次,总资产周转率减少0.06次,营运能力相对2010年有所下降。

表14　　2011年电器机械及器材制造业上市公司收入及资产增长情况　　单位:亿元

指　标	2011年	2011年可比样本增长(%)	2010年	2010年可比样本增长(%)	2009年
营业收入	6 362.27	16.07	5 296.46	38.59	3 536.77
利润总额	451.58	3.27	416.64	36.56	267.84
归属于母公司所有者的净利润	333.53	1.19	312.38	29.87	208.29
总资产	7 410.03	18.83	6 084.42	28.22	4 555.54
归属于母公司股东权益	2 651.40	21.33	2 119.23	45.20	1 345.61

资料来源:沪深交易所,天相投资分析系统

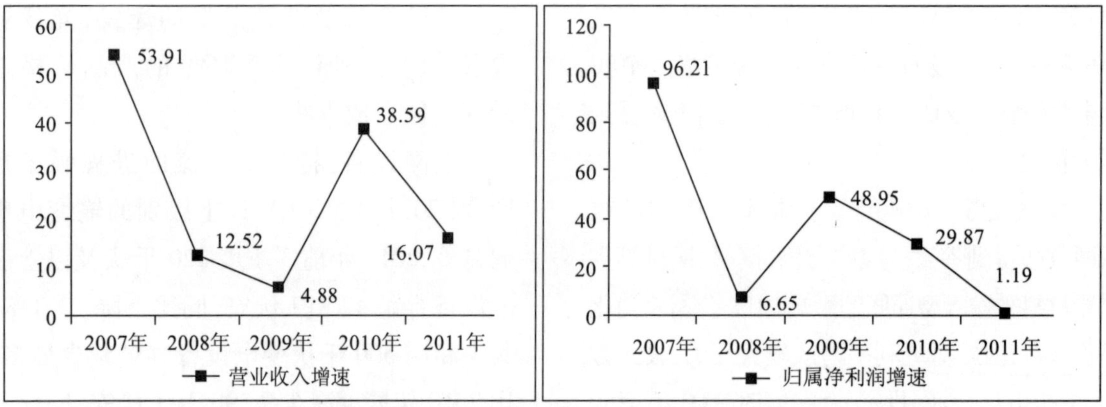

图7 电器机械及器材制造业上市公司2007—2011年可比样本营业收入及归属于母公司所有者的净利润变化情况(%)

资料来源:沪深交易所,天相投资分析系统

表15　　2011年电器机械及器材制造业上市公司盈利能力情况

指　标	2011年	2011年可比样本变动	2010年	2010年可比样本变动	2009年
毛利率(%)	20.23	-0.10	20.28	-1.91	21.61
净资产收益率(%)	12.58	-2.50	14.74	-1.74	15.48
销售净利率(%)	5.24	-0.77	5.90	-0.40	5.89
资产净利率(%)	4.89	-1.05	5.77	0.13	5.13

资料来源:沪深交易所,天相投资分析系统

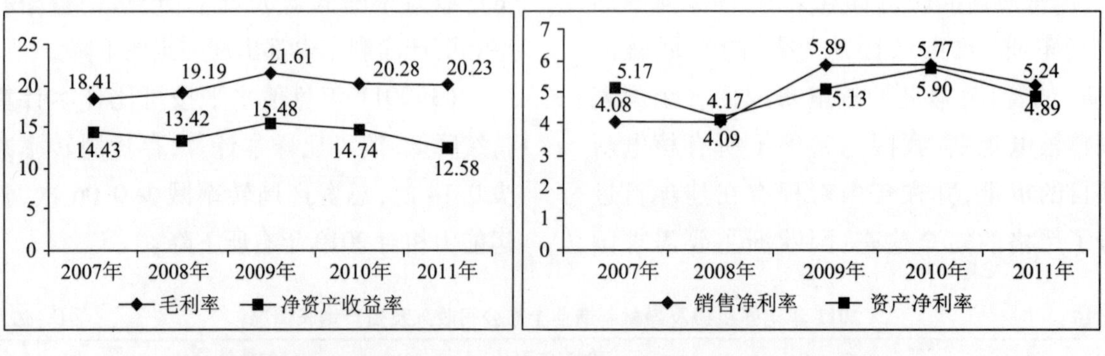

图8 电器机械及器材制造业上市公司2007—2011年盈利能力指标情况(%)

资料来源:沪深交易所,天相投资分析系统

表16　　2011年电器机械及器材制造业上市公司偿债及营运情况

指　标	2011年	2011年可比样本变动	2010年	2010年可比样本变动	2009年
资产负债率(%)	60.21	-0.71	61.08	-3.94	65.98
存货周转率(次)	3.64	-0.14	3.75	0.57	3.01
总资产周转率(次)	0.93	-0.06	0.98	0.08	0.87

资料来源:沪深交易所,天相投资分析系统

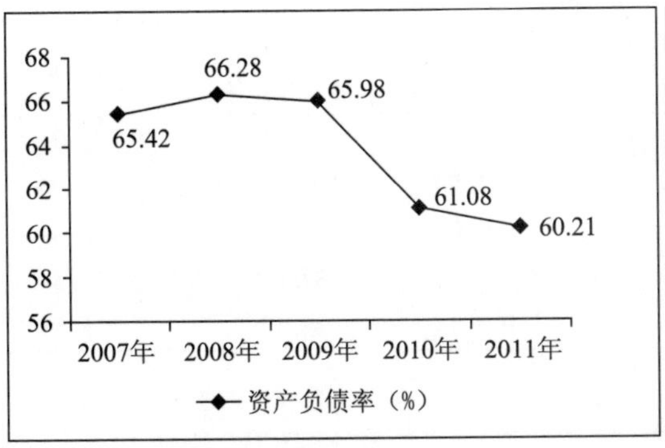

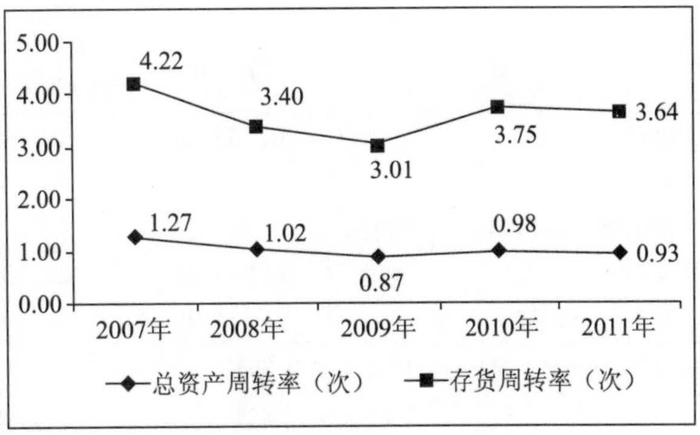

图9　电器机械及器材制造业上市公司2007—2011年可比样本偿债及营运能力情况

资料来源：沪深交易所，天相投资分析系统

(二)交通运输设备制造业

1. 行业概况

2011年，我国汽车产销量分别为1 841.89万辆和1 850.51万辆，同比分别增长0.84%和2.45%。中国汽车市场在经历了2009年和2010年30%以上的高速增长之后，市场规模翻了一番，但2011年由于受国家宏观调控、鼓励消费政策退出和2010年基数较高等因素影响，增速较上年回落29.9个百分点，为近年来最低。

细分车型来看，2011年，乘用车共销售1 447.24万辆，同比增长5.19%。其中，轿车销售1 012.27万辆，同比增长6.62%；MPV销售49.77万辆，同比增长11.74%；SUV销售159.37万辆，同比增长20.19%；交叉型乘用车销售225.83万辆，同比下降9.38%。SUV、MPV等中高端乘用车继续领长行业。2011年，商用车销售403.27万辆，同比下降6.31%。其中，货车销售270.20万辆，同比下降4.57%；半挂牵引车销售25.76万辆，同比下降27.37%；货车销售58.53万辆，同比下降13.31%；客车销售48.79万辆，同比增长10.11%，是商用车中唯一实现正增长的车型。

在2011年高通胀和政府刺激消费政策退出的背景下，原材料价格普遍上涨和销量增速大幅下滑，大部分整车上市公司毛利率同比产生一定幅度的下降，零部件企业盈利能力两极分化现象也越发明显。而受2011年下半年天然橡胶价格回调影响，轮胎类企业面临的成本压力减轻，盈利状况逐渐改善。

2. 行业内上市公司发展情况

(1)2011年交通运输设备制造业上市公司业绩表现良好，营业收入、利润总额均稳定提升，按可比样本计算分别同比增长19.24%和20.16%。

(2)2011年盈利能力出现下滑，按可比样本计算，毛利率下降0.52个百分点，净资产收益率下降2.16个百分点，销售净利率和资产净利率也均有小幅下降。

(3)2011年，按可比样本计算，存货周转率减少0.56次，总资产周转率减少0.11次，行业营运能力相对2010年有所下降。

表 17　　交通运输设备制造业上市公司 2011 年收入及资产增长情况　　单位:亿元

指　标	2011 年	2011 年可比样本增长(%)	2010 年	2010 年可比样本增长(%)	2009 年
营业收入	12 585.88	19.24	10 221.94	60.01	6 371.01
利润总额	1 006.95	20.16	793.59	109.35	385.66
归属于母公司所有者的净利润	645.21	12.47	534.91	86.45	290.04
总资产	11 539.94	23.70	8 965.74	37.65	6 733.54
归属于母公司股东权益	4 154.96	28.09	3 100.74	35.13	2 336.53

资料来源:沪深交易所,天相投资分析系统

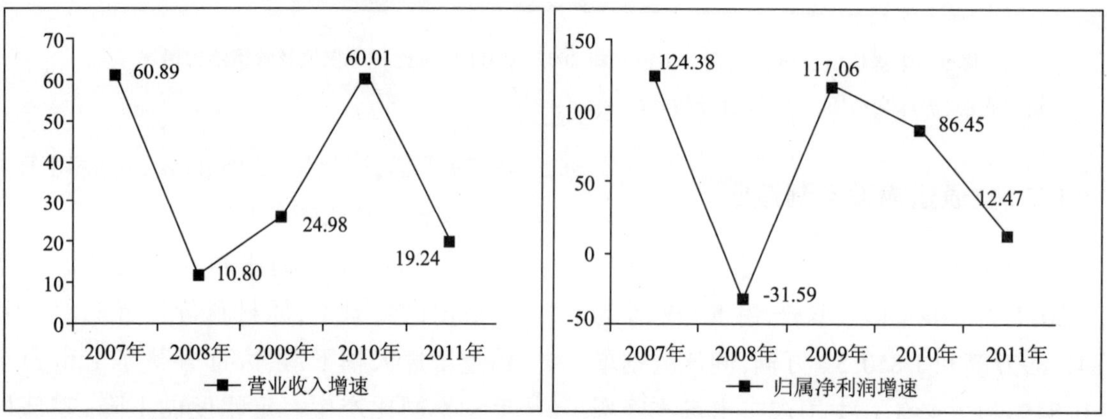

图 10　交通运输设备制造业上市公司 2007—2011 年可比样本营业收入及归属于母公司所有者的净利润变化情况(%)

资料来源:沪深交易所,天相投资分析系统

表 18　　2011 年交通运输设备制造业上市公司盈利能力情况

指　标	2011 年	2011 年可比样本变动	2010 年	2010 年可比样本变动	2009 年
毛利率(%)	17.59	−0.52	17.91	2.35	15.77
净资产收益率(%)	15.53	−2.16	17.25	4.75	12.41
销售净利率(%)	5.13	−0.31	5.23	0.74	4.55
资产净利率(%)	6.18	−0.94	6.91	1.93	4.97

资料来源:沪深交易所,天相投资分析系统

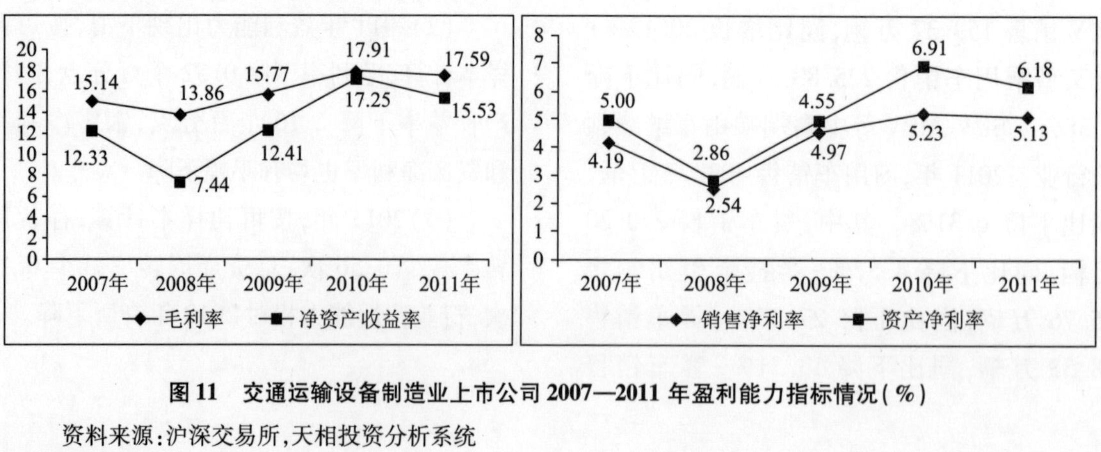

图 11　交通运输设备制造业上市公司 2007—2011 年盈利能力指标情况(%)

资料来源:沪深交易所,天相投资分析系统

表 19　　2011 年交通运输设备制造业上市公司偿债及营运情况

指　标	2011 年	2011 年可比样本变动	2010 年	2010 年可比样本变动	2009 年
资产负债率(%)	58.19	-2.25	60.49	-0.31	61.54
存货周转率(次)	6.16	-0.56	6.85	0.84	5.93
总资产周转率(次)	1.21	-0.11	1.32	0.21	1.09

资料来源：沪深交易所，天相投资分析系统

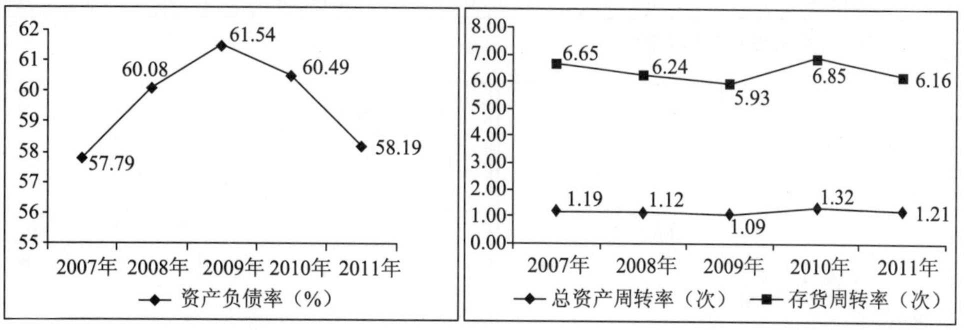

图 12　交通运输设备制造业上市公司 2007—2011 年偿债及营运能力指标情况

资料来源：沪深交易所，天相投资分析系统

(三)普通机械制造业

1. 行业概况

2011 年普通机械制造业收入和利润总额延续增长态势，但增速均有所放缓。全行业全年共完成产品销售收入 40 854.99 亿元，同比增长 20.47%，增速较 2010 年下滑 11.85 个百分点；完成利润总额 2 862.25 亿元，同比增长 28.48%，增速较 2010 年下滑 17.55 个百分点。截至 2011 年 12 月 31 日，全行业企业数为 24 953 家，比 2010 年同期大幅减少 13 712 家，行业集中度提升显著。

普通机械制造业共有 9 个细分行业，其中烘炉、熔炉、电炉制造业，金属铸、锻加工业及起重运输设备制造业景气度较高，2011 年销售收入仍保持了较快增长，增速分别达到 43.56%、27.93% 和 26.79%；而轴承、齿轮驱动部件制造业呈现低迷态势，销售收入增速则放缓至 4.66%。

截至 2011 年 12 月 31 日，普通机械制造业总资产为 29 358.62 亿元，同比增长 12.65%；资产负债率为 55.69%，较 2010 年同期下降 2.05 个百分点。

2. 行业内上市公司发展情况

(1)2011 年普通机械制造业上市公司的整体收入和利润总额延续了上升趋势。具体来看，营业收入按可比样本计算同比大幅增长 64.44%，增速比 2010 年大幅增加 34.59 个百分点；行业利润按可比样本计算同比大幅放缓至 16.18%，增速比 2010 年减少 24.02 个百分点。

(2)2011 年行业毛利率和净资产收益率下降明显，按可比样本计算较 2010 年分别下滑了 5.63 和 1.08 个百分点。整体来看，行业盈利能力有所降低。

(3)2011 年行业资产负债率出现小幅回升，资产负债率按可比样本计算上升 2.95 个百分点；而存货周转率按可比样本计算增加 0.99 次，总资产周转率按可比样本计算增加 0.14 次。整体来看，行业营运能力有所提升。

表 20　　2011 年普通机械制造业上市公司收入及资产增长情况　　单位:亿元

指　标	2011 年	2011 年可比样本增长(%)	2010 年	2010 年可比样本增长(%)	2009 年
营业收入	2 034.21	64.44	1 103.05	29.85	719.64
利润总额	147.62	16.18	108.45	40.20	50.73
归属于母公司所有者的净利润	118.88	17.93	85.94	44.79	36.70
总资产	2 671.09	38.47	1 772.78	38.54	1 054.08
归属于母公司股东权益	1 184.35	30.60	848.30	58.95	447.93

资料来源:沪深交易所,天相投资分析系统

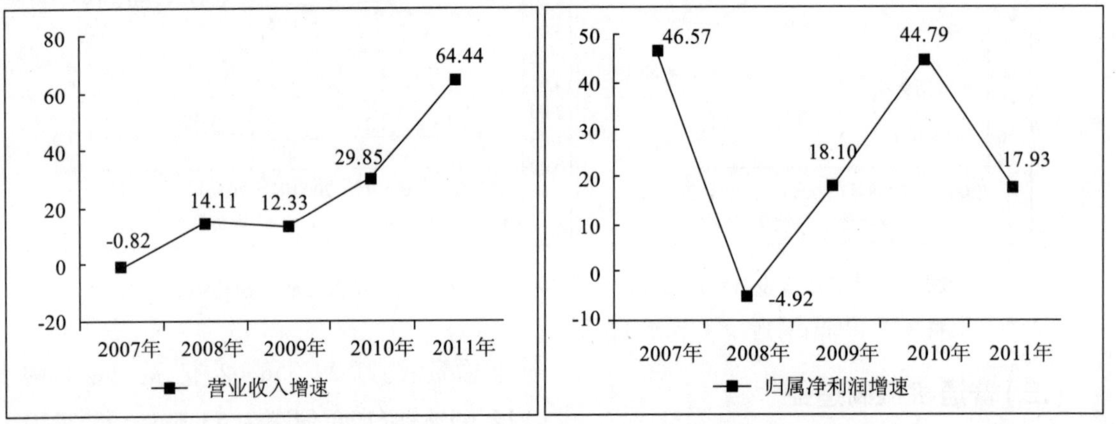

图13　普通机械制造业上市公司 2007—2011 年可比样本营业收入及归属于母公司所有者的净利润变化情况(%)

资料来源:沪深交易所,天相投资分析系统

表 21　　2011 年普通机械制造业上市公司盈利能力情况

指　标	2011 年	2011 年可比样本变动	2010 年	2010 年可比样本变动	2009 年
毛利率(%)	17.26	-5.63	22.83	0.57	19.29
净资产收益率(%)	10.04	-1.08	10.13	-0.99	8.19
销售净利率(%)	5.84	-2.30	7.79	0.80	5.10
资产净利率(%)	5.17	-0.88	5.63	0.67	3.73

资料来源:沪深交易所,天相投资分析系统

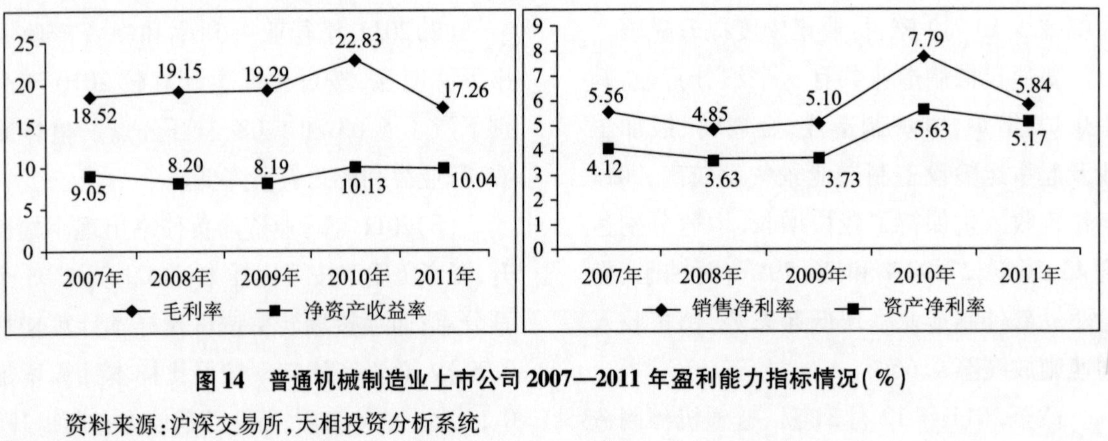

图 14　普通机械制造业上市公司 2007—2011 年盈利能力指标情况(%)

资料来源:沪深交易所,天相投资分析系统

表 22　　2011 年普通机械制造业上市公司偿债及营运情况

指　标	2011 年	2011 年可比样本变动	2010 年	2010 年可比样本变动	2009 年
资产负债率(%)	53.09	2.95	49.23	-5.98	54.33
存货周转率(次)	3.97	0.99	2.96	0.41	2.70
总资产周转率(次)	0.88	0.14	0.72	0.01	0.73

资料来源:沪深交易所,天相投资分析系统

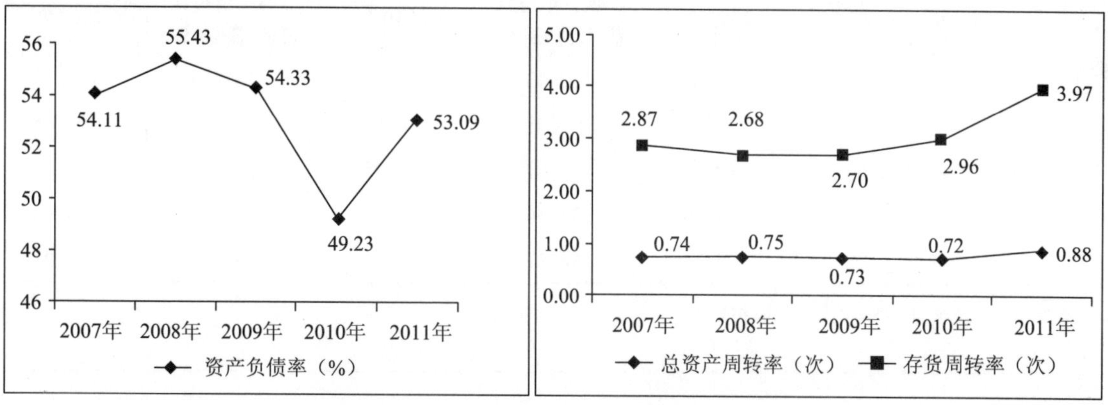

图 15　普通机械制造业上市公司 2007—2011 年偿债及营运能力指标情况

资料来源:沪深交易所,天相投资分析系统

(四)仪器仪表及文化、办公用机械制造业

1. 行业概况

2011 年仪器仪表及文化、办公用机械制造业收入和利润总额延续增长的态势,但增速均大幅放缓。全行业全年共完成产品销售收入 7 223.27 亿元,同比增长 13.99%,增速较 2010 年下滑 19.16 个百分点;完成利润总额 545.04 亿元,同比增长 20.82%,增速较 2010 年下滑 24.56 个百分点。截至 2011 年 12 月 31 日,全行业企业数为 3 564 家,比 2010 年大幅减少 2 279 家,行业集中度提升显著。

仪器仪表及文化、办公用机械制造业共有 6 个细分行业,其中通用仪器仪表制造业景气度较高,2011 年销售收入仍保持了较快增长,增速为 26.54%;而文化、办公用机械制造和其他仪器仪表制造及修理行业低迷,销售收入较 2010 年出现负增长,增速分别为 -1.63% 和 -13.90%。

截至 2011 年 12 月 31 日,仪器仪表及文化、办公用机械制造业总资产为 5 561.76 亿元,同比增长 7.51%;资产负债率为 52.21%,比 2010 年下降 2.91 个百分点。

2. 行业内上市公司发展情况

(1)2011 年仪器仪表及文化、办公用机械制造业上市公司整体收入和利润延续了上升的趋势,但利润增速大幅放缓。具体来看,行业营业收入按可比样本计算同比增长 20.03%,增速较 2010 年增加 6.38 个百分点;行业利润按可比样本计算同比增长 5.41%,较 2010 年大幅减少 38.70 个百分点。

(2)2011 年毛利率按可比样本计算较 2010 年小幅下滑 2.90 个百分点至 26.07%，净资产收益率按可比样本计算同比大幅下滑 2.77 个百分点至 6.39%，整体盈利能力继续降低。

(3)2011 年行业资产负债率按可比样本计算较 2010 年大幅下降 7.25 个百分点，偿债能力有所增强。行业存货周转率和总资产周转率按可比样本计算分别较 2010 年小幅下滑 0.03 和 0.06 次，营运能力略微降低。

表 23　2011 年仪器仪表及文化、办公用机械制造业上市公司收入及资产增长情况　单位：亿元

指　标	2011 年	2011 年可比样本增长(%)	2010 年	2010 年可比样本增长(%)	2009 年
营业收入	147.88	20.03	82.82	13.65	116.78
利润总额	12.79	5.41	4.67	44.11	11.44
归属于母公司所有者的净利润	10.56	7.81	3.25	65.87	8.05
总资产	253.28	34.56	143.84	26.02	209.98
归属于母公司股东权益	165.11	54.51	86.17	58.44	90.21

资料来源：沪深交易所，天相投资分析系统

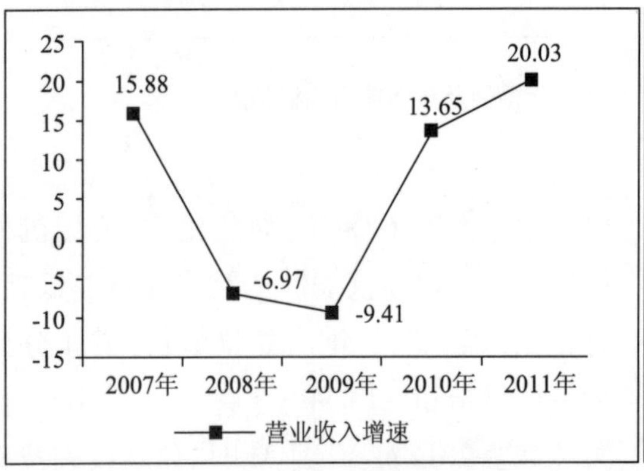

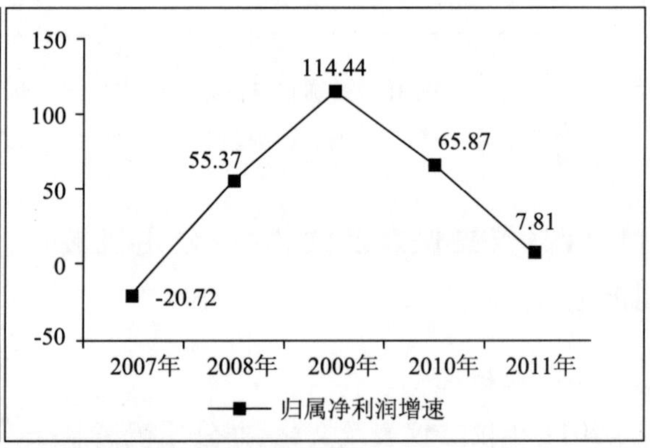

图 16　仪器仪表及文化、办公用机械制造业上市公司 2007—2011 年可比样本营业收入及归属于母公司所有者的净利润变化情况(%)

资料来源：沪深交易所，天相投资分析系统

表 24　2011 年仪器仪表及文化、办公用机械制造业上市公司盈利能力情况

指　标	2011 年	2011 年可比样本变动	2010 年	2010 年可比样本变动	2009 年
毛利率(%)	26.07	-2.90	24.15	-0.80	23.43
净资产收益率(%)	6.39	-2.77	3.77	0.17	8.93
销售净利率(%)	7.14	-0.81	3.92	1.23	6.90
资产净利率(%)	4.78	-1.02	2.52	0.79	3.92

资料来源：沪深交易所，天相投资分析系统

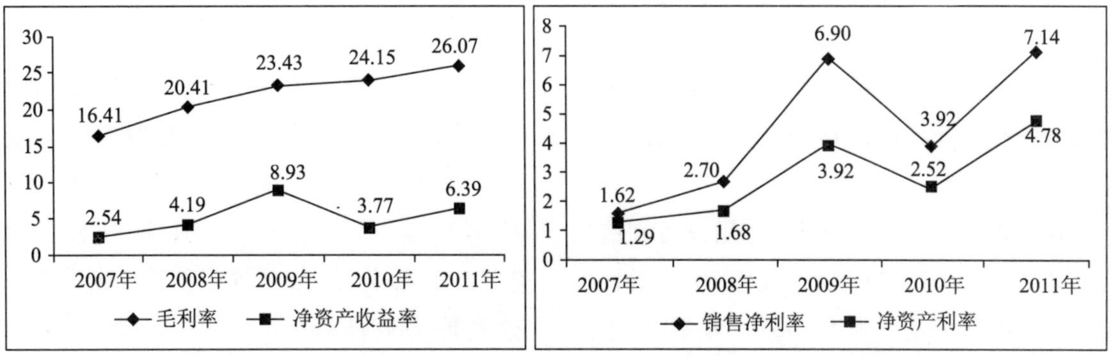

图 17　仪器仪表及文化、办公用机械制造业上市公司 2007—2011 年盈利能力指标情况(%)

资料来源:沪深交易所,天相投资分析系统

表 25　　2011 年仪器仪表及文化、办公用机械制造业上市公司偿债及营运情况

指　标	2011 年	2011 年可比样本变动	2010 年	2010 年可比样本变动	2009 年
资产负债率(%)	32.67	-7.25	35.85	-10.73	50.93
存货周转率(次)	3.43	-0.03	3.69	0.15	3.03
总资产周转率(次)	0.67	-0.06	0.64	0.00	0.57

资料来源:沪深交易所,天相投资分析系统

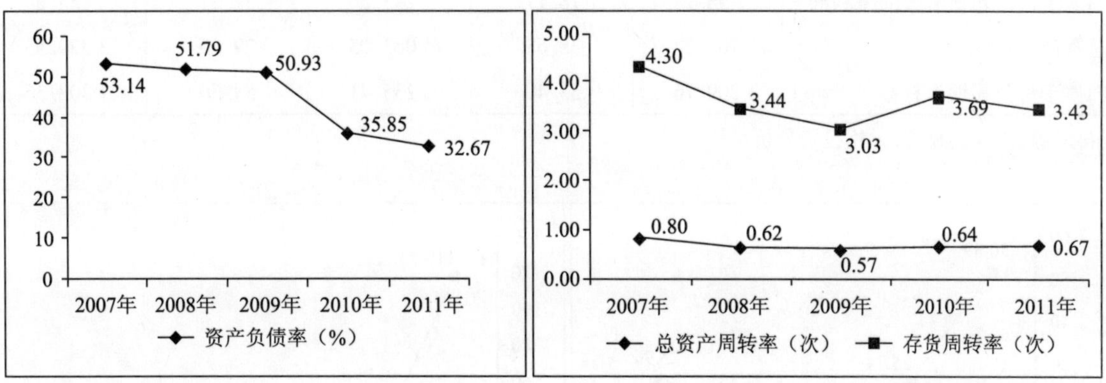

图 18　仪器仪表及文化、办公用机械制造业上市公司 2007—2011 年偿债及营运能力指标情况

资料来源:沪深交易所,天相投资分析系统

(五)专用设备制造业

1. 行业概况

2011 年专用设备制造业销售收入保持较快增长,但利润增速大幅放缓。全行业 2011 年共完成产品销售收入 25 568.41 亿元,同比增长 23.88%,增速较 2010 年回落 9.94 个百分点;完成利润总额 1 959.65 亿元,同比增长 26.99%,增速较 2010 年大幅下滑 28.22 个百分点。截至 2011 年 12 月 31 日,全行业企业数为 13 143 家,比上年同期减少 6 755 家,行业市场集中度显著提升。

专用设备制造业共有 9 个细分行业,其中,矿山、冶金、建筑专用设备制造业和环保、社会安全设备及其他制造业景气度较高,2011 年销售收入仍保持了较快增长,增速分别达到34.90%和31.17%;而农林牧渔专用设备制造业低迷,2011 年销售收入出现负增长,增速为-1.73%。

截至2011 年12 月31 日,专用设备制造业总资产为21 976.79 亿元,较2010 年增长18.91%;资产负债率为56.43%,较2010 年下降1.61 个百分点。

2. 行业内上市公司发展情况

(1)2011 年专用设备制造业上市公司的整体收入持续快速增长,但利润增速出现较大回落。具体来看,营业收入按可比样本计算较2010 年增长25.96%,增速提升4.83 个百分点;利润总额按可比样本计算较2010 年增长21.58%,增速下滑13.49 个百分点。

(2)2011 年毛利率和净资产收益率按可比样本计算较 2010 年分别下滑 0.75 个百分点和 1.43 个百分点,整体盈利能力有所降低。

(3)2011 年资产负债率按可比样本计算较2010 年小幅增加1.42 个百分点;存货周转率,总资产周转率按可比样本计算保持平稳,整体营运能力保持稳定。

表 26　　2011 年专用设备制造业上市公司收入及资产增长情况　　单位:亿元

指　标	2011 年	2011 年可比样本增长(%)	2010 年	2010 年可比样本增长(%)	2009 年
营业收入	4 097.82	25.96	2 898.07	21.13	2 086.47
利润总额	449.46	21.58	303.34	35.07	191.19
归属于母公司所有者的净利润	356.18	18.17	243.56	31.57	155.84
总资产	7 767.27	38.68	5 063.05	29.20	3 329.55
归属于母公司股东权益	3 209.76	33.40	2 235.41	53.50	1 308.36

资料来源:沪深交易所,天相投资分析系统

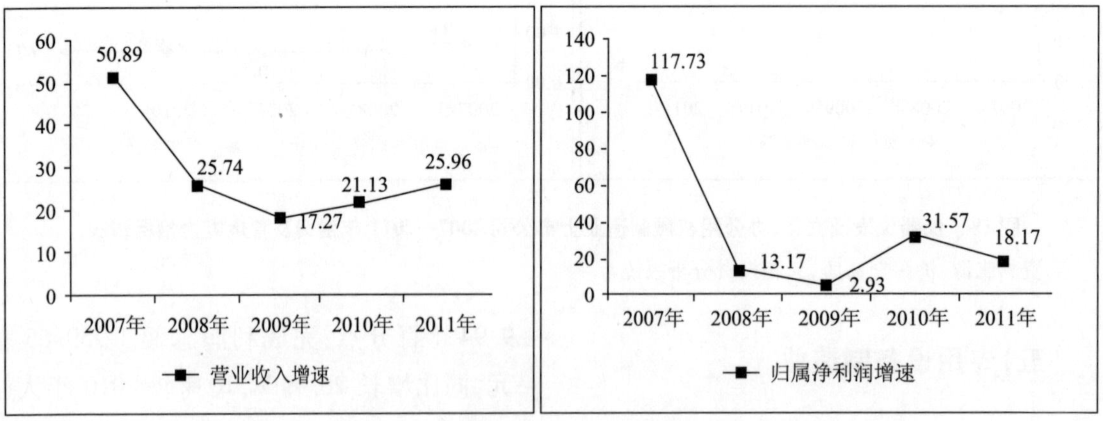

图 19　专用设备制造业上市公司 2007—2011 年可比样本营业收入及归属于母公司所有者的净利润变化情况(%)

资料来源:沪深交易所,天相投资分析系统

表 27　　**2011 年专用设备制造业上市公司盈利能力情况**

指　标	2011 年	2011 年可比样本变动	2010 年	2010 年可比样本变动	2009 年
毛利率(%)	21.47	-0.75	21.57	1.62	19.06
净资产收益率(%)	11.10	-1.43	10.90	-1.82	11.91
销售净利率(%)	8.69	-0.57	8.40	0.67	7.47
资产净利率(%)	5.33	-0.78	5.42	0.24	5.16

资料来源:沪深交易所,天相投资分析系统

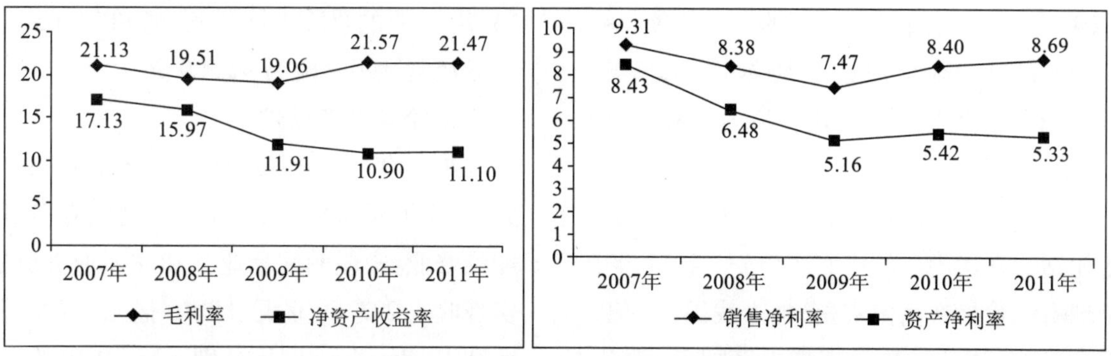

图 20　专用设备制造业上市公司 2007—2011 年盈利能力指标情况(%)

资料来源:沪深交易所,天相投资分析系统

表 28　　**2011 年专用设备制造业上市公司偿债及营运情况**

指　标	2011 年	2011 年可比样本变动	2010 年	2010 年可比样本变动	2009 年
资产负债率(%)	56.69	1.42	53.93	-6.99	58.80
存货周转率(次)	2.76	-0.02	2.93	0.28	2.90
总资产周转率(次)	0.61	-0.05	0.65	-0.02	0.69

资料来源:沪深交易所,天相投资分析系统

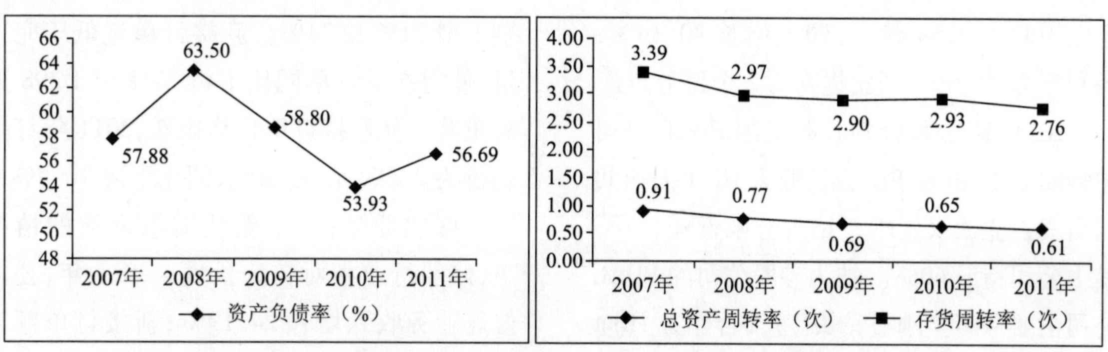

图 21　专用设备制造业上市公司 2007—2011 年偿债及营运能力指标情况

资料来源:沪深交易所,天相投资分析系统

四、重点上市公司介绍

江钻股份

1. 总体经营情况

2011 年实现的营业总收入为 15.85 亿元,同比增长 16.14%;营业利润和归属于上市公司股东的净利润分别为 1.27 亿元和 1.04 亿元,同比分别下降 16.14% 和 8.99%;按 4.00 亿股的总股本计算,实现 EPS0.26 元,每股经营性现金流为 0.46 元。

2. 公司业务情况

公司主营石油钻采设备,其中主导产品牙轮钻头在国内市场占有率领先。2011 年,全球石油价格在高位震荡,加上我国石油勘探、海洋石油开采政策支持力度加大,为公司钻头等石油设备带来稳定增长的需求。公司石油设备全年实现收入 12.22 亿元,同比增长 17.66%,占公司收入总额的 77%。在原材料和人力成本价格上升的背景下,公司石油机械产品毛利率同比下降 6.83 个百分点至 30.14%。

2011 年,公司 CNG 天然气产品实现收入 1.50 亿元,同比增长 7.18%;毛利率为 9.03%,同比下降 7.25 个百分点。化工产品实现收入 1.54 亿元,同比增长 20.39%;毛利率为 21.6%,同比提高 2.2 个百分点。

2011 年,公司计划收购美国 PDCL 公司 40% 的股权,并与 PDCL 控股方 Hijet 公司共同出资设立武汉金刚石钻头有限责任公司,其中公司持股 60%。纳为参股公司的 PDCL 公司主要从事金刚石钻头生产,合作方 Hijet 主要从事钻头设计、销售。

公司与控股股东中石化江汉石油管理局共同增资承德江钻。承德江钻主要从事石油机械配件的生产,为公司控股子公司,增资前后公司均持有其 75.6% 的股份。

中国船舶

1. 总体经营情况

2011 年实现的营业总收入、营业利润和归属于上市公司股东的净利润分别为 286.99 亿元、27.10 亿元和 22.52 亿元,同比分别下降 3.87%、11.36% 和 13.65%;按 13.78 亿股的总股本计算,实现 EPS1.63 元,每股经营性现金流为 -2.29 元。

2. 公司业务情况

2011 年,公司实现营业收入 286.99 亿元,同比下降 3.87%,其中船舶建造业务、船舶维修业务、船舶配套业务和非船业务分别实现收入 223.69 亿元、15.40 亿元、34.97 亿元和 10.36 亿元,同比分别下降 10.01%,增长 24.19%,下降 2.28% 和增长 68.35%;4 项业务毛利率分别为 21.14%、16.65%、21.95% 和 11.36%,同比分别增长 3.80 个百分点,增长 0.20 个百分点,下降 2.00 个百分点和下降 19.78 个百分点。

造船业务:2011 年公司造船完工量为 57 艘/933.2 万载重吨,完工载重量同比增长 15%。2011 年公司造船产品新接订单量为 250 万载重吨,订单额为 56 亿元,同比分别下滑 71% 和 74%。新接订单远低于完工量,使得在手订单同比下滑 33% 至 1 398 万载重吨。从新接订单价格来看,2011 年订单均价为 2 233 元/载重吨,同比下降 10.5%。

修船业务:在造船业需求低迷的情况下,修船行业相对较为景气。2011 年,公司修船业务收入增长 24.19%;新接订单额为 11.77 亿元,同比下降 5%。

柴油机业务:2011 年,公司实现柴油机完工量 145 台/155.10 万千瓦,同比增长

28%。但是订单量有所下滑，全年新接订单125台，同比下降11%。

非船业务：2011年，公司非船业务销量快速增长，收入同比增长68.35%。从订单情况来看，全年承接订单18.24亿元，同比增长44%。非船业务在一定程度上弥补了公司造船主业的业绩下滑。

海洋工程业务：2011年，公司控股子公司外高桥造船厂建造的"海洋石油981"3 000米超深水半潜式钻井平台正式交付，之后外高桥承接了国外2座JU2000E型自升式钻井平台，合同金额26亿元，并中标中海油JU2000E型自升式钻井平台项目，公司海工业务取得突破性进展。公司计划用5年的时间实现半潜平台产品的系列化。随着我国海上石油开采尤其是深海石油开采技术的进步和投资力度的加大，海工业务将成为公司新的增长点。

大连重工

1. 总体经营情况

2011年实现的营业总收入为126.08亿元，同比下降5.79%；营业利润和归属于上市公司股东的净利润分别为10.25亿元和9.11亿元，同比分别增长0.85%和0.9%；按6.44亿股的总股本计算，实现EPS1.41元，每股经营性现金流为0.34元。

2. 公司业务情况

2011年，公司完成了向大连重工·起重集团发行股份购买资产事项，大连重工·起重集团将其持有的除华锐风电和大连重工集团外的装备制造业经营性资产和负债注入公司。公司业务在原有大型高端铸锻件产品的基础上，增加了散料装卸机械、冶金机械、起重机械、港口机械4大类传统主导产品和兆瓦级风力发电设备核心部件、大型船用曲轴、隧道掘进机、核电站用起重设备等成长型产品，从而由单一的铸锻件制造业公司变更为综合性装备制造业公司。资产注入后，公司成为我国重型装备制造行业的龙头企业之一，产品服务领域涵盖冶金、电力、矿山、港口等国民经济基础性行业。

2011年，在世界经济复苏放缓、国内经济增速下滑的宏观环境下，公司产品需求下降。公司全年实现营业收入126.08亿元，同比小幅下滑5.06%。其中，综合类机械实现收入42.32亿元，同比下降31.27%；冶金机械实现收入28.44亿元，同比下降4.38%；起重机械实现收入15.90亿元，同比增长44.83%；装卸机械实现收入15.56亿元，同比增长122.65%。

华锐风电同为大连重工·起重集团下属企业，截至2011年底是目前公司最大的客户，占公司应收账款的46%。由于所在的风电行业目前景气度低迷，华锐风电2011年收入下降48.7%，利润下降72.8%。华锐风电的经营情况对公司业绩影响力大，其经营情况的下滑影响了公司2011年业绩。

中联重科

1. 总体经营情况

2011年实现的营业总收入、营业利润和归属于上市公司股东的净利润分别为463.23亿元、95.14亿元和80.66亿元，同比分别增长43.89%、77.05%和72.88%；按77.06亿股的总股本计算，实现EPS1.05元，每股经营性现金流为0.27元。

2. 公司业务情况

2011年混凝土机械实现收入212.13亿元，同比增长50.61%，增速仅较上半年小幅回落7.61个百分点；2011年起重机械实现收入156.18亿元，同比增长41.00%，增速较上半年加快2.11个百分点。混凝土机械和起重机械需求持续增长，带动公司收入大幅增长。

毛利率方面，2011年，公司综合毛利率为32.54%，同比增长2.15个百分点。其中，混凝土机械毛利率为35.56%，同比增长3.54个百分点；起重机械毛利率为25.76%，同比下滑2.07个百分点。

公司终止投入2010年非公开增发“社会应急救援系统关键装备产业化项目”中的环卫机械项目，将募集资金2.09亿元用于补充流动资金；目前公司正通过挂牌受让方式受让环卫子公司80%的股权，以集中有效资源发展工程机械。

2011年，公司拟将2010年非公开增发“中大型挖掘机产业升级项目”中的募集资金15 000万元投向“渭南工业园建筑起重机械生产基地建设项目”，用于扩大塔式起重产能。渭南工业园建筑起重机生产基地建设项目是以园区一期建设为基础，规划年产4 800台塔机，1 200台套施工升降机等。通过渭南项目，公司将完善建筑起重机的西北布局，进一步提高建筑起重机械市场占有率。

公司积极整合全球资源，与CIFA的协同效应进一步显现。2011年，公司实现海外销售22.38亿元，同比增幅达到46.24%，收入占比达到4.87%。公司重点产品（塔机、履带吊）、重点市场（南亚、中东、CIS区域）销售远超行业平均水平；在日本市场实现了批量销售，首开中国工程机械产品批量出口日本的先河；公司销售和服务网络覆盖中国工程机械出口的前40个重点国家，遍布全球六大洲，海外营销网络布局加速；独家买断全球顶尖水平的德国JOST平头塔系列产品的全套技术，使公司的塔机技术迅速实现了从中国领先到国际领先的跨越。

天地科技

1. 总体经营情况

2011年，公司实现营业收入120.09亿元，同比增长50.68%；营业利润19.04亿元，同比增长24.87%；归属母公司所有者净利润9.12亿元，同比增长6.84%；基本每股收益0.90元。

从公司收入来看，公司收入能够较快增长，主要受益于煤机板块的持续增长和煤炭业务的快速增长，2011年公司煤炭板块收入为15.45亿元，同比增幅达48.29%，成为公司新的利润增长点。此外公司工程服务板块也实现健康发展。报告期公司矿井生产技术服务和地下特殊工程施工分别实现收入11.57亿元和1.75亿元，同比增速达到17.91%和2.59%。

从毛利率来看，除了矿井生产技术服务与经营煤炭洗选装备毛利率下滑外，其他业务毛利率均有回升。其中，煤炭销售毛利率回升明显至70.21%。但由于新业务物流贸易毛利率仅3.15%，拉低公司综合毛利率3.29个百分点至32.33%。

2. 公司业务情况

矿山自动化、机械化装备方面，公司致力于成为提供煤炭综采成套设备的企业，利用国内和国外两个市场实现持续增长。国内市场方面，公司将与大型煤炭企业进行合作，通过多种途径建立战略关系，巩固和扩大公司的市场份额；国际市场方面，通过重点项目带动海外市场，如公司与乌克兰利希强斯克煤炭公司签订了梅利尼科瓦煤矿技术改造和成套装备商务框架合同，并签订了嘉哥罗夫斯卡娅新建矿井项目和利沃夫沃伦矿井改扩建项目的合作意向书。同时，公司加强宁夏天平公司的支架产业基地建设以壮大支架业务规模，推进井下避难硐室产业的发展；进行银川煤机制造基地的建设。矿山自动化、机械化装备业务收入将持续上升。

煤炭销售方面，2011 年公司的煤矿生产原煤产量近 3 000 万吨，较 2010 年的 2 000 万吨提高 50%。子公司科工能源推进对优质煤炭资源的收购，完成了山西沁南井田探矿权的收购工作。预计煤炭销售收入将进一步提升。

中国南车

1. 总体经营情况

2011 年，公司实现营业收入 807.11 亿元，同比增长 23.92%；营业利润 49.57 亿元，同比增长 50.47%；归属于母公司所有者净利润 38.64 亿元，同比增长 52.96%；基本每股收益 0.33 元。

2. 公司业务情况

分产品看，收入增速出现分化：城轨、客车下半年增速加快，机车、动车组、货车下半年增速回落。2011 年，收入占比 18% 左右的城轨、客车分别增长 14.81%、50.57%，较上半年 -16.22%、25.89% 的增速有显著加快；收入占比约 60% 的机车、动车组和货车分别增长 -1.25%、43.74% 和 33.48%，较上半年 38.10%、101.88% 和 40.96% 的增速有不同程度的回落，其中机车和动车组回落幅度较大。由于铁道部固定资产投资放缓，高铁建设受到影响，公司动车组增速出现显著回落；而随着城市有轨交通建设的加快，城轨地铁车辆增速加快；随着铁路客货分离、重载货运、快捷货运对铁路大轴重、快捷货车需求的拉动，铁路货车保持了持续的增长。

继续发展机车、高速动车组、城轨地铁。公司未来将大力发展高速、重载的大功率电力机车；动车组仍将进一步扩大规模，重点发展城际动车组；城轨地铁业务将进一步提升整体产能，是公司未来重要的增长点。而客车、货车方面，重点将提升产品质量，优化产品结构。此外，公司搭建了风电设备、电动汽车、工程机械、复合材料、发动机、电气及元器件等新兴产业，业务多元化为公司开拓了新的增长点。2012 年，公司将重点进行动车组及城轨地铁车辆维修服务网络建设，发展主要产品的后续市场，为公司长期持续增长奠定基础。

中国北车

1. 总体经营情况

2011 年，公司实现营业收入 893.53 亿元，同比增长 38.91%；营业利润 31.83 亿元，同比增长 60.75%；归属于母公司所有者净利润 29.85 亿元，同比增长 55.16%；实现基本每股收益 0.36 元。

2. 公司业务情况

动车组销售大幅增长。由于京沪线等国家客运专线重点工程的开通，2011 年底我国高铁运营里程已达 1 万余公里。大规模基建投资过后，铁路投资中动车组购置需求逐渐放大，加之原有线路车辆运行密度的提高，动车组需求景气度开始上升。2011 年公司动车组车辆实现收入 239.49 亿元，收入占比 27%，同比增长 105.10%。铁道部计划 2012 年机车购置投资金额约为 1 000 亿元，同比下滑 25%，然而 2012 年计划通车的高铁里程数约为 5 500 公里，同比增长 35% 以上。因此，预计在铁道部资金压力缓解后，机车购置投资有望在计划的基础上有所提高。

铁路货车收入稳定增长。我国铁路客

货运输能力与经济发展长期存在着矛盾，高铁的建设有力促进了客货分流，未来几年将逐渐打破铁路货运能力的瓶颈。自此，铁路行业对货车大功率机车和重载货车的需求量将呈现爆发式增长。以胶济、武广、郑西、沪宁、沪杭线为基准，高铁客运专线里程约3 637公里，开工三年内，年释放货运能力2.65亿吨。预计到“十二五”末，高铁营运里程将达1.4万公里，将至少提高原线路年货运能力10.2亿吨，较2010年全国铁路货运量增长34%。企业自备车招标从2011年下半年放宽后，需求快速释放。公司通过增发项目募集资金加强货车的重载、快捷以及铁路集装箱三方面的竞争实力。2011年，公司货车产能约2.6万台，货车车辆实现收入125.83亿元，收入占比14%，同比增长33.06%。预计未来公司货车收入将保持20%左右的平稳增长。

杭氧股份

1. 总体经营情况

2011年，公司实现营业收入42.33亿元，同比增长39.99%；营业利润5.93亿元，同比增长36.00%；归属于母公司所有者净利润4.97亿元，同比增长40.19%；实现基本每股收益0.83元。

公司空分设备产品和工业气体产品销售收入均有较大幅度的增长，营业收入同比增长39.99%，增速达到近几年的最高水平。与此同时，综合毛利率同比下滑了3.69个百分点，为25.94%，主要是由于部分空分设备产品配件外协加工量增加较多导致整体毛利率下降；工业气体运营初期摊销费用较多，导致毛利率大幅下滑。

2. 公司业务情况

2011年，公司空分设备销售收入达到32.16亿元，同比增长25.87%，收入占比为75.98%；毛利率为26.90%，同比下降了3.11个百分点，毛利占比为78.80%，仍是公司主要收入及利润来源。2011年公司完成49大套大型空分成套设备，并新增62套空分设备订单，其中，包括中标中煤陕西榆林的4套6万空分装置，在大型空分设备和煤化工领域取得不错的成绩。

2011年，公司气体销售收入达到6.80亿元，同比大幅增长了163.35%，收入占比提升至16.07%。但由于工业气体运营初期摊销费用较多，毛利率为21.11%，同比下滑10.64个百分点。随着公司更多工业气体项目投产，气体业务将保持快速增长，毛利率也将逐渐回升，收入占比及利润贡献率将迅速提升。

航空动力

1. 总体经营情况

2011年，公司实现营业收入68.06亿元，同比增长11.85%；营业利润2.97亿元，同比增长22.23%；归属母公司所有者净利润2.59亿元，同比增长23.87%；实现基本每股收益0.24元。

公司三大业务板块呈“两升一降”的态势。综合毛利率为14.42%，同比提升0.90个百分点，主要是由于航空发动机及衍生产品毛利率同比提升1.63个百分点。期间费用率为9.55%，同比提升0.32个百分点。

2. 公司业务情况

2011年，公司航空发动机及衍生产品产量及收入均创历史新高，实现收入40.66亿元，同比增长15.46%，收入占比达到60%；毛利率为17.19%，同比提升1.63个百分点；新签订销售合同28.31亿元，同比基本持平。航空发动机及衍生产品处于升级换代的过渡期，二代产品需求逐渐回落，三代产品产能有待扩张,虽然短期内收入增速有所放缓,但总体增长态势依然较为稳健。

受欧债危机和国际金融市场动荡的影响,公司航空零部件外贸转包业务略有下滑,实现收入 13.26 亿元,同比减少 1.57%,收入占比为 19.49%;毛利率为 14.23%,同比下降 0.70 个百分点;新签订合同额则达到 22 亿元,同比大幅增长 160.2%。公司与 GE、罗罗等国际知名的航空发动机制造企业建立了长期合作关系,外贸转包业务发展前景较好。

公司的非航民品业务涉及工业燃机、碳纤维复合材料、余热余能发电、斯特林太阳能热发电等项目,2011 年实现收入为 13.18 亿元,同比增长 15.58%,收入占比为 19.36%;毛利率为 5.82%,同比下降 0.03 个百分点。

沈阳机床

1. 总体经营情况

2011 年,公司实现营业收入 96.11 亿元,同比增长 19.43%;营业利润 7 827 万元,同比增长 164.38%;归属母公司所有者净利润 1.05 亿元,同比减少 26.03%;实现基本每股收益 0.19 元。

由于计提坏账准备增加较多,公司资产减值损失达 1.46 亿元,同比增长 309%;另一方面,公司获得的政府补助大幅减少,仅为 2 842万元,使得营业外收入同比减少了 63%,仅为 6 678 万元。受坏账准备增加及政府补助减少这两个因素的影响,公司净利润在收入增长、毛利率提升的同时下滑了 26.03%。

2. 公司业务情况

2011 年,数控机床产品收入 53.09 亿元,同比增长 8.95%,收入占比为 55%。从产量上看,数控机床产量 2.4 万台,同比增长 13%,机床产值数控化率达到 63%,同比提升了 3 个百分点。

公司各类机床产品的毛利率均有所提升,普通车床、钻床和镗床毛利率同比分别上升 4.95、4.43 和 1.19 个百分点,数控机床毛利率同比上升 0.47 个百分点。综合毛利率为 21.79%,同比提升了 0.25 个百分点。在综合毛利率提升的同时,期间费用率下降了 1.25 个百分点至 19.05%。公司主业盈利能力有所提升,但仍处于微利状态。

三一重工

1. 总体经营情况

2011 年,公司实现营业收入 507.76 亿元,同比增长 49.54%;营业利润 98.47 亿元,同比增长 42.78%;归属母公司所有者净利润 86.49 亿元,同比增长 54.02%;基本每股收益 1.14 元。

2. 公司业务情况

公司多项产品技术地位领先。混凝土泵车方面,报告期公司推出 86 米世界最长臂架泵车,保持了技术上的绝对优势;履带起重机方面,公司 3 600 吨履带起重机成功下线,进一步夯实既有优势地位;此外,公司在桩机、路机方面也具有技术优势。

强强联合,占据混凝土泵车技术和市场制高点。报告期公司收购德国混凝土机械龙头普茨迈斯特。通过收购,公司将与其深化研发与技术创新的协同合作,从而确保混凝土机械制造技术的绝对领导地位。此外,公司利用营销、服务网络的区域互补优势,扩大了国际尤其是新兴市场的销售。

汽车起重机及国际市场是公司主要增长点。2012 年,公司将不断提升挖掘机、汽车起重机的性能和品质,巩固挖掘机国内市场第一的领先地位,扩大汽车起重机的市场份额。公司具备在国内市场进行横向扩张的成功经验,工程机械及矿山机械广阔的市场空间、丰富的产品线,为公司提供了巨大的成长空间。此外,通过复制在国内的成功经验,公司有望在印度、巴西等类似中国的快速发展国家取得成功,因此,海外市场也将是公司未来重要的增长点之一。

上汽集团

1. 总体经营情况

2011 年,公司实现营业收入 4 330. 95 亿元,同比增长 18. 66%;营业利润 416. 97 亿元,同比增长 24. 98%;归属于母公司所有者净利润 202. 22 亿元,同比增长 23. 38%;基本每股收益 1. 83 元。公司 2011 年度毛利率为 18. 75%,较 2011 年下降 0. 36 个百分点,在原材料价格与人工成本上涨和汽车价格下降的背景下依然表现较好。2011 年公司期间费用率为 9. 70%,较 2010 年同期下降了 0. 83 个百分点。

2. 公司业务情况

2011 年公司国产整车销量突破 400 万辆,同比增长 12%,增速比全国平均水平高出 9. 5 个百分点。其中,乘用车 265. 15 万辆,同比增长 16. 37%;商用车 136. 03 万辆,同比增长 4. 31%;国内市场占有率 21. 02%,同比上升 1. 59 个百分点,市场份额进一步扩大。公司旗下合资整车企业继续发挥龙头作用,其中,上海通用、上海大众 2011 年实现销量 123. 15 万辆、116. 58 万辆,同比增长分别为 18. 53% 与 16. 42%;上汽通用五菱 2011 年实现销售 130. 11 万辆,同比增长 5. 40%,继续保持微车市场领先地位。

长城汽车

1. 总体经营情况

2011 年,公司实现营业收入 300. 90 亿元,同比增长 30. 90%;实现归属于股东净利润 34. 26 亿元,同比增长 26. 86%;摊薄后的每股收益为 1. 13 元。2011 年,公司综合毛利率为 24. 91%,同比增长 0. 17 个百分点。2011 年公司期间费用率为 8. 15%,同比下降 0. 27 个百分点。

2. 公司业务情况

2011 年公司共实现整车销售 46. 27 万辆,同比增长 27. 3%,表现远好于 2. 45% 的行业增速。分业务来看,SUV 实现销售 14. 73 万辆,同比增长 23%,SUV 市场占有率达到 9. 8%,行业排名保持全国第一;轿车实现销售 18. 75 万辆,同比大幅增长 52. 6%,虽然公司是轿车领域的新进入者,但市场定位准确,产品品质在自主品牌中较为优秀,2011 年公司轿车以 52. 6% 的销量增速,继续成为轿车业务增长最快的汽车企业;皮卡实现销售 12. 17 万辆,同比增长 23. 3%。

宇通客车

1. 总体经营情况

2011 年,公司实现营业收入 169. 32 亿元,同比增长 24. 36%;营业利润 13. 31 亿元,同比增长 31. 29%;归属于母公司所有者的净利润 11. 81 亿元,同比增长 36. 00%;基本每股收益 2. 27 元。2011 年公司综合毛利率为 18. 2%,同比基本持平。2011 年期间公司费用率为 9. 7%,同比下降 0. 4 个百分点,主要由于销售费用率同比下降 2. 0 个百分点至 6. 5% 所致。

2. 公司业务情况

2011 年期间公司分别实现客车产销 4. 59 万量与 4. 67 万量,同比较 2010 年分别增长 9. 55% 和 13. 41%,主要生产车辆向大中型客车类发展。销售量、销售额、市场份额的增长情况均高于行业和主要竞争对手,进一步巩固了国内客车行业第一品牌的地位。此外，公司积极进行海外业务的拓展，对香港宇通国际进行收购，2011 年期间公司海外营业收入 16.87 亿元，同比增长高达 80.43%。

华域汽车

1. 总体经营情况

2011 年，公司实现营业收入 522.99 亿元，同比增长 16.67%；营业利润 58.23 亿元，同比增长 17.07%；归属母公司所有者的净利润 29.90 亿元，同比增长 17.10%，每股收益为 1.16 元。2011 年公司综合毛利率为 16.28%，同比上升 0.5 个百分点。2011 年公司期间费用率为 8.2%，同比略微上升 0.3 个百分点。

2. 公司业务情况

2011 年，公司内外饰件类收入 404.49 亿元，同比增长 12.21%；功能性总成件类收入 104.25 亿元，同比增长 36.03%；热加工类收入 14.25 亿元，同比增长 1.78%。公司主要配套客户上海大众、一汽大众、上海通用在 2011 年销量增长分别为 16.4%、19.0%、17.2%。受益于主要配套客户的稳健增长，公司营业收入和营业利润均保持增长。

东方电气

1. 总体经营情况

2011 年，公司实现营业收入 429.17 亿元，同比增长 12.7%；营业利润 33.56 亿元，同比增长 21.79%；归属母公司所有者净利润 30.56 亿元，同比增长 18.6%。2011 年公司实现净资产收益率 24.65%，基本每股收益 1.53 元。

除了新能源业务毛利率有所下滑外，2011 年公司主要产品的毛利率均有所上升，使得公司综合毛利率从 2010 年的 19.93% 上升到 20.74%。2011 年公司的期间费用率下降了 0.32 个百分点。

2. 公司业务情况

2011 年公司发电设备产量达到 3 968.15 万千瓦，其中，水轮发电机组 23 组/546.45 万千瓦，汽轮发电机 58 台/3 276.3 万千瓦，风电 949 套/145.4 万千瓦。电站锅炉 51 台/2 190.2万千瓦，电站汽轮机 101 台/3 916.7 万千瓦。主营业务综合毛利率为 20.74%，较 2010 年同期增长 0.81 个百分点。

2011 年公司新增订单达 480 亿元，其中出口项目 21 亿美元，占 28.3%。新增订单中，高效清洁能源占 60%，新能源占 11%，水能与环保占 4%，工程及服务占 25%。截至 2011 年末，公司在手订单超过 1 500 亿元，其中，高效清洁能源占 55%，新能源占 15%，水能与环保占 10%，工程及服务业占 20%。在手订单中，出口项目占 22.8%。

龙源技术

1. 总体经营情况

2011 年全年，实现营业收入 8.84 亿元，同比增长 81.34%；营业利润为 1.95 亿元，同比增长 91.49%；利润总额为 2.02 亿元，较 2010 年同期增长 69.59%；归属于母公司所有者的净利润为 1.74 亿元，比 2010 年同期增长 66%。2011 年公司实现净资产收益率 10.5%，每股收益 1.10 元。

2. 公司业务情况

三大主营业务传统点火产品、低氮燃烧和余热收入分别占主营业务收入的 29.52%、28.08% 和 33.71%。未来低氮燃烧和余热业务占比会进一步提高。

低氮燃烧产品实现营业收入 2.4726 亿元，同比增长 90.98%。2011 年增速符合预期，2012 年脱硝市场进入启动加速周期，若配合电价进一步上调，公司作为前端脱硝龙头和该业务的垄断者有望充分受益。

锅炉余热利用产品实现营业收入2.97亿元,成为新的收入增长点。余热项目具有回收期短,单一项目收入高的特点,背靠国电集团该业务有望维持70%以上增长,也将适当降低综合毛利率。

分产品看各项毛利率均有所提升,但2011年新增业务锅炉余热利用的毛利率仅为28.26%,影响综合盈利水平从2010年的43.4%下降至39.2%。

国电南瑞

1. 总体经营情况

2011年,公司实现主营业务收入46.60亿元,同比增长53.49%;实现归属母公司所有者的净利润8.55亿元,同比增长64.80%。2011年公司实现净资产收益率29.75%,每股收益0.81元。

2. 公司业务情况

2011年,受益于智能电网快速发展,公司变电、配电、调度业务营业收入增速分别达17.37%、113.86%和73.88%。根据《国家电网公司"十二五"电网智能化规划》,"十二五"期间将投资2 861亿元用于电网建设,单智能电网投资带动的二次设备需求较"十一五"期间中二次设备需求增长接近100%。

用电端业绩有望在2012年爆发。公司在用电端的布局包括:①电动汽车充换电站。公司是国家电网电动汽车充换电设施研究、开发和生产的主要承担单位,占国家电网系统内份额达70%,占全国市场份额约50%。考虑到"十二五"初期实际完工情况低于预期,国家电网为了完成"十二五"电动汽车规划,有望于2012年加快建设。②用电信息采集系统。公司收购安徽中天电子公司,标志着公司正式进入用电信息采集系统,借助公司的销售渠道,中天电子销售有望从安徽走向全国。

汇川技术

1. 总体经营情况

2011年1—12月,公司实现主营业务收入10.54亿元,同比增长56.24%;实现归属母公司所有者的净利润3.40亿元,同比增长54.34%。2011年,公司实现净资产收益率14.30%,同比减少13.57个百分点,每股收益1.57元。

公司综合毛利率为55.49%,同比上升2.44个百分点;期间费用率为20.59%,同比上升0.60个百分点。

2. 公司业务情况

公司募投项目于2011年11月投产,其中,高性能变频器增加20万台产能,产能增长率高达279%;电梯一体化专机增加3万台产能,产能增长率达207%;伺服系统5万套产能;同步电机直驱系统0.5万套产能。考虑到公司产品主要定位于进口替代,募投项目投产将更加有利于公司抢占国内市场。

2011年9月公司发布公告,将利用超募资金布局新项目:①出资3 000万元收购长春市汇通电子,切入编码器行业;②投资1.02亿元进行年产600台大传动变频器项目;③投资1.07亿元进行年产4万台新能源电动汽车电机控制器项目;④投资2.07亿元进入8 000台光伏逆变器项目。上述后3个项目投产期均在2013—2014年,预计届时公司业绩将大幅增长。

五、上市公司在行业中的影响力

上市资产在全行业占比逐年提升。2011年机械、设备、仪表行业总资产规模达到14.67万亿元，同比增长16.48%；全行业上市公司资产总额为2.96万亿元，按可比样本计算同比增长34.59%；上市资产总额占行业总资产的20.22%，同比提升2.72个百分点，处于近5年来最高水平。

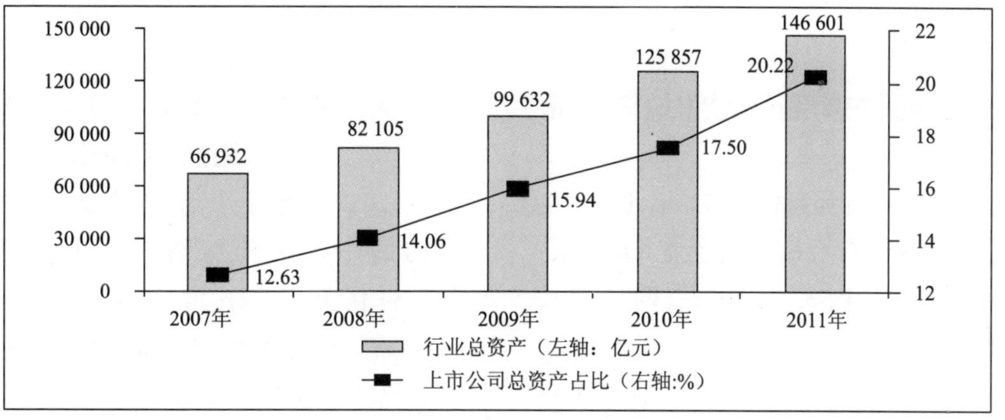

图22　机械、设备、仪表行业2007—2011年总资产及其中上市公司资产占比

资料来源：国家统计局，天相投资分析系统

上市公司对行业的引领作用继续增强。2011年，全行业营业收入18.69万亿元，同比增长20.27%；其中上市公司实现营业收入2.52万亿元，按可比样本计算同比增长28.76%，高于全行业水平；上市公司总收入规模占全行业比重达13.50%，为近5年来的最高水平。2011年全行业利润总额1.33万亿元，同比增长20.21%；其中上市公司利润总额为2 068.2亿元，在全行业占比为15.52%，为近5年来最高水平。

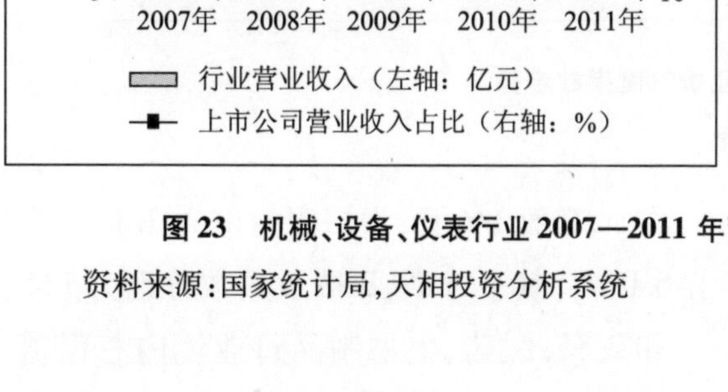

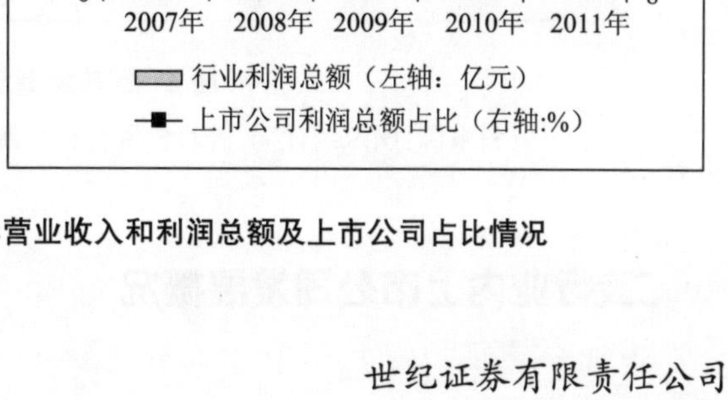

图23　机械、设备、仪表行业2007—2011年营业收入和利润总额及上市公司占比情况

资料来源：国家统计局，天相投资分析系统

世纪证券有限责任公司
审稿人：万文宇
撰稿人：赵晓闯

医药、生物制品

一、医药、生物制品行业总体概况

根据国家统计局数据，2011 年，医药、生物制品行业内共有规模以上企业 5 674 家，实现销售收入 14 522.06 亿元，同比增长 29.37%；实现利润总额 1 494.30 亿元，同比增长 23.50%；毛利率为 28.90%，处于历史较低水平。总体来看，医药、生物制品行业的刚性需求支撑着医药制造业收入的稳定增长，但由于药品降价、招标采购以及“限抗”等政策影响，行业毛利率下降，导致利润总额同比增速下降。

2011 年，医药、生物制品行业固定资产投资完成额为 2 615.40 亿元，同比增长 45.50%。根据中国医药保健品进出口商会统计，2011 年包括中药、西药及医疗器械类在内的中国医药保健品进出口总额为 732.84 亿美元，同比增长 39.09%；其中，进口额 287.68 亿美元，出口额 445.16 亿美元，二者同比分别增长 46.12% 和 34.90%。

从国家统计局发布的细分行业企业景气指数来看，2011 年第 1、2 季度医药制造业景气指数与 2010 年同期基本持平，而下半年同比出现较大幅度下滑，第 3、4 季度景气度指数分别较 2010 年同期回落 6.00 和 5.20。

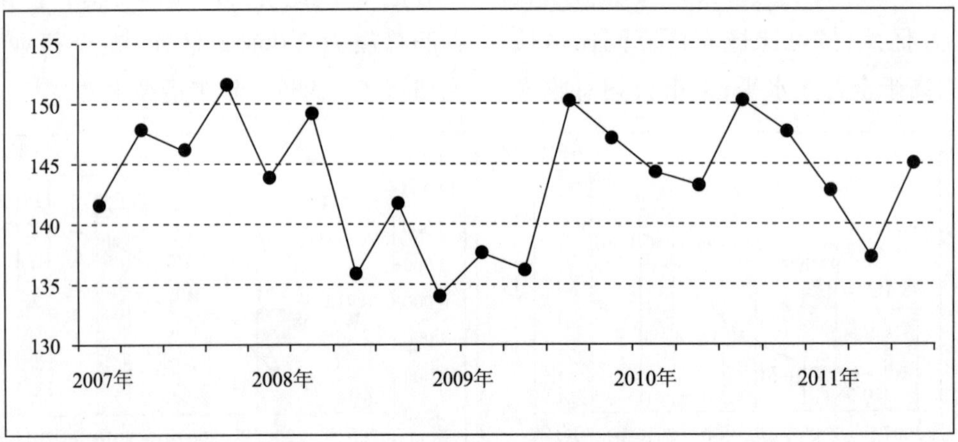

图 1 医药制造业景气度指数走势

资料来源：国家统计局，天相投资分析系统

二、行业内上市公司发展概况

(一) 行业内上市公司基本情况

截至 2011 年底，医药、生物制品行业共有 A、B 股 146 只，占沪深两市 A、B 股总数的 6.01%，其中 A 股、B 股股票数分别为 144 只和 2 只；医药、生物制品行业境内总市值为 8 434.65亿元，占沪深两市境内总市值的 3.91%，其中流通 A 股市值为 6 349.62 亿元，占沪深两市流通 A 股总市值的 3.89%。

表1 2011年医药、生物制品上市公司发行股票概况

门　类	A、B股总数	A股股票数	B股股票数	境内总市值（亿元）	流通A股市值（亿元）	流通B股市值（亿元）
医药、生物制品	146	144	2	8 434.65	6 349.62	15.85
占沪深两市比重（%）	6.01	5.93	0.08	3.91	3.89	1.12

资料来源：沪深交易所，天相投资分析系统

（二）行业内上市公司构成情况

按照上市地点划分，医药、生物制品行业在上海证券交易所上市的公司有59家，占行业内上市公司总数的40.97%；在深圳证券交易所上市的公司共有85家，占行业内上市公司总数的59.02%。

截至2011年底，医药、生物制品行业共有A股上市公司144家。行业内上市公司中有3家ST公司、7家＊ST公司，分别占行业内上市公司总数的2%和4%。

表2 2011年医药、生物制品上市公司构成情况

门　类	沪　市			深　市			ST/＊ST
	仅A股	仅B股	A+B股	仅A股	仅B股	A+B股	
医药、生物制品（家）	58	0	1	84	0	1	3/7
占行业内上市公司比重（%）	40.28	0.00	0.69	58.33	0.00	0.69	2/4

资料来源：沪深交易所，天相投资分析系统

按照公司所处子行业划分，属于医药制造子行业和生物制品子行业的上市公司数量分别为27家和119家。

表3 2011年医药、生物制品上市公司各子行业分布明细

A、B股类别	公司代码	公司名称	所属大类
沪市A股	600161	天坛生物	生物制品业
	600195	中牧股份	
	600226	升华拜克	
	600530	交大昂立	
	600538	ST国发	
	600556	＊ST北生	
	600796	钱江生化	
	600062	华润双鹤	医药制造业
	600079	人福医药	
	600080	金花股份	
	600085	同仁堂	
	600129	太极集团	
	600196	复星医药	
	600200	江苏吴中	
	600201	金宇集团	

续表

A、B 股类别	公司代码	公司名称	所属大类
沪市 A 股	600211	西藏药业	医药制造业
	600216	XD 浙江医	
	600222	太龙药业	
	600252	中恒集团	
	600253	天方药业	
	600267	海正药业	
	600276	恒瑞医药	
	600285	羚锐制药	
	600297	美罗药业	
	600329	中新药业	
	600332	广州药业	
	600351	亚宝药业	
	600380	健康元	
	600385	*ST 金泰	
	600420	现代制药	
	600421	*ST 国药	
	600422	昆明制药	
	600436	片仔癀	
	600466	迪康药业	
	600479	千金药业	
	600488	天药股份	
	600513	联环药业	
	600518	康美药业	
	600521	华海药业	
	600535	天士力	
	600557	康缘药业	
	600568	中珠控股	
	600572	康恩贝	
	600594	益佰制药	
	600613	永生投资	
	600664	哈药股份	
	600666	西南药业	
	600671	ST 天目	
	600750	江中药业	
	600771	ST 东盛	
	600781	上海辅仁	
	600789	鲁抗医药	
	600812	华北制药	
	600829	三精制药	
	600867	通化东宝	
	600869	三普药业	
	600976	武汉健民	
	600993	马应龙	
	601607	上海医药	

续表

A、B 股类别	公司代码	公司名称	所属大类
沪市 B 股	900904	永生 B 股	医药制造业
深市 A 股	000518	四环生物	生物制造业
	000557	*ST 广夏	
	000605	*ST 四环	
	000661	长春高新	
	000990	诚志股份	
	002007	华兰生物	
	002022	科华生物	
	002030	达安基因	
	002038	双鹭药业	
	002166	莱茵生物	
	002252	上海莱士	
	002550	千红制药	
	300009	安科生物	
	300119	瑞普生物	
	300122	智飞生物	
	300138	晨光生物	
	300142	沃森生物	
	300204	舒泰神	
	300239	东宝生物	
	300255	常山药业	
	000004	国农科技	医药制造业
	000078	海王生物	
	000153	丰原药业	
	000403	S*ST 生化	
	000423	东阿阿胶	
	000513	丽珠集团	
	000522	白云山 A	
	000538	云南白药	
	000545	*ST 吉药	
	000566	海南海药	
	000590	紫光古汉	
	000597	东北制药	
	000623	吉林敖东	
	000650	仁和药业	
	000739	普洛股份	
	000756	新华制药	
	000766	通化金马	
	000788	西南合成	
	000790	华神集团	
	000809	铁岭新城	
	000915	山大华特	

续表

A、B 股类别	公司代码	公司名称	所属大类
深市 A 股	000919	金陵药业	医药制造业
	000952	广济药业	
	000989	九 芝 堂	
	000999	华润三九	
	002001	新 和 成	
	002004	华邦制药	
	002020	京新药业	
	002099	海翔药业	
	002107	沃华医药	
	002118	紫鑫药业	
	002198	嘉应制药	
	002219	独 一 味	
	002275	桂林三金	
	002287	奇正藏药	
	002294	信立泰	
	002317	众生药业	
	002332	仙琚制药	
	002349	精华制药	
	002370	亚太药业	
	002390	信邦制药	
	002393	力生制药	
	002399	海普瑞	
	002412	汉森制药	
	002422	科伦药业	
	002424	贵州百灵	
	002433	太安堂	
	002437	誉衡药业	
	002566	益盛药业	
	002603	以岭药业	
	002644	佛慈制药	
	300006	莱美药业	
	300016	北陆药业	
	300026	红日药业	
	300039	上海凯宝	
	300049	福瑞股份	
	300086	康芝药业	
	300110	华仁药业	
	300147	香雪制药	
	300158	振东制药	
	300181	佐力药业	
	300194	福安药业	
	300199	翰宇药业	
	300254	仟源制药	
	300267	尔康制药	
深市 B 股	200513	丽珠 B	

资料来源:沪深交易所,天相投资分析系统

(三)行业内上市公司融资情况

2011 年医药、生物制品行业共有 19 家公司进行了融资,占沪深两市 473 家融资公司总数的 4.02%;其中,12 家公司发行了新股,占沪深两市新股发行公司总数的 4.33%,包括中小板上市 4 家,创业板上市 8 家;7 家公司增发,占沪深两市增发公司总数的 3.83%,包括沪市 2 家,深市主板 3 家以及中小板上市公司 2 家。

表 4　　2011 年医药、生物制品上市公司融资情况　　单位:家

	融资家数	新　股	配　股	增　发
医药、生物制品	19	12	0	7
沪深两市总数	473	277	13	183
占比(%)	4.02	4.33	0.00	3.83

资料来源:沪深交易所,天相投资分析系统

按公司所在子行业分类,医药制造子行业和生物制品子行业进行融资活动的上市公司数量为各 15 家和 4 家,分别占行业内融资公司总数的 79% 和 21%。

表 5　　2011 年医药、生物制品上市公司融资类别明细

代　码	公司名称	融资类别	所属大类	证券类型
000566	海南海药	增　发	医药制造业	深市主板
000788	西南合成	增　发	医药制造业	深市主板
000809	铁岭新城	增　发	医药制造业	深市主板
002004	华邦制药	增　发	医药制造业	中小板
002020	京新药业	增　发	医药制造业	中小板
002550	千红制药	首　发	生物制品业	中小板
002566	益盛药业	首　发	医药制造业	中小板
002603	以岭药业	首　发	医药制造业	中小板
002644	佛慈制药	首　发	医药制造业	中小板
300181	佐力药业	首　发	医药制造业	创业板
300194	福安药业	首　发	医药制造业	创业板
300199	翰宇药业	首　发	医药制造业	创业板
300204	舒泰神	首　发	生物制品业	创业板
300239	东宝生物	首　发	生物制品业	创业板
300254	仟源制药	首　发	医药制造业	创业板
300255	常山药业	首　发	生物制品业	创业板
300267	尔康制药	首　发	医药制造业	创业板
600267	海正药业	增　发	医药制造业	沪　市
600869	三普药业	增　发	医药制造业	沪　市

资料来源:沪深交易所,天相投资分析系统

表 6　　2011 年医药、生物制品上市公司融资明细

代　码	公司名称	发行价格（元）	实际发行数量（万股）	实募集资金数（亿元）
000566	海南海药	23.50	3 474.60	7.76
000788	西南合成	10.26	1 320.26	1.35
000809	铁岭新城	10.23	25 200.39	25.78
002004	华邦制药	23.86	3 549.30	8.47
600869	三普药业	21.69	6 758.90	14.47
002020	京新药业	18.30	2 478.14	4.41
002550	千红制药	32.00	4 000.00	12.15
002566	益盛药业	39.90	2 760.00	10.39
002603	以岭药业	34.56	6 500.00	21.56
002644	佛慈制药	16.00	2020.00	2.90
300181	佐力药业	23.50	2 000.00	4.26
300194	福安药业	41.88	3 340.00	13.01
300199	翰宇药业	30.19	2 500.00	7.15
300204	舒泰神	52.50	1 670.00	8.32
300239	东宝生物	9.00	1 900.00	1.49
300254	仟源制药	13.00	3 380.00	3.96
300255	常山药业	28.00	2 700.00	6.97
300267	尔康制药	17.97	4 600.00	7.67
600267	海正药业	33.28	4 103.82	13.34
	合　计		84 255.40	175.41

资料来源：沪深交易所，天相投资分析系统

2011 年，行业全年总融资金额为 175.41 亿元，同比下降 62.79%；行业实际发行股数 8.43 亿股，同比下降 78.18%。2011 年行业融资规模同比大幅下降的主要原因是同比基数过高：2010 年医药、生物制品行业融资规模同比急剧放大，发行股数 38.62 亿股，融资总额 471.42 亿元，二者较 2009 年分别同比增长 632.41% 和 439.70%。

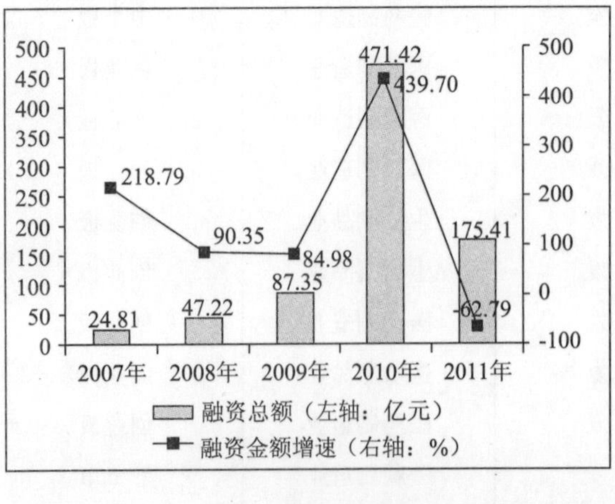

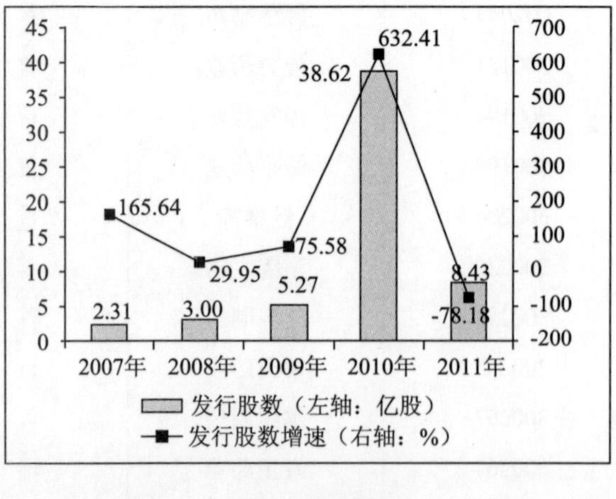

图 2　医药、生物制品上市公司 2007—2011 年融资额及发行股数变化情况

资料来源：沪深交易所，天相投资分析系统

(四)行业内上市公司资产及业绩情况

截至2011年底,医药、生物制品行业上市公司总资产为4 526.24亿元,按可比样本计算同比增长25.55%;其中,流动资产2 784.60亿元,非流动资产1 741.65亿元,按可比样本计算同比分别增长24.97%和26.47%。行业内上市公司流动负债总额为1 429.23亿元,非流动负债320.43亿元,按可比样本计算同比分别增长21.06%和35.53%;归属于母公司股东权益为2 620.44亿元,按可比样本计算同比增长27.36%。

表7　2011年医药、生物制品上市公司资产情况　单位:亿元

指　标	2011年	2011年可比样本增长(%)	2010年	2010年可比样本增长(%)	2009年
总资产	4 526.24	25.55	3 526.65	31.83	2 403.28
流动资产	2 784.60	24.97	2 178.49	44.67	1 411.55
占比(%)	61.52	-0.28	61.77	5.48	58.73
非流动资产	1 741.65	26.47	1 348.16	15.30	991.73
占比(%)	38.48	0.28	38.23	-5.48	41.27
流动负债	1 429.23	21.06	1 160.76	21.76	947.01
占比(%)	31.58	-1.17	32.91	-2.72	39.40
非流动负债	320.43	35.53	232.39	36.97	151.97
占比(%)	7.08	0.52	6.59	0.25	6.32
归属于母公司股东权益	2 620.44	27.36	2 003.30	38.90	1 223.40
占比(%)	57.89	0.82	56.80	2.89	50.91

资料来源:沪深交易所,天相投资分析系统

2011年,行业内上市公司总资产规模及归属于母公司股东权益继续保持增长态势,但增速有所回落,按可比样本计算同比分别下降6.28个和11.54个百分点。

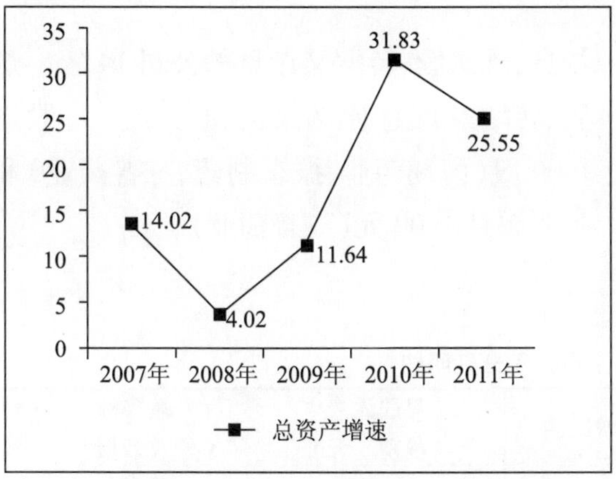

图3　医药、生物制品上市公司2007—2011年可比样本总资产和归属于母公司股东权益变化情况(%)

资料来源:沪深交易所,天相投资分析系统

2011年行业内上市公司合计实现营业收入3 178.40亿元,按可比样本计算同比增长21.45%;实现利润总额408.81亿元,按可比样本计算同比增长16.27%;归属于母公司所有者的净利润为321.28亿元,按可比样本计算同比增长13.97%。

表8　　2011年医药、生物制品上市公司收入实现情况　　单位:亿元

指　标	2011年	2011年可比样本增长(%)	2010年	2010年可比样本增长(%)	2009年
营业收入	3 178.40	21.45	2 548.78	24.23	1 863.04
利润总额	408.81	16.27	338.03	8.66	253.27
归属于母公司所有者的净利润	321.28	13.97	270.22	9.71	201.85

资料来源:沪深交易所,天相投资分析系统

2011年,行业内上市公司合计营业收入维持增长态势,但增速稍有放缓,按可比样本计算同比下降2.78个百分点;归属于母公司所有者的净利润维持增长态势,增速有所上升,按可比样本计算同比提高4.26个百分点。

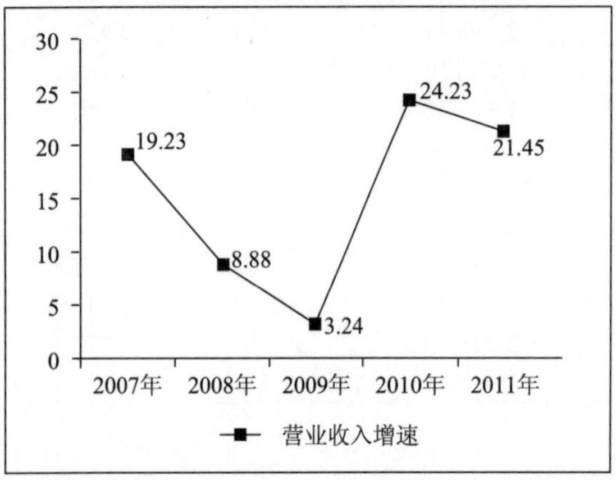

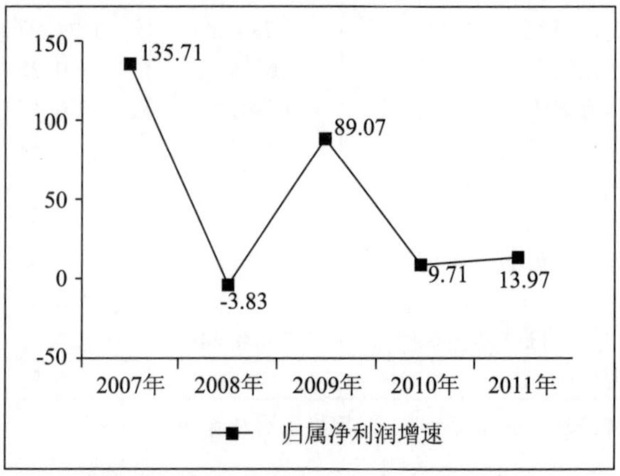

图4　医药、生物制品上市公司2007—2011年可比样本营业收入及归属于母公司所有者的净利润变化情况(%)

资料来源:沪深交易所,天相投资分析系统

(五)利润分配情况

2011年,医药、生物制品行业上市公司中共有67家公司实施了分红送股,其中,1家公司实施送股及转增股本,52家公司实施派息,既送股、转增又派息的公司14家。送股、转增及派息比例最高值分别为每股送1.00股(海翔药业、振东制药、三普药业)和每股派息1.00元(三普药业)。

表9　　2011年医药、生物制品上市公司分红明细

代　码	名　称	送股及转增比例	每股派息(税前　元)	基准股本(万股)
000423	东阿阿胶	—	0.300	65 402.15
000513	丽珠集团	—	0.500	29 572.19
000522	白云山A	—	0.055	46 905.37
000538	云南白药	—	0.160	69 426.65
000566	海南海药	—	0.100	24 759.50
000623	吉林敖东	0.300	0.200	68 802.96
000650	仁和药业	0.500	0.056	63 024.80

续表

代　码	名　称	送股及转增比例	每股派息（税前　元）	基准股本（万股）
000756	新华制药	—	0.030	45 731.28
000809	铁岭新城	0.500	—	36 657.39
000919	金陵药业	—	0.150	50 400.00
000989	九芝堂	—	0.400	29 760.53
000990	诚志股份	—	0.040	29 703.24
000999	华润三九	—	0.240	97 890.00
002001	新和成	—	0.600	72 594.60
002007	华兰生物	—	0.120	57 620.48
002020	京新药业	—	0.200	12 633.14
002030	达安基因	0.200	0.024	34 670.59
002038	双鹭药业	—	0.200	38 070.00
002099	海翔药业	1.000	0.300	16 146.25
002219	独一味	0.150	0.017	37 360.00
002287	奇正藏药	—	0.280	40 600.00
002370	亚太药业	—	0.080	20 400.00
002390	信邦制药	—	0.060	17 360.00
002393	力生制药	—	0.900	18 245.50
002422	科伦药业	—	0.250	48 000.00
002424	贵州百灵	—	0.200	47 040.00
002550	千红制药	—	0.350	16 000.00
002603	以岭药业	0.300	0.100	42 500.00
002644	佛慈制药	0.100	0.036	8 078.00
300006	莱美药业	—	0.100	18 300.00
300049	福瑞股份	—	0.300	12 506.00
300110	华仁药业	—	0.200	21 360.00
300158	振东制药	1.000	0.300	14 400.00
300181	佐力药业	0.800	0.500	8 000.00
300254	仟源制药	—	0.080	13 380.00
300255	常山药业	0.700	0.200	10 785.00
600062	华润双鹤	—	0.384	57 169.59
600079	人福医药	—	0.070	49 344.36
600085	同仁堂	—	0.150	130 206.57

续表

代 码	名 称	送股及转增比例	每股派息（税前 元）	基准股本（万股）
600161	天坛生物	—	0.100	51 546.69
600195	中牧股份	—	0.400	39 000.00
600196	复星医药	—	0.100	190 439.24
600201	金宇集团	—	0.150	28 081.49
600216	浙江医药	—	0.600	45 006.00
600252	中恒集团	—	0.100	109 174.75
600267	海正药业	0.600	0.150	52 481.82
600276	恒瑞医药	0.100	0.090	112 414.97
600285	羚锐制药	—	0.150	20 072.00
600420	现代制药	—	0.100	28 773.34
600436	片仔癀	—	0.700	14 000.00
600479	千金药业	—	0.200	30 481.92
600513	联环药业	0.300	0.050	11 700.00
600518	康美药业	—	0.050	219 871.45
600530	交大昂立	—	0.120	31 200.00
600535	天士力	—	0.700	51 642.13
600557	康缘药业	—	0.060	41 564.67
600572	康恩贝	—	0.150	70 360.00
600594	益佰制药	—	0.080	36 077.10
600750	江中药业	—	0.300	31 115.00
600789	鲁抗医药	—	0.020	58 157.55
600867	通化东宝	—	0.200	77 621.25
600869	三普药业	1.000	1.000	49 502.17
600993	马应龙	—	0.110	33 157.99
601607	上海医药	—	0.160	268 891.05
200513	丽 珠B	—	0.500	29 572.19
300086	康芝药业	—	0.150	20 000.00
300142	沃森生物	—	0.300	15 000.00

资料来源：沪深交易所，天相投资分析系统

2011 年行业内上市公司分红总额为 64.22 亿元，按可比样本计算较 2010 年减少 18.12 亿元；分红总额占归属于母公司所有者的净利润总额的比重为 19.99%，同比下降 10.48 个百分点。

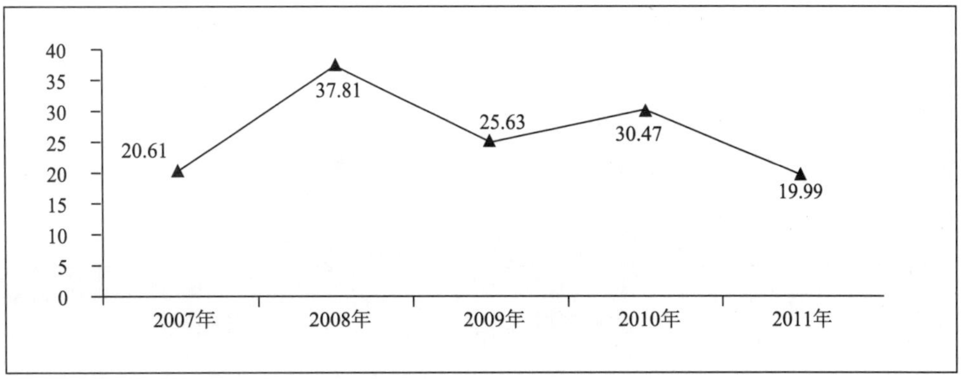

图5　医药、生物制品上市公司2007—2011年分配利润占比情况(%)

资料来源:沪深交易所,天相投资分析系统

(六)其他财务指标情况

1. 盈利能力指标

2011年医药、生物制品行业上市公司盈利能力相对2010年继续下降。按可比样本计算,毛利率比2010年降低2.35个百分点,净资产收益率降低1.44个百分点,销售净利率降低0.66个百分点,资产净利率降低1.00个百分点。

表10　2011年医药、生物制品上市公司盈利能力情况

指　标	2011年	2011年可比样本变动	2010年	2010年可比样本变动	2009年
毛利率(%)	32.45	-2.35	34.35	-1.56	32.44
净资产收益率(%)	12.26	-1.44	13.49	-3.59	16.50
销售净利率(%)	10.11	-0.66	10.60	-1.40	10.83
资产净利率(%)	7.90	-1.00	8.71	-1.66	8.86

资料来源:沪深交易所,天相投资分析系统

2. 偿债能力指标

2011年医药、生物制品行业上市公司负债水平继续下降,按可比样本计算资产负债率降低0.65个百分点;流动比率和速动比率均有改善,按可比样本计算分别上升0.06和0.02;偿债能力持续增强。

表11　2011年医药、生物制品上市公司偿债能力指标

指　标	2011年	2011年可比样本变动	2010年	2010年可比样本变动	2009年
流动比率	1.95	0.06	1.88	0.30	1.49
速动比率	1.49	0.02	1.46	0.26	1.17
资产负债率(%)	38.66	-0.65	39.50	-2.48	45.73

资料来源:沪深交易所,天相投资分析系统

3. 营运能力指标

2011年医药、生物制品行业上市公司总体营运能力较2010年有所下降。按可比样本计算,固定资产周转率上升0.42次,存货周转率降低0.23次,应收账款周转率降低0.46次,流动资产周转率、总资产周转率和净资产周转率也有小幅下降。

表12　　2011年医药、生物制品上市公司营运能力情况　　单位:次

指　标	2011年	2011年可比样本变动	2010年	2010年可比样本变动	2009年
存货周转率	3.73	-0.23	3.97	0.00	4.16
应收账款周转率	7.34	-0.46	7.78	-0.38	7.22
流动资产周转率	1.27	-0.12	1.38	-0.19	1.41
固定资产周转率	4.50	0.42	4.08	0.51	3.71
总资产周转率	0.78	-0.04	0.82	-0.04	0.82
净资产周转率	1.28	-0.11	1.38	-0.14	1.56

资料来源:沪深交易所,天相投资分析系统

三、重点细分行业介绍

医药、生物制品制造业共涵盖2个细分行业,分别是生物制品业和医药制造业。

生物制品业上市公司家数为27家,占医药、生物制品制造业境内市值比重为14.36%;医药制造业上市公司数为117家,占医药、生物制品制造业境内市值比重为85.64%。

表13　　2011年医药、生物制品各子行业上市公司数量分布及市值情况

大　类	上市公司家数(家)	占行业内比重(%)	境内总市值(亿元)	占行业内比重(%)
生物制品业	27	18.75	1 211.38	14.36
医药制造业	117	81.25	7 223.27	85.64

资料来源:沪深交易所,天相投资分析系统

(一)生物制品业

1. 行业概况

在国务院《关于加快培育发展战略性新兴产业的决定》中,生物医药被列为重点发展领域之一,国家通过实施重大产业创新发展工程、重大应用示范工程、加大财税金融政策扶持等方式推动战略性新兴产业发展。随着生物技术的进步,生物技术药物逐渐成为创新药物的重要来源,全球生物技术药物销售收入已连续多年保持了15%以上的增速,是全部药品销售收入增速的两倍以上,预计到2020年,生物技术药物占全部药品销售收入的比重将超过1/3。我国生物制品业仍以中小企业为主,在整个医药、生物制品行业中占比较小。

2. 行业内上市公司发展情况

(1)2011年生物制品业上市公司业绩表现平稳,营业收入、利润总额均小幅提升,按可比样本计算分别同比增长6.80%和3.85%。

(2)2011年生物制品业上市公司净资产收益率和销售净利率均有所下降,按可比

样本计算分别降低 2.11 和 0.36 个百分点；虽然按可比样本计算毛利率提高 0.20 个百分点，但整体盈利能力有所减弱。

（3）2011 年生物制品业上市公司负债水平回落，资产负债率按可比样本计算下降 3.12 个百分点；按可比样本计算，存货周转率降低 0.17 次，总资产周转率降低 0.09 次，营运能力相对 2010 年有所减弱。

表 14　　2011 年生物制品业上市公司收入及资产增长情况　　单位：亿元

指　标	2011 年	2011 年可比样本增长（%）	2010 年	2010 年可比样本增长（%）	2009 年
营业收入	202.21	6.80	170.03	16.90	107.48
利润总额	39.60	3.85	34.75	－17.53	34.69
归属于母公司所有者的净利润	31.27	4.38	27.06	－22.09	29.09
总资产	403.06	17.36	328.81	36.30	192.61
归属于母公司股东权益	274.48	23.68	212.90	58.00	110.05

资料来源：沪深交易所，天相投资分析系统

表 15　　2011 年生物制品业上市公司盈利能力情况

指　标	2011 年	2011 年可比样本变动	2010 年	2010 年可比样本变动	2009 年
毛利率（%）	40.92	0.20	41.86	－1.21	43.99
净资产收益率（%）	11.39	－2.11	12.71	－13.06	26.43
销售净利率（%）	15.46	－0.36	15.92	－7.96	27.07
资产净利率（%）	8.38	－1.67	9.49	－5.70	15.83

资料来源：沪深交易所，天相投资分析系统

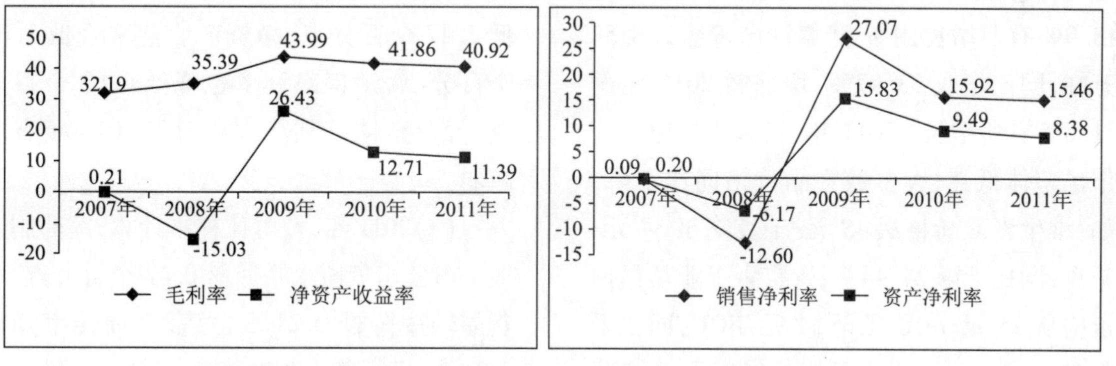

图 6　生物制品业上市公司 2007—2011 年可比样本盈利能力指标情况（%）

资料来源：沪深交易所，天相投资分析系统

表 16　　2011 年生物制品业上市公司偿债及营运情况

指　标	2011 年	2011 年可比样本变动	2010 年	2010 年可比样本变动	2009 年
资产负债率（%）	27.61	－3.12	30.44	－8.46	37.76
存货周转率（次）	2.88	－0.17	3.02	0.37	2.43
总资产周转率（次）	0.54	－0.09	0.60	－0.04	0.58

资料来源：沪深交易所，天相投资分析系统

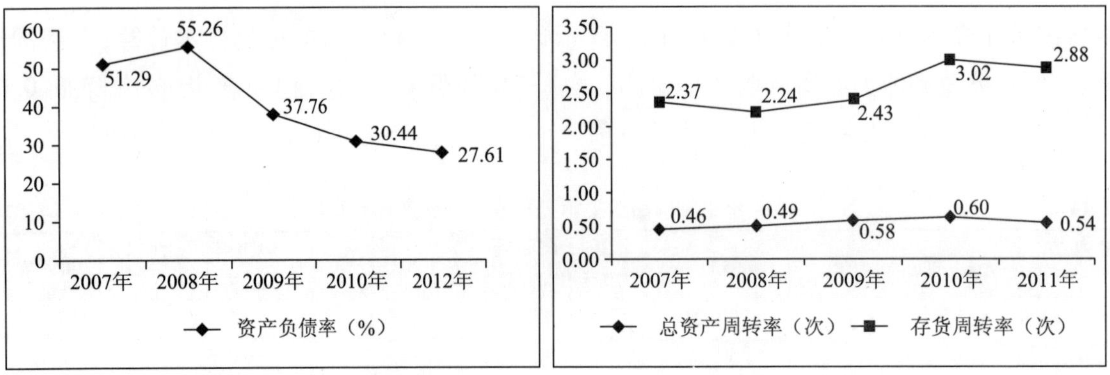

图7　生物制品业上市公司2007—2011年偿债及营运能力指标情况

资料来源：沪深交易所，天相投资分析系统

（二）医药制造业

1. 行业概况

2011年，我国医药制造业整体发展相对稳定，成本压力增大，中药、化学药、化学原料药行业毛利率均有所下滑。产品量价方面，2011年化学原料药产量累计达289.87万吨，同比增长23.33%，增速较2010年的13.9%有所增长；中成药累计产量达238.54万吨，同比增长33.97%，增速较2010年的21.6%有所增长。2011年，我国化学原料药市场整体低迷，大多数产品价格同比下降，如：维生素C价格从45元/千克降至34元/千克，同比下降24.44%；青霉素工业盐国内价格从75元/BOU降至54元/BOU，同比下降28%；7－ACA国内价格从930元/千克降至445元/千克，同比下降52.15%。

2. 行业内上市公司发展情况

（1）2011年医药制造业上市公司业绩表现良好，营业收入、利润总额均出现较大提升，按可比样本计算分别同比增长22.59%和17.78%。

（2）2011年医药制造业上市公司盈利能力有所减弱。按可比样本计算，毛利率降低2.47个百分点，净资产收益率降低1.36个百分点，销售净利率也降低0.63个百分点，行业整体盈利能力相对于2010年有所减弱。

（3）2011年，按可比样本计算，医药制造业上市公司负债水平回落0.47个百分点，存货周转率降低0.24次，总资产周转率降低0.04次，营运能力相对2010年有所减弱。

表17　2011年医药制造业上市公司收入及资产增长情况　单位：亿元

指　标	2011年	2011年可比样本增长（%）	2010年	2010年可比样本增长（%）	2009年
营业收入	2 976.18	22.59	2 378.75	24.79	1 755.56
利润总额	369.21	17.78	303.28	12.77	218.59
归属于母公司所有者的净利润	290.01	15.11	243.16	14.92	172.76
总资产	4 123.18	26.41	3 197.84	31.39	2 210.67
归属于母公司股东权益	2 345.95	27.80	1 790.40	36.93	1 113.34

资料来源：沪深交易所，天相投资分析系统

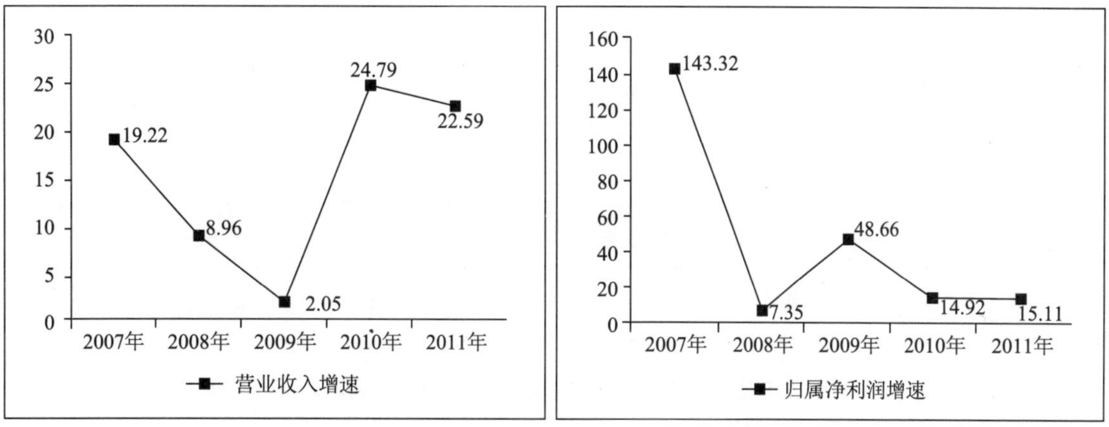

图 8　医药制造业上市公司 2007—2011 年可比样本营业收入及归属于母公司所有者的净利润变化情况（%）

资料来源：沪深交易所，天相投资分析系统

表 18　2011 年医药制造业上市公司盈利能力情况

指　标	2011 年	2011 年可比样本变动	2010 年	2010 年可比样本变动	2009 年
毛利率（%）	31.87	-2.47	33.81	-1.55	31.73
净资产收益率（%）	12.36	-1.36	13.58	-2.60	15.52
销售净利率（%）	9.74	-0.63	10.22	-0.88	9.84
资产净利率（%）	7.85	-0.93	8.64	-1.23	8.25

资料来源：沪深交易所，天相投资分析系统

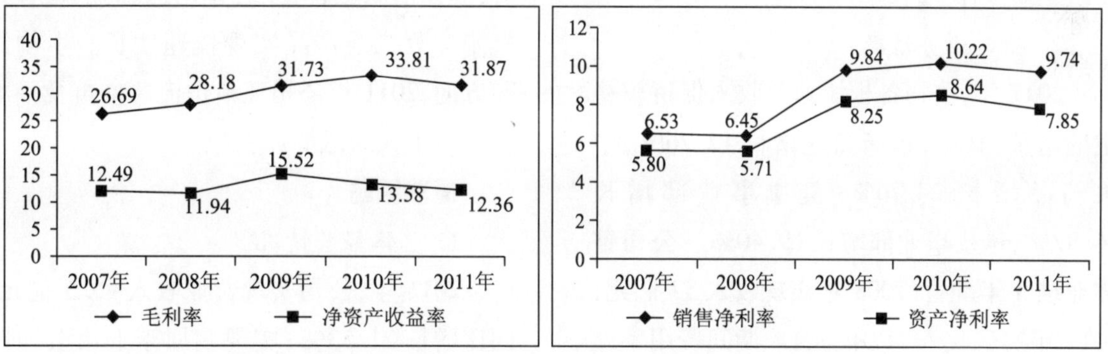

图 9　医药制造业上市公司 2007—2011 年盈利能力指标情况（%）

资料来源：沪深交易所，天相投资分析系统

表 19　2011 年医药制造业上市公司偿债及营运情况

指　标	2011 年	2011 年可比样本变动	2010 年	2010 年可比样本变动	2009 年
资产负债率（%）	39.74	-0.47	40.44	-1.85	46.42
存货周转率（次）	3.79	-0.24	4.05	-0.06	4.32
总资产周转率（次）	0.81	-0.04	0.84	-0.04	0.84

资料来源：沪深交易所，天相投资分析系统

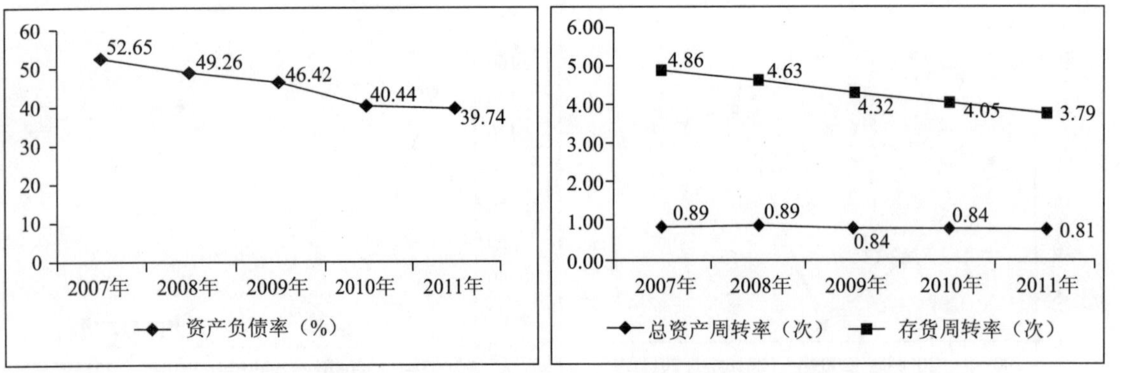

图10　医药制造业上市公司2007—2011年偿债及营运能力指标情况

资料来源：沪深交易所，天相投资分析系统

四、重点上市公司介绍

云南白药

1. 总体经营情况

2011年，公司实现营业收入113.12亿元，同比增长12.28%；实现归属于上市公司股东的净利润12.11亿元（折合每股收益1.74元），同比增长31.60%。

2. 公司业务情况

2011年，公司各板块业务收入保持较稳定的增长，其中，医药商业增长12.26%，中央药品增长24.76%，健康事业部增长16.82%，透皮事业部增长69.40%。公司整体业绩3年翻番（2008年实现收入57亿元，2011年实现收入113亿元）。期间费用率连续3年下降，盈利能力进一步加强。公司内部整合，初步形成药品、健康、原生药材及商业物流4大业务主体格局。

天士力

1. 总体经营情况

2011年，公司实现营业收入65.70亿元，同比增长41.23%；实现归属于上市公司股东的净利润6.11亿元（折合每股收益1.18元），同比增长35.65%。

2. 公司业务情况

2011年公司医药商业与医药工业双双实现高增长。其中，医药商业实现收入51.92亿元，同比增长51.03%；医药工业实现收入30.96亿元，同比增长27.40%。公司实行“大品牌、大产品、大终端、全覆盖”的营销策略，复方丹参滴丸继续保持市场优势，养血清脑颗粒、穿心莲内酯滴丸、藿香正气滴丸等二线产品实现快速增长。生物制药方面，2011年公司亚单位流感疫苗及一类新药重组人尿激酶原获批。

恒瑞医药

1. 总体经营情况

2011年，公司实现营业收入45.5亿元，同比增长21.53%；实现归属于上市公司股东的净利润8.77亿元（折合每股收益0.78元），同比增长21.05%。

2. 公司业务情况

2011年，公司进一步加强销售网络建设，由中心城市向周边城镇、社区辐射，加大学术推广，主要产品抗肿瘤药保持10%左右的稳定增长；加强非肿瘤药产品的推广，新产品造影剂碘氟醇、电解质平衡液收入分别同比大增80%和270%；手术麻醉药七氟烷、顺曲库铵、心血管药厄贝沙坦等产品也快速放量。

2011年，公司完成了多西他赛浓缩注射液、七氟烷吸入剂、奥沙利铂注射液和多西他赛浓缩注射液稀释剂4个美国ANDA项目的注册申报；伊立替康注射液通过了美国FDA认证。公司成为国内第一家注射液通过美国FDA认证的制药企业。抗肿瘤注射剂奥沙利铂接受欧盟检查验收，成为国内第一家接受欧盟无菌注射剂认证的企业。

浙江医药

1. 总体经营情况

2011年，公司实现营业收入48.26亿元，同比增长5.87%；实现归属于上市公司股东的净利润10.12亿元（折合每股收益2.25元），同比下降11.55%。

2. 公司业务情况

公司原料药业务以VE为主，2011年该业务实现收入32.91亿元，同比下降2.25%。2011年VE国内市场平均价格同比下降约3%，出口平均价格同比下降约1%，影响了公司的盈利能力。制剂业务主要产品有来可信（乳酸左氧氟沙星）、加立信（注射用替考拉宁针）等，2011年实现收入15.14亿元，同比增长28.84%。

2011年，公司拟定向增发促进业务转型。公司拟定向增发不超过7 000万股，发行价格不低于18.73元/股，募集资金总额不超过16亿元，募投项目为在绍兴滨海新城生物医药产业园区新建生命营养品、特色原料药及制剂出口基地，发展维生素系列及抗肿瘤、头孢类、免疫抑制剂类等特色药物。制剂业务是公司未来发展的战略重心，随着募投项目的逐步实施，公司业务有望实现转型升级，实现维生素、特色原料药、制剂共同发展的格局。

五、上市公司在行业中的影响力

2011年，医药、生物制品全行业营业收入14 522.06亿元，同比增长29.37%；实现利润总额1 494.30亿元，同比增长23.50%。而医药、生物制品上市公司2011年合计实现营业收入3 178.40亿元，按可比样本计算同比增长21.45%；实现利润总额408.81亿元，按可比样本计算同比增长16.27%。医药、生物制品上市公司营业收入及利润总额规模占全行业的比重分别为21.89%和27.36%，增速低于全行业水平。

世纪证券有限责任公司

审稿人：万文宇

撰稿人：邓聪

其他制造业

一、其他制造业总体概况

根据国家统计局数据，2011年其他制造业合计实现营业收入7 193.49亿元，同比增长30.13%；实现利润总额445.46亿元，同比增长59.55%。

从盈利能力看，2011年其他制造业整体毛利率达13.17%，同比下降0.31个百分点；税前利润率为6.66%，同比上升1.61个百分点。

2011年,其他制造业财务状况与2010年相比有所下滑。截至2011年底,全行业的资产负债率为56.13%,同比增长2.47个百分点。

(一)行业整体运行情况

2011年,其他制造业实现快速平稳增长。全行业规模以上企业4 885家,累计总产值7 189.51亿元,同比增长26.96%,占全国规模工业总产值的0.85%。

(二)细分行业运行概况

其他制造业无细分行业。

从国家统计局发布的工艺品及其他制造业的景气指数来看,其他制造业景气度水平延续了金融危机后恢复的较高景气态势。2011年前两个季度景气度指数简单平均值较2010年有所提升,但后两个季度指标较2010年有所回落。

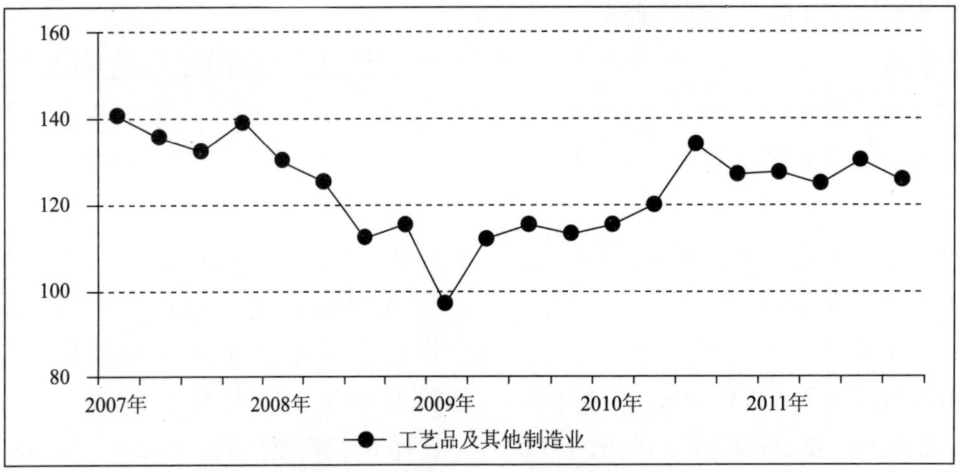

图1　其他制造业景气度指数走势

资料来源:国家统计局,天相投资分析系统

二、行业内上市公司发展概况

(一)行业内上市公司基本情况

截至2011年底,其他制造业行业共有A、B股总数28只,占沪深两市A、B股总数的1.15%;行业境内总市值为1 117.89亿元,占沪深两市境内总市值的0.52%。

表1　**2011年其他制造业上市公司发行股票概况**

门　类	A、B股总数	A股股票数	B股股票数	境内总市值(亿元)	流通A股市值(亿元)	流通B股市值(亿元)
其他制造业	28	26	2	1 117.89	481.58	22.04
占沪深两市比重(%)	1.15	1.07	0.08	0.52	0.30	1.55

资料来源:沪深交易所,天相投资分析系统

(二)行业内上市公司构成情况

按照上市地划分,其他制造业行业在上海证券交易所上市的公司有6家,占行业内上市公司总数的23.08%;在深圳证券交易所上市的公司有20家,占行业内上市公司总数的76.93%。

截至2011年底,行业共有A股上市公司26家,占行业内上市公司总数的1.07%。行业上市公司中有1家ST公司,1家*ST公司。

表2　　2011年其他制造业上市公司构成情况

门　类	沪　市			深　市			ST/*ST
	仅A股	仅B股	A+B股	仅A股	仅B股	A+B股	
其他制造业(家)	5	0	1	19	0	1	1/1
占行业内上市公司比重(%)	19.23	0.00	3.85	73.08	0.00	3.85	4/4

资料来源:沪深交易所,天相投资分析系统

其他制造业无子行业。

表3　　2011年其他制造业上市公司分布明细

A、B股类别	公司代码	公司名称	所属大类
沪市A股	600086	东方金钰	其他制造业
	600110	中科英华	
	600210	紫江企业	
	600249	两面针	
	600612	老凤祥	
	600800	ST磁卡	
沪市B股	900905	老凤祥B	
深市A股	000030	*ST盛润A	
	002003	伟星股份	
	002017	东信和平	
	002094	青岛金王	
	002098	浔兴股份	
	002120	新海股份	
	002130	沃尔核材	
	002173	千足珍珠	
	002174	梅花伞	
	002247	帝龙新材	
	002290	禾盛新材	
	002342	巨力索具	
	002345	潮宏基	
	002549	凯美特气	
	002574	明牌珠宝	
	002594	比亚迪	
	002610	爱康科技	
	300061	康耐特	
	300116	坚瑞消防	
	300163	先锋新材	
深市B股	200030	*ST盛润B	

资料来源:沪深交易所,天相投资分析系统

(三)行业内上市公司融资情况

2011年其他制造业行业共有7家公司进行了融资,占沪深两市473家融资公司的1.48%,其中,5家公司发行新股,占沪深两市新股发行总数的1.81%,包括中小板上市4家,创业板上市1家;2家配股,占沪深两市配股公司总数的15.38%,2家均是中小板上市公司。

表4　　2011年其他制造业上市公司融资情况　　单位:家

	融资家数	新　股	配　股	增　发
其他制造业	7	5	2	0
沪深两市总数	473	277	13	183
占比(%)	1.48	1.81	15.38	0.00

资料来源:沪深交易所,天相投资分析系统

表5　　2011年其他制造业上市公司融资类别明细

代　码	公司名称	融资类别	所属大类	证券类型
002003	伟星股份	配　股	其他制造业	中小板
002130	沃尔核材	配　股	其他制造业	中小板
002549	凯美特气	首　发	其他制造业	中小板
002574	明牌珠宝	首　发	其他制造业	中小板
002594	比亚迪	首　发	其他制造业	中小板
002610	爱康科技	首　发	其他制造业	中小板
300163	先锋新材	首　发	其他制造业	创业板

资料来源:沪深交易所,天相投资分析系统

表6　　2011年其他制造业上市公司融资明细

代　码	公司名称	发行价格(元)	实际发行数量(万股)	实募集资金数(亿元)
002003	伟星股份	7.33	5 157.70	3.66
002130	沃尔核材	7.18	4 631.13	3.17
002549	凯美特气	25.48	2 000.00	4.81
002574	明牌珠宝	32.00	6 000.00	18.59
002594	比亚迪	18.00	7 900.00	13.54
002610	爱康科技	16.00	5 000.00	7.59
300163	先锋新材	26.00	2 000.00	4.85
总　计			32 688.83	56.21

资料来源:沪深交易所,天相投资分析系统

行业全年总融资金额为56.21亿元,同比增长30.99%,按可比样本计算增速同比降低了130.43个百分点,总融资增速近5年首次回落。行业实际发行股数3.27亿股,同比增长6.35%,增速同比降低了87.21个百分点,发行股数处于近5年来的最高水平。

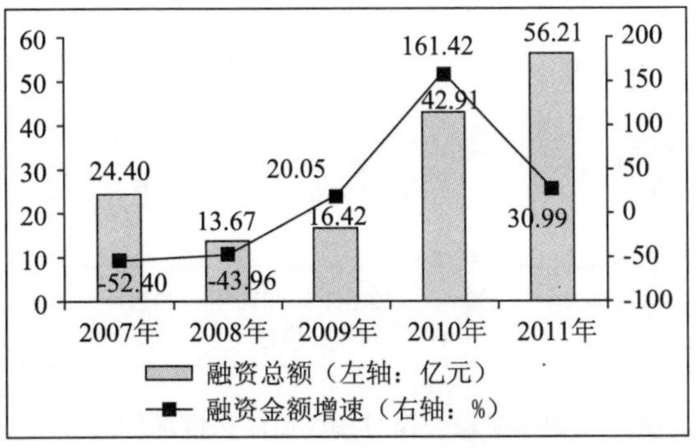

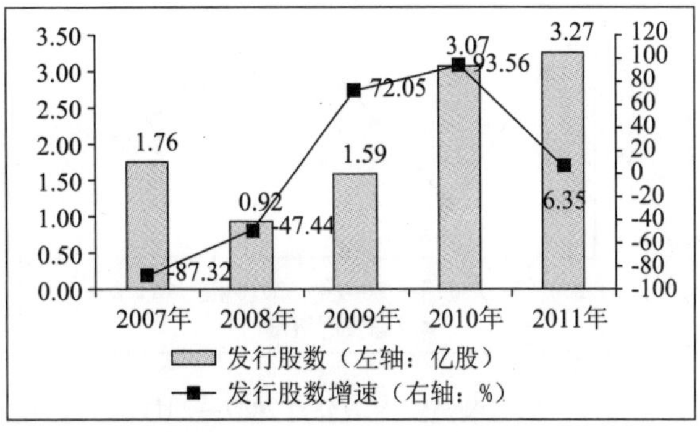

图 2　其他制造业行业 2007—2011 年融资额及发行股数情况

资料来源：沪深交易所，天相投资分析系统

(四)行业内上市公司资产及业绩情况

截至 2011 年底，其他制造业上市公司总资产为 1 207.98 亿元，按可比样本计算同比增长 20.87%。其中，流动资产 545.58 亿元，非流动资产 662.39 亿元，按可比样本计算同比分别增长 18.98%和 22.47%；归属母公司股东权益 482.79 亿元，按可比样本计算同比增长 20.69%。

表 7　　2011 年其他制造业上市公司资产情况　　单位：亿元

指　标	2011 年	2011 年可比样本增长(%)	2010 年	2010 年可比样本增长(%)	2009 年
总资产	1 207.98	20.87	432.90	29.13	676.44
流动资产	545.58	18.98	255.44	48.11	414.09
占比(%)	45.17	-0.72	59.01	7.56	61.22
非流动资产	662.39	22.47	177.46	9.02	262.36
占比(%)	54.83	0.72	40.99	-7.56	38.78
流动负债	542.33	16.50	166.33	23.88	284.54
占比(%)	44.90	-1.69	38.42	-1.63	42.06
非流动负债	140.44	50.98	52.24	13.64	93.40
占比(%)	11.63	2.32	12.07	-1.64	13.81
归属于母公司股东权益	482.79	20.69	201.01	43.56	274.29
占比(%)	39.97	-0.06	46.43	4.67	40.55

资料来源：沪深交易所，天相投资分析系统

2011 年行业内上市公司总资产规模和归属于母公司股东权益按可比样本计算均处于近 5 年来的最高水平，但两者增速分别出现了不同程度的下滑。

2011 年行业内上市公司合计实现营业收入 1 036.24 亿元，按可比样本计算同比增长 16.32%；实现利润总额 66.11 亿元，按可比样本计算同比下降 12.11%；归属母公司所有者净利润为 53.16 亿元，按可比样本计算同比下降 12.24%。

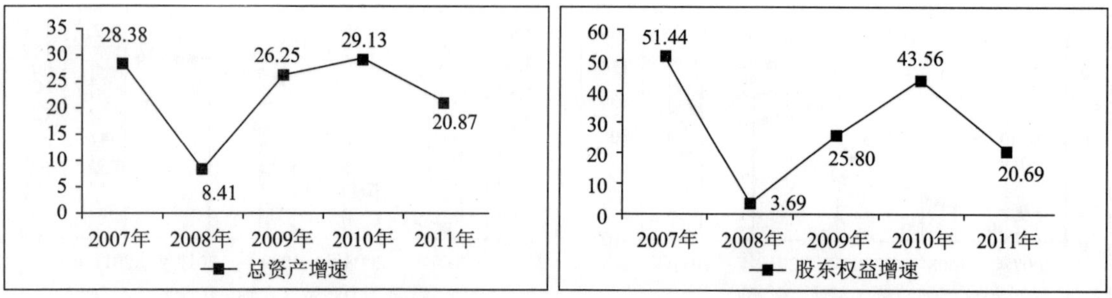

图3　其他制造业上市公司2007—2011年可比样本总资产和归属于母公司股东权益变化情况(%)

资料来源:沪深交易所,天相投资分析系统

表8　2011年其他制造业上市公司收入实现情况　单位:亿元

指　标	2011年	2011年可比样本增长(%)	2010年	2010年可比样本增长(%)	2009年
营业收入	1 036.24	16.32	350.78	29.53	404.24
利润总额	66.11	-12.11	38.95	95.69	36.64
归属于母公司所有者的净利润	53.16	-12.24	31.46	123.33	25.78

资料来源:沪深交易所,天相投资分析系统

2011年行业内上市公司合计营业收入处于近5年来的最高水平,但按可比样本计算同比增速下滑13.21个百分点;归属于母公司所有者的净利润按可比样本计算同比下滑12.24%,近3年来首次出现负增长。

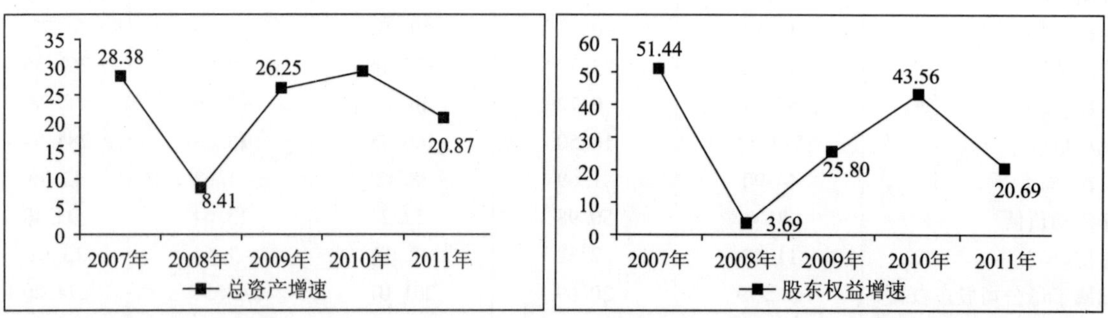

图4　其他制造业上市公司2007—2011年可比样本营业收入及归属于母公司所有者的净利润变化情况(%)

资料来源:沪深交易所,天相投资分析系统

(五)利润分配情况

2011年其他制造业上市公司中共有13家公司实施了分红送股,其中,6家公司实施送股及转增股本,7家公司实施派息,既送股、转增又派息的公司4家。送股、转增及派息比例最高值分别为每股送1.00股(巨力索具)和每股派息0.70元(伟星股份)。

表 9　　2011 年其他制造业上市公司分红明细

代　码	名　称	送股及转增比例	每股派息（税前　元）	基准股本（万股）
002003	伟星股份	—	0. 700	25 898. 80
002098	浔兴股份	—	0. 300	15 500. 00
002120	新海股份	—	0. 050	15 028. 00
002130	沃尔核材	0. 500	0. 050	29 345. 53
002247	帝龙新材	—	0. 100	10 020. 00
002345	潮宏基	—	0. 350	18 000. 00
002574	明牌珠宝	—	0. 250	24 000. 00
002610	爱康科技	0. 500	0. 500	20 000. 00
300061	康耐特	0. 600	—	6 000. 00
600210	紫江企业	—	0. 200	143 673. 62
600612	老凤祥	0. 200	0. 100	43 593. 15
900905	老凤祥 B	0. 200	0. 100	43 593. 15
002342	巨力索具	1. 000	—	48 000. 00

资料来源：沪深交易所，天相投资分析系统

2011 年行业内上市公司分红总额为 8. 58 亿元，分红总额占净利润总额的比重达 16. 13%，同比下降 6. 03 个百分点。

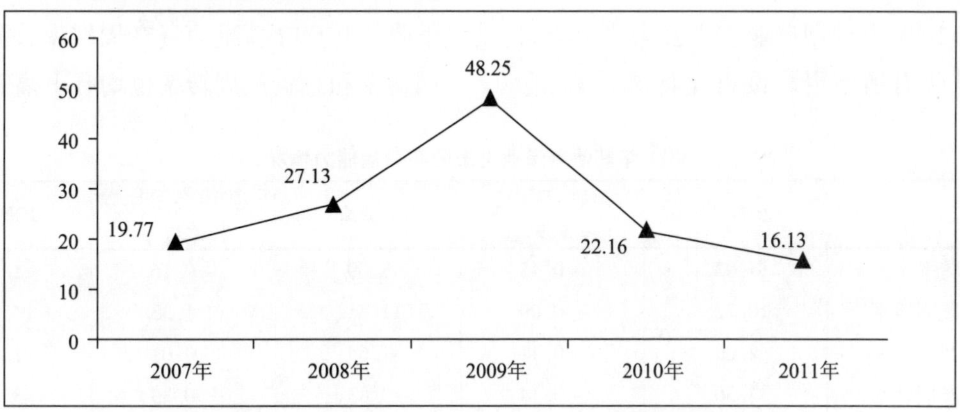

图 5　其他制造业上市公司 2007—2011 年分配利润占比情况（%）

资料来源：沪深交易所，天相投资分析系统

（六）其他财务指标情况

1. 盈利能力指标

2011 年其他制造业上市公司盈利能力相对 2010 年明显减弱。按可比样本计算，毛利率比 2010 年降低 2. 52 个百分点，净资产收益率同比下降 4. 13 个百分点，销售净利率同比下降 1. 67 个百分点，资产净利率同比下降 2. 04 个百分点。

表 10　　2011 年其他制造业上市公司盈利能力情况

指　标	2011 年	2011 年可比样本变动	2010 年	2010 年可比样本变动	2009 年
毛利率(%)	16.24	-2.52	18.75	-0.02	19.15
净资产收益率(%)	11.01	-4.13	15.65	5.59	9.40
销售净利率(%)	5.13	-1.67	8.97	3.77	6.38
资产净利率(%)	4.82	-2.04	8.19	3.68	4.25

资料来源:沪深交易所,天相投资分析系统

2. 偿债能力指标

2011 年其他制造业上市公司负债水平没有明显变化,资产负债率按可比样本计算增长 0.63 个百分点;流动比率和速动比率按可比样本计算均变化不大。

表 11　　2011 年其他制造业上市公司偿债能力指标

指　标	2011 年	2011 年可比样本变动	2010 年	2010 年可比样本变动	2009 年
流动比率	1.01	0.02	1.54	0.25	1.46
速动比率	0.57	0.00	0.86	0.11	0.81
资产负债率(%)	56.52	0.63	50.49	-3.27	55.87

资料来源:沪深交易所,天相投资分析系统

3. 营运能力指标

2011 年,其他制造业上市公司营运能力较 2010 年有所下滑。按可比样本计算,存货周转率下降了 0.43 次,应收账款周转率下降了 0.09 次,流动资产周转率、固定资产周转率和总资产周转率也均有小幅下降。

表 12　　2011 年其他制造业上市公司营运能力情况　　单位:次

指　标	2011 年	2011 年可比样本变动	2010 年	2010 年可比样本变动	2009 年
存货周转率	4.03	-0.43	3.09	-0.16	1.96
应收账款周转率	10.72	-0.09	11.31	1.33	11.49
流动资产周转率	2.06	-0.11	1.64	-0.01	1.10
固定资产周转率	3.36	-0.14	3.83	0.35	3.45
总资产周转率	0.94	-0.07	0.91	0.05	0.67
净资产周转率	2.15	-0.09	1.90	-0.02	1.50

资料来源:沪深交易所,天相投资分析系统

三、重点上市公司介绍

老凤祥

1. 总体经营情况

2011 年,公司实现营业收入 211.26 亿元,同比增长 47.62%;归属于母公司所有者的净利润 5.23 亿元,同比增长 78.97%;每股收益为 1.20 元。

公司盈利能力与 2010 年相比略有下降。其中,2011 年毛利率达 8.73%,同比下降 0.30 个百分点;净利润率达 10.70%,同比上升1.50个百分点。

2011年底，公司的资产负债率达65.59%，同比持平；流动比率为1.39，同比上升0.02；速动比率为0.40，同比上升0.02。

2. 公司业务情况

金价上涨拉动销售业绩，销售网络全国铺开。公司主要业务是笔类产品生产和金银珠宝首饰销售，其中金银珠宝首饰销售是公司盈利的主要途径，每年为公司贡献80%以上的毛利润。2011年，公司珠宝首饰收入为160亿元，同比增长56%；黄金交易收入为27.5亿元，同比增长50%。在当今通胀高企的市场环境下，人们对于财富的保值需求日益提高；与此同时，中国奢侈品市场规模的不断增加也促进了公司主营业务中金银珠宝销售的持续增长，这是公司业绩大幅提升的主要原因。但公司金银珠宝的盈利方式主要以低附加值的投资性产品为主，与产品价格上涨趋势有较大正相关，金银珠宝价格未来大幅上涨空间有限，公司相关珠宝销售增长或将放缓（也由于比较基数问题）。

金价高企保业绩，新老产品同共扩展。公司未来的业绩保证将来源于两个方面：持续上涨的金价，高企的通胀压力使得人们对金银珠宝类商品的需求继续保持稳定增长。同时，公司将在未来加大老凤祥品牌的建设，积极进行品牌拓展和市场覆盖战略，以每年新增100家连锁加盟商的速度增加门店，提高市场占有率。2011年，公司在巩固已有的“金、银、铂、钻”4大类老产品销售规模的同时提升“翠、珠、玉、宝”新4大类产品的销售水平，并进一步加大门店布局工作，力争在每个重点城市新增1~2家老凤祥精品旗舰店，逐步打开中国香港、东南亚、美国和欧洲市场。

四、上市公司在行业中的影响力

（一）上市资产在全行业占比逐年提升

2011年其他制造业总资产规模已达到3 677亿元，同比增长15.05%；全行业上市公司资产总额为1 207.98亿元，同比增长20.87%；上市资产总额占行业总资产的32.86%，同比提升19.31个百分点，处于近5年来的最高水平。

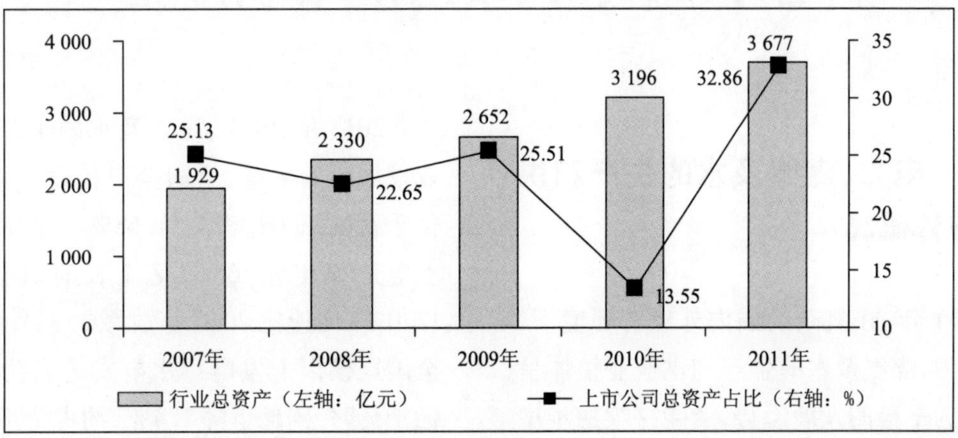

图6 其他制造业2007—2011年总资产及其中上市公司资产占比

资料来源：国家统计局，天相投资分析系统

(二)上市公司对行业的引领作用继续增强

2011 年,全行业营业收入 6 830 亿元,同比增长 23.55%;其中上市公司实现营业收入 1 036.24 亿元,按可比样本计算同比增长 16.32%;上市公司总收入规模占全行业比重达 15.17%,为近 5 年来的最高水平。2011 年全行业利润总额 372 亿元,同比增长 33.33%;其中上市公司利润总额为 66.11 亿元,在全行业占比为 17.75%,该比重处于金融危机后的次高水平。

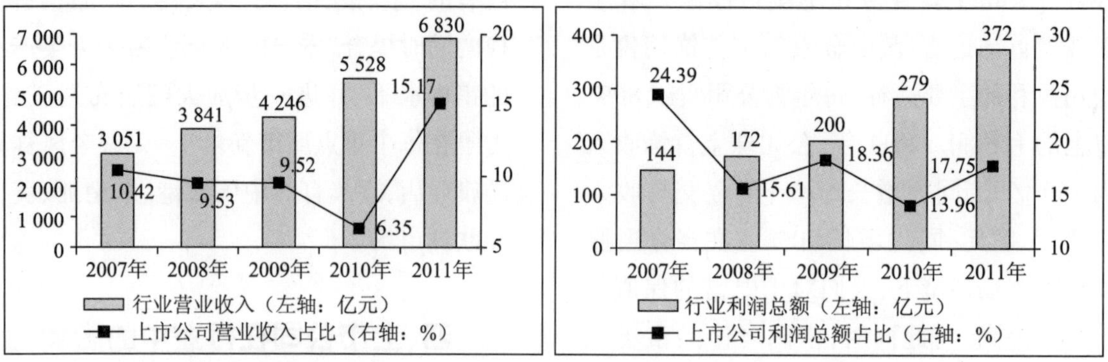

图 7　其他制造业 2007—2011 年营业收入和利润总额及上市公司占比情况

资料来源:国家统计局,天相投资分析系统

天相投资顾问有限公司

审稿人:天相投顾年鉴编写组

撰稿人:天相投顾年鉴编写组

电力、煤气及水的生产和供应业

一、电力、煤气及水的生产和供应业总体概况

2011 年,在复杂的国内外经济环境下,我国电力、煤气及水的生产和供应业整体呈现出较为平稳的发展态势,产能持续稳步增长,但受制于煤价维持高位的影响,行业整体效益有所下降。

2011 年,电力、煤气及水的生产和供应业发展较为平稳,全国全口径发电量47 217 亿千瓦时,同比增长 11.68%。全国规模以上电厂发电量46 037 亿千瓦时,同比增长 12.0%,增速比 2010 年放缓 1.3 个百分点。全国规模以上发电厂水电发电量为6 107.8 亿千瓦时,同比下降 1.4%,约占全部发电量的 13.27%;火电发电量为38 137.3亿千瓦时,同比增长 13.9%,约占全部发电量的

82.84%;核电发电量为863.5亿千瓦时,同比增长16.9%,约占全部发电量的1.88%。

2011年,第一产业用电量1 015亿千瓦时,同比增长3.92%,占全社会用电量的2.16%;第二产业用电量35 185亿千瓦时,同比增长11.88%,占全社会用电量的74.98%;第三产业用电量5 082亿千瓦时,同比增长13.49%,占全社会用电量的10.83%;城乡居民生活用电量5 646亿千瓦时,同比增长10.84%,占全社会用电量的12.03%。

2011年是"十二五"开局之年,2011年8月29日,环境保护部宣布总体超额完成了"十一五"主要污染物总量减排目标。

从国家统计局发布的细分行业的企业景气度指数来看,水的生产和供应业景气度水平比2010年有所上升,而电力热力和燃气行业的景气度比2010年有所下降。

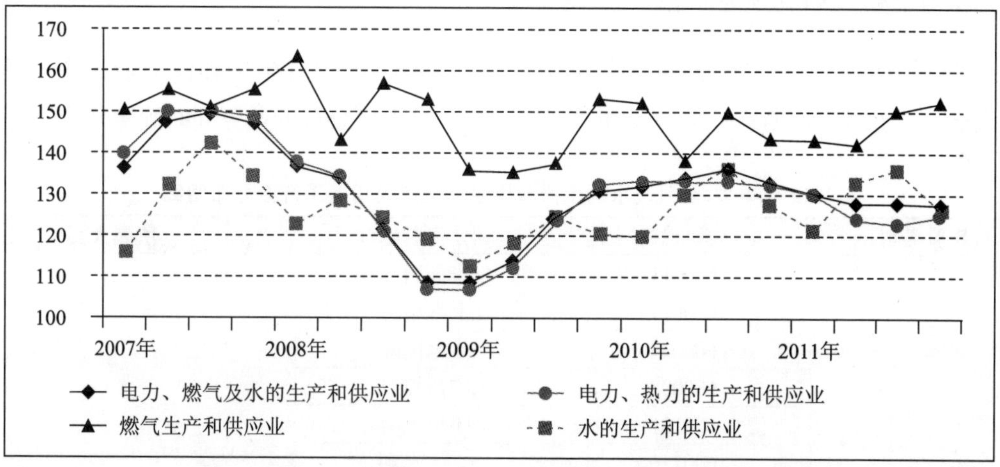

图1 电力、煤气及水的生产和供应业细分行业景气度指数走势

资料来源:国家统计局,天相投资分析系统

二、行业内上市公司发展概况

(一)行业内上市公司基本情况

截至2011年底,电力、煤气及水的生产和供应业行业共有76只A、B股,占沪深两市A、B股总数的3.13%;行业境内总市值为6 657.57亿元,占沪深两市境内总市值的3.08%。

表1 2011年电力、煤气及水的生产和供应业上市公司发行股票概况

门类	A、B股总数	A股股票数	B股股票数	境内总市值(亿元)	流通A股市值(亿元)	流通B股市值(亿元)
电力、煤气及水的生产和供应业	76	72	4	6 657.57	4 388.22	47.04
占沪深两市比重(%)	3.13	2.97	0.16	3.08	2.69	3.32

资料来源:沪深交易所,天相投资分析系统

(二)行业内上市公司构成情况

按照上市地划分,电力、煤气及水的生产和供应业行业在上海证券交易所上市的公司有47家,在深圳证券交易所上市的公司有26家。

截至2011年底,行业内共有A股上市公司72家,1家ST公司、3家*ST公司。

表2　2011年电力、煤气及水的生产和供应业上市公司构成情况

门　类	沪　市			深　市			ST/*ST
	仅A股	仅B股	A+B股	仅A股	仅B股	A+B股	
电力、煤气及水的生产和供应业(家)	45	1	1	24	0	2	1/3
占行业内上市公司比重(%)	61.64	1.37	1.37	32.88	0.00	2.74	1/4

资料来源:沪深交易所,天相投资分析系统

按照公司所处子行业划分,主要分为电力、蒸汽、热水的生产和供应业,自来水的生产和供应业,煤气生产和供应业3个子行业,其中有多家公司的业务同时涵盖几个子行业。

表3　2011年电力、煤气及水的生产和供应业上市公司各子行业分布明细

A、B股类别	公司代码	公司名称	所属大类
沪市A股	600011	华能国际	电力、蒸汽、热水的生产和供应业
	600021	上海电力	
	600027	华电国际	
	600098	广州控股	
	600101	明星电力	
	600116	三峡水利	
	600131	岷江水电	
	600167	联美控股	
	600212	江泉实业	
	600236	桂冠电力	
	600283	钱江水利	
	600292	九龙电力	
	600310	桂东电力	
	600396	金山股份	
	600452	涪陵电力	
	600505	西昌电力	
	600509	天富热电	
	600578	京能热电	
	600642	申能股份	
	600644	乐山电力	
	600674	川投能源	
	600719	大连热电	
	600726	华电能源	
	600744	华银电力	

续表

A、B 股类别	公司代码	公司名称	所属大类
沪市 A 股	600758	红阳能源	电力、蒸汽、热水的生产和供应业
	600780	通宝能源	
	600795	国电电力	
	600863	内蒙华电	
	600864	哈投股份	
	600886	国投电力	
	600900	长江电力	
	600969	郴电国际	
	600979	广安爱众	
	600982	宁波热电	
	600995	文山电力	
	601179	中国西电	
	601991	大唐发电	
	600333	长春燃气	煤气生产和供应业
	601139	深圳燃气	
	600008	首创股份	自来水的生产和供应业
	600168	武汉控股	
	600187	国中水务	
	600323	南海发展	
	600461	洪城水业	
	601158	重庆水务	
	601199	江南水务	
沪市 B 股	900937	华电 B 股	电力、蒸汽、热水的生产和供应业
	900949	东电 B 股	
深市 A 股	000027	深圳能源	
	000037	深南电 A	
	000426	兴业矿业	
	000531	穗恒运 A	
	000539	粤电力 A	
	000543	皖能电力	
	000600	建投能源	
	000601	韶能股份	
	000690	宝新能源	
	000692	惠天热电	
	000695	滨海能源	
	000720	*ST 能山	
	000767	*ST 漳电	
	000875	吉电股份	
	000883	湖北能源	
	000899	*ST 赣能	
	000939	凯迪电力	
	000958	ST 东热	

续表

A、B股类别	公司代码	公司名称	所属大类
深市A股	000966	长源电力	电力、蒸汽、热水的生产和供应业
	000993	闽东电力	
	001896	豫能控股	
	002039	黔源电力	
	002479	富春环保	
	002267	陕天然气	煤气生产和供应业
	000685	中山公用	自来水的生产和供应业
	000712	锦龙股份	
深市B股	200037	深南电B	电力、蒸汽、热水的生产和供应业
	200539	粤电力B	

资料来源：沪深交易所，天相投资分析系统

（三）行业内上市公司融资情况

2011年电力、煤气及水的生产和供应业行业共有9家公司进行了融资，占沪深两市473家融资公司的1.90%，其中，1家新股，占两市新股发行总数的0.36%；8家增发，占两市增发公司总数的4.37%。各子行业融资上市公司数量分布如图2。

表4　2011年电力、煤气及水的生产和供应业上市公司与沪深两市融资情况对比　单位：家

	融资家数	新　股	配　股	增　发
电力、煤气及水的生产和供应业	9	1	0	8
沪深两市总数	473	277	13	183
占比(%)	1.90	0.36	0.00	4.37

资料来源：沪深交易所，天相投资分析系统

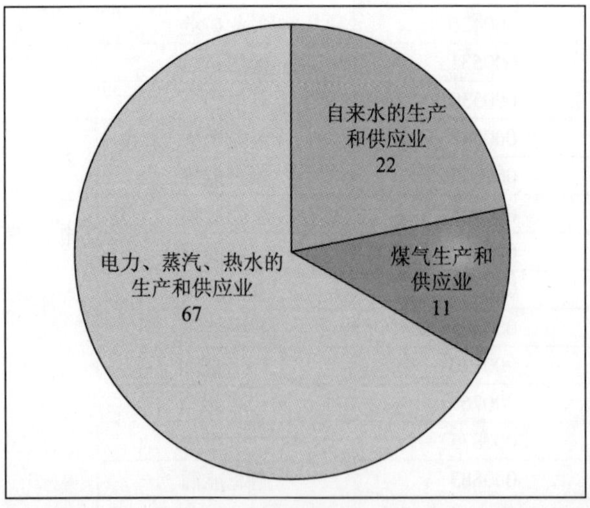

图2　2011年电力、煤气及水的生产和供应业各子行业融资企业数量占比(%)

资料来源：天相投资分析系统

表5　　2011年电力、煤气及水的生产和供应业上市公司融资情况

代　码	公司名称	发行类型	所属大类	证券类型
000426	兴业矿业	增　发	电力、蒸汽、热水的生产和供应业	深市主板
000531	穗恒运A	增　发	电力、蒸汽、热水的生产和供应业	深市主板
600187	国中水务	增　发	自来水的生产和供应业	沪　市
600292	九龙电力	增　发	电力、蒸汽、热水的生产和供应业	沪　市
600780	通宝能源	增　发	电力、蒸汽、热水的生产和供应业	沪　市
600886	国投电力	增　发	电力、蒸汽、热水的生产和供应业	沪　市
601139	深圳燃气	增　发	煤气生产和供应业	沪　市
601199	江南水务	首　发	自来水的生产和供应业	沪　市
601991	大唐发电	增　发	电力、蒸汽、热水的生产和供应业	沪　市

资料来源：沪深交易所，天相投资分析系统

表6　　2011年电力、煤气及水的生产和供应业上市公司融资明细

代　码	公司名称	发行价格（元）	实际发行数量（万股）	实募集资金数（亿元）
000426	兴业矿业	14.50	1 745.34	2.53
000531	穗恒运A	15.53	7 602.02	11.81
600187	国中水务	7.50	10 000.00	7.25
600292	九龙电力	9.17	17 737.26	16.07
600780	通宝能源	5.63	27 356.15	15.40
600886	国投电力	6.23	35 000.00	21.15
601139	深圳燃气	10.90	9 030.00	9.51
601199	江南水务	18.80	5 880.00	10.29
601991	大唐发电	6.74	100 000.00	66.71
总　计			214 350.77	160.71

资料来源：沪深交易所，天相投资分析系统

行业2011年全年总融资金额为160.71亿元，与2010年总融资金额相比大幅下降，同比减少73.22%。行业实际发行股数21.44亿股，同比减少80.91%，发行股数同比大幅下降。

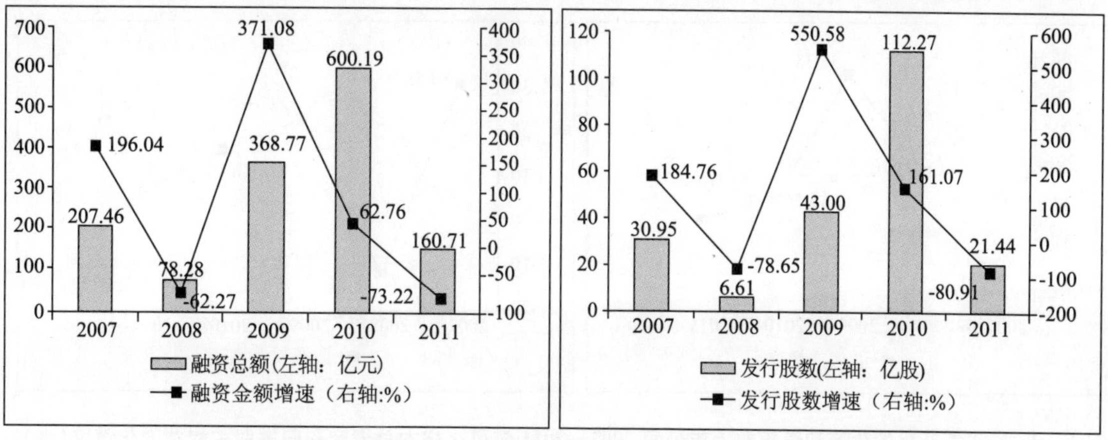

图3　电力、煤气及水的生产和供应业2007—2011年融资额及发行股数情况

资料来源：沪深交易所，天相投资分析系统

(四)行业内上市公司资产及业绩情况

截至2011年底,电力、煤气及水的生产和供应业行业上市公司总资产为17 671.72亿元,按可比样本计算同比增长12.80%。其中,流动资产2 657.41亿元,非流动资产15 014.31亿元,按可比样本计算同比分别增长23.28%和11.13%;归属于母公司股东权益4 224.81亿元,按可比样本计算同比增长6.77%。

表7　2011年电力、煤气及水的生产和供应业上市公司资产情况　单位:亿元

指　标	2011年	2011年可比样本增长(%)	2010年	2010年可比样本增长(%)	2009年
总资产	17 671.72	12.80	15 652.07	15.56	12 869.44
流动资产	2 657.41	23.28	2 152.74	18.06	1 617.90
占比(%)	15.04	1.28	13.75	0.29	12.57
非流动资产	15 014.31	11.13	13 499.33	15.18	11 251.54
占比(%)	84.96	-1.28	86.25	-0.29	87.43
流动负债	5 525.94	7.78	5 122.48	33.59	3 615.51
占比(%)	31.27	-1.46	32.73	4.42	28.09
非流动负债	7 030.18	21.28	5 792.27	3.02	5 384.71
占比(%)	39.78	2.78	37.01	-4.51	41.84
归属于母公司股东权益	4 224.81	6.77	3 952.15	16.05	3 231.70
占比(%)	23.91	-1.35	25.25	0.11	25.11

资料来源:沪深交易所,天相投资分析系统

2011年行业内上市公司总资产规模处于近5年来的最高水平,增速连续2年下滑,2011年总资产增速按可比样本计算下滑至12.80%。自2008年以来归属于母公司股东权益保持上升态势,增速连续2年下滑,2011年增速按可比样本计算同比下降9.28个百分点至6.77%。

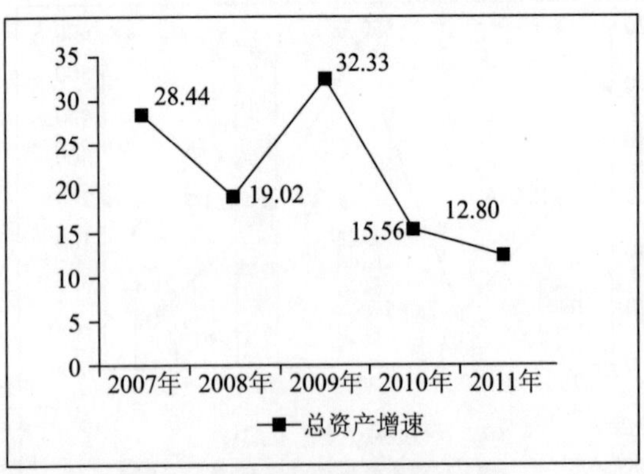

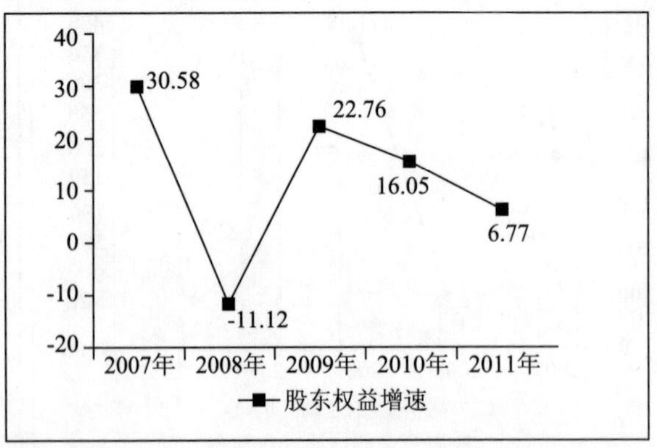

图4　电力、煤气及水的生产和供应业上市公司2007—2011年可比样本总资产和归属股东权益变化情况(%)

资料来源:沪深交易所,天相投资分析系统

2011年行业内上市公司合计实现营业收入6 111.50亿元，按可比样本计算同比增长18.31%；实现利润总额408.60亿元，按可比样本计算同比减少13.25%；归属母公司所有者净利润为275.58亿元，按可比样本计算同比减少14.38%。

表8　　2011年电力、煤气及水的生产和供应业上市公司收入实现情况　　单位：亿元

指　标	2011年	2011年可比样本增长(%)	2010年	2010年可比样本增长(%)	2009年
营业收入	6 111.50	18.31	5 161.00	29.96	3 775.63
利润总额	408.60	-13.25	469.99	15.22	370.26
归属于母公司所有者的净利润	275.58	-14.38	321.11	14.14	248.23

资料来源：沪深交易所，天相投资分析系统

2011年行业内上市公司合计营业收入处于近5年来的最高水平，但增速按可比样本计算较2010年有所放缓；归属于母公司所有者的净利润按可比样本计算则自2009年来首次出现负增长。

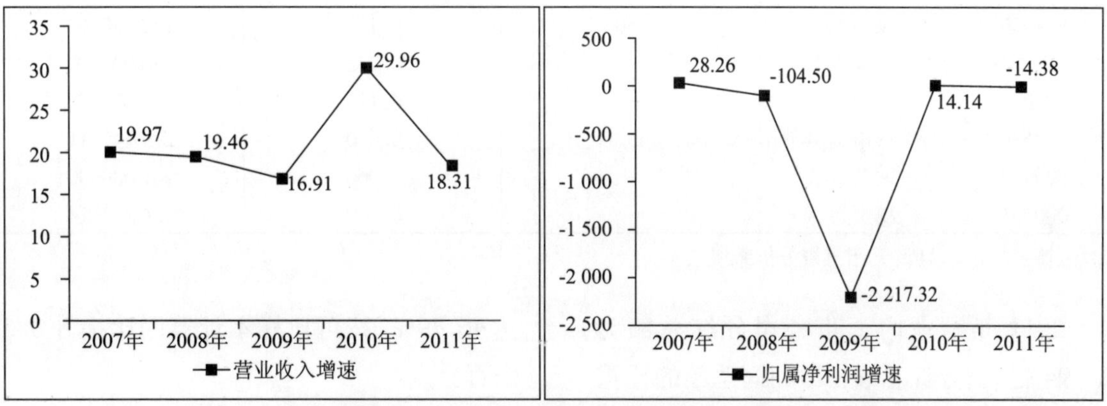

图5　电力、煤气及水的生产和供应业上市公司2007—2011年可比样本营业收入及归属股东净利润变化情况(%)

资料来源：沪深交易所，天相投资分析系统

(五)利润分配情况

2011年电力、煤气及水的生产和供应业上市公司中共有21家公司实施了分红送股，其中，3家公司实施送股及转增股本，21家公司实施派息，既送股、转增又派息的公司3家。送股、转增及派息比例最高值分别为每股送0.8股(川投能源)和每股派息0.74元(穗恒运A)。

表 9　　2011 年电力、煤气及水的生产和供应业上市公司分红明细

代　码	名　称	送股及转增比例	每股派息（税前　元）	基准股本（万股）
600396	金山股份	—	0.030	34 060.00
600461	洪城水业	—	0.200	33 000.00
600505	西昌电力	—	0.030	36 456.75
600509	天富热电	—	0.230	65 569.66
600578	京能热电	—	0.200	78 722.55
600642	申能股份	—	0.100	472 877.41
600644	乐山电力	—	0.060	32 648.01
600674	川投能源	0.800	0.040	109 592.17
600780	通宝能源	—	0.100	114 650.25
600795	国电电力	—	0.100	1 539 480.69
600863	内蒙华电	—	0.120	258 122.00
600864	哈投股份	—	0.250	54 637.82
600886	国投电力	0.500	0.015	234 510.28
600900	长江电力	—	0.255	1 650 000.00
600982	宁波热电	—	0.100	16 800.00
601139	深圳燃气	0.500	0.130	132 030.00
601158	重庆水务	—	0.233	480 000.00
601991	大唐发电	—	0.110	1 331 003.76
200539	粤电力 B	—	0.060	279 745.11
900949	东电 B 股	—	0.060	201 000.00
000531	穗恒运 A	—	0.740	34 254.14

资料来源：沪深交易所，天相投资分析系统

2011 年行业内上市公司分红总额为 128.94 亿元；分红总额占净利润总额的比重达 46.79%，按可比样本计算同比提升 0.52 个百分点。

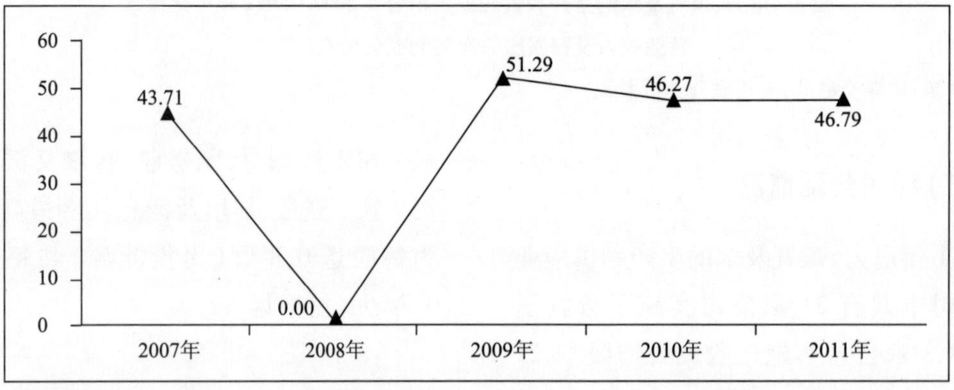

图 6　电力、煤气及水的生产和供应业上市公司 2007—2011 年分配利润占比情况（%）

资料来源：沪深交易所，天相投资分析系统

（六）其他财务指标情况

1. 盈利能力指标

2011年电力、煤气及水的生产和供应业上市公司盈利能力相对2010年有所下降。按可比样本计算，毛利率比2010年降低2.21个百分点，净资产收益率降低1.59个百分点，销售净利率降低1.69个百分点，资产净利率降低0.54个百分点。

表10　2011年电力、煤气及水的生产和供应业上市公司盈利能力情况

指　标	2011年	2011年可比样本变动	2010年	2010年可比样本变动	2009年
毛利率(%)	14.49	-2.21	16.66	-2.93	18.86
净资产收益率(%)	6.60	-1.59	8.18	-0.17	7.76
销售净利率(%)	4.53	-1.69	6.21	-0.88	6.58
资产净利率(%)	1.65	-0.54	2.19	-0.19	2.19

资料来源：沪深交易所，天相投资分析系统

2. 偿债能力指标

2011年电力、煤气及水的生产和供应业上市公司负债水平上升，资产负债率按可比样本计算增长1.32个百分点；流动比率和速动比率按可比样本计算均有改善。

表11　2011年电力、煤气及水的生产和供应业上市公司偿债能力指标

指　标	2011年	2011年可比样本变动	2010年	2010年可比样本变动	2009年
流动比率	0.48	0.06	0.42	-0.06	0.45
速动比率	0.39	0.05	0.35	-0.04	0.36
资产负债率(%)	71.05	1.32	69.73	-0.09	69.93

资料来源：沪深交易所，天相投资分析系统

3. 营运能力指标

2011年电力、煤气及水的生产和供应业上市公司营运能力与2010年相比变化不大。按可比样本计算，存货周转率减少了0.18次，应收账款周转率减少了0.06次，流动资产周转率减少0.05次，固定资产周转率、总资产周转率与净资产周转率分别小幅提升0.03次、0.01次与0.07次。

表12　2011年电力、煤气及水的生产和供应业上市公司营运能力情况　单位：次

指　标	2011年	2011年可比样本变动	2010年	2010年可比样本变动	2009年
存货周转率	11.86	-0.18	12.04	2.35	9.40
应收账款周转率	9.20	-0.06	9.26	0.48	9.88
流动资产周转率	2.52	-0.05	2.57	0.31	2.40
固定资产周转率	0.65	0.03	0.62	0.02	0.59
总资产周转率	0.36	0.01	0.35	0.02	0.33
净资产周转率	1.25	0.07	1.18	0.09	1.09

资料来源：沪深交易所，天相投资分析系统

三、重点细分行业介绍

电力、煤气及水的生产和供应业上市公司共覆盖3个大类：电力、蒸汽、热水的生产和供应业，煤气生产和供应业，自来水的生产和供应业。一些电力、煤气及水的生产和供应业上市公司业务同时覆盖其中两类或三类，为了便于比较，这里以业务收入占总收入比例最高的大类进行统计。

表13　　2011年电力、煤气及水的生产和供应业上市公司数量分布及市值情况

大　类	上市公司家数（家）	占行业内比重（%）	境内总市值（亿元）	占行业内比重（%）
电力、蒸汽、热水的生产和供应业	61	83.56	5 683.18	85.85
煤气生产和供应业	3	4.11	258.81	3.91
自来水的生产和供应业	9	12.33	677.81	10.24

资料来源：沪深交易所，天相投资分析系统

（一）电力、蒸汽、热水的生产和供应业

2011年，电力、蒸汽、热水的生产和供应业上市公司整体营业收入为5 868.65亿元，按可比样本计算同比增长18.33%；利润总额以及归属于母公司所有者的净利润分别为353.01亿元、229.29亿元，按可比样本计算分别同比减少16.05%、17.83%。

表14　　2011年电力、蒸汽、热水的生产和供应业上市公司收入及资产增长情况　　单位：亿元

指　标	2011年	2011年可比样本增长（%）	2010年	2010年可比样本增长（%）	2009年
营业收入	5 868.65	18.33	4 959.48	29.73	3 657.25
利润总额	353.01	-16.05	420.52	14.35	349.53
归属于母公司所有者的净利润	229.29	-17.83	279.03	12.79	231.65
总资产	16 884.75	12.60	14 995.88	15.11	12 493.91
归属于母公司股东权益	3 833.80	5.89	3 620.45	15.14	3 032.25

资料来源：沪深交易所，天相投资分析系统

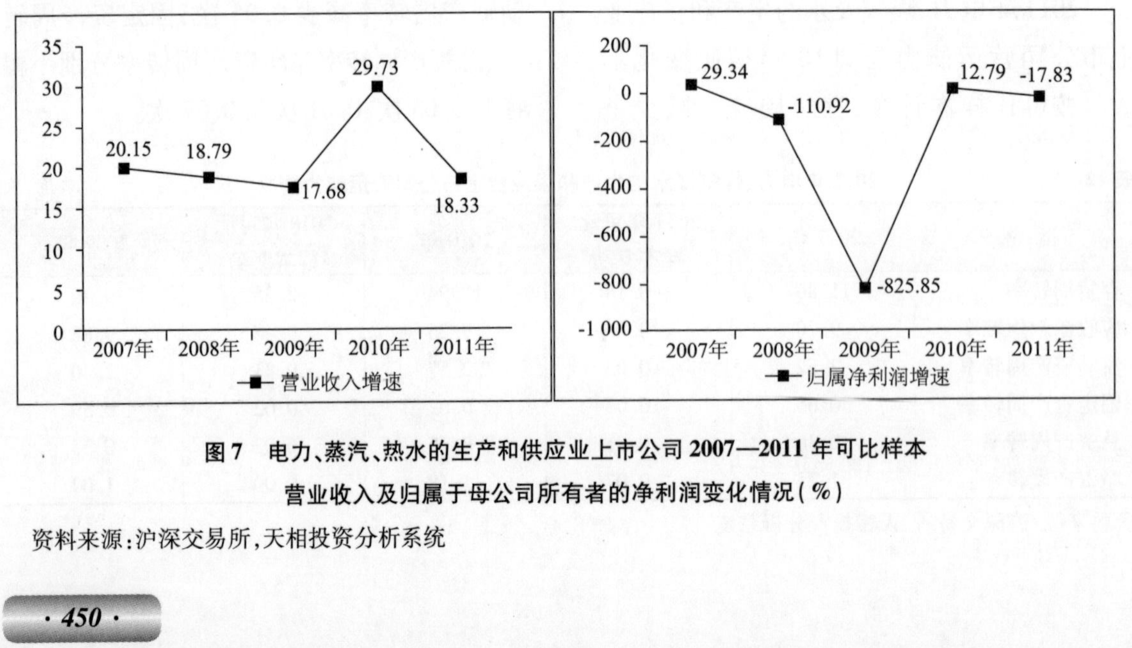

图7　电力、蒸汽、热水的生产和供应业上市公司2007—2011年可比样本营业收入及归属于母公司所有者的净利润变化情况（%）

资料来源：沪深交易所，天相投资分析系统

1. 盈利能力指标

2011年，电力、蒸汽、热水的生产和供应业毛利率为13.92%，按可比样本计算同比减少2.24个百分点，净资产收益率、销售净利率和资产净利率按可比样本计算分别下降1.71个百分点、1.69个百分点和0.54个百分点。

表15　2011年电力、蒸汽、热水的生产和供应业上市公司盈利能力情况

指　标	2011年	2011年可比样本变动	2010年	2010年可比样本变动	2009年
毛利率(%)	13.92	-2.24	16.16	-2.91	18.60
净资产收益率(%)	6.05	-1.71	7.76	-0.20	7.72
销售净利率(%)	3.92	-1.69	5.61	-0.86	6.33
资产净利率(%)	1.43	-0.54	1.98	-0.20	2.10

资料来源：沪深交易所，天相投资分析系统

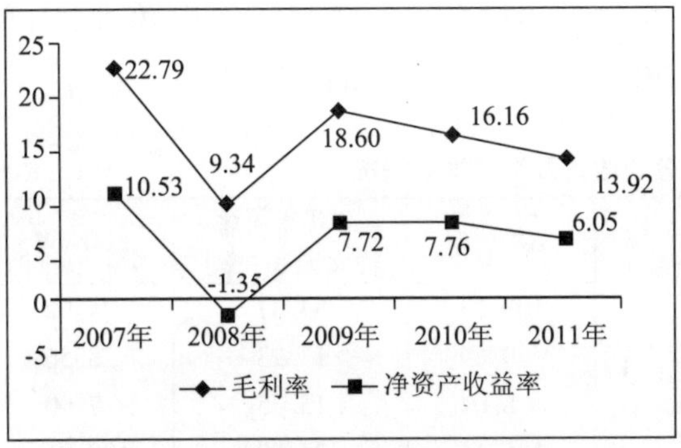

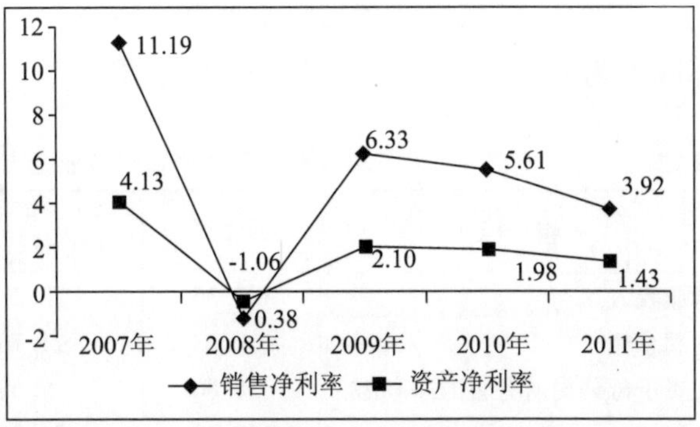

图8　电力、蒸汽、热水的生产和供应业上市公司2007—2011年盈利能力指标情况(%)

资料来源：沪深交易所，天相投资分析系统

2. 偿债能力及营运能力指标

2011年，电力、蒸汽、热水的生产和供应业上市公司总体偿债能力小幅下降，从各项指标来看，2011年行业内上市公司整体资产负债率按可比样本计算同比增长1.39个百分点至72.25%；存货周转率为12.54次，按可比样本计算同比下降0.17次；总资产周转率为0.37次，按可比样本计算同比提高0.01次。

表16　2011年电力、蒸汽、热水的生产和供应业上市公司偿债及营运情况

指　标	2011年	2011年可比样本变动	2010年	2010年可比样本变动	2009年
资产负债率(%)	72.25	1.39	70.86	-0.04	70.71
存货周转率(次)	12.54	-0.17	12.71	2.64	12.45
总资产周转率(次)	0.37	0.01	0.35	0.02	0.33

资料来源：沪深交易所，天相投资分析系统

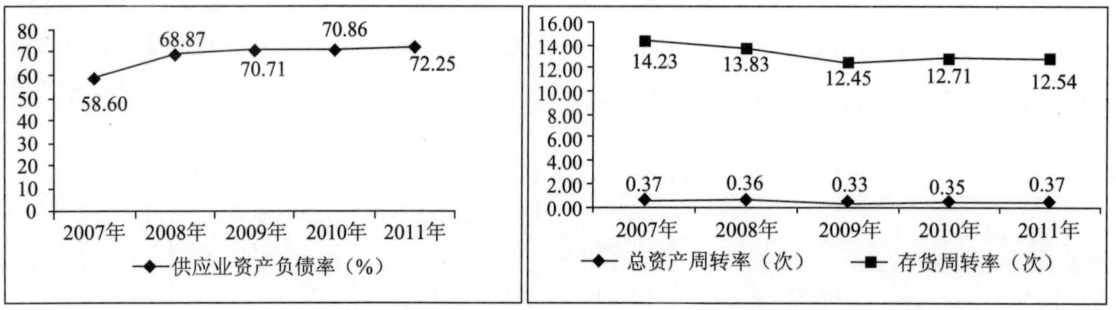

图9　电力、蒸汽、热水的生产和供应业上市公司2007—2011年偿债及营运能力指标情况

资料来源:沪深交易所,天相投资分析系统

(二)煤气生产和供应业

2011年,煤气生产和供应业上市公司整体收入为132.36亿元,按可比样本计算同比增长22.29%;实现利润总额为10.83亿元,按可比样本计算同比增长11.76%;归属于母公司所有者的净利润为8.86亿元,按可比样本计算同比增长9.69%。

表17　2011年煤气生产和供应业上市公司收入及资产增长情况　单位:亿元

指　标	2011年	2011年可比样本增长(%)	2010年	2010年可比样本增长(%)	2009年
营业收入	132.36	22.29	108.23	44.47	74.92
利润总额	10.83	11.76	9.69	13.23	8.56
归属于母公司所有者的净利润	8.86	9.69	8.07	15.35	7.00
总资产	178.38	31.01	136.16	23.89	109.91
归属于母公司股东权益	79.87	23.66	64.59	9.04	59.24

资料来源:沪深交易所,天相投资分析系统

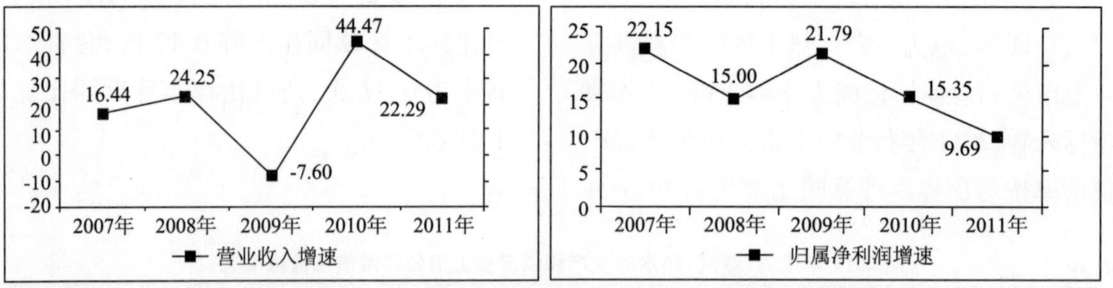

图10　煤气生产和供应业上市公司2007—2011年可比样本营业收入及归属于母公司所有者的净利润变化情况(%)

资料来源:沪深交易所,天相投资分析系统

1. 盈利能力指标

2011年,煤气生产和供应业毛利率为16.47%,按可比样本计算同比下降1.14个百分点;净资产收益率为11.09%,按可比样本计算同比下降1.41个百分点;销售净利率和资产净利率按可比样本计算都有小幅的下降。

表 18　　2011 年煤气生产和供应业上市公司盈利能力情况

指　标	2011 年	2011 年可比样本变动	2010 年	2010 年可比样本变动	2009 年
毛利率(%)	16.47	-1.14	17.61	-7.20	24.81
净资产收益率(%)	11.09	-1.41	12.50	0.68	11.82
销售净利率(%)	6.69	-0.77	7.46	-1.88	9.34
资产净利率(%)	5.63	-0.93	6.56	-0.25	6.81

资料来源:沪深交易所,天相投资分析系统

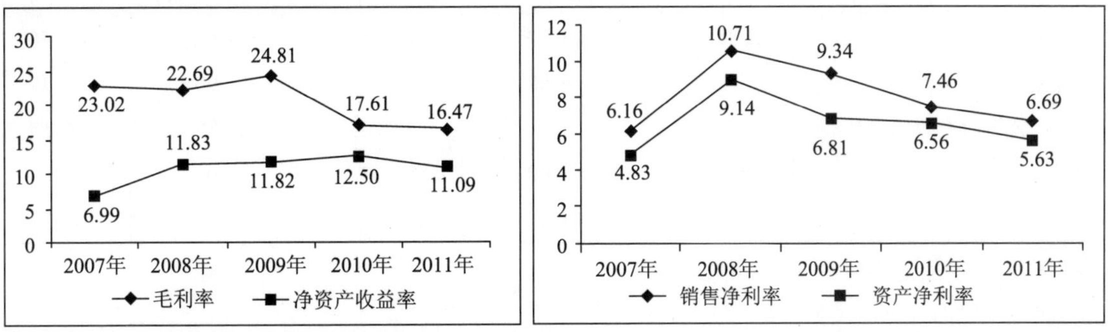

图 11　煤气生产和供应业上市公司 2007—2011 年盈利能力指标情况(%)

资料来源:沪深交易所,天相投资分析系统

2. 偿债能力及营运能力指标

2011 年,煤气生产和供应业上市公司总体偿债能力有所下降,行业的资产负债率为 53.34%,按可比样本计算同比增长了 2.86 个百分点;行业存货周转率为 15.72 次,按可比样本计算同比提高 3.66 次,总资产周转率为 0.84 次,按可比样本计算同比减少 0.04 次。

表 19　　2011 年煤气生产和供应业上市公司偿债及营运情况

指　标	2011 年	2011 年可比样本变动	2010 年	2010 年可比样本变动	2009 年
资产负债率(%)	53.34	2.86	50.48	8.21	42.28
存货周转率(次)	15.72	3.66	12.05	3.79	8.26
总资产周转率(次)	0.84	-0.04	0.88	0.15	0.73

资料来源:沪深交易所,天相投资分析系统

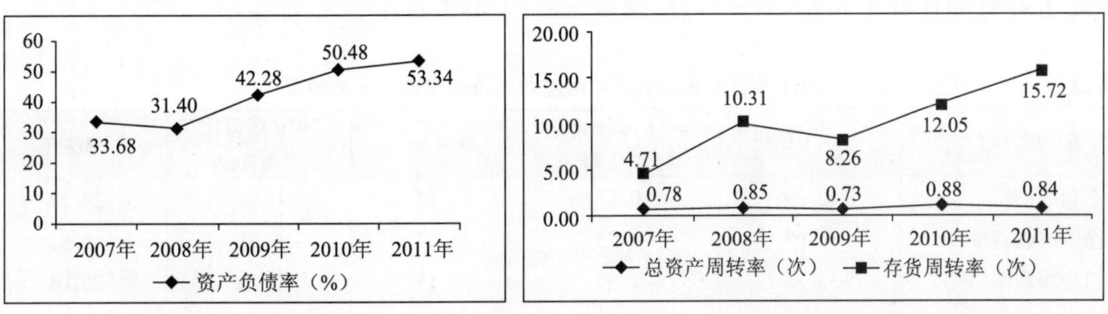

图 12　煤气生产和供应业上市公司 2007—2011 年偿债及营运能力指标情况

资料来源:沪深交易所,天相投资分析系统

（三）自来水的生产和供应业

2011年，自来水的生产和供应业上市公司整体收入为110.49亿元，按可比样本计算同比增长13.00%；实现利润总额为44.75亿元，按可比样本计算同比增长9.68%；归属母公司所有者的净利润37.43亿元，按可比样本计算同比增长7.69%。

表20　2011年自来水的生产和供应业上市公司收入及资产增长情况　单位：亿元

指　标	2011年	2011年可比样本增长（%）	2010年	2010年可比样本增长（%）	2009年
营业收入	110.49	13.00	93.28	26.95	43.46
利润总额	44.75	9.68	39.78	25.90	12.17
归属于母公司所有者的净利润	37.43	7.69	34.00	26.15	9.58
总资产	608.59	14.00	520.03	28.01	265.63
归属于母公司股东权益	311.14	14.45	267.11	32.24	140.21

资料来源：沪深交易所，天相投资分析系统

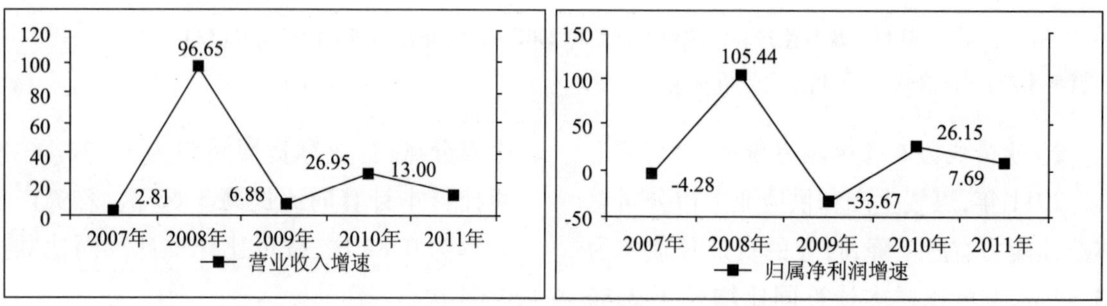

图13　自来水的生产和供应业上市公司2007—2011年可比样本营业收入及归属于母公司所有者的净利润变化情况（%）

资料来源：沪深交易所，天相投资分析系统

1. 盈利能力指标

2011年，自来水的生产和供应业盈利能力有所下降。其中，毛利率为42.09%，按可比样本计算同比减少0.62个百分点；净资产收益率为12.03%，按可比样本计算同比下降0.75个百分点；销售净利率与资产净利率按可比样本计算分别同比下降1.67个百分点与0.76个百分点。

表21　2011年自来水的生产和供应业上市公司盈利能力情况

指　标	2011年	2011年可比样本变动	2010年	2010年可比样本变动	2009年
毛利率（%）	42.09	-0.62	42.15	0.58	29.88
净资产收益率（%）	12.03	-0.75	12.73	-0.61	6.83
销售净利率（%）	33.88	-1.67	36.45	-0.23	22.04
资产净利率（%）	6.55	-0.76	7.34	0.32	3.84

资料来源：沪深交易所，天相投资分析系统

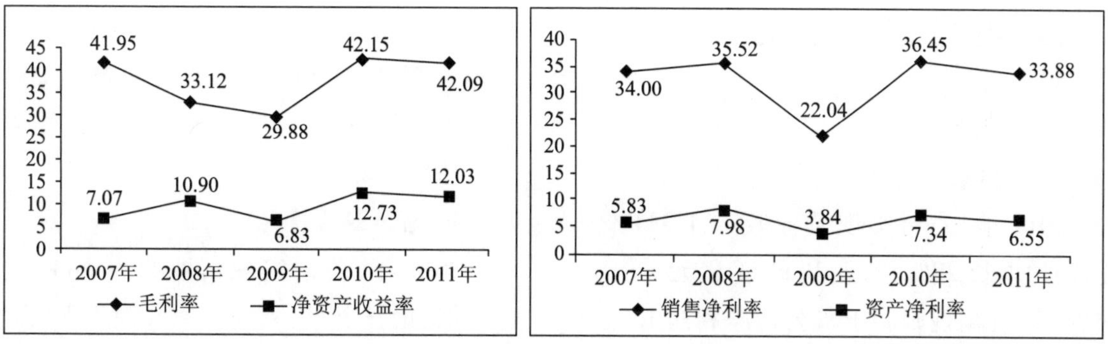

图 14 自来水的生产和供应业上市公司 2007—2011 年盈利能力指标情况(%)

资料来源:沪深交易所,天相投资分析系统

2. 偿债能力及营运能力指标

2011 年,自来水的生产和供应业上市公司总体偿债能力及营运能力小幅下降,资产负债率为 43.02%,按可比样本计算同比上升 0.14 个百分点;存货周转率为 2.40 次,按可比样本计算同比减少 0.55 次;总资产周转率为 0.19 次,按可比样本计算同比减少 0.01 次。

表 22　　2011 年自来水的生产和供应业上市公司偿债及营运情况

指　标	2011 年	2011 年可比样本变动	2010 年	2010 年可比样本变动	2009 年
资产负债率(%)	43.02	0.14	42.27	-0.48	44.87
存货周转率(次)	2.40	-0.55	2.87	-0.88	0.40
总资产周转率(次)	0.19	-0.01	0.20	0.01	0.17

资料来源:沪深交易所,天相投资分析系统

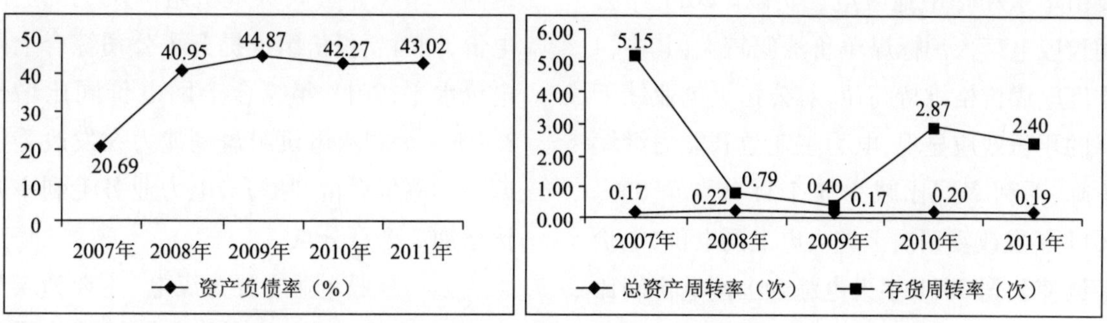

图 15 自来水的生产和供应业上市公司 2007—2011 年偿债及营运能力指标情况

资料来源:沪深交易所,天相投资分析系统

四、重点上市公司介绍

华能国际

1. 总体经营情况

2011年,公司实现营业收入1 334亿元,同比增长28%;营业利润11亿元,同比减少72%;实现归属于母公司净利润13亿元,同比下降64%;摊薄每股收益0.09元。

2. 公司业务情况

2011年,公司中国境内并表电厂累计完成发电量3 135亿千瓦时,同比增长22%,增幅较前3季度继续下降2个百分点。电力营收保持较快增长主要有两方面因素:①新增发电容量贡献营收。2010年下半年完成收购的滇东能源公司(3600MW)和沾化热电(330MW)在2011年全年贡献业绩,2011年公司控股装机容量同比增长15%;②公司现有火电机组产能利用率提升。公司火电机组多在东南沿海地区(华东、华南火电权益容量比重接近5成),2011年华东、华中地区电力需求旺盛,2011年公司发电量增量主要由华东和华中地区电厂贡献。2011年公司控股电厂入炉标煤单价涨幅较大,其中,4季度电煤价格维持高位,对公司火电业绩下降的累积效应显现,电力主业盈利能力继续下降,毛利率同比减少3个百分点至8%。2011年发改委两次上调火电上网电价,电价上调使公司2011年火电综合上网电价同比提升2%。

2011年主业盈利能力的大幅削弱致使公司业绩大幅下降,归属于母公司净利润同比下降64%。从盈利结构看,营业外净收入以及投资收益的比重提升。其中,营业外净收入同比增长157%,占利润总额的比重上升40个百分点至51%。参股四川水电和时代航运为公司贡献了稳定收益,投资收益同比增长27%,占利润总额的比重增加20个百分点至34%。

华电国际

1. 总体经营情况

2011年,公司实现营业收入544.9亿元,同比增长20%;营业利润亏损3.3亿元,与上年同期相比减亏2.8亿元;归属母公司所有者净利润7 919万元,同比下降62%;基本每股收益0.012元。

2. 公司业务情况

公司为纯发电公司,主营业务为电力的生产与销售,电力业务实现收入占公司营收总额的100%。公司控股装机容量为2 981万千瓦,其中,火电装机2 793万千瓦,占比94%。水电、风电等可再生能源机组装机188万千瓦,非火电机组装机占比为6%。2011年公司实现营收同比增长20%,主要归于两方面因素的贡献:①新增产能的贡献。2011年公司新投产239万千瓦机组,控股装机容量同比增长9%。②综合上网电价提高。2011年公司火电机组两次上调上网电价,同时新投机组也提升了公司综合上网电价水平,2011年综合上网电价同比增长2.4%。公司火电机组盈利能力在发改委上调上网电价后得到提升,电力业务毛利率同比增加2个百分点。

公司参股企业主要为煤电(主要为煤炭公司)和金融产业,盈利稳定性好于公司并表企业。2011年公司参股企业贡献的投资收益同比增长70%,投资收益增长52%,主要由于参股的华电煤业引入战略投资者溢价注资所致。投资收益的增长缓和了公司主业亏损状况,使公司营业利润较2010年同期减亏 2.78 亿元。但营业外收入的大幅减少(主要是上年同期确认供热资产收购收益 6.2 亿元)导致公司归属于母公司净利润同比大幅下滑 62%。

大唐发电

1. 总体经营情况

2011 年度,公司实现营业收入 724 亿元,同比增长 19%;营业利润 32 亿元,同比减少 24%;归属于母公司净利润 19 亿元,同比下降 23%;摊薄每股收益 0.148 元。利润分配预案为每股派发现金 0.11 元(含税)。

2. 公司业务情况

2011 年公司营业收入继续保持较快增长,电力主业是支撑公司营收增长的主要力量。公司并表装机容量增加 219 万千瓦,装机容量同比增长 7%;发电机组累计利用小时 5 376 小时,同比增加 379 小时(增幅 8%)。公司累计完成发电量同比增长 14%,电力业务实现营收同比增长 20%,电力主业营收增长主要依靠机组产能利用率的提升及综合上网电价水平的增加,公司新投机组多位于沿海地区,发改委两次上调火电上网电价令公司综合上网电价提升 5%。2011 年公司煤化工业务保持稳定增长,实现营收同比增长 14%。

2011 年公司综合毛利率同比减少 1.2 个百分点,主要是电力业务受煤价维持高位的影响,盈利能力减弱所致。2011 年公司单位燃料成本同比增加 29.6 元/兆瓦时,增幅为 17%,电力主业毛利率同比下降 2.8 个百分点至 17%,拖累公司业绩增长,公司主业实现税前利润同比减少 38%。2011 年公司投资收益继续保持了高速增长,较 2010 年同期增长 49%,减缓了公司业绩的降幅,投资收益增加主要来自同煤大唐塔山煤矿和同煤大唐塔山电厂的贡献,两者 2011 年贡献的投资收益同比增长 45%。

国电电力

1. 总体经营情况

2011 年,公司实现营业收入 506 亿元,同比增长 23%;营业利润 50 亿元,同比增长 41%;归属母公司所有者净利润 36 亿元,同比增长 50%;摊薄每股收益 0.237 元。

2. 公司业务情况

2011 年,公司电力主业实现营收同比增长 17%。电力营收增长主要是电力产能扩张所致:公司新增并表装机容量 325 万千瓦,控股装机容量同比增长 11%,累计完成发电量 1 496 亿千瓦时,与 2010 年相比增长 17%。产能利用率方面,公司控股机组综合利用小时同比下降 0.6%,其中,公司火电机组利用小时同比增加 5%,水电机组利用小时同比增长 24%,风电利用小时同比增长 8%。分区域看,公司位于浙江、江苏、新疆和内蒙古等地电厂发电量增速较快。公司化工业务收入主要来自控股公司英力特的贡献,2011 年公司化工业务实现营收同比增长 20%,增幅较 2010 年下滑 10 个百分点。

水电方面,大渡河公司装机容量规划到 2020 年达到 1 500 万千瓦。

首创股份

1. 总体经营情况

2011 年,公司实现营业收入 35.38 亿元,同比增长 16.52%;营业利润 6.15 亿元,同比增长 26.82%;归属母公司所有者净利润 5.23 亿元,同比增长 8.33%;基本每股收益 0.24 元。

2. 公司业务情况

2011 年,公司污水处理实现收入 11.96 亿元,同比增长 28.07%,保持了快速增长,主要源于现有污水厂的产能利用率提高和新厂的投运。公司现有水厂供水量的提升空间较小,但由于成本控制较为有效,自来水的毛利率提高 4. 64 个百分点至 26. 74%,毛利增加 18. 89%。

公司 2011 年在全国水务市场上获得众多新项目,盘锦市辽滨沿海经济区供水 BOT 项目、临沂市沂南县第二污水处理厂 BOT 项目、淮南市山南新区供排水项目和太原市城南污水处理厂 BOT 项目,累计新增供水规模 43 万吨/日,污水规模 49 万吨/日,保持较强的对外扩张势头。

深圳燃气

1. 总体经营情况

2011 年,公司实现营业收入 81. 12 亿元,同比增长 23. 69%;营业利润 5. 07 亿元,同比增长 28. 9%;归属母公司所有者净利润 4. 05 亿元,同比增长 26. 64%;基本每股收益 0. 33 元/股。

2. 公司业务情况

公司从属城市燃气供应行业,主营城市管道燃气供应、液化石油气批发、瓶装液化石油气零售和燃气投资业务。目前拥有深圳市及江西、安徽、广西 3 省区共 12 个城市的管道燃气独家特许经营权。

2011 年,公司管道燃气业务收入 30. 68 亿元,同比增长 62. 75%;截至 2011 年底,公司用户总数达 134. 51 万户,较 2010 年净增加 11. 55 万户。同时,在新增用户中,用气量较大的工商用户增长速度加快,其中商业用户增加 1 336 户,工业用户增加 113 户。2011 年公司管道燃气销量 8. 14 亿立方米,较 2010 年同期增加 2. 96 亿立方米,增长率为 57. 14%。

五、上市公司在行业中的影响力

(一)上市公司资产在全行业占比逐年提升

2011 年,电力、煤气及水的生产和供应业总资产规模已达到 9. 01 万亿元,同比增长 11. 03%;全行业上市公司资产总额为 1. 77 万亿元,按可比样本计算同比增长 12. 80%;上市资产总额占行业总资产的 19. 62%,同比提升 0. 32 个百分点,处于近 5 年来的最高水平。

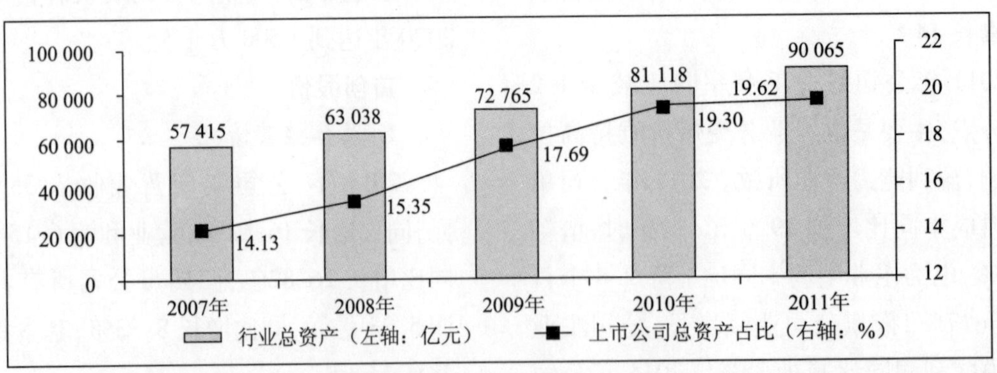

图 16 电力、煤气及水的生产和供应业 2007—2011 年总资产及其中上市公司资产占比

资料来源:国家统计局,天相投资分析系统

（二）上市公司营业收入在行业中占比加大，利润占比下滑

2011 年，全行业营业收入 4.83 万亿元，同比增长 17.15%；其中，上市公司实现营业收入 0.61 万亿元，按可比样本计算同比增长 18.31%，高于全行业水平；上市公司总收入规模占全行业比重达 12.66%，为近 5 年来的最高水平。2011 年全行业利润总额 1 793亿元，同比减少 2.98%；其中，上市公司利润总额为 408.60 亿元，在全行业占比为 22.79%，连续 2 年下滑。

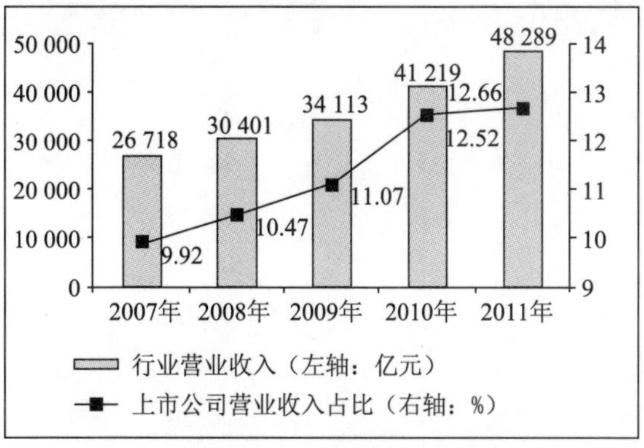

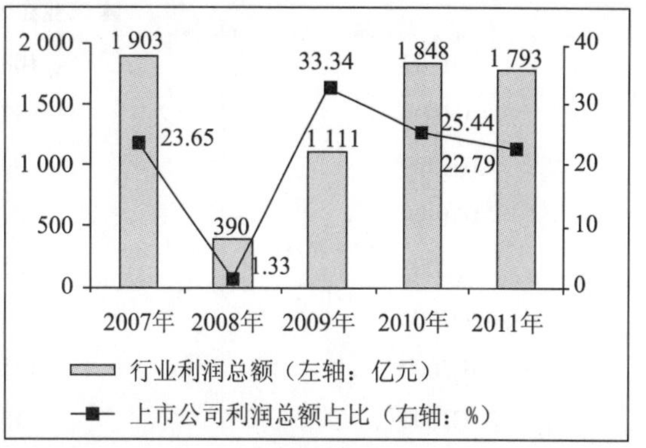

图 17　电力、煤气及水的生产和供应业 2007—2011 年营业收入和利润总额及上市公司占比情况

资料来源：国家统计局，天相投资分析系统

撰稿：天相投顾年鉴编写组

建筑业

一、建筑业总体概况

2011 年，我国建筑业总产值突破 10 万亿元大关，达到人民币 117 734.16 亿元，同比增长 22.60%。建筑业增速大大超过我国 GDP 增速，总产值占 GDP 的比重逐年上升，在 2011 年达到 25.00%，其作为中国经济支柱行业的特征更为明显。

建筑业从业人员数量不断增加，行业整体盈利绝对数不断增加。2011 年建筑业实现就业岗位 4 311.07 万，吸收大量闲余劳动力，为我国就业问题的解决做出了很大贡献。行业利润总额保持快速增长，年均增长率约为 33.29%。

我国建筑企业不断走出国门，迈向世界。据商务部统计，我国对外承包工程新签合同额从 2002 年的 150.50 亿美元，增长到 2011 年的 1 423.00 亿美元，年均增速 28.31%；对外承包工程营业额从 2002 年的

111.90亿美元,增长到2011年的1 034.00亿美元,年均增速28.01%。近年来建筑施工领域的国内企业对外承包合同呈现快速增长的趋势,一方面得益于我国大型建筑企业通过几十年发展积累的丰富经验以及我国较低的劳动成本,另一方面也体现了中国大型建筑施工企业较强的竞争力。

但是由于宏观调控和金融危机的双重影响,2011年我国建筑业企业景气指数以及企业家信心指数有所下降。

表1　我国1999—2010年各季度建筑企业景气指数和企业家信心指数

	建筑业企业景气指数	建筑业企业家信心指数
1Q1999	108.80	98.70
2Q1999	97.80	89.80
3Q1999	99.70	88.20
4Q1999	104.30	89.90
1Q2000	85.90	100.50
2Q2000	102.00	100.00
3Q2000	111.50	98.70
4Q2000	113.70	100.30
1Q2001	94.00	110.90
2Q2001	118.80	111.90
3Q2001	120.10	110.00
4Q2001	118.40	109.80
1Q2002	108.80	120.20
2Q2002	123.00	117.80
3Q2002	122.90	119.00
4Q2002	123.90	118.10
1Q2003	109.30	126.30
2Q2003	118.80	122.80
3Q2003	124.80	129.20
4Q2003	128.70	129.20
1Q2004	121.20	131.30
2Q2004	130.60	125.30
3Q2004	130.30	125.30
4Q2004	131.20	124.90
1Q2005	121.90	129.80
2Q2005	128.70	128.90
3Q2005	130.90	127.50
4Q2005	132.30	128.50
1Q2006	124.20	132.40
2Q2006	135.20	130.90

续表

	建筑业企业景气指数	建筑业企业家信心指数
3Q2006	139.40	132.90
4Q2006	138.10	131.20
1Q2007	127.70	139.60
2Q2007	142.40	140.40
3Q2007	143.20	142.10
4Q2007	146.40	138.50
1Q2008	136.70	145.00
2Q2008	144.20	133.60
3Q2008	135.30	127.70
4Q2008	134.30	114.50
1Q2009	115.70	114.40
2Q2009	128.90	126.20
3Q2009	134.50	133.80
4Q2009	140.50	136.50
1Q2010	133.60	142.20
2Q2010	142.40	142.80
3Q2010	147.50	145.10
4Q2010	148.40	146.30

数据来源：Wind

二、行业内上市公司发展概况

（一）行业内上市公司基本情况

截至2011年底，建筑行业共涵盖51只A、B股；行业境内市值总额为4 940.70亿元，流通A股市值为2 977.85亿元，流通B股市值6.35亿元，分占沪深两市市值总额的2.29%、流通A股市值总额的1.83%和流通B股市值总额的0.45%。

表2　　2011年建筑业上市公司发行股票概况

门　类	A、B股总数	A股股票数	B股股票数	境内总市值（亿元）	流通A股市值（亿元）	流通B股市值（亿元）
建筑业	51	49	2	4 940.70	2 977.85	6.35
占沪深两市比重（%）	2.10	2.02	0.08	2.29	1.83	0.45

资料来源：沪深交易所，天相投资分析系统

（二）行业内上市公司构成情况

按上市地划分，建筑行业在上海证券交易所上市的公司最多，有28家（含2家B股），在深圳证券交易所上市的公司23家。按A、B股划分，在A板上市的公司有49家，在B板上市的公司有2家。从经营角度来看，行业上市公司中＊ST股有2家。

表3　　2011年建筑业上市公司构成情况

门类	沪市			深市			ST/*ST
	仅A股	仅B股	A+B股	仅A股	仅B股	A+B股	
建筑业(家)	26	2	0	23	0	0	2/0
占行业内上市公司比重(%)	50.98	3.92	0.00	45.10	0.00	0.00	4/0

资料来源:沪深交易所,天相投资分析系统

按公司所处行业大类划分,可分为土木工程建筑业和装修装饰业,2个子行业涵盖上市公司数量分别为40家和11家(含2家沪市B股)。

表4　　2011年建筑业上市公司各子行业分布明细

A、B股票类型	公司代码	公司名称	所属大类
沪市A股	600039	四川路桥	土木工程建筑业
	600068	葛洲坝	
	600170	上海建工	
	600248	延长化建	
	600263	路桥建设	
	600284	浦东建设	
	600326	西藏天路	
	600477	杭萧钢构	
	600491	龙元建设	
	600496	精工钢构	
	600502	安徽水利	
	600512	腾达建设	
	600528	中铁二局	
	600545	新疆城建	
	600820	隧道股份	
	600853	龙建股份	
	600970	中材国际	
	600986	科达股份	
	601186	中国铁建	
	601390	中国中铁	
	601618	中国中冶	
	601668	中国建筑	
	601669	中国水电	
	601789	宁波建工	
	600145	ST国创	装修装饰业
	601886	江河幕墙	
沪市B股	900939	ST汇丽B	装修装饰业
	900957	凌云B股	

续表

A、B股票类型	公司代码	公司名称	所属大类
深市A股	000023	深天地A	土木工程建筑业
	000065	北方国际	
	000090	深天健	
	000961	中南建设	
	002060	粤水电	
	002062	宏润建设	
	002135	东南网架	
	002140	东华科技	
	002307	北新路桥	
	002310	东方园林	
	002431	棕榈园林	
	002524	光正钢构	
	002542	中化岩土	
	002586	围海股份	
	002628	成都路桥	
	300197	铁汉生态	
	002081	金螳螂	装修装饰业
	002163	中航三鑫	
	002325	洪涛股份	
	002375	亚厦股份	
	002482	广田股份	
	002620	瑞和股份	
	300117	嘉寓股份	

资料来源：沪深交易所，天相投资分析系统

（三）行业内上市公司融资情况

2011年全年建筑行业13家公司进行了融资，占沪深两市473家融资公司的2.75%；8家公司为新股发行，占新股发行277家公司的2.89%；5家公司进行了增发，占沪深两市183家增发公司的2.73%；没有公司通过配股融资。

表5　2011年建筑业上市公司融资情况　单位：家

	融资家数	新　股	配　股	增　发
建筑业	13	8	0	5
沪深两市总数	473	277	13	183
占比（%）	2.75	2.89	0.00	2.73

资料来源：沪深交易所，天相投资分析系统

从细分行业来看，装修装饰业有3家公司进行了融资，而土木工程建筑业有10家公司进行了融资。

表 6　　2011 年建筑业上市公司融资类别明细

代　码	公司名称	融资类别	所属大类	证券类型
002060	粤水电	增　发	土木工程建筑业	中小板
002081	金螳螂	增　发	装修装饰业	中小板
002135	东南网架	增　发	土木工程建筑业	中小板
002307	北新路桥	增　发	土木工程建筑业	中小板
002542	中化岩土	首　发	土木工程建筑业	中小板
002586	围海股份	首　发	土木工程建筑业	中小板
002620	瑞和股份	首　发	装修装饰业	中小板
002628	成都路桥	首　发	土木工程建筑业	中小板
300197	铁汉生态	首　发	土木工程建筑业	创业板
600170	上海建工	增　发	土木工程建筑业	沪　市
601669	中国水电	首　发	土木工程建筑业	沪　市
601789	宁波建工	首　发	土木工程建筑业	沪　市
601886	江河幕墙	首　发	装修装饰业	沪　市

资料来源:沪深交易所,天相投资分析系统

从融资效果看,上述公司拟发行新股、配股和增发新股合计 366 763.96 万股,实际募集资金 240.56 亿元。其中中国水电募集资金最大。该公司于 2011 年 9 月 27 日首次公开发行上市,发行 300 000 万股新股,发行价格 4.50 元/股,募集现金净额为 132.40 亿元。

表 7　　2011 年建筑业上市公司融资明细

代　码	公司名称	发行价格（元）	实际发行数量（万股）	实募集资金数（亿元）
002060	粤水电	9.59	8 598.73	7.92
002081	金螳螂	36.00	3 684.38	12.97
002135	东南网架	8.23	7 430.00	5.97
002307	北新路桥	16.06	2 490.66	3.74
002542	中化岩土	37.00	1 680.00	5.73
002586	围海股份	19.00	2 700.00	4.76
002620	瑞和股份	30.00	2 000.00	5.62
002628	成都路桥	20.00	4 200.00	7.68
300197	铁汉生态	67.58	1 550.00	10.00
600170	上海建工	14.90	11 430.19	17.03
601669	中国水电	4.50	300 000.00	132.40
601789	宁波建工	6.39	10 000.00	5.87
601886	江河幕墙	20.00	11 000.00	20.87
总　计			366 763.96	240.56

资料来源:沪深交易所,天相投资分析系统

从历史情况来看，2009年是建筑业行业融资的高峰，2010年总体大幅下滑，2011年开始回升。

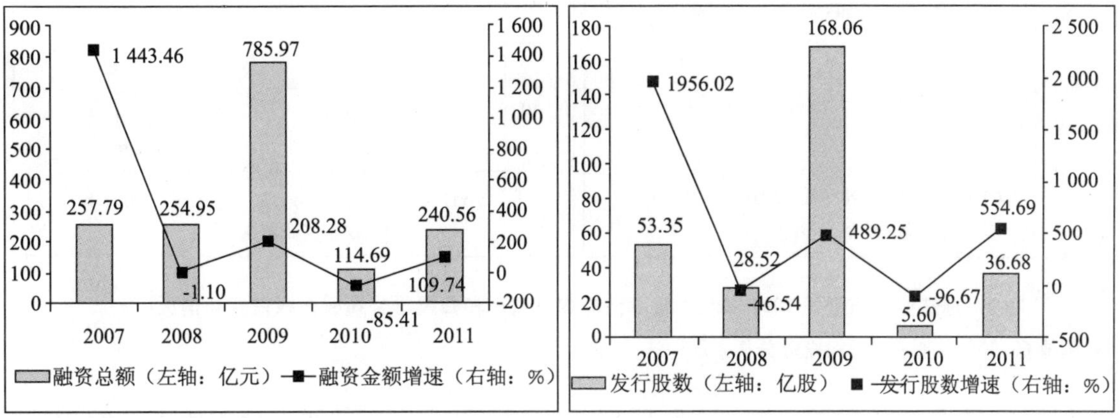

图1　建筑业上市公司2007—2011年融资额及发行股数情况

资料来源：沪深交易所，天相投资分析系统

（四）行业内上市公司资产及业绩情况

截至2011年，建筑行业上市公司资产总值已达23 180.22亿元，非流动资产达5 295.55亿元，归属于母公司股东权益3 995.09亿元，按可比样本计算分别比上年同期增长了22.05%、16.99%和18.17%。

表8　　**2011年建筑业上市公司资产情况**　　单位亿元

指　标	2011年	2011年可比样本增长（%）	2010年	2010年可比样本增长（%）	2009年
总资产	23 180.22	22.05	17 658.27	29.09	13 923.37
流动资产	17 884.67	23.63	13 738.13	27.21	10 968.74
占比（%）	77.15	0.99	77.80	-1.15	78.78
非流动资产	5 295.55	16.99	3 920.14	36.12	2 954.63
占比（%）	22.85	-0.99	22.20	1.15	21.22
流动负债	14 760.80	23.57	11 189.68	29.02	8 782.80
占比（%）	63.68	0.79	63.37	-0.04	63.08
非流动负债	3 778.37	21.34	2 706.15	47.13	1 892.97
占比（%）	16.30	-0.10	15.33	1.88	13.60
归属于母公司股东权益	3 995.09	18.17	3 238.61	16.48	2 838.93
占比（%）	17.23	-0.57	18.34	-1.99	20.39

资料来源：沪深交易所，天相投资分析系统

从历史情况来看，建筑业上市公司从2007年起总资产和归属母公司股东权益按可比样本计算均稳步增长，但增速有所下滑。

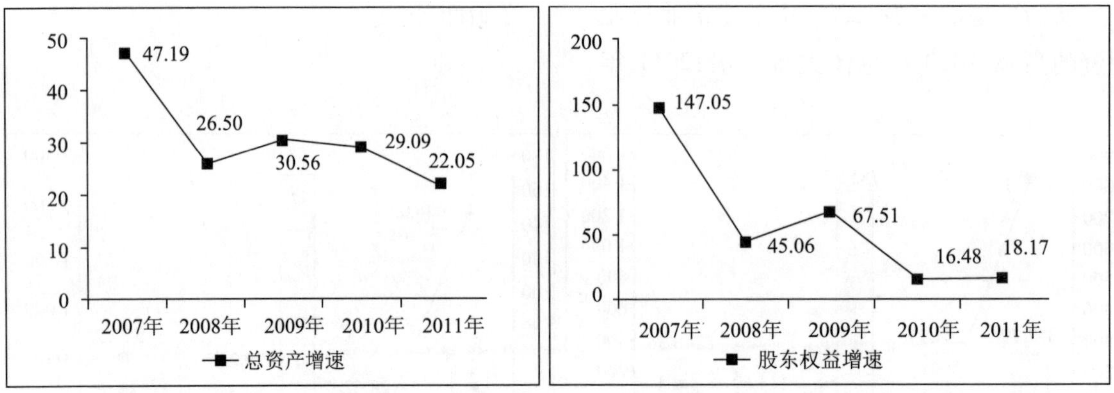

图2 建筑业上市公司2007—2011年可比样本总资产和归属母公司股东权益变化情况(%)

资料来源:沪深交易所,天相投资分析系统

根据2011年年报数据,建筑行业上市公司合计实现营业收入21 184.97亿元,按可比样本计算同比增长8.58%;实现利润总额735.98亿元,按可比样本计算同比增长17.42%;实现归属母公司所有者的净利润483.70亿元,按可比样本计算同比增长20.52%。

表9　2011年建筑业上市公司收入实现情况　　单位:亿元

指　标	2011年	2011年可比样本增长(%)	2010年	2010年可比样本增长(%)	2009年
营业收入	21 184.97	8.58	18 321.64	35.40	13 557.24
利润总额	735.98	17.42	577.04	27.71	462.09
归属于母公司所有者的净利润	483.70	20.52	364.73	21.04	305.92

资料来源:沪深交易所,天相投资分析系统

从历史情况来看,建筑业上市公司业绩一直有所增长,但是营业收入在2011年按可比样本计算增速大幅下降,主要是受我国经济下行所致。

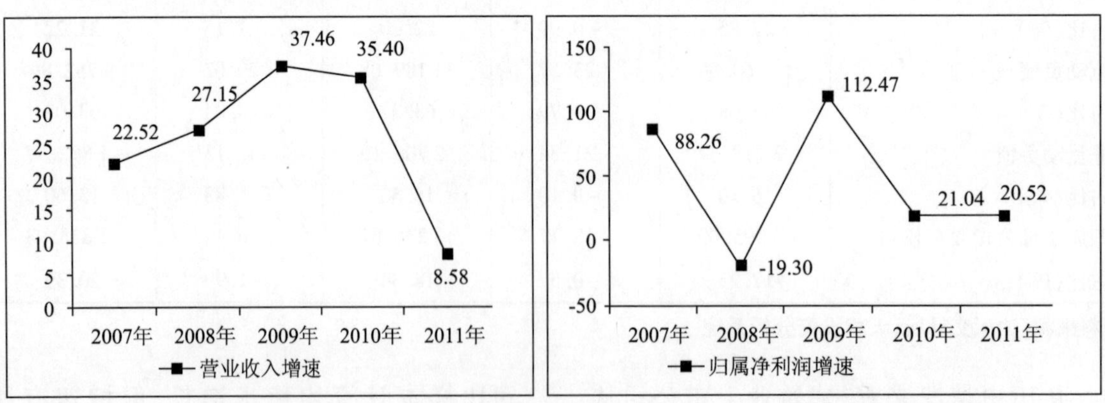

图3 建筑业上市公司2007—2011年可比样本营业收入及归属母公司股东净利润变化情况(%)

资料来源:沪深交易所,天相投资分析系统

（五）利润分配情况

2011年全年建筑行业上市公司中共有20家公司实施了分红、送股或转增，比2011年有所增加。送股比例较高的有东方园林和围海股份，分别每股送1股和0.9股；分红最高的是中材国际，每股派0.507元（税前）。

表10　2011年建筑业上市公司分红明细

代　码	名　称	送股及转增比例	每股派息（税前　元）	基准股本（万股）
000023	深天地A	—	0.030	13 875.62
000065	北方国际	—	0.060	16 243.71
000090	深天健	0.100	0.035	45 663.70
002060	粤水电	0.200	0.030	41 838.73
002081	金螳螂	0.500	0.200	51 824.71
002140	东华科技	—	0.120	44 603.45
002163	中航三鑫	—	0.050	80 355.00
002310	东方园林	1.000	—	15 024.39
002375	亚厦股份	0.500	0.130	42 200.00
002482	广田股份	0.600	0.100	32 000.00
002586	围海股份	0.900	0.100	10 700.00
002620	瑞和股份	0.500	0.120	8 000.00
600068	葛洲坝	—	0.100	348 745.90
600491	龙元建设	—	0.080	94 760.00
600496	精工钢构	—	0.070	58 656.60
600502	安徽水利	—	0.100	33 462.00
600528	中铁二局	—	0.100	145 920.00
600545	新疆城建	—	0.050	67 578.58
600853	龙建股份	—	0.010	53 680.77
600970	中材国际	0.200	0.507	91 108.11

资料来源：沪深交易所，天相投资分析系统

从历史情况来看，建筑业上市公司2009年分配利润占比较高，而2011年因受累于业绩下滑，分配利润增速有所放缓。

图4　建筑业上市公司2007—2011年分配利润占比情况（%）

资料来源：沪深交易所，天相投资分析系统

(六)其他财务指标情况

1. 盈利能力指标

2011 年,按可比样本计算,建筑行业上市公司毛利率同比上升 0.98 个百分点,净资产收益率同比小幅上升 0.25 个百分点,销售净利率上升 0.23 个百分点,资产净利率下降了 0.08 个百分点。

表 11　　2011 年建筑业上市公司盈利能力情况

指　标	2011 年	2011 年可比样本变动	2010 年	2010 年可比样本变动	2009 年
毛利率(%)	11.45	0.98	10.32	-0.08	10.51
净资产收益率(%)	12.13	0.25	11.27	0.41	10.80
销售净利率(%)	2.29	0.23	1.99	-0.24	2.26
资产净利率(%)	2.30	-0.08	2.33	-0.17	2.49

资料来源:沪深交易所,天相投资分析系统

2. 偿债能力指标

2011 年行业内上市公司的资产负债率有所上升,按可比样本计算较 2010 年同比提高了 0.69 个百分点;流动比率按可比样本计算与 2010 年持平,为 1.21 次;速动比率按可比样本计算微降 0.01 次。

表 12　　2011 年建筑业上市公司偿债能力指标

指　标	2011 年	2011 年可比样本变动	2010 年	2010 年可比样本变动	2009 年
流动比率	1.21	0.00	1.23	-0.02	1.25
速动比率	0.78	-0.01	0.80	-0.10	0.90
资产负债率(%)	79.99	0.69	78.71	1.84	76.70

资料来源:沪深交易所,天相投资分析系统

3. 营运能力指标

2011 年,营运能力方面,固定资产周转率、总资产周转率、应收账款周转率、存货周转率和流动资产周转率按可比样本计算均有小幅下降。

表 13　　2011 年建筑业上市公司营运能力情况　　单位:次

指　标	2011 年	2011 年可比样本变动	2010 年	2010 年可比样本变动	2009 年
存货周转率	3.28	-0.98	4.26	-0.31	4.41
应收账款周转率	6.55	-0.94	7.55	0.46	7.13
流动资产周转率	1.31	-0.20	1.49	0.07	1.40
固定资产周转率	12.10	-0.95	15.28	0.98	14.10
总资产周转率	1.00	-0.15	1.17	0.05	1.10
净资产周转率	4.95	-0.44	5.29	0.02	5.14

资料来源:沪深交易所,天相投资分析系统

三、重点细分行业介绍

按公司所处行业大类划分，建筑业上市公司可分为土木工程建筑业和装修装饰业两个子行业，涵盖上市公司数量分别为40家和11家（含2家沪市B股）。

表14　　2011年建筑业上市公司数量分布及市值情况

大　类	上市公司家数（家）	占行业内比重（%）	境内总市值（亿元）	占行业内比重（%）
土木工程建筑业	40	78.43	4 360.27	88.36
装修装饰业	11	21.57	574.43	11.64

资料来源：沪深交易所，天相投资分析系统

（一）土木工程建筑业

根据2011年年报数据，土木工程建筑行业上市公司合计实现营业务收入20 823.86亿元，按可比样本计算同比增长8.20%；实现利润总额710.20亿元，按可比样本计算同比增长16.99%；实现归属母公司所有者的净利润463.24亿元，按可比样本计算同比增长20.03%。

表15　　2011年土木工程建筑业上市公司收入及资产增长情况　　单位：亿元

指　标	2011年	2011年可比样本增长（%）	2010年	2010年可比样本增长（%）	2009年
营业收入	20 823.86	8.20	18 118.66	35.14	13 483.05
利润总额	710.20	16.99	561.73	26.10	459.56
归属于母公司所有者的净利润	463.24	20.03	353.02	18.88	304.55
总资产	22 776.99	21.65	17 447.22	28.64	13 839.66
归属于母公司股东权益	3 812.59	17.08	3 133.06	14.43	2 808.19

资料来源：沪深交易所，天相投资分析系统

从历史情况来看，土木工程建筑业上市公司总体营收不断增加，但是近年来趋势有所放缓；归属母公司股东的净利润增速也在2010年出现下降。

2011年，按可比样本计算，土木工程建筑业上市公司毛利率同比上升0.96个百分点，净资产收益率同比小幅上升0.30个百分点，销售净利率小幅上升0.22个百分点，资产净利率同比小幅下降0.08个百分点。

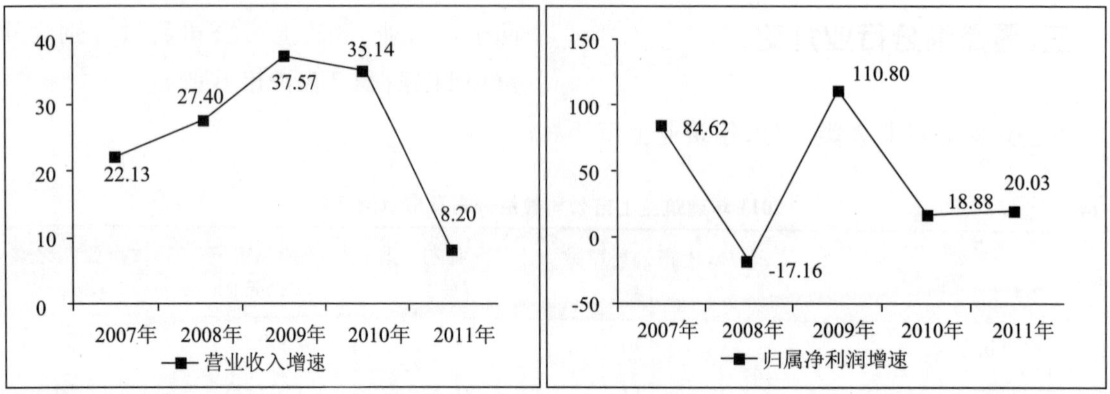

图5 土木工程建筑业上市公司2007—2011年可比样本营业收入及归属母公司股东净利润变化情况(%)

资料来源:沪深交易所,天相投资分析系统

表16 2011年土木工程建筑业上市公司盈利能力情况

指　标	2011年	2011年可比样本变动	2010年	2010年可比样本变动	2009年
毛利率(%)	11.35	0.96	10.26	-0.10	10.49
净资产收益率(%)	12.15	0.30	11.27	0.42	10.85
销售净利率(%)	2.22	0.22	1.95	-0.27	2.26
资产净利率(%)	2.23	-0.08	2.28	-0.20	2.49

资料来源:沪深交易所,天相投资分析系统

从历史情况来看,2011年土木工程建筑业毛利率和净资产收益率处于高位;毛利率较为稳定。

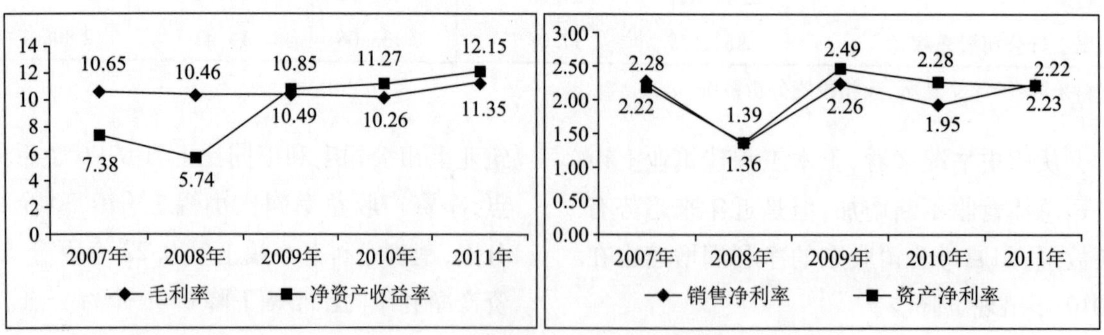

图6 土木工程建筑业上市公司2007—2011年盈利能力指标情况(%)

2011年,按可比样本计算,整个行业的资产负债率同比提高了0.77个百分点,存货周转率下降了0.99个百分点,总资产周转率下降了0.15次。

表 17 2011 年土木工程建筑业上市公司偿债及营运情况

指　标	2011 年	2011 年可比样本变动	2010 年	2010 年可比样本变动	2009 年
资产负债率(%)	80.43	0.77	79.05	2.07	76.77
存货周转率(次)	3.25	-0.99	4.23	-0.32	4.40
总资产周转率(次)	1.00	-0.15	1.17	0.05	1.10

资料来源:沪深交易所,天相投资分析系统

从历史情况来看,土木工程建筑业上市公司资产负债率处于上升通道,负债比率按可比样本计算不断提高;存货周转率按可比样本计算近年来下降;而总资产周转率也在 2011 年拐头下降,按可比样本计算下降幅度较大。

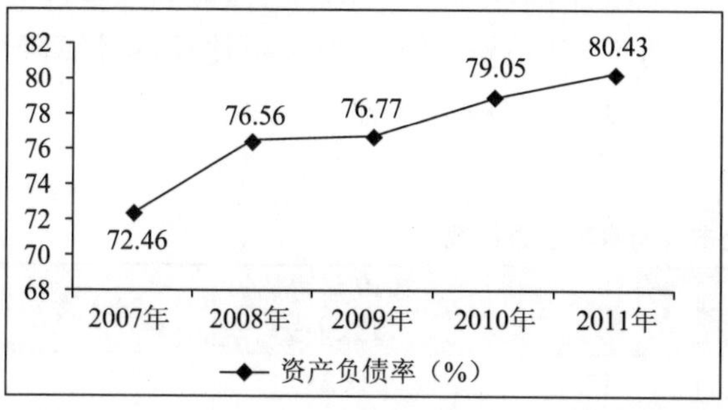

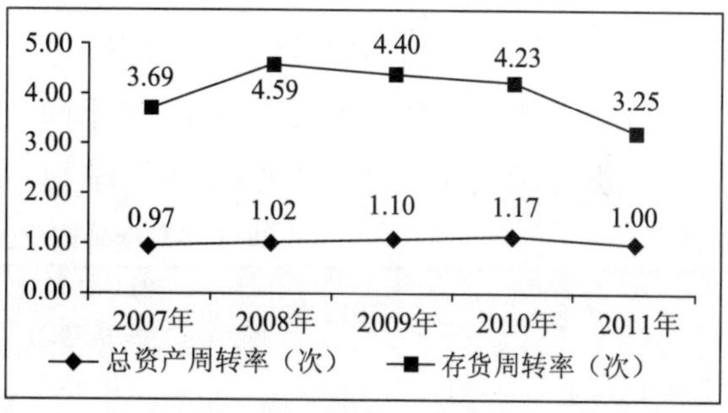

图 7　土木工程建筑业上市公司 2007—2011 年偿债及营运能力指标情况

资料来源:沪深交易所,天相投资分析系统

(二)装修装饰业

2011 年,装修装饰业上市公司资产总值达人民币 403.23 亿元,按可比样本计算同比大幅增长 50.15%;归属于母公司股东权益 182.50 亿元,按可比样本计算同比大幅增长 46.78%;营收 361.10 亿元,利润总额 25.77 亿元,归属于母公司所有者的净利润 20.46 亿元,按可比样本计算分别比 2010 年同期增长了 36.31%、30.66% 和 32.85%。

表 18 2011 年装修装饰业上市公司收入及资产增长情况 单位:亿元

指　标	2011 年	2011 年可比样本增长(%)	2010 年	2010 年可比样本增长(%)	2009 年
营业收入	361.10	36.31	202.98	62.72	74.19
利润总额	25.77	30.66	15.31	140.86	2.53
归属于母公司所有者的净利润	20.46	32.85	11.70	167.03	1.37
总资产	403.23	50.15	211.05	81.97	83.71
归属于母公司股东权益	182.50	46.78	105.54	147.81	30.73

资料来源:沪深交易所,天相投资分析系统

从历史上看,装修装饰业上市公司经过 2009 年以来的高速发展,2011 年业绩按可比样本计算有所回调。

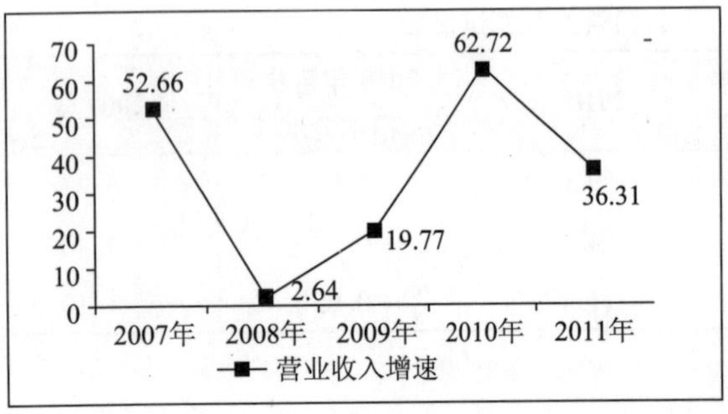

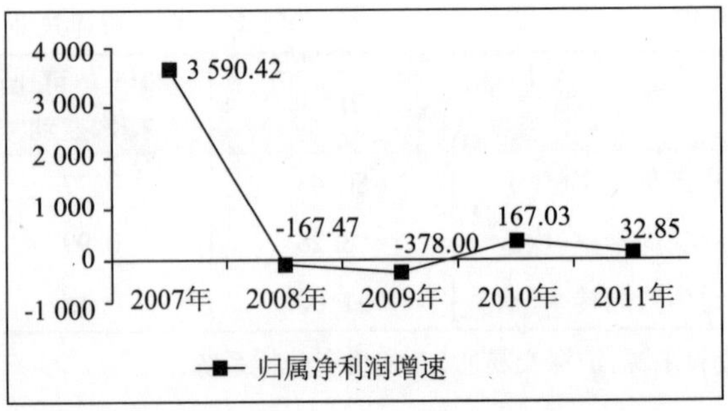

图8　装修装饰业上市公司2007—2011年可比样本营业收入及归属母公司股东净利润变化情况(%)

资料来源:沪深交易所,天相投资分析系统

2011年装修装饰业上市公司毛利率按可比样本计算同比上升0.55个百分点,达到17.41%;净资产收益率按可比样本计算降低0.98个百分点,为11.78%;销售净利率按可比样本计算微升0.02个百分点,达到5.83%;资产净利率按可比样本计算降低0.99个百分点,达到6.36%。

表19　2011年装修装饰业上市公司盈利能力情况

指　标	2011年	2011年可比样本变动	2010年	2010年可比样本变动	2009年
毛利率(%)	17.41	0.55	15.47	0.28	15.44
净资产收益率(%)	11.78	-0.98	11.48	-0.54	6.02
销售净利率(%)	5.83	0.02	5.76	2.03	2.19
资产净利率(%)	6.36	-0.99	7.37	2.26	2.59

资料来源:沪深交易所,天相投资分析系统

从历史数据上来看,装修装饰业上市公司毛利率比较稳定,并且2011年按可比样本计算上升较大;而净资产收益率、销售净利率以及资产净利率在2008年达到低谷后回升,2011年按可比样本计算保持稳定。

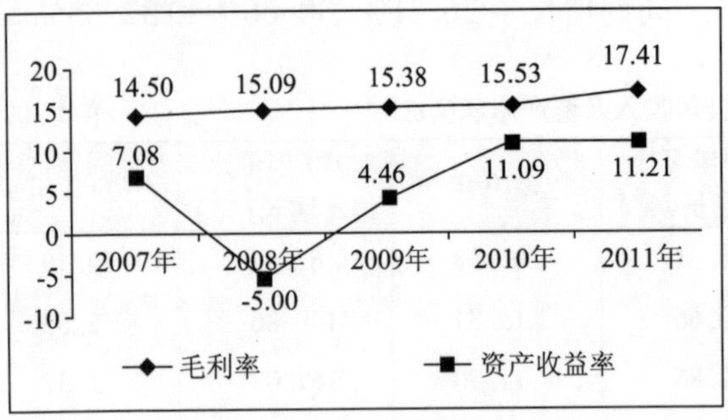

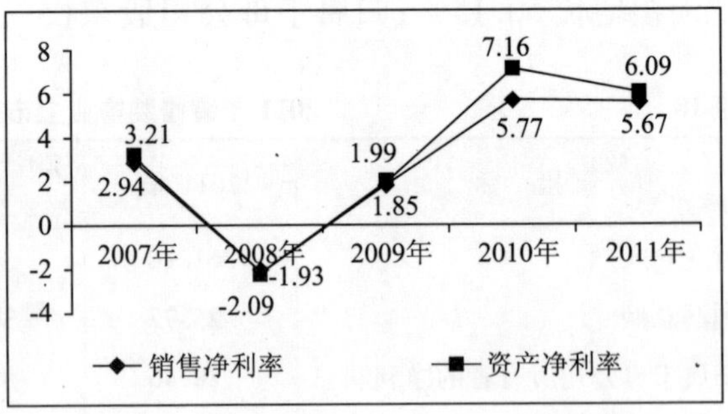

图9　装修装饰业上市公司2007—2011年盈利能力指标情况(%)

资料来源:沪深交易所,天相投资分析系统

2011年装修装饰业上市公司资产负债率按可比样本计算上升0.87个百分点,达到54.76%;存货周转率按可比样本计算下降0.85次达到8.69次;总资产周转率按可比样本计算下降0.18次，达到1.09次。

表20　　2011年装修装饰业上市公司偿债及营运情况

指　标	2011年	2011年可比样本变动	2010年	2010年可比样本变动	2009年
资产负债率(%)	54.76	0.87	50.14	-13.28	63.49
存货周转率(次)	8.69	-0.85	13.98	1.97	13.23
总资产周转率(次)	1.09	-0.18	1.28	-0.09	1.18

资料来源：沪深交易所，天相投资分析系统

从历史情况来看，装修装饰业上市公司存货周转率变化情况较大，从2007年起逐步快速上升，按可比样本计算2011年回调。

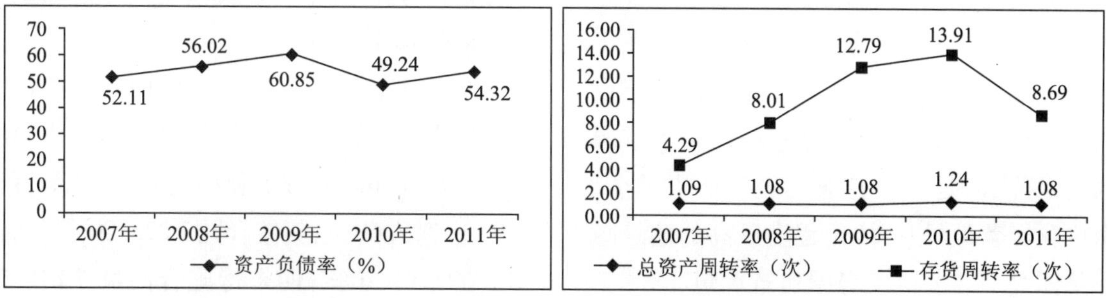

图10　装修装饰业上市公司2007—2011年偿债及营运能力指标情况

资料来源：沪深交易所，天相投资分析系统

四、重点上市公司介绍

从2007年底开始，经过3年时间，中国中铁、中国铁建、中国建筑、中国中冶、中国化学陆续上市。其中，4大建筑央企（上述除中国化学）不仅仅是国内相关业务领域的领军企业，并且在国际上也拥有相当的地位：2012年ENR“全球最大225家环球工程承包商”前10名中，有中国中铁（排名第1）、中国铁建（排名第2）、中国建筑（排名第3）、中国中冶（排名第9），中国化学也名列第38名，比2010年上升17名。截至2011年底，4大建筑央企A股市值、营收规模和净利润等指标都占据了建筑行业上市公司半壁江山。中国化学作为化学工业工程施工领域的领先者，在建筑行业上市公司中也占据关键位置。

表21　　中国4大建筑央企基本情况　　单位：亿元

项　目	中国中冶	中国建筑	中国中铁	中国铁建	合　计
2011年末A股市值	336.34	873.00	517.58	528.05	2 423.2
占行业内上市公司比重(%)	6.81	17.67	10.48	10.69	45.64
2011年营业收入	2 301.78	4 828.37	4 607.20	4 573.66	16 311.1
占行业内上市公司比重(%)	10.87	22.79	21.75	21.59	76.99
2011年资产总额	3 320.31	5 058.29	4 687.32	4 229.83	17 295.73

续表

项　目	中国中冶	中国建筑	中国中铁	中国铁建	合　计
占行业内上市公司比重(%)	14.33	21.83	20.22	18.25	74.63
2011 年利润总额	61.55	258.92	96.00	100.56	517.1
占行业内上市公司比重(%)	8.36	35.15	13.03	13.65	70.19
核心业务	冶金工程	房屋建筑、房地产	铁路工程、基建工程	铁路工程	—
上市日期	2009 年 9 月	2009 年 7 月	2007 年 12 月	2008 年 3 月	—

资料来源:Wind

中国建筑

公司是中国最大的建筑房地产综合企业集团、中国最大的房屋建筑承包商,在工业与民用建筑工程建设、大型公共设施建设以及大型工业设备安装等领域积聚了雄厚的技术优势,是中国专业化经营历史最久、市场化经营最早、一体化程度最高的建筑企业集团之一。公司以房屋建筑承包、国际工程承包、地产开发、基础设施建设和市政勘察设计为核心业务,是中国唯一一家拥有房建、市政、公路 3 个特级资质的建筑企业。子公司中国海外是中国最大的房地产企业集团之一,在内地 48 个城市及港澳地区共拥有可开发土地储备面积约 6 194 万平方米,是中国土地储备面积最大的公司之一。截至 2011 年,公司连续第 5 次进入"世界 500 强"企业排行榜,2011 年排名第 147 位,较 2009 年提升 40 位。

公司的发展战略为:将房建业务作为立身之本,秉持"无房建不稳"的共识,将其作为营业收入、经营性净现金流的主要贡献板块。在坚守房建主业的同时,按照相关多元化思路,大力发展基建、地产和设计勘察业务。经多年经营,"中海地产"与"中建地产"奠定了公司地产业务"央企第一、行业排头"的坚实地位;基建业务成为我国基础设施建设领域的后起之秀;而设计勘察业务作为中国建筑品牌的重要支撑,长期以来一直在技术创新、培养院士级顶级人才方面发挥着重要作用。

从房建业务上看,公司 2011 年实现营收 3 678.99 亿元,同比增长 38.63%,占总收入比重的 76.20%;毛利率上升 0.40 个百分点,达到 7.60%;新签合同 7 223.00 亿元,逆市增长 14.20%;期末待施合同额 7 819.00 亿元,增长 41.60%;公司全年房建业务累计施工面积 49 788 万平方米,增长 29.30%,占全国累计施工面积的 5.90%;公司全年新开工面积 18 163 万平方米,增长 12.81%;累计竣工面积为 6 316 万平方米,增长 8.50%。报告期内,公司通过"大市场、大业主、大项目"三大经营策略,中标多个规模大、影响力大的工程项目,包括深圳平安国际金融大厦、武汉绿地中心、广州东塔等。大项目占比进一步提高,合同质量进一步提升。

从基建业务上看,公司 2011 年实现营收 581.31 亿元,同比增长 14.18%,占总收入的比重为 12.04%;毛利率上升 0.80 个百分点,达到 10.50%;新签合同 1 207 亿元,增长 21.70%;待施工合同 1 670 亿元,增长 71.50%。

从地产业务上看,公司 2011 年实现营收 483.27 亿元,同比增长 5.94%,占总收入的比重为 10.00%;毛利率下降 3.21 个百分点，达到55.08%。报告期内，中海地产8次蝉联“中国房地产行业领导品牌”与“中国蓝筹地产榜首企业”；中国海外发展实现净利润125.50亿元，蝉联内地最赚钱房企宝座。

从设计勘察业务上看，公司实现营收53.37亿元，同比增长55.32%，占总收入的比重为0.81%；毛利率下降7.10个百分点，为26.98%。报告期内，公司设计勘察业务除荣获国优金、银奖外，还获得优秀工程设计勘察一等奖7项、二等奖9项。中建设计集团在2011年ENR排名中较上年提升4位，位列全国民用建筑设计企业首位。

总体上看，公司实现营业收入4 828.36亿元，同比增长30.35%；实现毛利润581.33亿元，同比增长29.85%；毛利率为12.04%，同比下降0.10个百分点，主要系房建占比提高所致；实现归属于母公司股东的净利润135.36亿元，同比增长46.55%。

2011年，公司获得受理专利1 004项、授权专利738项；获国家科学技术进步一等奖1项、国家科学技术发明二等奖1项；完成主编国家标准2项、行业标准6项。相关工艺技术以规范、标准的形式推广至全国，为我国建筑业的科技进步作出了突出的贡献。

中国中冶

公司是全球最大的工程建设综合企业集团之一，是以工程承包、装备制造、资源开发及房地产开发4大板块为主业的多专业、跨行业、跨国经营的特大型企业集团；是我国大型冶金设备制造商之一，尤其在建筑钢结构的研究、设计、制造及安装方面均处于国内领先地位，是我国钢结构生产规模最大、市场占有率和工艺技术水平最高的企业之一。中国中冶在美国《财富》杂志2011年公布的“世界500强”企业中排名第296位，较上年提高19位；在美国《工程新闻记录》(ENR)2011公布的“225家全球最大承包商”中排名上升至第7位。已在亚洲、非洲、大洋洲、中东、北美、南美等地的数十个国家和地区从事工程承包、资源开发及房地产开发等业务。

自2009年上市以来，公司积极巩固和提高在钢铁冶金工程承包业务的市场领导地位，不断扩大房屋建筑工程和交通基础设施工程等非冶金工程承包及海外工程承包业务。

从工程承包业务上看，公司2011年实现营收1 769.71亿元，同比上升14.25%，占总收入的比重为76.88%；实现毛利润209.64亿元，同比上升16.88%，毛利率有所提高；新签合同额为2 279.50亿元，同比增长4.34%。公司加大冶金工程市场以及非冶金工程市场的开拓力度，紧密跟踪辽宁、四川、新疆、河北等国内区域，以及印度、东欧、东南亚等国的冶金工程市场信息，新签订多项重大合同。公司2011年在工程承包业务上获得鲁班奖5个，国家优质工程奖9个，国家优秀勘察设计奖4个，冶金行业优质奖150个。

从装备制造业务上看，公司2011年实现营收133.69亿元，同比增长33.37%；实现毛利润11.38亿元，同比增长12.07%，毛利率有所下降。公司在装备制造板块加大科技研发力度，加快推进产品的结构调整和产业升级工作，取得阶段性进展。中国二十二冶集团有限公司与清华大学合作自主研发、自主设计、总成制造、安装调试的国内首台(套)40MN预应力钢丝缠绕多向模锻液压机热试成功，并用于商业生产。

从资源开发业务上看,2011 年公司实现收入 112.07 亿元,同比增长 15.98%;毛利润实现 17.72 亿元,同比下滑 8.68%,毛利率有所下降。

从房地产开发业务上看,公司 2011 年实现营收 207.40 亿元,同比下降 16.84%;实现毛利润 32.77 亿元,同比下降 44.09%,毛利率有所下滑;新开工建筑面积下滑 22.80%,为 726 万平方米。

总体上看,公司 2011 年实现收入 2 301.78亿元,同比增长 11.31%;毛利率为 11.92%,比 2011 年下降 1.11 个百分点;归属于母公司所有者的净利润为 42.43 亿元,比 2010 年下降 20.25%。

此外,公司还加大科研投入。2011 年公司获批建设国家工程技术研究中心 1 个,获得国家认定企业技术中心 2 个;新建中冶工程技术中心 12 个;获批建设省部级工程技术研究中心 5 个;获得省级政府认定企业技术中心 2 个。截至 2011 年底,公司共建有国家级科技创新平台 9 个,建有中冶工程技术中心 42 个,建有省部级科技创新平台 52 个。

中国铁建

公司是中国乃至全球最具规模和实力的特大型建筑集团之一,一直是中国铁路基建行业领军者,在 2011 年 ENR 全球 225 家最大承包商中排名第一,《财富》杂志世界 500 强排名上升到第 105 位。公司提供设计、施工、监理、运营和设备制造等一整套建筑相关服务,于承揽大型复杂基建项目时具有明显的竞争优势,于铁路大型养路机械领域在中国居主导地位。

2011 年公司新签合同总额为 6 811.80 亿元,超额完成了年度计划。其中,新签路外合同额 5 438.20 亿元,同比增长 73.50%;新签海外合同额 760.30 亿元,同比增长 193.40%。报告期末,公司未完合同额达到 11 982.50 亿元。

从工程承包业务来看,公司营收 4 075.41亿元,下降 4.89%,受累于我国铁路建设投资放缓;未完成合同额为11 278.00 亿元,同比增长 20.79%;毛利率 9.43%,增加 1.31 个百分点。公司在中国 31 个省、市、自治区以及香港和澳门地区提供服务,并在亚、非、中东以及欧洲部分地区参与建设。

勘察设计监理营收 74.60 亿元,同比下降 10.43%;工业制造营收 89.15 亿元,同比下降 3.68%;其他业务营收 464.59 亿元,同比增长 42.97%。

总体来看,公司营收 4 573.66 亿元,比 2010 年同期下降 2.72%;净利润 78.82 亿元,增长 82.60%。其他方面,公司资产总额 4 229.83 亿元,比上年末增长 20.79%。其中,流动资产 3 603.24 亿元,同比增长 23.43%。负债总额 3 572.64 亿元,同比增长。其中,流动负债 3 187.41 亿元,比上年末增长 21.32%;非流动负债 385.22 亿元,比上年增长 31.81%。归属上市公司股东权益 657.19 亿元,同比增长 12.86%。

公司 2011 年转型升级取得重大进展,非工程承包业务新签合同额 938.60 亿元,完成营业收入 628.40 亿元,实现净利润 32.50 亿元,成为重要的经济支撑。组建了中国铁建投资有限公司、中国铁建港航局集团有限公司,中国铁建财务有限公司正在准备开业,产业链进一步完善。勘察设计、工业制造、房地产开发、物流贸易等业务板块的综合实力持续提高。

公司2011年技术创新非凡，全年科技投入达84.70亿元，列入国家重大科研项目3项，新增省部级科研项目22项；获得国家科技进步二等奖2项，省部级科技进步奖126项，全国优秀工程勘察设计奖3项，全国优秀工程勘察设计行业奖8项，发明专利57项，国家级工法42项，为历年之最。

中国中铁

公司的主营业务为基建建设、勘察设计与咨询服务、工程设备和零部件制造、房地产开发以及其他业务。公司的业务很大程度上依赖于国家在铁路及其他公共交通基建方面的投资，包括铁路、公路、桥梁、隧道、城市轨道交通及其他项目的建设及改造工程。中国中铁荣列2011ENR全球承包商第2强，2011年在全球500强企业中排名第95，上升42名。

2011年公司基建建设业务营业收入3 852.02亿元，同比减少6.44%；新签合同4 125.60亿元；毛利率8.59%；未完成合同额8 985.70亿元，同比增长3.40%。2011年度，公司共完成铁路正线铺轨（新线、复线）5 697公里，完成电气化铁路接触网正线6 847公里；完成公路建设1 125公里，其中包括748公里的高速公路；承建城市轻轨、地铁线路土建工程161公里，铺轨工程188公里。

2011年公司勘察设计与咨询服务业务营收83.57亿元，同比增长0.33%；毛利率35.61%；新签合同额为103.50亿元，同比增长10.30%；未完成合同额为144.60亿元，同比增长18.30%。

2011年公司工程设备和零部件制造业务营业收入91.21亿元，同比减少12.27%；毛利率20.12%；新签合同额为164.10亿元，同比增长11.20%；未完成合同额为112.50亿元，同比增长29.20%。2011年公司具备了年产20台以上的盾构制造能力，年生产制造盾构/TBM15台（套），签订盾构/TBM预定采购合同18台（套）。

2011年房地产开发业务实现营业收入169.54亿元，同比增长44.72%；毛利率29.14%。公司处于开发阶段的项目占地面积1 645万平方米，总建筑面积2 887万平方米。

其他业务领域，公司凭借现有业务所建立的平台，积极从事铁路与公路的BOT等，投资经营项目、矿产资源开发、物资贸易和其他多种业务。2011年，公司投资建设的BOT高速公路运营稳定，收入逐年提高，全年实现收入13.34亿元；矿产资源开发与建设进展顺利，全年实现收入7.81亿元；物资贸易随着大宗材料采购业务的开展，全年实现收入300.88亿元；金融业务得益于国家货币紧缩政策的影响，增长较快，全年实现收入10.19亿元。

总体上看，公司实现营业收入4 607.20亿元，同比下降2.73%；实现归属于母公司所有者的净利润为66.90亿元，同比下降10.66%。

2011年，公司技术进步非凡，共获国家建筑工程鲁班奖16项，国家优质工程奖6项，土木工程詹天佑奖5项，火车头优质工程54项，国家优秀工程勘察设计奖11项，并荣获国家科技进步奖5项，通过国家级工法评审38项，新增国家级认定企业技术中心2个，已达6个，新增博士后工作站2个，已达6个，有效专利授权519项，其中发明专利146项。同时，公司在高速铁路建造和盾构及掘进技术两个国家实验室建设上取得的新进展，标志着公司在自主研发、自主创新方面取得了巨大突破。

中国化学

中国化学是中国最大的化学工程建设公司，提供化工及石油化工工程、煤化工工程、多晶硅工程等各类工程的勘察、设计、施工、咨询等全方位的服务，是我国最早进行专业化经营、市场化程度最高的工业工程公司之一，综合实力在化学工业工程领域处于绝对领先地位。公司主营业务为化学工程施工建设、勘察设计与咨询服务以及其他业务。公司自1995年以来始终被评为ENR全球最大的225家国际承包商之一。2011年中国化学位列ENR全球最大225家承包商第42名，上升13名。

公司报告期内经营规模和业务收入快速增长，盈利水平再创新高。2011年，公司新签合同额1 022.60亿元，同比增长99.20%。实现营业收入435.38亿元，较2010年增加94.85亿元，同比增长27.85%；实现利润总额30.98亿元，较2010年增加8.94亿元，同比增长40.58%。实现归属于母公司股东的净利润23.76亿元，较2010年增加6.95亿元，同比增长41.31%。

公司采取以下方式提升收益：一是承揽效益较好的总承包项目，近年来总承包项目所占比重逐年增大，到2011年约为90%；二是争取增多大额订单的合同项目；三是调整公司经营结构，削弱竞争的不利影响；四是业务领域逐步拓宽，全力开拓新的经济增长点；五是各施工企业获得募集资金注资后，解决了企业资金贫乏的瓶颈，提高了企业占领市场的能力，采取更具竞争力的模式，开拓新市场，提高了本板块对公司整体的影响力，主要效益指标提升较快；六是海外经营有所突破，融入国际化程度不断提升，海外新签合同额占新签合同额的比例约为15%。

2011年，公司新签合同额1 022.60亿元，同比增长99.20%，首次突破千亿元大关。其中，境内新签合同额864.40亿元，占新签合同总额的比例为84.50%；境外新签合同额158.20亿元，占新签合同总额的比例为15.50%。工程公司新签合同625.80亿元，比2010年同期增加324.00亿元，同比增长107.40%；建设公司新签合同396.80亿元，比2010年同期增加185.30亿元，同比增长87.60%。

2011年底，公司在建的项目1 745个，结转合同总额903.50亿元。其中，亿元以上的项目240个，含境外项目52个。在地域分布上，境内在建项目分布在除西藏外的所有省、市、自治区。境外项目主要分布在越南、沙特、巴基斯坦、缅甸、加蓬、俄罗斯、印度、伊朗、新加坡、印尼及中国香港等国家和地区。

技术进步上，2011年公司共获国家授权专利68项，其中发明24项，实用新型44项。全国优秀工程勘察设计奖1项，国家级工法5项；省部级科技进步奖6项，省部级优秀工程勘察设计奖9项，省部级工法36项。公司共主编和参编《化学工业循环冷却水系统设计规范》和《工业金属管道工程施工质量验收规范》等国家标准34项；主编、参编《工业设备管道外防腐设计规定》和《化工设备工程施工及验收规范》等行业标准92项，赢得了行业的话语权。

金螳螂

公司是中国建筑装饰行业的龙头公司，截至2011年底已连续9年荣获中国建筑装饰百强企业第一名，是建筑装饰行业唯一荣获"全国建筑业先进企业"、"全国质量建设管理先进单位"和"2011 中国服务业 500 强"的企业,公司还荣获"中国最具竞争力建筑企业 100 强",并连续 3 年荣获"中小板上市公司 50 强"和"中国承包商 60 强"。公司董事会荣获中国上市公司董事会"金圆桌奖"之"董事会建设特别贡献奖",公司高层管理团队已连续 3 年荣获"中小企业板十佳管理团队"称号,在行业市场和资本市场具有较高的知名度和美誉度。

2011 年,公司主营业务获得高速增长,新签合同产值达到 121.00 亿元,创历史新高;实现营业收入 101.45 亿元,同比增长 52.80%;实现归属于母公司股东的净利润 7.33 亿元,同比增长 88.55%。2011 年,公司参与设计施工了中国国家博物馆、九华山大愿文化园佛展中心、亿利沙漠七星酒店(联合国沙漠论坛)、北京人民大会堂常委厅、国家新闻应急指挥中心等一大批有影响力的工程,品牌实力和市场影响力进一步增强。

2011 年公司新设山西、长沙、重庆等 8 个分公司,分公司数达到 36 家。公司全资子公司美瑞德新设立了合肥、西安分公司,公司全资子公司金螳螂幕墙新设立了合肥分公司。公司积极推行大客户战略,建立了战略客户信息管理数据库,制定了三级维护制度,通过开展战略客户专项沟通会议等扎实有效的工作,推动了公司战略客户业务数量和规模的大幅上升,并从源头上有效节省了营销费用。

2011 年公司新引进 727 名设计师,通过打造酒店设计、办公场所设计、医院设计、运动场馆设计、会所设计、样板房设计等多个专业设计团队并相应调整管理模块,进一步提高了细分行业的设计专业性。2011 年,公司荣获 7 项公共建筑设计类全国建筑装饰工程奖,124 项国家级装饰设计作品奖,荣获"2011 中国室内设计学会奖最佳设计企业奖",金螳螂设计研究总院荣获"装饰界凤凰奖之最具影响力设计院所"。

公司继续加大研发力度,至 2011 年底,公司已获得授权专利 33 项,新申报专利 122 项,获"高新技术产品"认证 1 项,获得 7 项计算机软件著作权。公司和全资子公司金螳螂幕墙均取得了高新技术企业证书,从 2011 年 1 月 1 日到 2013 年 12 月 31 日连续 3 年按 15% 的优惠税率缴纳企业所得税。

2011 年 11 月,公司向 8 名特定对象成功发行了 36 843 800 股股票,募集资金 13 亿元。随着资金成功募集,公司加快了节能幕墙及门窗生产线建设项目、金螳螂施工管理运营中心大楼项目的投入和建设;营销网络建设项目完成了杭州、南京、昆明分公司办公楼购置和西安、长沙等地办公用房租赁;完成了美瑞德少数股东权益的收购,对美瑞德公司、金螳螂住宅和金螳螂景观公司实施了增资。通过募集资金的投入,公司综合实力得到进一步增强。

亚厦股份

公司连续 5 年荣膺"中国建筑装饰百强企业第二名","亚厦"商标被认定为"中国驰名商标",公司被评为"国家高新技术企业"、"中国建筑绿色环保设计百强企业"、"中小板上市公司价值五十强"、"中小板最具成长性上市公司"、"中小板十佳管理团队"、"中小板信息披露优秀上市公司"。截至 2011 年末,公司共荣获鲁班奖 11 项,国家优质工程银奖 4 项,全国建筑工程装饰奖(含设计类)104 项,全国建筑装饰科技创新奖144项,全军金奖工程(含设计类)60项,省级优质工程932项,获奖数量在行业内处于领先地位。此外,亚厦幕墙连续4年被评为“中国建筑幕墙行业50强企业”,亚厦产业园成为国内首批10家“全国建筑装饰行业产业化实验基地”之一,并被授予“国家木质集成装饰产业化基地”。控股子公司上海蓝天连续9年被评为中国建筑装饰行业百强企业,连续14年被评为中国人民解放军建筑装饰行业“金榜企业”。

2011年,公司主营业务高速增长,新签合同额为118.00亿元,同比增长63.90%;实现营业收入72.53亿元,同比增长61.60%;实现归属于母公司股东的净利润4.49亿元,同比增长71.21%。

公司可复制营销网络模式成效显著,省外业务快速发展。公司从2009年起步,到2011年底已完成2个区域公司、2个营销网络公司、2个专业营销网点的建设,市场范围覆盖全国。2009—2011年省外营业收入分别为10.30亿元、22.50亿元和45.80亿元,2010年和2011年同比增长119.80%和103.10%,2009—2011年省外收入占比分别为41.20%、50.20%和63.10%。2009—2011年省外新签合同额分别为10.10亿元、36.20亿元和72.20亿元,2010年和2011年同比增长259.50%和99.60%。

2011年,公司迈出了中国建筑装饰行业资本并购的第一步,先后成功收购了上海蓝天房屋装饰工程有限公司(“上海蓝天”)和成都恒基装饰工程有限公司(“成都恒基”)。公司充分利用上海蓝天和成都恒基在各自领域的互补性和业务优势,互利合作,进一步扩大了公司在铁路、公装、机场领域的优势地位,进一步开拓了西部建筑装饰市场。通过资本并购,进一步提高了公司在建筑装饰行业的龙头地位,提升了品牌影响力,加快了资源整合和产业链延伸的步伐。

2011年12月31日,公司公告拟发行不超过10亿元公司债券补充流动资金,债券期限不超过5年(截至2012年7月17日,公司已成功完成该次公司债券的发行工作,发行规模为10亿元)。公司成为首家发行公司债券进行融资的上市装饰公司。

东方园林

公司是A股首家园林类上市公司,是国内市政园林的龙头公司。自2009年底上市以来,公司保持了持续的高速增长。2011年,公司实现营业收入29.10亿元,同比增长100.21%;实现归属于上市公司所有者的净利润4.50亿元,同比增长74.31%。

公司稳步开拓市场。2011年,在现有的株洲、大同、鞍山、本溪、淄博、滨州、潍坊、唐山、太原、衡水、海宁等战略城市的基础上,新进入沈阳、忻州、锦州、包头、鄂尔多斯、晋中、大连、常州、丹东、开封、营口等城市,2011年完成框架协议签约金额50.20亿元,施工合同签约金额27.20亿元,设计合同签约金额1.40亿元。截至2011年底,公司已进入全国30多个城市,已签约未完成施工的战略合作框架协议及工程施工合同约93亿元,为公司未来业务的发展奠定了良好的基础。

公司通过并购等手段有力推动了设计资源整合。2011年,公司先后收购了上海尼塔建筑景观设计有限公司、东联(上海)创意设计发展有限公司,在此基础上成立了东方园林南方联合设计集团(筹),作为整合南方设计资源的平台,大幅提升了公司的设计综合实力。目前,公司旗下已有EDSA—东方、东方利禾、东方艾地、东联设计、上海尼塔5个设计品牌,具备为客户提供从概念规划到控规、详规、扩初、施工图全方位的设计资源,涵盖了从度假区规划、田园规划、地产景观到市政园林、生态湿地的全产业的综合设计能力。

公司继续努力改善收款能力,降低应收款风险。2011年公司经营性现金流为-3.96亿元,仅比2010年增加1.37亿元,收现比(当年收到的现金/当年营业收入)由2010年的44.30%提升到48.05%,动态收款能力有所改善。为了进一步降低应收款风险,公司开创性地提出"土地保障"业务模式,并在沈阳苏家屯临空旅游区项目中首次应用。所谓土地保障模式,是指在签订景观工程协议(合同)时,公司与业主通过谈判,以指定具体的地块(称之为"保障地块")来作为该项工程的资金保障。如果业主不能按期支付工程款,则启动保障条款,以保障地块的出让收入作为工程款的支付来源。

公司继续增强苗木实力。截至2011年底,公司拥有苗木基地12 000多亩,主要分布在北京、山东、河北、江苏、浙江等地,均为生产型苗圃。为储备业务发展所需的战略资源,公司还开创性地提出了"东方田园"模式,并拟在沈阳苏家屯东方田园项目中予以实施。

公司于2011年6月公告拟非公开发行股票募集资金不超过22.00亿元,募集资金用于绿化苗木基地建设、设计中心及管理总部建设、园林机械购置、信息化系统建设和补充流动资金等5个投资项目(根据截稿日最新的调整方案,募集规模已调整为不超过16.50亿元)。公司继在业内率先实施IPO之后,此次又率先公告拟借助资本市场进行股票再融资,公司对资本市场的运用意识和经验领先于行业。

棕榈园林

公司是国内地产园林行业的龙头公司,是继东方园林后又一登陆A股市场的园林公司。公司凭借上市后资金和品牌实力的大幅提升,市场竞争力进一步增强,实现了收入和盈利的持续高速增长。2011年,公司实现营业收入24.94亿元,同比增长93.23%;归属于母公司股东的净利润2.76亿元,同比增长64.13%。2011年公司新签工程合同44.30亿元,新签设计合同2.80亿元;截至2011年底已签合同剩余产值约40亿元(含约7亿元待签合同金额)。

2011年,公司对区域市场管理架构进行了有效调整,并取得明显成效。公司将原有的5大区域调整为以省为中心的13个工程运营中心,工程业务大幅增长:华北区域在大力发展原有北京及周边地区的市场份额的同时,新设立了山东、山西两大工程运营中心,并收购控股山东胜伟园林科技有限公司,使得华北区域工程收入增长迅速;华南区域新设立了海南工程运营中心,海南地区的工程业务发展迅猛,成为华南区域收入增长的新亮点;华东区域在巩固原有市场地位的同时,新设立了安徽运营中心,保持了稳定的增长速度;原业务规模较小的华中、西南区域的业绩也得到了快速提升。

2011年,公司的市政园林业务开拓也初见成效,同比实现较快增长。公司先后公告与聊城市人民政府签署《聊城徒骇河景观工程投资建设合同》(合同工程款总价暂定为17亿元)及与长春高新技术产业开发区管理委员会签署《吉林省低碳产业园科技生态碳汇区四季城开发建设项目合作框架协议》(协议金额约为80亿元)。两个项目的签订,标志着公司在市政园林领域实现了明显突破。

2011年,公司利用超募资金以股权收购手段成功实现了控股山东胜伟园林科技有限公司及(通过对香港全资子公司增资、由香港全资子公司)参股贝尔高林国际(香港)有限公司。前者帮助公司快速开拓了山东区域市场和市政园林市场,后者帮助公司显著提升了在高端地产园林设计领域的影响力。

五、上市公司在行业中的影响力

建筑业上市公司作为行业内最优秀的企业群体,上市后品牌效应及资金优势大大增强,迅速做大做强、做精做尖,在承接重大项目、引领行业整合、拓展国际业务和创新发展模式等方面引领着行业发展潮流。

(一)上市公司承接重大建筑项目,发挥行业支柱作用

上市建筑企业规模大,资金和技术实力强,施工经验丰富,承接了国内多项重大工程施工项目,充分发挥了行业支柱作用。2011年,中国建筑签订的20亿元以上的国内项目超过44个,签订的海外重大项目10个;中国铁建签订金额超过31亿元的重大施工合同6项,海外重大项目1个;中国中铁签订重大项目25项;中国中冶签约17个国内重大项目以及3个国外重大项目。

(二)通过不断上市以及已上市公司整合,资源趋于集中于上市公司

2005年起中工国际、中国中冶、中国建筑、中国化学等业内重要企业陆续登陆A股市场,并且随着已上市公司一系列并购动作的陆续展开,建筑业资源逐渐向上市企业汇集。通过并购地方企业,各大建筑龙头扩大了收入规模,拓展了业务领域,取得了一定的规模经济和范围经济,同时也在一定程度上突破了行业地方保护壁垒。被兼并企业同样也背靠央企增强了自身实力,实现了跨区域和跨领域的扩张。随着包括央企在内的各大龙头企业通过横向和纵向兼并取得跨越式发展,行业开始出现业务领域多元化、承包方式总包化等趋势,有些施工企业更是通过强大的资金和管理实力向建筑金融服务商方向发展。

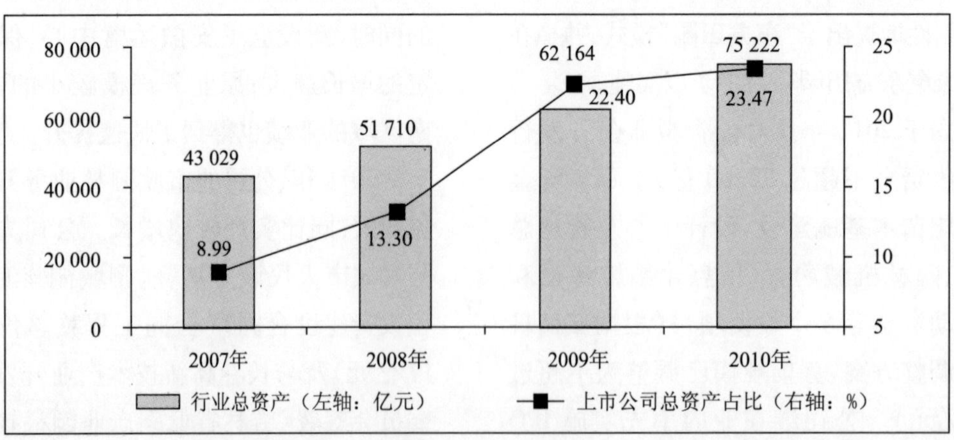

图11 建筑业2007—2010年总资产及其中上市公司资产占比

资料来源:国家统计局,天相投资分析系统

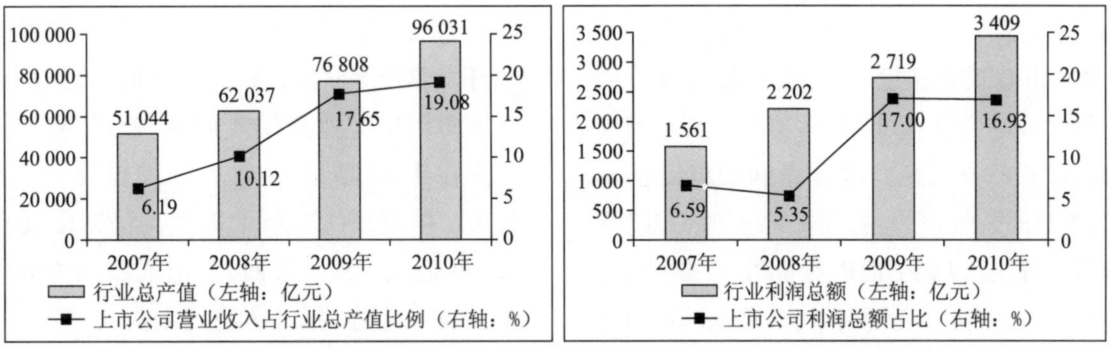

图 12 建筑业 2007—2010 年总产值和利润总额及上市公司占比情况

资料来源：国家统计局，天相投资分析系统

（三）上市企业引领行业走出国门，实现国际化经营

经过近几十年的蓬勃发展，中国建筑企业积累了大量的施工技术和丰富的施工经验，加上劳动力成本低的优势，过去的几年中国建筑企业全球竞争力有了稳步提升。上市建筑企业率先承包国际工程，引领中国建筑企业国际化发展。

据商务部统计，我国对外承包工程合同额从 2002 年的 150.50 亿美元，增加到 2011 年的 1 423.00 亿美元，年均增长 28.31%。对外承包工程营业额从 2002 年的 111.90 亿美元，增加到 2011 年的 1 034.00 亿美元，年均增长 28.01%。

2005 年我国各大国际工程承包企业上市后，建筑行业国际化经营的脚步开始不断加快。中国建筑、中国铁建、中国中铁、中冶集团均入围《财富》世界 500 强（2012 年分别为第 100 名，第 111 名，第 112 名，第 280 名）以及 ENR 全球最大 225 家国际承包商的前列。

（四）上市公司开拓新盈利模式，积极向综合服务商转型

随着国际工程承包市场的日趋成熟，对单一工程施工的用户需求日趋减少，工程承包的发包方越来越重视承包商提供综合服务如融资、项目管理的能力，传统的设计与施工分离的方式正在快速向总承包方式转变，EPC（设计—采购—施工）、PMC（项目总承包管理）等一站服务模式，以及 BT（建设—转让）、BOT（建设—经营—转让）、PPP（公共部门与私人企业合作模式）等带资承包方式成为广泛采用的模式。承包商不仅要承担项目的设计和施工、运作，还要承担工程所需的融资，以及后期的物业管理。上市公司中浦东建设率先以 BT 为主营，转型为综合服务商；中国建筑打造“四位一体”的城市综合开发服务模式，创新建筑企业的商业模式。

浦东建设是国内基础设施建设 BT 模式的探路者，率先实现转型。以 2008 年 94 亿元浦东机场北通道项目为标志，浦东建设走上了一条以城市基础设施项目为载体，通过“企业投资建设，政府分期回购”的 BT 投融

资模式，实现资本经营和项目经营有机融合的发展道路。近几年来，公司承接了超过50个BT市政道路建设项目，公司投资收益占利润总额的比重超过50%，2010年甚至超过150%，未来公司绝大部分净利润将以依靠BT项目回购收益为主，完美地实现了以“投资带动施工，以施工促进投资”的发展目标。同时，公司力推融资创新、技术研发以及精细化项目管理，提高项目综合利润率，并充分利用上市公司平台，在证券市场、银行间市场开展多渠道直接融资，形成了独特的“项目投资、股权融资、结构金融”三者有效衔接的循环盈利模式。2011年公司就浦东新区航城路、唐黄路等6个项目签订了BT回购协议。公司以长三角区域为重点，不断开拓新的市场，保持了持续、稳步经营的态势。

作为BT项目回购风险管理的工作重点，公司积极推进各个BT项目回购款的催收工作。公司依然坚持依托上市公司融资平台，向城市基础设施金融服务商转型的战略模式。

中国建筑作为建筑行业龙头公司，依靠强大的资本和管理实力，积极推进建筑业务转型，完善城市综合开发建设、城乡统筹综合开发建设等商业模式。一方面，公司积极实施BT、BOT业务模式创新，公司2011年年末在建BT项目51个，计划总投资543.00亿元；在建BOT项目2个，计划总投资50.00亿元。另一方面，公司依靠强大的资本和技术优势，积极实施规划设计、地产开发、基础设施建设、房屋建筑工程“四位一体”的综合服务模式，相继与西安大明宫、铲灞新区、沣渭新区、北京门头沟区、上海浦东新区、天津滨海新区、湖南长株潭一体化经济区、济南西区、福州、贵阳、珠海等20多个城市和地区建立战略合作关系。同时，公司还在重庆南川和山东淄博积极探索“统筹城乡发展的城镇综合体建设模式”，实现了农民、政府、企业多赢的效果，并计划积极向全国其他地区推广。

中信证券股份有限公司
审稿人：杨　涛
撰稿人：鲍荣富

交通运输、仓储业

一、交通运输、仓储业总体概况

（一）行业整体运行情况

2011年，尽管面临国内外经济环境的各种重大挑战，交通运输行业的公路、水路、航空以及铁路的客货运输量仍然实现了较快增长，港口吞吐量总体增长，固定资产投资继续稳步增长，实现了“十二五”时期交通运输行业的良好开局。2011年全社会旅客运输量累计完成351.7亿人次，同比增长7.58%，增速比2010年下降2.6个百分点；全社会旅客运输周转量完成30 851.6亿人公里，同比增长10.6%，增速比2010年下降近

1.3个百分点。

2011年全社会货运量累计完成363.03亿吨，同比增长13.74%，增速与2010年基本持平；全社会货运周转量累计完成156 193.33亿吨公里，同比增长11.85%，增速比2010年下降0.69个百分点。

2011年交通运输和仓储业固定资产投资完成27 260.32亿元，同比增长1.80%。其中，铁路运输固定资产投资完成5 766.95亿元，同比下降22.5%；水上运输投资完成1 927.11亿元，同比下降0.8%；公路运输完成13 474.81亿元，同比增长9.8%；航空运输投资完成832.35亿元，同比增长0.3%；城市公共交通投资完成2 264.35亿元，同比增长11.2%。

(二)细分行业运行概况

2011年，各细分行业景气不一。从不同的细分运输方式来看，公路旅客运输量完成327.8亿人次，同比增长7.4%；公路旅客运输周转量完成16 732.6亿人公里，同比增长11.4%。铁路旅客运输量完成18.5亿人次，同比增长5.26%；铁路旅客运输周转量完成9 528.1亿人公里，同比增长8.75%。水路旅客运输量完成2.43亿人次，同比增长8.61%；水路旅客运输周转量完成74.16亿人公里，同比增长2.62%。航空旅客运输量完成2.92亿人次，同比增长9.16%；航空旅客运输周转量完成4 516.71亿人公里，同比增长11.82%。

2011年公路货运量完成281.34亿吨，同比增长14.92%；公路货运周转量完成51 333.16亿吨公里，同比增长18.31%。铁路货运量完成39.31亿吨，同比增长7.91%；铁路货运周转量完成29 492.3亿吨公里，同比增长6.69%。水路货运量完成42.35亿吨，同比增长11.69%；水路货运周转量完成75 196.21亿吨公里，同比增长9.89%。航空货运量完成0.0553亿吨，同比下降1.83%；航空货运周转量完成171.66亿吨公里，同比下降4.02%。

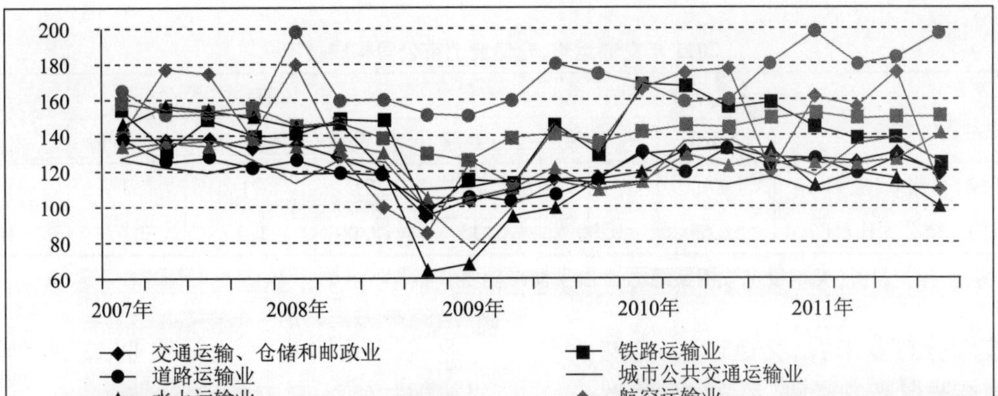

图1　交通运输、仓储业细分行业景气度指数走势

资料来源：国家统计局，天相投资分析系统

2011 年,全国港口完成货物吞吐量 100.41 亿吨,比上年增长 12.4%。其中,沿海港口完成 63.60 亿吨,内河港口完成 36.81 亿吨,比上年分别增长 12.7% 和 12.0%。全国港口完成集装箱吞吐量 1.64 亿 TEU,比上年增长 12.0%。其中,沿海港口完成 1.46 亿 TEU,内河港口完成 1 736 万 TEU,比上年分别增长 11.3% 和 18.3%。

二、行业内上市公司发展概况

(一)行业内上市公司基本情况

截至 2011 年底,在上海交易所和深圳交易所上市的交通运输、仓储业 A、B 股总数共有 81 只,占沪深两市 A、B 股票总数的 3.34%;2011 年末境内总市值为 7 517.33 亿元,占沪深两市境内总市值的 3.48%,其中流通 A 股市值为 6 121.16 亿元,流通 B 股市值为 57.20 亿元。

表 1　　2011 年交通运输、仓储业上市公司发行股票概况

门　类	A、B 股总数	A 股股票数	B 股股票数	境内总市值(亿元)	流通 A 股市值(亿元)	流通 B 股市值(亿元)
交通运输、仓储业	81	74	7	7 517.33	6 121.16	57.20
占沪深两市比重(%)	3.34	3.05	0.29	3.48	3.75	4.03

资料来源:沪深交易所,天相投资分析系统

(二)行业内上市公司构成情况

按上市地划分,行业内在上海证券交易所上市的公司有 51 家,其中仅 A 股有 47 家,有 4 家同时发行了 A 股和 B 股。在深圳证券交易所上市的公司有 24 家,其中仅 A 股有 21 家,仅 B 股有 1 家,有 2 家同时发行了 A 股和 B 股。

从经营业绩来看,交通运输、仓储行业内 75 家公司中有 1 家被 ST,1 家被 * ST。

表 2　　2011 年交通运输、仓储业上市公司构成情况

门　类	沪　市			深　市			ST/ * ST
	仅 A 股	仅 B 股	A + B 股	仅 A 股	仅 B 股	A + B 股	
交通运输、仓储业(家)	47	0	4	21	1	2	1/1
占行业内上市公司比重(%)	62.67	0.00	5.33	28.00	1.33	2.67	1/1

资料来源:沪深交易所,天相投资分析系统

按细分行业来看,交通运输、仓储业上市公司分为铁路运输业、仓储业、公路运输业、航空运输业、水上运输业、交通运输辅助业和其他交通运输业 7 大类。

表 3　　2011 年交通运输、仓储业上市公司各子行业分布明细

A、B 股类别	公司代码	公司名称	所属大类
沪市 A 股	600717	天津港	仓储业
	600787	中储股份	
	600794	保税科技	
	600033	福建高速	公路运输业
	600269	赣粤高速	
	600368	五洲交通	
	600561	江西长运	
	600650	锦江投资	
	601188	龙江交通	
	601518	吉林高速	
	600029	南方航空	航空运输业
	600115	东方航空	
	600221	海南航空	
	600270	外运发展	
	601111	中国国航	
	600004	白云机场	交通运输辅助业
	600009	上海机场	
	600012	皖通高速	
	600017	日照港	
	600018	上港集团	
	600020	中原高速	
	600035	XD 楚天高	
	600106	重庆路桥	
	600190	锦州港	
	600279	重庆港九	
	600317	营口港	
	600350	山东高速	
	600377	宁沪高速	
	600387	海越股份	
	600548	深高速	
	600575	芜湖港	
	600897	厦门空港	
	601000	唐山港	
	601008	连云港	
	601018	宁波港	
	601107	四川成渝	
	601880	大连港	
	600708	海博股份	其他交通运输业

续表

A、B 股类别	公司代码	公司名称	所属大类
沪市 A 股	600026	中海发展	水上运输业
	600087	*ST 长油	
	600428	中远航运	
	600692	亚通股份	
	600751	SST 天海	
	600798	宁波海运	
	600896	中海海盛	
	601866	中海集运	
	601872	招商轮船	
	601919	中国远洋	
	600125	铁龙物流	铁路运输业
	601006	大秦铁路	
	601333	广深铁路	
沪市 B 股	900914	锦投 B 股	公路运输业
	900945	海航 B 股	航空运输业
	900952	锦港 B 股	交通运输辅助业
	900938	ST 天海 B	水上运输业
深市 A 股	002492	恒基达鑫	仓储业
	300013	新宁物流	
	000996	中国中期	公路运输业
	002357	富临运业	
	002627	宜昌交运	
	000099	中信海直	航空运输业
	000022	深赤湾 A	交通运输辅助业
	000088	盐田港	
	000089	深圳机场	
	000429	粤高速 A	
	000548	湖南投资	
	000582	北海港	
	000753	漳州发展	
	000828	东莞控股	
	000886	海南高速	
	000900	现代投资	
	000905	厦门港务	
	000916	华北高速	
	002023	海特高新	
	002040	南京港	
	300240	飞力达	其他交通运输业
	000520	长航凤凰	水上运输业
	002320	海峡股份	
深市 B 股	200152	山航 B	航空运输业
	200022	深赤湾 B	交通运输辅助业
	200429	粤高速 B	

资料来源:沪深交易所,天相投资分析系统

(三)行业内上市公司融资情况

2011 年交通运输、仓储业上市公司共有 9 家进行了融资,占沪深两市 473 家融资公司总数的 1.9%。其中,新股发行 2 家(宜昌交运、飞力达),配股 1 家(中远航运),增发 6 家(日照港、上港集团、ST 长油、山东高速、唐山港和连云港)。

其中,在沪市融资的有 7 家,深市 2 家(1 家中小板首发,1 家创业板首发)。从融资的细分行业来看,公路运输业 1 家,水上运输业 2 家,交通运输辅助业 5 家,其他交通运输业 1 家。

表 4　　2011 年交通运输、仓储业上市公司融资情况　　单位:家

	融资家数	新　股	配　股	增　发
交通运输、仓储业	9	2	1	6
沪深两市总数	473	277	13	183
占比(%)	1.90	0.72	7.69	3.28

资料来源:沪深交易所,天相投资分析系统

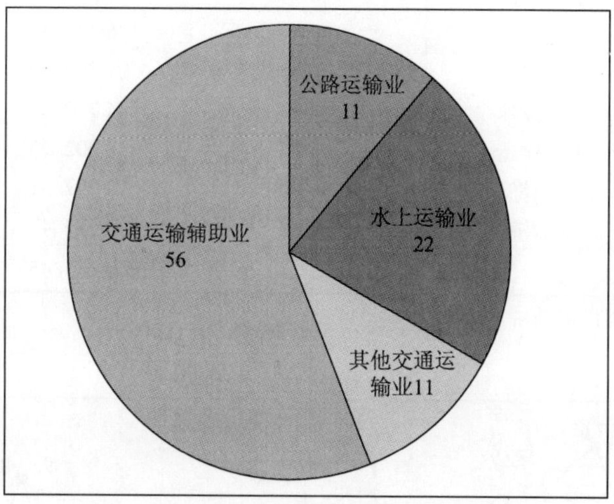

图 2　2011 年交通运输、仓储业上市公司各子行业融资企业数量占比(%)

资料来源:沪深交易所,天相投资分析系统

表 5　　2011 年交通运输、仓储业上市公司融资类别明细

代　码	公司名称	融资类别	所属大类	证券类型
002627	宜昌交运	首　发	公路运输业	中小板
300240	飞力达	首　发	其他交通运输业	创业板
600017	日照港	增　发	交通运输辅助业	沪　市
600018	上港集团	增　发	交通运输辅助业	沪　市
600087	*ST 长油	增　发	水上运输业	沪　市

续表

代　码	公司名称	融资类别	所属大类	证券类型
600350	山东高速	增　发	交通运输辅助业	沪　市
600428	中远航运	配　股	水上运输业	沪　市
601000	唐山港	增　发	交通运输辅助业	沪　市
601008	连云港	增　发	交通运输辅助业	沪　市

资料来源:沪深交易所,天相投资分析系统

从融资结果来看,2011 年,9 家公司实际发行数量为 450 745. 45 万股,实际募集资金为 227. 05 亿元,募集资金比 2010 年的 589. 95 亿元大幅下降 61. 51%。

表 6　　2011 年交通运输、仓储业上市公司融资明细

代　码	公司名称	发行价格（元）	实际发行数量（万股）	实募集资金数（亿元）
002627	宜昌交运	13. 00	3 350. 00	4. 06
300240	飞力达	20. 00	2 700. 00	4. 79
600017	日照港	3. 94	36 547. 86	14. 10
600018	上港集团	4. 49	176 437. 95	79. 22
600087	* ST 长油	5. 63	27 500. 00	15. 24
600350	山东高速	5. 19	144 736. 59	75. 12
600428	中远航运	5. 56	38 002. 28	20. 98
601000	唐山港	6. 80	12 797. 31	8. 60
601008	连云港	5. 88	8 673. 47	4. 94
总　计			450 745. 45	227. 05

资料来源:沪深交易所,天相投资分析系统

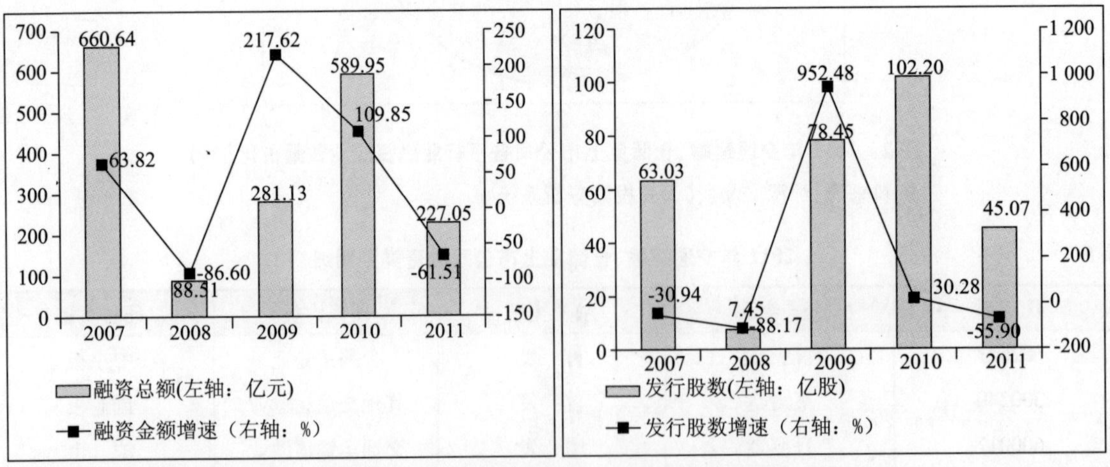

图 3　交通运输、仓储业上市公司 2007—2011 年融资额及发行股数情况

资料来源:沪深交易所,天相投资分析系统

（四）行业内上市公司资产及业绩情况

截至2011年底，交通运输、仓储业上市公司资产总值为15 380.84亿元，按可比样本计算同比增长11.63%；流动资产3 235.37亿元，按可比样本计算同比增长8.38%，固定资产12 145.46亿元，按可比样本计算同比增长为12.53%；流动负债4 097.22亿元，按可比样本计算同比增长14.39%；非流动负债4 592.86亿元，按可比样本计算同比增长12.51%；归属母公司股东权益6 180.71亿元，按可比样本计算同比增长8.38%。

与2010年对比，总资产增速和归属于母公司股东权益增速按可比样本计算均有一定的下降。

表7　　2011年交通运输、仓储业上市公司资产情况　　单位：亿元

指　标	2011年	2011年可比样本增长(%)	2010年	2010年可比样本增长(%)	2009年
总资产	15 380.84	11.63	13 764.05	22.73	11 683.46
流动资产	3 235.37	8.38	2 978.97	34.39	3 112.63
占比(%)	21.04	-0.63	21.64	1.88	26.64
非流动资产	12 145.46	12.53	10 785.08	19.86	8 570.83
占比(%)	78.96	0.63	78.36	-1.88	73.36
流动负债	4 097.22	14.39	3 576.07	25.83	3 544.87
占比(%)	26.64	0.64	25.98	0.64	30.34
非流动负债	4 592.86	12.51	4 080.24	18.74	3 329.61
占比(%)	29.86	0.23	29.64	-1.00	28.50
归属于母公司股东权益	6 180.71	8.38	5 697.39	26.06	4 387.84
占比(%)	40.18	-1.21	41.39	1.09	37.56

资料来源：沪深交易所，天相投资分析系统

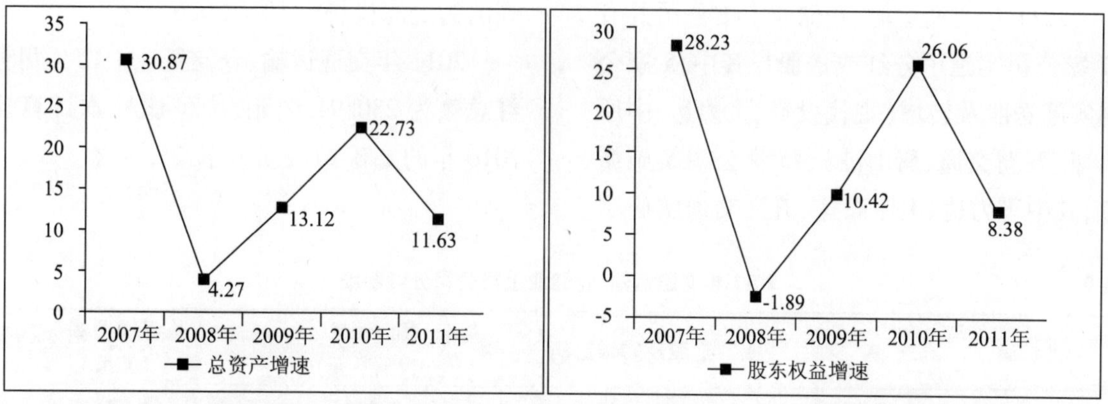

图4　交通运输、仓储业上市公司2007—2011年可比样本总资产和归属于母公司股东权益变化情况(%)

资料来源：沪深交易所，天相投资分析系统

2011年交通运输、仓储业上市公司实现营业收入6 909.67亿元，按可比样本计算同比增长14.52%；利润总额757.81亿元，按可比样本计算同比下降28.04%；归属于母

公司所有者的净利润511.29亿元，按可比样本计算同比下降37.43%。

表8　　2011年交通运输、仓储业上市公司收入实现情况　　单位：亿元

指　标	2011年	2011年可比样本增长(%)	2010年	2010年可比样本增长(%)	2009年
营业收入	6 909.67	14.52	6 014.40	46.73	4 065.16
利润总额	757.81	-28.04	1 050.70	183.46	388.27
归属于母公司所有者的净利润	511.29	-37.43	815.40	239.34	251.92

资料来源：沪深交易所，天相投资分析系统

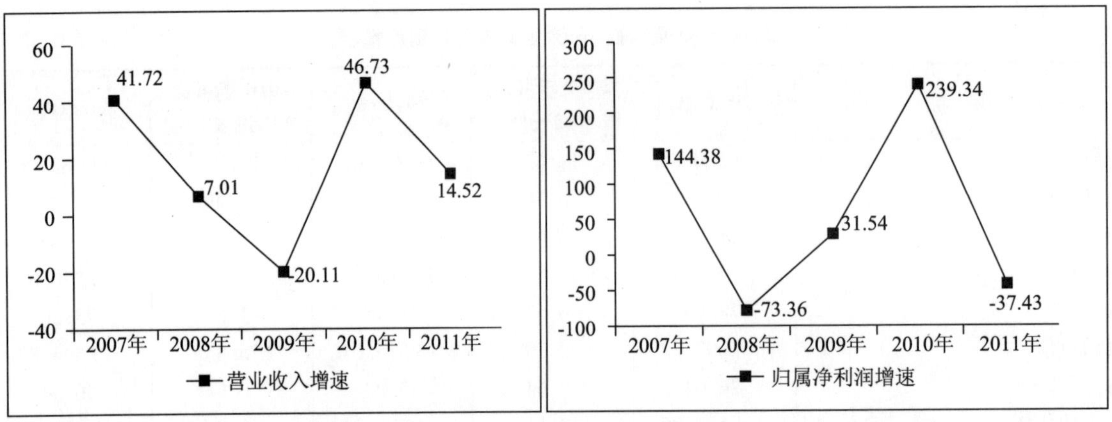

图5　交通运输、仓储业上市公司2007—2011年可比样本营业收入及归属于母公司所有者的净利润变化情况(%)

资料来源：沪深交易所，天相投资分析系统

(五)利润分配情况

2011年交通运输、仓储业上市公司共有47家公司实施了分红或送股。其中，5家公司实施送股及转增(现代投资、飞力达、中原高速、五洲交通、唐山港)，45家公司实施派息，其中飞力达、中原高速、五洲交通实施了既送股、转增又派息。送股比例及转增比例最高的是唐山港(每股送1股)，派息比例最高的为上海机场(每股派0.6元)。

2011年交通运输、仓储行业上市公司分红总额为230.91亿元，按可比样本计算比2010年的190.27亿元增长21.36%。

表9　　2011年交通运输、仓储业上市公司分红明细

代　码	名　称	送股及转增比例	每股派息(税前　元)	基准股本(万股)
000022	深赤湾A	—	0.400	64 476.37
000089	深圳机场	—	0.056	143 968.32
000099	中信海直	—	0.050	51 360.00
000429	粤高速A	—	0.050	125 711.77
000828	东莞控股	—	0.150	103 951.70

续表

代　码	名　称	送股及转增比例	每股派息（税前　元）	基准股本（万股）
000900	现代投资	0.500	—	39 916.59
000905	厦门港务	—	0.020	53 100.00
000916	华北高速	—	0.080	109 000.00
002023	海特高新	—	0.150	29 517.54
002040	南京港	—	0.030	24 587.20
002357	富临运业	—	0.150	19 593.06
002492	恒基达鑫	—	0.100	12 000.00
002627	宜昌交运	—	0.300	13 350.00
300240	飞力达	0.500	0.200	11 140.00
300240	飞力达	0.500	0.200	10 700.00
600004	白云机场	—	0.350	115 000.00
600009	上海机场	—	0.600	192 695.84
600012	皖通高速	—	0.210	165 861.00
600017	日照港	—	0.060	307 565.39
600018	上港集团	—	0.118	2 275 517.97
600020	中原高速	0.050	0.010	214 035.41
600026	中海发展	—	0.100	340 455.26
600029	南方航空	—	0.200	981 756.70
600033	福建高速	—	0.100	274 440.00
600035	楚天高速	—	0.080	93 165.25
600125	铁龙物流	—	0.060	130 552.19
600221	海南航空	—	0.120	412 549.09
600270	外运发展	—	0.200	90 548.17
600350	山东高速	—	0.155	481 116.59
600368	五洲交通	0.500	0.065	55 586.77
600377	宁沪高速	—	0.360	503 774.75
600428	XD 中远航	—	0.020	169 044.64
600548	深高速	—	0.160	218 077.03
600650	锦江投资	—	0.300	55 161.01
600708	海博股份	—	0.100	51 037.03
600717	天津港	—	0.100	167 476.91
600798	宁波海运	—	0.030	87 117.45
600897	厦门空港	—	0.100	29 781.00
601000	唐山港	1.000	—	112 797.31

续表

代　码	名　称	送股及转增比例	每股派息（税前　元）	基准股本（万股）
601006	大秦铁路	—	0.390	1 486 679.15
601018	宁波港	—	0.066	1 280 000.00
601107	四川成渝	—	0.090	305 806.00
601111	中国国航	—	0.118	1 289 195.47
601188	龙江交通	—	0.010	121 320.00
601333	广深铁路	—	0.100	708 353.70
601872	招商轮船	—	0.010	429 174.71
601880	大连港	—	0.060	442 600.00

资料来源：沪深交易所，天相投资分析系统

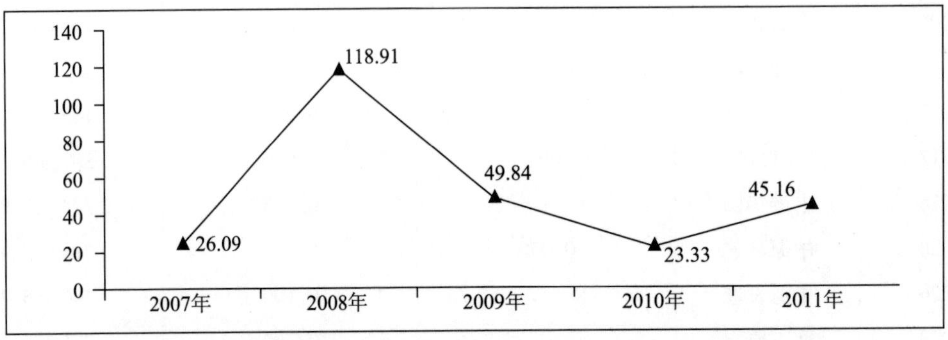

图 6　交通运输、仓储业上市公司 2007—2011 年分配利润占比情况（%）

资料来源：沪深交易所，天相投资分析系统

（六）其他财务指标情况

1. 盈利能力指标

从盈利能力来看，2011 年交通运输、仓储业上市公司毛利率为 19.84%，按可比样本计算比 2010 年下降了 5.67 个百分点；净资产收益率为 8.27%，按可比样本计算比 2010 年下降 6.06 个百分点；销售净利率为 7.4%，按可比样本计算同比下降 6.14 个百分点；资产净利率为 3.51%，按可比样本计算同比下降 3.03 个百分点。

表 10　　2011 年交通运输、仓储业上市公司盈利能力情况

指　标	2011 年	2011 年可比样本变动	2010 年	2010 年可比样本变动	2009 年
毛利率（%）	19.84	-5.67	25.51	7.55	18.12
净资产收益率（%）	8.27	-6.06	14.31	9.00	5.74
销售净利率（%）	7.40	-6.14	13.56	7.70	6.20
资产净利率（%）	3.51	-3.03	6.53	4.28	2.29

资料来源：沪深交易所，天相投资分析系统

2. 偿债能力指标

从偿债能力来看，2011 年交通运输、仓储业上市公司流动比率为 0.79，按可比样本计算同比下降了 0.04；速动比率 0.72，按可比样本计算同比下降 0.06；资产负债率为 56.5%，按可比样本计算比 2010 年提高 0.87 个百分点。

表 11　　2011 年交通运输、仓储业上市公司偿债能力指标

指　标	2011 年	2011 年可比样本变动	2010 年	2010 年可比样本变动	2009 年
流动比率	0.79	-0.04	0.83	0.05	0.88
速动比率	0.72	-0.06	0.78	0.05	0.84
资产负债率(%)	56.50	0.87	55.63	-0.36	58.84

资料来源：沪深交易所，天相投资分析系统

3. 营运能力指标

从营运能力指标来看，2011 年交通运输、仓储业上市公司存货周转率、应收账款周转率、固定资产周转率和总资产周转率分别为 22.15 次、20.31 次、0.93 次和 0.47 次，按可比样本计算，分别比 2010 年下降 3.10 次，增加 0.66 次，下降 0.02 次和下降 0.01 次。

表 12　　2011 年交通运输、仓储业上市公司营运能力情况　　单位：次

指　标	2011 年	2011 年可比样本变动	2010 年	2010 年可比样本变动	2009 年
存货周转率	22.15	-3.10	25.20	1.48	23.52
应收账款周转率	20.31	0.66	19.67	4.48	15.30
流动资产周转率	2.22	-0.10	2.32	0.35	1.48
固定资产周转率	0.93	-0.02	0.95	0.20	0.76
总资产周转率	0.47	-0.01	0.48	0.10	0.37
净资产周转率	1.08	-0.01	1.09	0.22	0.89

资料来源：沪深交易所，天相投资分析系统

三、重点细分行业介绍

交通运输、仓储业涵盖仓储业、公路运输业、航空运输业、交通运输辅助业、其他交通运输业、水上运输业和铁路运输业等 7 大类，市值分别占比为 6.67%、13.33%、9.33%、48%、2.67%、16.00% 和 4.00%。

表 13　　2011 年交通运输、仓储业上市公司数量分布及市值情况

大　类	上市公司家数（家）	占行业内比重（%）	境内总市值（亿元）	占行业内比重（%）
仓储业	5	6.67	215.45	2.88
公路运输业	10	13.33	366.09	4.89
航空运输业	7	9.33	1 446.98	19.31

续表

大　类	上市公司家数（家）	占行业内比重（%）	境内总市值（亿元）	占行业内比重（%）
交通运输辅助业	36	48.00	2 920.22	38.97
其他交通运输业	2	2.67	39.54	0.53
水上运输业	12	16.00	1 075.69	14.36
铁路运输业	3	4.00	1 429.17	19.07

资料来源：沪深交易所，天相投资分析系统

（一）仓储业

1. 行业概况

2011年全国社会物流总额158.4万亿元，同比增长12.3%，增幅比2010年回落2.7个百分点；全国物流业增加值为3.2万亿元，同比增长13.9%，增幅比2010年提高0.8个百分点。而2011年全国社会物流总费用8.4万亿元，同比增长18.5%，增幅比2010年提高1.8个百分点。

从中国物资储运协会对60个大型会员单位的统计调查结果来看，2011年样本仓储企业生产经营状况基本良好，但也呈现以下特点：一是下半年业务量下降幅度较大。由于制造业增速下滑和货币政策偏紧的影响，致使业务量有所下滑。在2011年8月之后，库存物资明显减少。上海、广州等沿海地区，货物吞吐量下降幅度高达15%～22%；二是货物周转次数放慢。2011年为8.96次，比2008年的9.5次、2009年的9.25次、2010年的9.6次分别降低了0.54、0.29和0.64次；三是仓储业务利润主要来源于增值服务，业务构成和收入构成发生重大变化。传统的保管业务盈利为负，而货运代理、现货市场、质押监管、加工、配送等业务均盈利；四是铁路运输业务收入增长43%，高于以往年份；五是电子商务物流、电视购物物流对仓储的需求增长；六是金融物流业务增长38%，低于往年的增长速度，但依然属高速增长。

2011年国务院办公厅下发《关于促进物流业健康发展政策措施的意见》（38号文），长远来看，随着国家利好政策的连续出台、制造与商贸企业物流外包程度的不断扩大、物流企业技术水平和服务水平不断提升，中国物流行业将长期保持较快的增长速度，未来发展空间巨大。

2. 行业内上市公司发展情况

2011年仓储行业上市公司实现营业收入369.72亿元，按可比样本计算同比增长19.06%；归属于母公司所有者的净利润为15.38亿元，按可比样本计算同比增长25.6%。增速按可比样本计算分别比2010年的27.43%、28.79%下降8.37个、3.19个百分点。

表14　2011年仓储业上市公司收入及资产增长情况　单位：亿元

指　标	2011年	2011年可比样本增长（%）	2010年	2010年可比样本增长（%）	2009年
营业收入	369.72	19.06	310.54	27.43	239.61

续表

指　标	2011 年	2011 年可比样本增长(%)	2010 年	2010 年可比样本增长(%)	2009 年
利润总额	22.92	21.94	18.80	30.63	13.08
归属于母公司所有者的净利润	15.38	25.60	12.24	28.79	8.53
总资产	368.51	7.78	341.90	8.89	302.48
归属于母公司股东权益	169.22	6.65	158.66	8.07	141.51

资料来源：沪深交易所，天相投资分析系统

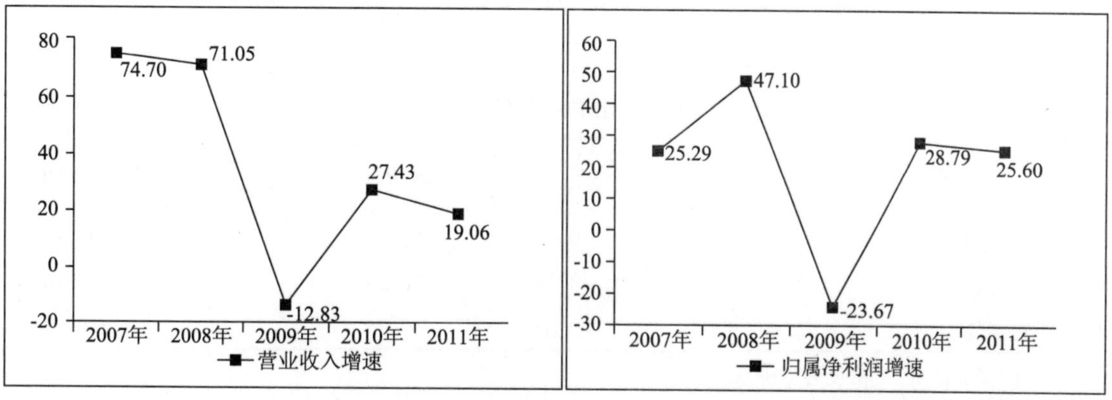

图 7　仓储业上市公司 2007—2011 年可比样本营业收入及归属于母公司所有者的净利润变化情况(%)

资料来源：沪深交易所，天相投资分析系统

毛利率和销售净利率分别为 12.08% 和 4.16%，按可比样本计算同比分别下降 0.45 个百分点和增加 0.22 个百分点。净资产收益率为 9.09%，按可比样本计算同比回升 1.37 个百分点。

表 15　　2011 年仓储业上市公司盈利能力情况

指　标	2011 年	2011 年可比样本变动	2010 年	2010 年可比样本变动	2009 年
毛利率(%)	12.08	−0.45	12.52	−1.60	13.56
净资产收益率(%)	9.09	1.37	7.72	1.24	6.02
销售净利率(%)	4.16	0.22	3.94	0.04	3.56
资产净利率(%)	4.33	0.60	3.73	0.58	2.93

资料来源：沪深交易所，天相投资分析系统

2011 年仓储类上市公司资产负债率为 44.73%，按可比样本计算同比微升 0.89 个百分点；存货周转率为 14.86 次，总资产周转率为 1.04 次。

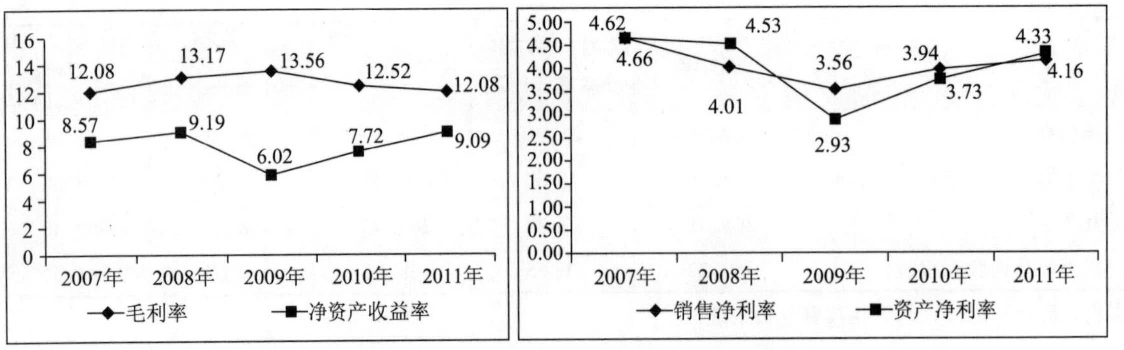

图8　仓储业上市公司2007—2011年盈利能力指标情况(%)

资料来源:沪深交易所,天相投资分析系统

表16　　2011年仓储业上市公司偿债及营运情况

指　标	2011年	2011年可比样本变动	2010年	2010年可比样本变动	2009年
资产负债率(%)	44.73	0.89	43.84	1.06	42.49
存货周转率(次)	14.86	-3.39	18.25	1.30	16.98
总资产周转率(次)	1.04	0.09	0.95	0.14	0.82

资料来源:沪深交易所,天相投资分析系统

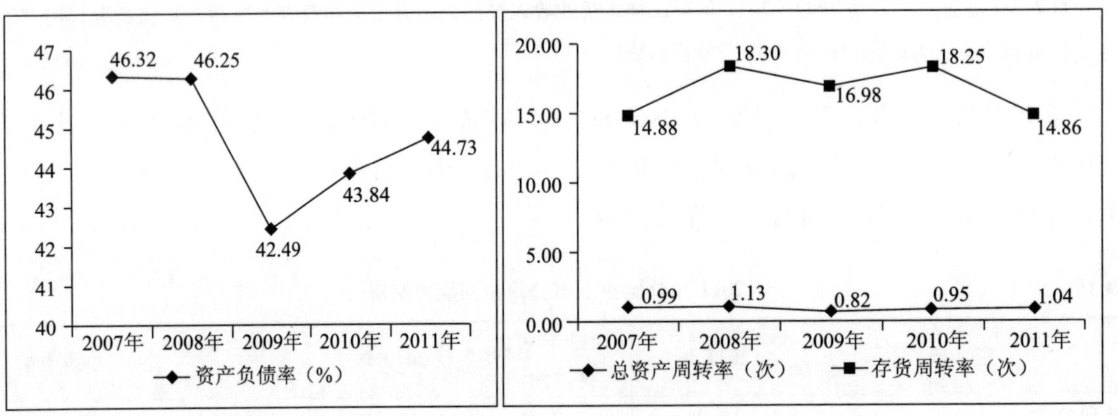

图9　仓储业上市公司2007—2011年偿债及营运能力指标情况

资料来源:沪深交易所,天相投资分析系统

(二)公路运输业

1. 行业概况

2011年底,全国拥有公路营运汽车1263.75万辆,比2010年末增长11.5%。

2011年,全国营业性客车完成公路客运量328.62亿人次、旅客周转量16760.25亿人公里,比2010年分别增长7.6%和11.6%。拥有载客汽车84.34万辆、2086.66万客位,比2010年末分别增长1.5%和3.4%;平均客位24.74客位/辆,比2010年末提高0.48客位/辆。其中,大型客车26.83万辆、1 127.48万客位，比2010年末分别增长8.3%和9.3%；平均客位42.03客位/辆，提高0.38客位/辆。

2011年，全国营业性货运车辆完成货运量282.01亿吨、货物周转量51 374.74亿吨公里，比2010年分别增长15.2%和18.4%；平均运距182.17公里，比2010年提高2.8%。拥有载货汽车1 179.41万辆、7 261.20万吨位，比2010年末分别增长12.3%和21.0%；平均吨位6.16吨/辆，比2010年末提高0.45吨/辆。其中，普通载货汽车1 116.36万辆、6 273.51万吨位，分别增长12.0%和20.1%；平均吨位5.62吨/辆，提高0.38吨/辆。其中，专用载货汽车63.05万辆、987.69万吨位，分别增长17.3%和27.2%；吨位占载货汽车总吨位比重为13.6%，比2010年末提高0.66个百分点；平均吨位15.67吨/辆，提高1.22吨/辆。

2. 行业内上市公司发展情况

2011年，按可比样本计算公路运输业上市公司营业收入仍然保持强劲增长，而归属于母公司所有者的净利润增速有所回落。2011年实现营业总收入为150.43亿元，按可比样本计算同比增长32.56%；归属于母公司所有者的净利润为27.29亿元，按可比样本计算同比下降2.17%。

表17　2011年公路运输业上市公司收入及资产增长情况　单位：亿元

指　标	2011年	2011年可比样本增长(%)	2010年	2010年可比样本增长(%)	2009年
营业收入	150.43	32.56	104.90	24.96	82.35
利润总额	39.95	3.10	37.50	6.38	32.56
归属于母公司所有者的净利润	27.29	-2.17	26.94	10.46	22.12
总资产	671.55	15.36	573.95	58.10	360.86
归属于母公司股东权益	286.74	8.02	262.36	27.48	196.59

资料来源：沪深交易所，天相投资分析系统

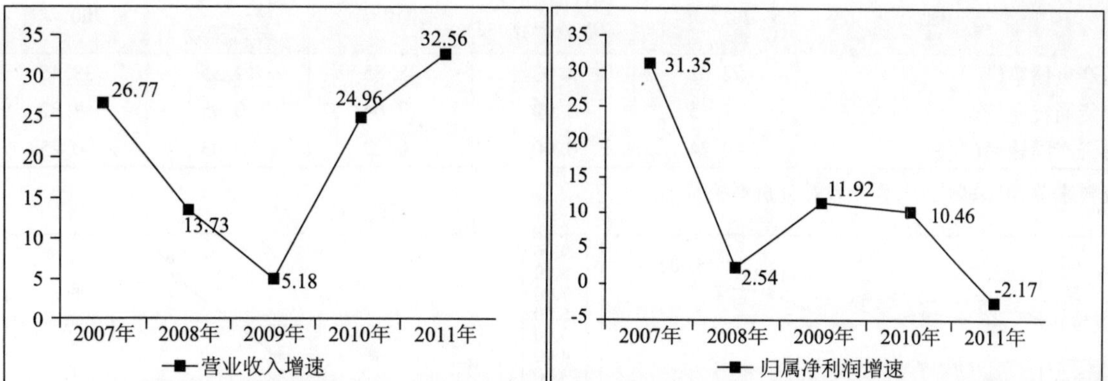

图10　公路运输业上市公司2007—2011年可比样本营业收入及归属于母公司所有者的净利润变化情况(%)

资料来源：沪深交易所，天相投资分析系统

2011年公路运输业上市公司的毛利率和销售净利率分别为41.5%和18.14%，按可比样本计算分别同比下降3.37个百分点和6.44个百分点。

表18　　公路运输业上市公司2011年盈利能力情况

指　标	2011年	2011年可比样本变动	2010年	2010年可比样本变动	2009年
毛利率(%)	41.50	-3.37	46.68	-6.46	51.38
净资产收益率(%)	9.52	-0.99	10.27	-1.58	11.25
销售净利率(%)	18.14	-6.44	25.68	-3.37	26.86
资产净利率(%)	4.35	-1.51	5.75	-1.65	6.76

资料来源:沪深交易所,天相投资分析系统

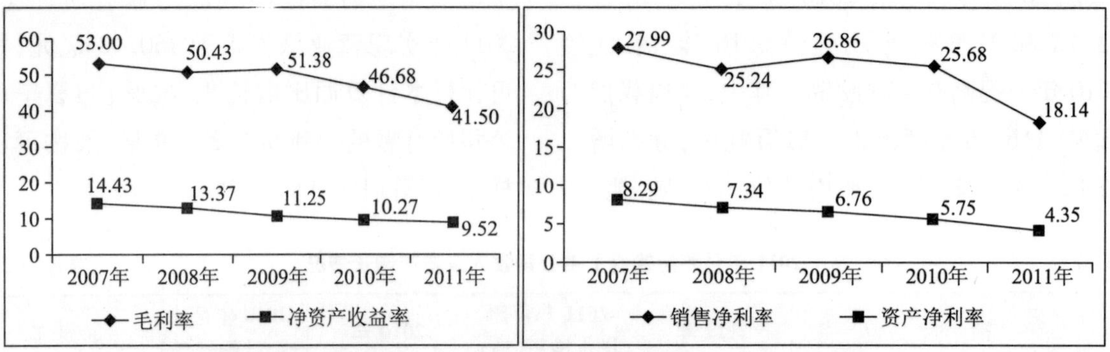

图11　公路运输业上市公司2007—2011年盈利能力指标情况(%)

资料来源:沪深交易所,天相投资分析系统

2011年公路运输业上市公司的资产负债率和存货周转率分别为52.02%和7.15次,按可比样本计算分别同比上升3.03个百分点和下降1.09次。

表19　　2011年公路运输业上市公司偿债及营运情况

指　标	2011年	2011年可比样本变动	2010年	2010年可比样本变动	2009年
资产负债率(%)	52.02	3.03	48.85	12.35	38.45
存货周转率(次)	7.15	-1.09	7.64	0.95	3.82
总资产周转率(次)	0.24	0.00	0.22	-0.03	0.25

资料来源:沪深交易所,天相投资分析系统

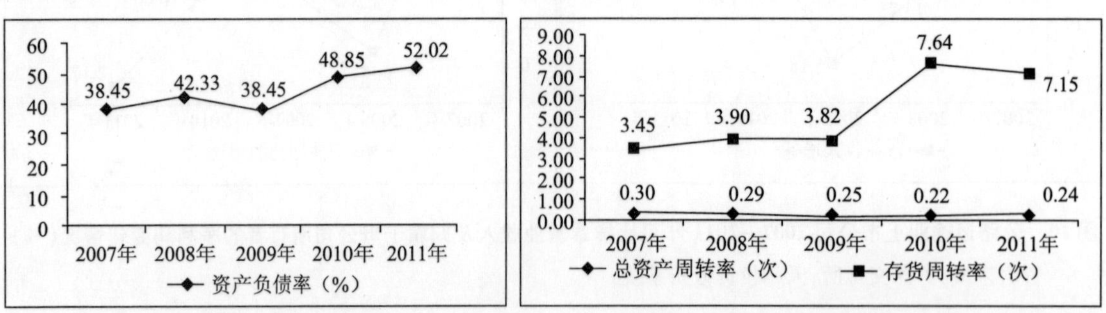

图12　公路运输业上市公司2007—2011年偿债及营运能力指标情况

资料来源:沪深交易所,天相投资分析系统

(三)航空运输业

1. 行业概况

2011 年,全行业完成运输总周转量 577.44 亿吨公里,比 2010 年增加 38.99 亿吨公里,增长 7.2%。其中,旅客周转量 403.53 亿吨公里,比 2010 年增加 43.98 亿吨公里,增长 12.2%;货邮周转量 173.91 亿吨公里,比 2010 年减少 4.99 亿吨公里,减少 2.8%。

2011 年,国内航线完成运输周转量 380.61 亿吨公里,比 2010 年增加 35.13 亿吨公里,增长 10.2%。其中,港澳台航线完成 12.64 亿吨公里,比 2010 年增加 1.05 亿吨公里,增长 9.1%。国际航线完成运输周转量 196.84 亿吨公里,比 2010 年增加 3.87 亿吨公里,增长 2.0%。

2011 年,全行业完成旅客运输量29 317 万人次,比上年增加2 548 万人次,增长 9.5%。国内航线完成旅客运输量27 199万人次,比 2010 年增加2 361 万人次,增长 9.5%。其中,港澳台航线完成 760 万人次,比 2010 年增加 88 万人次,增长 13.1%。国际航线完成旅客运输量 2 118 万人次,比 2010 年增加 187 万人次,增长 9.7%。

2011 年,全行业完成货邮运输量 557.5 万吨,比 2010 年降低 1.0%。国内航线完成货邮运输量 379.4 万吨,比 2010 年增长 2.4%;其中,港澳台航线完成 21 万吨,比 2010 年降低 3.0%。国际航线完成货邮运输量 178.0 万吨,比 2010 年降低 7.6%。

截至 2011 年底,民航全行业运输飞机期末在册架数1 764架,比 2010 年增加 167 架;定期航班航线2 290条,按重复距离计算的航线里程为 512.77 万公里,按不重复距离计算的航线里程为 349.06 万公里。

2. 行业内上市公司发展情况

2011 年航空运输上市公司实现营业收入3 146.39亿元,按可比样本计算同比增长 17.85%;净利润实现 214.32 亿元,按可比样本计算同比下降 22.38%;总资产为 5 141.03亿元,按可比样本计算同比增加 12.64%。

表 20　2011 年航空业上市公司收入及资产增长情况　单位:亿元

指　标	2011 年	2011 年可比样本增长(%)	2010 年	2010 年可比样本增长(%)	2009 年
营业收入	3 146.39	17.85	2 669.84	56.23	1 708.91
利润总额	275.39	-19.12	340.48	343.63	76.75
归属于母公司所有者的净利润	214.32	-22.38	276.11	299.86	69.05
总资产	5 141.03	12.64	4 563.94	31.06	3 482.38
归属于母公司股东权益	1 223.41	16.94	1 046.16	105.72	508.53

资料来源:沪深交易所,天相投资分析系统

2011 年航空运输业上市公司毛利率和销售净利率均有所回落,分别为 18.92% 和 6.81%,按可比样本计算同比下降 2.79 个百分点和 3.53 个百分点。

表 21　　2011 年航空业上市公司盈利能力情况

指　标	2011 年	2011 年可比样本变动	2010 年	2010 年可比样本变动	2009 年
毛利率(%)	18.92	-2.79	21.71	8.52	13.19
净资产收益率(%)	17.52	-8.87	26.39	12.81	13.58
销售净利率(%)	6.81	-3.53	10.34	6.30	4.04
资产净利率(%)	4.42	-2.45	6.86	4.79	2.03

资料来源:沪深交易所,天相投资分析系统

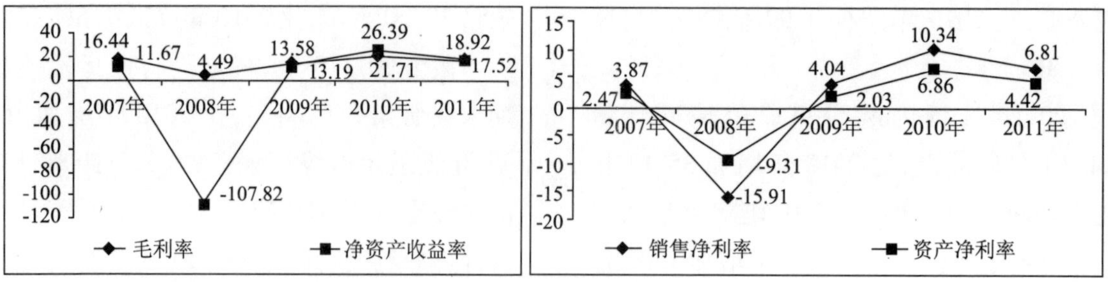

图 13　航空业上市公司 2007—2011 年盈利能力指标情况(%)

资料来源:沪深交易所,天相投资分析系统

2011 年航空运输业上市公司资产负债率为 74.23%,按可比样本计算同比下降 1.64 个百分点;总资产周转率为 0.65 次。

表 22　　2011 年航空业上市公司偿债及营运情况

指　标	2011 年	2011 年可比样本变动	2010 年	2010 年可比样本变动	2009 年
资产负债率(%)	74.23	-1.64	75.87	-8.35	84.21
存货周转率(次)	57.70	3.27	54.43	12.96	39.72
总资产周转率(次)	0.65	-0.02	0.66	0.15	0.50

资料来源:沪深交易所,天相投资分析系统

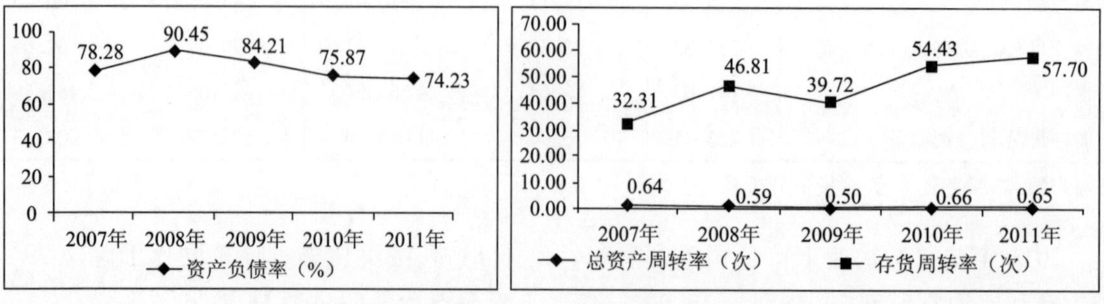

图 14　航空业上市公司 2007—2011 年偿债及营运能力指标情况

资料来源:沪深交易所,天相投资分析系统

(四)交通运输辅助业

1. 行业概况

(1)公路

截至2011年底,全国公路总里程达410.64万公里,比2010年末增加9.82万公里。全国公路密度为42.77公里/百平方公里,比2010年末提高1.02公里/百平方公里。全国高速公路达8.49万公里,比2010年末增加1.08万公里。其中,国家高速公路6.36万公里,比2010年末增加0.59万公里。

全国高速公路车道里程为37.59万公里,比2010年末增加4.72万公里。高速公路里程超过3 000公里的省份增加至14个。

2011年,全国国道网年平均日交通量为12 330辆/日(当量标准小客车),比2010年增长3.5%。北京、天津、上海、江苏、浙江、广东和山东的国道网年平均日交通量均超过2万辆。全国国道网年平均行驶量为208 852万车·公里/日(当量标准小客车),比2010年增长6.8%。河北、江苏、山东、广东的国道网年平均行驶量均超过10 000万车·公里/日。

全国高速公路年平均日交通量为18 941辆/日,年平均行驶量为160 897万车·公里/日,比2010年分别增长4.3%和19.5%;年平均交通拥挤度为0.31,比2010年增加0.02。

(2)港口

2011年底,全国港口拥有生产用码头泊位31 968个,比2010年末增加334个。其中,沿海港口生产用码头泊位5 532个,比2010年末增加79个;内河港口生产用码头泊位26 436个,比2010年末增加255个。

全国港口拥有万吨级及以上泊位1 762个,比2010年末增加101个。其中,沿海港口万吨级及以上泊位1 422个,比2010年末增加79个;内河港口万吨级及以上泊位340个,比2010年末增加22个。

全国货物吞吐量超过亿吨的港口由上年的22个增加到26个。其中,沿海亿吨港口17个,内河亿吨港口9个。集装箱吞吐量超过100万TEU的港口由2010年的18个增加到19个。其中,沿海港口15个,内河港口4个。

2011年,全国港口完成货物吞吐量100.41亿吨,比2010年增长12.4%。其中,沿海港口完成63.60亿吨,内河港口完成36.81亿吨,比2010年分别增长12.7%和12.0%。全国港口完成外贸货物吞吐量27.86亿吨,比2010年增长11.4%。其中,沿海港口完成25.44亿吨,内河港口完成2.42亿吨,比2010年分别增长11.2%和13.8%。全国港口完成集装箱吞吐量1.64亿TEU,比2010年增长12.0%。其中,沿海港口完成1.46亿TEU,内河港口完成1 736万TEU,比2010年分别增长11.3%和18.3%。全国规模以上港口完成货物吞吐量91.18亿吨,比2010年增长12.5%。其中,完成煤炭及制品吞吐量19.43亿吨,石油、天然气及制品吞吐量7.48亿吨,金属矿石吞吐量13.85亿吨,比2010年分别增长18.1%、5.0%、10.0%。

(3)机场

截至2011年底,我国机场180个,比2010年增加5个。2011年新增机场分别为西藏日喀则机场、内蒙古阿尔山伊尔施机场和巴彦淖尔天吉泰机场、甘肃金昌金川机场和张掖甘州机场。另外,迁建完成了库车龟兹机场和揭阳潮汕机场,原库车老机场、汕头外砂机场停止使用。

2011 年,全国民航运输机场完成旅客吞吐量 6.21 亿人次,比 2010 年增长 10.0%。其中,2011 年东部地区完成旅客吞吐量 3.65 亿人次,东北地区完成旅客吞吐量 0.38 亿人次,中部地区完成旅客吞吐量 0.59 亿人次,西部地区完成旅客吞吐量 1.59 亿人次。

2011 年全国运输机场完成货邮吞吐量 1 157.8万吨,比 2010 年增长 2.5%。其中,2011 年东部地区完成货邮吞吐量 905.98 万吨,东北地区完成货邮吞吐量 42.28 万吨,中部地区完成货邮吞吐量 47.47 万吨,西部地区完成货邮吞吐量 162.04 万吨。

2011 年,全国运输机场完成起降架次 597.97 万架次,比 2010 年增长 8.1%。

2. *行业内上市公司发展情况*

2011 年,交通运输辅助业上市公司营业收入实现1 298亿元,按可比样本计算同比大幅增长 45.79%;归属于母公司所有者的净利润实现 245.64 亿元,按可比样本计算同比增长 4.43%;总资产为4 525.29亿元,按可比样本计算同比增加 18.21%。

表 23　　2011 年交通运输辅助业上市公司收入及资产增长情况　　单位:亿元

指　标	2011 年	2011 年可比样本增长(%)	2010 年	2010 年可比样本增长(%)	2009 年
营业收入	1 298.00	45.79	890.32	28.70	683.54
利润总额	336.72	6.28	316.83	29.58	262.87
归属于母公司所有者的净利润	245.64	4.43	235.22	28.68	194.01
总资产	4 525.29	18.21	3 828.31	16.83	3 837.35
归属于母公司股东权益	2 448.80	15.05	2 128.43	17.72	1 701.31

资料来源:沪深交易所,天相投资分析系统

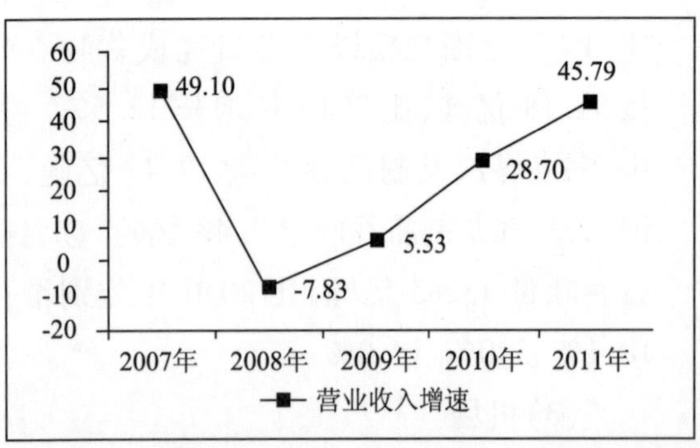

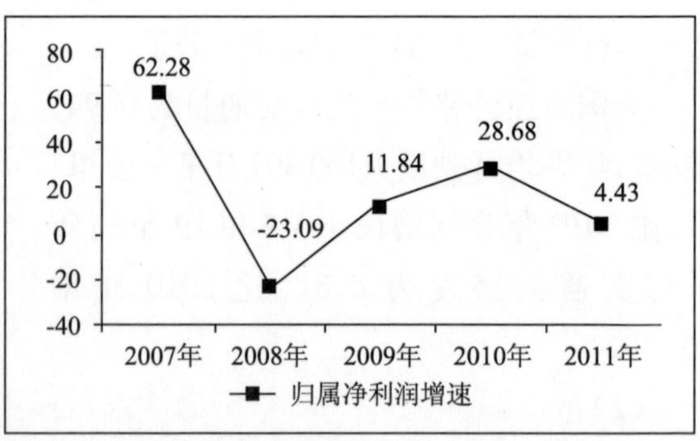

图 15　交通运输辅助业上市公司 2007—2011 年可比样本营业收入及归属于母公司所有者的净利润变化情况(%)

资料来源:沪深交易所,天相投资分析系统

2011 年交通运输辅助业上市公司的盈利能力有所下降,毛利率和销售净利率分别为34.91%和18.92%,按可比样本计算同比分别下降为 9.45 个百分点和 7.50 个百分点。

表 24　　2011 年交通运输辅助业上市公司盈利能力情况

指　标	2011 年	2011 年可比样本变动	2010 年	2010 年可比样本变动	2009 年
毛利率(%)	34.91	-9.45	44.36	-2.25	47.70
净资产收益率(%)	10.03	-1.02	11.05	0.94	11.40
销售净利率(%)	18.92	-7.50	26.42	0.00	28.38
资产净利率(%)	5.88	-0.74	6.62	0.76	5.63

资料来源:沪深交易所,天相投资分析系统

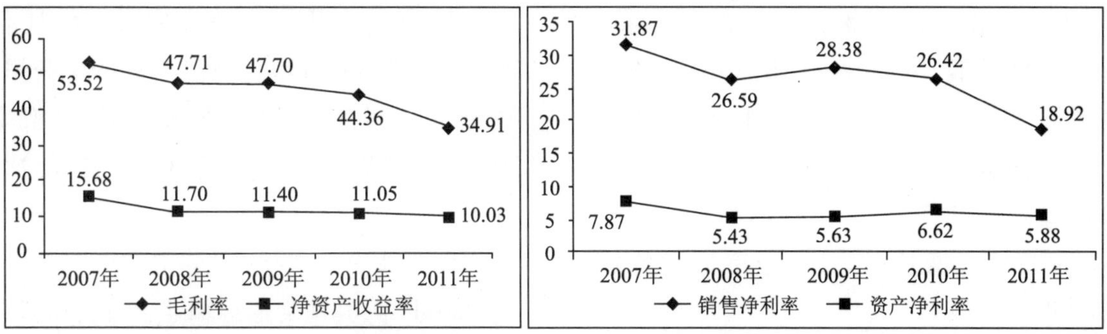

图 16　交通运输辅助业上市公司 2007—2011 年盈利能力指标情况(%)

资料来源:沪深交易所,天相投资分析系统

从负债及营运情况来看,2011 年交通运输辅助业上市公司资产负债率为 42.54%,按可比样本计算小幅上升 1.02 个百分点;总资产周转率为 0.31 次。

表 25　　2011 年交通运输辅助业上市公司偿债及营运情况

指　标	2011 年	2011 年可比样本变动	2010 年	2010 年可比样本变动	2009 年
资产负债率(%)	42.54	1.20	41.34	2.18	50.63
存货周转率(次)	10.42	0.83	9.59	-0.26	11.19
总资产周转率(次)	0.31	0.06	0.25	0.03	0.20

资料来源:沪深交易所,天相投资分析系统

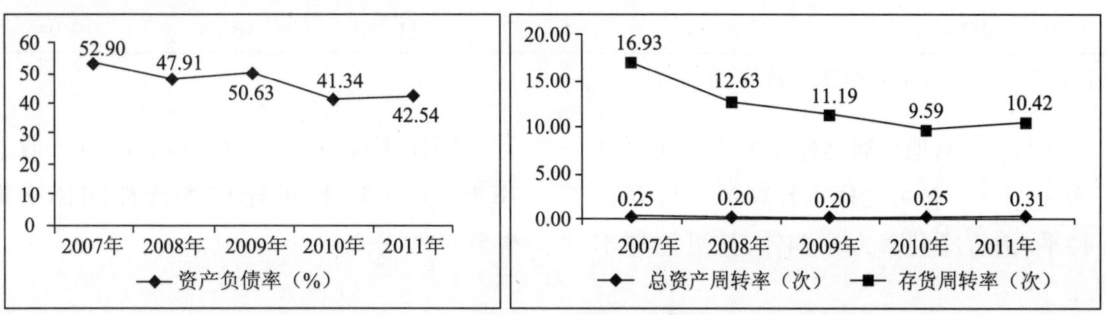

图 17　交通运输辅助业上市公司 2007—2011 年偿债及营运能力指标情况

资料来源:天相投资分析系统

（五）其他交通运输业

1. 行业概况

2011年底，全国拥有公共汽电车运营车辆45.33万辆、49.99万标台，比2010年末分别增长7.8%和9.1%。按燃料类型分，其中柴油车、天然汽车、汽油车分别占67.1%、15.2%和6.2%。拥有轨道交通运营车辆9 945辆、24 330标台，比2010年末分别增长20.0%和15.0%。其中，地铁车辆8 947辆，轻轨车辆647辆，比2010年末分别增长20.3%和7.7%。出租汽车运营车辆126.38万辆，增长3.1%。城市客运轮渡1 061艘。

全国拥有公共汽电车运营线路35 884条，运营线路总长度67.29万公里。轨道交通运营线路58条，运营线路总长度1 699公里，其中地铁、轻轨线路分别为46条、1 403公里和5条、172公里。城市客运轮渡运营航线417条，运营航线总长度4 434公里。

2011年，城市客运系统运送旅客1 165.55亿人次。其中，公共汽电车完成715.79亿人次，占61.4%，运营里程331.73亿公里；轨道交通完成71.34亿人次，占6.1%，所占比重提高0.9个百分点，运营里程2.39亿列公里；出租汽车完成376.71亿人次，占32.3%，运营里程1 519.69亿公里，平均每车次载客人数1.98人/车次，空驶率30.8%；客运轮渡完成1.72亿人次，占0.1%。

2. 行业内上市公司发展情况

2011年，其他交通运输业上市公司营业收入实现32.53亿元，按可比样本计算同比下降3.23%；净利润实现2.1亿元，按可比样本计算同比下降10.97%；总资产为51.16亿元，按可比样本计算同比增加27.77%。

表26　　2011年其他交通运输业上市公司收入及资产增长情况　　单位：亿元

指　标	2011年	2011年可比样本增长（%）	2010年	2010年可比样本增长（%）	2009年
营业收入	32.53	-3.23	22.83	34.16	14.39
利润总额	3.23	-5.95	2.25	7.14	1.44
归属于母公司所有者的净利润	2.10	-10.97	1.62	0.79	1.18
总资产	51.16	27.77	34.26	9.89	16.51
归属于母公司股东权益	20.54	45.83	11.76	16.58	9.94

资料来源：沪深交易所，天相投资分析系统

2011年，其他交通运输业上市公司毛利率为23.89%，按可比样本计算基本与2010年持平；销售净利率为6.44%，按可比样本计算同比下降0.56个百分点；净资产收益率为10.21%，按可比样本计算同比下降6.51个百分点。

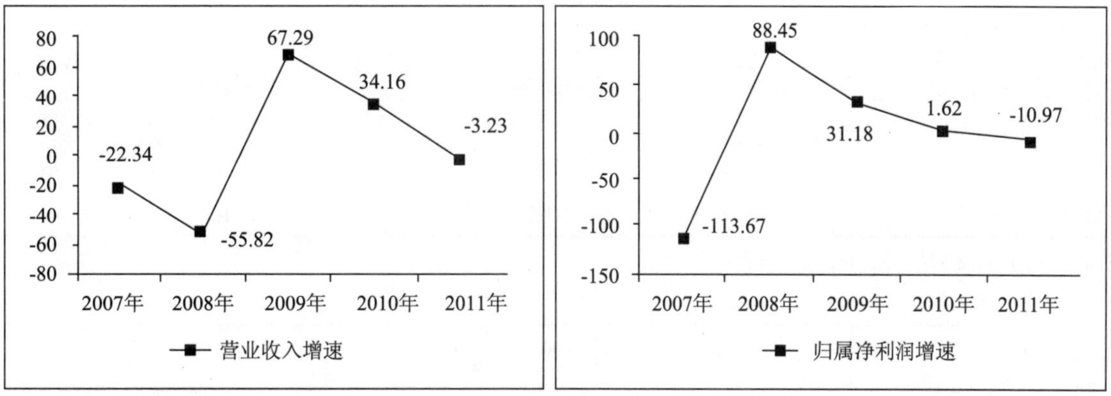

图 18　其他交通运输业上市公司 2007—2011 年可比样本营业收入及归属于母公司所有者的净利润变化情况(%)

资料来源:沪深交易所,天相投资分析系统

表 27　　2011 年其他交通运输业上市公司盈利能力情况

指　标	2011 年	2011 年可比样本变动	2010 年	2010 年可比样本变动	2009 年
毛利率(%)	23.89	0.03	20.25	-2.83	26.05
净资产收益率(%)	10.21	-6.51	13.78	-2.16	11.85
销售净利率(%)	6.44	-0.56	7.10	-2.35	8.18
资产净利率(%)	4.60	-1.64	4.95	-0.69	6.45

资料来源:沪深交易所,天相投资分析系统

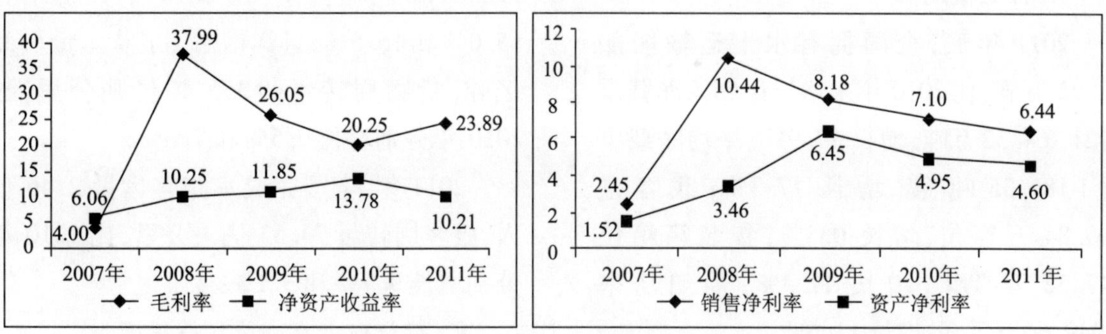

图 19　其他交通运输业上市公司 2007—2011 年盈利能力指标情况(%)

资料来源:沪深交易所,天相投资分析系统

从负债指标来看,2011 年其他交通运输业上市公司的资产负债率为 53.84%,按可比样本计算比 2010 年下降了 3.57 个百分点。

表28　　2011年其他交通运输业上市公司偿债及营运情况

指　标	2011年	2011年可比样本变动	2010年	2010年可比样本变动	2009年
资产负债率(%)	53.84	-3.57	58.37	0.38	35.67
存货周转率(次)	36.08	-11.92	34.16	10.75	19.96
总资产周转率(次)	0.71	-0.18	0.70	0.10	0.79

资料来源:沪深交易所,天相投资分析系统

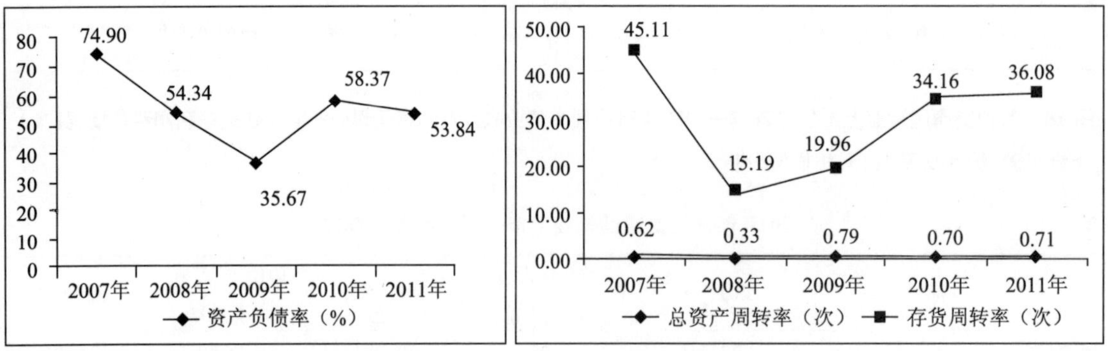

图20　其他交通运输业上市公司2007—2011年偿债及营运能力指标情况

资料来源:沪深交易所,天相投资分析系统

(六)水上运输业

1. 行业概况

2011年底,全国拥有水上运输船舶17.92万艘,比2010年末增长0.5%;净载重量21 264.32万吨,增长17.9%;平均净载重量1 186.35吨/艘,增长17.3%;载客量100.84万客位,增长0.5%;集装箱箱位147.52万TEU,增长11.4%;船舶功率5 949.66万千瓦,增长11.6%。

2011年,全国完成水路货运量42.60亿吨、货物周转量75 423.84亿吨公里,比2010年分别增长12.4%和10.2%;平均运距1 770.65公里,比2010年减少35.07公里。在全国水路货运中,内河运输完成货运量21.03亿吨、货物周转量6 564.88亿吨公里,比2010年分别增长11.5%和18.6%;沿海运输完成货运量15.22亿吨,货物周转量19 503.56亿吨公里,比2010年分别增长15.0%和15.5%;远洋运输完成货运量6.35亿吨,货物周转量49 355.40亿吨公里,比2010年分别增长9.5%和7.3%。

2011年,全国完成水路客运量2.46亿人,旅客周转量74.53亿人公里,比2010年分别增长9.7%和3.1%。

2. 行业内上市公司发展情况

2011年,水上运输业上市公司营业收入实现1 286.55亿元,按可比样本计算同比下降10.6%;归属于母公司所有者的净利润为-133.50亿元,按可比样本计算同比大幅下降196.16%;总资产为3 318.89亿元,按可比样本计算同比增加7.79%。

表 29　　2011 年水上运输业上市公司收入及资产增长情况　　单位：亿元

指　标	2011 年	2011 年可比样本增长(%)	2010 年	2010 年可比样本增长(%)	2009 年
营业收入	1 286.55	-10.60	1 439.13	46.43	965.60
利润总额	-102.91	由盈转亏	172.02	扭亏为盈	-107.40
归属于母公司所有者的净利润	-133.50	由盈转亏	138.83	扭亏为盈	-125.33
总资产	3 318.89	7.79	3 079.17	12.24	2 680.18
归属于母公司股东权益	1 113.50	-11.14	1 253.12	8.82	1 141.19

资料来源：沪深交易所，天相投资分析系统

2011 年，水上运输业上市公司盈利能力同比大幅下降，其中毛利率为 -1.96%，按可比样本计算同比下降 19.04 个百分点；销售净利率为 -10.38%，按可比样本计算同比下降 20.02 个百分点；净资产收益率为 -11.99%，按可比样本计算同比下降 23.07 个百分点。

表 30　　2011 年水上运输业上市公司盈利能力情况

指　标	2011 年	2011 年可比样本变动	2010 年	2010 年可比样本变动	2009 年
毛利率(%)	-1.96	-19.04	17.08	21.50	-4.38
净资产收益率(%)	-11.99	-23.07	11.08	22.32	-10.98
销售净利率(%)	-10.38	-20.02	9.65	22.82	-12.98
资产净利率(%)	-4.17	-8.94	4.77	9.73	-4.92

资料来源：沪深交易所，天相投资分析系统

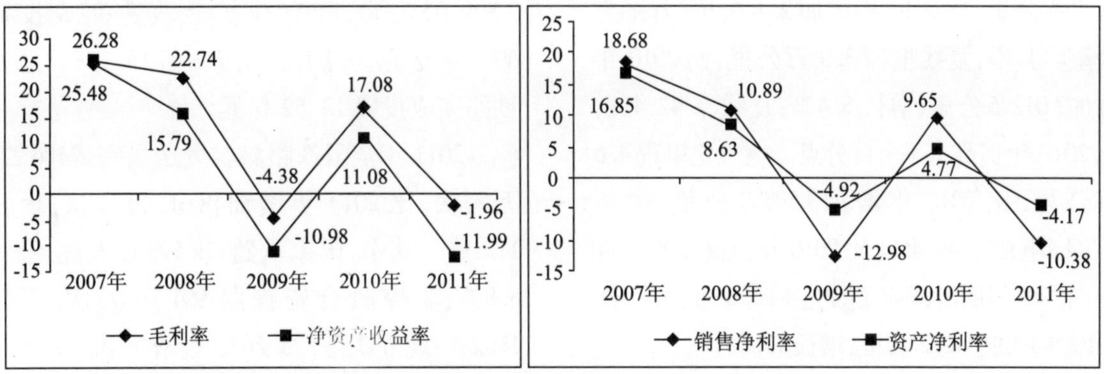

图 21　水上运输业上市公司 2007—2011 年盈利能力指标情况(%)

资料来源：沪深交易所，天相投资分析系统

从负债指标来看，2011 年水上运输业上市公司的资产负债率为 60.93%，按可比样本计算比 2010 年上升了 7.14 个百分点。

表 31　　2011 年水上运输业上市公司偿债及营运情况

指　标	2011 年	2011 年可比样本变动	2010 年	2010 年可比样本变动	2009 年
资产负债率(%)	60.93	7.14	53.79	0.44	52.66
存货周转率(次)	21.65	－5.36	27.01	－1.64	28.68
总资产周转率(次)	0.40	－0.09	0.49	0.12	0.38

资料来源:沪深交易所,天相投资分析系统

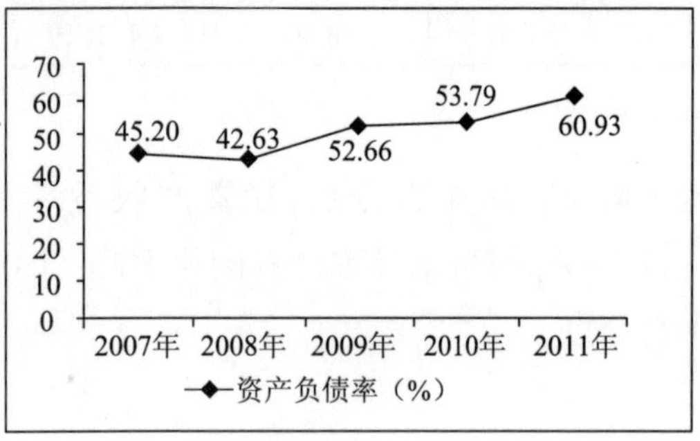

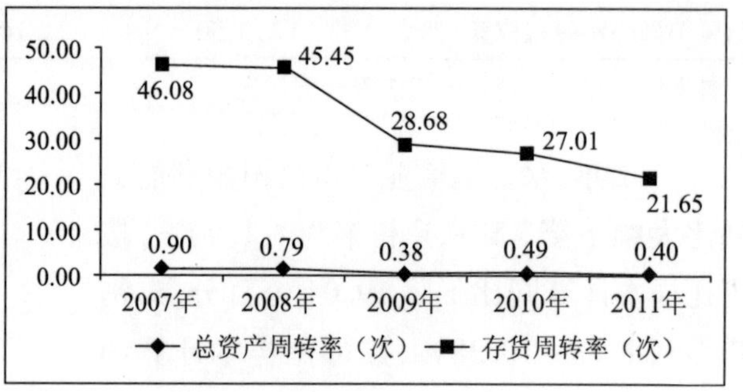

图 22　水上运输业上市公司 2007—2011 年偿债及营运能力指标情况

资料来源:沪深交易所,天相投资分析系统

(七)铁路运输业

1. 行业概况

2011 年全国铁路营业里程达到 9.3 万公里,比 2010 年增加2 071.1公里,增长 2.3%,里程长度居世界第二位。路网密度 97.1 公里/万平方公里,比 2010 年增加 2.1 公里/万平方公里。其中,复线里程 3.9 万公里,比 2010 年增加2 012.5公里,增长 5.4%;复线率 42.4%,比 2010 年提高 1.3 个百分点。电气化里程 4.6 万公里,比 2010 年增加3 599.7公里,增长 8.5%;电化率 49.4%,比 2010 年提高 2.8 个百分点。西部地区营业里程达到 3.6 万公里,比 2010 年增加 342.2 公里,增长 1.0%。

2011 年国家铁路完成运输总收入5 035.8亿元,比 2010 年增加 545.0 亿元,增长 12.1%。其中,货物运费收入2 211.1亿元,比 2010 年增加 213.4 亿元,增长 10.7%;旅客票价收入1 607.0亿元,比 2010 年增加 262.1 亿元,增长 19.5%;其他收入 533.8 亿元,比 2010 年增加 39.1 亿元,增长 7.9%;建设基金 683.9 亿元,比 2010 年增加 30.4 亿元,增长 4.7%。

2011 年全国铁路共完成投资4 610.84亿元。国家铁路和合资铁路完成投资4 597.32亿元。路网大中型项目 310 个,完成投资4 594.12亿元。其中,新建铁路完成投资3 899.05亿元,既有线扩能改造完成投资 695.07 亿元,分别占 84.9% 和 15.1%。地方铁路完成投资 13.52 亿元。

2011 年全国铁路旅客发送量完成186 226万人次,比 2010 年增加18 617万人次,增长 11.1%。其中,国家铁路179 199万人次,增长 8.8%;非控股合资铁路 991 万人次,下降 18.2%;地方铁路 528 万人次,增长 10.8%。全国铁路旅客周转量完成 9 612.29亿人公里,比 2010 年增加 850.12 亿人公里,增长 9.7%。其中,国家铁路9 582.71亿人公里,增长 9.8%;非控股合资铁路 22.97 亿人公里,下降 23.8%;地方铁路 6.62 亿人公里,增长 5.0%。

2011 年全国铁路货运总发送量(含行包运

量)完成393 263万吨,比2010年增加28 992万吨,增长8.0%。其中,国家铁路329 535万吨,增长6.5%;非控股合资铁路41 549万吨,增长16.6%;地方铁路22 179万吨,增长16.2%。全国铁路货运总周转量(含行包周转量)完成29 465.79亿吨公里,比2010年增加1 821.65亿吨公里、增长6.6%。其中,国家铁路27 631.67亿吨公里,增长6.5%;非控股合资铁路1 695.40亿吨公里,增长6.6%;地方铁路138.72亿吨公里,增长19.5%。

2011年全国铁路煤炭运量完成227 026万吨,比2010年增运26 983万吨,增长13.5%。冶炼物资运量完成87 022万吨,比2010年增运1 522万吨,增长1.8%。粮食运量完成9 946万吨,比2010年减少163万吨,下降1.6%。石油运量完成13 552万吨,比2010年减少281万吨,下降2.0%。化肥及农药运量完成8 666万吨,比2010年增运48万吨,增长0.6%。集装箱运量完成9 351万吨,比2010年增运739万吨,增长8.6%。全国铁路口岸共完成进出口货物运量4 989.5万吨,比2010年减少196.6万吨,下降3.8%。其中,满洲里、绥芬河、二连浩特、阿拉山口4大口岸站共完成进出口货物运量4 872.7万吨,比上年减少188.0万吨,下降3.7%。

2. 行业内上市公司发展情况

2011年,铁路运输业上市公司营业收入实现626.05亿元,按可比样本计算同比增长8.53%;归属于母公司所有者的净利润为140.06亿元,按可比样本计算同比增加12.56%。总资产为1 304.41亿元,按可比样本计算同比下降2.84%。

表32　2011年铁路运输业上市公司收入及资产增长情况　单位:亿元

指　标	2011年	2011年可比样本增长(%)	2010年	2010年可比样本增长(%)	2009年
营业收入	626.05	8.53	576.84	55.58	370.76
利润总额	182.51	12.10	162.81	49.41	108.97
归属于母公司所有者的净利润	140.06	12.56	124.43	51.07	82.37
总资产	1 304.41	-2.84	1 342.52	33.76	1 003.71
归属于母公司股东权益	918.51	9.75	836.90	21.51	688.76

资料来源:沪深交易所,天相投资分析系统

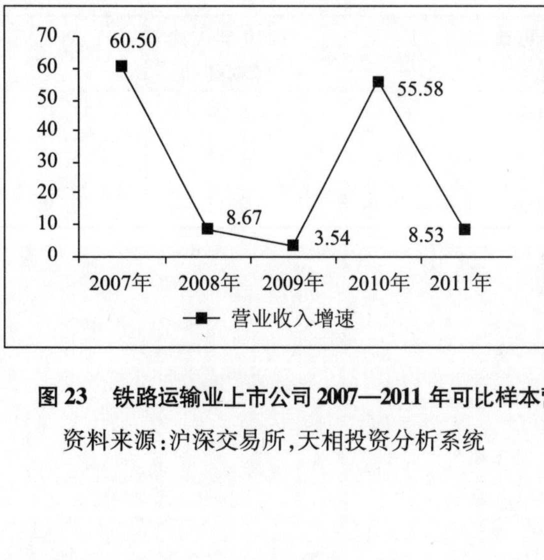

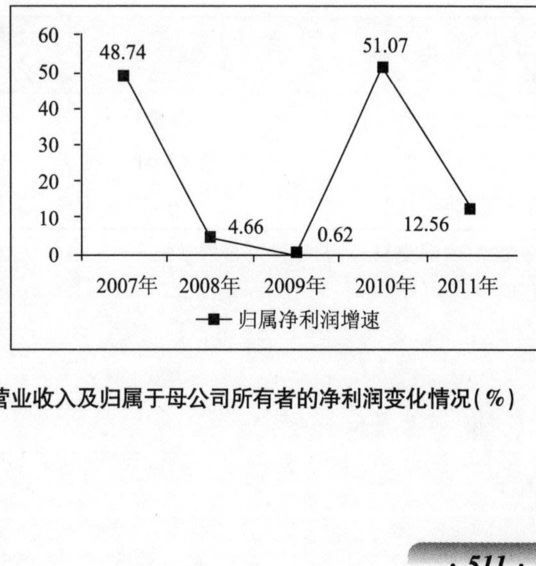

图23　铁路运输业上市公司2007—2011年可比样本营业收入及归属于母公司所有者的净利润变化情况(%)

资料来源:沪深交易所,天相投资分析系统

2011年，铁路运输业上市公司盈利能力保持平稳，其中毛利率为37.26%，按可比样本计算同比小幅下降1.08个百分点；销售净利率为22.37%，按可比样本计算同比增加0.80个百分点；净资产收益率为15.25%，按可比样本计算同比增加0.38个百分点。

表33　　2011年铁路运输业上市公司盈利能力情况

指　标	2011年	2011年可比样本变动	2010年	2010年可比样本变动	2009年
毛利率(%)	37.26	-1.08	38.34	-1.78	40.12
净资产收益率(%)	15.25	0.38	14.87	2.91	11.96
销售净利率(%)	22.37	0.80	21.57	-0.64	22.22
资产净利率(%)	10.58	-0.02	10.61	2.13	8.47

资料来源：沪深交易所，天相投资分析系统

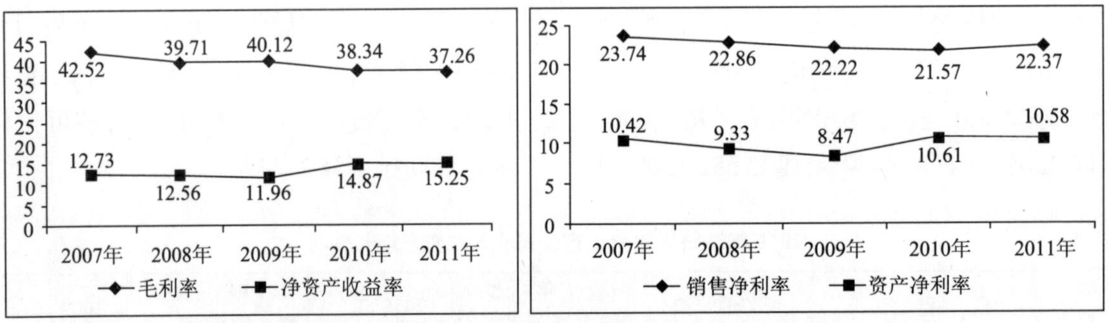

图24　铁路运输业上市公司2007—2011年盈利能力指标情况(%)

资料来源：沪深交易所，天相投资分析系统

从负债及营运指标来看，2011年铁路运输业上市公司的资产负债率为29.54%，存货周转率为13.41次，总资产周转率为0.47次。

表34　　2011年铁路运输业上市公司偿债及营运情况

指　标	2011年	2011年可比样本变动	2010年	2010年可比样本变动	2009年
资产负债率(%)	29.54	-8.08	37.61	6.29	31.32
存货周转率(次)	13.41	-3.70	17.11	1.12	15.99
总资产周转率(次)	0.47	-0.02	0.49	0.11	0.38

资料来源：沪深交易所，天相投资分析系统

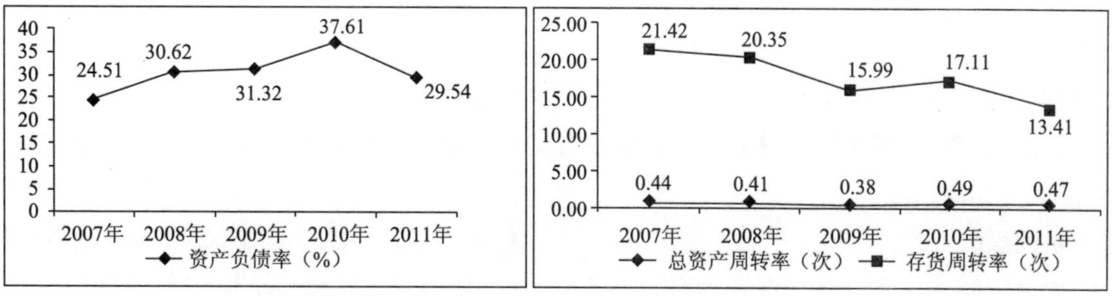

图25　铁路运输业上市公司2007—2011年偿债及营运能力指标情况

资料来源：沪深交易所，天相投资分析系统

四、重点上市公司介绍

大秦铁路

大秦铁路股份有限公司是一家主要从事以煤炭运输为主的铁路货物运输业务以及旅客运输业务的公司。公司是中国第一家以铁路网核心主干线为公司主体的股份公司，公司管辖京包、北同蒲、大秦3条铁路干线，口泉、云冈、宁岢、平朔4条支线，衔接神朔、大准、宁静、蓟港4条地方铁路，区跨山西、河北、北京、天津两省两市。公司管内大秦铁路是中国第一条单元电气化重载运煤专线，是山西、陕西、内蒙古西部煤炭外运的主通道，承担着全国4大电网、10大钢铁公司和6 000多家工矿企业的生产用煤和出口煤炭运输任务，煤运量占全国铁路总煤炭运量的近1/7，用户群辐射到15个国家和地区，26个省、市、自治区。公司是我国规模最大的煤炭运输企业，担负着“西煤东运”的战略任务。

2011年是公司收购太原铁路局运输主业相关资产及股权后第一个完整的经营年度。公司全面整合收购资产，经营效率进一步提升，大秦线顺利完成年运量4.4亿吨，各项运输指标再创新高。全年公司货物运输量完成76 330万吨，同比增长3.9%；换算周转量完成3 707亿吨公里，同比增长8.3%。

2011年公司营业收入完成450亿元，同比增长7.12%；主营业务收入完成437亿元，同比增长7.05%。营业收入和主营业务收入增长的主要原因：一是客货运量稳步增长；二是2011年4月1日起，全国铁路营业线货物运价进行调整，平均每吨公里提高0.2分。全年货运收入增加26.02亿元，客运收入增加2.79亿元。

2011年公司实现营业利润150亿元，同比增长12.02%；实现净利润116.98亿元，同比增长12.37%；加权平均净资产收益率19.78%。

上海机场

上海机场经营的浦东机场是我国3大国际枢纽航空港之一。2011年，浦东机场实现飞机起降344 086架次，旅客吞吐量4 145.01万人次，分别比2010年同期增长3.6%、2.15%；货邮吞吐量310.3万吨，受西方经济复苏乏力影响，比2010年同比下降3.88%。

2011年全年经济形势复杂多变，但公司的经营业绩指标仍稳步增长，并超过生产指标的增长幅度，航空主业收入稳步提升，非航空性收入比重继续增加。公司2011年营业收入为46.11亿元，营业利润为19.44亿元，归属于母公司所有者的净利润为15亿元，分别较2010年同期增长10.15%、16.59%和14.41%。

中国国航

中国国航是一家主要从事航空客运、货运以及邮运的航空公司。公司是中国唯一载国旗飞行的民用航空公司以及世界最大的航空联盟——星空联盟成员、2008年北京奥运会航空客运合作伙伴，具有国内航空公司第一的品牌价值（世界品牌实验室2010年评测为478.56亿元），在航空客运、货运及相关服务诸方面，均处于国内领先地位。2007、2008、2009、2010年度国航连续4年入选世界品牌500强，成为中国民航唯一一家进入“世界品牌500强”的企业。2010年6月，国航被世界品牌实验室评为中国500最具价值品牌第24名，位列国内航空服务业第一名；2004、2005、2006、2007、2008年国航连续5年在“旅客话民航”活动中分别获得“用户满意优质奖”、“用户满意优质服务金奖”等。

截至2011年底，公司共有飞机432架，平均机龄6.77年。2011年公司引进飞机58架，退出老旧飞机19架。2011年公司投入运力218.45亿可用吨公里，同比增加10.66%；实现总周转量158.69亿收入吨公里，同比增长11.01%；综合载运率为72.64%，同比提高0.23个百分点。

2011年底，公司经营的客运航线条数已达到282条，其中，国际航线71条，地区航线14条，国内航线197条，通航国家（地区）30个，通航城市143个，其中，国际43个，地区4个，国内96个。

2011年，公司实现营业收入971.39亿元，同比增长19.98%。其中，主营业务收入为949.20亿元，同比增长20.14%，主要源于客运收入的增加；其他业务收入为22.19亿元，同比增长13.62%。每收入客公里收益0.70元，同比增长6.06%；每收入货运吨公里收益1.76元，同比下降3.83%。2011年，公司实现利润总额101.2亿元，归属于母公司净利润74.77亿元。

从负债能力来看，资产负债率为71.44%，同比下降了1.7个百分点。由于航空运输企业的资产负债率普遍较高，因此，中国国航的资产负债率仍处于国内行业较优地位。

中国远洋

中国远洋是中国远洋运输（集团）总公司（全球第二大综合性航运公司）的上市旗舰和资本平台，目前已成为全球领先的航运与物流供货商。公司通过定向增发，注入集团绝大部分干散货运输资产，公司已成为一家集集装箱航运、干散货航运、物流、码头和集装箱租赁为一体的综合性航运公司。

2011年，受全球经济复苏放缓影响，国际航运需求增速大幅放缓，公司全年亏损巨大。2011年，公司实现营业收入689亿元，与2010年同比减少14.5%；归属于母公司所有者的净利润亏损104.48亿元。其中，集装箱航运及相关业务货运量达691万标准箱，较上年同期增长11.2%；实现营业收入364.61亿元，较2010年同期下降11.8%；2011年干散货运输业务完成货运量26 280万吨，同比下降6.18%；货运周转量1.32万亿吨海里，同比下降7.04%。其中，煤炭承运量为9 109万吨，同比增长

2.64%；金属矿石承运量11 664万吨，同比下降9.28%；其他货物承运量为5 507万吨，同比下降12.28%；干散货实现营业收入233.66亿元，同比下降28.7%。2011年物流业务营业收入为64亿元；2011年中远太平洋码头整体吞吐量的增长保持稳健，集装箱吞吐量为5 069.59万标准箱，同比上升15.1%。

截至2011年底，中国远洋集装箱经营船队包括157艘集装箱船，运力达66.8万标准箱，较2010年底增加8.8%；干散货船共有374艘，运力达3 380万载重吨。其中，拥有船舶233艘，1 915.49万载重吨，平均船龄13.97年；租入船舶141艘，1 464.2万载重吨。

宁沪高速

宁沪高速主要从事投资、建设、经营和管理沪宁高速公路江苏段及其他江苏省境内的收费路桥，并发展公路沿线的客运及其他辅助服务业。除沪宁高速公路江苏段外，公司还拥有宁沪二级公路江苏段、锡澄高速公路、广靖高速公路、宁连高速公路南京段等位于江苏省内的收费路桥全部或部分权益。宁沪高速是国内公路行业中资产规模最大的上市公司之一。公司核心资产沪宁高速公路江苏段连接上海、苏州、无锡、常州、镇江、南京6个大中城市，已成为国内最繁忙的高速公路之一。除收费路桥业务外，公司还积极拓展相关的多元化业务领域，作为公司非主营业务的重要组成部分，沪宁高速沿线服务区的经营与开发为公司带来较为稳定的盈利贡献，初步形成了服务区餐饮、加油、汽修、广告、住宿、商品零售等业务发展体系。

2011年，公司实现营业总收入约74亿元，同比增长约9.55%，其中，实现道路通行费收入约51.7亿元，同比增长约3.42%；配套业务收入约21.72亿元，同比增长约31.09%；其他业务收入约0.59亿元，同比下降约41.08%；实现营业利润约32.71亿元，比2010年同期下降约1.84%；归属于上市公司股东的净利润约为24.3亿元，比2010年同期下降约2.2%。

上港集团

上港集团是我国大陆最大的港口企业，前身是上海港务局，2005年公司所在的上海港货物吞吐量已经达到4.43亿吨，跃居世界第一大港。公司主要从事港口集装箱、大宗散货和件杂货的装卸生产，以及与港口生产有关的引航、船舶拖带、理货等业务。公司现有生产用码头长度21.43公里，共有生产用泊位137个，其中，万吨以上泊位82个，集装箱泊位26个，全年货物通过能力为1.37亿吨，集装箱通过能力为850万标准箱。公司已开辟遍布全球、国际直达的美欧、澳洲、非洲等地的班轮航线200多条，目前集装箱月航班密度已达2 000班左右，内支线集装箱航班达到1 000班左右，已成为中国集装箱航线最多、航班密度最高、覆盖面最广的港口。

2011年，公司积极应对复杂多变的国内外经济形势，实现了生产经营持续稳定增长，主要生产经营指标再创历史新高。公司货物吞吐量完成4.84亿吨，同比增长13.1%，其中，散杂货吞吐量完成1.78亿吨，同比增长15.9%；集装箱吞吐量完成3 173.9万标准箱，同比增长9.2%。

2011年公司实现营业收入217.79亿元，同比增长13.99%。在营业收入快速增长、成本得到有效控制的基础上，实现归属于上市公司股东的扣除非经常性损益后的净利润44.77亿元，同比增长3.54%；由于公司非经常性损益比2010年同期减少8.46亿元，归属于上市公司股东的净利润实现47.24亿元，同比下降12.79%。

五、上市公司在行业中的影响力

从整体来看，交通运输、仓储行业上市公司在行业内处于重要地位，大多数上市公司均是各细分行业中的龙头公司或具有重要影响的企业。可以说，上市公司的发展基本代表了我国交通运输、仓储行业的发展。

例如，从航空运输来看，2011年，中国国航、南方航空、东方航空、海南航空等上市公司全年运输总周转量占国内航空的91%，其他航空公司仅占9%。4大上市公司的机队规模在国内航空企业中占绝对优势。

从机场来看，2011年年旅客吞吐量100万人次以上的运输机场53个，其中北京首都机场（香港上市）、上海机场（上海证券交易所上市）和广州白云机场（上海证券交易所上市）3大机场的旅客吞吐量占全部机场旅客吞吐量的31.9%。2011年，年货邮吞吐量1万吨以上的运输机场47个，其中北京、上海和广州3大城市机场货邮吞吐量占全部机场货邮吞吐量的54.9%。

铁路运输行业方面，尽管上市公司数量较少，资产总量规模不大，但从细分市场或区域市场来看，上市公司具有很强的代表性。大秦铁路是担负我国“西煤东运”战略任务规模最大的煤炭运输企业，具有世界一流的重载运输装备和技术体系。2011年公司货物发送量完成5.2亿吨，占全国铁路货物发送总量33.0亿吨的15.8%；其中，煤炭发送量完成4.5亿吨，占全国铁路煤炭发送总量17.2亿吨的26.2%，继续在全国铁路煤炭运输中占有重要的战略地位，广深铁路是铁路客运业务的代表，在广深地区客运方面具有绝对优势。而铁龙物流承担了全国铁路特种集装箱业务，是铁路物流方面的重要企业。

从公路运输业来看，国内公路的上市公司多数处于全国“五纵七横”骨干网的主要组成区域；从水上运输业来看，国内排名靠前的3大航运公司均已实现上市，其中，中国远洋拥有全球第一大干散货船队，中国远洋和中海集运的集装箱船队在全球排名前10，中海发展是国内沿海第一大原油和煤炭运输公司。

招商证券股份有限公司
审稿人：姚　俊
撰稿人：姚　俊

信息技术业

一、信息技术业总体概况

信息技术业是关系国民经济和社会发展全局的基础性、战略性、先导性产业，具有技术更新快、产品附加值高、应用领域广、渗透能力强、资源消耗低、人力资源利用充分等突出特点，对经济社会发展具有重要的支撑和引领作用。发展和提升信息技术业，对于推动信息化和工业化深度融合，培育和发展战略性新兴产业，建设创新型国家，加快经济发展方式转变和产业结构调整，提高国家信息安全保障能力和国际竞争力具有重要意义。

"十二五"时期是我国全面建设小康社会的关键时期，是深化改革开放、加快转变经济发展方式的攻坚时期。全球信息技术业格局孕育着新一轮重大变革，为我国信息技术业带来创新突破、应用深化、融合发展的战略机遇。

（一）行业整体运行情况

2011 年，我国国民经济持续保持快速增长，为信息技术业的投资和消费创造了良好的环境，行业总体保持在较景气的状态。

电信行业以科学发展观为主导，以"加快推动行业转型升级"为主线，按照"引领发展、融合创新、普惠民生、绿色安全"的指导原则，积极推动 3G 和宽带网络基础设施建设，大力发展移动互联网和增值电信业务，持续优化市场竞争格局，不断推动经济社会信息化应用水平的提升，全行业继续保持健康平稳运行。

2011 年以来，在国家 4 号文等产业扶持政策的推动下，我国软件产业步入新的快速发展阶段，产业规模超过 1.84 万亿元，新兴信息技术服务增势突出，中心城市集聚效应明显，运行中呈现出产业规模快速增长、新兴信息技术服务增势突出、软件出口增速放缓、骨干企业运行态势良好等发展特点。

（二）细分行业运行概况

从细分行业来看，电信和其他信息传输服务业保持最高行业景气度，近 3 个季度均保持在 170 以上；信息传输、计算机服务和软件业近 3 个季度景气度保持在 160 以上；计算机服务业、软件业景气度保持相对稳定，一直维持在 140 ~ 150 的范围内。

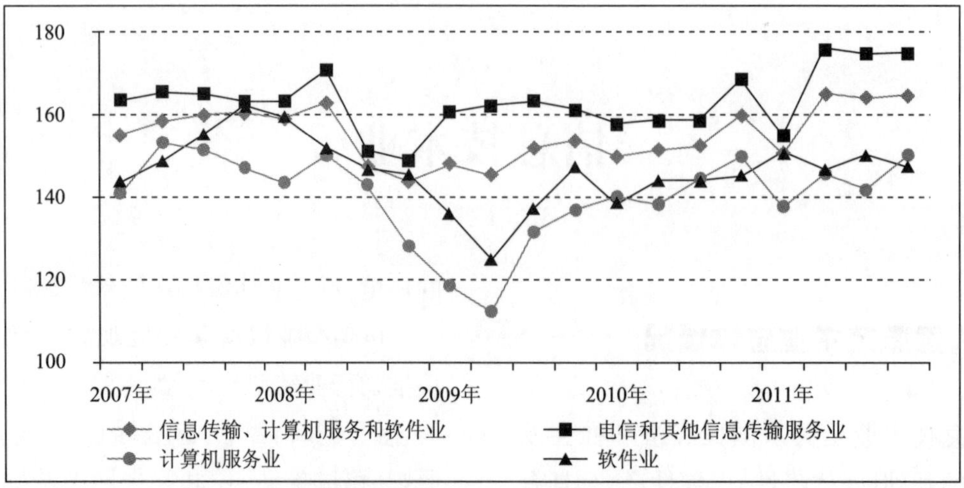

图1　信息技术业细分行业景气度指数走势

资料来源:国家统计局,天相投资分析系统

二、行业内上市公司发展概况

(一)行业内上市公司基本情况

截至2011年底,信息技术行业有182家公司的185只股票(其中3家公司同时拥有A,B股)在沪深交易所上市交易,占沪深两市股票总数的7.62%。截至2011年底,该行业境内总市值达8 215.37亿元,流通A股市值达5 833.86亿元,流通B股市值达20.81亿元,分占沪深两市总市值的3.81%,流通A股市值的3.58%,流通B股市值的1.47%。

表1　　2011年信息技术业上市公司发行股票概况

门　类	A、B股总数	A股股票数	B股股票数	境内总市值(亿元)	流通A股市值(亿元)	流通B股市值(亿元)
信息技术业	185	181	4	8 215.37	5 833.86	20.81
占沪深两市比重(%)	7.62	7.45	0.16	3.81	3.58	1.47

资料来源:沪深交易所,天相投资分析系统

(二)行业内上市公司构成情况

按上市地区划分,该行业在上海证券交易所上市的公司有44家(占该行业上市公司总数的24.18%),在深圳证券交易所上市的公司138家(占该行业上市公司总数的75.82%)。

按A、B股划分,在A股上市的公司有181家,其中3家同时在B股上市,仅在B股上市的公司有1家。该行业A股上市公司中＊ST公司有9家,占行业内上市公司总数的5%。

按公司所处子行业划分,各公司可分别划分至计算机及相关设备制造业、计算机应用服务业、通信服务业和通信及相关设备制造业4个子行业类别。

表 2　　2011 年信息技术业上市公司构成情况　　单位：家

门　类	沪　市			深　市			ST/＊ST
	仅 A 股	仅 B 股	A+B 股	仅 A 股	仅 B 股	A+B 股	
信息技术业	41	0	3	137	1	0	5/9
占行业内上市公司比重(%)	22.53	0.00	1.65	75.27	0.55	0.00	3/5

资料来源：沪深交易所，天相投资分析系统

表 3　　2011 年信息技术业上市公司各子行业分布明细

A、B 股类别	公司代码	公司名称	所属大类
沪市 A 股	600271	航天信息	计算机及相关设备制造业
	600601	方正科技	
	600850	华东电脑	
沪市 A 股	600100	同方股份	计算机应用服务业
	600289	亿阳信通	
	600392	＊ST 天成	
	600403	大有能源	
	600406	国电南瑞	
	600410	华胜天成	
	600446	金证股份	
	600455	ST 博通	
	600476	湘邮科技	
	600536	中国软件	
	600570	恒生电子	
	600571	信雅达	
	600588	用友软件	
	600718	东软集团	
	600728	佳都新太	
	600756	浪潮软件	
	600797	浙大网新	
	600845	宝信软件	
	601519	大智慧	
	600050	中国联通	通信服务业
	600640	中卫国脉	
	600706	ST 长信	
	600804	鹏博士	
	600076	＊ST 华光	通信及相关设备制造业
	600077	宋都股份	
	600105	永鼎股份	
	600118	中国卫星	
	600130	ST 波导	
	600198	大唐电信	
	600288	大恒科技	

续表

A、B股类别	公司代码	公司名称	所属大类
沪市A股	600345	长江通信	通信及相关设备制造业
	600485	中创信测	
	600487	亨通光电	
	600498	烽火通信	
	600522	中天科技	
	600608	ST沪科	
	600680	上海普天	
	600764	中电广通	
	600775	南京熊猫	
	600776	东方通信	
	600990	四创电子	
沪市B股	900926	宝信B股	计算机应用服务业
	900930	沪普天B	通信及相关设备制造业
	900941	东信B股	
深市A股	000021	长城开发	计算机及相关设备制造业
	000066	长城电脑	
	000748	长城信息	
	000977	浪潮信息	
	002027	七喜控股	
	002308	威创股份	
	002312	三泰电子	
	002376	新北洋	
	002577	雷柏科技	
	002635	安洁科技	
	300076	宁波GQY	
	300282	汇冠股份	
	000682	东方电子	计算机应用服务业
	000688	*ST朝华	
	000787	*ST创智	
	000805	*ST炎黄	
	000851	高鸿股份	
	000863	*ST商务	
	000938	紫光股份	
	000948	南天信息	
	000997	新大陆	
	002063	远光软件	
	002065	东华软件	
	002095	生意宝	
	002153	石基信息	
	002184	海得控制	
	002195	海隆软件	

续表

A、B 股类别	公司代码	公司名称	所属大类
深市 A 股	002230	科大讯飞	计算机应用服务业
	002232	启明信息	
	002253	川大智胜	
	002261	拓维信息	
	002268	卫士通	
	002279	久其软件	
	002280	新世纪	
	002296	辉煌科技	
	002315	焦点科技	
	002331	皖通科技	
	002339	积成电子	
	002362	汉王科技	
	002368	太极股份	
	002373	联信永益	
	002401	中海科技	
	002405	四维图新	
	002410	广联达	
	002421	达实智能	
	002439	启明星辰	
	002474	榕基软件	
	002609	捷顺科技	
	002642	荣之联	
	300002	神州泰岳	
	300010	立思辰	
	300020	银江股份	
	300033	同花顺	
	300036	超图软件	
	300042	朗科科技	
	300044	赛为智能	
	300045	华力创通	
	300047	天源迪科	
	300051	三五互联	
	300052	中青宝	
	300059	东方财富	
	300065	海兰信	
	300075	数字政通	
	300085	银之杰	
	300096	易联众	
	300113	顺网科技	
	300150	世纪瑞尔	
	300166	东方国信	

续表

A、B 股类别	公司代码	公司名称	所属大类
深市 A 股	300168	万达信息	计算机应用服务业
	300170	汉得信息	
	300182	捷成股份	
	300183	东软载波	
	300184	力源信息	
	300188	美亚柏科	
	300212	易华录	
	300229	拓尔思	
	300231	银信科技	
	300245	天玑科技	
	300248	新开普	
	300253	卫宁软件	
	300271	紫光华宇	
	300275	梅安森	
	300277	海联讯	
	000586	汇源通信	通信服务业
	000602	金马集团	
	000892	＊ST 星美	
	002093	国脉科技	
	002148	北纬通信	
	002316	键桥通讯	
	002467	二六三	
	002544	杰赛科技	
	300017	网宿科技	
	300025	华星创业	
	300050	世纪鼎利	
	300074	华平股份	
	300081	恒信移动	
	300167	迪威视讯	
	300209	天泽信息	
	000035	＊ST 科健	通信及相关设备制造业
	000063	中兴通讯	
	000070	特发信息	
	000547	闽福发 A	
	000555	ST 太光	
	000561	烽火电子	
	000669	＊ST 领先	
	000836	鑫茂科技	
	000909	数源科技	
	002052	同洲电子	
	002089	新海宜	

续表

A、B股类别	公司代码	公司名称	所属大类
深市A股	002115	三维通信	通信及相关设备制造业
	002151	北斗星通	
	002161	远望谷	
	002194	武汉凡谷	
	002231	奥维通信	
	002281	光迅科技	
	002313	日海通讯	
	002369	卓翼科技	
	002383	合众思壮	
	002396	星网锐捷	
	002417	三元达	
	002446	盛路通信	
	002465	海格通信	
	002491	通鼎光电	
	002519	银河电子	
	002583	海能达	
	300028	金亚科技	
	300038	梅泰诺	
	300079	数码视讯	
	300098	高新兴	
	300101	国腾电子	
	300134	大富科技	
	300177	中海达	
	300211	亿通科技	
	300213	佳讯飞鸿	
	300250	初灵信息	
	300264	佳创视讯	
	300270	中威电子	
深市B股	200468	宁通信B	

资料来源：沪深交易所，天相投资分析系统

(三)行业内上市公司融资情况

信息技术行业2011年共48家公司进行融资，占沪、深两市融资公司总数（473家）的10.15%。其中，33家公司新发股票，15家公司增发股票，分占两市中新发股票和增发股票公司总数的11.91%和8.20%。

从融资效果看，2011年全年融资活动共计发行股票310 306.89万股，融资金额达425.54亿元，较2010年增长9.13%。

表 4　　2011 年信息技术业上市公司融资情况　　单位:家

	融资家数	新　股	配　股	增　发
信息技术业	48	33	0	15
沪深两市总数	473	277	13	183
占比(%)	10.15	11.91	0.00	8.20

资料来源:沪深交易所,天相投资分析系统

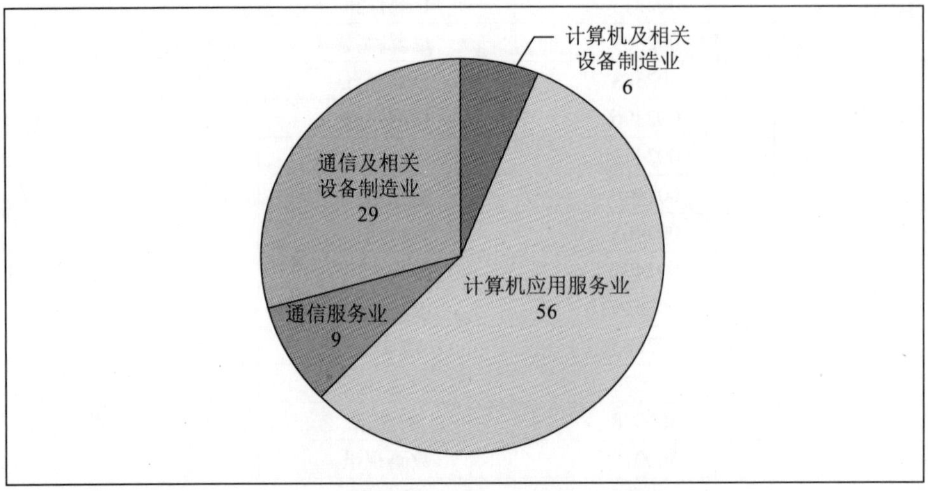

图 2　2011 年信息技术业各子行业融资企业数量占比(%)

资料来源:沪深交易所,天相投资分析系统

表 5　　2011 年信息技术业上市公司融资情况

代　码	公司名称	融资类别	所属大类	证券类型
000547	闽福发 A	增　发	通信及相关设备制造业	深市主板
000602	金马集团	增　发	通信服务业	深市主板
000863	*ST 商务	增　发	计算机应用服务业	深市主板
002065	东华软件	增　发	计算机应用服务业	中小板
002115	三维通信	增　发	通信及相关设备制造业	中小板
002161	远望谷	增　发	通信及相关设备制造业	中小板
002230	科大讯飞	增　发	计算机应用服务业	中小板
002231	奥维通信	增　发	通信及相关设备制造业	中小板
002253	川大智胜	增　发	计算机应用服务业	中小板
002331	皖通科技	增　发	计算机应用服务业	中小板
002544	杰赛科技	首　发	通信服务业	中小板
002577	雷柏科技	首　发	计算机及相关设备制造业	中小板

续表

代 码	公司名称	融资类别	所属大类	证券类型
002583	海能达	首 发	通信及相关设备制造业	中小板
002609	捷顺科技	首 发	计算机应用服务业	中小板
002635	安洁科技	首 发	计算机及相关设备制造业	中小板
002642	荣之联	首 发	计算机应用服务业	中小板
002649	博彦科技	首 发	计算机应用服务业	中小板
300166	东方国信	首 发	计算机应用服务业	创业板
300167	迪威视讯	首 发	通信服务业	创业板
300168	万达信息	首 发	计算机应用服务业	创业板
300170	汉得信息	首 发	计算机应用服务业	创业板
300177	中海达	首 发	通信及相关设备制造业	创业板
300182	捷成股份	首 发	计算机应用服务业	创业板
300183	东软载波	首 发	计算机应用服务业	创业板
300184	力源信息	首 发	计算机应用服务业	创业板
300188	美亚柏科	首 发	计算机应用服务业	创业板
300209	天泽信息	首 发	通信服务业	创业板
300211	亿通科技	首 发	通信及相关设备制造业	创业板
300212	易华录	首 发	计算机应用服务业	创业板
300213	佳讯飞鸿	首 发	通信及相关设备制造业	创业板
300229	拓尔思	首 发	计算机应用服务业	创业板
300231	银信科技	首 发	计算机应用服务业	创业板
300245	天玑科技	首 发	计算机应用服务业	创业板
300248	新开普	首 发	计算机应用服务业	创业板
300250	初灵信息	首 发	通信及相关设备制造业	创业板
300253	卫宁软件	首 发	计算机应用服务业	创业板
300264	佳创视讯	首 发	通信及相关设备制造业	创业板
300270	中威电子	首 发	通信及相关设备制造业	创业板
300271	紫光华宇	首 发	计算机应用服务业	创业板
300275	梅安森	首 发	计算机应用服务业	创业板
300277	海联讯	首 发	计算机应用服务业	创业板
300282	汇冠股份	首 发	计算机及相关设备制造业	创业板
600077	宋都股份	增 发	通信及相关设备制造业	沪 市
600403	大有能源	增 发	计算机应用服务业	沪 市
600410	华胜天成	增 发	计算机应用服务业	沪 市
600487	亨通光电	增 发	通信及相关设备制造业	沪 市
600522	中天科技	增 发	通信及相关设备制造业	沪 市
601519	大智慧	首 发	计算机应用服务业	沪 市

资料来源:沪深交易所,天相投资分析系统

表6 2011年信息技术业上市公司融资明细

代　码	公司名称	发行价格（元）	实际发行数量（万股）	实募集资金数（亿元）
000547	闽福发A	8.70	6 436.78	5.47
000602	金马集团	14.22	35 382.41	50.31
000863	*ST商务	3.00	56 407.07	16.92
002065	东华软件	19.63	1 630.16	3.20
002115	三维通信	15.51	1 360.00	2.00
002161	远望谷	19.26	3 603.87	6.68
002230	科大讯飞	40.65	1 095.38	4.23
002231	奥维通信	12.85	1 790.00	2.14
002253	川大智胜	28.81	1 214.85	3.28
002331	皖通科技	13.67	1 251.07	1.71
002544	杰赛科技	28.00	2 200.00	5.80
002577	雷柏科技	38.00	3 200.00	11.36
002583	海能达	19.90	7 000.00	12.87
002609	捷顺科技	14.50	3 000.00	3.91
002635	安洁科技	23.00	3 000.00	6.52
002642	荣之联	25.00	2 500.00	5.66
002649	博彦科技	22.00	2 500.00	5.05
300166	东方国信	55.36	1 017.60	5.27
300167	迪威视讯	51.28	1 112.00	5.17
300168	万达信息	28.00	3 000.00	7.76
300170	汉得信息	25.32	3 000.00	7.14
300177	中海达	46.80	1 250.00	5.38
300182	捷成股份	55.00	1 400.00	7.25
300183	东软载波	41.45	2 500.00	9.72
300184	力源信息	20.00	1 670.00	3.05
300188	美亚柏科	40.00	1 350.00	5.01
300209	天泽信息	34.28	2 000.00	6.31
300211	亿通科技	25.75	1 250.00	2.89
300212	易华录	30.46	1 700.00	4.81
300213	佳讯飞鸿	22.00	2 100.00	4.23

续表

代　码	公司名称	发行价格（元）	实际发行数量（万股）	实募集资金金数（亿元）
300229	拓尔思	15.00	3 000.00	4.18
300231	银信科技	19.62	1 000.00	1.68
300245	天玑科技	20.00	1 700.00	3.16
300248	新开普	30.00	1 120.00	2.99
300250	初灵信息	25.00	1 000.00	2.21
300253	卫宁软件	27.50	1 350.00	3.39
300264	佳创视讯	16.50	2 600.00	3.95
300270	中威电子	35.00	1 000.00	3.18
300271	紫光华宇	30.80	1 850.00	5.15
300275	梅安森	26.00	1 467.00	3.39
300277	海联讯	23.00	1 700.00	3.52
300282	汇冠股份	17.20	1 151.00	1.73
600077	宋都股份	8.63	37 770.94	32.60
600403	大有能源	11.64	70 618.30	82.20
600410	华胜天成	12.94	3 903.40	4.87
600487	亨通光电	14.17	4 096.25	5.80
600522	中天科技	23.80	7 058.82	16.18
601519	大智慧	23.20	11 000.00	24.24
	合　计		310 306.89	425.54

资料来源：沪深交易所，天相投资分析系统

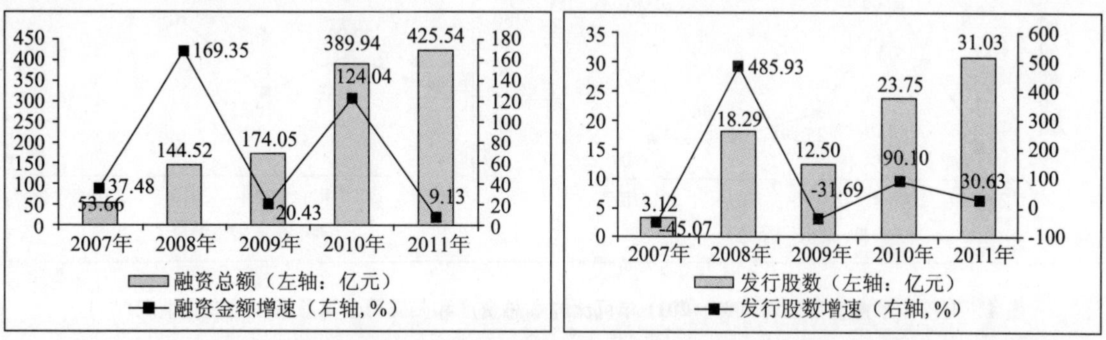

图3　信息技术业上市公司2007—2011年融资额及发行股数情况

资料来源：沪深交易所，天相投资分析系统

（四）行业内上市公司资产及业绩情况

截至2011年，信息技术业上市公司总资产达到9 714.22亿元，非流动资产5 539.62亿元，归属母公司股东权益3 069.30亿元，按可比样本计算分别较上年增长16.09%、11.34%、18.46%。

该行业上市公司2011年营业收入6 295.24亿元，利润总额335.57亿元，归属于母公司所有者净利润228.74亿元，按可比样本计算分别较上年增长18.03%、14.67%、12.95%。

表7　2011年信息技术业上市公司资产情况　单位：亿元

指　标	2011年	2011年可比样本增长(%)	2010年	2010年可比样本增长(%)	2009年
总资产	9 714.22	16.09	8 263.20	15.66	7 358.48
流动资产	4 174.60	23.06	3 308.27	32.11	2 637.71
占比(%)	42.97	2.43	40.04	4.99	35.85
非流动资产	5 539.62	11.34	4 954.94	6.78	4 720.77
占比(%)	57.03	-2.43	59.96	-4.99	64.15
流动负债	4 272.77	18.07	3 579.83	5.80	3 462.37
占比(%)	43.98	0.74	43.32	-4.04	47.05
非流动负债	774.51	30.26	591.03	111.81	337.85
占比(%)	7.97	0.87	7.15	3.25	4.59
归属于母公司股东权益	3 069.30	18.46	2 529.44	30.06	2 014.54
占比(%)	31.60	0.63	30.61	3.39	27.38

资料来源：沪深交易所，天相投资分析系统

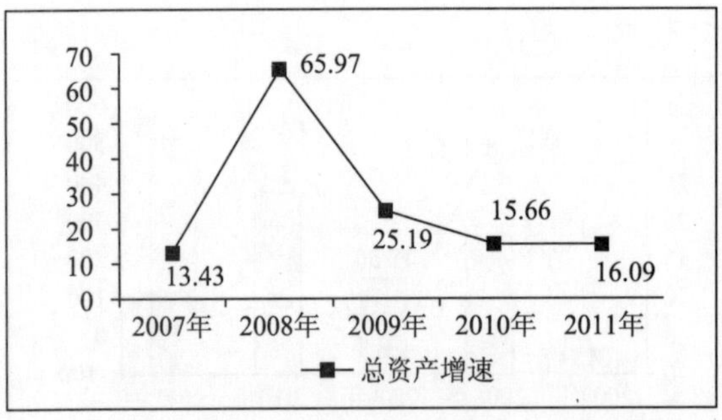

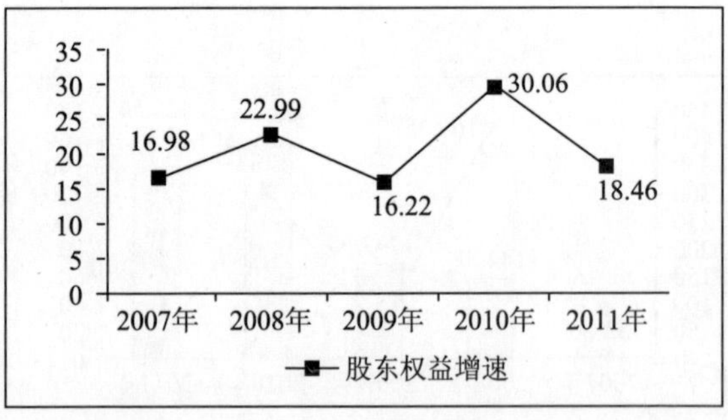

图4　信息技术业上市公司2007—2011年可比样本总资产和归属母公司股东权益变化情况(%)

资料来源：沪深交易所，天相投资分析系统

表 8　　2011 年信息技术业上市公司收入实现情况　　单位：亿元

指　标	2011 年	2011 年可比样本增长(%)	2010 年	2010 年可比样本增长(%)	2009 年
营业收入	6 295. 24	18. 03	5 236. 82	30. 61	4 065. 97
利润总额	335. 57	14. 67	272. 48	-9. 07	297. 18
归属于母公司所有者的净利润	228. 74	12. 95	185. 02	7. 78	165. 10

资料来源：沪深交易所，天相投资分析系统

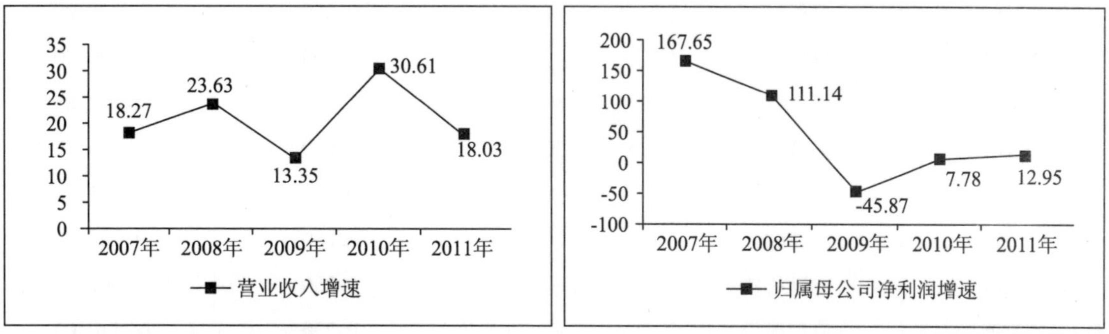

图 5　信息技术业上市公司 2007—2011 年可比样本营业收入及归属母公司股东净利润变化情况(%)

资料来源：沪深交易所，天相投资分析系统

(五)利润分配情况

2011 年信息技术业上市公司中有 94 家公司实施了分红送股：进行送股及转增的公司共计 38 家，其中有 16 家公司实施了每 10 股送 10 股；进行派息的公司 87 家，其中派息最高为焦点科技，每股派息 0. 80 元；既送股、转赠又派息的公司有 31 家。

2011 年信息技术业上市公司合计实施现金分红 43. 82 亿元，按可比样本计算同比下降 27. 53%，占归属于母公司净利润的比重为 19. 16%，按可比样本计算较 2010 年减少 13. 52 个百分点。

表 9　　2011 年信息技术业上市公司分红明细

代　码	名　称	送股及转增比例	每股派息(税前　元)	基准股本(万股)
000021	长城开发	—	0. 100	131 927. 78
000063	中兴通讯	—	0. 200	343 095. 21
000066	长城电脑	—	0. 023	132 359. 39
000547	闽福发 A	0. 350	0. 012	61 842. 83
000748	长城信息	—	0. 050	37 556. 22
000909	数源科技	—	0. 100	19 600. 00
000938	紫光股份	—	0. 060	20 608. 00
000948	南天信息	1. 000	—	21 055. 10

续表

代　码	名　称	送股及转增比例	每股派息（税前　元）	基准股本（万股）
000977	浪潮信息	—	0.100	21 500.00
002065	东华软件	0.300	0.200	53 074.40
002089	新海宜	0.200	0.100	35 288.88
002095	生意宝	—	0.100	16 200.00
002151	北斗星通	0.200	0.100	15 125.36
002184	海得控制	—	0.050	22 000.00
002195	海隆软件	—	0.100	11 396.00
002253	川大智胜	0.600	0.300	8 702.85
002261	拓维信息	0.300	0.030	21 803.37
002268	卫士通	—	0.050	17 271.21
002279	久其软件	0.600	0.200	10 987.21
002281	光迅科技	—	0.250	16 000.00
002308	威创股份	—	0.250	64 140.00
002312	三泰电子	—	0.100	17 745.00
002315	焦点科技	—	0.800	11 750.00
002316	键桥通讯	0.500	0.050	21 840.00
002368	太极股份	0.200	0.150	19 757.84
002369	卓翼科技	—	0.200	20 000.00
002376	新北洋	—	0.200	30 000.00
002383	合众思壮	0.300	0.200	14 400.00
002396	星网锐捷	—	0.300	35 106.00
002401	中海科技	0.900	0.100	10 640.00
002417	三元达	0.500	0.100	18 000.00
002439	启明星辰	—	0.100	19 751.82
002467	二六三	1.000	0.400	12 000.00
002519	银河电子	—	0.400	14 080.00
002544	杰赛科技	—	0.125	17 192.00
002609	捷顺科技	—	0.300	11 865.25
002635	安洁科技	—	0.300	12 000.00
300002	神州泰岳	—	0.300	37 920.00
300010	立思辰	—	0.100	23 658.75
300017	网宿科技	—	0.150	15 421.43
300025	华星创业	0.300	—	12 000.00
300038	梅泰诺	0.500	0.100	9 157.00

续表

代　码	名　称	送股及转增比例	每股派息（税前　元）	基准股本（万股）
300042	朗科科技	1. 000	0. 100	6 680. 00
300044	赛为智能	—	0. 100	10 000. 00
300051	三五互联	—	0. 080	16 050. 00
300052	中青宝	—	0. 050	13 000. 00
300065	海兰信	0. 900	0. 080	5 539. 63
300075	数字政通	—	0. 200	8 400. 00
300076	宁波 GQY	—	0. 300	10 600. 00
300096	易联众	—	0. 100	17 200. 00
300098	高新兴	1. 000	0. 150	8 892. 00
300113	顺网科技	—	0. 200	13 200. 00
300150	世纪瑞尔	—	0. 600	13 500. 00
300167	迪威视讯	0. 500	0. 200	6 672. 00
300168	万达信息	—	0. 100	12 000. 00
300170	汉得信息	—	0. 200	16 800. 78
300184	力源信息	0. 500	0. 300	6 670. 00
300188	美亚柏科	1. 000	0. 200	5 350. 00
300211	亿通科技	0. 100	0. 100	4 886. 00
300213	佳讯飞鸿	0. 500	0. 100	8 400. 00
300231	银信科技	1. 000	0. 200	4 000. 00
300245	天玑科技	1. 000	0. 200	6 700. 00
300253	卫宁软件	1. 000	0. 100	5 350. 00
300264	佳创视讯	0. 500	0. 100	10 200. 00
300277	海联讯	1. 000	0. 300	6 700. 00
600050	中国联通	—	0. 034	2 119 659. 64
600077	宋都股份	1. 000	0. 060	53 682. 78
600100	同方股份	—	0. 100	198 770. 11
600289	亿阳信通	—	0. 060	57 757. 71
600345	长江通信	—	0. 200	19 800. 00
600410	华胜天成	0. 200	0. 120	54 373. 95
600446	金证股份	—	0. 100	26 113. 60
600498	烽火通信	—	0. 220	44 233. 61
600536	中国软件	—	0. 100	22 569. 39
600570	恒生电子	—	0. 080	62 375. 04
600571	信雅达	—	0. 050	20 286. 74

续表

代 码	名 称	送股及转增比例	每股派息（税前 元）	基准股本（万股）
600601	方正科技	—	0.010	219 489.12
600680	上海普天	—	0.030	38 222.53
600764	中电广通	—	0.020	32 972.70
600775	南京熊猫	—	0.050	65 501.50
600776	东方通信	—	0.080	125 600.01
600797	浙大网新	—	0.010	84 200.85
600845	宝信软件	—	0.150	34 091.73
900926	宝信 B 股	—	0.150	34 091.73
900930	沪普天 B	—	0.030	38 222.53
900941	东信 B 股	—	0.080	125 600.01
000547	闽福发 A	1.000	0.023	30 921.42
002093	国脉科技	1.000	—	43 250.00
002369	卓翼科技	—	0.100	20 000.00
002401	中海科技	1.000	—	5 320.00
002439	启明星辰	1.000	—	9 875.91
300134	大富科技	1.000	0.600	16 000.00
300177	中海达	1.000	—	5 000.00
600446	金证股份	0.900	—	13 744.00

资料来源：沪深交易所，天相投资分析系统

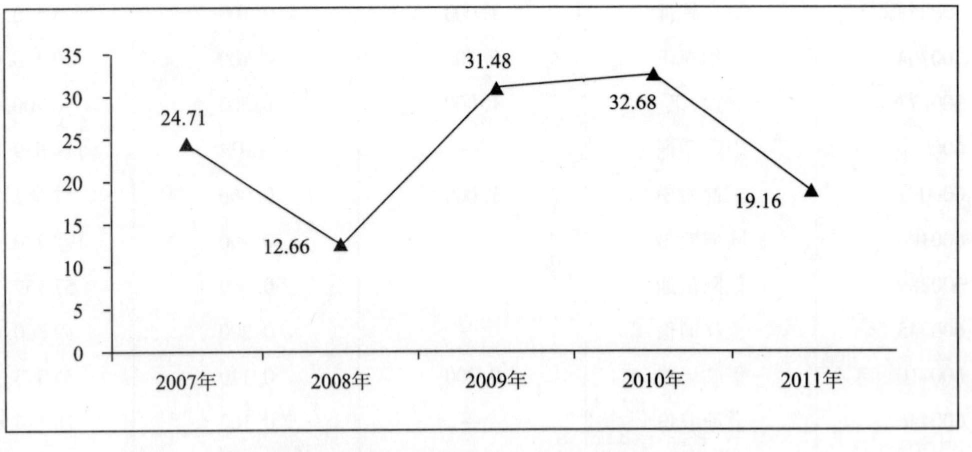

图6 信息技术业上市公司2007—2011年分配利润占比情况（%）

资料来源：沪深交易所，天相投资分析系统

（六）其他财务指标情况

1. 盈利能力指标

从盈利能力来看，2011 年信息技术业上市公司毛利率为 24.70%，按可比样本计算较上年增加 0.64 个百分点；净资产收益率为 7.45%，按可比样本计算较上年下降 0.36 个百分点；销售净利率为 3.63%，按可比样本计算较上年下降 0.16 个百分点；资产净利率为 2.53%，按可比样本计算较上年下降 0.07 个百分点。

表 10　　2011 年信息技术业上市公司盈利能力情况

指　标	2011 年	2011 年可比样本变动	2010 年	2010 年可比样本变动	2009 年
毛利率(%)	24.70	0.64	23.71	-3.85	26.64
净资产收益率(%)	7.45	-0.36	7.31	-1.51	8.20
销售净利率(%)	3.63	-0.16	3.53	-0.75	4.06
资产净利率(%)	2.53	-0.07	2.40	-0.28	2.49

资料来源：沪深交易所，天相投资分析系统

2. 偿债能力指标

在偿债能力指标方面，2011 年，信息技术业上市公司总体偿债能力较 2010 年小幅下滑，按可比样本计算资产负债率上升 1.60 个百分点至 51.96%；流动比率和速动比率按可比样本计算均有微幅上升。

表 11　　2011 年信息技术业上市公司偿债能力指标

指　标	2011 年	2011 年可比样本变动	2010 年	2010 年可比样本变动	2009 年
流动比率	0.98	0.04	0.92	0.18	0.76
速动比率	0.78	0.02	0.75	0.16	0.59
资产负债率(%)	51.96	1.60	50.48	-0.79	51.64

资料来源：沪深交易所，天相投资分析系统

3. 营运能力指标

2011 年，按可比样本计算，信息技术业上市公司营运能力较 2010 年和 2009 年呈基本平稳状态，其中，存货周转率下降 0.76 次至 6.43 次，应收账款周转率下降 0.31 次至 6.55 次。

表 12　　2011 年信息技术业上市公司营运能力情况　　单位：次

指　标	2011 年	2011 年可比样本变动	2010 年	2010 年可比样本变动	2009 年
存货周转率	6.43	-0.76	7.27	0.66	5.41
应收账款周转率	6.55	-0.31	6.93	0.02	7.20
流动资产周转率	1.66	-0.13	1.80	0.00	1.73
固定资产周转率	1.73	0.12	1.58	0.22	1.38
总资产周转率	0.70	0.01	0.68	0.05	0.61
净资产周转率	1.43	0.04	1.38	0.17	1.20

资料来源：沪深交易所，天相投资分析系统

三、重点细分行业介绍

表 13　2011 年信息技术业各子行业上市公司数量分布及市值情况

大　类	上市公司家数（家）	占行业内比重（%）	境内总市值（亿元）	占行业内比重（%）
计算机及相关设备制造业	15	8.24	703.53	8.57
计算机应用服务业	90	49.45	3 542.85	43.14
通信服务业	19	10.44	1 650.03	20.09
通信及相关设备制造业	58	31.87	2 316.27	28.20

资料来源：沪深交易所，天相投资分析系统

（一）计算机及相关设备制造业

1. 行业概况

2011 年，计算机及相关设备制造业实现收入 2.17 万亿元，同比增长 15.21%；实现利润总额 645.00 亿元，同比增长 21.80%。出口实现收入人民币 1.61 万亿元，同比增长 9.52%。全年共生产微型计算机 3.20 亿部，同比增长 30.08%，较 2010 年增速增加 4.58 个百分点；其中，笔记本 2.39 亿部，同比增长 39.77%，比 2010 年增速增加 17.01 个百分点；显示器 1.55 亿部，同比增加 12.32%。计算机行业完成投资 745.80 亿元，同比增长 29.70%。

2011 年计算机出口 2 294 亿美元，同比增加 5.60%，比 2010 年增速下降 9.70 个百分点。

2. 行业内上市公司发展情况

（1）2011 年计算机及相关设备制造业上市公司实现营业收入1 218.51亿元，按可比样本计算同比下降 6.25%。

（2）盈利能力方面，毛利率有小幅提升。

（3）按可比样本计算，资产负债水平相比 2010 年有所上升，存货周转率和总资产周转率均有小幅下降。

表 14　计算机及相关设备制造业上市公司 2011 年收入及资产增长情况　单位：亿元

指　标	2011 年	2011 年可比样本增长（%）	2010 年	2010 年可比样本增长（%）	2009 年
营业收入	1 218.51	-6.25	1 289.42	122.79	573.48
利润总额	35.66	-12.63	38.34	42.08	25.39
归属于母公司所有者的净利润	22.98	-5.65	22.42	17.62	17.69
总资产	711.21	10.31	637.01	22.14	513.48
归属于母公司股东权益	269.61	12.70	233.96	31.90	173.00

资料来源：沪深交易所，天相投资分析系统

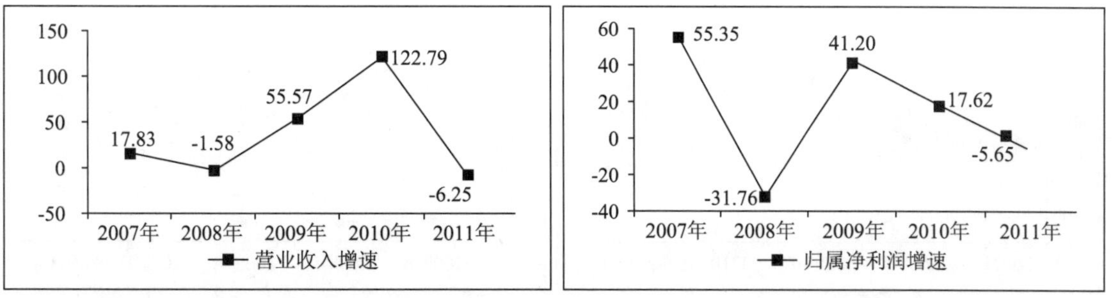

图 7 计算机及相关设备制造业上市公司 2007—2011 年可比样本营业收入及归属母公司股东净利润变化情况(%)

资料来源:沪深交易所,天相投资分析系统

表 15　　2011 年计算机及相关设备制造业上市公司盈利能力情况

指　标	2011 年	2011 年可比样本变动	2010 年	2010 年可比样本变动	2009 年
毛利率(%)	8.85	1.12	7.51	-2.04	9.16
净资产收益率(%)	8.52	-1.66	9.58	-1.16	10.22
销售净利率(%)	1.89	0.01	1.74	-1.55	3.08
资产净利率(%)	3.39	-0.77	3.87	-1.24	4.83

资料来源:沪深交易所,天相投资分析系统

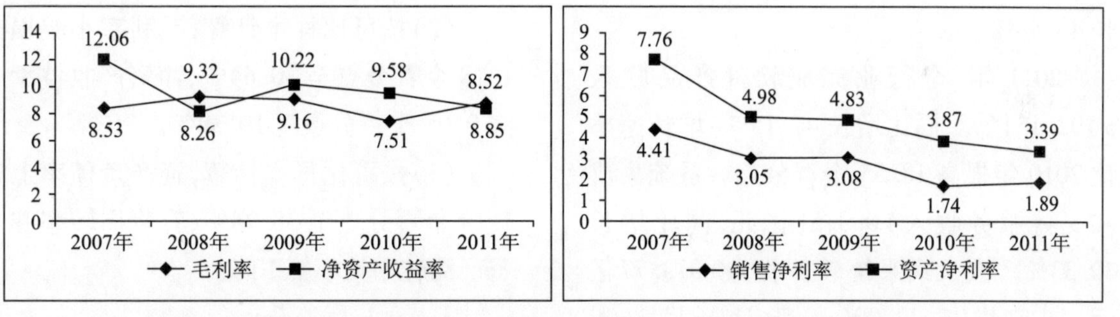

图 8 计算机及相关设备制造业上市公司 2007—2011 年盈利能力指标情况(%)

资料来源:沪深交易所,天相投资分析系统

表 16　　2011 年计算机及相关设备制造业上市公司偿债及营运情况

指　标	2011 年	2011 年可比样本变动	2010 年	2010 年可比样本变动	2009 年
资产负债率(%)	50.41	0.83	49.80	-2.34	52.25
存货周转率(次)	9.98	-1.68	11.70	2.00	9.76
总资产周转率(次)	1.80	-0.42	2.23	0.67	1.57

资料来源:沪深交易所,天相投资分析系统

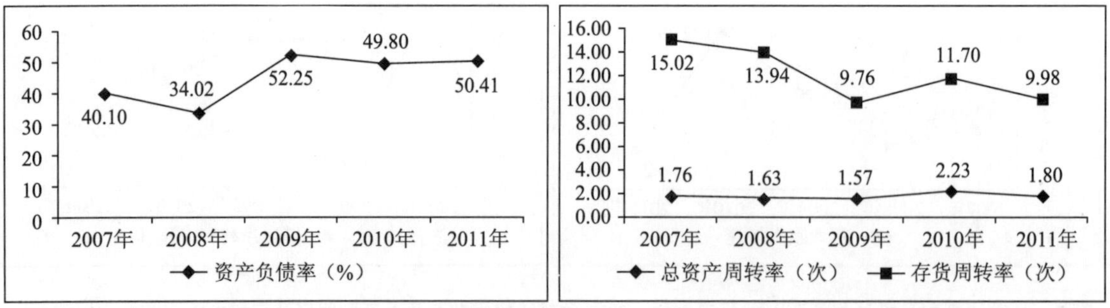

图9　计算机及相关设备制造业上市公司2007—2011年偿债及营运能力指标情况

资料来源：沪深交易所，天相投资分析系统

（二）计算机应用服务业

1. 行业概况

2011年，计算机应用服务业完成收入1.88万亿元，同比增长38.72%，增速比2010年提高2.4个百分点。2011年软件出口346.19亿美元，同比增长29.52%；其中软件外包服务出口77.83亿美元，同比增长45.48%。

2011年，全行业完成软件产品收入6 192.15亿元，同比增长47.15%，增长速率比2010年提高18.55个百分点。系统集成和支持服务收入4 083.51亿元，同比增长40.33%。嵌入式系统软件收入3 073.77亿元，同比增长37.09%。设计开发收入632.01亿元，同比增长6.61%。数据处理和运营服务收入3 066.01亿元，同比增长40.79%。信息技术咨询服务收入1 801.55亿元，同比增长46.10%。

2. 行业内上市公司发展情况

（1）2011年计算机应用服务业上市公司营业收入按可比样本计算增长32.25%，达到1 149.35亿元。

（2）按可比样本计算，毛利率小幅提升1.18个百分点至30.64%，净资产收益率下降0.08个百分点至10.39%。

（3）按可比样本计算，资产负债率上升1.19个百分点至38.78%，存货周转率和总资产周转率均小幅下降。

表17　　2011年计算机应用服务业上市公司收入及资产增长情况　　单位：亿元

指　标	2011年	2011年可比样本增长(%)	2010年	2010年可比样本增长(%)	2009年
营业收入	1 149.35	32.25	817.07	20.41	651.18
利润总额	129.96	41.35	79.92	21.42	65.63
归属于母公司所有者的净利润	105.33	34.34	67.77	20.37	53.12
总资产	1 724.88	35.54	1 214.59	34.09	1 003.47
归属于母公司股东权益	1 013.92	35.41	710.96	46.99	503.53

资料来源：沪深交易所，天相投资分析系统

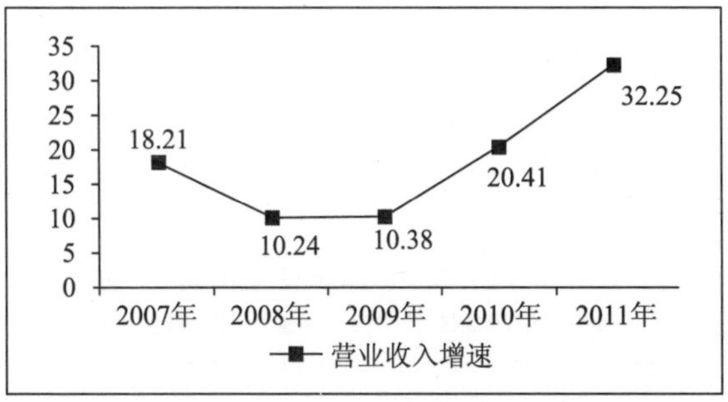

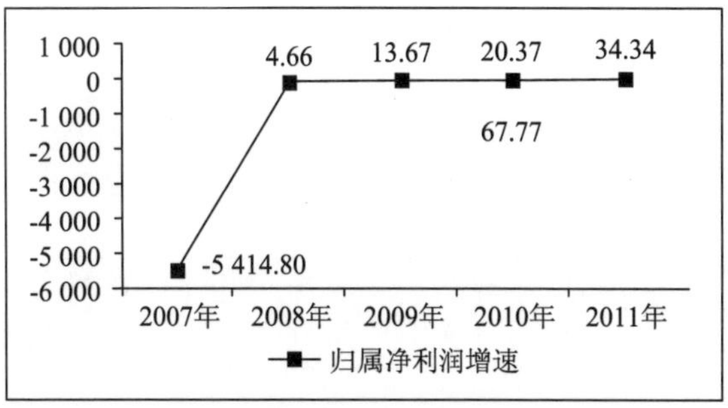

图 10　计算机应用服务业上市公司 2007—2011 年可比样本营业收入及归属母公司股东净利润变化情况(%)

资料来源:沪深交易所,天相投资分析系统

表 18　　2011 年计算机应用服务业上市公司盈利能力情况

指　标	2011 年	2011 年可比样本变动	2010 年	2010 年可比样本变动	2009 年
毛利率(%)	30. 64	1. 18	28. 40	0. 49	27. 29
净资产收益率(%)	10. 39	-0. 08	9. 53	-2. 11	10. 55
销售净利率(%)	9. 16	0. 14	8. 29	0. 00	8. 16
资产净利率(%)	7. 03	-0. 03	6. 39	-0. 48	5. 77

资料来源:沪深交易所,天相投资分析系统

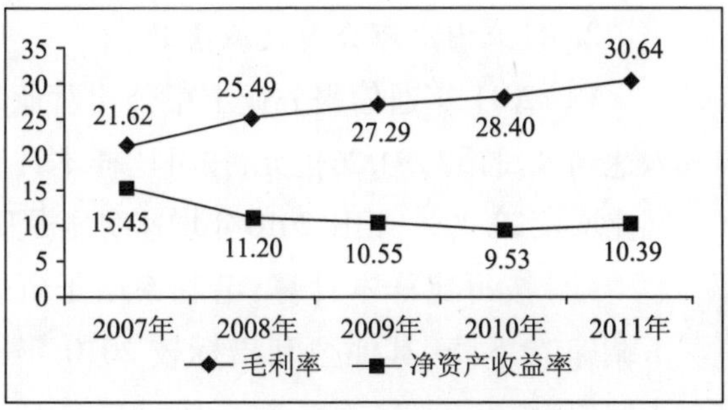

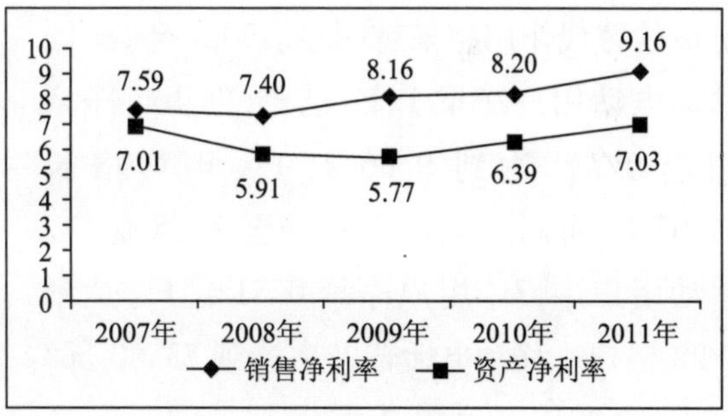

图 11　计算机应用服务业上市公司 2007—2011 年盈利能力指标情况(%)

资料来源:沪深交易所,天相投资分析系统

表 19　　2011 年计算机应用服务业上市公司偿债及营运情况

指　标	2011 年	2011 年可比样本变动	2010 年	2010 年可比样本变动	2009 年
资产负债率(%)	38. 78	1. 19	37. 73	-4. 28	44. 81
存货周转率(次)	4. 29	-0. 07	4. 38	0. 24	2. 26
总资产周转率(次)	0. 77	-0. 02	0. 77	-0. 06	0. 71

资料来源:沪深交易所,天相投资分析系统

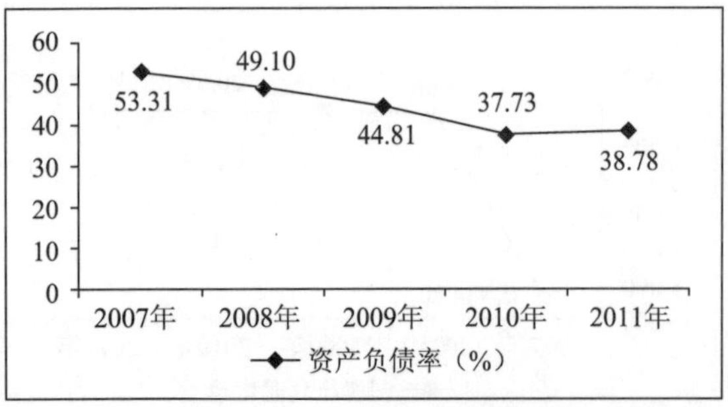

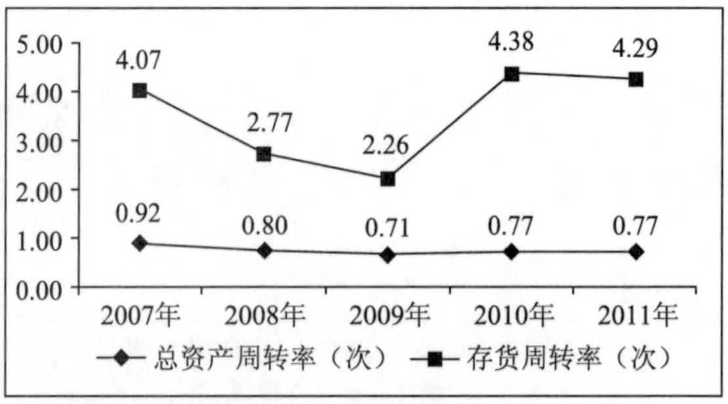

图12　计算机应用服务业上市公司2007—2011年偿债及营运能力情况

资料来源:沪深交易所,天相投资分析系统

(三)通信服务业

1. 行业概况

2011年我国通信服务业实现主营业务收入9 880亿元,同比增长10.00%,高于2010年6.40%的增长率;完成电信固定资产投资3 331亿元,同比增长4.21%。总体来说,2011年我国电信业实现了恢复性增长。

在电话用户发展方面,移动电话对固定电话的替代作用越来越明显。2011年,全国移动电话用户净增1.27亿户,创历年净增用户新高,达到9.86亿户,年均增长14.65%,而固定电话用户降至2.85亿户。移动用户中,3G用户净增0.81亿户,达到1.28亿户。移动电话普及率达到73.60部/百人,比2010年底提高9.20部/百人。

2011年,全国网民数净增0.56亿人,累计达到5.13亿人。其中,家庭宽带网民数净增0.10亿人,达到3.92亿人,占网民总数的76.4%;手机网民数净增0.53亿人,达到3.56亿人,占网民总数的69.4%;农村网民数净增0.11亿人,达到1.36亿人,占网民总数的26.5%。互联网普及率达到38.3%,比2010年底提高4.0个百分点。

电信业务收入中,增值电信业务收入1 982亿元,同比增长9.0%。其中,移动增值业务收入1 744亿元,增长10.0%;固定增值业务收入238亿元,增长2.4%。

2. 行业内上市公司发展情况

(1)2011年通信服务业上市公司营业收入达到人民币2 294.26亿元,按可比样本计算同比增长23.79%,相比2010年增速明显提升。

(2)按可比样本计算,毛利率由于资费下调略有下降,其他盈利指标较2010年有小幅提升。

(3)按可比样本计算,资产负债率小幅上升,存货周转次数有所下降,总资产周转率基本保持稳定。

表20　2011年通信服务业上市公司收入及资产增长情况　　单位:亿元

指　标	2011年	2011年可比样本增长(%)	2010年	2010年可比样本增长(%)	2009年
营业收入	2 294.26	23.79	1 840.35	11.74	1 639.16
利润总额	76.36	34.49	55.09	-57.17	131.62
归属于母公司所有者的净利润	26.90	25.72	19.97	-46.76	39.86

续表

指　标	2011 年	2011 年可比样本增长(%)	2010 年	2010 年可比样本增长(%)	2009 年
总资产	4 937.68	6.96	4 602.40	6.98	4 384.88
归属于母公司股东权益	892.49	6.56	831.14	6.94	818.41

资料来源：沪深交易所，天相投资分析系统

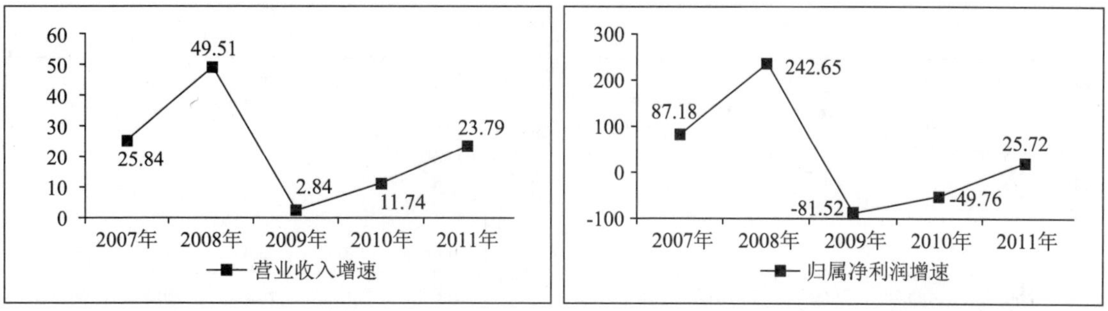

图 13　通信服务业上市公司 2007—2011 年可比样本营业收入及归属母公司股东净利润变化情况（%）

资料来源：沪深交易所，天相投资分析系统

表 21　2011 年通信服务业上市公司盈利能力情况

指　标	2011 年	2011 年可比样本变动	2010 年	2010 年可比样本变动	2009 年
毛利率(%)	28.50	-1.29	29.75	-3.57	33.18
净资产收益率(%)	3.01	0.46	2.40	-2.42	4.87
销售净利率(%)	1.17	0.02	1.08	-1.19	2.43
资产净利率(%)	0.56	0.08	0.45	-0.50	0.99

资料来源：沪深交易所，天相投资分析系统

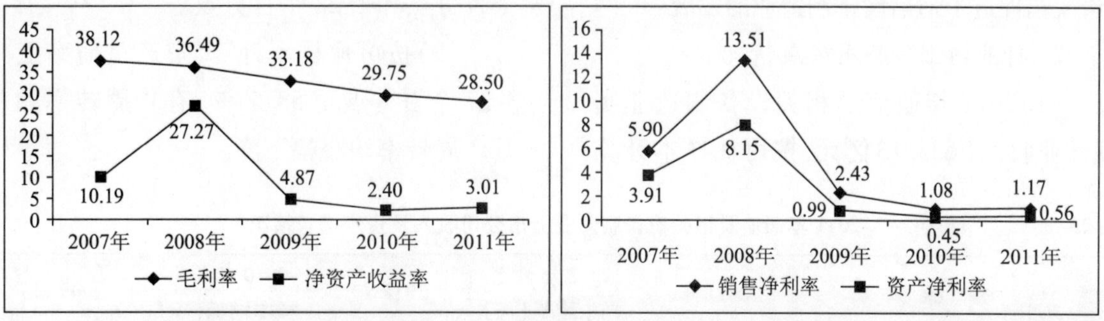

图 14　通信服务业上市公司 2007—2011 年盈利能力指标情况（%）

资料来源：沪深交易所，天相投资分析系统

表 22　　2011 年通信服务业上市公司偿债及营运情况

指　标	2011 年	2011 年可比样本变动	2010 年	2010 年可比样本变动	2009 年
资产负债率(%)	53.65	1.63	52.01	2.21	49.78
存货周转率(次)	30.45	-2.44	33.98	-10.03	35.53
总资产周转率(次)	0.48	0.07	0.41	-0.01	0.41

资料来源:沪深交易所,天相投资分析系统

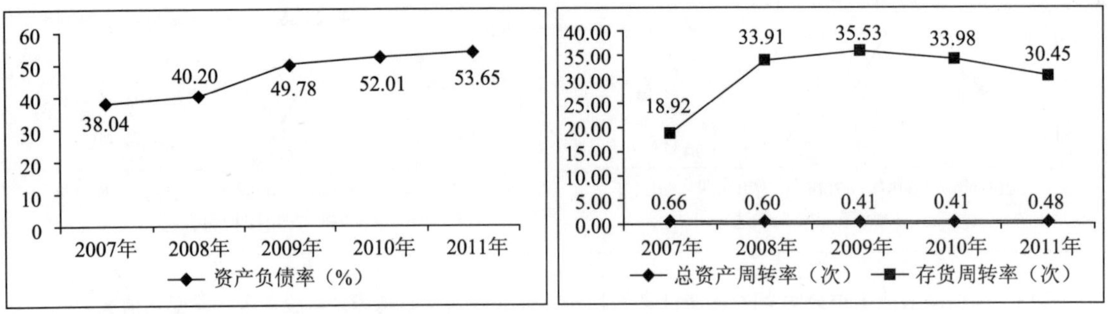

图 15　通信服务业上市公司 2007—2011 年偿债及营运能力指标情况

资料来源:沪深交易所,天相投资分析系统

(四)通信及相关设备制造业

1. 行业概况

2011 年,中国 3G 业务进入规模化发展阶段,无论用户数量还是服务种类都得到快速发展。2011 年运营商大规模投入到 3G 相关设施的建设中,建设 3G 基站及数据传输网络,大幅促进了通信设备制造业的发展。

2. 行业内上市公司发展情况

(1)2011 年通信及相关设备制造业实现营业收入1 633.13亿元,按可比样本计算同比增长 24.54%,较 2010 年上升 7.83 个百分点。归属于母公司所有者的净利润达到 73.53 亿元,按可比样本计算同比下降 6.17%,较 2010 年下降 33.52 个百分点。

(2)按可比样本计算,毛利率下滑 1.55 个百分点,净资产收益率、销售净利率和资产净利率则分别下滑 2.00 个百分点、1.47 个百分点和 1.28 个百分点。

(3)按可比样本计算,资产负债率上升 3.27 个百分点至 58.57%,存货周转率和总资产周转率均小幅下降。

表 23　　2011 年通信及相关设备制造业上市公司收入及资产增长情况　　单位:亿元

指　标	2011 年	2011 年可比样本增长(%)	2010 年	2010 年可比样本增长(%)	2009 年
营业收入	1 633.13	24.54	1 289.98	16.71	1 202.14
利润总额	93.58	-9.23	99.13	26.69	74.54
归属于母公司所有者的净利润	73.53	-6.17	74.86	27.35	54.44

续表

指　标	2011 年	2011 年可比样本增长(%)	2010 年	2010 年可比样本增长(%)	2009 年
总资产	2 340. 46	27. 63	1 809. 19	27. 87	1 456. 65
归属于母公司股东权益	893. 28	16. 68	753. 38	48. 75	519. 59

资料来源:沪深交易所,天相投资分析系统

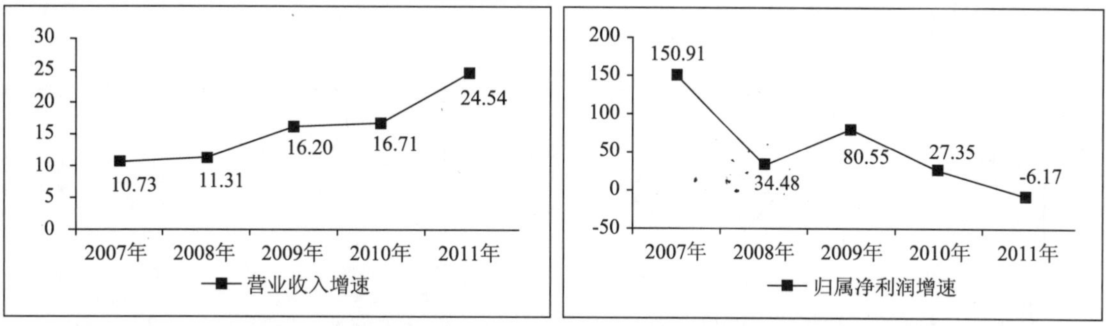

图 16　通信及相关设备制造业上市公司 2007—2011 年可比样本营业收入及归属母公司股东净利润变化情况(%)

资料来源:沪深交易所,天相投资分析系统

表 24　　2011 年通信及相关设备制造业上市公司盈利能力情况

指　标	2011 年	2011 年可比样本变动	2010 年	2010 年可比样本变动	2009 年
毛利率(%)	27. 00	-1. 55	28. 31	0. 13	25. 70
净资产收益率(%)	8. 23	-2. 00	9. 94	-1. 67	10. 48
销售净利率(%)	4. 50	-1. 47	5. 80	0. 48	4. 53
资产净利率(%)	3. 52	-1. 28	4. 64	0. 04	4. 14

资料来源:沪深交易所,天相投资分析系统

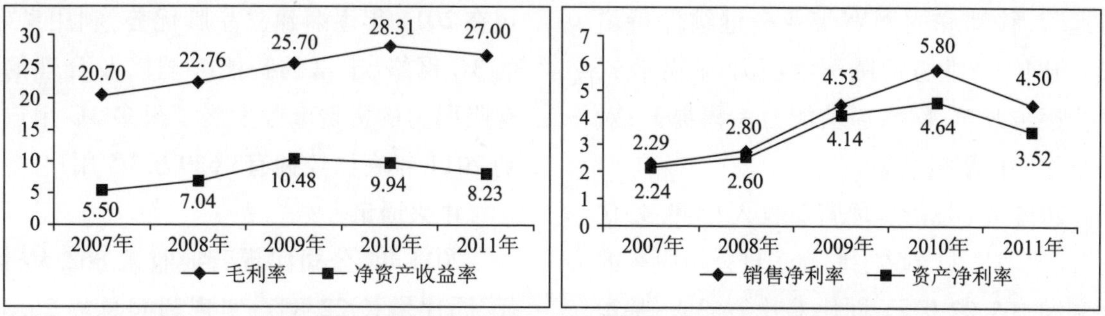

图 17　通信及相关设备制造业上市公司 2007—2011 年盈利能力指标情况(%)

资料来源:沪深交易所,天相投资分析系统

表 25　　通信及相关设备制造业上市公司 2011 年偿债及营运情况

指　标	2011 年	2011 年可比样本变动	2010 年	2010 年可比样本变动	2009 年
资产负债率(%)	58.57	3.27	55.37	-5.98	61.74
存货周转率(次)	3.09	-0.26	3.34	0.08	3.47
总资产周转率(次)	0.78	-0.02	0.80	-0.06	0.92

资料来源:沪深交易所,天相投资分析系统

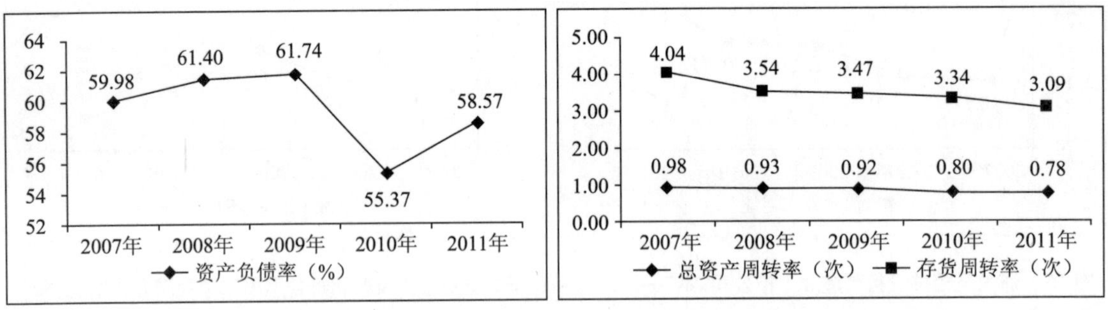

图 18　通信及相关设备制造业上市公司 2007—2011 年偿债及营运能力指标情况

资料来源:沪深交易所,天相投资分析系统

四、重点上市公司介绍

中国电信

2011 年,面对国际金融危机、电信行业市场竞争加剧、资费水平进一步下调以及固话业务持续下滑等挑战,公司全面开展全业务运营,移动和固网宽带业务继续保持增长,固网语音业务面临下滑压力;业务收入结构逐步改善;网络通信能力大幅提升;对外合作取得积极进展。

2011 年,公司实现营业收入2 449.43亿元,同比增长 11.66%;归属于母公司股东的净利润 165.02 亿元,同比上升 7.53%;基本每股收益为 0.203 元。调整后 EBITDA 为 942.66 亿元,比上年上升 6.53%。

截至 2011 年底,公司的资产总额由 2010 年底的2 461.24亿元增至2 568.78亿元,债务总额由 2010 年底的1 744.05亿元降至1 622.37亿元。

2011 年 3 月 9 日,公司联合苹果公司推出 iPhone4S 终端,公司 CDMA2000 网络与 iPhone 终端的结合提升了公司 3G 品牌的影响力,也给用户带来了 3G 业务的全新体验。由于 CDMA 产业链的逐渐成熟,公司在 2011 年逐渐建立品牌优势,利用良好的 3G 网络、丰富的智能终端以及合理的、有吸引力的资费套餐发展了很多 3G 用户,到 2011 年底已经拥有3 629万 3G 用户。

中兴通讯

2011 年,公司实现营业收入 862.55 亿元,同比增长 22.8%;实现利润总额 26.36 亿元,同比减少 39.6%;实现归属于母公司股东的净利润 20.61 亿元,同比减少 36.6%;基本每股收益为 0.60 元。

公司盈利能力出现大幅下滑,净利润率

2.39%，同比下降2.24个百分点；净资产收益率8.71%，同比下降7.58个百分点。2011年，公司国内市场实现营业收入391.64亿元，同比增长22.96%。国际市场实现营业收入470.91亿元人民币，同比增长22.63%，占整体营业收入的比重达54.61%。公司整体毛利率下降2.17个百分点至30.26%。

公司2011年销售费用同比增加25.11%，研发费用同比增加19.75%，主要因公司经营规模扩大所致。

公司偿债压力加大，截至2011年末，资产负债率达到75.05%，同比上涨了4.71个百分点。

从现金流的角度来看，公司2011年度经营活动现金净流入为-18.12亿元。

烽火通信

2011年，公司实现营业收入70.52亿元，同比增长24.1%；实现利润总额5.55亿元，同比增长12.0%；实现归属于母公司股东的净利润4.46亿元，同比增长18.1%；基本每股收益为1.01元。

公司盈利能力出现小幅下滑，净利润率6.3%，同比下降0.3个百分点；净资产收益率13.9%，同比上升0.3个百分点。其中，光通信系统实现营业收入42.1亿元，同比增长31.8%；光纤光缆业务实现营业收入19.7亿元，同比增长6.7%；数据网络产品实现营业收入7.2亿元，同比增长30.2%。

公司2011年3项费用率合计为19.6%，同比下降0.4个百分点。其中，销售费用率同比下降0.2个百分点，管理费用率同比下降0.2个百分点。

公司偿债压力加大，截至2011年末，资产负债率达到56.6%，同比上涨5.5个百分点。

从现金流的角度来看，公司2011年度经营活动现金净流入为2.88亿元。

东软集团

2011年，公司实现营业收入57.51亿元，同比增长16.5%；实现利润总额4.92亿元，同比减少12%；实现归属于母公司股东的净利润4.17亿元，同比减少13.9%；基本每股收益为0.34元人民币。

公司盈利能力出现小幅下滑，净利润率7.3%，同比下降2.5个百分点；净资产收益率5.7%，同比下降2.1个百分点。其中，软件及系统集成业务实现营业收入48.3亿元，同比增长24.6%；医疗系统业务实现营业收入8亿元，同比增长8.3%；国际软件业务实现营业收入3.1亿美元，同比增长23%。

公司2011年3项费用率合计为26.4%，同比增加4个百分点。其中，销售费用率同比增加0.8个百分点，管理费用率同比下降0.2个百分点。

公司偿债压力加大，截至2011年末，资产负债率达到39.2%，同比上涨2.5个百分点。

从现金流的角度来看，公司2011年度经营活动现金净流入为3亿元。

五、上市公司在行业中的影响力

2011年信息技术业国内上市公司合计实现营业收入6 295.24亿元，按可比样本计算同比增长18.03%；信息技术业国内上市公司营业收入占行业总收入的比重较低，由2010年同期的8.19%略上升至2011年的8.40%。

按照细分行业来看，除计算机应用服务业外，其他子行业上市公司在行业中的地位都基本维持小幅、稳定增长：

（1）计算机及相关设备制造业国内上市

公司占全行业收入的比重仅为5.62%,同比上升1.95个百分点。比例偏低的原因主要是该子行业内有很多外资(包括台资)企业,从事相关设备的组装业务,并未在国内上市;同时,该子行业产业链相对较长、较分散,产业集中度较低。另外,该行业的主要企业如联想电脑、神州数码均未在国内上市。

(2)计算机应用服务业上市公司占该子行业的比重约6.13%,较2010年同期下降约0.91个百分点。主要原因是来自于软件外包行业的蓬勃发展,大量仍未上市的较小规模企业快速成长;另外,发展较快的网络公司大部分在海外上市。

(3)通信服务业国内上市公司收入占比较2010年度小幅上升3.76个百分点到23.22%。一方面,上市公司仍面临电信行业市场竞争加剧、资费水平进一步下调以及固话业务持续下滑等挑战;另一方面,3G时代的到来也给上市公司带来了发展的机遇。重组完成后,该子行业市场集中度进一步提升,另外两家规模更大的公司中国移动、中国电信仍在海外上市,因此,国内上市公司占行业收入的比重仍然偏低。

(4)通信及相关设备制造业国内上市公司收入占全行业收入的13.1%,主要是因为国内行业领先者如华为并未上市,且国际设备制造商在国内设立的独资或合资企业收入占较大的比重,如诺基亚爱立信、贝尔阿尔卡特等。2011年由于受到宏观经济持续低迷的影响,全球运营商资本开支整体较为谨慎,导致全球5大设备商整体收入增速明显减缓,盈利能力均出现较大幅度下滑。

中国国际金融有限公司
审稿人:赵晓光　陈昊飞　郭　昊
撰稿人:陆士杰　李　颖　钱　凯

批发和零售贸易业

一、批发和零售贸易业总体概况

2011年,我国GDP增速有所放缓,但仍比2010年增长9.2%;居民的可支付能力不断增强,城镇居民人均可支配收入从2000年的6 280元增长到2011年的21 810元,扣除价格因素,2011年比2010年实际增长8.4%;农村居民人均纯收入为6 977元,实际增长11.4%。受益于以上因素,我国批发和零售贸易业也呈现增长趋势。2011年我国批发和零售贸易业的行业景气度指数已恢复到2008年大幅下降以前的水平,并且4个季度均稳定在150左右,行业整体处于景气状态。

从经济结构上看,我国2011年居民消费率为33.78%,低于全部21个世界主要发达国家和部分东亚发达国家或地区,促内需成为我国首要发展战略之一。随着人均收入的持续提升及城市化率的不断提高,消费崛起的长期趋势凸显。预期批发和零售贸易行业将畅享消费盛宴,长期保持平稳快速的增长。

表 1　　批发和零售贸易业行业景气指数

季　度	指　数
2007 - 01	151.7
2007 - 02	152.1
2007 - 03	154.7
2007 - 04	152.2
2008 - 01	153.2
2008 - 02	147.5
2008 - 03	143.6
2008 - 04	127.2
2009 - 01	122.6
2009 - 02	126.5
2009 - 03	136.0
2009 - 04	141.4
2010 - 01	147.4
2010 - 02	145.3
2010 - 03	150.2
2010 - 04	149.6
2011 - 01	153.2
2011 - 02	149.0
2011 - 03	148.6
2011 - 04	148.5

数据来源：国家统计局

从景气度指数上看，批发和零售行业近年已走出金融危机带来的衰退，2011 年 1 季度指数向下微调，随后企稳。零售业景气度指数从 2011 年 2 季度开始上扬，批发业景气度指数则呈下滑趋势。

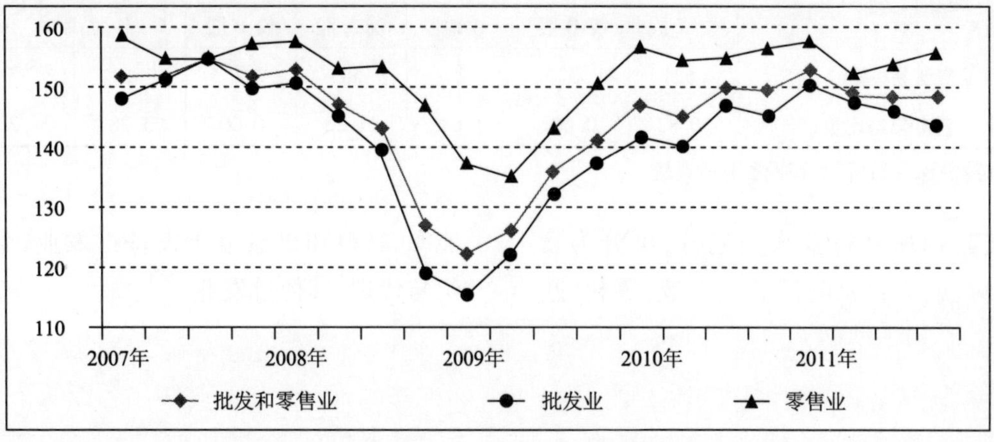

图 1　批发和零售贸易业细分行业景气度指数走势

数据来源：国家统计局，天相投资分析系统

二、行业内上市公司发展概况

(一)行业内上市公司基本情况

截至2011年底,批发和零售贸易行业共涵盖A股122只,B股6只,122家上市公司。截至2011年底,该行业市值总额为6 838.58亿元,流通A股市值为4 865.05亿元,流通B股市值为38.48亿元,分别占沪深两市市值、流通A股市值和流通B股市值的3.17%、2.98%和2.71%。

表2　　2011年批发和零售贸易上市公司发行股票概况

门　类	A、B股总数	A股股票数	B股股票数	境内总市值(亿元)	流通A股市值(亿元)	流通B股市值(亿元)
批发和零售贸易	128	122	6	6 838.58	4 865.05	38.48
占沪深两市比重(%)	5.27	5.02	0.25	3.17	2.98	2.71

数据来源:沪深交易所,天相投资分析系统

(二)行业内上市公司构成情况

按上市地划分,行业内仅在上海证券交易所上市的公司有64家,仅在深圳证券交易所上市的公司有58家,分别占行业内上市公司总数的52.46%和47.54%。

按A、B股划分,行业内仅在A股上市的有116家,仅在B股上市的有0家,既在A股上市又在B股上市的公司有6家。其中,沪市B股有2家(友谊B股、物贸B股),深市B股有4家(飞亚达B股、*ST国商B股、特力B股、一致B股)。

从经营角度看,行业内上市公司中,ST、*ST公司各有3家,分别占行业内上市公司总数的2%。

表3　　2011年批发和零售贸易业上市公司构成情况

门　类	沪　市			深　市			ST/*ST
	仅A股	仅B股	A+B股	仅A股	仅B股	A+B股	
批发和零售贸易(家)	62	0	2	54	0	4	3/3
占行业内上市公司比重(%)	50.82	0.00	1.64	44.26	0.00	3.28	2/2

数据来源:沪深交易所,天相投资分析系统

按公司所处行业大类划分,可分为食品、饮料、烟草和家庭用品批发业,零售业,能源、材料和机械电子设备批发业,商业经纪与代理,其他批发业。

表 4　　2011 年批发和零售贸易业上市公司各子行业分布明细

A、B 股类型	公司代码	公司名称	所属大类
沪市 A 股	600122	宏图高科	零售业
	600280	XD 南京中	
	600306	商业城	
	600327	大东方	
	600361	华联综超	
	600515	ST 海建	
	600628	新世界	
	600655	豫园商城	
	600682	南京新百	
	600693	东百集团	
	600694	大商股份	
	600697	欧亚集团	
	600712	南宁百货	
	600721	百花村	
	600723	首商股份	
	600729	重庆百货	
	600738	兰州民百	
	600774	汉商集团	
	600778	友好集团	
	600785	新华百货	
	600814	杭州解百	
	600821	津劝业	
	600824	益民集团	
	600825	新华传媒	
	600827	友谊股份	
	600828	成商集团	
	600830	香溢融通	
	600833	第一医药	
	600838	上海九百	
	600856	长百集团	
	600857	工大首创	
	600858	银座股份	
	600859	王府井	
	600861	北京城乡	
	600865	百大集团	
	600891	秋林集团	
	601010	文峰股份	
	601116	三江购物	
	601933	永辉超市	

续表

A、B股类型	公司代码	公司名称	所属大类
沪市A股	600998	九州通	其他批发业
	601258	庞大集团	
	600056	中国医药	商业经纪与代理业
	600058	五矿发展	
	600113	浙江东日	
	600120	浙江东方	
	600128	弘业股份	
	600153	建发股份	
	600234	ST天龙	
	600247	成城股份	
	600250	*ST南纺	
	600278	东方创业	
	600287	江苏舜天	
	600382	广东明珠	
	600500	中化国际	
	600704	物产中大	
	600730	中国高科	
	600739	辽宁成大	
	600755	厦门国贸	
	600822	上海物贸	
	600826	兰生股份	
	600981	汇鸿股份	
	600511	国药股份	食品、饮料、烟草和家庭用品批发业
	600713	南京医药	
	600898	三联商社	
沪市B股	900923	友谊B股	零售业
	900927	物贸B股	商业经纪与代理业
深市A股	000026	飞亚达A	零售业
	000056	*ST国商	
	000416	民生投资	
	000417	合肥百货	
	000419	通程控股	
	000501	鄂武商A	
	000516	开元投资	
	000560	昆百大A	
	000564	西安民生	
	000593	大通燃气	
	000672	*ST铜城	
	000679	大连友谊	
	000715	中兴商业	
	000759	中百集团	
	000785	武汉中商	

续表

A、B 股类型	公司代码	公司名称	所属大类
深市 A 股	000829	天音控股	零售业
	000861	海印股份	
	000889	渤海物流	
	000987	广州友谊	
	002024	苏宁电器	
	002187	广百股份	
	002251	步 步 高	
	002264	新 华 都	
	002269	美邦服饰	
	002277	友阿股份	
	002336	人人乐	
	002344	海宁皮城	
	002419	天虹商场	
	002503	搜于特	
	002556	辉隆股份	
	002561	徐家汇	
	002563	森马服饰	
	002607	亚夏汽车	
	002640	百圆裤业	
	300005	探路者	
	300022	吉峰农机	
	000025	特力 A	能源、材料和机械电子设备批发业
	000096	广聚能源	
	000554	泰山石油	
	000594	国恒铁路	
	000906	南方建材	
	002221	东华能源	
	002416	爱施德	
	002441	众业达	
	000591	桐 君 阁	其他批发业
	000626	如意集团	
	000151	中成股份	商业经纪与代理业
	002091	江苏国泰	
	000008	ST 宝利来	食品、饮料、烟草和家庭用品批发业
	000028	国药一致	
	000061	农 产 品	
	000411	英特集团	
	000705	浙江震元	
	000882	华联股份	
	000963	华东医药	
	002262	恩华药业	
	002462	嘉事堂	
	002589	瑞康医药	

续表

A、B 股类型	公司代码	公司名称	所属大类
深市 B 股	200026	飞亚达 B	零售业
	200056	* ST 国商 B	
	200025	特力 B	能源、材料和机械电子设备批发业
	200028	一致 B	食品、饮料、烟草和家庭用品批发业

数据来源：沪深交易所，天相投资分析系统

（三）行业内上市公司融资情况

2011 年全年，批发与零售贸易业共有 20 家上市公司进行了融资，占沪深两市 473 家融资公司总数的 4.23%，其中，新股发行 9 家，配股 1 家，增发 10 家，分别占比 3.25%、7.69%、5.46%。首发的 9 家公司中零售业 7 家，食品、饮料、烟草和家庭用品批发业和其他批发业各 1 家，其中有 6 家在中小板上市，其他 3 家在沪市上市；配股的 1 家公司为零售业，属于深市主板；增发的 10 家公司中零售业和商业经纪与代理业各有 9 家和 1 家，2 家属于中小板，2 家属于深市主板，6 家属于沪市。

表 5　2011 年批发和零售贸易业上市公司与沪深两市融资情况对比　单位：家

	融资家数	新　股	配　股	增　发
批发和零售贸易	20	9	1	10
沪深两市总数	473	277	13	183
占比（%）	4.23	3.25	7.69	5.46

数据来源：沪深交易所，天相投资分析系统

另外，2011 年批发与零售贸易业 20 家进行了融资的上市公司中，零售业公司占比最高，占全行业融资企业总数的 85%，食品、饮料、烟草和家庭用品批发业、商业经纪与代理业和其他批发业分别占 5%。

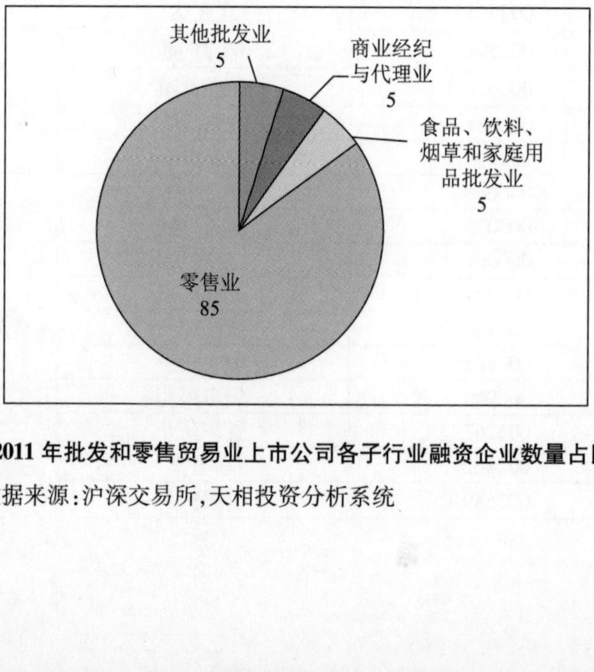

图 2　2011 年批发和零售贸易业上市公司各子行业融资企业数量占比（%）

数据来源：沪深交易所，天相投资分析系统

表 6　　2011 年批发和零售贸易业上市公司融资情况

代　码	公司名称	融资类别	所属大类	证券类型
000417	合肥百货	增　发	零售业	深市主板
000419	通程控股	配　股	零售业	深市主板
000560	昆百大 A	增　发	零售业	深市主板
002187	广百股份	增　发	零售业	中小板
002264	新 华 都	增　发	零售业	中小板
002556	辉隆股份	首　发	零售业	中小板
002561	徐家汇	首　发	零售业	中小板
002563	森马服饰	首　发	零售业	中小板
002589	瑞康医药	首　发	食品、饮料、烟草和家庭用品批发业	中小板
002607	亚夏汽车	首　发	零售业	中小板
002640	百圆裤业	首　发	零售业	中小板
600278	东方创业	增　发	商业经纪与代理业	沪　市
600361	华联综超	增　发	零售业	沪　市
600712	南宁百货	增　发	零售业	沪　市
600723	首商股份	增　发	零售业	沪　市
600827	友谊股份	增　发	零售业	沪　市
600859	王府井	增　发	零售业	沪　市
601010	文峰股份	首　发	零售业	沪　市
601116	三江购物	首　发	零售业	沪　市
601258	庞大集团	首　发	其他批发业	沪　市

数据来源：沪深交易所，天相投资分析系统

从融资额来看，2011 年批发和零售贸易业上市公司实际发行 26.67 亿股，较 2010 年增长 59.17%，增速高于 2010 年同期增速。实际募集资金 461.77 亿元，同比增长 75.95%，增速较 2010 年放缓。

表 7　　2011 年批发和零售贸易业上市公司融资明细

代　码	公司名称	发行价格（元）	实际发行数量（万股）	实募集资金数（亿元）
000417	合肥百货	17.55	4 020.00	6.81
000419	通程控股	5.69	10 196.92	5.58
000560	昆百大 A	10.47	3 012.87	3.15
002187	广百股份	24.50	2 135.15	5.03
002264	新 华 都	12.52	3 642.65	4.40

续表

代　码	公司名称	发行价格（元）	实际发行数量（万股）	实募集资金数（亿元）
002556	辉隆股份	37.50	3 750.00	13.02
002561	徐家汇	16.00	7 000.00	10.33
002563	森马服饰	67.00	7 000.00	45.31
002589	瑞康医药	20.00	2 380.00	4.35
002607	亚夏汽车	22.35	2 200.00	4.46
002640	百圆裤业	25.80	1 667.00	4.02
600278	东方创业	12.20	8 172.44	9.97
600361	华联综超	7.18	18 100.00	12.80
600712	南宁百货	8.32	8 000.00	6.43
600723	首商股份	9.92	24 868.95	24.67
600827	友谊股份	15.57	125 037.93	194.68
600859	王府井	41.21	4 512.62	18.35
601010	文峰股份	20.00	11 000.00	21.36
601116	三江购物	11.80	6 000.00	6.64
601258	庞大集团	45.00	14 000.00	60.40
总　计			266696.53	461.77

数据来源：沪深交易所，天相投资分析系统

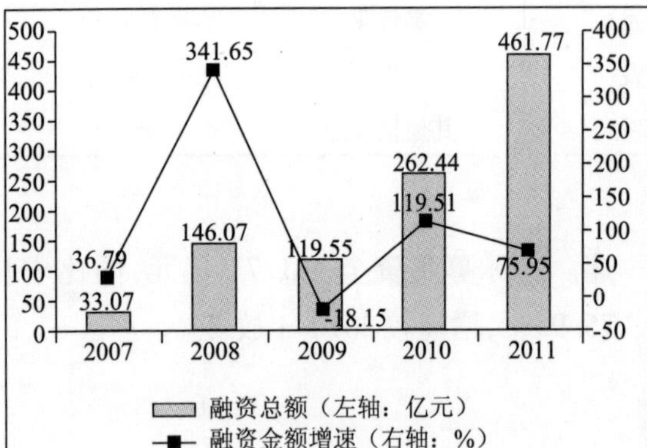

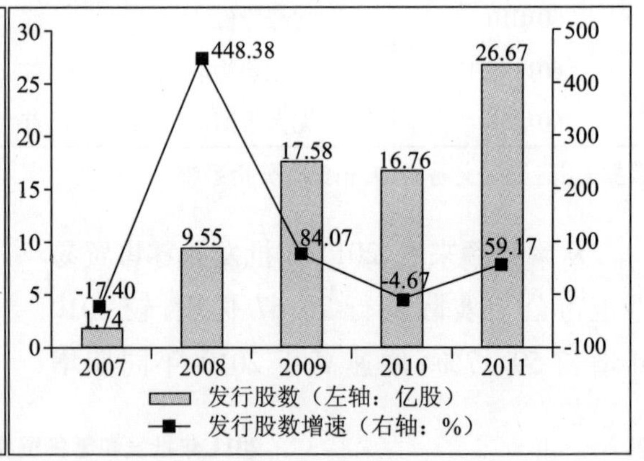

图3　批发和零售贸易业上市公司2007—2011年融资额及发行股数情况

数据来源：天相投资分析系统

（四）行业内上市公司资产及业绩情况

截至2011年底，批发与零售贸易业上市公司资产总值已达8 108.86亿元，归属于母公司股东权益2 596.22亿元，按可比样本计算较2010年分别增长了26.25%和28.20%。总资产中流动资产5 446.70亿元，占总资产的比重由64.90%上升至

67.17%;流动负债4 676.98亿元,占总资产的比重由56.04%上升至57.68%。

表8　2011年批发和零售贸易业上市公司资产情况　单位:亿元

指　标	2011年	2011年可比样本增长(%)	2010年	2010年可比样本增长(%)	2009年
总资产	8 108.86	26.25	6 065.31	26.87	4 253.08
流动资产	5 446.70	26.78	3 936.20	34.54	2 562.68
占比(%)	67.17	0.28	64.90	3.70	60.25
非流动资产	2 662.16	25.16	2 129.11	14.78	1 690.40
占比(%)	32.83	-0.28	35.10	-3.70	39.75
流动负债	4 676.98	25.56	3 399.23	27.05	2 352.68
占比(%)	57.68	-0.32	56.04	0.08	55.32
非流动负债	586.79	24.36	459.26	38.33	324.40
占比(%)	7.24	-0.11	7.57	0.63	7.63
归属于母公司股东权益	2 596.22	28.20	1 997.43	25.71	1 404.53
占比(%)	32.02	0.49	32.93	-0.30	33.02

数据来源:沪深交易所,天相投资分析系统

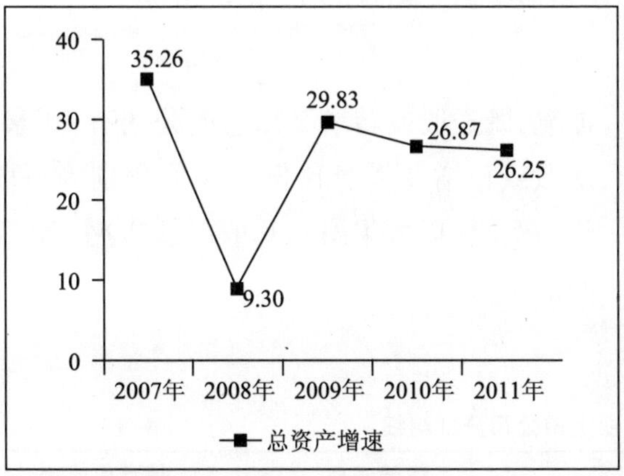

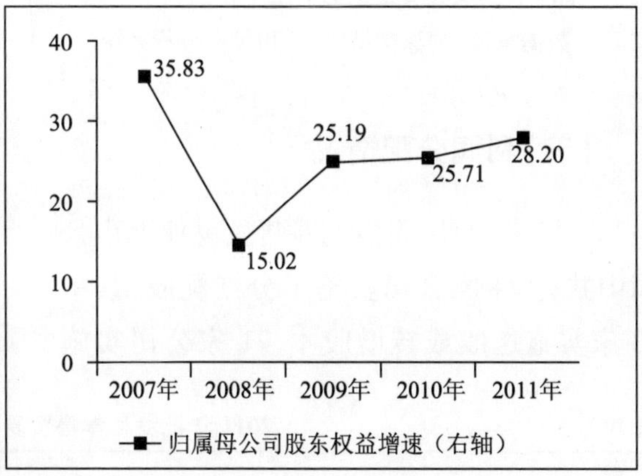

图4　批发和零售贸易业上市公司2007—2011年可比样本总资产和归属母公司股东权益变化情况(%)

数据来源:沪深交易所,天相投资分析系统

2011年批发与零售贸易业上市公司合计实现营业收入13 253.50亿元,按可比样本计算比2010年同期增长了26.53%;利润总额为492.27亿元,其中归属于母公司所有者的净利润为332.56亿元,按可比样本计算分别比2010年同期增长了27.11%和25.18%。2011年营业收入、利润总额和归属于母公司所有者净利润的增长率按可比样本计算都低于2010年同期水平。

表 9　　2011 年批发和零售贸易业上市公司收入实现情况　　单位：亿元

指　标	2011 年	2011 年可比样本增长(%)	2010 年	2010 年可比样本增长(%)	2009 年
营业收入	13 253.50	26.53	9 765.71	33.09	6 059.93
利润总额	492.27	27.11	352.20	33.36	219.33
归属于母公司所有者的净利润	332.56	25.18	239.49	32.37	147.31

数据来源：沪深交易所，天相投资分析系统

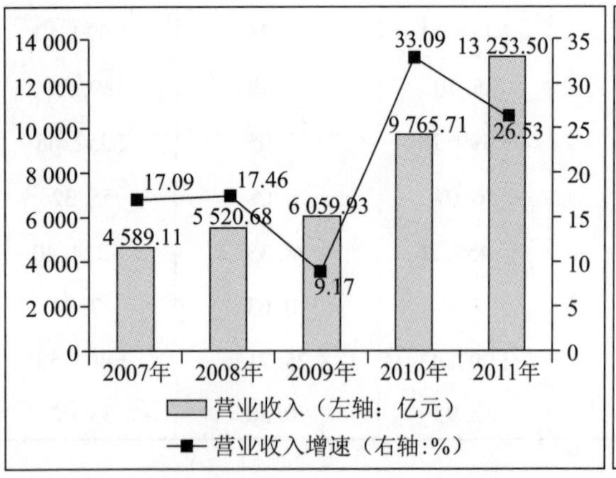

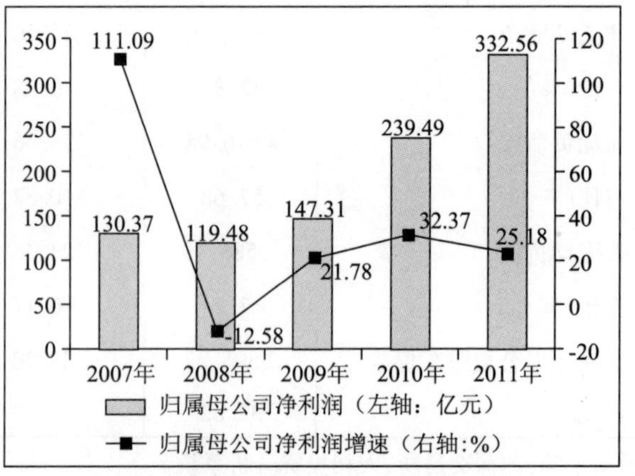

图 5　批发和零售贸易业上市公司 2007—2011 年营业收入及归属母公司股东净利润变化情况(%)

数据来源：沪深交易所，天相投资分析系统

(五)利润分配情况

2011 年全年，批发与零售贸易业上市公司中共有 74 家公司实施了分红配股，其中 13 家实施送股或转增股本，71 家公司实施派息，既送股或转增又派息的公司有 10 家。送股或转增及派息比例最高值分别为每股送 1.5 股(庞大集团)、每股派息 0.84 元(美邦服饰)。

表 10　　2011 年批发和零售贸易业上市公司分红明细

代　码	名　称	送股及转增比例	每股派息(税前　元)	基准股本(万股)
000026	飞亚达 A	—	0.100	39 276.79
000028	国药一致	—	0.130	28 814.94
000096	广聚能源	—	0.060	52 800.00
000417	合肥百货	0.500	0.120	51 992.28
000419	通程控股	0.200	0.200	45 298.55
000516	开元投资	—	0.050	71 341.97
000554	泰山石油	—	0.020	48 079.33

续表

代　码	名　称	送股及转增比例	每股派息（税前　元）	基准股本（万股）
000679	大连友谊	—	0.080	35 640.00
000715	中兴商业	—	0.070	27 900.60
000882	华联股份	0.200	0.070	89 330.24
000987	广州友谊	—	0.500	35 895.81
002024	苏宁电器	—	0.150	699 621.19
002187	广百股份	0.200	0.200	28 535.21
002221	东华能源	—	0.040	22 490.00
002262	恩华药业	—	0.050	23 400.00
002269	美邦服饰	—	0.840	100 500.00
002344	海宁皮城	—	0.250	56 000.00
002416	爱施德	—	0.250	99 910.00
002419	天虹商场	—	0.330	80 020.00
002462	嘉事堂	—	0.150	24 000.00
002503	搜于特	0.800	0.500	16 000.00
002556	辉隆股份	1.000	0.200	23 920.00
002589	瑞康医药	—	0.100	9 380.00
002607	亚夏汽车	1.000	0.300	8 800.00
002640	百圆裤业	1.000	0.100	6 667.00
300022	吉峰农机	—	0.050	35 740.00
600056	中国医药	—	0.100	31 095.79
600058	五矿发展	—	0.210	107 191.07
600120	浙江东方	—	0.120	50 547.35
600128	弘业股份	—	0.100	24 676.75
600153	建发股份	—	0.100	223 775.07
600278	东方创业	0.300	0.050	40 172.44
600280	南京中商	—	0.160	14 354.19
600287	江苏舜天	—	0.030	43 679.61
600327	大东方	—	0.080	52 171.18
600361	华联综超	—	0.080	66 580.79
600382	广东明珠	—	0.030	34 174.66
600511	国药股份	—	0.060	47 880.00
600628	新世界	—	0.120	53 179.93
600655	豫园商城	—	0.070	143 732.20
600682	南京新百	—	0.100	35 832.17

续表

代　码	名　称	送股及转增比例	每股派息（税前　元）	基准股本（万股）
600693	东百集团	—	0.150	34 322.26
600694	大商股份	—	0.300	29 371.87
600697	欧亚集团	—	0.300	15 908.81
600704	物产中大	0.200	0.050	65 876.31
600729	重庆百货	—	0.450	37 309.34
600755	厦门国贸	—	0.070	133 083.59
600778	友好集团	—	0.050	31 149.14
600785	新华百货	—	0.300	20 743.13
600814	杭州解百	—	0.070	31 038.30
600822	XD 上海物	—	0.100	49 597.29
600825	新华传媒	—	0.040	104 488.79
600826	兰生股份	—	0.030	42 064.23
600827	友谊股份	—	0.250	172 249.58
600830	香溢融通	—	0.050	45 432.27
600833	第一医药	—	0.050	22 308.63
600838	上海九百	—	0.100	40 088.20
600857	工大首创	—	0.050	22 431.99
600859	王府井	—	0.300	46 276.81
600865	百大集团	—	0.080	37 624.03
600891	秋林集团	—	0.050	32 552.89
600981	汇鸿股份	—	0.030	51 610.65
601116	三江购物	—	0.150	41 075.88
601258	庞大集团	—	0.030	262 150.00
601933	永辉超市	—	0.200	76 790.00
200026	飞亚达 B	—	0.100	39 276.79
200028	一致 B	—	0.130	28 814.94
900923	友谊 B 股	—	0.250	172 249.58
900927	XD 物贸 B	—	0.100	49 597.29
002264	新 华 都	1.000	—	16 032.00
002416	爱施德	1.000	—	49 330.00
002561	徐家汇	—	0.320	41 576.30
600278	东方创业	—	0.120	40 172.44
601258	庞大集团	1.500	—	104 860.00

数据来源：沪深交易所，天相投资分析系统

2011 年全年，批发和零售贸易业上市公司现金分红持续增长至 68.35 亿元，分配利润占比为 20.55%，按可比样本计算，较 2010 年小幅下降。

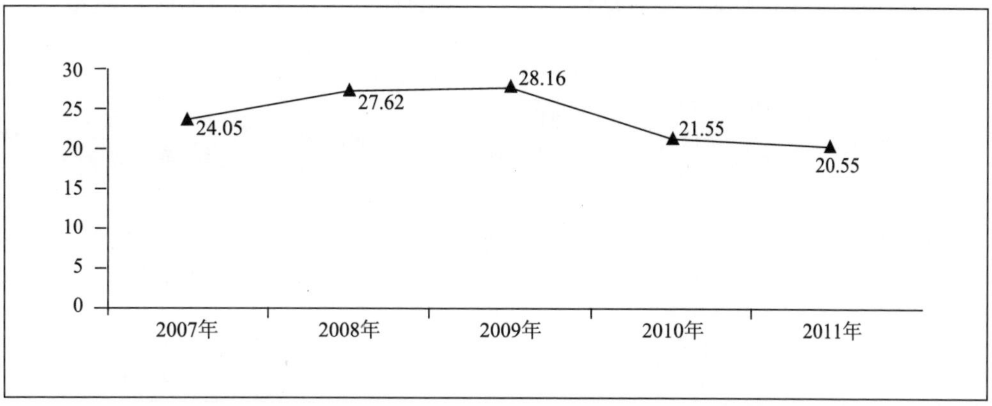

图 6　批发和零售贸易业上市公司 2007—2011 年分配利润占比情况（%）

数据来源：沪深交易所，天相投资分析系统

（六）其他财务指标情况

1. 盈利能力指标

2011 年，按可比样本计算，批发与零售贸易业上市公司销售净利率有所回落，毛利率、净资产收益率、销售净利率和资产净利率有所下调，绝对数据分别为 11.67%、12.81%、2.51% 和 4.58%。

表 11　　2011 年批发和零售贸易业上市公司盈利能力情况

指　标	2011 年	2011 年可比样本变动	2010 年	2010 年可比样本变动	2009 年
毛利率（%）	11.67	-0.18	11.88	-0.41	12.39
净资产收益率（%）	12.81	-0.31	11.99	0.60	10.49
销售净利率（%）	2.51	-0.03	2.45	-0.01	2.43
资产净利率（%）	4.58	-0.10	4.42	0.16	3.91

数据来源：沪深交易所，天相投资分析系统

2. 偿债能力指标

2011 年，按可比样本计算，批发与零售贸易业上市公司整体流动比率较 2010 年提高 0.01，速动比率保持稳定，资产负债率下降 0.42 个百分点，整体偿债能力有所提高。

表 12　　2011 年批发和零售贸易业上市公司偿债能力指标

指　标	2011 年	2011 年可比样本变动	2010 年	2010 年可比样本变动	2009 年
流动比率	1.16	0.01	1.16	0.06	1.09
速动比率	0.74	0.00	0.73	0.01	0.69
资产负债率（%）	64.91	-0.42	63.62	0.71	62.94

数据来源：沪深交易所，天相投资分析系统

3. 营运能力指标

2011年，按可比样本计算，批发与零售贸易业上市公司整体存货周转率、流动资产周转率、总资产周转率和净资产周转率出现下滑，整体营运能力略降，但应收账款周转率的提升保证了较高的收益质量。

表13　　2011年批发和零售贸易业上市公司营运能力情况　　单位：次

指　标	2011年	2011年可比样本变动	2010年	2010年可比样本变动	2009年
存货周转率	6.61	-0.45	6.99	-0.42	6.76
应收账款周转率	34.08	0.30	33.90	1.49	39.96
流动资产周转率	2.72	-0.10	2.85	-0.04	2.76
固定资产周转率	12.38	0.09	11.09	1.98	8.23
总资产周转率	1.82	-0.02	1.80	0.07	1.61
净资产周转率	5.23	-0.03	4.91	0.32	4.28

数据来源：沪深交易所，天相投资分析系统

三、重点细分行业介绍

批发与零售贸易业共覆盖5个大类：零售业，能源、材料和机械电子设备批发业，其他批发业，商业经纪与代理业和食品、饮料、烟草和家庭用品批发业。其中，零售业和商业经纪与代理业两类上市公司占绝大多数，数量占比合计达到79.51%，总市值占比合计达到83.15%。

表14　　2011年批发和零售贸易业上市公司数量分布及市值情况

大　类	上市公司家数（家）	占行业内比重（%）	境内总市值（亿元）	占行业内比重（%）
零售业	75	61.48	4 523.85	66.15
能源、材料和机械电子设备批发业	8	6.56	295.99	4.33
其他批发业	4	3.28	340.29	4.98
商业经纪与代理业	22	18.03	1 162.84	17.00
食品、饮料、烟草和家庭用品批发业	13	10.66	515.62	7.54

数据来源：沪深交易所，天相投资分析系统

（一）零售业

1. 行业概况

2011年中国社会消费品零售总额达183 919亿元，较2010年上升了17.1%。从消费结构来看，2011年，资本形成总额对GDP增长的贡献率是54.2%，货物和服务净出口对GDP增长的贡献率是-5.8%，最终消费对GDP增长的贡献率是51.6%。这3项数据分别比2010年下降0.6个百分点，下降13.7个百分点，上升14.3个百分点。投资和消费对GDP的贡献率日趋均衡。

受益于宏观经济增长、居民收入水平提高、城市化、消费升级以及促消费政策等因素，预计中国零售业将继续保持平稳增长，零售业在国民经济中的地位和作用将持续提高。

2. 行业内上市公司发展情况

我国零售行业受金融危机影响，在经历了2008年行业景气度指数严重下滑后，自2009年2季度起开始恢复稳步增长，并在2011年恢复到2008年下滑前的水平，商业企业经营发生实质性好转。

2011年我国零售业上市公司营业收入合计5 546.46亿元，按可比样本计算同比增长27.31%，和2010年增长率基本持平。零售业上市公司利润总额合计307.15亿元，按可比样本计算较2010年上升了31.75%，比2010年利润增长率降低了4.71个百分点。

表15　2011年零售业上市公司收入及资产增长情况　单位：亿元

指　标	2011年	2011年可比样本增长(%)	2010年	2010年可比样本增长(%)	2009年
营业收入	5 546.46	27.31	4 207.54	27.11	2 920.99
利润总额	307.15	31.75	216.20	36.46	140.64
归属于母公司所有者的净利润	214.82	34.01	147.10	34.90	95.21
总资产	4 240.15	32.36	3 210.35	30.26	2 274.19
归属于母公司股东权益	1 566.60	36.49	1 155.68	28.46	830.30

数据来源：沪深交易所，天相投资分析系统

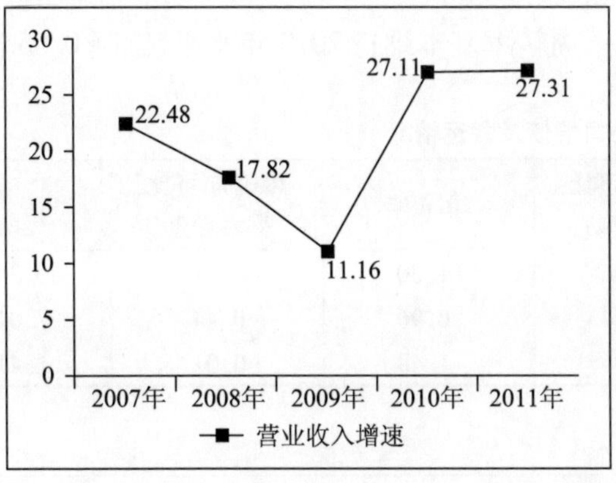

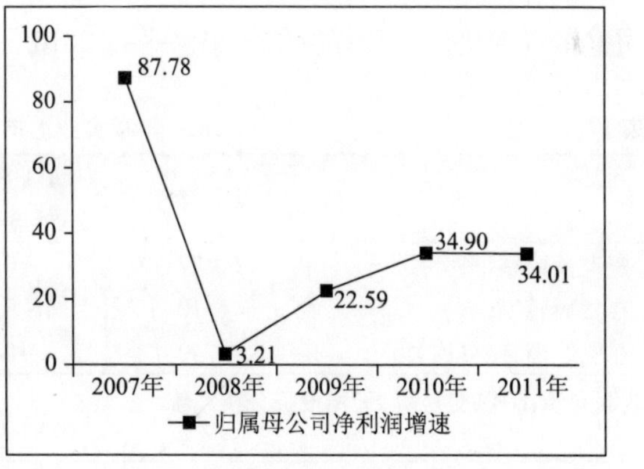

图7　零售业上市公司2007—2011年可比样本营业收入及归属于母公司所有者净利润变化情况(%)

数据来源：沪深交易所，天相投资分析系统

2011年全年，零售业上市公司整体销售毛利率、销售净利率和资产净利率按可比样本计算分别较2010年回升了0.15个、0.19个和0.07个百分点。净资产收益率按可比样本计算较2010年下降0.25个百分点至13.71%。2007—2011年，按可比样本计算，零售业上市公司毛利率基本稳定在19%左右，销售净利率、资产净利率和资产收益率在2008年下滑后均保持稳定增长。

表 16　　2011 年零售业上市公司盈利能力情况

指　标	2011 年	2011 年可变样本变动	2010 年	2010 年可比样本变动	2009 年
毛利率(%)	19.50	0.15	19.54	0.26	19.24
净资产收益率(%)	13.71	-0.25	12.73	0.61	11.47
销售净利率(%)	3.87	0.19	3.50	0.20	3.26
资产净利率(%)	5.77	0.07	5.18	0.32	4.59

数据来源:沪深交易所,天相投资分析系统

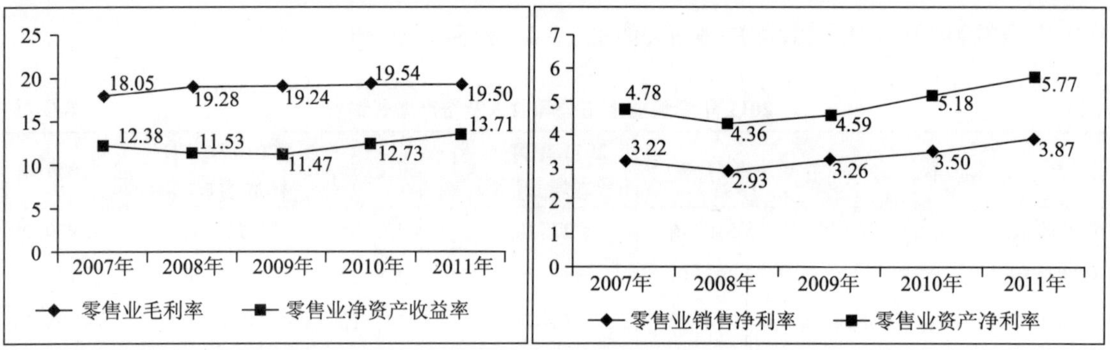

图 8　零售业上市公司 2007—2011 年盈利能力指标情况(%)

数据来源:沪深交易所,天相投资分析系统

2011 年,按可比样本计算,行业内上市公司整体资产负债率和存货周转率水平较 2010 年分别下降 0.96 个百分点和 0.74 次,总资产周转率基本维持 2010 年水平,微降 0.06 次。

表 17　　2011 年零售业上市公司偿债及营运情况

指　标	2011 年	2011 年可比样本变动	2010 年	2010 年可比样本变动	2009 年
资产负债率(%)	60.77	-0.96	61.30	0.78	60.34
存货周转率(次)	6.10	-0.74	6.96	-0.44	7.01
总资产周转率(次)	1.49	-0.06	1.48	0.01	1.41

数据来源:沪深交易所,天相投资分析系统

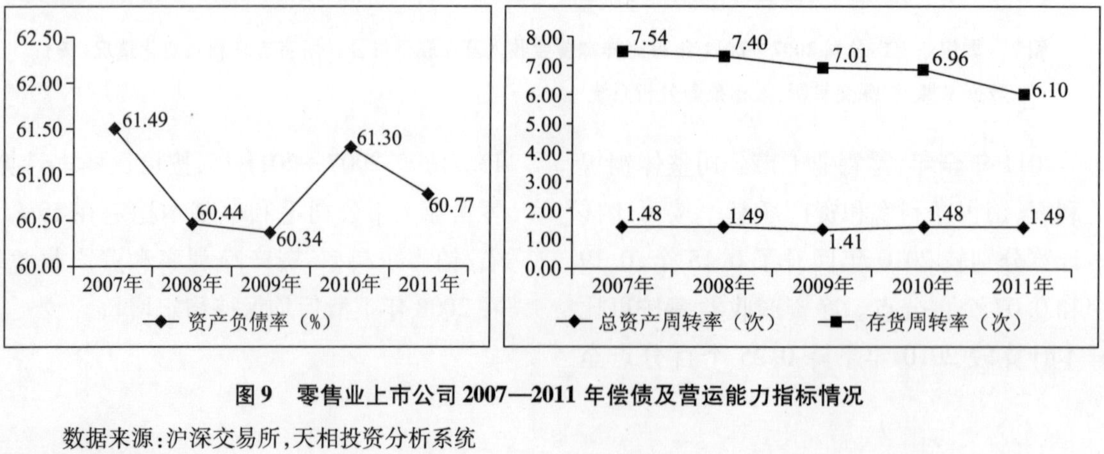

图 9　零售业上市公司 2007—2011 年偿债及营运能力指标情况

数据来源:沪深交易所,天相投资分析系统

（二）商业经纪与代理业

1. 行业概况

商业经纪与代理业类上市公司经营范围主要是国内贸易、进出口贸易及各类商品的自营及代理业务等。金融危机后我国宏观经济逐步恢复，批发和零售贸易业整体行业景气度指数回升，所以在经历2008年、2009年的走弱迹象后，2010年、2011年我国商业经纪与代理业类上市公司的经营状况持续改善，行业整体营业收入和利润总额年同比增速均在25%以上。

商业经纪与代理业的景气度与全球经济环境相关度较高，行业波动相对较大，是批发与零售贸易业中系统性风险相对较高的行业板块。

2. 行业内上市公司发展情况

2011年，商业经纪与代理业上市公司实现营业收入5 310.55亿元，利润总额131.66亿元，按可比样本计算增长率分别为28.61%和37.58%。归属于母公司所有者的净利润、总资产和归属母公司股东权益按可比样本计算也分别增长29.44%、14.39%和11.69%，但均低于2010年增速水平。

表18　2011年商业经纪与代理业上市公司收入及资产增长情况　单位：亿元

指　标	2011年	2011年可比样本增长(%)	2010年	2010年可比样本增长(%)	2009年
营业收入	5 310.55	28.61	4 129.12	42.28	2 889.02
利润总额	131.66	37.58	95.69	31.49	69.49
归属于母公司所有者的净利润	83.12	29.44	64.21	30.31	46.16
总资产	2 379.34	14.39	2 080.04	20.16	1 771.96
归属于母公司股东权益	594.19	11.69	531.99	10.18	472.41

数据来源：沪深交易所，天相投资分析系统

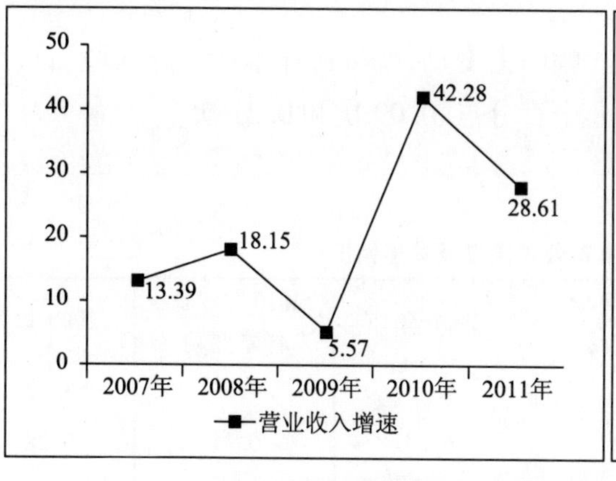

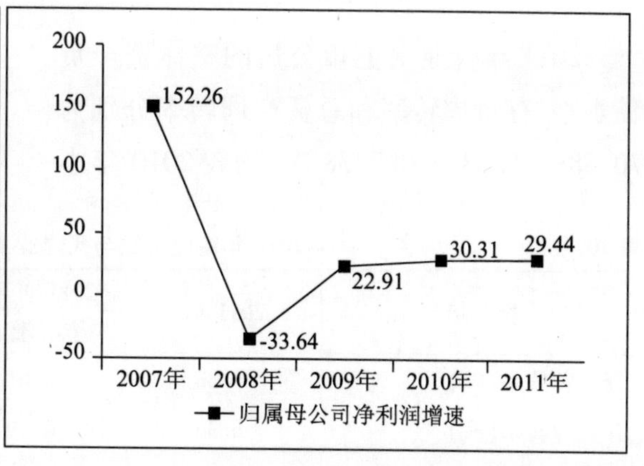

图10　商业经纪与代理业上市公司2007—2011年可比样本营业收入及归属母公司股东净利润变化情况(%)

数据来源：沪深交易所，天相投资分析系统

2011年行业内上市公司整体销售毛利率按可比样本计算下降0.37个百分点至4.94%。净资产收益率和资产净利率按可比样本计算分别较2010年回升了1.92和0.36个百分点。销售净利率为1.57%，按可比样本计算基本持平于2010年的销售净利率水平。

表19　2011年商业经纪与代理业上市公司盈利能力情况

指　标	2011年	2011年可比样本变动	2010年	2010年可比样本变动	2009年
毛利率(%)	4.94	-0.37	5.31	-0.28	5.66
净资产收益率(%)	13.99	1.92	12.07	1.86	9.77
销售净利率(%)	1.57	0.01	1.56	-0.14	1.60
资产净利率(%)	3.73	0.36	3.37	0.06	3.07

数据来源：沪深交易所，天相投资分析系统

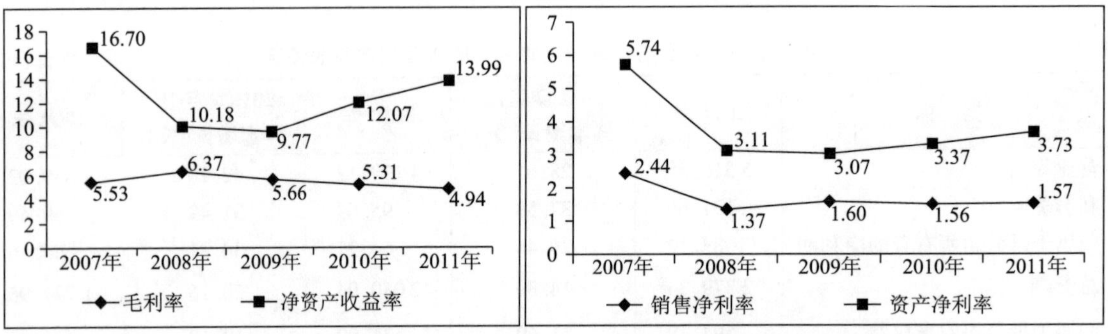

图11　商业经纪与代理业上市公司2007—2011年盈利能力指标情况(%)

数据来源：沪深交易所，天相投资分析系统

2011年行业内上市公司的整体资产负债水平、存货周转率和总资产周转率分别为70.38%、6.33次和2.38次，均较2010年小幅向上变动，按可比样本计算分别增加0.61个百分点、0.09次和0.21次。

表20　2011年商业经纪与代理业上市公司偿债及营运情况

指　标	2011年	2011年可比样本变动	2010年	2010年可比样本变动	2009年
资产负债率(%)	70.38	0.61	69.77	3.02	68.12
存货周转率(次)	6.33	0.09	6.24	-0.31	6.28
总资产周转率(次)	2.38	0.21	2.17	0.22	1.92

数据来源：沪深交易所，天相投资分析系统

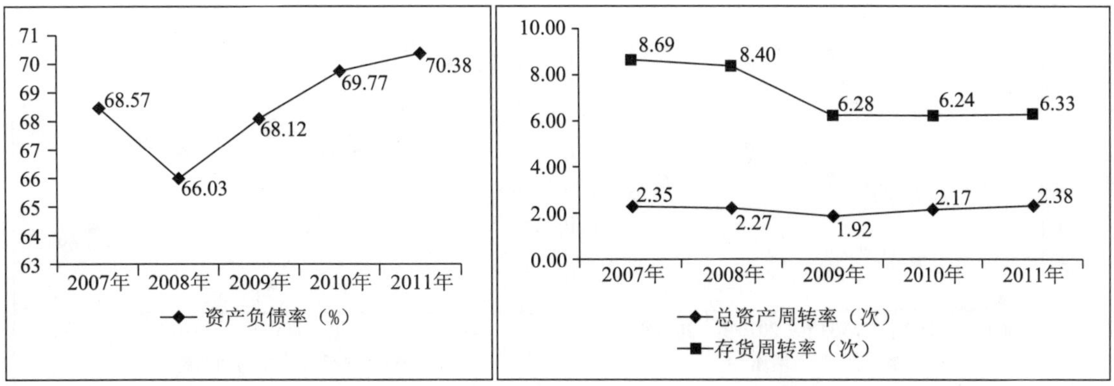

图 12　商业经纪与代理业上市公司 2007—2011 年偿债及营运能力指标情况

数据来源：沪深交易所，天相投资分析系统

（三）能源、材料和机械电子设备批发业

1. 行业概况

能源、材料和机械电子设备批发业经营范围包括能源、化工材料、木材、建筑材料、矿产品、金属产品、机械、电子设备、机动车及零配件和再生物资回收批发等商业。

受国内宏观经济好转，油、气价格回升，新材料"十二五"规划公布和机械电子设备产值增加，中国能源、材料和机械电子设备批发业景气度有所回升。2011 年行业内上市公司整体营业收入增长到 525.82 亿元，上市公司总数由 2010 年的 4 家增加到 8 家，境内总市值增加到 295.99 亿元，业内上市公司经营状况持续转好。

2. 行业内上市公司发展情况

2011 年能源、材料和机械电子设备批发业上市公司营业收入、总资产和归属于母公司股东权益按可比样本计算分别较 2010 年增长 34.13%、26.22% 和 6.65%，当期绝对数分别达 525.82 亿元、251.40 亿元和 137.88 亿元。利润总额和归属于母公司所有者的净利润按可比样本计算分别下滑 16.74% 和 17.69%。

表 21　2011 年能源、材料和机械电子设备批发业上市公司收入及资产增长情况　单位：亿元

指　标	2011 年	2011 年可比样本增长（%）	2010 年	2010 年可比样本增长（%）	2009 年
营业收入	525.82	34.13	392.03	41.86	149.04
利润总额	11.36	-16.74	13.64	34.16	2.38
归属于母公司所有者的净利润	7.83	-17.69	9.51	20.66	1.73
总资产	251.40	26.22	199.18	43.68	60.32
归属于母公司股东权益	137.88	6.65	129.28	56.45	33.98

数据来源：沪深交易所，天相投资分析系统

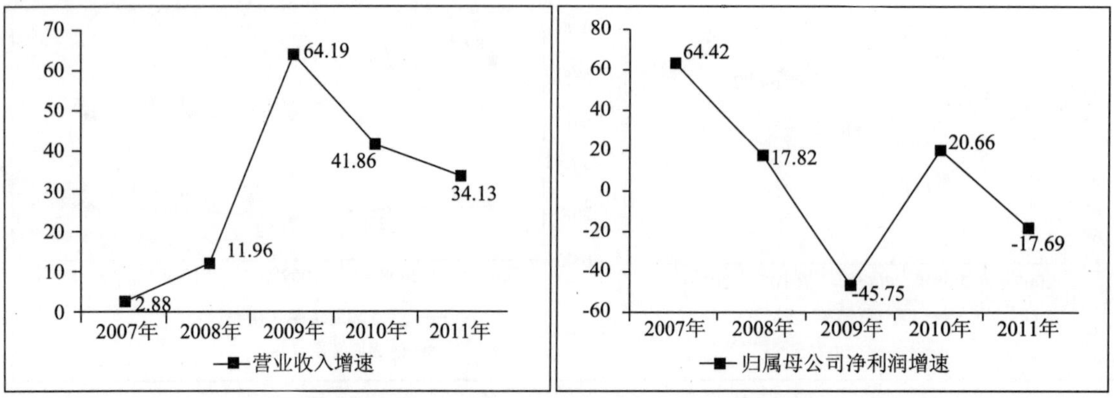

图13　能源、材料和机械电子设备批发业上市公司2007—2011年可比样本营业收入及归属母公司所有者的净利润变化情况(%)

数据来源:沪深交易所,天相投资分析系统

2011年全年,行业内上市公司整体销售毛利率、净资产收益率、销售净利率和资产净利率按可比样本计算较2010年分别下降了1.83个、1.68个、0.94个和2.16个百分点。

表22　2011年能源、材料和机械电子设备批发业上市公司盈利能力情况

指　标	2011年	2011年可比样本变动	2010年	2010年可比样本变动	2009年
毛利率(%)	5.85	-1.83	7.68	-0.81	4.07
净资产收益率(%)	5.68	-1.68	7.36	-2.18	5.08
销售净利率(%)	1.49	-0.94	2.43	-0.43	1.16
资产净利率(%)	3.47	-2.16	5.63	-1.03	2.98

数据来源:沪深交易所,天相投资分析系统

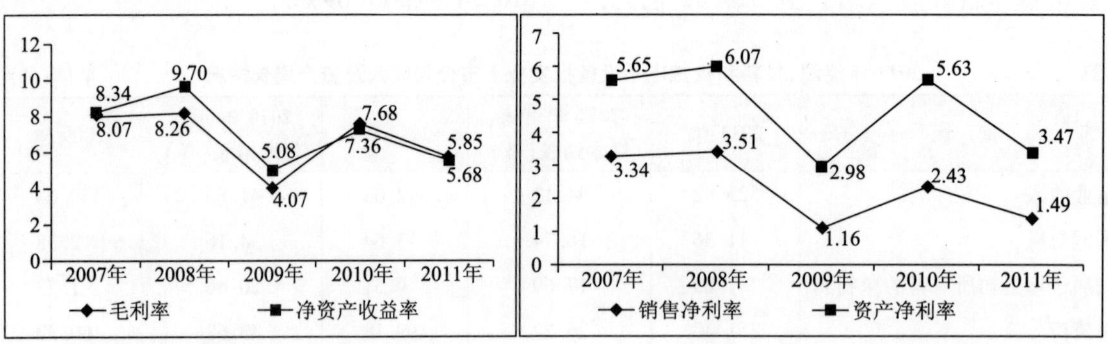

图14　能源、材料和机械电子设备批发业上市公司2007—2011年盈利能力指标情况(%)

数据来源:沪深交易所,天相投资分析系统

2011年能源、材料和机械电子设备批发业内上市公司资产负债率水平按可比样本计算大幅上升9.07个百分点至41.56%,维持较高水平。总资产周转率按可比样本计算基本与2010年持平，存货周转率按可比样本计算较2010年降低了2.45次。

表23　2011年能源、材料和机械电子设备批发业上市公司偿债及营运情况

指　标	2011年	2011年可比样本变动	2010年	2010年可比样本变动	2009年
资产负债率(%)	41.56	9.07	32.49	-6.03	42.38
存货周转率(次)	11.09	-2.45	13.54	-1.73	25.63
总资产周转率(次)	2.33	0.01	2.32	-0.02	2.57

数据来源：沪深交易所，天相投资分析系统

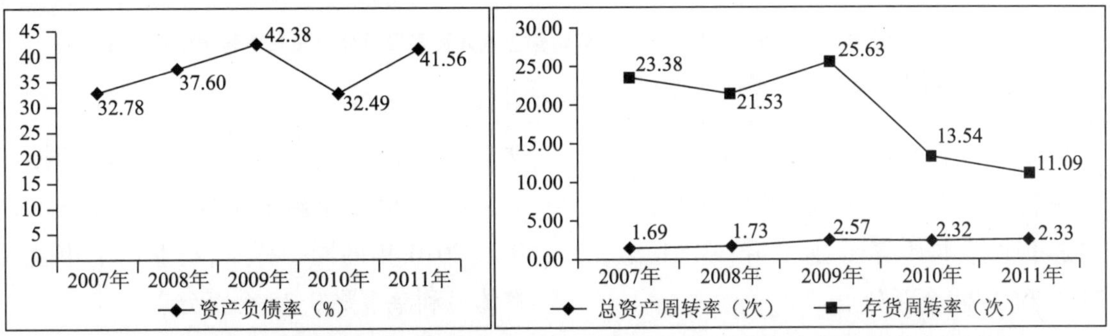

图15　能源、材料和机械电子设备批发业上市公司2007—2011年偿债及营运能力指标情况

数据来源：沪深交易所，天相投资分析系统

(四)其他批发业

1. 行业概况

其他批发业经营范围包括工艺美术、图书报刊和农业生产资料批发等商业。

受益于中国城镇居民可支配收入提高，文化及相关产业产值增加和国家用于农业的补贴规模扩大，2011年中国其他批发业发展较快，新增3家上市公司，而2011年以前业内仅1家上市公司。境内总市值增长可观，已达340.29亿元。行业整体营业收入总额增长率在15%以上。

2. 行业内上市公司发展情况

2011年其他批发业上市公司整体营业收入1 163.94亿元，归属于母公司股东权益146.08亿元，按可比样本计算同比增长率分别为15.75%和85.01%，增长率低于2010年同期水平。总资产按可比样本计算较2010年增长45.79%，绝对数达718.21亿元。利润总额和归属于母公司所有者的净利润下降较多，按可比样本计算分别较2010年降低32.63%和36.08%。

表24　2011年其他批发业上市公司收入及资产增长情况　单位：亿元

指　标	2011年	2011年可比样本增长(%)	2010年	2010年可比样本增长(%)	2009年
营业收入	1 163.94	15.75	467.83	30.78	—
利润总额	16.18	-32.63	6.70	27.27	—
归属于母公司所有者的净利润	10.65	-36.08	4.30	19.60	—
总资产	718.21	45.79	142.71	20.84	—
归属于母公司股东权益	146.08	85.01	46.23	102.65	—

数据来源：沪深交易所，天相投资分析系统

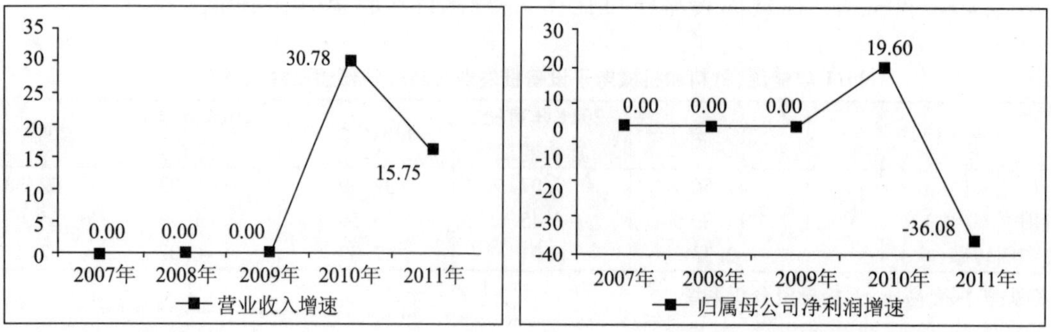

图 16　其他批发业上市公司 2007—2011 年可比样本营业收入及归属母公司股东净利润变化情况（%）

数据来源：沪深交易所，天相投资分析系统

2011 年行业内上市公司净资产收益率、销售净利率和资产净利率较 2010 年全部下降，按可比样本计算分别下降 13.81 个、0.74 个和 0.24 个百分点。

2011 年毛利率当期绝对数 7.88%，虽然高于 2010 年的 5.28%，但毛利率的提升多来自于 2011 年新上市的公司；对于 2011 年和 2010 年的同一样本，行业内上市公司整体毛利率下降 0.35 个百分点。

表 25　2011 年其他批发业上市公司盈利能力情况

指　标	2011 年	2011 年可比样本变动	2010 年	2010 年可比样本变动	2009 年
毛利率（%）	7.88	-0.35	5.28	-0.51	—
净资产收益率（%）	7.29	-13.81	9.29	-6.45	—
销售净利率（%）	0.91	-0.74	0.92	-0.09	—
资产净利率（%）	1.76	-2.40	3.29	-0.05	—

数据来源：沪深交易所，天相投资分析系统

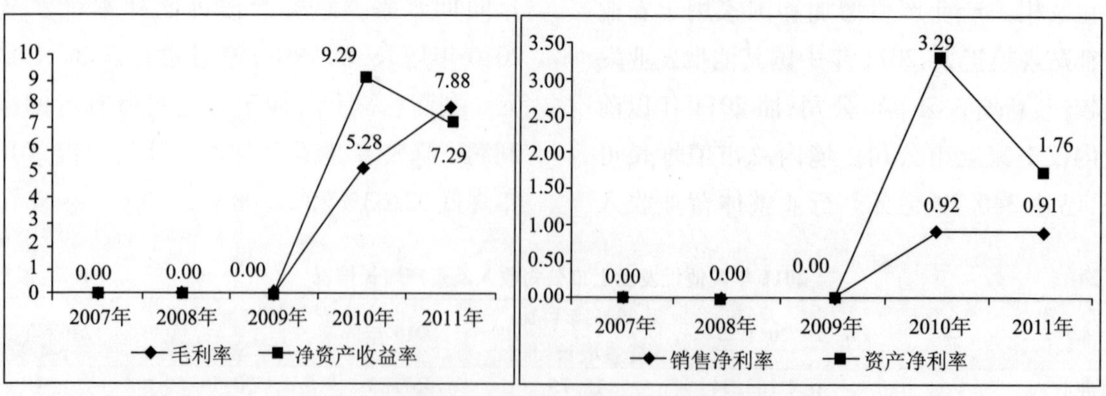

图 17　其他批发业上市公司 2007—2011 年盈利能力指标情况（%）

数据来源：沪深交易所，天相投资分析系统

2011 年，按可比样本计算，行业内上市公司整体资产负债率水平较 2010 年下降了

4.33%，存货周转率下降了2.18次，总资产周转率下降了0.59次。

表26　　2011年其他批发业上市公司偿债及营运情况

指　标	2011年	2011年可比样本变动	2010年	2010年可比样本变动	2009年
资产负债率(%)	78.53	-4.33	63.99	-14.24	—
存货周转率(次)	7.78	-2.18	10.22	-0.08	—
总资产周转率(次)	1.92	-0.59	3.59	0.26	—

数据来源：沪深交易所，天相投资分析系统

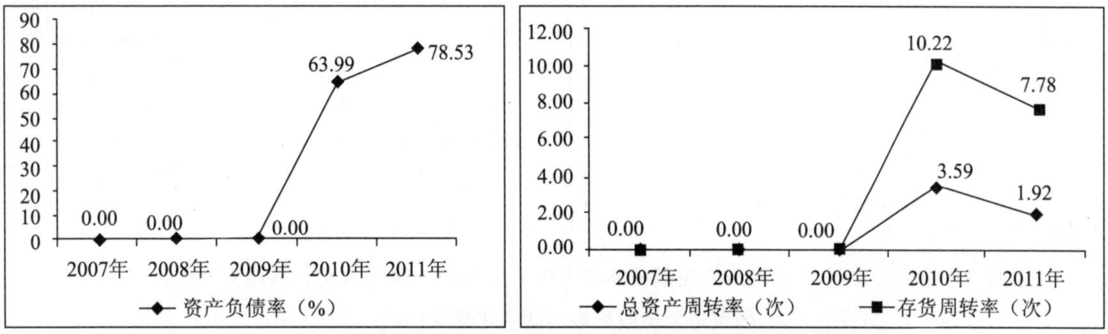

图18　其他批发业上市公司2007—2011年偿债及营运能力指标情况

数据来源：沪深交易所，天相投资分析系统

（五）食品、饮料、烟草和家庭用品批发业

1. 行业概况

食品、饮料、烟草和家庭用品批发业包括食品、饮料、烟草批发业，棉麻、土畜产品批发业，纺织品、服装和鞋帽批发业，日用百货批发业，日用杂品批发业，五金、交电、化工批发业，药品及医疗器械批发业等。

受人均收入持续增加、批发和零售贸易业景气度继续回升的有利影响，食品、饮料、烟草和家庭用品批发业2011年发展较快。2011年，行业内上市公司整体营业收入增加到706.73亿元。截至2011年底，行业内共有上市公司13家，其中有6家为当年新增。

2. 行业内上市公司发展情况

2011年食品、饮料、烟草和家庭用品批发业上市公司营业收入合计706.73亿元，利润总额25.93亿元，按可比样本计算同比分别增长19.52%和24.67%，且增长率高于2010年的增长水平。归属于母公司所有者净利润、总资产和归属于母公司股东权益按可比样本计算也同样增长，但增长率低于2010年的增长率。

表27　　2011年食品、饮料、烟草和家庭用品批发业上市公司收入及资产情况　　单位：亿元

指　标	2011年	2011年可比样本增长(%)	2010年	2010年可比样本增长(%)	2009年
营业收入	706.73	19.52	569.19	15.90	100.88
利润总额	25.93	24.67	19.97	14.39	6.81
归属于母公司所有者的净利润	16.15	7.77	14.37	29.06	4.22

续表

指　标	2011年	2011年可比样本增长(%)	2010年	2010年可比样本增长(%)	2009年
总资产	519.75	16.06	433.03	31.92	146.60
归属于母公司股东权益	151.48	10.40	134.25	32.93	67.85

数据来源:沪深交易所,天相投资分析系统

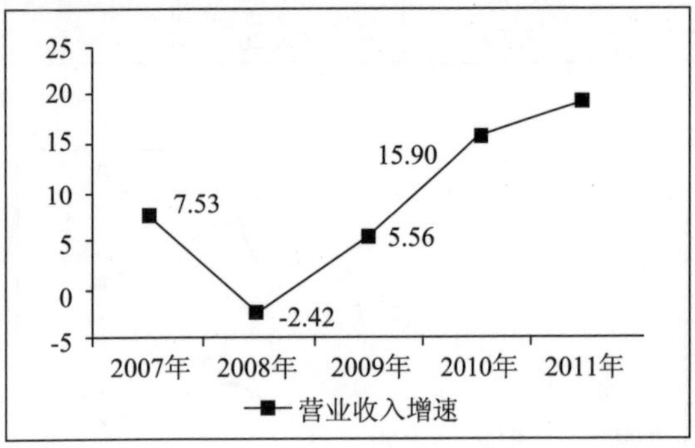

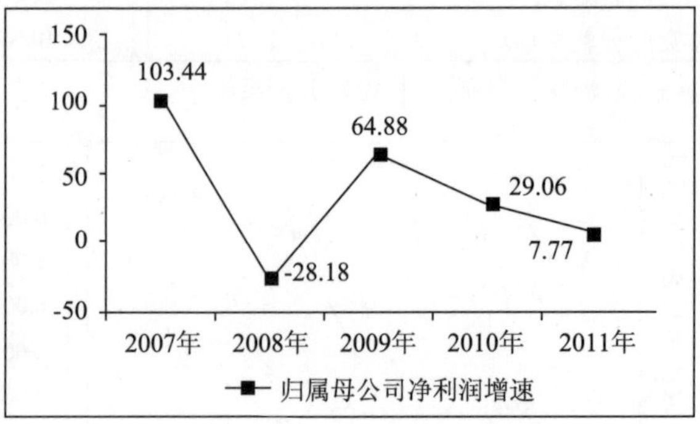

图19　食品、饮料、烟草和家庭用品批发业上市公司2007—2011年可比样本营业收入及归属母公司股东净利润变化情况(%)

数据来源:沪深交易所,天相投资分析系统

2011年全年,按可比样本计算,行业内上市公司整体销售毛利率达11.31%,较2010年回升0.19个百分点,净资产收益率、销售净利率和资产净利率分别较2010年下降0.26个、0.25个和0.47个百分点。

表28　2011年食品、饮料、烟草和家庭用品批发业上市公司盈利能力情况

指　标	2011年	2011年可比样本变动	2010年	2010年可比样本变动	2009年
毛利率(%)	11.31	0.19	11.23	-0.47	19.00
净资产收益率(%)	10.66	-0.26	10.70	-0.32	6.21
销售净利率(%)	2.29	-0.25	2.52	0.26	4.18
资产净利率(%)	3.34	-0.47	3.77	-0.04	3.23

数据来源:沪深交易所,天相投资分析系统

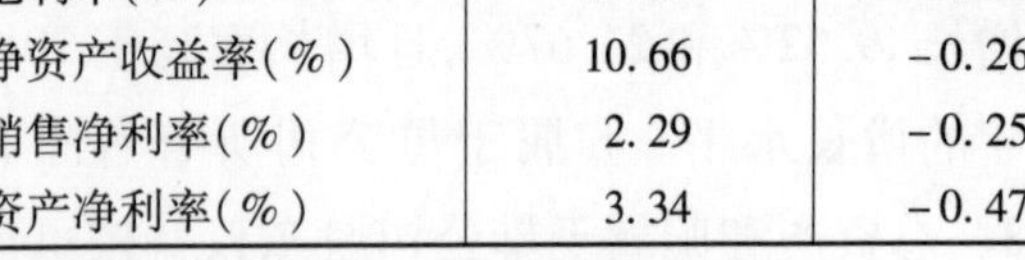

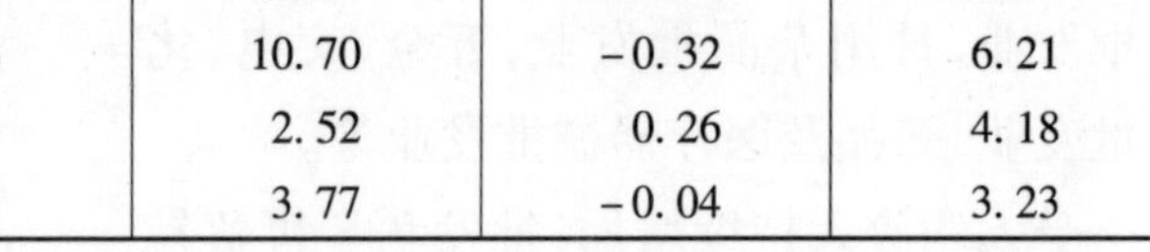

图20　食品、饮料、烟草和家庭用品批发业上市公司2007—2011年盈利能力指标情况(%)

数据来源:沪深交易所,天相投资分析系统

2011 年行业内上市公司整体资产负债率水平按可比样本计算上升 0.26 个百分点至 66.19%，维持在较高水平。存货周转率和总资产周转率按可比样本计算较 2010 年均有小幅下降，分别降低 0.08 次和 0.04 次。

表 29　　2011 年食品、饮料、烟草和家庭用品批发业上市公司偿债及营运情况

指　标	2011 年	2011 年可比样本变动	2010 年	2010 年可比样本变动	2009 年
资产负债率(%)	66.19	0.26	65.44	0.00	49.22
存货周转率(次)	10.41	-0.08	10.41	-0.47	8.92
总资产周转率(次)	1.46	-0.04	1.50	-0.19	0.77

数据来源：沪深交易所，天相投资分析系统

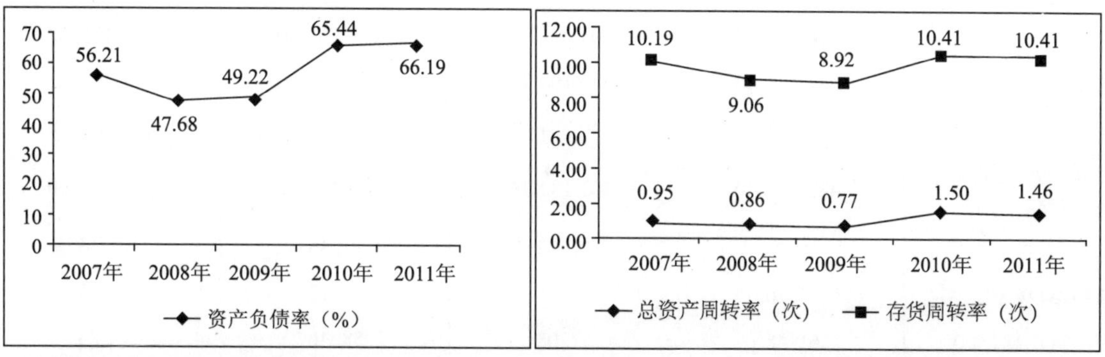

图 21　食品、饮料、烟草和家庭用品批发业上市公司 2007—2011 年偿债及营运能力指标情况(%)

数据来源：沪深交易所，天相投资分析系统

四、重点上市公司介绍

苏宁电器

苏宁电器股份有限公司 1999 年创立于江苏南京，是中国 3C(家电、电脑、通讯)家电连锁零售企业的领先者，已成为惠普在华唯一直供渠道商。公司是国家商务部重点培育的“全国 15 家大型商业企业集团”之一，名列中国企业 500 强第 54 位，入选《福布斯》亚洲企业 50 强、《福布斯》全球 2 000 大企业中国零售企业第一。

2011 年，苏宁电器实现营业收入 938.9 亿元，同比增长 24.3%；实现归属于母公司净利润 48.2 亿元，同比增长 20.2%。截至 2011 年末，公司已在全国 256 个地级以上城市拥有连锁店共计 1 684 家(其中精品店 17 家，县镇店 134 家，乐购仕生活广场店 1 家)，在香港地区拥有连锁店 30 家，在日本地区拥有连锁店 10 家，同期其主要竞争对手国美有 1 079 家门店。在连锁外延扩张上，公司继续贯彻“横向扩张”与“纵向渗透”相结合、多业态店面同步开发的模式。目前苏宁门店优势主要集中在华东(一区和二区)、华南、华北、西南 5 大地区。

2009 年开始苏宁就提出了“营销变革”并率先尝试实体店与互联网业务共举的战略，苏宁易购已成为公司未来 10 年最重要的发展战略之一。通过 3 年的不断实践、完善，2011 年公司完整地提出了面向未来 10

年发展的战略规划，以“科技转型、智慧升级”为核心，从连锁发展、营销创新、电子商务、服务升级等方面阐述了清晰的发展路径。

在消费市场以及消费群体进一步细分的基础上，公司已基本形成了“Expo 超级旗舰店”、“常规店”、“精品店”、“县镇店”4 种店面业态，“苏宁”、“乐购仕”双品牌的连锁网络架构，通过有效的组合推广，满足不同市场以及不同消费者的需求。

2011 年，公司实现了对日本 LAOX 的绝对控股，为支撑公司开拓海外业务，推进全球化发展战略，搭建了稳固的发展平台。

表 30　苏宁电器 2008—2011 年财务指标

	2011 年	2010 年	2009 年	2008 年
营业收入(万元)	9 388 858. 00	7 550 473. 90	5 830 014. 90	4 989 670. 90
营业成本(万元)	7 610 465. 60	6 204 071. 20	4 818 578. 90	4 133 475. 60
营业利润(万元)	644 408. 10	543 194. 80	387 503. 20	7 493. 35
利润总额(万元)	647 322. 60	540 204. 40	392 636. 70	295 087. 30
归属于母公司股东的净利润(万元)	482 059. 40	401 182. 00	288 995. 60	217 018. 90
毛利率(%)	18. 94	17. 83	17. 35	17. 16
净利率(%)	5. 20	5. 44	5. 13	4. 53
资产负债率(%)	61. 48	57. 08	58. 36	57. 85

数据来源：沪深交易所，天相投资分析系统

永辉超市

永辉超市股份有限公司创办于 1998 年，是中国大陆第一家将生鲜农产品引进现代超市的流通企业，经过十多年的发展，已成为以零售业为龙头，以现代物流为支撑，以食品工业和现代农业为两翼，以实业开发为基础的大型企业集团，是福建省“商业流通及农业产业化”的双龙头企业。截至 2011 年末，公司已开业门店 204 家，已签约未开业门店 102 家，在福建、重庆、北京持续保持领先优势。

公司始终致力于解决农民“卖难”和居民“买贵”，坚持以经营生鲜农产品为主，食品、日用品和服装为辅的具有中国特色的新型零售模式——永辉模式。公司核心竞争力在于生鲜品类的卓越经营，目前生鲜销售占比 45. 9%，高于同行 25% 的水平，同时公司充分利用超市生鲜品类的聚客效应，凭借优于农贸市场的价格优势及舒适的购物环境吸引客流，“生鲜聚客——带动百货销售”模式效果显著。

公司在前端采购、物流建设、IT 系统构架等方面持续推进供应链整合，在 2011 年，公司大力推进物流建设，北京、重庆、四川、东北、安徽等地均有物流中心在建，推进供应链整合。品类优势与供应链整合的良性互动，竞争优势短期内较难模仿。

目前全国处于大卖场快速发展周期。公司近年来增长持续保持行业领先水平，2008—2011 年收入复合增长达 46. 2%，大幅领先同行；净利润的复合增长水平也位列第一梯队。公司高成长性主要来自其独特的生鲜优势和全国跨区扩张。

表 31 永辉超市 2008—2011 年财务指标

	2011 年	2010 年	2009 年	2008 年
营业收入(万元)	1 773 155.58	1 231 650.37	847 481.58	567 816.22
营业成本(万元)	1 431 820.62	996 185.53	695 799.44	466 263.74
营业利润(万元)	58 839.44	39 170.47	32 815.67	28 429.65
利润总额(万元)	60 278.58	39 909.72	33 158.54	28 306.02
归属于母公司股东的净利润(万元)	46 692.02	30 553.57	25 429.29	21 370.78
毛利率(%)	19.3	19.1	17.9	17.9
净利率(%)	2.6	2.5	3.0	3.8
资产负债率(%)	57.0	42.3	66.0	55.0

数据来源:沪深交易所,天相投资分析系统

海宁皮城

公司主要从事"海宁中国皮革城"市场商铺及配套物业的销售、租赁,始终致力于整合皮革产业价值链的上下游,在皮革制品生产、营销和交易等环节,向生产商、经销商、代理商、消费者和采购商等提供配套厂房、进出口、公共营销、业务管理、电子商务、文化娱乐等服务。海宁中国皮革城是全国最大的皮革专业市场之一。

公司从事专业皮革业市场建设,从皮革产业链的中游环节,整合了上游的零散客户及下游消费者,缩短了产业链。2011 年,公司经营效益持续增长,进一步巩固了行业龙头地位,对内推进市场建设,规范经营秩序,倡导设计创新,引领产业升级,总部三期工程陆续投入使用,四期项目基本完工,五期开工建设;对外强化宣传推广,整合区域资源,加快连锁扩张,创新商业模式。

公司组建海宁市皮革设计师协会,组建中国皮革品牌联盟,成功申报浙江省特色工业设计示范基地,成功组织 2011 中国皮革时尚周,在皮革产业发展长期保持核心地位。上游供应商资源较多,"选商"而非"招商",对下游消费者公司不断以丰富多彩的推广活动、形式多样的宣传手段、多元整合的宣传载体,进一步提升行业影响力,提高消费者认同度。

目前公司处于外延扩张初期,且业绩增速较快,2011 年,公司实现营业收入和归属于母公司的净利润同比增长达到 82.03% 和 110.07%。

表 32 海宁皮城 2008—2011 年财务指标

	2011 年	2010 年	2009 年	2008 年
营业收入(万元)	185 649.33	101 987.23	55 965.92	64 585.64
营业成本(万元)	83 905.15	52 909.89	44 961.41	51 272.14
营业利润(万元)	72 509.37	28 514.13	11 008.09	12 941.62
利润总额(万元)	75 635.32	32 674.25	13 347.57	13 415.10

续表

	2011 年	2010 年	2009 年	2008 年
归属于母公司股东的净利润(万元)	52 701.86	25 087.53	9 735.99	8 462.89
毛利率(%)	54.80	48.12	40.96	40.23
净利率(%)	30.41	24.62	17.60	15.09
资产负债率(%)	50.59	54.29	70.08	66.85

数据来源:沪深交易所,天相投资分析系统

五、上市公司在行业中的影响力

2011 年,批发与零售贸易业上市公司合计实现营业收入 13 253.50 亿元,占社会消费品总额比例为 7.21%,较 2010 年提升近 1 个百分点;按可比样本计算,其营收同比增速 26.53%,高于社会消费品总额 17.15% 的增速水平。2011 年批发与零售贸易业上市公司合计实现归属于母公司所有者的净利润为 332.56 亿元,按可比样本计算,同比增长 25.18%;其净资产收益率达 12.81%,远高于 5.6% 的行业整体均值。整体来看,批发与零售贸易业上市公司大多是业内优秀企业的代表。2011 年在行业整体景气度略有回落的情况下,业内上市公司凭借更规范的治理结构、更高的品牌知名度以及更广的融资渠道,保持了较快的业绩增长,增强了其在行业内的优势地位。

未来随着"促内需"经济转型的加速,政策层面流通体系改革力度将不断加大,提高流通效率成为批发与零售贸易业的长期发展趋势。行业内上市公司凭借较强的经营能力和资金实力,将引领行业的未来发展。

中信证券股份有限公司

审稿人:赵雪芹

撰稿人:赵雪芹　孙洋　周羽　鄢鹏

金融、保险业

一、金融、保险业总体概况

2011 年,全球经济增长放缓,主要发达经济体的财政风险和金融风险加大,国际金融市场剧烈震荡,各类不确定性明显增多。根据国际货币基金组织(IMF,2012 年 9 月)的最新预测,全球增长率将从 2011 年的 4.0% 左右下降至 2012 年的 3.5%,随后将在 2013 年再次缓慢回升至 4.0%。欧元区预计将在 2012 年进入温和衰退期,造成这一情况的因素包括主权债务危机、银行去杠杆化对实体经济的干扰,以及财政整顿所产生的影响。对于所有先进经济体而言,2012

年的产出预计将仅增长1.5%，而2013年的增幅仅有2.0%。据估计，这些经济体的就业市场将持续萧条，失业率预计将保持在近8%的水平。在新兴市场和发展中经济体，实际国内生产总值(GDP)的增长率预计将从2011年的6.2%轻微下降至2012年的5.8%，随后将在2013年回升到6.0%。在2012财年即将结束时，这些经济体仍受益于强健的宏观经济框架和此前进行的结构性改革，但是，在历经了10年由信贷迅速增长或商品价格高企所推动的强劲增长之后，其国内脆弱性因素却在不断累积。经济前景仍主要面临下行风险。首先，对欧元区债务危机的持续担忧不断削弱着金融市场稳定，仍是世界经济风险的首要来源。危机的急剧恶化可能会引发普遍性的避险做法，这将带来极为不利的全球影响。例如，欧洲银行的过度去杠杆化可能会暴露出新兴市场的脆弱性，导致新一轮证券资产外流，并干扰国内金融稳定。其次，地缘政治的不确定性可能会大幅抬高油价，削弱世界增长。在中期内，先进经济体持续疲弱的经济活动、高额公共债务和赤字仍然构成相关风险，可能会削弱人们对财政调整以及贸易和金融一体化的支持。

2011年，国际金融危机的深度影响仍在继续，发达经济体复苏步履维艰，欧元区主权债务危机不断发酵和扩散，新兴经济体增速回落与物价上涨交织在一起。在形势复杂的环境中，国家继续实施积极的财政政策和稳健的货币政策，不断提高宏观调控的针对性、灵活性和前瞻性。2011年，中国经济保持了平稳较快的发展，国内生产总值达到47.2万亿元，比2010年增长9.2%，对世界经济增长的贡献继续上升。全年社会消费品零售总额同比增长17.1%，扣除价格因素，实际增长11.6%，比2010年同期回落3.2个百分点。全年固定资产投资同比增长23.8%，扣除价格因素，实际增长16.1%，比2010年同期回落3.4个百分点。全年出口同比增长20.3%，进口同比增长24.9%，进口增速快于出口，全年贸易顺差1 551亿美元，比2010年减少264亿美元。2011年，投资形成总额对GDP增长的贡献率为54.2%，最终消费的贡献率为51.6%，货物和服务净出口的贡献率为-5.8%。2011年，受食品价格上涨等因素影响，全年居民消费价格总水平(CPI)同比上涨5.4%，全年工业生产者出厂价格(PPI)同比上涨6.0%。2011年，在加强调控的货币政策下，广义货币供应量(M2)余额为85.2万亿元，同比增长13.6%，增速比2010年低6.1个百分点。

2011年，我国金融市场规模和活跃度保持稳定增长，金融市场功能进一步深化，各子市场运行差异加大，市场结构变化明显，金融市场产品和交易方式创新继续稳步推进，市场制度进一步完善。但由于货币政策的调整和国际形势的不确定性加大，我国金融市场振幅加大且分化明显：银行间债券总指数先降后升，震荡小幅走高，全年呈“V”型走势；黄金价格先升后降，整体小幅上涨；而股票市场、商品期货市场行情有较大幅度的下跌。

2011年，金融市场总成交额继续增长，全年累计成交379.74万亿元(包含同业拆借市场、债券市场、黄金市场、股票市场以及期货市场)。其中，黄金市场交易量同比增长53.31%，连续两年取得50%以上的增长，其他市场除股票市场受累于股指下跌和权证到期成交量明显下降，以及债券市场现券交易同比下滑0.70%之外，成交额增长也在10%～20%之间。2011年，在多种因素的综合影响下，我国金融市场震荡幅度加大，且行情分化明显。上证综指下跌21.68%，深证成指下跌28.41%，其中，以航空、有色金属及航运等板块下跌幅度较大；银行间债券总指数先降后升，全年呈“V”型走势上涨1.2%。2011年，除黄金和燃料油期货品种价格有所上涨外，其余各商品期货价格均有较大幅度的下跌。在下跌品种中，早稻、玉米和大豆等部分农产品及铝跌幅较小，为5%以内；橡胶跌幅最大，为35.04%，其余品种价格均下跌了10%以上。金融市场参与主体继续呈现多元化的特征，截至2011年末，银行间债券市场参与者达到11 162家，比2010年末增加927家，增长了9.06%，形成了以做市商为核心、金融机构为主体、其他机构投资者共同参与的多层次市场结构，银行间债券市场已成为各类市场主体进行投融资活动的重要平台。

2011年，金融市场制度建设进一步完善，系统性风险监测评估不断加强，交叉性金融工具的风险得到密切监控，市场运行机制也不断完善。中国证监会发布系列规章，进一步完善了股票市场和期货市场的交易制度，主要包括：正式推出转融通制度，打通社会资金和证券的融通渠道；界定了期货咨询业务，从资本实力和合规角度对从事这项业务的条件作出了规定；对QFII参与股指期货的程序、投资与成交金额、业务范围等进行了综合规定。为了规范商业银行代理保险市场秩序，中国保监会和中国银监会2011年3月7日联合发布了《商业银行代理保险业务监管指引》。2011年7月7日，中国保监会发布《保险公司资本保证金管理办法》，旨在进一步加强对保险公司资本保证金的监管。2011年9月23日，中国保监会发布《关于加强机动车辆商业保险条款费率管理的通知（征求意见稿）》，旨在进一步规范机动车辆商业保险市场秩序，完善商业车险监管制度，维护社会公众利益，防止不正当竞争。

根据中国证监会《上市公司行业分类指引》，金融、保险业门类下分为银行业、保险业、证券期货业、金融信托业、基金业和其他金融业6个大类。

2011年，我国银行业认真贯彻宏观调控政策，保持合理的信贷投放，整体运行稳健。各项改革稳步推进，资产负债规模持续扩大，对“三农”和小微企业的金融支持力度进一步加强，资产质量不断提高，稳健性标准和监管水平进一步提升。但受经营环境和结构调整等因素影响，不良贷款反弹和资本补充压力加大，重点领域风险管控仍需加强，部分机构流动性管理有待加强。截至2011年底，银行业金融机构资产总额113.3万亿元，比年初增加18万亿元，增长18.9%；负债总额106.1万亿元，比年初增长16.6万亿元，增长18.6%；所有者权益7.2万亿元，比年初增加1.4万亿元，增长23.6%。截至2011年底，银行业金融机构本外币各项存款余额82.7万亿元，比年初增长9.9万亿元，同比增长13.5%；本外币各项贷款余额58.2万亿元，比年初增加7.9万亿元，同比增长15.7%。2011年，在贷款稳步增加、资本质量要求持续提高的形势下，商业银行整体加权平均资本充足率12.71%，同比上升0.55个百分点；加权平均核心资本充足率10.24%，同比上升0.16

个百分点;390 家商业银行的资本充足率水平全部超过 8%。受经营环境和结构调整等因素影响,银行业面临的资产质量压力加大。截至 2011 年底,银行业金融机构不良贷款余额 1.05 万亿元,比年初减少 1 904 亿元,不良贷款率 1.77%,同比下降 0.66 个百分点。抗风险能力进一步增强,截至 2011 年底,商业银行贷款损失准备金额 1.19 万亿元,比年初增加 2 461 亿元;拨备覆盖率 278.1%,同比提高 60.4 个百分点。盈利水平稳步提高,收入结构继续优化。2011 年,银行业金融机构实现税后利润 1.25 万亿元,同比增长 39.3%;资本利润率 19.2%,同比提高 1.7 个百分点;资产利润率 1.2%,同比提高 0.17 个百分点。从利润来源来看,银行业利润增长主要来源于以信贷为主的生息资产规模的增长,以及银行经营效率提高(成本收入比下降),信用风险控制较好(不良水平较低)以及利差基本稳定。

2011 年,保险业在较为困难的情况下总体保持平稳发展态势,资产规模持续扩大,机构体系不断完善,保费收入增长,服务领域拓宽,改革创新继续推进,监管体系不断完善,对外开放水平进一步提高。但保险业资金运用收益率降低,偿付能力总体下降,部分公司资产补充压力加大。根据中国保监会统计数据,截至 2011 年底,全国共有保险集团公司 10 家,保险公司 130 家,保险资产管理公司 11 家。2011 年,中国保险业共实现保费收入 14 341 亿元,同比增长 10.5%。保险深度 3.04%,保险密度1 064.4 元。赔款给付金额达 3 929.8 亿元,同比增长 27.5%。截至 2011 年底,保险公司总资产达到 59 946.2 亿元,较年初增加 9 479 亿元。保险资金运用余额为 55 473.9 亿元,较年初增加 9 427.8 亿元。在资本市场出现较大波动的不利情况下,全行业共实现投资收益 1 826 亿元,平均收益率为 3.57%。

2011 年,受累于市场的疲弱,证券业公司经营业绩继续下滑。根据中国证券业协会提供的数据,2011 年证券业营业收入为 1 359.50亿元,同比减少 33.64%;净利润为 393.77 亿元,同比下降 47.24%;证券业的净资产收益率从 2010 年的 13.26% 大幅下滑至 6.25%。按照业务收入构成来看,尽管 2011 年创新业务的开展使得证券行业对经纪业务的依赖有所降低,但经纪业务仍是证券业最主要的收入来源,收入占比为 50.67%,较 2010 年的 54.48% 下降 3.81 个百分点。2011 年日均股票交易额同比减少 23.4%,仅为 1 728 亿元,加上经纪业务手续费率继续下滑,使得 2011 年证券业手续费收入同比减少 38.69%,为 688.87 亿元。

2011 年,信托行业业务规模继续迅速增长,受益于此,信托行业业绩也随之攀升,业务结构继续改善。根据信托业协会数据,信托业 2011 年底固有资产和信托资产分别增长 23.03% 和 58.25%,为 1 825.08 亿元和 48 114.38 亿元。2011 年信托行业利润总额为 298.57 亿元,同比大幅增长 88.06%。从运用方式看,信托资产的运用仍以贷款方式为主,但占比已经下降到 37.40%;从投向上看,基础产业和工商企业占据较大份额。

二、行业内上市公司发展概况

(一)行业内上市公司基本情况

截至 2011 年底,金融、保险业共有 A、B 股票数 41 只(全部在 A 股上市),占沪深两市 A、B 股票总数的 1.69%。截至 2011 年底，金融、保险业上市公司境内总市值50 679.90亿元，流通A股市值为39 253.74亿元，分别占沪深两市境内总市值的23.48%和流通A股市值的24.07%，在所有行业中排名第一。

表1　　2011年金融、保险业上市公司发行股票概况

门　类	A、B股总数	A股股票数	B股股票数	境内总市值（亿元）	流通A股市值（亿元）	流通B股市值（亿元）
金融、保险业	41	41	0	50 679.90	39 253.74	0.00
占沪深两市比重（%）	1.69	1.69	0.00	23.48	24.07	0.00

资料来源：沪深交易所，天相投资分析系统

（二）上市公司构成情况

按上市地划分，截至2011年底，金融、保险业中在上海证券交易所上市的公司有31家，在深圳证券交易所上市的公司有10家。行业内上市公司在境内均只在A股上市。

从经营角度来看，截至2011年底，金融、保险业内A股上市公司无ST公司。

表2　　2011年金融、保险业上市公司构成情况

门　类	沪　市			深　市			ST/＊ST
	仅A股	仅B股	A＋B股	仅A股	仅B股	A＋B股	
金融、保险业（家）	31	0	0	10	0	0	0/0
占行业内上市公司比重（%）	75.61	0.00	0.00	24.39	0.00	0.00	0/0

资料来源：沪深交易所，天相投资分析系统

按公司所处行业大类划分，截至2011年底，中国证监会《上市公司行业分类指引》中金融、保险业门类下银行业、保险业、证券期货业、金融信托业及其他金融业在A股市场有上市公司，上述5个大类所涵盖的上市公司数量分别为16家、4家、16家、3家和2家。

表3　　2011年金融、保险业上市公司各子行业分布明细

A、B股类别	公司代码	公司名称	所属大类
沪市A股	601318	中国平安	保险业
	601336	XD新华保	
	601601	中国太保	
	601628	中国人寿	
	600643	爱建股份	金融信托业
	600816	安信信托	

续表

A、B 股票类型	公司代码	公司名称	所属大类
沪市 A 股	601788	光大证券	其他金融业
	601901	方正证券	
	600000	浦发银行	银行业
	600015	华夏银行	
	600016	民生银行	
	600036	招商银行	
	601009	南京银行	
	601166	兴业银行	
	601169	北京银行	
	601288	农业银行	
	601328	交通银行	
	601398	工商银行	
	601818	光大银行	
	601939	建设银行	
	601988	中国银行	
	601998	中信银行	
	600030	中信证券	证券、期货业
	600109	国金证券	
	600369	西南证券	
	600837	海通证券	
	600999	招商证券	
	601099	太平洋	
	601377	兴业证券	
	601555	东吴证券	
	601688	华泰证券	
深市 A 股	000563	陕国投 A	金融信托业
	000001	深发展 A	银行业
	002142	宁波银行	
	000562	宏源证券	证券、期货业
	000686	东北证券	
	000728	国元证券	
	000750	国海证券	
	000776	广发证券	
	000783	长江证券	
	002500	山西证券	

资料来源：沪深交易所，天相投资分析系统

（三）行业内上市公司融资情况

2011 年全年金融、保险业有 9 家公司（分别为深发展 A、国海证券、广发证券、长江证券、华夏银行、新华保险、东吴证券、方正证券、中信银行）进行了 9 次融资，占沪深两市 473 家融资公司的 1.90%。其中，3 次融资为首发（分别为新华保险、东吴证券和方正证券),占沪深两市首发公司总数的1.08%;1次融资为配股(为中信银行),占沪深两市配股公司总数的7.69%;5次融资为增发(分别为深发展A、国海证券、广发证券、长江证券和华夏证券),占沪深两市增发公司总数的2.73%。从各金融子行业融资企业数量占比来看,证券、期货业占比最高,达到45%;银行业次之,达到33%;而保险业和其他金融业占比分别为11%和11%。

从融资规模来看,2011年金融、保险业上市公司实际募集资金954.10亿元。其中,单次募集资金超过100亿元的融资共有4次,分别为:深发展A增发实际募集资金达到290.80亿元;华夏银行增发实际募集资金达到201.07亿元;中信银行配股实际募集资金达到174.88亿元;广发证券增发实际募集资金达到120.00亿元。

表4　2011年金融、保险业上市公司与沪深两市融资情况对比　单位:家

	融资家数	新　股	配　股	增　发
金融、保险业	9	3	1	5
沪深两市总数	473	277	13	183
占比(%)	1.90	1.08	7.69	2.73

资料来源:沪深交易所,天相投资分析系统

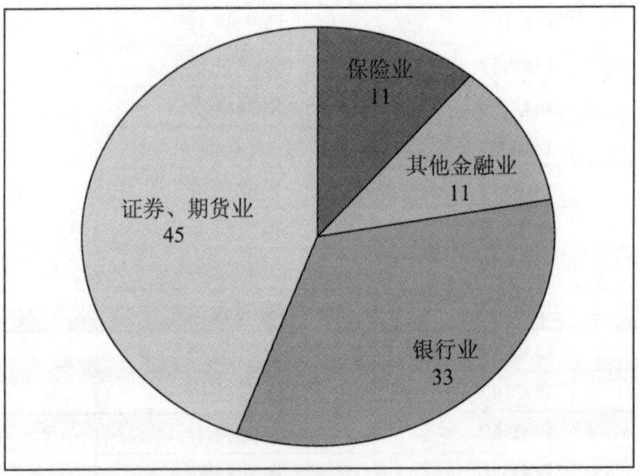

图1　2011年金融、保险业上市公司各子行业融资企业数量占比(%)

资料来源:沪深交易所,天相投资分析系统

表5　2011年金融、保险业上市公司融资情况

代　码	公司名称	融资类别	所属大类	证券类型
000001	深发展A	增　发	银行业	深市主板
000750	国海证券	增　发	证券、期货业	深市主板
000776	广发证券	增　发	证券、期货业	深市主板
000783	长江证券	增　发	证券、期货业	深市主板

续表

代　码	公司名称	融资类别	所属大类	证券类型
600015	华夏银行	增　发	银行业	沪　市
601336	新华保险	首　发	保险业	沪　市
601555	东吴证券	首　发	证券、期货业	沪　市
601901	方正证券	首　发	其他金融业	沪　市
601998	中信银行	配　股	银行业	沪　市

资料来源：沪深交易所，天相投资分析系统

表 6　　2011 年金融、保险业上市公司融资明细

代　码	公司名称	发行价格（元）	实际发行数量（万股）	实募集资金数（亿元）
000001	深发展 A	17.75	163 833.67	290.80
000750	国海证券	3.72	50 172.32	18.66
000776	广发证券	26.91	45 260.00	120.00
000783	长江证券	12.67	20 000.00	24.76
600015	华夏银行	10.87	185 919.75	201.07
601336	新华保险	23.25	15 854.00	35.94
601555	东吴证券	6.50	50 000.00	31.50
601901	方正证券	3.90	150 000.00	56.48
601998	中信银行	3.33	527 362.25	174.88
	总　计		1 208 401.98	954.10

资料来源：沪深交易所，天相投资分析系统

（四）行业内上市公司资产及业绩情况

由于 1 家保险公司及 2 家证券公司的上市，2011 年金融、保险业上市公司资产仍保持了较快的增长速度。截至 2011 年底，金融、保险业上市公司资产总值达到 800 529.25亿元，按可比样本计算同比增长 17.57%；归属于母公司股东权益52 359.04 亿元，按可比样本计算同比增长 18.13%。

表 7　　2011 年金融、保险业上市公司资产情况　　单位：亿元

指　标	2011 年	2011 年可比样本增长（%）	2010 年	2010 年可比样本增长（%）	2009 年
总资产	800 529.25	17.57	677 390.93	17.80	471 668.46
流动资产	232 867.20	33.13	174 006.33	25.17	110 785.87
占比（%）	29.09	3.40	25.69	1.51	23.49
非流动资产	567 662.04	12.19	503 384.60	15.45	360 882.58

续表

指　标	2011 年	2011 年可比样本增长(%)	2010 年	2010 年可比样本增长(%)	2009 年
占比(%)	70.91	-3.40	74.31	-1.51	76.51
流动负债	728 097.21	17.07	618 642.48	17.18	430 736.00
占比(%)	90.95	-0.39	91.33	-0.48	91.32
非流动负债	19 058.86	35.25	14 065.55	15.19	10 391.43
占比(%)	2.38	0.31	2.08	-0.05	2.20
归属于母公司股东权益	52 359.04	18.13	44 128.67	28.78	29 950.78
占比(%)	6.54	0.03	6.51	0.56	6.35

资料来源:沪深交易所,天相投资分析系统

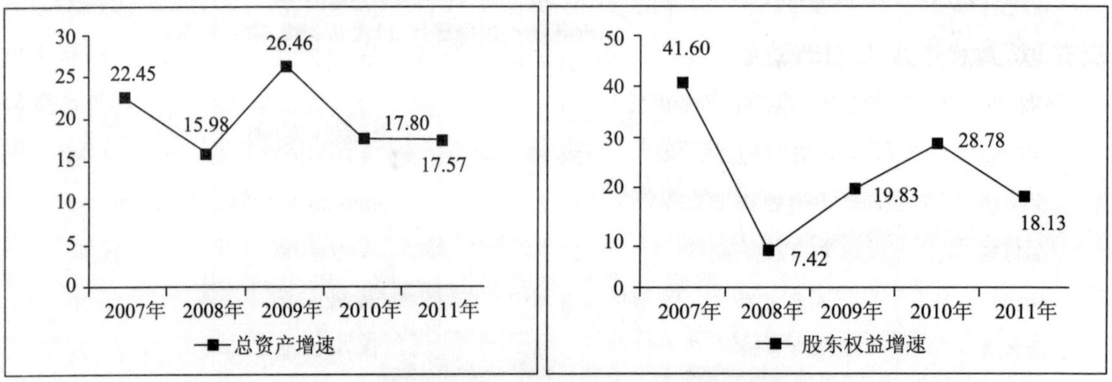

图 2　金融、保险业上市公司 2007—2011 年可比样本总资产和归属母公司股东权益变化情况(%)

资料来源:沪深交易所,天相投资分析系统

根据 2011 年年报数据,金融、保险业上市公司合计实现营业收入 32 098.77 亿元,按可比样本计算,同比增幅达到 20.10%;利润总额 12 470.06 亿元,按可比样本计算,同比增长 23.17%;实现归属于母公司所有者的净利润 9 508.09 亿元,按可比样本计算,同比增长 22.48%。

表 8　　2011 年金融、保险业上市公司收入实现情况　　单位:亿元

指　标	2011 年	2011 年可比样本增长(%)	2010 年	2010 年可比样本增长(%)	2009 年
营业收入	32 098.77	20.10	25 653.69	23.71	18 004.32
利润总额	12 470.06	23.17	10 076.70	29.77	6 767.80
归属于母公司所有者的净利润	9 508.09	22.48	7 722.12	28.87	5 155.95

资料来源:沪深交易所,天相投资分析系统

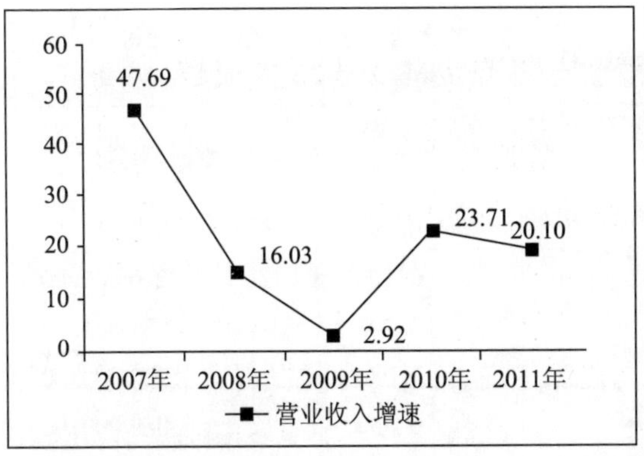

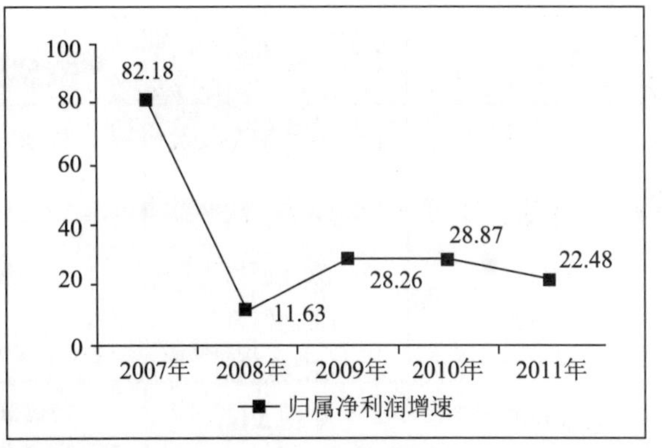

图3　金融、保险业上市公司2007—2011年可比样本营业收入及归属于母公司所有者的净利润变化情况(%)

资料来源:沪深交易所,天相投资分析系统

(五)利润分配情况

2011年全年金融、保险业上市公司中共有35家实施了利润分配。2011年金融、保险业分配利润占比达到30.36%,基本与2010年持平。

表9　2011年金融、保险业上市公司分红明细

代　码	名　称	送股及转增比例	每股派息（税前　元）	基准股本（万股）
000563	陕国投A	—	0.060	57 841.30
000750	国海证券	1.500	0.150	71 678.06
000776	广发证券	1.000	0.500	295 964.57
000783	长江证券	—	0.100	237 123.38
002142	宁波银行	—	0.200	288 382.05
002500	山西证券	—	0.050	239 980.00
600000	浦发银行	—	0.300	1 865 347.14
600016	民生银行	—	0.300	2 836 558.52
600030	中信证券	—	0.430	1 101 690.84
600036	招商银行	—	0.420	2 157 660.89
600109	国金证券	—	0.100	100 024.21
600837	海通证券	—	0.150	822 782.12
600999	招商证券	—	0.150	466 109.98
601009	南京银行	—	0.300	296 893.32
601099	太平洋	0.100	0.035	150 331.33
601169	北京银行	0.200	0.200	733 346.63
601288	农业银行	—	0.132	32 479 411.70

续表

代　码	名　称	送股及转增比例	每股派息（税前　元）	基准股本（万股）
601318	中国平安	—	0.250	791 614.21
601328	交通银行	—	0.100	6 188 560.55
601336	新华保险	—	0.090	311 954.66
601377	兴业证券	—	0.100	220 000.00
601398	工商银行	—	0.203	34 931 343.79
601555	东吴证券	—	0.080	200 000.00
601601	中国太保	—	0.350	860 000.00
601628	中国人寿	—	0.230	2 826 470.50
601688	华泰证券	—	0.150	560 000.00
601788	光大证券	—	0.262	341 800.00
601818	光大银行	—	0.133	4 043 479.00
601901	方正证券	—	0.070	610 000.00
601939	建设银行	—	0.237	25 001 097.75
601988	中国银行	—	0.155	27 914 733.66
601998	中信银行	—	0.145	4 678 732.70
600369	西南证券	—	0.550	232 255.46
601318	中国平安	—	0.150	791 614.21
601998	中信银行	—	0.055	3 903 334.41

资料来源：沪深交易所，天相投资分析系统

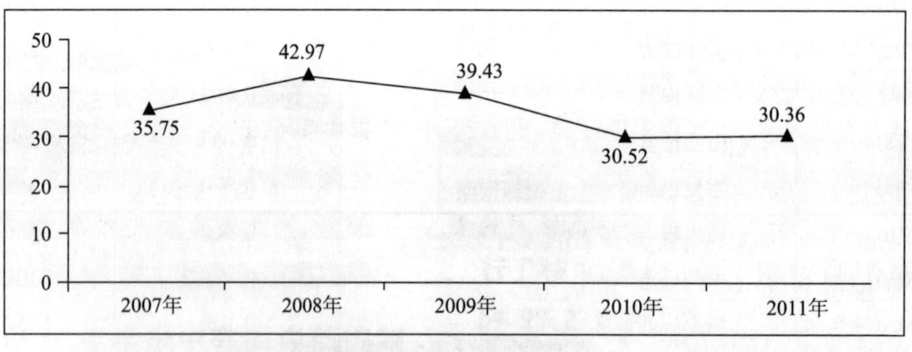

图4　金融、保险业上市公司2007—2011年分配利润占比情况（%）

资料来源：沪深交易所，天相投资分析系统

（六）其他财务指标情况

1. 盈利能力指标

2011年，金融、保险业上市公司总体盈利能力按可比样本计算相比2010年继续稳步提升。2011年净资产收益率为18.16%，总资产净利率为1.28%，按可比样本计算分别比2010年上升0.64个和0.05个百分点；净利润率为29.62%，按可比样本计算比2010年上升0.58个百分点。

2. 偿债能力指标

2011年,金融、保险业上市公司总体负债率水平按可比样本计算略微下降。2011年底资产负债率为93.33%,按可比样本计算比2010年底下降0.08个百分点。

3. 营运能力指标

2011年,按可比样本计算,金融、保险业上市公司整体总资产周转率保持稳定,净资产周转率略有下降。2011年总资产周转率为0.04次,按可比样本计算与2011年持平;净资产周转率为0.65次,按可比样本计算比2010年下降0.02次。

表10　　2011年金融、保险业上市公司盈利能力情况

指　标	2011年	2011年可比样本变动	2010年	2010年可比样本变动	2009年
毛利率(%)	38.61	0.97	39.03	1.82	37.35
净资产收益率(%)	18.16	0.64	17.50	0.01	17.21
销售净利率(%)	29.62	0.58	30.10	1.21	28.64
资产净利率(%)	1.28	0.05	1.23	0.07	1.22

资料来源:沪深交易所,天相投资分析系统

表11　　2011年金融、保险业上市公司偿债能力指标

指　标	2011年	2011年可比样本变动	2010年	2010年可比样本变动	2009年
流动比率	0.32	0.04	0.28	0.02	0.26
速动比率	0.32	0.04	0.28	0.02	0.26
资产负债率(%)	93.33	-0.08	93.40	-0.53	93.52

资料来源:沪深交易所,天相投资分析系统

表12　　2011年金融、保险业上市公司营运能力情况　　单位:次

指　标	2011年	2011年可比样本变动	2010年	2010年可比样本变动	2009年
存货周转率	8 846.25	7 603.59	1166.10	468.27	604.53
应收账款周转率	17.86	-162.04	172.67	137.88	30.20
流动资产周转率	0.16	-0.01	0.16	0.00	0.17
固定资产周转率	5.46	0.41	4.88	0.52	5.05
总资产周转率	0.04	0.00	0.04	0.00	0.04
净资产周转率	0.65	-0.02	0.64	-0.01	0.64

资料来源:沪深交易所,天相投资分析系统

三、重点细分行业介绍

截至2011年底,银行业共有上市公司16家,占金融、保险业上市公司的比重为39.02%,境内总市值占金融、保险业上市公司的比重为75.21%;保险业共有上市公司4家,占金融、保险业上市公司的比重为9.76%,境内总市值占金融、保险业上市公司的比重为14.10%;证券、期货业共有上市公司16家,占金融、保险业上市公司的比重为39.02%,境内总市值占金融、保险业上市公司比重为9.21%;金融信托业共有上市公司3家,占金融、保险业上市公司的比重为

7.32%，境内总市值占金融、保险业上市公司的比重为0.30%；其他金融业共有上市公司2家，占金融、保险业上市公司的比重为4.88%，总市值占金融、保险业上市公司的比重为1.20%。

表13　2011年金融、保险业上市公司数量分布及市值情况

大　类	上市公司家数（家）	占行业内比重（%）	境内总市值（亿元）	占行业内比重（%）
保险业	4	9.76	7 110.67	14.10
金融信托业	3	7.32	149.96	0.30
其他金融业	2	4.88	603.01	1.20
银行业	16	39.02	37 936.12	75.21
证券、期货业	16	39.02	4 643.38	9.21

资料来源：沪深交易所，天相投资分析系统

（一）保险业

1. 行业概况

2011年，保险业积极应对经济金融与环境变化，保持业务平稳健康发展；市场格局更加合理，发展的协调性进一步增强；业务结构调整继续推进，发展的可持续性有所改善；资金运用结构及时调整，投资资产规模稳健增长；行业监管不断加强和改善，监管的科学性和有效性逐步增强。

2011年，全国实现保费收入1.43万亿元，同比增长10.5%。保险深度3.04%，保险密度1 064.4元。保险公司全年赔付金额3 929.8亿元，同比增长27.5%。保险业整体实力再上新台阶，保险公司总资产接近6万亿元，同比增长18.8%；净资产5 754.9亿元，比上年末增加546亿元。保险公司资金运用余额达到5.5万亿元，同比增长17.9%；在复杂的投资环境中实现投资收益1 826亿元，平均收益率为3.57%。全国共有保险集团公司10家，保险公司130家，保险资产管理公司11家。

从非寿险业务来看，2011年，非寿险公司业务平稳较快发展，实现保费收入4 780.9亿元，同比增长18.7%。保费收入构成前5位的是车险、企财险、农业险、责任险和信用险，分别为3 504.6亿元、329.6亿元、174亿元、148亿元和115.4亿元，占全部保费收入的89.3%。非寿险多数险种实现较快增长，其中，车险、企财险、农业险、责任险、保证险和货运险分别增长16.7%、21.3%、28.1%、27.7%、146.6%、24.2%。2011年，财产险市场发展更趋稳健，市场集中度小幅回落。截至2011年底，全国共有非寿险公司60家，保费收入前5家公司的市场份额共计74.4%，较2010年同期下降0.2个百分点。

从寿险业务来看，2011年，寿险公司保费收入继续保持增长态势，但增速有所放缓。全年累计实现保费收入9 560亿元，同比增长6.9%。截至2011年底，寿险公司新单保费5 364.4亿元，同比增长-6.8%，占寿险公司保费的56.1%。其中，新单期缴保费1 478.7亿元，同比增长-2.6%，占寿险新单保费的27.6%。2011年，受会计准则

调整及寿险公司继续优化产品结构等因素影响，分红险占比继续提高，投连险、万能险出现一定幅度的萎缩。具体来说，分红险保费收入为7 662.5亿元，同比增长6.7%，占寿险公司保费收入的80.2%；普通寿险保费收入为951.2亿元，同比增长-0.5%，占寿险公司保费收入的9.9%；健康险和意外险保费收入为864.7亿元，同比增长20.4%，占寿险公司保费收入的9%；万能险保费收入为77.1亿元，同比增长-8.3%；投连险保费收入为4.5亿元，同比增长-14.1%。2011年，寿险市场发展平稳，市场主体稳步增加，市场集中度保持稳定。截至2011年底，全国共有62家人身保险公司，保费前5家寿险公司市场份额合计为72.7%，与2010年同期基本持平。

2011年，保险机构积极适应市场变化，灵活调整投资策略，有效规避投资风险，资产配置结构持续改善。其中，固定收益类资产比重基本稳定，银行存款达17 737.2亿元，占比为32%，较2010年末提高了2.1个百分点；债券投资余额达26 124.7亿元，占比为47.1%，较2010年末降低2.1个百分点。权益类投资仓位有所下降，证券投资基金为2 915.9亿元，占比为5.3%，较2010年末降低1.4个百分点；股票投资余额3 801.9亿元，占比为6.9%，较2010年末降低1个百分点。未上市公司股权、投资性房地产等其他类别投资较快增长。在2011年资本出现较大波动的不利情况下，全行业共实现投资收益1 826亿元，平均收益率为3.57%。

2. 行业内上市公司发展状况

截至2011年底，A股市场共有4家上市保险公司，其中，新华保险为2011年12月16日首发上市。总体而言，2011年，上市保险公司主营业务收入平稳增长，业绩受到投资收益水平波动而明显下降。

2011年，保险业上市公司总资产为4.83万亿元，受益于新华保险A股首发上市，保险业上市公司总资产同比大幅增长按可比样本计算43.55%；归属于母公司股东权益为4 304.99亿元，按可比样本计算同比增长5.62%。

2011年，保险业上市公司共实现营业收入9 014.46亿元，按可比样本计算同比增长9.66%；实现利润总额642.13亿元，按可比样本计算同比下降15.82%；实现归属于母公司所有者的净利润489.18亿元，按可比样本计算同比下降20.77%。净资产收益率为11.36%，按可比样本计算同比下降3.78个百分点；总资产收益率为1.19%，按可比样本计算同比下降0.82个百分点。

2011年，保险业上市公司负债水平有所提高。截至2011年底，资产负债率为90.18%，按可比样本计算同比上升2.53个百分点。

表14　2011年保险业上市公司收入及资产增长情况　单位：亿元

指　标	2011年	2011年可比样本增长(%)	2010年	2010年可比样本增长(%)	2009年
营业收入	9 014.46	9.66	7195.19	21.10	5 941.74
利润总额	642.13	-15.82	740.25	4.01	711.70

续表

指　标	2011 年	2011 年可比样本增长(%)	2010 年	2010 年可比样本增长(%)	2009 年
归属于母公司所有者的净利润	489.18	-20.77	594.94	9.93	541.20
总资产	48 267.14	43.55	30 579.17	19.49	25 591.56
归属于母公司股东权益	4 304.99	5.62	4 010.37	8.19	3 706.93

资料来源:沪深交易所,天相投资分析系统

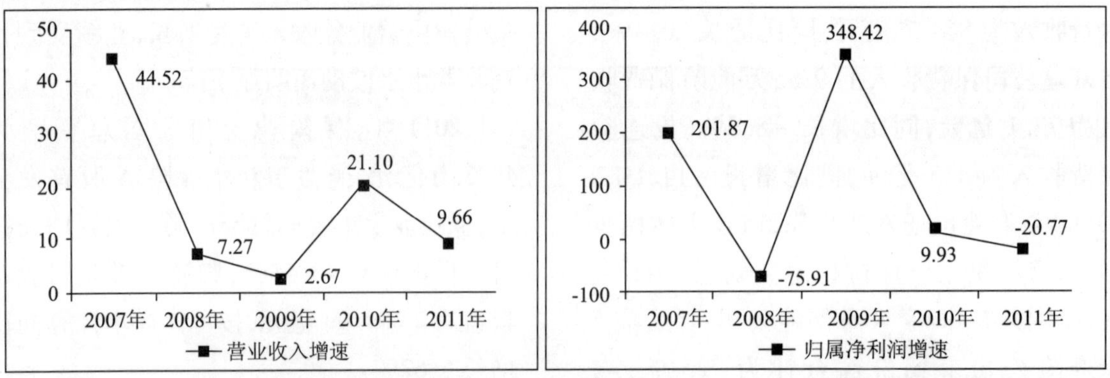

图 5　保险业上市公司 2007—2011 年可比样本营业收入及归属母公司股东净利润变化情况(%)

资料来源:沪深交易所,天相投资分析系统

表 15　2011 年保险业上市公司盈利能力情况

指　标	2011 年	2011 年可比样本变动	2010 年	2010 年可比样本变动	2009 年
毛利率(%)	7.04	-2.24	10.29	-1.66	11.95
净资产收益率(%)	11.36	-3.78	14.84	0.24	14.60
销售净利率(%)	5.43	-2.08	8.27	-0.84	9.11
资产净利率(%)	1.19	-0.82	2.12	-0.25	2.37

资料来源:沪深交易所,天相投资分析系统

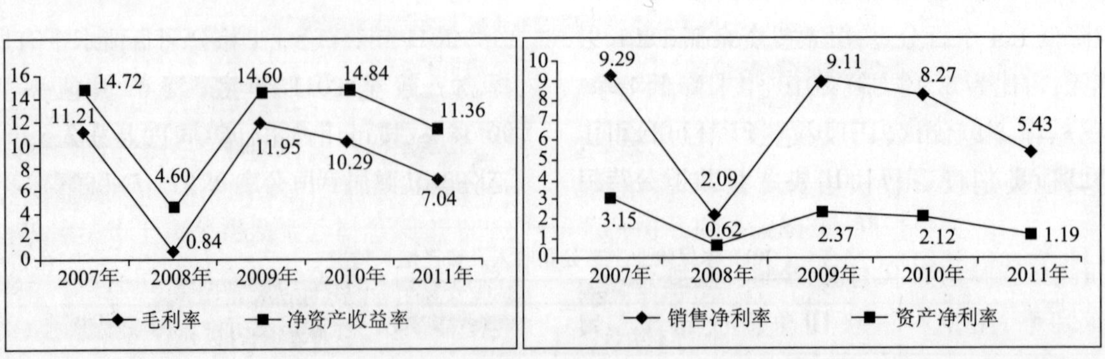

图 6　保险业上市公司 2007—2011 年盈利能力指标情况(%)

资料来源:沪深交易所,天相投资分析系统

表 16　　2011 年保险业上市公司偿债及营运情况

指　标	2011 年	2011 年可比样本变动	2010 年	2010 年可比样本变动	2009 年
资产负债率(%)	90.18	2.53	86.63	1.48	85.14
存货周转率(次)	17 277.53	16 378.52	778.18	108.28	669.90
总资产周转率(次)	0.22	-0.05	0.26	0.00	0.26

资料来源:沪深交易所,天相投资分析系统

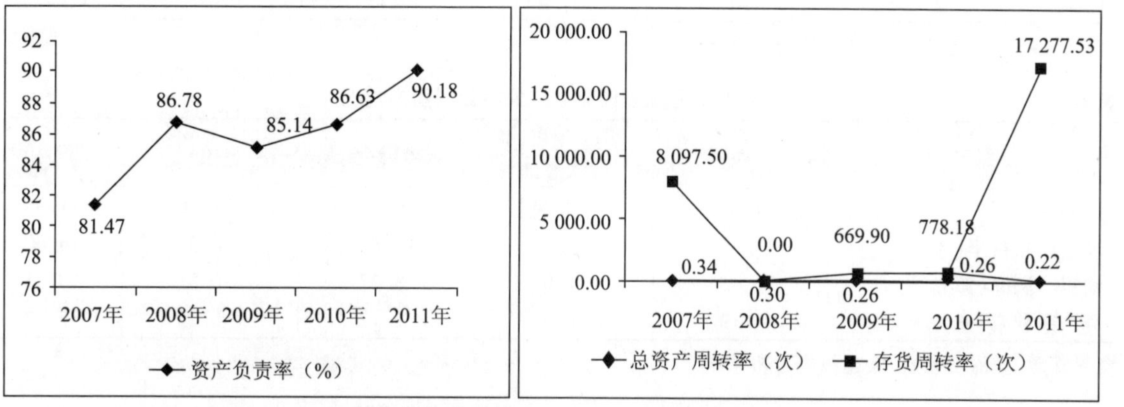

图 7　保险业上市公司 2007—2011 年偿债及营运能力指标情况

资料来源:沪深交易所,天相投资分析系统

(二)金融信托业

1. 行业概况

2011 年,信托行业业务规模继续迅速增长,受益于此,信托行业业绩也随之攀升,业务结构继续改善。根据信托业协会数据,信托业 2011 年底固有资产和信托资产分别增长 23.03% 和 58.25%,为 1 825.08 亿元和 48 114.38 亿元。2011 年信托行业利润总额为 298.57 亿元,同比大幅增长 88.06%。从运用方式看,信托资产运用仍以贷款方式为主,但占比已经下降到 37.40%;从投向上看,基础产业和工商企业占据较大份额。

2. 行业内上市公司发展状况

到 2011 年底,A 股市场上市的金融信托业公司共 3 家。

2011 年,上市金融信托业公司共实现主营业务收入 10.93 亿元,按可比样本计算同比增长 19.75%;实现利润总额 5.90 亿元,按可比样本计算同比增长 70.61%;实现归属于母公司所有者的净利润 4.69 亿元,按可比样本计算同比增长 68.03%。净资产收益率为 11.36%,按可比样本计算同比下降 3.78 个百分点;总资产收益率为 15.16%,按可比样本计算同比上升 7.72 个百分点;资产负债率为 90.18%,按可比样本计算同比上升 2.53 个百分点。

表 17　　2011 年金融信托业上市公司收入及资产增长情况　　单位:亿元

指　标	2011 年	2011 年可比样本增长(%)	2010 年	2010 年可比样本增长(%)	2009 年
营业收入	10.93	19.75	9.13	-0.49	9.18
利润总额	5.90	70.61	3.46	109.68	1.65
归属于母公司所有者的净利润	4.69	68.03	2.79	81.83	1.53
总资产	40.56	8.85	37.26	-1.23	37.73
归属于母公司股东权益	27.32	18.20	23.11	16.45	19.85

资料来源:沪深交易所,天相投资分析系统

表 18　　2011 年金融信托业上市公司盈利能力情况

指　标	2011 年	2011 年可比样本变动	2010 年	2010 年可比样本变动	2009 年
毛利率(%)	7.04	-2.24	10.29	-1.66	11.95
净资产收益率(%)	11.36	-3.78	14.84	0.24	14.60
销售净利率(%)	5.43	-2.08	8.27	-0.84	9.11
资产净利率(%)	1.19	-0.82	2.12	-0.25	2.37

资料来源:沪深交易所,天相投资分析系统

表 19　　2011 年金融信托业上市公司偿债及营运情况

指　标	2011 年	2011 年可比样本变动	2010 年	2010 年可比样本变动	2009 年
资产负债率(%)	90.18	2.53	86.63	1.48	85.14
存货周转率(次)	17 277.53	16 378.52	778.18	108.28	669.90
总资产周转率(次)	0.22	-0.05	0.26	0.00	0.26

资料来源:沪深交易所,天相投资分析系统

(三)其他金融业

1. 行业概况

2011 年,其他金融业(有光大证券和方正证券两家上市公司)业务受累于市场震荡,主营业务收入及盈利均有所下降。

2. 行业内上市公司发展状况

截至 2011 年底,A 股市场上市的其他金融业公司有 2 家,为光大证券和方正证券。

2011 年,光大证券和方正证券共实现主营业务收入 62.08 亿元,同比减少 23.76%;实现利润总额 24.52 亿元,同比减少 47.79%;实现归属于母公司所有者的净利润 18.01 亿元,同比减少 47.76%。净资产收益率为 5.05%,同比下降 5.95 个百分点;总资产收益率为 3.12%,同比下降 0.50 个百分点;资产负债率为 47.05%,同比下降 16.57 个百分点。

表 20　　2011 年其他金融业上市公司收入及资产增长情况　　单位:亿元

指　标	2011 年	2011 年增长(%)	2010 年	2010 年增长(%)	2009 年
营业收入	62.08	-23.76	50.54	-9.65	55.94
利润总额	24.52	-47.79	29.86	-23.86	39.22

续表

指　标	2011 年	2011 年增长（%）	2010 年	2010 年增长（%）	2009 年
归属于母公司所有者的净利润	18.01	-47.76	22.00	-22.17	28.27
总资产	694.71	-20.70	595.79	-3.94	620.21
归属于母公司股东权益	356.65	13.75	227.16	1.16	224.57

资料来源：沪深交易所，天相投资分析系统

表 21　　2011 年其他金融业上市公司盈利能力情况

指　标	2011 年	2011 年变动	2010 年	2010 年变动	2009 年
毛利率（%）	37.37	-18.24	56.46	-13.56	70.02
净资产收益率（%）	5.05	-5.95	9.69	-2.90	12.59
销售净利率（%）	29.02	-13.33	43.53	-7.00	50.53
资产净利率（%）	2.29	-1.57	3.62	-2.31	5.93

资料来源：沪深交易所，天相投资分析系统

表 22　　其他金融业上市公司偿债及营运情况

指　标	2011 年	2011 年变动	2010 年	2010 年变动	2009 年
资产负债率（%）	47.05	-16.57	61.56	-1.95	63.51
总资产周转率（次）	0.08	-0.01	0.08	-0.03	0.12

资料来源：沪深交易所，天相投资分析系统

（四）银行业

1. 行业概况

2011 年，我国银行业金融机构包括政策性银行 3 家，大型商业银行 5 家，股份制商业银行 12 家，城市商业银行 144 家，农村商业银行 212 家，农村合作银行 190 家，农村信用社 2 265 家，邮政储蓄银行 1 家，金融资产管理公司 4 家，外资法人金融机构 40 家，信托公司 66 家，企业集团财务公司 127 家，金融租赁公司 18 家，货币经纪公司 4 家，汽车金融公司 14 家，消费金融公司 4 家，村镇银行 635 家，贷款公司 10 家以及农村资金互助社 46 家。我国银行业金融机构共有法人机构 3 800 家，从业人员 319.8 万人。

银行业金融机构资产继续扩大。截至 2011 年底，银行业金融机构资产总额 113.3 万亿元，比 2011 年初增加 18 万亿元，同比增长 18.9%；负债总额 106.1 万亿元，比年初增加 16.6 万亿元，同比增长 18.6%；所有者权益 7.2 万亿元，比年初增加 1.4 亿元，同比增长 23.6%。存贷款规模稳步上升，银行业金融机构本外币各项存款余额 82.7 万亿元，比年初增加 9.9 万亿元，同比增长 13.5%；本外币各项贷款余额 58.2 万亿元，比年初增加 7.9 万亿元，同比增长 15.7%。

截至 2011 年底，390 家商业银行资本充足率全部超过 8%。在贷款快速增加、资本质量要求明显提高的形势下，商业银行整体加权平均资本充足率 12.71%，同比上升 0.55 个百分点；加权平均核心资本充足率

10.24%,同比上升0.16个百分点。

资产质量保持稳定。截至2011年底,银行业金融机构不良贷款余额1.05万亿元,比年初减少1 904亿元;不良贷款率1.77%,同比下降0.66个百分点。其中,商业银行不良贷款余额4 279亿元,比年初减少57亿元;不良贷款率0.96%,同比下降0.17个百分点。

抗风险能力进一步增强。截至2011年底,商业银行贷款损失准备金余额1.19万亿元,比年初增加2 461亿元;拨备覆盖率278.1%,同比提高60.4个百分点,风险抵补能力进一步提高。大型商业银行拨备覆盖率达到261.4%,同比提高54.6个百分点;股份制商业银行拨备覆盖率达到350.3%,同比提高72.7%。

盈利水平稳步提高,收入结构继续优化。收入结构继续优化。2011年,银行业金融机构实现税后利润1.25万亿元,同比增长39.3%;资本利润率19.2%,同比提高1.7个百分点;资产利润率1.2%,同比提高0.17个百分点。从利润来源来看,银行业利润增长主要源于以信贷为主的生息资产规模的增长,以及银行经营效率的提高(成本收入比下降)、信用风险控制较好(不良水平较低)以及基本稳定的利差。

银行业金融机构整体流动性水平小幅上升。截至2011年底,我国银行业金融机构流动性比例44.7%,同比上升1.04个百分点。存贷款比例72.7%,同比上升0.94个百分点。其中,商业银行人民币超额备付金率3.1%,同比下降0.08个百分点。

2. 行业内上市公司发展状况

2011年,银行业上市公司资产规模保持了快速增长,资产质量继续改善,净息差平稳提高,中间业务收入稳定增长,盈利能力持续提升。

2011年,银行业上市公司总资产为74.50万亿元,按可比样本计算同比增长16.70%;归属于母公司股东权益达到4.47万亿元,按可比样本计算同比增长19.92%。

2011年,银行业上市公司全年共实现主营业务收入22 338.33亿元,按可比样本计算同比增长27.22%;实现利润总额11 484.83亿元,按可比样本计算同比增长29.74%;实现归属于母公司所有者的净利润8 750.06亿元,按可比样本计算同比增长29.17%。净资产收益率为19.58%,按可比样本计算同比提高1.40个百分点;资产净利率为1.27%,按可比样本计算同比提高0.12个百分点。

表23　2011年银行业上市公司收入及资产增长情况　单位:亿元

指　标	2011年	2011年可比样本增长(%)	2010年	2010年可比样本增长(%)	2009年
营业收入	22 338.33	27.22	17 558.85	26.23	11 445.24
利润总额	11 484.83	29.74	8 852.20	35.49	5 689.42
归属于母公司所有者的净利润	8 750.06	29.17	6 773.89	33.48	4 348.33
总资产	744 953.81	16.70	638 362.13	18.10	439 733.86
归属于母公司股东权益	44 696.25	19.92	37 271.41	32.15	24 294.18

资料来源:沪深交易所,天相投资分析系统

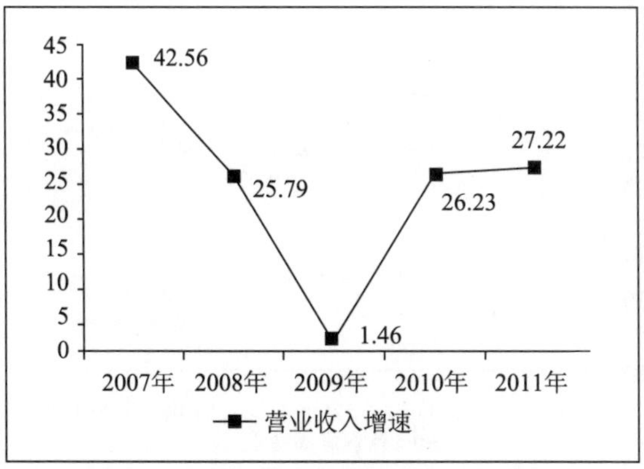

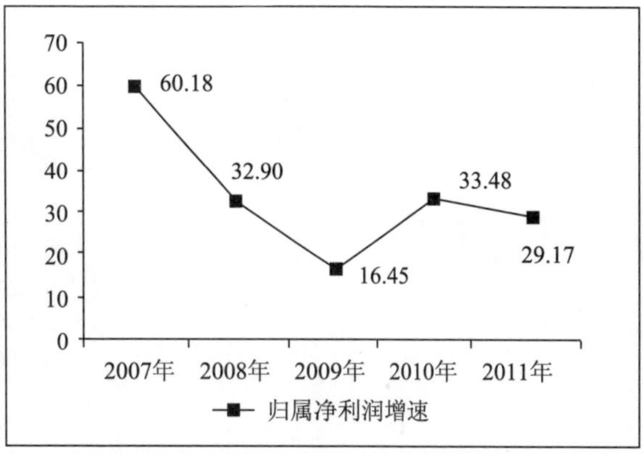

图 8 银行业上市公司 2007—2011 年可比样本营业收入及归属母公司股东净利润变化情况（%）

资料来源：沪深交易所，天相投资分析系统

表 24　　2011 年银行业上市公司盈利能力情况

指　标	2011 年	2011 年可比样本变动	2010 年	2010 年可比样本变动	2009 年
毛利率（%）	51.14	1.05	50.09	3.40	49.38
净资产收益率（%）	19.58	1.40	18.17	0.18	17.90
销售净利率（%）	39.17	0.59	38.58	2.10	37.99
资产净利率（%）	1.27	0.12	1.15	0.10	1.10

资料来源：沪深交易所，天相投资分析系统

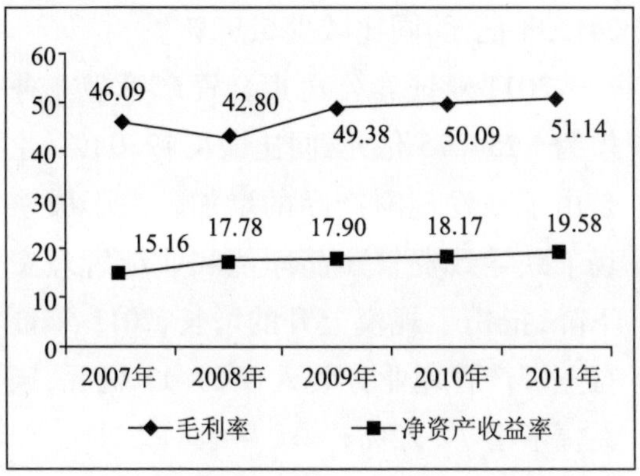

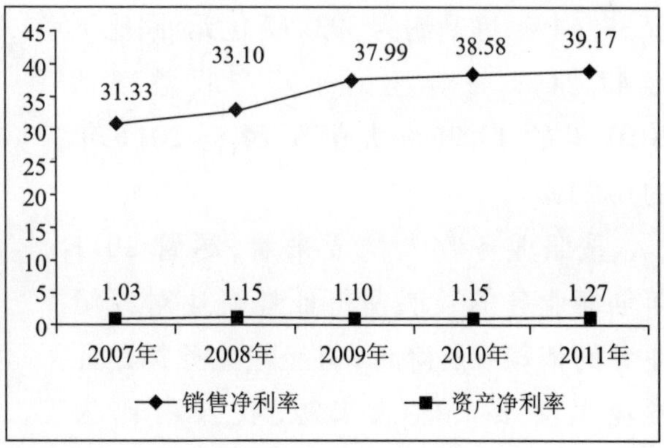

图 9 银行业上市公司 2007—2011 年盈利能力指标情况（%）

资料来源：沪深交易所，天相投资分析系统

表 25　　2011 年银行业上市公司偿债及营运情况

指　标	2011 年	2011 年可比样本变动	2010 年	2010 年可比样本变动	2009 年
资产负债率（%）	93.93	-0.16	94.09	-0.61	94.37
总资产周转率（次）	0.03	0.00	0.03	0.00	0.03

资料来源：沪深交易所，天相投资分析系统

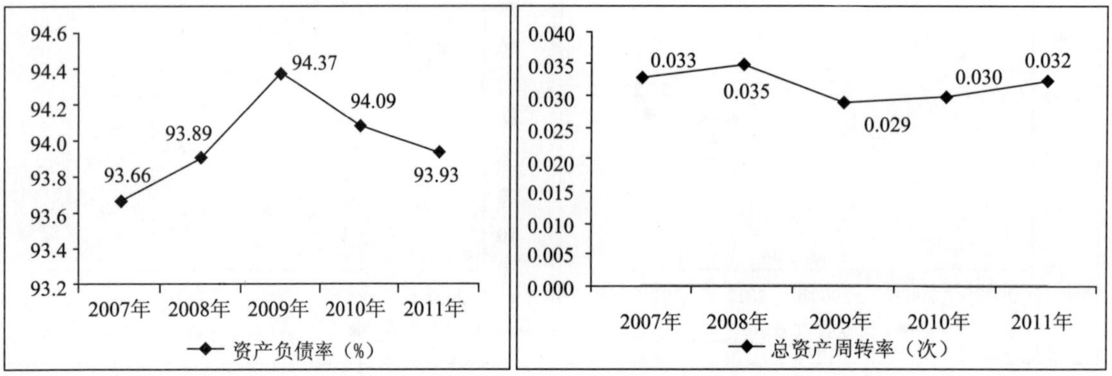

图10　银行业上市公司2007—2011年偿债及营运能力指标情况

资料来源：沪深交易所，天相投资分析系统

（五）证券、期货业

1. 行业概况

2011年，受累于市场的疲弱，证券业公司经营业绩继续下滑。

根据中国证券业协会的数据，2011年证券业营业收入为1 359.50亿元，同比减少33.64%；净利润为393.77亿元，同比下降47.24%；证券业的净资产收益率从2010年的13.26%大幅下滑至2011年的6.25%。

按照业务收入构成来看，尽管2011年创新业务的开展使得证券行业对经纪业务的依赖有所降低，但经纪业务仍是证券业最主要的收入来源，收入占比为50.67%，较2010年的54.48%下降3.81个百分点。2011年日均股票交易额同比减少23.4%，仅为1 728亿元，加上经纪业务手续费率继续下滑，使得2011年证券业手续费收入同比减少38.69%，为688.87亿元。

2011年A股市场震荡下行，交易量持续萎缩，尽管行业内几家大型公司直投业务进入业绩贡献期且年内债券市场回暖，但全年证券行业自营业务收入下滑明显，同比下降84.65%，仅为49.77亿元。

2011年，股票市场行情冷清，全年股票融资额为5 366.34亿元，同比减少44.05%。而债券融资额则明显增加，2011年企业主体债券融资额高达15 838.91亿元，同比增长57.02%。2011年证券行业承销业务收入为241.38亿元，同比减少5.92%。

2011年证券公司集合资产管理业务规模为1 254.75亿元，同比增长12.08%，主要是由于新发理财产品的增加。由于股票市场下跌导致资管产品净值和业绩管理费用下降，抵销了规模上升的增长，2011年证券行业资产管理业务收入仅21.13亿元，同比大幅下滑79.22%。

2. 行业内上市公司发展状况

截至2010年底，A股市场上市证券公司共有16家。

2011年，上市证券、期货业公司共实现主营业务收入672.96亿元，按可比样本计算同比下降21.57%；实现利润总额312.68亿元，按可比样本计算同比下降31.80%；实现归属于母公司所有者的净利润246.14亿元，按可比样本计算同比下降26.36%。净资产收益率为8.28%,按可比样本计算同比下降4.39个百分点;总资产收益率为4.36%,按可比样本计算同比下降0.02个百分点;资产负债率为54.24%,按可比样本计算同比下降12.47个百分点。

表26　　2011年证券、期货业上市公司收入及资产增长情况　　单位:亿元

指　标	2011年	2011年可比样本增长(%)	2010年	2010年可比样本增长(%)	2009年
营业收入	672.96	-21.57	839.98	2.44	552.22
利润总额	312.68	-31.80	450.93	-5.78	325.81
归属于母公司所有者的净利润	246.14	-26.36	328.50	-5.13	236.63
总资产	6 573.02	-18.00	7 816.58	-5.24	5 685.10
归属于母公司股东权益	2 973.83	12.71	2 596.62	23.02	1 705.27

资料来源:沪深交易所,天相投资分析系统

表27　　2011年证券、期货业上市公司盈利能力情况

指　标	2011年	2011年可比样本变动	2010年	2010年可比样本变动	2009年
毛利率(%)	45.61	-7.33	53.17	-4.31	58.25
净资产收益率(%)	8.28	-4.39	12.65	-3.75	13.88
销售净利率(%)	36.58	-2.38	39.11	-3.12	42.85
资产净利率(%)	3.37	-0.69	4.09	-1.25	5.25

资料来源:沪深交易所,天相投资分析系统

表28　　证券、期货业上市公司偿债及营运情况

指　标	2011年	2011年可比样本变动	2010年	2010年可比样本变动	2009年
资产负债率(%)	54.24	-12.47	66.41	-7.23	69.23
总资产周转率(次)	0.09	-0.01	0.10	-0.02	0.12

资料来源:沪深交易所,天相投资分析系统

四、重点上市公司介绍

工商银行

工商银行于2006年10月在A股市场上市。

2011年,工商银行实现营业收入4 752.14亿元,同比上升24.8%;实现税前利润2 723.11亿元,同比增长26.4%;实现归属于母公司所有者的净利润2 082.65亿元,同比增长26.1%;实现基本每股盈利0.60元。2011年,工商银行平均总资产收益率为1.44%,加权平均净资产收益率为23.44%,加权风险资产收益率为2.68%。

2011年,工商银行资产质量稳步提高,信用成本趋于下降。不良贷款率由2010年底的1.08%下降至0.94%;拨备覆盖率由2010年底的228.20%继续上升至266.92%。信用成本由2010年的0.45%下降至0.44%。

建设银行

建设银行于2007年9月在A股市场上市。

2011年，建设银行实现营业收入3 970.90亿元，同比上升22.8%；实现税前利润2 191.07亿元，同比增长25.1%；实现归属于母公司所有者的净利润1 692.6亿元，同比增长25.5%；实现基本每股盈利0.68元。2011年，建设银行平均总资产收益率为1.47%，加权平均净资产收益率为22.51%。

2011年，建设银行不良贷款率由2010年底的1.14%继续下降到1.09%；拨备覆盖率提高20.3个百分点，达到241.44%。

中国银行

中国银行于2006年7月在A股市场上市。

2011年，中国银行实现主营业务收入3 281.66亿元，同比增长18.55%；实现税前利润1 686.44亿元，同比增长18.64%；实现归属于母公司所有者的净利润1 241.82亿元，同比增长18.93%；实现每股盈利0.44元。2011年，中国银行平均总资产收益率为1.17%，同比上升0.03个百分点；净资产收益率为18.27%，同比下降0.57个百分点。

2011年中国银行的资产质量持续改善，不良贷款率同比下降0.10%至1.00%，拨备覆盖率由2010年的196.67%继续上升到220.75%。

农业银行

农业银行于2010年完成A+H上市。

2011年，农业银行实现营业收入3 777.31亿元，同比上升30.1%；实现税前利润1 582.01亿元，同比增长31.0%；实现归属于母公司所有者的净利润1 219.27亿元，同比增长28.5%；实现基本每股盈利0.38元。2011年，农业银行平均总资产收益率为1.11%，加权平均净资产收益率为20.46%。

2011年，农业银行不良贷款率由2010年底的2.03%下降至1.55%；拨备覆盖率由2010年的168.1%继续大幅上升至263.1%。

招商银行

招商银行于2002年4月在A股市场上市。

2011年，招商银行实现营业收入961.57亿元，同比增长34.7%；实现税前利润471.22亿元，同比增长41.3%；实现归属于母公司所有者的净利润361.29亿元，同比增长40.2%；实现基本每股盈利1.67元。2011年，招商银行平均总资产收益率为1.39%，净资产收益率为24.17%。

2011年招商银行的资产质量持续改善，不良贷款率由2010年底的0.68%下降到0.56%；拨备覆盖率从2010年底的302.4%提高至400.1%。

中国人寿

中国人寿于2007年1月在A股市场上市，成为第一家在A股上市的保险业公司。

2011年，中国人寿实现主营业务收入3 853.88亿元，同比略降0.9%；实现利润总额205.13亿元，同比大幅下降50.0%；实现归属于母公司所有者的净利润183.31亿元，同比大幅下降45.5%；实现每股盈利0.65元。2011年，中国人寿加权平均净资产收益率9.16%。

从业务结构来看，中国人寿的产品仍以传统险和分红险为主。公司内含价值为2 928.54亿元，同比下降1.8%；一年新业务价值为201.99亿元，同比增长1.8%。

2011 年，中国人寿投资收益受到市场影响略有降低，总投资收益率由 2010 年的 5.11% 显著下降 1.60 个百分点到 3.51%。

中国平安

中国平安于 2007 年 3 月在 A 股市场上市。

2011 年，中国平安实现主营业务收入 2 489.15亿元，同比增长 31.4%；实现利润总额 300.26 亿元，同比增长 34.4%；实现归属于母公司所有者的净利润 194.75 亿元，同比增长 12.5%；实现基本每股盈利 2.50 元。2011 年，中国平安加权平均净资产收益率 16.0%。

截至 2011 年底，平安寿险业务内含价值为 1 444.00 亿元，同比增长 19.3%；一年新业务价值为 177.62 亿元，同比增长 5.59%。平安产险业务保持了较好的盈利水平，综合成本率达 93.5%。平安银行业务保持稳健增长，2011 年实现净利润 79.77 亿元，同比大幅增长 176.8%。2011 年，受国内资本市场深度调整影响，证券业务净利润由 2010 年的 15.94 亿元下降 39.6% 至 9.63 亿元。

中信证券

中信证券是证券业上市公司中规模最大的一家，并且于 2011 年 10 月登陆港股。

2011 年，中信证券实现主营业务收入 250.33 亿元，同比下降 9.94%；实现利润总额 150.31 亿元，同比下降 7.90%；实现归属于母公司所有者的净利润 125.76 亿元，同比增长 11.18%；实现每股盈利 1.14 元。2011 年，中信证券总资产收益率为 8.36%，净资产收益率为 14.46%，净利润率为 50.35%。

从 2011 年公司的收入构成来看，扣除转让华夏基金取得的一次性收益，经纪业务的占比稳定在 35% 左右，为 31.43%；自营业务的总收入占比 9.99%。2011 年，中信证券经纪业务受到手续费率继续下降和中信建投转让的影响明显下降，其中，代买卖证券业务净收入为 35.71 亿元，同比减少 54.27%；净利息收入达到 14.01 亿元，同比增长 7.54%。自营业务受益于华夏基金转让，收入 148.08 亿元，同比增长 28.49%；投资银行业务则明显下滑，证券承销收入为 14.85 亿元，同比减少 48.83%。

海通证券

海通证券处于证券业 A 股上市公司第一集团，并且于 2012 年 4 月登陆港股。

2011 年，海通证券实现主营业务收入 92.94 亿元，同比下降 4.85%；实现利润总额 43.02 亿元，同比下降 13.79%；实现归属于母公司所有者的净利润 32.83 亿元，同比减少 15.11%；实现每股盈利 0.47 元。2011 年，海通证券总资产收益率为 3.06%，净资产收益率为 6.66%，净利润率为 35.33%。

从 2011 年公司的收入构成来看，公司对经纪业务的依赖明显降低，总收入占比从上年的 50.06% 下降至 32.73%。2011 年，海通证券经纪业务手续费率和股基权证交易额同比均下滑 20% 左右，导致经纪业务收入有所下降。其中，代买卖证券业务净收入为 30.41 亿元，同比下降 37.47%；净利息收入受益于加息以及融资融券业务开展达到 20.93 亿元，同比增长 53.30%。自营业务收入为 15.80 亿元，同比增长 36.19%；投资银行业务受益于创业板的爆发式增长，证券承销收入达到 8.39 亿元，同比增长 8.77%。

五、上市公司对行业的影响

2011 年，银行业、保险业上市公司在全行业中继续占据重要地位。目前，证券行业已有包括中信、海通、招商、光大和华泰证券共5家规模较大的证券公司在A股上市，总体而言其表现在全行业中处于基本持平的地位。信托业上市公司数量和规模均较小，不具有行业代表性。

16家A股银行业上市公司在银行业金融机构中地位举足轻重。资产规模方面，截至2011年底，银行业上市公司总资产合计74.50万亿元，按可比样本计算同比增长16.70%；银行业金融机构整体总资产113.3万亿元，同比增长18.9%；上市公司总资产占全行业的比重为65.8%。

盈利能力方面，银行业上市公司略优于行业总体水平。2011年，银行业上市公司实现归属于母公司所有者的净利润8 750.06亿元，按可比样本计算同比增长29.2%；银行业金融机构整体税后利润1.25万亿元，同比增长39.3%；上市公司净利润占全行业的比重为70.0%。上市公司净资产收益率为19.58%，总资产收益率为1.27%；而同期银行业金融机构整体净资产收益率为19.2%，总资产收益率为1.2%。

2011年，4家A股保险业上市公司保持着市场龙头的位置。其中，中国人寿、平安寿险、新华人寿、太平洋寿险为市场份额前4的寿险公司，平安产险和太保产险在财产险市场上的份额分别列第二、三位。保险业上市公司总资产4.83万亿元，按可比样本计算同比增长43.55%；同期保险业总资产接近6万亿元，同比增长18.8%；上市公司总资产占全行业的比重约为80%。

2011年，证券、期货业上市公司实现归属母公司所有者的净利润246.14亿元，按可比样本计算同比下降26.36%。根据中国证券业协会的统计，证券公司整体实现净利润393.77亿元，同比减少47.24%。证券、期货业上市公司净资产收益率为8.28%，证券公司整体净资产收益率为6.25%。

中国国际金融有限公司
审稿人：罗　景　唐圣波　黄　洁
撰稿人：刘　潇　连　勃

房地产业

一、房地产行业总体概况

2011年，中央政府以限购、限贷、限价为主体的差别化调控政策贯穿全年。尤其是2011年下半年以后，行业基本面持续探底。从行业规模上看，2011年全年地产行业完成销售收入5.91万亿元，同比增长12.14%，增速相比2010年下降了6.73个百分点；商品房销售面积10.99亿平方米，同比增长12.14%，增速下降5.62个百分点；全国商品房平均价格5 377元，同比上涨6.85%，增速相比2010年同期下降了0.65个百分点。不过，房地产行业在我国经济体系中仍然居于重要位置，地产行业销售收入占我国GDP的比重为12.50%，同比下降0.63个百分点；房地产投资占全社会固定资产投资额的19.85%，同比上升了2.50个百分点。

从房地产投资来看，严格的差别化政策以及信贷紧张造成房地产开发企业的投资热情明显下降，这种下降在2011年8月份之后尤其明显。2011年全国房地产完成投资6.17万亿元人民币，比2010年增长27.93%，增速同比下降5.23个百分点。房地产投资占全社会固定资产投资额的19.85%，同比上升了2.50个百分点；全国房地产开发企业土地购置面积为4.10亿平方米，同比增长2.55%，增速下降22.65个百分点；商品房施工面积50.80亿平方米，较2010年增长25.31%，增速下降1.22个百分点；商品房新开工面积19.01亿平方米，同比增长16.15%，增速下降24.41个百分点；商品房竣工面积8.92亿平方米，同比增长13.33%，增速上升4.99个百分点。

从价格上看，差别化调控政策效果显现，2011年全国房价呈现了稳中有降的趋势。根据国家统计局公布的70个大中城市住宅价格指数来看，2011年12月与2010年12月相比，新建商品住宅价格下降的城市有9个，比11月份增加了5个。涨幅回落的城市有55个。同比涨幅在5%以内的城市有60个。二手住宅价格同比下降的城市有29个，比11月增加了8个。同比涨幅回落的城市有33个。同比涨幅在5%以内的城市有34个。

政策方面，为了有效抑制全国房价过快上涨的势头，抑制投资投机性需求，巩固宏观调控的成果，2011年初，国务院出台了“新国八条”，对房地产市场进行了更加严格的调控。调控的主要内容包括：进一步落实政府责任，明确新房房价调控目标并公布；加大保障房建设力度；完善税收政策，营业税免征时限从2年变为5年；强化差别化信贷，二套房首付提至60%，贷款利率不低于基准利率的1.1倍；严格住房用地管理；合理引导需求，大范围实施存量限购；落实约谈机制；坚持强化舆论引导。除了中央政府，所有调控要求范围内的城市均先后出台了相关细则，其中，北京限购、确定年度房价控制目标这两项措施均最为严厉。2011年1月27日，上海与重庆同时发布房产税试点细则，作为个人住房征收房产税改革试点。此外，北京在年底调整普通住宅标准的同时也调整了存量房交易环节税费的计税标准，从而大幅提高了存量房交易税费。最后，从货币政策方面来看，2011年内央行先在上半年6次提高银行存款准备金率至历史高点，之后在12月调降了准备金率，这也是3年以来的首次降准。这标志着流动性触底回升以及政策正向周期的开启。

总体上来说，在差别化调控持续深入的大背景下，行业的基本面进入了一个新的篇章，房价快速上涨的压力得以极大缓解，而开发投资也将进入平稳增长的时代。

二、行业内上市公司发展概况

（一）行业内上市公司基本情况

截至2011年底，房地产行业共涵盖133只A、B股，其中A股122只，B股11只，分占沪深两市A、B股总数的5.02%和0.45%。截至2011年底，该行业境内市值总额7 572.95亿元，流通A股市值为5 787.34亿元，流通B股市值170.56亿元，分占沪深两市市值总额的3.51%、流通A股市值的3.55%、流通B股市值的12.02%。

表1　　2011 年房地产业上市公司发行股票概况

门　类	A、B 股总数	A 股股票数	B 股股票数	境内总市值（亿元）	流通 A 股市值（亿元）	流通 B 股市值（亿元）
房地产业	133	122	11	7 572.95	5 787.34	170.56
占沪深两市比重（%）	5.48	5.02	0.45	3.51	3.55	12.02

资料来源：沪深交易所，天相投资分析系统

（二）行业内上市公司构成情况

按上市地和A、B 股划分，行业内在上海证券交易所上市的公司 A 股股票 64 只，B 股股票 6 只；深圳证券交易所上市公司 A 股股票 58 只，B 股 5 只。

从经营角度来看，行业内 A 股上市公司中 ST、*ST 公司分别有 3 家和 5 家，占行业内上市公司总数的 2% 和 4%。

表2　　2011 年房地产业上市公司构成情况

门　类	沪　市			深　市			ST/*ST
	仅 A 股	仅 B 股	A+B 股	仅 A 股	仅 B 股	A+B 股	
房地产业（家）	59	1	5	53	0	5	3/5
占行业内上市公司比重（%）	47.97	0.81	4.07	43.09	0.00	4.07	2/4

资料来源：沪深交易所，天相投资分析系统

按上市公司所处行业大类划分，目前房地产行业有 3 个细分行业：房地产开发与经营业、房地产管理业和房地产中介服务业，3 个细分行业上市公司数量分别为 120 家、2 家和 1 家，分别占行业内上市公司数量比重的 97.56%、1.63% 和 0.81%。

行业所涵盖公司数量为 133 家（其中 A、B 股共存 10 家），其中，房地产开发与经营业涵盖公司 130 家，房地产管理业涵盖公司 2 家，房地产中介服务业涵盖公司 1 家。

表3　　2011 年房地产业上市公司各子行业分布明细

A、B 股类型	公司代码	公司名称	所属大类
沪市 A 股	600048	保利地产	房地产开发与经营业
	600052	浙江广厦	
	600053	中江地产	
	600064	南京高科	
	600082	海泰发展	
	600094	大名城	
	600136	道博股份	
	600159	大龙地产	
	600162	香江控股	

续表

A、B 股类型	公司代码	公司名称	所属大类
沪市 A 股	600173	卧龙地产	房地产开发与经营业
	600185	格力地产	
	600208	新湖中宝	
	600215	长春经开	
	600223	鲁商置业	
	600225	天津松江	
	600239	云南城投	
	600240	华业地产	
	600246	万通地产	
	600256	广汇能源	
	600266	北京城建	
	600322	天房发展	
	600325	华发股份	
	600376	首开股份	
	600383	金地集团	
	600393	东华实业	
	600463	空港股份	
	600503	华丽家族	
	600533	栖霞建设	
	600576	万好万家	
	600606	金丰投资	
	600614	鼎立股份	
	600615	丰华股份	
	600634	ST 海鸟	
	600638	新黄浦	
	600639	浦东金桥	
	600641	万业企业	
	600648	外高桥	
	600657	信达地产	
	600658	电子城	
	600663	陆家嘴	
	600665	天地源	
	600675	中华企业	
	600683	京投银泰	
	600684	珠江实业	
	600696	多伦股份	
	600716	凤凰股份	
	600724	宁波富达	
	600732	上海新梅	
	600733	*ST 前锋	
	600734	实达集团	
	600736	苏州高新	

续表

A、B 股类型	公司代码	公司名称	所属大类
沪市 A 股	600743	DR 华远地	房地产开发与经营业
	600745	中茵股份	
	600748	上实发展	
	600753	东方银星	
	600759	正和股份	
	600766	*ST 园城	
	600767	运盛实业	
	600773	西藏城投	
	600791	京能置业	
	600807	天业股份	
	600823	世茂股份	
	600890	ST 中房	
	601588	北辰实业	
沪市 B 股	900907	鼎立 B 股	
	900911	金桥 B 股	
	900912	外高 B 股	
	900932	陆家 B 股	
	900940	大名城 B	
	900950	新城 B 股	
深市 A 股	000711	天伦置业	房地产管理业
	002305	南国置业	
	000002	万 科 A	房地产开发与经营业
	000006	深振业 A	
	000011	深物业 A	
	000014	沙河股份	
	000024	招商地产	
	000029	深深房 A	
	000031	中粮地产	
	000036	华联控股	
	000038	*ST 大通	
	000040	宝安地产	
	000042	深 长 城	
	000043	中航地产	
	000046	泛海建设	
	000150	宜华地产	
	000402	金 融 街	
	000502	绿景控股	
	000505	ST 珠江	
	000506	中润资源	
	000511	银基发展	
	000514	渝 开 发	
	000517	荣安地产	

续表

A、B 股类型	公司代码	公司名称	所属大类
深市 A 股	000534	万泽股份	房地产开发与经营业
	000537	广宇发展	
	000546	光华控股	
	000558	莱茵置业	
	000567	海德股份	
	000573	粤宏远 A	
	000608	阳光股份	
	000609	绵世股份	
	000616	亿城股份	
	000620	新华联	
	000628	高新发展	
	000631	顺发恒业	
	000638	万方地产	
	000656	金科股份	
	000667	名流置业	
	000668	荣丰控股	
	000670	*ST 天发	
	000671	阳 光 城	
	000718	苏宁环球	
	000732	泰禾集团	
	000736	重庆实业	
	000797	中国武夷	
	000838	*ST 国兴	
	000897	津滨发展	
	000918	嘉凯城	
	000926	福星股份	
	000965	天保基建	
	000979	中弘股份	
	000981	银亿股份	
	002016	世荣兆业	
	002133	广宇集团	
	002146	荣盛发展	
	002208	合肥城建	
	002244	滨江集团	
	002285	世联地产	房地产中介服务业
深市 B 股	200002	万 科 B	房地产开发与经营业
	200011	深物业 B	
	200024	招商局 B	
	200029	深深房 B	
	200505	ST 珠江 B	

资料来源:沪深交易所,天相投资分析系统

(三)行业内上市公司融资情况

2011年全年,房地产业共有5家上市公司进行了融资,占沪深两市473家融资公司的1.06%,其中,增发5家,占沪深两市增发公司家数的2.73%。

其中,增发的5家公司中,3家为深市主板上市公司,2家为沪市上市公司,这5家公司均属于房地产开发与经营业。

表4　　2011年房地产业上市公司融资情况　　单位:家

	融资家数	新　股	配　股	增　发
房地产业	5	0	0	5
沪深两市总数	473	277	13	183
占比(%)	1.06	0.00	0.00	2.73

资料来源:沪深交易所,天相投资分析系统

表5　　2011年房地产业上市公司融资类别明细

代　码	公司名称	融资类别	所属大类	证券类型
000620	新华联	增　发	房地产开发与经营业	深市主板
000656	金科股份	增　发	房地产开发与经营业	深市主板
000981	银亿股份	增　发	房地产开发与经营业	深市主板
600094	大名城	增　发	房地产开发与经营业	沪　市
600256	广汇能源	增　发	房地产开发与经营业	沪　市

资料来源:沪深交易所,天相投资分析系统

从融资总量来看,房地产业上市公司实际发行数量为402 148.56万股,实际募集资金153.62亿元。

表6　　2011年房地产业上市公司融资明细

代　码	公司名称	发行价格(元)	实际发行数量(万股)	实募集资金数(亿元)
000620	新华联	2.27	128 634.36	29.20
000656	金科股份	5.18	90 849.82	47.06
000981	银亿股份	4.75	69 800.52	33.16
600094	大名城	2.23	103 947.20	23.18
600256	广汇能源	24.00	8 916.67	21.03
	总　计		402 148.56	153.62

资料来源:沪深交易所,天相投资分析系统

(四)行业内上市公司资产及业绩情况

截至2011年底,房地产业上市公司资产总值已达18 264.77亿元,非流动资产为2 203.42亿元,归属于母公司股东权益4 371.56亿元,按可比样本计算分别比2010年同期增长了27.01%、25.51%和16.57%。

表7　　2011年房地产业上市公司资产情况　　单位:亿元

指　标	2011年	2011年可比样本增长(%)	2010年	2010年可比样本增长(%)	2009年
总资产	18 264.77	27.01	14 380.69	35.55	9 054.75
流动资产	16 061.35	27.22	12 625.15	38.10	7 840.20
占比(%)	87.94	0.14	87.79	1.62	86.59
非流动资产	2 203.42	25.51	1 755.53	19.68	1 214.55
占比(%)	12.06	-0.14	12.21	-1.62	13.41
流动负债	9 644.93	39.92	6 893.25	46.49	3 925.66
占比(%)	52.81	4.87	47.93	3.58	43.35
非流动负债	3 512.70	8.35	3 241.92	43.24	2 000.44
占比(%)	19.23	-3.31	22.54	1.21	22.09
归属于母公司股东权益	4 371.56	16.57	3 750.31	13.72	2 831.18
占比(%)	23.93	-2.14	26.08	-5.01	31.27

资料来源:沪深交易所,天相投资分析系统

截至2011年底,房地产业上市公司合计实现营业收入4 100.15亿元,实现利润总额892.10亿元,归属于母公司所有者的净利润586.71亿元,按可比样本计算分别比2010年同期增长18.07%、16.75%和17.01%。

表8　　2011年房地产业上市公司收入实现情况　　单位:亿元

指　标	2011年	2011年可比样本增长(%)	2010年	2010年可比样本增长(%)	2009年
营业收入	4 100.15	18.07	3 472.68	29.21	2277.96
利润总额	892.10	16.75	764.12	30.63	485.76
归属于母公司所有者的净利润	586.71	17.01	501.41	28.12	324.20

资料来源:沪深交易所,天相投资分析系统

(五)利润分配情况

2011年全年,房地产业上市公司中共有59家公司实施分红配股,其中,12家公司实施送股及转增股本,54家公司实施派息,既送股、转增又派息的公司7家。送股、转增及派息比例最高值分别为每股送1.200股(华业地产)和每股派息0.4元(深长城)。

表 9　　2011 年房地产业上市公司分红明细

代　码	名　称	送股及转增比例	每股派息（税前　元）	基准股本（万股）
000002	万　科 A	—	0.130	1 099 521.02
000006	深振业 A	0.300	0.040	98 900.74
000014	沙河股份	—	0.020	20 170.52
000024	招商地产	—	0.200	171 730.05
000031	中粮地产	—	0.030	181 373.16
000040	宝安地产	—	0.030	46 959.34
000042	深 长 城	—	0.400	23 946.30
000046	泛海建设	—	0.060	455 731.18
000402	金 融 街	—	0.100	302 707.98
000534	万泽股份	—	0.050	48 569.21
000573	粤宏远 A	—	0.040	62 275.56
000620	新 华 联	—	0.100	159 797.06
000631	顺发恒业	—	0.040	104 550.98
000656	金科股份	—	0.100	115 854.01
000668	荣丰控股	—	0.010	14 684.19
000671	阳 光 城	—	0.025	53 600.55
000711	天伦置业	0.500	—	10 726.56
000797	中国武夷	—	0.060	38 945.24
000926	福星股份	—	0.100	71 235.57
002133	广宇集团	0.200	0.100	49 860.00
002146	荣盛发展	—	0.120	186 368.00
002208	合肥城建	—	0.100	32 010.00
600048	保利地产	0.200	0.215	594 832.87
600064	南京高科	—	0.200	51 621.88
600082	海泰发展	—	0.050	64 611.58
600239	云南城投	—	0.050	82 342.92
600240	华业地产	1.200	—	64 500.00
600246	万通地产	—	0.060	121 680.00
600256	广汇能源	0.800	—	194 686.80
600266	北京城建	—	0.200	88 920.00
600322	天房发展	—	0.070	110 570.00
600325	华发股份	—	0.100	81 704.56
600383	金地集团	—	0.068	447 150.86
600463	空港股份	—	0.100	25 200.00

续表

代　码	名　称	送股及转增比例	每股派息（税前　元）	基准股本（万股）
600533	栖霞建设	—	0.100	105 000.00
600576	万好万家	—	0.015	21 809.31
600606	金丰投资	0.050	0.050	49 363.82
600639	浦东金桥	—	0.080	92 882.50
600641	万业企业	—	0.050	80 615.87
600648	外 高 桥	—	0.100	101 078.09
600657	信达地产	—	0.060	152 426.04
600663	陆 家 嘴	—	0.150	186 768.40
600675	中华企业	0.100	0.015	141 443.89
600684	珠江实业	0.300		24 315.12
600736	苏州高新	—	0.040	105 788.16
600743	华远地产	0.250	0.100	126 445.98
600748	上实发展	—	0.038	108 337.09
600759	正和股份	—	0.060	122 011.75
600766	*ST 园城	0.310		17 116.55
600773	西藏城投	—	0.035	57 570.50
600791	京能置业	—	0.030	45 288.00
601588	北辰实业	—	0.030	336 702.00
200002	万　科 B	—	0.130	1 099 521.02
200024	招商局 B	—	0.200	171 730.05
900911	金桥 B 股	—	0.080	92 882.50
900912	外高 B 股	—	0.100	101 078.09
900932	陆家 B 股	—	0.150	186 768.40
900950	新城 B 股	—	0.050	159 318.72
600503	华丽家族	0.600	0.070	71 192.25

资料来源：沪深交易所，天相投资分析系统

（六）其他财务指标情况

1. 盈利能力指标

尽管 2011 年调控政策异常严格，但龙头房地产企业的盈利能力依然维持在稳定的水平。由于房地产企业利润表的结算通常有所滞后，所以从利润表来看，行业内上市公司盈利能力还未有较大的下滑。其中，2011 年毛利率和净资产收益率分别达到了 40.13% 和 13.42%，按可比样本计算同比分别上升了 2.11 个百分点和 0.05 个百分点。

随着 2011 年下半年的低销售毛利项目逐渐进入结算周期，行业内上市公司未来的结算毛利率有下降的压力。

表 10 2011 年房地产业上市公司盈利能力情况

指 标	2011 年	2011 年可比样本变动	2010 年	2010 年可比样本变动	2009 年
毛利率(%)	40.13	2.11	38.02	2.34	35.43
净资产收益率(%)	13.42	0.05	13.37	1.50	11.45
销售净利率(%)	14.31	-0.13	14.44	-0.12	14.23
资产净利率(%)	3.59	-0.42	4.01	-0.29	4.15

资料来源:沪深交易所,天相投资分析系统

2. 偿债能力指标

2011 年,行业内上市公司的负债水平呈现了上升趋势,资产负债率达到了 72.04%,按可比样本计算比 2010 年上升了 1.56 个百分点。银行信贷的收紧导致部分企业被迫采用信托等高成本融资方式,因此,行业融资成本总体上也有一定的上升趋势。同时,2011 年下半年销售速度的下滑也导致部分房地产企业资产负债表有所恶化,按可比样本计算负债率进而上升。

表 11 2011 年房地产业上市公司偿债能力指标

指 标	2011 年	2011 年可比样本变动	2010 年	2010 年可比样本变动	2009 年
流动比率	1.67	-0.17	1.83	-0.11	2.00
速动比率	0.42	-0.16	0.58	-0.07	0.66
资产负债率(%)	72.04	1.56	70.48	4.79	65.45

资料来源:沪深交易所,天相投资分析系统

3. 营运能力指标

2011 年,房地产业上市公司各项营运指标有一定程度的好转。其中,固定资产周转率有了较大幅度的提升,达到了 15.41 次,按可比样本计算同比上升了 0.73 次;房地产业上市公司的存货周转率为 0.24 次,按可比样本计算同比微降 0.05 次;应收账款周转率为 32.55 次,按可比样本计算同比维持不变。

2011 年房地产业上市公司营运能力情况见表 12。

表 12 2011 年房地产业上市公司营运能力情况 单位:次

指 标	2011 年	2011 年可比样本变动	2010 年	2010 年可比样本变动	2009 年
存货周转率	0.24	-0.05	0.29	-0.03	0.31
应收账款周转率	32.55	0.00	32.55	2.76	35.09
流动资产周转率	0.29	-0.03	0.32	-0.03	0.34
固定资产周转率	15.41	0.73	14.68	2.74	11.97
总资产周转率	0.25	-0.03	0.28	-0.02	0.29
净资产周转率	0.88	0.00	0.88	0.04	0.83

资料来源:沪深交易所,天相投资分析系统

三、重点上市公司介绍

万科 A

万科 A 为国内地产板块上市公司龙头，2011 年实现营业收入 717.83 亿元，同比增长 41.54%；实现营业利润 157.63 亿元，同比增长 32.52%；实现净利润 96.25 亿元，同比增长 32.16%。每股收益为 0.88 元；每股净资产 4.82 元；净资产收益率 19.80%。

公司的销售毛利率 39.78%，同比下降 0.92 个百分点；净利润率 16.16%，同比下降 1.27 个百分点；总资产收益率为 4.53%，同比下降 0.47 个百分点；得益于财务杠杆率的上升，净资产收益率为 19.80%，同比上升 1.95 个百分点。公司净利润的上升主要来自于其结算收入的大幅增加。

公司财务状况保持稳定。截至 2011 年末，虽然公司的资产负债率为 77.10%，比 2010 年上升了 2.41 个百分点；但扣除预收账款后的真实资产负债率为 39.59%，比 2010 年下降 0.59 个百分点。另外，在 2011 年，公司所持有的货币资金为 342.40 亿元，远高于短期借款和一年内到期长期借款的总和 235.70 亿元，充裕的现金储备为公司未来的财务扩张提供了空间。

2011 年，公司继续贯彻快速开发、快速销售的经营策略。在 2011 年，公司实现销售面积 1 075.30 万平方米，销售金额 1 215.40 亿元，分别比 2010 年增长 19.78% 和 12.37%。公司销售额占全国商品房成交额的比例为 2.06%，在深圳、东莞、佛山、天津、沈阳、长春、鞍山、青岛、镇江、无锡、武汉等 11 个城市市场占有率第一，在上海、成都、苏州、烟台、唐山等城市市场占有率第二，进一步巩固了行业领先地位。期内，公司旗下销售额在 50 亿元以上的一线公司数量也由 2010 年的 8 家增加至 13 家（北京、深圳、上海、广州、沈阳、武汉、天津、苏南、东莞、佛山、长春、成都、青岛）。

保利地产

保利地产作为国内地产板块开发类上市公司龙头之一，2011 年实现营业收入 470.36 亿元，同比增长 31.04%；实现净利润 65.31 亿元，同比增长 32.74%。公司保持了良好的增长态势。每股收益为 1.10 元；每股净资产 5.93 元；净资产收益率 20.11%。

公司的盈利能力始终保持较高水平。2011 年，公司销售毛利率和销售净利率以及净资产收益率分别为 37.20%、15.66% 和 20.11%，同比分别上升了 3.03 个百分点、0.32 个百分点和 2.15 个百分点；同时，由于公司财务杠杆有了较大幅度的提高，公司的总资产收益率为 4.24%，同比下降了 0.31 个百分点。

2011 年，公司的财务政策比较稳健。截至 2011 年末，公司的资产负债率为 78.43%，比 2010 年下降了 0.55 个百分点；扣除预收账款后的真实资产负债率为 42.06%，同比下降了 3.08 个百分点；年末公司短期债务合计 139.25 亿元，占金融机构借款（含公司债）比例从上年度的 12.51% 上升到本年的 20.42%，短期偿债压力有所提升。

2011 年，公司实现房地产结转面积 550.88 万平方米，结转收入 451.32 亿元，同比分别增长 25.15% 和 30.06%。截至 2011 年 12 月 31 日，公司总资产 1 950.15 亿元，净资产 352.58 亿元，分别比 2010 年同期增长28.02%和18.68%。2011年，公司全年完成直接投资647亿元，销售回笼660亿元，新增借款369亿元，财务收支平衡。

2011年，公司销售业绩再创新高，实现销售签约金额732.42亿元，同比增长10.69%；面积650.29万平方米，年销售去化率超68%，销售均价达到11 263元/平方米，同比增长17.18%。其中，公司在广州地区销售额首次突破百亿元，在成都、佛山、北京、上海、天津等5个城市的销售额均超过50亿元，全国市场占有率达到1.24%，已进入城市市场占有率达到4.7%。

四、上市公司在行业中的影响力

由于上市房地产公司相比业内非上市公司而言，拥有更规范透明的公司治理结构，更高的知名度，更好的股东支持和更为多样化的融资渠道，因而在市场竞争中处于更为有利的位置。特别是目前国家的房地产调控政策愈加严厉，行业的资金面压力普遍较大，上市房地产公司可以利用其更为强大的融资能力在未来的行业结构调整和整合过程中获取有利地位。

2011年，房地产行业上市公司合计实现营业收入4 100.15亿元，按可比样本计算同比增长18.07%；房地产行业整体实现销售收入5.91万亿元，同比增长12.1%。在行业调控的背景下，上市房地产公司的收入成长性明显优于行业平均水平。

2011年，房地产上市公司营业收入占行业总销售收入的6.94%，相较2010年上升0.36个百分点；毛利率为40.13%，净资产收益率为13.42%，按可比样本计算相较2010年分别上升2.11个和0.05个百分点，盈利能力保持良好；资产负债率72.04%，按可比样本计算同比上升1.56个百分点，财务杠杆上升趋势比较明显。

虽然上市公司的整体市场份额占房地产行业的比重并不高，但是行业内优质龙头公司在行业内影响力很强，无论是在发展模式还是经营理念上都起到了领头羊的作用。例如，万科2011年实现销售收入1 215.40亿元，位居国内地产行业第一位，占行业整体销售收入的2.06%。同时从上市房地产公司的内部竞争结构来看，其集中度处于较高的水平。行业内前5规模的上市公司，营业收入占地产板块内123家上市公司总额的40.70%，归属于母公司所有者的净利润占比40.30%，总资产占比39.59%，总负债占比41.81%，归属于母公司股东权益占比32.33%。前15规模的上市公司，营业收入占地产板块上市公司总额的58.57%，归属于母公司所有者的净利润占比57.38%，总资产占比58.67%，总负债占比61.33%，归属于母公司股东权益占比50.18%。

整体来看，地产类上市公司在行业中处于重要地位，上市公司的发展基本代表了所处行业的发展趋势。

表 13　行业内重点上市公司财务占比　单位:亿元

名　称	营业收入	归属于母公司所有者的净利润	总资产	总负债	归属于母公司股东权益
行业内前 5 家上市公司	1 668.91	236.42	7 231.82	5 501.15	1 413.22
前 5 家占行业内上市公司比重(%)	40.70	40.30	39.59	41.81	32.33
行业内前 10 家上市公司	2 089.51	298.52	9 239.31	7 019.60	1 847.56
前 10 家占行业内上市公司比重(%)	50.96	50.88	50.59	53.35	42.26
行业内前 15 家上市公司	2 401.37	336.64	10 715.26	8 069.28	2 193.72
前 15 家占行业内上市公司比重(%)	58.57	57.38	58.67	61.33	50.18
行业内上市公司总额	4 100.15	586.71	18 264.77	13 157.63	4 371.56

资料来源:上市公司公告,中信证券研究部整理

注:按总资产规模从大到小,前 15 家上市公司分别为万科 A、保利地产、金地集团、招商地产、首开股份、金融街、金科股份、新湖中宝、滨江集团、中南建设、世茂股份、中粮地产、北辰实业、荣盛发展、嘉凯城。

中信证券股份有限公司

审稿人:陈聪

撰稿人:陈聪　付瑜　鲍珊君　杨攀

社会服务业

一、社会服务业总体概况

(一)行业整体运行情况

社会服务业是第三产业的重要组成部分,主要包括:公共设施服务业、邮政服务业、专业与科研服务业、餐饮业、旅馆业、旅游业、娱乐服务业、卫生保健护理服务业、租赁服务业、其他社会服务业。

2011 年是“十二五”的开局之年,“十二五”规划《纲要》中明确提出:“把推动服务业大发展作为产业结构优化升级的战略重点,营造有利于服务业发展的政策和体制环境,拓展新领域,发展新业态,培育新热点,推进服务业规模化、品牌化、网络化经营,不断提高服务业比重和水平。”社会服务业作为服务业的重要组成部分,在我国社会经济发展和产业结构调整方面起到了不可或缺的重要作用。2011 年,我国国内生产总值 471 564 亿元,比 2010 年增长 9.2%。其中,第三产业增加值 203 260 亿元,增长 8.9%,第三产业增加值占国民生产总值的比重为 43.1%。

表 1　　2007—2011 年我国第三产业增加值及其占 GDP 比重变化情况

年　　份	2007	2008	2009	2010	2011
第三产业增加值(亿元)	96 328	120 487	142 918	171 005	203 260
增长速度(%)	11.4	9.5	8.9	9.5	8.9
占 GDP 比重(%)	39.1	40.1	42.6	43.0	43.1

资料来源:国家统计局各年度统计公报

注:产业增加值绝对数按现价计算,增长速度按不变价格计算。

2011 年,面对国内外复杂的经济形势,党中央、国务院高度重视服务业的发展,各省市也积极出台促进服务业发展的相关政策。为了进一步促进旅游业的发展,国务院将 5 月 19 日确定为“中国旅游日”。2011 年 10 月,中国共产党第十七届中央委员会第六次全体会议通过了《中共中央关于深化文化体制改革推动社会主义文化大发展大繁荣的若干重大问题的决定》,提出积极发展文化旅游,促进非物质文化遗产保护传承与旅游相结合,发挥旅游对文化消费的促进作用。推进文化产业与旅游、体育、信息、物流、建筑等产业融合发展,增加相关产业的文化含量,延伸文化产业链,提高附加值,用好红色旅游资源。国家旅游局为了切实加强旅游业与三产融合发展,重点推动与文化产业共同发展,出台了《关于进一步加快发展旅游业促进社会主义文化大发展大繁荣的指导意见》。诸多利好政策,为社会服务业的发展提供了有力支撑。

(二)细分行业运行概况

从社会服务业分行业的景气指数来看,交通运输、仓储和邮政业的景气指数较高,居民服务业和租赁业的景气指数相对较低。

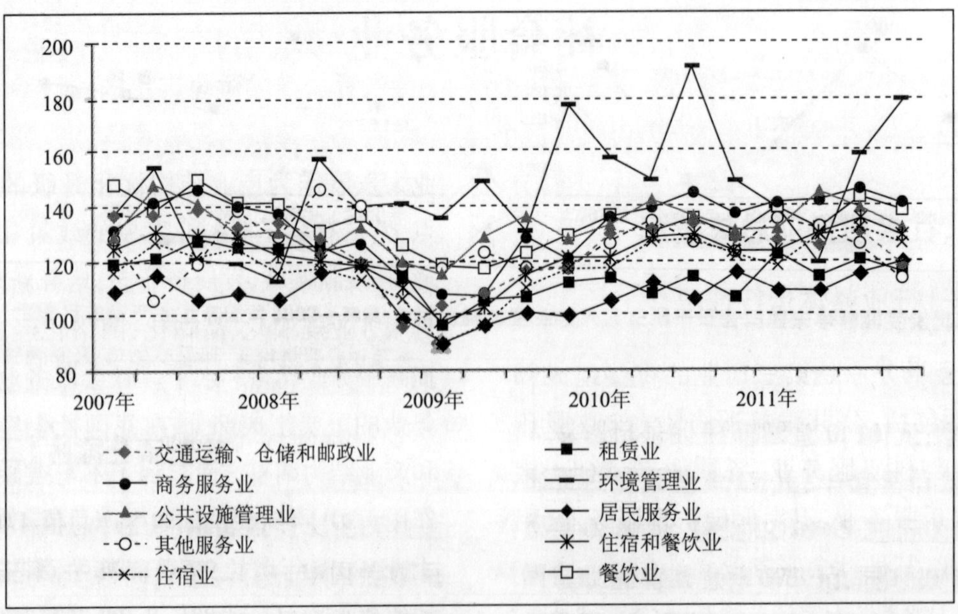

图 1　社会服务业分行业景气度指数走势

资料来源:国家统计局,天相投资分析系统

二、行业内上市公司发展概况

（一）行业内上市公司基本情况

截至2011年底，社会服务业共有74只A、B股上市股票，占沪深两市股票总数的3.05%，较2010年增加了9只新股。其中，A股股票数量68只，B股股票数量6只。截至2011年底，该行业境内总市值3 505.87亿元，占沪深两市总市值的1.62%。其中流通A股市值为2 006.22亿元，占沪深两市流通A股市值的1.23%。

表2　　2011年社会服务业上市公司发行股票概况

门　类	A、B股总数	A股股票数	B股股票数	境内总市值（亿元）	流通A股市值（亿元）	流通B股市值（亿元）
社会服务业	74	68	6	3 505.87	2 006.22	53.08
占沪深两市比重（%）	3.05	2.80	0.25	1.62	1.23	3.74

资料来源：沪深交易所，天相投资分析系统

（二）行业内上市公司构成情况

按上市地划分，截至2011年底，社会服务业在上海证券交易所上市的公司有20家，在深圳证券交易所上市的公司有49家。

按A、B股划分，截至2011年底，行业内仅A股上市的公司有63家，仅B股上市的公司有1家，A+B股上市的公司有5家。

从经营角度看，行业内只有1家ST公司。

表3　　2011年社会服务业上市公司构成情况

门　类	沪　市			深　市			ST/ * ST
	仅A股	仅B股	A+B股	仅A股	仅B股	A+B股	
社会服务业（家）	15	1	4	48	0	1	1/0
占行业内上市公司比重（%）	21.74	1.45	5.80	69.57	0.00	1.45	0.01/0

资料来源：沪深交易所，天相投资分析系统

从社会服务业2011年各子行业上市公司数量占比来看，旅游业上市公司数量最多，其次是专业、科研服务业，再次是公共设施服务业和其他社会服务业。

从上市公司所处大类分，公共设施服务业、旅馆业、旅游业、其他社会服务业、卫生保健护理服务业、专业与科研服务业、租赁服务业、餐饮业分别拥有A、B股11、9、23、11、3、12、2、3只（见表4）。

表 4　　社会服务业上市公司 2011 年各子行业分布明细

A、B 股类别	公司代码	公司名称	所属大类
沪市 A 股	600611	大众交通	公共设施服务业
	600662	强生控股	
	600834	申通地铁	
	600874	创业环保	
	600258	首旅股份	旅馆业
	600754	锦江股份	
	601007	金陵饭店	
	600054	黄山旅游	旅游业
	600138	中青旅	
	600358	国旅联合	
	600555	九龙山	
	600593	大连圣亚	
	600749	西藏旅游	
	601888	中国国旅	
	600158	中体产业	其他社会服务业
	600763	通策医疗	卫生、保健、护理服务业
	600645	中源协和	专业、科研服务业
	601117	中国化学	
	600007	中国国贸	租赁服务业
沪市 B 股	900903	大众 B 股	公共设施服务业
	900934	锦江 B 股	旅馆业
	900929	锦旅 B 股	旅游业
	900942	黄山 B 股	
	900955	九龙山 B	
	000721	西安饮食	餐饮业
深市 A 股	002186	全聚德	
	002306	湘鄂情	
	000421	南京中北	公共设施服务业
	000544	中原环保	
	000598	兴蓉投资	
	000826	桑德环境	
	000931	中关村	
	000975	科学城	

续表

A、B股类别	公司代码	公司名称	所属大类
深市A股	000007	零七股份	旅馆业
	000033	新都酒店	
	000524	东方宾馆	
	000613	ST东海A	
	000069	华侨城A	旅游业
	000428	华天酒店	
	000430	张家界	
	000610	西安旅游	
	000802	北京旅游	
	000888	峨眉山A	
	000978	桂林旅游	
	002033	丽江旅游	
	002059	云南旅游	
	002159	三特索道	
	002558	世纪游轮	
	300144	宋城股份	
	300178	腾邦国际	
	002051	中工国际	其他社会服务业
	002183	怡亚通	
	002210	飞马国际	
	002245	澳洋顺昌	
	002573	国电清新	
	300055	万邦达	
	300172	中电环保	
	300187	永清环保	
	300190	维尔利	
	300262	巴安水务	
	300015	爱尔眼科	卫生、保健、护理服务业
	300244	迪安诊断	
	002116	中国海诚	专业、科研服务业
	002178	延华智能	
	002398	建研集团	
	002400	省广股份	
	002469	三维工程	
	300008	上海佳豪	
	300012	华测检测	
	300070	碧水源	
	300125	易世达	
	300215	电科院	
	000415	渤海租赁	租赁服务业
深市B股	200613	ST东海B	旅馆业

资料来源：沪深交易所，天相投资分析系统

（三）行业内上市公司融资情况

2011 年，社会服务业共有 18 家公司进行融资，占沪深两市 473 家融资公司的 3.81%。在进行融资的 18 家公司中，有 10 家公司是新股发行，占沪深两市 277 家新股发行公司的 3.61%；有 8 家公司增发，占沪深两市 183 家增发公司的 4.37%。

表 5　　2011 年社会服务业上市公司融资情况　　单位：家

	融资家数	新　股	配　股	增　发
社会服务业	18	10	0	8
沪深两市总数	473	277	13	183
占比（%）	3.81	3.61	0.00	4.37

资料来源：沪深交易所，天相投资分析系统

从社会服务业各子行业融资企业数量占比情况看，2011 年旅游业融资企业最多，占社会服务业融资企业总量的 33%；其次是其他社会服务业，占社会服务业融资企业总量的 28%。

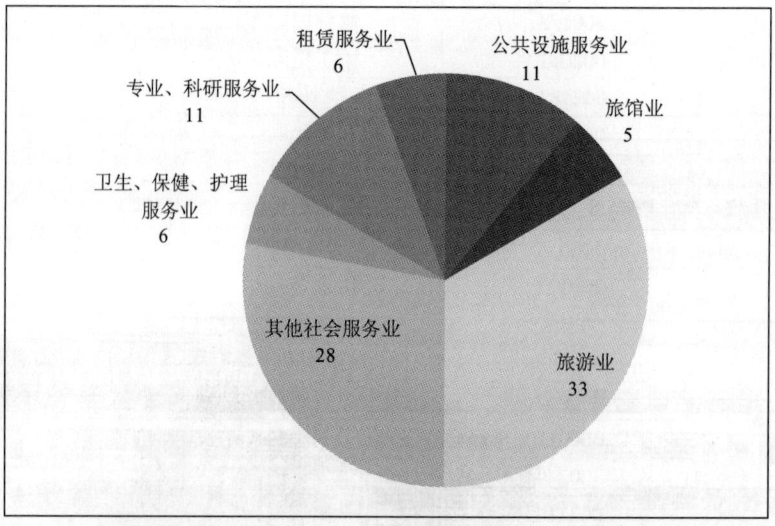

图 2　2011 年社会服务业各子行业融资企业数量占比（%）

资料来源：沪深交易所，天相投资分析系统

2011 年，在深圳主板融资的企业有 5 家，在中小板融资的企业有 3 家，在创业板融资的企业有 8 家，在沪市融资的企业有 2 家。

表 6　　2011 年社会服务业上市公司融资类别明细

代　码	公司名称	融资类别	所属大类	证券类型
000007	零七股份	增　发	旅馆业	深市主板
000415	渤海租赁	增　发	租赁服务业	深市主板

续表

代　码	公司名称	融资类别	所属大类	证券类型
000430	张家界	增　发	旅游业	深市主板
000598	兴蓉投资	增　发	公共设施服务业	深市主板
000802	北京旅游	增　发	旅游业	深市主板
002033	丽江旅游	增　发	旅游业	中小板
002558	世纪游轮	首　发	旅游业	中小板
002573	国电清新	首　发	其他社会服务业	中小板
300172	中电环保	首　发	其他社会服务业	创业板
300178	腾邦国际	首　发	旅游业	创业板
300187	永清环保	首　发	其他社会服务业	创业板
300190	维尔利	首　发	其他社会服务业	创业板
300215	电科院	首　发	专业、科研服务业	创业板
300244	迪安诊断	首　发	卫生、保健、护理服务业	创业板
300262	巴安水务	首　发	其他社会服务业	创业板
300284	苏交科	首　发	专业、科研服务业	创业板
600662	强生控股	增　发	公共设施服务业	沪　市
600749	西藏旅游	增　发	旅游业	沪　市

资料来源：沪深交易所，天相投资分析系统

2011 年，社会服务业融资的 18 家上市公司共融资 182.94 亿元，同比增长 71.62%；共发行股票数量 15.03 亿股，同比增长 203.19%。

表 7　**2011 年社会服务业上市公司融资明细**

代　码	公司名称	发行价格（元）	实际发行数量（万股）	实募集资金数（亿元）
000007	零七股份	7.06	4 600.00	3.17
000415	渤海租赁	9.00	67 601.26	60.84
000430	张家界	6.36	10 079.97	6.41
000598	兴蓉投资	17.20	11 475.58	19.09
000802	北京旅游	10.75	5 000.00	5.26
002033	丽江旅游	21.69	1 258.49	2.73
002558	世纪游轮	30.00	1 500.00	3.99
002573	国电清新	45.00	3 800.00	15.90
300172	中电环保	25.16	2 500.00	5.39
300178	腾邦国际	21.90	3 000.00	5.98
300187	永清环保	40.00	1 670.00	6.14
300190	维尔利	58.50	1 330.00	7.25

续表

代　码	公司名称	发行价格（元）	实际发行数量（万股）	实募集资金金数（亿元）
300215	电科院	76.00	1 150.00	7.85
300244	迪安诊断	23.50	1 280.00	2.70
300262	巴安水务	18.00	1 670.00	2.67
300284	苏交科	13.30	6 000.00	7.41
600662	强生控股	7.03	23 982.32	16.86
600749	西藏旅游	14.50	2 413.79	3.30
合　计			150 311.42	182.94

资料来源：沪深交易所，天相投资分析系统

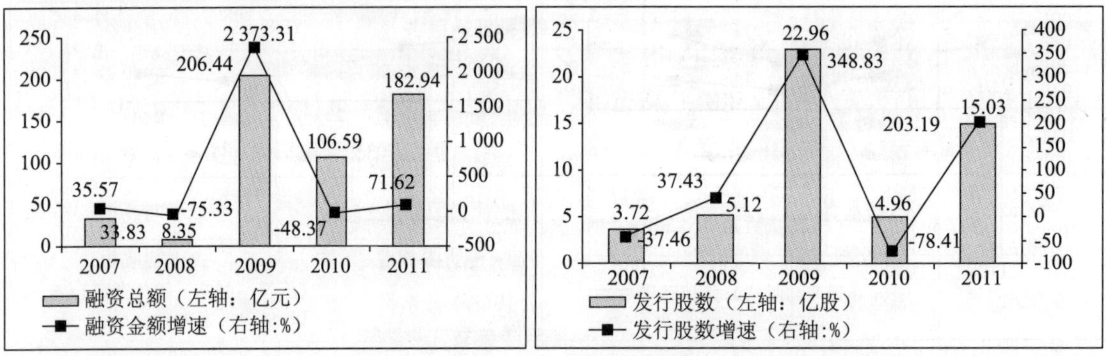

图3　社会服务业2007—2011年融资额及发行股数情况

资料来源：沪深交易所，天相投资分析系统

（四）行业内上市公司资产及业绩情况

截至2011年底，社会服务业上市公司资产总值3 106.07亿元，按可比样本计算较2010年同比增长33.44%；流动资产1 828.97亿元，按可比样本计算较2010年同比增长35.31%；归属于母公司股东权益1 244.01亿元，按可比样本计算较2010年同比增长27.18%。

表8　2011年社会服务业上市公司资产情况　　单位：亿元

指　标	2011年	2011年可比样本增长（%）	2010年	2010年可比样本增长（%）	2009年
总资产	3 106.07	33.44	2 286.31	28.22	2 029.73
流动资产	1 828.97	35.31	1 333.27	39.32	868.08
占比（%）	58.88	0.81	58.32	4.65	42.77
非流动资产	1 277.11	30.85	953.04	15.37	1 161.66
占比（%）	41.12	-0.81	41.68	-4.65	57.23
流动负债	1 296.16	34.11	953.51	20.99	725.95
占比（%）	41.73	0.21	41.71	-2.49	35.77
非流动负债	465.48	46.78	307.08	72.40	310.11
占比（%）	14.99	1.36	13.43	3.44	15.28
归属于母公司股东权益	1 244.01	27.18	959.95	26.63	899.06
占比（%）	40.05	-1.97	41.99	-0.53	44.29

资料来源：沪深交易所，天相投资分析系统

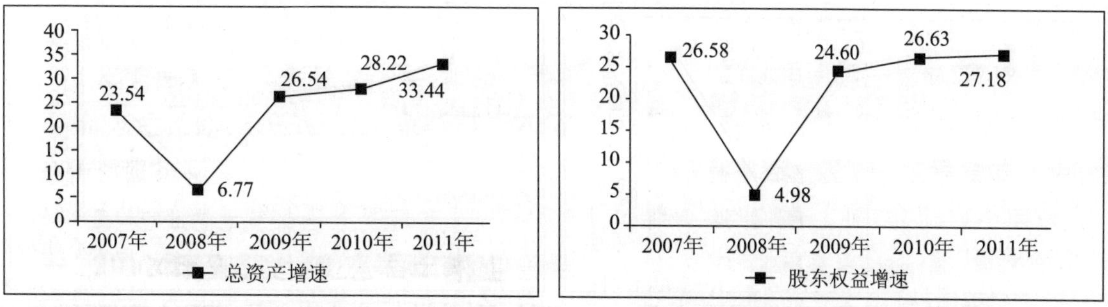

图 4　社会服务业上市公司 2007—2011 年可比样本总资产和归属股东权益变化情况（%）

资料来源：沪深交易所，天相投资分析系统

2011 年，社会服务业上市公司实现营业收入 1 629.99 亿元，按可比样本计算较 2010 年同比增长 28.56%；实现利润总额 189.66 亿元，按可比样本计算较 2010 年同比增长 23.67%；归属于母公司所有者的净利润为 137.71 亿元，按可比样本计算较 2010 年同比增长 26.55%。

表 9　　2011 年社会服务业上市公司收入实现情况　　单位：亿元

指　标	2011 年	2011 年可比样本增长（%）	2010 年	2010 年可比样本增长（%）	2009 年
营业收入	1 629.99	28.56	1 245.36	30.04	724.42
利润总额	189.66	23.67	148.23	43.82	123.64
归属于母公司所有者的净利润	137.71	26.55	104.41	44.32	88.44

资料来源：沪深交易所，天相投资分析系统

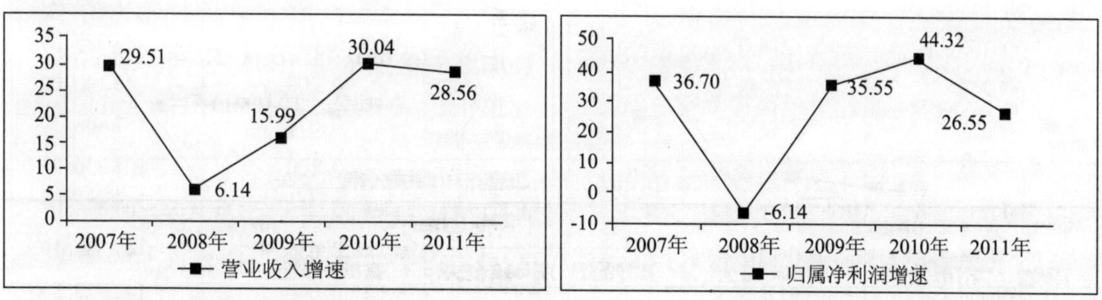

图 5　社会服务业上市公司 2007—2011 年可比样本营业收入及归属母公司所有者的净利润变化情况（%）

资料来源：沪深交易所，天相投资分析系统

（五）利润分配情况

2011 年，社会服务业上市公司中有 14 家公司实施送股或转增股本；35 家公司实施派息，既有派息又送股及转增的公司有 10 家。每股派息比例最高的每股派息 1 元（电科院）。

表 10 **2011 年社会服务业上市公司分红明细**

代　码	名　称	送股及转增比例	每股派息（税前　元）	基准股本（万股）
000069	华侨城 A	0.300	0.060	559 346.04
000415	渤海租赁	0.300	—	97 634.84
000421	南京中北	—	0.050	35 168.41
000721	西安饮食	—	0.030	19 952.80
000802	北京旅游	—	0.020	18 749.02
000978	桂林旅游	—	0.100	36 010.00
002051	中工国际	0.300	0.350	44 070.00
002116	中国海诚	0.800	0.350	11 400.00
002186	全聚德	—	0.600	14 156.00
002245	澳洋顺昌	—	0.020	36 480.00
002398	建研集团	0.300	0.100	15 600.00
002573	国电清新	—	0.150	29 600.00
300055	万邦达	—	0.100	22 880.00
300172	中电环保	0.300	0.100	10 000.00
300178	腾邦国际	—	0.200	11 940.00
300187	永清环保	1.000	0.200	6 678.00
300215	电科院	1.000	0.600	9 000.00
300244	迪安诊断	0.800	0.300	5 110.00
300262	巴安水务	1.000	—	6 670.00
600007	中国国贸	—	0.130	100 728.25
600054	黄山旅游	—	0.140	47 135.00
600138	中青旅	—	0.200	41 535.00
600158	中体产业	—	0.050	84 373.54
600258	首旅股份	—	0.200	23 140.00
600611	大众交通	—	0.070	157 608.19
600662	强生控股	—	0.100	105 336.22
600754	锦江股份	—	0.360	60 324.07
600834	申通地铁	—	0.050	47 738.19
600874	创业环保	—	0.040	142 722.84
601117	中国化学	—	0.050	493 300.00
601888	中国国旅	—	0.100	88 000.00
900903	大众 B 股	—	0.070	157 608.19
900929	锦旅 B 股	—	0.100	13 255.63
900934	锦江 B 股	—	0.360	60 324.07
900942	黄山 B 股	—	0.140	47 135.00
000598	兴蓉投资	1.000	0.100	5 7678.59

续表

代　码	名　称	送股及转增比例	每股派息（税前　元）	基准股本（万股）
002573	国电清新	1.000	—	14 800.00
300015	爱尔眼科	0.600	—	26 700.00
300215	电科院	1.000	1.000	4 500.00

资料来源：沪深交易所，天相投资分析系统

2011 年，社会服务业上市公司现金分红 26.11 亿元，占社会服务业上市公司归属于母公司所有者净利润的 18.96%。

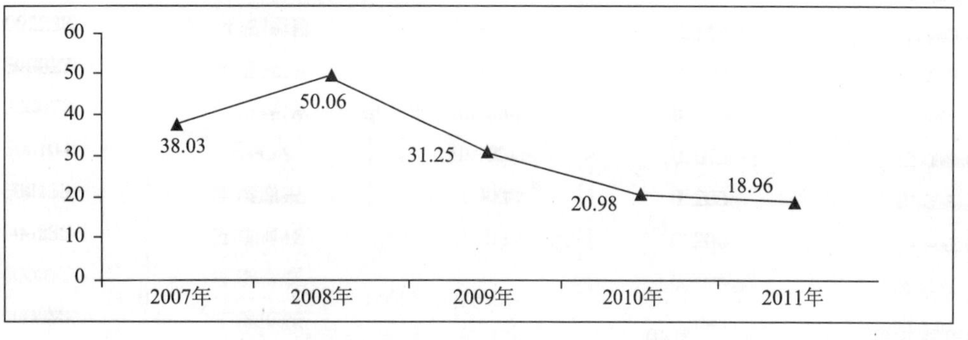

图 6　社会服务业上市公司 2007—2011 年分配利润占比情况（%）

资料来源：沪深交易所，天相投资分析系统

（六）其他财务指标情况

1. 盈利能力指标

2011 年，社会服务业上市公司盈利能力按可比样本计算较 2010 年有所降低，盈利指标出现负增长。其中毛利率为 26.39%，按可比样本计算较 2010 年下降 1.07 个百分点；整体净资产收益率为 11.07%，按可比样本计算较 2010 年下降 0.05 个百分点。

表 11　　2011 年社会服务业上市公司盈利能力情况

指　标	2011 年	2011 年可比样本变动	2010 年	2010 年可比样本变动	2009 年
毛利率（%）	26.39	-1.07	27.22	1.68	33.68
净资产收益率（%）	11.07	-0.05	10.88	1.33	9.84
销售净利率（%）	8.45	-0.13	8.38	0.83	12.21
资产净利率（%）	5.07	-0.18	5.13	0.52	4.87

资料来源：沪深交易所，天相投资分析系统

2. 偿债能力指标

2011 年，社会服务业上市公司整体流动比率和资产负债率按可比样本计算较 2010 年分别上升了 0.01 和 1.57 个百分点，速动比率按可比样本计算较 2010 年下降 0.02。整体偿债能力指标表现比较平稳。

表 12　　2011 年社会服务业上市公司偿债能力情况

指　标	2011 年	2011 年可比样本变动	2010 年	2010 年可比样本变动	2009 年
流动比率	1.41	0.01	1.40	0.18	1.20
速动比率	1.00	-0.02	1.01	0.10	0.78
资产负债率(%)	56.72	1.57	55.14	0.95	51.04

资料来源:沪深交易所,天相投资分析系统

3. 营运能力指标

2011 年,按可比样本计算,社会服务业上市公司的营运能力有所下降,除固定资产周转率较 2010 年有所提升外,其余指标较 2010 年均略有下降。

表 13　　2011 年社会服务业上市公司营运能力情况　　单位:次

指　标	2011 年	2011 年可比样本变动	2010 年	2010 年可比样本变动	2009 年
存货周转率	2.63	-0.34	2.96	-0.64	2.02
应收账款周转率	9.11	-0.45	9.73	-0.02	10.57
流动资产周转率	1.02	-0.07	1.09	-0.11	1.01
固定资产周转率	3.40	0.29	3.17	0.26	1.40
总资产周转率	0.60	-0.01	0.61	0.00	0.40
净资产周转率	1.36	0.01	1.35	-0.01	0.80

资料来源:沪深交易所,天相投资分析系统

三、重点细分行业介绍

根据天相投资的行业分类,社会服务业沪深两市上市公司共覆盖 8 大类,分别为:餐饮业,公共设施服务业,旅馆业,旅游业,其他社会服务业,卫生、保健护理服务业,专业、科研服务业和租赁服务业。其中,旅游业有上市公司 21 家,在行业内占比 30.43%;境内总市值 1 206.52 亿元,在行业内占比 34.48%。

表 14　　2011 年社会服务业各子行业上市公司数量分布及市值情况

大　类	上市公司家数(家)	占行业内比重(%)	境内总市值(亿元)	占行业内比重(%)
餐饮业	3	4.35	82.10	2.35
公共设施服务业	10	14.49	516.41	14.76
旅馆业	7	10.14	191.75	5.48
旅游业	21	30.43	1 206.52	34.48
其他社会服务业	11	15.94	448.80	12.83
卫生、保健、护理服务业	3	4.35	163.06	4.66
专业、科研服务业	12	17.39	714.54	20.42
租赁服务业	2	2.90	176.12	5.03

资料来源:沪深交易所,天相投资分析系统

(一)餐饮业

1. 行业概况

随着我国社会经济的发展和人民生活水平的提高,我国餐饮业产业规模持续扩大,行业零售额已经连续20年保持年均增长20%以上,但增幅呈下行趋势。2011年全年社会消费品零售总额181 226亿元,比2010年名义增长17.1%(扣除价格因素实际增长11.6%)。其中餐饮业实现收入20 543亿元,同比增长16.9%。限额以上企业餐饮收入6 445亿元,同比增长19.7%。

2. 行业内上市公司发展情况

(1)2011年,餐饮业上市公司收入及资产都表现出稳健的增长态势。实现营业收入37.09亿元,按可比样本计算较2010年同比增长29.93%;实现归属于母公司所有者的净利润2.58亿元,按可比样本计算同比增长33.92%。总资产达到37.33亿元,按可比样本计算同比增长10.43%。

表15　2011年餐饮业上市公司收入及资产增长情况　单位:亿元

指　标	2011年	2011年可比样本增长(%)	2010年	2010年可比样本增长(%)	2009年
营业收入	37.09	29.93	28.55	14.04	25.03
利润总额	3.81	33.91	2.85	-5.16	3.00
归属于母公司所有者的净利润	2.58	33.92	1.93	-7.41	2.08
总资产	37.33	10.43	33.80	7.71	31.38
归属于母公司股东权益	24.85	6.72	23.28	1.50	22.94

资料来源:沪深交易所,天相投资分析系统

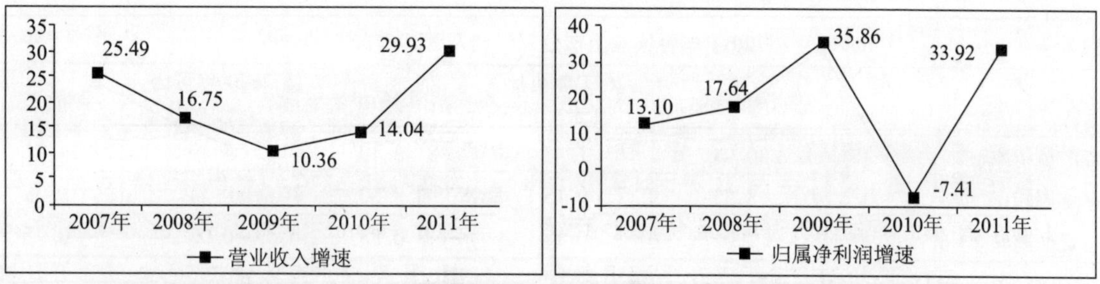

图7　餐饮业上市公司2007—2011年可比样本营业收入及归属于母公司所有者的净利润变化情况(%)

资料来源:沪深交易所,天相投资分析系统

(2)2011年,餐饮业上市公司盈利能力表现良好。上市公司的毛利率、净资产收益率、销售净利率和资产净利率按可比样本计算分别较2010年上升0.25个、2.11个、0.21个和1.34个百分点。

表 16　　2011 年餐饮业上市公司盈利能力情况

指　标	2011 年	2011 年可比样本变动	2010 年	2010 年可比样本变动	2009 年
毛利率(%)	60.89	0.25	60.64	-0.73	61.37
净资产收益率(%)	10.39	2.11	8.28	-0.80	9.07
销售净利率(%)	6.96	0.21	6.75	-1.56	8.32
资产净利率(%)	7.26	1.34	5.91	-1.62	7.53

资料来源:沪深交易所,天相投资分析系统

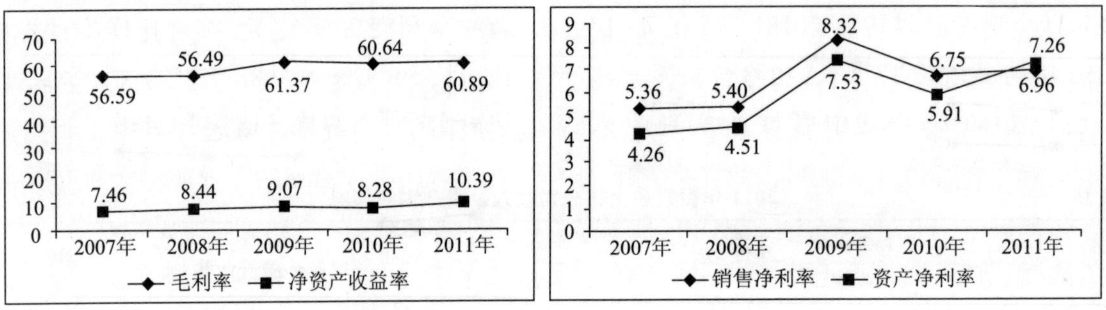

图 8　餐饮业上市公司 2007—2011 年盈利能力指标情况(%)

资料来源:沪深交易所,天相投资分析系统

(3)2011 年,餐饮业上市公司资产负债率有所上升,达到 30.94%,按可比样本计算较 2010 年增长 2.45 个百分点。总资产周转率 1.04 次,按可比样本计算较 2010 年增长 0.17 次。

表 17　　2011 年餐饮业上市公司偿债及营运情况

指　标	2011 年	2011 年可比样本变动	2010 年	2010 年可比样本变动	2009 年
资产负债率(%)	30.94	2.45	28.49	3.79	24.71
存货周转率(次)	8.35	-0.15	8.50	0.44	8.05
总资产周转率(次)	1.04	0.17	0.88	-0.03	0.91

资料来源:沪深交易所,天相投资分析系统

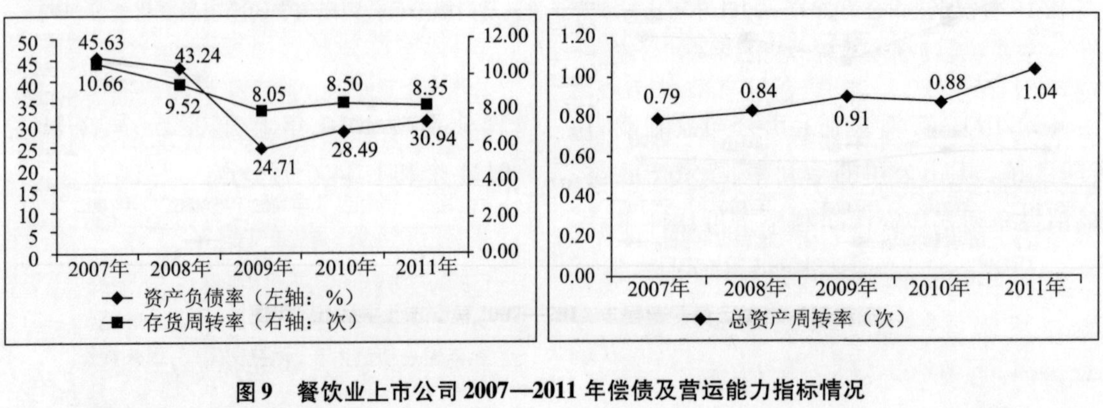

图 9　餐饮业上市公司 2007—2011 年偿债及营运能力指标情况

资料来源:沪深交易所,天相投资分析系统

（二）公共设施服务业

1. 行业概况

环保业是公共设施服务业的重要组成部分，环保投资的大幅增加及产业发展的启动往往开始于经济危机、经济转型或结构调整期，在宏观经济向下调整的过程中，环保投资力度反而会加大，资金落实也均能得到保障。目前，我国也正站在经济增速逐步放缓、经济转型的重要时期，环保投入的加大也将是必然趋势。"十二五"以来，中央对环保产业发展的支持态度日渐明确，而中央财政将成为环保投资落实的有力保障。

目前，我国环保产业主要可分为水污染治理、固废污染治理、大气污染治理及环境监测4个细分行业，而其中又可再细分为工业水处理、市政水处理等多个细分子行业。从2011年出台的主要环保政策来看，市政污水处理、生活垃圾处理、脱硝、环境质量监测4个与居民生活更相关的子行业，以及投资对产值带动较强的工业废物综合处理子行业获得的政策支持更多，"十二五"期间发展速度也将更快。其中，"十二五"期间，全国城镇污水处理及再生利用设施建设规划投资将达到约4 300亿元，全国城镇生活垃圾无害化处理设施建设规划总投资将达到2 636亿元。

2. 行业内上市公司发展情况

（1）2011年，公共设施服务业上市公司收入及资产增长情况好于2010年。实现营业收入178.35亿元，按可比样本计算同比增长29.21%；归属于母公司所有者的净利润20.89亿元，按可比样本计算同比增长33.24%。

表18　　2011年公共设施服务业上市公司收入及资产增长情况　　单位：亿元

指　标	2011年	2011年可比样本增长（%）	2010年	2010年可比样本增长（%）	2009年
营业收入	178.35	29.21	138.03	-2.51	222.86
利润总额	27.39	28.77	21.27	23.94	50.34
归属于母公司所有者的净利润	20.89	33.24	15.68	21.20	38.65
总资产	471.99	24.72	378.43	12.53	864.88
归属于母公司股东权益	211.70	21.24	174.62	14.01	382.36

资料来源：沪深交易所，天相投资分析系统

（2）2011年，公共设施服务业盈利能力运行平稳，除毛利率按可比样本计算较2010年下降1.16个百分点外，其他各项盈利指标按可比样本计算都有小幅上升。

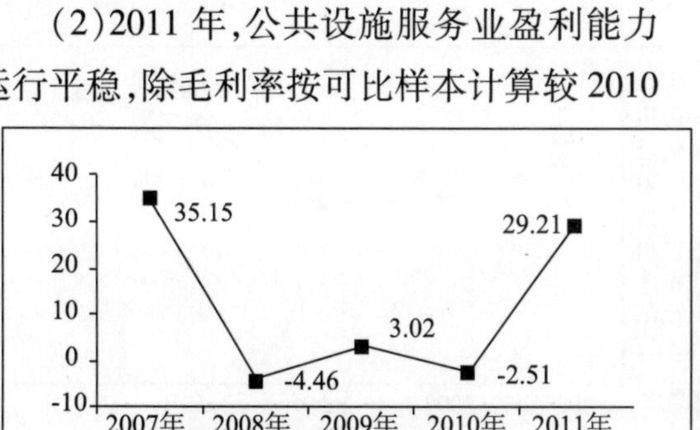

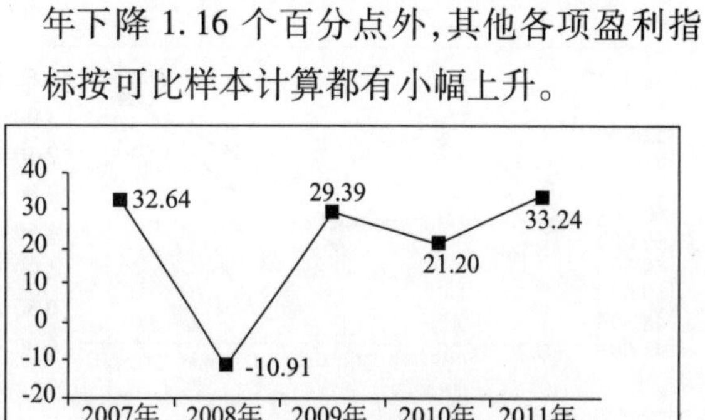

图10　公共设施服务业上市公司2007—2011年可比样本营业收入及归属于母公司所有者的净利润变化情况（%）

资料来源：沪深交易所，天相投资分析系统

表 19　　2011 年公共设施服务业上市公司盈利能力情况

指　标	2011 年	2011 年可比样本变动	2010 年	2010 年可比样本变动	2009 年
毛利率(%)	25.90	-1.16	27.05	4.31	32.74
净资产收益率(%)	9.87	0.89	8.98	0.53	10.11
销售净利率(%)	11.71	0.35	11.36	2.22	17.35
资产净利率(%)	4.91	0.53	4.39	0.58	4.54

资料来源:沪深交易所,天相投资分析系统

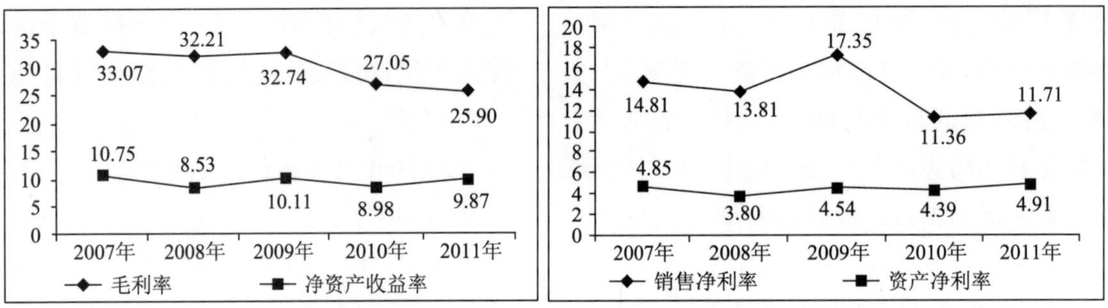

图 11　公共设施服务业上市公司 2007—2011 年盈利能力情况(%)

资料来源:沪深交易所,天相投资分析系统

(3)2011 年,公共设施服务业上市公司资产负债率达到 52.61%,按可比样本计算较 2010 年增长 1.73 个百分点。营运情况基本保持稳定,存货周转率和总资产周转率按可比样本计算分别较 2010 年同比增长 0.67 次和 0.03 次。

表 20　　2011 年公共设施服务业上市公司偿债及营运情况

指　标	2011 年	2011 年可比样本变动	2010 年	2010 年可比样本变动	2009 年
资产负债率(%)	52.61	1.73	50.88	0.18	49.85
存货周转率(次)	3.17	0.67	2.50	-0.09	1.53
总资产周转率(次)	0.42	0.03	0.39	-0.03	0.26

资料来源:沪深交易所,天相投资分析系统

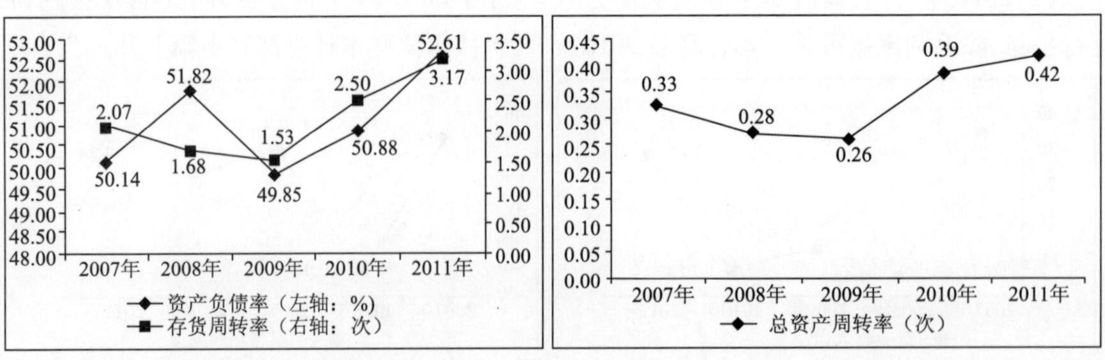

图 12　公共设施服务业上市公司 2007—2011 年偿债及营运能力指标情况

资料来源:沪深交易所,天相投资分析系统

（三）旅馆业

1. 行业概况

据统计，目前全国共有 1.5 万余家星级酒店，30 万家社会住宿机构以及超过 150 万家乡村旅游住宿设施。截至 2011 年底，全国纳入星级饭店统计管理系统的 11 676 家星级饭店（按照完成 2011 年经营数据填报的饭店数量计），拥有客房 147.49 万间，床位 258.63 万张；拥有固定资产原值 4 587.13 亿元；实现营业收入总额 2 314.82 亿元；上缴营业税金 208.36 亿元；全年平均客房出租率为 61%。在 11 676 家星级饭店中，五星级饭店 615 家，四星级饭店 2 148 家，三星级饭店 5 473 家，二星级饭店 3 276 家，一星级饭店 164 家。此外，经济型酒店发展迅猛。截至 2011 年底，全国有经济型酒店 7 314 家，共拥有客房数 747 045 间，较 2010 年同比增长 37.27%。

2. 行业内上市公司发展情况

（1）2011 年，旅馆业上市公司经营效益有所下滑，实现营业收入 59.38 亿元，按可比样本计算同比增长 8.72%；归属于母公司所有者的净利润 5.59 亿元，按可比样本计算同比下降 20.58%。

表 21　2011 年旅馆业上市公司收入及资产增长情况　　单位：亿元

指　标	2011 年	2011 年可比样本增长（%）	2010 年	2010 年可比样本增长（%）	2009 年
营业收入	59.38	8.72	54.62	64.43	47.87
利润总额	7.50	-21.73	9.59	51.35	9.58
归属于母公司所有者的净利润	5.59	-20.58	7.04	48.91	7.16
总资产	112.99	2.77	109.94	10.43	123.00
归属于母公司股东权益	74.09	0.79	73.51	7.96	88.10

资料来源：沪深交易所，天相投资分析系统

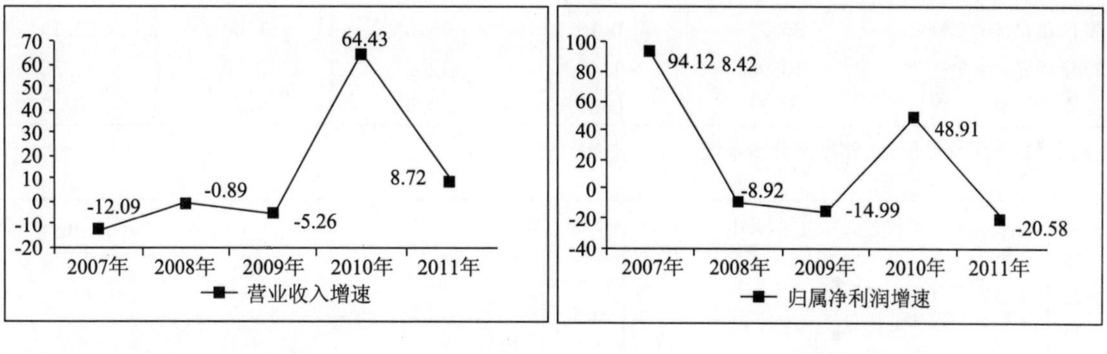

图 13　旅馆业上市公司 2007—2011 年可比样本营业收入及归属于母公司所有者的净利润变化情况（%）

资料来源：沪深交易所，天相投资分析系统

（2）2011 年旅馆业上市公司盈利能力不佳，各项指标均出现不同程度的下滑。毛利率和净资产收益率按可比样本计算较 2010 年同比下降 2.63 个百分点和 2.03 个百分点。

表 22　　2011 年旅馆业上市公司盈利能力情况

指　标	2011 年	2011 年可比样本变动	2010 年	2010 年可比样本变动	2009 年
毛利率(%)	56.90	-2.63	59.53	6.00	44.22
净资产收益率(%)	7.54	-2.03	9.57	2.63	8.13
销售净利率(%)	9.41	-3.47	12.88	-1.34	14.96
资产净利率(%)	5.01	-1.70	6.72	1.57	6.30

资料来源:沪深交易所,天相投资分析系统

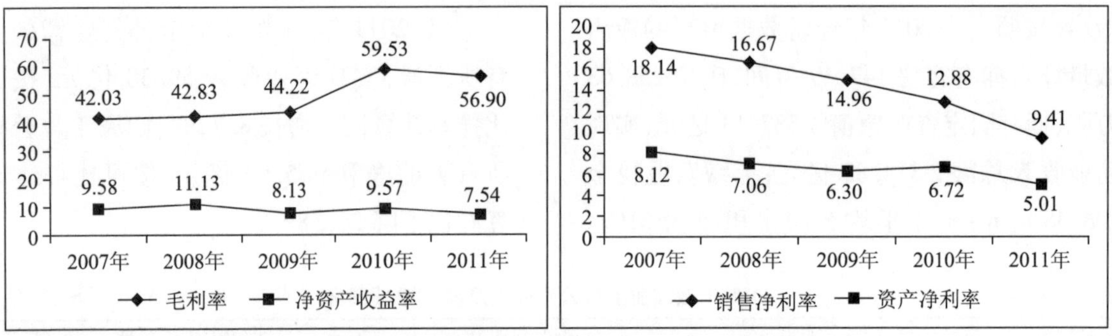

图 14　旅馆业上市公司 2007—2011 年盈利能力指标情况(%)

资料来源:沪深交易所,天相投资分析系统

(3)2011 年旅馆业上市公司的资产负债率进一步增加,达到 26.77%,按可比样本计算较 2010 年同比增长 0.16 个百分点;存货周转率按可比样本计算同比下降 1.59 次。

表 23　　2011 年旅馆业上市公司偿债及营运情况

指　标	2011 年	2011 年可比样本变动	2010 年	2010 年可比样本变动	2009 年
资产负债率(%)	26.77	0.16	26.61	1.06	22.19
存货周转率(次)	10.96	-1.59	12.55	0.50	17.30
总资产周转率(次)	0.53	0.01	0.52	0.16	0.42

资料来源:沪深交易所,天相投资分析系统

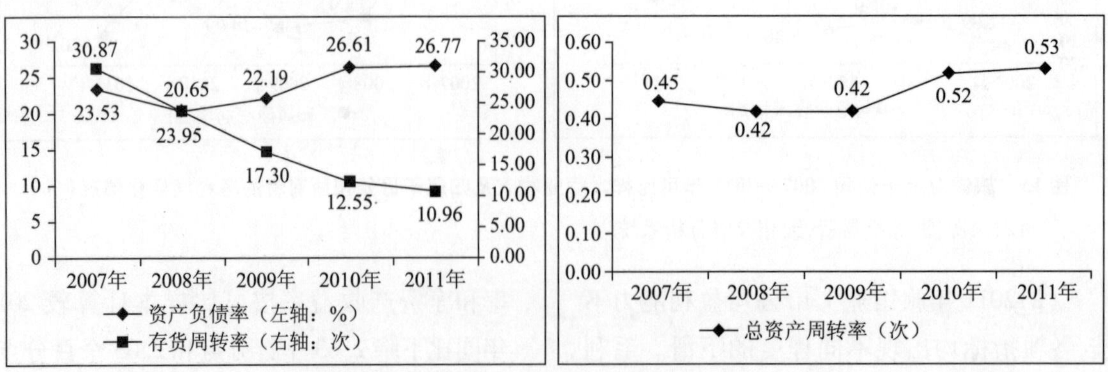

图 15　旅馆业上市公司 2007—2011 年偿债及营运能力指标情况(%)

资料来源:沪深交易所,天相投资分析系统

(四)旅游业

1. 行业概况

2011年是"十二五"的开局之年,面临复杂严峻的国内外经济形势,我国旅游业仍然表现出平稳的发展态势。2011年,国内旅游人数达26.4亿人次,比上年增长13.2%;国内旅游收入1.93万亿元,增长23.6%;入境旅游人数1.35亿人次,增长1%;入境过夜旅游人数5 730万人次,增长2.9%;旅游外汇收入470亿美元,增长2.5%;出境旅游人数6 900万人次,增长20%;全国旅游业总收入2.25万亿元,增长20.8%。新增旅游直接就业约50万人。

2011年,国务院将5月19日确定为"中国旅游日",提升了全社会的旅游意识,激发了群众的旅游热情。为了进一步落实国务院41号文件,全国31个省区市党委、政府都对贯彻落实国务院41号文件做出明确部署。24个省区市召开了旅游发展大会,25个省区市出台了贯彻落实国务院41号文件的具体意见或决定。31个省区市都对旅游业作出明确的战略定位,28个省区市定位为支柱产业或主导产业,其中13个省区定位为战略性支柱产业。此外,国家旅游局出台《关于进一步加快发展旅游业促进社会主义文化大发展大繁荣的指导意见》,切实加强旅游业与三产融合发展,重点推动与文化产业共同发展;7部委制定的《金融支持旅游业加快发展的意见》,推动符合条件的旅游企业上市融资,加快与现代金融相结合;《旅游法》的顺利起草、《国民旅游休闲纲要》的编制等,都为旅游业的快速健康发展提供了政策、市场、人才及资金等全方位的支持。

2. 行业内上市公司发展情况

(1)2011年,旅游业保持良好的发展势头,上市公司实现营业收入495.62亿元,按可比样本计算较2010年同比增长17.69%。利润总额、归属母公司所有者的净利润按可比样本计算分别较2010年同比增长12.89%和13.83%。总资产和归属于母公司股东权益按可比样本计算较2010年同比增长23.19%和20.45%。

表24　　2011年旅游业上市公司收入及资产增长情况　　单位:亿元

指　标	2011年	2011年可比样本增长(%)	2010年	2010年可比样本增长(%)	2009年
营业收入	495.62	17.69	416.90	38.42	299.00
利润总额	78.82	12.89	68.38	47.06	45.37
归属于母公司所有者的净利润	53.94	13.83	46.19	53.75	29.18
总资产	1 084.68	23.19	872.94	40.10	624.12
归属于母公司股东权益	408.38	20.45	334.31	26.21	265.57

资料来源:沪深交易所,天相投资分析系统

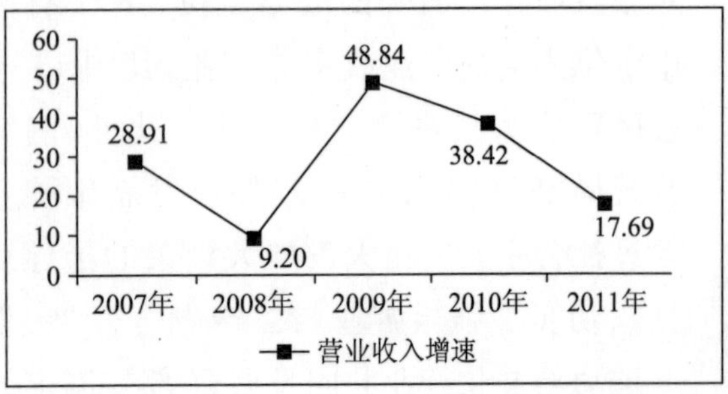

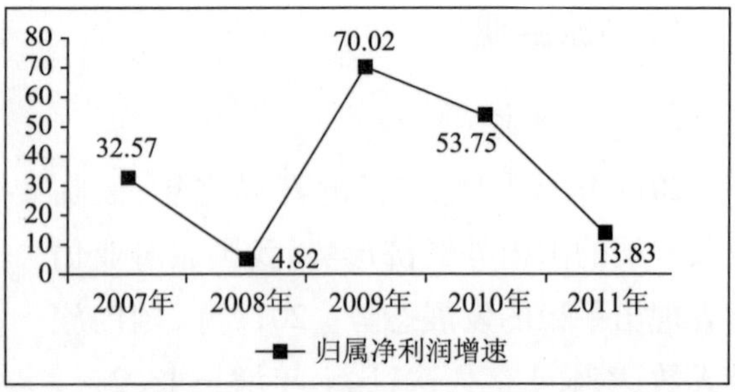

图 16　旅游业上市公司 2007—2011 年可比样本营业收入及归属于母公司所有者的净利润变化情况(%)

资料来源:沪深交易所,天相投资分析系统

(2)2011 年,旅游业上市公司盈利能力按可比样本计算有所下降。毛利率和资产净利率按可比样本计算较 2010 年同比分别下滑 0.07 个百分点和 0.77 百分点。

表 25　2011 年旅游业上市公司盈利能力情况

指　标	2011 年	2011 年可比样本变动	2010 年	2010 年可比样本变动	2009 年
毛利率(%)	36.97	-0.07	36.92	1.49	35.19
净资产收益率(%)	13.21	-0.77	13.82	2.48	10.99
销售净利率(%)	10.88	-0.37	11.08	1.10	9.76
资产净利率(%)	5.49	-0.79	6.18	0.24	5.74

资料来源:沪深交易所,天相投资分析系统

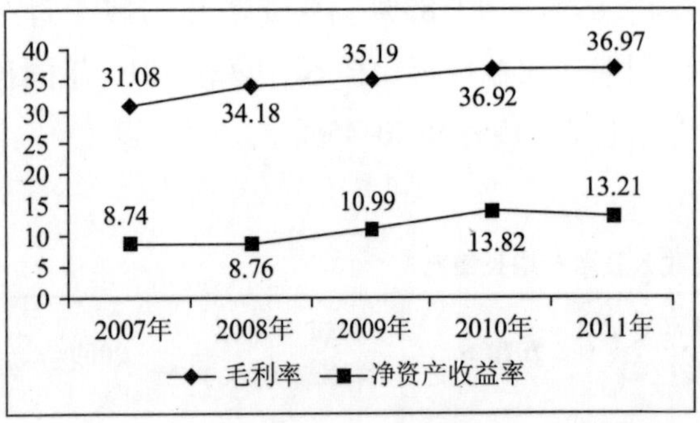

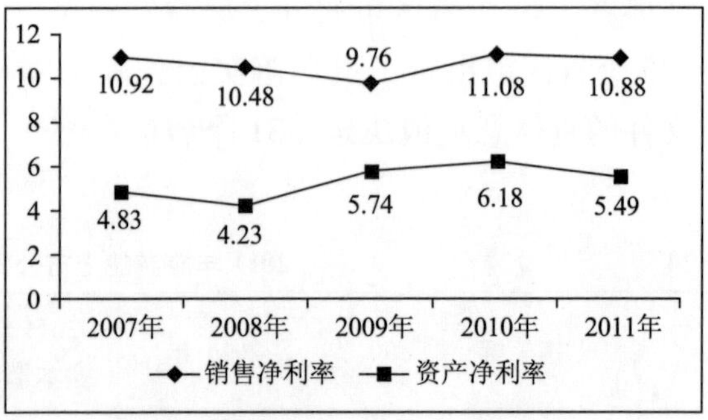

图 17　旅游业上市公司 2007—2011 年盈利能力指标情况(%)

资料来源:沪深交易所,天相投资分析系统

(3)2011 年,旅游业上市公司的资产负债率进一步提高,达到 58.02%,按可比样本计算较 2010 年同比增长 0.36 个百分点。存货周转率和总资产周转率按可比样本计算分别下滑 0.38 次和 0.05 次。

表 26　　2011 年旅游业上市公司偿债及营运情况

指　标	2011 年	2011 年可比样本变动	2010 年	2010 年可比样本变动	2009 年
资产负债率(%)	58.02	0.36	57.83	4.93	52.81
存货周转率(次)	1.00	-0.38	1.37	-0.76	2.09
总资产周转率(次)	0.50	-0.05	0.56	-0.04	0.59

资料来源:天相投资分析系统

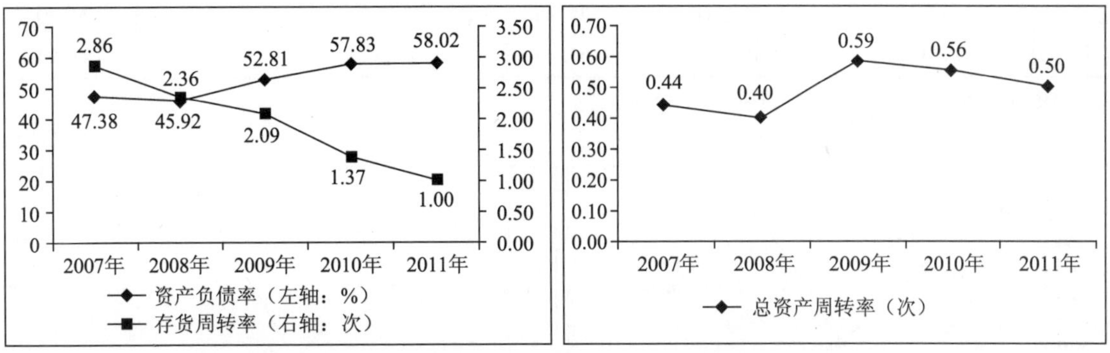

图 18　旅游业上市公司 2007—2011 年偿债及营运能力指标情况

资料来源:沪深交易所,天相投资分析系统

(五)其他社会服务业

1. 行业概况

物流业是其他社会服务业的重要组成部分。物流业是融合运输业、仓储业、货代、信息业等的复合型服务产业,是整个国民经济发展的重要支持部门。

2011 年,在经济持续较快增长和一系列政策措施的推动下,我国物流业取得新进展,物流专业化、社会化进程在结构调整中明显加快。预计全年社会物流总额可达 160 万亿元,物流业增加值约为 3 万亿元,同比分别增长 12% 和 14%。预计社会物流总费用同比增幅为 18.3%,占 GDP 的比例可能升至 18%,略高于上年 17.8% 的水平。其中网络购物总额将超过 8 000 亿元;1—11 月全国重点物流企业主营业务收入同比增长 26.3%。

2011 年是物流业的“政策年”。3 月,全国人大通过的《“十二五”规划纲要》突出强调“大力发展现代物流业”;6 月,国务院常务会议专题研究支持物流业发展的政策措施;8 月,《国务院办公厅关于促进物流业健康发展政策措施的意见》(国办发[2011]38 号)印发,被业内称为“国九条”;10 月,国务院常务会议决定,从 2012 年 1 月 1 日起,在上海市开展交通运输业和部分现代服务业营业税改征增值税试点;12 月,国务院办公厅发出国办函[2011]162 号《关于印发贯彻落实促进物流业健康发展政策措施意见部门分工方案的通知》,把(国办发[2011]38 号)文细化为 47 项工作,落实到 31 个部门和单位。

2. 行业内上市公司发展情况

(1)2011 年,其他社会服务业上市公司发展迅速。上市公司的营业收入、利润总额、归属于母公司所有者的净利润按可比样本计算分别较2010年同比增长39.16%、10.50%和19.27%。

表27　　2011年其他社会服务业上市公司收入及资产增长情况　　单位:亿元

指　标	2011年	2011年可比样本增长(%)	2010年	2010年可比样本增长(%)	2009年
营业收入	251.72	39.16	167.81	79.91	64.18
利润总额	16.05	10.50	12.02	84.14	3.56
归属于母公司所有者的净利润	11.85	19.27	7.65	61.49	2.11
总资产	459.41	45.48	292.89	47.20	174.70
归属于母公司股东权益	127.78	54.43	73.37	58.66	41.94

资料来源:沪深交易所,天相投资分析系统

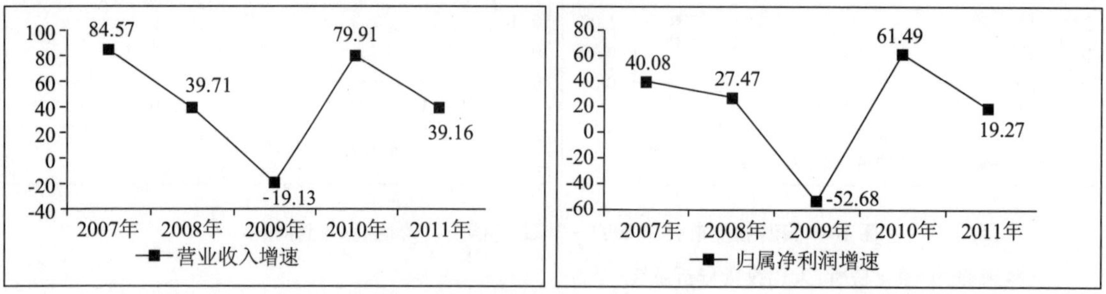

图19　其他社会服务业上市公司2007—2011年可比样本营业收入及归属于母公司所有者的净利润变化情况(%)

资料来源:沪深交易所,天相投资分析系统

(2)2011年,其他社会服务业上市公司盈利能力有所下降,毛利率、净资产收益率和销售净利率按可比样本计算较2010年分别下降1.85个、2.73个和0.78个百分点。

表28　　2011年其他社会服务业上市公司盈利能力情况

指　标	2011年	2011年可比样本变动	2010年	2010年可比样本变动	2009年
毛利率(%)	12.78	-1.85	13.00	-1.41	15.42
净资产收益率(%)	9.27	-2.73	10.43	0.18	5.04
销售净利率(%)	4.71	-0.78	4.56	-0.52	3.29
资产净利率(%)	3.06	-0.65	3.11	0.24	1.49

资料来源:沪深交易所,天相投资分析系统

(3)2011年,其他社会服务业上市公司的资产负债率为70.74%,按可比样本计算较2010年同比下降1.21个百分点。上市公司的存货周转率按可比样本计算较2010年同比增长0.44次,营运能力进一步提升。

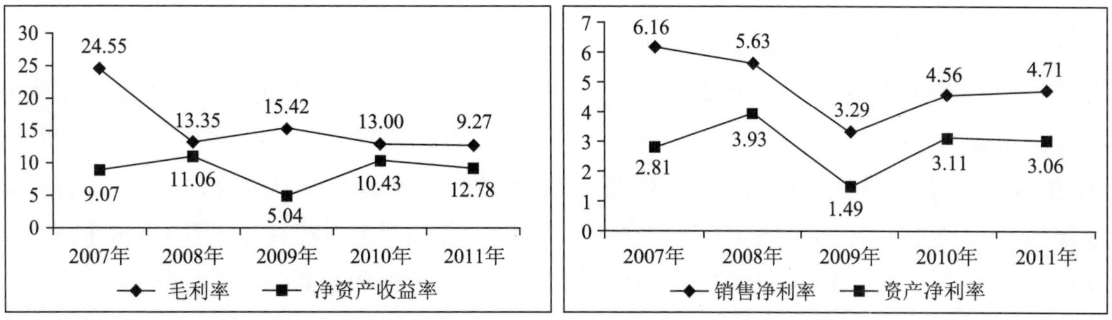

图 20　其他社会服务业上市公司 2007—2011 年盈利能力指标情况(%)

资料来源:沪深交易所,天相投资分析系统

表 29　2011 年其他社会服务业上市公司偿债及营运情况

指　标	2011 年	2011 年可比样本变动	2010 年	2010 年可比样本变动	2009 年
资产负债率(%)	70.74	-1.21	72.97	-1.18	72.98
存货周转率(次)	4.87	0.44	4.59	1.47	2.69
总资产周转率(次)	0.65	-0.03	0.68	0.12	0.45

资料来源:沪深交易所,天相投资分析系统

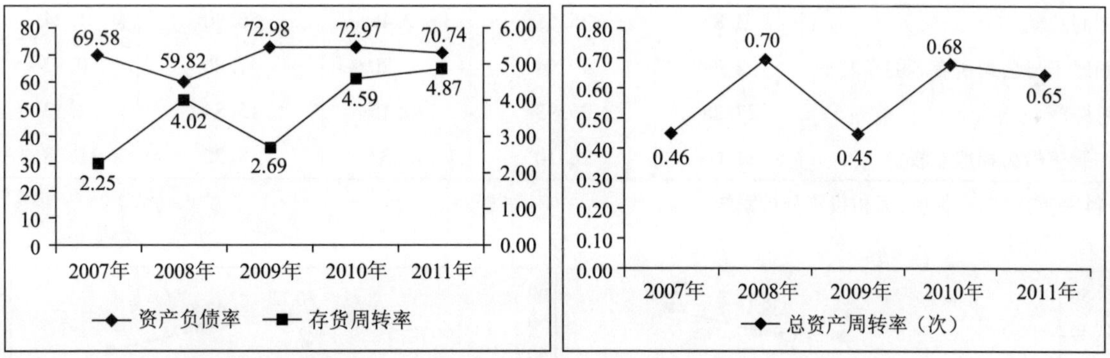

图 21　其他社会服务业上市公司 2007—2011 年偿债及营运能力指标情况

资料来源:沪深交易所,天相投资分析系统

(六)卫生、保健、护理服务业

1. 行业概况

2011 年,全国共有医疗卫生机构953 432 个,其中,医院21 638个,乡镇卫生院 37 374 个,社区卫生服务中心(站)32 812 个,诊所(卫生所、医务室)177 754 个,村卫生室659 596个,疾病预防控制中心 3 499 个,卫生监督所(中心)3 005个。卫生技术人员 620 万人,其中,执业医师和执业助理医师 251 万人,注册护士 224 万人。医疗卫生机构床位 515 万张,其中,医院 368 万张,乡镇卫生院 103 万张。全年甲、乙类法定报告传染病发病人数 323.8 万例,报告死亡 15 264 人;报告传染病发病率 241.44/10 万,死亡率 1.14/10 万。

新型农村合作医疗(新农合)和城镇居

民基本医疗保险财政补贴是国家医疗卫生支出的主要投入方向：国内通过城镇职工医疗保险、城镇居民医疗保险以及新农合3类医疗保险覆盖2.45亿城镇职工、2.1亿城镇居民和8.36亿农村居民，其中新农合和城镇居民医疗保险财政补贴是国家医疗卫生支出的主要投入方向。2011年政府对新农合和城镇居民医保补助标准是200元。

国家医疗卫生支出的另一重要投入是增加医疗资源的供给：国家2009年前后开始大规模地加大基层医疗机构建设，根据2009—2011年各年的工作安排，3年共支持2 116个县级医院（含中医院）、6 449个中心乡镇卫生院、2 410个城市社区卫生服务中心、21 000个村卫生室建设。每个县至少有1所县级医院基本达到二级甲等水平、有1～3所达标的中心乡镇卫生院，每个行政村都有卫生室，每个街道都有社区卫生服务机构。

2. 行业内上市公司发展情况

（1）2011年，卫生、保健、护理服务业上市公司运行良好，营业收入、利润总额、归属于母公司所有者的净利润按可比样本计算分别较2010年同比增长45.38%、35.55%和40.64%。

表30　2011年卫生、保健、护理服务业上市公司收入及资产增长情况　单位：亿元

指　标	2011年	2011年可比样本增长（%）	2010年	2010年可比样本增长（%）	2009年
营业收入	21.09	45.38	11.07	39.18	6.06
利润总额	3.87	35.55	2.48	56.80	1.24
归属于母公司所有者的净利润	2.84	40.64	1.70	47.86	0.92
总资产	27.28	26.93	19.15	15.84	14.12
归属于母公司股东权益	21.60	28.10	15.34	8.32	12.08

资料来源：沪深交易所，天相投资分析系统

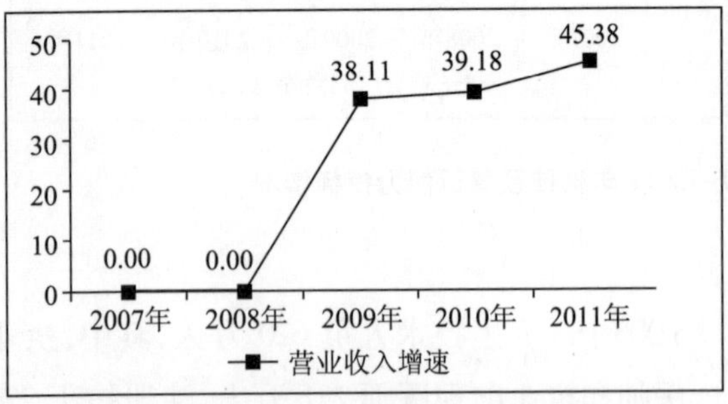

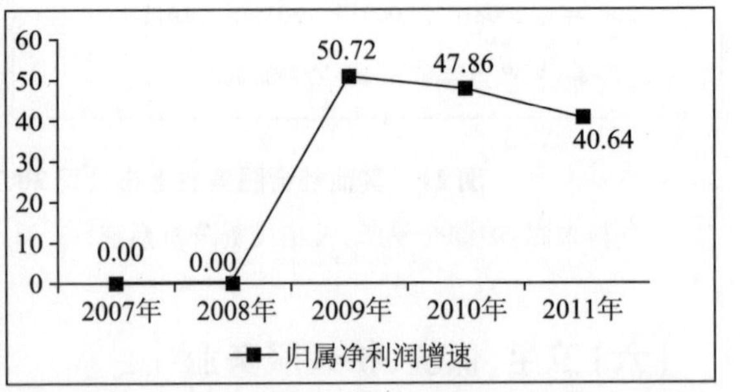

图22　卫生、保健、护理服务业上市公司2007—2011年可比样本营业收入及归属于母公司所有者的净利润变化情况（%）

资料来源：沪深交易所，天相投资分析系统

（2）2011年，卫生、保健、护理服务业上市公司的盈利能力保持平稳，毛利率和销售净利率按可比样本计算分别较2010年同比下降0.42个和0.45个百分点；净资产收益率和资产净利率按可比样本计算分别较2010年同比增长1.17个和1.50个百分点。

表 31　　2011 年卫生、保健、护理服务业上市公司盈利能力情况

指　标	2011 年	2011 年可比样本变动	2010 年	2010 年可比样本变动	2009 年
毛利率(%)	49.44	-0.42	54.21	0.52	57.09
净资产收益率(%)	13.16	1.17	11.06	2.96	7.65
销售净利率(%)	13.47	-0.45	15.32	0.90	15.25
资产净利率(%)	11.65	1.50	9.51	-0.62	10.23

资料来源:沪深交易所,天相投资分析系统

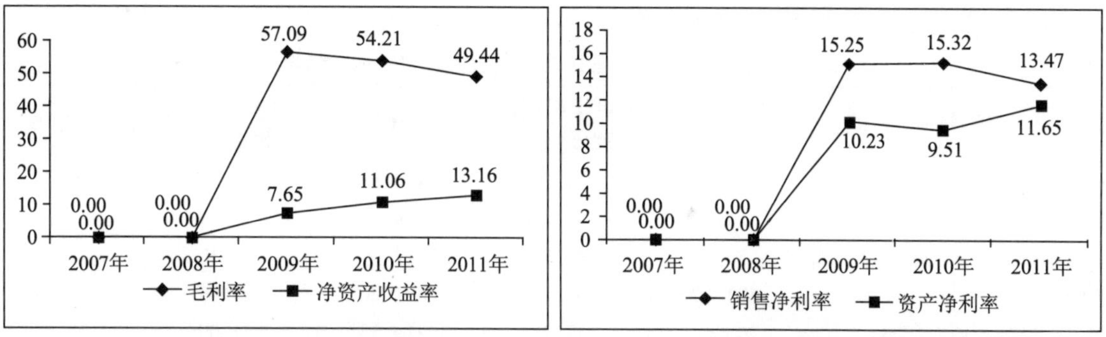

图 23　卫生、保健、护理服务业上市公司 2007—2011 年盈利能力指标情况(%)

资料来源:沪深交易所,天相投资分析系统

(3)2011 年,卫生、保健、护理服务业上市公司的偿债能力及营运情况基本保持稳定,资产负债率为 17.56%,按可比样本计算较 2010 年同比下降 1.85 个百分点。

表 32　　2011 年卫生、保健、护理服务业上市公司偿债及营运情况

指　标	2011 年	2011 年可比样本变动	2010 年	2010 年可比样本变动	2009 年
资产负债率(%)	17.56	-1.85	17.90	5.47	12.61
存货周转率(次)	10.73	-0.36	11.94	0.02	9.69
总资产周转率(次)	0.86	0.14	0.62	-0.08	0.67

资料来源:沪深交易所,天相投资分析系统

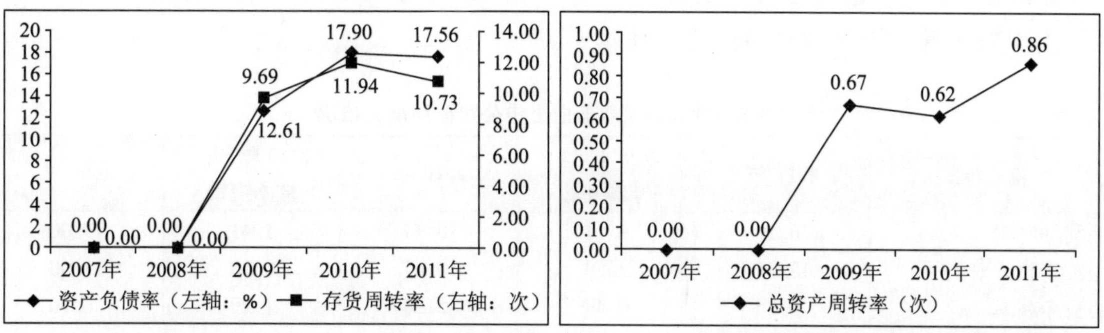

图 24　卫生、保健、护理服务业上市公司 2007—2011 年偿债及营运能力指标情况

资料来源:沪深交易所,天相投资分析系统

（七）专业、科研服务业

1. 行业概况

专业、科技服务业涵盖行业较为广泛，共有上市公司 12 家，占社会服务业比重的 16%。

2. 行业内上市公司发展情况

（1）2011 年，专业、科技服务业上市公司运行良好。上市公司实现营业收入 559.28 亿元，按可比样本计算较 2010 年同比增长 34.24%；归属于母公司所有者的净利润为 34.42 亿元，按可比样本计算同比增长 45.84%。

表 33　2011 年专业、科研服务业上市公司收入及资产增长情况　单位：亿元

指　标	2011 年	2011 年可比样本增长（%）	2010 年	2010 年可比样本增长（%）	2009 年
营业收入	559.28	34.24	414.83	20.53	45.58
利润总额	44.66	45.43	29.91	57.99	3.64
归属于母公司所有者的净利润	34.42	45.84	22.99	57.10	3.08
总资产	631.99	31.44	472.26	25.59	53.94
归属于母公司股东权益	260.46	17.25	219.53	54.09	25.88

资料来源：沪深交易所，天相投资分析系统

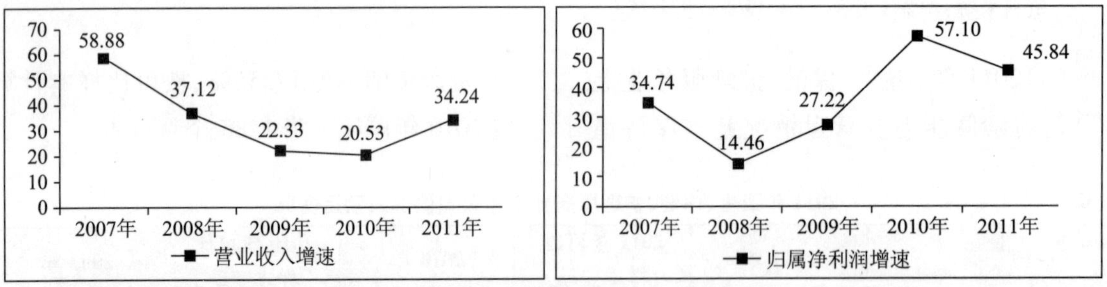

图 25　专业、科研服务业上市公司 2007—2011 年可比样本营业收入及归属于母公司所有者的净利润变化情况（%）

资料来源：沪深交易所，天相投资分析系统

（2）2011 年，专业、科技服务业上市公司的盈利能力运营平稳。毛利率、净资产收益率、销售净利率和资产净利率按可比样本计算分别较 2010 年同比增长 0.14 个、2.59 个、0.49 个和 0.71 个百分点。

表 34　2011 年专业、科研服务业上市公司盈利能力情况

指　标	2011 年	2011 年可比样本变动	2010 年	2010 年可比样本变动	2009 年
毛利率（%）	16.10	0.14	15.71	1.41	19.00
净资产收益率（%）	13.21	2.59	10.47	0.20	11.90
销售净利率（%）	6.15	0.49	5.54	1.29	6.76
资产净利率（%）	6.19	0.71	5.42	1.00	6.42

资料来源：沪深交易所，天相投资分析系统

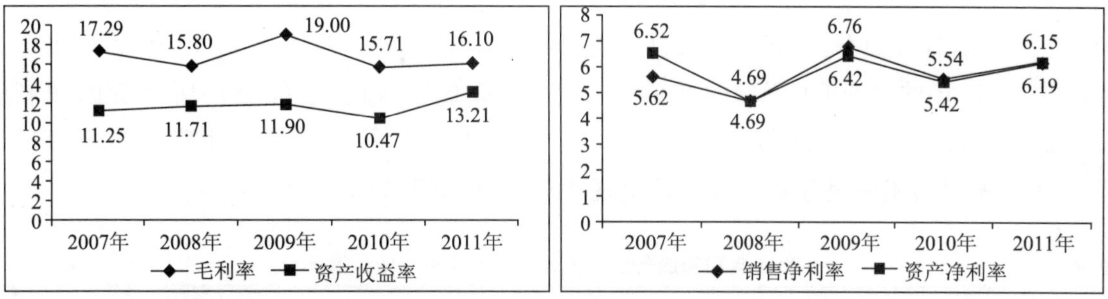

图 26 专业、科研服务业上市公司 2007—2011 年盈利能力指标情况(%)

资料来源:沪深交易所,天相投资分析系统

(3)2011 年,专业、科技服务业上市公司的资产负债率达到 57.24%,按可比样本计算较 2010 年同比增长 4.74 个百分点。存货周转率按可比样本计算较 2010 年同比下降 0.47 次。

表 35　　2011 年专业、科研服务业上市公司偿债及营运情况

指　标	2011 年	2011 年可比样本变动	2010 年	2010 年可比样本变动	2009 年
资产负债率(%)	57.24	4.74	52.19	-8.61	51.10
存货周转率(次)	9.09	-0.47	9.54	0.90	5.63
总资产周转率(次)	1.01	0.04	0.98	-0.06	0.95

资料来源:天相投资分析系统

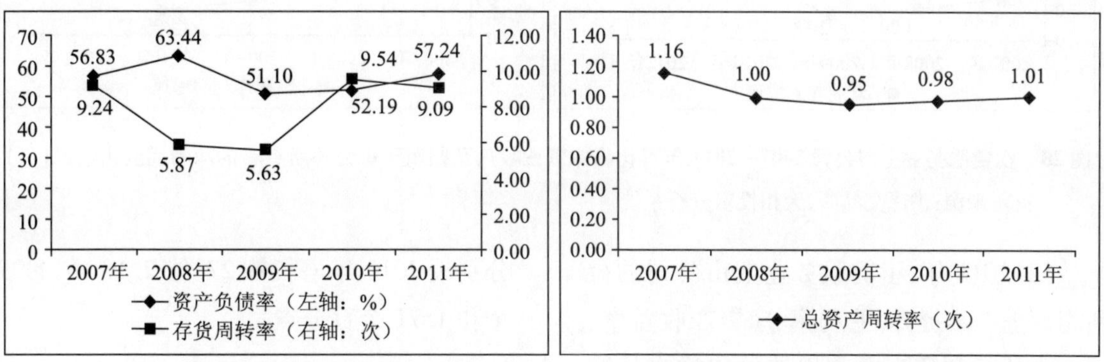

图 27 专业、科研服务业上市公司 2007—2011 年偿债及营运能力指标情况

资料来源:沪深交易所,天相投资分析系统

(八)租赁服务业

1. 行业概况

2011 年全年,全国租赁和商务服务业固定资产投资完成 3 373.9 亿元,吸纳投资总额略低于住宿餐饮业,实现同比增长 40.3%,较 2010 年同期增幅扩大 7.9 个百分点,高出同期全国各行业固定资产投资增幅 16.5 个百分点,其投资完成额占同期全国城镇投资完成总额的 1.12%,较 2010 年同期比重上升 0.09 个百分点。2011 年 1—11 月,租赁和商务服务业利用外资达到 73.08 亿美元,占全国实际利用外资总额的 7.04%，较 2010 年同期比重上升 0.21 个百分点；其外商项目合同数达到 3 172 个，占外商项目总数的 12.64%。

2. 行业内上市公司发展情况

(1)2011 年，租赁服务业上市公司呈现出快速发展的格局，实现营业收入 27.47 亿元，按可比样本计算较 2010 年同比增长 102.63%；归属于母公司所有者的净利润 5.61 亿元，按可比样本计算较 2010 年同比增长 353.22%。

表 36　　2011 年租赁服务业上市公司收入及资产增长情况　　单位：亿元

指　标	2011 年	2011 年可比样本增长(%)	2010 年	2010 年可比样本增长(%)	2009 年
营业收入	27.47	102.63	13.56	20.43	8.71
利润总额	7.54	333.96	1.74	-42.61	3.87
归属于母公司所有者的净利润	5.61	353.22	1.24	-39.23	2.90
总资产	280.40	162.30	106.90	5.64	89.66
归属于母公司股东权益	115.15	150.45	45.98	-0.34	43.60

资料来源：沪深交易所，天相投资分析系统

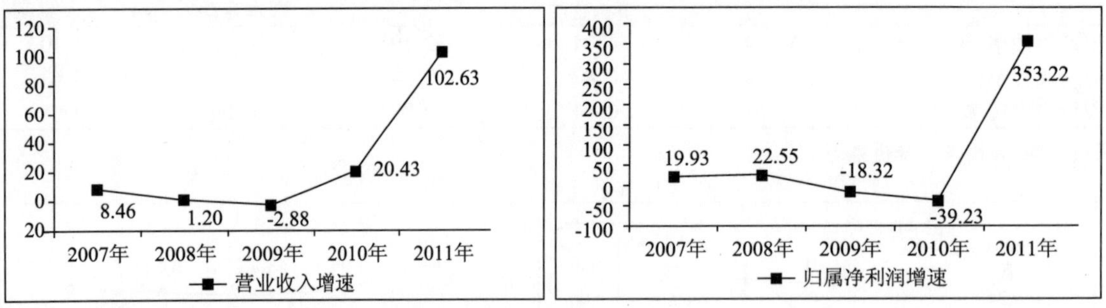

图 28　租赁服务业上市公司 2007—2011 年可比样本营业收入及归属于母公司所有者的净利润变化情况(%)

资料来源：沪深交易所，天相投资分析系统

(2)2011 年，租赁服务业上市公司的盈利能力进一步提升，毛利率、净资产收益率、销售净利率和资产净利率按可比样本计算分别较 2010 年增长 6.27 个、2.18 个、11.29 个和 1.71 个百分点。

表 37　　2011 年租赁服务业上市公司盈利能力情况

指　标	2011 年	2011 年可比样本变动	2010 年	2010 年可比样本变动	2009 年
毛利率(%)	42.98	6.27	36.71	-13.40	61.46
净资产收益率(%)	4.87	2.18	2.69	-1.72	6.64
销售净利率(%)	20.43	11.29	9.13	-8.97	33.24
资产净利率(%)	2.90	1.71	1.19	-0.92	3.39

资料来源：沪深交易所，天相投资分析系统

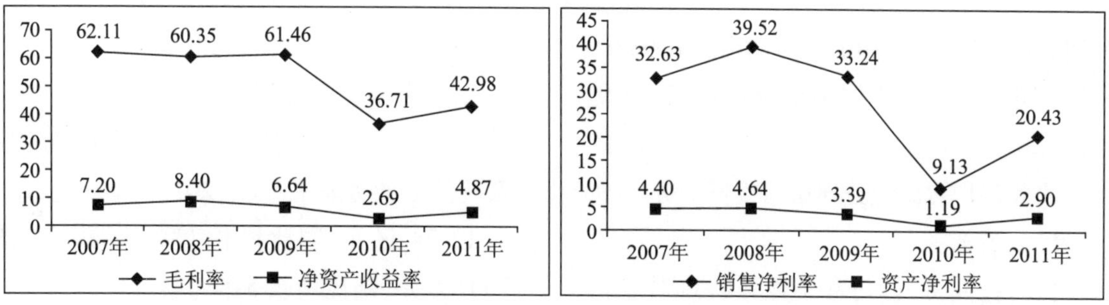

图 29　租赁服务业上市公司 2007—2011 年盈利能力指标情况(%)

资料来源:沪深交易所,天相投资分析系统

(3)2011 年,租赁服务业上市公司的资产负债率为 53.73%,按可比样本计算较 2010 年同比下降 3.06 个百分点。存货周转率和总资产周转率按可比样本计算分别较 2010 年增长 8.74 次和 0.01 次,营运能力稳步增长。

表 38　　租赁服务业上市公司 2011 年偿债及营运情况

指　标	2011 年	2011 年可比样本变动	2010 年	2010 年可比样本变动	2009 年
资产负债率(%)	53.73	-3.06	56.79	2.78	51.36
存货周转率(次)	12.36	8.74	3.62	1.09	31.33
总资产周转率(次)	0.14	0.01	0.13	0.01	0.10

资料来源:沪深交易所,天相投资分析系统

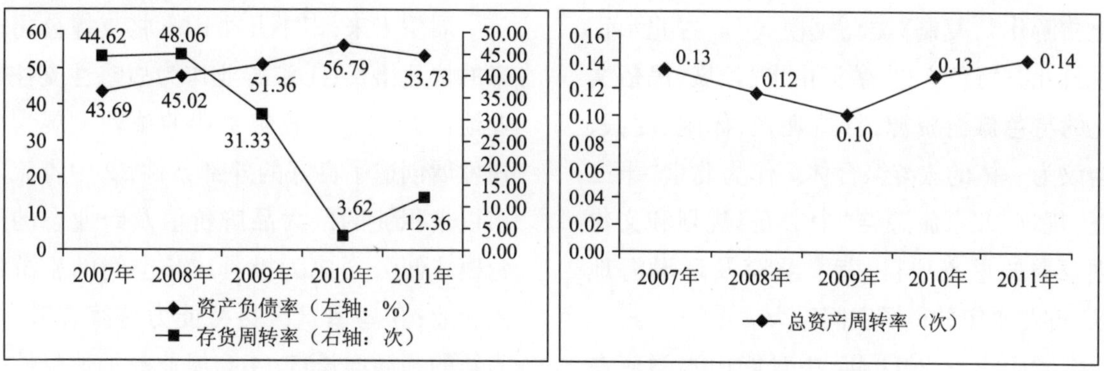

图 30　租赁服务业上市公司 2007—2011 年偿债及营运能力指标情况

资料来源:沪深交易所,天相投资分析系统

四、重点上市公司介绍

中青旅

中青旅股份有限公司是由中国青年旅行社总社作为发起人,采用社会募集方式设立的股份有限公司,公司于 1997 年 11 月在上海证券交易所挂牌上市。2011 年,中青旅坚持以旅行社业务为基础,以景区、酒店业务为两翼的旅游主业架构,本着“稳中求进,创新发展”的发展原则,厚积薄发,公司业绩再创新高。2011 年,公司全年实现主营业务收入

84.21亿元,较2010年同期增长38.42%;净利润2.67亿元,较2010年同期增长0.68%,公司合并范围内实现旅游主业收入57.75亿元,较2010年同期增长23.67%。中青旅的主要业务包括旅游业务和策略投资业务。

1.旅游业务

旅行社业务:公司基于业务特点对旅行社业务核心商业模式进行了系统梳理,坚持连锁店、呼叫中心和遨游网并重的渠道建设,坚持标准化、专业化、品牌化、网络化、规模化的发展道路,使得旅行社业务发展脉络更为清晰,形成了观光、度假、商旅和会奖4大业务板块。2011年旅行社主营增长26.05%。

景区业务:乌镇景区是国家5A级景区,"整体产权开发,复合多元运营,度假商务并重"的核心经营模式打开景区业务的成长空间。2011年,实现营业收入5.8亿元,同比增长18.85%;实现净利润2.2亿元,同比增长19.41%。同时,公司坚持景区开发的"文化旅游化",复制"类乌镇模式"。古北水镇主打北方特色文化,融汇山水、长城、民俗文化的特色旅游资源,打造观光、休闲、度假、会议为一体的旅游综合体。作为北京"十二五"规划、北京旅游类"十二五"规划和文化创意类的重点项目,背靠北京及环渤海地区,古北水镇的市场空间巨大。

酒店业务:2011年,中青旅山水酒店在营酒店数量增加至21家,全年实现营业收入达到2.36亿元,同比增长14%;净利润达到2 021万元,同比增长20.5%。

2.策略投资业务

中青旅创格科技有限公司的IT分销和系统集成业务发展稳步,2011年实现营业收入12.74亿元,同比增长17%;实现净利润3 115万元,同比增长51%。

中青旅风采科技有限公司的西南3省(云、贵、川)电脑福利彩票业务继续保持稳定增长。2011年3省电脑福利彩票总销量突破83亿元,实现营业收入同比增长10.14%。

中青旅绿城投资置业有限公司慈溪项目2011年底尚未结算预售收入14.95亿元,结算收入10.8亿元,净利润达到1.89亿元。

中青旅大厦保持高品质运营,2011年获得住房和城乡建设部授予的"全国物业管理示范大厦"荣誉称号,出租率达到100%,实现出租收入5 475万元,较2010年同期增长5.5%。

展望未来,以下几个因素将支撑公司未来的快速增长:①旅游业作为战略性支柱产业地位的确立以及旅游业的蓬勃发展为公司发展创造了良好的外部条件;②中青旅上市以来积淀的巨大品牌价值及跨业态的经营模式使公司成为极具成长空间的旅游集团企业;③乌镇景区接待能力持续提升,成为新的利润增长点;④会展业务加速释放盈利能力;⑤景区模式的进一步复制。

表39　2009—2011年中青旅总体经营情况　单位:百万元

名　称	2011年	同比增长(%)	2010年	同比增长(%)	2009年
营业总收入	8 421.25	38.42	6 083.84	-1.73	6 190.87
营业利润	638.07	24.65	511.88	-18.50	628.06
利润总额	691.30	26.78	545.3	-14.42	637.16
归属母公司股东的净利润	267.26	0.68	265.46	5.08	252.62

资料来源:Wind

表 40　　2009—2011 年中青旅主要财务指标

名　称	2011 年	同比增长(%)	2010 年	同比增长(%)	2009 年
销售毛利率(%)	20.49	-3.89	21.32	-10.76	23.89
销售净利率(%)	6.00	-13.04	6.9	-7.26	7.44
净资产收益率(%)	10.96	-7.67	11.87	-3.57	12.31
总资产净利率(%)	6.26	-1.26	6.34	-29.32	8.97
资产负债率(%)	50.81	-11.62	57.49	26.19	45.56

资料来源:Wind

碧水源

北京碧水源科技股份有限公司是我国MBR水处理领域的先驱者,一方面,公司通过有效去除污水中各种难分解物质,以高质量出水改善城市水环境;另一方面,公司也通过将污水处理为高质量的可再生水,推动我国污水资源化的进程。近几年来,公司业绩实现快速增长,盈利能力也保持在较高水平,产业链不断延伸,业务领域和地域也不断拓展。

2011 年,公司实现营业收入 10.3 亿元,同比增长 105%;营业成本 5.4 亿元,同比增长 110%;投资收益 4 200 万元,同比增长 7 183%;归属净利润 3.4 亿元,同比增加 95%。实现每股收益 1.07 元。

展望未来,公司通过与省会城市或直辖市地方政府合作,建立合资公司,作为地方政府的融资平台,从而一次性锁定当地市场,并与地方政府实现双赢,保持长期稳定的合作关系。目前,该模式已在云南、江苏等多地成功应用,并已获得市场支持。“十二五”期间,北京、江苏、云南等地膜市场还将不断成长。未来,这种模式在我国水资源紧缺、水污染严重的地区还有持续复制的可能性,将推动公司的不断成长壮大。

表 41　　2009—2011 年碧水源总体经营情况　　单位:百万元

名　称	2011 年	同比增长(%)	2010 年	同比增长(%)	2009 年
营业总收入	1 026	105	500	60	314
营业利润	409	96	209	68	124
利润总额	414	98	209	68	124
归属母公司股东的净利润	345	95	177	65	107

资料来源:Wind

表 42　　2008—2010 年碧水源主要财务指标

名　称	2010 年	同比增长	2009 年	同比增长	2008 年
销售毛利率(%)	47.4	-1.2	48.6	0.5	48.1
销售净利率(%)	33.6	-1.8	35.4	1.2	34.2
净资产收益率(%)	10.6	4.6	6.0	-27.4	33.4
总资产净利率(%)	9.5	-0.3	9.8	-17.4	27.2
资产负债率(%)	23.2	16.4	6.8	-26.5	33.3

资料来源:Wind

五、上市公司在行业中的影响力

2011年，旅游业与旅馆业上市公司32家，占社会服务业上市公司数量的43.24%；境内总市值1 398.27亿元，占社会服务业上市公司总市值的39.96%。2011年，旅游业和旅馆业上市公司实现营业收入555.00亿元，利润总额86.32亿元，净利润59.53亿元，分别占社会服务业上市公司的34.05%、45.52%和43.23%，盈利能力较强。

旅游业与旅馆业上市公司作为旅游业的重要组成部分，对旅游业产生了重大影响。中国旅游协会和中国旅游研究院联合发布的"2012年中国旅游集团营业额20强排名"显示，20家上榜公司中11家来自旅游业上市公司。由此可见，旅游类上市公司对旅游行业的影响巨大，已经成为旅游行业发展的排头兵和领头羊，发挥着核心和主导作用。同时，上市公司通过不断探索和创新，挖掘出适合自身企业发展和市场需求的商业模式，如"旅游+地产"、"旅游+会展"、"旅游综合体"等，不仅极大地推动了旅游业上市公司的规模扩展和区域布局，同时也为行业内其他企业的发展提供了宝贵的可借鉴的经验。

表43　2011年中国旅游集团营业额20强排名

排　名	企业名称	排　名	企业名称
1	中国港中旅集团公司	11	杭州旅游集团有限公司
2	携程旅游集团	12	上海春秋国际旅行社有限公司
3	北京首都旅游集团有限责任公司	13	开元旅业集团有限公司
4	华侨城集团	14	安徽省旅游集团有限责任公司
5	中国国旅股份有限公司	15	宝中旅游
6	海航旅业	16	华天旅游集团
7	锦江国际集团公司	17	广州广之旅国际旅行社股份有限公司
8	广州岭南国际企业集团有限公司	18	黄山旅游集团有限公司
9	南京金陵饭店集团有限公司	19	上海航空国际旅游(集团)有限公司
10	中青旅控股股份有限公司	20	去哪儿网

资料来源：中国旅游研究院

招商证券股份有限公司
审稿人：姚俊
撰稿人：李东　张晨

传播与文化产业

一、传播与文化产业总体概况

2011年是中国传播与文化产业比较平静的一年，也是在平静之中涌动着深刻变革的一年。在这一年里，中国传播与文化产业取得了跨越式的发展，中央对中国传播与文化产业长期发展的总体布局及自上而下推动深化改革的产业政策，为未来的传播与文化产业大发展大繁荣奠定了制度基础。

党的十七届六中全会通过总结我国文化改革发展的丰富实践和宝贵经验，指出加强文化建设的重要意义，提出了推动社会主义文化大发展大繁荣的指导思想，以及到2020年我国传播与文化产业的发展目标，部署了深化文化体制改革、推动社会主义文化大发展大繁荣的各项重要任务，强调了加强党对传播与文化产业发展的领导。十七届六中全会审议通过了《中共中央关于深化文化体制改革推动社会主义文化大发展大繁荣若干重大问题的决定》，《决定》指出，“建设社会主义文化强国，就是要着力推动社会主义先进文化更加深入人心，推动社会主义精神文明和物质文明全面发展，不断开创全民族文化创造活力持续迸发、社会文化生活更加丰富多彩、人民基本文化权益得到更好保障、人民思想道德素质和科学文化素质全面提高的新局面，建设中华民族共有精神家园，为人类文明进步作出更大贡献”。紧扣时代脉搏、顺应人民期待，综合考虑未来发展趋势和条件，用鼓舞人心而求真务实的笔触，勾勒出建设社会主义文化强国的辉煌前景，成为这次全会一个突出的亮点，也为中国的传播与文化行业点亮一盏明灯。

长期以来，影响中国传播与文化产业创新的瓶颈是制度因素。国家“十二五”规划明确提出“鼓励文化企业跨地域、跨行业、跨所有制经营和重组，提高文化产业规模化、集中化、专业化水平”。2011年一大批媒体完成了从事业单位向企业的转企改制，新体制下的企业运行机制更加市场化，使媒体企业获得更大的发展空间和自主空间。

“十二五”规划同时明确提出我国将推动文化产业成为国民经济的支柱性产业，这无疑为传播与文化产业增添了新的动力。2011年浙江日报报业集团的上市，开启了事业单位向国有企业转变的新时代。传播与文化产业大发展政策远景规划大大降低了行业对未来展望的不确定性，在2011年的股市中，包含近30家公司的传播与文化产业板块成为资本市场的一道亮丽的风景线，跑赢大市的出色表现给奋力前行的传播与文化产业带来了信心和希望。通过资本运作获得大量资本的传播与文化产业将会出现很多创新举措，将会给未来几年传播与文化产业市场带来激动人心的新气象。

二、行业内上市公司发展概况

(一)行业内上市公司基本情况

截至2011年底,传播与文化产业共涵盖28家上市公司,28只A股股票,占沪深两市A、B股票总数的1.15%,较2010年比重有所上升。截至2011年底,行业境内市值总额为1 738.67亿元,占沪深两市境内市值总额的0.81%;流通A股市值为865.91亿元,占沪深两市流通A股市值的0.53%。

表1　　2011年传播与文化产业上市公司发行股票概况

门　类	A、B股总数	A股股票数	B股股票数	境内总市值(亿元)	流通A股市值(亿元)	流通B股市值(亿元)
传播与文化产业	28	28	0	1 738.67	865.91	0.00
占沪深两市比重(%)	1.15	1.15	0.00	0.81	0.53	0.00

资料来源:沪深交易所,天相投资分析系统

(二)行业内上市公司构成情况

按照上市地划分,行业中在上海证券交易所上市的公司为13家,在深圳证券交易所上市的公司为15家。

从经营角度来看,行业内A股上市公司中有2家ST公司,1家＊ST公司。

表2　　2011年传播与文化产业上市公司构成情况

门　类	沪　市			深　市			ST/＊ST
	仅A股	仅B股	A+B股	仅A股	仅B股	A+B股	
传播与文化产业(家)	13	0	0	15	0	0	2/1
占行业内上市公司比重(%)	46.43	0.00	0.00	53.57	0.00	0.00	7/4

资料来源:沪深交易所,天相投资分析系统

国内传播与文化产业主要可分为出版业,广播电影电视业,信息传播服务业与其他传播、文化产业4个大类,其中有多家公司的业务同时涵盖几个大类,按照各类业务收入占总收入比例最高为标准,各子行业涵盖公司数量分别为:出版业9家、广播电影电视业7家、信息传播服务业7家、其他传播、文化产业5家。

表3　　2011年传播与文化产业上市公司各子行业分布明细

A、B股类型	公司代码	公司名称	所属大类
沪市A股	600373	中文传媒	出版业
	600551	时代出版	
	600633	浙报传媒	
	601098	中南传媒	
	601928	凤凰传媒	
	601999	出版传媒	

续表

A、B 股类型	公司代码	公司名称	所属大类
沪市 A 股	600088	中视传媒	广播电影电视业
	600831	广电网络	
	600386	北巴传媒	其他传播、文化产业
	600681	ST 万鸿	
	601801	皖新传媒	
	600037	歌华有线	信息传播服务业
	600880	博瑞传播	
深市 A 股	000504	ST 传媒	出版业
	002181	粤传媒	
	300148	天舟文化	
	000917	电广传媒	广播电影电视业
	002238	天威视讯	
	300027	华谊兄弟	
	300133	华策影视	
	300251	光线传媒	
	300071	华谊嘉信	其他传播、文化产业
	300235	方直科技	
	000693	S＊ST 聚友	信息传播服务业
	000793	华闻传媒	
	300058	蓝色光标	
	300104	乐视网	
	300226	上海钢联	

资料来源：沪深交易所，天相投资分析系统

（三）行业内上市公司融资情况

2011 年全年传播与文化产业共有上海钢联在内的 5 家上市公司进行了融资，其中，4 家采取新股首次发行的形式，仅浙报传媒 1 家采取增发的形式，占沪深两市 473 家融资公司的 1.06%，占沪深两市 277 家新股发行公司总数的 1.44%。

按公司所处行业细分，出版业有 2 家上市公司进行了融资，分别是凤凰传媒和浙报传媒。凤凰传媒以 8.80 元发行 50 900 万股，总共募集资金数达 43.18 亿元。浙报传媒以 7.78 元增发 27 768.29 万股，总共募集资金数达 21.48 亿元。

广播电影电视业只有光线传媒 1 家上市公司进行了融资，以 52.50 元的发行价发行 2 740.00万股，共募集资金数达 13.81 亿元。

信息传播服务业只有上海钢联 1 家公司进行了融资，以 23.00 元发行 1 000 万股，总共募集资金数达 1.96 亿元。

其他传播文化产业也只有方直科技 1 家上市公司进行了融资，方直科技以 19.60 元发行 1 100 万股，总共募集资金数达 1.86 亿元。

表4　　2011年传播与文化产业上市公司融资情况　　单位：家

	融资家数	新　股	配　股	增　发
传播与文化产业	5	4	0	1
沪深两市总数	473	277	13	183
占比(%)	1.06	1.44	0.00	0.55

资料来源：沪深交易所，天相投资分析系统

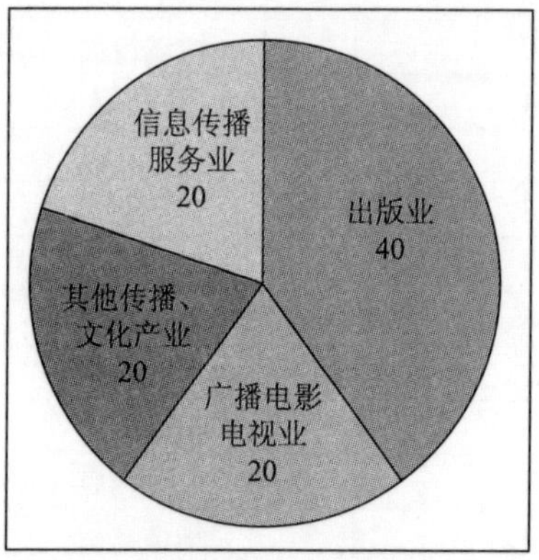

图1　2011年传播与文化产业各子行业融资企业数量占比(%)

资料来源：沪深交易所，天相投资分析系统

表5　　2011年传播与文化产业上市公司融资情况

代　码	公司名称	融资类别	所属大类	证券类型
300226	上海钢联	首　发	信息传播服务业	创业板
300235	方直科技	首　发	其他传播、文化产业	创业板
300251	光线传媒	首　发	广播电影电视业	创业板
600633	浙报传媒	增　发	出版业	沪　市
601928	凤凰传媒	首　发	出版业	沪　市

资料来源：沪深交易所，天相投资分析系统

表6　　2011年传播与文化产业上市公司融资明细

代　码	公司名称	发行价格(元)	实际发行数量(万股)	实募集资金数(亿元)
300226	上海钢联	23.00	1 000.00	1.96
300235	方直科技	19.60	1 100.00	1.86
300251	光线传媒	52.50	2 740.00	13.81
600633	浙报传媒	7.78	27 768.29	21.48
601928	凤凰传媒	8.80	50 900.00	43.18
总　计			83 508.29	82.28

资料来源：沪深交易所，天相投资分析系统

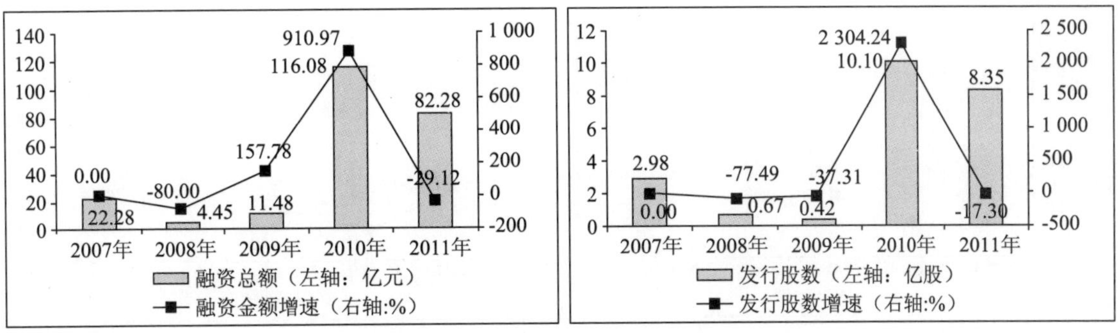

图 2　传播与文化产业 2007—2011 年融资额及发行股数情况

资料来源：沪深交易所，天相投资分析系统

（四）行业内上市公司资产及业绩情况

截至 2011 年，传播与文化产业上市公司资产总值达 970.13 亿元，按可比样本计算比 2010 年增长 23.99%。流动资产 567.15 亿元，非流动资产 402.98 亿元，两项资产按可比样本计算分别比 2010 年增长了 27.41% 和 19.48%；归属母公司股东权益为 569.71 亿元，按可比样本计算比 2010 年增长了 24.44%。

表 7　　2011 年传播与文化产业上市公司资产情况　　单位：亿元

指　标	2011 年	2011 年可比样本增长（%）	2010 年	2010 年可比样本增长（%）	2009 年
总资产	970.13	23.99	699.52	43.84	295.27
流动资产	567.15	27.41	388.66	61.48	129.64
占比（%）	58.46	1.57	55.56	6.07	43.91
非流动资产	402.98	19.48	310.87	26.56	165.63
占比（%）	41.54	-1.57	44.44	-6.07	56.09
流动负债	256.10	22.60	178.17	11.69	90.85
占比（%）	26.40	-0.30	25.47	-7.33	30.77
非流动负债	109.99	23.03	81.86	60.47	44.23
占比（%）	11.34	-0.09	11.70	1.21	14.98
归属于母公司股东权益	569.71	24.44	415.36	61.88	150.12
占比（%）	58.73	0.21	59.38	6.62	50.84

资料来源：沪深交易所，天相投资分析系统

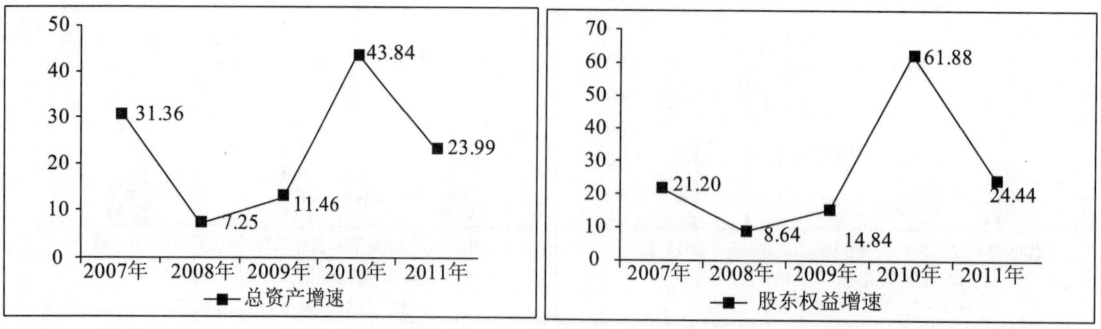

图3　传播与文化产业上市公司2007—2011年可比样本总资产和归属于母公司股东权益变化情况(%)

资料来源:沪深交易所,天相投资分析系统

2011年传播与文化产业上市公司合计实现营业收入489.60亿元,按可比样本计算比2010年增长17.52%;利润总额为69.93亿元,其中归属于母公司所有者的净利润为57.90亿元,按可比样本计算比2010年增长了23.12%。

表8　2011年传播与文化产业上市公司收入实现情况　　单位:亿元

指　标	2011年	2011年可比样本增长(%)	2010年	2010年可比样本增长(%)	2009年
营业收入	489.60	17.52	355.33	31.14	122.00
利润总额	69.93	24.49	47.43	71.59	10.22
归属于母公司所有者的净利润	57.90	23.12	38.66	77.90	7.98

资料来源:沪深交易所,天相投资分析系统

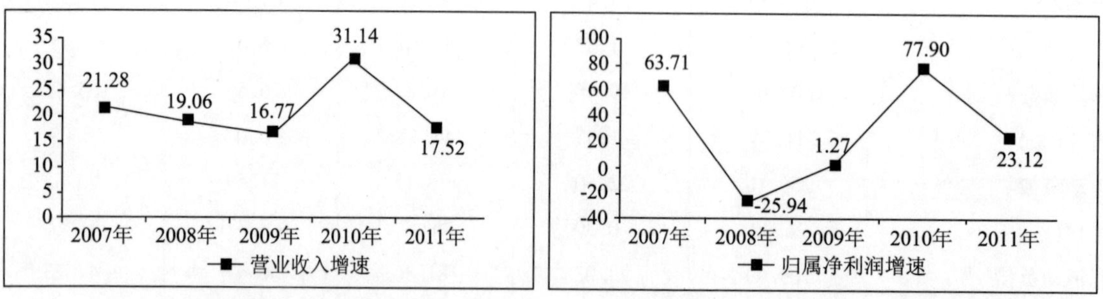

图4　传播与文化产业上市公司2007—2011年可比样本营业收入及归属于母公司股东净利润变化情况(%)

资料来源:沪深交易所,天相投资分析系统

(五)利润分配情况

2011年,共有17家传播与文化产业上市公司进行了利润分配,其中,华闻传媒每股税前派息0.02元;电广传媒每股税前派息0.139元,同时以10:12进行股本转增;天威视讯每股税前派息0.10元;华谊兄弟每股税前派息0.15元;华谊嘉信每股税前派息0.10元,同时以10:5进行送股;乐视网每股税前派息0.073元,同时以10:9进行送股;华策影视每股税前派息0.2元,同时以10:10进行送股;方直科技每股税前派息 0.40 元，同时以 10∶10 进行送股；歌华有线每股税前派息 0.10 元；中视传媒每股税前派息 0.086 元；时代出版每股税前派息 0.14 元；广电网络每股税前派息 0.03 元；中南传媒每股税前派息 0.12 元；皖新传媒每股税前派息 0.12 元；凤凰传媒每股税前派息 0.28 元；蓝色光标以 10∶5 进行送股；华策影视以 10∶7 进行送股。

表 9　　2011 年传播与文化产业上市公司分红明细

代　码	名　称	送股及转增比例	每股派息（税前　元）	基准股本（万股）
000793	华闻传媒	—	0.020	136 013.26
000917	电广传媒	1.200	0.139	40 637.84
002238	天威视讯	—	0.100	32 040.00
300027	华谊兄弟	—	0.150	60 480.00
300071	华谊嘉信	0.500	0.100	10 351.05
300104	乐视网	0.900	0.073	22 000.00
300133	华策影视	1.000	0.200	19 203.20
300235	方直科技	1.000	0.200	4 400.00
600037	歌华有线	—	0.100	106 036.53
600088	中视传媒	—	0.086	33 142.20
600551	时代出版	—	0.140	50 582.53
600831	广电网络	—	0.030	56 343.85
601098	中南传媒	—	0.120	179 600.00
601801	皖新传媒	—	0.120	91 000.00
601928	凤凰传媒	—	0.080	254 490.00
601928	凤凰传媒	—	0.200	254 490.00
300058	蓝色光标	0.500	—	120 000.00
300133	华策影视	0.700	0.300	11 296.00
300235	方直科技	—	0.200	4 400.00

资料来源：沪深交易所，天相投资分析系统

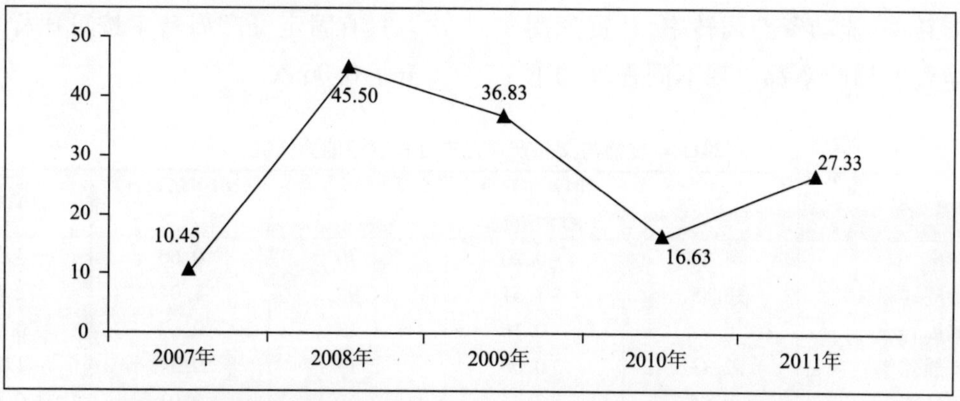

图 5　传播与文化产业上市公司 2007—2011 年分配利润占比情况（%）

资料来源：沪深交易所，天相投资分析系统

(六)其他财务指标情况

1. 盈利能力指标

2011年,传播与文化产业上市公司总体毛利率为32.59%,较2010年有所减少,按可比样本计算减幅为0.47个百分点;销售净利率为11.83%,按可比样本计算比2010年增长0.54个百分点。净资产收益率为10.16%,按可比样本计算相比2010年有所减少。资产净利率较2010年回落至6.61%,按可比样本计算下降了0.35个百分点。

表10　2011年传播与文化产业上市公司盈利能力情况

指　标	2011年	2011年可比样本变动	2010年	2010年可比样本变动	2009年
毛利率(%)	32.59	-0.47	31.51	0.76	28.39
净资产收益率(%)	10.16	-0.11	9.31	0.84	5.31
销售净利率(%)	11.83	0.54	10.88	2.86	6.54
资产净利率(%)	6.61	-0.35	6.52	1.82	2.85

资料来源:沪深交易所,天相投资分析系统

2. 偿债能力指标

2011年,传播与文化产业上市公司按可比样本计算流动比率与速动比率较2010年均出现上升,资产负债率有所下降。整体偿债能力指标比较平稳。

表11　2011年传播与文化产业上市公司偿债能力指标

指　标	2011年	2011年可比样本变动	2010年	2010年可比样本变动	2009年
流动比率	2.21	0.08	2.18	0.67	1.43
速动比率	1.87	0.05	1.87	0.67	1.14
资产负债率(%)	37.74	-0.39	37.17	-6.12	45.75

资料来源:沪深交易所,天相投资分析系统

3. 营运能力指标

2011年,行业内上公司存货周转率、应收账款周转率、流动资产周转率、总资产周转率和净资产周转率都出现不同程度的下降,按可比样本计算分别比2010年下降了0.20次、1.51次、0.16次、0.06次和0.12次。只有固定资产周转率按可比样本计算上升了0.06次。

表12　2011年传播与文化产业上市公司营运能力情况　单位:次

指　标	2011年	2011年可比样本变动	2010年	2010年可比样本变动	2009年
存货周转率	4.24	-0.20	4.70	0.66	3.50
应收账款周转率	10.85	-1.51	11.98	1.01	12.68
流动资产周转率	0.97	-0.16	1.13	-0.07	0.99
固定资产周转率	2.33	0.06	2.13	0.34	1.14
总资产周转率	0.56	-0.06	0.60	0.01	0.44
净资产周转率	0.90	-0.12	0.99	-0.06	0.81

资料来源:沪深交易所,天相投资分析系统

三、重点细分行业介绍

传播与文化产业沪深两市上市公司共覆盖4个大类,分别是出版业,广播电影电视业,信息传播服务业与其他传播、文化产业。其中有些上市公司业务同时兼具其中两类或三类,为了便于比较,这里仍以各大类业务收入占总收入比例最高为标准进行统计。

表13　　2011年传播与文化产业上市公司数量分布及市值情况

大　类	上市公司家数(家)	占行业内比重(%)	境内总市值(亿元)	占行业内比重(%)
出版业	9	32.14	709.19	40.79
广播电影电视业	7	25.00	487.57	28.04
其他传播、文化产业	5	17.86	160.47	9.23
信息传播服务业	7	25.00	381.44	21.94

资料来源:沪深交易所,天相投资分析系统

(一)出版业

1. 行业概况

根据《2011年新闻出版产业分析报告》,2011年全国出版、印刷和发行服务实现营业收入14 568.6亿元,较2010年增长17.7%;增加值4 021.6亿元,增长14.8%,占同期国内生产总值(GDP)的0.9%;利润总额1 128.0亿元,增长4.8%;不包括数字出版的资产总额为14 417.5亿元,增长13.2%;所有者权益(净资产)为7 344.8亿元,增长12.5%;纳税总额为787.9亿元,增长11.3%。其中,出版图书37.0万种,较2010年增长12.5%;出版期刊9 849种,较2010年降低0.4%;出版报纸1 928种,较2010年降低0.6%;出版音像制品19 408种,较2010年降低10.0%;出版电子出版物11 154种,较2010年降低0.2%。

2. 行业内上市公司发展情况

(1)2011年出版业上市公司业绩增长率保持了良好的增长趋势,其中,按可比样本计算,营业收入同比增长40.58%,利润总额与归属于母公司所有者的净利润分别增长27.85%和27.28%。

(2)按可比样本计算,毛利率下降了5.55个百分点,净资产收益率和销售净利率分别下降了0.51和1.10个百分点。

(3)按可比样本计算,资产负债率下降0.77个百分点,但存货周转率和总资产周转率分别上升了0.87次和0.01次。

表14　　2011年出版业上市公司收入及资产增长情况　　单位:亿元

指　标	2011年	2011年可比样本增长(%)	2010年	2010年可比样本增长(%)	2009年
营业收入	247.38	40.58	121.90	33.36	17.86
利润总额	26.76	27.85	14.24	扭亏为盈	-0.81
归属于母公司所有者的净利润	25.99	27.28	13.80	扭亏为盈	-0.99
总资产	412.22	33.85	231.84	69.80	40.41
归属于母公司股东权益	275.15	34.19	166.66	115.79	28.07

资料来源:沪深交易所,天相投资分析系统

表 15　　2011 年出版业上市公司盈利能力情况

指　标	2011 年	2011 年可比样本变动	2010 年	2010 年可比样本变动	2009 年
毛利率(%)	30.64	-5.55	34.08	4.45	23.28
净资产收益率(%)	9.45	-0.51	8.28	1.54	-3.52
销售净利率(%)	10.51	-1.10	11.32	5.63	-5.53
资产净利率(%)	7.22	-0.59	7.49	3.54	-2.43

资料来源:沪深交易所,天相投资分析系统

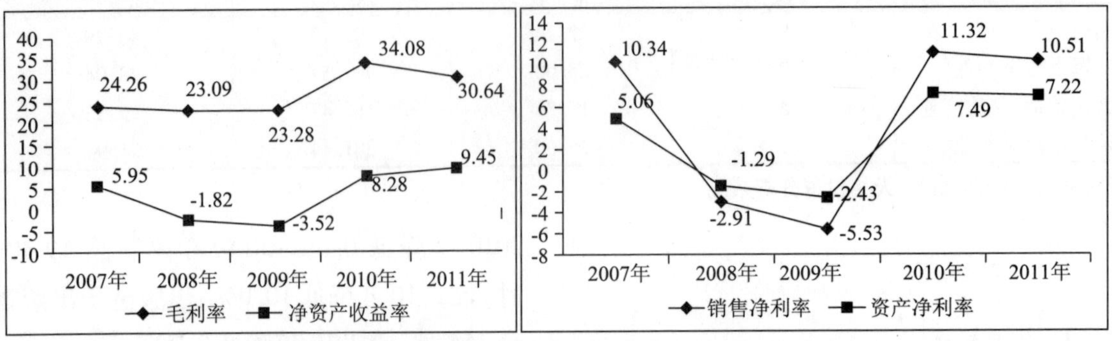

图 6　出版业上市公司 2007—2011 年盈利能力指标情况(%)

资料来源:沪深交易所,天相投资分析系统

表 16　　2011 年出版业上市公司偿债及营运情况

指　标	2011 年	2011 年可比样本变动	2010 年	2010 年可比样本变动	2009 年
资产负债率(%)	31.01	-0.77	26.85	-15.68	30.39
存货周转率(次)	4.00	0.87	3.21	0.30	2.43
总资产周转(次)	0.69	0.01	0.66	-0.03	0.44

资料来源:沪深交易所,天相投资分析系统

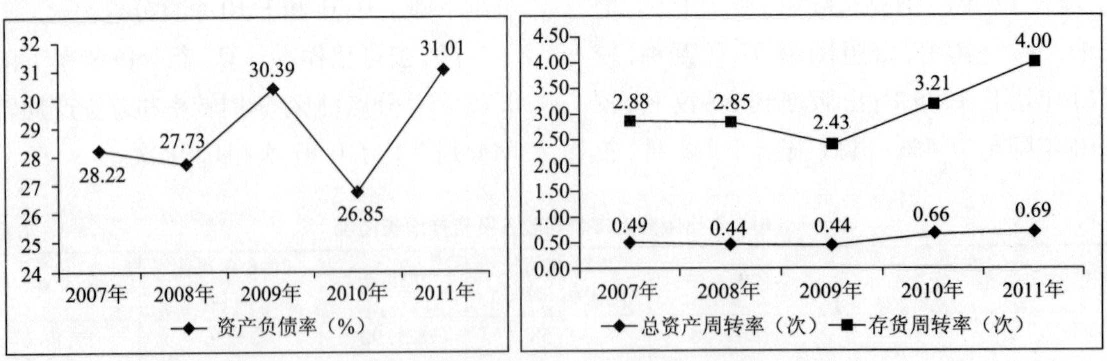

图 7　出版业上市公司 2007—2011 年偿债及营运能力指标情况

资料来源:沪深交易所,天相投资分析系统

(二)广播电影电视业

1. 行业概况

根据《中国广播电影电视发展报告(2012)》,2011 年全国广播影视总收入(含财政补助收入)达 2 894.79 亿元,同比增长 17.72%,广告、有线网络、电影票房三驾马车强力拉动:广播电视行业广告资源价值不断提升,广告收入实现 19% 以上的大幅增长,达 1 122.90 亿元。全国有线广播电视入户率达 49.43%,用户首次突破 2 亿户,其中数字电视用户首次突破 1 亿户,达 11 489 万户。有线网络产业收入保持平稳增长,增长率为 16%,收入达 563.78 亿元。全年电影票房超过 131 亿元,增长近 29%。中国电影城市票房连续 9 年以平均 30% 的速度增长,全球罕见。影院建设快速增长,全年新增加 803 家影院,截至 2012 年 1 月底,已有约 9 600块银幕,银幕总数跃居世界第二。

2. 行业内上市公司发展状况

(1)2011 年,按可比样本计算,广播电影电视业上市公司的业绩有所上升。其中,按可比样本计算,营业收入下降 25.15% 到 83.97 亿元,利润总额仅增长 33.94% 到 18.23 亿元,归属于母公司所有者的净利润达到 13.72 亿元。

(2)从盈利能力指标看,按可比样本计算,净资产收益率上升了 1.02 个百分点,毛利率、销售净利率和资产净利率均出现了提高。

(3)按可比样本计算,负债水平有所下降,营运能力有所降低。

表 17　2011 年广播电影电视业上市公司收入及资产增长情况　单位:亿元

指　标	2011 年	2011 年可比样本增长(%)	2010 年	2010 年可比样本增长(%)	2009 年
营业收入	83.97	-25.15	107.39	34.22	78.35
利润总额	18.23	33.94	12.26	111.24	5.07
归属于母公司所有者的净利润	13.72	31.02	9.34	112.22	3.85
总资产	246.61	12.82	214.50	24.93	169.29
归属于母公司股东权益	113.37	19.95	92.19	31.64	68.22

资料来源:沪深交易所,天相投资分析系统

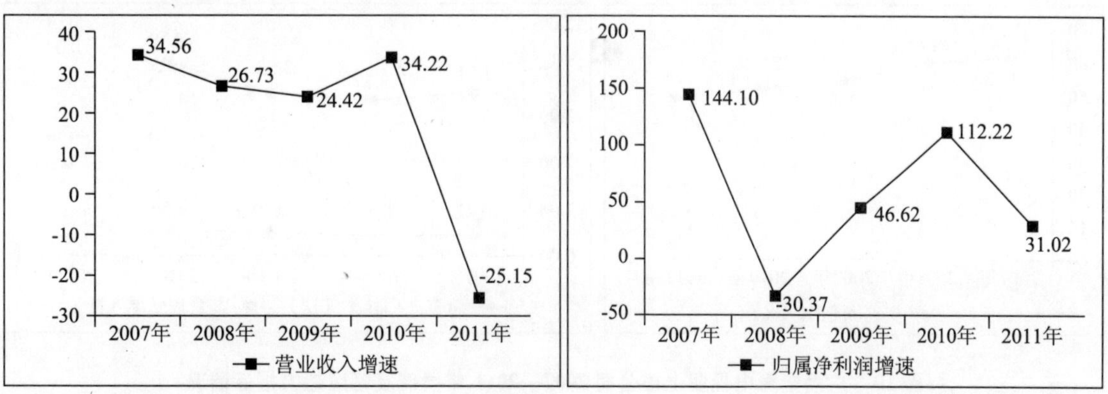

图 8　广播电影电视业上市公司 2007—2011 年可比样本营业收入及归属于母公司股东净利润变化情况(%)

资料来源:沪深交易所,天相投资分析系统

表18　　2011年广播电影电视业上市公司盈利能力情况

指　标	2011年	2011年可比样本变动	2010年	2010年可比样本变动	2009年
毛利率(%)	39.99	10.79	28.74	1.17	26.99
净资产收益率(%)	12.10	1.02	10.13	3.85	5.64
销售净利率(%)	16.34	7.00	8.70	3.20	4.91
资产净利率(%)	5.90	0.58	4.84	2.08	2.44

资料来源:沪深交易所,天相投资分析系统

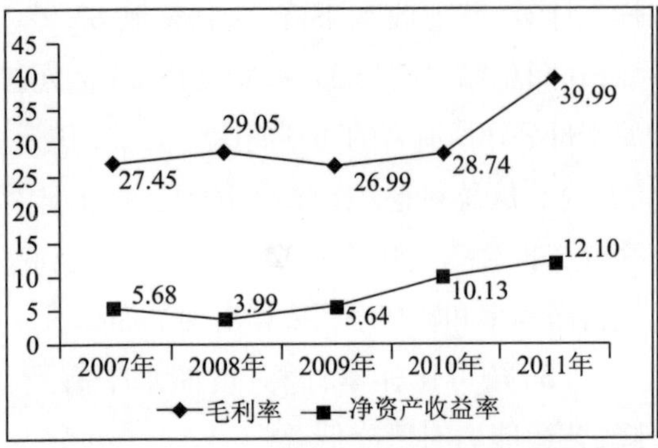

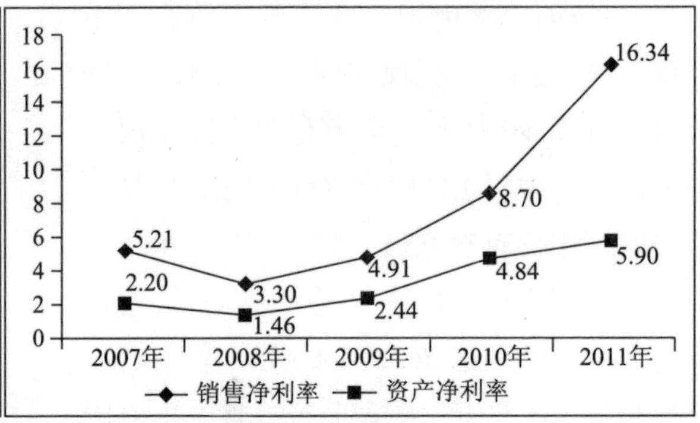

图9　广播电影电视业上市公司2007—2011年盈利能力指标情况(%)

资料来源:沪深交易所,天相投资分析系统

表19　　2011年广播电影电视业上市公司偿债及营运情况

指　标	2011年	2011年可比样本变动	2010年	2010年可比样本变动	2009年
资产负债率(%)	49.14	-2.56	51.86	-2.08	54.36
存货周转率(次)	1.98	-2.32	4.19	0.73	3.52
总资产周转(次)	0.36	-0.21	0.56	0.05	0.50

资料来源:沪深交易所,天相投资分析系统

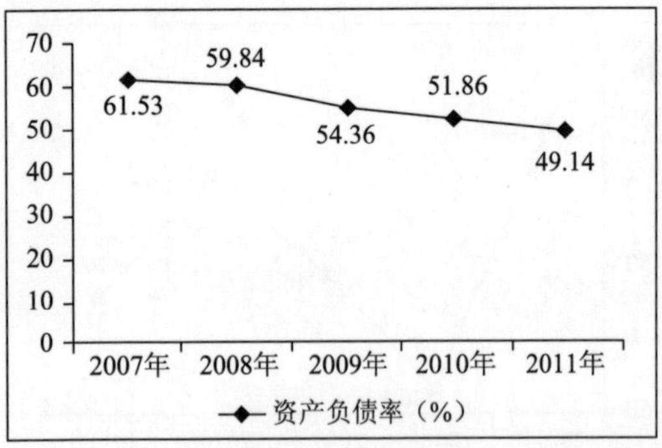

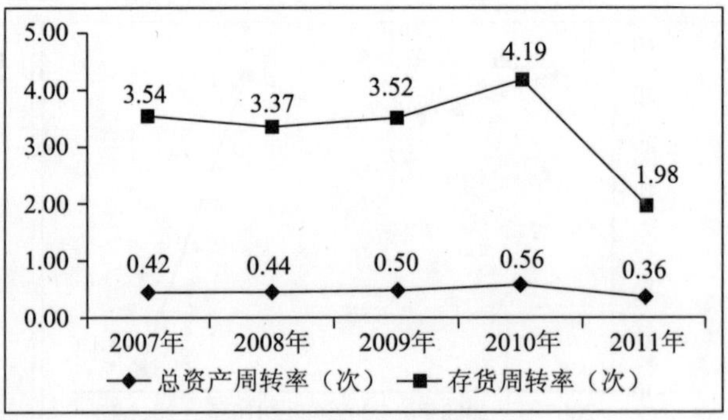

图10　广播电影电视业上市公司2007—2011年偿债及营运能力指标情况

资料来源:沪深交易所,天相投资分析系统

（三）信息传播服务业

1. 行业概况

歌华有线、博瑞传播、S＊ST 聚友、华闻传媒、蓝色光标、乐视网、上海钢联被归入信息传播服务业。

2. 行业内上市公司发展状况

（1）2011 年，按可比样本计算，信息传播服务业上市公司的营业收入增长 23.63% 达到 92.49 亿元，利润总额增长 12.84% 至 17.65 亿元，归属于母公司的净利润上升 9.37% 至 11.59 亿元。总资产和归属于母公司股东权益按可比样本计算分别增长了 25.87% 和 10.04%。

（2）从盈利能力指标看，按可比样本计算，毛利率、净资产收益率、销售净利率和资产净利率都出现了一定程度的下滑，分别下降 0.42、0.06、1.63 和 1.16 个百分点。

（3）按可比样本计算，资产负债率上升 7.5 个百分点，存货周转率总上升了 2.61 次，资产周转率下降了 0.03 次。

表 20　2011 年信息传播服务业上市公司收入及资产增长情况　单位：亿元

指　标	2011 年	2011 年可比样本增长（%）	2010 年	2010 年可比样本增长（%）	2009 年
营业收入	92.49	23.63	73.21	32.12	25.74
利润总额	17.65	12.84	15.33	34.97	5.87
归属于母公司所有者的净利润	11.59	9.37	10.32	31.82	5.02
总资产	231.51	25.87	182.24	40.95	84.81
归属于母公司股东权益	122.79	10.04	110.62	32.09	58.64

资料来源：沪深交易所，天相投资分析系统

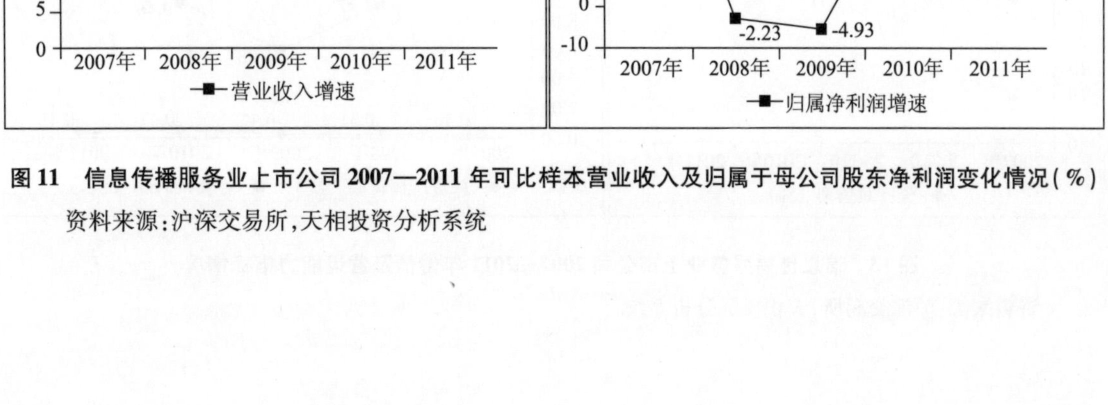

图 11　信息传播服务业上市公司 2007—2011 年可比样本营业收入及归属于母公司股东净利润变化情况（%）

资料来源：沪深交易所，天相投资分析系统

表 21　　2011 年信息传播服务业上市公司盈利能力情况

指　标	2011 年	2011 年可比样本变动	2010 年	2010 年可比样本变动	2009 年
毛利率(%)	34.00	-0.42	33.57	-4.79	36.05
净资产收益率(%)	9.44	-0.06	9.33	-0.02	8.57
销售净利率(%)	12.53	-1.63	14.10	-0.03	19.52
资产净利率(%)	5.58	-1.16	6.63	0.21	6.20

资料来源:沪深交易所,天相投资分析系统

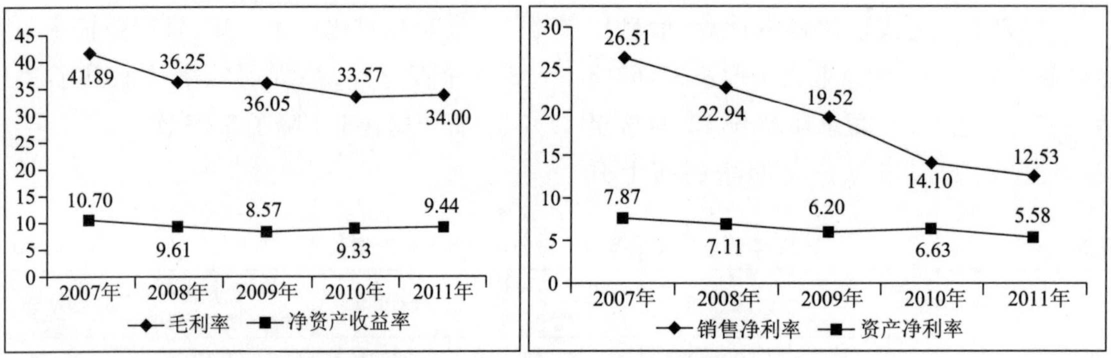

图 12　信息传播服务业上市公司 2007—2011 年盈利能力指标情况(%)

资料来源:沪深交易所,天相投资分析系统

表 22　　2011 年信息传播服务业上市公司偿债及营运情况

指　标	2011 年	2011 年可比样本变动	2010 年	2010 年可比样本变动	2009 年
资产负债率(%)	41.86	7.50	34.29	5.42	29.71
存货周转率(次)	12.15	2.61	9.46	2.26	6.08
总资产周转率(次)	0.45	-0.03	0.47	0.02	0.32

资料来源:沪深交易所,天相投资分析系统

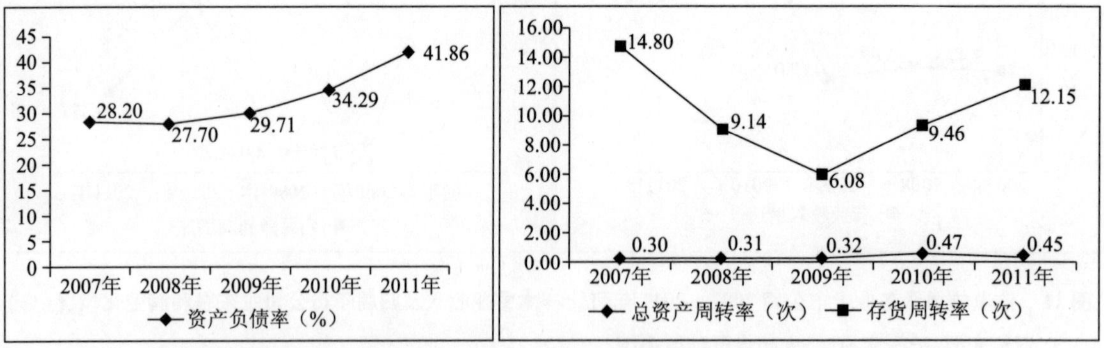

图 13　信息传播服务业上市公司 2007—2011 年偿债及营运能力指标情况

资料来源:沪深交易所,天相投资分析系统

(四)其他传播文化产业

1. 行业概况

北巴传媒、ST 万鸿、皖新传媒、华谊嘉信、方直科技被归入其他传播文化产业。

2. 行业内上市公司发展状况

(1)2011 年,按可比样本计算,其他传播文化产业上市公司业绩有所上升。

(2)从盈利指标来看,按可比样本计算,毛利率和销售净利率均出现了下降,下降幅度分别达到 0.45 和 0.29 个百分点。

(3)按可比样本计算,负债水平下降,资产负债率达到 25.26%,较 2010 年下降了 8.38 个百分点,存货周转率和总资产周转率均有所下降。

表 23　2011 年其他传播、文化产业上市公司收入及资产增长情况　单位:亿元

指　标	2011 年	2011 年可比样本增长(%)	2010 年	2010 年可比样本增长(%)	2009 年
营业收入	65.76	22.58	52.83	19.71	0.06
利润总额	7.30	21.69	5.61	21.09	0.09
归属于母公司所有者的净利润	6.60	19.13	5.19	20.96	0.09
总资产	79.79	10.97	70.94	45.38	0.76
归属于母公司股东权益	58.41	25.09	45.88	79.40	-4.81

资料来源:沪深交易所,天相投资分析系统

表 24　2011 年其他传播、文化产业上市公司盈利能力情况

指　标	2011 年	2011 年可比样本变动	2010 年	2010 年可比样本变动	2009 年
毛利率(%)	28.49	-0.45	28.34	-0.95	83.93
净资产收益率(%)	11.31	-0.56	11.31	-5.46	-1.89
销售净利率(%)	10.04	-0.29	9.82	0.10	141.67
资产净利率(%)	8.71	-0.43	8.67	-0.07	9.90

资料来源:沪深交易所,天相投资分析系统

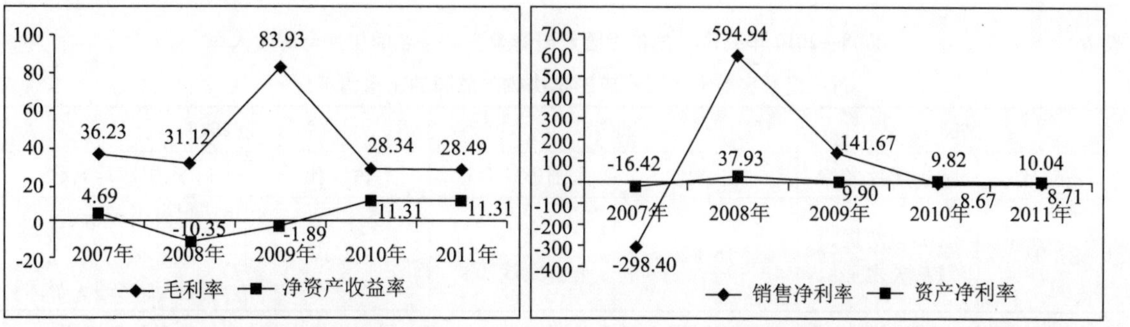

图 14　其他传播、文化产业上市公司 2007—2011 年盈利能力指标情况(%)

资料来源:沪深交易所,天相投资分析系统

表 25　　2011 年其他传播、文化产业上市公司偿债及营运情况

指　标	2011 年	2011 年可比样本变动	2010 年	2010 年可比样本变动	2009 年
资产负债率(%)	25.26	-8.38	33.88	-12.25	734.96
存货周转率(次)	10.57	-0.86	11.53	0.48	0.03
总资产周转率(次)	0.87	-0.02	0.88	-0.02	0.07

资料来源:沪深交易所,天相投资分析系统

四、重点上市公司介绍

华谊兄弟

2011 年,公司实现营业收入 8.92 亿元,比 2010 年同期下降 16.73%;利润总额为 2.73 亿元,比 2010 年同期增长 43.59%;净利润为 2.05 亿元,比 2010 年同期增长 36.94%;归属于公司普通股股东的净利润为 2.03 亿元,比 2010 年同期增长 35.99%;对应 EPS 为 0.36 元。

公司原有的主营业务为电影、电视剧、艺人经纪、音乐创作和影院投资。其中,电影收入 2.06 亿元,同比下降 67.02%;电视剧收入 3.82 亿元,同比增长 18.21%;艺人经纪收入 1.84 亿元,同比增长 47.65%;音乐收入和电影院收入分别为 0.24 亿元和 0.44 亿元。

电影业务方面,2011 年营业收入下降的主要原因是受电影档期、制作及发行等因素影响,公司上年同期发行的大制作影片均取得较高的票房收入,报告期内未上映同等制作规模的影片,票房收入相应减少。与此同时,公司的“H”电影计划,拟在进一步拓宽华语影片市场,该计划的部分核心影片将在 2012 年上映从而形成 2012 年的销售收入。

另外,公司以国产商业大片为主的电影业务定位决定了公司所出品影片的高端定位,这一定位决定了公司的目标市场是国内电影行业最顶端的市场——国产商业大片市场。进入年度电影票房前 10 名的影片数量及票房收入是衡量电影企业在国产商业大片市场成功与否的重要标志。因此,按照“年度国产电影票房前 10 名”这一统计口径能够更为准确地衡量公司电影业务在国产商业大片领域的市场地位和市场份额。

表 26　　2008—2010 年公司入围年度国产电影票房前十名的影片票房收入占年度票房前十名国产电影票房收入总和的比重情况(%)

2008		2009		2010	
占　比	入围影片名称	占　比	入围影片名称	占　比	入围影片名称
27.03	《非诚勿扰》 《功夫之王》	16.82	《风声》 《游龙戏凤》	46.19	《唐山大地震》 《非诚勿扰 2》 《狄仁杰之通天帝国》

数据来源:根据太平洋电影网、《2011 中国电影市场报告》及《2006 中国电影市场咨讯报告》的数据整理而得

电视剧业务方面,公司业务增长较快,2011 年电视剧业务收入上升 18.21%,实现销售收入的电视剧主要为《夫妻那些事》、《生死归途》、《大时代》、《最后一枪》、《远去的飞鹰》、《大丽家的往事》、《蝴蝶行动》、《你是我爱人》、《川西剿匪记》、《玫瑰传

奇》、《圣天门口》、《追逃》等 12 部，市场份额也随之快速增长。

公司作为国内领先的电视剧制作企业，电视剧业务的市场份额正在提升，但总体占比仍然较低，这主要是归因于我国电视剧业市场集中度较低的行业特点。

艺人经纪服务业务方面，收入增长主要源于经纪收入、企业客户及艺人服务收入的大幅提高。凭借公司丰富的影视制作资源和丰富的业界经验，公司的艺人经纪业务在签约艺人数量、艺人整体水平、经纪业务收入等方面均处于市场领先地位且其市场份额正逐步提高。

音乐及影院业务方面，公司也取得了较好的营收表现。其中，音乐方面收入的提高主要是因为合并范围发生变化所致，而影院业务收入的大幅提高主要源于投入运营的影院较上年同期增加了 3 家，从而推动营业收入稳步增长。

华谊兄弟是国内最大的影视制作及艺人经纪服务企业之一，是国内领先的影视衍生产品运营商，也是国内较早建立集艺人经纪和影视制作与发行为一体的较为完整的影视产业链的传媒企业之一。

蓝色光标

2011 年，公司实现营业收入 12.66 亿元，同比增长 155.39%；实现营业利润 1.74 亿元，同比增长 101.21%；归属于母公司净利润 1.21 亿元，同比增长 100.54%；对应 EPS 为 0.67 元。

公司主营业务为公共关系服务，其核心业务是为企业提供品牌管理服务。2011 年公司实现公共关系服务收入 8.63 亿元，同比增长 74.15%；2011 年新增广告业务，并将其纳入核心业务，2011 年该业务实现的收入为 4.03 亿元。

2011 年公司主营业务结构进一步优化，按照行业划分，营业收入主要来自 IT 行业、汽车、娱乐传媒、消费品互联网、手机等行业，2011 年公司原有优势行业 IT 继续增长，汽车、消费品、手机、房地产等行业收入则快速增长。其中，房地产营业收入 0.31 亿元，同比增长 139.03%；消费品营业收入 1.67 亿元，同比增长 90.72%；汽车行业营业收入 2.28 亿元，同比增长 159.60%；互联网营业收入 1.49 亿元，同比增长 272.09%；娱乐传媒营业收入 2.06 亿元，同比增长 3 887.85%。业务结构得到进一步优化，对单一行业的依赖进一步降低。

按照品牌划分，公司拥有原来的蓝标、智扬、博思翰扬 3 大服务品牌以及新并购的思恩客、精准以及其他一些品牌，报告期内公司强化旗下各个品牌之间在客户资源、媒体资源、知识资源及管理资源等方面的协作分享。蓝标品牌营业收入 7.61 亿元，同比增长 72.10%；由于智扬部分客户转入蓝标品牌，导致其营业收入增速放缓；博思翰扬同比增长 45.50%。

在公共关系行业里，公司在经营规模、业务收入、客户质量、业务网络和人才培养上都居行业领先地位。

2011 年公司员工数量 1 499 人，业务收入 3.72 亿元，而据统计，同期公共关系行业前 20 强的平均年营业额是 1.2 亿元。通过多次并购，公司业务分别扩展至互联网广告、数字营销、高端社区广告、广告策划、微博营销、财经公关及会展服务等多个领域，打造了包括广告、公共关系服务和活动管理等增值服务在内的营销传播服务链条，使公司在原有的公共关系业务板块之外，构建了广告业务板块,初步形成了涵盖广告、公共关系服务等在内的现代传播集团的架构,为实现公司未来成长为中国一流的专业传播集团的战略目标奠定基础。

公司客户较为稳定,客户服务年限较长,其中联想和思科的服务年限已达14年之久,公司客户大部分为跨国公司,信誉优质,业务稳定。公司客户分布较为广泛,不仅在IT领域,在汽车、消费品、通讯、金融、房地产等多个行业都拥有稳定的客户,在防御风险方面也要胜过行业内的其他企业。

公司业务量充足,庞大的业务量积累了丰富的专业知识和业务经验。公司在行业年度报告中始终排在Top20之列,并荣获多项专业奖项,在业内影响力较大。

公司目前在全国24个地区设立分、子公司及办事机构,形成了遍布全国的业务网络,在国内同行业处于领先地位,是唯一一家拥有覆盖全国网络的公司。

公司是高等院校专业人才的实习基地。公司参与了高校的人才培养计划,每年接纳高校人员工作实习,为公共关系人才的培养作出了一定的贡献,也为公司的人才培养提供了培育基地。通过公司股权激励计划的成功实施,员工的利益与公司的利益更加紧密地结合在一起,强化了员工的向心力和凝聚力。

五、上市公司在行业中的影响力

随着我国工业化进程的深入,第三产业服务业迎来了快速发展的时代。文化与传播产业作为其中的佼佼者,在最近10年取得了长足的进步。按照这一发展趋势及宏观经济大势,相信其在未来中国经济中所占的比重将会日益提高。文化与传播产业的高速发展,得到了资本市场的关注和认可,已经有一大批优秀的传播与文化产业公司分别在主板和创业板上市融资。传播与文化产业的上市公司有以下两大特点:

(一)行业内上市公司在行业中数量占比较低

以新闻出版业为例,根据新闻出版总署发布的《2011年新闻出版行业研究报告》,2011年全国共有新闻出版单位34.6万家,而新闻出版业上市公司仅有9家,上市公司数量占比不到万分之一,占比较低。

上市公司数量占比如此之低,有历史原因,也有行业自身的原因。主要有三个方面:①以往国家对于本行业进行严格的资本管控,使得传播与文化产业企业上市异常艰难;②我国传播与文化产业企业数量众多,行业集中度低,规模普遍偏小,很难达到主板的上市要求;③创业板开通时间尚短。基于以上原因,我们预计,随着国家对于文化产业的大力推进、行业的资本管控逐渐放开,我国传播与文化产业的上市公司数量有望进一步增长。

(二)行业内上市公司在行业中竞争优势显著

行业内上市公司数量占比虽低,但其竞争优势显著,这不仅体现在收入规模和盈利水平,还体现在上市公司在行业中的品牌和口碑效应方面。

同样以新闻出版行业为例,2011年上市公司营业收入占全行业的比重较2010年上升0.72个百分点至1.70%。与此同时,上市公司利润总额占全行业的比重，更是从2010年的1.32%上升到2011年的2.37%。

再以华谊兄弟为例，2008—2010年连续3年入围年度国产电影票房排行榜，且票房占比逐年提升，行业影响力可见一斑。同时，华谊也是内地实力雄厚的艺人经纪公司，旗下有冯小刚、周迅、李冰冰、黄晓明等一线明星。超一流的明星阵容，不仅能在电影电视业务上发挥协同效应，而且进一步提升了公司的品牌效应，也确立了公司的行业地位。公司能有如此快速的发展，与其在创业板顺利上市融资是分不开的。

随着国家推进文化产业快速发展的政策导向，传媒行业上市公司数量占比有望进一步提高，其行业影响力也有望日益增强。

上海申银万国证券研究所有限公司

审稿人：万建军

撰稿人：万建军　张衡　薄娉婷

综合类

一、综合类总体概况

综合类行业与其他行业相比，其特点是公司业务比较繁杂，主营业务不十分突出。从行业内部来讲，其业务跨度较大，涉及房地产、商业、信息、医药、制造、物流、批发零售、公用事业、餐饮旅游等多种业务。

二、行业内上市公司发展概况

(一)行业内上市公司基本情况

截至2011年底，综合类行业共涵盖57只A股，占沪深两市A、B股总数的2.35%；B股上市公司为0家。截至2011年底，该行业境内市值总额为2 761.66亿元，流通A股市值为2 317.31亿元，分别占沪深两市境内总市值的1.28%、流通A股市值的1.42%。

表1　　2011年综合类上市公司发行股票概况

门　类	A、B股总数	A股股票数	B股股票数	境内总市值（亿元）	流通A股市值（亿元）	流通B股市值（亿元）
综合类	57	57	0	2 761.66	2 317.31	0.00
占沪深两市比重(%)	2.35	2.35	0.00	1.28	1.42	0.00

资料来源：沪深交易所，天相投资分析系统

(二)行业内上市公司构成情况

按上市地划分,综合类行业在上海证券交易所上市的公司有37家,深圳证券交易所上市公司20家,分别占行业内上市公司总数的64.91%和35.09%。

按A、B股划分,所有综合类57家上市公司都在A板上市。

从经营角度来看,行业内上市公司中ST和*ST公司分别为3家和4家。

表2　2011年综合类上市公司构成情况

门类	沪市			深市			ST/*ST
	仅A股	仅B股	A+B股	仅A股	仅B股	A+B股	
综合类(家)	37	0	0	20	0	0	3/4
占行业内上市公司比重(%)	64.91	0.00	0.00	35.09	0.00	0.00	5/7

资料来源:沪深交易所,天相投资分析系统

综合类行业与其他行业相比,其特点是公司业务比较繁杂,主营业务不十分突出。按公司所处行业大类划分,综合类行业无细分子行业。

表3　2011年综合类上市公司明细

A、B股类别	公司代码	公司名称	所属大类
沪市A股	600051	宁波联合	综合类
	600119	长江投资	
	600133	东湖高新	
	600157	永泰能源	
	600175	美都控股	
	600193	创兴资源	
	600209	ST罗顿	
	600415	小商品城	
	600510	黑牡丹	
	600603	*ST兴业	
	600620	天宸股份	
	600622	嘉宝集团	
	600624	复旦复华	
	600635	大众公用	
	600647	同达创业	
	600649	城投控股	
	600652	爱使股份	
	600653	申华控股	
	600661	新南洋	
	600687	刚泰控股	
	600701	工大高新	

续表

A、B 股类别	公司代码	公司名称	所属大类
沪市 A 股	600705	S＊ST 北亚	综合类
	600711	盛屯矿业	
	600770	综艺股份	
	600777	新潮实业	
	600790	轻纺城	
	600805	悦达投资	
	600811	东方集团	
	600817	＊ST 宏盛	
	600832	东方明珠	
	600846	同济科技	
	600868	ST 梅雁	
	600872	中炬高新	
	600881	亚泰集团	
	600895	张江高科	
	601678	滨化股份	
	601718	际华集团	
深市 A 股	000005	世纪星源	
	000009	中国宝安	
	000034	深信泰丰	
	000062	深圳华强	
	000301	东方市场	
	000503	海虹控股	
	000507	珠海港	
	000526	银润投资	
	000532	力合股份	
	000540	中天城投	
	000576	＊ST 甘化	
	000632	三木集团	
	000633	ST 合金	
	000652	泰达股份	
	000691	亚太实业	
	000701	厦门信达	
	000722	湖南发展	
	000839	中信国安	
	000881	大连国际	
	002077	大港股份	

资料来源：沪深交易所，天相投资分析系统

(三)行业内上市公司融资情况

2011年全年,综合类行业共有2家公司进行融资,占沪深两市473家融资公司总数的0.42%,其中,新股发行0家,配股0家,增发2家,增发家数占沪深两市融资公司总数的1.09%。

表4　　2011年综合类上市公司融资情况　　单位:家

	融资家数	新　股	配　股	增　发
综合类	2	0	0	2
沪深两市总数	473	277	13	183
占比(%)	0.42	0.00	0.00	1.09

资料来源:沪深交易所,天相投资分析系统

表5　　2011年综合类上市公司融资类别明细

代　码	公司名称	融资类别	所属大类	证券类型
600157	永泰能源	增　发	综合类	沪　市
600770	综艺股份	增　发	综合类	沪　市

资料来源:沪深交易所,天相投资分析系统

从融资效果来看,2011年全年上述公司实际增发新股合计14 980万股,实际募集资金为30.89亿元。

表6　　2011年综合类上市公司融资明细

代　码	公司名称	发行价格(元)	实际发行数量(万股)	实募集资金数(亿元)
600157	永泰能源	22.50	8 000.00	17.55
600770	综艺股份	19.72	6 980.00	13.34
	合　计		14 980.00	30.89

资料来源:沪深交易所,天相投资分析系统

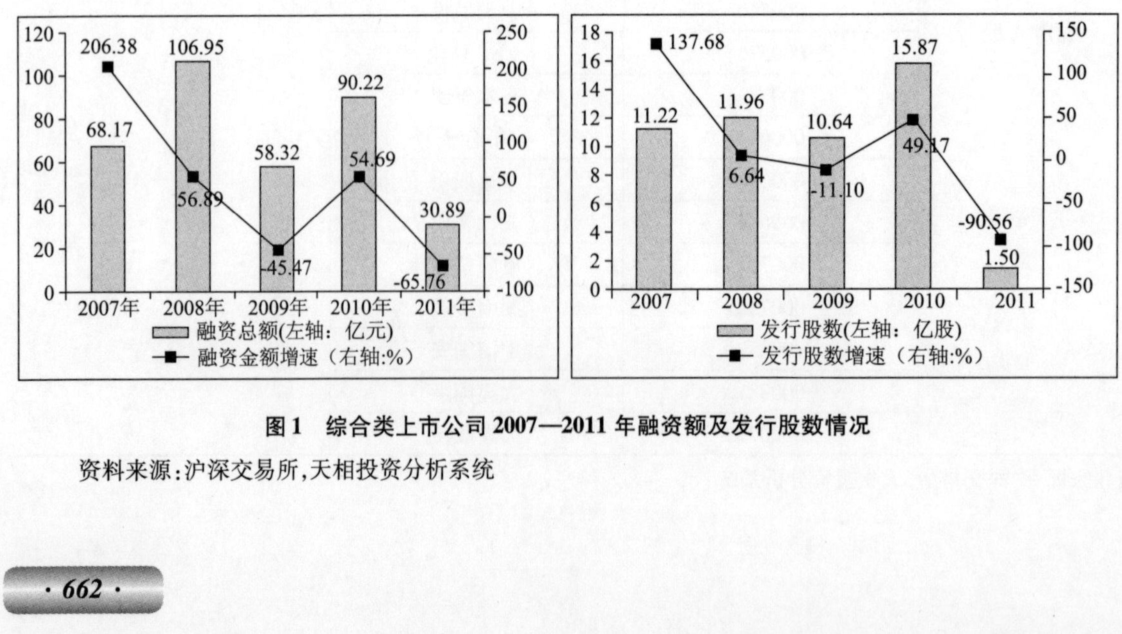

图1　综合类上市公司2007—2011年融资额及发行股数情况

资料来源:沪深交易所,天相投资分析系统

（四）行业内上市公司资产及业绩情况

截至2011年底，综合类上市公司资产总值为3 481.55亿元，非流动资产1 611.79亿元，归属母公司股东权益1 274.57亿元，按可比样本计算分别比上年同期增长了16.03%、11.84%和8.30%。

表7　　2011年综合类上市公司资产情况　　单位：亿元

指　标	2011年	2011年可比样本增长（%）	2010年	2010年可比样本增长（%）	2009年
总资产	3 481.55	16.03	3 000.46	24.42	2 552.65
流动资产	1 869.76	19.91	1 559.32	36.71	1 294.13
占比（%）	53.70	1.74	51.97	4.67	50.70
非流动资产	1 611.79	11.84	1 441.14	13.40	1 258.53
占比（%）	46.30	-1.74	48.03	-4.67	49.30
流动负债	1 481.74	22.48	1 209.80	26.06	1 144.18
占比（%）	42.56	2.24	40.32	0.52	44.82
非流动负债	550.92	17.35	469.45	28.95	326.79
占比（%）	15.82	0.18	15.65	0.55	12.80
归属于母公司股东权益	1 274.57	8.30	1 176.86	21.60	921.01
占比（%）	36.61	-2.61	39.22	-0.91	36.08

资料来源：沪深交易所，天相投资分析系统

2011年综合类上市公司总资产规模处于近5年最高水平，但按可比样本计算同比增速下滑至16.03%；归属上市公司股东权益虽然也连续5年保持增长态势，但按可比样本计算同比增速下滑至8.30%。

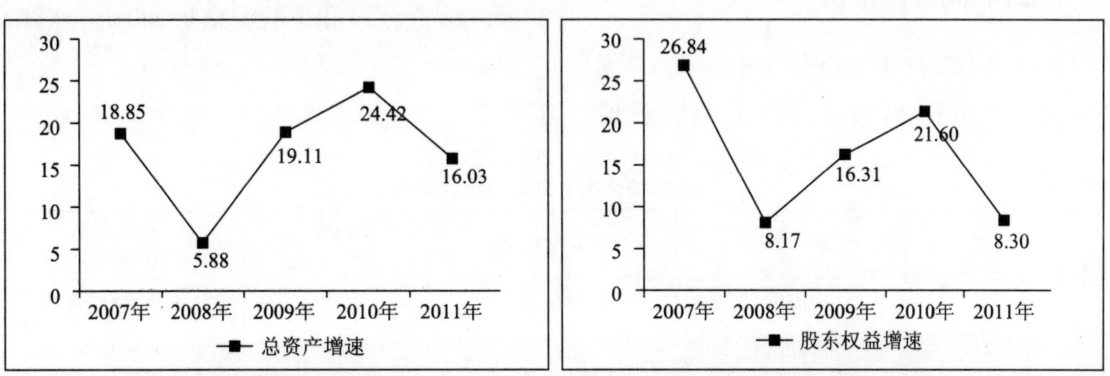

图2　综合类上市公司2007—2011年可比样本总资产和归属股东权益增长情况（%）

资料来源：沪深交易所，天相投资分析系统

据2011年年报数据，综合类上市公司合计实现营业收入1 399.74亿元，利润总额157.10亿元，归属母公司所有者的净利润为107.43亿元，按可比样本计算，营业收入较

2010年同期增长17.81%，实现利润总额和归属母公司所有者的净利润分别同比下滑1.78%和6.23%。

表8　2011年综合类上市公司收入实现情况　单位：亿元

指　标	2011年	2011年可比样本增长（%）	2010年	2010年可比样本增长（%）	2009年
营业收入	1 399.74	17.81	1 188.14	28.64	1 199.12
利润总额	157.10	－1.78	159.95	37.67	115.80
归属于母公司所有者的净利润	107.43	－6.23	114.57	43.97	76.37

资料来源：沪深交易所，天相投资分析系统

2011年综合类上市公司合计营业收入处于近5年来最高水平，但按可比样本计算同比增速下滑至17.81%；归属上市公司股东净利润按可比样本计算同比下滑6.23%，继2010年后再次出现负增长。

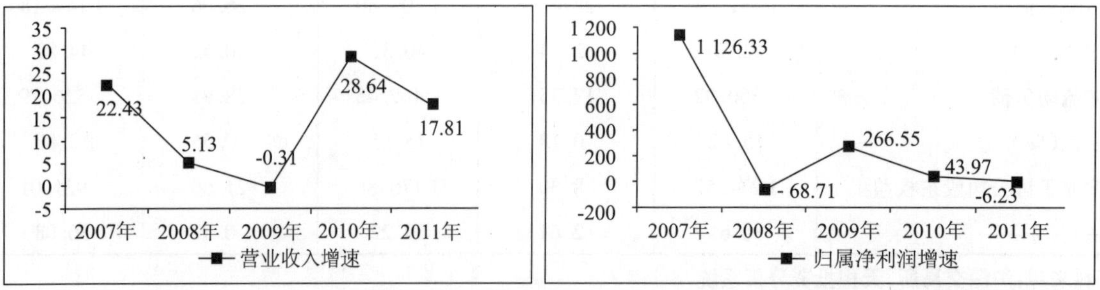

图3　综合类上市公司2007—2011年可比样本营业收入及归属于母公司股东净利润变化情况（%）

资料来源：沪深交易所，天相投资分析系统

（五）利润分配情况

2011年，综合类上市公司中共有23家公司实施了送股、转增及分红。其中，送股及转增、派息比例最高值分别为每股送1.00股（美都控股）和每股派息0.200元（张江高科）。

表9　2011年综合类上市公司分红明细

代　码	名　称	送股及转增比例	每股派息（税前　元）	基准股本（万股）
000507	珠海港	0.800	0.100	34 499.74
000532	力合股份	—	0.060	34 470.83
000540	中天城投	—	0.100	127 881.23
000701	厦门信达	—	0.060	24 025.00
000839	中信国安	—	0.100	156 793.05
000881	大连国际	—	0.100	30 891.84
600051	宁波联合	—	0.100	30 240.00

续表

代　码	名　称	送股及转增比例	每股派息（税前　元）	基准股本（万股）
600119	长江投资	—	0.060	30 740.00
600175	美都控股	0.100	0.012	124 661.75
600415	小商品城	—	0.100	272 160.71
600510	黑牡丹	—	0.090	79 552.27
600622	嘉宝集团	—	0.150	51 430.38
600624	复旦复华	—	0.031	34 515.50
600635	大众公用	—	0.070	164 486.98
600649	城投控股	0.300	0.050	229 809.50
600770	综艺股份	0.500	0.050	73 640.00
600790	轻纺城	—	0.100	61 877.62
600805	悦达投资	—	0.150	70 907.87
600832	东方明珠	—	0.120	318 633.49
600846	同济科技	—	0.020	62 476.15
600881	亚泰集团	—	0.100	189 473.21
600895	张江高科	—	0.200	154 868.96
601718	际华集团	—	0.025	385 700.00

资料来源：沪深交易所，天相投资分析系统

2011 年综合类上市公司分红总额为 24.02 亿元，连续 5 年保持增长态势；分红总额占净利润总额比重达 22.36%，按可比样本计算同比小幅下滑。

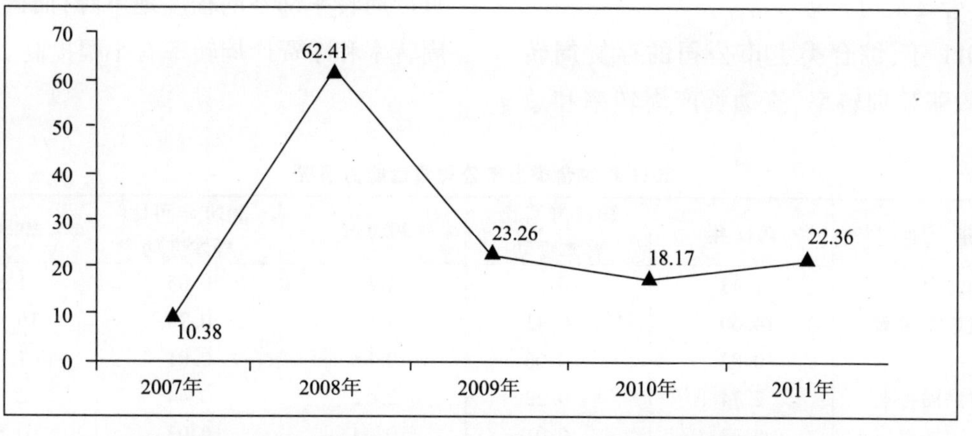

图 4　综合类上市公司 2007—2011 年分配利润占比情况（%）

资料来源：沪深交易所，天相投资分析系统

(六)其他财务指标情况

1. 盈利能力指标

2011 年,综合类上市公司盈利能力基本保持稳定。毛利率为 19.35%,按可比样本计算同比下降 0.56 个百分点;净资产收益率、销售净利率分别为 8.43%、7.68%,按可比样本计算同比分别下降 1.31、1.97 个百分点。

表 10　　2011 年综合类上市公司盈利能力情况

指　标	2011 年	2011 年可比样本变动	2010 年	2010 年可比样本变动	2009 年
毛利率(%)	19.35	-0.56	19.91	-2.11	20.91
净资产收益率(%)	8.43	-1.31	9.73	1.51	8.29
销售净利率(%)	7.68	-1.97	9.64	1.03	6.37
资产净利率(%)	3.31	-0.92	4.23	0.67	3.25

资料来源:沪深交易所,天相投资分析系统

2. 偿债能力指标

2011 年,综合类上市公司负债水平有所提高,资产负债率为 58.38%,按可比样本计算同比上升 2.42 个百分点;流动比率和速动比率按可比样本计算都有所下降。

表 11　　2011 年综合类上市公司偿债能力指标

指　标	2011 年	2011 年可比样本变动	2010 年	2010 年可比样本变动	2009 年
流动比率	1.26	-0.03	1.29	0.10	1.13
速动比率	0.66	-0.06	0.72	0.06	0.66
资产负债率(%)	58.38	2.42	55.97	1.07	57.63

资料来源:沪深交易所,天相投资分析系统

3. 营运能力指标

2011 年,综合类上市公司的存货周转率、应收账款周转率、流动资产周转率和总资产周转率都不同程度地下降;而固定资产周转率和净资产周转率有小幅提高。

表 12　　2011 年综合类上市公司营运能力情况　　单位:次

指　标	2011 年	2011 年可比样本变动	2010 年	2010 年可比样本变动	2009 年
存货周转率	1.43	-0.16	1.59	0.05	1.85
应收账款周转率	14.60	-0.41	15.01	0.76	16.40
流动资产周转率	0.82	-0.06	0.88	-0.01	1.02
固定资产周转率	2.74	0.22	2.52	0.44	2.81
总资产周转率	0.43	-0.01	0.44	0.03	0.51
净资产周转率	1.01	0.02	0.99	0.06	1.20

资料来源:沪深交易所,天相投资分析系统

三、重点上市公司介绍

小商品城

公司以经营管理中国小商品城为主业，投资经营电子商务、会展、房地产、酒店、国际贸易、现代物流、广告信息、购物旅游、文化体育等产业。公司经营管理服务的中国小商品城是提供现代贸易服务和商品贸易服务的共享平台，已经成为国际小商品流通领域影响力最大的专业批发市场之一，是广大中小企业、国内外采购商参与、分享国际贸易的主要渠道之一。

公司是我国目前最大的专业批发市场的发展商之一，以独家经营开发、管理、服务义乌中国小商品城为主业。市场拥有43个行业、1 900个大类、40万种商品，几乎囊括了工艺品、小五金、日用百货、纺织品、服装等所有日用工业品，商品外向度达到60%，商品辐射212个国家和地区，是我国小商品的流通、研发、展示中心和重要出口基地。依托中国小商品城优越的商业环境、得天独厚的市场资源，公司实施提升市场主业、带动相关发展，实施多元化开拓的发展战略。2011年上半年公司实现营业收入16.52亿元，同比增8.15%；实现净利润5.06亿元，与2010年基本持平；总资产达到168.45亿元，较2011年初下降7.04%；净资产收益率为4.86%，较2010年的5.1%略有下降。

天相投资顾问有限公司
审稿人：天相投顾年鉴编写组
撰稿人：天相投顾年鉴编写组

第四篇　上市公司地区篇

- 北京・天津・河北・山西・内蒙古
- 辽宁・吉林・黑龙江
- 上海・江苏・浙江・安徽・福建・江西・山东
- 河南・湖北・湖南・广东・广西・海南
- 重庆・四川・贵州・云南・西藏
- 陕西・甘肃・青海・宁夏・新疆
- 大连・宁波・厦门・青岛・深圳

北京地区

一、北京国民经济发展概况

2011 年，北京地区经济发展继续保持良好的态势。相关情况见表 1。

表 1 2011 年北京国民经济发展概况 单位：亿元

指 标	1—3 月		1—6 月		1—9 月		1—12 月	
	绝对量	同比增长（%）	绝对量	同比增长（%）	绝对量	同比增长（%）	绝对量	同比增长（%）
地区生产总值	3 509	8.6	7 418	8.0	11 404	8.0	16 011	8.1
全社会固定资产投资	762	11.9	2 201	7.3	3 815	8.1	5 520	5.7
社会消费品零售总额	—	11.9	—	11.3	—	11.5	—	10.8
规模以上工业增加值	—	8.6	—	8.0	—	7.2	—	7.3
规模以上工业企业实现利润	231	16.6	512	18.1	753	8.7	1 120	10.3
居民消费价格指数（%）	1—3 月		1—6 月		1—9 月		1—12 月	
	5.2		5.5		5.9		5.6	

资料来源：国家统计局

二、北京上市公司总体情况

（一）公司数量

截至 2011 年 12 月 31 日，北京的上市公司总数为 194 家，其中，仅发行 A 股的上市公司 193 家，同时发行 A 股和 B 股的上市公司 1 家，北京尚无仅发行 B 股的上市公司。

表 2 2011 年北京上市公司数量 单位：家

公司总数	仅 A 股	仅 B 股	（A+B）股
194	193	0	1

资料来源：沪深交易所，天相投资分析系统

(二)行业分布

2011 年,北京上市公司行业分布见表 3。

表 3　2011 年北京上市公司行业分布情况

所属中国证监会行业类别	家　数
农、林、牧、渔业	4
采掘业	10
制造业	57
电力、煤气及水的生产和供应业	5
建筑业	12
交通运输、仓储业	4
信息技术业	42
批发和零售贸易业	12
金融、保险业	11
房地产业	17
社会服务业	11
传播与文化产业	7
综合类	2
合　计	194

资料来源:北京证监局

(三)股本结构及规模

截至 2011 年 12 月 31 日,北京 194 家上市公司总股本 14 317.30 亿股,占同期全国上市公司总股本的 47.96%。其中,总股本在 10 亿股以上的上市公司有 53 家,占北京上市公司总数的 27.32%,占全国 10 亿股以上上市公司家数的 13.98%。

北京 194 家上市公司中,上交所上市公司 95 家,总股本 13 806.34 亿股,占上交所全部上市公司总股本的 58.66%;深交所上市公司 99 家,总股本 510.96 亿股,占深交所全部上市公司总股本的 8.09%。

表 4　2011 年北京上市公司股本规模在 10 亿股以上公司的分布情况

股本规模(亿股)	公司家数	具体公司
1 000≤	5	农业银行、工商银行、中国石油、建设银行、中国银行
500≤～<1 000	1	中国石化
200≤～<500	6	民生银行、中国中铁、中国人寿、中国建筑、光大银行、中信银行
100≤～<200	12	京东方 A、华能国际、长江电力、中国神华、中国国航、中国铁建、中国铝业、中国中冶、中国南车、中煤能源、中国重工、大唐发电
50≤～<100	4	华夏银行、北京银行、中国北车、中国水电

续表

股本规模(亿股)	公司家数	具体公司
20≤～<50	11	泛海建设、金融街、首钢股份、首创股份、福田汽车、中国化学、XD新华保、华锐风电、北辰实业、际华集团、金隅股份
10≤～<20	14	新华联、燕京啤酒、中信国安、华北高速、中国国贸、歌华有线、五矿发展、同仁堂、同方股份、万通地产、首开股份、中金黄金、天地科技、信达地产

资料来源:沪深交易所,天相投资分析系统

(四)市值规模

截至2011年12月31日,北京194家上市公司境内总市值78 360.32亿元,占全国上市公司境内总市值的36.30%;其中,95家上交所上市公司境内总市值73 439.58亿元,占上交所上市公司境内总市值的49.19%;99家深交所上市公司境内总市值4 920.74亿元,占深交所上市公司境内总市值的7.39%。

截至2011年12月31日,北京地区上市公司境内流通市值62 818.83亿元,占全国上市公司境内总流通市值的38.18%,其中,95家上交所上市公司境内流通市值59 828.40亿元,占上交所上市公司境内总流通市值的48.84%;99家深交所上市公司境内总流通市值2 990.43亿元,占深交所上市公司境内总流通市值的7.12%。

(五)资产规模

截至2011年12月31日,北京194家上市公司合计总资产701 301.53亿元,归属于上市公司股东的净资产67 475.23亿元,与2010年相比,分别增长16.70%、15.85%;平均每股净资产3.42元。

三、北京上市公司经营情况及变动分析

(一)总体经营情况

2011年,北京地区上市公司实现营业收入103 644.53亿元,同比增长27.66%;实现归属于母公司所有者的净利润11 103.67亿元,同比增长18.06%;北京上市公司平均净资产收益率为16.46%,高于全国14.08%的平均水平;平均每股收益(按期末股本计算)为0.56元,高于全国0.53元的平均水平。

表5　　2011年北京上市公司经营情况

指　　标	2011年	2010年	同比增长(%)
家　数	194	167	16.17
亏损家数	8	8	0.00
亏损家数比例(%)	4.12	4.79	-0.67
平均每股收益(元)	0.56	0.48	16.72
平均每股净资产(元)	3.42	2.98	14.54
平均净资产收益率(%)	16.46	16.15	0.31

续表

指　　标	2011 年	2010 年	同比增长(%)
总资产(亿元)	701 301.53	600 919.98	16.70
归属于母公司股东权益(亿元)	67 475.23	58 243.61	15.85
营业收入(亿元)	103 644.53	81 185.52	27.66
利润总额(亿元)	14 977.92	12 644.98	18.45
归属于母公司所有者的净利润(亿元)	11 103.67	9 405.10	18.06

资料来源:沪深交易所,天相投资分析系统

(二)分行业经营情况

北京上市公司主要分布在制造业(57家)、信息技术业(42家)、房地产业(17家)、批发和零售贸易业(12家)、建筑业(12家)、社会服务业(11家)等行业。2011年,北京交通运输、仓储业,电力、煤气及水的生产和供应业等行业净利润出现下滑,而批发和零售贸易,制造业,农、林、牧、渔业等其他行业的净利润呈现快速增长态势,其中,批发和零售贸易业增长最快,同比增幅达80.99%,具体见表6:

表6　2011年北京上市公司分行业经营情况

所属行类	营业收入(亿元)	同比增长(%)	净利润(亿元)	同比增长(%)
农、林、牧、渔业	103.31	27.67	4.76	40.18
采掘业	48 574.47	33.66	2 891.81	3.06
制造业	6 092.14	23.34	316.25	40.23
电力、煤气及水的生产和供应业	2 331.40	21.11	130.33	-21.10
建筑业	17 632.94	7.75	434.66	16.76
交通运输、仓储业	1 018.25	19.24	86.28	-34.45
信息技术业	805.16	16.46	63.66	8.95
批发和零售贸易业	2 231.88	26.66	26.83	80.99
金融、保险业	23 324.58	19.67	7 469.89	23.11
房地产业	498.65	12.24	93.51	33.42
社会服务业	739.09	34.06	49.58	39.26
传播与文化产业	79.87	38.28	9.36	20.31
综合类	212.78	20.21	7.89	1.00

资料来源:北京证监局

(三)业绩变动情况分析

1. 营业收入、毛利率等变动原因分析

2011年,北京上市公司实现营业收入103 644.53亿元,同比增长27.66%;营业利润14 768.71亿元,同比增长17.95%;利润总额14 977.92亿元,同比增长18.45%;毛利率24.25%,同比下降1.48个百分点。营业收入增幅低于营业成本增幅是毛利率下降的主要原因。

2. 盈利构成分析

从盈利构成看，2011 年北京上市公司利润来源主要是营业利润，其占利润总额的比重为98.60%。其中，投资净收益占利润总额的比重为9.97%，公允价值变动净收益占利润总额的比重为0.34%，营业外收支净额占利润总额的比重为1.40%。

3. 经营性现金流量分析

2011 年，北京 122 家上市公司经营现金流量净额为正，占 194 家上市公司的 62.89%，低于2010 年72.89%的水平。

4. 业绩特点分析

（1）上市公司总体业绩增幅放缓

2011 年，北京上市公司总资产、归属于母公司股东权益、营业收入、归属于母公司所有者的净利润分别比 2010 年增长 16.70%、15.85%、27.66%、18.06%；2010 年，北京上市公司总资产、归属于母公司股东权益、营业收入、归属于母公司所有者的净利润较 2009 年增长率分别为 16.52%、20.37%、33.90%、30.82%。北京上市公司总体业绩依然保持增长态势，但增长幅度同比明显放缓。

（2）总体业绩状况受超级大盘股影响大

中国石油、中国石化、工商银行、农业银行、中国银行、建设银行等 6 家公司总股本占北京上市公司总股本的 74.62%，营业总收入占北京上市公司营业总收入的 58.71%，净利润占北京上市公司净利润的 73.63%。这 6 大公司对北京上市公司总体业绩情况影响大。

（3）北京上市公司部分统计指标

北京 194 家上市公司平均营业总收入达到534.25 亿元，平均净利润达到60.02 亿元；扣除6 家超级大盘股（中国石油、中国石化、工商银行、农业银行、中国银行、建设银行），这两项指标则分别为 228.92 亿元和 16.33 亿元。

（4）亏损公司家数有所增加，经营性亏损的公司依旧维持较高比例

北京 2011 年度共有 8 家上市公司出现亏损，同 2010 年的亏损家数相同，另有 15 家公司扣除非经常性损益后亏损，共计 23 家公司经营性亏损，较 2010 年增加 5 家，占公司总数比例较高。

（5）亏损公司主要集中在主板市场

2011 年北京亏损的 8 家公司中，上交所 2 家，深交所 6 家。扣除非经常性损益后亏损的 15 家公司中，上交所 9 家，深交所 6 家。经营性亏损的公司共计 23 家，其中，上交所 11 家，占北京在上交所上市的公司家数的 11.7%；深交所 12 家，占北京在深交所主板公司家数的 12.12%。亏损的公司大部分是在主板上市时间较长的公司，经营亏损的 23 家中，中小板和创业板上市公司各有 1 家，其他都是主板上市公司。

5. 利润分配情况

2011 年，北京共有 162 家上市公司通过不同方式对 2011 年经营业绩进行分配。其中，利润分配方案中包含现金分红的公司有 159 家，包含股票股利的公司有 7 家，包含资本公积转增股本的公司有 56 家；同时进行现金分红和转增股本的公司 53 家，同时进行现金分红和送股的公司有 5 家，3 种利润分配方式同时进行的有 2 家。

从 2009—2011 年的统计数据看，3 种利润分配方式（现金分红、股票股利及转增股本）中，直接的现金分红是北京上市公司的

首选，占比一直远高于其他两种方式，且呈现出增长的趋势。2011 年度，北京上市公司现金分红公司比重达到 80%，股票股利及转增股本主要是作为现金分红的补充方式存在，仅 3 家公司的利润分配方案中单独采用转增股本的方式。

四、北京上市公司募集资金情况、使用情况

（一）募集资金总体情况

2011 年，北京共有 43 家上市公司在资本市场进行筹资，募集资金金额合计 1 507.95亿元，其中，首发 27 家，募集资金 480.75 亿元；增发 14 家，募集资金 621.59 亿元；配股 1 家，募集资金 175.61 亿元；发行可转债 1 家，募集资金 230.00 亿元。具体情况如表 7 和表 8 所示。

表 7　　2011 年北京上市公司募集资金总体情况　　单位：亿元

上市板块	募集资金金额				合　计
	首　发	增　发	配　股	可转债	
上海主板	313.65	562.56	175.61	230.00	1 281.82
深圳主板	—	51.11	—	—	51.11
中小板	59.47	7.92	—	—	67.39
创业板	107.63	—	—	—	107.63
合　计	480.75	621.59	175.61	230.00	1 507.95

资料来源：北京证监局

表 8　　2011 年北京上市公司融资家数情况　　单位：家

上市板块	融资方式				合　计
	首　发	增　发	配　股	可转债	
上海主板	6	9	1	1	17
深圳主板	—	3	—	—	3
中小板	6	2	—	—	8
创业板	15	—		—	15
合　计	27	14	1	1	43

资料来源：北京证监局

（二）募集资金使用情况及特点

2011 年，北京上市公司共有 133 家披露了募集资金使用情况。133 家上市公司累计募集资金 10 417.83 亿元，本年度投入使用募集资金 1 582.31 亿元，累计投入使用募集资金8 274.21亿元，募集资金余额2 143.62 亿元。具体情况如表 9 所示。

表 9　2011 年北京上市公司募集资金使用情况　单位：亿元

上市板块	披露募集资金公司家数	募集资金累计筹资	本年募集资金使用	募集资金累计使用	募集资金余额
主　板	65	9 893.70	1 456.06	8 060.70	1 833.00
中小板	29	227.08	52.46	102.95	124.13
创业板	39	297.05	73.79	110.56	186.49
合　计	133	10 417.83	1 582.31	8 274.21	2 143.62

资料来源：北京证监局

(三)募集资金变更情况

2011 年，北京上市公司募集资金承诺项目投向发生变更数量共计 26 项，项目变更率为 3.63%，涉及变更项目原计划投入募集资金合计 205.31 亿元，变更后计划投入募集资金 279.45 亿元。

总体看，北京上市公司的募集资金绝大多数能够按照招股承诺投入使用，项目变更原因主要集中在原项目已实施完毕、变更项目结余资金投向，且变更目的主要为补充公司流动资金，以及用于公司相关主营业务投入。

具体募集资金承诺项目投向发生变更情况见表 10。

表 10　2011 年北京募投项目变更情况　单位：亿元

上市板块	募集资金项目数	变更项目数	项目变更率(%)	原计划投入募集资金	变更后计划投入募集资金
主　板	463	25	5.40	204.01	278.92
中小板	123	1	0.81	1.30	0.53
创业板	131	—	—	—	—
合　计	717	26	3.63	205.31	279.45

资料来源：北京证监局

(四)存在的主要问题

上市公司募集资金能否做到安全管理及有效使用，直接关系到广大投资者的权益能否得到切实保护，因此对其监管一直是北京上市公司监管的重点工作。按照“投入主业、发展主营、完善内控、规范运作”的监管理念，北京证监局强调上市公司应完善内部审计和审计委员会报告制度，同时注重持续督导制度的执行，借助保荐机构，构建外部监督体系，取得了较好效果。近年来，北京未发生上市公司挪用募集资金侵害投资者利益行为。

2011 年，北京地区上市公司的资金投向变更率处于较合理的水平，但也有个别公司出现了大额变更情形，成为上市公司募集资金使用中存在的主要问题。

五、北京上市公司规范运作情况分析

(一)上市公司治理专项情况

2011 年，北京积极开展上市公司治理专项活动。一是按照中国证监会上市部《关于 2011 年深入推进解决同业竞争、减少关联交易专项活动的通知》(上市部函[2011]139

号)要求,北京证监局在开展“解决同业竞争、减少关联交易”专项活动中,以“由易到难、一司一策、分类推进、逐步解决”为原则,以解决央企上市公司同业竞争、减少关联交易为抓手和重点,带动上市公司规范运作。截至2011年12月底,北京证监局拟定的13家重点上市公司均基本完成当年应解决的任务。二是根据中国证监会的统一安排和部署,稳步推进内部控制规范试点工作。北京各试点公司均能按照监管要求,按步骤、分阶段稳步推进2011年内控规范实施工作,通过全方位、广覆盖的内控规范试点工作,各上市公司有效增强了对核心风险的把控能力,提升了内部控制水平,并顺利地完成了2011年内部控制自我评价工作以及2011年内部控制审计工作。

(二)审计情况及监管情况

截至2012年4月30日,北京全部上市公司披露了2011年年报。2011年年度报告审计过程中,有29家会计师事务所为北京上市公司提供审计服务。年报审计意见类型中,4家公司为带强调事项段的无保留意见,北京其他上市公司财务报告的审计意见为标准无保留意见。2011年,北京有20家上市公司更换了会计师事务所,公司前后任会计师均按照监管要求报送了有关说明。

2011年年报审计中,为保证上市公司财务信息披露的真实、准确和完整,提高上市公司审计报告质量,北京证监局对2011年度年报审计进行了严谨周密的监管工作,具体组织实施包括:认真部署,提高会计师对重点风险领域的把握能力;紧密跟踪,做好疑难问题的咨询和后续处理工作;事后审阅,评价上市公司年报审计质量;持续督促,推动会计师提高内控审计质量。

(三)信息披露情况

2011年,北京上市公司信息披露机制进一步完善,内控信息披露的覆盖面得到扩大。截至2012年4月30日,北京上市公司全部披露了2011年年度报告。其中,披露2011年年报的上市公司均在年报中披露了内部控制制度的建立健全情况,披露比例为100%;179家公司全文披露了董事会自我评价报告,5家公司在年报中披露了自我评价意见或部分内容;30家上市公司公开披露了由会计师事务所出具的财务报告内部控制审计报告;120家上市公司公开披露了内部控制鉴证报告或内部控制核查报告。

2011年北京有192家上市公司已经建立了年报信息披露重大差错责任追究制度,该制度的完善对于保护投资者的利益、上市公司自身改善经营管理具有重大意义。

(四)证券市场服务情况

为了营造有序有效的证券市场环境,提高上市公司的运营效率,北京市证监局积极主动为证券市场的健康发展做好服务工作。北京市证监局积极关注上市公司信息披露情况,协助上市公司加强内幕信息管理,在解决同业竞争和关联交易问题的过程中防控内幕交易行为,引导上市公司自觉参与规范的市场竞争;为提高内控审计的质量,北京市证监局积极约见、谈话负责地区内控审计的会计师,并走访了解相关会计师的工作程序,为内控审计工作的顺利进行提供了有效的建议。

审稿人:陈　稹

撰稿人:崔晓超

天津地区

一、天津国民经济发展概况

表 1　2011 年天津国民经济发展概况　单位:亿元

指　标	1—3 月		1—6 月		1—9 月		1—12 月	
	绝对量	同比增长(%)	绝对量	同比增长(%)	绝对量	同比增长(%)	绝对量	同比增长(%)
地区生产总值	2 257	16.5	5 099	16.6	8 006	16.5	11 191	16.4
全社会固定资产投资	1 055	29.0	3 319	30.4	5 190	30.0	7 040	29.4
社会消费品零售总额	—	17.9	—	18.5	—	18.7	—	18.7
规模以上工业增加值	—	21.0	—	21.1	—	21.2	—	21.3
规模以上工业企业实现利润	338	33.4	682	26.3	1 030	27.3	1 669	39.5
居民消费价格指数(%)	1—3 月		1—6 月		1—9 月		1—12 月	
	3.6		4.3		4.9		4.9	

资料来源:国家统计局

二、天津上市公司总体情况

(一)公司数量

截至 2011 年 12 月 31 日,天津的上市公司总数为 37 家,如表 2。

表 2　2011 年天津上市公司数量　单位:家

公司总数	仅 A 股	仅 B 股	(A+B)股
37	36	0	1

资料来源:沪深交易所,天相投资分析系统

(二)行业分布

2011 年天津上市公司行业分布见表 3。

表3　2011年天津上市公司行业分布情况

所属中国证监会行业类别	家　数
采掘业	2
制造业	16
电力、煤气及水的生产和供应业	1
交通运输、仓储业	4
信息技术业	1
批发和零售贸易业	3
房地产业	6
社会服务业	3
综合类	1
合　计	37

资料来源：天津证监局

(三)股本结构及规模

截至2011年12月31日，天津37家上市公司总股本357.91亿股，占同期全国上市公司总股本的1.20%；天津总股本超过10亿股的上市公司有10家，占天津上市公司总数的27.03%，占全国10亿股以上的上市公司总数的2.64%。天津19家上交所上市公司总股本257.70亿股，占上交所全部上市公司总股本的1.09%；18家深交所上市公司总股本100.21亿股，占深交所全部上市公司总股本的1.59%。截至2011年12月31日，天津上市公司境内流通股本322.67亿股，其中，流通A股320.87亿股，流通B股1.8亿股。

表4　2011年天津上市公司股本规模在10亿股以上公司分布情况

股本规模(亿股)	公司家数	具体公司
100≤～<200	1	中国远洋
20≤～<50	2	海油工程、中海油服
10≤～<20	7	国恒铁路、泰达股份、津滨发展、一汽夏利、天房发展、天津港、创业环保

资料来源：沪深交易所，天相投资分析系统

(四)市值规模

截至2011年12月31日，天津37家上市公司境内总市值2 579.78亿元，占全国上市公司境内总市值的1.19%。其中，19家上交所上市公司境内总市值1 940.59亿元，占上交所上市公司境内总市值的1.30%；18家深交所上市公司境内总市值639.20亿元，占深交所上市公司境内总市值的0.96%。

截至2011年12月31日，天津37家上市公司境内流通市值2 253.84亿元，占全国上市公司境内总流通市值的1.37%。其中，19家上交所上市公司境内流通市值1 796.44亿元，占上交所上市公司境内总流通市值的 1.47%；18 家深交所上市公司境内总流通市值 457.40 亿元，占深交所上市公司境内总流通市值的 1.09%。

（五）资产规模

截至 2011 年 12 月 31 日，天津 37 家上市公司合计总资产 4 137.87 亿元，较 2010 年增长 9.80%；归属于上市公司股东的净资产 1 378.49 亿元，较 2010 年减少 2.93%；平均每股净资产 3.41 元。

三、天津上市公司经营情况及变动分析

（一）总体经营情况

2011 年，天津上市公司实现营业收入 2 368.91亿元，同比增长 26.89%；实现利润总额 48.81 亿元，同比减少 76.92%；实现归属母公司所有者净利润 -12.86 亿元，同比减少 108.30%。天津 37 家上市公司中 6 家公司亏损，亏损公司家数较 2010 年增加 2 倍，亏损公司家数占比为 16.22%，较 2010 年增加 10.66 个百分点。2011 年，天津上市公司平均净资产收益率为 -0.93%，与 2010 年相比减少 11.84 个百分点，同时也低于全国 14.08% 的平均水平；平均每股收益（按期末股本计算）为 -0.03 元，远低于全国 0.53 元的平均水平。见表 5。

表 5　　2011 年天津上市公司经营情况

指　标	2011 年	2010 年	同比增长（%）
家　数	37	36	2.78
亏损家数	6	2	200.00
亏损家数比例（%）	16.22	5.56	增加 10.66 个百分点
平均每股收益（元）	-0.03	0.38	-107.89
平均每股净资产（元）	3.41	3.52	-3.13
平均净资产收益率（%）	-0.93	10.91	减少 11.84 个百分点
总资产（亿元）	4 137.87	3 768.67	9.80
归属于母公司股东权益（亿元）	1 378.49	1 420.06	-2.93
营业收入（亿元）	2 368.91	1 866.92	26.89
利润总额（亿元）	48.81	211.52	-76.92
净利润（亿元）	13.53	177.66	-92.38
归属于母公司所有者的净利润（亿元）	-12.86	154.98	-108.30

资料来源：沪深交易所，天相投资分析系统，天津证监局

（二）分行业经营情况

天津上市公司主要分布在制造业（16 家），房地产业（6 家），交通运输、仓储业（4 家）等行业。2011 年，天津交通运输、仓储业，房地产业，综合类行业上市公司营业收

入出现下滑，而采掘业、制造业、批发和零售贸易业等其他行业呈现增长态势，其中，批发和零售贸易业增长幅度最大，同比增幅达1 579.22%。天津制造业、社会服务业与采掘业上市公司归属于母公司股东的净利润同比增长，而其他行业则全面下滑，其中批发和零售贸易业，信息技术业，交通运输、仓储业下滑幅度较大，同比降幅依次分别为2 158.87%、1 027.55%和217.86%。具体见表6。

表6　2011年天津上市公司分行业经营情况

所属行类	营业收入（亿元）	同比增长（%）	净利润（亿元）	同比增长（%）
采掘业	262.91	4.34	42.20	0.18
制造业	311.26	21.33	21.43	8.87
电力、煤气及水的生产和供应业	7.34	8.99	0.05	-8.86
交通运输、仓储业	1 052.26	-4.87	-92.77	-217.86
信息技术业	12.09	40.06	-0.65	-1 027.55
批发和零售贸易业	531.95	1 579.22	4.82	-2 158.87
房地产业	106.65	-1.16	8.23	-8.06
社会服务业	33.16	6.87	3.79	6.76
综合类	51.30	-26.24	0.04	-98.76

资料来源：天津证监局

（三）业绩变动情况分析

1. 营业收入、毛利率等变动原因分析

2011年，天津上市公司营业收入2 368.91亿元，同比增长26.89%；营业成本2 145.00亿元，同比增加42.67%；毛利润223.91亿元，同比减少38.39%；毛利率9.45%，同比下降10.01个百分点。总体来看，营业成本增幅大于营业收入增幅是毛利率下降的主要原因。

2. 盈利构成分析

从盈利构成看，2011年天津上市公司利润来源主要是营业利润，其占利润总额的比重为106.32%；其中，主业利润占利润总额的比重为69.21%，投资净收益占利润总额的比重为97.82%，公允价值变动净收益占利润总额的比重为2.18%，营业外收支净额为负（-3.08亿元）。

3. 经营性现金流量分析

2011年，天津上市公司经营活动现金流量净额为61.26亿元，比2010年同期下降了74.18%。天津37家上市公司中，23家公司经营现金流量净额为正，占比为62.16%，低于2010年75%的水平；20家公司经营活动现金流量净额较2010年出现下滑，公司家数占比达到54.05%。

4. 业绩特点分析

（1）业绩大幅下滑，盈利水平低于全国平均值

2011年，天津上市公司业绩水平与

2010年相比出现大幅下滑，实现归属于母公司所有者净利润-12.86亿元，同比减少108.30%，每股收益-0.03元，低于2010年0.38元的每股收益；净资产收益率-0.93%，低于2010年的10.91%的净资产收益率。天津上市公司2011年业绩水平与2009年持平。天津上市公司2009年实现归属于母公司所有者净利润-10.28亿元，每股收益-0.03元，净资产收益率-0.84%。

此外，天津上市公司2011年每股收益和净资产收益率水平远远低于全国平均水平。

（2）与全国平均水平及天津2010年情况相比，天津各板块公司业绩分化明显

2011年，天津创业板、中小板和主板上市公司每股收益分别为0.79元、0.38元和-0.06元，净资产收益率分别为10.42%、7.9%和-1.92%。与2010年相比，天津各板块上市公司2011年业绩分化愈加明显，创业板公司业绩水平明显优于中小板公司，中小板公司又明显优于主板公司。

在每股收益方面，天津创业板公司明显优于深交所创业板平均水平，中小板公司略低于深交所中小板平均水平。在净资产收益率方面，因天津中小板上市公司多集中为2010年首次发行上市，净资产金额较大，净资产收益率略低于深交所中小板水平，而天津主板公司净资产收益率与全国主板公司的平均水平相差较大。

5. 利润分配情况

2011年，天津共有22家公司进行利润分配，利润分配形式呈现多样化。其中，只实施现金分红的公司为16家，只实施资本公积转增股本的公司为1家，实施现金分红并派发红股的公司为1家，实施现金分红并资本公积转增股本的公司为4家。现金分红仍为利润分配的主要形式，21家公司实施现金分红，占天津盈利公司家数的67.74%；现金分红金额24.00亿元，占天津地区盈利公司归属于母公司股东净利润总额的24.53%。

四、天津上市公司并购重组情况

（一）并购重组基本情况

2011年，天津上市公司并购重组活动较为活跃。据统计，共有8家上市公司进行并购重组工作，有1家在当期取得实质性进展。从并购重组分类情况看，涉及上市公司股权无偿划转的为3家，均为上市公司国有股东所持股权划转，且未发生实际控制权变更；重大资产重组或发行股份购买资产类型为5家，其中，资产置换1家，涉及金额25.88亿元；资产收购1家，涉及金额4.62亿元；发行股份购买资产3家，涉及金额23.75亿元。

（二）并购重组特点

1. 并购重组模式特点

2011年，天津上市公司并购重组模式有如下特点：一是以国有股东持有的上市公司股权无偿划转为主；二是以定向增发及非公开发行购买资产为代表的并购重组模式成为主体，股份支付为主要支付手段。

表7 2011年天津上市公司并购重组情况

序号	公　司	重组方式	涉及资金(亿元)	备　注
1	一汽夏利	无偿划转	—	豁免要约收购义务待实施
2	中新药业		—	待审核
3	力生制药		—	待审核
4	国机汽车	定向增发购买资产	25.88(置入资产22.24亿元,置出资产3.64亿元)	2011年实施完成
5	红日药业	定向增发购买资产	4.62	待审核
6	天药股份	定向增发购买资产	5.50	待审核
7	中储股份	定向增发购买资产	8.98	待审核
8	滨海能源	定向增发购买资产	9.27	取消
合计(亿元)			54.25	

资料来源:天津证监局

2. *并购重组主要目标特点*

2011年,更高层级的产业整合成为重组重点,医药、仓储等天津支柱产业中的重点企业纷纷加入重组队列。2011年,天津以业务或行业整合为目标的重组达到3家次(红日药业、天药股份、中储股份),占并购重组总次数的37.50%。

五、天津上市公司募集资金情况、使用情况

(一)募集资金总体情况

2011年,天津公司通过资本市场直接融资32.24亿元,融资规模较2010年的71.57亿元和2009年的63.95亿元均有所降低;其中,首发股本融资(IPO)10.00亿元,增发融资22.24亿元。

表8 2011年天津上市公司募集资金情况

发行类型	代　码	简　称	募集资金(亿元)
首　发	300195	长荣股份	10.00
增　发	600335	国机汽车	22.24
总　计			32.24

资料来源:沪深交易所,天相投资分析系统

(二)募集资金使用情况及特点

2011年,天津共有15家公司使用募集资金,金额50.19亿元。其中,25.85亿元为2011年度募集的资金,占全年使用募集资金总额的51.50%;24.34亿元为以前年度募集的资金,占年度使用募集资金总额的48.50%。

(三)募集资金变更情况

2011年,天津仅有1家公司变更募集资

金的使用项目,涉及金额约为0.35亿元,占该上市公司募集资金总额(5.78亿元)的6.06%。募集资金变更经过了公司股东大会批准,程序合法。变更的原因主要包括:一是公司整体规划调整,为避免重复投资,部分募投项目不再实施;二是公司资源紧张的状况有所缓解,从而放缓了募投项目投资进度。

表9　　2011年天津上市公司募集资金使用项目变更情况

日期	变更募集资金使用项目的公司家数	涉及金额(亿元)	募集资金总额(亿元)	占公司募集资金总额的比例(%)
2011	1	0.35	5.78	6.06
2010	1	1.74	8.13	21.44

资料来源:天津证监局

(四)存在的主要问题

天津上市公司总体上对募集资金的管理较为规范,建立专户存储制度,按计划使用募集资金,变更程序严格。但个别公司的募集资金管理存在不足,主要表现为募集资金使用计划制定得不够严谨,对市场和政策变化预计不足。

六、天津上市公司规范运作情况分析

(一)上市公司治理专项情况

2011年,天津上市公司总体治理结构完善,运作规范。在解决同业竞争、减少关联交易专项活动中,天津松江、天药股份顺利消除与相关公司的同业竞争,力生制药控股股东与上市公司的同业竞争问题也已基本解决,广宇发展提出解决同业竞争方案,但受宏观调控政策限制未能启动。在内控建设与完善方面,天津境内外同时上市的4家公司正式实施内控规范,另有4家公司试点实施内控规范。上述8家公司均披露了内部控制自我评价报告。但天津仍有个别公司,因涉嫌违反证券法律法规被中国证监会立案稽查,被天津证监局采取行政监管措施,并记入诚信档案。

(二)审计情况及监管情况

2011年为天津37家上市公司提供年报审计服务的会计师事务所共有15家。其中,中瑞岳华、五洲松德、信永中和会计师事务所分别为天津20家公司提供审计服务,其余12家会计师事务所为天津17家公司提供审计服务。上述会计师事务所共出具标准无保留意见审计报告34份,带强调事项段的无保留意见审计报告3份,强调事项主要涉及稽查立案或持续经营问题。天津证监局通过强化和完善事前督导、事中跟踪、事后检查的全过程监管,加大了审计监管力度。2011年,天津证监局共调阅8家上市公司年报审计工作底稿,对会计师事务所执业质量进行检查,并针对检查发现的问题,对部分事务所采取了监管谈话、下发监管关注函等措施,督促其进一步提高执业质量。

(三)信息披露情况

2011年,天津上市公司信息披露制度不断完善,披露意识不断增强,披露质量不断提高。37家上市公司均在规定时间内披露了2011年年度报告,其中30家上市公司同时披露了内部控制自我评价报告,13家上市公司披露了审计机构对公司内部控制报告的核实评价意见,意见类型均为标准无保留。2011年,SST天海因以前年度未按规定及时披露重大交易等事项,收到中国证监会《行政处罚决定书》。

(四)证券市场服务情况

2011年,天津证监局通过强化上市公司高管人员培训,加大资本市场政策宣传力度,开展证券市场服务工作,取得预期效果。2011年10月,天津证监局举办天津上市公司高级管理人员培训班,就公司治理与规范运作、内控规范体系建设、并购重组与再融资政策、内幕交易防控等进行专题培训。天津37家上市公司、23家拟上市公司的200余名高管人员以及在津执业的中介机构相关负责人参加培训。此外,2011年天津证监局还组织内部控制、信息披露责任认定等专项培训6次,12家上市公司的220余人参加了培训。

审稿人:张海文　张文鑫

撰稿人:安志勇　汪强　段寒

河北地区

一、河北国民经济发展概况

表1　　2011年河北国民经济发展概况　　单位:亿元

指　标	1—3月		1—6月		1—9月		1—12月	
	绝对量	同比增长(%)	绝对量	同比增长(%)	绝对量	同比增长(%)	绝对量	同比增长(%)
地区生产总值	4 396	11.2	10 992	11.1	17 822	11.3	24 228	11.3
全社会固定资产投资	1 175	26.7	6 492	27.0	11 500	25.4	15 795	24.1
社会消费品零售总额	—	16.4	—	17.0	—	17.5	—	17.8
规模以上工业增加值	—	15.3	—	15.6	—	15.9	—	16.1
规模以上工业企业实现利润	377	36.7	936	33.7	1 456	28.8	2 255	34.8
居民消费价格指数(%)	1—3月		1—6月		1—9月		1—12月	
	4.8		5.3		5.9		5.7	

资料来源:国家统计局

二、河北上市公司总体情况

（一）公司数量

表 2　　2011 年河北上市公司数量　　单位：家

公司总数	仅 A 股	仅 B 股	(A+B)股
46	44	1	1

资料来源：沪深交易所，天相投资分析系统

（二）行业分布

表 3　　2011 年河北上市公司行业分布情况

所属中国证监会行业类别	家　数
农、林、牧、渔业	1
采掘业	2
制造业	35
电力、煤气及水的生产和供应业	2
交通运输、仓储业	1
信息技术业	1
批发和零售贸易业	2
房地产业	1
综合类	1
合　计	46

资料来源：河北证监局

（三）股本结构及规模

截至 2011 年 12 月 31 日，河北 46 家上市公司总股本 400.50 亿股，占同期全国上市公司总股本的 1.34%。河北总股本在 10 亿股以上的公司有 12 家，占河北上市公司总数的 26.09%。

表 4　　2011 年河北上市公司股本规模在 10 亿股以上公司分布情况

股本规模（亿股）	公司家数	具体公司
100≤～<200	1	河北钢铁
20≤～<50	3	冀中能源、庞大集团、长城汽车
10≤～<20	8	冀东水泥、新兴铸管、荣盛发展、三友化工、天威保变、华北制药、开滦股份、唐山港

资料来源：沪深交易所，天相投资分析系统

(四)市值规模

截至2011年12月31日,河北46家上市公司境内总市值3 034.91亿元,占全国上市公司境内总市值的1.41%。其中,上交所上市公司17家,总股本138.24亿股,境内总市值1 151.02亿元,占上交所上市公司境内总市值的0.77%;深交所上市公司29家,总股本262.26亿股,境内总市值1 883.89亿元,占深交所上市公司境内总市值的2.83%。

(五)资产规模

截至2011年12月31日,河北46家上市公司合计总资产5 080.86亿元,归属于上市公司股东的净资产1 661.73亿元,与2010年相比,分别增长58.74%、58.27%,平均每股净资产4.04元。

三、河北上市公司经营情况及变动分析

(一)总体经营情况

2011年,河北上市公司实现营业收入4 344.72亿元,同比增长53.85%;实现归属母公司所有者的净利润188.82亿元,同比增长53.78%;河北上市公司平均净资产收益率为11.36%,低于全国14.08%的平均水平;平均每股收益(按期末股本计算)为0.46元,低于全国0.53元的平均水平。见表5:

表5　2011年河北上市公司经营情况

指　标	2011年	2010年	同比增长(%)
家　数	46	42	9.52
亏损家数	3	3	0.00
亏损家数比例(%)	6.52	7.14	-0.62
平均每股收益(元)	0.46	0.35	30.58
平均每股净资产(元)	4.04	3.01	34.39
平均净资产收益率(%)	11.36	11.69	-0.33
总资产(亿元)	5 080.86	3 200.83	58.74
归属于母公司股东权益(亿元)	1 661.73	1 049.97	58.27
营业收入(亿元)	4 344.72	2 823.92	53.85
利润总额(亿元)	247.29	161.29	53.33
归属于母公司所有者的净利润(亿元)	188.82	122.79	53.78

资料来源:沪深交易所,天相投资分析系统

(二)分行业经营情况

河北上市公司主要分布在制造业(35家),采掘业(2家),电力、煤气及水的生产和供应业(2家),批发和零售贸易业(2家),农、林、牧、渔业(1家),信息技术业(1

家),房地产业(1家),综合类(1家)等行业。2011年,河北除信息技术业、综合类上市公司营业收入出现下滑外,其他类型上市公司营业收入均保持增长,其中房地产增长幅度最快,同比增幅达45.57%。具体见表6。

表6　　2011年河北上市公司分行业经营情况

所属行类	营业收入(亿元)	同比增长(%)	净利润(亿元)	同比增长(%)
农、林、牧、渔业	5.21	3.17	0.15	144.10
采掘业	571.03	25.66	38.35	17.46
制造业	2 990.13	22.60	125.58	18.12
电力、煤气及水的生产和供应业	70.02	3.92	-2.62	-790.67
交通运输、仓储业	29.98	17.26	4.61	34.17
信息技术业	9.78	-4.97	0.15	-33.04
批发和零售贸易业	571.45	3.54	7.20	-43.16
房地产业	95.02	45.57	15.32	50.02
综合类	2.19	-1.88	0.07	-78.85

资料来源:河北证监局

(三)业绩变动情况分析

1. 营业收入、毛利率等变动原因分析

2011年,河北上市公司实现营业收入4 344.72亿元,同比增长53.85%;营业利润202.95亿元,同比增长47.02%;利润总额247.29亿元,同比增长53.33%;毛利率14.56%,同比上升0.66个百分点。总体来看,营业收入增幅大于营业成本增幅是毛利率上升的主要原因。

2. 盈利构成分析

从盈利构成看,2011年河北上市公司利润来源主要是营业利润,其占利润总额的比重为82.07%;其中,投资净收益占利润总额的比重为3.58%,公允价值变动净收益为负(-1.76亿元),营业外收支净额占利润总额的比重为17.93%。

3. 经营性现金流量分析

2011年,河北33家上市公司经营现金流量净额为正,占46家上市公司的71.74%,高于2010年65.85%的水平。

4. 业绩特点分析

(1)每股收益呈回升势头

2011年,河北上市公司实现归属母公司所有者的净利润188.82亿元,同比增长53.78%;每股收益0.46元,高于2010年的0.35元;净资产收益率11.36%,低于2010年的11.69%;每股收益和实现归属母公司所有者净利润水平好于2010年。

(2)板块业绩情况

2011年,河北主板上市公司业绩复苏较快,平均每股收益0.45元,净资产收益率11.16%,比2010年业绩有所提高。中小板上市公司平均每股收益0.56元,高于深交所中小板0.52元的平均每股收益水平;净资产收益率14.69%,高于深交所中小板10.51%的平均净资产收益率。创业板上市公司每股收益0.40元,低于深交所创业板0.52元的平均每股收益水平;净资产收益率5.05%,低于深交所创业板7.85%的平均净资产收益率。

5. 利润分配情况

2011年,河北共有26家公司提出利润分配或资本公积金转增股本方案,占盈利公司总数43家的60.47%,高于2010年的53.85%;拟发放现金股利家数为26家,占利润分配公司家数的100%;拟派现金总额40.84亿元,占河北盈利公司净利润总额的21.63%。

四、河北上市公司并购重组情况

(一)并购重组基本情况

2011年,河北上市公司并购重组活动较为活跃。据统计,共有7家上市公司进行并购重组工作,均取得实质性进展,涉及金额合计约211.54亿元。从并购重组分类情况看,重大资产重组或发行股份购买资产类型为5家,其中,资产置换1家,涉及金额22.67亿元;发行股份购买资产4家,涉及金额188.87亿元;通过行政划拨导致实际控制人变更的重组1家;另有1家通过大股东股权转让导致实际控制人变更。

(二)并购重组特点

1. 并购重组模式特点

2011年,河北上市公司并购重组模式有如下特点:一是多种并购重组模式并存,定向增发购买资产模式较为突出;二是股份支付成为主要支付手段;三是中央企业以优化国有资产配置为目的通过行政划拨方式发生实际控制人变更的重组模式仍占较大比例;四是一些公司通过上市公司控股公司层面原国有股权挂牌转让完成公司实际控制权变更。

表7　　2011年河北上市公司并购重组情况

序　号	公　司	重组方式	涉及资金(亿元)	备　注
1	晶源电子	定向增发购买资产	14.91	
2	三友化工	定向增发购买资产	8.30	
3	威远生化	定向增发购买资产	5.51	
4	河北钢铁	公开增发购买资产	160.15	实施完成
5	ST唐陶	资产置换	22.67	
6	乐凯胶片	行政划转	—	
7	宝石A	协议转让	—	

资料来源:河北证监局

2. 并购重组主要目标特点

2011年,更高层级的产业整合重组成为重组并购中的重点。其中以河北钢铁收购邯宝钢铁为代表的并购整合成为河北继“三钢合并”后钢铁产业整合的代表。晶源电子定向增发收购同方微电子继晶源电子控制权变更为清华同方后，同方系内部资产整合的关键一步，为晶源电子注入了新的活力和业务增长点，受到市场的追捧。同时，因乐凯胶片因控股股东乐凯集团整体并入航天科技集团、宝石A原实际控制人保定市国资委向东旭集团转让上市公司控股股东宝石集团股权，从而导致两家上市公司实际控制人发生变更。此外，ST唐陶资产置换的完成标志着河北绩差公司风险化解进一步取得成效。

五、河北上市公司募集资金情况、使用情况

（一）募集资金总体情况

2011年，河北上市公司通过资本市场股权直接融资325.91亿元；其中，首发融资（IPO）132.58亿元，增发融资168.85亿元，配股融资24.48亿元。

表8　　2011年河北上市公司募集资金情况

发行类型	代　码	简　称	募集资金（亿元）
首　发	002603	以岭药业	22.46
	300255	常山药业	7.56
	601258	庞大集团	63.00
	601633	长城汽车	39.55
增　发	000709	河北钢铁	160.15
	601000	唐山港	8.70
配　股	600550	天威保变	24.48
总　计			325.91

资料来源：河北证监局

（二）募集资金使用情况及特点

2011年，河北共有19家公司使用募集资金，金额269.84亿元。其中，225.14亿元为2011年度募集的资金，占全年使用募集资金总额的83.43%；44.7亿元为以前年度募集的资金，占年度使用募集资金总额的16.57%。

（三）募集资金变更情况

2011年，河北有6家公司变更募集资金的使用项目，涉及金额约为6.45亿元，占该6家公司募集资金总额（58.73亿元）的10.98%。募集资金变更程序合法，均经过公司股东大会批准。变更的原因主要包括：一是拟投资项目的投资环境发生变化；二是原承诺投资项目因各种原因未能达到预期收益，为提高募集资金的使用效率，将剩余募集资金改投其他项目。

表9　　河北上市公司募集资金使用项目变更情况

日　期	变更募集资金使用项目的公司家数	涉及金额（亿元）	募集资金总额（亿元）	占公司募集资金总额的比例（%）
2011	6	6.45	58.73	10.98

资料来源：河北证监局

（四）存在的主要问题

上市公司总体上对募集资金的管理较为规范，建立专户存储制度，按计划使用募集资金，变更程序严格。但个别公司的募集资金管理存在不足，主要表现为募集资金使用计划制定得不够严谨，对市场和政策变化预计不足，专户存储三方协议执行不到位。

六、河北上市公司规范运作情况分析

（一）上市公司治理专项情况

按照中国证监会的统一部署，河北证监局于2011年初开展了“解决同业竞争、减少关联交易”专项活动，确定了河北钢铁、建投能源、宝硕股份、渤海物流和宝石电子等5家上市公司作为重点，一司一策，全力推动，取得了阶段性重大进展。同时，为进一步规范新上市公司规范运作水平，河北证监局于2011年在新上市公司中开展了公司治理专项活动，务求新上市公司尽快适应资本市场要求，通过活动，新上市公司内部制度进一步完善，规范运作水平明显提升。

（二）审计情况及监管情况

2011年在河北执业的会计师事务所共有22家，除中兴财光华会计师事务所外，其余均是外埠事务所。本年度5家上市公司更换了审计会计师。河北46家上市公司中，43家会计报表被审计机构出具标准无保留意见的审计报告，3家公司（＊ST宝硕、ST东热、ST大路B）的会计报表被审计机构出具了带强调事项无保留意见的审计报告。2011年，河北证监局对10家公司进行了年报专项现场检查，涉及兴华、中瑞岳华、京都、大信、立信大华、中磊、中兴华富华等7家会计师事务所，并针对检查中发现的问题采取了约见谈话、下发关注函等监管措施，有效地提高了审计质量。

（三）信息披露情况

河北证监局在日常监管工作中始终抓住信息披露工作不放松，督促公司做好信息披露工作，及时要求公司建立健全各项规章制度，防范内幕交易和操纵股价的行为；密切关注媒体质疑，及时排查公司披露风险，防止股价异动；加强信息披露相关法律法规的培训和宣传，提高上市公司董事、监事、高管人员合规的意识，防范信息披露道德风险。

审稿人：张　良

撰稿人：杜彦晖

山西地区

一、山西国民经济发展概况

表 1　　2011 年山西地区国民经济发展概况　　单位：亿元

指　标	1—3 月		1—6 月		1—9 月		1—12 月	
	绝对量	同比增长（%）	绝对量	同比增长（%）	绝对量	同比增长（%）	绝对量	同比增长（%）
地区生产总值	2 201	12. 8	5 134	13. 3	7 907	13. 2	11 100	13. 0
全社会固定资产投资	452	25. 1	2 040	28. 2	4 239	31. 2	6 837	29. 8
社会消费品零售总额	—	17. 0	—	17. 5	—	17. 7	—	17. 6
规模以上工业增加值	—	16. 8	—	19. 4	—	19. 3	—	17. 9
规模以上工业企业实现利润	223	38. 5	572	38. 3	878	43. 9	1 201	40. 4
居民消费价格指数（%）	1—3 月		1—6 月		1—9 月		1—12 月	
	5. 0		5. 1		5. 4		5. 2	

资料来源：国家统计局

二、山西上市公司总体情况

（一）公司数量

表 2　　2011 年山西上市公司数量　　单位：家

公司总数	仅 A 股	仅 B 股	（A + B）股
34	34	0	0

资料来源：沪深交易所，天相投资分析系统

（二）行业分布

表 3　　2011 年山西上市公司行业分布情况

所属中国证监会行业类别	家　数
采掘业	8
制造业	19
电力、煤气及水的生产和供应业	2
交通运输、仓储业	1
信息技术业	1
批发和零售贸易业	2
金融、保险业	1
合　计	34

资料来源：山西证监局

（三）股本结构及规模

截至 2011 年 12 月 31 日，山西 34 家上市公司总股本 462.40 亿股，占同期全国上市公司总股本的 1.55%。山西总股本在 10 亿股以上的公司有 11 家，占山西上市公司总数的 32.35%。

表 4　　2011 年山西上市公司股本规模在 10 亿股以上公司分布情况

股本规模（亿股）	公司家数	具体公司
100≤～＜200	1	大秦铁路
50≤～＜100	1	太钢不锈
20≤～＜50	4	西山煤电、山西证券、阳泉煤业、潞安环能
10≤～＜20	5	＊ST 漳电、太原重工、安泰集团、通宝能源、大同煤业

资料来源：沪深交易所，天相投资分析系统

（四）市值规模

截至 2011 年 12 月 31 日，山西 34 家上市公司境内总市值4 595.92亿元，占全国上市公司境内总市值的 2.13%。其中，上交所上市公司 18 家，总股本 301.83 亿股，境内总市值 3 367.54 亿元，占上交所上市公司境内总市值的 2.26%；深交所上市公司 16 家，总股本 160.57 亿股，境内总市值1 228.38亿元，占深交所上市公司境内总市值的 1.84%。

（五）资产规模

截至 2011 年 12 月 31 日，山西 34 家上市公司合计总资产4 549.84亿元，归属于上市公司股东的净资产1 930.24亿元，与 2010 年相比，分别增长 14.16%、18.49%；平均每股净资产 4.17 元。

三、山西上市公司经营情况及变动分析

(一)总体经营情况

2011 年,山西上市公司实现营业收入 4 076.29亿元,同比增长 32.16%;实现归属于母公司所有者的净利润 284.65 亿元,同比增长 17.39%;山西上市公司平均净资产收益率为 14.75%,高于全国 14.08% 的平均水平;平均每股收益(按期末股本计算)为 0.62 元,高于全国 0.53 元的平均水平。见表5。

表 5　　2011 年山西上市公司经营情况

指　　标	2011 年	2010 年	同比(%)
家　数	34	31	9.68
亏损家数	5	5	0.00
亏损家数比例(%)	14.71	16.13	-8.82
平均每股收益(元)	0.62	0.52	17.93
平均每股净资产(元)	4.17	3.55	17.60
平均净资产收益率(%)	14.75	14.88	-0.14
总资产(亿元)	4 549.84	3 985.52	14.16
归属于母公司股东权益(亿元)	1 930.24	1 629.10	18.49
营业收入(亿元)	4 076.29	3 084.44	32.16
利润总额(亿元)	400.98	345.48	16.07
归属于母公司所有者的净利润(亿元)	284.65	242.48	17.39

资料来源:沪深交易所,天相投资分析系统,山西证监局

(二)分行业经营情况

山西上市公司主要分布在制造业(19 家),采掘业(8 家),电力、煤气及水的生产和供应业(2 家),批发和零售贸易业(2 家),交通运输、仓储业(1 家),信息技术业(1 家),金融、保险业(1 家)。2011 年,山西除金融、保险业外,其他行业上市公司营业收入均呈现增长态势,其中采掘业增长幅度最大,同比增幅达 57.71%。具体见表6。

表 6　　2011 年山西上市公司分行业经营情况

所属行类	营业收入(亿元)	同比增长(%)	净利润(亿元)	同比增长(%)
采掘业	2 011.46	57.71	152.06	10.33
制造业	1 498.67	15.09	32.17	48.30
电力、煤气及水的生产和供应业	95.56	50.08	-4.20	41.31
交通运输、仓储业	450.07	7.12	116.99	12.37

续表

所属行类	营业收入（亿元）	同比增长（%）	净利润（亿元）	同比增长（%）
信息技术业	4.00	9.11	-1.81	-100.93
批发和零售贸易业	5.55	25.65	1.35	264.35
金融、保险业	10.98	-26.59	1.94	-55.89

资料来源：山西证监局

（三）业绩变动情况分析

1. 营业收入、毛利率等变动原因分析

2011年，山西上市公司实现营业收入4 076.29亿元，同比增长32.16%；归属于母公司所有者的净利润284.65亿元，同比增长17.39%；利润总额400.98亿元，同比增长16.07%；毛利率19.79%，同比下降2.09个百分点。总体来看，营业收入增幅小于营业成本增幅是毛利率下降的主要原因。

2. 盈利构成分析

从盈利构成看，2011年山西上市公司利润来源主要是营业利润，其占利润总额的比重为100.13%；其中，投资净收益占利润总额的比重为5.49%，公允价值变动净收益为负（-0.72亿元），营业外收支净额为负（-0.54亿元）。

3. 经营性现金流量分析

2011年，山西25家上市公司经营现金流量净额为正，占34家上市公司的73.53%，低于2010年80.65%的水平。

4. 业绩特点分析

（1）盈利水平大幅提升，远高于全国水平

2011年，山西上市公司实现归属母公司所有者净利润284.65亿元，增长17.39%；每股收益0.62元，高于2010年的0.52元，并且高于2011年全国0.53元的平均每股收益水平；净资产收益率14.75%，同比减少0.14个百分点，但是高于2011年全国14.08%的平均净资产收益率；每股净资产4.17元，同比增长17.60%。

（2）板块业绩情况

2011年，山西主板上市公司平均每股收益0.65元，净资产收益率15.26%，连续两年高于全国平均水平。山西作为中西部地区，发展较为缓慢，中小板、创业板上市公司还不多（中小板3家，创业板2家，且均为最近两年刚上市），仅占山西上市公司家数的14.71%。中小板上市公司平均每股收益0.12元，低于深交所中小板0.52元的平均每股收益水平；净资产收益率4.46%，低于深交所中小板10.51%的平均净资产收益率。创业板上市公司每股收益0.56元，高于深交所创业板0.52元的平均每股收益水平；净资产收益率6.43%，低于深交所创业板7.85%的平均净资产收益率。

5. 利润分配情况

2011年，山西共有19家公司提出利润分配或资本公积金转增股本方案，占盈利公司总数29家的65.52%；发放现金股利家数为18家，占利润分配公司家数的94.74%；派现金总额99.77亿元，占山西盈利公司净利润总额的24.88%。

四、山西上市公司并购重组情况

(一)并购重组基本情况

2011年,山西上市公司并购重组活动活跃程度较差。据统计,共有3家上市公司进行并购重组工作,并已经实施完成,涉及金额合计约15.92亿元。从并购重组分类情况看,发行股份购买资产1家,涉及金额15.40亿元;协议收购2家,涉及金额0.52亿元。

(二)并购重组特点

1. 并购重组模式特点

2011年,山西上市公司并购重组模式有如下特点:一是以定向增发为代表的并购重组模式成为主体;二是股份支付成为主要支付手段。

2. 并购重组主要目标特点

2011年,山西上市公司并购重组主要目标有如下特点:一是更高层级的产业整合成为重组重点,山西以业务或行业整合为目标的重组达到15.4亿元,占并购重组总金额的96.73%;二是山西上市公司开始实施国际化发展战略,扩大海外市场,符合我国"走出去"的境外投资发展战略。

五、山西上市公司募集资金情况、使用情况

(一)募集资金总体情况

2011年,山西上市公司通过资本市场直接融资97.10亿元,其中,首发股本融资(IPO)8.69亿元,增发融资88.40亿元。

表7　　2011年山西上市公司募集资金情况

发行类型	代　码	简　称	募集资金(亿元)
首　发	002640	百圆裤业	4.30
	300254	仟源制药	4.39
增　发	600157	永泰能源	18.00
	600546	山煤国际	55.00
	600780	通宝能源	15.40
合　计			97.10

资料来源:沪深交易所,天相投资分析系统

(二)募集资金使用情况及特点

2011年,山西共有8家公司使用募集资金63.85亿元。其中,31.52亿元为2011年度募集的资金,占全年募集资金使用总额的49.37%;32.33亿元为以前年度募集的资金,占年度募集资金使用总额的50.63%。

(三)募集资金变更情况

2011年,山西上市公司无变更募集资金的使用项目。

（四）存在的主要问题

上市公司总体上对募集资金的管理较为规范，建立专户存储制度，按计划使用募集资金，变更程序严格。但个别公司的募集资金管理存在不足，主要表现为募集资金使用计划制定得不够严谨，对市场和政策变化预计不足。

六、山西上市公司规范运作情况分析

（一）上市公司治理专项情况

2011 年，根据中国证监会的统一部署，山西证监局继续推进“解决同业竞争、解决关联交易”专项活动，始终坚持“一司一策”，进一步夯实了上市公司治理水平；按照“坚决导入、稳步实施、步步深入、逐年提高”的实施原则，山西证监局选择 4 家公司开展了内部控制规范试点工作，内控规范试点工作取得实效，并为 2012 年全面推进内控实施奠定了良好基础。

（二）审计情况及监管情况

2011 年，山西证监局及时约见年审会计师 32 家次，进行一对一沟通，梳理审计风险；旁听 17 家次审计师与独立董事、审计委员会的沟通，做到及时掌握风险；加强现场监管力度，旁听公司“三会”47 家次；审阅公司公告 300 多份，进行风险排查；对 9 家公司开展了现场检查，及时排查问题；进一步加强与交易所的监管协作，切实提高公司规范运作水平。

（三）信息披露情况

2011 年，山西 34 家上市公司中有 2 家公司是第一次进行年报披露工作，部分公司年报披露内容存在瑕疵，有 5 家公司刊登了 6 次补充更正公告。补充更正的情况主要包括：出具非标意见的理由重述；对年度报告及其摘要中部分内容遗漏或数据有误进行更正；对出具非标意见的专项说明等情形。

（四）证券市场服务情况

2011 年，山西证监局认真落实辖区监管责任制，紧紧围绕加快转变经济发展方式和山西省委“转型跨越、再造新山西”的战略部署，积极探索资本市场支持山西资源型经济转型综合配套改革实验区建设的新路径、新机制，强化监管促规范，现场检查排风险，创新监管助发展，为山西上市公司的发展注入了新活力，为山西资源整合和经济转型提供积极的服务，为资本市场服务国民经济功能的发挥作出了积极的努力。

审稿人：赵志明

撰稿人：刘彦军

内蒙古地区

一、内蒙古国民经济发展概况

表 1　　2011 年内蒙古国民经济发展概况　　单位:亿元

指　标	1—3 月		1—6 月		1—9 月		1—12 月	
	绝对量	同比增长(%)	绝对量	同比增长(%)	绝对量	同比增长(%)	绝对量	同比增长(%)
地区生产总值	2 392	13. 7	5 805	15. 0	9 572	14. 8	14 246	14. 3
全社会固定资产投资	438	20. 5	4 084	27. 6	7 948	28. 5	10 292	27. 0
社会消费品零售总额	—	16. 8	—	17. 5	—	17. 9	—	18. 0
规模以上工业增加值	—	16. 5	—	19. 5	—	19. 2	—	19. 0
规模以上工业企业实现利润	328	47. 5	761	54. 5	1 212	51. 7	1 835	50. 8
居民消费价格指数(%)	1—3 月		1—6 月		1—9 月		1—12 月	
	4. 7		5. 2		5. 7		5. 6	

资料来源:国家统计局

二、内蒙古上市公司总体情况

(一)公司数量

表 2　　2011 年内蒙古上市公司数量　　单位:家

公司总数	仅 A 股	仅 B 股	(A+B)股
22	20	1	1

资料来源:沪深交易所,天相投资分析系统

(二)行业分布

表3　　2011年内蒙古上市公司行业分布情况

所属中国证监会行业类别	家　数
采掘业	4
制造业	17
电力、煤气及水的生产和供应业	1
合　计	22

资料来源:内蒙古证监局

(三)股本结构及规模

截至2011年12月31日,内蒙古22家上市公司总股本214.71亿股,占同期全国上市公司总股本的0.72%。内蒙古总股本在10亿股以上的公司有8家,占内蒙古上市公司总数的36.36%。

表4　　2011年内蒙古上市公司股本规模在10亿股以上公司分布情况

股本规模(亿股)	公司家数	具体公司
50≤～<100	1	包钢股份
10≤～<20	7	平庄能源、露天煤业、包钢稀土、鄂尔多斯、内蒙华电、伊利股份、伊泰B股

资料来源:沪深交易所,天相投资分析系统

(四)市值规模

截至2011年12月31日,内蒙古22家上市公司境内总市值2 545.62亿元,占全国上市公司境内总市值的1.18%。其中,上交所上市公司15家,总股本174.41亿股,境内总市值2 141.54亿元,占上交所上市公司境内总市值的1.43%;深交所上市公司7家,总股本40.30亿股,境内总市值404.09亿元,占深交所上市公司境内总市值的0.61%。

(五)资产规模

截至2011年12月31日,内蒙古22家上市公司合计总资产2 403.16亿元,归属于上市公司股东的净资产852.89亿元,与2010年相比,分别增长22.29%、26.28%;平均每股净资产3.97元。

三、内蒙古上市公司经营情况及变动分析

(一)总体经营情况

2011年,内蒙古上市公司实现营业收入1 660.86亿元,同比增长21.96%;实现归属于母公司所有者的净利润170.57亿元,同比增长53.82%;内蒙古上市公司平均净资产收益率为20.00%,高于全国14.08%的平均水平;平均每股收益(按期末股本计算)为0.79元,高于全国0.53元的平均水平。见表5。

表 5　2011 年内蒙古上市公司经营情况

指　　标	2011 年	2010 年	同比(%)
家　数	22	20	10.00
亏损家数	1	2	-50.00
亏损家数比例(%)	4.55	10.00	-5.45
平均每股收益(元)	0.79	0.53	48.69
平均每股净资产(元)	3.97	3.25	22.07
平均净资产收益率(%)	20.00	16.42	3.58
总资产(亿元)	2 403.16	1 965.16	22.29
归属于母公司股东权益(亿元)	852.89	675.41	26.28
营业收入(亿元)	1 660.86	1 361.84	21.96
利润总额(亿元)	256.38	157.99	62.28
归属于母公司所有者的净利润(亿元)	170.57	110.89	53.82

资料来源:沪深交易所,天相投资分析系统

(二)分行业经营情况

内蒙古上市公司主要分布在制造业(17 家),采掘业(4 家),电力、煤气及水的生产和供应业(1 家)。2011 年,内蒙古电力、煤气及水的生产和供应业的行业净利润出现下滑,而采掘业和制造业的净利润呈现增长态势,其中制造业增长幅度最快,同比增幅达 141.30%。具体见表 6。

表 6　2011 年内蒙古上市公司分行业经营情况

所属行类	营业收入(亿元)	同比增长(%)	净利润(亿元)	同比增长(%)
采掘业	282.42	19.72	85.26	13.86
制造业	1 306.11	23.39	114.93	141.30
电力、煤气及水的生产和供应业	72.33	7.34	10.33	-10.64

资料来源:内蒙古证监局

(三)业绩变动情况分析

1. 营业收入、毛利率等变动原因分析

2011 年,内蒙古上市公司实现营业收入 1 660.86亿元,同比增长 21.96%;营业利润 245.34 亿元,同比增长 58.32%;利润总额 256.38 亿元,同比增长 62.28%;毛利率 28.81%,同比上升 3.49 个百分点。总体来看,营业收入增幅大于营业成本增幅是毛利率提升的主要原因。

2. 盈利构成分析

从盈利构成看,2011 年内蒙古上市公司利润来源主要是营业利润,其占利润总额的比重为 95.70%。其中,投资净收益占利润总额的比重为 6.35%,公允价值变动净收益为负(-0.02 亿元),营业外收支净额占利润总额的比重为4.30%。

3. 经营性现金流量分析

2011年,内蒙古17家上市公司经营现金流量净额为正,占22家上市公司的77.27%,低于2010年85.00%的水平。

4. 业绩特点分析

(1)每股收益及净资产收益率持续增长,盈利总水平高于全国

2011年,内蒙古上市公司实现归属母公司所有者净利润170.57亿元,同比增长53.82%;每股收益0.79元,高于2010年0.53元的每股收益,也高于2011年全国0.53元的平均水平;净资产收益率20.00%,高于2010年16.42%的净资产收益率,也高于2011年全国14.08%的平均水平。

(2)板块业绩情况

2011年,内蒙古主板上市公司业绩复苏明显,平均每股收益0.77元,净资产收益率19.33%,显著高于全国平均水平。创业板上市公司平均每股收益0.38元,低于深交所创业板0.52元的平均每股收益水平;净资产收益率7.72%,低于深交所创业板7.85%的平均净资产收益率。中小板上市公司平均每股收益1.21元,高于深交所中小板0.52元的平均每股收益水平;净资产收益率33.78%,高于深交所中小板10.51%的平均净资产收益率。

5. 利润分配情况

2011年,内蒙古共有18家公司提出利润分配或资本公积金转增股本方案,占盈利公司总数21家的85.71%,高于2010年的占比水平;拟发放现金股利家数为18家,占利润分配公司家数100%;派现金总额48.03亿元,占内蒙古盈利公司净利润总额的22.72%。

四、内蒙古上市公司并购重组情况

(一)并购重组基本情况

2011年,内蒙古有1家上市公司实施并完成了并购重组,涉及金额13.98亿元,类型为重大资产置换及发行股份购买资产。

表7　2011年内蒙古上市公司并购重组情况

序号	公司	重组方式	涉及资金(亿元)	备注
1	兴业矿业	重大资产置换及定向增发购买资产	13.98	实施完成
合计(亿元)			13.98	—

资料来源:内蒙古证监局

(二)并购重组特点

1. 并购重组模式特点

2011年,内蒙古1家上市公司实施的并购重组模式有如下特点:一是以重大资产置换为主体的并购重组模式,金额占比81.90%;二是置入与置出资产的差额,即剩余18.10%的部分采取定向增发的方式购买;三是涉及国有股公开征集及转让活动。

2. 并购重组主要目标特点

2011年,内蒙古实施重组的兴业矿业,通过并购重组,置入有色金属矿业公司股权,有效化解了上市公司退市风险,提升了上市公司盈利能力,增强了公司抵御风险的能力,促进了公司的可持续发展。

五、内蒙古上市公司募集资金情况、使用情况

（一）募集资金总体情况

2011 年，内蒙古地区上市公司通过资本市场直接融资 34.24 亿元，较 2010 年的 5.51 亿元有较大提升。其中，首发股本融资（IPO）31.71 亿元，增发融资 2.53 亿元。

表 8　　2011 年内蒙古上市公司募集资金情况

发行类型	代　码	简　称	募集资金（亿元）
首　发	300239	东宝生物	1.71
	601216	内蒙君正	30.00
增　发	000426	兴业矿业	2.53
合　计			34.24

资料来源：沪深交易所，天相投资分析系统

（二）募集资金使用情况及特点

2011 年，内蒙古共有 6 家公司使用募集资金，金额 34.07 亿元。其中，30.15 亿元为 2011 年度募集的资金，占全年使用募集资金总额的 88.49%；3.92 亿元为以前年度募集的资金，占年度使用募集资金总额的 11.51%。

（三）募集资金变更情况

2011 年，内蒙古没有上市公司变更募集资金的使用项目，有 2 家上市公司用闲置募集资金暂时补充流动资金，涉及金额 0.40 亿元。

（四）存在的主要问题

上市公司总体上对募集资金的管理较为规范，建立专户存储制度，按计划使用募集资金，变更程序严格，募集资金投资项目实现效益情况较好，但个别公司的募集资金使用计划制定得不够严谨，受市场及投资环境变化的影响，个别募集资金投资项目实现效益的时间存在推后的情形。

六、内蒙古上市公司规范运作情况分析

（一）上市公司治理专项情况

2011 年，内蒙古证监局结合“解决同业竞争，减少关联交易”活动，继续深入推动上市公司治理水平的提高；联合内蒙古自治区公安厅、监察厅和国资委等单位共同发文，对内蒙古资本市场内幕交易的打击和防控工作做出系统全面部署，建立健全了有效的内幕交易违法违规行为惩防体系；在日常监管和现场检查中，内蒙古证监局继续认真做好上市公司治理常态监管。在各方共同努力下，内蒙古上市公司治理和规范运作水平得到显著提升。

（二）审计情况及监管情况

内蒙古 22 家上市公司的 2011 年年报

由12家会计师事务所审计，其中，21家审计意见为标准无保留意见，1家审计意见为带强调事项段的无保留意见。为做好年报审计监管工作，内蒙古证监局组织学习年报监管及会计监管会议精神；召开年报审计监管工作会议，并向各公司下发《关于进一步做好2011年年报相关工作的通知》，全面部署年报披露及审计工作；通过年报事前、事中和事后三阶段监管以及现场检查，加强年报信息披露质量和审计执业质量的监管。

（三）信息披露情况

2011年，内蒙古证监局以信息披露为主线，抓紧抓好常规监管工作，切实贯彻“真实、准确、完整、及时”的披露原则，进一步提高上市公司透明度。以上市公司年报审计监管为重点，加强对上市公司定期报告和临时报告的信息披露监管；以股价异动监管和媒体质疑监管为突破口，促进上市公司增强公平信息披露意识，认真履行信息披露义务，规范信息披露行为，提高信息披露质量。

（四）证券市场服务情况

2011年，在经济形势复杂、股票市场深度调整情况下，内蒙古证监局全力推进资本市场稳定健康发展，服务市场发展的能力显著增强，市场发展取得了显著成绩。一是上市公司整体业绩保持增长，资产质量稳步提高；二是直接融资实现新突破，多层次资本市场建设取得新进展；三是证券市场风险得到有效防范和化解，上市公司治理水平明显改善；四是市场监管有效性大幅提升，市场环境得到进一步优化。

审稿人：方良平　韩永宁

撰稿人：李修超

辽宁地区

一、辽宁国民经济发展概况

表1　　2011年辽宁国民经济发展概况　　单位：亿元

指　标	1—3月		1—6月		1—9月		1—12月	
	绝对量	同比增长（%）	绝对量	同比增长（%）	绝对量	同比增长（%）	绝对量	同比增长（%）
地区生产总值	4 246	12.8	9 948	13.0	15 709	12.5	22 026	12.1
全社会固定资产投资	1 290	30.3	7 210	31.0	13 700	30.7	17 431	30.2
社会消费品零售总额	—	17.0	—	17.2	—	17.3	—	17.5
规模以上工业增加值	—	15.4	—	15.6	—	15.1	—	14.9

续表

指　标	1—3月		1—6月		1—9月		1—12月	
	绝对量	同比增长（%）	绝对量	同比增长（%）	绝对量	同比增长（%）	绝对量	同比增长（%）
规模以上工业企业实现利润	339	23.0	761	15.3	1 187	25.3	1 862	28.7
居民消费价格指数（%）	1—3月		1—6月		1—9月		1—12月	
	4.6		5.2		5.5		5.2	

资料来源：国家统计局

二、辽宁上市公司总体情况

（一）公司数量

表2　　2011年辽宁上市公司数量　　单位：家

公司总数	仅A股	仅B股	（A+B）股
39	37	0	2

资料来源：沪深交易所，天相投资分析系统

（二）行业分布

表3　　2011年辽宁上市公司行业分布情况

所属中国证监会行业类别	家　数
制造业	23
电力、煤气及水的生产和供应业	4
交通运输、仓储业	2
信息技术业	1
批发和零售贸易业	2
房地产业	4
社会服务业	1
传播与文化产业	1
综合类	1
合　计	39

资料来源：辽宁证监局

（三）股本结构及规模

截至2011年12月31日，辽宁（不含大连，下同）39家上市公司总股本291.52亿股，占同期全国上市公司总股本的0.98%。总股本在10亿股以上的公司有9家，占辽宁上市公司总数的23.08%。

表4　　2011年辽宁上市公司股本规模在10亿股以上公司分布情况

股本规模(亿股)	公司家数	具体公司
50≤～<100	1	鞍钢股份
20≤～<50	1	本钢板材
10≤～<20	7	辽通化工、银基发展、*ST锌业、锦州港、营口港、ST金杯、东软集团

资料来源:沪深交易所,天相投资分析系统

(四)市值规模

截至2011年12月31日,辽宁39家上市公司境内总市值1 682.79亿元,占全国上市公司境内总市值的0.80%。其中,上交所上市公司14家,总股本91.28亿股,境内总市值498.43亿元,占上交所上市公司境内总市值的0.33%;深交所上市公司25家,总股本200.24亿股,境内总市值1 184.36亿元,占深交所上市公司境内总市值的1.78%。

(五)资产规模

截至2011年12月31日,辽宁39家上市公司合计总资产3 316.23亿元,归属于上市公司股东的净资产1 257.00亿元,与2010年相比,分别增长14.68%、5.78%;平均每股净资产4.12元。

三、辽宁上市公司经营情况及变动分析

(一)总体经营情况

2011年,辽宁上市公司实现营业收入2 769.18亿元,同比增长13.16%;实现归属母公司所有者净利润22.85亿元,同比下降66.14%;辽宁上市公司平均净资产收益率为1.82%;平均每股收益(按期末股本计算)为0.07元。见表5。

表5　　2011年辽宁上市公司经营情况

指　　标	2011年	2010年	同比增长(%)
家　数	39	36	8.33
亏损家数	4	4	0.00
亏损家数比例(%)	10.26	10.81	-0.55
平均每股收益(元)	0.07	0.22	-66.31
平均每股净资产(元)	4.12	3.92	5.23
平均净资产收益率(%)	1.82	5.68	-3.86
总资产(亿元)	3 316.23	2 891.81	14.68
归属于母公司股东权益(亿元)	1 257.00	1 188.27	5.78
营业收入(亿元)	2 769.18	2 447.08	13.16
利润总额(亿元)	27.84	84.42	-67.02
归属于母公司所有者的净利润(亿元)	22.85	67.48	-66.14

资料来源:沪深交易所,天相投资分析系统,辽宁证监局

（二）分行业经营情况

辽宁上市公司分布情况为：制造业 23 家，电力、煤气及水的生产和供应业 4 家，房地产业 4 家，交通运输、仓储业 2 家，批发和零售贸易业 2 家，信息技术业 1 家，社会服务业 1 家，传播与文化产业 1 家，综合类 1 家。2011 年，辽宁综合类，电力、煤气及水的生产和供应业，批发和零售贸易业，交通运输、仓储业，社会服务业等行业上市公司营业收入均呈现增长态势，其中综合类增长幅度最快，同比增幅达 65.82%。具体见表 6。

表 6　　2011 年辽宁上市公司分行业经营情况

所属行类	营业收入（亿元）	同比增长（%）	净利润（亿元）	同比增长（%）
制造业	2 494.04	9.90	-3.75	-108.30
电力、煤气及水的生产和供应业	51.91	45.04	3.50	121.52
交通运输、仓储业	41.02	27.90	5.29	18.08
信息技术业	57.51	16.48	4.24	-16.52
批发和零售贸易业	51.22	36.55	1.27	84.05
房地产业	44.13	26.74	5.96	1.12
社会服务业	14.03	27.51	6.07	31.07
传播与文化产业	13.93	4.86	0.68	-47.60
综合类	1.39	65.82	0.06	996.26

资料来源：辽宁证监局

（三）业绩变动情况分析

1. 营业收入、毛利率等变动原因分析

2011 年，辽宁上市公司实现营业收入 2 769.18亿元，同比增长 13.16%；营业利润 12.92 亿元，同比下降 78.65%；利润总额 27.84 亿元，同比下降 67.02%；毛利率 11.21%，同比下降 2 个百分点。总体来看，营业利润下降是毛利率下降的主要原因。

2. 盈利构成分析

从盈利构成看，2011 年辽宁上市公司利润来源主要是营业利润，其占利润总额的比重为 46.40%。其中，投资净收益占利润总额的比重为 25.25%，公允价值变动净收益为负（-0.002967 亿元），营业外收支净额占利润总额的比重为 53.60%。

3. 经营性现金流量分析

2011 年，辽宁 24 家上市公司经营现金流量净额为正，占 39 家上市公司的 61.54%，低于 2010 年 62.86% 的水平。

4. 业绩特点分析

（1）公司营业收入稳步增长

2011 年，39 家上市公司共实现营业收入 2 769.18 亿元，同比增长 13.16%。其中，占比重最大的制造业增长 9.9%，综合类，电力、煤气及水的生产和供应业增幅较大，传播文化产业增长 4.86%.

（2）公司整体业绩大幅下滑

2011 年，受国内国际经济形势不景气等外部因素以及少数公司存在包袱沉重、遗留问题多等内在因素影响，辽宁多数上市公司存在利润空间缩小、经营风险加大等问题。

辽宁上市公司实现营业利润12.92亿元,同比下降78.65%;利润总额27.84亿元,同比下降67.02%;净利润23.32亿元,同比下降65.83%;归属母公司所有者净利润22.85亿元,同比下降66.14%;平均每股收益0.07元,同比下降66.31%%;平均净资产收益率1.82%,同比下降3.86个百分点;毛利率11.21%,同比下降2个百分点。20家上市公司净利润同比下滑,4家亏损,其中,鞍钢股份、锌业股份和东北制药分别亏损达23.32亿元、10.85亿元和3.83亿元。

(3)公司回款困难,现金流明显下滑

2011年,辽宁上市公司应收账款合计139.58亿元,同比增长20.79%;应收票据135.87亿元,同比增长52.36%。与此对应的是,辽宁上市公司经营活动现金净流量114.74亿元,同比下降36.06%。

(4)板块业绩情况

2011年,辽宁主板上市公司平均每股收益0.05元,净资产收益率1.23%。中小板上市公司平均每股收益0.49元,低于深交所中小板0.52元的平均每股收益水平;净资产收益率9.69%,低于深交所中小板10.51%的平均净资产收益率。创业板上市公司每股收益0.65元,高于深交所创业板0.52元的平均每股收益水平;平均净资产收益率8.84%,高于深交所创业板7.85%的平均净资产收益率。

5. 利润分配情况

2011年,辽宁共有12家公司实施利润分配方案,占盈利公司总数35家的34.29%,低于2010年38%的水平;发放现金股利家数为10家,占利润分配公司家数的83.33%;派送现金总额17亿元,同比增长62.99%,占实施现金分红公司净利润总额的36.22%。

四、辽宁上市公司并购重组情况

(一)并购重组基本情况

2011年,辽宁上市公司并购重组活动较为活跃。据统计,共有5家上市公司进行并购重组工作,其中有4家公司取得实质性进展,涉及金额合计约75.87亿元。从并购重组分类情况看,4家为发行股份购买资产类型,1家为资产收购。

(二)并购重组特点

1. 并购重组模式特点

2011年,辽宁地区上市公司并购重组模式有如下特点:一是以非公开发行购买资产为代表的并购重组模式成为主要方式;二是股份支付成为主要支付手段。

表7　2011年辽宁上市公司并购重组情况

序号	公　司	重组方式	涉及资金(亿元)	备　注
1	*ST商务	非公开发行购买资产	16.92	实施完成
2	宋都股份	非公开发行购买资产	32.60	
3	铁岭新城	非公开发行购买资产	25.78	
4	方大化工	协议收购、资产出售	0.57	
合计(亿元)			75.87	

资料来源:辽宁证监局

2. 并购重组主要目标特点

2011 年,辽宁地区并购重组重点仍为借壳上市,达到 3 家,房地产行业成为重组的主力,占比为 50%。

五、辽宁上市公司募集资金及使用情况

(一)募集资金总体情况

2011 年,辽宁上市公司发行股票融资 86.52 亿元,其中,首发融资 8.92 亿元,增发融资 77.6 亿元。

表 8　2011 年辽宁上市公司募集资金情况

发行类型	代　码	简　称	募集资金(亿元)
首　发	300202	聚龙股份	4.74
	300210	森远股份	4.18
增　发	000809	铁岭新城	25.78
	000863	*ST 商务	16.92
	002231	奥维通信	2.30
	600077	宋都股份	32.60
总　计			86.52

资料来源:沪深交易所,天相投资分析系统

(二)募集资金使用情况及特点

2011 年,辽宁共有 11 家上市公司使用募集资金 95.77 亿元。其中,79.04 亿元为 2011 年度募集的资金,占全年使用募集资金总额的 82.53%;16.73 亿元为以前年度募集的资金,占 2011 年度使用募集资金总额的 17.47%。

(三)募集资金投向变更情况

2011 年,辽宁没有上市公司变更募集资金的使用项目。

(四)存在的主要问题

上市公司总体上对募集资金的管理较为规范,建立专户存储制度,按计划使用募集资金,变更程序严格。但个别公司的募集资金管理存在不足,主要表现为:募集资金使用进度缓慢、未明确募集资金使用改投项目等。

六、辽宁上市公司规范运作情况

2011 年,辽宁绝大多数公司能不断提高公司治理水平,在经营过程中持续开展自查自纠工作,加强与交易所的沟通协作,及时发现、及时整改,取得了良好的效果。

(一)上市公司治理专项情况

辽宁上市公司不断完善三会运作的制约制衡机制,提高公司治理水平。营口港等 4 家重点公司继续解决同业竞争,减少关联交易,均按照解决方案逐步落实,取得了明显进展。按照中国证监会的部署,辽宁上市

公司积极实施内部控制规范，鞍钢股份、东北电气2家境内外同时上市的公司正式实施，沈阳机床等5家公司积极参与试点，3家公司还聘请了中介机构参与内控体系建设。辽宁上市公司均制定了内幕信息知情人登记制度，不断完善对内幕信息的内部管理机制。

（二）审计情况及监管情况

17家会计师事务所的注册会计师对辽宁39家上市公司2011年度报告进行了审计，重点关注了上市公司与关联方资金往来、关联交易的非关联化、上市公司对外担保和委托理财以及其他问题，保证了年报按时保质披露。辽宁证监局坚持实行年报审计前提醒、审中跟踪、审后检查的制度，双向反馈信息，将监管关口前移，督促会计师事务所不断提高执业质量，从而促进了上市公司提高信息披露质量。

（三）信息披露情况

2011年，辽宁上市公司全部在规定时间内披露了年度报告，信息披露质量进一步提高。39家上市公司均完善了信息披露管理制度和责任追究制度，明确了信息传递、审核、披露的流程。大部分公司都能真实、准确、完整、及时地披露信息，个别存在信息披露问题的公司均已有效整改。

审稿人：迟刚

撰稿人：昂扬

吉林地区

一、吉林国民经济发展概况

表1　2011年吉林国民经济发展概况　单位：亿元

指　标	1—3月		1—6月		1—9月		1—12月	
	绝对量	同比增长（%）	绝对量	同比增长（%）	绝对量	同比增长（%）	绝对量	同比增长（%）
地区生产总值	1 708.00	12.70	3 890.00	14.10	6 527.00	14.40	10 531.00	13.70
全社会固定资产投资	211.00	31.40	2 294.00	30.00	5 820.00	30.50	7 222.00	30.30
社会消费品零售总额	—	16.50	—	17.00	—	17.30	—	17.50
规模以上工业增加值	—	16.90	—	18.50	—	20.00	—	18.80
规模以上工业企业实现利润	187.00	8.40	500.00	27.10	785.00	35.40	1 121.00	44.30

续表

指　标	1—3月		1—6月		1—9月		1—12月	
	绝对量	同比增长(%)	绝对量	同比增长(%)	绝对量	同比增长(%)	绝对量	同比增长(%)
居民消费价格指数(%)	1—3月		1—6月		1—9月		1—12月	
	4.3		4.9		5.4		5.3	

资料来源:国家统计局

二、吉林上市公司总体情况

(一)公司数量

截至2011年12月31日,吉林共有37家A股上市公司,其中,17家在上海证券交易所挂牌交易,20家在深圳证券交易所挂牌交易(主板13家,中小板6家,创业板1家)。

表2　　2011年吉林上市公司数量　　单位:家

公司总数	仅A股	仅B股	(A+B)股
37	37	0	0

资料来源:沪深交易所,天相投资分析系统

(二)地域分布

按上市公司所在地域划分,37家公司位于长春地区18家,吉林地区9家,通化地区6家,延边地区2家,辽源地区2家。上市公司基本集中在经济发展水平相对较高的长春、吉林、通化3个城市和地区,而松原、白城、白山、四平由于种种原因至今仍无上市公司。

(三)行业分布

根据中国证监会上市公司行业划分标准,吉林37家上市公司分布于9个行业的22个大类中,基本涵盖了吉林省的支柱和优势产业,极大地支持了吉林省的重点项目建设。其中,制造业上市公司有23家,占全部上市公司总数的62.16%,凸显了吉林老工业基地传统制造产业的优势地位。

表3　　2011年吉林省上市公司行业分布情况

门　类	大　类	上市公司	小　计
制造业	交通运输设备制造	长春一东、一汽富维、一汽轿车、均胜电子	4
	电子元器件制造	华微电子	1
	食品加工	*ST通葡	1
	造　纸	*ST石岘	1
	纤维制造	*ST吉纤	1
	化学原料及化学制品制造	双龙股份	1
	医药制造	通化东宝、*ST吉药、吉林敖东、长春高新、通化金马、紫鑫药业、益盛药业	7

续表

门　类	大　类	上市公司	小　计
制造业	非金属矿物制造	中钢吉炭	1
	有色金属冶炼及压延加工	吉恩镍业、利源铝业	2
	机械、设备、仪表	奥普光电、永大集团	2
	专用设备制造业	*ST 领先	1
	其他制造	中科英华	1
	小　计		23
房地产业	房地产开发与经营	长春经开、光华控股、苏宁环球、顺发恒业	4
水、电、煤气业	燃气生产与供应	长春燃气	1
	电　力	吉电股份	1
	小　计		2
农、林、牧、渔业	林　业	吉林森工	1
批发、零售业	零　售	欧亚集团、长百集团	2
	商业经纪与代理	成城股份	1
	小　计		3
运输、仓储业	交通运输辅助业	吉林高速	1
信息技术业	计算机应用服务	启明信息	1
	小　计		1
金融、保险业	证券期货业	东北证券	1
综合类		亚泰集团	1
合　计			37

资料来源:吉林证监局

(四)股本结构及规模

截至2011年12月31日,吉林37家上市公司总股本198.48亿股,占同期全国上市公司总股本的0.66%。吉林总股本在10亿股以上的上市公司有6家,占吉林上市公司总数的16.22%。

表4　　2011年吉林上市公司股本规模在10亿股以上公司分布情况

股本规模(亿股)	公司家数	具体公司
20≤～<50	1	苏宁环球
10≤～<20	5	顺发恒业、一汽轿车、中科英华、亚泰集团、吉林高速

资料来源:沪深交易所,天相投资分析系统

(五)市值规模

截至2011年12月31日,吉林37家上市公司境内总市值1 494.56亿元,占全国上市公司境内总市值的0.69%。其中,上交所上市公司17家,总股本97.87亿股,总市值604.06亿元，占上交所上市公司境内总市值的0.40%；深交所上市公司20家，总股本100.61亿股，境内总市值890.50亿元，占深交所上市公司境内总市值的1.34%。

（六）资产规模

截至2011年12月31日，吉林37家上市公司总资产合计1 885.03亿元，归属于上市公司股东的净资产681.95亿元，与2010年相比，分别增长了11.53%、10.69%；平均每股净资产3.44元。

三、吉林上市公司经营情况及变动分析

（一）总体经营情况

2011年，吉林上市公司实现营业收入950.36亿元，同比增长8.10%；实现归属母公司所有者净利润54.84亿元，同比下降24.25%；吉林上市公司平均净资产收益率为8.04%；平均每股收益（按期末股本计算）为0.28元。

表5　　2011年吉林上市公司经营情况

指　标	2011年	2010年	同比（%）
家　数	37	35	5.71
亏损家数	6	5	20.00
亏损家数比例（%）	16.22	14.29	1.93
平均每股收益（元）	0.28	0.37	-25.24
平均每股净资产（元）	3.44	3.15	9.24
平均净资产收益率（%）	8.04	11.75	-3.71
总资产（亿元）	1 885.03	1 690.16	11.53
归属于母公司股东权益（亿元）	681.95	616.10	10.69
营业收入（亿元）	950.36	879.16	8.10
利润总额（亿元）	77.11	91.14	-15.40
归属于母公司所有者的净利润（亿元）	54.84	72.39	-24.25

资料来源：沪深交易所，天相投资分析系统

（二）业绩变动情况分析

1. 利润变动原因分析

2011年，吉林上市公司实现营业收入950.36亿元，同比增长8.10%；营业成本738.60亿元，同比增长9.26%；期间费用152.3亿元，同比增长23.71%；利润总额77.11亿元，同比下降15.40%。总体来看，营业收入增速低于营业成本和期间费用增速是利润总额下降的主要原因。

2. 盈利构成分析

从利润构成上看，投资收益和非经常性损益占吉林上市公司净利润的比重达到88.92%，成为上市公司净利润的主要来源。报告期内，吉林24家公司共实现投资收益32.86亿元，占归属于上市公司股东净利润的59.92%，较2010年度的24.79亿元增长了32.55%；吉林37家公司共确认非经常性

损益金额15.89亿元，占归属于上市公司股东净利润的28.98%，较2010年度的10.49亿元增长了51.48%。

3. 经营性现金流量分析

2011年，吉林23家上市公司经营现金流量净额为正，占上市公司总数的62.16%。吉林上市公司经营活动产生的现金流量净额为-25.34亿元，较2010年（-40.25亿元）增加了14.91亿元。

4. 业绩特点分析

（1）业绩两极分化明显

从2011年度业绩分析情况来看，吉林上市公司盈利两极分化的现象依然较为明显。2011年度，吉林共有31家公司盈利，占吉林上市公司总数的83.78%，实现净利润67.64亿元；6家公司亏损，亏损家数比2010年增加1家，亏损总额12.81亿元。31家实现盈利的公司中，前5家公司净利润总计44.68亿元，占吉林上市公司净利润总额的81.47%。6家亏损公司中，前3名公司亏损合计达12.06亿元，占亏损总额的94.15%。

（2）板块业绩情况

2011年度，吉林6家中小企业板公司和1家创业板公司表现稳健，全部实现盈利，共实现净利润6.92亿元，较2010年同期增长15.52%，平均净资产收益率9.08%。特别是2010年以来上市的5家公司，净利润水平较2010年同期均有不同程度的增长。吉林中小企业板和创业板公司2011年末资产规模占吉林上市公司资产总额的11.18%，利润贡献占比为12.62%。

5. 利润分配情况

2011年，吉林共有15家公司提出利润分配或资本公积金转增股本方案，占盈利公司总数31家的48.39%。其中，单纯派现12家，派现加送股1家，派现加转增2家。派现金额共计9.33亿元，占吉林盈利公司净利润总额的13.79%。欧亚集团自2000年开始连续12年进行现金分红，累计每股派现3.10元（含税），使投资者获得了稳定的投资回报。

四、吉林上市公司并购重组情况

（一）并购重组基本情况

2011年，吉林有3家上市公司开展并购重组工作，其中有1家公司取得实质性进展，涉及金额合计约48.05亿元。从并购重组分类情况看，3家公司均为发行股份购买资产，其中，同时进行资产置换和发行股份购买资产的有1家，涉及金额21.85亿元；仅采取发行股份购买资产方式的有2家，涉及金额26.20亿元。

表6　2011年吉林上市公司并购重组情况

序　号	公　司	重组方式	涉及资金（亿元）	备　注
1	*ST领先	资产置换暨定向增发购买资产	21.85	审核通过待实施
2	成城股份	定向增发购买资产	17.33	待　审
3	*ST得亨	定向增发购买资产	8.87	实施完成
合计（亿元）			48.05	

资料来源：吉林证监局

（二）并购重组特点

1. 并购重组模式特点

2011 年，吉林上市公司并购重组模式有如下特点：一是以定向增发为代表的并购重组模式成为主体；二是股份支付成为主要支付手段。

2. 并购重组主要目标特点

2011 年，吉林地区开展重大资产重组工作的上市公司均为绩差公司，特别是面临暂停上市风险的公司成为重组的主力。重组目的主要为“保壳”，主动开展重组的上市公司较少。

五、吉林上市公司募集资金情况、使用情况

（一）募集资金总体情况

2011 年，吉林上市公司通过资本市场直接融资 18.61 亿元，融资规模较 2010 年的 43.76 亿元有较大幅度的下降。此外，欧亚集团公司债券申请获批，吉恩镍业、华微电子、吉林化纤、长春燃气、顺发恒业等 5 家公司提出了再融资申请，拟募集资金总额 103.81 亿元。

表 7　　2011 年吉林上市公司募集资金情况

发行类型	代　码	简　称	募集资金（亿元）
首　发	002566	益盛药业	11.01
	002622	永大集团	7.60
总　计			18.61

资料来源：吉林证监局

（二）募集资金使用情况及特点

2011 年，吉林共有 9 家公司使用募集资金，累计使用募集资金 34.01 亿元，占 9 家公司募集资金总额的 53.94%。其中 2.45 亿元为 2011 年度募集的资金，占全年使用募集资金总额的 7.2%。

（三）募集资金变更情况

2011 年，吉林有 1 家公司进行募集资金变更，涉及金额约为 0.29 亿元，占该公司募集资金总额（9.99 亿元）的 2.9%。募集资金变更程序合法，经过公司股东大会批准。变更的原因主要为拟投资项目的投资环境发生变化，为提高募集资金的使用效率，对募投项目实施方式和实施地点等进行了变更。

六、吉林上市公司规范运作情况分析

（一）上市公司治理专项情况

经过多年努力，吉林上市公司整体规范运作水平有较大提升，但部分公司在内部审计、董事会专门委员会工作开展方面仍存在薄弱环节。

（二）审计情况

吉林上市公司 2011 年年报经由 13 家会计师事务所审计，执业事务所数量较 2010

年少1家。2011年吉林有9家上市公司更换了年报审计机构,其中,因合并、重组导致更名的有7家,自主改聘的有2家。2011年度,吉林有4家公司财务会计报告被出具了非标准无保留的审计意见,占吉林上市公司总数的10.81%,其中,带强调事项段的无保留意见2份,带强调事项段的保留意见1份,无法表示意见1份。2家参与内控试点的公司披露了内部控制审计报告,报告显示注册会计师对公司与财务报告相关内部控制制度体系的设计和有效执行均表示认同,并出具了标准无保留意见。

(三)社会责任报告披露情况

多年来,吉林证监局一直推动吉林上市公司践行作为企业公民的社会职责,培育和宣导社会责任意识,鼓励、推动吉林上市公司在年报中披露公司履行社会责任的有关情况。2011年度,吉林7家上市公司结合企业自身情况披露了社会责任报告,多数公司披露的内容除参与社会公益事业情况、股东和债权人权益保护、客户服务、消费者权益保护、员工关爱、安全生产、技术创新外,还重点披露了公司在环境保护方面的责任及所做的工作,部分公司还披露了履行社会责任的相关计划及努力方向。

审稿人:赫荣祥

撰稿人:奚怀亮　赵春志

黑龙江地区

一、黑龙江国民经济发展概况

表1　2011年黑龙江国民经济发展概况　单位:亿元

指　标	1—3月		1—6月		1—9月		1—12月	
	绝对量	同比增长(%)	绝对量	同比增长(%)	绝对量	同比增长(%)	绝对量	同比增长(%)
地区生产总值	2 180	12.0	5 067	12.1	7 836	12.4	12 504	12.2
全社会固定资产投资	147	18.8	1 628	29.3	3 914	33.0	7 206	33.7
社会消费品零售总额	—	16.5	—	17.2	—	17.5	—	17.6
规模以上工业增加值	—	13.3	—	13.6	—	13.6	—	13.5
规模以上工业企业实现利润	264	13.7	608	19.8	942	26.0	1 271	23.4
居民消费价格指数(%)	1—3月		1—6月		1—9月		1—12月	
	5.4		5.8		6.2		5.8	

资料来源:国家统计局

二、黑龙江上市公司总体情况

（一）公司数量

表 2　　2011 年黑龙江上市公司数量　　单位：家

公司总数	仅 A 股	仅 B 股	(A+B)股
30	29	0	1

资料来源：沪深交易所，天相投资分析系统

（二）行业分布

表 3　　2011 年黑龙江上市公司行业分布情况

所属中国证监会行业类别	家　数
农、林、牧、渔业	2
制造业	17
电力、煤气及水的生产和供应业	3
建筑业	1
交通运输、仓储业	1
信息技术业	1
批发和零售贸易业	1
房地产业	1
综合类	3
合　计	30

资料来源：黑龙江证监局

（三）股本结构及规模

截至 2011 年 12 月 31 日，黑龙江 30 家上市公司总股本 233.68 亿股，占同期全国上市公司总股本的 0.78%。总股本在 10 亿股以上的公司有 6 家，占黑龙江上市公司总数的 20%。

表 4　　2011 年黑龙江上市公司股本规模在 10 亿股以上公司分布情况

股本规模（亿股）	公司家数	具体公司
50≤～<100	1	中国一重
10≤～<20	5	北大荒、哈药股份、华电能源、东方集团、龙江交通

资料来源：沪深交易所，天相投资分析系统

（四）市值规模

截至2011年12月31日，黑龙江30家上市公司境内总市值1 345.66亿元，占全国上市公司境内总市值的0.62%。其中，上交所上市公司23家，总股本216.07亿股，境内总市值1 159.32亿元，占上交所上市公司境内总市值的0.78%；深交所上市公司7家，总股本17.62亿股，境内总市值186.34亿元，占深交所上市公司境内总市值的0.28%。

（五）资产规模

截至2011年12月31日，黑龙江地区30家上市公司合计总资产1 558.14亿元，归属于上市公司股东的净资产677.91亿元，与2010年相比，分别增长9.90%、9.95%；平均每股净资产2.90元。

三、黑龙江上市公司经营情况及变动分析

（一）总体经营情况

2011年，黑龙江上市公司实现营业收入867.29亿元，同比增长21.84%；实现归属母公司所有者净利润41.86亿元，同比下降23.02%；黑龙江上市公司平均净资产收益率为6.18%；平均每股收益（按期末股本计算）为0.18元。见表5。

表5　2011年黑龙江上市公司经营情况

指　标	2011年	2010年	同比增长（%）
家　数	30	29	3.45
亏损家数	3	1	200.00
亏损家数比例（%）	10.00	3.45	6.55
平均每股收益（元）	0.18	0.22	-18.57
平均每股净资产（元）	2.90	2.85	1.79
平均净资产收益率（%）	6.18	8.64	-2.47
总资产（亿元）	1 558.14	1 417.74	9.90
归属于母公司股东权益（亿元）	677.91	616.54	9.95
营业收入（亿元）	867.29	711.84	21.84
利润总额（亿元）	51.00	65.97	-22.69
归属于母公司所有者的净利润（亿元）	41.86	54.38	-23.02

资料来源：沪深交易所，天相投资分析系统，黑龙江证监局

（二）分行业经营情况

黑龙江上市公司主要分布在制造业（17家），信息技术业（1家），房地产业（1家），电力、煤气及水的生产和供应业（3家），建筑业（1家），综合类（3家），批发和零售贸易业（1家）等行业。2011年，黑龙江房地产业上市公司营业收入出现下滑，而交通运输、仓储业，批发和零售贸易业以及农、林、牧、渔业等其他行业呈现增长态势，其中批

发和零售贸易业增长幅度最快，同比增幅达120%。具体见表6。

表6　　2011年黑龙江上市公司分行业经营情况

所属行类	营业收入（亿元）	同比增长（%）	净利润（亿元）	同比增长（%）
农、林、牧、渔业	138.93	41.55	5.21	30.90
制造业	479.44	22.13	21.15	-22.30
电力、煤气及水的生产和供应业	109.93	19.98	3.60	-0.28
建筑业	66.08	1.66	0.36	2.86
交通运输、仓储业	3.91	35.76	1.30	32.65
信息技术业	12.17	13.42	1.94	130.95
批发和零售贸易业	5.83	120.00	0.27	-80.85
房地产业	0.59	-7.81	0.19	111.11
综合类	50.66	36.33	7.85	-33.81

资料来源：黑龙江证监局

（三）业绩变动情况分析

1. 营业收入、毛利率等变动原因分析

2011年，黑龙江上市公司实现营业收入867.57亿元，同比增长21.84%；营业利润39.65亿元，同比下降5.42%；利润总额51亿元，同比下降22.69%；毛利率18.22%，同比下降0.97个百分点。总体来看，营业收入增幅小于营业成本增幅是毛利率下降的主要原因。

2. 盈利构成分析

从盈利构成看，2011年黑龙江上市公司利润来源主要是营业利润，其占利润总额的比重为77.75%。其中，投资净收益占利润总额的比重为47.96%，公允价值变动净收益为负（-0.01亿元），营业外收支净额占利润总额的比重为22.25%。

3. 经营性现金流量分析

2011年，黑龙江21家上市公司经营现金流量净额为正，占30家上市公司的70%，低于2010年75.86%的水平。

4. 业绩特点分析

（1）每股收益呈下降势头，盈利总水平低于全国

2011年，黑龙江上市公司实现归属母公司所有者净利润41.86亿元，同比下降23.02%；每股收益0.18元，低于2010年的0.22元；净资产收益率6.18%，低于2010年的8.64%。并且，每股收益和净资产收益率均低于2011年全国平均水平。

（2）板块业绩情况

2011年，黑龙江主板上市公司业绩有所下滑，平均每股收益0.18元，净资产收益率6.23%，仍然低于全国平均水平。中小板上市公司平均每股收益0.42元，低于深交所中小板0.52元的平均每股收益水平；净资产收益率5.39%，低于深交所中小板10.51%的平均净资产收益率。创业板上市公司每股收益0.29元，低于深交所创业板0.52元的平均每股收益水平；净资产收益率4.46%，低于深交所创业板7.85%的平均净资产收益率。

5. 利润分配情况

2011年，黑龙江地区共有15家公司提出利润分配或资本公积金转增股本方案，占盈利公司总数27家的55.55%，与2010年基本持平；拟发放现金股利家数为14家，占利润分配公司家数15家的93.33%。拟派

现金总额8.39亿元，占黑龙江盈利公司净利润总额的17.47%。

四、黑龙江上市公司并购重组情况

(一)并购重组基本情况

2011年，黑龙江上市公司并购重组活动较为平稳。据统计，共有6家上市公司进行并购重组工作，其中有3家公司取得实质性进展，涉及金额合计54.82亿元。从并购重组分类情况看，无偿划转类型为2家，发行股份购买资产类型为1家。

表7　　2011年黑龙江上市公司并购重组情况

序　号	公　司	重组方式	涉及资金(亿元)	备　注
1	哈药股份	定向增发购买资产	54.82	实施完成
2	恒丰纸业、龙建股份	无偿划转	0.00	
合计(亿元)			54.82	

资料来源：黑龙江证监局

(二)并购重组特点

1. 并购重组模式特点

2011年，黑龙江上市公司并购重组模式有如下特点：一是并购重组形式多样，既包括无偿划转方式，也包括定向增发购买资产；二是并购重组支付手段单一，主要为发行股份购买资产。

2. 并购重组主要目标特点

2011年，黑龙江上市公司通过并购重组改善了公司治理水平，有效解决了历史遗留问题，提升了上市公司整体质量。

五、黑龙江上市公司募集资金情况、使用情况

(一)募集资金总体情况

2011年，黑龙江上市公司通过资本市场直接融资24.96亿元，融资规模低于2010年的137.44亿元。其中，首发股本融资(IPO)17.46亿元，增发融资7.50亿元。

表8　　2011年黑龙江上市公司募集资金情况

发行类型	代　码	简　称	募集资金(亿元)
首　发	601011	宝泰隆	17.46
增　发	600187	国中水务	7.50
股权激励	600289	亿阳信通	0.90
总　计			25.86

资料来源：黑龙江证监局

(二)募集资金使用情况及特点

2011年，黑龙江共有7家公司使用募集资金，金额39.23亿元。其中，20.06亿元为2011年度募集的资金，占全年使用募集资金总额的51.13%；19.17亿元为以前年度募集资金，占年度使用募集资金总额的48.87%。

（三）募集资金变更情况

2011年，黑龙江没有上市公司变更募集资金的使用项目。

（四）存在的主要问题

上市公司总体上对募集资金的管理较为规范，建立专户存储制度，按计划使用募集资金，变更程序严格。但个别公司的募集资金管理存在不足，主要表现为募集资金使用程序不够严谨，使用超募资金补充流动资金达到一定额度时未提供网络投票机制。

六、黑龙江上市公司规范运作情况分析

（一）上市公司治理专项情况

根据中国证监会的统一部署，黑龙江证监局集中开展了"解决同业竞争，减少关联交易"专项活动，进一步夯实了黑龙江上市公司治理水平。其中，国中水务采用定向增发的方式向战略投资者募集资金，利用所融资金购买控股股东的相关水务资产；哈空调通过出售资产的方式、哈药股份通过重大资产重组的方式、天伦置业通过控股股东业务转型的方式消除了同业竞争；誉衡药业不再租用控股股东房产，以消除关联交易；龙江交通成立公路养护公司，不再通过大股东进行公路养护，彻底消除了关联交易。

（二）审计情况及监管情况

黑龙江证监局组织30家上市公司财务负责人和主审会计师进行座谈，梳理和排查审计风险；关注改聘年审机构，督促加强前后任沟通，进一步完善审计与评估机构的持续监管档案；借助专业力量，积极开展会计小组活动；加强监管协作，初步建立了与财政部驻黑龙江专员办和黑龙江省财政厅"沟通＋合作"的监管体系。

（三）信息披露情况

黑龙江证监局加大对上市公司信息披露行为的监管，规范上市公司信息披露和加强对股价异动的监管。监管责任人通过网络平台关注公司信息披露，以及媒体对上市公司的报道，发现问题及时反应。在日常监管中持续关注公司相关事项的进展情况。

（四）证券市场服务情况

黑龙江证监局按照"细化监管，促规范、防风险；强化服务，上水平、求发展"的总体思路，深化与相关部门的沟通协作，增强推进企业上市合力。上市公司治理水平明显改善，公司独立性逐步增强，信息披露质量大幅提高，违法违规行为逐渐减少，保护投资者意识和社会责任意识明显增强。牢牢把握"为投资者服务、为市场主体服务、为黑龙江实体经济发展服务"的导向，真抓实干，保持了黑龙江上市公司平稳健康发展态势，为服务黑龙江经济社会发展大局做出了重要贡献。

审稿人：刘秉力

撰稿人：王　彤

上海地区

一、上海国民经济发展概况

表 1　　2011 年上海国民经济发展概况　　单位：亿元

指　标	1—3 月		1—6 月		1—9 月		1—12 月	
	绝对量	同比增长（%）	绝对量	同比增长（%）	绝对量	同比增长（%）	绝对量	同比增长（%）
地区生产总值	4 328	8.5	9 164	8.4	13 726	8.3	19 196	8.2
全社会固定资产投资	905	-7.4	1 910	-5.5	3 124	-1.8	4 877	0.5
社会消费品零售总额	—	12.9	—	11.5	—	11.6	—	12.3
规模以上工业增加值	—	12.6	—	9.7	—	8.6	—	7.4
规模以上工业企业实现利润	541	13.2	1 117	3.4	1 670	2.0	2 176	-1.3
居民消费价格指数（%）	1—3 月		1—6 月		1—9 月		1—12 月	
	4.6		5.0		5.2		5.2	

资料来源：国家统计局

二、上海上市公司总体情况

（一）公司数量

截至 2011 年底，上海共有 196 家上市公司（占全国上市公司家数的 8.37%），其中，146 家在上交所挂牌交易，1 家在深交所主板挂牌交易，26 家在深交所中小板挂牌交易，23 家在深交所创业板挂牌交易。196 家公司中，纯 A 股公司 156 家，纯 B 股公司 5 家，A + B 股公司 35 家。

196 家上市公司中，按股东性质划分，上海市国资控股 69 家，央企控股 36 家，异地国资控股 6 家，民企控股 71 家（其中异地民企 18 家），外资控股 14 家。

表 2　　2011 年上海上市公司数量　　单位：家

公司总数	仅 A 股	仅 B 股	（A+B）股
196	156	5	35

资料来源：沪深交易所，天相投资分析系统

(二)行业分布

上海上市公司主要分布在制造业(90家)、房地产业(19家)、信息技术业(18家)、综合类(15家)等行业。

表3　　2011年上海上市公司行业分布情况

所属中国证监会行业类别	家　数
农、林、牧、渔业	1
采掘业	1
制造业	90
电力、煤气及水的生产和供应业	2
建筑业	5
交通运输、仓储业	9
信息技术业	18
批发和零售贸易业	14
金融、保险业	7
房地产业	19
社会服务业	11
传播与文化产业	4
综合类	15
合　计	196

资料来源:上海证监局

(三)股本结构及规模

截至2011年12月31日,上海196家上市公司总股本2 914.90亿股,其中境内流通股本2 561.66亿股,上海上市公司总股本占同期全国上市公司总股本的9.76%。上海总股本在10亿股以上的上市公司有52家,占上海上市公司总数的26.53%;其中总股本在100亿股以上的上市公司有9家。具体如表4所示。

表4　　2011年上海上市公司股本规模在10亿股以上公司分布情况

股本规模(亿股)	公司家数	具体公司
500≤～<1 000	1	交通银行
200≤～<500	2	上港集团、中国联通
100≤～<200	6	浦发银行、宝钢股份、上汽集团、东方航空、上海电气、中海集运
50≤～<100	3	S上石化、海通证券、中国太保
20≤～<50	11	上海电力、中海发展、振华重工、方正科技、申能股份、城投控股、华域汽车、东方明珠、上海医药、光大证券、招商轮船
10≤～<20	29	美邦服饰、上海机场、大名城、中国船舶、上海建工、复星医药、紫江企业、中化国际、华丽家族、九龙山、光明乳业、仪电电子、大众交通、氯碱化工、大众公用、百视通、外高桥、申华控股、豫园商城、强生控股、陆家嘴、中华企业、上实发展、世茂股份、新华传媒、友谊股份、上海机电、海欣股份、张江高科

资料来源:沪深交易所,天相投资分析系统

（四）市值规模

截至2011年12月31日，上海196家上市公司境内总市值19 744.74亿元，占全国上市公司境内总市值的9.15%；其中境内流通市值16 788.53亿元，占全国上市公司总流通市值的10.20%。上海在上交所上市的公司146家，总股本2 813.77亿股，境内总市值18 247.84亿元，占上交所上市公司境内总市值的12.22%；上海在深交所上市的公司50家，总股本101.12亿股，境内总市值1 496.90亿元，占深交所上市公司境内总市值的2.25%。

（五）资产规模

截至2011年12月31日，上海196家上市公司合计总资产105 652.93亿元，归属于上市公司股东的净资产14 530.60亿元，与2010年相比，分别增长17.11%、16.25%；平均每股净资产4.30元。其中，总资产排名前20名的上市公司均为国有控股公司，总资产合计97 089.47亿元，占上海196家上市公司总资产的比重为91.89%；净资产合计10 826.63亿元，占上海196家上市公司净资产的比重为74.51%。

三、上海上市公司经营情况及变动分析

（一）总体经营情况

2011年，上海地区上市公司实现营业收入24 101.67亿元，同比增长22.55%；实现归属母公司所有者净利润1 753.17亿元，同比增长9.77%；上海上市公司平均净资产收益率为12.07%，低于全国14.08%的平均水平；平均每股收益（按期末股本计算）为0.52元，低于全国0.53元的平均水平。2011年，上海上市公司中，实现营业收入最多的是上汽集团，金额达4 330.95亿元；盈利最多的是交通银行，实现净利润507.35亿元。具体见表5。

表5　2011年上海上市公司经营情况

指　标	2011年	2010年	同比(%)
家　数	196	176	11.36
亏损家数	10	8	25.00
亏损家数比例(%)	5.10	4.55	0.55
平均每股收益(元)	0.52	0.47	10.64
平均每股净资产(元)	4.30	3.70	16.22
平均净资产收益率(%)	12.07	12.78	-0.71
总资产(亿元)	105 652.93	90 220.53	17.11
归属于母公司股东权益(亿元)	14 530.60	12 499.07	16.25
营业收入(亿元)	24 101.67	19 667.61	22.55
利润总额(亿元)	2 552.79	2 232.85	14.33
归属于母公司所有者的净利润(亿元)	1 753.17	1 597.19	9.77

资料来源：沪深交易所，天相投资分析系统，上海证监局

（二）分行业经营情况

2011 年，上海各行业上市公司营业收入均实现同比增长：金融、保险业，信息技术业，批发和零售贸易业等行业上市公司营业收入和净利润同比增幅均高于15%。其中，批发与零售贸易业营业收入增长幅度最大，同比增幅达44.33%；传播与文化产业净利润增长幅度最大，同比增幅达218.60%。各行业中，营业收入最多的是制造业，金额达11 698.64亿元；实现净利润最多的是金融、保险业，实现净利润912.96亿元。具体见表6。

表 6　　2011 年上海上市公司分行业经营情况

所属行类	营业收入（亿元）	同比增长（%）	净利润（亿元）	同比增长（%）
农、林、牧、渔业	7.35	26.51	0.66	144.44
采掘业	100.81	13.79	14.18	6.46
制造业	11 698.64	24.31	492.35	3.32
电力、煤气及水的生产和供应业	402.13	15.36	18.85	20.52
建筑业	981.98	12.45	20.25	18.08
交通运输、仓储业	1 579.29	4.27	99.51	-47.68
信息技术业	2 337.56	21.31	25.79	36.31
批发和零售贸易业	2 385.46	44.33	54.98	66.76
金融、保险业	3 673.88	18.03	912.96	25.30
房地产业	403.67	28.87	64.17	10.30
社会服务业	171.49	26.14	13.02	-1.81
传播与文化产业	43.17	10.78	6.85	218.60
综合类	316.23	15.01	29.59	-1.82

资料来源：上海证监局

（三）业绩变动情况分析

1. 营业收入、毛利率等变动原因分析

2011 年，上海上市公司实现营业收入24 101.67 亿元，同比增长 22.55%；营业利润2 430.59 亿元，同比增长 13.70%；利润总额2 552.79 亿元，同比增长 14.33%；毛利率19.20%，同比下降 0.97 个百分点。总体来看，营业收入及营业利润均维持较快幅度增长，但受原材料价格、劳务成本上涨的影响，营业成本增幅大于营业收入增幅，导致毛利率同比略有下降。

2. 盈利构成分析

从盈利构成看，2011 年上海上市公司利润来源主要是营业利润，其占利润总额的比重为95.21%，与 2010 年（95.74%）基本持平。2011 年，上海上市公司资产减值损失为113.30 亿元，占当年营业收入的比重为0.47%；公允价值变动收益为 -0.68 亿元，对利润影响较小；投资收益为 340.57 亿元，占营业收入和利润总额的比重分别为1.41%、13.34%。

3. 经营性现金流量分析

2011年,上海上市公司经营性现金流量净额为3 678.84亿元,远高于2010年的1 935.74亿元。196家上市公司中,130家经营性现金流量净额为正,占比66.33%,略高于2010年的65.91%。经营性现金流量净额大幅增加主要得益于银行类上市公司(浦发银行、交通银行)经营性现金流量净额由负转正,其中浦发银行经营性现金流量净额由2010年的-55.07亿元上升至2011年的1 986.56亿元。

4. 业绩特点分析

(1)整体业绩略逊于全国平均水平

2011年度,上海196家上市公司中10家亏损,186家盈利,盈亏相抵后共实现归属于母公司净利润1 753.17亿元,同比增长9.77%;每股收益0.52元,同比增长10.64%;净资产收益率12.07%,同比下降0.71个百分点。每股收益和净资产收益率均低于全国平均水平。

(2)国有蓝筹公司继续保持主导地位

净利润排名前20家公司①(占上海上市公司家数的10.20%)实现净利润1 484.78亿元,占上海上市公司实现净利润总额的84.69%。这20家公司除最后一家为民企控股外,其余均系国有控股,其中,上海国资12家,中央国资7家。

(3)两个中心建设成效显现

受益于"两个中心"建设,上海金融类、港口航运类上市公司业绩相对优良。交通银行、浦发银行、中国太保、海通证券、光大证券、上港集团、中海发展等相关上市公司受惠明显,共实现净利润967.53亿元,约占上海上市公司实现净利润的6成。

(4)中小板及创业板公司未体现持续的成长性

上海26家中小板公司实现净利润32.20亿元,每股收益0.45元,同比分别下降10.78%、22.73%。自2010年起,上海中小板公司业绩增长放缓,增长幅度均低于上海和全国平均水平,2011年每股收益和净资产收益率水平首次低于深交所中小板平均水平,未体现持续的成长性。23家创业板公司实现净利润15.30亿元,同比增长16.17%;每股收益0.53元,同比下降6.5%,效益尚未与股本扩张实现同步。

(5)民营控股上市公司净利润总量小且业绩分化明显

上海71家民营控股上市公司实现净利润95.50亿元,公司家数占比36.22%,净利润占比仅为5.45%。每股收益、净资产收益率等主要指标均低于上海平均水平。个别公司如美邦服饰、复星医药等净利润超过10亿元,但有11家公司利润不足千万元。

5. 利润分配情况

2011年(含2011年半年度),上海共有134家公司提出利润分配或资本公积金转增股本方案,占盈利公司总数186家的72.04%。拟发放现金股利家数为130家,占利润分配公司家数的97.01%。拟派现金总额410.90亿元,占上海盈利公司净利润总额的22.99%。

值得关注的是,上海创业板上市公司现金分红更为积极,23家中有20家进行了分红,占比86.96%,平均现金分红比例达

① 20家公司依次为:交通银行、浦发银行、上汽集团、中国太保、宝钢股份、东方航空、上港集团、上海电气、海通证券、华域汽车、中国船舶、上海医药、光大证券、上海机场、申能股份、上海能源、中国联通、友谊股份、上海建工、美邦服饰。

到45.03%。

四、上海上市公司并购重组情况

(一)并购重组基本情况

2011 年,上海共有上汽集团等 14 家上市公司完成并购重组,涉及交易金额 624.34 亿元;另有 7 家公司正在实施,涉及金额 406.13 亿元;8 家公司并购重组方案正在审核,预计交易金额约 97.93 亿元。

表 7　　2011 年上海上市公司并购重组情况

<table>
<tr><th>序　号</th><th>公　司</th><th>重组方式</th><th>涉及资金(亿元)</th><th>备　注</th></tr>
<tr><td>1</td><td>上港集团</td><td>定向增发购买资产</td><td>79.22</td><td rowspan="14">实施完成</td></tr>
<tr><td>2</td><td>上汽集团</td><td>定向增发购买资产</td><td>291.19</td></tr>
<tr><td>3</td><td>上海建工</td><td>定向增发购买资产</td><td>17.03</td></tr>
<tr><td>4</td><td>东方创业</td><td>定向增发购买资产</td><td>9.97</td></tr>
<tr><td>5</td><td>强生控股</td><td>定向增发购买资产</td><td>16.86</td></tr>
<tr><td>6</td><td>ST 华源</td><td>定向增发购买资产</td><td>23.18</td></tr>
<tr><td>7</td><td>*ST 白猫</td><td>定向增发购买资产及资产置换</td><td>24.63</td></tr>
<tr><td>8</td><td>锦江股份</td><td>资产置换</td><td>30.43</td></tr>
<tr><td>9</td><td>锦江投资</td><td>收　购</td><td>20.81</td></tr>
<tr><td>10</td><td>锦旅 B 股</td><td>收　购</td><td>6.13</td></tr>
<tr><td>11</td><td>上实发展</td><td>收　购</td><td>51.30</td></tr>
<tr><td>12</td><td>天宸股份</td><td>收　购</td><td>2.50</td></tr>
<tr><td>13</td><td>上海家化</td><td>收　购</td><td>51.09</td></tr>
<tr><td>14</td><td>中国海诚</td><td>收购(无偿划转)</td><td>0.00</td></tr>
<tr><td>15</td><td>百联股份</td><td>被吸并</td><td rowspan="2">194.68</td><td rowspan="7">实施中或已过会待实施</td></tr>
<tr><td>16</td><td>友谊股份</td><td>定向增发购买资产及吸收合并</td></tr>
<tr><td>17</td><td>广电信息</td><td>定向增发购买资产及收购</td><td>94.27</td></tr>
<tr><td>18</td><td>*ST 二纺</td><td>资产置换及收购</td><td>18.79</td></tr>
<tr><td>19</td><td>隧道股份</td><td>定向增发购买资产</td><td>63.69</td></tr>
<tr><td>20</td><td>交运股份</td><td>定向增发购买资产</td><td>9.35</td></tr>
<tr><td>21</td><td>ST 源发</td><td>定向增发购买资产</td><td>25.35</td></tr>
<tr><td colspan="3">合计(亿元)</td><td colspan="2">1 030.47</td></tr>
</table>

注:以公司公布重组实施完成报告视为实施完成。

资料来源:上海证监局

(二)并购重组特点

1. 并购重组模式特点

2011 年,上海上市公司并购重组中,非公开发行购买资产成为并购重组最常见的方式,已实施完成的 14 家案例中,7 家涉及定向增发购买资产,占比 50%;涉及金额 462.08 亿元,占比 74.01%。

2. 并购重组主要目标特点

2011 年,国资控股上市公司是上海上市公司并购重组的主体,国资体系内的产业整合成为并购重组的主要目标。全年上海国资资产证券化率比年初提高 4 个百分点,达到 34.50%。通过并购重组,提升了上市公司规范运作水平，促进了上海地方经济发展，进一步推进了汽车制造、商业贸易、港口运输、建筑工程、文化产业的整合，直接推动了上海先进制造业、现代服务业的快速发展，以及航运中心、贸易中心和金融中心建设。

五、上海上市公司募集资金情况、使用情况

（一）募集资金总体情况

2011 年，上海上市公司通过资本市场募集资金 943.54 亿元。其中，首发股本融资（IPO）156.67 亿元，增发融资 699.86 亿元，发行公司债融资 87 亿元。另有大众公用、中化国际等 10 家上市公司 217.45 亿元的再融资申请获批。2011 年，上海上市公司的公司债融资额是 2010 年的 6.8 倍，其中，上港集团公司债融资 80 亿元，是中国证监会公司债发行改革后首家适用"绿色通道"的上市公司，从递交申请到获得审核批准，用时不到两周，到第一期债券发行完毕仅用 24 天，创造了同类债券审核及发行的最快纪录。

表 8　　2011 年上海上市公司募集资金情况

发行类型	代　码	简　称	募集资金（亿元）
首　发	002561	徐家汇	11.20
	002565	上海绿新	10.45
	002568	百润股份	5.20
	002605	姚记扑克	4.94
	002636	金安国纪	7.84
	300168	万达信息	8.40
	300170	汉得信息	7.60
	300171	东富龙	17.20
	300180	华峰超纤	7.89
	300222	科大智能	4.86
	300225	金力泰	4.76
	300226	上海钢联	2.30
	300230	永利带业	2.90
	300236	上海新阳	2.38
	300245	天玑科技	3.40
	300253	卫宁软件	3.71
	300262	巴安水务	3.01
	300272	开能环保	3.16
	601519	大智慧	25.52
	601616	广电电气	19.95
增　发	600018	上港集团	79.22
	600073	上海梅林	15.08
	600094	大名城	23.18

续表

发行类型	代码	简称	募集资金(亿元)
增发	600104	上汽集团	291.19
	600170	上海建工	17.03
	600278	东方创业	9.97
	600633	浙报传媒	21.60
	600637	百视通	31.05
	600662	强生控股	16.86
	600827	友谊股份	194.68
公司债	600018	上港集团	50.00
	600018	上港集团	30.00
	600284	浦东建设	7.00
总计			943.54

资料来源:上海证监局

(二)募集资金使用情况及特点

2011 年,上海共有 66 家公司使用募集资金,使用金额 246.32 亿元。其中,154.69 亿元为 2011 年度募集的资金,占全年使用募集资金总额的 62.80%;91.63 亿元为以前年度募集的资金,占全年使用募集资金总额的 37.20%。

(三)募集资金变更情况

2011 年,上海有 6 家公司变更募集资金的使用项目,涉及金额约为 12.67 亿元,占该 6 家公司募集资金总额(29.39 亿元)的 43.11%。募集资金变更程序合法,均经过公司股东大会批准。变更的原因主要包括:一是因拟投资项目的市场环境发生变化,公司推迟或取消了有关募投项目;二是原承诺投资项目因各种原因未能达到预期收益,为提高募集资金的使用效率,将剩余募集资金改投其他项目。

表 9　2011 年上海上市公司募集资金使用项目变更情况

日期	变更募集资金使用项目的公司家数	涉及金额(亿元)	募集资金总额(亿元)	占公司募集资金总额的比例(%)
2011	6	12.67	29.39	43.11

资料来源:上海证监局

(四)存在的主要问题

上海上市公司总体上对募集资金的管理较为规范,建立了专户存储制度,按计划使用募集资金,变更程序严格。但个别公司的募集资金管理存在不足,主要表现为募集资金使用计划制定得不够严谨,对市场和政策变化预计不足,造成个别募投项目进度滞后或无法落实,效益未达到预期。

六、上海上市公司规范运作情况分析

(一)“解决同业竞争，减少关联交易”专项工作成效明显

2011 年，上海证监局持续深入推进“解决同业竞争，减少关联交易”专项活动，在 2010 年度完成 10 家公司整改的基础上，2011 年度重点推进 5 家公司。截至 2011 年底，上港集团等 2 家已完成整改，隧道股份等 3 家进入重组程序。通过专项活动，上海上市公司新获注入资产 370 亿元，市值增加 544 亿元。上海国资资产证券化率也相应提升至 34.50%，较年初增加 4 个百分点。如友谊股份通过吸并百联股份，实现集团的百货超商业务集于一家上市公司平台，有效消除了同业竞争，提升了上市公司资产质量。

(二)上市公司积极参与内控规范试点工作

2011 年，上海共有中国太保、交通银行、宝钢股份等 14 家上市公司参加内控实施试点，其中 A + H 上市公司 7 家，自愿试点 6 家，宝钢股份为指定试点。在中国证监会及上海证监局有效组织下，各上市公司均高度重视、科学实施。一是明确由公司董事长或总经理负责，并覆盖整个集团；二是制定内控实施方案，明确实施步骤及重点领域和关键环节；三是推动内控逐步实施，并推广至所有业务系统和领域；四是将内控实施纳入绩效考核，加强约束，切实推进实施工作。通过内控试点工作，参与公司内控规范水平得到明显提升，并为 2012 年上海上市公司全面推开内控规范积累了经验。

(三)上市公司内幕信息管理水平进一步提升

1. 制度建设情况

截至 2011 年底，上海 196 家上市公司均已制定内幕信息知情人登记制度，并按照《关于上市公司建立内幕信息知情人登记管理制度的规定》(证监会公告[2011]30 号)的要求对制度进行及时修订。上市公司董监高、敏感岗位工作人员、控股股东等人员的保密意识明显增强。一些上市公司在对外报送前以业绩快报形式主动披露(如中国太保、上汽集团、锦江股份等)，报送数据时附带保密提示函并由接收方签字确认(如海博股份、开创国际等)，无法律、法规依据则拒绝对外报送(如上海医药等)，此类经验和做法也在上海其他上市公司得到逐步推广。

2. 宣传培训情况

在上海证监局组织引导下，上海多方式开展内幕交易防控宣传培训，得到上市公司积极参与。

一是面向全国，举办上海市内幕交易防控知识竞赛。上海全部上市公司及拟上市公司均踊跃参加，收到有效答卷 3 150 份，极大地促进了内幕交易群防联控氛围。二是联合市国资委共同举办上海国有控股上市公司防范和打击内幕交易专题工作会。市国有企业集团和国有控股上市公司董事长、总经理、监事长，相关区县国资委负责人等 300 余人参加。三是一些企业集团、上市公司(如光明食品集团及其控股上市公司)自发开展培训，组织公司高管、财务人员培训交流，增强内幕信息管控意识。

(四)成立上海上市公司协会,强化自律监管

2011年5月5日,在上海证监局支持指导下,上海上市公司协会成立大会暨第一次会员大会召开。上海市委常委、副市长屠光绍到会祝贺并致辞,上海证监局、上海证券交易所负责同志出席会议。上海185家上市公司会员代表参加会议。第一次全体会员大会审议通过了《上海上市公司协会章程》,选举产生了第一届理事会和监事会,吉晓辉任会长,马国强任监事长。

上海上市公司协会成立后,围绕提高上市公司治理和规范运作水准,为会员单位提供多层次、全方位的服务,并着力构筑会员单位之间、会员单位与证券监管部门之间沟通交流的平台,有力提升了上海上市公司自律监管水平,促进了上海上市公司及证券市场的健康发展。

审稿人:张思宁　邹　华　袁同济

撰稿人:李　楠　陈　纬　盛峰英

江苏地区

一、江苏国民经济发展概况

表1　　2011年江苏国民经济发展概况　　单位:亿元

指　标	1—3月		1—6月		1—9月		1—12月	
	绝对量	同比增长(%)	绝对量	同比增长(%)	绝对量	同比增长(%)	绝对量	同比增长(%)
地区生产总值	9 902	11.6	22 918	11.4	35 113	11.2	48 604	11.0
全社会固定资产投资	5 470	23.1	11 831	23.9	18 619	22.3	26 299	21.5
社会消费品零售总额	—	16.9	—	17.2	—	17.4	—	17.5
规模以上工业增加值	—	14.3	—	14.0	—	14.0	—	13.8
规模以上工业企业实现利润	1 291	38.6	2 899	33.6	4 335	31.1	6 850	24.3
居民消费价格指数(%)	1—3月		1—6月		1—9月		1—12月	
	5.5		5.7		5.8		5.3	

资料来源:国家统计局

二、江苏上市公司总体情况

(一)公司数量

截至2011年底,江苏共有上市公司214家,占全国上市公司总数的9.14%,公司数量排名第三。江苏在上海证券交易所上市公司77家,深圳证券交易所上市公司137家(其中,主板22家,中小板87家,创业板28家)。214家公司中,纯B股公司2家,分别为新城房产和宁通信;A+B股公司3家,分别为威孚高科、小天鹅和苏常柴。

表2　2011年江苏上市公司数量　单位:家

公司总数	仅A股	仅B股	(A+B)股
214	209	2	3

资料来源:沪深交易所,天相投资分析系统

(二)行业分布

江苏上市公司所属行业中,传统制造业优势明显,涵盖纺织、机械、石化、电子等9大类子行业,公司数量达到152家,占江苏上市公司总数的71.03%;其次是批发和零售贸易业公司15家,信息技术业公司14家,分别占江苏上市公司数的7.01%和6.54%。随着金融、保险业,电力、煤气及水的生产和供应业,传播与文化产业等行业公司的陆续上市,江苏上市公司涵盖了除农、林、牧、渔业和采掘业以外的所有行业,资本市场主体逐渐多元化。

表3　2011年江苏上市公司行业分布情况

所属中国证监会行业类别	家　数
制造业	152
批发和零售贸易业	15
信息技术业	14
交通运输、仓储业	7
社会服务业	7
综合类	6
房地产业	5
建筑业	3
金融、保险业	3
电力、煤气及水的生产和供应业	1
传播与文化产业	1
合　计	214

资料来源:江苏证监局

(三)股本结构及规模

截至2011年12月31日,江苏214家上市公司总股本1 086.38亿股,占同期全国上市公司总股本的3.64%。江苏上市公司总股本在1～10亿股之间的中等规模上市公司162家,占江苏上市公司总数的75.70%;总股本在10亿股以上的公司有24家,占江苏上市公司总数的11.21%。

表4　　2011年江苏上市公司股本规模在10亿股以上公司分布情况

股本规模(亿股)	公司家数	具体公司
50≤～<100	3	苏宁电器、宁沪高速、华泰证券
20≤～<50	7	徐工机械、*ST长油、南钢股份、S仪化、南京银行、东吴证券、凤凰传媒
10≤～<20	14	东方市场、四环生物、江淮动力、中南建设、沙钢股份、宏图高科、江苏阳光、恒瑞医药、维维股份、海润光伏、国电南瑞、栖霞建设、苏州高新、新城B股

资料来源:沪深交易所,天相投资分析系统

(四)市值规模

截至2011年12月31日,江苏214家上市公司境内总市值10 751.20亿元,占全国上市公司境内总市值的4.98%。其中,上交所上市公司77家,总股本635.39亿股,境内总市值4 730.44亿元,占上交所上市公司境内总市值的3.17%;深交所上市公司137家,总股本450.99亿股,境内总市值6 020.76亿元,占深交所上市公司境内总市值的9.04%。

(五)资产规模

截至2011年12月31日,江苏上市公司总资产合计12 732.91亿元,归属于上市公司股东的净资产4 489.37亿元,与2010年相比,分别增长26.23%、34.64%;平均每股净资产4.03元。

三、江苏上市公司经营情况及变动分析

(一)总体经营情况

2011年,江苏上市公司实现营业收入7 262.62亿元,利润总额622.73亿元,归属于母公司所有者的净利润472.60亿元,较2010年同比增长率分别为30.84%、17.71%、17.54%。盈利能力低于全国平均水平。平均净资产收益率为10.53%,低于全国14.08%的平均水平;平均每股收益(按期末股本计算)为0.42元,低于全国0.53元的平均水平。江苏上市公司经营情况见表5。

表5　　2011年江苏上市公司经营情况

指　标	2011年	2010年	同比增长(%)
家　数	214	168	27.38
亏损家数	9	5	80.00

续表

指标	2011 年	2010 年	同比增长(%)
亏损家数比例(%)	4.21	2.98	1.23
平均每股收益(元)	0.42	0.40	5.00
平均每股净资产(元)	4.03	3.34	20.66
平均净资产收益率(%)	10.53	12.06	-1.53
总资产(亿元)	12 732.91	10 087.02	26.23
归属于母公司股东权益(亿元)	4 489.37	3 334.46	34.64
营业收入(亿元)	7 262.62	5 550.73	30.84
利润总额(亿元)	622.73	529.04	17.71
归属于母公司所有者的净利润(亿元)	472.60	402.08	17.54

资料来源:沪深交易所,天相投资分析系统

(二)分行业经营情况

2011 年,江苏上市公司中除金融、保险业和房地产业上市公司营业收入出现一定程度下滑外,其他行业均呈现增长态势,其中信息技术业增幅最快,同比增幅达 47.43%。交通运输、仓储业和金融、保险业上市公司净利润出现下降,其他行业上市公司净利润均实现上涨。具体见表 6。

表 6　2011 年江苏上市公司分行业经营情况

所属行类	营业收入(亿元)	同比增长(%)	净利润(亿元)	同比增长(%)
制造业	3 679.85	22.71	241.22	1.44
批发和零售贸易业	2 089.31	23.34	62.82	11.02
信息技术业	277.55	47.43	25.32	19.83
交通运输、仓储业	160.73	10.57	21.57	-24.13
社会服务业	48.77	13.99	5.05	12.03
综合类	131.13	20.48	21.00	11.52
房地产业	184.45	-0.09	24.47	22.39
建筑业	475.46	19.73	32.93	24.93
金融、保险业	149.91	-6.38	52.92	-17.04
电力、煤气及水的生产和供应业	5.21	16.10	1.20	57.64
传播与文化产业	60.25	11.44	7.42	11.89

资料来源:江苏证监局

(三)业绩变动情况分析

1. 营业收入、毛利率等变动原因分析

2011 年,江苏上市公司实现营业收入 7 262.62亿元,同比增长 30.84%;营业利润 578.78 亿元,同比增长 15.38%;利润总额 622.73 亿元,同比增长 17.71%;毛利率 18.65%,同比下降 0.39 个百分点。总体来看，营业成本增幅略高于营业收入增幅是毛利率下降的主要原因。

2. 盈利构成分析

从盈利构成看，2011 年江苏上市公司利润来源主要是营业利润，其占利润总额的比重为92.94%；投资净收益占利润总额的比重为9.64%，公允价值变动净收益为 -1.01 亿元，营业外收支净额占利润总额的比重为7.06%。

3. 经营性现金流量分析

2011 年，江苏上市公司经营活动产生净现金流量较 2010 年下降 556 亿元，为 -182.89亿元。214 家上市公司中有 130 家上市公司经营现金流量净额为正，占上市公司总数的 60.75%，低于 2010 年 72.02% 的水平。

4. 业绩特点分析

（1）收入和利润增速减缓

2011 年度，江苏上市公司总体业绩保持增长，但出现增速减缓现象。江苏上市公司 2011 年度营业收入、营业利润、利润总额较 2010 年同比增长 30.84%、15.38%、17.71%，增速分别较 2010 年下降 16.20、72.40、62.87 个百分点。

（2）每股收益呈回升势头

2011 年，江苏上市公司实现归属母公司所有者净利润 472.60 亿元，同比增长 17.54%；平均每股收益 0.42 元，较 2010 年的 0.40 元提高 0.02 元，但低于 2011 年全国 0.53 元的平均每股收益水平。

（3）经营业绩两极分化

江苏地区 15 家上市公司纳入沪深 300、上证 180、中证 100、深证 100 等 4 大指数，15 家上市公司 2011 年度实现营业收入 2 276.64亿元，实现净利润 244.49 亿元。上述占比 7.01% 的 15 家绩优公司拥有江苏 1/4的股本、1/2 的资产，实现了 1/3 的收入、1/2 的利润，平均每股收益 0.91 元，远高于全省及全国平均水平。2011 年度江苏亏损公司数量为 9 家，有 24 家公司扣除非经常性损益后出现亏损，纺织、化纤类企业亏损严重。江苏收益最高和最低的公司分别是洋河股份每股收益 4.47 元，澳洋科技每股亏损 1.25 元。

（4）各板块盈利水平不均

2011 年，中小板上市公司平均每股收益 0.59 元，高于深交所中小板 0.52 元的平均每股收益水平；净资产收益率 12.95%，高于深交所中小板 10.51% 的平均净资产收益率，是江苏盈利能力最强的板块。创业板上市公司平均每股收益 0.55 元，高于深交所创业板 0.52 元的平均每股收益水平；净资产收益率 7.19%，略低于深交所创业板 7.85% 的平均净资产收益率。江苏主板上市公司平均每股收益 0.36 元，平均净资产收益率 9.69%。

5. 利润分配情况

江苏上市公司回报投资者意识较强。2011 年年报公布现金分红方案的公司有 161 家，占江苏上市公司总家数的 75.23%。2011 年年报公布现金分红金额 149.78 亿元，占净利润的 30.21%，分红增长幅度高于净利润增长幅度，股利支付率为近 3 年最高。截至 2011 年末，江苏上市后每年均进行现金分红的上市公司有 116 家，占江苏上市公司总数的 54.21%，有 14 家公司累计分红金额超过融资总额。

四、江苏上市公司并购重组情况

(一)并购重组基本情况

2011年,江苏上市公司并购重组活动较为活跃。据统计,共有13家上市公司开展并购重组,其中7家公司本年度实施完成,涉及金额合计54.15亿元人民币及3.05亿美元。已完成的并购重组中,实际控制权发生变化的公司3家(海润光伏、红太阳、亚星客车),主营业务变化或增加的公司3家(海润光伏、太极实业、江苏舜天)。

表7　　2011年江苏上市公司并购重组情况

序　号	公　司	并购重组方式	涉及资金(亿元)	备　注
1	海润光伏	资产出售及吸收合并	23.35	实施完成
2	亨通光电	定向增发购买资产	5.99	
3	红太阳	定向增发购买资产	20.84	
4	太极实业	资产收购	3.05(美元)	
5	江苏舜天	资产置换	3.97	
6	汇鸿股份	无偿划转	—	
7	亚星客车	无偿划转	—	
合计(亿元)			人民币:54.15亿元;美元:3.05亿元	
8	九鼎新材	定向增发购买资产及现金收购资产	3.61	审核中
9	南京熊猫	间接收购	—	
10	高淳陶瓷	资产置换及定向增发购买资产	7.35	暂停审核
11	*ST远东	吸收合并	3.95	中止实施
12	ST金材(原ST琼花)	发行股份购买资产	42.36	停止实施
13	金利科技	定向增发购买资产及现金收购资产	3.70	尚未提交审核

注:上表涉及资金中未标注币种的均为人民币亿元

资料来源:江苏证监局

(二)并购重组特点

1. 并购重组模式特点

2011年,江苏上市公司并购重组呈现出模式多样化的特点,采用了资产出售及吸收合并、定向增发或现金购买资产、资产置换、无偿划转、间接收购等多种方式。

2. 并购重组主要目标特点

2011年,江苏13家上市公司并购重组按目标划分主要有以下3类:一是以业务或行业整合为目标的并购重组明显增多,以制造业、信息技术业等为主的央企、国企整合及企业自身出于行业整合需要的并购重组达到8家,占并购重组总家数的61.54%。其中,亨通光电、红太阳、太极实业、汇鸿股份、亚星客车5家公司已实施完成,实现优质资产注入,提高了核心竞争力;九鼎新材、南京熊猫2家公司的方案正在审核中;金利科技整合方案尚待提交审核。二是为化解退市风险或摆脱经营困难进行并购重组的上市公司有4家,其中海润光伏已成功恢复上市,高淳陶瓷、*ST远东、ST金材分别处于暂停、中止、停止实施阶段。三是江苏舜天通过重组解决了同业竞争问题。

五、上市公司募集资金情况、使用情况

（一）募集资金总体情况

2011 年，江苏上市公司通过资本市场直接融资 703.02 亿元，融资规模较 2010 年的 791.36 亿元略有下降。其中，首发股本融资（IPO）476.83 亿元，增发融资 140.16 亿元，配股融资 9.03 亿元，公司债券融资 77.00 亿元。有 1 家公司债券 2011 年获批，总额度为 56 亿元，其中 2011 年度发行了 30 亿元。

表 8　　2011 年江苏上市公司募集资金情况

发行类型	代　码	简　称	募集资金（亿元）
首　发	002540	亚太科技	16.00
	002546	新联电子	7.10
	002547	春兴精工	5.76
	002550	千红制药	12.80
	002553	南方轴承	3.74
	002559	亚威股份	8.80
	002564	张化机	14.16
	002576	通达动力	6.08
	002585	双星新材	28.60
	002608	舜天船舶	8.18
	002610	爱康科技	8.00
	002623	亚玛顿	15.20
	002631	德尔家居	8.80
	002635	安洁科技	6.90
	002645	华宏科技	4.50
	300160	秀强股份	8.19
	300165	天瑞仪器	12.03
	300169	天晟新材	7.52
	300172	中电环保	6.29
	300190	维尔利	7.78
	300192	科斯伍德	4.22
	300196	长海股份	5.57
	300201	海伦哲	4.20
	300209	天泽信息	6.86

续表

发行类型	代　码	简　称	募集资金(亿元)
首　发	300211	亿通科技	3.22
	300215	电科院	8.74
	300217	东方电热	5.95
	300228	富瑞特装	4.25
	300240	飞力达	5.40
	300258	精锻科技	6.25
	300260	新莱应材	4.51
	300261	雅本化学	4.99
	300265	通光线缆	5.03
	300279	和晶科技	2.42
	300280	南通锻压	3.52
	601010	文峰股份	22.00
	601028	玉龙股份	8.59
	601100	恒立油缸	24.15
	601199	江南水务	11.05
	601218	吉鑫科技	11.43
	601222	林洋电子	13.50
	601555	东吴证券	32.50
	601599	鹿港科技	5.30
	601700	风范股份	19.22
	601799	星宇股份	12.74
	601928	凤凰传媒	44.79
增　发	000525	红 太 阳	20.84
	002079	苏州固锝	5.18
	002081	金 螳 螂	13.26
	002165	红 宝 丽	2.46
	600087	*ST长油	15.48
	600401	海润光伏	23.35
	600487	亨通光电	5.99
	600522	中天科技	16.80
	600527	江南高纤	4.27
	600710	常林股份	5.16
	600770	综艺股份	13.76
	600973	宝胜股份	8.51
	601008	连云港	5.10

续表

发行类型	代　码	简　称	募集资金(亿元)
配　股	000816	江淮动力	6.75
	002015	霞客环保	2.28
公司债	000425	徐工机械	30.00
	600282	南钢股份	40.00
	600770	综艺股份	7.00
总　计			703.02

资料来源:江苏证监局

(二)募集资金使用情况及特点

2011 年,江苏共有 137 家公司使用募集资金,金额 401.86 亿元。其中,195.17 亿元为 2011 年度募集的资金,占全年使用募集资金总额的 48.57%;206.69 亿元为以前年度募集的资金,占年度使用募集资金总额的 51.43%。

(三)募集资金变更情况

2011 年,江苏有 13 家公司变更募集资金的使用项目,涉及金额约为 24.23 亿元,占该 13 家公司募集资金总额(123.23 亿元)的 19.66%。募集资金变更程序合法,均经过公司股东大会批准。变更的原因主要包括:一是拟投资项目的投资环境发生变化;二是原承诺投资项目因各种原因未能达到预期收益,为提高募集资金的使用效率,将剩余募集资金改投其他项目。

表 9　　2011 年江苏上市公司募集资金使用项目变更情况

日　期	变更募集资金使用项目的公司家数	涉及金额(亿元)	募集资金总额(亿元)	占公司募集资金总额的比例(%)
2011	13	24.23	123.23	19.66

资料来源:江苏证监局

(四)存在的主要问题

江苏上市公司募集资金的管理和使用较为规范,能建立专户存储制度,按计划使用募集资金,变更程序严格。但个别公司的募集资金管理和使用存在不足,主要表现为:募集资金使用计划不够严谨,对市场和政策变化预计不足,导致募集资金使用进度与承诺存在一定的差异;部分公司募集资金变更比例较高;部分公司在使用募集资金时无相关人员授权。此外,超募资金的用途较为笼统,需要进一步加强引导和监管。

六、江苏上市公司规范运作情况分析

(一)上市公司治理专项情况

江苏证监局将上市公司“消除同业竞争,减少关联交易”专项活动作为近年来上市公司监管的重点工作。2011 年,江苏证监局按照分步实施、总体推进的原则,新增了有较强影响力和较好示范效应的重点公司，按照一司一策的原则，有针对性地采取措施，加强督导。2011 年，江苏证监局纳入专项活动的重点公司合计达到 8 家，其中，问题类型为仅关联交易的 4 家，仅同业竞争的 2 家，两个问题并存的 2 家。江苏证监局通过发监管函、约见谈话、争取地方政府及国资部门支持、加强现场检查、组织开展培训等方式加大监管力度，截至 2011 年末，8 家公司中有 7 家已基本解决关联交易和同业竞争的问题，1 家（江淮动力）已制定方案，拟通过资产重组解决，2011 年末已停牌。

（二）审计及监管情况

2011 年年报审计中，有 30 家具有证券期货业务资格的会计师事务所在江苏执业，审计收费合计达 1.58 亿元。年报审计意见类型中，无保留意见 212 家（占 99.06%），保留意见 2 家（占 0.94%），未出现否定及无法表示意见类型。江苏共有 19 家上市公司变更了 2011 年年报审计机构，审计报告意见类型与 2010 年相比未发生变化。214 家上市公司均在法定期限内披露了 2011 年度报告。

2011 年年报审计监管中，江苏证监局召开年报工作会议 1 次，下发年报审计工作通知 1 份，签署年报审计监管备忘录 83 份，开展重点公司年报现场检查 45 家。通过实施双向沟通和风险告知制度，严把审计计划审阅关，强化事中监管与指导服务有机结合，完善事后执业质量评价追踪等系列全过程监管措施，加强了监管力度，取得了良好效果。

（三）信息披露情况

2011 年，江苏上市公司信息披露质量进一步提升，但违规现象偶有发生。

在定期报告披露方面，江苏上市公司能达到法定要求，及时履行信息披露义务，充分揭示公司盈利能力和经营风险。通过引导，部分公司能结合自身行业地位和特色优势，就核心竞争力等方面进行差异化披露的探索。

但部分公司存在信息披露“打补丁”的行为，1 家公司因存在涉嫌虚增收入和利润等行为被立案稽查，1 家公司因虚假陈述受到中国证监会处罚。

（四）证券市场服务情况

为进一步打造“资本市场安全区”，实现“资本市场强省”目标，江苏证监局在强化首发融资之外，提升上市公司驾驭资本市场的能力，引导其持续发展。

江苏证监局以日常监管为抓手，将有限的监管资源和重心倾斜于夯实公司发展的基础，营造规范发展的氛围；以专项活动为契机，清除公司发展障碍，加大对企业上市与后续发展的服务与引导；以高管培训为窗口，加强抢抓发展机遇的宣讲和动员。通过各部门配合协作，江苏上市公司产业升级和经济转型的工作取得了新成效。

审稿人：黄立新

撰稿人：黄锡成　陈　论

徐　哲　吴姬君

刘　亮　孟　奎

浙江地区

一、浙江国民经济发展概况

表 1　　2011 年浙江国民经济发展概况　　单位:亿元

指　标	1—3 月		1—6 月		1—9 月		1—12 月	
	绝对量	同比增长(%)	绝对量	同比增长(%)	绝对量	同比增长(%)	绝对量	同比增长(%)
地区生产总值	6 311	10.4	14 654	9.9	22 627	9.5	32 000	9.0
全社会固定资产投资	2 368	26.6	5 987	23.0	9 629	22.0	13 651	19.2
社会消费品零售总额	—	16.1	—	16.9	—	17.2	—	17.4
规模以上工业增加值	—	12.9	—	12.1	—	11.2	—	10.9
规模以上工业企业实现利润	624	40.0	1 432	32.4	2 214	21.2	3 080	9.9
居民消费价格指数(%)	1—3 月		1—6 月		1—9 月		1—12 月	
	5.3		6.4		6.2		3.9	

资料来源:国家统计局

二、浙江上市公司总体情况

(一)公司数量

截至 2011 年 12 月 31 日,浙江(不含宁波,下同)共有 188 家上市公司(地区分布详见表 2),上市公司数量占全国上市公司总数的 8.03%。其中,在上海证券交易所上市 54 家,深圳证券交易所上市 134 家;主板上市公司 65 家,中小企业板上市公司 101 家,创业板上市公司 22 家;包括 185 家纯 A 股公司,2 家纯 B 股公司以及 1 家 A + B 股公司。

2011 年度,浙江共新增上市公司 34 家,其中,首发上市主板公司 2 家,中小板公司 21 家,创业板公司 9 家,由浙江外迁入 2 家主板公司。

表 2　　2011 年浙江上市公司地区分布情况

地　区	杭　州	绍　兴	台　州	嘉　兴	金　华	湖　州	温　州	衢　州	丽　水	舟　山
家　数	73	34	24	17	16	11	7	3	2	1

资料来源:浙江证监局

（二）行业分布

浙江188家上市公司分属于制造业、信息技术业、批发与零售业、房地产业等10大类，其中分布最多的是制造业，有138家公司；其次是信息技术业，有14家公司；批发和零售贸易业9家；房地产业9家；建筑业4家；综合类4家；传播与文化产业3家；电力、煤气及水的生产和供应业3家；社会服务业3家；交通运输、仓储业1家。

表3　2011年浙江上市公司行业分布情况

所属中国证监会行业类别	家　数
制造业	138
信息技术业	14
批发和零售贸易业	9
房地产业	9
建筑业	4
综合类	4
传播与文化产业	3
电力、煤气及水的生产和供应业	3
社会服务业	3
交通运输、仓储业	1
合　计	188

资料来源：浙江证监局

（三）股本情况

截至2011年12月31日，浙江188家上市公司总股本785.14亿股，同比2010年（2010年同期数也按188家统计，下同）增长了17.86%，占同期全国上市公司总股本的2.63%。其中，股本规模超过10亿股（含10亿股）的公司有12家，占浙江上市公司家数的比重为6.38%；5亿股（含5亿股）到10亿股的公司有37家，占浙江上市公司家数的比重为19.68%；5亿股以下的公司有139家，占浙江上市公司家数的比重为73.94%。

从控股类型看，188家上市公司中，国有控股公司32家，民营控股公司153家，外资控股公司3家。

表4　2011年浙江上市公司股本规模在10亿股以上公司分布情况

股本规模（亿股）	公司家数	具体公司
50≤～<100	1	新湖中宝
20≤～<50	2	小商品城、东电B股
10≤～<20	9	万向钱潮、天马股份、滨江集团、海康威视、荣盛石化、美都控股、浙江龙盛、东方通信、正泰电器

资料来源：沪深交易所，天相投资分析系统

(四)市值规模

截至2011年12月31日,浙江188家上市公司境内总市值8 574.19亿元,占全国上市公司境内总市值的3.97%。其中,54家上交所公司总股本384.88亿股,境内总市值2 849.60亿元,占上交所上市公司境内总市值的1.91%;134家深交所公司总股本400.26亿股,境内总市值5 724.58亿元,占深交所上市公司境内总市值的8.60%。浙江上市公司流通市值4 909.69亿元,占全国流通市值的2.98%。

(五)资产情况

截至2011年12月31日,浙江188家上市公司合计总资产6 875.67亿元,归属于母公司股东权益3 283.14亿元,与2010年相比,分别增长29.01%、28.86%;每股净资产4.18元。

2011年末,188家公司资产总额较2010年同期增加1 545.97亿元,其中,流动资产增加1 169.48亿元,非流动性资产增加376.49亿元。2011年,浙江上市公司流动资产总额4 729.83亿元,其中包括存货1 926.15亿元(同比2010年增长52.08%),占流动资产的40.72%。2011年,浙江上市公司平均资产负债率为49.06%,与2010年49.27%的平均资产负债率水平持平。

三、浙江上市公司经营情况及变动分析

(一)总体经营情况

2011年,浙江上市公司实现营业收入5 156.88亿元,同比增长41.07%;归属母公司股东的净利润391.95亿元,同比增长35.55%。与全国平均水平比较,2011年浙江上市公司平均每股收益0.50元,略低于全国0.53元的平均水平;平均净资产收益率11.97%,低于全国14.08%的平均水平。

表5　2011年浙江上市公司经营情况

指　标	2011年	2010年	同比(%)
家　数	188	154	22.08
亏损家数	3	3	0.00
亏损家数比例(%)	1.60	1.94	-17.52
平均每股收益(元)	0.50	0.57	-12.28
平均每股净资产(元)	4.18	4.36	-9.72
平均净资产收益率(%)	11.97	14.55	-17.73
总资产(亿元)	6 875.67	4 951.13	38.87
归属于母公司股东权益(亿元)	3 283.14	2 398.20	36.90
营业收入(亿元)	5 156.88	3 655.65	41.07
利润总额(亿元)	513.80	388.52	32.25
归属于母公司所有者的净利润(亿元)	391.95	289.16	35.55

注:表5中2010年各项指标按照154家上市公司统计。
资料来源:浙江证监局

2011 年,浙江 188 家上市公司中 185 家盈利,3 家亏损。其中,133 家公司的归属于母公司净利润实现增长,占比 70.74%。其中,物产中大等 7 家公司营业总收入超百亿元,巨化股份等 9 家公司净利润超过 10 亿元,另有 92 家公司盈利过亿元。3 家公司亏损,平均亏损 9 332.37 万元,其中,ST 鑫富亏损数额最大,为 2.30 亿元;钱江摩托亏损数额最低,为 1 759.30 万元。

(二)行业经营情况

浙江上市公司主要分布在制造业、信息技术业、批发和零售贸易业、房地产业等行业。2011 年,受宏观调控持续影响,房地产业营业收入增长压力凸显,除房地产业外的其他行业营业收入增长率均在 10% 以上。其中,传播与文化产业、社会服务业营业收入增幅最大,电力、煤气及水的生产和供应业及信息技术业营业收入增速较低。从行业净利润指标看,2011 年,浙江传播与文化产业、社会服务业利润增势喜人,其中,传播与文化产业实现 149.46% 的增长;交通运输、仓储业和电力、煤气及水的生产和供应业利润呈负增长;制造业、信息技术业利润增速较低;综合类公司利润与 2010 年基本持平。

表 6　　2011 年浙江上市公司分行业经营情况

所属行类	营业收入(元)	同比增长(%)	净利润(亿元)	同比增长(%)
制造业(138 家)	3 560.84	24.00	292.40	10.06
信息技术业(14 家)	158.59	16.99	12.07	15.25
批发和零售贸易业(9 家)	786.32	23.05	40.26	40.78
房地产业(9 家)	247.21	4.44	44.07	8.14
建筑业(4 家)	157.59	24.82	6.70	39.70
综合类(4 家)	81.28	25.88	9.94	1.00
传播与文化产业(3 家)	26.38	47.87	6.20	149.46
电力、煤气及水的生产和供应业(3 家)	103.52	11.45	5.41	-33.93
社会服务业(3 家)	16.63	36.18	2.14	42.66
交通运输、仓储业(1 家)	18.51	25.38	0.26	-95.45

资料来源:浙江证监局

(三)业绩变动情况分析

1. 营业收入、毛利率、费用等分析

2011 年,浙江上市公司实现营业收入 5 156.88亿元,同比增长 41.07%;营业成本 4 096.48 亿元,同比增长 23.48%;利润总额 513.80 亿元,同比增长 32.25%;毛利率 20.56%,同比下降 3.11 个百分点。此外,分析三项期间费用,2011 年,浙江上市公司管理费用 279.10 亿元,销售费用 223.31 亿元,财务费用 42.52 亿元,同比分别增长 29.69%、22.83%、8.49%,增长幅度与收入增长幅度一致,三项费用分别占营收总额的 5.41%、4.33%、0.82%,与 2010 年度费用占营收的比重基本持平。总体而言,2011 年,浙江大部分公司受原材料、人工成本上涨的影响,出现毛利下降、营收规模扩大但利润增长不明显的情形。

2. 盈利构成分析

从盈利构成看,2011 年浙江上市公司利润来源主要是营业利润,其占利润总额的比重为 92.85%;投资净收益占利润总额的比重为 8.67%,公允价值变动净收益占利润总额的比重为 0.05%,营业外收支净额占利润总额的比重为 7.15%。

3. 经营性现金流量分析

从整体现金流量看,2011 年浙江上市公司现金净流入 198.3 亿元,比 2010 年减少 249.89 亿元,下降幅度较大,主要系经营活动与投资活动产生的现金净流量均为负增长所至,2011 年经营活动与投资活动产生的现金净流量较 2010 年分别减少 137.65 亿元和 106.50 亿元。其中,浙江 119 家公司 2011 年经营净现金流量为正数,69 家为负数。

表 7　2011 年浙江上市公司现金流分析

年份(增减指标)	现金净流量(亿元)	经营活动产生现金净流量(亿元)	投资活动产生现金净流量(亿元)	筹资活动产生现金净流量(亿元)
2010 年	448.19	198.09	-330.64	580.74
2011 年	198.30	60.44	-437.14	575.00
增减额(亿元)	-249.89	-137.65	-106.50	-5.74
增减幅度(%)	-55.76	-69.49	32.21	-1.00

资料来源:浙江证监局

从经营现金流净额的构成看,销售商品、提供劳务收到的现金比 2010 年增加 897.30 亿元,购买商品、接受劳务支付的现金比 2010 年增加 875.73 亿元,支付给职工以及为职工支付的现金增加 75.29 亿元。分行业看,浙江房地产业、建筑业上市公司的经营现金流净额下滑最为显著,批发与零售、部分材料类制造业、机械设备制造业上市公司现金流也出现负增长。

4. 业绩特点分析

(1)主板公司业绩增长相对稳定,中小板公司、创业板公司业绩增长趋缓

2011 年,浙江主板上市公司实现营业收入 2 715.65 亿元,归属于母公司净利润 173.02 亿元,平均毛利率 18.05%,较 2010 年分别增长 20.14%、18.96% 和 0.16 个百分点;中小板上市公司实现营业收入 2 303.25亿元,归属于母公司净利润 199.28 亿元,平均毛利率 22.62%,较 2010 年分别增长 25.81%、12.35% 和 -1.76 个百分点;创业板上市公司实现营业收入 137.97 亿元,归属于母公司净利润 19.64 亿元,平均毛利率 35.73%,较 2010 年分别增长 14.84%、7%、-0.07 个百分点。

从板块盈利情况看,主板、中小板上市公司营收相比 2010 年有 20% 以上的增幅,创业板公司营收增幅小于 20%;主板、中小板上市公司归属于母公司净利润增幅在 10% 以上,但中小板上市公司利润增长幅度远小于营收增长幅度,创业板上市公司归属于母公司净利润增幅小于 10%;就毛利率而言,3 个板块的毛利率与 2010 年基本持平,其中下降幅度最大的是中小板上市公司,毛利率下降 1.76 个百分点。总体而言,2011 年度浙江主板公司业绩表现相对稳定,中小板,特别是创业板上市公司受经济环境、企

业生命周期等影响,业绩增长的持续性存在一定的压力。

(2)少数公司出现上市当年业绩下滑的情形

2011年,浙江有4家新上市公司净利润出现下滑,全部为中小板上市公司,占当年新上市公司总数的12.5%。4家公司净利润平均下滑幅度为13.96%,下滑幅度最大的达47.46%,最小的为4.15%,主要集中在汽车零部件行业。

(3)上市公司非经常性损益增加

2011年,浙江上市公司非经常性损益44.93亿元,同比2010年增加71.88%,占2011年净利润的10.72%,主要系公司确认的政府补助及处置非流动资产收益所致。从公司层面看,新湖中宝是获得政府补贴最多的上市公司,2011年获得政府补助达到4.95亿元,达到全部补贴额的13.79%;新安股份是获得政府补助占比最高的公司,其政府补助占上市公司净利润达到3.86倍。

5. 利润分配情况

2011年度,浙江188家上市公司中,共有149家公司披露利润分配(含转增股本)预案,占浙江上市公司总数的79.26%,具体情况如表8:

表8　　2011年度浙江上市公司利润分配情况

类　别	家　数	占已分配上市公司总数比例(%)	占浙江上市公司总数比例(%)
纯现金分红	88	59.06	46.81
现金分红+转增+送股	2	1.34	1.06
现金分红+转增	54	36.24	28.72
现金分红+送股	3	2.02	1.60
纯转增	2	1.34	1.06
不转增不分配	39	—	20.75
合计	188	100.00	100.00

资料来源:浙江证监局

现金分红家数147家,占浙江上市公司总数的78.19%,比2010年提高3.19%,高于全国10.95个百分点。现金分红金额120.14亿元,比2010年增长41.34%,占浙江上市公司2011年度实现净利润总额的28.67%。平均每家上市公司现金分红额达到6 390.43万元。

此外,2011年中报期间,浙江有7家上市公司进行了利润分配,其中,纯现金分红的有3家,现金分红加转增股本的有2家,单纯转增股本的有2家,合计分红金额为6.21亿元。2011年浙江上市公司整体分红情况良好,上市公司回报投资者的意识显著加强。

四、浙江上市公司并购重组情况

2011年度,浙江共有6家上市公司实施并完成了并购重组,其中包括3家主板公司及3家中小板公司,4家公司通过定向增发购买资产方式实现并购,2家公司采取现金方式进行收购。

（一）华夏幸福（600340）

根据浙江国祥与华夏幸福于2009年7月6日签署的《重组协议》以及2009年9月7日签署的《重组协议之补充协议》，浙江国祥以其全部资产及负债与华夏幸福持有的京御地产100%股权进行整体资产置换，置换差额部分由浙江国祥向华夏幸福发行35 542.71万股股份购买。注入资产最终交易价格为66 946.80万元。本次交易完成后，京御地产成为浙江国祥的全资子公司。2011年10月15日，公司更名为华夏幸福基业投资开发股份有限公司。

（二）浙报传媒（600633）

由原上海白猫股份有限公司向浙报传媒控股集团有限公司发行共计27 768.29万股股份购买相关资产，浙报控股以拥有的报刊传媒类经营性资产整体注入上海白猫股份有限公司，实现报刊传媒类经营性资产整体借壳上市。2011年9月，公司完成重大资产重组，经上海证券交易所批准，于9月29日在上海证券交易所恢复上市，公司简称变更为“浙报传媒”，2011年11月2日，公司注册地址变更后迁入浙江。

（三）上风高科（000967）

2011年9月，上风高科采用现金购买资产的重大资产重组事项通过中国证监会核准。根据重组方案，公司以16 054万元现金收购辽宁东港电磁线有限公司85%的股权，交易完成后，东港电磁成为公司控股子公司。

（四）万丰奥威（002085）

2011年5月，万丰奥威发行股份购买资产暨关联交易的重大资产重组事项通过中国证监会核准。根据公司重组方案，公司通过向控股股东万丰集团、公司董事及自然人发行股份的方式，购买其合计持有的浙江万丰摩轮有限公司75%股权，交易完成后，万丰摩轮将成为万丰奥威的控股子公司。本次交易为发行股份购买资产，公司以7.85元/股的价格，定向发行股份10 574.90万股（占发行后总股本的27.11%），涉及资产价值为83 012.94万元。

（五）利欧股份（002131）

2011年9月，利欧股份发行股份购买资产的重大资产重组事项通过中国证监会核准。根据公司重组方案，公司通过向9名自然人和瑞鹅投资发行股份的方式，购买其合计持有天鹅泵业92.61%的股权，通过现金收购剩余7.39%的股权，交易完成后，天鹅泵业成为利欧股份的全资子公司。本次交易为发行股份购买资产，公司以14.58元/股的价格，定向发行股份1 852.44万股（占发行后总股本的5.80%），涉及资产价值27 008.51万元。

（六）万里扬（002434）

2011年7月，万里扬采用现金收购股权的重大资产重组事项通过中国证监会核准。根据公司重组方案，公司以1 672.00万元现金收购万盛汽配持有山东临工16.33%的股权。公司此前持有山东临工37.55%股权，本次交易完成后，公司将合计持有山东临工53.88%的股权，成为山东临工的控股股东。

此外,2011年,浙江另有2家上市公司推出了重大资产重组预案,其中1家主板公司,1家创业板公司。轻纺城:公司于2011年9月28日发布公告,拟通过发行股份及现金支付方式,以241 624.02万元收购第一大股东绍兴县中国轻纺城市场开发经营有限公司,拥有的东升路市场和北联市场资产及相应的预收租金、保证金等款项。顺网科技:公司于2011年1月29日发布公告,计划通过非公开发行股份及支付现金的方式,购买上海新浩艺软件有限公司、上海凌克翡尔广告有限公司等5家公司100%的股权,预计资产价值为4.80亿元,其中,现金对价3.16亿元,发行股份对价1.64亿元。

五、浙江上市公司募集资金情况、使用情况

(一)募集资金总体情况

2011年,浙江上市公司通过资本市场直接融资485.32亿元,其中,32家公司通过首发上市募集资金296.16亿元,24家公司通过增发(配股)募集资金189.16亿元。2011年,浙江共有21家上市公司完成了定向增发(主板公司6家,中小板公司15家),其中,2家为定向增发收购资产,19家为定向增发募集现金。

表9　　2011年浙江上市公司募集资金情况

发行类型	代　码	简　称	募集资金(亿元)
首　发	002534	杭钢股份	10.66
	002552	宝鼎重工	5.00
	002562	兄弟科技	5.61
	002563	森马服饰	46.90
	002569	步森股份	3.94
	002570	贝因美	18.06
	002574	明牌珠宝	19.20
	002590	万安科技	3.64
	002602	世纪华通	10.35
	002615	哈尔斯	4.10
	002617	露笑科技	5.40
	002619	巨龙管业	3.80
	002624	金磊股份	2.80
	002625	龙生股份	2.16
	002632	道明光学	6.13
	002633	申科股份	3.50
	002634	棒杰股份	3.02
	002637	赞宇科技	7.20
	002641	永高股份	9.00

续表

发行类型	代 码	简 称	募集资金(亿元)
首 发	002647	宏磊股份	5.41
	002648	卫星石化	20.00
	300181	佐力药业	4.70
	300203	聚光科技	9.00
	300234	开尔新材	2.40
	300244	迪安诊断	3.01
	300250	初灵信息	2.50
	300256	星星科技	5.25
	300257	开山股份	22.68
	300266	兴源过滤	3.64
	300270	中威电子	3.50
	601113	华鼎锦纶	11.20
	601233	桐昆股份	32.40
增 发	000925	众合机电	4.15
	002006	精功科技	4.64
	002011	盾安环境	9.66
	002012	凯恩股份	4.99
	002020	京新药业	4.53
	002043	兔 宝 宝	4.73
	002067	景兴纸业	9.50
	002085	万丰奥威	8.30
	002115	三维通信	2.11
	002126	银轮股份	4.73
	002135	东南网架	6.11
	002199	东晶电子	3.05
	002206	海 利 得	9.00
	002250	联化科技	6.85
	002263	大 东 南	12.88
	002273	水晶光电	3.31
	002276	万马电缆	4.21
	600160	巨化股份	16.08
	600267	海正药业	13.66
	600290	华仪电气	9.50
	600340	华夏幸福	14.04
	600633	浙报传媒	21.60

续表

发行类型	代　码	简　称	募集资金(亿元)
配　股	002003	伟星股份	3.78
	002203	海亮股份	7.72
总　计			485.32

资料来源:浙江证监局

(二)募集资金使用情况及特点

2011年年报中,浙江共有123家上市公司披露了募集资金使用情况(其中,主板上市公司19家,中小板上市公司82家,创业板上市公司22家)。在上述123家上市公司中,2011年度使用募集资金214.87亿元,累计已使用募集资金461.91亿元;使用超募资金118.74亿元,累计已使用超募资金169.19亿元。募集资金已投入项目341个。总体而言,由于超募资金使用限制相对较少,公司使用超募资金的进度较快。

(三)存在的主要问题

浙江上市公司募集资金管理及使用情况整体情况良好,募集资金投向依次为新增募投项目、归还银行贷款、补充流动资金、股权投资和对外收购。由于公司募投项目从规划到正式实施间隔时间较长,客观情况可能出现变化,加之部分企业由于对募投项目可行性研究工作不到位,导致上市公司募集资金出现使用进度缓慢、项目发生变更、实际效益不佳等情况。

六、浙江上市公司规范运作情况分析

(一)上市公司治理专项情况

2011年,浙江证监局继续开展新上市公司首次见面会活动,在抓好新近上市30家公司的治理专项活动的基础上,上市公司在独立性、内控建设等方面得到提升,整体治理水平进一步提高。一是通过"解决同业竞争,减少关联交易"专项工作,筛选出新湖中宝等5家公司作为重点公司,采取"一司一策,逐家推动"的方式,指导公司制定切实可行的解决方案,5家公司于2011年年底前全部完成了既定的整改目标。二是稳步有序开展内部控制规范试点工作,2011年浙江正泰电器等4家公司作为实施内部控制的试点单位,扎实有效地完成了内控试点的各项工作。

(二)审计情况及监管情况

2011年,浙江188家上市公司的年报审计工作共由16家会计师事务所承担,其中注册地在浙江的2家,注册地在外地的14家。浙江的天健会计师事务所和中汇会计师事务所分别承接了128家和9家公司的年报审计工作,比重分别为68.08%和4.78%;立信会计师事务所是承接业务最多的外地事务所,共为33家公司提供了年报审计服务。浙江共有*ST天目等11家上市公司更换了年报审计机构。

2011年年报期间,浙江证监局通过走访天健、中汇、立信杭州分所三大会计师事务所,就年报审计重点关注事项、高风险公司审计要求进行逐家沟通,加强事前审计风险提示;年报期间,牵头统一下发上市公司《年报审计风险提示函》100余份,督促天健所报送《年报审计计划》和《年报审计总结》合计172份;在进行公司全面检查和高风险公司专项检查过程中,外聘第三方独立专项审计,在加强对高风险疑难财务问题监管的同时,进一步强化对会计师执业质量的检查力度。

(三)信息披露情况

2011年,浙江上市公司信息披露机制进一步完善,除《信息披露管理制度》、《内幕知情人登记备案制度》外,部分上市公司还制定了《重大信息内部报送制度》、《外部信息使用人管理制度》,进一步细化了公司信息的管理,绝大多数上市公司的信息披露质量得到提高。2011年,浙江4家上市公司因自身环保问题,或受区域性环境污染事件影响相继停产整治,引发市场广泛关注,公司迅速启动应急反应机制,及时做好信息披露工作,将停产整治给上市公司带来的负面影响减少到最低。此外,公司对重大事项的认识进一步提高,能主动及时发布相关提示公告,对不实的市场传闻做到及时澄清,以降低信息对公司的影响力。

(四)证券市场服务情况

一是加大对规范类上市公司再融资的支持力度。浙江证监局2011年全年共向中国证监会上市部报送再融资监管意见30份,股权激励监管意见14份,并购重组监管意见1份,上市公司增资期货公司、参股基金公司监管意见2份。

二是组织召开上市公司债券发行专题座谈会和培训会,推动上市公司发行公司债。2011年度,浙江共有正泰电器等7家公司顺利发行公司债券,募集资金共计62亿元。另有万向钱潮等9家公司已披露发债融资方案,计划融资59亿元。

三是开展上市公司财务规范性整改活动。通过自查摸底、评价整改两个阶段,提升上市公司财务会计水平。

四是严格监管,推动公司提高内部规范水平。2011年,浙江证监局围绕年报披露、重大媒体质疑、股价异动、举报投诉等问题,共组织实施各类现场检查95家次,共约见公司董、监、高谈话62家次,出具监管意见函21份,采取行政监管措施2次。

五是以防范内幕交易为重点,打击上市公司违法违规行为。浙江证监局通过召开内幕交易防范专题培训会,建立联席会议制度,编印刊发《合作监管通讯》(内幕交易专刊)、《上市公司内幕交易典型案例读本》等,加大宣传教育和打击力度。

六是深化综合监管体系,加强与地方政府和会计师事务所的监管合作,分别签订了《杭州上市公司监管合作试行办法》及《协作备忘录》。

审稿人:潘荣伟

撰稿人:田蓓蓓　陈　璐

安徽地区

一、安徽国民经济发展概况

表1　　2011年安徽国民经济发展概况　　单位：亿元

指　标	1—3月		1—6月		1—9月		1—12月	
	绝对量	同比增长（%）	绝对量	同比增长（%）	绝对量	同比增长（%）	绝对量	同比增长（%）
地区生产总值	2 843	13.8	6 883	13.4	11 078	13.8	15 110	13.5
全社会固定资产投资	2 077	34.3	5 537	35.4	8 792	30.5	11 986	27.6
社会消费品零售总额	—	17.2	—	17.8	—	18.0	—	18.0
规模以上工业增加值	—	19.9	—	20.0	—	20.7	—	21.1
规模以上工业企业实现利润	223	53.5	490	48.4	721	36.2	1 307	52.5
居民消费价格指数（%）	1—3月		1—6月		1—9月		1—12月	
	5.8		7.2		6.0		3.9	

资料来源：国家统计局

二、安徽上市公司总体情况

（一）公司数量

表2　　2011年安徽上市公司数量　　单位：家

公司总数	仅A股	仅B股	(A+B)股
77	74	0	3

资料来源：沪深交易所，天相投资分析系统

（二）行业分布

表3　　2011年安徽上市公司行业分布情况

所属中国证监会行业类别	家　数
农、林、牧、渔业	2
采掘业	2

续表

所属中国证监会行业类别	家　数
制造业	55
电力、煤气及水的生产和供应业	1
建筑业	3
交通运输、仓储业	2
信息技术业	3
批发和零售贸易业	3
金融、保险业	1
房地产业	2
社会服务业	1
传播与文化产业	2
合　计	77

资料来源:安徽证监局

(三)股本结构及规模

截至2011年12月31日,安徽77家上市公司总股本432.03亿股,占同期全国上市公司总股本的1.45%。安徽总股本在10亿股以上的公司有10家,占安徽上市公司总数的12.99%。

表4　　2011年安徽上市公司股本规模在10亿股以上公司分布情况

股本规模(亿股)	公司家数	具体公司
50≤～<100	2	海螺水泥、马钢股份
10≤～<20	8	铜陵有色、国元证券、中弘股份、皖通高速、江淮汽车、芜湖港、恒源煤电、国投新集

资料来源:沪深交易所,天相投资分析系统

(四)市值规模

截至2011年12月31日,安徽77家上市公司境内总市值4 250.49亿元,占全国上市公司境内总市值的1.97%。其中,上交所上市公司29家,总股本255.81亿股,境内总市值2 171.23亿元,占上交所上市公司境内总市值的1.45%;深交所上市公司48家,总股本176.22亿股,境内总市值2 079.26亿元,占深交所上市公司境内总市值的3.12%。

(五)资产规模

截至2011年12月31日,安徽77家上市公司合计总资产5 005.94亿元,归属于上市公司股东的净资产2 213.13亿元,与2010年相比,分别增长25.63%、24.99%;平均每股净资产4.74元。

三、安徽上市公司经营情况及变动分析

(一)总体经营情况

2011 年,安徽上市公司实现营业收入 4 595.69亿元,同比增长 41.97%;实现归属于母公司所有者的净利润 281.77 亿元,同比增长 31.39%;平均净资产收益率为 12.73%,低于全国 14.08% 的平均水平;平均每股收益(按期末股本计算)为 0.60 元,高于全国 0.53 元的平均水平。见表 5。

表 5　　2011 年安徽上市公司经营情况

指　标	2011 年	2010 年	同比(%)
家　数	77	65	18.46
亏损家数	1	1	0.00
亏损家数比例(%)	1.30	1.54	-0.24
平均每股收益(元)	0.60	0.57	5.76
平均每股净资产(元)	4.74	4.72	0.34
平均净资产收益率(%)	12.73	12.11	0.62
总资产(亿元)	5 005.94	3 984.55	25.63
归属于母公司股东权益(亿元)	2 213.13	1 770.31	24.99
营业收入(亿元)	4 595.69	3 237.06	41.97
利润总额(亿元)	375.14	293.20	27.95
归属于母公司所有者的净利润(亿元)	281.77	214.45	31.39

资料来源:沪深交易所,天相投资分析系统,安徽证监局

(二)分行业经营情况

安徽上市公司主要分布在制造业(55 家)、信息技术业(3 家)、建筑业(3 家)、批发和零售贸易业(3 家)等行业。2011 年,安徽金融、保险业和房地产等行业上市公司营业收入出现下滑,而批发和零售贸易业,电力、煤气及水的生产和供应业,信息技术业等其他行业呈现增长态势,其中交通运输、仓储业增长最快,同比增幅达 423.97%。具体见表 6。

表 6　　2011 年安徽上市公司分行业经营情况

所属行类	营业收入(亿元)	同比增长(%)	净利润(亿元)	同比增长(%)
农、林、牧、渔业	18.99	12.71	0.76	-37.87
采掘业	163.68	16.92	23.61	7.21
制造业	3 560.60	29.00	205.89	36.20
电力、煤气及水的生产和供应业	51.50	36.10	0.19	-91.19
建筑业	133.66	21.70	8.10	29.92

续表

所属行类	营业收入（亿元）	同比增长（%）	净利润（亿元）	同比增长（%）
交通运输、仓储业	322.72	423.97	11.88	48.11
信息技术业	20.32	43.78	2.32	24.67
批发和零售贸易业	206.10	31.67	6.94	39.18
金融、保险业	17.75	-20.83	5.63	-39.17
房地产业	29.51	-34.56	7.20	-31.99
社会服务业	16.01	10.81	2.56	10.88
传播与文化产业	54.86	19.41	6.69	17.70

资料来源：安徽证监局

（三）业绩变动情况分析

1. 营业收入、毛利率等指标分析

2011 年，安徽上市公司实现营业收入 4 595.69亿元，同比增长 41.97%；营业成本 3 881.31 亿元，同比增长 35.16%；营业利润 342.34 亿元，同比增长 36.59%；利润总额 375.14 亿元，同比增长 27.95%；毛利率 15.54%，同比下降 0.66 个百分点。

2. 盈利构成分析

从盈利构成看，2011 年安徽上市公司利润来源主要是营业利润，其占利润总额的比重为 91.26%；投资净收益占利润总额的比重为 3.82%，公允价值变动净收益为负（-0.29 亿元），营业外收支净额占利润总额的比重为 8.74%。

3. 经营性现金流量分析

2011 年，安徽 49 家上市公司经营现金流量净额为正，占 77 家上市公司的 63.64%，低于 2010 年 71.21% 的水平。

4. 业绩特点分析

（1）营业收入增长较快，每股收益同比变化不大

2011 年，安徽 77 家上市公司实现营业收入 4 595.69 亿元，较 2010 年度增长 41.97%。其中，营业收入在 10 亿元以上的上市公司有 52 家，营业收入过百亿元的有 5 家公司。平均每股收益为 0.60 元，较 2010 年度增加 0.03 元，其中，每股收益超过 1 元的上市公司有 12 家。

（2）净利润总额增加较大，行业业绩分化加剧

2011 年，安徽 77 家上市公司中，有 52 家公司净利润同比实现了增长，亏损公司仅有 1 家；归属于上市公司股东的净利润为 281.77 亿元，较 2010 年度增长 31.39%。其中，净利润在 1 亿元以上的公司有 40 家，净利润超过 10 亿元的有 4 家。从行业来看，建筑建材、白酒食品、有色金属行业上市公司净利润快速增长，分别较 2010 年增加 58.35 亿元、5.10 亿元、4.54 亿元，增幅分别为 80.81%、80.38%、43.34%；但钢铁、汽车、房地产行业上市公司的业绩分别较 2010 年下降 10.32 亿元、5.36 亿元、3.39 亿元，降幅分别为 93.69%、31.24%、31.99%。2011 年，净利润增加额超过 2 亿元的有 7 家公司；减少额超过 2 亿元的有 5 家公司。

（3）存货增速远低于营业收入增速，经营性净现金流大幅提高

2011 年，安徽 77 家上市公司存货余额合

计为722.15亿元,较2010年末的609.12亿元增加113.03亿元,增幅为18.56%,远低于营业收入34.19%的增幅。同时,上市公司现金管理能力也有进一步提升。安徽77家上市公司经营活动产生的现金流量净额由2010年度的73.84亿元大幅增加至2011年度的202.49亿元,增幅为174.23%;平均每股经营活动产生的现金流量净额由2010年度的0.18元大幅提高至2011年度的0.43元。

(4)板块业绩情况

2011年,安徽地区主板上市公司平均每股收益0.61元,净资产收益率13.22%。中小板上市公司平均每股收益0.54元,高于深交所中小板0.52元的平均每股收益水平;净资产收益率10.24%,低于深交所中小板10.51%的平均净资产收益率。创业板上市公司每股收益0.50元,低于深交所创业板0.52元的平均每股收益水平;净资产收益率9.08%,高于深交所创业板7.85%的平均净资产收益率。

5. 利润分配情况

2011年,安徽共有61家公司提出利润分配或资本公积金转增股本方案,占盈利公司总数76家的78.95%;发放现金股利家数为58家,发放现金总额57.57亿元,占安徽上市公司实现净利润总额的20.43%。

表7　2011年安徽上市公司现金分红预案情况

板　块	上市公司家数	分红家数		净利润总额(亿元)	分红金额	
		家　数	占比(%)		金额(亿元)	占比(%)
主　板	46	31	67.39	247.63	44.39	17.93
中小板	24	20	83.33	28.28	11.48	40.59
创业板	7	7	100.00	5.86	1.70	29.01
合　计	77	58	75.32	281.77	57.57	20.43

资料来源:安徽证监局

四、安徽上市公司并购重组情况

(一)并购重组基本情况

2011年,安徽共有4家上市公司完成并购重组工作,涉及金额合计约38.52亿元。

从并购重组分类情况看,资产置换1家,涉及金额1.41亿元;发行股份购买资产3家,涉及金额37.11亿元,其中,实际控制权变更类型为1家,涉及标的金额17.55亿元。

表8　2011年安徽上市公司并购重组情况

序　号	公　司	重组方式	涉及资金(亿元)	备　注
1	江南化工	定向增发购买资产	17.55	实施完成
2	星马汽车	定向增发购买资产	17.85	
3	皖通科技	定向增发购买资产	1.71	
4	方兴科技	资产置换	1.41	
合计(亿元)			38.52	

资料来源:安徽证监局

(二)并购重组特点

1. 并购重组模式特点

2011 年,安徽上市公司并购重组模式主要是定向增发。

2. 并购重组主要目标特点

2011 年,安徽上市公司并购重组主要以扩大市场份额和拓展业务范围为主。

五、安徽上市公司募集资金情况、使用情况

(一)募集资金总体情况

2011 年,安徽上市公司通过资本市场直接融资 358.36 亿元,融资规模创历史新高;其中,11 家公司通过首次公开发行共募集资金 103.98 亿元;3 家公司通过发行公司债募集资金 156 亿元;1 家公司通过发行可转债募集资金 3 亿元;11 家公司通过非公开发行共募集资金 95.38 亿元。另有 4 家上市公司约 41.76 亿元的再融资申请获批。

表 9　2011 年安徽上市公司募集资金情况

发行类型	代　码	简　称	募集资金(亿元)
首　发	002538	司尔特	9.88
	002541	鸿路钢构	13.94
	002555	顺荣股份	5.95
	002556	辉隆股份	14.06
	002557	洽洽食品	20.00
	002571	德力股份	6.34
	002597	金禾实业	7.20
	002607	亚夏汽车	4.92
	300218	安利股份	4.75
	300247	桑乐金	3.28
	300274	阳光电源	13.66
	000417	合肥百货	7.06
	000596	古井贡酒	12.60
	000868	安凯客车	4.58
	002136	安纳达	3.77
	002226	江南化工	17.55
	002230	科大讯飞	4.45
	002331	皖通科技	1.71
	600063	皖维高新	9.16
	600375	华菱星马	17.85
	600567	山鹰纸业	10.56
	600577	精达股份	6.08

续表

发行类型	代 码	简 称	募集资金(亿元)
公司债	600585	海螺水泥	95.00
	600808	马钢股份	55.00
	002042	华孚色纺	6.00
可转换公司债	000887	中鼎股份	3.00
总 计			358.36

资料来源:安徽证监局

(二)募集资金使用情况及特点

2011年,安徽共有49家公司使用募集资金,金额321.91亿元。其中,216.00亿元为2011年度募集的资金,占全年使用募集资金总额的67.1%;105.91亿元为以前年度募集的资金,占年度使用募集资金总额的32.9%。

(三)募集资金变更情况

2011年,安徽有3家公司变更募集资金的使用项目,涉及金额约为2.3亿元,占该3家公司募集资金总额(13.62亿元)的16.89%。募集资金变更程序合法,均经过公司股东大会批准。变更的原因主要是拟投资项目的投资环境发生变化,为提高募集资金的使用效率,将募集资金改投其他项目。

表10 2011年安徽上市公司募集资金使用项目变更情况

日 期	变更募集资金使用项目的公司家数	涉及金额(亿元)	募集资金总额(亿元)	占公司募集资金总额的比例(%)
2011	3	2.3	13.62	16.89

资料来源:安徽证监局

(四)存在的主要问题

上市公司总体上对募集资金的管理较为规范,建立专户存储制度,按计划使用募集资金,变更程序严格。但个别公司的募集资金管理存在不足,主要表现为募集资金使用计划制定得不够严谨,对市场和政策变化预计不足。

六、安徽上市公司内控规范实施情况

2011年,根据中国证监会的统一部署,安徽3家A+H股公司及6家试点公司于2011年开展内控规范实施或试点工作。为加强对内控规范试点工作的组织领导,提高相关工作的执行力,安徽证监局成立了以方向瑜局长为组长、唐理斌副局长为副组长,公司一处、二处负责人为成员的实施内控规范工作领导小组,负责协调解决内控规范实施过程中的监管难点问题。

内控规范试点工作启动以来,安徽相关上市公司结合各自实际,制定了实施内控规范推进工作方案,明确推进工作目标、工作思路、组织领导以及各阶段的具体工作计划,力求以实施内控规范为抓手,建立有效提升公司经营管理水平和防范风险能力、促进公司规范发展的内控长效机制。

截至2011年末,9家试点公司中有7家已进入内控建设成果固化阶段(占比为77.78%)。总体来看,安徽上市公司实施内控规范工作整体进展情况良好,取得了一定的阶段性成果。

2011年,安徽有61家上市公司披露内部控制自我评价报告,其中,主板31家,中小板23家,创业板7家;29家公司披露内部控制审计报告,其中,主板14家,中小板13家,创业板2家。除华孚色纺被出具带有强调事项段的无保留意见内部控制审计报告外,其他均为标准无保留意见。

审稿人:唐理斌

撰稿人:袁宏生　罗友平　孙　斌

福建地区

一、福建国民经济发展概况

表1　2011年福建国民经济发展概况　单位:亿元

指　标	1—3月		1—6月		1—9月		1—12月	
	绝对量	同比增长(%)	绝对量	同比增长(%)	绝对量	同比增长(%)	绝对量	同比增长(%)
地区生产总值	2 931	14.5	7 043	13.0	11 030	12.3	17 410	12.2
全社会固定资产投资	1 554	32.9	4 224	31.9	6 716	28.9	9 693	27.8
社会消费品零售总额	—	17.1	—	18.0	—	18.1	—	18.2
规模以上工业增加值	—	23.8	—	17.4	—	14.0	—	17.1
规模以上工业企业实现利润	294	52.5	643	37.9	970	26.1	1 579	24.6
居民消费价格指数(%)	1—3月		1—6月		1—9月		1—12月	
	4.7		5.3		5.7		5.3	

资料来源:国家统计局

二、福建上市公司总体情况

(一)公司数量

表2　2011年福建上市公司数量　单位:家

公司总数	仅A股	仅B股	(A+B)股
54	54	0	0

资料来源:沪深交易所,天相投资分析系统

(二)行业分布

表3　2011年福建上市公司行业分布情况

所属中国证监会行业类别	家　数
农、林、牧、渔业	3
采掘业	1
制造业	32
电力、煤气及水的生产和供应业	1
交通运输、仓储业	1
信息技术业	6
批发和零售贸易业	3
金融、保险业	2
房地产业	4
综合类	1
合　计	54

资料来源:福建证监局

(三)股本结构及规模

截至2011年12月31日,福建(不含厦门,下同)54家上市公司总股本521.16亿股,占同期全国上市公司总股本的1.75%。福建总股本在10亿股以上的公司有7家,占福建上市公司总数的12.96%。具体见表4。

表4　2011年福建上市公司股本规模在10亿股以上公司分布情况

股本规模(亿股)	公司家数	具体公司
200≤~<500	1	紫金矿业
100≤~<200	1	兴业银行
20≤~<50	3	福建高速、福耀玻璃、兴业证券
10≤~<20	2	泰禾集团、青山纸业

资料来源:沪深交易所,天相投资分析系统

(四)市值规模

截至2011年12月31日,福建54家上市公司境内总市值4 276.15亿元,占全国上市公司境内总市值的1.98%。其中,上交所上市公司20家,总股本401.79亿股,境内总市值3 157.80亿元,占上交所上市公司境内总市值的2.12%;深交所上市公司34家,总股本119.37亿股,境内总市值1 118.36亿元,占深交所上市公司境内总市值的1.68%。

(五)资产规模

截至2011年12月31日,福建54家上市公司合计总资产26 584.25亿元,归属于上市公司股东的净资产2 262.20亿元,与2010年相比,分别增长29.00%、21.74%;平均每股净资产3.89元。

三、福建上市公司经营情况及变动分析

(一)总体经营情况

2011年,福建54家上市公司实现营业收入2 232.14亿元,同比增长28.10%;实现归属母公司所有者净利润401.52亿元,同比增长28.12%;福建54家上市公司平均净资产收益率为17.75%,是全国平均水平的1.26倍;平均每股收益为0.69元,是全国平均水平的1.3倍。具体见表5。

表5 2011年福建上市公司经营情况

指　标	2011年	2010年	同比(%)
家　数	54	49	10.20
亏损家数	4	2	200.00
亏损家数比例(%)	7.41	4.08	3.33
平均每股收益(元)	0.69	0.74	-6.76
平均每股净资产(元)	3.89	3.20	21.56
平均净资产收益率(%)	17.75	16.87	0.88
总资产(亿元)	26 584.25	20 608.65	29.00
归属于母公司股东权益(亿元)	2 262.20	1 858.16	21.74
营业收入(亿元)	2 232.14	1 742.50	28.10
利润总额(亿元)	548.31	423.52	29.46
归属于母公司所有者的净利润(亿元)	401.52	313.39	28.12

资料来源:沪深交易所,天相投资分析系统

(二)分行业经营情况

2011年,福建上市公司主要分布在制造业(32家),信息技术业(6家),房地产业(4家),农、林、牧、渔业(3家),批发和零售贸易业(3家),金融、保险业(2家)等行业。

2011年,福建除了电力、煤气及水的生产和供应业和房地产业上市公司营业收入出现下滑外,其他行业均呈现较快增长态势,其中,农、林、牧、渔业,采掘业,批发和零售贸易业的同比增幅均在35%以上,尤以农、林、牧、渔业增长幅度最快,达45.97%;福建除了电力、煤气及水的生产和供应业,交通运输、仓储业,房地产业,综合类的上市公司的净利润出现下滑外,其他行业均保持较好的增长势头,其中以批发和零售贸易业,信息技术业,金融、保险业增长幅度较大,分别达84.40%、40.01%、34.35%。具体见表6。

表6 2011年福建上市公司分行业经营情况

所属行类	营业收入(亿元)	同比增长(%)	净利润(亿元)	同比增长(%)
农、林、牧、渔业	41.83	45.97	4.31	21.22
采掘业	397.64	39.33	57.13	18.32

续表

所属行类	营业收入（亿元）	同比增长（%）	净利润（亿元）	同比增长（%）
制造业	733.86	15.56	51.75	6.90
电力、煤气及水的生产和供应业	3.85	-24.44	0.19	-82.13
交通运输、仓储业	23.12	19.46	4.38	-17.18
信息技术业	60.40	25.11	6.62	40.01
批发和零售贸易业	220.75	39.14	8.66	84.40
金融、保险业	621.85	34.62	259.40	34.35
房地产业	84.30	-7.99	8.97	-10.07
综合类	44.54	19.69	0.11	-27.75

资料来源：福建证监局

（三）业绩变动情况分析

1. 营业收入、毛利率等变动原因分析

2011年，福建54家上市公司实现营业收入2 232.14亿元，同比增长28.1%；营业成本1 496.51亿元，同比增长27.90%；营业利润540.94亿元，同比增长27.52%；利润总额548.31亿元，同比增长29.46%；毛利率为32.96%，同比增长0.10个百分点。总体来看，营业收入增幅高于营业成本增幅是毛利率提升的主要原因。

2. 盈利构成分析

从盈利构成看，2011年福建上市公司利润来源主要是营业利润，其占利润总额的比重为98.66%；投资净收益占利润总额的比重为3.59%，公允价值变动净收益为负（-4.83亿元），营业外收支净额占利润总额的比重为1.34%。

3. 经营性现金流量分析

2011年，福建33家上市公司经营现金流量净额为正，占54家上市公司的61.11%，低于2010年71.43%的水平。

4. 业绩特点分析

2011年度，福建上市公司总体发展形势良好，资产规模和整体业绩均较2010年有大幅增长，回报股东意识有较大提高。统计数据显示，福建上市公司的强弱分化仍然比较明显，兴业银行等少数几家大中型企业对福建各项指标的影响重大，部分公司的规范运作水平仍然需要进一步提升。

（1）福建上市公司整体业绩稳步增长，非金融企业盈利能力略有下降

福建54家上市公司2011年累计实现营业收入、净利润（归属母公司股东的净利润，下同）2 232.14亿元、401.52亿元，分别较2010年同期增长了28.1%、28.12%。其中，营业收入同比增长30%以上的公司有19家；净利润同比增长30%以上的公司有18家。扣除兴业银行、兴业证券等2家公司，2011年福建非金融企业整体毛利率为24.42%，比2010年同期下降了0.67个百分点。54家上市公司平均每股收益0.69元，较2010年同期减少6.76%，是全国平均每股收益的1.3倍；平均净资产收益率17.75%，比2010年同期增加了0.88个百分

点，是全国平均净资产收益率的1.26倍。

(2)净利润集中度仍然偏高

2011年，福建大中型上市公司仍然贡献了主要利润，而少数公司则出现巨额亏损：一方面，兴业银行、紫金矿业、福耀玻璃合计实现净利润327.31亿元，占福建总量的81.52%；另一方面，福建南纸、*ST冠福、永安林业、凤竹纺织等4家公司经营亏损，亏损总额4.88亿元，其中福建南纸亏损3.03亿元。

(3)资产规模继续扩大，非银行企业的总体负债水平较低

截至2011年12月31日，54家上市公司资产总额26 584.25亿元，比2010年末增长29%。资产规模的扩大主要来源于兴业银行总资产的持续增长。剔除兴业银行的影响，其余53家公司的资产总额增加了354.41亿元，增长幅度为16.55%。从资产负债率看，扣除兴业银行后，福建上市公司2011年底资产负债率为50.21%，与2010年同期50.51%的资产负债率基本持平，福建上市公司财务状况较为稳健，总体偿债风险较低。

5. 利润分配情况

福建上市公司回报投资者的意识不断增强。2011年，福建共有40家公司提出利润分配或资本公积金转增股本方案，占盈利公司总数50家的80%；拟发放现金股利家数为39家，占利润分配公司家数的97.5%。拟派现金总额97.57亿元，占福建盈利公司净利润总额的24.01%。

四、上市公司并购重组情况

2011年，福建上市公司并购重组活动较为活跃。据统计，共有28家上市公司进行各种类型的并购重组工作，涉及金额合计约128.09亿元，其中有25家公司取得实质性进展，涉及金额合计约123.47亿元。从并购重组分类情况看，无实际控制权变更类型，全部为重大资产重组或发行股份购买资产类型，其中，资产收购17家，涉及金额109.16亿元；资产出售12家，涉及金额10.04亿元；其他类型4家，涉及金额8.89亿元。部分上市公司通过收购资产整合上下游产业链，进一步提高了公司的核心竞争力；部分上市公司通过收购资产进行扩张，进一步增强了持续发展能力；部分上市公司通过出售股权或资产，优化了公司的资产结构，有效地解决了历史遗留问题。

五、福建上市公司募集资金情况、使用情况

(一)募集资金总体情况

2011年，福建上市公司通过资本市场直接融资563.47亿元，较2010年增长44.35%。其中，九牧王、闽发铝业、雪人股份、元力股份、纳川股份等5家公司首次公开发行股票，募集资金总额52.06亿元；闽福发A、鸿博股份、圣农发展、国脉科技等4家公司通过增发、配股等方式募集资金28.41亿元；三钢闽光、国脉科技、福建高速、福耀玻璃等11家次公司通过发行债券等方式募集资金483亿元。具体见表7。

表7　　2011年福建上市公司募集资金情况

发行类型	代码	简称	募集资金(亿元)
首发	002578	闽发铝业	6.53
	002639	雪人股份	7.92
	300174	元力股份	4.08
	300198	纳川股份	7.13
	601566	九牧王	26.40
	小计		52.06
再融资(增发、配股)	000547	闽福发A	5.60
	002229	鸿博股份	2.85
	002299	圣农发展	15.00
	002093	国脉科技	4.96
	小计		28.41
其他融资(公司债券、短期融资券、中期票据、次级债、金融债、境外发行债券)	002093	国脉科技	4.00
	002110	三钢闽光	6.00
	600033	福建高速	20.00
	600660	福耀玻璃	5.00
	002299	圣农发展	3.00
	601933	永辉超市	8.00
	000735	漳州发展	2.00
	600660	福耀玻璃	4.00
	601166	兴业银行	100.00
	601166	兴业银行	300.00
	601899	紫金矿业	31.00
	小计		483
总计			563.47

资料来源:福建证监局

(二)募集资金使用情况及特点

2011年,福建共有27家公司使用募集资金,金额64.73亿元。其中,26.27亿元为2011年度募集的资金,占全年使用募集资金总额的40.58%;38.46亿元为以前年度募集的资金,占年度使用募集资金总额的59.42%。

(三)募集资金变更情况

2011年,福建有4家公司变更募集资金的使用项目,涉及金额约为14.51亿元,占该4家公司募集资金总额116.07亿元的12.50%。募集资金变更程序合法,均经过公司股东大会批准。变更的原因主要包括:一是拟投资项目的投资环境发生变化,导致募投项目无法投建或进展缓慢;二是原承诺投资项目因各种原因未能达到预期收益，为提高募集资金的使用效率，将剩余募集资金改投其他项目。

表 8　　2011 年福建上市公司募集资金使用项目变更情况

日　期	变更募集资金使用项目的公司家数	涉及金额（亿元）	募集资金总额（亿元）	占公司募集资金总额的比例（%）
2011	4	14.51	116.07	12.50
2010	4	4.51	118.53	3.80

资料来源：福建证监局

（四）存在的主要问题

福建上市公司总体上对募集资金的管理较为规范，建立专户存储制度，按计划使用募集资金，变更程序严格。但个别公司的募集资金管理存在不足，主要表现为：募集资金项目未经过科学论证，使用计划制定得不够严谨，对市场和政策变化预计不足；募集资金使用的授权审批不严格，使用不规范；部分募集资金存放在非募集资金账户；部分募集资金用于非募集资金项目等。

六、福建上市公司规范运作情况

（一）创新开展系列专项活动，深度推进公司治理建设取得实效

一是从源头抓起，深入开展新上市公司治理专项活动。根据新上市公司规范运作基础相对薄弱，容易出现违规风险的情况，福建证监局组织编印了《上市公司治理手册》，督促相关公司进行彻底自查，发现并纠正了 66 项治理及内控方面的问题；逐家召集各公司的全体董、监、高，以“上市第一课”的形式，强调其各自的职能与责任，并划出红线和禁区；通过开展现场验收检查，下发公司治理综合评价和整改意见，督促 16 家新上市公司及时纠正了存在的 114 项治理及内控方面的问题。

二是从细节抓起，全面开展财务会计基础规范专项活动。为夯实上市公司财务会计基础，提高会计信息披露质量，福建证监局督促 54 家上市公司对照下发的调查问卷中提出的 164 项财务会计规范问题开展自查。通过自查，督促公司发现并纠正了 261 项不规范行为。在各公司全面自查的基础上，福建证监局选取问题较多、情况典型的公司开展监督检查，督导各公司整改了检查发现的 139 项不规范问题。

三是从基础抓起，持续开展规范“三会”运作专项活动。福建证监局全年派员列席了 13 家上市公司审议重大事项的“三会”，通过“听会议、看文件、审公告”三步骤，督促相关公司进一步规范“三会”运作，同时针对少数公司存在的董秘人选不规范、监事人数未达要求、授权不合规等问题，及时指出并要求整改落实。

四是从试点抓起，积极推进上市公司内控规范实施工作。福建证监局与省财政厅、国资委、审计厅、银监局、保监局等部门联合成立了福建省企业内控规范体系贯彻实施领导小组，在组织培训、问题通报、经验交流等方面建立了有效的联合协调机制；通过省电视台和相关报刊报道，大力宣传内控基本规范；通过要求提交月报、每季度编发内控

文章下发公司学习、建立双向沟通机制等举措，推动上市公司内控规范试点工作取得良好成效。福建5家实施及试点公司通过自查和评价，梳理了2 374项内控流程和活动，发现了126个内控缺陷，并采取了相应的改进措施。

五是从防范抓起，持续推动解决同业竞争和关联交易问题。福建证监局在日常监管中把预防同业竞争和关联交易问题作为工作重点，加强重大事项监管，切实防范因并购重组等重大事项导致控股股东变更带来新的同业竞争和关联交易问题。2011年5月，福建证监局关注到福建某公司公告了控股股东拟以所持公司股份作为出资与其他方成立合资公司开发竹木纤维项目的重大事项，及时采取措施督促控股股东最终放弃实施该方案，避免了因该事项实施可能产生的新增同业竞争问题。

（二）加强信息披露监管，进一步提高上市公司透明度

一是强化年报审计监管，切实提高定期报告披露质量。在年报审计监管中，福建证监局收集、整理了日常监管关注的各公司问题累计130项，下发了44份《审计监管提示函》，约谈了各家公司的年审会计师并进行审前沟通，督促100名年审会计师提交了《项目签字人声明与承诺书》，11名年审会计师主动沟通汇报了18项审计问题；参加了42家次公司的审计沟通会，督促解决了17项会计问题，对16家公司的18项问题进行审计跟踪；对4家创业板公司和5家存在媒体质疑、业绩大幅波动、年报存疑等情况的公司进行年报现场监管。为督导会计师事务所及会计师尽责履职，确保年报信息披露质量，福建证监局修订、完善了《辖区上市公司年报审计执业质量评价工作指引》，对福建49家公司审计项目组的执业质量进行了考核评价，并根据评价结果和年报监管情况，对4家会计师事务所及签字会计师和9家上市公司采取了约见谈话、下发监管关注函、责令改正、集体训诫谈话等措施。

二是坚守三个“第一时间”，提高对临时信息和股价异动的快速反应能力。福建证监局坚持每日第一时间查阅公司信息披露公告并浏览媒体和市场反映的信息，严格执行临时披露信息和媒体信息三级审核或跟踪处理制度。密切关注股价异动，第一时间电话询问、了解并深入核查股价异动的深层次原因。一旦发现异常或疑点，第一时间汇报、核实、下现场，确保信息披露违法违规得到及时查处。全年审核临时公告2 192份，对26家公司的74次股价异动进行监控，对17家公司的25项媒体质疑事项进行跟踪、核实，督促10家公司披露了12份澄清公告或重大事项公告。

（三）加大现场检查力度，及时揭示和化解上市公司风险隐患

福建证监局在现场检查中借鉴使用上市公司财务检查软件，提高了发现风险的能力和现场检查效率。全年共对42家上市公司进行现场检查，其中，对11家重点公司进行巡回检查，对4家创业板公司保荐机构持续督导工作进行重点检查，对18家公司进行公司治理、财务会计基础规范等专项检查，对12家公司的15件信访举报事项进行专项核查，对5家公司的17家重点客户、经销商、重要子公司进行业绩造假等重大监管风险的专项排查。根据现场检查情况，向9

家公司下发了责令改正决定并要求公开披露，对5家公司的全体董、监、高进行集体训诫谈话，对5家公司的主要高管进行监管谈话，对1家公司出具警示函并向全辖区通报，对3家公司涉嫌信息披露违规问题进行非正式调查或提前介入调查，对4家会计师事务所及保荐机构进行监管谈话或出具警示函。

一是通过对实达集团等11家重点公司的巡回检查，发现了相关公司在公司治理、信息披露、募集资金使用等方面存在6类共183项问题，及时采取了相应的监管措施。如对华映科技的非经营性资金占用进行及时清理，督促公司收回了为大股东派驻人员代垫的住宿等费用；对中福实业的林木销售收入确认和预计负债转回处理提出了质疑，责令公司纠正了年报信息错漏等问题。

二是通过督促各保荐机构对4家创业板公司进行核查、逐家约谈保荐机构并对4家试点公司的保荐机构持续督导工作进行飞行检查和现场核实，累计发现了相关公司存在5类共50多项问题，及时采取监管措施，对有关公司下发警示函并在全辖区进行通报，向负有持续督导责任的保荐机构下发警示函，起到很好的震慑作用。

三是根据信访举报线索，对福建某公司主要高管涉嫌通过他人代持公司股份的情况进行核查并开展了风险排查工作；根据媒体质疑，对中福实业拟收购一项存在较大争议的项目进行核查，针对收购事项存在收购定价依据不合理、涉嫌关联交易和规避重大资产重组审批规定等问题，责令公司聘请中介机构对收购事项进行详细、尽责的调查，约谈公司实际控制人，及时制止了可能损害上市公司利益的行为。

四是加大对业绩造假等重大监管风险的排查力度。2011年8月，福建之外的某上市公司因涉嫌财务严重造假经媒体披露后引起市场极大反响。福建证监局以此案例为警示，部署加强对上市公司的监管，特别是延伸对上市公司子公司和关联公司的检查，严防类似事件在福建发生。将福建5家公司的省外17家重要子公司、关联公司、经销商列为现场检查对象，实地查看相关公司重点经销商销售网点的销售情况、重点客户购买公司产品的真实情况等，实地查阅关联公司关联交易的真实情况，发现了个别公司部分交易涉嫌虚开银行承兑汇票等行为。通过延伸检查排查了日常监管中发现的疑点，证实了相关公司披露信息的真实性，消除了潜在的风险隐患。

(四)强化考评与培训，增强上市公司高管的守法规范意识

一是创新开展董秘和独立董事工作质量评价。福建证监局制定并印发了《辖区上市公司董秘工作评价办法》和《辖区上市公司独立董事工作评价办法》，按年度对上市公司董秘和独立董事的尽责履职以及公司提供履职保障情况进行考核评价。2011年，福建证监局向福建上市公司发文通报了2010年度董秘和172名独立董事工作的综合评价情况及结果，指出各公司董秘和独立董事工作存在的问题并提出相应监管要求，特别是采取一票降级原则将存在严重失职行为的4名董秘评为不合格，在各公司中产生了极大的反响和震动；对独立董事工作评价结果较差的20家公司逐一反馈评价结果并指出存在的问题，对履职存在严重不足的4名独立董事采取了监管谈话、建议公司予

以更换等监管措施。

二是加强对上市公司及控股股东高管的培训教育。福建证监局一方面坚持每季度召开上市公司董秘例会、编发《上市公司监管简报》,及时通报监管政策、日常监管发现的问题,明确监管要求;坚持重要问题约见谈话制度,及时约谈新上市、新换届或问题公司的董、监、高,确保各项监管要求落到实处;另一方面,加大培训力度,全年通过举办8场次的培训班,累计对福建54家上市公司及控股股东的董、监、高进行859人次的集中培训,切实增强法律意识和规范意识。如举办了福建上市公司董、监、高培训班,邀请国内著名专家对福建所有上市公司的540名董、监、高进行讲解;联合省财政厅、国资委举办了内控规范试点单位培训班,邀请会计师事务所的内控审计专家对福建试点公司及省属国企的内控负责人共58人进行内控实务的专题培训;与省国资委联合举办国有控股上市公司及控股股东行为规范培训班,邀请证监会系统的专家对福建各级国资部门、20家国有控股公司及18家控股股东的董、监、高共116人进行培训;举办新上市公司规范运作专题培训班,对近年16家新上市公司的130名董、监、高进行培训并组织闭卷测试。

(五)落实"国办55号文",全面防控和打击内幕交易取得成效

一是健全联合防控工作机制。福建证监局协调推动福建省政府办公厅转发了"国办55号文",建立了由福建省政府领导牵头、省直11个部门参加的全省打击和防控内幕交易联席会议机制,推动福州等设区市政府也建立了相应的打击和防控内幕交易工作机制,形成全省上下联动、部门协作配合的综合防控体系和打击合力。

二是营造浓厚的防控氛围。福建证监局下发通知督促各上市公司加强内幕交易防控,组织各公司董事长签署了《加强内幕信息管理 防范内幕交易承诺书》,要求公司公布内幕交易举报方式;多次举办培训班并邀请证监会有关专家就内幕交易防控和典型案例对福建上市公司及国有控股股东的全体董、监、高进行培训;选取已查处的内幕交易等典型案例,每季度编发《案例评述》下发福建所有上市公司学习,警示其勿触监管的高压线;通过福建证监局、福建省上市公司协会和公司网站设立内幕交易防控专栏进行持续宣传。通过上述举措,福建上市公司及国有控股股东防控内幕交易的意识有了明显增强。2011年,累计有106家次上市公司按时报备了定期报告的内幕信息知情人信息,报备率为100%;有9家次上市公司及时报备了重大事项的内幕信息知情人信息。部分公司在按规定向地方统计、财税部门报送经营数据时主动与对方签署了保密协议或商定延期报送相关材料。

三是全力遏制内幕交易行为。福建证监局利用各类现场检查的机会,对20多家上市公司内幕交易管理和登记制度的落实情况进行延伸检查,对部分制度制定不完善和落实不到位的公司,及时采取监管措施;对日常监管中发现的涉嫌内幕交易的各类线索,开展突击检查或提前介入调查。2011年,福建证监局针对相关公司的媒体质疑及股价异动事项、重大信息披露前股价异动、涉嫌泄露内幕信息的信访举报等开展了10次专项核查;根据发现的涉嫌违法违规问题,对3家公司重大信息披露前股价异动开

展了提前介入调查,极大地震慑了市场相关人员,有效遏制了违法违规行为的进一步蔓延。

(六)推动上市公司依托资本市场进一步做大做强

福建证监局指导已成功实施并购重组和再融资的上市公司进行相关经验总结,并形成案例汇编进行经验交流,引导各公司从典型案例中吸取成功经验,利用资本市场进行再融资和市场化并购重组,加快发展步伐;举办债券业务专题培训班,邀请证监会和交易所的专家讲授债券发行审核、上市交易等有关政策和规定,增强公司的债券融资意识;在深入调查摸底的基础上,有针对性地推动符合条件的公司通过增发、发行债券等各种方式实现再融资,提高资产质量和盈利能力。同时,福建证监局严格将上市公司落实规范性文件的情况作为出具再融资、并购重组、股权激励持续监管意见的重要参考依据。2011 年,福建上市公司通过资本市场直接融资 563.47 亿元,同比增长 44.35%。其中,有 5 家公司通过首次公开发行股票募集资金总额 52.06 亿元;有 4 家上市公司通过增发、配股等方式募集资金 28.41 亿元;有 11 家次公司通过在境内外发行债券等方式募集资金 483 亿元。2011 年,福建上市公司质量继续提高,54 家上市公司平均每股收益 0.69 元,是全国平均水平的 1.3 倍;平均净资产收益率 17.75%,是全国平均水平的 1.26 倍。

审稿人:李永春

撰稿人:张世增

江西地区

一、江西国民经济发展概况

表 1　　2011 年江西国民经济发展概况　　单位:亿元

指　标	1—3 月		1—6 月		1—9 月		1—12 月	
	绝对量	同比增长(%)	绝对量	同比增长(%)	绝对量	同比增长(%)	绝对量	同比增长(%)
地区生产总值	2 161	13.0	4 932	13.0	8 087	12.8	11 584	12.5
全社会固定资产投资	1 091	33.4	3 613	31.8	6 172	27.9	8 756	27.7
社会消费品零售总额	—	16.5	—	17.2	—	17.7	—	17.9

续表

指　标	1—3月		1—6月		1—9月		1—12月	
	绝对量	同比增长（%）	绝对量	同比增长（%）	绝对量	同比增长（%）	绝对量	同比增长（%）
规模以上工业增加值	—	19.8	—	19.4	—	19.1	—	19.1
规模以上工业企业实现利润	192	69.4	440	65.8	729	60.3	1 114	44.5
居民消费价格指数（%）	1—3月		1—6月		1—9月		1—12月	
	4.7		5.1		5.5		5.3	

资料来源：国家统计局

二、江西上市公司总体情况

（一）公司数量

表2　　2011年江西上市公司数量　　单位：家

公司总数	仅A股	仅B股	（A+B）股
31	30	0	1

资料来源：沪深交易所，天相投资分析系统

（二）行业分布

表3　　2011年江西上市公司行业分布情况

所属中国证监会行业类别	家　数
采掘业	1
制造业	23
电力、煤气及水的生产和供应业	2
交通运输、仓储业	2
批发和零售贸易业	1
房地产业	1
传播与文化产业	1
合　计	31

资料来源：江西证监局

（三）股本结构及规模

截至2011年12月31日，江西31家上市公司总股本181.12亿股，占同期全国上市公司总股本的0.61%。其中，A股177.68亿股（流通股153.53亿股，占比86.41%），B股3.44亿股。

江西总股本在10亿股以上的上市公司有4家，占江西上市公司总数的12.90%。

表4　2011年江西上市公司股本规模在10亿股以上公司分布情况

股本规模(亿股)	公司家数	具体公司
20≤～<50	2	赣粤高速、江西铜业
10≤～<20	2	方大特钢、新钢股份

资料来源:沪深交易所,天相投资分析系统

(四)市值规模

截至2011年12月31日,江西31家上市公司境内总市值2 000.55亿元,占全国上市公司境内总市值的0.93%。其中,上交所上市公司16家,总股本120.45亿股,境内总市值1 351.21亿元,占上交所上市公司境内总市值的0.91%;深交所上市公司15家,总股本60.67亿股,境内总市值649.33亿元,占深交所上市公司境内总市值的0.98%。

(五)资产规模

截至2011年12月31日,江西31家上市公司合计总资产2 341.00亿元,归属于上市公司股东的净资产1 047.53亿元,与2010年相比,分别增长20.11 %、14.27%;平均每股净资产5.37元。

三、江西上市公司经营情况及变动分析

(一)总体经营情况

2011年,江西上市公司实现营业收入2 810.71亿元,同比增长33.04%;实现归属母公司所有者的净利润134.82亿元,同比增长23.95%;江西上市公司平均净资产收益率为12.87 %,低于全国14.08%的平均水平;平均每股收益为0.69元,高于全国0.53元的平均水平。见表5。

表5　2011年江西上市公司经营情况

指　标	2011年	2010年	同比增长(%)
家　数	31	30	3.33
亏损家数	1	1	0.00
亏损家数比例(%)	3.23	3.33	-0.10
平均每股收益(元)	0.69	0.50	38.00
平均每股净资产(元)	5.37	4.67	14.99
平均净资产收益率(%)	12.87	14.99	-2.12
总资产(亿元)	2 341.00	1 949.02	20.11
归属于母公司股东权益(亿元)	1 047.53	916.71	14.27
营业收入(亿元)	2 810.71	2 112.70	33.04
利润总额(亿元)	170.25	139.29	22.23
归属于母公司所有者的净利润(亿元)	134.82	108.77	23.95

资料来源:沪深交易所,天相投资分析系统,江西证监局

(二)分行业经营情况

江西上市公司分布在制造业(23家),交通运输、仓储业(2家),电力、煤气及水的生产和供应业(2家),传播与文化产业(1家),采掘业(1家),房地产(1家)及批发和零售贸易业(1家)行业。

2011年,江西各行业上市公司营业收入均呈现增长态势,其中,传播与文化产业增长幅度最快,同比增幅达122.95%;制造业保持良好的发展态势,增长速度为34.04%。相对而言,交通运输、仓储业和批发和零售贸易业增速较慢,分别为15.27%和15.73%。从盈利情况看,2011年,除制造业、房地产业和传播与文化产业净利润保持增长外,其他行业呈现下滑趋势,下滑幅度最大的是电力、煤气及水的生产和供应业。具体见表6。

表6　　2011年江西上市公司分行业经营情况

所属行类	营业收入(亿元)	同比增长(%)	净利润(亿元)	同比增长(%)
采掘业	15.14	26.26	0.35	-20.94
制造业	2 381.49	34.04	123.80	35.63
电力、煤气及水的生产和供应业	35.83	23.54	-1.72	-409.57
交通运输、仓储业	60.18	15.27	13.48	-8.92
批发和零售贸易业	241.62	15.73	0.66	-85.13
房地产业	4.01	50.60	0.16	139.37
传播与文化产业	69.81	122.95	4.83	33.72

资料来源:江西证监局

(三)业绩变动情况分析

1. 营业收入、毛利率等变动原因分析

2011年,江西上市公司实现营业收入2 810.71亿元,同比增长33.04 %;营业利润158.53亿元,同比增长12.93%;利润总额170.25亿元,同比增长22.23%;毛利率12.84%,同比下降1.75个百分点。总体来看,营业收入增幅小于营业成本增幅是毛利率下降的主要原因。

2. 盈利构成分析

从盈利构成看,2011年江西上市公司利润来源主要是营业利润,其占利润总额的比重为93.12%;投资净收益占利润总额的比重为4.12%,公允价值变动净收益占利润总额的比重为1.68%,营业外收支净额占利润总额的比重为6.88%。

3. 经营性现金流量分析

2011年,江西31家上市公司中25家公司经营现金流量净额为正,占31家上市公司的80.65%,高于2010年73.33%的水平。

4. 业绩特点分析

(1)盈利水平分析

2011年,江西上市公司实现归属母公司所有者净利润134.82亿元,同比增长23.95%,高于全国增幅水平;平均每股收益为0.69元,较2010年提高了0.19元,也高于2011年全国0.53元的平均每股收益水平;平均净资产收益率12.87%,比2010年下降了2.12个百分点,并且低于2011年全国14.08%的平均净资产收益率。

（2）板块业绩情况

31家上市公司中，6家中小板公司净利润均保持增长，其中4家净利润增长在85%以上。2011年，江西6家中小板公司平均每股收益0.39元，低于深交所中小板0.52元的平均每股收益水平；净资产收益率11.85 %，高于深交所中小板10.51%的平均净资产收益率。但因规模小，6家中小板公司净利润合计占江西所有公司净利润的比重仅为5.35%。

创业板公司受所处行业不景气、成本费用上涨等影响，营业收入增长乏力，净利润出现负增长。2011年，江西创业板公司实现每股收益0.42元，低于深交所创业板0.52元的平均每股收益水平；净资产收益率4.90%，低于深交所创业板7.85%的平均净资产收益率。

主板公司平均每股收益0.72元，净资产收益率13.06 %，整体而言低于全国平均水平，且主板公司盈利集中度高，部分绩差公司业绩继续恶化。

5. 利润分配情况

2011年度，江西共有22家公司提出利润分配或资本公积金转增股本方案，占30家盈利公司的70.97%；拟发放现金股利家数为20家，占利润分配公司家数的90.01%。拟派现金总额45.53亿元，比2010年增长94.88%，占当期归属于母公司净利润总额的33.77%；拟分配红股32 312.4万股，同比增长53.81%，拟转增的股本9.49亿股，同比减少17.37%。

2011年，现金分红金额占公司当年实现归属母公司净利润比例超过80%的公司1家，50% ~80%的公司3家，30% ~50%的公司8家，10% ~30%的公司8家。

四、江西上市公司并购重组情况

（一）并购重组再融资基本情况

2011年，江西上市公司再融资及并购重组活动较为活跃，有11家上市公司提出再融资或重大资产重组方案，5家公司实施再融资或重大资产重组，募集金额合计约54.49亿元。从再融资或并购重组分类情况看，发行股份购买资产1家，涉及金额25.58亿元；发行股份募集资金3家，涉及金额19.91亿元；发行债券1家，募集资金9亿元。

表7　　2011年江西上市公司并购重组情况

序　号	公　司	重组方式	涉及资金（亿元）	备　注
1	洪城水业	定向增发募集现金购买资产	11.60	实施完成
2	中航电子	发行股份购买资产	25.58	
合计（亿元）			37.18	

资料来源：江西证监局

（二）并购重组特点

1. 并购重组再融资特点

2011年，江西上市公司再融资与并购重组的结合日益紧密，有2家公司通过发行股份购买资产或定向增发募集现金购买资产实施完成，涉及金额37.18亿元，占5家并购重组再融资公司的募集金额总额的 68.22%。

2. 并购重组主要目标特点

2011 年,并购重组主要是产业整合和资产置换。通过产业整合完善产业结构,有效解决关联交易;通过资产置换,装入优质资产,提升上市公司质量。

五、江西上市公司募集资金情况、使用情况

(一)募集资金总体情况

2011 年,江西上市公司通过资本市场直接融资 58.49 亿元,其中,首发融资(IPO)4 亿元,增发融资 45.49 亿元,公司债 9 亿元。

表 8　2011 年江西上市公司募集资金情况

发行类型	代　码	简　称	募集资金(亿元)
首　发	002591	恒大高新	4.00
增　发	600461	洪城水业	11.60
	002068	黑猫股份	4.57
	002176	江特电机	3.74
	600372	中航电子	25.58
公司债	600782	新钢股份	9.00
总　计			58.49

资料来源:江西证监局

(二)募集资金使用情况及特点

2011 年,江西共有 13 家公司使用募集资金,金额 72.61 亿元。其中,44.93 亿元为 2011 年度募集的资金,占全年使用募集资金总额的 61.88%;27.68 亿元为以前年度募集的资金,占年度使用募集资金总额的 38.12%。

(三)募集资金变更情况

2011 年,江西有 1 家公司变更募集资金的使用项目,涉及金额约为 0.30 亿元,占该公司募集资金总额的 4.74%。募集资金变更程序合法,均经过公司股东大会批准。变更的原因主要包括:由于目前我国工业水表制造技术与国外同行业相比较为落后,为了积极引进和吸收国外的工业水表先进技术,提高募集资金使用效率,避免重复建设,三川股份将原"年产 15 万台工业水表项目"变更为"对外投资设立合资经营企业",合营企业的经营范围仍为工业水表的生产和销售。

表 9　2011 年江西上市公司募集资金使用项目变更情况

日　期	变更募集资金使用项目的公司家数	涉及金额(亿元)	募集资金总额(亿元)	占公司募集资金总额的比例(%)
2011	1	0.30	6.37	4.74
2010	0	0.00	0.00	0.00

资料来源:江西证监局

（四）存在的主要问题

上市公司总体上对募集资金的管理较为规范，建立专户存储制度，按计划使用募集资金，变更程序严格。但个别公司的募集资金管理存在不足，主要表现为募集资金使用计划制定得不够严谨，对市场和政策变化预计不足。

六、江西上市公司规范运作情况分析

（一）上市公司治理专项情况

截至2011年底，通过开展“解决同业竞争，减少关联交易”专项活动，5家重点公司中，2家公司已采取有效措施解决关联交易问题；1家公司重组已获中国证监会批复，正在实施中；1家公司拟通过非公开发行股份收购有关资产，部分解决关联交易问题，方案已报中国证监会审核；1家公司因拟收购资产业绩不佳而放弃原收购方案。积极开展新上市公司的公司治理专项工作，5家新上市公司中，对3家的公司治理专项活动进行了现场检查，对存在的问题责令公司进行整改。强化上市公司控股股东、实际控制人和董、监、高培训，提高合规运作意识。

（二）审计情况及监管情况

2011年年报审计方面，江西上市公司均如期披露年报，除＊ST昌九为带强调事项的无保留意见外，审计结果均为无保留意见，2家公司变更了年度审计机构。

2011年年报监管方面，江西证监局做好审阅年报审计计划和小结、约谈年审注册会计师等规定动作，同时，结合日常监管情况和年报审计监管情况，向3家公司下发监管提示函3份，提醒上市公司年报审计项目组严格执行审计程序、收集充分适当的审计证据，并提醒审计项目组审计过程的关注点和风险点。对5家公司的年报进行了重点审核，关注问题26个，下发监管关注函4份；对5家公司年报审计进行了现场检查，对存在的问题下发监管关注函1份，责令改正决定4份，向年审机构下发监管关注函2份，责令改正3份。

（三）信息披露情况

2011年，江西证监局通过“三点一线”有效监管，加强信息披露的审核，确保定期和临时报告信息披露的及时、准确、真实、完整。针对3家公司因定期报告披露、环境污染、股权转让等原因引起市场质疑的情况，强化舆情监控和快速反应机制，督促公司做好解释和信息披露，因瘦肉精事件向1家公司提示风险。

审稿人：钟文林

撰稿人：赵瑞群

山东地区

一、山东国民经济发展概况

表1　　2011年山东国民经济发展概况　　单位:亿元

指　标	1—3月		1—6月		1—9月		1—12月	
	绝对量	同比增长(%)	绝对量	同比增长(%)	绝对量	同比增长(%)	绝对量	同比增长(%)
地区生产总值	9 050	11.0	21 881	11.1	33 031	11.1	45 429	10.9
全社会固定资产投资	3 472	21.2	10 859	21.9	18 958	22.2	25 928	21.8
社会消费品零售总额	—	16.5	—	17.0	—	17.3	—	17.3
规模以上工业增加值	—	13.3	—	14.1	—	14.4	—	14.0
规模以上工业企业实现利润	1 456	34.1	3 412	31.6	5 184	31.4	6 998	27.2
居民消费价格指数(%)	1—3月		1—6月		1—9月		1—12月	
	4.0		4.7		5.1		5.0	

资料来源:国家统计局

二、山东上市公司总体情况

(一)公司数量

2011年,山东(不含青岛,下同)新增上市公司15家。截至2011年12月31日,山东共有境内上市公司125家①,其中,纯A股119家,纯B股2家,A+B股4家;上交所40家,深交所85家。其中,2012年2月24日,莱钢股份因被济南钢铁吸收合并发布终止上市公告②,2012年3月20日济南钢铁名称变更为山东钢铁。

表2　　2011年山东上市公司数量　　单位:家

公司总数	仅A股	仅B股	(A+B)股
125	119	2	4

资料来源:沪深交易所,天相投资分析系统

① 新华锦(600735)2012年3月1注册地址变更为山东省青岛市,未包括在山东辖区2012年年鉴数据统计中。

② 莱钢股份未单独披露2011年年报,山东上市公司2011年年报披露家数以124家为准。

(二)行业分布

山东地区上市公司以制造业等传统行业为主,在89家制造业上市公司中,二级行业也以机械、化工等传统行业为主,包括机械、设备、仪表类25家,石油、化学、塑胶、塑料类24家,金属、非金属类14家,纺织、服装、皮毛类6家,食品、饮料类6家,医药、生物制品类6家,造纸、印刷类6家,电子类2家。

表3　　2011年山东上市公司行业分布情况

所属中国证监会行业类别	家　数
农、林、牧、渔业	8
采掘业	4
制造业	89
电力、煤气及水的生产和供应业	3
建筑业	1
交通运输、仓储业	3
信息技术业	6
批发和零售贸易业	4
房地产业	4
社会服务业	1
综合类	2
合　计	125

资料来源:山东证监局

(三)股本结构及规模

截至2011年12月31日,山东上市公司总股本709.74亿股,占同期全国上市公司总股本的2.38%。股本规模最大的上市公司为华电国际,股本67.71亿股;股本规模最小的上市公司是瑞丰高材,股本0.54亿股。

股本在10亿股以上的山东上市公司有16家,占山东上市公司总数的12.80%。山东绝大多数上市公司总股本在1亿~10亿股之间,共有102家,占山东上市公司总家数的81.60%。

表4　　2011年山东上市公司股本规模在10亿股以上公司分布情况

股本规模(亿股)	公司家数	具体公司
50≤~<100	1	华电国际
20≤~<50	6	晨鸣纸业、日照港、济南钢铁、兖州煤业、烟台万华、山东高速
10≤~<20	9	潍柴动力、鲁泰A、鲁西化工、太阳纸业、南山铝业、鲁商置业、华泰股份、山东黄金、金晶科技

资料来源:沪深交易所,天相投资分析系统

（四）市值规模

截至2011年12月31日，山东125家上市公司境内总市值7 452.07亿元，占全国上市公司境内总市值的3.45%。其中，流通市值4 768.98亿元，占全国上市公司总流通市值的2.90%。山东上市公司境内总市值超过500亿元的只有兖州煤业1家，超过100亿元的有14家。

山东125家上市公司中，上交所上市公司40家，总股本433.88亿股，境内总市值3 060.34亿元，占上交所上市公司境内总市值的2.05%，其中流通市值1 903.98亿元；深交所上市公司85家，总股本320.50亿股，境内总市值4 391.72亿元，占深交所上市公司境内总市值的6.60%，其中流通市值2 865.00亿元。

（五）资产规模

截至2011年12月31日，山东125家上市公司合计总资产8 611.35亿元，归属于上市公司股东的净资产3 282.12亿元，与2010年相比，分别增长20.06%、19.22%；平均每股净资产4.35元。

三、山东上市公司经营情况及变动分析

（一）总体经营情况

2011年，山东上市公司实现营业收入5 720.79亿元，与2010年相比增长10.26%；实现净利润414.73亿元，其中归属母公司所有者净利润391.72亿元，较2010年分别增长2.23%和3.95%；山东上市公司平均净资产收益率为11.93%，低于全国14.08%的平均水平，平均每股收益（按期末股本计算）为0.52元，略低于全国0.53元的平均水平。详见表5。

表5　2011年山东上市公司经营情况

指　标	2011年	2010年	同比（%）
家　数	125	110	13.64
亏损家数	13	10	30.00
亏损家数比例（%）	10.40	9.09	1.31
平均每股收益（元）	0.52	0.50	3.85
平均每股净资产（元）	4.35	3.64	19.53
平均净资产收益率（%）	11.93	13.70	-1.77
总资产（亿元）	8 611.35	7 172.31	20.06
归属于母公司股东权益（亿元）	3 282.12	2 753.09	19.22
营业收入（亿元）	5 720.79	5 188.61	10.26
利润总额（亿元）	529.40	504.84	4.86
归属于母公司所有者的净利润（亿元）	391.72	376.82	3.95

资料来源：沪深交易所，天相投资分析系统

（二）分行业经营情况

山东上市公司主要分布在制造业（89家），农、林、牧、渔业（8家），信息技术业（6家）等行业。2011年，山东房地产行业上市公司营业收入出现下滑，其他行业呈现增长态势，其中社会服务业增长最快，同比增幅达44.39%。从净利润指标来看，不同行业差异明显，受宏观环境和行业波动影响，制造业，房地产业，建筑业，电力、煤气及水的生产和供应业等行业净利润均出现下滑，其中，上市公司数量占比较大的制造业净利润同比下降9.27%。其他行业净利润呈现增长态势，其中，综合类行业净利润同比增长161.54%，农、林、牧、渔业同比增长57.57%。具体见表6。

表6　　2011年山东上市公司分行业经营情况

所属行类	营业收入（亿元）	同比增长（%）	净利润（亿元）	同比增长（%）
农、林、牧、渔业	58.45	24.47	12.39	57.57
采掘业	914.27	32.80	115.52	4.21
制造业	3 634.68	11.09	236.70	-9.27
电力、煤气及水的生产和供应业	578.62	18.91	-0.48	-152.55
建筑业	13.06	36.66	-0.06	-190.94
交通运输、仓储业	191.77	33.27	32.38	38.35
信息技术业	41.84	21.49	3.44	37.87
批发和零售贸易业	189.08	25.97	2.70	25.72
房地产业	41.91	-16.21	4.93	-32.36
社会服务业	2.58	44.39	0.68	31.86
综合类	54.51	31.73	6.53	161.54

资料来源：山东证监局

（三）业绩变动情况分析

1. 营业收入、毛利率等变动原因分析

2011年，山东上市公司实现营业收入5 720.79亿元，同比增长10.26%；毛利1 125.49亿元，同比增长16.13%；利润总额529.40亿元，同比增长4.86%；毛利率19.67%，同比上升1.25个百分点。从整体来看，尽管毛利率略有上升，但受制于要素成本上升等原因，利润总额同比增长速度低于营业收入同比增长速度。

2. 盈利构成分析

从盈利构成看，2011年山东上市公司利润来源主要是营业利润，其占利润总额的比重为94.45%；投资净收益占利润总额的比重为6.01%，公允价值变动净收益占利润总额的比重为0.07%，营业外收支净额占利润总额的比重为5.55%。

3. 现金流量分析

2011年，山东84家上市公司经营现金流量净额为正，占67.20%，低于2010年75.45%的水平。

2011年，山东上市公司期末现金及现金等价物余额910.64亿元，现金及现金等价物净增加额109.67亿元，同比下降83.85亿元，降幅达43.33%。其中，经营活动现金流量净额合计为531.36亿元，同比增加23.17%，同时高于2011年净利润金额；筹资活动现金流量净额为508.35亿元，比2010年上升了2.70%；投资活动现金流量净额为-924.49亿元，同比增加了191.13亿元，且明显高于当期筹资活动现金流入额，表明山东上市公司在资金成本不断上升的压力下，投资意愿依然强劲，为满足对外投资的需要，筹资活动更加活跃。

4. 业绩特点分析

(1)整体业绩实现增长，盈利总水平低于全国

2011年，山东上市公司实现营业收入5 720.79亿元，比2010年增长10.26%；实现归属母公司所有者净利润391.72亿元，比2010年增长3.95%；每股收益0.52元，较2010年增加了0.02元，但是低于2011年全国0.53元的平均每股收益水平；净资产收益率11.93%，低于全国14.08%的平均净资产收益率。

(2)业绩增长源于主业，要素成本上升导致利润增幅趋窄

2011年度，山东上市公司毛利率与2010年相比稍有提高，非经常性损益占比同比降低，但受要素成本上升、宏观经济疲软影响，期间费用上升、资产减值计提金额增加，致使净利润涨幅微小。

2011年，山东上市公司非经常性损益金额合计为31.13亿元，占净利润总额的比例为7.51%，比2010年下降1.1个百分点；以披露2011年年报的124家公司为样本进行纵向比较，受资金成本和劳动力成本上升影响，期间费用(管理费用、销售费用、财务费用)总额593.08亿元，较2010年增加了134.33亿元，其中，财务费用为120.58亿元，同比增加了58.99亿元，增幅为95.78%。

(3)国有控股公司仍占主导地位

在披露2011年年报的124家公司中，国资控股50家，自然人控股68家，其他控股类型6家。2011年度，国有控股上市公司实现营业收入4 210.41亿元，占山东上市公司营业收入总额的73.60%；实现归属母公司股东的净利润282.10亿元，占山东上市公司归属母公司股东净利润总额的72.02%。随着山东上市公司数量的增加，国资控股公司数量占比虽然逐渐下降，但在所属行业、利润贡献等方面，仍然占据主导地位。

(4)板块业绩情况

深交所中小企业板和创业板成立以来，山东一些具有较高科技含量、较好成长性的企业成功上市，2011年，山东创业板上市公司业绩比较突出，高于全国平均水平。

2011年，山东主板上市公司的盈利能力相较于全国平均水平偏弱，平均每股收益0.51元，净资产收益率12.63%，弱于沪深主板上市公司平均水平。中小板上市公司平均每股收益0.54元，高于深交所中小板0.52元的平均每股收益水平；净资产收益率10.03%，低于深交所中小板10.51%的平均净资产收益率。创业板上市公司盈利能力强，每股收益0.65元，高于深交所创业板0.52元的平均每股收益水平；净资产收益率8.72%，高于深交所创业板7.85%的平均净资产收益率。

5. 利润分配情况

山东上市公司利润分配意愿增强，现金分红比例大幅提高。2011年，山东共有80家公司提出了利润分配预案，占盈利公司总数的72.07%，较2010年大幅提高。其中，79家公司拟实施现金分红，占利润分配家数的98.75%，拟派现金额共计104.83亿元，较2010年增加25.73亿元；现金分红总额占盈利公司净利润的25.31%，比2010年提高了6个百分点。每股现金分红在0.2元以上的公

司有29家，较2010年增加了17家。无论从分红家数还是分红金额，2011年山东上市公司的分红比例均有较大幅度的提高，上市公司回报投资者的意识显著增强。

四、山东上市公司并购重组情况

（一）并购重组基本情况

2011年，山东上市公司并购重组活动较为活跃，其中有8家公司并购重组取得实质性进展，涉及金额合计约88.96亿元。

从并购重组分类情况看，进行并购重组工作的上市公司中，实际控制权变更类型为7家，涉及标的金额61.78亿元；重大资产重组或发行股份购买资产类型为12家，其中，资产置换1家，涉及金额5.87亿元；资产出售1次，涉及金额3.17亿元；资产置换及发行股份购买资产8家，涉及金额256.87亿元；终止实施重组方案的2家。

表7　2011年山东上市公司并购重组情况

序　号	公　司	重组方式	涉及资金（亿元）	备　注
1	山东高速	定向增发购买资产	75.00	实施完成
2	华阳科技	协议收购	2.95	
3	ST德棉	协议收购	9.12	
4	ST九发	协议收购	1.89	
5	科达股份	原大股东减持		
6	华纺股份	原大股东破产重整股权拍卖		
7	兴民钢圈	原实际控制人去世		
8	万昌科技	原实际控制人去世		
	截至2011年12月31日，无审核通过待实施的并购重组活动，有济南钢铁、莱钢股份、大成股份、*ST轻骑、华阳科技等公司并购重组已向证监会报送材料等待审核，另有蓝帆股份等公司提出重组动议，但尚未报送材料。			审核通过待实施
合计（亿元）			88.96	

资料来源：山东证监局

（二）并购重组特点

1. *并购重组模式特点*

2011年，山东上市公司并购重组模式有如下特点：一是以定向增发为代表的并购重组模式成为主体；二是股份支付成为主要支付手段，吸收合并案例明显增多。

2. *并购重组主要目标特点*

2011年，更高层级的产业整合成为重组重点，山东房地产业、医药、汽车、建筑等支柱产业中的重点企业纷纷加入重组队列。2011年，山东以业务或行业整合为目标的重组达到10家次。

五、山东上市公司募集资金情况、使用情况

（一）募集资金总体情况

2011年，山东上市公司通过资本市场直接融资329.05亿元，融资规模略高于2010

年的319.5亿元。其中，首发股本融资(IPO)115.62亿元，增发融资174.43亿元，公司债融资39亿元。另有歌尔声学等3家上市公司近40亿元的再融资申请获批。

表8　　2011年山东上市公司募集资金情况

发行类型	代　码	简　称	募集资金(亿元)
首　发	002580	圣阳股份	4.85
	002581	万昌科技	5.15
	002588	史丹利	11.38
	002589	瑞康医药	4.76
	002595	豪迈科技	12.00
	002598	山东章鼓	4.00
	002604	龙力生物	10.02
	002643	烟台万润	8.62
	300175	朗源股份	4.62
	300185	通裕重工	22.50
	300214	日科化学	7.70
	300224	正海磁材	8.44
	300233	金城医药	5.77
	300237	美晨科技	3.68
	300243	瑞丰高材	2.16
增　发	000830	鲁西化工	21.35
	002111	威海广泰	4.67
	002234	民和股份	8.40
	002237	恒邦股份	12.83
	002283	天润曲轴	10.80
	600017	日照港	14.40
	600350	山东高速	75.12
	600467	好当家	11.09
	600586	金晶科技	15.77
公司债	000488	晨鸣纸业	20.00
	000830	鲁西化工	19.00
总　计			329.05

资料来源：山东证监局

(二)募集资金使用情况及特点

2011年，山东共有70家公司使用募集资金，金额172.71亿元。其中，66.28亿元为2011年度募集的资金，占全年使用募集资金总额的38.38%；106.43亿元为以前年度募集的资金，占年度使用募集资金总额的61.62%。

(三)募集资金变更情况

2011年，山东3家公司变更募集资金的使用项目，涉及金额约为2.88亿元，占该3家公司募集资金总额(28.4亿元)的10.14%。募集资金变更程序合法，均经过公司股东大会批准。变更的原因主要包括：一是拟投资项目的投资环境发生变化；二是原承诺投资项目因市场变化实施缓慢，为提高募集资金的使用效率，将剩余募集资金改投其他项目；三是因土地问题未能按期注册登记，变更投资对象。

表 9　　2011 年山东上市公司募集资金使用项目变更情况

日　期	变更募集资金使用项目的公司家数	涉及金额（亿元）	募集资金总额（亿元）	占公司募集资金总额的比例（%）
2011	3	2.88	28.40	10.14
2010	3	2.55	25.04	10.18

资料来源：山东证监局

（四）存在的主要问题

山东上市公司总体上对募集资金的管理较为规范，均建立了专户存储制度，按计划使用募集资金，严格执行使用及变更程序。但个别公司的募集资金管理存在不足之处，主要表现为募集资金使用计划不够严谨，对市场和政策变化预计不足，造成募集资金长期搁置，使用效益降低，或者直接改变募集资金投向。

六、山东上市公司规范运作情况分析

（一）突出工作的前瞻性和主动性，拓展公司治理承载的功能

2011 年，山东证监局在深化上市公司治理工作中，结合山东上市公司的特点，及时就投资者和市场关注的热点、难点问题做出响应。在平衡公司自治与监管规范介入深度的前提下，加大规范引导力度，提高工作的前瞻性和主动性。

一是总结常见问题，督促公司对照整改。总结整理日常监管和现场检查发现的公司及其控股股东在公司治理方面存在的 12 类 100 余个常见问题，并下发监管通函，要求公司对照自查并予以整改。“通函”下发以来，山东上市公司自查整改问题达 200 余个，督促公司进一步形成良好的内生治理机制。

二是完善现金分红机制，倡导良好的股权文化。针对山东一部分公司多年不分红、分红自主性不强及突击分红、超能力分红等问题，2011 年初下发推动公司建立持续稳定现金分红机制的监管通函，从细化现金分红政策、督促控股股东规范利润分配决策权等方面提出监管要求。2011 年共有 79 家公司提出现金分红预案，家数同比有较大增长，良好的股权文化正在逐步形成。

三是推动实施股权激励，指导公司完善激励约束机制。针对山东公司目前实行股权激励计划家数较少且以民营控股公司为主的情况，通过《上市公司监管信息快递》及现场培训等形式，在操作层面上提供详尽指导；同时与省国资部门加强沟通，在国有控股公司实施股权激励问题上取得进一步的共识。2011 年先后有 6 家公司推出股权激励计划，拟实施公司家数创近几年之最。

四是采取有效措施，推动解决同业竞争问题。通过制定专项活动方案、加大宣传教育力度、协调控股股东、寻求省金融办及国资部门支持等措施，推动相关各方取得共识，营造了解决问题的良好氛围。针对解决难度大的公司，一方面多次约谈控股股东高管、发函要求加快解决进程，另一方面约见

有关中介机构，督促优化重组方案，有力促进了相关问题的解决。截至2011年底，6家重点公司解决同业竞争的工作均已完成。

五是要求建立社会责任运行机制，提高公司履行社会责任的意识。针对山东个别公司环保工作不到位，产品质量存在缺陷，保障职工健康等方面存在薄弱环节的问题，2011年7月专门下发监管通报，要求公司建立和完善履行社会责任的体制和运行机制，取得了较好成效。

（二）完善制度机制，防控内幕交易

2011年，山东证监局深入贯彻国办55号文精神，本着“齐抓共管、打防结合、综合防治”的基本原则，从制度建设、监管协作、监督检查、宣传教育等方面综合做好山东打击和防范内幕交易工作，取得了较好成效。

一是紧抓制度建设，构建内幕交易防控的制度体系。制定了《山东证监局内幕信息管理办法》，代山东省政府草拟了《山东省行政机关内部涉及资本市场内幕信息管理办法》，并先后两次下发监管通函，督促山东上市公司及其控股股东、实际控制人建立健全内幕信息管理制度，基本形成了多层次、多主体的制度体系。

二是健全协作机制，形成内幕交易防控的监管合力。推动山东省政府办公厅下发了贯彻55号文的通知，对山东省打防内幕交易工作做出具体部署和明确安排。联合山东省金融办、国资委、监察厅等部门建立了联席会议机制，通过定期不定期召开联席会议等方式，共同推动山东省打击和防控内幕交易各项工作。

三是完善监管方式，加强信息披露与股价异动的联动监管。专设临时信息与股价异动监管工作岗位，指定专人每天分析公司股价异动，结合临时信息披露情况，发现疑点，及时采取多项监管措施。全年共对山东公司近50余次的股价异动或大幅波动情况分别采取了约见高管谈话、现场检查等多项监管措施。对1家公司2次提请交易所予以盘中停盘或开市前临时停盘处理，将1次涉嫌内幕交易的并购重组事项上报中国证监会稽查局提请立案调查。

四是加大检查力度，督促内幕信息知情人登记制度的贯彻落实。结合现场检查，全年共对42家公司内幕信息知情人登记制度的制定和执行进行了检查，对检查发现的制度不完善、执行不彻底等相关问题，责令公司及时整改。对实施并购重组、再融资等重大事项的公司，调取了内幕信息知情人名单，一旦发现股价异动，及时将名单提交交易所予以核查。

五是加强宣传教育，营造内幕交易防控的良好氛围。编发《内幕交易防控手册》、《规范运作读本》及多期“信息快递”，向政府机关工作人员、监管对象等相关市场主体发放，强化教育警示效果。在各类培训、会议及检查中，通过现场案例说法，提高市场主体的守法意识。引导媒体报道，加大依法打击和防控内幕交易的宣传力度，形成了积极防控的舆论氛围。

审稿人：舒　萍
撰稿人：袁兆霞　张伟
张俊青　王真　颜艳

河南地区

一、河南国民经济发展概况

表 1　　2011 年河南国民经济发展概况　　单位：亿元

指　标	1—3 月		1—6 月		1—9 月		1—12 月	
	绝对量	同比增长（%）	绝对量	同比增长（%）	绝对量	同比增长（%）	绝对量	同比增长（%）
地区生产总值	5 615	10. 8	12 405	11. 2	20 370	11. 4	27 232	11. 6
全社会固定资产投资	1 967	27. 9	7 111	30. 0	11 650	28. 9	16 932	26. 9
社会消费品零售总额	—	17. 2	—	17. 8	—	18. 0	—	18. 1
规模以上工业增加值	—	16. 8	—	17. 9	—	19. 4	—	19. 6
规模以上工业企业实现利润	794	37. 1	1 796	38. 2	2 780	36. 4	4 066	32. 8
居民消费价格指数（%）	1—3 月		1—6 月		1—9 月		1—12 月	
	5. 5		5. 8		6. 1		5. 6	

资料来源：国家统计局

二、河南上市公司总体情况

（一）公司数量

表 2　　2011 年河南上市公司数量　　单位：家

公司总数	仅 A 股	仅 B 股	（A + B）股
63	63	0	0

资料来源：沪深交易所，天相投资分析系统

（二）行业分布

表 3　　2011 年河南上市公司行业分布情况

所属中国证监会行业类别	家　数
农、林、牧、渔业	2
采掘业	4

续表

所属中国证监会行业类别	家 数
制造业	50
电力、煤气及水的生产和供应业	1
交通运输、仓储业	1
信息技术业	2
批发和零售贸易业	1
社会服务业	1
传播与文化产业	1
合 计	63

资料来源:河南证监局

(三)股本结构及规模

截至2011年12月31日,河南63家上市公司总股本313.41亿股,占同期全国上市公司总股本的1.05%。河南总股本在10亿股以上的公司有6家,占河南上市公司总数的9.52%。

表4　　2011年河南上市公司股本规模在10亿股以上公司分布情况

股本规模(亿股)	公司家数	具体公司
20≤~<50	3	中原高速、安阳钢铁、平煤股份
10≤~<20	3	神火股份、莲花味精、中孚实业

资料来源:沪深交易所,天相投资分析系统

(四)市值规模

截至2011年12月31日,河南地区63家上市公司境内总市值3 520.70亿元。其中,上交所上市公司23家,总股本182.64亿股,境内总市值1 529.05亿元,占河南上市公司境内总市值的43.43%;深交所上市公司40家,总股本130.77亿股,境内总市值1 991.65亿元,占河南上市公司境内总市值的56.57%。

(五)资产规模

截至2011年12月31日,河南63家上市公司合计总资产3 244.68亿元,归属于上市公司股东的净资产1 267.80亿元,与2010年相比,分别增长26.39%、30.75%;平均每股净资产4.01元。

三、河南上市公司经营情况及变动分析

(一)总体经营情况

2011年,河南上市公司实现营业收入3 098.04亿元,同比增长31.37%;实现归属母公司所有者净利润129.83亿元,同比增长17.66%;河南上市公司平均净资产收益率为10.24%,较2010年同比降低0.71个百分点,也低于2011年全国14.08%的平均

净资产收益率；平均每股收益（按期末股本计算）为0.41元，同比增长22.22%，但仍低于全国0.53元的平均每股收益水平。见表5。

表5　　2011年河南上市公司经营情况

指　标	河　南		
	2011年	2010年	同比增长（%）
家　数	63	52	21.15
亏损家数	4	5	-20.00
亏损家数比例（%）	6.35	9.62	-3.27
平均每股收益（元）	0.41	0.34	22.22
平均每股净资产（元）	4.01	3.07	30.75
平均净资产收益率（%）	10.24	10.95	-0.71
总资产（亿元）	3 244.68	2 567.27	26.39
归属于母公司股东权益（亿元）	1 267.80	969.66	30.75
营业收入（亿元）	3 098.04	2 358.29	31.37
利润总额（亿元）	168.66	138.88	21.44
归属于母公司所有者的净利润（亿元）	129.83	110.34	17.66

资料来源：沪深交易所，天相投资分析系统

（二）分行业经营情况

河南上市公司主要分布在制造业（50家），采掘业（4家），农、林、牧、渔业业（2家），信息技术业（2家）等。2011年，河南批发和零售业上市公司营业收入出现下滑，而其他各行业都呈现增长态势。其中以采掘业和农、林、牧、渔业增长最快，同比增幅分别达62.29%和50.33%，相应的净利润同比增长率也达到了49.09%和189.33%。具体见表6。

表6　　2011年河南上市公司分行业经营情况

所属行类	营业收入（亿元）	同比增长（%）	净利润（亿元）	同比增长（%）
农、林、牧、渔业	29.86	50.33	5.15	189.33
采掘业	808.57	62.29	44.67	49.09
制造业	2 162.07	15.17	77.30	-4.98
电力、煤气及水的生产和供应业	44.11	4.08	0.25	-18.83
交通运输、仓储业	26.27	10.89	2.99	-43.47
信息技术业	5.29	35.60	1.40	16.31
批发和零售贸易业	0.01	-87.11	-0.12	-516.08
社会服务业	3.93	22.63	0.82	10.74
传播与文化产业	17.92	—	1.42	—

资料来源：河南证监局

(三)业绩变动情况分析

1. 营业收入、毛利率等变动原因分析

2011 年,河南上市公司实现营业收入 3 098.04亿元,同比增长 31.37%;营业利润 155.22 亿元,同比增长 11.36%;利润总额 168.66 亿元,同比增长 21.44%;毛利率 14.36%,较 2010 年 14.46% 的平均毛利率水平降低了约 0.1 个百分点。营业收入增幅小于营业成本增幅是毛利率水平降低的主要原因。

2. 盈利构成分析

从盈利构成看,2011 年河南上市公司利润来源主要是营业利润,其占利润总额的比重为 92.03%;投资净收益占利润总额的比重为 4.56%,公允价值变动净收益占利润总额的比重为 0.35%,营业外收支净额占利润总额的比重为 7.97%。

3. 经营性现金流量分析

2011 年,河南上市公司经营现金流量净额共计 197.78 亿元,同比增长 55.42%。其中有 44 家上市公司经营现金流量净额为正,占全部 63 家上市公司的 69.84%。

4. 业绩特点分析

(1)每股收益呈回升势头,盈利总水平低于全国

2011 年,河南上市公司实现归属母公司所有者净利润 129.83 亿元,同比增长 17.66%;每股收益 0.41 元,较 2010 年增加了 0.07 元,但低于 2011 年全国 0.53 元的平均每股收益水平;净资产收益率 10.24%,较 2010 年降低了 0.71 个百分点,也低于 2011 年全国 14.08% 的平均净资产收益率。

(2)板块业绩情况

2011 年,河南创业板上市公司每股收益 0.54 元,较 2010 年同期增加 0.17 元,也高于 2011 年深交所创业板 0.52 元的平均每股收益水平;净资产收益率 8.52%,较 2010 年同期提高 1.07 个百分点,也高于 2011 年深交所创业板 7.85% 的平均净资产收益率。河南中小板上市公司平均每股收益 0.52 元,较 2010 年同期增长 0.1 元,同时与 2011 年深交所中小板 0.52 元的平均每股收益水平持平;净资产收益率 10.64%,较 2010 年提高 0.05 个百分点,也高于 2011 年深交所中小板 10.51% 的平均净资产收益率。主板上市公司平均每股收益 0.38 元,较 2010 年增加 0.03 元;净资产收益率 10.24%,较 2010 年降低了 1 个百分点。

5. 利润分配情况

2011 年,河南共有 45 家公司提出利润分配或资本公积金转增股本方案,拟发放现金股利家数为 29 家,占利润分配公司家数的 64.44%。拟派现金总额 13.95 亿元,占河南盈利公司净利润总额的 10.42%。

四、河南上市公司并购重组情况

(一)并购重组基本情况

2011 年,河南上市公司并购重组活动较为活跃。据统计,共有 23 家上市公司进行并购重组工作,涉及金额合计约 125.52 亿元。从并购重组分类情况看,定向增发购买资产类型的家数为 2 家,涉及标的金额 95.89 亿元,占河南并购重组涉及金额的 76.39%,分别是大有能源和大地传媒两家公司的借壳上市;通过收购资产进行吸收合并的公司有 1 家,为神火股份吸收合并神火铝业,涉及金额 3.82 亿元;进行协议收购的公司有 11 家,涉及金额 15.92 亿元;进行资

产出售的公司有9家，涉及金额9.89亿元。此外，平煤股份的收购计划已签订《股权转让协议》，尚未通过国有资产监督管理部门的批准。

表7　2011年河南上市公司并购重组情况

序号	公司	重组方式	涉及资金(亿元)	备注
1	大有能源	定向增发购买资产	82.20	实施完成
2	大地传媒	定向增发购买资产	13.69	
3	辉煌科技	协议收购	1.45	
4	洛阳玻璃	协议收购	0.02	
5	濮耐股份	协议收购	2.42	
6	森源电气	协议收购	0.16	
7	双汇发展	协议收购	6.15	
8	天方药业	协议收购	0.18	
9	西泵股份	协议收购	0.56	
10	许继电器	协议收购	0.15	
11	宇通客车	协议收购	0.54	
12	豫光金铅	协议收购	0.74	
13	中孚实业	协议收购	3.55	
14	安彩高科	资产出售	1.50	
15	好想你	资产出售	0.05	
16	羚锐制药	资产出售	0.02	
17	洛阳玻璃	资产出售	2.12	
18	神火股份	资产出售	2.04	
19	思达高科	资产出售	0.32	
20	西泵股份	资产出售	0.52	
21	宇通客车	资产出售	0.45	
22	豫能控股	资产出售	2.87	
23	神火股份	协议收购、吸收合并	3.82	
24	平煤股份	协议收购	0.50	审核待实施
合计(亿元)			125.52	

注：合计金额125.52亿元不包含平煤股份计划收购金额。
资料来源：河南证监局

(二)并购重组特点

1. 并购重组模式特点

2011年，河南地区上市公司并购重组模式有如下特点：一是借壳上市成为涉及金额最多的并购重组方式，河南2家公司进行的借壳上市运作所涉及的金额占全部并购重组涉及金额的76.39%；二是现金支付仍是主要的支付方式，除了2家借壳上市的公司之外，其余上市公司进行的资产收购和出售大都采用的是现金支付的形式。

2. 并购重组主要目标特点

2011年，产业整合成为重组重点。河南以扩大产能和完善产业链为目标的重组达到13次。

五、河南上市公司募集资金情况、使用情况

（一）募集资金总体情况

2011年，河南地区上市公司通过资本市场直接融资199.30亿元，融资规模略低于2010年的212.29亿元。其中，首发股本融资（IPO）67.63亿元，增发融资107.38亿元，配股融资24.29亿元。

表8　　2011年河南上市公司募集资金情况

发行类型	代　码	简　称	募集资金（亿元）
首　发	002560	通达股份	5.76
	002582	好想你	8.56
	002601	佰利联	13.20
	002613	北玻股份	9.05
	300179	四方达	4.95
	300248	新开普	3.36
	300259	新天科技	4.16
	300263	隆华传热	6.60
	601677	明泰铝业	12.00
增　发	000719	大地传媒	13.69
	002216	三全食品	4.99
	600172	黄河旋风	6.50
	600403	大有能源	82.20
配　股	600595	中孚实业	24.29
总　计			199.30

资料来源：沪深交易所、天相投资分析系统

（二）募集资金使用情况及特点

2011年，河南共有37家公司使用募集资金，金额99.19亿元。其中，41.06亿元为2011年度募集的资金，占全年使用募集资金总额的41.40%；58.13亿元为以前年度募集的资金，占年度使用募集资金总额的58.60%。

（三）募集资金变更情况

2011年，河南有5家公司变更募集资金的使用项目，涉及金额约为7.15亿元，占该5家公司募集资金总额（41.94亿元）的17.05%。募集资金变更程序合法，均经过公司股东大会批准。变更的原因主要包括：一是拟投资项目的投资环境发生变化；二是原承诺投资项目因各种原因未能达到预期收益，为提高募集资金的使用效率，将剩余募集资金改投其他项目。

表 9　　2011 年河南上市公司募集资金使用项目变更情况

日　期	变更募集资金使用项目的公司家数	涉及金额（亿元）	募集资金总额（亿元）	占公司募集资金总额的比例（%）
2011	5	7.15	41.94	17.05
2010	3	4.34	23.91	18.16

资料来源：河南证监局

（四）存在的主要问题

上市公司总体上对募集资金的管理较为规范，建立专户存储制度，按计划使用募集资金，变更程序严格。但个别公司的募集资金管理存在不足，主要表现为募集资金使用计划制定得不够严谨，对市场和政策变化预计不足。

六、河南上市公司规范运作情况分析

（一）上市公司治理专项情况

2011 年，河南证监局组织了"辖区新上市公司开展公司治理专项活动"，要求各新上市公司按照相关法规和章程，开展自查活动，并采取有效方式提高公司治理水平。同时，制定和上报了《关于辖区上市公司实施内控规范的推进工作方案》，组织试点公司参加内部控制制度试点工作，建立健全并有效执行内部控制。此外，展开了解决同业竞争、减少关联交易的专项活动，取得了显著的成效。

（二）审计情况及监管情况

为切实提高河南上市公司信息披露质量，河南证监局加大力量对河南上市公司年报审计工作进行督导。对审计师审计程序执行情况进行抽查，及时督促审计师及公司进行整改。对改聘审计会计师的公司，河南证监局进行了补充资料报备，同时要求前后任事务所做好交接和沟通。另外，组织宇通客车、神火股份等公司填报审计报告改进调查问卷。上述工作有效提高了河南审计监管工作的质量和效率。

（三）信息披露情况

2011 年，河南上市公司信息披露质量进一步提高。定期报告方面，河南证监局加强监管力度，要求公司对重点问题进行披露；对于公司重大事项、股价异动等情况，河南证监局也督促公司在必要时及时发布临时公告。通过多种途径增强河南资本市场的透明度。

（四）证券市场服务情况

2011 年，河南证监局进一步强化服务意识，全方位服务河南证券市场；积极帮助上市公司利用资本市场做大做强，在保证监管的同时，减少对市场的管制。通过风险分类的方式，有针对性地对河南上市公司进行日常监管，及时帮助公司排除潜在问题。对于正在辅导期的拟上市公司，河南证监局不遗余力地促进其规范化运作。此外，河南上市公司协会还组织了多次高管培训，同时加大了投资者教育力度。

审稿人：孙德才

撰稿人：彭　宇

湖北地区

一、湖北国民经济发展概况

表 1　　2011 年湖北国民经济发展概况　　单位：亿元

指　标	1—3 月		1—6 月		1—9 月		1—12 月	
	绝对量	同比增长（%）	绝对量	同比增长（%）	绝对量	同比增长（%）	绝对量	同比增长（%）
地区生产总值	3 592	14.4	8 571	14.1	13 578	14.0	19 594	13.8
全社会固定资产投资	1 753	33.2	5 614	32.0	8 589	30.5	12 224	30.6
社会消费品零售总额	—	17.0	—	17.7	—	17.8	—	18.0
规模以上工业增加值	—	21.6	—	20.5	—	20.7	—	20.5
规模以上工业企业实现利润	265	34.3	611	23.4	984	21.2	1 497	29.1
居民消费价格指数（%）	1—3 月		1—6 月		1—9 月		1—12 月	
	5.4		5.8		6.0		5.8	

资料来源：国家统计局

二、湖北上市公司总体情况

（一）公司数量

截至 2011 年 12 月 31 日，湖北上市公司有 81 家，占全国上市公司家数 2 342 家的 3.46%。其中，纯 A 股 77 家，纯 B 股 2 家，A + B股 2 家。上海交易所主板上市公司 36 家，深圳交易所主板上市公司 27 家，中小板 8 家，创业板 10 家。2011 年湖北有 8 家公司 IPO 上市，其中，骆驼股份在上海交易所主板上市，宜昌交运在深圳交易所中小板上市，华中数控、力源信息、天喻信息、金运激光、三丰智能、华昌达等 6 家公司在深圳交易所创业板上市。

表 2　　2011 年湖北上市公司数量　　单位：家

公司总数	仅 A 股	仅 B 股	（A + B）股
81	77	2	2

资料来源：沪深交易所，天相投资分析系统

(二)行业分布

湖北81家上市公司按行业划分，制造业上市公司有51家，批发和零售贸易业以及房地产业分别有6家，信息技术业有5家，电力、煤气及水的生产和供应业有4家，交通运输、仓储业和社会服务业分别有3家，建筑业，金融、保险业和综合类均有1家。具体情况见表3。

表3　　2011年湖北上市公司行业分布情况

所属中国证监会行业类别	家　数
制造业	51
电力、煤气及水的生产和供应业	4
建筑业	1
交通运输、仓储业	3
信息技术业	5
批发和零售贸易业	6
金融、保险业	1
房地产业	6
社会服务业	3
综合类	1
合　计	81

资料来源：湖北证监局

(三)股本结构及规模

截至2011年12月31日，湖北81家上市公司总股本502.44亿股，占同期全国上市公司总股本的1.68%。湖北总股本在10亿股以上的上市公司有9家，占湖北上市公司总数的11.11%。

表4　　2011年湖北上市公司股本规模在10亿股以上公司分布情况

股本规模(亿股)	公司家数	具体公司
100≤～<200	1	武钢股份
20≤～<50	4	长江证券、湖北能源、东风汽车、葛洲坝
10≤～<20	4	天茂集团、三安光电、华远地产、九州通

资料来源：沪深交易所，天相投资分析系统

(四)市值规模

截至2011年12月31日，湖北81家上市公司境内总市值3 786.49亿元，占全国上市公司境内总市值的1.75%。其中，上交所上市公司36家，总股本307.30亿股，境内总市值2 148.03亿元，占上交所上市公司境内总市值的1.44%；深交所上市公司45家，总股本195.13亿股，境内总市值1 638.46亿元，占深交所上市公司境内总市值的2.46%。

截至2011年12月31日，湖北上市公司流通市值2 963.81亿元，占全国上市公司总流通市值的1.80%。其中,湖北上交所上市公司总流通市值1 754.62亿元,占上交所上市公司总流通市值的1.43%;湖北深交所上市公司总流通市值1 209.19亿元,占深交所上市公司总流通市值的2.88%。

(五)资产规模

截至2011年12月31日,湖北上市公司合计总资产5 504.63亿元,归属于上市公司的净资产1 808.59亿元,与2010年相比,分别增长19.00%、21.45 %;平均每股净资产3.60元。

2011年湖北上市公司资产规模增长较快,已逐渐接近全国的平均净资产水平。

三、湖北上市公司经营情况及变动分析

(一)总体经营情况

2011年,湖北上市公司实现营业收入3 751.46亿元,比2010年增长24.04 %;实现归属于母公司所有者的净利润143.24亿元,比2010年下降1.21%;湖北上市公司平均净资产收益率为7.92%,低于全国14.08%的平均水平;平均每股收益(按期末股本计算)为0.29元,低于全国0.53元的平均水平。

表5　2011年湖北上市公司经营情况

指　标	2011年	2010年	同比增长(%)
家　数	81	73	10.96
亏损家数	9	2	350.00
亏损家数比例(%)	11.11	2.74	8.37
平均每股收益(元)	0.29	0.29	-3.16
平均每股净资产(元)	3.60	3.02	19.06
平均净资产收益率(%)	7.92	9.74	-1.82
总资产(亿元)	5 504.63	4 625.88	19.00
归属于母公司股东权益(亿元)	1 808.59	1 489.17	21.45
营业收入(亿元)	3 751.46	3 024.45	24.04
利润总额(亿元)	204.91	201.45	1.72
归属于母公司所有者的净利润(亿元)	143.24	145.01	-1.21

资料来源:沪深交易所,天相投资分析系统,湖北证监局

(二)分行业经营情况

湖北81家上市公司主要分布在制造业(51家),批发和零售贸易业(6家),房地产业(6家),信息技术业(5家),电力、煤气及水的生产和供应业(4家)等行业。2011年,湖北金融、保险业,综合类,电力、煤气及水的生产和供应业等行业上市公司营业收入出现下滑,而社会服务业、制造业、建筑业、信息技术业等其他行业呈现增长态势。就净利润指标来看,交通运输、仓储业,综合类,金融、保险业等均大幅下滑,其中交通运输、仓储业出现了亏损。具体见表6。

表 6　　2011 年湖北上市公司分行业经营情况

所属行类	营业收入（亿元）	同比增长（%）	净利润（亿元）	同比增长（%）
制造业	2 230.33	28.74	85.22	2.47
电力、煤气及水的生产和供应业	204.79	-8.79	15.15	21.55
建筑业	465.40	27.21	18.10	14.43
交通运输、仓储业	44.88	9.52	-4.82	-194.78
信息技术业	104.72	21.60	9.16	-2.65
批发和零售贸易业	564.71	17.32	12.05	11.15
金融、保险业	18.64	-41.75	4.35	-66.10
房地产业	91.41	3.65	15.93	21.85
社会服务业	19.97	31.97	3.20	17.60
综合类	6.61	-27.31	0.10	-80.10

资料来源：湖北证监局

（三）业绩变动情况分析

1. 营业收入、毛利率等变动原因分析

2011 年，湖北 81 家上市公司实现营业收入 3 751.46 亿元，同比增长 24.04 %；营业成本 3 205.59 亿元，同比增长 26.03%，营业利润 172.36 亿元，同比下降 4.72%；利润总额 204.91 亿元，同比增长 1.72 %；毛利率 14.55%，同比下降 1.35 个百分点。总体来看，营业收入增幅小于营业成本增幅是毛利率下降的主要原因。

2. 盈利构成分析

从盈利构成看，2011 年湖北 81 家上市公司利润来源主要是营业利润，其占利润总额的比重为 84.12%；投资净收益占利润总额的比重为 15.50%，公允价值变动净收益为负（-2.87 亿元），营业外收支净额占利润总额的比重为 15.88%。

3. 经营性现金流量分析

2011 年，湖北 50 家上市公司经营现金流量净额为正，占湖北上市公司总数的 61.73%，高于 2010 年 38.27% 的水平。

4. 业绩特点分析

（1）盈利水平与全国平均水平存在差距

2011 年，湖北上市公司实现归属母公司所有者净利润 143.24 亿元，同比下降 1.21%；每股收益 0.29 元，与 2010 年基本持平；净资产收益率 7.92%，低于 2010 年的 9.74%。

每股收益和净资产收益率较 2010 年均未好转，且与 2011 年全国平均水平仍存在一定的差距。

（2）板块业绩情况

2011 年，湖北主板上市公司平均每股收益为 0.28 元，比 2010 年略有降低；净资产收益率 7.91 %。中小板上市公司平均每股收益 0.34 元，低于深交所中小板 0.52 元的平均每股收益水平；净资产收益率 8.84%，低于深交所中小板 10.51% 的平均净资产收益率。创业板上市公司业绩比 2010 年有所下降，每股收益 0.50 元，低于深交所创业板 0.52 元的平均每股收益水平；净资产收益率 6.75 %，低于深交所创业板 7.85% 的平均净资产收益率。

5. 利润分配情况

湖北实施利润分配上市公司家数有所回落，利润分配以现金分红为主要形式；2011 年，湖北共有 44 家公司提出利润分配或资本公积金转增股本方案，占盈利公司总数 72 家的 61.11%；拟派现金总额 41.02 亿元，占湖北盈利公司净利润总额的 23.23%。

四、湖北上市公司并购重组情况

2011 年，湖北上市公司并购重组活动较为平淡。据统计，共有 3 家上市公司进行并购重组工作，均为行政划转，涉及划转股份 6.94 亿股，其中有 1 家公司已完成，涉及划转股份 3.76 亿股。具体情况见表 7。

表 7　2011 年湖北上市公司并购重组情况

序　号	公　司	重组方式	涉及股份(亿股)	备注
1	楚天高速	行政划转	3.76	实施完成
2	光迅科技	无偿划转	0.74	审核通过未实施
3	烽火通信	无偿划转	2.44	
合计(亿股)			6.94	

资料来源：湖北证监局

五、湖北上市公司募集资金情况、使用情况

(一) 募集资金总体情况

2011 年，湖北上市公司通过资本市场直接融资 206.38 亿元。其中，首发股本融资(IPO)47.64 亿元，增发融资 75.29 亿元，配股融资 83.46 亿元。

表 8　2011 年湖北上市公司募集资金情况

发行类型	代　码	简　称	募集资金(亿元)
首　发	002627	宜昌交运	4.36
	300161	华中数控	7.02
	300184	力源信息	3.34
	300205	天喻信息	7.96
	300220	金运激光	2.10
	300276	三丰智能	3.83
	300278	华昌达	3.59
	601311	骆驼股份	15.44
增　发	000422	湖北宜化	16.27
	000783	长江证券	25.34
	000988	华工科技	7.59
	600298	安琪酵母	8.14
	600801	华新水泥	17.95

续表

发行类型	代码	简称	募集资金(亿元)
配股	600005	武钢股份	83.46
总计(亿元)			206.38

资料来源:湖北证监局

(二)募集资金使用情况及特点

2011年,湖北共有31家公司使用募集资金207.54亿元。其中,160.87亿元为2011年度募集的资金,占2011年使用募集资金总额的77.51%;46.67亿元为以前年度募集的资金,占年度使用募集资金总额的22.49%。

(三)存在的主要问题

湖北上市公司总体上对募集资金的管理较为规范,建立专户存储制度,按计划使用募集资金,变更程序严格。但个别公司的募集资金管理存在不足,主要表现为发行费用未规范列支,专户之间串户使用,使用程序不够规范等。

六、湖北上市公司规范运作情况分析

(一)上市公司治理专项情况

按照中国证监会的总体部署,湖北证监局认真组织、扎实推进内部控制规范试点、"解决同业竞争、减少关联交易"活动和"打击和防控内幕交易"活动等专项工作,督促湖北3家内部控制试点公司规范财务流程、完善内部控制和2家问题公司彻底解决同业竞争问题,建立了内幕交易防控的联动机制和综合监管体系,联合湖北省金融办、监察厅等单位对湖北7家上市公司进行检查,督促各上市公司建立了防控内幕交易的长效机制。

(二)审计情况及监管情况

湖北证监局注重"借力监管",加大对审计机构的监管力度,根据审计机构年报审计进展,持续跟踪监管审计项目组的执业情况,并通过现场监管督促审计机构规范执业,切实提高审计工作质量。

(三)证券市场服务情况

湖北证监局在中国证监会的领导和湖北省委、省政府的关心支持下,结合湖北省实际,着力促进湖北发挥中部崛起战略支撑点的作用,充分利用资本市场,在企业上市、并购重组及区域资本市场建设等方面卓有成效,较好地服务了湖北的经济社会发展。

一是积极做好企业上市辅导验收和资源培育工作。坚持以市场主导、政府引导、证监局辅导监管的工作原则,健全和完善上市工作联席会议制度,强化上市后备资源培育和上市辅导监管,推动企业上市,实现资本与产业,特别是高新技术产业的对接,并促进全省战略性新兴产业的发展和经济结构战略性调整。2011年湖北有8家公司IPO上市,其中7家为高新技术企业。

二是积极支持有条件的上市公司实施再融资。湖北证监局挖掘资源,抓住机遇,努力增加湖北上市公司的再融资规模。2011年,湖北有5家公司通过增发、1家公司通过配股、2家公司通过公司债募集资金186.55亿元。

三是抓住中国证监会加快场外市场建设、扩大股份代办转让系统试点的机遇，努力推动东湖高新示范区等国家级高新区进入试点范围，为湖北企业登陆资本市场开辟新的通道。

四是积极创新并购融资方式，充分借力资本市场平台和多元化并购重组手段，努力改变湖北省以传统产业为主导的上市公司产业格局，提升湖北省重点产业的核心竞争力，促进湖北省经济结构的战略性调整，既推动传统产业优化升级，又提升支柱产业的核心竞争力，为经济结构调整提供支持的重要平台。

审稿人：刘兴兵 鲁再平

撰稿人：董志刚

湖南地区

一、湖南国民经济发展概况

表 1　　2011 年湖南国民经济发展概况　　单位：亿元

指　标	1—3 月		1—6 月		1—9 月		1—12 月	
	绝对量	同比增长(%)	绝对量	同比增长(%)	绝对量	同比增长(%)	绝对量	同比增长(%)
地区生产总值	3 647	13.9	8 763	13.4	13 625	12.9	19 635	12.8
全社会固定资产投资	1 352	31.5	4 474	29.2	7 659	28.8	11 361	27.6
社会消费品零售总额	—	17.0	—	17.4	—	17.7	—	17.9
规模以上工业增加值	—	21.8	—	20.4	—	19.5	—	20.1
规模以上工业企业实现利润	248	65.6	575	55.0	837	42.8	1 252	43.9
居民消费价格指数(%)	1—3 月		1—6 月		1—9 月		1—12 月	
	5.9		5.9		5.9		5.5	

资料来源：国家统计局

二、湖南上市公司总体情况

(一)公司数量

截至 2011 年 12 月 31 日，湖南共有 70 家境内上市公司，占全国上市公司总数的 2.99%。

表 2 2011 年湖南上市公司数量 单位：家

公司总数	仅 A 股	仅 B 股	(A+B)股
70	70	0	0

资料来源：沪深交易所，天相投资分析系统

(二)行业分布

按照中国证监会行业类别划分，湖南地区 70 家上市公司分属 11 个行业，没有建筑业及综合类上市公司。

表 3 2011 年湖南上市公司行业分布情况

所属中国证监会行业类别	家　数
农、林、牧、渔业	4
采掘业	1
制造业	43
电力、煤气及水的生产和供应业	3
交通运输、仓储业	2
信息技术业	4
批发和零售贸易业	4
金融、保险业	1
房地产业	1
社会服务业	4
传播与文化产业	3
合　计	70

资料来源：湖南证监局

(三)股本结构及规模

截至 2011 年 12 月 31 日，湖南 70 家上市公司总股本 464.61 亿股，占同期全国上市公司总股本的 1.56%。湖南总股本在 10 亿股以上的上市公司有 6 家，占湖南上市公司总数的 8.57%。

表 4 2011 年湖南上市公司股本规模在 10 亿股以上公司分布情况

股本规模(亿股)	公司家数	具体公司
50≤～<100	3	中联重科、三一重工、方正证券
20≤～<50	1	华菱钢铁
10≤～<20	2	嘉凯城、中南传媒

资料来源：沪深交易所，天相投资分析系统

(四)市值规模

截至 2011 年 12 月 31 日，湖南 70 家上市公司境内总市值 4 152.24 亿元，占全国上市公司境内总市值的 1.92%；流通市值 2 950.57亿元，占全国上市公司流通市值的

1.8%。其中,上交所上市公司21家,总股本229.74亿股,境内总市值1 959.37亿元,占上交所上市公司境内总市值的1.32%;深交所上市公司49家,总股本234.88亿股,境内总市值2 192.88亿元,占深交所上市公司境内总市值的3.3%。

(五)资产规模

截至2011年12月31日,湖南地区70家上市公司合计总资产4 444.65亿元,归属于上市公司股东的净资产1 650.66亿元,与2010年相比,分别增长28.51 %、33.96 %;平均每股净资产3.45元。

三、湖南上市公司经营情况及变动分析

(一)总体经营情况

2011年,湖南上市公司实现营业收入3 223.51亿元,比2010年增长26.73%;实现归属于母公司所有者的净利润237.17亿元,增长66.03 %;湖南上市公司平均净资产收益率为14.37%,高于全国14.08%的平均水平;平均每股收益(按期末股本计算)为0.50元,略低于全国0.53元的平均水平。见表5。

表5 2011年湖南上市公司经营情况

指　标	2011年	2010年	同比增长(%)
家　数	70	62	12.90
亏损家数	7	4	75.00
亏损家数比例(%)	10.00	6.45	3.55
平均每股收益(元)	0.50	0.35	40.34
平均每股净资产(元)	3.45	3.04	13.23
平均净资产收益率(%)	14.37	11.59	2.77
总资产(亿元)	4 444.65	3 458.60	28.51
归属于母公司股东权益(亿元)	1 650.66	1 232.16	33.96
营业收入(亿元)	3 223.51	2 543.51	26.73
利润总额(亿元)	295.97	187.99	57.44
归属于母公司所有者的净利润(亿元)	237.17	142.85	66.03

资料来源:沪深交易所,天相投资分析系统

(二)分行业经营情况

湖南上市公司主要分布在制造业(43家),农、林、牧、渔业(4家),信息技术业(4家),批发和零售贸易业(4家),社会服务业(4家)等行业。2011年,湖南各行业经营状况波动变化较大,金融保险业,房地产业,传播与文化产业等上市公司营业收入出现下滑,而其他行业呈现增长态势,其中,批发和零售贸易业增长最快,同比增幅达43.06%;采掘业、制造业经营业绩较好,净利润分别同比增长182.73%、82%。具体见表6。

表6　2011年湖南上市公司分行业经营情况

所属行类	营业收入（亿元）	同比增长（%）	净利润（亿元）	同比增长（%）
农、林、牧、渔业	35.20	17.79	3.75	39.86
采掘业	40.81	41.71	5.40	182.73
制造业	2 370.24	24.06	197.17	82.00
电力、煤气及水的生产和供应业	118.81	21.18	0.36	-82.93
交通运输、仓储业	22.19	2.78	8.80	-1.34
信息技术业	19.06	13.12	1.27	-19.10
批发和零售贸易业	407.70	43.06	8.56	47.42
金融、保险业	17.09	-44.65	2.51	-80.25
房地产业	64.85	-29.34	1.87	-84.25
社会服务业	37.76	29.92	4.32	10.86
传播与文化产业	89.80	-19.59	14.76	28.04

资料来源：湖南证监局

（三）业绩变动情况分析

1. 营业收入、毛利率等变动原因分析

2011年，湖南上市公司实现营业收入3 223.51亿元，同比增长26.73%；营业利润265.92亿元，同比增长49.58%；利润总额295.97亿元，同比增长57.44%；毛利率19.98%，同比上升0.46个百分点。总体来看，营业收入增幅大于营业成本增幅是毛利率提升的主要原因。

2. 盈利构成分析

从盈利构成看，2011年湖南上市公司利润来源主要是营业利润，其占利润总额的比重为89.85%；投资净收益占利润总额的比重为8.30%，公允价值变动净收益为负（-4.32亿元），营业外收支净额占利润总额的比重为10.15%。

3. 经营性现金流量分析

2011年，湖南49家上市公司经营现金流量净额为正，占70家上市公司的70%，低于2010年77.77%的水平。另外，20家公司经营现金流量净额为负，1家公司经营现金流量净额为零。

4. 业绩特点分析

（1）经营业绩总体提升

2011年，湖南上市公司实现归属母公司所有者净利润237.17亿元，同比增长66.03%；每股收益0.50元，高于2010年的0.35元；净资产收益率14.37%，高于2010年的11.59%。各项经营指标好于2010年，经营业绩总体有所提升。

（2）板块业绩情况

2011年，湖南主板上市公司平均每股收益0.49元，净资产收益率15.05%。中小板上市公司平均每股收益0.60元，高于深交所中小板0.52元的平均每股收益水平；净资产收益率11.47%，高于深交所中小板10.51%的平均净资产收益率。创业板上市公司每股收益0.47元，低于深交所创业板0.52元的平均每股收益水平；净资产收益率8.36%，高于深交所创业板7.85%的平均净资产收益率。

(3)蓝筹公司业绩增长显著,亏损公司有所增加

湖南蓝筹公司继续保持业绩高速增长,4家沪深300指数公司三一重工、中联重科、中南传媒、辰州矿业,分别实现净利润93.61亿元、81.73亿元、8.06亿元、5.40亿元,同比增速分别为51.87%、78.15%、34.09%、182.64%。但同时,业绩下降公司比例扩大,亏损公司增多。2011年,净利润同比下降的公司达30家,占比42.86%;亏损公司达7家,比2010年增加3家。

5. 利润分配情况

2011年,湖南共有41家公司提出利润分配或资本公积金转增股本方案,占比58.57%,比2010年提高近8个百分点。其中,有21家公司实施送转红股,拟发放现金股利家数为39家,占利润分配公司家数的95.12%。拟派现金总额62.06亿元,占湖南盈利公司净利润总额的24.94%。

四、湖南上市公司并购重组情况

(一)并购重组基本情况

2011年,湖南上市公司并购重组活动较少。据统计,共有2家上市公司进行并购重组工作并且实施完成,涉及金额合计25.19亿元。从并购重组分类情况看,实际控制权变更类型为1家,涉及标的金额18.78亿元;发行股份购买资产1家,涉及金额6.41亿元。

表7　2011年湖南上市公司并购重组情况

序　号	公　司	重组方式	涉及资金(亿元)	备　注
1	张家界	定向增发购买资产	6.41	实施完成
2	岳阳林纸	协议增资收购	18.78	
合计(亿元)			25.19	

资料来源:湖南证监局

(二)并购重组特点

1. 并购重组模式特点

2011年,湖南上市公司并购重组模式有如下特点:一是定向增发成为并购重组的重要手段,二是央企对地方国企收购整合的趋势不改。继2010年中国五矿收购重组株冶集团、金瑞科技,中国兵器工业集团重组江南红箭以来,2011年,中国诚通控股集团通过重组成为岳阳林纸的实际控制人。

2. 并购重组主要目标特点

通过并购重组注入优质资产是提高上市公司质量的有效途径。2011年,张家界通过并购重组注入环保客车资产,整合了上市公司与控股股东之间的旅游资源,不仅解决了可能存在的同业竞争、关联交易的问题,而且大大提高了上市公司的盈利能力。

五、湖南上市公司募集资金情况、使用情况

(一)募集资金总体情况

2011年,湖南上市公司通过资本市场直接融资158.70亿元,其中,首发股本融资(IPO)124.35亿元,增发融资28.55亿元,

配股融资5.80亿元。

表8　2011年湖南上市公司募集资金情况

发行类型	代　码	简　称	募集资金(亿元)
首　发	002549	凯美特气	5.10
	002567	唐人神	9.45
	002650	加加食品	12.00
	300187	永清环保	6.68
	300216	千山药机	4.98
	300267	尔康制药	8.27
	300268	万福生科	4.25
	601636	旗滨集团	15.12
	601901	方正证券	58.50
增　发	000430	张家界	6.41
	000799	酒 鬼 酒	4.40
	000932	华菱钢铁	15.48
	002125	湘潭电化	2.26
配　股	000419	通程控股	5.80
总计(亿元)			158.70

资料来源:湖南证监局

(二)募集资金使用情况及特点

2011年,湖南地区共有38家公司使用募集资金,金额148.17亿元。其中,99.07亿元为2011年度募集的资金,占全年使用募集资金总额的66.86%;49.10亿元为以前年度募集的资金,占年度使用募集资金总额的33.14%。

(三)募集资金变更情况

2011年,湖南有7家公司变更募集资金的使用项目,涉及金额约为13.09亿元,占该7家公司募集资金总额(89.75亿元)的14.58%。募集资金变更程序合法,均经过公司股东大会批准。变更的原因主要包括:一是拟投资项目的投资环境发生变化;二是原承诺投资项目因各种原因未能达到预期收益,为提高募集资金的使用效率,将剩余募集资金改投其他项目。

表9　2011年湖南上市公司募集资金使用项目变更情况

日　期	变更募集资金使用项目的公司家数	涉及金额(亿元)	募集资金总额(亿元)	占公司募集资金总额的比例(%)
2011	7	13.09	89.75	14.58
2010	2	0.99	6.37	15.54

资料来源:湖南证监局

（四）存在的主要问题

湖南上市公司总体上对募集资金的管理较为规范，建立专户存储制度，按计划使用募集资金，变更程序严格。但个别公司的募集资金管理存在不足，主要表现为募集资金使用计划制定得不够严谨，对市场和政策变化预计不足，募集资金投入较为缓慢。

六、湖南上市公司规范运作情况

（一）上市公司治理专项情况

2011年，湖南上市公司不断强化公司治理水平，规范运作意识进一步提升。一是5家蓝筹公司主动申请进行企业内部控制规范试点，成效显著，为其他上市公司起到了很好的示范作用。二是内幕交易防控工作上了新台阶。上市公司对内幕信息及内幕信息知情人的管理基本实现制度化、规范化，内幕信息传递环节及知情人员登记报备、接待特定对象调研采访、敏感时期买卖股票自查登记等制度不断完善落实。

（二）审计情况及监管情况

2011年，湖南上市公司有66家公司为标准无保留意见的审计报告，占比94.29%，高于2010年的93.60%。3家公司被出具带强调事项段的无保留意见，1家公司被出具保留意见的审计报告。

2011年，湖南证监局着力从完善年报审计跟进和强化审计项目事后评价两方面加强监管。向审计机构下发《年报监管备忘录》40份，提请审计师关注重点事项累计200条，对68个审计项目进行了事后评价，对6个审计程序执行不到位、审计底稿不完善的项目评为C级。

（三）信息披露情况

2011年，湖南上市公司信息披露情况总体良好。深交所信息披露考核有7家公司获得A，上交所信息披露考核有4家公司获优秀。但部分公司信息披露中仍有瑕疵，公告“打补丁”的现象不时出现，数据单位简单错误、关联方等信息披露不全、定期报告代替临时报告等是主要问题。1家公司信息披露考核为D。

（四）证券市场服务情况

2011年，湖南上市公司充分发挥资本市场“主力军”的作用，服务市场发展。一是积极参与湖南资本市场庆祝建党90周年活动，宣传上市公司促进经济社会发展取得的巨大成就。二是积极配合开展投资者教育宣传活动，举办回报投资者、防控内幕交易、了解上市公司等主题报告会。三是结合“创先争优”活动对上市公司董秘进行考核和表彰，激励促进信息披露工作质量的提升。四是通过董事长论坛、上市公司高管培训班等形式加强学习交流，提高规范运作意识和履职能力。

审稿人：茅剑刚

撰稿人：徐　欢

广东地区

一、广东国民经济发展概况

表 1　　2011 年广东国民经济发展概况　　单位:亿元

指　标	1—3 月		1—6 月		1—9 月		1—12 月	
	绝对量	同比增长(%)	绝对量	同比增长(%)	绝对量	同比增长(%)	绝对量	同比增长(%)
地区生产总值	10 550	10. 5	23 421	10. 20	36 953	10. 1	52 674	10. 0
全社会固定资产投资	2 434	13. 6	6 731	16. 70	10 934	17. 5	16 688	16. 4
社会消费品零售总额	—	15. 4	—	15. 88	—	16. 1	—	16. 3
规模以上工业增加值	—	14. 0	—	13. 10	—	13. 0	—	12. 6
规模以上工业企业实现利润	923	10. 4	2 019	4. 90	3 043	3. 0	4 609	2. 4
居民消费价格指数(%)	1—3 月		1—6 月		1—9 月		1—12 月	
	5. 1		5. 2		5. 5		5. 3	

资料来源:国家统计局

二、广东上市公司总体情况

(一)公司数量

截至 2011 年末,广东(不含深圳,下同)共有境内上市公司 167 家,其中,主板上市公司 71 家,中小企业板上市公司 67 家,创业板上市公司 29 家。按发行股票类型划分,有纯 A 股公司 161 家,纯 B 股公司 2 家,A + B 股公司 4 家。

表 2　　2011 年广东上市公司数量　　单位:家

公司总数	仅 A 股	仅 B 股	(A+B)股
167	161	2	4

资料来源:沪深交易所,天相投资分析系统

(二)行业分布

广东 167 家上市公司分布在 12 类行业中,以制造业最为集中,占上市公司总数的 65. 87%。广东上市公司具体行业分布情况如表 2。

表 3　　2011 年广东上市公司行业分布情况

所属中国证监会行业类别	家　数
农、林、牧、渔业	4
制造业	110
电力、煤气及水的生产和供应业	9
建筑业	2
交通运输、仓储业	6
信息技术业	11
批发和零售贸易业	6
金融、保险业	1
房地产业	9
社会服务业	3
传播与文化产业	1
综合类	5
合　计	167

资料来源：广东证监局

（三）股本结构及规模

截至 2011 年 12 月 31 日，广东 167 家上市公司总股本 1 004.01 亿股，占同期全国上市公司总股本的 3.36 %。广东总股本在 10 亿股以上的上市公司有 21 家，占广东上市公司总数的 12.57%。

表 4　　2011 年广东上市公司股本规模在 10 亿股以上公司分布情况

股本规模（亿股）	公司家数	具体公司
50≤ ~ <100	3	TCL 集团、南方航空、保利地产
20≤ ~ <50	6	美的电器、粤电力 A、格力电器、广发证券、广州控股、康美药业
10≤ ~ <20	12	粤高速 A、珠海中富、宝新能源、韶钢松山、东莞控股、ST 科龙、白云机场、金发科技、生益科技、中远航运、ST 梅雁、宜华木业

资料来源：沪深交易所，天相投资分析系统

（四）市值规模

截至 2011 年 12 月 31 日，广东 167 家上市公司境内总市值 8 647.33 亿元，占全国上市公司境内总市值的 4.01%。其中，上交所上市公司 29 家，总股本 343.82 亿股，境内总市值 2 448.83 亿元，占上交所上市公司境内总市值的 1.64%；深交所上市公司 138 家，总股本 660.20 亿股，境内总市值 6 198.50亿元，占深交所上市公司境内总市值的 9.31%。

（五）资产规模

截至 2011 年 12 月 31 日，广东 167 家上市公司合计总资产 11 587.86 亿元，归属于上市公司股东的净资产 4 123.73 亿元，与

2010 年相比，分别增长 20.20%、25.94%；平均每股净资产 3.96 元。

三、广东上市公司经营情况及变动分析

（一）总体经营情况

2011 年，广东上市公司实现营业收入 7 198.17亿元，同比增长 22.93%；实现归属于母公司所有者的净利润 441.26 亿元，同比增长 0.43%；广东上市公司平均净资产收益率为 10.70%，低于全国 14.08% 的平均水平；平均每股收益（按期末股本计算）为 0.42 元，略低于全国 0.53 元的平均水平。见表 5。

表 5　　2011 年广东上市公司经营情况

指　　标	广　　东		
	2011 年	2010 年	同比（%）
家　数	167	145	15.17
亏损家数	7	7	0.00
亏损家数比例（%）	4.19	4.83	-0.64
平均每股收益（元）	0.42	0.43	-2.48
平均每股净资产（元）	3.96	3.24	22.29
平均净资产收益率（%）	10.70	13.42	-2.72
总资产（亿元）	11 587.86	9 640.40	20.20
归属于母公司股东权益（亿元）	4 123.73	3 274.29	25.94
营业收入（亿元）	7 198.17	5 855.66	22.93
利润总额（亿元）	605.89	593.05	2.17
归属于母公司所有者的净利润（亿元）	441.26	439.39	0.43

资料来源：沪深交易所，天相投资分析系统

（二）分行业经营情况

广东上市公司主要分布在制造业（110 家），信息技术业（11 家），房地产业（9 家），电力、煤气及水的生产和供应业（9 家）等行业。2011 年，广东房地产业，制造业，电力、煤气及水的生产和供应业，建筑业，信息技术业等大部分行业的上市公司营业收入呈现增长态势，而金融、保险业等则出现较大幅度的下滑。具体见表 6。

表 6　　2011 年广东上市公司分行业经营情况

所属行类	营业收入（亿元）	同比增长（%）	净利润（亿元）	同比增长（%）
农、林、牧、渔业	26.29	17.03	2.70	-1.53
制造业	4 664.21	24.98	235.53	10.90
电力、煤气及水的生产和供应业	411.17	25.16	32.05	-15.79

续表

所属行类	营业收入（亿元）	同比增长（%）	净利润（亿元）	同比增长（%）
建筑业	65.17	24.82	3.60	38.46
交通运输、仓储业	1 040.67	18.43	75.81	-7.83
信息技术业	78.62	25.29	10.05	-16.46
批发和零售贸易业	198.82	23.25	15.14	29.29
金融、保险业	59.46	-41.81	20.58	-50.98
房地产业	573.26	26.72	86.12	29.48
社会服务业	42.71	19.37	1.65	217.31
传播与文化产业	3.33	-1.77	0.11	-35.29
综合类	34.46	16.46	2.77	-44.60

资料来源：广东证监局

（三）业绩变动情况分析

1. 营业收入、毛利率等变动原因分析

2011年，广东上市公司实现营业收入7 198.17亿元，同比增长22.93%；营业利润535.11亿元，同比增长9.01%；利润总额605.89亿元，同比增长2.17%；毛利率19.90%，同比下降0.74个百分点。总体来看，营业收入增幅小于营业成本增幅是毛利率下降的主要原因。

2. 盈利构成分析

从盈利构成情况看，2011年广东上市公司利润来源主要是营业利润，其占利润总额比重为88.32%；投资净收益占利润总额的比重为13.51%，公允价值变动净收益为负（-0.28亿元），营业外收支净额占利润总额的比重为11.68%。

3. 经营性现金流量分析

2011年，广东共有115家上市公司经营现金流量净额为正，占167家上市公司的68.86%，低于2010年73.79%的水平；52家上市公司经营性现金流量净额为负，占比31.14%。

4. 业绩特点分析

（1）整体业绩略有回落

2011年，广东上市公司实现归属母公司所有者净利润441.26亿元，同比增长0.43%；平均每股收益0.42元，与2010年持平；平均净资产收益率10.70%，低于2010年13.42%的平均净资产收益率。整体业绩水平比2010年有所下降。

（2）板块业绩情况

2011年，广东创业板上市公司每股收益0.39元，低于深交所创业板0.52元的平均每股收益水平；净资产收益率6.90%，低于深交所创业板7.85%的平均净资产收益率。主板上市公司平均每股收益0.43元，低于2010年的0.46元。中小板上市公司平均每股收益0.40元，低于深交所中小板0.52元的平均每股收益水平；净资产收益率8.53%，低于深交所中小板10.51%的平均净资产收益率。

5. 利润分配情况

2011年，广东共有123家公司提出现金分红方案，占盈利公司总数160家的76.88%，分红公司数量同比增长26.53%；现金分红总额为147.15亿元，占广东盈利公司净利润总额的33.42%。

四、广东上市公司并购重组情况

（一）并购重组基本情况

2011年，广东上市公司并购重组活动较为活跃。据统计，共有17家上市公司进行了并购重组工作，其中有7家公司取得实质性进展。从并购重组分类情况看，实际控制权变更类型为1家，涉及标的金额4.22亿元；重大资产重组或发行股份购买资产类型为16家，其中，资产置换1家，涉及金额23.04亿元；资产收购1家，涉及金额1.69亿元；发行股份购买资产14家，涉及金额266.16亿元。

表7　　2011年广东上市公司并购重组情况

序　号	公　司	重组方式	涉及资金（亿元）	备　注
1	穗恒运	定向增发购买资产	11.81	实施完成
2	金马集团	定向增发购买资产	50.31	
3	科达机电	定向增发购买资产	3.91	
4	广百股份	定向增发购买资产	5.23	
5	冠豪高新	现金购买资产	1.69	
6	ST甘化	控股权转让	4.22	
7	粤传媒	定向增发购买资产	38.32	审核通过待实施
合计（亿元）			115.49	

资料来源：广东证监局

（二）并购重组特点

1. 并购重组模式特点

2011年，广东上市公司并购重组模式有如下特点：一是定向增发成为并购重组的主要模式，7家公司中有5家采用定向增发形式，占比71.43%；二是创业板公司利用超募资金收购同业资产成为亮点。

2. 并购重组主要目标特点

2011年，广东上市公司以产业整合和整体上市为目标的并购重组步伐加快，金马集团、冠豪高新、粤传媒等公司为解决公司同业竞争和关联交易问题纷纷加入重组行列，全年以产业整合和整体上市为目标的重组达到8家，占并购重组家数的47.06%。

五、广东上市公司募集资金情况、使用情况

（一）募集资金总体情况

2011年，广东上市公司通过资本市场直接融资527.36亿元，其中，首发股本融资（IPO）143.45亿元，增发融资292.38亿元，配股融资21.13亿元，可转债筹资3.5亿元，公司债筹资66.90亿元。

表 8　2011 年广东上市公司募集资金情况

发行类型	代　码	简　称	募集资金(亿元)
首　发	002543	万和电气	15.00
	002544	杰赛科技	6.16
	002572	索菲亚	11.61
	002575	群兴玩具	6.76
	002579	中京电子	4.14
	002584	西陇化工	6.25
	002600	江粉磁材	6.36
	002611	东方精工	5.27
	002616	长青集团	6.59
	002638	勤上光电	11.24
	300155	安居宝	8.82
	300173	松德股份	3.81
	300176	鸿特精密	3.65
	300177	中海达	5.85
	300186	大华农	14.74
	300219	鸿利光电	4.96
	300221	银禧科技	4.50
	300238	冠昊生物	2.78
	300242	明家科技	1.90
	300246	宝莱特	2.63
	300273	和佳股份	6.67
	300281	金明精机	3.75
增　发	000523	广州浪奇	5.20
	000527	美的电器	43.60
	000531	穗恒运 A	11.81
	000602	金马集团	50.31
	000776	广发证券	121.79
	002060	粤水电	8.25
	002167	东方锆业	8.20
	002187	广百股份	5.23
	002249	大洋电机	10.59
	600183	生益科技	12.71
	600433	冠豪高新	6.92
	600499	科达机电	3.91
	600866	星湖科技	3.85
配　股	600428	中远航运	21.13
可转债	002031	巨轮股份	3.50

续表

发行类型	代码	简称	募集资金(亿元)
公司债	002311	海大集团	8.00
	000828	东莞控股	7.00
	600518	康美药业	25.00
	600673	东阳光铝	9.00
	000507	珠海港	5.00
	600866	星湖科技	6.40
	600323	南海发展	6.50
总计			527.36

资料来源:广东证监局

(二)募集资金使用情况及特点

2011年,广东共有101家公司使用募集资金,金额490.84亿元。其中,307.99亿元为2011年度募集的资金,占全年募集资金总额的62.75%;182.85亿元为以前年度募集的资金,占年度募集资金总额的37.25%。

2011年内一些上市公司利用超募资金进行并购重组,做大做强上市公司主业取得了明显成效。如万顺股份利用超募资金4.5亿元收购2家公司的股权,并购完成后公司营业收入、净利润均实现大幅增长。

(三)募集资金变更情况

2011年,广东有11家公司变更募集资金的使用项目,涉及金额约为17.65亿元,占该11家公司募集资金总额(63.74亿元)的27.69%。募集资金变更程序合法,均经过公司股东大会批准。变更的原因主要包括:一是拟投资项目的投资环境发生变化;二是国家相关政策发生变化;三是市场需求发生了较大变化;四是为提高募集资金的使用效率,合理配置资源。

表9　2011年广东上市公司募集资金使用项目变更情况

日期	变更募集资金使用项目的公司家数	涉及金额(亿元)	募集资金总额(亿元)	占公司募集资金总额的比例(%)
2011	11	17.65	63.74	27.69

资料来源:广东证监局

(四)存在的主要问题

广东上市公司总体上对募集资金的管理较为规范,基本制定了募集资金管理和使用的内部控制制度,建立专户存储制度,按计划使用募集资金,变更程序严格。但个别公司的募集资金管理存在不足,主要表现为募集资金使用计划制定得不够严谨,对市场和政策变化预计不足,个别公司出现项目投入进度缓慢和效益不佳的情况。

六、广东上市公司规范运作情况分析

(一) 上市公司治理专项情况

2011年,广东证监局对广东22家上市公司进行了公司治理专项检查,进一步加强公司治理专项活动后续整改工作,督促整改问题80余个。在开展日常监管工作时,将公司治理整改情况与出具公司并购重组、再融资、股权激励持续监管意见挂钩,推动广东上市公司及时全面完成对公司治理专项活动中发现问题的整改工作,也促使上市公司进一步认识到开展公司治理专项活动,提升规范运作水平的重要性和必要性。

(二)审计情况及监管情况

2011年,24家会计师事务所向广东167家上市公司提供了2011年年报审计服务。为增强年报审计监管的针对性,广东证监局加强了事前监管,要求为上市公司提供审计服务的会计师事务所在审计进场前提交会计师审计执业备案表和具体审计计划。在此基础上,广东证监局结合日常监管和风险排查掌握的情况,向38家上市公司年报审计机构下发了年报审计重点事项关注函,提请有关会计师事务所对被审计对象关联交易、政府补助、远期结汇、企业合并、资产减值、债务重组、收入确认等问题予以重点关注。

(三)信息披露情况

2011年,广东上市公司基本能够按照信息披露法律法规及相关规定,依法履行信息披露义务,进一步加大了自愿性信息披露的力度,在指定信息披露报纸和网站,真实、准确、完整、及时地披露公司动态信息,保障信息使用的公平、公正。

(四)证券市场服务情况

2011年,广东证监局在推动广东上市公司规范发展的同时,按照“监管与服务并重”的原则,进一步完善相关配套制度和措施,促进广东拟上市公司充分利用资本市场平台实现跨越式发展。2011年,广东有24家公司通过中国证监会发行审核委员会和创业板发行审核委员会的审核(中小板15家,创业板9家);有22家公司成功发行并上市(中小板10家,创业板12家),共计募集资金143.45亿元。此外,有54家公司正在中国证监会审核中,为历年来广东待审核公司家数最高的一年。同时,广东企业改制上市意识进一步增强,辅导企业数量继续保持良好的增长势头,2011年共新增辅导备案企业83家。

审稿人:程才良 陈骞 李延振 温科银

撰稿人:苏艳霞 肖德银 吴慧清

广西地区

一、广西国民经济发展概况

表 1　　2011 年广西地区国民经济发展概况　　单位：亿元

指　标	1—3 月		1—6 月		1—9 月		1—12 月	
	绝对量	同比增长（%）	绝对量	同比增长（%）	绝对量	同比增长（%）	绝对量	同比增长（%）
地区生产总值	2 249	12.1	4 720	12.3	7 438	12.3	11 714	12.3
全社会固定资产投资	1 119	32.0	3 475	29.9	5 093	29.0	7 564	28.8
社会消费品零售总额	—	17.0	—	17.7	—	17.8	—	18.0
规模以上工业增加值	—	19.9	—	21.1	—	20.1	—	20.8
规模以上工业企业实现利润	124	29.9	273	37.0	390	29.2	717	29.3
居民消费价格指数（%）	1—3 月		1—6 月		1—9 月		1—12 月	
	6.2		6.9		6.8		5.9	

资料来源：国家统计局

二、广西上市公司总体情况

（一）公司数量

截至 2011 年 12 月 31 日，广西有 A 股上市公司 29 家，其中，国有控股 15 家，民营控股 14 家；在上海证券交易所挂牌 12 家，在深圳证券交易所主板挂牌 12 家，中小板挂牌 5 家。

表 2　　2011 年广西上市公司数量　　单位：家

公司总数	仅 A 股	仅 B 股	（A+B）股
29	29	0	0

资料来源：沪深交易所，天相投资分析系统

（二）行业分布

从行业分布来看，广西 29 家上市公司中，制造业 21 家，电力、煤气及水的生产和供应业 2 家，交通运输、仓储业 2 家，批发和零售贸易业 1 家，房地产业 1 家，金融、保险业 1 家，社会服务业 1 家。广西上市公司行业格局保持稳定，制造业上市公司数量占比 72.41%，居各行业之首。

表3　2011年广西上市公司行业分布情况

所属中国证监会行业类别	家　数
制造业	21
电力、煤气及水的生产和供应业	2
交通运输、仓储业	2
批发和零售贸易业	1
房地产业	1
社会服务业	1
综合类	1
合　计	29

资料来源：广西证监局

（三）股本结构及规模

截至2011年12月31日，广西29家上市公司总股本159.08亿股，占同期全国上市公司总股本的0.53%。广西总股本在10亿股以上的上市公司有4家，占广西上市公司总数的13.79%。

表4　2011年广西上市公司股本规模在10亿股以上公司分布情况

股本规模（亿股）	公司家数	具体公司
20≤～<50	2	桂冠电力、柳钢股份
10≤～<20	2	柳工、中恒集团

资料来源：沪深交易所，天相投资分析系统

（四）市值规模

截至2011年12月31日，广西29家上市公司境内总市值1 204.65亿元，占全国上市公司境内总市值的0.56%。其中，上交所上市公司12家，总股本91.00亿股，境内总市值486.75亿元，占上交所上市公司境内总市值的0.33%；深交所上市公司17家，总股本68.08亿股，境内总市值717.90亿元，占深交所上市公司境内总市值的1.08%。

（五）资产规模

截至2011年12月31日，广西29家上市公司合计总资产1 574.92亿元，归属于上市公司股东的净资产510.76亿元，与2010年相比，分别增长28.42%、26.01%；平均每股净资产3.21元。

三、广西上市公司经营情况及变动分析

（一）总体经营情况

2011年，广西上市公司实现营业收入1 242.81亿元，同比增长51.21%；实现归属母公司所有者净利润51.18亿元，同比下降4.94%；广西上市公司平均净资产收益率为

10.02%，低于全国14.08%的平均水平；平均每股收益（按期末股本计算）为0.32元，低于全国0.53元的平均水平。见表5。

表5 2011年广西上市公司经营情况

指　　标	2011年	2010年	同比增长(%)
家　数	29	27	7.41
亏损家数	5	3	66.67
亏损家数比例(%)	17.24	11.11	6.13
平均每股收益(元)	0.32	0.35	-6.80
平均每股净资产(元)	3.21	2.60	23.55
平均净资产收益率(%)	10.02	13.28	-3.26
总资产(亿元)	1 574.92	1 226.35	28.42
归属于母公司股东权益(亿元)	510.76	405.35	26.01
营业收入(亿元)	1 242.81	821.89	51.21
利润总额(亿元)	70.72	67.78	4.34
归属于母公司所有者的净利润(亿元)	51.18	53.84	-4.94

资料来源：沪深交易所，天相投资分析系统

（二）分行业经营情况

广西地区上市公司主要分布在制造业（21家），交通运输、仓储业（2家），电力、煤气及水的生产和供应业（2家）等行业。2011年，广西电力、煤气及水的生产和供应业，房地产业，金融、保险业等行业上市公司营业收入出现下滑；制造业，交通、运输仓储业，批发和零售贸易业，社会服务业等行业呈现增长态势。具体见表6。

表6 2011年广西上市公司分行业经营情况

所属行类	营业收入（亿元）	同比增长（%）	净利润（亿元）	同比增长（%）
制造业	1 101.76	59.21	41.62	21.91
电力、煤气及水的生产和供应业	58.94	-5.16	2.97	-64.17
交通运输、仓储业	33.21	335.26	2.83	11.42
批发和零售贸易业	23.00	23.79	0.58	-40.82
房地产业	8.06	-73.50	1.73	-60.23
金融、保险业	12.71	-32.95	0.76	-83.46
社会服务业	5.13	0.59	0.68	-2.86

资料来源：广西证监局

（三）业绩变动情况分析

1. 营业收入、毛利率等变动原因分析

2011年，广西上市公司实现营业收入1 242.81亿元，同比增长51.21%；营业利润64.10亿元，同比增长20.51%；利润总额70.72亿元，同比增长4.34%；毛利率13.56%，同比降低3.93个百分点。2011

年，广西有2家企业实现IPO上市，另有2家原亏损上市公司完成借壳重组，促进了上市公司总体营业收入和利润的增长。

2. 盈利构成分析

从盈利构成看，2011年广西上市公司利润来源主要是营业利润，其占利润总额的比重为90.65%；投资净收益占利润总额的比重为11.65%，公允价值变动净收益为负（-1.41亿元），营业外收支净额占利润总额的比重为9.35%。

3. 经营性现金流量分析

2011年，广西20家上市公司经营现金流量净额为正，占29家上市公司的68.97%。

4. 业绩特点分析

2011年，广西上市公司实现归属母公司所有者净利润51.18亿元，较2010年同比下降4.94%；每股收益0.32元，较2010年降低0.03元；净资产收益率10.02%，较2010年降低3.26个百分点。每股收益和净资产收益率水平均低于2011年全国平均水平。

分板块来看，广西主板上市公司平均每股收益0.32元，净资产收益率9.91%。中小板平均每股收益0.40元，低于深交所中小板0.52元的平均每股收益水平；净资产收益率11.40%，高于深交所中小板10.51%的平均净资产收益率。广西尚无创业板上市公司。

5. 利润分配情况

2011年，广西共有17家公司提出利润分配或资本公积金转增股本方案，占盈利公司总数24家的70.83%；拟发放现金股利家数为17家，占利润分配公司家数的100%；拟派现金总额17.62亿元，占广西盈利公司净利润总额的17.63%。

四、广西上市公司并购重组情况

（一）并购重组基本情况

2011年，广西共有6家上市公司进行并购重组工作，其中有3家公司取得实质性进展，涉及金额合计约69.59亿元。从并购重组分类情况看，协议收购上市公司控股权1家，通过上市公司定向增发购买资产实现借壳上市4家，实际控制人资产整体上市1家。

表7　2011年广西上市公司并购重组情况

序号	公司	重组方式	涉及资金（亿元）	备注
1	恒逸石化	定向增发购买资产（借壳上市）	42.34	实施完成
2	国海证券	定向增发购买资产（借壳上市）	18.66	
3	贵糖股份	协议收购（上市公司收购）	8.59	
4	南方食品	未披露方案（整体上市）	—	预沟通
5	索芙特	未披露方案（借壳上市）	—	终止实施
6	北生药业	定向增发购买资产（借壳上市）	35.10	
合计（亿元）			104.69	

资料来源：广西证监局

（二）并购重组特点

2011 年，广西上市公司并购重组模式有如下特点：一是以定向增发为代表的并购重组模式成为主体；二是股份支付成为主要支付手段。

广西上市公司并购重组主要目标是绩差公司通过重组恢复持续经营能力，化解退市风险。同时，优质企业实现借壳上市，加快进入资本市场的步伐。

五、广西上市公司募集资金情况、使用情况

（一）募集资金总体情况

2011 年，广西上市公司通过资本市场直接融资 119.10 亿元，其中，首发融资（IPO）11.44 亿元，增发融资 67.66 亿元，公司债融资 40 亿元。

表 8　　2011 年广西上市公司募集资金情况

发行类型	代　码	简　称	募集资金（亿元）
首　发	002592	八菱科技	3.23
	601996	丰林集团	8.21
增　发	000703	恒逸石化	42.34
	000750	国海证券	18.66
	600712	南宁百货	6.66
公司债	601003	柳钢股份	20.00
	000528	柳　工	20.00
总　计			119.10

资料来源：广西证监局

（二）募集资金使用情况及特点

2011 年，广西共有 12 家上市公司使用募集资金，金额 69.06 亿元。其中，46.83 亿元为 2011 年度募集的资金，占年度使用募集资金总额的 67.81%；22.23 亿元为以前年度募集的资金，占年度使用募集资金总额的 32.19%。

（三）募集资金管理规范情况

广西上市公司总体上对募集资金的管理较为规范，建立专户存储制度，按计划使用募集资金，变更程序严格。但个别公司募集资金管理存在不足，主要表现为募集资金使用计划制定得不够严谨，对市场和政策变化预计不足。

六、广西上市公司规范运作情况

（一）广西上市公司监管工作情况

2011 年，广西证监局认真履行一线监管职责，全年完成 9 家上市公司年报现场督导，6 家上市公司全面现场检查，5 家上市公司再融资专项检查，5 家上市公司专项核查，同时，完成 2 家上市公司股价异动非正式调查工作。通过现场检查，核实 7 家上市公司存在问题 91 项，并采取相应的监管措施。其中，下发责令改正决定书 4 份，下发监管

函1份，进行监管谈话1次。此外，约见新任职董事长入门谈话4家次，培训上市公司高管人员380人次，处置重大突发事件2件；对9家次会计师事务所和2家评估事务所的执业情况进行延伸检查；推动3家公司开展内控规范试点工作；督促3家重点公司采取有效措施，深入开展“解决同业竞争，减少关联交易”专项活动；对6家上市公司的并购重组活动进行监管；对7家拟上市公司进行辅导验收，出具辅导监管报告5份。上海和深圳证券交易所全年对广西上市公司下发监管函2份，关注函1份，问询函1份，年报事后审核意见5份。

2011年，中国证监会完成2006年以来立案的＊ST银河、北海港案件审理，对2家上市公司进行行政处罚。广西证监局送达行政处罚法律文书33份，行政处罚执行收缴罚没款金额1 869万元，行政处罚执行率100%。

（二）实施企业内部控制基本规范体系试点工作情况

2011年，广西证监局按照“试点先行、积极探索、跟踪研究、稳步推进、加强督导、务求实效”的工作思路，确定柳工、柳钢股份、五洲交通3家公司为试点单位，稳步推进上市公司内部控制规范试点工作。广西证监局与广西壮族自治区财政厅、审计厅、国资委等部门联合召开动员暨师资培训大会，组织试点公司及相关会计师事务所参加中国证监会视频会议，对实施内控工作作出具体部署。3家试点公司制定了工作方案并组织实施，并按期在2011年年报披露了内控自我评价报告。

（三）开展“解决同业竞争，减少关联交易”专项活动情况

广西证监局通过监管引导、借力推进、重点突破、源头防治、营造环境等举措，继续推进“解决同业竞争，减少关联交易”专项活动。广西证监局联合广西壮族自治区国资委召开“推进国企上市工作专题座谈会”，并联合印发《关于加快推进集团公司主业资产整体上市的指导意见》，从主管部门的层面，对国有控股股东推进专项活动提出了具体的工作要求。广西证监局以桂冠电力、柳钢股份、柳化股份3家专项活动重点公司为主要对象，加强现场调研，重点推进。广西证监局对存在同业竞争的公司进行调研，并联合广西壮族自治区国资委对北海港、柳工、柳钢股份、柳化股份、五洲交通等上市公司及其控股股东进行了实地调研，深入了解开展专项活动的具体进展和存在的困难，推动解决同业竞争和关联交易，实现整体上市工作。

审稿人：殷刚

撰稿人：王军

海南地区

一、海南国民经济发展概况

表 1

2011 年海南国民经济发展概况

单位:亿元

指 标	1—3 月		1—6 月		1—9 月		1—12 月	
	绝对量	同比增长(%)	绝对量	同比增长(%)	绝对量	同比增长(%)	绝对量	同比增长(%)
地区生产总值	576	10.0	1 222	10.4	1 818	10.6	2 515	12.0
全社会固定资产投资	289	31.9	668	33.6	1 086	36.7	1 611	36.2
社会消费品零售总额	—	17.8	—	18.6	—	18.7	—	18.8
规模以上工业增加值	—	25.8		16.4	—	15.0	—	14.0
规模以上工业企业实现利润	34	59.2	75	28.5	108	14.5	123	7.1
居民消费价格指数(%)	1—3 月		1—6 月		1—9 月		1—12 月	
	6.7		6.6		6.6		6.1	

资料来源:国家统计局

二、海南上市公司总体情况

(一)公司数量

表 2

2011 年海南上市公司数量

单位:家

公司总数	仅 A 股	仅 B 股	(A+B)股
25	22	0	3

资料来源:沪深交易所,天相投资分析系统

(二)行业分布

表 3

2011 年海南上市公司行业分布情况

所属中国证监会行业类别	家 数
农、林、牧、渔业	3
采掘业	1

续表

所属中国证监会行业类别	家　数
制造业	8
交通运输、仓储业	4
批发和零售贸易业	1
房地产业	3
社会服务业	1
传播与文化产业	1
综合类	3
合　计	25

资料来源:海南证监局

(三)股本结构及规模

2011年海南上市公司平均股本规模8.26亿股,远低于全国12.75亿股的平均水平,表明海南上市公司的总体股本规模偏小。截至2011年12月31日,海南25家上市公司总股本206.49亿股,占同期全国上市公司总股本的0.69%,其中境内流通股152.96亿股。海南总股本在10亿股以上的上市公司有5家,占海南上市公司总数的20%。

表4　　2011年海南上市公司股本规模在10亿股以上公司分布情况

股本规模(亿股)	公司家数	具体公司
20≤~<50	2	海南航空、海南橡胶
10≤~<20	3	海马汽车、华闻传媒、正和股份

资料来源:沪深交易所,天相投资分析系统

(四)市值规模

海南上市公司平均市值50.23亿元,仅占全国平均总市值91.70亿元的54.78%,海南上市公司总市值水平偏低,公司规模总体偏小。截至2011年12月31日,海南25家上市公司境内总市值1 255.63亿元,占全国上市公司境内总市值的0.58%。其中,上交所上市公司8家,总股本112.90亿股,境内总市值714.51亿元,占上交所上市公司境内总市值的0.48%;深交所上市公司17家,总股本93.59亿股,境内总市值541.12亿元,占深交所上市公司境内总市值的0.81%。

(五)资产规模

从资产情况来看,2011年海南上市公司资产较2010年有一定幅度的增长。截至2011年12月31日,海南25家上市公司合计总资产1 491.17亿元,归属于上市公司股东的净资产538.60亿元,与2010年相比,分别增长24.28%、36.85 %;平均每股净资产2.61元。

三、海南上市公司经营情况及变动分析

（一）总体经营情况

2011年海南上市公司绝对业绩出现一定幅度的增加，但相对业绩水平有较大幅度的下降。25家上市公司实现营业收入663.86亿元，同比增长40.90%；盈亏相抵后，实现归属于母公司所有者的净利润49.09亿元，较2010年增加0.23亿元，同比增长0.48%；海南上市公司平均净资产收益率为9.12%，较2010年降低3.30个百分点。数据显示，海南上市公司业绩整体水平较差，与全国平均水平还存在较大差距。

表5　2011年海南上市公司经营情况

指　　标	2011年	2010年	同比增长(%)
家　数	25	22	13.64
亏损家数	5	0	—
亏损家数比例(%)	20.00	0.00	20.00
平均每股收益(元)	0.24	0.30	-20.08
平均每股净资产(元)	2.61	2.40	8.85
平均净资产收益率(%)	9.12	12.41	-3.30
总资产(亿元)	1 491.17	1 199.80	24.28
归属于母公司股东权益(亿元)	538.60	393.58	36.85
营业收入(亿元)	663.86	471.15	40.90
利润总额(亿元)	70.70	65.62	7.74
归属于母公司所有者的净利润(亿元)	49.09	48.86	0.48

资料来源：沪深交易所，天相投资分析系统，海南证监局

（二）分行业经营情况

海南上市公司主要分布在制造业（8家），交通运输、仓储业（4家），房地产业（4家），农、林、牧、渔业（3家），综合类（2家）等行业。从实现营业收入情况看，除批发和零售贸易业、房地产业和社会服务业外，2011年，海南共有6大行业的营业收入实现同比增长。其中，农、林、牧、渔业和采掘业增长幅度最快；其次是交通运输业和制造业；传播与文化产业和综合类有小幅度增加，但增幅均低于10%。从实现净利润情况看，2011年共有5个行业的净利润实现同比增长，其中，农、林、牧、渔业增幅最大。具体见表6。

表6　2011年海南上市公司分行业经营情况

所属行类	营业收入（亿元）	同比增长（%）	净利润（亿元）	同比增长（%）
农、林、牧、渔业	120.60	1 267.35	8.92	2 873.33
采掘业	22.22	98.39	2.21	301.82

续表

所属行类	营业收入（亿元）	同比增长（%）	净利润（亿元）	同比增长（%）
制造业	172.23	15.56	8.57	-21.30
交通运输、仓储业	286.51	18.64	32.19	-10.41
批发和零售贸易业	3.97	-15.53	-0.90	-223.29
房地产业	16.00	-4.88	0.88	-69.01
社会服务业	0.33	-5.71	-0.05	876.47
传播与文化产业	37.94	9.05	5.08	17.59
综合类	4.06	3.05	0.28	33.33

资料来源：海南证监局

（三）业绩变动情况分析

1. 营业收入、毛利率等变动原因分析

2011年，海南上市公司实现营业收入663.86亿元，同比增长40.90%；营业利润59.91亿元，同比增长15.32%；利润总额70.70亿元，同比增长7.74%；毛利率22.24%，同比下降2.31个百分点。总体来看，营业收入增幅小于营业成本增幅是毛利率降低的主要原因。

2. 盈利构成分析

从盈利构成看，2011年海南上市公司利润来源主要是营业利润，其占利润总额的比重为84.74%；投资净收益占利润总额的比重为7.76%，公允价值变动净收益占利润总额的比重为12.63%，营业外收支净额占利润总额的比重为15.26％。

3. 经营性现金流量分析

2011年，海南15家上市公司经营现金流量净额为正，占25家上市公司的60%；10家上市公司经营性现金净流量为负，占比40%，而2010年经营现金净流量为负的公司占比13.64%，表明2011年公司亏损面有所扩大。

4. 业绩特点分析

（1）盈利总水平低于全国

2011年，海南上市公司实现归属母公司所有者净利润49.09亿元，较2010年同比增长0.48％。每股收益0.24元，较2010年同比降低20.08%，并低于2011年全国0.53元的平均每股收益水平；净资产收益率9.12%，较2010年同比降低3.30个百分点，并低于2011年全国14.08%的平均净资产收益率。

（2）板块业绩情况

从2011年的横向数据来看，海南主板上市公司平均每股收益0.23元，净资产收益率9.52％。中小板上市公司平均每股收益0.58元，高于深交所中小板0.52元的平均每股收益水平；净资产收益率9.89%，低于深交所中小板10.51%的平均净资产收益率。创业板上市公司无论是每股收益还是净资产收益率均显著低于深交所创业板平均水平。总体来看，海南创业板和中小板上市公司整体业绩与全国平均水平仍然存在差距。

从纵向历史数据比较来看，2011年，海南主板上市公司每股收益0.23元，较2010

年的0.29元减少0.06元；净资产收益率9.52%，较2010年的12.75%减少3.23个百分点。中小板上市公司每股收益0.58元，较2010年的0.57元增加0.01元；净资产收益率9.89 %，较2010年的10.52%减少0.63个百分点。创业板上市公司每股收益0.17元，较2010年的0.70元降低0.53元；净资产收益率2.03 %，较2010年的7.62 %降低5.59个百分点。

5. 利润分配情况

2011年，海南共有10家公司提出利润分配或资本公积金转增股本方案，占盈利公司总数20家的50%；拟发放现金股利家数为10家，占利润分配公司家数的100%。拟派现金总额11.83亿元，占海南盈利公司净利润总额的20.69%。

四、海南上市公司募集资金情况、使用情况

（一）募集资金总体情况

2011年，海南上市公司通过资本市场直接融资128.98亿元，融资规模创下历史新高。其中，首发股本融资（IPO）60.81亿元，增发融资8.17亿元，公司债融资50亿元，短期融资券融资10亿元。

表7　　2011年海南上市公司募集资金情况

发行类型	代　码	简　称	募集资金（亿元）
首　发	601118	海南橡胶	47.08
	002596	海南瑞泽	4.13
	300189	神农大丰	9.60
增　发	000566	海南海药	8.17
公司债	600221	海南航空	50.00
短期融资券	601118	海南橡胶	7.00
	000571	新大洲	3.00
总　计			128.98

资料来源：海南证监局

（二）募集资金使用情况及特点

2011年，海南地区共有8家公司使用募集资金（不含短期融资券的使用情况），金额116.79亿元。其中，88.52亿元为2011年度募集的资金，占全年使用募集资金总额的75.79%；28.27亿元为以前年度募集的资金，占年度使用募集资金总额的24.21%。

（三）募集资金变更情况

2011年，海南有1家公司变更募集资金的使用项目，涉及金额约为1.80亿元，占该公司募集资金总额的13.56%。募集资金变更程序合法，经过公司股东大会批准。变更的原因主要是拟投资项目的投资环境发生变化：海峡股份原项目为改造海口至北海航线“椰城二号”，项目于2007年进行可行性分析，计划投入2 600万元。目前该航线发

展趋势是向旅游化、舒适化转变，原项目已经不能适应目前的经营环境，因此公司将改造海口至北海航线“椰城二号”项目变更为新造一艘客滚船用于海口至北海航线。“椰城二号”项目已使用募集资金373万元，剩余2 227万元，公司再利用超募资金15 770万元，共17 997万元用于新建船只。

表8　　2011年海南上市公司募集资金使用项目变更情况

日　期	变更募集资金使用项目的公司家数	涉及金额（亿元）	募集资金总额（亿元）	占公司募集资金总额的比例（%）
2011	1	1.80	13.27	13.56
2010	0	0.00	0.00	0.00

资料来源：海南证监局

（四）存在的主要问题

监管机构通过每季度对上市公司募集资金使用进度和效益进行摸底和评估，及时、全面掌握海南上市公司募集资金使用情况，并不定期检查保荐机构是否对上市公司募集资金使用开展持续督导。海南上市公司总体上对募集资金的管理较为规范，建立专户存储制度，按计划使用募集资金，变更程序严格。但个别公司的募集资金使用计划制定得不够严谨，对市场和政策变化预计不足，在合规履行变更程序后，及时变更募集资金使用计划，以更好地适应市场需求。

五、海南上市公司规范运作情况

（一）上市公司治理专项情况

1. 开展内幕交易综合防控，组织内幕信息知情人登记制度执行情况专项现场检查

海南证监局提请并协助省政府成立海南省打击和防控资本市场内幕交易联席会议，明确了各成员单位的职责分工，陆续在省内媒体刊播防控内幕交易系列宣传材料，对投资者进行教育和风险提示。督促各上市公司对建立和实施内幕信息知情人登记制度情况进行自查，对近年产生过资产重组、定向增发等重要信息和发生过股价异动的上市公司进行重点抽查，对制度执行不力的公司以约见谈话方式进行了提醒，根据检查情况要求公司进一步完善内幕信息知情人登记管理制度。2011年，全省未发生内幕交易案件。

2. 督促指导试点公司实施《企业内部控制基本规范》和配套指引

根据中国证监会的统一部署，海南证监局对海南上市公司实施内部控制规范的情况进行认真、仔细的摸底后，确定新大洲A和海峡股份为试点公司。督促试点公司及时上报内控建设方案，明确内控实施范围及建设重点，跟踪了解进展情况，关注内控制度与现有公司其他制度之间的融合问题。

（二）审计情况及监管情况

海南25家上市公司2011年的年报审计中，有3家公司被会计师事务所出具了带强调事项段的无保留意见，其余22家均为标准无保留意见。海南证监局结合日常监管及年报审核中发现的问题，对2家上市公司的业务模式、治理水平、内控状况以及信息披露情况进行全面梳理和现场检查，同时延伸检查会计师事务所，并对保荐代表人的持续督导工作进行检查。针对现场检查发现的问题，向公司发出监管警示函，向其控股股东发出关注函，并约见公司总经理、董事会秘书、财务总监及有关部门经理进行集体谈话培训。针对年报审计及持续督导工作中存在的问题，向审计机构和持续督导机构发出关注函，督促其尽职履责。

（三）信息披露情况

海南证监局将上市公司信息披露和“三会”运作作为日常监管工作的重心，每日制作上市公司信息披露统计值班日志，逐日跟踪上市公司股价变动情况，并安排专人对海南上市公司网上动态进行监控，防止影响资本市场和社会稳定的违法行为和有害信息的传播；根据日常监管和网上监控所发现的问题，及时进行核查，针对经核实的问题约见有关公司负责人谈话，要求其规范运作、妥善处理投资者咨询和媒体质疑。

（四）证券市场服务情况

1. 支持上市公司定向增发

海南证监局对上市公司在规范经营的前提下，谋求通过再融资增强实力的需求总体上予以支持，尽力为公司增发创造良好环境，并通过持续监管督促上市公司提升规范运作水平。2011年海南共有3家公司——海马汽车、海南海药、ST欣龙通过了定向增发议案。

2. 积极培育上市公司后备资源

2011年，海南证监局联合海南省各相关部门共同开展了旅游行业上市资源调查，筛选旅游后备上市资源，与深交所一同走访了部分后备上市企业，积极推动和配合省政府出台《海南省支持资本市场发展若干政策》。截至2011年底，进入拟上市公司资源库的企业数量已达到91家，其中，3家公司已向中国证监会报送上市申报材料，10家公司进入辅导备案，拟上市公司“申报一批、辅导一批、培育一批”的格局已经形成。

审稿人：李　毅

撰稿人：钟晓婷

重庆地区

一、重庆国民经济发展概况

表1　　2011年重庆国民经济发展概况　　单位：亿元

指　标	1—3月		1—6月		1—9月		1—12月	
	绝对量	同比增长（%）	绝对量	同比增长（%）	绝对量	同比增长（%）	绝对量	同比增长（%）
地区生产总值	2 061	16.3	4 450	16.5	7 004	16.5	10 011	16.4
全社会固定资产投资	1 073	20.0	2 929	28.5	4 929	30.5	7 366	31.5
社会消费品零售总额	—	17.8	—	18.3	—	18.5	—	18.7
规模以上工业增加值	—	21.0	—	22.8	—	22.7	—	22.7
规模以上工业企业实现利润	107	24.4	232	22.4	352	22.6	558	28.1
居民消费价格指数（%）	1—3月		1—6月		1—9月		1—12月	
	5.3		5.1		5.4		5.3	

资料来源：国家统计局

二、重庆上市公司总体情况

（一）公司数量

表2　　2011年重庆上市公司数量　　单位：家

总　数	仅A股	仅B股	（A+B）股
36	34	1	1

资料来源：沪深交易所，天相投资分析系统

(二)行业分布

表3　　2011年重庆上市公司行业分布情况

所属中国证监会行业类别	家　数
采掘业	1
制造业	19
电力、煤气及水的生产和供应业	4
交通运输、仓储业	2
信息技术业	3
批发和零售贸易业	2
金融、保险业	1
房地产业	3
社会服务业	1
合　计	36

资料来源:重庆证监局

(三)股本结构及规模

截至2011年12月31日,重庆36家上市公司总股本266.81亿股,较2010年末增加20.83%,占同期全国上市公司总股本的0.89%。36家上市公司的流通股总计162.22亿股,较2010年增加30.96%。重庆上市公司总股本在10亿股以上的上市公司有6家,占重庆上市公司总数的16.67%。总股本5亿股到10亿股的有8家,占重庆上市公司总数的22.22%。5亿股以下的有22家,占重庆上市公司总数的61.11%。

表4　　2011年重庆上市公司股本规模在10亿股以上公司分布情况

股本规模(亿股)	公司家数	具体公司
20≤~<50	3	长安汽车、西南证券、重庆水务
10≤~<20	3	金科股份、宗申动力、重庆钢铁

资料来源:沪深交易所,天相投资分析系统

(四)市值规模

截至2011年12月31日,重庆36家上市公司境内总市值2 033.77亿元,占全国上市公司境内总市值的0.94%;36家上市公司流通市值总计1 030.83亿元,占全国上市公司流通市值的0.63%。其中,上交所上市公司16家,境内总市值1 122.17亿元;深交所上市公司20家,境内总市值911.60亿元。

(五)资产规模

截至2011年12月31日,重庆36家上市公司总资产合计2 385.42亿元,归属于上市公司股东的净资产合计849.28亿元,与

2010年相比，分别增长32.89%、16.24%；平均每股净资产3.12元。

三、上市公司经营情况及变动分析

（一）总体经营情况

2011年，重庆上市公司实现营业收入1 430.57亿元，较2010年增长17.61%；实现归属母公司所有者净利润56.83亿元，同比减少16.51%；重庆上市公司平均净资产收益率为6.69%，低于全国14.08%的平均水平；平均每股收益（按期末股本计算）为0.21元，低于全国0.53元的平均水平。见表5。

表5　2011年重庆上市公司经营情况

指　　标	重　　庆		
	2011年	2010年	同比（%）
家　数	36	33	9.09
亏损家数	4	7	-42.86
亏损家数比例（%）	11.11	21.21	-10.10
平均每股收益（元）	0.21	0.25	-16.00
平均每股净资产（元）	3.12	2.60	20.00
平均净资产收益率（%）	6.69	9.55	-2.86
总资产（亿元）	2 385.42	1 795.08	32.89
归属于母公司股东权益（亿元）	849.28	730.65	16.24
营业收入（亿元）	1 430.57	1 216.38	17.61
利润总额（亿元）	73.03	76.54	-4.59
归属于母公司所有者的净利润（亿元）	56.83	68.07	-16.51

注：华智控股已于2011年迁出重庆，为了数据可比性，2010年数据不包括华智控股。
资料来源：沪深交易所，天相投资分析系统，重庆证监局

（二）分行业经营情况

重庆上市公司主要分布在制造业（19家），电力、煤气及水的生产和供应业（4家），信息技术业（3家），房地产业（3家）等9个行业。2011年，重庆制造业，金融、保险业等行业上市公司净利润出现下滑，而采掘业、房地产业等行业呈现增长态势，其中采掘业增长最快，同比增幅达17 213.93%，主要原因是ST盛达完成重大资产重组，公司主业变更为采掘业。具体见表6。

表 6　　2011 年重庆上市公司分行业经营情况

所属行类	营业收入（亿元）	同比增长（%）	净利润（亿元）	同比增长（%）
采掘业	9.4183	5 029.79	5.5924	17 213.93
制造业	880.44	5.14	8.22	-78.35
电力、煤气及水的生产和供应业	95.55	16.98	17.37	37.80
交通运输、仓储业	18.70	27.62	4.47	123.47
信息技术业	2.19	66.44	0.64	258.92
批发和零售贸易业	297.94	16.58	6.12	11.54
金融、保险业	10.40	-46.28	2.63	-67.38
房地产业	112.71	828.15	13.58	329.93
社会服务业	3.22	27.19	0.43	15.59

资料来源:重庆证监局

(三)业绩变动情况分析

1. 营业收入、毛利率等变动原因分析

2011 年,重庆上市公司实现营业收入 1 430.57亿元,同比增长 17.61%;营业利润 55.52 亿元,同比增长 17.41%;利润总额 73.03 亿元,同比减少 4.59%;毛利率 17.77%,较 2010 年下降 0.76 个百分点。总体来看,2011 年度,重庆上市公司总体运行态势平稳,但受市场需求不足、原材料价格及劳动力成本上涨等因素的影响,上市公司毛利率有所下滑。

2. 盈利构成分析

从盈利构成看,2011 年重庆上市公司利润来源主要是营业利润,其占利润总额的比重为 76.02%;投资净收益占利润总额的比重为 40.74 %,公允价值变动净收益为负(-5.56 亿元),营业外收支净额占利润总额的比重为 24.18 %。

3. 经营性现金流量分析

2011 年度,重庆上市公司经营活动产生的现金流量净额总体上较 2010 年略有好转。从行业分类看,证券、钢铁类公司主营业务现金流情况有所改善。但汽车行业类公司受销量下滑的影响、房地产行业类公司受宏观政策调控的影响,经营活动产生的现金流量净额大幅减少。2011 年,重庆 27 家上市公司经营现金流量净额为正,占 36 家上市公司的比重为 75%,略低于 2010 年 76.47% 的水平。

4. 业绩特点分析

(1)盈利能力有待提高

2011 年,重庆上市公司实现归属母公司所有者净利润 56.83 亿元,同比减少 16.51%;每股收益 0.21 元,低于全国 0.53 元的平均每股收益水平;净资产收益率 6.69%,低于全国 14.08% 的净资产收益率。

(2)板块业绩情况

重庆主板上市公司平均每股收益 0.18 元,净资产收益率 6.34%。重庆中小板公司总体平均每股收益 1.14 元,高于深交所中小板 0.52 元的平均每股收益水平;净资产收益率 11.32 %,高于深交所中小板 10.51% 的平均净资产收益率。创业板上市公司每股收益0.55元，高于深交所创业板0.52元的平均每股收益水平；净资产收益率8.45%，高于深交所创业板7.85%的平均净资产收益率。

5. 利润分配情况

2011年，重庆共有22家上市公司提出利润分配或资本公积金转增股本方案，占盈利公司总数32家的68.75%，略高于2010年的66.66%；拟发放现金股利家数为22家，占利润分配公司家数100%。拟派现金总额40.88亿元，占重庆盈利公司净利润总额的50.90%。

四、重庆上市公司并购重组情况

(一)并购重组基本情况

2011年，重庆上市公司并购重组活动仍较为活跃。据统计，共有6家上市公司进行了并购重组工作，其中有4家公司取得实质性进展，涉及金额合计约86.65亿元。从并购重组分类情况看，6家均涉及发行股份购买资产，重组总金额213.32亿元。

表7　2011年重庆上市公司并购重组情况

序　号	公　司	重组方式	涉及资金(亿元)	备　注
1	金科股份	新增股份、吸收合并	47.06	实施完成
2	西南合成	定向增发购买资产	1.34	
3	华邦制药	定向增发购买资产、吸收合并	8.47	
4	ST盛达	资产置换、定向增发购买资产	29.78	
5	*ST朝华	定向增发注入资产	13.87	重组方案存在不确定性
6	西南证券	吸收合并	112.80	2012年该方案终止实施
合计(亿元)			213.32	

资料来源：重庆证监局

(二)并购重组特点

2011年，重庆上市公司并购重组模式有如下特点：一是以定向增发为代表的并购重组模式成为主体；二是股份支付成为主要支付手段，吸收合并案例明显增多。

五、重庆上市公司募集资金情况、使用情况

(一)募集资金总体情况

2011年，重庆上市公司通过资本市场直接融资165.52亿元，融资规模略低于2010年的215.54亿元；其中，首发股本融资(IPO)22.30亿元，增发融资135.72亿元，发行公司债7.50亿元(见表8)。

(二)募集资金使用情况及特点

2011年，重庆共有16家公司使用募集资金，当年累计使用募集资金总额99.79亿元。其中，48.97亿元为2011年度募集的资金，占全年使用募集资金总额的49.07%；48.41亿元为2010年度募集的资金，占年度使用募集资金总额的48.51%；2.41亿元为2010年以前年度募集的资金，占年度使用募集资金总额的2.41%。

表 8　　2011 年重庆上市公司募集资金情况

发行类型	代码	简称	募集资金(亿元)
首发	002558	世纪游轮	4.50
	300194	福安药业	13.99
	300275	梅安森	3.81
增发	000603	ST 盛达	27.49
	000625	长安汽车	35.08
	000656	金科股份	47.06
	000788	西南合成	1.35
	002004	华邦制药	8.47
	600292	九龙电力	16.27
公司债	001696	宗申动力	7.50
总计			165.52

资料来源：重庆证监局

(三)募集资金变更情况

2011 年，重庆有 1 家上市公司变更募集资金投向，涉及金额 3.59 亿元。公司变更募集资金投向经过公司董事会和股东大会审议通过。公司变更募集资金的主要原因：因规划调整和设计优化，公司用结余募集资金收购关联公司。

表 9　　2011 年重庆上市公司募集资金使用项目变更情况

日期	变更募集资金使用项目的公司家数	涉及金额(亿元)	募集资金总额(亿元)	占公司募集资金总额的比例(%)
2011	1	3.59	34.02	10.55
2010	1	2.82	34.02	8.29

资料来源：重庆证监局

(四)存在的主要问题

重庆上市公司总体上对募集资金的管理较为规范，建立专户存储制度，按计划使用募集资金，变更程序严格。但个别公司的募集资金投入进度存在一定滞后，且部分公司原拟投项目的市场环境已发生较大变化，反映出公司管理层在制定募投项目计划时对市场和政策变化预计不足。

六、重庆上市公司规范运作情况分析

(一) 上市公司治理专项情况

2011 年，重庆证监局继续推动“解决同业竞争，减少关联交易”专项活动，并以整改成效为重点，积极推动公司规范运作，并做到“四个结合”：一是主动监管与协作监管相结合，形成合力机制，推动国有控股公司减少关联交易问题；二是专项整改与持续督促相结合，形成长效机制，督促公司解决自身能够控制的独立性等问题；三是建立公司诚信台账，形成约束机制，有效督促上市公司及相关方履行承诺；四是严格辅导验收，形成关口前移机制，从源头完善公司治理。

通过努力，2家上市公司通过资产收购等方式减少关联交易，增加了独立性。1家上市公司启动了实质性整合，推选了新任董事、高管，进一步完善了公司治理结构。另有1家上市公司对重组过程中相关承诺履行情况进行了公开披露，提高了透明度。

（二）审计情况及监管情况

重庆36家上市公司均按时披露了2011年年度报告和审计报告。其中，34家公司的审计报告为标准无保留意见，2家公司的审计报告为带强调事项段无保留意见。

为切实提高重庆上市公司定期报告质量，重庆证监局对年报审计工作进行全过程跟踪监管。如要求年审会计师事务所事前报送审计计划，事中加强沟通报告，事后报送审计总结，督促审计机构做好年报审计工作。2011年度，重庆证监局对重庆8家上市公司进行了年报检查工作，通过监管督促公司提高信息披露质量。

（三）信息披露情况

重庆证监局全面落实信息披露与股价异动联动监管，及时关注公司股价走势、媒体报道和市场传闻。2011年度，发现上市公司信息披露存在不及时、不完整、不准确的情况15家次，督促相关公司补充披露或更正，并对重庆上市公司90家次股价异动情况采取了监管措施。通过主动监管，有效消除了内幕交易等风险隐患，不断提高上市公司信息披露质量，切实保护公众投资者的合法权益。

（四）证券市场服务情况

2011年，重庆证监局分别与深圳证券交易所、上海证券交易所联合举办“全国保荐机构联席会”、“上海多层次蓝筹市场建设论坛”等，并举办“重庆地区上市公司投资者网上集体接待日”活动、“重庆上市公司市值管理研讨会”，以及重庆上市公司董事、监事、高管培训班3次，加强重庆上市公司与广大投资者的沟通和交流，强化上市公司规范运作水平，提升重庆上市公司的形象。

七、重庆上市公司内部控制试点情况

2011年，按照中国证监会统一部署，除重庆钢铁（A+H股公司）为必须实施内部控制规范的公司外，重庆另外4家公司参与了2011年度内部控制规范试点工作，分别为渝开发、重庆路桥、建峰化工、重庆啤酒。

在开展内控试点的过程中，重庆证监局通过下发通知、现场督导、专题解答、举办培训、召开研讨会等多种方式进行跟踪、指导，确保试点工作圆满完成，并为2012年大范围实施上市公司内部控制规范工作积累经验。

审稿人：邹新京

撰稿人：胡　伟

四川地区

一、四川国民经济发展概况

表 1

2011 年四川经济发展概况

单位：亿元

指　标	1—3 月		1—6 月		1—9 月		1—12 月	
	绝对量	同比增长（%）	绝对量	同比增长（%）	绝对量	同比增长（%）	绝对量	同比增长（%）
地区生产总值	4 257.59	15.0	9 370.57	14.8	15 468.28	14.7	21 026.7	15.0
全社会固定资产投资	2 869.09	22.6	6 938.20	19.6	10 749.83	19.5	15 141.6	17.7
社会消费品零售总额	—	18.0	—	18.0	—	17.9	—	18.1
规模以上工业增加值	—	—	—	—	—	—	—	22.3
规模以上工业企业实现利润	—	—	—	—	—	—	3 560.7	40.1
居民消费价格指数（%）	1—3 月		1—6 月		1—9 月		1—12 月	
	6.2		6.0		5.7		5.3	

资料来源：国家统计局

二、四川上市公司总体情况

（一）公司数量

表 2

2011 年四川上市公司数量

单位：家

公司总数	仅 A 股	仅 B 股	（A+B）股
86	86	0	0

资料来源：沪深交易所，天相投资分析系统

（二）行业分布

表 3

2011 年四川上市公司行业分布情况

所属证中国监会行业类别	家　数
采掘业	2
制造业	53

续表

所属中国证监会行业类别	家　数
电力、煤气及水的生产和供应业	6
建筑业	3
交通运输、仓储业	3
信息技术业	8
批发和零售贸易业	3
金融、保险业	1
房地产业	3
社会服务业	2
传播与文化产业	2
合　计	86

资料来源：四川证监局

（三）股本结构及规模

截至2011年12月31日，四川86家上市公司总股本511.53亿股，占同期全国上市公司总股本的1.71％，其中流通股本391.97亿股，占四川总股本的76.63%。四川总股本在10亿股以上的上市公司有13家，占四川上市公司总数的15.12%。

表4　2011年四川上市公司股本规模在10亿股以上公司分布情况

股本规模（亿股）	公司家数	具体公司
50≤～<100	1	攀钢钒钛
20≤～<50	4	五粮液、四川长虹、东方电气、四川成渝
10≤～<20	8	泸州老窖、兴蓉投资、新希望、国金证券、宏达股份、中铁二局、鹏博士、二重重装

资料来源：沪深交易所，天相投资分析系统

（四）市值规模

截至2011年12月31日，四川86家上市公司境内总市值5 805.41亿元，占全国上市公司境内总市值的2.69%。其中，流通市值4 246.78亿元，占全国上市公司总流通市值的2.69%；在上交所上市公司34家，总股本246.47亿股，境内总市值1 931.19亿元，占上交所上市公司境内总市值的1.29%；在深交所上市公司52家，总股本265.06亿股，境内总市值3 874.22亿元，占深交所上市公司境内总市值的5.82%。

（五）资产规模

截至2011年12月31日，四川86家上市公司合计总资产5 215.57亿元，归属于上市公司股东的净资产1 939.87亿元，与2010年相比，分别增长13.53%、26.51%；平均每股净资产3.70元。

三、四川上市公司经营情况及变动分析

（一）总体经营情况

2011年，四川上市公司实现营业收入

4 341.43亿元，同比增长42.74%；实现归属于母公司所有者的净利润246.61亿元，同比增长37.07 %；平均净资产收益率为12.71%，低于全国14.08%的平均水平；平均每股收益（按期末股本计算）为0.47元，低于全国0.53元的平均水平。见表5。

表5　　2011年四川上市公司经营情况

指　　标	2011年	2010年	同比增长（%）
家　数	86	80	7.50
亏损家数	9	8	12.50
亏损家数比例（%）	10.47	10.00	0.47
平均每股收益（元）	0.47	0.35	34.02
平均每股净资产（元）	3.70	2.99	23.70
平均净资产收益率（%）	12.71	11.73	0.98
总资产（亿元）	5 215.57	4 594.18	13.53
归属于母公司股东权益（亿元）	1 939.87	1 533.37	26.51
营业收入（亿元）	4 341.43	3 041.54	42.74
利润总额（亿元）	332.58	233.80	42.25
归属于母公司所有者的净利润（亿元）	246.61	179.91	37.07

资料来源：沪深交易所，天相投资分析系统

（二）分行业经营情况

四川上市公司主要分布在制造业（53家），信息技术业（8家），电力、煤气及水的生产和供应业（6家），房地产业（3家），社会服务业（2家）等行业。2011年，四川信息技术业，金融、保险业等行业上市公司营业收入均出现下滑，而社会服务业，制造业，交通运输、仓储业等其他行业呈现增长态势，其中社会服务业增长幅度最大，同比增幅达109.70%。具体见表6。

表6　　2011年四川上市公司分行业经营情况

所属行类	营业收入（亿元）	同比增长（%）	净利润（亿元）	同比增长（%）
采掘业	8.31	29.40	3.19	63.50
制造业	3 327.14	49.38	188.95	43.09
电力、煤气及水的生产和供应业	62.11	12.47	10.21	9.81
建筑业	687.89	12.81	8.68	-27.37
交通运输、仓储业	42.70	36.86	14.54	16.12
信息技术业	64.53	-4.96	5.16	-1.22
批发和零售贸易业	77.23	36.78	3.17	50.61
金融、保险业	10.80	-34.35	2.32	-47.15
房地产业	19.21	28.08	-0.27	-165.65
社会服务业	28.25	109.70	7.33	111.66
传播与文化产业	13.43	10.63	3.33	2.79

资料来源：四川证监局

（三）业绩变动情况分析

1. 营业收入、毛利率等变动原因分析

2011 年，四川上市公司实现营业收入 4 341.43亿元，同比增长 42.74 %；营业利润 308.05 亿元，同比增长 41.82 %；利润总额 332.58 亿元，同比增长 42.25%；毛利率 6.64%，同比下降 1.83 个百分点。总体来看，营业成本增幅高于营业收入增幅是毛利率下降的主要原因。

2. 盈利构成分析

从盈利构成看，2011 年四川上市公司利润来源主要是营业利润，其占利润总额的比重为 92.63%；投资净收益占利润总额的比重为 13.29 %，公允价值变动净收益占利润总额的比重为 0.36%，营业外收支净额占利润总额的比重为 7.37%。

3. 经营性现金流量分析

2011 年，四川 61 家上市公司经营性现金流量净额为正，占 86 家上市公司的 70.93%，低于 2010 年 75.58% 的水平。

4. 业绩特点分析

（1）每股收益呈回升势头

2011 年，四川上市公司实现归属母公司所有者净利润 246.61 亿元，较 2010 年同比增长 37.07%；每股收益 0.47 元，高于 2010 年 0.35 元的每股收益；净资产收益率 12.71%，高于 2010 年 11.73% 的净资产收益率。

（2）板块业绩情况

2011 年，四川主板上市公司平均每股收益 0.47 元，高于 2010 年 0.35 元的每股收益；净资产收益率 13.70 %，高于 2010 年 12.68% 的净资产收益率。中小板公司平均每股收益 0.51 元，低于深交所中小板 0.52 元的平均每股收益水平；净资产收益率 8.30%，低于深交所中小板 10.51% 的平均净资产收益率。创业板上市公司每股收益 0.35 元，净资产收益率 9.30%。

5. 利润分配情况

2011 年，四川共有 54 家上市公司提出利润分配或资本公积金转增股本方案，占盈利公司总数 77 家的 70.13%，较 2010 年（65.22%）有所增加；发放现金股利家数为 51 家，占利润分配公司家数 94.44%。派现金总额 70.04 亿元，占四川盈利公司净利润总额的 25.82%。

四、上市公司并购重组情况

（一）并购重组基本情况

2011 年四川共有 13 家上市公司进行并购重组工作，其中有 7 家公司取得实质性进展 8 次，涉及金额合计约 255.57 亿元。从并购重组分类情况看，1 次股权无偿划转；1 次法院裁定划转股份，涉及金额 4.41 亿元；1 次资产置换，涉及金额 114.86 亿元；5 次定向增发购买资产，涉及金额 136.30 亿元。

表 7

2011 年四川上市公司并购重组情况

序 号	公 司	重组方式	涉及资金(亿元)	备 注
1	四川双马	定向增发购买资产	22.56	实施完成
2	中汇医药	定向增发购买资产、出售资产	25.78	
3	方向光电	法院裁定划转股份	4.41	
4	成发科技	无偿划转	—	
5	成发科技	定向增发购买资产	3.05	
6	西部资源	定向增发购买资产	6.96	
7	新希望	资产出售、资产置换、定向增发购买资产	77.95	
8	攀钢钒钛	资产置换	114.86	审核通过待实施
合计(亿元)			255.57	

资料来源:四川证监局

(二)并购重组特点

1. 并购重组模式特点

2011 年,四川上市公司并购重组模式有如下特点:一是以定向增发为代表的并购重组模式成为主体;二是股份支付成为主要支付手段;三是购买大股东资产优化产业结构、解决同业竞争成为重要的重组目的。

2. 并购重组主要目标特点

2011 年,整合大股东优质资源、解决同业竞争成为重组主线。2011 年,以整合大股东优质资源提升核心竞争力为目标的重组达 5 家,占并购重组总次数的 62.5%,其中同时实现解决同业竞争目标的重组达到 2 家次,占并购重组总次数的 25%。

五、四川上市公司募集资金情况、使用情况

(一)募集资金总体情况

2011 年,四川上市公司通过资本市场直接融资 305.74 亿元(不含 H 股融资),在国家宏观调控、信贷收缩的背景下,资本市场有力支持了四川上市公司持续健康发展;其中,A 股首发股本融资(IPO)63.74 亿元,定向增发融资 183.01 亿元,公开增发融资 3.5 亿元,可转换债券融资 50.49 亿元,公司债券融资 5 亿元。

表 8

2011 年四川上市公司募集资金情况

发行类型	代 码	简 称	募集资金(亿元)
首 发	002539	新都化工	14.23
	002628	成都路桥	8.40
	002629	仁智油服	4.29
	002630	华西能源	7.14
	002651	利君股份	10.25
	300249	依米康	3.43
	601208	东材科技	16.00

续表

发行类型	代 码	简 称	募集资金(亿元)
增 发	000598	兴蓉投资	19.74
	000876	新希望	72.40
	000935	四川双马	22.56
	002190	成飞集成	10.20
	002253	川大智胜	3.50
	002259	升达林业	3.20
	600139	西部资源	7.00
	600321	国栋建设	8.50
	600353	旭光股份	3.13
	600391	成发科技	10.50
	600674	川投能源	21.00
	000809	中汇医药	25.78
	600839	四川长虹	29.49
	002480	新筑股份	5.00
总 计			305.74

资料来源：四川证监局

(二)募集资金使用情况及特点

2011年，四川共有40家上市公司使用募集资金205.35亿元。其中，113.78亿元为2011年度募集的资金，占全年使用募集资金总额的55.41%；91.57亿元为以前年度募集的资金，占年度使用募集资金总额的44.59%。

(三)募集资金变更情况

2011年，四川有5家公司变更募集资金的使用项目，涉及金额约为9.79亿元，占该5家公司募集资金总额(41.28亿元)的23.7%。募集资金变更程序合法，均经过公司股东大会批准。变更的原因主要包括：一是拟投资项目的投资环境发生变化，增加或减少项目总投资；二是原承诺投资项目因各种原因未能达到预期收益，为提高募集资金的使用效率，将募集资金改投其他项目或终止项目；三是使用募集资金使用节余永久补充流动资金。

表9　2011年四川上市公司募集资金使用项目变更情况

日 期	变更募集资金使用项目的公司家数	涉及金额(亿元)	募集资金总额(亿元)	占公司募集资金总额的比例(%)
2011	5	9.79	41.28	23.7
2010	1	1.42	14.26	10.0

资料来源：四川证监局

(四)存在的主要问题

四川上市公司总体上对募集资金的管理较为规范，建立专户存储制度，按计划使用募集资金，变更程序严格。但个别公司的募集资金管理存在不足，主要表现为募集资金使用计划制定得不够严谨，对市场和政策变化预计不足。

六、四川上市公司规范运作情况

（一）上市公司治理专项情况

一是重视发挥监事会、独立董事在公司治理中的作用。四川上市公司协会于全国率先成立监事会主席专业委员会与独立董事专业委员会。四川证监局与协会多次组织四川上市公司监事会召集人与独立董事培训，围绕如何更好发挥独立董事及监事职责进行研究讨论。典型案例如水井坊独立董事提议由监事会提名独立董事候选人导致由公司控股股东提名的独立董事候选人最终落选。

二是上市公司积极通过并购重组减少关联交易、解决同业竞争，提升核心竞争力。主要案例有：新希望通过资产整合，消除了同业竞争，实现集团农牧资产的整体上市，成为全国最大的农牧企业；四川双马通过定向增发购买关联方资产，解决了与大股东在四川省内的同业竞争。

（二）审计情况及审计监管

2011 年，依据中国证监会上市部和会计部的监管精神及要求，四川证监局关注上市公司重大会计风险，对于重大会计问题严格把关，与审计机构及时沟通，给予必要的指导；重点关注如政府补助等非经常性损益确认的合理性及审计机构获取证据的充分性及结论的恰当性。

四川 86 家上市公司的审计报告中，标准无保留意见有 82 家，带强调事项段的无保留意见 4 家，主要原因为：公司因面临重大资产重组、濒临破产净资产为负等因素使得持续经营能力存在重大不确定性。

（三）信息披露情况

2011 年，四川上市公司年报可读性与有用性得到进一步提高。披露内容更加精炼，各公司均按照新的年报摘要格式，删减了冗余信息。信息披露内容更加贴近公司实际，部分公司进一步强化了分子公司详细经营状况、重大合同执行情况、同业竞争及承诺履行等事项的披露。对企业核心竞争力及风险因素披露更为详尽，创业板公司强化了非财务信息的披露，披露了管理层对核心优势、研发投入、风险因素的讨论，并提供了必要的财务数据予以支撑。

（四）证券市场服务情况

截至 2011 年底，四川有华西证券、国金证券、和兴证券、川财证券等 4 家法人证券公司、4 家异地证券公司分公司、203 家证券营业部、3 家证券投资咨询公司、9 家基金分公司。有 44 家异地证券公司在四川设立了 117 家营业部；四川的证券公司在省外设立 26 家营业部；全国排名前 20 位的证券公司在四川均有分支机构；9 家基金分公司均为异地公司在四川设立的分支机构。四川地区机构数量、投资者数量和交易额均居中西部第一，全国前十。

审稿人：王战平　李　金

撰稿人：邱敏　李君倩　林振超

陈润莲　付宗要

贵州地区

一、贵州国民经济发展概况

表1　　2011年贵州国民经济发展概况　　单位:亿元

指　标	1—3月		1—6月		1—9月		1—12月	
	绝对量	同比增长(%)	绝对量	同比增长(%)	绝对量	同比增长(%)	绝对量	同比增长(%)
地区生产总值	701	12.2	1 856	10.3	2 961	11.5	5 701.84	12.8
全社会固定资产投资	525	48.9	1 458	46.8	2 476	41.0	3 734.00	40.0
社会消费品零售总额	—	18.1	—	18.1	—	18.1	—	17.0
规模以上工业增加值	—	0.0	—	21.0	—	20.9	—	21.0
规模以上工业企业实现利润	62	37.1	159	32.8	245	29.5	331.00	26.2
居民消费价格指数(%)	1—3月		1—6月		1—9月		1—12月	
	5.1		5.0		5.2		5.2	

资料来源:国家统计局

二、贵州上市公司总体情况

(一)公司数量

表2　　2011年贵州上市公司数量　　单位:家

公司总数	仅A股	仅B股	(A+B)股
20	20	0	0

资料来源:沪深交易所,天相投资分析系统

(二)行业分布

表3　　2011年贵州上市公司行业分布情况

所属中国证监会行业类别	家　数
采掘业	1
制造业	15
电力、煤气及水的生产和供应业	1
建筑业	1
信息技术业	1
房地产业	1
合　计	20

资料来源:贵州证监局

(三)股本结构及规模

2011年,贵州总股本在10亿股以上的上市公司有3家,占贵州上市公司总数的15.00%。截至2011年12月31日,贵州20家上市公司总股本100.00亿股,占同期全国上市公司总股本的0.34%。

表4　2011年贵州上市公司股本规模在10亿股以上公司分布情况

股本规模(亿股)	公司家数	具体公司
10≤~<20	3	中天城投、盘江股份、贵州茅台

资料来源:沪深交易所,天相投资分析系统

(四)市值规模

截至2011年12月31日,贵州20家上市公司境内总市值2 911.47亿元,占全国上市公司境内总市值的1.35%。其中,上交所上市公司10家,总股本57.69亿股,境内总市值2 544.41亿元,占上交所上市公司境内总市值的1.70%;深交所上市公司10家,总股本42.31亿股,境内总市值367.06亿元,占深交所上市公司境内总市值的0.55%。

(五)资产规模

截至2011年12月31日,贵州20家上市公司合计总资产1 347.37亿元,归属于上市公司股东的净资产593.61亿元,与2010年相比,分别增长23.77%、18.61%;平均每股净资产5.94元。

三、贵州上市公司经营情况及变动分析

(一)总体经营情况

2011年,贵州上市公司实现营业收入669.93亿元,同比增长32.35%;实现归属于母公司所有者的净利润124.83亿元,同比增长46.38 %;贵州上市公司平均净资产收益率为21.03%,高于全国14.08%的平均水平;平均每股收益(按期末股本计算)为1.25元,高于全国0.53元的平均水平。见表5。

表5　2011年贵州上市公司经营情况

指　　标	2011年	2010年	同比增长(%)
家　数	20	20	0.00
亏损家数	2	0	—
亏损家数比例(%)	10.00	0.00	10.00
平均每股收益(元)	1.25	0.85	46.38
平均每股净资产(元)	5.94	5.00	18.61
平均净资产收益率(%)	21.03	17.04	3.99
总资产(亿元)	1 347.37	1 088.60	23.77
归属于母公司股东权益(亿元)	593.61	500.49	18.61
营业收入(亿元)	669.93	506.16	32.35
利润总额(亿元)	172.02	117.25	46.71
归属于母公司所有者的净利润(亿元)	124.83	85.28	46.38

资料来源:沪深交易所,天相投资分析系统

（二）分行业经营情况

贵州上市公司主要分布在制造业（15家）、信息技术业（1家）、房地产业（1家）、采掘业（1家）等行业。2011年，贵州制造业、采掘业等行业上市公司营业收入呈快速增长态势。具体见表6。

表6　2011年贵州上市公司分行业经营情况

所属行类	营业收入（亿元）	同比增长（%）	净利润（亿元）	同比增长（%）
采掘业	74.65	36.49	17.19	27.81
制造业	509.75	35.57	109.94	58.16
电力、煤气及水的生产和供应业	9.77	-32.43	-1.21	-186.41
建筑业	1.63	-32.01	-0.24	-141.70
信息技术业	40.82	61.24	0.27	10.99
房地产业	33.30	0.08	5.30	-6.48

资料来源：贵州证监局

（三）业绩变动情况分析

1. 营业收入、毛利率等变动原因分析

2011年，贵州上市公司实现营业收入669.93亿元，同比增长32.35%；营业利润166.78亿元，同比增长46.79 %；利润总额172.02亿元，同比增长46.71%；毛利率45.46%，同比上升1.79个百分点。总体来看，营业收入增幅大于营业成本增幅是毛利率提升的主要原因。

2. 盈利构成分析

从盈利构成看，2011年贵州上市公司利润来源主要是营业利润，其占利润总额的比重为96.96%；投资净收益占利润总额的比重为0.09%，公允价值变动净收益为零，营业外收支净额占利润总额的比重为3.04%。

3. 经营性现金流量分析

2011年，贵州10家上市公司经营现金流量净额为正，占20家上市公司的50%，低于2010年75%的水平。

4. 业绩特点分析

（1）每股收益平稳增长，盈利总水平高于全国

2011年，贵州上市公司实现归属于母公司所有者的净利润124.83亿元，同比增长46.38%；每股收益1.25元，高于2010年0.85元的每股收益；净资产收益率21.03%，高于2010年的17.04%的净资产收益率；每股收益和净资产收益率水平均好于2010年，并且高于2011年的全国平均水平。

（2）板块业绩情况

2011年，贵州主板上市公司平均每股收益1.38元，净资产收益率22.73%。中小板平均每股收益0.38元，低于深交所中小板0.52元的平均每股收益水平；净资产收益率7.58%，低于深交所中小板10.51%的平均净资产收益率。

5. 利润分配情况

2011年，贵州地区共有15家公司提出利润分配或资本公积金转增股本方案，占盈利

公司家数18家的83.33%,与2010年基本持平;拟发放现金股利家数为15家,占利润分配公司家数100%。派现金总额55.5亿元,占贵州上市公司净利润总额的42.14%。

四、上市公司募集资金情况、使用情况

(一)募集资金总体情况

2011年,贵州地区上市公司通过资本市场直接融资15.71亿元,主要是黔轮胎配股融资4.91亿元和黔源电力增发融资10.8亿元。

表7　　2011年贵州上市公司募集资金情况

发行类型	代　码	简　称	募集资金(亿元)
配　股	000589	黔轮胎A	4.91
增　发	002039	黔源电力	10.80
总　计			15.71

资料来源:贵州证监局

(二)募集资金使用情况及特点

2011年,贵州共有10家公司使用募集资金,金额26.86亿元。其中,10.68亿元为2011年度募集的资金,占全年使用募集资金总额的39.76%;16.18亿元为以前年度募集的资金,占年度使用募集资金总额的60.24%。

(三)募集资金变更情况

2011年,贵州有1家公司(高鸿股份)变更募集资金的使用项目,涉及金额约为1.15亿元,占该公司募集资金总额4.89亿元的23.52%。募集资金变更程序合法,经过公司股东大会批准。变更的原因主要是拟投资项目的投资环境发生变化,为提高募集资金的使用效率,将募集资金改投其他项目。

表8　　2011年贵州上市公司募集资金使用项目变更情况

日　期	变更募集资金使用项目的公司家数	涉及金额(亿元)	募集资金总额(亿元)	占公司募集资金总额的比例(%)
2011	1	1.15	4.89	23.52

资料来源:贵州证监局

(四)募集资金存管情况

上市公司总体上对募集资金的管理较为规范,建立专户存储制度,按计划使用募集资金,变更程序严格。

五、贵州上市公司规范运作情况

(一)上市公司治理专项情况

2011年度,贵州证监局继续按照中国证监会有关要求,发挥综合监管体系的作用,

通过加强监管、指导、协调等措施，深入开展"解决同业竞争，减少关联交易"专项活动。贵州同业竞争、关联交易突出的南方汇通、贵绳股份、赤天化等5家上市公司均向贵州证监局上报了整改方案，承诺通过资产重组（或置换）、调整关联人员职务等措施逐步解决同业竞争、关联交易问题。

（二）审计情况及监管情况

2011年，共有10家国内会计师事务所为贵州20家上市公司提供年报审计服务，审计意见类型均为标准无保留意见。贵州证监局根据中国证监会有关要求，密切跟踪会计师事务所审计工作安排及进程，并按照"新上市"、"发生媒体质疑或信访投诉"、"超过3年未检查"、"业绩大幅波动"的标准，确定了6家上市公司开展年报现场检查。检查结果表明，会计师事务所整体上做到了勤勉尽职，但也存在"部分底稿质量较差"、"应收账款函证程序不当"、"部分必要审计程序缺乏实施证据"、"部分审计业务执行指导和监督效果欠佳"等现象。针对前述问题，贵州证监局已采取了约见谈话、下发稽查结果告知书等形式，督促会计师事务所切实提高年报审计质量。

（三）信息披露情况

2011年度，贵州上市公司信息披露真实、完整、准确、及时，不存在因信息披露违规而受到中国证监会、沪深交易所处罚的情况。

（四）证券市场服务情况

2011年，贵州证监局坚持以服务促发展、以监管促规范，不断提升资本市场服务实体经济的能力。一是大力支持上市公司并购重组和再融资，鼓励优质资源向上市公司集中，促进产业结构调整和经济发展方式转变。二是加强与省有关部门和市（州）人民政府的沟通联系，筛选了一批优质上市后备企业并进行重点培育，形成了储备一批、培育一批、成熟一批、上市一批的良好局面。三是推动地方政府出台支持资本市场发展和扶持企业上市政策。四是加强对拟上市企业辅导监管，发挥专业优势帮助企业诊断并解决上市障碍。五是强化中介机构的服务，不断提高中介机构的诚信意识和执业规范，督促中介机构恪尽职守、勤勉尽职，提升中介机构服务证券市场的质量。

审稿人：温丽萍

撰稿人：郭文英　牛雪峰

温丽萍　龙晓军　计　刚

云南地区

一、云南国民经济发展概况

表 1　　2011 年云南国民经济发展概况　　单位：亿元

指　标	1—3 月		1—6 月		1—9 月		1—12 月	
	绝对量	同比增长（%）	绝对量	同比增长（%）	绝对量	同比增长（%）	绝对量	同比增长（%）
地区生产总值	1 739	12.5	3 603	13.1	5 773	13.4	8 751	13.7
全社会固定资产投资	917	20.5	2 558	25.3	4 190	27.0	5 927	27.6
社会消费品零售总额	—	18.0	—	18.2	—	18.1	—	17.0
规模以上工业增加值	—	15.9	—	16.7	—	18.0	—	18.0
规模以上工业企业实现利润	124	30.1	244	31.5	399	30.5	524	24.5
居民消费价格指数（%）	1—3 月		1—6 月		1—9 月		1—12 月	
	3.6		4.0		4.6		4.9	

资料来源：国家统计局

二、云南上市公司总体情况

（一）公司数量

表 2　　2011 年云南上市公司数量　　单位：家

公司总数	仅 A 股	仅 B 股	（A+B）股
28	28	0	0

资料来源：沪深交易所，天相投资分析系统

（二）行业分布

表 3　　2011 年云南上市公司行业分布情况

所属中国证监会行业类别	家　数
农、林、牧、渔业	2

续表

所属中国证监会行业类别	家　数
采掘业	1
制造业	16
电力、煤气及水的生产和供应业	1
信息技术业	1
批发和零售贸易业	1
金融、保险业	1
房地产业	2
社会服务业	2
综合类	1
合　计	28

资料来源：云南证监局

（三）股本结构及规模

截至2011年12月31日，云南28家上市公司总股本167.29亿股，占同期全国上市公司总股本的0.56%。云南总股本在10亿股以上的上市公司有5家，占云南上市公司总数的17.86%。

表4　　2011年云南上市公司股本规模在10亿股以上公司分布情况

股本规模（亿股）	公司家数	具体公司
20≤～<50	1	名流置业
10≤～<20	4	云铝股份、云南铜业、驰宏锌锗、太平洋

资料来源：沪深交易所，天相投资分析系统

（四）市值规模

截至2011年12月31日，云南28家上市公司境内总市值1 845.33亿元，占全国上市公司境内总市值的0.85%。其中，上交所上市公司12家，总股本70.54亿股，境内总市值664.91亿元，占上交所上市公司境内总市值的0.45%；深交所上市公司16家，总股本96.76亿股，境内总市值1 180.41亿元，占深交所上市公司境内总市值的1.77%。

（五）资产规模

截至2011年12月31日，云南28家上市公司合计总资产1 953.20亿元，归属于上市公司股东的净资产644.03亿元，与2010年相比，分别增长16.22%、16.80%；平均每股净资产3.82元。

三、云南上市公司经营情况及变动分析

（一）总体经营情况

2011年，云南上市公司实现营业收入1 229.25亿元，同比增长24.61%；实现归属于母公司所有者的净利润46.06亿元，同比增长9.84%；平均净资产收益率为7.15%，低于全国14.08%的平均水平；平均每股收

益(按期末股本计算)为0.27元,低于全国0.53元的平均水平。见表5。

表5　　2011年云南上市公司经营情况

指　标	2011年	2010年	同比增长(%)
家　数	28	28	0.00
亏损家数	4	3	33.33
亏损家数比例(%)	14.29	10.71	3.57
平均每股收益(元)	0.27	0.25	9.84
平均每股净资产(元)	3.82	3.27	16.80
平均净资产收益率(%)	7.15	7.61	-0.45
总资产(亿元)	1 953.20	1 680.64	16.22
归属于母公司股东权益(亿元)	644.03	551.41	16.80
营业收入(亿元)	1 229.25	986.50	24.61
利润总额(亿元)	62.68	54.85	14.27
归属于母公司所有者的净利润(亿元)	46.06	41.94	9.84

资料来源:沪深交易所,天相投资分析系统

(二)分行业经营情况

云南上市公司主要分布在制造业(16家),房地产业(2家),社会服务业(2家),农、林、牧、渔业(2家)等行业。2011年,云南农、林、牧、渔业,房地产业,金融、保险业等行业上市公司营业收入出现下滑,而制造业、社会服务业等行业呈现增长态势,其中社会服务业净利润增长幅度最大,同比增幅达649.62%。具体见表6。

表6　　2011年云南上市公司分行业经营情况

所属行类	营业收入(亿元)	同比增长(%)	净利润(亿元)	同比增长(%)
农、林、牧、渔业	5.46	-12.50	-1.84	-985.27
采掘业	63.15	30.16	3.59	-22.39
制造业	1 067.46	25.92	36.20	19.77
电力、煤气及水的生产和供应业	15.53	15.00	1.35	6.69
信息技术业	26.57	19.27	1.13	31.90
批发和零售贸易业	15.56	13.02	0.94	242.48
金融、保险业	6.66	-1.38	1.57	-23.11
房地产业	19.77	-13.37	3.52	-33.15
社会服务业	8.11	77.72	2.08	649.62
综合类	0.98	107.04	1.65	107.62

资料来源:云南证监局

(三)业绩变动情况分析

1. 营业收入、毛利率等变动原因分析

2011年,云南上市公司实现营业收入1 229.25亿元,同比增长24.61%;营业利润58.21亿元,同比增长18.05%;利润总额62.68亿元,同比增长14.27%;毛利率17.16%,同比上升0.55个百分点。总体来看,各种成本增长较快是云南上市公司毛利率未能大幅提升的主要原因。

2. 盈利构成分析

从盈利构成看,2011年云南上市公司利润来源主要是营业利润,其占利润总额的比重为92.87%;投资净收益占利润总额的比重为12.90%,公允价值变动净收益占利润总额的比重为0.76%,营业外收支净额占利润总额的比重为7.13%。

3. 经营性现金流量分析

2011年,云南15家上市公司经营现金流量净额为正,占28家上市公司的53.57%,低于2010年60.71%的水平。

4. 业绩特点分析

(1)盈利情况较全国平均水平偏低

2011年,云南上市公司实现归属母公司所有者净利润46.06亿元,同比增长9.84%;每股收益0.27元,较2010年的0.25元增长了0.02元,但低于2011年全国0.53元的平均每股收益水平;净资产收益率7.15%,较2010年的7.61%下降0.46个百分点,也低于2011年全国14.08%的平均净资产收益率。

(2)板块业绩情况

2011年,云南主板上市公司平均每股收益0.29元,净资产收益率7.87%。中小板上市公司平均每股收益为-0.07元,净资产收益率-1.98%,均低于深交所中小板平均水平。创业板上市公司每股收益1.38元,高于深交所创业板0.52元的平均每股收益水平;净资产收益率7.65%,低于深交所创业板7.85%的平均净资产收益率。

5. 利润分配情况

2011年,云南共有19家公司提出利润分配或资本公积金转增股本方案,占盈利公司总数24家的79.17%,与2010年基本持平;拟发放现金股利家数为19家,占利润分配公司家数的100%。拟派现金总额10.31亿元,占云南盈利公司净利润总额的20.55%。

四、云南上市公司并购重组情况

(一)并购重组基本情况

2011年,云南上市公司并购重组活动较为活跃。据统计,共有11家上市公司进行了并购重组工作,其中有6家公司取得实质性进展,涉及金额合计约78.25亿元。从并购重组分类情况看,实际控制权变更类型有1家,涉及标的金额21.76亿元;其余均为发行股份购买资产。

表7　　2011年云南上市公司并购重组情况

序　号	公　司	重组方式	涉及资金	备　注
1	云天化	定向增发购买资产	18.56	实施完成
2	云南铜业	定向增发购买资产	29.77	
3	贵研铂业	定向增发购买资产	2.91	
4	云煤能源	定向增发购买资产	21.76	
5	丽江旅游	定向增发购买资产	2.10	
6	昆百大	定向增发购买资产	3.15	
合计(亿元)			78.25	

资料来源:云南证监局

(二)并购重组特点

1. *并购重组模式特点*

2011年,云南上市公司并购重组模式有如下特点:一是以定向增发为代表的并购重组模式成为主体;二是股份支付成为主要支付手段。

重组方式主要为定向增发购买资产。

2. *并购重组主要目标特点*

2011年,云南上市公司并购重组主要呈现出两个特点,一是通过并购重组解决了上市公司与大股东的同业竞争,减少了关联交易,如云南铜业定向增发购买资产大幅减少了与云铜集团的关联交易;二是通过并购重组延伸了上市公司的产业链,提高了公司盈利水平,如丽江旅游。

五、云南上市公司募集资金情况、使用情况

(一)募集资金总体情况

2011年,云南上市公司通过资本市场直接融资100.88亿元,再融资规模创历史新高;其中,非公开发行股份融资78.88亿元,发行公司债融资22亿元。

表8　　2011年云南上市公司募集资金情况

发行类型	代　码	简　称	募集资金(亿元)
增　发	000560	昆百大A	3.15
	000878	云南铜业	29.77
	002033	丽江旅游	2.73
	600096	云天化	18.56
	600459	贵研铂业	2.91
增　发	600792	云煤能源	21.76
总　计			78.88
公司债	000960	锡业股份	12.00
	600725	云维股份	10.00

资料来源:云南证监局

(二)募集资金使用情况及特点

2011年,云南地区共有7家公司使用募集资金,金额42.92亿元。其中,6.13亿元为2011年度募集的资金,占全年使用募集资金总额的14.28%;36.79亿元为以前年度募集的资金,占年度使用募集资金总额的85.72%。

(三)存在的主要问题

云南上市公司总体上对募集资金的管理较为规范,建立专户存储制度,按计划使用募集资金,变更程序严格。募集资金使用方面的主要问题是部分公司对市场和政策变化预计不足,募投项目未能产生预期效应。

六、云南上市公司规范运作情况

(一)上市公司完成“解决同业竞争,减少关联交易”专项活动

2011年,云南同业竞争和关联交易问题突出的驰宏锌锗、ST马龙、云南铜业3家公司均按照“一司一策”的方针制定了解决方案,3家公司均按计划顺利完成了此项工作,其中,驰宏锌锗通过收购云南冶金集团持有的铅锌相关同业资产,解决了同业竞争和关联交易问题;云南铜业通过非公开发行收购集团下属关联企业解决了关联交易问题;ST马龙通过重大资产重组彻底解决了同业竞争问题。

(二)推动上市公司内部控制规范试点工作圆满完成

云南共有11家企业内部控制规范实施及试点公司,参加试点的公司比例处于国内前列。试点及实施公司均按计划完成了内控规范试点的各项工作,其中10家公司披露了年度内部控制审计报告。

(三)采取多种措施打击、防控资本市场内幕交易

为促进《国务院办公厅转发证监会等部门关于依法打击和防控资本市场内幕交易意见的通知》在云南省的贯彻落实,云南省出台了《云南省人民政府办公厅关于打击和防控资本市场内幕交易的意见》,成立了打击和防控资本市场内幕交易联席会议,打击和防控内幕交易的组织和协作机制得到完善。云南省上市公司全部建立了内幕信息知情人登记管理制度。

审稿人:王广幼

撰稿人:白云飞　严　野

西藏地区

一、西藏国民经济发展概况

表 1　　2011 年西藏地区国民经济发展概况　　单位：亿元

指　标	1—3 月		1—6 月		1—9 月		1—12 月	
	绝对量	同比增长（%）	绝对量	同比增长（%）	绝对量	同比增长（%）	绝对量	同比增长（%）
地区生产总值	115.00	19.8	251	16.5	435	12.8	606	12.7
全社会固定资产投资	20.00	57.9	171	43.2	371	21.2	516	18.4
社会消费品零售总额	—	18.2	—	18.9	—	17.9	—	16.5
规模以上工业增加值	—	40.1	—	30.2	—	21.0	—	20.1
规模以上工业企业实现利润	0.22	283.3	4	57.5	10	89.8	13	22.7
居民消费价格指数（%）	1—3 月		1—6 月		1—9 月		1—12 月	
	4.8		5.0		5.0		5.0	

资料来源：国家统计局

二、西藏上市公司总体情况

（一）公司数量

表 2　　2011 年西藏上市公司数量　　单位：家

公司总数	仅 A 股	仅 B 股	（A+B）股
9	9	0	0

资料来源：沪深交易所，天相投资分析系统

(二)行业分布

表3　　2011年西藏上市公司行业分布情况

所属中国证监会行业类别	家　数
采掘业	1
制造业	5
建筑业	1
房地产业	1
社会服务业	1
合　计	9

资料来源:西藏证监局

(三)股本结构及规模

截至2011年12月31日,西藏9家上市公司总股本53.11亿股,占同期全国上市公司总股本的0.18%。上市公司家数占全国上市公司家数的0.38%。西藏总股本在10亿股以上的公司有1家,为梅花集团,占西藏上市公司总数的11.11%,占全国股本超过10亿股的上市公司家数的0.26%。

表4　　2011年西藏上市公司股本规模在10亿股以上公司分布情况

股本规模(亿股)	公司家数	具体公司
20≤~<50	1	梅花生物科技集团股份有限公司

资料来源:沪深交易所,天相投资分析系统

(四)市值规模

截至2011年12月31日,西藏9家上市公司境内总市值546.11亿元,占全国上市公司境内总市值的0.25%。其中,上交所上市公司6家,总股本43.24亿股,总市值381.95亿元,占上交所上市公司境内总市值的0.25%;深交所上市公司3家,总股本9.87亿股,境内总市值164.17亿元,占深交所上市公司境内总市值的0.25%

(五)资产规模

截至2011年12月31日,西藏9家上市公司合计总资产319.07亿元,归属于上市公司股东的净资产120.41亿元,与2010年相比,分别增长22.59%、22.17%;平均每股净资产2.27元。

三、西藏上市公司经营情况及变动分析

(一)总体经营情况

2011年,西藏上市公司实现营业收入148.55亿元,同比增长38.94%;实现归属于母公司所有者的净利润13.22亿元,同比增长7.14%;西藏上市公司平均净资产收益率为10.98%,低于全国14.08%的平均净资产收益率;平均每股收益(按期末股本计算)

为0.25元，低于全国上市公司0.53元的平均水平；深市中小板上市公司每股收益为0.42元，低于深市中小板上市公司0.52元的平均每股收益水平。见表5。

表5　2011年西藏上市公司经营情况

指　标	2011年	2010年	同比增长(%)
家　数	9	9	0.00
亏损家数	1	1	0.00
亏损家数比例(%)	11.11	11.11	0.00
平均每股收益(元)	0.25	0.23	7.14
平均每股净资产(元)	2.27	1.86	22.17
平均净资产收益率(%)	10.98	12.52	-1.54
总资产(亿元)	319.07	260.28	22.59
归属于母公司股东权益(亿元)	120.41	98.55	22.17
营业收入(亿元)	148.55	106.92	38.94
利润总额(亿元)	18.52	15.67	18.16
归属于母公司所有者的净利润(亿元)	13.22	12.34	7.14

资料来源：沪深交易所，天相投资分析系统

(二)分行业经营情况

西藏上市公司主要分布在制造业(5家)、采掘业(1家)、房地产业(1家)、社会服务业(1家)、建筑业(1家)行业。2011年，西藏上市公司所属行业的营业收入均呈现增长态势，其中房地产业增长幅度最大，同比增幅达237.57%。具体见表6。

表6　2011年西藏上市公司分行业经营情况

所属行类	营业收入(亿元)	同比增长(%)	净利润(亿元)	同比增长(%)
采掘业	5.57	18.76	0.27	-18.18
制造业	98.56	21.63	9.54	-3.63
建筑业	13.20	16.71	1.14	52.00
房地产业	29.20	237.57	3.76	226.95
社会服务业	2.02	61.60	0.11	-47.61

资料来源：西藏证监局

(三)业绩变动情况分析

1. 营业收入、毛利率等变动原因分析

2011年，西藏上市公司实现营业收入148.55亿元，同比增长38.94%；营业利润16.39亿元，同比增长22.46%；利润总额18.52亿元，同比增长18.16%；毛利率25.90%，同比下降2.77个百分点。总体来看，营业成本增幅大于营业收入增幅是毛利率下降的主要原因。

2. 盈利构成分析

从盈利构成看,2011 年西藏上市公司利润来源主要是营业利润,其占利润总额的比重为 88.50%;投资净收益为负(-0.1 亿元),公允价值变动净收益为负(-0.02 亿元),营业外收支净额占利润总额的比重为 11.50%。

3. 经营性现金流量分析

2011 年,西藏 9 家上市公司中有 6 家经营现金流量净额为正,占 9 家上市公司的 66.67%,低于 2010 年 77.77%的水平。

4. 业绩特点分析

(1)每股收益呈回升势头,但盈利总水平低于全国

2011 年,西藏上市公司实现归属母公司所有者净利润 13.22 亿元,同比增长 7.14%;每股收益 0.25 元,高于 2010 年的 0.23 元,但低于 2011 年全国 0.53 元的平均每股收益水平;净资产收益率 10.98%,低于 2010 年 12.52% 的净资产收益率,也低于 2011 年全国 14.08% 的平均净资产收益率。

(2)板块业绩情况

2011 年,西藏地区主板上市公司平均每股收益 0.23 元,净资产收益率 10.66%。中小板公司每股收益 0.42 元,低于深交所中小板 0.52 元的平均每股收益水平;净资产收益率 13.72%,高于深交所中小板 10.51% 的平均净资产收益率。

5. 上市公司现金分红情况及资本公积金转增股本情况

2011 年,西藏共有 3 家公司提出利润分配或资本公积金转增股本方案,分别为梅花集团、奇正藏药和西藏发展,占盈利公司总数 8 家的 37.50%;发放现金股利家数为 3 家,占利润分配公司家数的 100%;分红总金额为 6.20 亿元,占 2011 年该 3 家公司净利润总额的 63.60%,占 3 家公司累计未分配利润合计为 24.70%。如表 7。

表 7　　2011 年西藏上市公司现金分红情况　　单位:亿元

公　司	净利润	累计未分配利润	经营活动产生的现金流量净额	现金分红	现金分红占净利润比重(%)	现金分红占累计未分配利润比重(%)	年度分红方案
梅花集团	7.90	19.29	4.94	5.04	63.81	26.13	10 派 5 元
奇正藏药	1.70	3.23	0.97	1.14	66.69	35.10	10 派 2.8 元
西藏发展	0.15	2.59	-0.09	0.03	17.47	1.02	10 股派 0.1 元
合　计	9.75	25.12	5.82	6.20	63.60	24.70	—

资料来源:西藏证监局

四、西藏上市公司并购重组情况

2011 年,西藏上市公司无并购重组情况。

五、西藏上市公司募集资金情况、使用情况

(一)募集资金总体情况

2011 年 4 月 27 日,西藏矿业完成非公开发行股票事项,共募集资金净额 11.74 亿

元，拟投向4个募投项目；2011年4月28日，西藏旅游完成非公开发行股票事项，共募集资金净额3.30亿元，拟全部投向西藏阿里神山圣湖旅游开发项目。具体如表8。

表8　　2011年西藏上市公司募集资金情况

发行类型	代　码	简　称	募集资金(亿元)
增　发	000762	西藏矿业	11.74
	600749	西藏旅游	3.30
总　计			15.04

资料来源：西藏证监局

(二)募集资金使用情况及特点

2011年，西藏共有3家公司使用募集资金。3家公司募集资金总净额19.55亿元。其中，15.04亿元为2011年度募集的资金，占全年使用募集资金总额的76.93%；4.51亿元为以前年度募集的资金，占年度使用募集资金总额的23.07%。

(三)募集资金变更情况

截至2011年12月31日，上述3家公司尚无变更募集资金使用计划的情况。

(四)存在的主要问题

西藏上市公司募集资金使用过程中存在的问题，为公司募集资金的使用和募投项目的完成进度整体偏慢。上述3家公司募投项目预计投入总金额为179 446.39万元，截至2011年12月31日累计投入金额为39 890.80万元，完成进度仅为22.23%。

六、西藏上市公司规范运作情况

(一)上市公司治理专项情况

自2007年中国证监会开展上市公司治理专项活动以来，西藏各上市公司纷纷加强了公司治理，公司治理水平不断提高。2011年，西藏证监局继续巩固上市公司治理专项活动成果，增强上市公司治理整改问题的整改力度，积极推动西藏上市公司内部控制规范的试点工作，加强上市公司实施内部控制规范的培训和交流工作，为2012年主板上市公司全面实施内部控制规范，提高公司治理水平奠定了坚实的基础。

(二)审计情况及监管情况

截至2012年4月30日，西藏上市公司全部如期披露了2011年年报，西藏9家上市公司年报审计意见均为标准无保留意见。2011年，监管机构通过下发监管函件、约见上市公司年审会计师以及跟踪监管上市公司年审工作等方式，加强西藏上市公司年报审计工作，提高了年报审计工作质量。

(三)信息披露情况

2011年，西藏上市公司充分履行信息披露义务，保证披露信息的真实、准确、完整、及时和公平，不存在上市公司应披露而未披露信息的情况。上市公司透明度逐步增强，维护了上市公司信息使用者和投资者的知情权。

审稿人：黄忠

撰稿人：苏飞

陕西地区

一、陕西上市公司总体情况

（一）公司数量

截至2011年底，陕西共有境内上市公司38家，其中，上交所上市公司18家，深交所主板上市公司11家、中小板上市公司3家、创业板上市公司6家。2011年度，陕西新增1家上市公司，为深交所创业板的通源石油，股票代码300164。

从股权构成看，38家上市公司中，国有控股的有27家（占比71.05%），其中8家为央企国资控股，11家为省属国资控股，8家为地市国资控股；民营控股11家。从地域分布看，西安市28家，宝鸡市5家，咸阳市2家，汉中市、铜川市和杨凌示范区各1家。

（二）行业分布

38家上市公司分布于11个行业，以制造业最为集中（22家，占比57.89%），体现了制造业在陕西经济发展中的重要地位和作用。陕西上市公司具体行业分布情况见表1。

表1　2011年陕西上市公司行业分布表

所属行业	家　数	占比（%）
制造业	22	57.89
信息技术业	3	7.89
采掘业	2	5.26
社会服务业	2	5.26
批发和零售贸易	2	5.26
电力、煤气及水的生产和供应业	2	5.26
金融、保险业	1	2.63
房地产业	1	2.63
传播与文化产业	1	2.63
建筑业	1	2.63
综合类	1	2.63
合　计	38	100.00

资料来源：陕西证监局

（三）公司规模

截至2011年12月31日，陕西38家上市公司总股本229.58亿股，占同期全国上市公司总股本的0.77%。陕西总股本达10亿股以上的公司有5家，分别是西飞国际、中国西电、金钼股份、航空动力、陕鼓动力，占陕西上市公司总数的13.16%。

截至2011年12月31日，陕西38家公司总市值合计达到1 884.70亿元，流通市值1 460.97亿元，分别占全国上市公司总市值和流通市值的0.87%和0.89%。其中，在上交所上市的18家公司总市值和流通市值分别为1 248.89亿元和934.85亿元；在深交所上市的20家公司总市值和流通市值分别为635.81亿元和526.12亿元。

二、陕西上市公司经营状况

（一）资产总量保持上升，资产结构趋于稳健

截至2011年底，陕西上市公司总资产合计达到1 614.78亿元，归属于上市公司股东的净资产760.15亿元，分别较2010年底增长11.83%和3.03%。其中，资产规模排名前5名的公司为中国西电、西飞国际、金钼股份、陕鼓动力和格力地产，5家公司合计资产规模达到910.45亿元，占38家上市公司总资产的56.38%。

2011年，陕西上市公司总体资产负债率为49.61%，同比上升2.60个百分点，财务结构保持稳健。

（二）盈利能力有所下降，经营情况两极分化

2011年，陕西上市公司实现营业收入743.23亿元，同比增长5.12%；实现利润总额40.65亿元，同比下降31.86%。陕西上市公司平均净资产收益率为4.07%，较2010年同比降低2.52个百分点；平均每股收益（按期末股本计算）为0.13元，较2010年同比降低36.61%。

2011年陕西上市公司经营情况见表2。

表2　2011年陕西上市公司经营情况

指　标	2011年	2010年	同比（%）
家　数	38	37	2.70
亏损家数	6	2	200.00
亏损家数比例（%）	15.79	5.41	10.38
平均每股收益（元）	0.13	0.21	-36.61
平均每股净资产（元）	3.31	3.22	2.68
平均净资产收益率（%）	4.07	6.59	-2.52
总资产（亿元）	1 614.78	1 443.93	11.83
归属于母公司股东权益（亿元）	760.15	737.79	3.03
营业收入（亿元）	743.23	707.04	5.12
利润总额（亿元）	40.65	59.65	-31.86
归属于母公司所有者的净利润（亿元）	30.92	48.61	-36.39

资料来源：沪深交易所，天相投资分析系统

2011年，陕西主板上市公司平均每股收益0.11元，净资产收益率3.39%，较2010年的每股收益0.19元和净资产收益率6.22%呈现明显的下降趋势。中小板上市公司平均每股收益0.54元，高于2010年的0.52元；净资产收益率11.55%，低于2010

年的12.16%。创业板上市公司平均每股收益0.43元,高于2010年的0.36元;净资产收益率6.27%,低于2010年的6.47%。中小板平均每股收益和净资产收益率均高于深交所中小板平均水平,创业板平均每股收益和净资产收益率均低于深交所创业板平均水平。

从盈利构成看,2011年陕西上市公司利润来源主要是营业利润,其占利润总额的比重为87.38%;投资净收益占利润总额的比重为10.54%,公允价值变动净收益为负(-0.45亿元),营业外收支净额占利润总额的比重为12.62%。

在陕西38家上市公司的行业分布中占主导地位的制造业企业,2011年营业收入合计达到360.15亿元,同比增长3.15%;净利润合计达到14.17亿元,同比下降35.37%。盈利能力呈现下滑态势。

(三)经营管理水平有待提升,财务负担较重

2011年,陕西上市公司营业收入、营业成本、销售费用和管理费用增幅分别为5.12%、6.05%、7.73%和13.44%,均明显低于全国相应指标的平均增幅(全国指标分别为27.60%、25.79%、15.46%和20.41%)。38家公司全年财务费用合计达到5.38亿元,同比增加77.56%,远高于全国31.16%的增长幅度。

相比全国水平,陕西上市公司销售费用增幅和管理费用增幅均高于营业收入增幅,说明获取同等收入所花费的营销支出和管理支出高于全国平均水平,反映出陕西上市公司整体经营管理水平偏低。同时,陕西上市公司财务费用明显增加,增幅超出全国平均水平,说明总体债务负担较重。

(四)投资热情持续高涨,但获取现金的能力较弱

2011年,陕西38家公司投资活动净现金流出为133.29亿元,同比提高15.13%,连续2年呈现净流出态势;经营活动净现金流入11.29亿元,同比下降71.55%;筹资活动净现金流入47.98亿元,同比下降63.20%。

(五)化解退市风险,形成良好转机

截至2011年底,陕西ST或*ST类上市公司共有7家,占陕西上市公司总数的18.42%,分别为ST长信、ST金花、ST秦岭、ST建机、*ST偏转、*ST博通和*ST宏盛。其中*ST偏转和ST长信当年经营形势虽然严峻,但重大资产重组事项已于2011年底获中国证监会核准,待重组方案实施完成后其退市风险将有望得到彻底化解;ST金花、ST秦岭和ST建机3家公司经营业绩有所改善,经上海证券交易所核准,其股票分别被撤销退市风险警示;*ST博通和*ST宏盛仍暂停上市,2011年虽实现盈利,但扣除非经常性损益后均为亏损,持续经营能力仍具有不确定性。

三、陕西上市公司治理与规范运作情况

2011年,陕西上市公司在陕西证监局指导下,积极开展"加强内幕信息管理、企业内控规范试点"以及"解决同业竞争,减少关联交易"等专项工作,持续提升规范运作水平。

（一）积极开展上市公司内幕信息管理各项工作

根据中国证监会《关于上市公司建立内幕信息知情人登记管理制度的规定》，陕西上市公司在陕西证监局的督促指导下，认真开展了相关工作。截至2011年底，陕西38家上市公司均建立了内幕信息知情人登记管理制度，并按照要求进行了修订完善，为综合防控内幕交易奠定了基础。

（二）稳步推进上市公司内部控制规范试点工作

根据中国证监会关于开展上市公司内控规范试点的有关要求，陕西选择确定了陕鼓动力、秦川发展、金钼股份、宝钛股份、延长化建、标准股份、烽火电子7家主板公司和陕天然气1家中小企业板公司作为2011年实施内控规范试点单位。各试点上市公司在陕西证监局的安排部署下，经迪博、德勤等专业咨询机构的帮助和指导，有序开展内控规范试点工作。试点期间，共查出20项流程控制缺陷和116项制度设计缺陷，完成19项流程控制缺陷和106项制度缺陷的整改工作。最终，8家试点公司顺利完成了内部控制审计工作，并按时披露了标准无保留意见的内控审计报告。8家公司内控规范试点的顺利完成，为企业内控规范在陕西主板上市公司全面实施积累了宝贵的经验。

（三）继续深化上市公司“解决同业竞争，减少关联交易”专项工作

2011年，陕西上市公司在陕西证监局督导下，通过多种方式继续深入推进“解决同业竞争，减少关联交易”专项工作。主板公司彩虹股份和创业板公司中航电测作为2011年度“解决同业竞争，减少关联交易”的重点公司，均超额完成年初制定的目标。彩虹股份关联采购金额同比下降80%，中航电测关联交易比例由35%降至19%。2011年，兴化股份披露了定向增发方案，实施完成后将实现整体上市的目标，有助于其关联采购金额的大幅下降。兴化股份作为陕西第一家启动整体上市的省属国有控股上市公司，起到了减少关联交易的良好示范作用。

四、陕西上市公司并购重组情况

2011年，陕西上市公司并购重组工作取得较大进展，3家上市公司并购重组工作获得中国证监会核准。另有1家上市公司因国家产业政策的影响，终止了并购重组工作。

（一）并购重组事项审核情况

2011年，西飞国际、ST长信和＊ST偏转3家上市公司的重组方案获得中国证监会核准。西飞国际拟通过定向增发约1.75亿股收购陕西飞机工业（集团）有限公司、中航飞机起落架有限责任公司、西安航空制动科技有限公司和西安飞机工业（集团）有限责任公司共4家公司持有的航空业务资产，从而实现航空资产的有效整合。ST长信将把全部资产负债置出，并通过定向增发约9 217.62万股收购西安曲江文化旅游（集团）有限公司持有的文化旅游类资产，从而实现文化产业与资本市场的对接。＊ST偏转将把扣除1亿元现金的全部资产负债置出，并通过定向增发约2.98亿股收购陕西炼石矿业有限公司全部股权，同时实现国有股权的退出。

(二)终止并购重组情况

2011年,因交易对方西安经发集团有限责任公司涉及房地产业务,*ST博通终止了已通过中国证监会审核的重大资产重组事项。

五、陕西上市公司定向增发情况

(一)非公开发行事项的审核情况

2011年,陕西2家上市公司非公开发行方案获中国证监会审核通过。其中,西安民生拟非公开发行不超过21 800万股,募集资金将投资于延安东方红世纪广场等4个项目;西安饮食拟非公开发行不超过1 400万股,募集资金将投资于西安饭庄东大街总店楼体重建等3个项目。

(二)非公开发行事项的准备情况

2011年,陕西4家上市公司披露了非公开发行方案。其中,航天动力拟非公开发行不超过8 000万股,募集资金将投资于汽车液力变矩器建设项目;陕国投A拟向陕西煤业化工集团有限责任公司和西安投资控股有限公司合计发行不超过2.2亿股,募集资金将用于充实公司资本金,以增强公司实力,拓展相关业务;彩虹股份拟非公开发行不超过4.3亿股,募集资金将投资于建设8.5代液晶玻璃基板生产线等2个项目;兴化股份拟非公开发行不超过1.35亿股,募集资金将投资于一期硝酸铵迁改工程等5个项目。

六、陕西上市公司募集资金使用情况

(一)募集资金情况

2011年,陕西创业板公司通源石油通过首次公开发行股票直接融资8.69亿元,全部募集资金将用于油气井复合射孔技术产业化升级建设等4个项目。

(二)募集资金使用情况

2011年,陕西有11家上市公司合计使用募集资金17.63亿元。其中,金钼股份、陕鼓动力、中国西电和中航电测4家公司使用金额均超过1亿元,金钼股份使用9.41亿元,是2011年陕西使用募集资金最多的上市公司。

截至2011年底,上述11家公司募投项目尚处于建设期,剩余募集资金合计71.78亿元。其中,金钼股份和中国西电剩余募集资金较多,分别为22.10亿元和19.95亿元。

(三)募集资金变更情况

2011年,陕西仅有创业板上市公司坚瑞消防变更了部分募投项目的实施主体和实施地点。

七、其他重要情况

(一)股权激励

2011年末,烽火电子披露股权激励计划,成为陕西上市公司首家启动股权激励的上市公司。该股权激励计划为:向141名公司董事、监事、高管及业务骨干人员定向发行591.50万份股票期权。

(二)利润分配

2011年,陕西共有17家上市公司实施了现金分红方案,占公司总数的44.74%。17家上市公司现金分红金额合计达到17.41亿元,其中金钼股份、陕鼓动力和陕天然气3家公司现金分红金额均超过1亿元。38家上市公司中，宝钛股份、航空动力、金钼股份、陕国投A、秦川发展、兴化股份和陕天然气7家公司连续3年实施了现金分红，占2011年陕西上市公司总数的18.42%。

审稿人：王　徽

撰稿人：汤文浩

甘肃地区

一、甘肃地区国民经济发展概况

表1　　2011年甘肃国民经济发展概况　　单位：亿元

指　标	1—3月		1—6月		1—9月		1—12月	
	绝对量	同比增长（%）	绝对量	同比增长（%）	绝对量	同比增长（%）	绝对量	同比增长（%）
地区生产总值	883	10.8	1 941	13.3	3 471	12.8	5 000	12.5
全社会固定资产投资	267	41.6	1 765	46.9	3 004	41.3	3 866	36.5
社会消费品零售总额	—	17.0	—	18.0	—	18.3	—	18.2
规模以上工业增加值	—	13.6	—	17.4	—	17.0	—	16.2
规模以上工业企业实现利润	52	23.0	129	34.0	180	24.6	241	10.5
居民消费价格指数（%）	1—3月		1—6月		1—9月		1—12月	
	6.9		6.7		6.6		5.9	

资料来源：国家统计局

二、甘肃上市公司总体情况

（一）公司数量

截至2011年底，甘肃共有A股上市公司24家（其中，主板18家，中小板4家，创业板2家），占全国上市公司总数的1.03%。

表2　　2011年甘肃上市公司数量　　单位：家

公司总数	仅A股	仅B股	（A+B）股
24	24	0	0

资料来源：沪深交易所，天相投资分析系统

（二）行业分布

从行业分布看，甘肃24家上市公司主要分布在制造业，采掘业，批发和零售贸易业，农、林、牧、渔业，电力、煤气及水的生产和供应业，房地产行业；其中制造业16家，分布于化学、纺织、食品、机械、电子、金属、医药等行业。

从地域分布看，甘肃24家上市公司的分布为兰州15家，酒泉、白银、武威各2家，嘉峪关、天水、陇南各1家，其余7个市州无上市公司。

表3　　2011年甘肃上市公司行业分布情况

所属中国证监会行业类别	家　数
农、林、牧、渔业	2
采掘业	2
制造业	16
电力、煤气及水的生产和供应业	1
批发和零售贸易业	2
房地产业	1
合　计	24

资料来源：甘肃证监局

（三）股本结构及规模

截至2011年12月31日，甘肃24家上市公司总股本154.90亿股，占同期全国上市公司总股本的0.52%。甘肃总股本在10亿股以上的公司有4家，占甘肃上市公司总数的16.67%。

表4　　2011年甘肃上市公司股本规模在10亿股以上公司分布情况

股本规模(亿股)	公司家数	具体公司
20≤～<50	2	酒钢宏兴、国投电力
10≤～<20	2	亚盛集团、方大炭素

资料来源：沪深交易所，天相投资分析系统

（四）市值规模

截至2011年12月31日，甘肃24家上市公司境内总市值1 045.52亿元，占全国上市公司境内总市值的0.48%。其中，上交所上市公司11家，总股本120.42亿股，境内总市值740.92亿元，占上交所上市公司境内总市值的0.50%；深交所上市公司13家，总股本34.48亿股，境内总市值304.60亿元，占深交所上市公司境内总市值的0.46%。

（五）资产规模

截至2011年12月31日，甘肃地区24家上市公司合计总资产2 242.86亿元，归属于上市公司股东的净资产474.49亿元，与

2010 年相比，分别增长 34.91%、29.72%；平均每股净资产 3.06 元。

三、甘肃上市公司经营情况及变动分析

（一）总体经营情况

2011 年，甘肃上市公司实现营业收入 1 029.75亿元，同比增长 42.60%；实现归属母公司所有者净利润 38.45 亿元，同比增长 27.63%；甘肃上市公司平均净资产收益率为 8.10%；平均每股收益（按期末股本计算）为 0.25 元。见表 5。

表 5　　2011 年甘肃上市公司经营情况

指　标	2011 年	2010 年	同比增长（%）
家　数	24	22	9.09
亏损家数	3	1	200.00
亏损家数比例（%）	12.50	4.55	7.95
平均每股收益（元）	0.25	0.20	24.33
平均每股净资产（元）	3.06	2.42	26.36
平均净资产收益率（%）	8.10	8.24	-0.13
总资产（亿元）	2 242.86	1 662.47	34.91
归属于母公司股东权益（亿元）	474.49	365.79	29.72
营业收入（亿元）	1 029.75	722.10	42.60
利润总额（亿元）	59.10	48.11	22.85
归属于母公司所有者的净利润（亿元）	38.45	30.13	27.63

资料来源：沪深交易所，天相投资分析系统

（二）分行业经营情况

2011 年，甘肃各行业上市公司营业收入均呈现增长态势，其中电力、煤气及水的生产和供应业，制造业，采掘业增长幅度较大，同比增幅分别达 36.09%、35.14%、35.05%。具体见表 6。

表 6　　2011 年甘肃上市公司分行业经营情况

所属行类	营业收入（亿元）	同比增长（%）	净利润（亿元）	同比增长（%）
制造业	707.34	35.14	27.44	12.60
农、林、牧、渔业	32.87	9.57	2.52	-30.58
采掘业	11.79	35.05	0.90	21.62
批发和零售贸易业	12.08	28.37	0.50	16.28

续表

所属行类	营业收入（亿元）	同比增长（%）	净利润（亿元）	同比增长（%）
电力、煤气及水的生产和供应业	217.04	36.09	6.72	-36.84
房地产业	48.62	18.38	6.45	22.86

资料来源：甘肃证监局

（三）业绩变动情况分析

1. 营业收入、毛利率等变动原因分析

2011 年，甘肃上市公司实现营业收入 1 029.75亿元，同比增长 42.60%；营业利润 57.17 亿元，同比增长 29.29%；利润总额 59.10 亿元，同比增长 22.85%；毛利率 17.47%，同比下降 0.53 个百分点。总体来看，营业收入增幅小于营业成本增幅是毛利率下降的主要原因。

2. 盈利构成分析

从盈利构成看，2011 年甘肃上市公司利润来源主要是营业利润，其占利润总额的比重为 96.74%；投资净收益占利润总额的比重为 6.34%，公允价值变动净收益为负（-0.87 亿元），营业外收支净额占利润总额的比重为 3.26%。

3. 经营性现金流量分析

2011 年，甘肃 17 家上市公司经营现金流量净额为正，占 24 家上市公司的 70.83%，低于 2010 年 86.36% 的水平。

4. 业绩特点分析

（1）平均每股收益回升，盈利总水平较低

2011 年，甘肃上市公司实现归属于母公司所有者净利润 38.45 亿元，同比增长 27.63%；平均每股收益 0.25 元，高于 2010 年 0.20 元的平均每股收益，但低于 2011 年全国 0.53 元的平均每股收益水平；平均净资产收益率 8.10%，低于 2010 年 8.24% 的平均净资产收益率，也低于 2011 年全国 14.08% 的平均净资产收益率。

（2）板块业绩情况

2011 年，甘肃主板上市公司平均每股收益 0.27 元，净资产收益率 8.71%。中小板上市公司平均每股收益 -0.01 元，低于深交所中小板 0.52 元的平均每股收益水平；净资产收益率 -0.58%，低于深交所中小板 10.51% 的平均净资产收益率。创业板上市公司每股收益 0.12 元，低于深交所创业板 0.52 元的平均每股收益水平；净资产收益率 4.65%，低于深交所创业板 7.85% 的平均净资产收益率。

5. 利润分配情况

2011 年，甘肃共有 10 家公司提出利润分配或资本公积金转增股本方案，占盈利公司总数 21 家的 47.62%；拟发放现金股利家数为 9 家，占利润分配公司家数 90%。拟派现金总额 6.79 亿元，占甘肃盈利公司净利润总额的 16.70%。

四、甘肃上市公司并购重组情况

2011 年，甘肃共有 4 家公司进行并购重组工作。兰光科技国有股权转让、股权分置改革、发行股份购买资产等重大资产重组一揽子方案实施完毕，公司资产和主营业务发生重大变化，公司所属行业由原来的通信及相关设备制造业转变为房地产开发与经营业，公司控股股东及实际控制人均发生变更。兰光科技国有股权转让涉及金额为2.04亿元，发行股份购买资产涉及标的金额为33.16亿元。铜城集团因控股股东股权结构变化导致实际控制人变更，涉及金额为1.62亿元。西北化工、靖远煤电2家公司均已启动重大资产重组程序。

五、甘肃上市公司募集资金情况、使用情况

（一）募集资金总体情况

2011年，甘肃上市公司通过资本市场直接融资75.05亿元（含资产33.16亿元），融资规模远高于2010年的5.28亿元；其中，首发股本融资（IPO）12.03亿元，增发融资63.02亿元。另有酒钢宏兴、亚盛集团2家上市公司共计107.5亿元的再融资申请获批。

（二）募集资金使用情况

2011年，甘肃共有9家公司使用募集资金，金额15.02亿元。其中，13.44亿元为2011年度募集的资金，占全年使用募集资金总额的89.48%；1.58亿元为以前年度募集的资金，占年度使用募集资金的10.52%。

表7　2011年甘肃上市公司募集资金情况

发行类型	代　码	简　称	募集资金（亿元）
首　发	002644	佛慈制药	3.23
	601798	蓝科高新	8.80
增　发	000981	银亿股份	33.16
	002185	华天科技	3.66
	600354	敦煌种业	4.40
	600886	国投电力	21.81
总　计			75.05

资料来源：甘肃证监局

六、甘肃上市公司规范运作情况

（一）上市公司治理专项情况

2011年，甘肃上市公司“解决同业竞争，减少关联交易”专项活动有序推进，取得明显成效。国投电力通过资产委托经营的方式解决了同业竞争问题，并通过收购关联方资产减少关联交易；酒钢宏兴拟通过非公开发行，用募集资金收购控股股东的不锈钢业务，解决潜在的同业竞争问题，其非公开发行方案已获中国证监会批准；莫高股份完成向亚盛集团出售相关的草业资产，进一步促进了农垦集团控股的2家上市公司的产业整合，防止下一步可能出现的同业竞争问题；靖远煤电初步确定以公司发行股份购买控股股东生产、经营相关资产的方式解决同业竞争。

(二)审计情况及监管情况

甘肃24家上市公司共聘请了8家会计师事务所对其2011年财务报告进行审计,其中,中核钛白年报审计报告类型为保留意见,铜城集团年报审计报告类型为带强调事项段的无保留意见,其余22家公司年报审计报告类型均为标准无保留意见。甘肃证监局通过事前督导、全程跟踪、事后审核、对重点公司现场跟进等多种监管方式,开展年报审计监管工作。

(三)信息披露情况

截至2011年底,甘肃24家上市公司均建立健全了信息披露事务管理制度及内幕信息知情人登记管理制度,各公司信息披露工作基本能够做到及时、准确、完整,有效防范了相关人员在信息披露敏感期利用内幕信息买卖本公司股票行为。甘肃证监局注重强化对涉及并购重组题材上市公司的信息披露监管,加强窗口期股价监控,督促公司及时澄清不实传闻,披露信息、揭示风险,持续保持对内幕交易的综合防控的高压态势。

(四)证券市场服务情况

在甘肃执业的审计机构基本能够遵守风险导向审计原则,严格履行审计程序,加强项目审计质量控制;保荐机构按照持续督导的要求,及时对信息披露和重大事项进行核查;律师事务所、资产评估机构等基本能够做到勤勉尽责,在促进规范运作中履行了应尽的责任和义务。

审稿人:王玉宝

撰稿人:刘荣华

青海地区

一、青海上市公司总体情况

截至2011年12月31日,青海共有10家A股上市公司。其中,上海证券交易所上市7家,深圳证券交易所主板上市2家,中小板上市1家,总市值1 223.73亿元。10家公司主要分布在有色金属、化学肥料、钢铁、医药、装备机械、电器器材制造、煤炭开采等行业。主营业务多为铜、铅、锌等基本金属的采选、冶炼,氯化钾的开发、生产,铁矿、煤矿的开采,特殊钢材、普通钢材的冶炼及压轧,数控机床、线缆产品的制造,明胶、医药的生产与销售,青稞酒的生产与销售(详见附表一)。

二、青海上市公司经营情况

2011年度,青海上市公司实现营业总收入507.29亿元,较2010年度增长4.69%;实现净利润51.50亿元,较2010年度下降20.29%;加权平均净资产收益率12.89%,较

2010 年度下降 2.13 个百分点(详见附表二)。

青海 10 家上市公司在 2011 年度除青海明胶以外,全部实现了盈利。其中,盐湖股份、青青稞酒、ST 东盛等公司的净利润水平实现了较大幅度的增长,尤其是贤成矿业和三普药业通过重大资产重组,2011 年度的财务状况及持续经营能力出现好转。

整体来看,2011 年度,青海上市公司在经营发展中主要存在以下几个特点:

(一)上市公司资产规模稳步增长

2011 年度,青海新增 1 家中小板上市公司青青稞酒。同时因“两湖”合并的完成,减少了 1 家上市公司盐湖集团。截至 2011 年 12 月 31 日,10 家上市公司总资产 909.84 亿元,较 2010 年末增长 7.79%;净资产 392.94 亿元,同比增长 10.16%;总股本 77.62 亿股,同比减少 12.32%;青海总股本在 10 亿股以上的公司有 2 家,占全国总股本在 10 亿股以上的上市公司家数的 0.52%;总市值 1 087.53 亿元,同比减少 47.77%,占同期全国上市公司总市值的 0.50%。

(二)经营业绩总体良好

2011 年,青海 10 家上市公司有 9 家盈利,只有青海明胶 1 家出现了亏损;净利润总额为 51.50 亿元,同比下降 20.29%;共实现营业收入 507.29 亿元,较 2010 年增长 4.69%;平均每股收益 0.60 元,净资产收益率为 12.89%。此外,青海上市公司 2011 年度经营活动现金流量净额为 9.18 亿元,较 2010 年度下降 79.37%。

(三)上市公司业绩分化明显

青海 10 家上市公司年报业绩增长超过 50% 的有盐湖股份、青青稞酒、ST 贤成和 ST 东盛 4 家公司,其中盐湖股份实现净利润 28.18 亿元;业绩出现下滑的公司有西部矿业、金瑞矿业、青海华鼎和青海明胶 4 家公司,其中青海明胶亏损1 522万元。

(四)上市公司现金分红的家数和总额有所增长

2009—2011 年,青海 10 家上市公司分红的家数分别为 3 家、1 家和 5 家,累计实现净利润分别为 27.31 亿元、38.26 亿元和 51.50 亿元,累计现金分红分别为 8.89 亿元、4.29 亿元和 10.89 亿元。数据显示,2011 年上市公司现金分红的家数和分红总额较 2010 年有所增长。

三、青海上市公司治理与规范运作情况

(一)内控规范工作

2011 年,青海证监局把企业内控规范体系的建设作为上市公司监管工作及上市公司治理与规范运作的主要任务,通过加强培训、扩大宣传、现场督导调研等方式,及时总结试点经验和解决存在的问题,推进试点工作的顺利开展。

1. 进行动员部署,建立组织体系

中国证监会内部控制规范体系建设视频会议结束后,青海证监局联合省财政厅、审计厅等部门召开座谈会,全面部署青海试点公司开展内控规范工作。在对青海 3 家试点公司进行专项讨论和分析的基础上,青海证监局制定了《青海辖区上市公司实施企业内部控制规范工作试点方案》,确定了开展内控试点工作的指导思想、目标任务和工

作步骤;成立了由分管副局长任组长、上市公司监管处为成员的组织领导机构,具体负责的内容有:内控试点工作的组织领导、协调指导、现场检查、跟踪调研和经验总结。

2. 加强学习培训,提高思想认识

青海证监局《关于做好上市公司内部控制规范试点有关工作的通知》下发后,各试点上市公司立即行动,制定了《基本规范》和《配套指引》的学习培训计划并积极有序开展相关工作。

一是强化培训。青海证监局于2011年5月中旬对青海全部上市公司董、监、高和有关人员进行了内控规范工作专题培训,邀请了财政部、会机关、中介机构的相关人员就《企业内部控制基本规范》及配套指引进行专题讲座,提高上市公司对内控建设工作的认知水平,掌握内控建设业务操作的基本策略及方法,为公司开展内控做好理论基础的准备和实践经验的积累,为上市公司内控工作的深入开展打好基础。

二是组织召开了“青海辖区上市公司内控工作座谈会”。青海9家上市公司董事长、内控部门负责人及青海省财政厅、审计厅、深交所等相关部门同志参加了会议,就青海试点公司内控工作开展的现状、经验、困难及对策等进行了交流座谈,为做好内控规范体系建设工作奠定了基础。

3. 加强督导,及时上报实施方案

青海证监局向各试点上市公司下发了《关于做好上市公司内部控制规范试点的通知》,对各公司内控试点工作的开展进行了具体部署,要求各试点公司成立内控规范体系组织机构,明确责任分工,上市公司董事长担任组长,作为第一责任人,并结合自身实际情况设立或指定牵头部门具体负责实施内控工作。该组织机构中,以董事长为代表的董事会全体成员对内部控制的建立健全和有效实施负责,以总经理为代表的管理层负责组织领导企业内部控制的日常运行,确保内控试点工作有序推进。

截至2011年3月底,3家试点公司实施内部控制规范工作方案已全部经公司董事会审议通过后上报青海证监局及交易所备案,并由青海证监局及时汇总上报中国证监会上市公司监管部。同时,3家试点公司分阶段分别向青海证监局和证券交易所报送实施内控的阶段性报告和总结报告。青海证监局实时关注内控试点公司工作进展,以《简报》形式上报中国证监会上市部和会计部,取得指导支持,确保上市公司内控规范工作扎实有序开展。

4. 现场调研,及时总结经验

为了推动3家试点公司全面做好内控规范体系试点工作,2011年,青海证监局分管领导亲自带队,对3家试点公司进行调研指导,结合公司内控实施方案,通过座谈、访谈等形式,全面了解公司内控工作开展的总体情况,同时对公司风险评估、流程梳理、内控测试等关键环节进行论证分析,对上市公司内控出现的薄弱环节进行提示,全面宣传中国证监会对内控规范体系建设的政策要求,收集内控试点遇到的问题,研究解决措施。

(二)解决同业竞争、减少关联交易

2011年,青海上市公司“解决同业竞争,减少关联交易”专项活动取得了明显成效,5家重点公司中的4家已经彻底解决同业竞争和关联交易的问题。主要做法和特点如下:

1. 摸清公司现状,实行"一司一策"

青海证监局高度重视上市公司"解决同业竞争,减少关联交易"专项工作,针对重点公司实行"一司一策"的方针,制定切实可行的解决方案;以"效率和效果并重"作为解决问题的标准,支持部分改制上市公司通过并购重组、定向增发、整体上市等方式解决同业竞争,减少关联交易。如针对盐湖钾肥和盐湖集团两家公司共用一块核心资产——察尔汗盐湖钾肥资源,导致"两湖"之间的关联交易多年无法消除的情况,推动盐湖钾肥通过换股吸收合并盐湖集团的方式彻底解决两家上市公司之间的潜在同业竞争和关联交易问题;针对贤成矿业与大股东的煤炭产业形成同业竞争的情况,推动贤成矿业定向增发,置入大股东的煤炭资产,解决了同业竞争,改善了公司的持续经营能力。

2. 多措并举,加大工作力度

按照中国证监会上市部《关于2011年深入推进解决同业竞争、减少关联交易专项活动的通知》(上市部函2011[139]号)的要求,青海证监局采取了多项具体措施,推动重点公司解决同业竞争,减少关联交易,取得了良好效果。

一是持续关注,明确要求。青海证监局要求各公司成立工作组,董事长亲自抓、负总责,并指定一名高管人员具体抓,定期向青海证监局报送工作进度和关联交易金额。对于各公司解决同业竞争、减少关联交易工作不积极、措施不得力、不履行相关承诺的,青海证监局通过约见谈话、现场督导等方式,加大工作力度,并采取必要的监管措施。

二是加强现场督导,狠抓工作落实。青海证监局多次深入公司现场,了解各重点公司在解决同业竞争、减少关联交易工作中遇到的困难和问题,分阶段进行工作总结分析,把握重点,关注难点,督促公司按照解决方案的内容做好落实。一方面对公司在专项活动中取得的成效给予肯定,一方面对公司下一阶段的工作提出意见和建议,以解决同业竞争、减少关联交易为契机,提升公司综合治理水平,促进规范发展。

三是充分发挥综合监管体系的作用,全力推进重点公司解决同业竞争,减少关联交易。在重点公司解决同业竞争,减少关联交易专项活动中,青海证监局与中国证监会上市部、证券交易所保持紧密联系,积极寻求帮助与指导;多次向省政府分管领导汇报,献计献策,寻求支持;多次与地方国资委沟通,共同研究解决国有控股上市公司的关联交易和同业竞争问题。

四、青海上市公司并购重组情况

(一)多方协作推进,全面完成并购重组及再融资工作

2011年以来,针对青海部分上市公司主营业务不强、关联交易金额较大、部分公司项目建设资金紧缺等情况,青海证监局积极向省政府和上市公司建议,推动公司并购重组和再融资。并购重组和再融资的完成壮大了公司的资金实力,提高了上市公司的核心竞争力和盈利能力。

截至2011年11月底,青海共有3家公司实施完成并购重组。其中,ST贤成完成了定向增发暨重大资产重组,募集资金5.01亿元,此次并购重组的完成消除了同业竞争,强化了上市公司主业,公司资产质量及盈利能力实现了较大幅度的提升。盐湖集团与盐湖钾肥的换股吸收合并重大资产重

组工作完成，两公司合并为盐湖股份，大幅降低了两公司间的关联交易，有利于资源整合，发挥资源优势，进一步做大做强，更好地支持地方经济的发展。三普药业及ST贤成的定向增发工作已经经过中国证监会的核准，募资金额分别为14.85亿元和15.5亿元。

（二）加大监管力度，提高并购重组的有效性

一是加大现场检查力度，对拟置入资产进行实地核查；二是在现场核查完成后，及时出具并购重组审核意见及核查报告，就发现的问题及时与公司及中国证监会、政府相关部门沟通协商解决；三是高度关注重组公司信息披露情况，现场检查公司有关信息披露制度的落实情况，督促公司按规定及时履行披露义务；四是严防内幕交易发生，对于各公司《内幕信息知情人及外部信息使用人》等制度进行现场检查，并通过谈话、培训等方式对公司高管进行提醒和警示。

五、青海上市公司募集资金使用情况

2011年，青海上市公司募集资金总额为94.77亿元，其中，直接融资44.77亿元，债券融资50亿元。

（一）西部矿业募集资金管理及使用情况

西部矿业2007年首次公开发行A股并上市，募集资金60.52亿元，截至2011年12月31日，按原定计划已累计使用募集资金56.60亿元，尚未使用的募集资金为3.92亿元，存储于募集资金专户中。2011年募集资金累计支出13.30亿元，

（二）青青稞酒募集资金管理及使用情况

青青稞酒于2011年12月16日向社会首次公开发行人民币普通股0.6亿股，每股发行价16.00元，募集资金总额为9.6亿元，扣除应付承销及保荐费用0.47亿元后净额为9.13亿元，已于2011年12月16日由主承销商民生证券划入本公司在建设银行互助县支行开设的账户中。公司于募集资金到位之前，利用自有资金先期投入募集资金项目人民币0.98亿元。2011年度未使用募集资金。

（三）三普药业募集资金管理及使用情况

三普药业于2011年11月定向发行普通股0.68亿股，募集资金净额14.49亿元，存储于募集资金专户中。2011年度使用募集资金总额2.88亿元，已累计使用募集资金总额为3.97亿元（本年度已使用募集资金总额和已累计使用募集资金总额包括前期已投入资金，该部分前期已投入资金，公司根据募集资金管理制度的有关规定于2012年1月份予以置换）。截至2011年12月31日，尚未使用的募集资金为10.52亿元。

（四）贤成矿业募集资金管理及使用情况

贤成矿业于2011年12月定向发行了2.62亿股，募集资金净额为15.04亿元，存储于募集资金专户中。2011年度尚未使用

募集资金。

（五）青海华鼎募集资金管理及使用情况

青海华鼎于2009年7月非公开发行A股股票0.5亿股，融资净额2.35亿元，存入募集资金专用账户中，三方监管协议履行正常。公司2011年度使用募集资金0.37亿元，已累计使用募集资金2.31亿元，尚未使用的募集资金为0.04亿元。公司未变更募集资金投资用途，募集资金实际投资进度与计划相符。

审稿人：闫勇　肖雪维

撰稿人：李程

附表一：

青海上市公司基本情况表（截至2011年12月31日）

公司名称	股票代码	注册地址	注册资本（亿元）	股本结构（亿股）		总市值（亿元）	主营业务
				总股本	流通股本		
西部矿业	601168	青海省西宁市	23.83	23.83	23.83	239.25	铜、铅、锌等基本金属的采选、冶炼、贸易
盐湖股份	000792	青海省格尔木市	15.91	15.91	5.77	543.80	氯化钾开发、生产
西宁特钢	600117	青海省西宁市	7.41	7.41	7.41	51.14	特殊钢冶炼及压延加工，原煤、铁精粉、焦油的生产
ST东盛	600771	青海省西宁市	2.44	2.44	2.44	21.48	药品生产
贤成矿业	600381	青海省西宁市	16.02	9.42	4.60	78.11	主营业务在2007年底逐步转型为煤矿开采
青海华鼎	600243	青海省西宁市	2.37	2.37	2.37	15.25	数控机床、食品机械生产等
三普药业	600869	青海省西宁市	9.90	4.95	1.20	108.01	电器器材线缆制造、医药、保健品研发、生产等
青海明胶	000606	青海省西宁市	4.06	4.06	3.93	22.00	明胶、硬胶囊系列产品生产等
金瑞矿业	600714	青海省西宁市	2.73	2.73	1.51	43.39	煤矿及锶矿开采及系列产品深加工
青青稞酒	002646	青海省互助县	4.50	4.50	0.48	101.30	青稞酒的研发、生产和销售
合　计			89.17	77.62	53.54	1 223.70	—

资料来源：青海证监局

附表二：

青海上市公司 2011 年与 2010 年经营情况对比表

项　目	2011 年	2010 年	增减比例(%)
营业收入(亿元)	507.29	484.58	4.69
净利润(亿元)	51.50	61.95	-20.29
资产总额(亿元)	909.84	844.16	7.79
负债总额(亿元)	516.90	487.47	6.04
所有者权益(亿元)	392.94	356.69	10.16
加权平均净资产收益率(%)	12.89	15.02	-2.13
每股收益(元)	0.60	0.45	44.44

资料来源：青海证监局

宁夏地区

一、宁夏国民经济发展概况

表 1　　2011 年宁夏国民经济发展概况　　单位：亿元

指　标	1—3 月		1—6 月		1—9 月		1—12 月	
	绝对量	同比增长(%)	绝对量	同比增长(%)	绝对量	同比增长(%)	绝对量	同比增长(%)
地区生产总值	335	9.7	812	11.5	1 442	11.4	2 061	12.0
全社会固定资产投资	101	41.3	566	24.2	1 140	32.8	1 583	32.3
社会消费品零售总额	—	17.8	—	18.4	—	18.3	—	18.3
规模以上工业增加值	—	14.2	—	16.0	—	17.1	—	18.1
规模以上工业企业实现利润	27	10.4	63	6.4	107	30.0	142	13.2
居民消费价格指数(%)	1—3 月		1—6 月		1—9 月		1—12 月	
	7.2		7.2		7.2		6.3	

资料来源：国家统计局

二、宁夏上市公司总体情况

（一）公司数量

表 2　　2011 年宁夏上市公司数量　　单位：家

公司总数	仅 A 股	仅 B 股	（A+B）股
12	12	0	0

资料来源：沪深交易所，天相投资分析系统

（二）行业分布

表 3　　2011 年宁夏上市公司行业分布情况

所属中国证监会行业类别	家　数
制造业	11
批发和零售贸易业	1
合　计	12

资料来源：宁夏证监局

（三）股本结构及规模

截至 2011 年 12 月 31 日，宁夏 12 家上市公司总股本 37.73 亿股，占同期全国上市公司总股本的 0.13%。宁夏上市公司股本规模偏小，没有总股本在 10 亿股以上的公司，总股本在 5 亿股以上的上市公司有 2 家。

（四）市值规模

截至 2011 年 12 月 31 日，宁夏 12 家上市公司境内总市值 381.98 亿元，占全国上市公司境内总市值的 0.18%。其中，上交所上市公司 4 家，总股本 9.21 亿股，总市值 134.10 亿元，占上交所上市公司境内总市值的 0.09%；深交所上市公司 8 家，总股本 28.53 亿股，境内总市值 247.89 亿元，占深交所上市公司境内总市值的 0.37%。

（五）资产规模

截至 2011 年 12 月 31 日，宁夏 12 家上市公司合计总资产 365.48 亿元，归属于上市公司股东的净资产 125.78 亿元，与 2010 年相比，分别增长 20.42%、33.86%；平均每股净资产 3.33 元，较 2010 年增长 33.86%。

三、宁夏上市公司经营情况及变动分析

（一）总体经营情况

2011 年，宁夏上市公司实现营业收入 208.92 亿元，同比增长 24.30%；实现归属于母公司所有者的净利润 8.09 亿元，同比增长 0.72%；宁夏上市公司平均净资产收益率为 6.43%，低于全国 14.08% 的平均水平；平均每股收益（按期末股本计算）为 0.21

元，低于全国0.53元的平均水平。见表4。

表4　2011年宁夏上市公司经营情况

指　标	2011年	2010年	同比增长(%)
家　数	12	12	0.00
亏损家数	3	4	-25.00
亏损家数比例(%)	25.00	33.33	-8.33
平均每股收益(元)	0.21	0.21	0.72
平均每股净资产(元)	3.33	2.49	33.86
平均净资产收益率(%)	6.43	8.55	-2.12
总资产(亿元)	365.48	303.50	20.42
归属于母公司股东权益(亿元)	125.78	93.96	33.86
营业收入(亿元)	208.92	168.08	24.30
利润总额(亿元)	11.03	10.92	1.04
归属于母公司所有者的净利润(亿元)	8.09	8.03	0.72

资料来源：沪深交易所，天相投资分析系统

(二)分行业经营情况

宁夏上市公司分布在制造业(11家)以及批发和零售贸易业(1家)，行业结构单一。2011年，宁夏制造业以及批发和零售贸易业上市公司的营业收入均实现稳定增长，其中，批发和零售贸易业增长幅度大于制造业；但是制造业净利润出现下滑，而批发和零售贸易业净利润保持增长，同比增幅达17.22%。具体见表5。

表5　2011年宁夏上市公司分行业经营情况

所属行类	营业收入(亿元)	同比增长(%)	净利润(亿元)	同比增长(%)
制造业	156.01	21.66	5.94	-5.71
批发和零售贸易业	52.01	32.77	2.79	17.22

资料来源：宁夏证监局

(三)业绩变动情况分析

1. 营业收入、毛利率等变动原因分析

2011年，宁夏上市公司实现营业收入208.92亿元，同比增长24.30%；营业利润9.43亿元，同比增长4.60%；利润总额11.03亿元，同比增长1.04%；毛利率19.47%，同比下降2.34个百分点。总体来看，营业成本增幅大于营业收入增幅是毛利率下降的主要原因。

2. 盈利构成分析

从盈利构成看,2011 年宁夏上市公司利润来源主要是营业利润,其占利润总额的比重为 85.49%;投资净收益占利润总额的比重为 15.23%,公允价值变动净收益为负(-0.04 亿元),营业外收支净额占利润总额的比重为 14.51%。

3. 经营性现金流量分析

2011 年,宁夏 5 家上市公司经营现金流量净额为正,较 2010 年减少 3 家,占 12 家上市公司的 41.67%;12 家上市公司经营活动产生的现金流量净额合计为 -5.35 亿元,低于 2010 年的 15.45 亿元。2011 年宁夏上市公司资金大量沉淀在应收账款和存货中,应收账款和存货同比分别增长 62.18% 和 29.92%,增幅均超过了营业收入增速,表明宁夏上市公司经营活动的现金获取能力不足,收益质量有待提高。

4. 业绩特点分析

(1)整体业绩保持稳定,盈利水平低于全国平均水平

2011 年,宁夏上市公司实现归属母公司所有者净利润 8.09 亿元,同比增长 0.72%;每股收益 0.21 元,基本与 2010 年持平,但低于 2011 年全国 0.53 元的平均每股收益水平;净资产收益率 6.43%,较 2010 年下降了 2.12 个百分点,并且低于 2011 年全国 14.08% 的平均净资产收益率。

经营数据表明,宁夏上市公司在业绩保持稳定的同时,资产收益能力有一定的下降,而且整体盈利水平与全国平均水平存在一定的差距。

(2)板块业绩情况

宁夏仅有 1 家中小板公司,无创业板公司。整体来看,中小板公司的经营情况稳定,盈利较好。11 家主板上市公司中 8 家公司盈利,3 家公司亏损;净利润排名前 3 位的新华百货、宁夏建材、东方钽业实现净利润合计 8.41 亿元,*ST 美利等 3 家亏损公司亏损额高达 4.83 亿元。宁夏上市公司业绩两极分化进一步加剧,部分公司主业的盈利能力和持续发展能力亟待提升。

5. 利润分配情况

2011 年,宁夏共有 6 家公司提出利润分配或资本公积金转增股本方案,比 2010 年增加 1 家,占宁夏盈利公司总数 9 家的 66.67%;拟发放现金股利的上市公司家数为 5 家,占利润分配公司家数的 83.33%。拟派现金总额 2.37 亿元,占宁夏盈利公司净利润总额的 21.48%。

四、宁夏上市公司并购重组情况

(一)并购重组基本情况

2011 年,宁夏上市公司并购重组活动较为活跃。据统计,共有 5 家上市公司进行并购重组工作,涉及金额合计约 34.85 亿元,其中有 3 家公司取得实质性进展,涉及金额合计约为 19.41 亿元。

从并购重组分类情况看,实际控制权变更类型有 2 家,涉及标的金额 9.67 亿元;重大资产重组或发行股份购买资产类型有 4 家,其中,资产出售 1 次,涉及金额 0.98 亿元;定向增发购买股权 1 家,涉及金额 5.62 亿元;协议收购 1 家,涉及金额 4.05 亿元;吸收合并 1 家,涉及金额 25.18 亿元。另外,有 1 家公司正在进行破产重整。

（二）并购重组特点

1. 并购重组模式特点

2011 年，宁夏地区上市公司并购重组模式有如下特点：一是以定向增发为代表的并购重组模式成为主体，涉及资金 15.36 亿元，占当年并购重组总额的 75.33%，占实施完成的 77.93%；二是根据公司实际情况，探索创新并购重组方式。原赛马实业以新增股份换股吸收合并控股股东宁夏建材集团有限责任公司并注销控股股东所持公司股份的方式，完成反向吸收合并，实现整体上市目标，被中国证监会并购重组委作为重大无先例事项进行审核。

2. 并购重组主要目标特点

2011 年，宁夏上市公司的并购重组主要目标特点为：一是借助并购重组完成与控股股东的反向吸收合并，实现整体上市；二是通过并购重组实现控股股东的变更，2 家实际控制人变更的公司均由国有控股变更为民营控股；三是借助并购重组实现资产剥离，进一步突出主业发展优势。

五、上市公司募集资金情况、使用情况

（一）募集资金总体情况

2011 年，宁夏上市公司通过资本市场直接融资 27.28 亿元，创造历史最高水平。其中，增发融资 18.26 亿元，配股融资 9.02 亿元。另有英力特、中银绒业等 2 家上市公司近 25 亿元的再融资申请获批；宁夏日晶创业板首发申请获批。

（二）募集资金使用情况及特点

2011 年，宁夏共有 5 家公司使用募集资金，金额 21.00 亿元。其中，20.23 亿元为 2011 年度募集的资金，占全年募集资金总额的 96.33%；0.77 亿元为以前年度募集的资金，占年度募集资金总额的 3.67%。

表 6　2011 年宁夏上市公司募集资金情况

发行类型	代　码	简　称	募集资金（亿元）
增　发	000982	中银绒业	2.90
	600165	新日恒力	5.62
	600449	宁夏建材	9.74
配　股	000962	东方钽业	9.02
总　计			27.28

资料来源：宁夏证监局

（三）募集资金变更情况

2011 年，宁夏有 2 家公司变更募集资金的使用项目，涉及金额约为 1.04 亿元，占该 2 家公司募集资金总额（11.65 亿元）的 8.93%。募集资金变更程序合法，均经过公司股东大会批准。变更的原因是上市公司根据市场环境的变化，调整投资方式，提高募集资金的使用效率和效果。

表 7　　2011 年宁夏上市公司募集资金使用项目变更情况

日　期	变更募集资金使用项目的公司家数	涉及金额(亿元)	募集资金总额(亿元)	占公司募集资金总额的比例(%)
2011	2	1.04	11.65	8.93
2010	0.00	0.00	0.00	0.00

资料来源:宁夏证监局

(四)存在的主要问题

宁夏上市公司总体上对募集资金的管理较为规范,建立专户存储制度,按计划使用募集资金,变更程序严格。但个别公司的募集资金管理存在不足,主要表现为募集资金使用计划制定得不够严谨,对市场和政策变化预计不足。

六、宁夏上市公司规范运作情况

(一)上市公司治理专项情况

2011 年,宁夏上市公司按照《年报准则》的要求披露了公司治理情况,并进一步深化公司治理专项活动,强化规范运作意识,充分发挥董事会、监事会和股东大会在治理机制中的作用,促进"三会"有效制衡。12 家公司均按照《企业内部控制基本规范》及其配套指引的要求建立了内控体系;1 家公司参加了内控规范试点工作,对 2011 年内控进行了外部审计,按要求披露了内控自我评价报告和审计报告;除此之外,7 家深交所上市公司披露了内控自我评价报告,2 家公司披露了内控鉴证报告。同时,宁夏建材等 4 家公司不同程度地解决了存在的同业竞争和关联交易问题,并对解决同业竞争和减少关联交易事项做出了承诺。

(二)审计情况及监管情况

2011 年,宁夏 12 家上市公司如期披露了经审计的财务报告,3 家公司被会计师出具了非标意见审计报告,占公司总数的 25%,其中 1 家被出具无法表示意见审计报告,2 家为带强调事项段的审计意见。宁夏证监局以风险导向监管为理念,采取差异化监管措施,加大对高风险公司的监管力度,切实做到防范和化解风险。

(三)信息披露情况

2011 年,宁夏上市公司均建立健全了信息披露相关制度,能够按照中国证监会和沪深交易所的相关规定披露定期财务报告和临时公告,但大元股份由于对重大事项未及时进行信息披露,董事长和财务总监被上交所公开谴责。

(四)证券市场服务情况

2011 年,宁夏有证券分公司 1 家,证券营业部 24 家,证券从业人员 366 人,从业人员队伍保持稳定增长;市场成交金额 1 116 亿元,比 2010 年下降 24.01%,市场交投活跃度有所下降;投资者累积开设证券账户 50.75 万户,比 2010 年增加 13.31%,投资者队伍进一步壮大。

审稿人:金国斌

撰稿人:陈　玲

新疆地区

一、新疆国民经济发展概况

表1 2011年新疆国民经济发展概况 单位:亿元

指标	1—3月		1—6月		1—9月		1—12月	
	绝对量	同比增长(%)	绝对量	同比增长(%)	绝对量	同比增长(%)	绝对量	同比增长(%)
地区生产总值	921	11.5	2 188	11.7	4 394	11.1	6 475	12.0
全社会固定资产投资	185	15.4	1 353	29.6	2 913	34.1	4 445	37.6
社会消费品零售总额	—	15.7	—	16.6	—	17.3	—	17.5
规模以上工业增加值	—	11.5	—	12.0	—	11.0	—	11.4
规模以上工业企业实现利润	203	9.2	447	7.9	712	20.6	910	13.4
居民消费价格指数(%)	1—3月		1—6月		1—9月		1—12月	
	5.4		5.7		6.1		6.0	

资料来源:国家统计局

二、新疆上市公司总体情况

(一)公司数量

表2 2011年新疆上市公司数量 单位:家

公司总数	仅A股	仅B股	(A+B)股
37	37	0	0

资料来源:沪深交易所,天相投资分析系统

(二)行业分布

表3 2011年新疆上市公司行业分布情况

所属中国证监会行业类别	家数
农、林、牧、渔业	4
采掘业	1

续表

所属中国证监会行业类别	家　数
制造业	23
电力、煤气及水的生产和供应业	1
建筑业	2
批发和零售贸易业	3
金融、保险业	1
房地产业	1
社会服务业	1
合　计	37

资料来源：新疆证监局

(三)股本结构及规模

截至2011年12月31日，新疆37家上市公司总股本226.77亿股，占同期全国上市公司总股本的0.76%。新疆总股本在10亿股以上的上市公司有6家，占新疆上市公司总数的16.22%。

表4　　2011年新疆上市公司股本规模在10亿股以上公司分布情况

股本规模(亿股)	公司家数	具体公司
20≤～<50	2	金风科技、特变电工
10≤～<20	4	宏源证券、中泰化学、广汇能源、中粮屯河

资料来源：沪深交易所，天相投资分析系统

(四)市值规模

截至2011年12月31日，新疆37家上市公司境内总市值2 194.95亿元，占全国上市公司境内总市值的1.02%。其中，上交所上市公司21家，总股本136.38亿股，境内总市值1 353.21亿元，占上交所上市公司境内总市值的0.91%；深交所上市公司16家，总股本95.39亿股，境内总市值841.74亿元，占深交所上市公司境内总市值的1.26%。

(五)资产规模

截至2011年12月31日，新疆地区37家上市公司合计总资产2 645.61亿元，归属于上市公司股东的净资产970.30亿元，与2010年相比，分别增长28.09%、17.75%；平均每股净资产4.19元。

三、新疆上市公司经营情况及变动分析

(一)总体经营情况

2011年，新疆上市公司实现营业收入1 307.86亿元，同比增长12.84%；实现归属于母公司所有者的净利润67.86亿元，同比降低30.06%；新疆上市公司平均净资产收益率为6.99%；平均每股收益(按期末股本计算)为0.29元。见表5。

表5　　2011年新疆上市公司经营情况

指　标	2011年	2010年	变动率(%)
家　数	37	36	2.78
亏损家数	4	4	0.00
亏损家数比例(%)	10.81	11.11	-0.30
平均每股收益(元)	0.29	0.42	-30.33
平均每股净资产(元)	4.19	3.57	17.29
平均净资产收益率(%)	6.99	11.77	-4.78
总资产(亿元)	2 645.61	2 065.50	28.09
归属于母公司股东权益(亿元)	970.30	824.05	17.75
营业收入(亿元)	1 307.86	1 159.07	12.84
利润总额(亿元)	90.45	122.79	-26.33
归属于母公司所有者的净利润(亿元)	67.86	97.03	-30.06

资料来源:沪深交易所,天相投资分析系统

(二)分行业经营情况

新疆上市公司主要分布在制造业(23家),农、林、牧、渔业(4家),批发和零售贸易业(3家),建筑业(2家)家等行业。2011年,新疆金融、保险业和农、林、牧、渔业上市公司营业收入出现下滑,而社会服务业,采掘业,电力、煤气及水的生产和供应业等行业均呈现增长态势,其中社会服务业增长幅度最快,同比增幅达234.31%。具体见表6。

表6　　2011年新疆上市公司分行业经营情况

所属行类	营业收入(亿元)	同比增长(%)	净利润(亿元)	同比增长(%)
农、林、牧、渔业	39.0987	-6.34	-10.5144	-1 202.60
采掘业	15.9787	51.08	1.2289	34.31
制造业	1 029.7408	12.55	49.1641	-32.54
电力、煤气及水的生产和供应业	23.9847	27.58	3.9949	152.25
建筑业	55.0164	14.41	2.3312	-6.54
批发和零售贸易业	64.2086	20.43	3.4386	51.96
金融、保险业	23.5370	-28.78	6.4559	-50.58
房地产业	45.6111	20.36	9.6253	40.26
社会服务业	10.6865	234.31	3.6721	17 386.19

资料来源:新疆证监局

(三)业绩变动情况分析

1. 营业收入、毛利率等变动原因分析

2011年,新疆上市公司实现营业收入1 307.86亿元,同比增长12.84%;营业利润78.58亿元,同比增长-29.29%;利润总额90.45亿元,同比减少26.33%;毛利率19.86%,同比下降1.58个百分点。总体来看,营业收入增幅小于营业成本增幅是毛利率下降的主要原因。

2. 盈利构成分析

从盈利构成看,2011年新疆上市公司利润来源主要是营业利润,其占利润总额的比重为86.87%;投资净收益占利润总额的比重为23.98%,公允价值变动净收益占利润总额的比重为0.16%,营业外收支净额占利润总额的比重为13.13%。

3. 经营性现金流量分析

2011年,新疆37家上市公司中,23家上市公司经营现金流量净额为正,占比为62.16%,低于2010年70.27%的水平。新疆上市公司现金流量下降趋势明显,经营现金流净值总额由2010年的63.78亿元下降至-0.62亿元;15家上市公司经营现金流量均出现不同程度的下降。

4. 业绩特点分析

(1)每股收益呈下降趋势,盈利总水平低于全国

2011年,新疆上市公司实现归属于母公司所有者的净利润67.86亿元,较2010年同比降低30.06%;每股收益0.29元,低于2010年的0.42元,也低于2011年全国0.53元的平均每股收益水平;净资产收益率6.99%,低于2010年的11.77%,也低于2011年全国14.08%的平均净资产收益率。

(2)板块业绩情况

2011年,新疆主板上市公司平均每股收益0.30元,净资产收益率7.48%。中小板上市公司平均每股收益0.27元,低于深交所中小板0.52元的平均每股收益水平;净资产收益率5.57%,低于深交所中小板10.51%的平均净资产收益率。创业板上市公司每股收益0.57元,高于深交所创业板0.52元的平均每股收益水平;净资产收益率8.10%,高于深交所创业板7.85%的平均净资产收益率。

5. 利润分配情况

2011年,新疆共有25家公司提出利润分配或资本公积金转增股本方案,占盈利公司总数33家的75.76%,高于2010年的64.71%;拟发放现金股利家数为23家,占利润分配公司家数的92.00%。拟派现金总额15.5亿元,占新疆盈利公司利润总额的17.18%。

四、新疆上市公司并购重组情况

(一)并购重组基本情况

2011年,新疆共有2家上市公司进行了并购重组工作,其中1家公司取得了实质性进展。该公司采取资产置换结合定向发行股票购买资产的形式,实现了主业彻底转型,变身为金融租赁公司,重组涉及资产置换的金额为4.27亿元,发行股份购买资产涉及金额60.84亿元。此外,还有1家公司的重组材料正在证监会审核过程中,该公司拟采取向大股东定向发行股票购买资产的形式进行重大资产重组,涉及金额6.29亿元。

表7　　2011年新疆上市公司并购重组情况

序　号	公　司	重组方式	涉及资金(亿元)	备注
1	渤海租赁	定向增发购买资产+资产置换	65.11	实施完毕
2	天山纺织	定向增发购买资产	6.29	待审核
合计(亿元)			71.40	

资料来源:新疆证监局

（二）并购重组特点

1. 并购重组模式特点

2011 年，新疆进行并购重组的两家公司均采取了定向发行股票购买资产的方式。

2. 并购重组主要目标特点

2011 年，更高层级的产业整合成为重组重点，且充分发挥了新疆资源优势，使上市公司成为资源优势向经济优势转化的平台。矿业、金融等行业的公司也加入了重组队列。2011 年，新疆以主业转型和跨行业整合为目标的重组达到 2 家次，占新疆上市公司总家数的 5.41%。

五、上市公司募集资金情况、使用情况

（一）募集资金总体情况

2011 年，新疆上市公司通过资本市场直接融资 156.77 亿元，融资规模高于 2010 年的 143.13 亿元；其中，增发融资 98.07 亿元，公司债券 58.70 亿元。

表 8　2011 年新疆上市公司募集资金情况

发行类型	代　码	简　称	募集资金（亿元）
增发	000415	渤海租赁	60.84
	002307	北新路桥	4.00
	600256	广汇能源	21.40
	600888	新疆众和	11.83
小　计			98.07
公司债券	002092	中泰化学	13.00
	600256	广汇能源	20.00
	600581	八一钢铁	12.00
	600888	新疆众和	13.70
小　计			58.70
合　计			156.77

资料来源：新疆证监局

（二）募集资金使用情况及特点

2011 年，新疆地区共有 21 家公司使用募集资金，金额 118.61 亿元。其中，86.57 亿元为 2011 年度募集的资金，占全年使用募集资金总额的 72.99%；32.04 亿元为以前年度募集的资金，占年度使用募集资金总额的 27.01%。

（三）募集资金变更情况

2011 年，新疆有 4 家公司变更募集资金的使用项目，涉及金额约为 8.17 亿元，占该 4 家公司募集资金总额（48.31 亿元）的 16.91%。募集资金变更程序合法，均经过公司股东大会批准。变更的原因主要包括：一是拟投资项目的投资环境发生变化；二是原承诺投资项目因各种原因未能达到预期

收益，为提高募集资金的使用效率，将剩余募集资金改投其他项目。

表 9　　2011 年新疆上市公司募集资金使用项目变更情况

日　期	变更募集资金使用项目的公司家数	涉及金额（亿元）	募集资金总额（亿元）	占公司募集资金总额的比例（%）
2011	4	8.17	48.31	16.91
2010	4	6.66	25.26	26.37

资料来源：新疆证监局

（四）存在的主要问题

新疆上市公司总体上对募集资金的管理较为规范，建立专户存储制度，按计划使用募集资金，变更程序严格。但个别公司的募集资金管理存在不足，主要表现为：募集资金使用计划制定得不够严谨，对市场和政策变化预计不足；未按规定专户专项使用。

六、新疆上市公司规范运作情况

（一）上市公司治理专项情况

2011 年，新疆上市公司治理专项活动继续集中于解决同业竞争、关联交易问题。宏源证券、八一钢铁两家公司分别针对同业竞争、关联交易问题制定了解决方案，新疆天业与大股东同业竞争问题仍未有实质性进展。2011 年企业内部控制规范试点实施，新疆绝大部分上市公司启动试点工作，并与公司规范运作内生机制建设相结合，高标准严要求推进自我规范，基本完成了试点工作任务，顺利出具了 2011 年度内控自评报告和鉴证报告（或审计报告）。

（二）审计情况及监管情况

2011 年度共有 15 家会计师事务所参与年报审计。除有 1 家公司年度审计报告为保留意见外，其余 36 家均为无保留意见。监管部门通过强化和完善事前督导、事中跟踪、事后检查的全过程监管，进一步加大年报审计监管力度。调阅了 6 家公司的年报审计工作底稿，对会计师执业质量进行了延伸检查。针对检查中发现的个别会计师存在获取审计证据不够充分、审计程序不规范的问题，监管部门采取监管谈话、记入诚信档案等监管措施，督促会计师进一步提高执业质量。

（三）信息披露情况

2011 年新疆上市公司信息披露内控制度不断完善，信息披露规范意识不断增强，主动性增强，信息披露质量不断提高。个别公司存在信息披露违规事项，被新疆证监局采取了责令改正、监管谈话等措施，并记入诚信档案。新疆上市公司全部在规定时间内披露了 2011 年年报，及时发布业绩预告，5 家公司披露了内部控制审计报告（其中 4 家为主动披露）。2011 年 8 月，新疆上市公司投资者关系互动平台正式启动运行，信息披露环境进一步改善。

（四）证券市场服务情况

2011 年，新疆证监局主要围绕加强上市公司高管培训、提高公司治理水平、促进企业更好更快发展等目标开展服务工作。2011年4月举办了一期上市公司高管培训暨内部控制专题培训，2011年10月协助深交所举办了第37期全国上市公司独立董事培训班。

2011年，新疆证监局举办了3次董事长联席会，宣传融资政策，鼓励上市公司拓宽融资渠道，积极发行公司债，解决融资难问题。同时，新疆证监局会同新疆上市公司协会联合自治区国税、地税部门举办税务工作座谈会，增进税务部门对上市公司的理解，改进税收征管工作。

审稿人：李　瑾

撰稿人：李　瑾　马　迪

大连地区

一、大连国民经济发展概况

表1　　2011年大连国民经济发展概况　　单位：亿元

指　标	1—3月		1—6月		1—9月		1—12月	
	绝对量	同比增长（%）	绝对量	同比增长（%）	绝对量	同比增长（%）	绝对量	同比增长（%）
地区生产总值	1 290	13.1	3 046	14.3	4 449	13.6	6 150	13.5
全社会固定资产投资	321	30.3	1 825	30.7	3 407	30.0	4 554	30.0
社会消费品零售总额	—	17.0	—	17.0	—	17.2	—	17.4
规模以上工业增加值	—	15.9	—	18.5	—	16.0	—	16.3
规模以上工业企业实现利润	—	—	—	—	—	—	—	—
居民消费价格指数（%）	1—3月		1—6月		1—9月		1—12月	
	4.8		5.6		5.8		5.4	

资料来源：国家统计局

二、大连上市公司总体情况

（一）公司数量

表2　　2011年大连上市公司数量　　单位：家

公司总数	仅A股	仅B股	（A+B）股
27	24	2	1

资料来源：沪深交易所，天相投资分析系统

(二)行业分布

表 3　　2011 年大连上市公司行业分布情况

所属中国证监会行业类别	家　数
农、林、牧、渔业	2
制造业	14
电力、煤气及水的生产和供应业	2
交通运输、仓储业	2
批发和零售贸易业	3
房地产业	1
社会服务业	2
综合类	1
合　计	27

资料来源：大连证监局

(三)股本结构及规模

截至 2011 年 12 月 31 日，大连 27 家上市公司总股本 288.06 亿股，占同期全国上市公司总股本的 0.96%。大连总股本在 10 亿股以上的公司有 6 家，占大连上市公司总数的 22.22%。

表 4　　2011 年大连上市公司股本规模在 10 亿股以上公司分布情况

股本规模(亿股)	公司家数	具体公司
100≤～<200	1	国电电力
20≤～<50	1	大连港
10≤～<20	4	亿城股份、铁龙物流、辽宁成大、大连控股

资料来源：沪深交易所，天相投资分析系统

(四)市值规模

截至 2011 年 12 月 31 日，大连 27 家上市公司境内总市值 1 615.88 亿元，占全国上市公司境内总市值的 0.75%。其中，上交所上市公司 13 家，总股本 252.80 亿股，境内总市值 1 048.00 亿元，占上交所上市公司境内总市值的 0.70%；深交所上市公司 14 家，总股本 45.88 亿股，境内总市值 567.87 亿元，占深交所上市公司境内总市值的 0.85%。

(五)资产规模

截至 2011 年 12 月 31 日，大连地区 27 家上市公司合计总资产 3 216.15 亿元，归属于上市公司股东的净资产 856.01 亿元，与 2010 年相比，分别增长 29.25%、21.41%；平均每股净资产 2.87 元。

三、大连上市公司经营情况及变动分析

（一）总体经营情况

2011 年，大连上市公司实现营业收入 1 356.29亿元，同比增长 33.73%；实现归属母公司所有者净利润 102.29 亿元，同比增长 46.28%；平均净资产收益率为 11.95%；平均每股收益（按期末股本计算）为 0.34 元。见表5。

表5　　2011 年大连上市公司经营情况

指　标	2011 年	2010 年	变动率(%)
家　数	27	25	8.00
亏损家数	2	2	0.00
亏损家数比例(%)	7.41	8.00	-0.59
平均每股收益(元)	0.34	0.24	45.30
平均每股净资产(元)	2.87	2.38	20.60
平均净资产收益率(%)	11.95	9.92	2.03
总资产(亿元)	3 216.15	2 488.33	29.25
归属于母公司股东权益(亿元)	856.01	705.03	21.41
营业收入(亿元)	1 356.29	1 014.22	33.73
利润总额(亿元)	142.29	100.87	41.06
归属于母公司所有者的净利润(亿元)	102.29	69.93	46.28

资料来源：沪深交易所，天相投资分析系统

（二）分行业经营情况

大连上市公司主要分布在制造业（14 家），批发和零售贸易业（3 家），农、林、牧、渔业（2 家），电力、煤气及水的生产和供应业（2 家），社会服务业（2 家），交通运输、仓储业（2 家）等行业。2011 年，大连房地产、社会服务业等行业上市公司营业收入出现下滑，特别是房地产业下滑接近 30%；而制造业，农、林、牧、渔业等其他行业呈现增长态势，其中制造业增长最快，同比增幅达 39.55%。具体见表6。

表6　　2011 年大连上市公司分行业经营情况

所属行类	营业收入(亿元)	同比增长(%)	净利润(亿元)	同比增长(%)
农、林、牧、渔业	31.46	28.15	5.97	23.82
制造业	265.64	39.55	15.76	18.92
电力、煤气及水的生产和供应业	512.23	23.61	44.64	37.81
交通运输、仓储业	68.62	24.26	12.62	-4.68
批发和零售贸易业	432.62	30.25	29.87	59.23
房地产业	21.56	-29.87	3.59	-34.05
社会服务业	6.93	-3.52	0.51	-29.02
综合类	17.22	-1.11	2.86	-1.65

资料来源：大连证监局

(三)业绩变动情况分析

1. 营业收入、毛利率等变动原因分析

2011 年,大连上市公司实现营业收入 1 356.29亿元,同比增长 33.73%;营业利润 135.24 亿元,同比增长 41.11%;利润总额 142.29 亿元,同比增长 41.06%;毛利率 19.59%,同比下降 1.11 个百分点。总体来看,营业收入增幅小于营业成本增幅是毛利率下降的主要原因。

2. 盈利构成分析

从盈利构成看,2011 年大连上市公司利润来源主要是营业利润,其占利润总额的比重为 95.05%;投资净收益占利润总额的比重为 42.48%,公允价值变动净收益占利润总额的比重为 0.01%,营业外收支净额占利润总额的比重为 4.95%。

3. 经营性现金流量分析

2011 年,大连 27 家上市公司中,21 家上市公司经营现金流量净额为正,占比为 77.78%,高于 2010 年 68% 的水平。

4. 业绩特点分析

(1)每股收益大幅上升

2011 年,大连上市公司实现归属母公司所有者净利润 102.29 亿元,同比增长 46.28%;每股收益 0.34 元,高于 2010 年 0.24 元的每股收益,同比增幅为 45.30%;净资产收益率 11.95%,高于 2010 年 9.92% 的净资产收益率。

(2)板块业绩情况

2011 年,大连主板上市公司平均每股收益 0.30 元,净资产收益率 11.69%,均高于 2010 年水平。中小板上市公司平均每股收益 1.03 元,高于深交所中小板 0.52 元的平均每股收益水平;净资产收益率 14.25%,高于深交所中小板 10.51% 的平均净资产收益率。创业板上市公司平均每股收益 0.37 元,低于深交所创业板 0.52 元的平均每股收益水平;净资产收益率 4.47%,低于深交所创业板 7.85% 的平均净资产收益率。

5. 利润分配情况

2011 年,大连共有 24 家公司提出利润分配或资本公积金转增股本方案,占大连盈利公司家数 25 家的 96.00%,较 2010 年的 27.27% 有明显上升。发放现金股利家数为 19 家,占利润分配公司家数的 79.17%;派现金总额 25.85 亿元,占大连盈利公司净利润总额的 18.17%。

四、大连上市公司并购重组情况

2011 年,大连上市公司有 1 家通过发行股份购买资产方式,完成重大资产重组,涉及金额合计约 54.20 亿元。

2011 年 9 月 30 日华锐铸钢非公开发行股份购买资产暨关联交易的重大资产重组事项获得有条件通过。华锐铸钢通过向大连重工·起重集团有限公司发行股份的方式购买大连重工·起重集团拥有的除华锐风电科技(集团)股份有限公司和大连重工集团有限公司股权之外的装备制造业经营性资产和负债,资产总额共计 54.42 亿元。经中国证监会证监许可[2011]1884 号文核准,华锐铸钢向大连重工·起重集团有限公司发行 21 519.3341 万股股份,于 2011 年 12 月 27 日在深圳证券交易所上市,并更名为大连重工。完成大连重工·起重集团有限公司吸收合并大连重工集团有限公司后,原大连重工集团有限公司持有的公司 12 320 万股的股份变更为大连重工·起重集团有限公司持有。

五、大连上市公司募集资金情况、使用情况

（一）募集资金总体情况

2011年，大连上市公司通过资本市场直接融资186.66亿元，融资规模低于2010年的221.38亿元；其中，首发股本融资（IPO）10.25亿元，增发融资71.41亿元，发行公司债券融资50亿元，发行可转换公司债券55亿元。

表7　　2011年大连上市公司募集资金情况

发行类型	代　码	简　称	募集资金（亿元）
可转债	600795	国电电力	55.00
定向增发	600346	大橡塑	2.99
	002069	獐子岛	8.00
	002204	大连重工	54.42
	002220	天宝股份	6.00
公司债	601880	大连港	50.00
首　发	002606	大连电瓷	4.25
	002621	大连三垒	6.00
总　计			186.66

资料来源：大连证监局

（二）募集资金使用情况及特点

2011年，大连共有11家公司使用募集资金，金额56.32亿元。其中，36.51亿元为2011年度募集的资金，占全年使用募集资金总额的64.83%；19.81亿元为以前年度募集的资金，占年度使用募集资金总额的35.17%。

（三）募集资金变更情况

2011年，大连有3家公司因为搬迁、选址等因素变更了项目地点，但没有变更募集资金用途。仅1家上市公司因为拟投资项目的投资环境发生变化，变更了募集资金用途，涉及资金5 400万元。

表8　　2011年大连上市公司募集资金使用项目变更情况

日　期	变更募集资金使用项目的公司家数	涉及金额（亿元）	募集资金总额（亿元）	占公司募集资金总额的比例（%）
2011	1	0.54	27.72	1.95
2010	0	0.00	0.00	0.00

资料来源：大连证监局

（四）存在的主要问题

大连上市公司总体上对募集资金的管理较为规范，建立专户存储制度，按计划使用募集资金，变更程序严格。但个别公司的募集资金管理存在不足，主要表现为募集资金使用计划制定得不够严谨，对市场和政策变化预计不足。

审稿人：丁文圣

撰稿人：孙宝桔

宁波地区

一、宁波国民经济发展概况

表 1　　2011 年宁波经济发展概况　　单位：亿元

指　标	1—3 月		1—6 月		1—9 月		1—12 月	
	绝对量	同比增长（%）	绝对量	同比增长（%）	绝对量	同比增长（%）	绝对量	同比增长（%）
地区生产总值	1 193	10.4	2 714	10.3	4 277	10.1	6 011	10.0
全社会固定资产投资	459	30.9	1 085	20.1	1 719	17.3	2 393	17.6
社会消费品零售总额	—	14.6	—	16.0	—	17.3	—	18.4
规模以上工业增加值	—	14.7	—	13.4	—	—	—	—
规模以上工业企业实现利润	158	52.0	337	37.7	490	22.0	615	-2.0
居民消费价格指数（%）	1—3 月		1—6 月		1—9 月		1—12 月	
	5.6		5.9		5.9		5.3	

资料来源：国家统计局

二、宁波上市公司总体情况

（一）公司数量

表 2　　2011 年宁波上市公司数量　　单位：家

公司总数	仅 A 股	仅 B 股	（A+B）股
38	38	0	0

资料来源：沪深交易所，天相投资分析系统

（二）行业分布

表 3　　2011 年宁波上市公司行业分布情况

所属中国证监会行业类别	家　数
制造业	21
电力、煤气及水的生产和供应业	1
建筑业	4
交通运输、仓储业	2
信息技术业	2
批发和零售贸易业	3
金融、保险业	1
房地产业	3
综合类	1
合　计	38

资料来源：宁波证监局

（三）股本结构及规模

截至 2011 年 12 月 31 日，宁波 38 家上市公司总股本 316.49 亿股，占同期全国上市公司总股本的 1.06%。宁波总股本在 10 亿股以上的上市公司有 5 家，占宁波上市公司总数的 13.16%。

表 4　　2011 年宁波上市公司股本规模在 10 亿股以上公司分布情况

股本规模（亿股）	公司家数	具体公司
100≤ ~ <200	1	宁波港
20≤ ~ <50	2	雅戈尔、宁波银行
10≤ ~ <20	2	荣安地产、宁波富达

资料来源：沪深交易所，天相投资分析系统

（四）市值规模

截至 2011 年 12 月 31 日，宁波 38 家上市公司境内总市值 1 887.71 亿元，占全国上市公司境内总市值的 0.87%。其中，上交所上市公司 21 家，总股本 242.76 亿股，境内总市值 1 244.19 亿元，占上交所上市公司境内总市值的 0.83%；深交所上市公司 17 家，总股本 73.73 亿股，境内总市值 643.53 亿元，占深交所上市公司境内总市值的 0.97%。

（五）资产规模

截至 2011 年 12 月 31 日，宁波 38 家上市公司合计总资产 4 832.22 亿元，归属于上市公司股东的净资产 1 039.28 亿元，与 2010 年相比，分别增长 7.42%、16.70%；平均每股净资产 3.28 元。

三、宁波上市公司经营情况及变动分析

（一）总体经营情况

2011 年，宁波上市公司实现营业收入1 143. 12亿元，同比增长 42. 89%；实现归属于母公司所有者的净利润 122. 96 亿元，同比增长 15. 17%；宁波上市公司平均净资产收益率为 11. 83%；平均每股收益（按期末股本计算）为 0. 39 元。见表 5。

表 5　　2011 年宁波上市公司经营情况

指　标	2011 年	2010 年	变动率（%）
家　数	38	32	18. 75
亏损家数	1	1	0. 00
亏损家数比例（%）	2. 63	3. 13	-0. 50
平均每股收益（元）	0. 39	0. 37	5. 41
平均每股净资产（元）	3. 28	3. 09	6. 15
平均净资产收益率（%）	11. 83	11. 99	-0. 16
总资产（亿元）	4 832. 22	4 498. 23	7. 42
归属于母公司股东权益（亿元）	1 039. 28	890. 59	16. 70
营业收入（亿元）	1 143. 12	800. 03	42. 89
利润总额（亿元）	167. 91	141. 13	18. 98
归属于母公司所有者的净利润（亿元）	122. 96	106. 76	15. 17

资料来源：沪深交易所，天相投资分析系统，宁波证监局

（二）分行业经营情况

宁波上市公司主要分布在制造业（21 家）、建筑业（4 家）、房地产业（3 家）、批发和零售贸易业（3 家）等行业。2011 年，宁波信息技术业上市公司营业收入出现下滑，而房地产业、建筑业等其他行业均呈现增长态势，其中金融、保险业增长最快，同比增幅达 34. 75%。具体见表 6。

表 6　　2011 年宁波上市公司分行业经营情况

所属行类	营业收入（亿元）	同比增长（%）	净利润（亿元）	同比增长（%）
制造业	478. 36	15. 64	46. 94	-7. 50
电力、煤气及水的生产和供应业	9. 92	15. 45	0. 86	7. 70
建筑业	295. 84	19. 13	6. 45	-4. 90
交通运输、仓储业	82. 53	14. 11	25. 53	14. 07
信息技术业	8. 85	-30. 59	0. 94	-2. 21
批发和零售贸易业	76. 17	10. 05	4. 24	65. 14
金融、保险业	79. 66	34. 75	32. 54	40. 12
房地产业	70. 42	20. 55	12. 61	36. 24
综合类	41. 38	18. 01	2. 16	40. 13

资料来源：宁波证监局

(三)业绩变动情况分析

1. 营业收入、毛利率等变动原因分析

2011年,宁波上市公司实现营业收入1 143.12亿元,同比增长42.89%;营业利润154.99亿元,同比增长20.06%;利润总额167.91亿元,同比增长18.98%;毛利率24.76%,同比下降1.11个百分点。营业成本增幅高于营业收入增幅是毛利率下降的主要原因。

2. 盈利构成分析

从盈利构成看,2011年宁波上市公司利润来源主要是营业利润,其占利润总额的比重为92.31%。其中,投资净收益占利润总额的比重为17.96%,公允价值变动净收益为负(-2.29亿元),营业外收支净额占利润总额的比重为7.69%。

3. 经营性现金流量分析

2011年,宁波29家上市公司经营现金流量净额为正,占38家上市公司的76.32%,高于2010年62.50%的水平。

4. 业绩特点分析

(1)每股收益呈回升势头,盈利总水平低于全国

2011年,宁波上市公司实现归属母公司所有者净利润122.96亿元,同比增长15.17%;每股收益0.39元,比2010年增加0.02元,但仍低于2011年全国0.53元的平均每股收益水平;净资产收益率11.83%,较2010年降低0.16个百分点,也低于2011年全国14.08%的平均净资产收益率。

(2)板块业绩情况

2011年,宁波主板上市公司平均每股收益0.32元,净资产收益率11.50%。中小板上市公司平均每股收益0.71元,高于深交所中小板0.52元的平均每股收益水平;净资产收益率13.78%,高于深交所中小板10.51%的平均净资产收益率。创业板上市公司每股收益0.38元,低于深交所创业板0.52元的平均每股收益水平;净资产收益率5.13%,低于深交所创业板7.85%的平均净资产收益率。

5. 利润分配情况

2011年,宁波共有32家公司提出利润分配或资本公积金转增股本方案,占宁波盈利公司家数37家的86.49%,与2010年基本持平;拟发放现金股利家数为32家,占利润分配公司家数100%;拟派现金总额33.89亿元,占宁波盈利公司利润总额的20.18%。

四、宁波上市公司并购重组情况

(一)并购重组基本情况

2011年,海通集团进行重大资产重组以及向荀建华和其一致行动人发行股份购买资产的方案获中国证监会核准并实施完成,涉及金额28.24亿元。

表7 2011年宁波上市公司并购重组情况

公　司	重组方式	涉及资金(亿元)
海通集团	定向增发购买资产、吸收合并	28.24

资料来源:宁波证监局

（二）并购重组特点

1. 并购重组模式特点

本次重大资产重组主要由资产置换（海通集团与亿晶光电股东之间）、发行股份购买资产（海通集团向亿晶光电股东发行）和股份协议转让（亿晶光电原股东同海通集团实际控制人之间）三部分组成。三部分互为条件，为整体方案不可分割的部分。

2. 并购重组主要目标特点

通过本次重组，拥有优质光电业务资产的亿晶光电，可借助资本市场谋求进一步发展。上市公司主营业务将由食品转为太阳能光伏产业，亿晶光电成为A股市场上规模最大的太阳能组件企业，凸显了竞争优势。

五、宁波上市公司募集资金情况、使用情况

（一）募集资金总体情况

2011年，宁波上市公司通过资本市场直接融资56.11亿元，融资规模仅次于2010年的169.66亿元。其中，首发股本融资（IPO）49.10亿元，可转债融资7.01亿元。

表8　　2011年宁波上市公司募集资金情况（数据为融资净额）

发行类型	代　码	简　称	募集资金（亿元）
首　发	300163	先锋新材	4.85
	601137	博威合金	14.15
	601116	三江购物	6.64
	002586	围海股份	4.76
	601567	三星电气	12.83
	601789	宁波建工	5.87
可转债	600798	宁波海运	7.01
总　计			56.11

资料来源：宁波证监局

（二）募集资金使用情况及特点

2011年，宁波共有15家上市公司使用募集资金，金额51.22亿元。其中，21.02亿元为2011年度募集的资金，占全年使用募集资金总额的41.04%；30.20亿元为以前年度募集的资金，占年度使用募集资金总额的58.96%。

（三）募集资金变更情况

2011年，宁波有2家公司变更募集资金的使用项目，涉及金额约为3.81亿元，占该2家公司募集资金总额14.38亿元的26.50%。募集资金变更程序合法，均经过公司股东大会批准。变更的原因主要为拟投资项目的投资环境发生变化。

表9　　2011年宁波上市公司募集资金使用项目变更情况

日　期	变更募集资金使用项目的公司家数	涉及金额（亿元）	募集资金总额（亿元）	占公司募集资金总额的比例（%）
2011	2	3.81	14.38	26.50
2010	0	0.00	0.00	0.00

资料来源：宁波证监局

（四）存在的主要问题

总体上，宁波上市公司对募集资金的管理较为规范，均建立了专户存储制度，按计划使用募集资金，变更程序严格。但仍有个别公司的募集资金管理存在不足，主要表现为：募集资金使用计划制定得不够严谨，对市场和政策变化预计不足；公司年报对募集资金的存放与使用情况披露不完整、不准确；开展募投项目建设的子公司未建立募集资金使用台账等。

六、宁波上市公司规范运作情况

（一）上市公司治理专项情况

2011年，宁波上市公司治理进一步完善。宁波上市公司进一步巩固"解决同业竞争，减少关联交易"专项活动成果，没有发现有新的同业竞争问题和关联交易上的违规问题。

上市公司内控规范得到进一步完善。3家内控规范试点公司积极实施内控规范建设，并披露了由会计师事务所出具的内控审计报告，为下一步宁波上市公司全面实施内控规范积累了经验。

内幕交易防控工作取得一定成效。通过宣传教育，上市公司管理层已经树立了防控内幕交易的意识，均建立并执行内幕信息知情人登记管理制度。

（二）审计情况及监管情况

2011年年报审计中，各会计师事务所按照宁波证监局2011年年报监管工作会议的总体部署和日常监管中提出的具体要求，强化质量控制，不断提高执业质量。2011年审计报告中，宁波38家上市公司中有37家公司为标准无保留意见，1家为带强调事项段的无保留意见。宁波证监局在对公司年报开展事后审核的基础上，组织召开年报分析会，对上市公司动态情况和后续监管措施进行了讨论，并有重点地选择了15家公司进行了年报现场专项检查，在检查中，还对年审会计师事务所的执业质量进行了延伸检查。

（三）信息披露情况

宁波上市公司通过强化年报审计工作，提升了年报披露质量。如建立了审计委员会年报工作规程和年报差错责任追究机制，提高了年报编制和复核工作质量，年报差错更正情况大幅减少。同时，各上市公司临时公告总体上能按照相关规定及时、准确、完整地披露，并能积极应对媒体和市场的评论和质疑，及时发布核查公告或澄清公告，维护正常的信息披露秩序。此外，上市公司根据自身特点强化差异化披露，不断提高自身透明度。

（四）证券市场服务情况

宁波证监局通过举办企业改制培训班、对重点拟上市企业进行走访调研、召开企业主要负责人座谈会以共同研究上市过程中遇到的问题等多种方式，积极推进优质企业发行上市。截至2011年底，宁波共有38家拟上市公司进入辅导期，其中已报中国证监会待审核企业7家，已过会待发行企业4家。宁波证监局通过制定制度引导、开会通知强调、先进企业介绍经验、专家现场指导等方式，积极鼓励上市公司根据自身情况，合理选择再融资方式，并通过开展并购重组、实施股权激励等措施，提升企业竞争力，为企业转型升级创造条件。

审稿人：朱　铮

撰稿人：刘翼鹏　邵慧慧

厦门地区

一、厦门国民经济发展概况

表 1　　2011 年厦门经济发展概况　　单位：亿元

指　标	1—3 月		1—6 月		1—9 月		1—12 月	
	绝对量	同比增长（%）	绝对量	同比增长（%）	绝对量	同比增长（%）	绝对量	同比增长（%）
地区生产总值	456	15.6	1 063	15.1	1 757	14.6	2 536	15.1
全社会固定资产投资	161	22.2	530	37.8	839	27.6	1 126	30.2
社会消费品零售总额	201	17.0	403	17.4	595	17.0	811	16.4
规模以上工业增加值	—	—	530	20.9	—	—	1 117	19.1
规模以上工业企业实现利润	—	—	126	32.1	—	—	294	8.2
居民消费价格指数（%）	1—3 月		1—6 月		1—9 月		1—12 月	
	4.3		5.1		5.4		5.2	

资料来源：国家统计局

二、厦门上市公司总体情况

（一）公司数量

表 2　　2011 年厦门上市公司数量　　单位：家

公司总数	仅 A 股	仅 B 股	（A+B）股
27	26	1	0

资料来源：沪深交易所，天相投资分析系统

(二)行业分布

表3　　2011年厦门上市公司行业分布情况

所属中国证监会行业类别	家　数
制造业	14
交通运输、仓储业	2
信息技术业	3
批发和零售贸易业	4
社会服务业	2
综合类	2
合　计	27

资料来源:厦门证监局

(三)股本结构及规模

截至2011年12月31日,厦门27家上市公司总股本117.40亿股,占同期全国上市公司总股本的0.39%。厦门总股本在10亿股以上的上市公司有3家,占厦门上市公司总数的11.11%。

表4　　2011年厦门上市公司股本规模在10亿股以上公司分布情况

股本规模(亿股)	公司家数	具体公司
20≤～<50	1	建发股份
10≤～<20	2	闽灿坤B、厦门国贸

资料来源:沪深交易所,天相投资分析系统

(四)市值规模

截至2011年12月31日,厦门27家上市公司境内总市值1 047.16亿元,占全国上公司境内总市值的0.49%。其中,上交所上市公司10家,总股本73.9亿股,境内总市值652.12亿元,占上交所上市公司境内总市值的0.44%;深交所上市公司17家,总股本43.51亿股,境内总市值395.04亿元,占深交所上市公司境内总市值的0.59%。

(五)资产规模

截至2011年12月31日,厦门27家上市公司合计总资产1 532.06亿元,归属于上市公司股东的净资产425.02亿元,与2010年相比,分别增长27.91%、40.51%;每股净资产3.62元。

三、厦门上市公司经营情况及变动分析

(一)总体经营情况

2011 年,厦门上市公司实现营业收入 2 441.79亿元,同比增长 49.61%;实现归属于母公司所有者的净利润 69.05 亿元,同比增长 41.72%;平均净资产收益率为 16.25%;平均每股收益(按期末股本计算)为 0.59 元。见表 5。

表 5　　2011 年厦门上市公司经营情况

指　标	2011 年	2010 年	同比增长(%)
家　数	27	23	17.39
亏损家数	0	0	0.00
亏损家数比例(%)	0.00	0.00	0.00
平均每股收益(元)	0.59	0.43	41.72
平均每股净资产(元)	3.62	2.69	40.51
平均净资产收益率(%)	16.25	16.11	0.14
总资产(亿元)	1 532.06	1 197.74	27.91
归属于母公司股东权益(亿元)	425.02	302.47	40.51
营业收入(亿元)	2 441.79	1 632.08	49.61
利润总额(亿元)	110.42	74.86	47.51
归属于母公司所有者的净利润(亿元)	69.05	48.72	41.72

资料来源:沪深交易所,天相投资分析系统

(二)分行业经营情况

厦门上市公司主要分布在制造业(14 家),批发和零售贸易业(4 家),信息技术业(3 家),交通运输、仓储业(2 家),社会服务业(2 家)等行业。2011 年,厦门各行业上市公司营业收入和净利润均呈现增长态势。剔除象屿股份影响外(2011 年 8 月完成借壳上市,行业重新划归为社会服务业),信息技术业营业收入和净利润增长幅度最大,分别为69.23%和50.89%;批发和零售贸易业营业收入和净利润最高,分别为 1 463.45 亿元和 37.85 亿元。具体见表 6。

表 6　　2011 年厦门上市公司分行业经营情况

所属行类	营业收入(亿元)	同比增长(%)	净利润(亿元)	同比增长(%)
制造业	582.28	22.35	36.47	32.23
交通运输、仓储业	34.16	41.51	5.25	22.66
信息技术业	9.24	69.23	1.69	50.89
批发和零售贸易业	1 463.45	26.80	37.85	29.27
社会服务业	349.20	5 778.00	3.20	263.00
综合类	3.48	26.09	0.43	30.30

资料来源:厦门证监局

(三)业绩变动情况分析

1. 营业收入、毛利率等变动原因分析

2011年,厦门上市公司实现营业收入2 441.79亿元,增长49.61%;营业利润106.58亿元,同比增长48.25%;利润总额110.42亿元,同比增长47.51%;毛利率10.30%,同比下降0.42个百分点。总体来看,营业收入增幅小于营业成本增幅是毛利率下降的主要原因。

2. 盈利构成分析

从盈利构成看,2011年厦门上市公司利润来源主要是营业利润,其占利润总额的比重为96.52%,较2010年上升0.49个百分点;投资净收益占利润总额的比重为14.77%,较2010年上升8.77个百分点;公允价值变动净收益占利润总额的比重为0.37%,营业外收支净额占利润总额的比重为3.48%。

3. 经营性现金流量分析

2011年,厦门上市公司经营性现金流净额同比大幅下降,由2010年的-25.53亿元下降为-67.59亿元,经营性现金流量为负的公司家数由2010年的8家增至11家,占27家上市公司的40.74%,高于2010年34.78%的水平。

4. 业绩特点分析

(1)每股收益呈回升势头,盈利总水平高于全国

2011年,厦门上市公司实现归属母公司所有者净利润69.05亿元,同比增长41.72%;每股收益0.59元,较2010年的0.43元增加了41.72%,也高于2011年全国0.53元的平均每股收益水平;净资产收益率16.25%,较2010年的16.11%增长了0.14个百分点,也高于2011年全国14.08%的平均净资产收益率。

(2)板块业绩情况

2011年,厦门主板上市公司每股收益0.61元,高于2010年0.46元的每股收益;净资产收益率19.28%,高于2010年18.54%的净资产收益率。中小板上市公司每股收益0.51元,高于2010年0.25元的每股收益;净资产收益率9.17%,高于2010年7.98%的净资产收益率。创业板上市公司每股收益为0.52元,较2010年的0.33元增加0.19元;净资产收益率9.68%,较2010年上升2.23个百分点。

5. 利润分配情况

2011年,厦门共有21家公司提出利润分配或资本公积金转增股本方案,占盈利公司总数27家的77.78%。其中,纯现金分红的公司14家,既有现金分红又有转增股本的公司7家;21家公司拟派现金总额11.68亿元,占厦门盈利公司利润总额的10.58%,平均每股现金分红金额0.13元。

四、厦门上市公司并购重组情况

2011年,*ST夏新完成并购重组。在经历暂停上市、破产重组后,*ST夏新于2011年6月取得中国证监会《关于核准夏新电子股份有限公司向厦门象屿集团有限公司等发行股份购买资产的批复》(证监许可[2011]1025号)和《关于核准厦门象屿集团有限公司及一致行动人公告夏新电子股份有限公司收购报告书并豁免其要约收购义务的批复》(证监许可[2011]1026号)。2011年7月,*ST夏新向象屿集团和象屿建设发行4.3亿股购买厦门象屿股份有限公司100%的股权,涉及金额15.95亿元。2011年8月,*ST夏

新恢复上市,更名为象屿股份。

五、厦门上市公司募集资金情况、使用情况

(一)募集资金总体情况

2011 年,厦门地区上市公司通过资本市场直接融资 40.44 亿元,融资规模略低于 2010 年的 50.74 亿元。其中,首发股本融资(IPO)35.88 亿元,增发融资 4.56 亿元。

表 7　　2011 年厦门上市公司募集资金情况

发行类型	代　码	简　称	募集资金(亿元)
首　发	002593	日上集团	6.83
	002614	蒙发利	15.60
	002626	金达威	8.05
	300188	美亚柏科	5.40
增　发	002264	新华都	4.56
总　计			40.44

资料来源:厦门证监局

(二)募集资金使用情况

2011 年,厦门共有 17 家公司使用募集资金,金额 21.8 亿元。其中,6.21 亿元为 2011 年度募集的资金,占 2011 年使用募集资金总额的 28.49%;15.59 亿元为以前年度募集的资金,占年度使用募集资金总额的 71.51%。

六、厦门上市公司规范运作情况

(一)上市公司治理专项情况

2011 年,根据中国证监会的统一部署,厦门上市公司在厦门证监局的督导下,积极开展内部控制建设和实施内部控制规范试点专项工作,规范内幕信息知情人管理,持续推进"解决同业竞争,减少关联交易"专项活动,取得了一定的成效。如厦工股份通过收购关联方资产,关联交易进一步减少;厦门国贸、厦门港务等公司内部控制规范试点工作稳步推进。总体而言,厦门上市公司规范运作水平进一步提高,但是公司治理仍存在一些问题需要进一步改进和规范,如个别公司"三会"会议记录过于简单,甚至缺失;部分公司董事、监事、高级管理人员不按要求出席股东大会;个别公司还存在大股东干预上市公司的情形。

(二)审计情况及监管情况

厦门 27 家公司均聘请了具有证券期货执业资格的会计师事务所对其 2011 年财务报告进行了审计。从审计报告类型看,26 家公司被出具标准无保留审计意见,1 家公司被出具带强调事项段的无保留审计意见。在年报审计过程中,厦门证监局在中国证监会的统一部署下,全程跟踪、强化监管:事前严格要求,明确年报工作行为规范,督导会计师事务所及时沟通;事中强化过程督导,

保持与会计师的“一对一”沟通，加强对会计师报备资料的审阅；事后强化责任追究，对检查中发现的会计师事务所执业问题，视情况分别采取约见谈话、下发《监管意见告知书》等监管措施。

(三)信息披露情况

总体而言，厦门地区上市公司能够及时履行信息披露义务，但存在信息披露遗漏或披露不充分等情形，信息披露的规范性和有效性仍有待提高。如个别公司未披露对资产负债率超过70%的担保对象提供担保的情况，个别公司未披露与关联方的资金往来；部分公司财务报表附注存在披露不完整，甚至个别数据披露错误。

(四)证券市场服务情况

一是继续推动企业上市工作。厦门证监局联合厦门市政府有关部门遴选出80余家企业进入改制上市后备资源库，宣讲上市规则，支持企业通过资本市场发展壮大。

二是推动上市公司并购重组和再融资，扶持上市公司做强做大。厦门证监局指导＊ST夏新完成重大资产重组，取得了多方共赢的经济效益和社会效益；推动厦工股份、新华都等公司开展再融资。

三是助推厦门两岸区域性金融中心建设。厦门证监局与厦门市政府相关部门联手推动厦门火炬高新区内15家企业开展“新三板”扩容相关准备工作；积极提供政策法规咨询服务，推动两岸证券业对接，促进厦台金融合作重点项目落地，扩大两岸证券期货业的合作交流。

审稿人：王瑞媛

撰稿人：李延国

青岛地区

一、青岛国民经济发展概况

表1　2011年青岛经济发展概况　单位：亿元

指　标	1—3月		1—6月		1—9月		1—12月	
	绝对量	同比增长(%)	绝对量	同比增长(%)	绝对量	同比增长(%)	绝对量	同比增长(%)
地区生产总值	1 322	11.6	3 017	10.9	4 663	11.0	6 616	11.7
全社会固定资产投资	397	24.2	1 499	23.6	2 712	23.0	3 503	23.4

续表

指　标	1—3 月		1—6 月		1—9 月		1—12 月	
	绝对量	同比增长(%)	绝对量	同比增长(%)	绝对量	同比增长(%)	绝对量	同比增长(%)
社会消费品零售总额	—	16.5	—	17.0	—	17.3	—	17.4
规模以上工业增加值	—	13.5	—	11.5	—	12.1	—	13.5
规模以上工业企业实现利润	122	33.8	278	19.8	429	20.1	628	15.14
居民消费价格指数(%)	1—3 月		1—6 月		1—9 月		1—12 月	
	3.8		4.7		5.1		5.0	

资料来源:国家统计局

二、青岛上市公司总体情况

(一)公司数量

表 2　　2011 年青岛上市公司数量　　单位:家

公司总数	仅 A 股	仅 B 股	(A+B)股
20	20	0	0

资料来源:沪深交易所,天相投资分析系统

(二)行业分布

表 3　　2011 年青岛上市公司行业分布情况

所属中国证监会行业类别	家　数
制造业	18
信息技术业	1
批发和零售贸易业	1
合　计	20

资料来源:青岛证监局

(三)股本结构及规模

截至 2011 年 12 月 31 日,青岛 20 家上市公司总股本 98.56 亿股,占同期全国上市公司总股本的 0.33%。青岛总股本在 10 亿股以上的公司有 1 家,占青岛上市公司总数的 5%。

表 4　　2011 年青岛上市公司股本规模在 10 亿股以上公司分布情况

股本规模(亿股)	公司家数	具体公司
20≤~<50	1	青岛海尔

资料来源:沪深交易所,天相投资分析系统

(四)市值规模

截至2011年12月31日,青岛20家上市公司境内总市值1 182.58亿元,占全国上市公司境内总市值的0.55%。其中,上交所上市公司8家,总股本58.29亿股,境内总市值667.18亿元,占上交所上市公司境内总市值的0.45%;深交所上市公司12家,总股本40.27亿股,境内总市值515.39亿元,占深交所上市公司境内总市值的0.77%。

(五)资产规模

截至2011年12月31日,青岛20家上市公司合计总资产1 181.89亿元,归属于上市公司股东的净资产483.77亿元,与2010年相比,分别增长37.20%、35.80%;平均每股净资产4.60元。

三、青岛上市公司经营情况及变动分析

(一)总体经营情况

2011年,青岛上市公司实现营业收入1 568.14亿元,同比增长25.65%;实现归属母公司所有者的净利润76.16亿元,同比增长40.11%;青岛上市公司平均净资产收益率为15.74%,高于全国14.07%的平均水平;平均每股收益(按期末股本计算)为0.72元,高于全国0.53元的平均水平。见表5。

表5　2011年青岛上市公司经营情况

指　标	2011年	2010年	同比(%)
家　数	20	15	33.33
亏损家数	1	2	-100.00
亏损家数比例(%)	5.00	13.33	-8.33
平均每股收益(元)	0.72	0.57	28.01
平均每股净资产(元)	4.60	3.71	24.07
平均净资产收益率(%)	15.74	15.26	0.48
总资产(亿元)	1 181.89	861.42	37.20
归属于母公司股东权益(亿元)	483.77	356.23	35.80
营业收入(亿元)	1 568.14	1 248.01	25.65
利润总额(亿元)	107.56	80.92	32.92
归属于母公司所有者的净利润(亿元)	76.16	54.35	40.11

资料来源:沪深交易所,天相投资分析系统

(二)分行业经营情况

青岛上市公司主要分布在制造业(18家)、信息技术业(1家)、批发和零售贸易业(1家)行业。2011年,青岛上市公司营业收入继续保持稳定增长的良好态势,其中信息技术业营业收入增长最快,同比增幅达62.24%,净利润同比增长近1倍。具体见表6。

表 6　　2011 年青岛上市公司分行业经营情况

所属行类	营业收入（亿元）	同比增长（%）	净利润（亿元）	同比增长（%）
制造业	1 557.000	17.86	73.79	24.96
信息技术业	3.770	62.24	2.04	96.95
批发和零售贸易业	6.860	-3.06	0.32	122.53

资料来源：青岛证监局

（三）业绩变动情况分析

1. 业绩变动情况

2011 年度，青岛 20 家上市公司共实现营业收入 1 568.14 亿元，同比增长 25.65%；实现归属于母公司所有者的净利润 76.16 亿元，同比增长 40.11%。数据表明，营业收入和归属于母公司所有者的净利润总量稳步上升，归属于母公司所有者的净利润增长幅度超过了营业收入的增长幅度，主营业务保持了良性增长。

2. 盈利构成分析

2011 年度，青岛多数上市公司普遍出现了主营业务贡献的净利润比重上升，非经常性损益比重下降的良好迹象。2011 年青岛上市公司非经常性收益金额合计 7.02 亿元（主要是政府补助和资产处置收益），占净利润的比重为 8.1%，同比 2010 年 9.2% 的这一比重有所下降，表明青岛上市公司主营业务的获利能力在 2011 年有了进一步的提升。

3. 经营性现金流量分析

2011 年，在流动性不断收紧的政策环境下，青岛上市公司经营性现金流量净额合计达到 84 亿元，同比减少 7.29%，增幅由正转负。青岛 20 家公司中有 6 家公司经营性现金流为负，另有 3 家公司经营性现金流同比明显减少，尤其是部分新上市公司或者近几年存在直接融资事项的上市公司，其经营性现金流普遍出现了绝对值为负或者同比减少的现象。

4. 业绩特点分析

2011 年度，青岛上市公司业绩两极分化明显，在利润进一步向绩优公司集中的同时，少数公司业绩出现明显下滑，亏损公司对上市公司整体业绩的拖累较大。从具体公司业绩情况看，青岛上市公司可以概括分为以下三类情形：

一是业绩保持平稳快速增长的公司，这些公司不乏传统行业内的龙头公司，也有新兴产业内的后起之秀，他们的业绩表现证明了产业升级和产品结构调整到位、产品附加值高、技术领先性强、销售布局合理、风险防范严密的公司，即便在不利的宏观经济环境中，依然能够保持较好的增长。

二是业绩同比基本持平或略有下滑的公司，因受制于国家产业政策或社会投资趋缓等因素的影响，这些公司未能实现理想的业绩增长。

三是受内忧外困因素的影响，业绩出现明显下滑甚至巨额亏损的公司。

总的来看，业绩增长或基本能够保持稳定的公司大概得益于以下几类因素：

（1）内涵式增长因素。这类公司业绩增长的主要原因是公司能够通过自主技术创新、财务创新，不断优化产品结构甚至是进行稳健的跨行业发展，努力适应市场的不利变化，积极寻求较高的主营业务利润率，并通过自身挖潜降耗，期间费用率持续降低，进而提升了公司主业的盈利能力。

(2)外延式增长因素。此类公司2011年因置入优质资产、置出不良资产或合并报表范围变化，导致公司业务范围或额度扩大，形成了报表概念上的外延式增长。

(3)股改后全流通市场机制的积极作用充分显现，各公司借助资本市场做优做强的意愿增强，规范运作的意识和水平不断提高，这也是促使盈利能力增长的原因之一。

5. 利润分配情况

2011年，青岛共有11家上市公司提出利润分配方案，占青岛盈利公司总数19家的57.89%，与2010年基本持平；拟发放现金股利家数为9家，占利润分配公司家数的81.82%；拟派现金总额9.98亿元，占青岛盈利公司净利润总额的17.52%。

四、青岛上市公司并购重组情况

2011年，青岛上市公司并购重组主要体现为"主语式"收购，即上市公司作为收购主体，出于行业横向或纵向整合的目的，对有关非上市公司标的股权实施收购。主要并购事项有，青岛海尔协议收购其控股股东所持有的海尔模具公司100%股权和特锐德协议收购广西中电100%股权等。具体情况见表7。

表7　2011年青岛上市公司并购重组情况

序　号	公　司	重组方式	涉及资金(亿元)	备　注
1	青岛海尔	协议收购	18.800	已实施完毕
2	特锐德	协议收购	0.620	
合计(亿元)			19.42	

资料来源：青岛证监局

五、青岛上市公司募集资金情况、使用情况

(一)募集资金总体情况

2011年，青岛上市公司通过资本市场直接融资48.16亿元，其中，首发股本融资(IPO)38.66亿元，公司债融资9.5亿元。

表8　2011年青岛上市公司募集资金情况

发行类型	代　码	简　称	募集资金(亿元)
首　发	002545	东方铁塔	17.18
	300183	东软载波	10.36
	300208	恒顺电气	4.38
	601058	赛轮股份	6.74
公司债	002073	软控股份	9.50
总　计			48.16

资料来源：青岛证监局

（二）募集资金使用情况及特点

2011年，青岛共有12家公司使用募集资金，金额39.48亿元，其中8家公司的募投项目资金使用进度超过50%。此外，有9家公司共实现超募资金17.55亿元，其中4家公司超募资金使用进度超过70%。超募资金的主要投向有补充流动资金或归还贷款和投资两类，其中用于补充流动资金或归还贷款12.52亿元，用于投资3.36亿元。

六、青岛上市公司规范运作情况分析

（一）上市公司治理专项情况

针对青岛3家上市公司存在同业竞争和关联交易的实际情况，青岛证监局严格按照中国证监会关于深入开展“解决同业竞争，减少关联交易”的总体部署，遵循“一司一策”原则，抓住重点公司，加大现场检查力度，针对存在的问题及时重拳出击。在青岛证监局领导亲自分别约谈上市公司及实际控制人主要负责人的基础上，向上市公司下发责令整改决定，向公司实际控制人下发监管警示函，强力督促公司积极整改存在的问题，努力提高上市公司的独立性。在青岛证监局的严格监管之下，截至2011年11月底，其中2家公司先后公告了实际控制人关于解决同业竞争、减少关联交易的承诺，并采取了内部整合与停牌实施重大资产重组等措施，另1家公司也提出了整改方案。至此，青岛3家上市公司存在的关联交易与同业竞争问题取得了突破性进展，公司治理有了很大的改善。

（二）审计情况及监管情况

青岛20家上市公司分别由7家会计师事务所提供审计服务，除＊ST黄海为带强调事项段的无保留意见外，青岛其他上市公司2011年度审计意见均为标准无保留的审计意见。

从青岛证监局审计监管情况来看，大多数年审会计师事务所基本能够按照审计准则实施必要的审计程序，获取充分适当的审计证据，独立客观公正地发表意见，如大信会计师事务所通过强化固定资产减值和存货跌价准备方面的审计程序，推动＊ST黄海及时发布了业绩修正公告，为降低财务信息披露风险发挥了积极作用。再如，普华永道中天会计师事务所和国富浩华在内控审计方面的审计程序较为充分，取得了较好的审计效果，有力地推动了被审计单位内控的完善提高。

（三）信息披露情况

2011年度，青岛11家深交所上市公司信息披露工作被评为良好以上，其中2家被评为优秀，2家公司董秘获得“金牌董秘”称号。截至2011年底，青岛未出现上市公司信息披露被证券交易所提出公开批评的情况，信息披露监管工作取得了较好的成效。

审稿人：韩汝俊

撰稿人：叶向辉　王强

深圳地区

一、深圳地区国民经济发展概况

表1　　2011年深圳国民经济发展概况　　单位:亿元

指　标	1—3月		1—6月		1—9月		1—12月	
	绝对量	同比增长(%)	绝对量	同比增长(%)	绝对量	同比增长(%)	绝对量	同比增长(%)
地区生产总值	2 350	10.8	5 015	10.6	8 250	9.8	11 502	10.0
全社会固定资产投资	295	6.9	827	13.9	1 401	11.6	2 136	10.1
社会消费品零售总额	—	16.0	—	17.3	—	17.8	—	17.8
规模以上工业增加值	—	13.3	—	13.4	—	13.0	—	12.6
规模以上工业企业实现利润	219	-2.2	551	-5.0	706	-14.7	1 054	-13.3
居民消费价格指数(%)	1—3月		1—6月		1—9月		1—12月	
	5.0		5.6		5.7		5.4	

资料来源:国家统计局

二、深圳上市公司总体情况

(一)公司数量

截至2011年12月31日,深圳共有境内上市公司172家,其中纯A股公司150家,纯B股公司1家,A+B股公司21家;深圳证券交易所主板上市公司62家,中小企业板上市公司65家,创业板上市公司33家,上海证券交易所上市公司12家。2011年新上市公司25家,分别为雷曼光电、迪威视讯、腾邦国际、金新农、尚荣医疗、佳士科技、铁汉生态、翰宇药业、理邦仪器、欣旺达、雷柏科技、海能达、光韵达、奥拓电子、洲明科技、方直科技、比亚迪、瑞丰光电、捷顺科技、金信诺、佳创视讯、丹邦科技、瑞和股份、联建光电、海联讯,其中中小板公司9家,创业板公司16家。*ST泰复、泛海建设于2011年迁出深圳。

表2　　2011年深圳上市公司数量　　单位:家

公司总数	仅A股	仅B股	(A+B)股
172	150	1	21

资料来源:沪深交易所,天相投资分析系统

（二）行业分布

截至2011年12月31日，深圳172家上市公司所属行业主要分布在制造业（84家），信息技术业（25家），房地产业（18家），金融、保险业（5家）等行业。

表3　　2011年深圳上市公司行业分布情况

所属中国证监会行业类别	家　数
采掘业	1
制造业	84
电力、煤气及水的生产和供应业	3
建筑业	6
交通运输、仓储业	7
信息技术业	25
批发和零售贸易业	9
金融、保险业	5
房地产业	18
社会服务业	9
传播与文化产业	2
综合类	3
合　计	172

资料来源：深圳证监局

（三）股本结构及规模

截至2011年12月31日，深圳172家上市公司股本总额1 451.99亿股，占同期全国上市公司总股本的4.86%。股本总额超过50亿股的有7家，分别是招商银行、万科、中信证券、深发展、华侨城、中国平安、广深铁路；股本超过10亿股的有29家，占深圳上市公司总数的16.86%。

表4　　2011年深圳上市公司股本规模在10亿股以上公司分布情况

股本规模（亿股）	公司家数	具体公司
200≤～<500	1	招商银行
100≤～<200	2	万科A、中信证券
50≤～<100	4	深发展A、华侨城A、中国平安、广深铁路
20≤～<50	9	南玻A、深圳能源、中集集团、中金岭南、中兴通讯、比亚迪、金地集团、深高速、招商证券
10≤～<20	13	中国宝安、深康佳A、长城开发、招商地产、深深房A、中粮地产、华联控股、长城电脑、盐田港、深圳机场、大族激光、健康元、深圳燃气

资料来源：沪深交易所，天相投资分析系统

（四）市值规模

截至2011年12月31日，深圳172家上市公司境内总市值为15 219.92亿元，占沪深交易所上市公司境内总市值的7.05%。其中，上交所上市公司12家，总股本530.10亿股，境内总市值5 990.26亿元，占上交所上市公司境内总市值的4.01%；深交所上市公司160家，总股本921.88亿股，境内总市值9 229.66亿元，占深交所上市公司境内总市值的13.86%。深圳上市公司总市值超过1 000亿元的有2家，分别是招商银行、中国平安。

（五）资产规模

截至2011年12月31日，深圳172家上市公司合计总资产79 230.33亿元，归属于上市公司股东权益9 282.61亿元，与2010年相比，分别增长40.13%、25.28%；平均每股净资产5.91元。

截至2011年12月31日，全国总资产和净资产排名前50名的上市公司中，深圳分别占6家和5家。

三、深圳上市公司经营情况及变动分析

（一）总体经营情况

2011年，深圳172家上市公司实现营业收入11 434.57亿元，同比增长20.39%；实现归属母公司所有者的净利润1 329.24亿元，同比增长17.33%；深圳上市公司平均净资产收益率为14.32%，高于全国14.08%的平均水平；平均每股收益（按期末股本计算）为0.85元，高于全国0.53元的平均水平。见表5。

表5　2011年深圳上市公司经营情况

指　标	2011年	2010年	同比增长（%）
家　数	172	147	17.01
亏损家数	7	7	0.00
亏损家数比例（%）	4.07	4.76	-0.69
平均每股收益（元）	0.85	0.71	19.72
平均每股净资产（元）	5.91	4.72	25.21
平均净资产收益率（%）	14.32	14.96	-0.64
总资产（亿元）	79 230.33	56 540.59	40.13
归属于母公司股东权益（亿元）	9 282.61	7 409.32	25.28
营业收入（亿元）	11 434.57	9 497.60	20.39
利润总额（亿元）	1 833.69	1 528.47	19.97
归属于母公司所有者的净利润（亿元）	1 329.24	1 132.92	17.33

资料来源：沪深交易所，天相投资分析系统，深圳证监局

(二)分行业经营情况

2011 年,深圳各行业上市公司营业收入均呈现增长态势,其中金融、保险业和房地产业增长最快,增幅分别达到了 29.32% 和 24.70%。2011 年,深圳金融、保险业和房地产业净利润增长幅度分别为 25.82% 和 19.53%;制造业净利润呈小幅增长,增长幅度为 8.04%;而信息技术业净利润同比下降 26.29%,下降幅度较大。2011 年深圳上市公司分行业经营情况见表 6。

表 6　　2011 年深圳上市公司分行业经营情况

所属行类	营业收入(亿元)	同比增长(%)	净利润(亿元)	同比增长(%)
制造业	2 482.41	18.03	179.60	8.04
信息技术业	1 953.62	4.71	37.20	-26.29
房地产业	1 476.08	24.70	206.63	19.53
金融、保险业	4 049.73	29.32	804.67	25.82
其他行业	1 473.58	21.40	101.14	-3.17

资料来源:深圳证监局

(三)业绩变动情况分析

1. 营业收入、净利润等变动情况分析

2011 年,剔除金融、保险行业公司后,深圳地区 167 家上市公司营业收入、营业利润和净利润分别为 7 385.68 亿元、655.61 亿元、524.57 亿元,同比分别增长 16.01%、4.08%、6.21%,远低于 2010 年同期的 42.61%、40.90%、40.08% 的增幅。5 家金融、保险行业公司营业收入、营业利润和净利润分别为 4 049.73 亿元、1 072.31 亿元、804.67 亿元,占比分别为 35.40%、62.07%、60.53%,增幅分别为 29.32%、28.69%、25.82%,高于深圳上市公司总体水平。

2. 盈利构成分析

从盈利构成看,2011 年深圳上市公司利润来源主要是营业利润,其占利润总额的比重为 94.23%;投资净收益占利润总额的比重为 31.59%,公允价值变动净收益为负(-13.35 亿元),营业外收支净额占利润总额的比重为 5.77%。

3. 经营性现金流量分析

2011 年,深圳 105 家上市公司经营现金流量净额为正,占 172 家上市公司的 61.05%,低于 2010 年的 66.89%。167 家非金融、保险类公司经营活动现金流入为 8 591.50 亿元,相对于 2010 年同期的 7 603.51亿元,增长 12.99%,但增幅远低于 2010 年同期 42.97% 的增幅。经营活动现金流入与当期营业收入之比为 1.16,相对于 2010 年同期的 1.19,出现微幅下降。经营活动现金净流入为 228.02 亿元,相对于 2010 年同期的 137.14 亿元,增长 66.27%,经营活动现金净流入与当期净利润之比也由 27.77% 增长至 43.47%。

4. 业绩特点分析

(1)业绩增幅高于全国水平,但回落明显

2011 年,172 家上市公司共实现营业收入 11 434.57 亿元,较 2010 年的 9 497.60 亿元增长 20.39%，但低于 2010 年同期 37.35% 的增幅；归属于母公司所有者净利润为 1 329.24 亿元，较 2010 年的 1 132.92 亿元增长 17.33%，但低于 2010 年同期 33.10% 的增幅。营业收入和净利润规模排名全国第 3，位居北京、上海之后。2011 年，深圳上市公司营业收入增幅低于全国平均水平，但净利润增幅高于全国平均水平。

(2)非经常性损益占比提高，盈利质量有所下降

2011 年，167 家非金融、保险类公司非经常性损益为 69.16 亿元，占当期净利润的比重为 13.18%，相对于 2010 年同期的 8.14% 增长明显。深圳 12 家公司通过非经常性损益实现盈利，占比为 6.98%；2010 年为 8 家，占比为 5.37%；其中，＊ST 中华、深深宝、新都酒店和 ST 太光 4 家公司连续两年通过非经常性损益实现盈利。

2011 年，167 家非金融、保险类公司利润总额为 753.68 亿元，其中，经营活动净损益为 595.35 亿元，占当期利润总额的比重为 78.99%，相对于 2010 年的 82.88% 降低了近 4 个百分点；营业外收支净额为 98.07 亿元，占当期利润总额的比重为 13.01%，相对于 2010 年的 8.60%，上升了超过 4 个百分点；价值变动净损益(公允价值变动损益、投资收益)为 60.25 亿元，占当期利润总额的比重为 8.00%，与 2010 年的 8.52% 相比无明显变化。

(3)成本费用增幅明显

2011 年，167 家非金融、保险类公司营业总成本增长 17.17%，高于营业收入 16.01% 的增幅；其中营业成本和期间费用(含营业税金及附加、资产减值损失)分别增长 15.17% 和 27.09%，期间费用增幅超过营业成本的增幅。2011 年，深圳上市公司"支付给职工以及为职工支付的现金"发生额为 653.91 亿元，较 2010 年同期的 496.59 亿元增长 31.68%。

5. 利润分配情况

截至 2012 年 4 月 30 日，深圳 178 家上市公司(含 6 家 2012 年 1—4 月新上市的公司)中 133 家公司提出了 2011 半年度或 2011 年度分红方案，占比为 75%。从分红形式来看，以现金股利单一方式进行利润分配的公司为 84 家，以转增股本、现金股利两种方式进行利润分配的公司为 39 家，以送股、现金股利两种方式进行利润分配的公司为 4 家，以现金股利、送股和转增股本三种方式进行利润分配的公司为 4 家，仅转增股本的公司为 2 家。

131 家现金股利形式分红的公司，占深圳上市公司总数(含 6 家 2012 年 1—4 月新上市的公司)的比重为 73.60%，现金分红金额 305.60 亿元。

四、深圳上市公司并购重组情况

2011 年，深圳 172 家上市公司中共有 2 家公司发生重大资产重组。

一是深圳市深宝实业股份有限公司将参股子公司深圳百事可乐饮料有限公司(以下简称"深圳百事")15% 的股权以 14 400 万元转让给百事(中国)投资有限公司。2011 年 7 月 19 日，公司第七届董事会第 13 次会议审议通过出售深圳百事 15% 的股权。2011 年 9 月 26 日，公司 2011 年第三次临时股东大会审议通过该交易。2011 年 12 月 22 日，公司收到中国证监会《关于核准深圳市深宝实业股份有限公司重大资产重组方

案的批复》(证监许可[2011]2030号),核准公司此次股权转让。

二是深圳英飞拓科技股份有限公司通过其间接控制的全资子公司 Infinova(Canada)LTD. 以协议收购方式,以5加元/股的现金对价(共计5.54亿元)收购在加拿大多伦多证券交易所上市的 March Networks Corporation 100%股权。2011年12月21日,公司第二届董事会第20次会议审议通过了《关于〈公司重大资产购买报告书(草案)及其摘要的议案〉》。2012年1月10日,公司2012年第一次临时股东大会审议通过了《关于英飞拓科技股份有限公司重大资产购买方案的议案》。2012年4月13日,中国证监会出具了《关于核准深圳英飞拓科技股份有限公司重大资产重组方案的批复》,核准公司此次交易。

五、深圳上市公司募集资金情况、使用情况

(一)募集资金总体情况

2011年,深圳上市公司通过资本市场直接融资520.23亿元,其中,首发股本融资(IPO)171.31亿元,增发融资345.59亿元,配股融资3.33亿元。

表7　　2011年深圳上市公司募集资金情况

发行类型	代　码	简　称	募集资金(亿元)
首　发	002548	金新农	5.76
	002551	尚荣医疗	9.43
	002577	雷柏科技	12.16
	002583	海能达	13.93
	002587	奥拓电子	3.36
	002594	比亚迪	14.22
	002609	捷顺科技	4.35
	002618	丹邦科技	5.20
	002620	瑞和股份	6.00
	300162	雷曼光电	6.38
	300167	迪威视讯	5.70
	300178	腾邦国际	6.57
	300193	佳士科技	14.71
	300197	铁汉生态	10.47
	300199	翰宇药业	7.55
	300206	理邦仪器	9.50
	300207	欣旺达	8.77
	300227	光韵达	2.21
	300232	洲明科技	3.71
	300235	方直科技	2.16
	300241	瑞丰光电	2.92

续表

发行类型	代　码	简　称	募集资金(亿元)
首　发	300252	金信诺	4.37
	300264	佳创视讯	4.29
	300269	联建光电	3.68
	300277	海联讯	3.91
增　发	000001	深发展 A	290.80
	000007	零七股份	3.25
	000019	深深宝 A	6.00
	002055	得润电子	6.00
	002138	顺络电子	4.30
	002161	远望谷	6.94
	002218	拓日新能	8.09
	002340	格林美	10.37
	601139	深圳燃气	9.84
配　股	002130	沃尔核材	3.33
总　计			520.23

资料来源:深圳证监局

(二)募集资金使用情况及特点

截至2011年12月31日,深圳上市公司已使用的2011年、2010年和2009年募集资金总额(均不含公司债,下同)分别为70.45亿元、478.95亿元和206.35亿元,占各年募集资金净额的比重分别为28.53%、64.28%和86.52%。剔除金融、保险行业公司后,已使用的募集资金总额分别为70.45亿元、194.21亿元和97.52亿元,占各年募集资金净额的比重分别为28.53%、26.07%和40.71%。

表8　　2011年深圳上市公司募集资金使用情况

年　份	使用募集资金总额(亿元)	2011年度募集资金净额(亿元)	使用占比(%)
2011年	70.45	246.93	28.53
2010年	478.95	745.10	64.28
2009年	206.35	238.50	86.52

资料来源:深圳证监局

(三)募集资金变更情况

2009—2011年,深圳共有102家上市公司通过资本市场直接融资(含公司债),共有18家上市公司变更了募集资金用途(含实施地点变更)。7家上市公司变更了2009年募集资金投资项目,涉及金额达10.15亿元,占公司募集资金净额的比重为23.23%;

10 家上市公司变更了 2010 年募集资金的投资项目，涉及金额达 21.38 亿元，占公司募集资金净额的比重为 17%；1 家上市公司变更了 2011 年募集资金的投资项目，且仅变更了实施主体和实施地点。

表 9　　2011 年深圳上市公司募集资金使用项目变更情况

日　期	变更募集资金使用项目的公司家数	涉及金额（亿元）	募集资金净额（亿元）	占公司募集资金净额的比例（%）
2011	1	0.00	5.76	0.00
2010	10	21.38	125.74	17.00
2009	7	10.15	43.26	23.23

资料来源：深圳证监局

（四）存在的主要问题

深圳上市公司募集资金整体使用比例不高，使用进度较慢。分析其主要原因如下：一是根据国家对相关产业政策的调整，部分公司相应调整了募集资金使用进度；二是受 2010 年和 2011 年经济形势、市场环境、物价变动等因素的影响，公司原定的项目投资成本预算急增，投资建设暂时停滞，或公司已变更募集资金投向和实施方式；三是 2010 年之后新上市公司超募资金数额较大，暂时没有适合的资金投向。

六、深圳上市公司规范运作情况

（一）深圳上市公司开展内部控制规范试点工作

2011 年，根据中国证监会的统一部署，深圳主板上市公司在全国率先开展内部控制规范整体试点工作。深圳大部分上市公司在内部控制规范方面有着很强的主动性和自觉性，对该项工作高度重视，积极落实。深圳证监局通过强化硬约束，做好培训交流工作，及时开展约谈、检查等方式，有效推动了深圳企业内部控制规范试点工作的顺利推进。

截至 2011 年 12 月 31 日，深圳 22 家重点试点公司内控建设阶段主要工作均已完成，并已进入全面开展内控缺陷整改或实施内控自我评价工作阶段及内控审计阶段。其他 52 家试点公司中大部分公司正开展内控建设阶段的内控风险评估、控制活动识别及内控有效性测试等关键工作，部分公司已完成上述关键工作并提出内控缺陷整改方案，实施内控缺陷整改。

此外，深圳上市公司海普瑞、汇川技术、科陆电子、宇顺电子等 8 家中小板、创业板公司也主动开展内控规范建设工作，均成立了内控领导小组，开展了内控建设相关工作。截至 2011 年 12 月 31 日，有 3 家公司（海普瑞、汇川技术、通产丽星）基本完成内控建设和内控评价具体工作，参照重点公司的进度要求聘请审计机构进行内控审计。

（二）深圳上市公司内幕交易综合防控工作深入推进

2010 年 11 月 16 日国务院办公厅转发

中国证监会等五部委《关于依法打击和防控资本市场内幕交易的意见》(以下简称《意见》)后,深圳证监局认真贯彻落实《意见》的要求,除继续要求上市公司做好内幕信息知情人报备制度、加大对内幕信息知情人的管理检查力度外,还重点开展了以下工作:

1. 积极构建深圳上市公司内幕信息管理综合防控体系

在深圳证监局建议下,深圳市政府办公厅组织深圳证监局、市监察局、公安局、国资委、金融办等单位召开关于深圳市贯彻落实国务院《意见》的联席会议,会签了《关于加强深圳上市公司内幕信息管理　做好内幕交易防控工作的通知》,并由市政府办公厅转发至深圳市政府各部门、各区人民政府执行。

2. 加强上市公司股价异动的监管

深圳证监局在日常监管过程中继续密切关注股价异动情况,对存在股价异动的公司快速核查,对部分股价异动明显的公司进行核查或要求公司进行自查,并作出相应处理。

3. 加强会计师事务所内幕信息知情人监管

深圳证监局在年报审计监管工作中进一步加强了对会计师事务所执行年报审计相关人员内幕交易防控工作,要求各会计师事务所制定并严格执行相关业务人员及其主要近亲属持有股票登记备案制度,禁止利用获悉的内幕信息买卖股票,禁止向他人泄露审计中获悉的内幕信息,禁止与项目无关的其他人员打听或以其他方式获悉内幕信息。

4. 加强宣传培训

深圳证监局在2011年8月召开了深圳地区"上市公司信息披露专项工作会议",要求深圳全部上市公司会后开展对公司及其股东董事、监事、中高级管理人员的专题培训,并在此基础上,不断加强内幕交易防控的宣传培训。

审稿人:邱健

撰稿人:吴荻　白遥

第五篇　上市公司治理篇

- 中集集团：企业内部控制体系建设的积极探索者
- 安徽合力：特色内控体系的构建之路
- 兰花科创：内控建设　注重实效
- 日照港：加强机制建设　提升董事会决策水平
- 兖州煤业：因企制宜　积极探索特色公司治理
- 中远航运：发挥独立董事作用　持续改进公司治理
- 大秦铁路：完善公司治理　积极回报股东
- 山东高速：完善公司治理　实现规范运作　推动持续发展
- 中国平安：整合升级内控体系　创建平安信赖工程
- 四川双马：发挥独董作用　提升公司治理水平
- 远光软件：建立健全股权激励　推动可持续发展
- 劲胜股份：强化内部审计
- 南京新百：解决同业竞争

中集集团:企业内部控制体系建设的积极探索者

一、中集集团基本情况

中国国际海运集装箱(集团)股份有限公司(以下简称“中集集团”、“公司”)的前身为中国国际海运集装箱有限公司,是由招商局轮船股份有限公司与丹麦宝隆洋行、美国海洋集装箱公司共同出资设立的中外合资企业,是中国最早的集装箱专业生产厂和最早的中外合资企业之一。1993 年 12 月 31 日和 1994 年 1 月 17 日,公司分别向境内、境外社会公众公开发行人民币普通股(A 股)股票和境内上市外资股(B 股)股票并上市交易。

截至 2011 年 12 月 31 日,公司总资产 643.62 亿元,净资产 186.33 亿元,2011 年实现营业收入 641.25 亿元,净利润 36.91 亿元。公司主要经营业务可概括为“四大”和“五小”。“四大”即集装箱、道路运输车辆、能源化工和食品罐式装备、海洋工程,“五小”即机场设备、物流服务、地产、金融、轨道交通装备。公司业务涉及多个行业领域,经营和管理模式差异较大,风险控制的要求各不相同;下属子公司地域分布广,遍及海内外,有显著的文化冲突;公司几年间扩展到跨 9 大业务板块的 200 多家企业,目前公司的管控模式正处于加大风险管控力度的升级过程中。

二、中集集团内控体系的建设过程及主要成果

基于战略发展的需要和对社会、股东、客户及员工负责任的上市公司使命感,在 2007 年 6 月,公司成立了内控体系建设委员会,在公司范围内按 COSO 框架逐步建立起内控体系。2008 年 6 月,财政部、证监会等 5 部委颁布《企业内部控制基本规范》后,公司主动按基本规范的要求,先于规范要求的实施时间进一步强化内控建设,各业务板块、下属企业均成立了内控领导机构及常务工作组。截至 2011 年底,公司已经完成 153 家全资或控股子公司的内控体系建设,并对与财务报告相关的内控系统进行自我评估,2009 年后每年对外发布年度内控自我评价报告。

在 4 年的内控体系建设过程中,公司共识别出内控缺陷 10 000 多条并完成整改;推动了 35 项内控基础制度、129 项专业制度的建设及更新;推动完成 24 个主流程模块的建立,包括独创的知识产权、用工风险、生产制造和基建工程等内控流程模块;研发了一套具有公司特色的培训教材;编制了融合制度体系、控制流程、风险管理为一体的内部控制手册;制定了一套完整的用于项目组织、管理、交流跟踪的工作模板;打造了一支专业过硬、初具规模的内控队伍。

三、公司内控体系建设创新点

(一)创新内控建设模板、工作流程及方法

一般情况下,按照5人专业团队督导完成一家中型企业的内控建设前后需2个月计算,以公司风控团队现有资源全部投入内控建设,100多家下属企业需要4年多时间才能完成内控建设。实际上,公司用不到1年的时间,不仅完成100多家下属企业的财务报告相关流程的内控建设升级工作,而且对于非财务报告相关的业务流程也同步建设。取得这样的效果主要源于公司2007年以来构建的内控基础,尤其是公司内控工作团队通过学习和摸索建立起的工作模板体系和内控方法论。

1. 形成覆盖内控体系建设全过程的工作模板

公司在2010年10月即着手开展企业内控规范及配套指引与公司实际的对标工作,完成包括覆盖控制环境、控制活动、控制手段三大类型五大要素的对标,覆盖18个大业务流程、170个一级子流程。同时,针对集装箱板块、车辆板块、能化板块、海工板块、物流板块、金融服务企业、海外企业等不同业务单元的不同内控特点,首先抓模板建立工作。在每个业务板块中,各选取一到二家代表性企业,首先建立内控模板,然后复制推广到同一类型的其他企业。

2. 建立了内控建设"三步走"方法论

第一步:完成对自身内控流程描述及实际缺陷的自我识别,按照模板初步建立内控文件体系。

第二步:接收内控文件初稿后远程审核。对偏差比较大的,远程指导修改完善。对具备审核条件的,派出2~5人团队,奔赴下属企业现场审核,并同时开展内控文件审核及内部审计等工作。

第三步:缺陷整改及抽样测试。公司内控督导组一般通过远程方式指导、协助,并在后续的现场审计或专项检查时,核实其自报整改情况的真实性和准确性。要求完成所有重大、重要缺陷及大部分一般缺陷的整改,把风险降低到可接受的程度。

(二)注重内控人才队伍建设,快速大量培养内控人才

企业内控是新理念、新知识、新事物。内控体系建设成功与否很大程度上取决于内控人才队伍建设。公司在这方面做了相关探索,并取得了一定的效果。

1. 聘请拥有丰富海内外经验的风控人才,打造一支专业过硬的团队

总部专职内控团队从2007年最初的3人发展壮大到33人,涉及内控、审计、会计、税务、法律、IT、工程、造价、评估等各领域。

2. 全面开展员工培训工作

公司自主开发用于支持内控体系建设工作的培训教材,这些培训教材把COSO理论、5部委内控规范及中集集团内控实践有效融合在一起,同时为员工因地制宜地学习内控提供了多种途径。

(三)加强内控环境建设,培育注重风险的企业文化

通过领导讲话、内外部媒体、公司OA系统、LED屏等多种方式发表多篇内控专题报道,开展内控知识竞赛,加强内外交流。

（四）建设植入型内部控制

为避免出现流程重叠、孤岛和缺失等问题，公司没有照搬咨询公司提供的方法，而是通过分析、评估公司现有管理体系文件，把内控要求、内控标准和技术要求植入现有的管理体系中，使管理体系符合内控要求，同时不断提升内控团队的素质，打破部门墙，协同作战，切实为企业提供管理增值服务，使内控体系能真正建立起来。

1. 推动制度流程建设

公司按《企业内部控制基本规范》的要求，梳理出 35 项需建立和完善的内控基础制度，目前集团、板块、下属企业已基本完成制度流程梳理和更新工作，有力地推动了集团制度化、流程化的规范管理进程，为责任型授权、管理升级打下基础。

2. 不断拓展风控的领域和范围

在企业内控建设实践中，公司内控团队发现用工风险、知识产权风险、生产安全管理风险等在经营管理中凸显，而 COSO 框架和内控配套应用指引并不涉及这些内容。因此，公司按照 COSO 标准和已经掌握的方法论，在实践中独创了包括生产制造流程、建造工程流程等内控模板，分别和集团技术部、人力资源部、下属生产制造类企业协同开展知识产权、用工风险、生产管理等内控新项目，将内控内审体系升级到以全面风险管理为导向的现代内部控制体系。

3. 汇编集团公司总部内控手册

公司建立了支撑集团内控可持续评价、监督的规章制度体系，汇编了覆盖集团公司总部 23 个业务职能内控要求和管理规则的内控手册。

（五）率先把中国内控规范推广到海外子公司

从 2009 年起，中集集团相继在亚洲、北美、欧洲、澳洲、南美等地区的公司推行中国企业内控规范建设，提升海外企业整体的管理和风险防范水平。具体情况如下：

1. 观念转变，跨国经营更需内控保障

中集集团从 2002 年登陆美国起，已在北美、澳洲、亚洲、欧洲和南美购并和新建 30 多家公司和工厂，完成了从跨国经营到跨国公司的转变。和绝大多数走出国门的中国企业一样，在国际化经营的初期中集集团对海外公司采取财务管控模式，即仅合并财务报表，享有股权收益，在经营管理上仍依靠原经营班子，沿用原经营方式，不做深度干预。2008 年 10 月，公司审计监察部对美国 3 家子公司实施了现场审计。审计结果证明并非所有美国人都是自律的模范，美国子公司部分关键员工滥用了公司的信任，做出了一些损害公司利益的事情。后来公司结合审计情况，改组了美国 3 家公司的董事会，推行内控规范，改善经营环境。

2. 适时制定海外企业实施内控基本规范的工作方案并试点

基于上述背景，中集集团在 2009 年年度内控工作计划中，提出让内控体系覆盖全公司。鉴于公司海外企业覆盖五大洲，产品业务、管理和内控环境各不相同，公司决定对海外企业的内控实施也按照统筹规划、分步实施、先试点、后推广的策略推进。2009 年初，公司选择了泰国子公司作为首家海外企业内控规范实施试点企业。

3. *及时总结试点经验，形成海外企业内控工作模板，分步推广*

在泰国公司内控试点成功后，公司成立了专门的海外工作组。工作组用近一个月的时间，总结泰国公司的试点经验，编制海外企业内控建设的工作流程，翻译英文内控培训教材。基于重要性原则，第一阶段的海外企业内控文件模板选择了销售收款、采购付款、资金管理、资产、成本费用、财务报告6大流程。

具备上述基础后，公司于2009年11—12月再次审计美国两个子公司，并带去了5部委内控规范的英文版，要求美国员工学习和执行。这是中国企业第一次把中国内控规范推广到欧美子公司。

4. *基本完成海外企业内控规范实施的全面覆盖*

从2009年至今，中集集团内控团队通过不断总结、归纳海外内控工作经验，独立设计了针对欧美企业的外文内控模板工具、培训教材、方法论模板。从模板使用和实际成果（确认内控缺陷）来看，这一规范体系较完整地涵盖了与财务报告相关的重大风险点和经营事项。

（六）反思COSO局限性，内控内审相结合

为什么被业界称为企业史上最难过关的严刑苛法“萨班斯法案”预防不了两房次贷导致的全球金融危机？中集集团也曾有过投资企业或项目严重亏损，与可行性报告相距甚远，而内控评估却能过关的情形；外部中介机构按COSO方法所作的企业内控差距识别，鲜能揭露出重大管理漏洞。在几年的实践中，公司内控团队切身体会到以合规为核心的COSO框架存在软肋，从而有针对性地提出将内控内审内化融合、同步开展的工作方案，即内控现场督导或检查与审计同时开展，审计项目也要体现内控理念。

（七）将组织建设和考核问责作为内控落地的保证

公司把建立和有效运行内控体系作为一把手工程，各级负责人层层签订内控建设责任状，确保内控体系设计和运行责任落地；同时在2010年就将内控状况纳入企业绩效考核KPI。公司作出内控考核结论后，立刻落实奖惩。2011年成为中国证监会深圳主板首批内控试点单位后，更进一步强调，下属企业如果被判断为内控失效，在年度考核中就一票否决。

四、开展四项内控重点工作，推动内控工作深入、长效

公司正在进行战略升级，将内控内审体系作为集团管控5大支柱之一。为将内控工作常态化，促进企业管理增值增效，结合公司升级“分层管理，让各板块各业务承担可持续增长的责任”的基本思路，公司正在推进4项内控重点工作：①分层编制内部控制手册；②内控达标工程与金银铜牌标准制定认证；③内控人才育成体系建设；④KRI（关键风险指标）风险管理体系建设与E化。

（深圳证监局供稿）

安徽合力:特色内控体系的构建之路

一、公司概况

安徽合力股份有限公司(以下简称“安徽合力”或“公司”)于1996年在上海证券交易所(股票代码:600761,股票简称:安徽合力)上市,是国内工业车辆行业唯一一家上市公司。公司主要经营工业车辆、工程机械与关键零部件产品的生产和销售,目前是我国规模最大、产业链条最完整、综合实力和经济效益最好的工业车辆研发、制造与出口基地。

安徽合力上市十几年来,秉承“求实、创新、团结、高效”的企业精神,以实际行动促进企业与股东、客户、合作伙伴及其他社会团体的共同发展。公司资产规模和经营效益逐年稳步增长,截至2011年末,公司资产总额43亿元,较上市之初增长约6倍;实现营业收入62.91亿元,较上市之初增长13倍;实现净利润3.86亿元,较上市之初增长8倍。

多年来,在董事会的正确领导下,公司严格遵循监管要求,不断提高经营管理水平,完善公司治理结构;重视信息披露和投资者关系工作,规范募集资金的使用,建立富有实效的股东回报机制;积极促进内部控制体系建设,注重防范经营风险。长期以来的努力使得公司在资本市场树立了良好形象,并在公司治理、信息披露和公司价值等方面多次获得奖项。安徽合力已连续两届荣获上海证券交易所颁布的“上市公司信息披露提名奖”;荣获新浪财经、《证券时报》等主流媒体评选的“中国上市公司竞争力公信力Top10”和“2011中国主板上市公司价值百强”称号。

二、公司内控规范建设过程回顾

建立完善的内部控制体系是企业规范管理、防范经营风险和保持可持续发展的内在需要。作为安徽省内控规范实施试点公司,安徽合力按照5部委《企业内部控制基本规范》及其配套指引的要求,自2010年底起历时一年多的时间,建立了企业内控体系,并于2012年1月1日起正式颁布实施。

(一)成立内控工作机构

2010年,公司成立了以董事长为第一责任人、总经理具体负责落实的内部控制规范实施工作领导小组,加强对内控规范实施工作的组织领导;成立了以企业管理部为牵头部门的内控规范实施办公室,协调组织公司各职能部门、分子公司内控体系的逐步实施;成立了由总部主要职能部门骨干组成的内控规范实施项目组(以下简称“项目组”),具体落实公司内控实施工作,推进内控体系建立健全。

（二）组织完善内控体系建设

针对安徽合力的组织架构及经营特性，在咨询机构帮助下，公司组织各单位深入学习内控实施细则，进一步增强内部控制及风险防范意识。在此基础上，本着“以点带面”、“点面结合”的原则，项目组先选择了总部及3家具有典型性和代表性的分子公司（整车、零部件、销售）进行内控试点建设，4家试点单位编制了内控手册，共设计65项实施细则，建立476个二级子流程。在总结4家试点单位建设经验后，内控建设全面推开，项目组开展了其余14家非试点单位的内控体系建设，编制了内部控制手册，建立了126项内控实施细则，全面描述了各项业务的关键控制点。历时8个月，公司按照《企业内部控制基本规范》及其配套指引的要求，结合行业特点及企业实际，建立了涵盖公司总部及分子公司共计24项主要生产经营业务的内控及风险管理体系。

（三）内控体系试运行

2011年8月，公司内控规范的实施进入试运行阶段，公司要求各单位、部门负责人为内控体系运行的第一责任人。

一是要求各单位组织学习内控实施细则，重点宣传和贯彻经营业务范围内的控制流程图及关键控制矩阵。二是要求重点落实各项关键控制点，并对体系建立时查找出的缺陷进行整改，在整改的过程中调整制度体系。三是要求各单位在试运行过程中，有意识地保留各项实施证据，以备评价测试。四是要求试运行结束时，各责任单位必须提交内部控制运行情况报告，供内控项目组了解试运行的整体情况。

历时近两个月，公司基本完成了内控体系的试运行。在此期间，公司邀请咨询机构共同完成了体系测试工作，并协助公司进一步完善内控体系建设。

（四）内控体系运行测试评价

按照内控基本规范、评价指引的有关规定以及公司计划安排，自2012年1月起，公司对建立并试运行完毕的内控体系进行测试评价，评价工作分3个阶段进行，由内控评价组和审计委员会组织实施。

第一阶段：准备阶段。确定内部控制评价的范围；与被评价单位沟通，明确需要准备的相关规章制度、文档记录等；编制评价计划表和评价表。

第二阶段：现场实施阶段。通过访谈，了解内部控制现状及控制的具体执行情况；在评价表中记录访谈的内容及结果；检查相关的控制措施是否存在并按规定执行，且留下了实施证据；检查试运行阶段的缺陷整改落实情况；如实记录新发现的控制缺陷。

第三阶段：报告阶段。汇总整理评价表和控制缺陷分析汇总表，将评价中发现的问题、提出的整改建议与被评价单位进行沟通；撰写评价报告。

（五）披露内控控制评价报告

2012年3月，公司内控评价组和董事会审计委员会在完成了上述评价、测试工作后，撰写评价报告。公司董事会依据该评价报告编制了2011年公司内控自我评价报告，对新建的内控体系进行了自我评价，对内控运行中还存在的4项重要缺陷和12项一般缺陷，进行了公告披露。公司外部审计机构也对公司2011年度内部控制评价报告发表了鉴证意见,认为公司按照有关法规建立的与财务报告相关的内部控制于2011年12月31日在所有重大方面是有效的。

三、公司内控规范建设经验和特色

(一)理论结合实际是内部控制体系的建设前提

公司在内控实施过程中,充分结合了自身的行业特点、企业规模、管理能力等实际,本着"以点带面"、"点面结合"的原则,建立适合自己需求的内控体系。其次公司不是将企业原有的管理体系推倒重建,而是结合企业内外部环境与经营业务,对现有内控运行体系开展查缺补漏、持续完善,在实现风险管控与运营效率的目标中选择平衡点。

(二)良好的公司治理结构是内部控制体系的运行保障

公司按照中国证监会监管法规要求,规范治理结构,制订了股东大会、董事会、监事会的议事规则。公司重大事项的经营决策均按照各项议事规则由经理层、董事会、监事会、股东大会讨论决定,与控股股东在业务、人员、资产、机构、财务方面做到"五分开"。公司董事会设立了战略委员会、审计委员会、薪酬与考核委员会、提名委员会,在促进公司治理规范运行的同时,强化了公司的战略决策和风险控制能力。

严格履行《公司法》和《公司章程》所赋予的权利和义务,持续保持规范运作,是公司持续健康发展的基础。公司现行治理结构治理层次清晰,运作透明,信息披露规范,内部控制体系正是基于此良好的治理结构,才能够形成有效的董事会决策,经理层及各职能部门执行,内部控制与督查委员会监督反馈的闭环管理模式。

(三)加强人才培养是内部控制体系建设的基础

在内控体系建立前期,公司组织了相关人员,花了较多的时间和精力对企业现有的内控体系与经营业务去做基础研究,同时,走出去学习先行实施企业的成功经验,充分了解现有业务范围、制度流程、风险管控节点等情况。只有前期的基础调研做扎实了,风险点才能查找到位,管控措施才能对症下药。

内控体系建设需要全员参与,不仅仅是内控实施者或者项目组成员需要培训,企业高层、中层更需要学习、理解内控与风险管理的理念、工具和方法。为此,公司持续开展内控专题宣传贯彻和培训,有助于营造内控建设氛围,也有助于培养一批企业内控管理人才。

此外,企业内控体系建设是一项复杂、庞大的系统控制工程,具有专业性、技术性、理论性较强的工作特性,为此,公司遴选了适合公司需求的外部咨询公司协助建设内控体系。一是借助咨询公司的智力成果,能尽快有效地建好合规的内控体系;二是借助咨询公司的外部力量,能推动企业内部一些难以整改的内控单元的改革;三是依托咨询公司资源,能尽快培养企业自身的内控人才和团队。

(四)流程信息化是内控体系运行有效的重要手段

"创一流品牌,进世界五强"、"十二五"

期间力争成为全球工业车辆行业的领先者，伴随这一发展愿景，原有信息系统将不能适应未来集团化的企业内部流程管控要求。为此，公司启动了“以信息化为动力的合力第五次管理革命”，并与SAP达成战略合作，实施新的ERP系统、PLM系统，以适应未来10年甚至更长时间的市场环境的变化要求，努力打造一个能够适应国际化、多工厂、全球化发展要求的新合力。

公司通过信息系统固化业务流程与管理模式，并与内控体系建设相结合使之成为公司内控落地的重要手段。公司从内控的基础流程做起，通过梳理并再造研发、采购、制造、财务等活动的流程，对部分流程进行了IT固化，实现自动化控制；同时运用OA软件打造协同办公的应用平台，逐步实现日常办公业务流程的固化协同管理。

（安徽证监局供稿）

兰花科创：内控建设　注重实效

山西兰花科技创业股份有限公司是经山西省人民政府批准，由山西兰花煤炭实业集团有限公司独家发起、募集设立的股份有限公司，公司股票于1998年12月17日在上海证券交易所上市，股票简称：兰花科创，股票代码：600123。上市以来，公司生产经营持续稳健快速发展，煤炭产业从小到大快速发展，现有4座生产矿井、7座新建和收购整合矿井，设计总产能达到1 750万吨；化肥化工产业从无到有渐成规模，形成产品产能合成氨70万吨、尿素140万吨、甲醇40万吨、二甲醚20万吨，尿素产量进入全国十强；公司股票先后入选上证180指数、沪深300指数样本股，多次入选“上市公司竞争力百强、中国蓝筹百强、上市公司纳税百强”等排行榜，荣获“金牛基业常青上市公司、山西省优秀企业、山西省资本市场优秀上市公司”等荣誉。

2011年1月20日，兰花科创在“中国证监会关于资本市场实施企业内部控制规范体系动员部署电视电话会”上被山西证监局确定为山西省实施内部控制规范体系试点企业后，按照山西证监局《关于做好上市公司内部控制规范试点有关工作的通知》要求，根据财政部、证监会等5部委发布的《企业内部控制基本规范》和《企业内部控制配套指引》等文件精神，立即启动了内控体系建设工作，当年底公司建成了涵盖公司生产经营发展各个方面的内部控制规范体系，按规定完成了自我评价。公司的主要做法如下：

一、精心策划方案，提供实施保障

内部控制规范体系建设是一项复杂的系统工程，涉及到企业战略、投资、文化、人力资源、生产、销售、采购、财务等关键管理活动，覆盖企业的所有业务单位和机构，精心策划和科学制定切实可行的工作方案尤为重要。公司董事会审议内部控制规范体系建设工作方案时,首先确立了建设内部控制规范体系不是推倒重来,而是在充分吸收并且融合公司多年管理文化和经验的基础上推进实施的总基调,据此确定了“三期七步走一重点”的总体工作思路。

“三期”:包括一期试点、二期对标推广和三期全面推广。一期试点,是根据公司煤炭、化肥化工两大主营业务的实际状况,按照监管部门的要求,在满足“试点上市公司内部控制规范体系建设应包括母公司及重要子公司总资产、营业收入和净利润三项指标同时要占2010年合并财务报表相应指标的50%以上”的要求,实行“总部管控+行业管理”的原则,确定公司总部、一个煤矿企业、一个化肥化工企业作为“三个板块”的一期建设试点单位;二期对标推广,是指其他9家煤矿企业和化肥化工企业,分别与一期试点中的煤炭、化肥化工企业内部控制规范体系进行对标建设;三期全面推广,是指在以上两期工作的基础上,对煤炭产业、化肥化工产业外的其他单位开展全面推广建设。“七步走”:具体包括方案策划、风险评估、确定框架、内控梳理、整改试行、监督评价、固化机制等七个步骤完成内部控制规范体系建设。“一重点”:就是要突出持续开展企业内部控制规范知识学习培训重点。

为加强内部控制规范体系建设工作的领导,公司董事会审议通过工作方案、工作计划、组织措施、组织结构。项目启动大会邀请了山西证监局和上海交易所领导出席指导,董事长亲自作动员报告,公司高管、总部副处级以上管理人员、各分子公司副总以上领导、各级内控部门负责人、财务负责人等300余人参加会议。邀请咨询机构专家,深入公司总部及各基层单位开展内部控制规范体系专业知识培训。广泛开展内部控制规范体系的宣传报道,在全公司营造了良好的舆论氛围,促进公司上下统一了认识,为内部控制规范体系顺利实施奠定了坚实的基础。

兰花科创下设20多个分子公司,涉及行业多,时间紧,任务重,董事会选择聘请了在国内服务过数十家央企和上市公司的深圳市迪博企业风险管理技术有限公司,为内部控制规范体系建设的服务机构,协助公司开展内部控制规范体系建设工作。

为确保内部控制规范体系建设工作正常推进,公司从两个层面上建立了内部控制组织机构。第一,在内部控制规范体系建设和评价组织机构层面成立了5个工作组。一是成立了内部控制规范体系领导组,由公司董事长任组长,总经理任常务副组长,总会计师任副组长,全体高管为成员。二是成立了内部控制规范体系建设工作组,由总会计师任主管,指定了专职工作组长,公司总部各部门负责人为成员。三是成立了总部联合项目组、化肥化工联合项目组、煤炭联合项目组等3个内部控制规范体系建设联合项目组。四是成立了内部控制规范评价工作组,由总会计师任组长,总部各部门负责人、相关业务管理机构负责人和下属分子公司内部控制分管领导等为成员。五是成立了内部控制评价小组,由公司内控办、相关部门、单位以及外部专业技术人员组成,开展内部控制评价工作。第二,在内部控制规范体系运行组织机构层面上成立三级管理机构。一是公司董事会为内部控制规范体系建设和监督的负责机构;二是在公司总部成立了专职内部控制办公室；三是在各单位分别成立内部控制规范体系领导机构和内部控制办公室。

为强化内部控制规范体系建设工作的监督考核，公司制订了《兰花科创内部控制规范体系建设项目工作安排及管理制度》、《兰花科创内部控制规范体系建设项目绩效考核管理制度》，明确了各项目组的构成、职责、作业程序、绩效考核等管理标准和奖惩办法，为内部控制规范体系建设工作提供了重要的行为准则，培养了一支具备较强学习能力、熟悉公司业务的内部控制管理团队。

二、开展风险评估，确定内部控制规范重点

风险评估是内部控制规范体系建设的第一步工作，主要目的是识别公司内外部存在的各类重大、重要风险，并作为内控梳理的起点，在公司现有管理基础上增强风险管理的手段，导入风险管理文化。本阶段开展的主要工作内容包括：识别公司经营发展面临的内外部重大、重要风险，通过问卷调查、访谈、研讨会等形式开展风险评估，分析重大风险的形成原因及影响，制定应对策略和解决方案。

风险辨识，是以公司战略目标为起点，综合煤炭及化肥化工行业的政策、竞争等因素，识别出影响公司总体目标实现的风险因素，构建公司整体层面的风险模型。项目组从行业特征和战略目标出发，从战略、运营、市场、财务和法律五个角度，分析关键风险因素及其相互关系，识别出战略风险、运营风险、市场风险、财务风险和法律风险等五类主要风险因素71项。通过对这些风险因素的深入分析，解释这些风险因素之间的因果、并列等关系，逐步理清了不同层级的风险管理内容，初步构建了公司层面风险树。

在风险辨识的基础上，项目组通过管理层访谈和风险讨论、问卷调查等方式开展风险评估，对公司董事长、总经理、副总经理、部门负责人以及唐安煤矿和煤化工公司领导、部门负责人等管理人员进行了“一对一”访谈，准确了解公司高层管理人员对风险信息的判断。

项目组组织公司领导、部门负责人以及下属单位的领导进行现场调查问卷访谈并进行统计分析，对重大风险逐一进行测试，并且就分析结果与公司高层管理人员交换意见，最终确定了安全生产风险、产品价格波动风险、市场变化风险、生产要素价格波动风险、人才风险、环境保护风险、战略决策风险、政策及宏观经济风险、投资风险以及工程项目管理风险为2011年度公司层面前10项重大风险。

针对排查出的每一项重大风险，公司从风险概念、形成的过程、原因、影响、应对策略、解决方案、主责部门和岗位、与业务流程和制度的关系等角度进行分析，编制完成《兰花科创公司层面风险评估报告》。在解决方案部分，将重大风险与内部控制业务流程和管理制度进行对接，理清事前、事中和事后的解决方案，将重大风险的管控，落实到了具体的业务管理过程中，实现了重大风险的流程化管理。流程层面的风险根据战略、市场、运营、财务和法律等5类风险进行了归类，实现了公司层面风险—流程层面风险的横向对接，公司层面风险—业务流程—流程层面风险的纵向对接。

三、确定内控框架,规范行业管控

项目组根据企业内部控制基本规范和应用指引,从公司层面重大、重要风险出发,以“重大风险全流程化管理”为指导思想,围绕公司煤炭和化肥化工行业的经营管理特点,结合整体风险结构和控制策略,从战略管理、运营管理和职能支持三个层面,规划确定公司总部管控、煤炭和化肥化工行业管控的内部控制业务流程框架,明确了16个一级重点控制领域,对于一级重点控制领域,分析确定了51个关键管理模块和400多个关键控制流程。每一个重点控制领域的关键管理模块,均按照业务逻辑将框架展开到3级,并且用流程图的形式描述了业务流程之间的横向关系,从而打通部门之间的职能墙,实现以风险为导向,控制流程为责任线条的管理理念。

为了在框架层面体现出明确的管控要求,实现行业内部控制的目标,6月下旬,公司高管根据分管职责分别主持召开框架对接评审会,总部相关部门、各基层单位主管领导和业务部门、各级内控部门人员参加会议,形成了70多项调整意见。7月初,内部控制规范体系建设领导组,组织开展了第二轮框架评审,结合各部门、各组织机构职责授权和业务流程情况,确定了最终的内部控制流程框架,并且将控制责任明确至各部门、各岗位。

四、开展内控梳理,发现控制缺陷

项目组根据公司现有的200多条管理制度,结合各单位、各部门的业务操作流程现状,按照《企业内部控制配套指引》的要求,梳理了各业务流程的管理标准和程序。在业务梳理过程中,项目组运用“内控流程建模软件”绘制业务流程图,编制了流程描述、控制文档、风险控制矩阵、风险数据库和缺陷跟踪报告等6个表单,按照5W1H分析法的要求,明确了各个流程的执行标准和关键控制点,确定了每个业务流程的主责部门和责任岗位,每个流程均经流程责任部门负责人签字确认。

对于行业内控流程,首先按试点单位的制度和业务现状进行梳理,梳理完成后各部门负责人签字确认,然后将业务流程发到对标单位进行对标。对标单位对标后,要提出与试点单位的差异、原因及建议,经业务分管领导、部门负责人签字确认后提交到项目组。

为了使行业流程更具有可行性,组织了若干次不同形式的评审,根据管理模块的不同,有煤矿、化肥化工相关单位参加的,也有公司领导、公司各部门负责人和相关单位参加的,有会议形式,也有发放征求意见函和内控管理表单的形式,提出了80多项调整建议,最后项目组充分参考行业内各单位的管理特色,完成了行业内控流程梳理。

为了验证业务流程设计的有效性,项目组对每个流程进行了穿行测试,即按某个流程的所有关键控制环节和表单,到相关部门查验相关资料,与业务流程设计要求进行对比,验证业务流程设计的有效性。对于关键业务流程,如采购与付款、销售与收款等,均进行了多次穿行测试。

对于现有的管理制度和业务流程,项目组通过流程梳理与穿行测试,从公司层面和流程层面两个层面,识别缺陷和问题,分析造成现状的根本原因和存在的风险。在梳理内控流程过程中，项目组对公司原有的200多个制度进行了评价，分别从公司管控、组织机构、公司治理、财务报告、全面预算、安全生产等角度，提出了具体的制度修订和增补建议，以及合规性、提升性管理建议和举措，并且将每一个建议均落实到责任部门和责任人，要求责任人提出整改措施和整改计划。

五、推动缺陷整改，组织对标试行

缺陷整改和试运行包括第一期3个试点单位和第二期9个对标单位。为有效指导整改与试运行工作，项目组编制了整改与试运行指引，配套设计了11个操作表单，指导各单位开展缺陷整改与试运行工作。具体的表单包括《组织机构上行文模板》、《内控体系工作总体方案模板》、《穿行（抽样）测试资料清单》、《部门内部控制缺陷跟踪表》、《各单位内部控制缺陷跟踪表》、《各单位内部控制测试统计表》、《非试点单位部门内控流程对标进度统计表》、《非试点单位内部控制流程对标统计表》、《内部控制体系试运行工作简报》、《内部控制流程运行检查表》，以及《内部控制体系试运行绩效考核指标方案》等。试运行期间对84个制度进行了评审修订，其中新增制度47个，修订制度37个，各单位对存在的缺陷进行了有效的整改。

六、组织监督评价，保证整改执行

为指导内部评价工作顺利进行，公司制订了《内部控制评价工作方案》、《评价手册》和《测试底稿》，明确了评价的时间安排、抽样方法、测试底稿编制方法、缺陷认定标准等内容，在中介机构专业人员的指导下，开展了3个试点单位和9个对标单位的缺陷整改和执行有效性评价工作。

评价完成后，公司计划以各单位评价结果为基础，综合考虑2011年度各单位和内控专职人员的表现，对在内部控制规范体系建设过程中涌现出来的先进单位和个人，进行表彰和奖励，积极创建学内控、懂内控、用内控的内部控制管理文化，提升企业的软实力。

七、固化内控流程，重视长效机制

根据5部委《企业内部控制基本规范》，结合公司的管理特点，项目组编制了《兰花科创内部控制手册》和《兰花科创内部控制体系流程文件》。针对公司内部控制体系的运行管理，制定了《兰花科创内部控制体系运行管理制度》。同时要求各下属单位在此制度的基础上编制本单位的相关制度，明确董事会、管理层、总部内控办、各业务部门和下属单位，在内部控制规范体系运行、管理和维护过程中的责任。

运用迪博内部控制风险管理平台的发布系统，公司将内部控制体系及其工作成果全部实现了在线发布，给总部及下属分子公司管理层、各部门，授权了1 000个用户。各授权用户可以通过公司内网和互联网实现随时随地查看，有效突破了内部控制成果文件手册的形式。该系统体现的设计理念是内部控制与企业管理的完全融合，将公司的组织部门、岗位、流程、控制、风险、管理制度、法律法规、操作表单、损失事件等进行了全部的打通和关联,可以实现任何一个管理角度的多维度查询。例如,从组织管理的角度看内控,可以以某部门或岗位的视角进入,非常清晰地展示本部门或岗位相关的主责流程、参与流程、需要关注的风险、相关的制度、法律法规、操作表单等。此平台可视界面好,操作使用人性化,实现了内控业务流程的信息化,有效地推广了内部控制理念,建立了内部控制规范体系的长效机制。

八、重视知识转移,持续内控学习

在内部控制规范体系建设过程中,兰花科创非常重视内部控制和风险管理知识的学习、培训,通过多种形式开展内部控制规范体系与风险管理的宣传、学习和培训。在项目开展过程中,针对每一阶段的工作内容和工作重点,对公司高管、业务管理人员和内控专职人员,分别组织了内部控制规范体系相关理论、监管要求、方法论、操作方法和技巧等内容的学习培训 10 多次,参加人数超过 3 000 人次。组织总部及下属单位的经营厂(矿)长及财务科长,在北京国家会计学院参加“内部控制专题高级研修班”学习,并利用会计人员继续教育的机会,对各级财务负责人和会计专业人员 200 多人,进行了全封闭培训,提升了财会人员的内部控制专业水平。另外,通过购买和发放内部控制规范专业书籍,在《兰花报》开设内控知识问答专栏,在兰花局域网开辟内控专栏,组织参与内控有奖征文等活动,提高广大员工对内部控制规范的认识和了解。

组织专职人员实际参与到内部控制规范体系的建立和评价工作中,是实现内控知识高效转移的有效途径。在内控流程梳理阶段,兰花科创从各单位抽调了 30 多名内控专职人员,全程参与到内部控制规范体系建设工作中,让他们较好地学习和掌握了内部控制操作方法。在试运行期间,组织部分单位的内控分管领导和部门负责人,到广西两家大型企业进行了参观和学习。在内部控制评价阶段,从各单位抽调了 20 多名内控专职人员,全程参与到各单位的内部控制评价工作中,让他们较好地学习和掌握了内部控制评价方法。通过多种形式的知识转移,初步培养了一批懂内控、懂业务的复合型管理人才,为公司下一阶段开展全面内部控制规范体系建设及持续运行奠定了良好的基础,为公司管理人才的培养提供了一个新的途径。

经过一年的内部控制规范体系建设,有以下几点体会和启示:

(一)创新工作思路是做好内部控制规范体系建设的基础

作为上市公司,努力提高企业的基础管理水平,有效控制经营发展过程中的各种风险,是维护企业健康稳定发展的最为有效的手段。建设内部控制规范体系可以说是一个解放思想的过程,要把建设内部控制规范体系作为落实中央“稳中求进、好中求快”发展总基调,推进管理改进与创新的重大措施,从建立完善结构顺畅、行为规范、决策科学、责任明确、运转高效、有效约束的企业治理结构,从有效控制战略、财务、合规性、安全生产、投资风险等方面,发挥主动性和积极性,对全面提升企业管理水平和风险防范能力具有十分重要的意义。

（二）高层领导重视是做好内部控制规范体系建设的关键

内部控制规范体系建设是“一把手”工程。兰花科创内部控制规范体系建设过程中，山西证监局和上海证券交易所的领导亲自出席公司的动员大会，为公司内部控制规范体系建设给予了科学的指导，鼓舞了士气。公司董事长、总经理、各位高管，在实施过程中的每一步都积极参与，为体系建设提供了强有力的人、财、物方面的保障，是实施内部控制规范体系建设的必要条件。

（三）科学、有效的组织是做好内部控制规范体系建设的前提

为确保内部控制规范体系建设工作的正常开展，公司聘请的服务机构深圳迪博公司，具有较强的工作经验，按照“三期七步走一重点”工作思路，组建3个项目团队，采用项目管理的方式开展内部控制规范体系建设，确保了各项工作的有序推进。在日常工作推进上，根据总的进度计划，再细化编制日计划、周计划、月计划，建立了周例会、月度总结会、阶段性总结会等例会制度，制定了相关的管理制度、实施办法和考核制度，编辑出版《工作周报》，及时解决处理运行过程中的各种困难和问题，为项目的顺利推进提供了保障。

（四）强化内部控制规范的培训是做好内部控制规范体系建设的保障

为提高广大员工对内部控制规范理念的认识，公司把风险文化和控制理念的培育与宣传作为首要工作，购买和发放专业书籍，按阶段开展专业知识培训，设立内部媒体知识问答专栏，积极参加财政部、证监会开展的2011年中国企业内部控制建设有奖征文活动等方式方法，提高了广大干部员工有关内控理论、监管要求、内控体系建设方法论、操作方法和技巧等专业知识水平，逐步建立和培养了员工的风险意识和内部控制理念。公司获得财政部、证监会2011年中国企业内部控制建设有奖征文征文组委会组织奖。

（五）严格框架评审和内控评价是内部控制规范体系建设的根本

根据企业涉及行业多、下属单位多、关键业务流程多的实际，为确保行业流程具有代表性，公司根据管理模块的不同，采取会议、发放征求意见函、内控管理表单等形式，组织了十多次不同形式的评审，收集了1 000多条反馈意见和整改建议，反复对业务流程进行优化，并进行了为期3个月的试运行，制定了缺陷整改与试运行工作方案和试运行指引。其次，制定详细的评价工作方案、操作手册和评价工作底稿，明确评价的目的、评价的依据、时间和人员安排、抽样方法等内容，组织了4个小组开展了5轮测试，将各单位输出的评价结果纳入到公司整体的绩效考核方案中，有效地推动了内部控制规范体系工作的顺利开展。

企业经营管理是一个动态的过程，外部环境和企业经营管理的各种要素随时都在发生变化，各种风险也在不断发生，相对应建立的内控体系也不是一成不变的，而是不断改进、不断完善、不断优化、持续提高的，今后，公司的内部控制规范体系要把握好有效性和及时性，做到认识到位、组织到位、责任到位、执行到位、监督到位,真正将内部控制规范变成企业经营管理再上新台阶的助推器,为全面实施“强煤、调肥、上化、发展新能源和新材料”战略夯实基础。

(山西证监局供稿)

日照港:加强机制建设　提升董事会决策水平

日照港股份有限公司(以下简称“日照港”或“公司”)自上市以来,始终严格按照《公司法》、《证券法》、《上市公司治理准则》和中国证监会的有关要求,坚持“三分开、五独立”,不断完善法人治理结构,提高公司规范运作水平,注重内控制度的建设,有效地保障公司资产安全和防范财务风险,得到了资本市场投资者的认可。

一、董事会人员结构合理,形成“四方”力量有效制衡

(一)科学、合理的董事会成员结构

公司严格按照公司章程建立了科学有效的法人治理结构,公司董事会由 11 名董事组成,其中独立董事 4 人,来自控股股东 3 人,参股股东 2 人,经营层 2 人。2011 年公司董事会换届选举工作中,在中煤集团持股比例没有达到 3% 的情况下,考虑到该公司发起人股东身份,以及与日照港的长远战略合作关系,董事会建议提名中煤集团公司一名人员作为董事候选人。经股东大会选举后,中煤集团作为小股东,但拥有一名派出董事,使日照港董事会结构更加合理。目前,公司董事会已经形成控股股东董事、独立董事、中小股东董事、执行董事四种力量的有效制衡,既避免了控股股东集权、控权现象,也防止了内部人控制,较为均衡地维护了各方股东及经理层的合法权益,保障了公司的持续、健康、快速发展及规范运作。

(二)专业化、高素质的专门委员会

公司董事会下设战略委员会、审计委员会、薪酬与考核委员会、提名委员会和关联交易控制委员会,5 个专门委员会分别制定了专门委员会《议事规则》,聘请了行业内专家担任顾问,为公司出谋划策,并对重大决策事项以专业的角度进行审核、把关。

(三)专家型独立董事队伍

公司董事会设有 4 名独立董事,占董事成员总数的 36%。他们分别为管理、交通运输、法律、财务等领域的专家和学者。董事结构合理,为董事会及其工作带来了各自宝贵的专业知识和经验,也保障了权力制衡及决策上的科学性和有效性。

二、董事会及专门委员会议事规则规范细致,内部规章制度完整有效

《公司章程》和《董事会议事规则》对董事会会议的通知、召集、召开、提案、讨论规则、投

票规则和会议记录有明确而细致的规定。董事会定期会议和临时会议通知分别于会议召开10日和5日前以书面形式通知全体董事和监事，所有拟审核议案均严格按《董事会议事规则》中规定的程序提交董事会审议。会议主持人逐一提请出席会议的董事对各项提案发表意见。董事会秘书及董办人员负责董事会会议记录，并经出席会议的董事签字后存档。

董事会各专门委员会负责对董事会决议的各重大事项的落实情况进行监督。各专门委员会的《议事规则》中明确规定，专门委员会委员每年可到各职能部门、分公司、控股子公司进行调研、考察。

公司在设立之初即认真按照上市公司的标准建立了相对完整、规范的规章制度体系与决策程序。上市后，根据监管部门的要求和公司实际发展需要，又相继修订、完善了一系列规章制度：《关联交易决策制度》、《信息披露管理办法》、《对外担保管理办法》、《内幕信息知情人管理制度》、生产组织管理制度、财务会计制度、绩效管理制度、人力资源制度、审计管理制度等等。与此同时，公司还致力于内控制度的制定、细化和完善工作，使内控制度体系涵盖了计划、控制和评价的各个方面以及公司核算、审核、分析及报告的程序、步骤和方法等。公司内部规章制度内容全面、程序合理、完整实用，明确了权限范围、审批程序和相应责任，有效保障了公司资产安全，提高了公司规范运作水平。

三、股东大会和董事会运作规范，切实维护不同层次股东的利益

公司早在上市前两年就按照规范上市公司的标准运作，对公司董事会、监事会换届选举采取了累积投票方式，做到平等对待所有股东。公司股东大会严格按照法律、法规的要求规范召开，部分重大事项审议时公司能够积极提供网络投票的平台，确保中小股东的话语权。2011年第四次临时股东大会审议非公开发行预案时，采取现场和网络投票方式召开，在大股东需对多数议案回避表决的情况下，中小股东积极参与，所有议案均以99%以上的赞成比例通过。

公司致力于打造高效科学的董事会，强化董事会在公司战略发展和规范治理中的核心作用，不断提高董事会的决策水平和决策效率，从五个方面不断完善董事会运作机制：一是不断加强董事会制度建设，完善董事会的结构和职能，理顺股东大会、董事会、监事会和管理层的关系，实现权力、决策、监督与执行等职权的分离与制衡；二是完善董事的提名、选举、薪酬等制度，促进董事会管理的多元化，提高董事勤勉尽责的水平；三是完善独立董事的资格、任免和薪酬制度，提高独立董事的独立性和专业履职能力，确保独立董事认真履行职责，不受公司主要股东和其他与公司存在利害关系的单位、个人的影响，切实维护公司整体利益和中小股东的利益；四是充分发挥董事会专门委员会的作用，提高董事会专门委员会运作的有效性。专门委员会运作管理的加强，增进了董事会与公司经营管理团队的交流与沟通，提高了董事会在公司战略规划、风险管理和财务审计等方面的决策水平；五是建立董事会内部学习制度，除了组织董事参加上交所和证监局专业培训外，还利用现场会议的机会集体学习相关文件资料，以及通过电子邮件等方式向董事发送监管文件和学习资料。

董事会充分利用召开现场会议的时机

安排董事到公司现场考察,了解生产经营状况,保证董事作用的充分发挥。公司每年安排外部审计机构主要负责人与公司董事会审计委员会委员交流,了解公司内部经营管理情况,并就公司财务审计过程中发现的问题进行沟通,对公司财务运作中的主要事项进行分析研究。董事会审计委员会和独立董事定期对公司内控制度的执行情况进行审计和检查,并全程参与公司年度审计工作,加强事前沟通。

四、高度重视投资者关系管理,不断提高信息披露质量

公司十分强调投资者关系管理工作的重要性,高度重视信息披露工作和质量,将此工作的完成情况列为对董事会秘书和职能部室的重要考核指标,并由董事长作为信息披露工作的第一责任人。通过多年来的不断学习和改进,多角度、深层次地与投资者沟通交流,公司的经营状况得到投资者的认可,公司的未来发展前景也得以在资本市场全面展现,全面提升了公司在资本市场的形象。2009 年公司荣获上交所“信息披露优秀奖”。

2010 年 12 月,公司取得中国证监会发行审核委员会关于非公开发行股票的核准。受国家宏观调控、银行信贷规模收紧、市场资金流动性紧缩的影响,国内资本市场出现大幅震荡,公司股价持续在低位运行,公司的非公开发行工作面临巨大压力。在严峻形势下,公司广泛与资本市场上的保险公司、信托公司、基金公司、财务公司等联系,先后举行了 20 多场投资推介会。此外,公司邀请有认购意向的投资者到公司现场实地调研,让市场全面了解日照港的发展前景,树立投资信心。通过持续沟通,不懈努力,公司于 2011 年 3 月 30 日完成了非公开发行工作,募集资金顺利到位。

为确保信息披露质量的不断提高,公司持续完善信息披露内部审核流程,建立信息流转机制,保证董事会秘书在第一时间掌握第一手信息资料,对公司有关事项的启动、决策、实施的各阶段提供独立的证券信息披露方面的意见。公司还建立信息披露“4 + 1”审核制度,即对于临时性公告,采取“证券部初审,相关部门复审,证券事务代表审核,董事会秘书审核”的四重审核形式。定期报告还落实了审计委员会的审核责任,保证了信息披露质量。此外,公司还根据监管要求的不同,提出“从严不从宽,从长不从短,从重不从轻”的信息披露原则,充分保证了信息披露的质量。

(山东证监局供稿)

兖州煤业:因企制宜　积极探索特色公司治理

兖州煤业股份有限公司(以下简称“兖州煤业”或“公司”)1998 年分别在纽约、香

港和上海3地上市，是目前唯一一家在境内外3地同时上市的煤炭企业。上市以来，公司董事会通过构建完善的法人治理结构，建立健全公司治理制度和开展内部控制管理体系建设等，规范运作，不断提升公司治理水平，实现了公司快速、健康发展和股东利益最大化。

一、强化董事会建设，积极探索特色实践

兖州煤业董事会既坚持战略领先的管理理念，适时调整企业发展战略，又细化落实相关制度规定，形成了较为合理的科学决策机制。

（一）突出董事会战略管理功能

1. 搭建起了符合整体战略需求的结构平台

随着公司的发展壮大，以及国际化战略的规划和实施，相继搭建了澳大利亚、加拿大、鄂尔多斯、陕西榆林等十多个相关运作平台，为公司发展战略的有效实施提供了保障。

2. 摆正了产业和资本的关系

公司董事会确立了“产业运作”和“资本运营”并重的发展理念，先后实施了五次股票发行，十余次战略收购，充分利用资本市场实现公司跨越式发展。

3. 审时度势积极主动地顺应转变

公司董事会始终把握行业的转变、管理方法的转变、地域的转变、发展方式的转变、人员构成的转变、企业文化的转变等诸多变化，围绕长期战略进行工作重点的调整和转换。

（二）充分发挥独立董事作用

自1997年设立时，公司即引入了独立董事制度，是较早设置独立董事的上市公司。公司现有独立董事4人，分别是煤炭行业、会计、法律和公司治理等方面的专家。公司选聘的独立董事中，始终设置一名香港资深人士。这样做，就是看重境外资深人士具有更强的独立性，以及他们在成熟完备的资本市场法律体系方面的优势，能够为公司运行符合境内外监管法规和董事会依法决策提供保障。事实证明，独立董事在关联交易公允性的审核等众多方面都发挥了积极作用。

（三）确定董事会专门委员会的日常办事机构

兖州煤业董事会下设审计委员会、薪酬委员会、提名委员会、战略与发展委员会4个专门委员会，为保证相关工作的顺利开展，公司审计部、人力资源部和计划发展部作为董事会专门委员会的日常办事机构，负责督促落实董事会决议。

（四）建立多层次学习制度

为持续强化公司治理理念，提高规范运作意识，公司每年制定董事、监事和高级管理人员年度学习计划、学习目标，结合监管机构的要求，积极组织董事、监事、高级管理人员和关键部室人员规范培训。一是按照上市监管规定，定期组织全体董事、监事和高级管理人员，参加证券监管部门和山东上市公司协会举办的相关培训；二是邀请常年法律顾问，为公司董事、监事和高级管理人员举办上市监管规则和规范运作的业务培

训；三是组织公司董事、监事、高级管理人员以及相关部室前往标杆企业进行学习和经验交流。

二、建立健全内部控制管理体系和风险管理体系，为公司合规运行提供保障

公司自2005年起，按照美国《萨班斯法案》、上海证券交易所《上市公司内部控制指引》、香港联交所《上市规则》和财政部、证监会、审计署、银监会、保监会5部委联合发布的《企业内部控制基本规范》和《企业内部控制配套指引》等要求，从公司、下属部门及附属公司、业务环节三个层面完善内部控制体系建设。在财务控制、业务运营、合规性和风险管理等方面建立了统一的内部监控和评估体系、业务流程控制体系。

（一）合理分工内控组织实施工作

董事会负责内部控制的建立健全和有效实施；监事会对董事会建立与实施内部控制进行监督；经理层负责组织和领导企业内部控制的日常运行，并进一步明确由公司总经理、财务总监具体负责组织建设实施。自2007年起，董事会对公司内控体系运行的有效性每年至少评估一次，并聘请境外审计机构评估公司内控体系建设是否符合美国《萨班斯法案》要求。

（二）利用信息化将内控工作落到实处

公司设立了信息管理部，专职负责内部控制的日常运行和监督管理。公司审计部、财务部、风险管理部、人力资源部、企业发展部等部门作为内部控制建设和运行的主要参与部门。2010年，为加强财务控制和资金管理，公司境内子公司全面推行ERP系统；建立全球化现金管理体系，实现资金统一归集使用。全面启动《兖州煤业股份有限公司内部控制基本规范》的修订工作，进一步加强财务报告内部控制制度建设，建立健全了《信息化管理工作考核办法》和《关于进一步加强财务内部控制的意见》等内控制度，强化了基础工作检查和业务培训，提升了制度执行力，保证了公司财务报告的真实、完整。

三、“从高不就低，从严不就宽，从多不就少”的信息披露和投资者关系管理，确保投资者及时获得对称信息

公司建立并不断完善《信息披露管理制度》，建立了定期报告信息披露重大差错责任追究制度和外部信息使用报备制度，完善了外部信息使用制度，修订了涉及违规披露、不披露重要信息的问责条款。在日常工作中，严格执行上述制度，保证信息披露的真实、准确与完整。

（一）坚持公允披露原则

根据3地上市的客观实际，兖州煤业在信息披露工作中，坚持了“同步公平披露”的原则，能够使境内外投资者及时、均衡地获得充分的信息。

（二）想投资者之所想，充分准备披露资料

在定期报告的编制过程中，除严格符合中国证监会关于定期报告的内容与格式要求外，对投资者特别关注的价格、成本等信

息，按照投资者希望的格式进行编制和披露，尽可能地帮助投资者和分析人员更方便地获取详尽的信息。公司与有关研究机构建立长期稳定联系，及时掌握国内外能源、行业信息，并及时向市场披露传递，实事求是地反映公司生产经营概况，与境内外投资者、证券分析师和媒体等建立了良好的沟通与交流机制。

（三）创新投资者关系管理工作

上市以来，公司坚持每年至少两次国际路演、邀请投资者到公司实地考察等多种方式推介公司业绩，回答投资者问题。针对澳大利亚政府计划出台征收超额资源税、美元对澳元走低影响汇兑损益、国家要求重点合同煤不能涨价等影响公司业绩的重大事件，公司组织专人对相关事件进行详尽分析，向国家有关部门积极反映相关问题，并通过临时公告、电话会议等方式主动、详尽地向资本市场和投资者做了大量解释和说明工作，澄清了相关问题，得到了投资者的理解和支持。同时，在2010年度业绩路演推介活动中，首次采用“一对多”的电话会议形式，在第一时间让投资者在公开、公平、公正的环境中获取公司信息，进一步提升了公司在资本市场的形象。

（山东证监局供稿）

中远航运：发挥独立董事作用　持续改进公司治理

中远航运股份有限公司（以下简称“中远航运”）成立于1999年12月，2002年4月18日在上海证券交易所上市，是中国远洋运输（集团）总公司属下核心企业之一，自有重吊船、半潜船、多用途船、汽车专用船等各类型船舶65余艘，计143.7万载重吨，船型种类和船队规模位居全球特种专业航运公司前列。自成立以来，公司高度重视建立健全公司法人治理，注重发挥独立董事在监督公司经营管理、保护股东权益等方面的作用，创造良好条件为独立董事切实履职提供保障，促进公司持续健康发展。

一、建立健全相关制度，用制度保障独立董事发挥作用

公司在1999年12月成立之初，就建立了独立董事制度，是A股上市公司最早建立独立董事制度的公司之一。之后，公司根据《公司法》、《证券法》、《上市公司治理准则》等法律法规要求，逐步建立了《董事会议事规则》、《独立董事工作制度》、《关联交易制度》、《信息披露制度》、《酬薪与考核委员会工作细则》、《审计委员会工作细则》、《提名委员会工作细则》、《战略委员会工作细则》、《独立董事年报工作制度》、《董事会审

计委员会年报工作规程》、《公司内部审计制度》等相关规章制度,并根据法律法规及时修订,规范公司行为。通过上述制度的制定,使独立董事在公司重大投资、财产处理、关联交易、对外担保事项、利润分配等关系到公司经营发展的重大事项上,有参与决策的权力,用制度保障独立董事在实际工作中有效发挥作用。

二、设立董事会专门委员会,监督制约高管人员行为

公司第五届董事会设董事 9 名,其中兼职董事 4 名,内部董事 2 名,独立董事 3 名,独立董事占公司全部董事的 1/3,为财务、企业管理及行业相关方面的专家。董事会下设提名、薪酬与考核、审计、战略决策 4 个专业委员会,其中薪酬与考核委员会、审计委员会、提名委员会主任均由独立董事担任。同时,为方便独立董事开展工作,全部独立董事均为薪酬与考核委员会、审计委员会及提名委员会的委员。公司实践证明,该方式更有利于独立董事参与公司日常治理,监督制约公司高级管理人员行为。

(一)薪酬与考核委员会

公司 2005 年、2008 年、2011 年 3 期的《管理层中期激励与约束计划》均由薪酬与考核委员会牵头,协同公司人力资源部和外部专业机构共同制订。根据这一绩效考核方案,公司在 2002 年以来共 4 届的《管理层中期激励与约束计划》中,先后探索尝试用国际航运市场权威指数、市场加权平均净资产收益率、市值等考核指标,将高管团队的绩效考核标准向国际先进同行水平靠拢,提升了高管团队绩效考核的标准,增加了激励的有效性。通过科学合理的绩效考核,极大提升了公司高管团队的积极性,使得公司的经营和管理水平和资本市场表现多年来一直处于国内外同行业的前列,为全体股东创造了丰厚回报。

(二)审计委员会

2007 年以来,公司的审计委员会每年至少召开两次现场会议,针对公司的内部审计工作报告、年度审计工作报告、管理层建议书等议案,与公司高级管理人员、年审会计师事务所、监事会等进行充分沟通和交流,督促会计师事务所及时递交审计报告,制定内审报告和管理层建议书中有关问题的整改措施。2009 年,公司启动内部控制规范相关工作,审计委员会全力支持配合,审阅公司编制的年度《董事会关于公司内部控制的自我评估报告》,协助制定《中远航运内部控制规范实施工作方案》,确定公司内部控制的实施范围,促进公司完善内部控制。此外,在审议公司关联交易时,独立董事均在事前进行认真仔细的研究和分析,出具事前认可书和独立意见,促进公司关联交易规范、透明、公平;在提名、任免董事、聘任或解聘高级管理人员等方面也发表独立意见,起到了监督和咨询作用。

三、提供充分信息,为独立董事履职提供必要的支持

公司独立董事严格履行制度所赋予的权利和义务,参与公司日常治理,出席每次董事会。会前,独立董事详细审阅公司提交的议案及其相关资料,经常要求公司董事会

秘书或其他高管为其提供行业和公司的参考资料，在召开现场会议前，公司独立董事经常提前一至两天来到公司，针对会议议案和公司近期及行业的重大事项，与公司高管进行面对面的沟通；会中，针对重大议案，独立董事与全体董事共同进行重点讨论和分析，在审议关联交易、资产购买、资本运营等重大议案时，站在公司及中小股东的立场，就其关心的问题，在会议现场直接向股东代表出任的董事提问，维护全体股东利益，充分履行职责并做出独立的判断；会后，独立董事主动及时跟踪重大事项的进度及落实情况。公司全体高管、董事均非常配合、支持独立董事的工作，为其提供全面的、来自多方的信息和数据资料。

在实践中，公司一贯非常重视主动与全体董事的沟通交流，经常通过面对面交流、电子邮件、电话等多种方式为董事特别是独立董事提供证券市场、航运行业及公司的相关信息，及时传达新政策、新规则。公司每月编制《三会简报》，内容包括公司本月大事记、月度生产经营情况、三会工作动态、股价走势及投资者关系、监管动态、航运市场分析等6项内容，独立董事可以从中及时了解到公司生产经营、本月股东的增减情况等信息，也可以知道作为第三方的证券分析师对公司的点评意见等，使独立董事更系统、更全面地了解公司情况，充分保障独立董事的知情权。同时，公司独立董事也以渊博的专业知识、丰富的实践经验和勤勉尽职的职业精神，在公司治理中积极发挥作用。除邮件交流、现场调研、参与公司专业委员会等常规方式外，他们还针对其重点关心的问题召集公司管理层召开专题会议，或者与董事和管理层进行一对一交流，采取多种渠道深入公司现场与公司管理团队进行深入沟通，详细了解公司经营运作情况，给予公司专业性的指导意见和帮助。

四、独创独立董事考核机制

在日常工作中，公司一方面赋予独立董事真正的权利，另一方面，针对独立董事都有其他社会兼职的实际情况，公司认为须对独立董事制定一定的绩效考核体系，否则就没有人监督约束独立董事。当然，独立董事的约束机制包括独立董事对自己的社会形象和社会声誉的珍惜，但这仅仅是一种道德软约束，公司认为还应该从提高独立董事的主动性、积极性方面入手，建立独立董事任职的考评制度和程序，在考评合理和完善的基础上，建立约束激励机制和问责机制。为有效避免出现“花瓶董事”、“好人董事”以及独立董事不独立、不尽职等现象，公司创新思路，引入了针对独立董事的考核和激励约束机制，彻底改变过去独立董事固定报酬的方式，在国内上市公司独树一帜。

公司自2007年起制定了《独立董事年度津贴标准及考核办法》。办法规定，将公司的独立董事津贴分为基本津贴+浮动津贴两部分，其中基本津贴按月定时发放，而浮动津贴须根据《独立董事年度津贴标准及考核办法》的综合考核结果情况发放。具体的考核办法为：自然年度结束后，公司董事会秘书根据相关记录组织实施独立董事的年度综合考核工作，分别从“出席董事会会议情况”、“赴公司实地调研情况”、“对关联交易审核及发表独立意见情况”、“对公司运作提出专业指导意见情况”、“在所在董事会专业委员会的作用发挥情况”、“相关提案审查及发表独立意见情况”、“年度履职报告提交情况”、“监管部门奖惩记录”等8个方面对年度内独立董事的实际情况进行评测打分,根据独立董事个人得分情况,发放年度浮动津贴。

公司的独立董事一直以来都非常关注公司的法人治理情况,该办法推出后,不仅没有遭到各位独立董事的抵制,反而得到了独立董事们的一致支持,都认为这是公司先进性和规范性的体现,并愿意以此为契机,严格自律,促进中远航运和中国上市公司法人治理结构的不断完善。自办法出台以来,公司严格贯彻执行,评分结果客观公正地反映了各独立董事的尽职情况,非常具有说服力,据此发放的浮动津贴也拉开了各位独立董事之间总报酬的差距。

通过该办法的有效实施,将考核结果与独立董事津贴挂钩,切实起到了激励独立董事勤勉尽职的目的。公司独立董事在公司经营管理和重大决策中发挥了越来越重要的作用,以自己丰富的经验和专业的水平推动公司不断追求股东价值的最大化。

审稿人:程才良　陈骞

撰稿人:惠明

大秦铁路:完善公司治理　积极回报股东

大秦铁路股份有限公司(以下简称“大秦铁路”)是首家以路网干线为资产主体登陆国内资本市场的铁路运输企业,担负着我国“西煤东运”的战略任务,具有世界一流的重载运输装备和技术体系。管内的大秦线是我国第一条双线单元重载煤运专线,享有“中国重载运输第一路”的美誉。“十一五”期间,经大秦线输送的煤炭超过16亿吨,在保障国家能源安全、推动产业结构调整和促进区域经济协调发展中发挥着重要作用。

公司设立以来,坚持稳健经营,规范运作,确保权力制衡及决策的科学性和有效性;借力资本市场,灵活运用多元化融资方式,满足企业资金需求;高度注重投资者回报和社会责任,实现了公司利益、股东利益和社会利益的共同增长。

公司上市以来,先后荣获“中国上市公司价值百强”、“中国上市公司百佳市值管理奖”、“中国上市公司百强金年牛奖”等资本市场重要奖项。公司董秘黄松青先生先后获得“2007年度中国上市公司百佳董秘”、“《新财富》金牌董秘”、“2011年度金牛最佳董秘”和《上海证券报》评选的“最佳媒体形象奖”等荣誉,在资本市场树立了铁路运输企业的良好形象。

一、治理结构规范科学

规范运作是上市公司健康发展的根基,也是上市公司利用资本市场做大做强的首要前提。大秦铁路按照国家法律法规、中国证监会、上海证券交易所的要求,建立健全了股东大会、董事会和监事会制度，形成权力机构、决策机构、监督机构与经理层之间权责分明、各司其职、有效制衡、科学决策、协调运作的法人治理结构，并且严格按照相关规定规范运作。公司还在山西证监局开展的多次深化公司治理的专项活动中，不断提升公司治理水平，进一步推进法人治理结构的完善。

大秦铁路在董事的选聘上注重体现差异化和专业性，董事会成员汇集了国内铁路运输、法律事务、金融财务等方面的专家学者和大型国有企业负责人，董事会结构合理，董事各有专长，能力互补，使董事会的决策更为均衡，运作更为理性。董事会下设战略委员会、提名委员会、薪酬与考核委员会和审计委员会等4个专业委员会，在董事会召开前对公司运营中的重大事项进行专题研究，提出专业意见供董事会决策时参考，切实保证了经营决策的科学性和有效性。

公司积极推进并购重组事宜，收购了控股股东太原铁路局运输主业资产及相关股权，进一步"打开成长空间，巩固战略地位"。在上海证券交易所主办，国务院国有资产监督管理委员会和经济合作与发展组织(OECD)共同支持的"第十届中国公司治理论坛"暨2011年度公司治理专项奖评选颁奖会议上，该事项获得"典型并购重组案例奖"。

二、多渠道开展资本运作

大秦铁路上市以来，借力资本市场，利用财务资源，盘活存量资产，通过债务、股权等多种融资方式，募集资金近300亿元，为公司持续发展提供了资金保障。2009年，为进一步提高运输效率，满足增量要求，公司决定对机车、车辆等移动设备进行升级换代，需要筹措大规模的资金，以满足资本性支出需要。由于当时资本市场较为疲弱，而银行间市场资金相对宽裕，加之公司资产负债率较低，经过综合比选和论证，制定了在银行间交易商协会"发行中期票据"进行债务融资的方案。共计发行了总额135亿元的中期票据，五年期和三年期发行利率分别为4.79%和4.18%。在当时国内通胀已见端倪、进入加息通道的经济周期中，锁定了3～5年的资金使用成本。

2010年，大秦铁路在收购控股股东太原铁路局运输主业资产及相关股权事项中，为充分利用市场资金，使股东和投资者能最大限度地参与发行，选择了"公开增发"这一具有挑战性的发行方式。公开增发过程中，面对金融危机以来央行首次加息，资金面争夺激烈，一二级市场价差小等困难局面，公司准确预测，决策果断，抓住市场唯一且短暂的"窗口"启动发行，成功增发18.9亿股股份，募集资金165亿元，创出2010年资本市场非金融股发行量最大的纪录。

2011年以来，在国内流动性持续收紧、银行惜贷而债券市场阶段性走好的情况下，大秦铁路盈利能力稳定且现金流充足等特性比较符合债市投资者的需求偏好，有较强吸引力和配置价值，于是公司提出并启动了公司债券发行工作。在监管部门的大力支持下，于2011年和2012年分别成功发行了40亿元二年期公司债券和50亿元三年期公司债券。

通过资本市场的支持，大秦铁路持续推进线路扩能，升级技术装备，提高运输效率，大秦线连续4年实现5 000万吨增量，净利润年复合增长率超过20%,实现了由单一铁路线向区域性综合运输企业的跨越和蜕变。

三、信息披露规范严谨

真实、准确、完整、及时的信息披露是与投资者沟通最主要的手段。根据资本市场制度不断完善、严格和细化的实际,大秦铁路在修订完善《信息披露管理办法》的基础上,制定了《信息披露管理办法实施细则》及《外部信息使用人登记制度》等实施文件,形成重大信息收集、整理、反馈和审批的一体化流程。为加强对公司所发行的非金融企业债务融资工具的相关信息披露工作,专门制订了《非金融企业债务融资工具信息披露事务管理制度》,严格履行信息披露义务和责任,确保投资者及分析师获得全面翔实的有效信息。

大秦铁路在定期报告编制中坚持用语严谨规范、简练易懂的原则,对于"两高一远"、"换算周转量"、"静载重"等铁路行业专业术语,主动添加注释;对于绝对值变化较大,但波动比例未达到30%的财务指标,主动进行解释说明;对于铁路普货运价变动等非强制披露信息,主动在报告中进行专项提示性说明,尽最大努力帮助投资者了解经营环境、财务状况等信息。

四、股东回报积极真诚

大秦铁路倡导和营造积极回报投资者的良好文化,严格按照《公司法》和《公司章程》的规定,自主决策利润分配事项,完善利润分配信息披露机制。在方案制定过程中,注重综合分析公司经营发展实际、社会资金成本及外部融资环境等因素,并通过多种渠道充分听取独立董事及中小股东的意见,保证了利润分配的科学性。

现金分红是上市公司回报投资者最重要、最直接,也是最有诚意的方式。大秦铁路在保证经营业绩稳定的同时,以负责任的态度,连年实行高比例的现金分红,以实际行动回馈股东,让股东分享企业的经营成果。自2006年上市以来,大秦铁路累计派发现金股利265.7亿元,现金股利派发比率近60%,占累计融资额(股权)的84%,高于市场平均水平。

(山西证监局供稿)

山东高速:完善公司治理　实现规范运作　推动持续发展

山东高速公路股份有限公司(以下简称"山东高速"或"公司")是一家从事高速公路、桥梁等交通基础设施投资、经营和管理的大型国有控股上市公司。公司成立后,董事会致力于建立健全制度流程，不断完善公司治理机制和法人治理结构，规范公司组织和行为，形成了一个结构完整、行之有效的公司治理体系。自2002年上市以来，公司经营业绩稳步提高，核心竞争力显著增强，赢得了市场的一致认可和投资者的坚定信心。

一、完善公司法人治理结构，强化董事会制度建设

（一）坚持完善公司法人治理结构

公司成立伊始，严格按照《公司法》和上市公司监管规定，建立了以股东大会、董事会、监事会和经理层为核心的“三会一层”治理结构。其中，股东大会是公司权力机构；董事会是公司决策机构，对股东大会负责；监事会是内部监督机构，对股东大会负责；公司经理层负责公司业务的经营管理。通过不断完善，逐步形成了权力、决策、监督、执行四位一体的权责明确、各司其职、有效制衡、科学决策、协调运作的法人治理结构。

（二）董事会组成结构合理

公司第四届董事会共有董事11人，由会计、法律、企业战略、金融和交通行业等方面的专业人才组成。董事平均年龄45岁，均具有硕士研究生以上学历，其中5人拥有博士学位，是一个年富力强、具有改革创新意识和科学发展理念的管理团队。董事会下设战略发展委员会、审计委员会、薪酬与考核委员会和提名委员会4个专门委员会，各委员会的设置、主任人选及独立董事比例完全符合法律法规的规定。

（三）董事会各项规章制度完善

2006年，公司制定了《山东高速公路股份有限公司董事会议事规则》并公开披露。同时，完善董事会执行制度、监事会制度和董事会学习制度，采取集中培训与分散学习相结合的方式，不断提高上市公司董事、监事和高管人员的规范治理意识和水平。

二、坚持依法合规管理，董事会实际运作情况良好

近几年来，公司董事会依法运作，管理层勤勉尽责，公司经营业绩实现稳定、快速、可持续增长。

（一）信息披露合法合规

公司严格按照中国证监会和上海证券交易所有关信息披露制度的要求，于2004年制定《信息披露管理办法》，并于2007年、2010年两次修订完善，严格信息披露审批程序和信息披露管理监督工作。公司还制定了《对外信息报送管理制度》、《年报信息披露重大差错责任追究制度》及《内幕信息知情人登记制度》、《信息保密制度》等制度，进一步提高了公司的规范运作水平。

（二）董事会议科学民主

一是董事会召开符合议事规则。公司严格按照《董事会议事规则》的规定，筹备召开董事会，会议通知程序、会议提案程序、会议召集程序、会议讨论规则、会议投票规则和会议记录制度等均符合监管规定和公司有关制度的要求。二是保障董事民主决策。公司董事会倡导民主决策，全体董事根据法

律和公司《章程》的规定,依法享有董事职权,履行董事对公司的忠实义务和勤勉义务,能在董事会议上自主发表董事意见,平等行使表决权。三是董事勤勉尽责。公司董事严格按照要求出席了公司董事会历次会议,认真审议各项议案,积极参与公司运营管理决策,未出现单个董事一年超过两次缺席董事会会议的情况。

(三)董事会与股东大会、监事会、管理层之间协作制衡高效合理

一是董事会严格按授权决策。公司董事会严格按照《公司法》和公司《章程》的规定及股东大会的授权行使相应职权,履行对公司重大事项的决策权,未曾出现董事会越权行为和不作为行为。二是董事会充分接受监督。公司董事会根据规定切实配合监事会的监督工作,及时向监事会通报重大事项,认真听取监事会监督意见,充分接受监事会的合法监督。三是董事会保障管理层高效运作。一方面,董事会充分保障公司管理层享有经营管理的自主权。另一方面,公司建立董事会决议执行报告制度,要求管理层向董事会报告公司重大合同的签订和执行情况、资金运用情况和盈亏情况,严格有效督促管理层贯彻董事会决议,保障管理层高效运作。

(四)董事会保持相对于公司控股股东、实际控制人的独立性,公司严格做到"三分开,五独立"

公司产权清晰,完全拥有相关路桥资产和配套设施等;路桥的建设、经营、养护等业务独立,采购及客户群均不依赖于控股股东、实际控制人;公司管理层及财务人员均在公司领取薪酬,未在控股股东、实际控制人兼职;公司组织机构、生产经营场所独立,不存在合署办公、混合经营的情况;公司设立独立的财务会计部门,独立做出财务决策。

(五)董事会合法合规运作

公司董事会在信息披露、对外担保方面完全合法合规,大股东也不存在非经营性占用上市公司资金。2010年,公司按照山东证监局的要求,深入开展公司治理年专项活动,强化和提升了公司规范运作意识和能力。公司通过严格落实监管法律法规和公司规章制度,从未发生因违规信息披露、违规担保、资金占用、环保责任或劳动关系等事项受到监管机构处分的情形。

三、强化企业运行机制管理,董事会形成了特色实践模式

(一)健全重大项目民主决策机制

公司通过《章程》明确规定了公司重大项目决策权限,根据项目投资金额决定提交董事会或股东大会审议批准。同时,公司董事会审议议案时,全体董事能独立自主发表审核意见,涉及关联交易事项,均由独立董事出具独立董事意见书,保障了重大项目的决策民主化,在提高效益的同时,有效减少和防范了风险。

(二)健全公司内控机制

聘请专业咨询机构作为公司内控机制建设顾问,成立项目工作组分内控合规诊断阶段、内控有效整改阶段和内控完善提升阶段开展公司内部控制机制建设项目。对公

司159项现行制度、65项具体工作流程进行全面梳理,形成《内控合规诊断报告》,重点抓好风险管理、发展战略规划、投资管理、财务管理、关联方交易、内部报告及内部控制自我评价等方面的整改项目,累计新增管理制度6项,修订15项,涉及新增及修订工作业务流程27项。结合公司业务特点和管理体制的特点,设计了具有公司特色的"计划先行,部门自评,独立测评,有效披露"的内控评价工作机制,持续加强公司内控机制建设。

(三)健全投资者权益保护及投资者关系管理机制

通过建立完善的投资者关系管理制度体系,聘请专业的投资者管理顾问机构,拓展投资者交流平台等方式不断完善投资者关系管理工作,逐渐形成了"尊重投资者,保护投资者,回报投资者"的股权文化,为公司投资者关系管理工作跃上新台阶奠定了坚实的基础。源于良好的投资者关系管理工作,公司荣获2006年度"中国最佳投资者关系管理百强"和"IR推动奖"两项殊荣。

(四)健全关联交易与同业竞争管理机制

公司制定了《关联交易管理办法》,明确了关联交易的基本原则、审批程序及权限、回避表决及信息披露等事项,规范关联交易行为,减少关联交易。当前发生的关联交易主要为日常关联交易和通过公开招投标发生的关联交易,均依法依规履行了相应的决策程序,保证交易公允,并在临时报告和定期报告中作了详细披露。目前,公司与控股股东、实际控制人及其控制的企业之间不存在同业竞争现象。

(山东证监局供稿)

中国平安:整合升级内控体系　创建平安信赖工程

一、中国平安的基本情况

中国平安保险(集团)股份有限公司(以下简称"中国平安"或"公司")于1988年诞生于深圳蛇口,是中国第一家股份制保险企业,为香港联合交易所主板及上海证券交易所两地上市公司,股票代码分别为2318和601318。截至2011年12月31日,公司的总资产22 854.24亿元人民币,净资产1 308.67亿元人民币,2011年实现总收入2 489.15亿元人民币,净利润194.75亿元人民币。

中国平安主要从事金融业,业务范围包括人身保险业务、财产保险业务、信托业务、证券业务、银行业务等。中国平安集团总部作为投资控股公司,不经营具体业务,主要负责制定公司战略,代表股东管理和分配资本,并行使监督职责;集团和监管部门共同构成的双重监督体制,更有利于加强管控,防范风险。

二、中国平安内控体系情况

中国平安根据国家法律法规以及监管机构的要求,瞄准国际一流现代金融企业的经营管理标杆,结合公司综合金融发展战略与经营管理需要,践行“法规+1”,持续提高抵御风险的能力。建立了“覆盖全面,运作规范,针对性强,执行到位,监督有力”的内控体系,确保集团并督促子公司经营管理合法合规、符合监管要求,确保单一/累积风险低于公司可接受水平,促进保险、银行、投资3大支柱业务以及整个集团有效益、可持续健康发展。

2008年6月28日,《企业内部控制基本规范》(以下简称“《基本规范》”)正式发布后,公司组织项目组贯彻落实内控法规的各项要求,聘请咨询公司协助项目实施。中国平安遵循“务实整合”的核心原则,秉持“以制度为基础,以风险为导向,以流程为纽带,以内控平台系统为抓手”的思路,充分利用政府创造的良好环境和强大推动力,将内控体系再次整合升级。

在内控基础方面,中国平安持续优化公司治理、风险防火墙、关联交易管理等机制,为内控活动的有效实施奠定了基础,也防控了风险传递与系统性风险的发生,进一步提升了集团整体抵御风险的能力。

在内控架构与体系方面,中国平安董事会负责内控的建立健全和有效实施,董事会下设审计与风险管理委员会负责监督、审查公司内控的有效实施和内控评价情况,协调内控审计及其他相关事宜。公司结合经营发展的需要,持续完善内控体系,不断加强“合规管理、风险管理、稽核监察”三个模块职能的分工与协作,强化工作衔接与信息共享以及“事前、事中、事后”的三位一体风险管控机制。

在内控评价机制方面,中国平安确立了以内控评价方法论为基础,覆盖全部业务流程与环节,涉及管理层、内控管理职能部门、业务及其他管理部门等在内的内控评价日常化运作机制,即合规部门推动业务部门进行内控自我评价,风险管理部门进行内控风险评估,稽核监察部门进行内控独立评价,外部审计师对公司内控状况进行审计。

三、中国平安的内控实践经验及体会

(一)将内控管理提升到公司战略高度,创建平安信赖工程

信用、信誉是金融企业的生命,信心、信赖是金融企业成长壮大的基石,对作为综合金融服务集团的中国平安而言,内控管理水平更是能否赢得客户信赖、能否保证股东利益并确保监管放心的衡量标准。

2010年公司开始着力打造“平安信赖工程”,通过梳理、总结与固化内控项目成果,全面实施内控评价,将信赖建立在制度与流程上,将信赖建立在机制与平台上。

(二)积极贯彻落实监管要求,全面实施内控评价

通过落实《基本规范》及配套指引,实施内控项目,中国平安固化了一套体系化、标准化,符合内控法规要求和公司实际情况,且具有可执行性的内控评价的方法和步骤。总体上体现为“固有风险-内控管理有效性=剩余风险”,包括“风险识别及评估,识

别控制活动,穿行测试,运行有效测试,稽核独立评价,缺陷汇总和提出整改建议,整改控制缺陷,整改后进行独立的补充测试,编制内部控制自我评价报告”等步骤,通过专业、系统性培训,使各层级完全掌握内控评价的基本方法,促进业务及管理制度与流程的自我改进和提升。

(三)优化内控制度体系,加强内控工作开展的程序及规范

为实现全球领先的综合金融服务集团的战略目标,公司持续加强内控政策建设,建立和完善内控管理制度、流程和准则体系,全面梳理检视现有的内控制度,按照监管要求,并结合公司及业务发展的情况,制定符合实际情况的新制度及相关工作指引。公司内控评价方面的制度主要包括《内控评价管理办法》、《内部控制自我评价手册》、《内部控制稽核独立评价手册》等,在操作层面具体指导管理层内控评价工作的开展。各子公司针对具体业务流程、业务操作的内控措施要求已融入到公司经营管理的各项规章制度中,促使日常业务的开展有规可循。

(四)完善内控考核与问责机制,强化内控工作的核心驱动力

中国平安集团总部组织、指导各子公司建立、优化及落实内控考核与问责机制,将各子公司合规风险状况、内部控制情况、损失事件等相关指标与绩效挂钩,进行管理层评价,推行机构风险评级工作,强化内控工作的“核心驱动力”。公司推进将风险合规指标纳入子公司董事、监事、高管和关键人员 KPI 考核,薪酬与内控考核挂钩,进一步增强机构合规经营的意识,提升各层级机构的内控管理水平,保障依法合规经营、内控合规风险管理持续有效。

(五)构建并持续优化内控评价系统平台,加强工作的过程管控

为了给内控工作的开展提供自动工作流驱动提示、工作指导查询、过程跟进记录等方面的系统支持功能,公司在探索、固化和运行内控评价机制的同时,也搭建了内控系统平台,以期达到内控评价工作及其管理过程的标准化、流程化、自动化,实现 IT 系统的自动工作流驱动,减少手工操作,使复杂的工作简单化。同时借此平台有效分解和落实内控职责,营造和培养内控文化,评估和计算各单位的风险状况并汇总报告,为管理层的决策提供支持。

中国平安健全的内部控制建设有利于保证公司经营管理合法合规、资产安全、财务报告及相关信息真实完整,提高经营效率和效果,促进公司实现发展战略。对中国平安而言,合法合规、有效管控风险仅是基础,树立最高道德标准的企业典范,提升客户、股东、员工与社会的信赖是公司合规管理、内部控制与风险管理工作更长远的目标,将信赖建立在制度与标准上,将信赖建立在流程与机制上,促进中国平安有效益、可持续健康发展。

(深圳证监局供稿)

四川双马:发挥独董作用　提升公司治理水平

一、公司基本情况

四川双马水泥股份有限公司(以下简称“四川双马”或“公司”)是一家水泥生产企业。公司主要业务为水泥的生产及销售,公司的主导产品为“双马”牌普通硅酸盐、32.5R、42.5R水泥和中热硅酸盐水泥525水泥,同时能够批量生产其他各个强度等级的通用水泥以及油井、道路、抗硫酸盐等特种水泥。

四川双马设立时股份总额为11 945万股.1999年7月经中国证券监督管理委员会批准,向社会公开发行A股股票5 800万股。公开发行股票后公司股份总额变更为17 745万股。2001年经送股及转增后股份总额变更为31 941万股。

2005年11月,四川省绵阳市国有资产监督管理委员会和双马集团公司工会分别将其持有的双马集团公司89.72%及10.28%的股权转让给拉法基中国海外控股公司(以下简称“拉法基中国公司”)。上述股权转让事项已经获得四川省人民政府、国务院国有资产监督管理委员会、中华人民共和国商务部批准,并通过中国证券监督管理委员会审核。四川双马的实际控制人变为拉法基中国公司。

2008年1月3日,双马集团公司更名为“拉法基瑞安(四川)投资有限公司”(以下简称“拉法基瑞安(四川)投资公司”)。2008年9月公司定向向拉法基中国公司增发A股29 645.2万股用于收购都江堰拉法基水泥有限公司50%股权。该交易事项已于2011年3月完成。定向增发后,公司股份总额变更为61 586.2万股。

2011年4月19日,中华人民共和国商务部以商资批[2011]419号文《关于同意拉法基中国海外控股公司战略投资四川双马水泥股份有限公司的批复》,批准公司变更为外商投资股份制企业。

二、独立董事运作特点

四川双马独立董事制度不拘泥于独立董事制度的形式,为独立董事参与公司管理提供了平台,促进了独立董事作用的发挥。该公司的做法有一定的特色。

(一)独立董事独立于所受聘的公司及其主要股东

公司3位独立董事均为独立于拉法基集团及其关联方以外的人士,不是由大股东提名,是管理层通过市场招募而来。

(二)独立董事具备较合理的专业结构,具备履行职务所需的知识、技能和精力

公司特别推举了3位独立董事,一位是

现任四川省律师协会金融证券专业委员会委员，长期从事公司改制、上市、并购等业务，具有法律专业知识的高级律师。另一位工作领域主要集中在企业股份制改制、上市公司财务审计、财务咨询、税收筹划等，具有财务专业知识的注册会计师。还有一位是具备社会科学调查和研究能力的研究员。他们对宏观经济政策和工业行业方向敏感度高，且年龄均在41～56岁之间。在此结构下，他们能用他们的知识、阅历和精力为公司治理出力。

（三）公司董事会内部董事、管理层和独立董事之间建立起了平等、开放、便于沟通的工作平台

自2011年底以来，公司不断加强董事会各专业委员会的各项工作，同时让各位独立董事有机会到工厂现场了解工厂运作和实际调研，独立董事以其专业知识和勤勉履职的工作态度，促进了公司治理水平的提升。

独立董事制度的建立，为公司更加公平、公正、透明、合理地管理公司提供了保障，有利于公司遵守法律法规和公司章程的规定，公平对待所有股东，并关注其他利益相关者的利益。

三、独立董事发挥作用案例

公司2011年12月16日召开第五届董事会第六次会议，由于5名关联董事回避表决，由3位独立董事表决通过了《关于批准向拉法基瑞安重庆分公司销售熟料的关联交易议案》，该关联交易价格公允，确实有合理的商业用途和理由，体现了独立董事的知情权和决策权，代表了公司所有股东的平等利益。

在公司第五届董事会战略委员会第一次会议上，公司提出了《关于江油工厂7号线技改的议案》，请求战略委员会委员进行讨论。独立董事就建设时间、建设资金以及建成投产后的产品销售单价和投产后的效益进行了详细了解和比较，还就工厂自身生产成本问题进行了深入了解，同时他们还关心工厂生产成本高，如果不改进生产，提高企业效益，员工将面临什么样的问题，如何解决等等。经过激烈且深入的讨论，公司战略委员会同意暂缓该议案的执行并要求管理层提供更加翔实的资料和数据后再行讨论。

在公司第五届董事会审计委员会2012年第二次临时会议上，委员们就《关于〈四川双马水泥股份有限公司2012年上半年度内部审计工作报告〉的议案》进行了讨论，委员们认同公司内审部门在公司内部监督上起到了很大的作用。当了解到公司煤炭成本占据公司总成本的比重为20%～30%时，委员们认为公司内审部对于煤炭管理审计执行的频率应该提高。对于关联交易中发现的问题，公司制定了流程又有控制手段，但在执行上还是有些问题，对于如何加强公司制度的执行，独立董事提出了很好的建设性意见。

（四川证监局供稿）

远光软件:建立健全股权激励　推动可持续发展

远光软件股份有限公司(以下简称“远光软件”或“公司”)于2006年8月在深圳中小板上市,首次公开发行2 750万股,募集资金净额14 629.95万元。公司目前为电力行业企业管理软件及服务的主流供应商,在电力行业企业管理软件领域占有85%以上的市场份额。公司始终坚持自主创新,生产经营的软件产品均拥有完全自主知识产权,为全国电力行业和近1/6的中央企业国有资产提供着优质的软件产品和可靠的技术服务。

为了充分调动、提高公司高级管理人员和核心技术(业务)人员的积极性和创造性,将股东利益、公司利益和员工个人利益有效地结合在一起,促进公司业绩长期稳定增长,公司于2009年推出了《股票期权激励计划》,于2012年推出了《限制性股票激励计划(草案)》。

一、公司股权激励计划的回顾

(一)2009年推出的股权激励计划——《股票期权激励计划》

2009年12月,公司召开股东大会审议通过了《股票期权激励计划》,该计划决定共授予10 017 400份股票期权,占公司当时总股本的5.07%。其中首次授予92名激励对象9 015 660份股票期权,预留股票期权1 001 740份。该计划的有效期为4年,截止日为2013年12月17日。业绩指标为:2009年相对于2007年的净利润增长率不低于75%,净资产收益率不低于16.80%;2010年相对于2007年的净利润增长率不低于90%,净资产收益率不低于16.90%;2011年相对于2007年的净利润增长率不低于120%,净资产收益率不低于17.50%。

2010年1月,公司完成了首次授予的登记工作,授予价格7.39元(历年权益分派后,调整为3.09元)。

2010年12月,公司完成了预留期权的登记工作,授予价格为29.19元(历年权益分派后,调整为17.06元)。

2010年12月29日,公司完成了首次授予第一个行权期第一次行权,91名激励对象共行权1 573 603份股票期权。

2011年3月25日,公司完成了首次授予第一个行权期第二次行权,11名激励对象共行权1 257 680份股票期权。

2012年1月4日,公司完成了首次授予第二个行权期第一次行权,86名激励对象共行权2 549 823份股票期权。

(二)2012年推出的股权激励计划——《限制性股票激励计划(草案)》

2012年9月12日,公司推出了《限制性股票激励计划(草案)》,该草案拟授予306名激励对象1 300万份限制性股票,占公司总股本的2.94%,授予价格7.89元。

二、股权激励方案实施取得的成效和影响

股权激励计划的实施，进一步完善了公司法人治理结构，建立健全了激励与约束相结合的中长期激励机制，促进了公司业绩长期稳定增长。

（一）公司股权结构进一步改善

公司实施股权激励以前，公司股东的构成为实际控制人、法人股股东和社会公众股股东，公司内部员工除了在二级市场主动购买以外，并不直接持有公司股票。实施股权激励以后，公司内部员工开始直接持有公司股票，公司股东的构成演变为实际控制人、法人股股东、社会公众股股东、公司内部员工，股权结构更加均衡。公司内部员工直接持有公司股票，可以使员工具有公司劳动者与公司所有者的双重角色，分享企业发展的成果；实现劳动者与所有者风险共担、利益共享机制，挖掘公司内部成长的原动力，提高公司对职工的凝聚力和公司自身的市场竞争力。员工以股东身份参与公司的日常管理，有利于改善公司治理水平。

（二）进一步完善了公司薪酬体系和中长期激励机制

公司作为主业鲜明的软件公司，人力资源一直是企业资源中的首要因素，薪酬管理在公司人力资源管理中具有重要作用。公司原有薪酬主要包括基本工资、绩效奖金等，均侧重于短期激励。与之不同的是，股权激励侧重于中长期激励。一个完整的股权激励计划有效期长达数年。授予完成后，激励对象需经过一年或更长的等待期，并在满足业绩考核要求的情况下，才能分期行权/解锁，逐渐兑现收益。因此，公司通过引入股权激励这种侧重于中长期效果的激励手段，可以有效弥补原有薪酬体系的不足。

（三）大幅提升了公司高级管理人员的积极性

公司高级管理人员从没有公司股票到直接持有公司股票，二级市场股价的长期趋势性变化对其预期收益有着直接的影响。由于公司高级管理人员只能分期行权/解锁，且每年只能卖出行权/解锁的股票总额的25%，这决定了其只能在较长时间内兑现收益。因此，公司高级管理人员的个人利益和企业的中长期发展趋势相一致，公司高级管理人员也更加关注公司中长期的整体发展趋势，只有公司业绩长期持续向好，二级市场才能长期持续向好，从而公司高管的自身利益才有可能最大化。

（四）留住人才、吸引人才，调动了激励对象的积极性

公司的股权激励计划充分调动了激励对象的主动性、积极性和创造性，对持续提升公司的经营业绩起到了很大的促进作用。公司股票期权激励计划推出后，2009—2011年，公司激励对象的离职率为5.6%，而3年中公司整体离职率为12.7%。因此，公司股票期权激励计划的实施保证了公司最有价值的核心队伍长期稳定，从根本上保证了公司的核心竞争力。同时，公司推出的股权激励计划对公司其他员工具有良好的示范效应，员工均期待能进入公司后续的激励计划范围。公司股权激励计划也为优秀的管理

人才和核心骨干人才的引进提供了一个良好的激励平台,有利于吸引人才、留住人才。

(五)促进了公司业绩长期稳定增长

董事会在积极稳健的原则下设定的股票期权激励计划的经营目标,在股权激励的拉动作用下,公司大幅超额完成,为全体股东创造了超额价值。

表1　股票期权激励计划经营目标和实现目标情况

行权期	业绩指标		实现目标	
	净利润增长率(%)	净资产收益率(%)	净利润增长率(%)	净资产收益率(%)
第一个行权期	≥75	≥16.80	164	24.70
第二个行权期	≥90	≥16.90	245	30.48
第三个行权期	≥120	≥17.50	368	23.92

(六)有助于公司价值被发现和投资者关系管理工作的开展

在实施股权激励计划的过程中,股权激励计划强化了投资者对公司业绩提升的预期,对股价的积极影响较大,从而有助于公司价值被二级市场发现,对公司市值管理工作有较大帮助。公司在推出股权激励计划后的两年内,市值最高涨幅超过5倍,即使目前资本市场低迷,公司市值依然较为稳定。由于二级市场股价与激励对象预期收益有着直接的联系,使得公司高管和公司员工更多地关注公司的二级市场形象,更加注重投资者关系管理,以更多的形式开展投资者关系管理工作,与投资者进行有效的沟通和交流。

审稿人:程才良　陈骞

撰稿人:佘江炫

劲胜股份:强化内部审计

东莞劲胜精密组件股份有限公司(以下简称“劲胜股份”或“公司”)成立于2003年4月,主营业务为消费电子领域精密模具及精密结构件的生产及销售。2010年5月,劲胜股份在深圳证券交易所创业板上市。长期以来,劲胜股份高度重视内部审计工作,致力于内部审计工作的制度化、规范化、常规化建设,该工作取得了良好的效果。

一、基本概况

劲胜股份于2005年9月开始设立专职稽核岗位,其后随着稽核事项范围的逐步扩大和稽核成果的日益显现,公司于2006年5

月成立稽核课,并于2009年3月进一步将稽核课改为审计部。目前,公司审计部共设专职审计人员6人,工作职责主要包括以下四个方面:一是对公司及子公司的财务收支、财务预算、财务决算、资产质量、经营绩效以及其他有关的经济活动进行审计监督;二是对公司主要业务部门负责人和子公司的负责人进行任期或定期经济责任审计;三是对公司及子公司的基建工程的立项、概(预)算、决算和竣工交付使用进行审计监督,对重大投资和基建项目活动安排跟踪审计;四是对公司及子公司的物资(劳务)采购、产品销售、工程招标、对外投资及风险控制等经济活动和重要的经济合同等进行审计监督。

二、工作流程

为规范审计部的工作,公司制定了《职位说明书》,对审计部各人员的工作内容进行了明确分工;制定了《内部审计管理制度》,明确了内部审计的职责、权限、工作范围和内容、审计程序、档案管理等;同时,依据《内部审计管理制度》建立了一系列配套的具体规定,如《工程项目内部审计规定》等,并规范了内部审计工作底稿格式,内部审计工作逐步实现标准化、规范化。审计部的主要工作流程如下:

(一)制定审计计划

每个会计年度结束前两个月内,公司根据下年度经营计划和董事会要求,结合本年度审计发现的内部控制漏洞和风险情况,拟定年度审计计划,报分管副总审核和审计委员会批准后实施。在执行年度审计计划的同时,公司密切关注内外部环境变化及管理要求,及时调整工作计划,确定季度审计计划、月度审计计划,以保证内部审计工作与公司整体部署相匹配。

(二)实施审计

根据年度审计计划,以审计小组为单位实施具体审计项目,审计部经理负责对项目进度和审计质量的全面监控。具体项目实施前,需制定详细的实施方案并向被审计部门下发审计通知书;实施过程中,须按要求编写审计工作记录底稿;审计结束后,草拟审计报告初稿并与被审计部门沟通,待被审计部门确认后出具正式审计报告及对被审计部门的审计处理决定书。上述审计通知书、审计工作记录底稿、审计报告及审计处理决定书均设有统一格式。

(三)阶段性报告

审计部实施每月向分管副总报告、每季度向审计委员会报告的阶段性报告制度。报告内容主要包括审计计划的执行情况以及内部审计发现的问题。同时,审计部于每个会计年度结束后两个月内向审计委员会提交年度内部审计工作报告。

(四)后续审计

根据审计结果与改善落实情况,适时进行后续审计,确保发现的问题得到彻底解决。

三、成效与评价

劲胜股份作为一家中小型生产企业,能够破除“内部审计与搞好公司经营、提升公司业绩关系不大”等错误观念，严格按照《企业内部控制基本规范》加强内部审计工作，保证内部审计机构设置、人员配备和工作独立性的要求，把内部审计作为寻找经营管理漏洞，提升经营管理水平的重要途径来抓，内部审计工作得以有效开展，并取得了良好效果：劲胜股份内部审计工作实施以来，先后发现公司存在废旧资产管理权责不清，委外加工价格混乱，业务订单备料控制薄弱，固定资产和五金杂项管理薄弱等问题，倡导并参与拟定了公司《废旧资产管理规定》、《材料考核表》、《备料风险评估审查表》、《固定资产及低耗品管理办法》、《五金配件申购、领用管理流程》等制度，通过推动公司提高管理效益，每年为公司创造价值、挽回损失数百万元，产生较大的经济效益，有效地保护了公司利益，以实际成绩向投资者交出了一份满意的答卷。

撰稿人：肖德银

审稿人：程才良　李延振

南京新百：解决同业竞争

南京新街口百货商店股份有限公司（以下简称“南京新百”或“公司”）前身为南京市新街口百货商店，创立于1952年，1993年10月首发3 000万股上市，是一家主要从事商贸零售和批发业务的国有控股企业。公司首发上市后经3次配股，截至2004年末，总股本为23 020.82万股，其中国有独资的南京市国有资产经营（控股）有限公司（以下简称“国资公司”）持股比例为24.49%，为公司的第一大股东。

从2003年开始，自然人王恒控制的企业集团（以下简称“金鹰集团”）连续从二级市场上收购南京新百的流通股，至2005年2月，金鹰集团合计持有南京新百流通股5 652.18万股，占公司总股本的24.55%，超过了国资公司持股比例0.06个百分点，成为了公司第一大股东，实际控制权发生转移。2006年，金鹰集团又通过二级市场买入南京新百股份，实际控制的南京新百的股份达到总股本的25.51%。2008年股权分置改革，国资公司支付流通股对价，持股比例下降到15.74%，至2009年末金鹰集团持股比例达到29.98%，进一步巩固了控制权。

王恒控制的“金鹰商贸”（香港上市公司，股票代码HK3308）与南京新百及其子公司东方商城同为百货零售业公司，同时，东方商城与金鹰商贸的商场定位和目标顾客群均比较接近。随着2005年二级市场收购完成，王恒实际控制了南京新百，产生了同业竞争问题，直至2010年始终难以从根本上解决同业竞争问题，严重制约了公司的发展。

在监管部门督促下，公司尝试解决遗留问题。

为了解决同业竞争问题，提高子公司东方商城的盈利能力，公司于2008年、2010年分别经股东大会审议通过，将东方商城托管给金鹰商贸经营管理，在确保一定的净利润基数后根据实际盈利情况提取超额收益。公司通过托管使从事高端百货零售的子公司经营权发生转移，以减少同业竞争。但该措施仍无法从根本上解决同业竞争问题。

公司2009年以解决同业竞争问题为由，推出了资产重组预案。公司拟向大股东的关联方非公开发行股份，购买其拥有的部分商业地产，同时变更主营业务百货经营为商业地产开发和运营，以彻底消除公司与实际控制人之间的同业竞争关系。该方案仍无法从根本上规避新产生的商业地产同业竞争，同时，部分拟注入资产评估增值较大引起媒体和投资者的高度关注和质疑。公司综合考虑多方因素后，于2009年7月终止了重大资产重组事项。解决同业竞争问题的进程再度陷入僵局。

2010年，公司被纳入中国证监会“解决同业竞争，减少关联交易”专项活动。在监管方的不断施压下，公司先后与多家证券公司联系，共同研究关于公司同业竞争问题的解决方案，但都存在不同程度的瑕疵，未能形成各方满意的最终方案。

2011年，公司仍被监管部门纳入重点解决问题公司范围。江苏证监局多次与南京市政府及相关部门沟通，推动协调解决南京新百的同业竞争。同时组织约谈公司高管，要求公司年内必须形成实质性的解决方案，彻底解决同业竞争问题。公司在综合考虑监管要求、公司发展需要及其他利益相关方诉求等因素后，最终选择了以大股东让渡控制权的方式使问题的解决实现了突破。2011年5月，金鹰集团3家一致行动人与三胞集团有限公司（以下简称“三胞集团”）签署了《股份转让协议书》，合计转让公司17%的股份。目前，股权已过户完毕，三胞集团成为公司第一大股东。

公司大股东三胞集团，主要从事电子计算机网络工程设计、施工、安装，电子计算机及配件、通信设备开发、研制、生产、销售及售后服务与咨询等业务。三胞集团承诺，公司及下属公司在今后的业务中，不与南京新百同业竞争，即公司及下属公司不会以任何形式直接或间接地从事与南京新百及其下属公司相同或相似的业务。南京新百自收购完成以来，解决了困扰公司多年的百货零售业同业竞争问题。

（江苏证监局供稿）

第六篇 上市公司并购重组篇

- 2011 年上市公司并购市场综述
- 济南钢铁:吸收合并莱芜钢铁
- 赛马实业:吸收合并宁夏建材
- 通宝能源:以资产换股份 实现向综合能源转型
- 红太阳资产重组案例
- 上海汽车整体上市案例
- 兴业矿业重大资产重组案例
- 金马集团资产重组案例
- 科达机电重大资产重组案例
- 太钢不锈并购重组案例

2011 年上市公司并购市场综述

一、概述

近年来中国并购市场发展稳健而迅速。2011 年是中国并购市场的又一重要里程碑，中国并购市场继续成为全球并购市场中较活跃的地区之一，全年并购总交易额为2 468 亿美元，创下了新的历史最高水平，交易宗数为 4 650 宗。在总体并购市场快速发展的同时，中国上市公司并购也经历了快速发展，扮演了越来越重要的角色。中国上市公司 2011 年全年并购总交易额为 1 327 亿美元，交易宗数为 2 176 宗，占总体市场份额的 50% 左右。

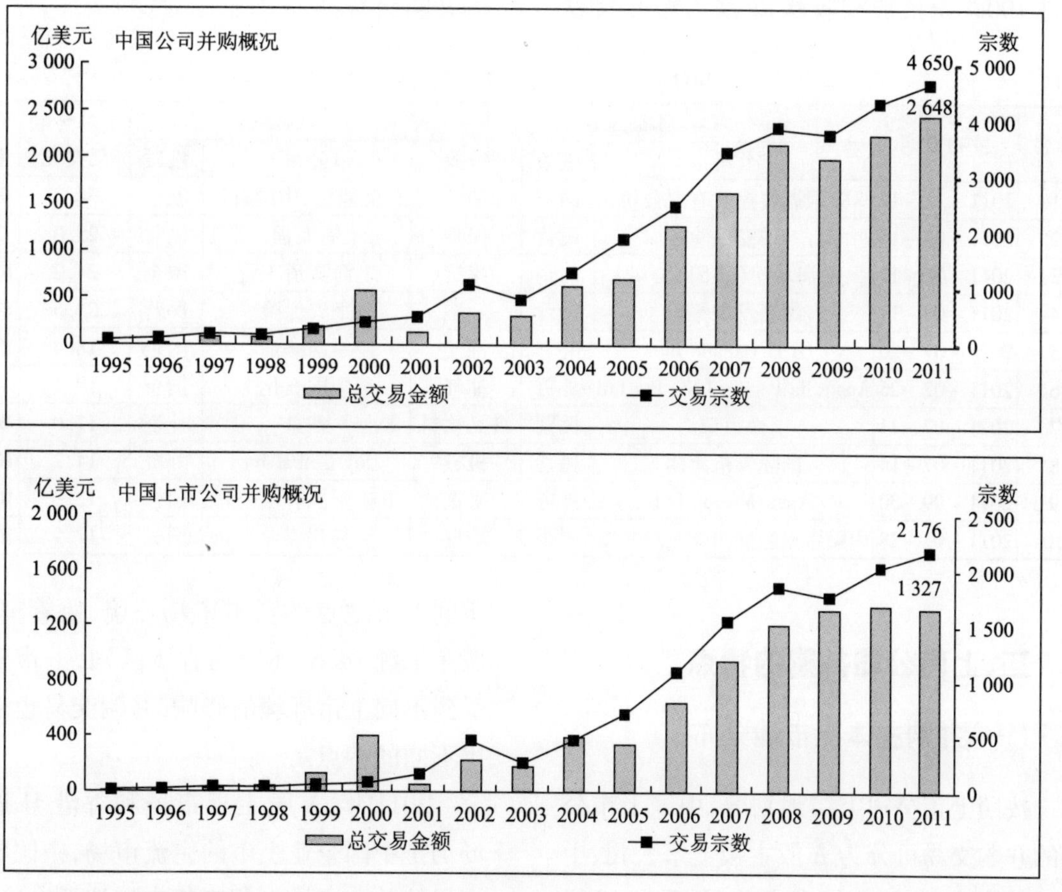

图 1　中国并购市场概况(1995—2011)

资料来源：Dealogic

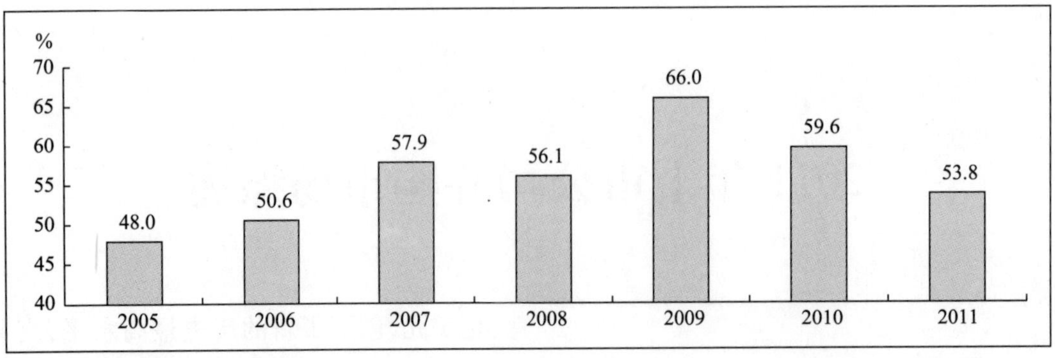

图2　中国上市公司并购占中国企业并购的比重变化（2005—2011）

资料来源：Dealogic

按交易金额计，涉及中国上市公司的前十大并购交易中（不含关联交易），油气行业占据3席，采掘占据2席，保险、建筑、金融、食品饮料、机械各占1席。十大交易中有5宗是100%全资股权收购，2宗为控股权收购，3宗为不到30%股权的收购，其中2011年12月12日，中国城市燃气供应商新奥能源联手中国石化以34.3亿美元收购中国燃气96%股份，是2011年中国上市公司最大的并购交易。

表1　　2011年前十大中国上市公司并购交易

排名	宣布日期	目标方			收购方		交易金额	收购
		公司	性质	行业	公司	性质	（亿美元）	股比
1	2011-12-12	中国燃气控股有限公司	国企	油气	新奥能源，中国石化	混合	34.3	96%
2	2011-03-14	平安保险	民营	保险	周大福	民营	25.0	3%
3	2011-04-12	上海城建（集团）公司	国企	建筑	上海隧道工程	国企	24.2	100%
4	2011-08-17	深圳发展银行	民营	金融	平安保险	民营	23.5	15%
5	2011-07-20	OPTI Canada Inc	外资	油气	中国海油	国企	18.4	100%
6	2011-02-25	Australia Pacific LNG Pty Ltd	外资	油气	中国石化	国企	17.7	15%
7	2011-07-11	徐福记	民营	食品饮料	雀巢	外资	17.0	60%
8	2011-07-14	国际煤机集团	民营	机械	Joy Global Inc	外资	14.2	100%
9	2011-09-30	Anvil Mining Ltd	外资	采掘	五矿资源有限公司	国企	12.9	100%
10	2011-01-28	内蒙古东胜煤田转龙湾井田	国企	采掘	兖州煤业	国企	11.9	100%

二、上市公司并购的特点

（一）并购主体上市地分布

按照上市公司上市地划分，中国上市公司的并购交易可分为A股主板上市公司、中小板上市公司、创业板上市公司、香港H股上市公司、其他海外上市公司的并购交易。不同上市地点的资本市场环境、监管框架、股东来源、资本环境均有所区别，上市公司受到不同上市环境的影响，并购交易也表现出不同的特点。

2011年，A股主板市场和香港H股市场仍是中国企业上市的主流市场，中国资本市场的并购交易也相应集中在这两个市场。2011年A股主板所涉及的并购交易金额合计超过中国并购总交易规模的 60%，交易宗数更是占据 1/2，而香港 H 股市场所涉及的并购交易金额达到总交易规模的 26%，交易宗数占 18%。

值得注意的是，中小板和创业板市场所涉及的并购交易规模虽然较小，合计金额仅占 6.6%，但按宗数占全部交易的 26%，成为并购交易发生最为活跃的板块之一。

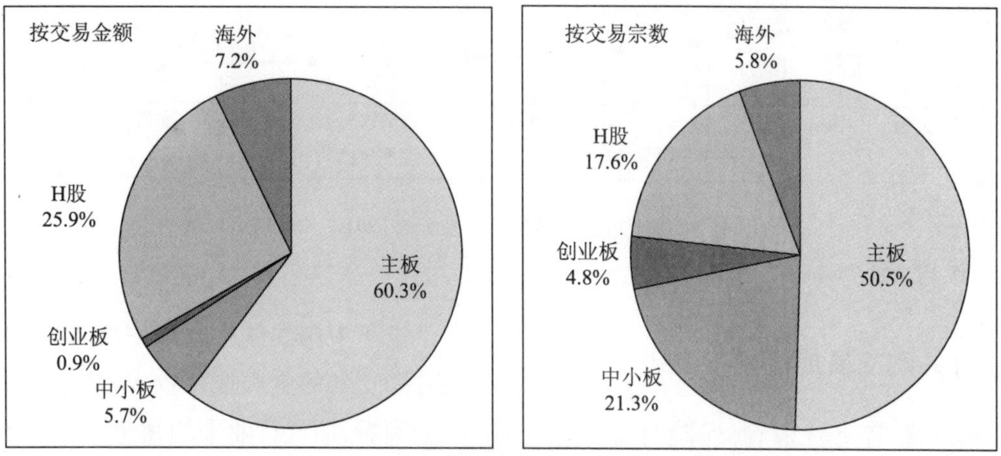

图 3　中国上市公司并购按资本市场分类（2011）

资料来源：Dealogic

（二）并购目标行业分布

分行业看，金融、采掘、油气、电子、地产是中国并购市场保持增长的驱动力，2011 年中国上市公司并购中的 53% 集中于这 5 大板块。继 2010 年交易总额在各行业中排名第一后，金融行业的并购交易在 2011 年继续保持活跃，其中大型交易包括平安保险增持深圳发展银行和美国银行减持建设银行。采掘业为第二大并购板块，2011 年并购总交易额为 135 亿美元，同比增长 12.7%，其中大型的并购交易包括五矿资源收购澳大利亚 Anvil Mining Ltd、兖州煤业收购内蒙古东胜煤田转龙湾井田，以及永晖焦煤收购加拿大煤炭生产商 Grande Cache Coal Corp。此外，电子行业的并购活动非常活跃，2011 年达到 103 亿美元，同比增长 109%，是并购增速最大的行业之一。

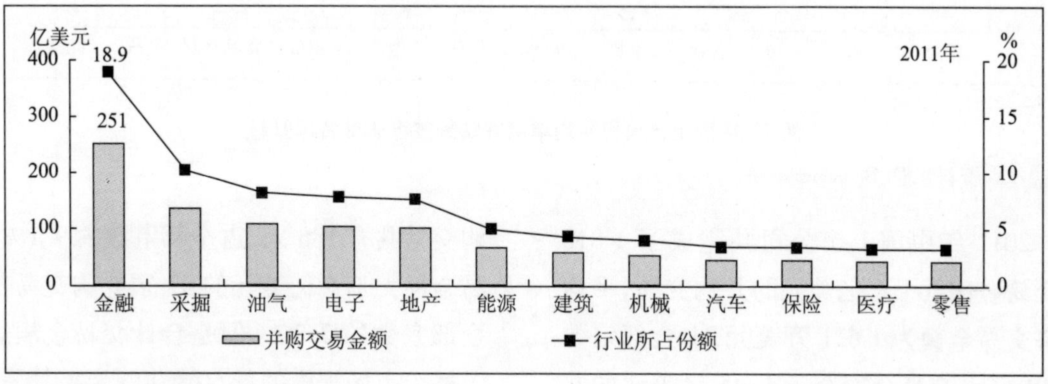

资料来源：Dealogic

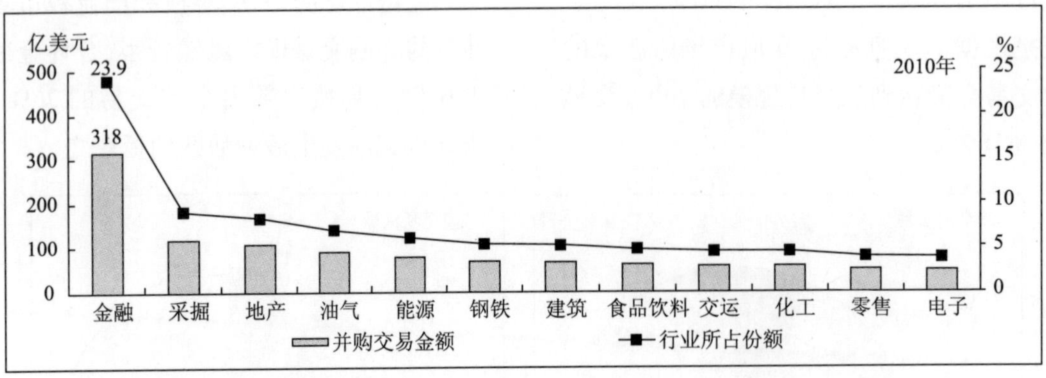

图4　中国上市公司并购按行业分布(2010—2011)

资料来源:Dealogic

(三)并购交易规模分布

从平均单笔交易来看,保险行业虽然2011年总交易额为44亿美元,远小于金融、采掘、地产等行业,但是仅包含6宗交易,平均单笔交易高达7.4亿美元,为平均单笔交易额最大的行业,其中周大福以25亿美元入股平安保险,是2011年该行业最大的收购案。

由于中国油气行业集中度较高,因此涉及并购交易的金额往往较大,从平均单笔并购金额看,油气行业平均每笔涉及金额2亿美元,其中中国石化与新奥能源以34.3亿美元收购中国燃气控股、中国海油以18.4亿美元收购加拿大公司OPTI Canada Inc,以及中国石化以17.7亿美元收购澳大利亚公司Australia Pacific LNG Pty Ltd,都是年度规模最大的收购交易之一。

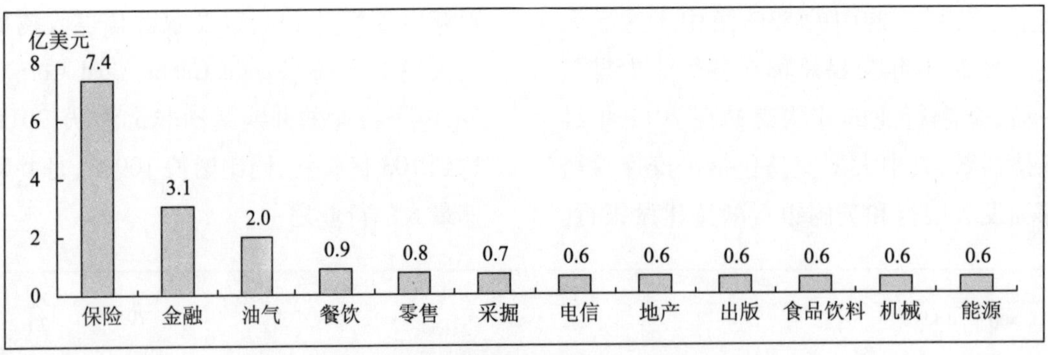

图5　中国上市公司平均单笔并购额按行业排名(2011)

资料来源:Dealogic

2011年中国上市公司共完成了1 818宗交易金额低于1亿美元的并购交易,平均每宗交易金额为1 621万美元,占全部宗数的88.6%;交易金额介于1~5亿美元的并购交易共有186宗,占全部宗数的9.1%;交易金额大于5亿美元的47宗并购交易仅占全部宗数的2.3%,但是合计交易金额达到了整个市场规模的近50%。

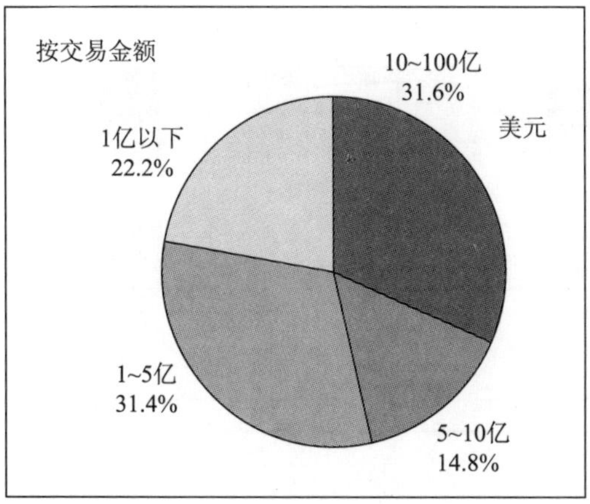

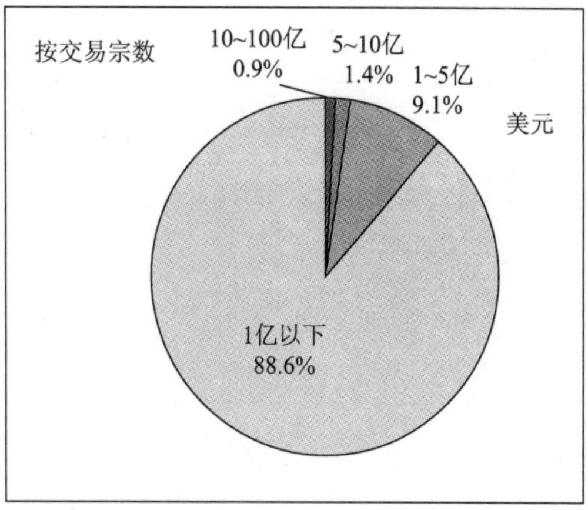

图 6　中国上市公司单笔交易并购额所在区间分布(2011)

资料来源:Dealogic

(四)并购交易的类型

数据显示,外资入境并购交易总额占比略有上升,从 2010 年的 9. 4% 升至 12. 0% ,其中港资企业入境并购活动增幅明显,同比增长 81. 5% ,境内并购小幅下降至 76. 2% ,中国上市公司海外并购额占比基本持平。

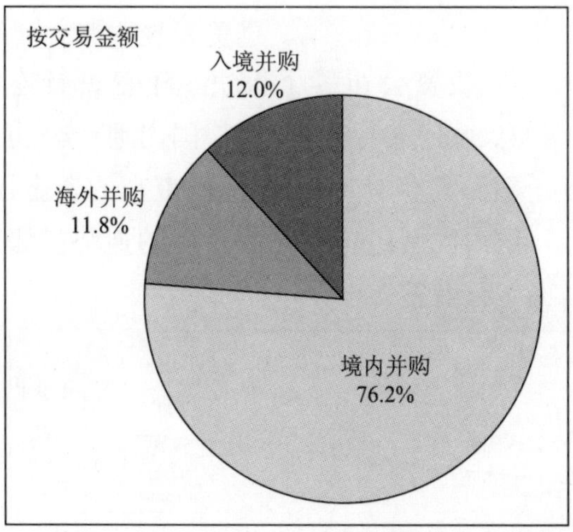

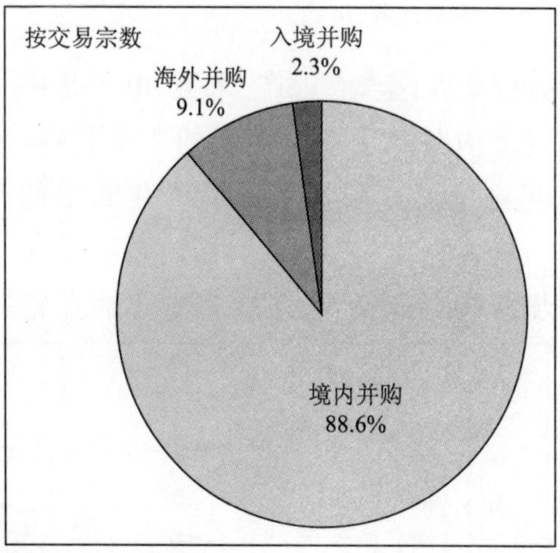

图 7　中国上市公司并购交易类型分布(2011)

资料来源:Dealogic

目前境内并购仍然是中国上市公司并购交易的主要类型,2005—2011 年境内并购占全部并购交易规模的 78. 9% ,随着金融危机后世界经济缓慢复苏,跨国并购市场呈现逐渐回暖的趋势,外资入境并购和中资海外并购的规模占比从 2009 年的 15. 7% 上升至 2011 年的 21. 1% 。

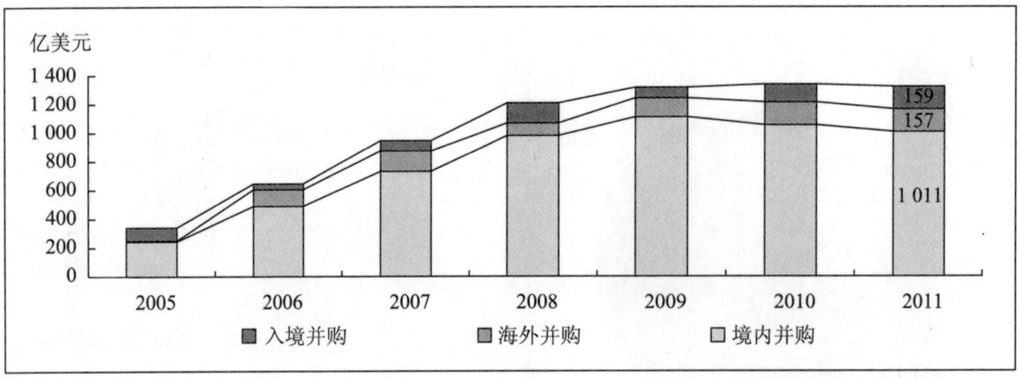

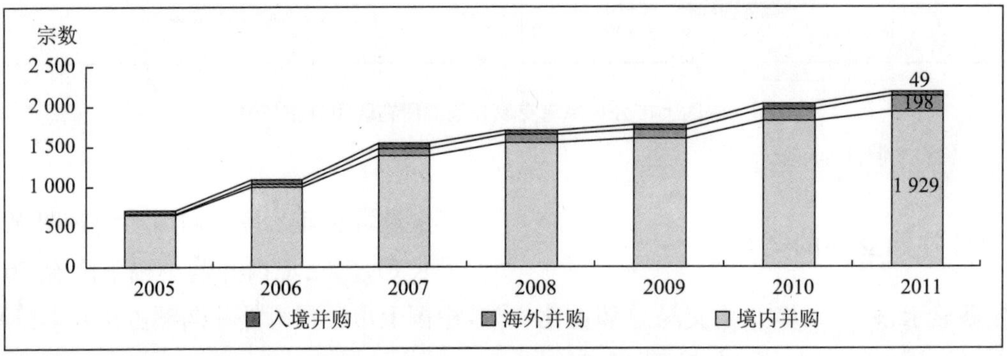

图 8　中国上市公司并购交易类型分布(2005—2011)

资料来源:Dealogic

分行业看,金融、地产、采掘、电子是中国中资境内并购市场最活跃的 4 个行业,2011 年中国上市公司中资境内并购中的 48.1%集中于这 4 大板块。国内金融行业进一步深化行业整合,主要集中于商业银行、投资公司等子板块。随着央行连续加息、政府实行政策调控,国内地产公司面临融资成本上升、回款不畅带来的资金压力,国内大型房企在此背景下的逆势扩张加速了行业整合。

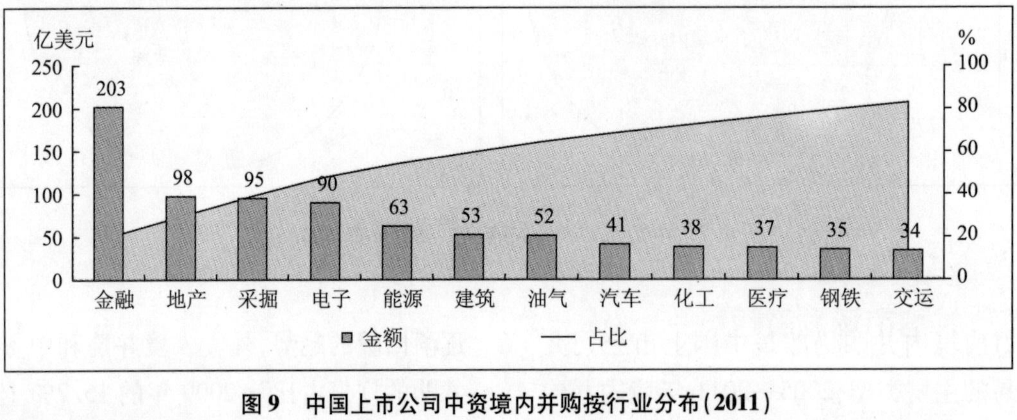

图 9　中国上市公司中资境内并购按行业分布(2011)

资料来源:Dealogic

油气和采掘行业连续多年是海外并购最为活跃的两大板块。2011 年油气行业中资海外并购交易总额达 54 亿美元,占整个中国上市公司海外并购市场规模的 34.6%,

在国内能源供应增长停滞不前、政府和投资者要求油气公司增加储量的背景下，中国大型油企加快了海外油气资源收购的步伐。采掘行业中资海外并购规模达39亿美元，随着国内煤炭资源的日渐消耗，多数煤企、电企开始关注海外煤矿资产的收购机会，同时铁矿石、铜、镍、黄金等领域的国外资源并购进一步增加了采掘业中资海外并购的总体规模。

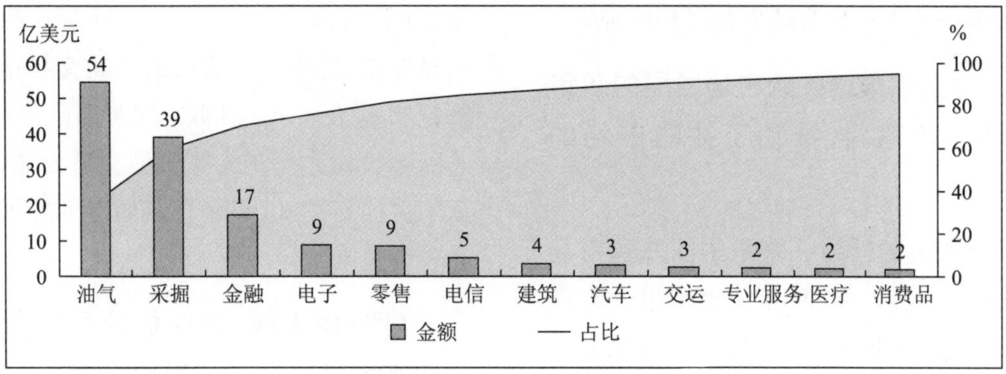

图10　中国上市公司中资海外并购按行业分布(2011)

资料来源：Dealogic

2011年外资入境并购规模最大的前几大行业分别为保险、金融、机械和食品饮料。保险行业的大型入境并购交易包括周大福入股平安保险、德国安联入股太保集团，合计并购交易总额达39亿美元。金融行业的入境并购交易主要包括美国银行向卡塔尔投资局和淡马锡出售建行H股股份。

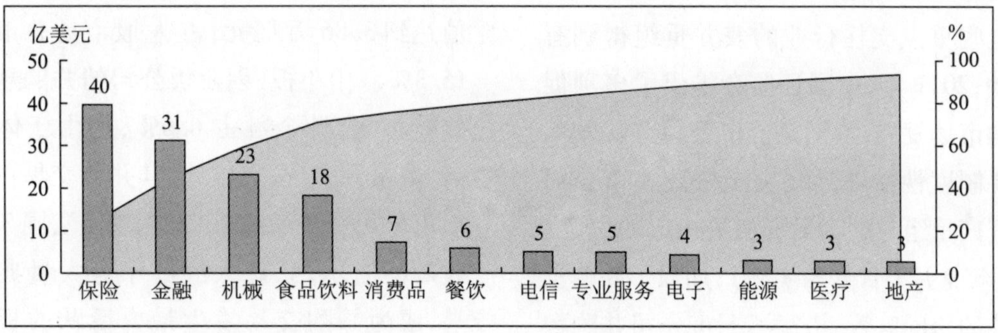

图11　中国上市公司外资入境并购按行业分布(2011)

资料来源：Dealogic

三、并购市场发展趋势

(一)并购市场规模不断发展，在全球市场中的地位越来越重要

随着中国经济的快速发展、国家对并购重组和行业整合的鼓励措施的实施，中国并购市场获得了迅速发展。2011年，中国并购市场是全球并购市场中较活跃的地区，全年并购总交易额(含上市及非上市公司)为2 468亿美元，是有史以来最高水平。中国的并购市场在全球市场中占据的份额也更为可观，据统计，中国并购交易占全球市场份

额已经从2001年的1%上升到目前的6.8%，仅次于美国位居世界第二。在可预计的将来，随着中国经济的发展以及欧债危机等国际经济形势的变化，中国并购市场在全球范围内的重要性将越来越得到体现。

（二）国家鼓励并购市场发展的政策得到进一步落实，推动了并购市场的繁荣

国家政策的鼓励一直是中国并购市场发展的强大动力。2009年国家推出十大产业振兴规划、提出多个行业的整合提效目标以来，相关产业的并购越来越活跃；2010年国务院推出《国务院关于促进企业兼并重组的意见》，明确提出“加快国有经济布局和结构的战略性调整”，“以汽车、钢铁、水泥、机械制造、电解铝、稀土等行业为重点，推动跨地区兼并重组、境外并购和投资合作，做强做大优势企业”，随后各部委推出配套措施，使得这些重点支柱行业的兼并重组得到有力推动；2011年，中国证监会推出了多项促进并购市场发展，特别是上市公司并购发展的重要制度性措施，如《关于修改上市公司重大资产重组与配套融资相关规定的决定》（2011年9月1日开始实施），加强了并购重组审核的协同监管，拓宽了上市公司并购融资渠道，提高了并购重组的效率。这些鼓励政策是中国并购市场进一步发展的强大动力。

（三）高技术、新兴行业并购趋于活跃

按交易金额计，金融业和资源类行业的并购近年来始终是中国并购市场中较为活跃的行业，而2011年则出现了更多高技术、新兴行业的并购交易。在行业自身发展规律以及国家鼓励政策的推动下，相比2010年，电子、机械、汽车、医疗等行业并购金额明显提高，这些行业所占的并购交易市场份额越来越大。Joy Global收购国际煤机、中芯国际收购武汉新芯等典型交易的涌现，显示了这些高技术、新兴行业的巨大发展潜力和整合需求。

（四）中小板、创业板公司并购成为并购市场发展的又一重要力量

2011年，除A股主板市场和香港H股市场上市公司外，A股中小板和创业板市场所涉及的并购交易获得快速发展，活跃度进一步提高。

目前，A股中小板、创业板有1 053家上市公司，占A股上市公司总数的43%；总市值达到3.86万亿元，占A股市场总市值的15.3%。中小板、创业板公司的并购规模虽然较小，合计金额占6.6%，但由于体制灵活、数量众多，按宗数计，其并购交易占全部上市公司交易的约26%，涌现了法国Seb SA收购苏泊尔、弘毅入股苏宁等大量典型交易，成为并购交易发生最为活跃的板块之一，也成为中国并购市场快速发展的又一重要力量。

中国国际金融有限公司
审稿人：徐翌成　余燕
撰稿人：刘宇　周晓萌

济南钢铁:吸收合并莱芜钢铁

一、重大资产重组基本情况

(一)重组各方情况

济南钢铁股份有限公司(以下简称"济南钢铁")于 2004 年 6 月 29 日在上交所上市,股票代码 600022,主要从事钢铁系列产品的生产和销售,主要产品有碳素结构热轧中厚板、高强度船用板、锅炉板等。控股股东为济钢集团有限公司(以下简称"济钢集团"),持股比例为 68.69%。

莱芜钢铁股份有限公司(以下简称"莱钢股份")于 1997 年 8 月 28 日在上交所上市,股票代码 600102,主要从事钢铁系列产品的生产和销售,主要产品有 H 型钢、螺纹钢、轴承钢、齿轮钢等。控股股东为莱芜钢铁集团有限公司(以下简称"莱钢集团"),持股比例为 74.65%。

(二)重组背景

2008 年 3 月,山东省政府为适应国家钢铁产业结构调整的要求及行业发展趋势,进一步增强山东省钢铁行业整体竞争力,通过划转济钢集团、莱钢集团、山东省冶金工业总公司所属企业(单位)的国有产权,设立了山东钢铁集团有限公司(以下简称"山钢集团"),济钢集团和莱钢集团成为山钢集团的全资子公司。山钢集团是山东省第一大国有企业,2010 年经审计的营业总收入达到 1 097.60亿元,2010 年生产粗钢 2 315 万吨、钢材 2 243 万吨,粗钢和钢材产量在全国钢铁集团中均位居前列。

山钢集团组建后,原本各自独立的济南钢铁与莱钢股份之间,以及二者与莱钢集团银山型钢有限公司(以下简称"银山型钢")之间产生了同业竞争。另外,济南钢铁和莱钢股份首次公开发行时,钢铁辅业资产未注入上市公司,导致上市公司与山钢集团下属企业之间存在大量关联交易。

1. 同业竞争情况

从产品结构看,济南钢铁具有棒材生产能力 120 万吨/年,莱钢股份则具有棒材生产能力 290 万吨/年;济南钢铁具有热轧宽钢带生产能力 270 万吨/年,而银山型钢的热轧宽钢带的年生产能力也在百万吨以上。从市场区域看,济南钢铁、莱钢股份和银山型钢的生产基地距离仅 100 多公里,销售区域高度重合。总之,两家上市公司之间,以及二者与银山型钢之间在交易前存在一定程度的同业竞争。

2. 关联交易情况

济南钢铁和莱钢股份两家上市公司的控股股东在上市公司之外仍保留了为上市公司提供辅助服务的资产,在燃料供应、产品销售、运输和综合服务等方面存在关联交易。以莱钢股份为例,2009 年度莱钢股份关联采购 1 581 261.62 万元,占年度同类交易的 41.11%;关联销售 1 383 490.02 万元,占年度同类交易的34.35%。莱钢股份上市时由于受批准额度的限制，对铁路运输、水电动力、计量、自控等辅助系统实施剥离，留在莱钢集团。而上述辅助设施为莱钢股份生产所必需，由此导致莱钢股份与莱钢集团及其关联方之间存在一定数量的关联交易。

二、重大资产重组方案

山钢集团组建以后，按照山东省钢铁产业规划的要求，研究拟定了钢铁主业重组的方案。根据该方案，重组完成后，山钢集团将以济南钢铁为平台，基本实现其钢铁主业整体上市。重组方案内容：①济南钢铁以换股方式吸收合并莱钢股份；②济南钢铁向济钢集团发行股份购买资产；③济南钢铁向莱钢集团发行股份购买资产。

（一）济南钢铁换股吸收合并莱钢股份

济南钢铁的换股价格为济南钢铁审议本次重大资产重组的董事会决议公告日前20个交易日的A股股票交易均价，即每股3.44元；莱钢股份的换股价格为莱钢股份审议本次换股吸收合并事项的董事会决议公告日前20个交易日的A股股票交易均价，即每股7.18元，同时考虑给予莱钢股份股东16.27%的换股风险溢价，由此确定莱钢股份与济南钢铁的换股比例为1∶2.43，即每股莱钢股份的股份换取2.43股济南钢铁的股份。

考虑到莱钢股份于2011年5月27日实施了2010年度分红方案即每10股派发现金红利0.60元（含税），对上述价格进行除息调整，调整后的换股价格为每股7.12元。基于上述调整后的换股价格，同时考虑给予莱钢股份股东16.27%的换股风险溢价，由此将莱钢股份与济南钢铁的换股比例调整为1∶2.41，即每股莱钢股份的股份换取2.41股济南钢铁的股份。

为充分保护济南钢铁和莱钢股份股东的利益，吸并双方一致同意赋予济南钢铁和莱钢股份除山钢集团及其关联企业以外的全体股东以现金选择权（为加以区别，赋予济南钢铁股东的上述权利称为收购请求权，赋予莱钢股份股东的上述权利称为现金选择权）。行使收购请求权的济南钢铁股东，可就其有效申报的每一股济南钢铁股份，在收购请求权实施日，获得由收购请求权提供方支付的按照定价基准日前20个交易日股票交易均价确定并公告的现金对价，即每股3.44元。行使现金选择权的莱钢股份股东，可就其有效申报的每一股莱钢股份的股份，在现金选择权实施日，获得由现金选择权提供方支付的按照定价基准日前20个交易日股票交易均价确定并公告的现金对价，即每股7.18元。考虑到莱钢股份于2011年5月27日实施了2010年度分红方案即每10股派发现金红利0.60元（含税），对上述价格进行除息调整，调整后现金选择权的行权价格为每股7.12元。

（二）济南钢铁向济钢集团和莱钢集团发行股份购买资产

济南钢铁向济钢集团和莱钢集团分别发行股份作为支付方式购买其钢铁相关资产。济钢集团和莱钢集团用于认购股份的标的资产分为股权资产和非股权资产；股权资产包括济钢集团下属信赢煤焦化100%股权及鲍德气体100%股权和莱钢集团下属天元气体100%的股权、国贸公司83.33%股权、电子公司100%股权,非股权资产包括莱钢集团下属动力部、自动化部和运输部相关的经营性资产和负债。

本次发行股份购买资产以评估值作为作价依据,根据北京中锋和青岛天和评估并经山东省国资委鲁国资产权函[2011]19号核准的资产评估结果,本次向济钢集团和莱钢集团购买资产的评估值分别为139 324.94万元和236 714.41万元。济南钢铁以向济钢集团和莱钢集团分别发行405 014 360股和688 123 285股股份作为对价,发行价格为济南钢铁就本次重大资产重组召开的董事会决议公告日前20个交易日的交易均价,即3.44元/股。

三、重大资产重组过程

本次重大资产重组经历了三次停牌、两次重启的曲折历程。

(一)第一次方案启动

2009年11月9日,济南钢铁和莱钢股份首次停牌,并随即制定了济南钢铁吸收合并莱钢股份,同时注入银山型钢等钢铁主业资产和30亿元现金的重组方案。但是,经监管部门核查,方案存在相关置入资产(银山型钢资产)盈利能力不佳、相关房产土地权属不完善等缺陷。在公司后续对该方案优化调整的过程中,国家宏观经济环境发生深刻变化,资本市场大幅下跌,钢铁行业尤其是铁矿石定价机制发生变化。最终,公司未能在董事会决议公告后的6个月内(截至2010年8月24日)召开股东大会。从而,该方案流产。

(二)第二次方案启动

第二次重组方案将拟注入资产的盈利性以及对莱钢股份股东的换股补偿放到了更加重要的位置上,将盈利不佳的银山型钢和山钢集团莱钢机制公司调整出重组范围,济钢集团不再向上市公司注入30亿元现金,重新锁定换股价格和发行股份购买资产的价格,并保持换股比例2.43不变,从而给予莱钢股份股东7.85%的换股溢价。2010年12月31日,济南钢铁股东大会以86%的高赞成率通过了上述方案;但莱钢股份股东大会上赞成比率为56%,未达到2/3通过的要求。其原因在于,本方案在现金选择权条款设置上仅面向异议股东,造成在当时股价下行风险较大的情况下,众多股东出于无风险套利投出反对票,方案未获股东大会通过。

(三)第三次方案启动

2011年2月18日,济南钢铁和莱钢股份第三次停牌,并于4月13日复牌召开董事会并公告交易报告书。第三次重组方案的主要变化为现金选择权/收购请求权由面向异议股东改为面向全体股东,重新锁定换股价格和发行股份购买资产的价格并保持换股比例2.43不变,进一步提升莱钢股份股东的换股溢价率至16.27%。5月18日,第三次重组所有议案在两家上市公司股东大会上均以超过90%的高票通过。11月10日,重大资产重组事宜提交中国证监会并购重组审核委员会审核,并获有条件审核通过。12月30日,重组获中国证监会的核准;同时,中国证监会核准豁免山钢集团及其一致行动人要约收购济南钢铁股份的义务。

四、重大资产重组成效

(一)基本消除了同业竞争问题

通过实施换股吸收合并、发行股份购买资产等重大资产重组,两家上市公司之间基本消除了原有的同业竞争,银山型钢由济南钢铁托管也解决了银山型钢与济南钢铁之间存在的同业竞争问题。

(二)大幅减少了关联交易

备考公司2010年关联交易总额较重组前济南钢铁和莱钢股份两家上市公司的关联交易总额减少55.46亿元。从比例看,重组后备考公司购买商品和接受劳务、销售商品和提供劳务两大类型的关联交易比例分别较重组前有明显下降。山钢集团已承诺在银山型钢实现盈利且其立项核准手续得到有效完善之后的1年内,将银山型钢的全部股权注入存续上市公司。

(三)进一步优化了资源配置

通过资产注入、整体上市的并购重组行为,山钢集团钢铁主业资产进入备考公司,有效整合了两家上市公司和非上市钢铁主业资产,实现了对钢铁业务的统筹规划,从而进一步优化了资源配置,促进了经济结构调整和产业结构升级。

五、案例思考

山钢集团重组从2010年2月第一份方案出炉至今,耗时近两年,期间多次出现波折。究其原因,既有客观因素,即宏观经济环境、市场环境、行业经营环境变化;更有方案本身的“硬伤”,即相关置入资产质地不佳,未向全体股东放开现金选择权和收购请求权等。纵观重组事项全过程,可以发现,未充分考虑投资者的需求,在更大程度上成为原先方案被否的“症结”。由此,可以得出这样一个结论:促进、提升并购重组质量和效率,离不开相关各方的共同努力,尤其不可漠视二级市场投资者的利益。

作为上市公司资本运作的“大动作”,并购重组对上市公司的存续、发展和股东的利益有着重大和长远的影响。上市公司在并购重组过程中,包括方案的设计和交易条件的安排,都要慎重对待投资者利益受损和保护问题。只有在这个问题上实现了“人情”和法理上的“自圆其说”,设计出来的并购方案和交易条件才能得到并购重组相关各方的普遍认同。

(山东证监局供稿)

赛马实业:吸收合并宁夏建材

一、基本情况

(一)收购方宁夏赛马实业股份有限公司概况

宁夏赛马实业股份有限公司(以下简称"赛马实业")系1998年11月24日经宁夏回族自治区经济体制改革委员会宁体改发[1998]66号文批准,由宁夏赛马水泥(集团)有限责任公司(2003年12月变更登记为"宁夏建材集团有限责任公司")等5家公司以发起方式设立。经中国证监会证监发行字[2003]93号文核准,公司于2003年8月14日向社会公开发行人民币普通股4 800万股,股本总额12 300万股。公司经营范围是水泥制造和销售;水泥制品、水泥熟料、塑料管材、精细石膏、商品混凝土等的制造和销售;有控股子公司10家,参股子公司4家。公司控股股东建材集团,持有赛马实业35.74%的股份。截至2011年6月30日,公司总股本19 513.39万股,总资产67.89亿元,净资产39.75亿元。

(二)目标公司宁夏建材集团有限责任公司概况

宁夏建材集团有限责任公司(以下简称"建材集团"或"集团")前身为1986年筹建的全民所有制企业宁夏水泥厂。经宁夏回族自治区人民政府办公厅宁政办函[1997]18号文批准,建材集团于1997年9月由宁夏水泥厂整体改制设立。2007年12月,宁夏国资委将建材集团51%的国有股权无偿划转至中国中材集团有限公司,中材集团以20 000万元对建材集团增资,收购完成后中材集团成为建材集团的控股股东,持股比例为69.60%。2008年、2009年,中材股份有限公司先后收购共赢投资、中材集团持有的建材集团的股份,使建材集团成为其全资子公司。建材集团为投资控股型公司,除将拥有的部分土地使用权租赁给赛马实业、为赛马实业提供委托贷款及有偿担保、将位于北京的房产租赁给中材水泥外,自身并不从事具体的经营性业务。截至2011年6月30日,公司总股本19 513.39万股,总资产10.57亿元,净资产10.19亿元,资产负债率3.60%。

(三)涉及关联第三方中材股份有限公司概况

中国中材股份有限公司(以下简称"中材股份")是经国务院国资委批准,由中材集团等7家公司设立的股份有限公司,于2007年7月31日注册成立,于2007年12月20日在香港联交所主板挂牌上市。中材股份是建材集团的控股股东,持有公司100%的股份。

二、并购重组背景

由于历史的原因，我国资本市场的作用与地位在初始时期并未得到明确确立。因此在当时，集团公司往往只拿出部分资产上市以试点，上市公司仅仅是集团公司的一个窗口，这就是所谓的分拆上市。分拆上市虽有其优势，但也会使母公司与子公司形成许多复杂的财产关系与利益关系，为公司的规范运作留下了巨大的隐患，制约了上市公司的发展潜能，成为上市公司企业价值提升的障碍。

建材集团在 1998 年 12 月发起设立赛马实业时，并没有把与生产经营相关的土地等资产投入赛马实业，由此导致赛马实业的资产不完整，赛马实业和建材集团之间存在大量的融资往来以及担保、租赁等关联交易。针对上述问题，证券监管部门对赛马实业提出了限期整改要求，赛马实业也做出了限期整改的承诺。

2009 年，面对国际金融危机，国家实施投资拉动政策，保持了经济平稳发展，为水泥企业创造了良好的市场机遇，水泥工业形势向好，产销量稳步增长，效益明显回升，结构调整取得新的成效。但随着水泥产能的不断释放，水泥行业出现产能过剩的局面。国家发改委及工信部相继出台政策，清理新建水泥项目，抑制水泥产能过剩和重复建设，继续加大淘汰落后产能的工作力度，加大技术改造推动产业升级，鼓励大企业并购重组落后企业，推动优势企业兼并重组，提高产业集中度。

在水泥行业加快行业整合，推动产业升级的大背景下，赛马实业计划实施本次换股吸收合并方案。本次换股吸收合并有利于赛马实业资产完整，优化财务结构，增强盈利能力，提高生产集中度，提升综合竞争力，有利于赛马实业的长远发展和战略发展。

三、重组方案

（一）方案概况

赛马实业通过向中材股份发行股份换股吸收合并建材集团，吸收合并完成后，建材集团全部资产、负债、业务、人员并入赛马实业，其法人资格因合并而注销，赛马实业继续存续，公司名称拟变更为“宁夏建材集团股份有限公司”，股票简称拟变更为“宁夏建材”，建材集团持有的赛马实业 6 975 万股股票因吸收合并而予注销，中材股份所持建材集团的股东权益转换为赛马实业的限售流通 A 股，赛马实业的控股股东由建材集团变更为中材股份，赛马实业的实际控制人仍为中材集团，未发生变更。

本次换股对象为建材集团的控股股东中材股份，换股价格为本次吸收合并首次董事会决议公告日前 20 个交易日股票交易均价，即 22.13 元/股。换股数量，本次吸收合并中材股份以其持有建材集团的全部股东权益换得赛马实业的股票113 775 543股，占赛马实业本次吸收合并后总股本的 47.57%。

（二）方案特点

第一，反向吸收合并，上市公司将控股股东收购，实现整体上市。本次并购重组由上市公司原赛马实业吸收合并控股股东建材集团，通过子公司吸收合并母公司实现整体上市目标，属于反向吸收合并，是资本市

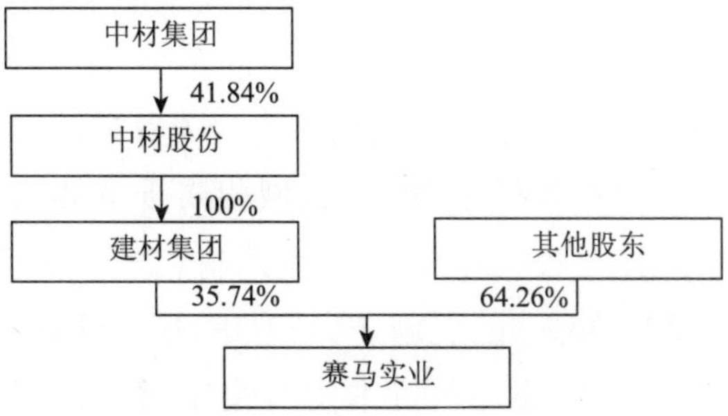

图 1　吸收合并前赛马实业股权控制关系图

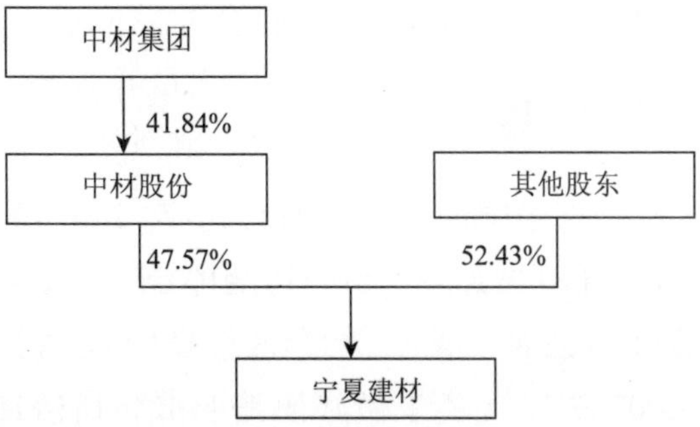

图 2　吸收合并后宁夏建材股权控制关系图

场的首例,被中国证监会并购重组委作为重大无先例事项进行审核。

第二,与关联第三方进行交易,上市公司控制层级减少。本次换股交易对象是原赛马实业的间接控制人、建材集团的控股股东中材股份。原赛马实业通过向间接控制人发行股份吸收合并控股股东,将上市公司的间接控制人转变为控股股东,由两级控制关系转变为一级控制关系,减少了上市公司股东控制层级,进一步提高了管理效率。

第三,对关联第三方发行新股的同时,注销原控股股东持有的股份,吸收合并的程序和方式清晰明确。本次并购重组中,上市公司采取对关联第三方发行新股,同时注销被合并方股份的方式,新股与旧股之间关系清晰,对价明确。在计算时,用中材股份持有建材集团全部股东权益换得赛马实业的股票 113 775 543 股,减去注销的建材集团持有的赛马实业 6 975 万股股票,乘以换股价格 22.13 元/股,即是再融资金额 97 428.53 万元。

四、重组的分析和评价

(一)保证了上市公司资产完整,增强了可持续经营能力

实施本次换股吸收合并后,原赛马实业长期租赁或免费使用建材集团的土地使用权,并入宁夏建材,上市公司房屋与对应的土地分离的局面得以解决,资产的完整性得以保证。同时,原赛马实业控股子公司青水股份无偿使用的建材集团"青铜峡牌"商标,并入宁夏建材,商标使用权和所有权分离的问题得以解决,提高了上市公司资产的完整性。

(二)减少了关联交易,提高了上市公司的规范运作水平

除租赁土地、无偿使用商标使用权外,由于自身资本实力有限,原赛马实业长期有偿使用建材集团资金,并由建材集团提供有偿贷款担保。截至收购完成日,原赛马实业占用建材集团的资金余额达到 50 000 万元;建材集团持续为原赛马实业银行借款提供有偿担保 1 208 173 423.46 元。本次吸收合并后,建材集团的资产、负债全部转移至赛马实业,上述关联交易事项从根本上得以消除,存续公司得到生产经营所需的货币资金、土地使用权、商标等,资产完整且合理,公司独立性增强,公司规范运作水平将进一步提高。

（三）壮大了上市公司规模，提升了综合竞争实力

水泥行业是一个资金密集型行业，未来技术改造、市场拓展、区域内的并购整合都需要大量的资金。通过本次吸收合并建材集团，原赛马实业负债总额将减少46 528.36万元，新增30 129.17万元可利用货币资金，一方面公司可以有效降低资产负债率，优化公司的财务结构，提高公司的抗风险能力，按照原赛马实业2011年6月30日长期借款前5名加权平均贷款利率6.80%计算，每年节省财务费用约5 212.71万元；另一方面，换股吸收合并后，资产规模扩大，资本实力增强，融资能力提高，进一步提升了公司的综合竞争实力。

（四）响应国家产业政策，加快了兼并重组步伐

根据《关于公布国家重点支持水泥工业结构调整大型企业（集团）名单的通知》，国家鼓励有实力的大型水泥企业采取兼并、重组、联合等方式，提高生产集中度，优化资源配置。根据《关于加快水泥工业结构调整的若干意见》的要求，水泥企业前10户集中度"十一五"末要达到30%，前50户集中度要超过50%。原赛马实业自2003年上市以来，除通过新建水泥生产线来扩大生产经营规模外，还通过新设公司、对子公司的增资扩股、直接收购等方式不断扩大自己的主营业务规模，公司逐渐发展成为西北地区的优势水泥企业之一。公司水泥产能已经由上市前的每年85万吨提高到目前的1 300万吨，其产能占宁夏水泥产能的比重接近60%。2010公司水泥销量为683万吨，区域市场占有率接近50%，区域优势十分明显。本次换股吸收合并后，宁夏建材将减少负债46 528.36万元，新增30 129.17万元可利用货币资金，公司的资本实力快速增强，有利于公司择机并购周边其他水泥生产企业，以进一步壮大公司的生产经营规模和销售区域。

（五）履行了公司承诺

根据中国证监会证监公司字[2007]28号《关于开展加强上市公司治理专项活动有关事项的通知》及宁夏证监局宁证监发[2007]75号《关于做好加强上市公司治理专项活动有关工作的补充通知》的要求，赛马实业于2007年4月成立公司治理专项领导小组，开展公司治理专项活动，并于2008年7月31日公告了《宁夏赛马实业股份有限公司治理专项活动整改情况的说明》。在该公告中公司承诺："视具体情况于2012年12月31日前采用收购等适当方式解决公司一直租赁使用控股股东建材集团的土地、公司控股子公司青水股份无偿使用归控股股东所有的'青铜峡牌'商标的问题。"本次吸收合并后，建材集团的土地使用权、商标均并入赛马实业，成为公司的资产，公司的上述承诺得以有效履行。

（宁夏证监局供稿）

通宝能源:以资产换股份 实现向综合能源转型

自2008年以来,受国内能源资源市场和国家产业政策影响,电煤价格大幅上涨,火力发电企业机组设备利用小时持续下降,致使以火力发电为主业的山西通宝能源股份有限公司(以下简称“公司”)经营艰难。如何走出困境、实现快速发展成为公司面临的首要问题。2010年7月,经过对电力行业和资本市场进行全面、深刻的分析,及对区域经济进行认真的调查研究,公司董事会确定了由单一火电向综合能源进行转型的发展思路,公司新一届领导班子承担起转型及跨越发展的重任。

根据这一发展思路,公司于2010年8月启动了将山西地方电力股份有限公司(以下简称“地电股份”)整体注入上市公司的重大资产重组方案。公司向控股股东山西国际电力集团有限公司(以下简称“山西国电”)和其全资子公司山西国际电力集团有限公司(以下简称“国电资产”)发行股份购买其所持有的地电股份100%股份。这是公司在时隔8年后再次快速启动资本运作,在控股股东及重组各方、中介机构的通力协作下,高效、顺利地完成了预案编制、正式方案上报、中国证监会核准及新增股份上市等各项工作。截至2011年6月30日,历时近11个月的重大资产重组全部实施完毕,成功将地电股份整体注入公司,迈出了公司转型和跨越发展的第一步。

一、本次重大资产重组涉及各方的基本情况

(一)通宝能源概况

通宝能源是山西省首批重点规范化股份制试点企业之一,于1992年8月以定向募集方式设立,于1996年12月在上海证券交易所上市。上市以来,始终坚持以“发展、规范”为主题,本着增强核心竞争力和可持续发展能力的经营宗旨,围绕向“综合能源”转型发展的目标要求,始终确保稳定经营,全力推进资本运作,持续规范公司治理,不断提升风险管控水平,逐步形成了包括电力、煤炭、燃气等多元产业结构的“综合能源”格局。公司股票继续入选上证公司治理指数样本股,公司荣获中国电力企业联合会2009年“中国电力优秀企业”、上海证券交易所“2011年度上市公司信息披露奖”、山西证监局“山西资本市场优秀上市公司”、《中国证券报》“2011年度金牛上市公司百强”、“2012年度中国上市公司资本品牌溢价百强”等多项殊荣。

上市15年来,公司资产总额扩张19.46倍,达到66.8亿元;营业收入扩张57.6倍,达到54.53亿元;股东权益扩张15.04倍,达到32.33亿元;总股本扩张12.9倍,达到11.465亿股。目前,公司控股股东山西国电直接和间接持有公司股份6.96亿股,占公司总股本的60.7%。公司实际控制人为山

西省国有资产监督管理委员会（以下简称“山西省国资委”）。

（二）山西国电概况

山西国电于1989年1月经山西省人民政府批准成立，经过20多年的发展历程，逐步成长为全国为数不多的同时占有发电和配电两端市场，控股上市公司和金融机构，集资产经营和资本运营于一体的特大型企业集团。

近年来，山西国电以“建设主业突出、实力雄厚、服务山西的综合能源集团”为奋斗目标，专注能源领域，坚持发展火电，优先发展配电，积极发展新能源，努力把主导产业做强做大，形成竞争优势。与此同时，致力于传统能源新型化和新兴能源规模化，围绕电力发展上下延伸产业链，稳健发展金融业，努力发展基础产业，实施煤电联营，优化产业结构，加强主业支撑，逐步形成了以电力和燃气为核心的产业格局，不断提升了核心竞争力，实现快速平稳发展。

（三）地电股份概况

地电股份主要负责吕梁、临汾、朔州3市12个县（区）的供配电任务，围绕“安全稳定、效益优良、服务优质”的发展目标，以“山西地电为山西，地方电力为地方”为服务宗旨，通过加大电网投资建设力度，加强企业内部机制改革，狠抓基础规范管理，健全服务监督机制等一系列措施，所属供电营业区电网结构不断改善，经营管理水平和供电服务质量显著提高，显现出良好的发展态势，成为山西地方电力资产具有潜在活力的重要组成部分，有力地支持和促进了所属区域地方经济和社会事业的快速发展。

二、本次重大资产重组的主要背景

（一）提升公司综合竞争实力

本次重大资产重组前，公司属电力生产行业，主营火力发电。近年来，公司立足火力发电，通过转让能耗较高的小火电机组，使电力资产结构得到进一步优化，节能降耗和盈利能力进一步增强。但由于受宏观经济形势和产业政策的影响，公司近3年的经营业绩波动较大，盈利能力受到影响。

重组完成后，上市公司将同时拥有发电和电网资产，在山西省加快经济转型发展和跨越发展的宏观背景下，山西省政府所提出的提高煤炭就地转化比例，扩大装机规模，提升电网建设水平，建设强大的电力生产基地和电力输送网络等一系列宏观战略部署，必将极大地促进山西省内电力和电网事业的发展。公司将以区域宏观经济实现转型和跨越发展为契机，以发电和电网资源为优势，大幅提升盈利能力和可持续发展能力。

（二）响应国家产业政策导向

此次地方电网整体上市正好契合了国家产业政策的导向。一方面，国家鼓励民间资本进入电力基础设施投资，鼓励各类投资者采用各种有效的投资方式投资农村电网，参与农村供电企业的改组改制，促进农村电网的建设和发展。山西省在“十二五”期间加快推进经济的转型发展和跨越发展，积极拓展晋电外送等一系列的宏观战略，为进一步加快山西省内电力、电网事业的发展提供了良好的机遇。另一方面，国务院要求推进国有资本调整和国有企业重组，支持国有资本调整和国有企业重组，以充分发挥资本市场功能,优化国有经济资源配置,提高上市公司整体质量,实现优质大型企业整体上市。

三、本次重大资产重组的主要过程

(一)方案概括

本次重大资产重组,公司向山西国电和国电资产发行股份购买其所持有的地电股份100%股份,交易对方为本公司控股股东山西国电及其全资子公司国电资产,标的资产为山西国电和国电资产所持有的地电股份59 400万股、600万股,共计60 000万股股份,占地电股份总股本的100%。

本次发行股份的发行价格为首次董事会决议公告日前20个交易日的交易均价5.63元/股,标的资产的交易价格根据经具有证券从业资格的资产评估机构进行评估并经山西省国资委核准的标的资产评估结果确定。根据本次发行股份的发行价格和标的资产的交易价格,本次发行股份的发行数量为27 356.15万股,其中,公司向山西国电发行27 082.59万股,向国电资产发行273.56万股。

鉴于山西省国资委为公司的实际控制人,山西国电为公司的控股股东,国电资产为山西国电的全资子公司,构成关联交易。

(二)主要节点工作

公司高效组织、全力推进此次重大资产重组各项进程,一次补正材料,中国证监会顺利受理;一次反馈意见回复,中国证监会上会审核;一次性通过中国证监会内幕交易例行核查;一次性反馈意见回复,中国证监会予以核准;仅历时一个月即取得中国证监会核准批文;自2010年8月启动至2011年6月工商变更登记完成,仅历时11个月即圆满完成重大资产重组各项工作,彰显了公司“精细高效”的企业文化理念。具体推进重组主要工作如下:

第一阶段,预案编制阶段。自2010年8月3日公司股票停牌至8月31日复牌为本次重大资产重组预案的编制阶段。在此阶段,公司完成了披露4次重大事项进展公告,取得了省国资委的“预批复”,编制完成了重大资产重组预案,召开首次董事会并披露、报送相关预案材料,较规定时间提前2天申请复牌。

第二阶段,正式方案编报阶段。自公司股票2010年9月1日复牌至中国证监会正式受理为本次重大资产重组正式方案编报阶段。在正式方案编制、申报过程中,公司配合审计、评估机构编制完成了审计、评估等报告;取得了多项地电股份无违规证明的支撑文件;获得省国资委有关批复文件;召开第二次董事会、股东大会审议通过了正式方案并上报中国证监会;12月6日,中国证监会下达《行政许可申请受理通知书》。

第三阶段,正式审核阶段。自中国证监会正式受理日起,此次重大资产重组项目进入正式审核阶段。2010年12月29日,中国证监会下达公司重大资产重组《行政许可项目审查一次反馈意见通知书》。为了确保能够按时提交反馈意见,公司组织项目组成员召开专题研讨会,对重点问题进行反复讨论。2011年1月27日,编制完成了反馈意见回复材料并上报中国证监会。5月4日,获得中国证监会上市公司并购重组审核委员会有条件通过。5月16日,公司将反馈意见回复材料上报中国证监会。

第四阶段，核准后续工作。自2011年6月8日正式获得中国证监会核准后，公司用20天时间完成了召开董事会、资产交割、新增股份上市、召开股东大会、工商变更等后续工作。截至6月30日，本次重大资产重组各项工作全部实施完毕。

四、本次重大资产重组的意义

本次成功实施重大资产重组，实现了公司与控股股东双赢的发展格局，为实现公司价值最大化和股东利益最大化奠定了基础。一方面，公司摆脱了单一火电经营的发展瓶颈，迈出向“综合能源”公司转型跨越发展的第一步；另一方面，控股股东充分发挥上市公司资本市场融资平台功能，最大限度地实现了优质资产增值。

（一）拓展主营业务，迈出综合能源转型发展第一步

本次重大资产重组将优质的地方电网资产注入公司，拓展了公司主营业务，形成了发电和配电双主业的经营模式，其中，公司现有发电资产阳光发电属于发电企业，是山西省百万千瓦级大型火力发电厂，是山西电网的主力电厂；标的资产地电股份属于电网企业，是山西国电所属从事配电业务的核心资产，覆盖了山西省12个县（区）电网的建设运营，供电区域2.3万平方公里，占山西省15%的国土面积，构成山西省内重要的供配电网络。双主业的经营模式解决了公司单一火力发电经营瓶颈，优化了资产结构，增强了公司的发展后劲。公司将以山西省区域宏观经济实现转型和跨越发展为契机，以发电和电网资源为优势，以控股股东的加速发展和后续优质资产的持续注入为保障，成功迈出了向“综合能源”转型和跨越发展的第一步。

（二）提升公司综合竞争实力，提振资本市场信心

公司同时拥有发电和电网资产，脱离了市场估值和发行市盈率较低的火电行业板块上市公司，逐步向综合能源板块上市公司调整，提升了公司可持续发展能力和市场的估值，扩大了公司在证券市场和电力行业的影响力，提振资本市场信心，为资本运作打开空间。市场情况表明，自重组成功后，公司股价稳步提升，公司市值已超过80亿元，并持续提升。截至2011年底，公司股票最高价9.25元，一年涨跌幅35.67%，创一年新高，市值高达106.05亿元，较前一年年末市值48.88亿元涨幅116.96%。

（三）发挥资本市场的资源配置功能，加速了控股股东资产证券化进程

本次重大资产重组标的资产地电股份为山西国电配电业务的全部资产，具有独立、完整、优质、成熟、稳定等特点，本次注入上市公司，实现了山西国电配电业务资产的整体上市，实现了优质国有资产向国有控股的上市公司集中，有利于充分发挥资本市场功能，优化国有经济的资源配置，加速了控股股东资产证券化的进程，实现了国有资产的增值保值。

（山西证监局供稿）

红太阳资产重组案例

南京红太阳股份有限公司（以下简称“红太阳”或“公司”）通过向公司控股股东的第二大股东南京第一农药集团有限公司（以下简称“南一农集团”）发行股份购买其持有的农药类相关资产，整合了红太阳和南一农集团之间品牌、技术、渠道和人才资源，公司得以依托资本市场做大做强。

一、本次重大资产重组交易双方的基本情况

（一）南京红太阳股份有限公司基本情况

1. 公司概况

中文名称：南京红太阳股份有限公司

曾用名：南京天龙股份有限公司

公司A股上市交易所：深圳证券交易所

公司A股简称：红太阳

公司A股代码：000525

公司法定代表人：杨寿海

公司注册资本：280 238 842元

公司注册地址：南京市高淳县桠溪镇东风路8号

经营范围：农药（凭许可证经营）、三药中间体及精细化工产品的生产、销售、技术咨询和服务；化肥经营；投资管理及咨询；农药产品包装的生产、销售（凭危险化学品包装物、容器生产企业定点证书核定的范围经营）。

本次重大资产重组前，公司总股数28 023.88万股，第一大股东红太阳集团持有公司7 989.50万股，占总股本的28.51%，公司实际控制人为高淳县国有资产经营（控股）有限公司。

2. 主营业务情况

红太阳主营业务为拟除虫菊酯类杀虫剂和化肥贸易业务，主要农药杀虫剂产品相对单一，市场竞争激烈，盈利能力较差；而化肥受能源价格和化工原料价格的影响较大，严重依赖国家补贴。受这些因素的影响，公司盈利处于较低水平，资产负债率较高，面临较大的经营压力，如不能引入优质资产，公司可持续发展面临挑战。截至2008年12月31日，红太阳总资产为31.44亿元，归属于母公司所有者权益为6.2亿元；2008年度销售收入为34.99亿元，归属于母公司所有者的净利润1 096.68万元。

（二）南京第一农药集团有限公司基本情况

1. 公司概况

公司名称：南京第一农药集团有限公司

公司住所：南京市高淳县淳溪镇宝塔路269－275号

注册地：南京市高淳县淳溪镇宝塔路269－275号

注册资本：人民币158 988 888元

法人代表：王红明

经营范围:农药;农药分装;危险化学品批发(以许可证所列范围经营);农药中间体开发、制造;技术服务、开发;塑料制品、包装材料制造;生态肥的生产、加工、销售;自营和代理各类商品及技术的进出口业务(国家限定企业经营或禁止进出口的商品和技术除外)。

南一农集团系根据高淳县企业改制领导小组 2003 年 11 月 28 日下发的高企改[2003]02 号文件批复改制设立的一家有限责任公司,注册资本为人民币 15 898.89 万元,公司实际控制人为杨寿海先生。

2. 主营业务情况

南一农集团拥有南京红太阳生物化学有限责任公司(以下简称“南京生化”)、安徽国星生物化学有限公司(以下简称“安徽生化”)、南京红太阳国际贸易有限公司(以下简称“红太阳国际贸易”)等全资及控股子公司,业务涵盖农药、医药、种业、国际贸易等多个领域。公司核心农药资产为拥有自主知识产权的杂环类农药产业链和氢氰酸产业链,其主要产品除草剂是全球未来几十年重点发展的环保类农药产品,具有环保、技术、成本等竞争优势。截至 2008 年 12 月 31 日,南一农集团总资产为 26.01 亿元,所有者权益 5.79 亿元;2008 年度销售收入为 11.74 亿元,净利润 8 890.96 万元。

二、本次重大资产重组的相关背景及过程

(一)资产重组背景

产业结构升级是我国经济发展的必然趋势,国家农药工业“十一五”规划明确鼓励各种资本以资本注入、控股、兼并等形式投资农药工业,目标在于打造资产在 50 亿~100 亿元、年销售收入 50 亿元以上的大型领军企业和一批中型骨干企业。加大对农药的科研投入,鼓励农药品种创新,鼓励农药企业集团以自主开发、委托开发或联合开发等形式参与农药创新。全球农药产业正处于从发达国家向发展中国家转移的过程中,在这一过程中规模大、技术水平高、资金实力雄厚的农药企业将获得更大的发展空间。因此,农药企业之间的整合,不仅符合国家产业政策方向,更有助于这些企业的发展。

2008 年,南一农集团已形成了杂环类三药及三药中间体从人才、技术到生产、市场的上下游产业链,取得了一定的成本、技术、市场、人才、环保的话语权。为实现红太阳集团、红太阳和南一农集团“多赢”的局面,红太阳拟向南一农集团发行股份购买南一农集团拥有的杂环类农药产业链和具有国内领先工艺技术的氢氰酸产业链现有资产、技术及国内外市场,整合南一农集团和红太阳之间的品牌、技术、渠道和人才资源,整合两个公司现有的环保农药产业链,实现环保农药产业的迅速做强做优,把红太阳打造成为国内环保农药行业的领军企业。

(二)资产重组方案

红太阳以 9.18 元/股的价格非公开发行 227 008 007 股购买南一农集团持有的南京生化 100% 股权、安徽生化 100% 股权和红太阳国际贸易 100% 股权,本次交易完成后,南一农集团持有公司 44.75% 的股权,成为公司控股股东。

(三)重大资产重组过程

(1)2008 年 11 月 14 日,因公司筹划发

行股份购买资产事宜，向深圳证券交易所申请股票自2008年11月14日起停牌。

（2）2008年12月12日，公司第四届董事会第20次会议通过《关于公司向南京第一农药集团有限公司发行股份购买资产暨重大资产重组的议案》、《关于公司与南京第一农药集团有限公司签订附生效条件的〈发行股份购买资产框架协议〉的议案》。

（3）2009年6月5日，高淳县人民政府以高政复[2009]17号文批复同意红太阳发行股票购买南一农集团的标的资产。

（4）2009年6月8日，江苏省环境保护厅向国家环境保护部提交了《关于南京红太阳股份有限公司资产重组环保核查情况的报告》（苏环办[2009]249号），根据该报告所载，江苏省环境保护厅对红太阳、南一农集团和南京生化进行了环保核查，认为该3家企业能够遵守国家和地方的环保法律法规，均依法领取了排污许可证，排放污染物达标，能够按规定缴纳排污费。在核查时段内，未因发生环境违法行为而受到环保部门的行政处罚。

（5）2009年6月10日，公司召开第五届董事会第四次会议（即本次交易的第二次董事会），决议并通过公司向南一农集团发行股份购买资产暨重大资产重组的方案以及公司与南一农集团签订的相关协议。同时，发布召开2009年第二次临时股东大会的通知。

（6）2009年6月22日，安徽省环境保护局向国家环境保护部提交了《关于安徽国星生物化学有限公司环保核查情况的函》（环控函[2009]542号），根据该函所载，安徽省环境保护局组织对安徽国星进行了环保核查，认为该公司依法实行了排污申报登记，能够按规定缴纳排污费；近3年，没有发生因环境违法行为而受到环保部门的行政处罚。

（7）2009年6月26日，公司召开2009年第二次临时股东大会，决议并通过公司向南一农集团发行股份购买资产暨重大资产重组的方案以及公司与南一农集团签订的相关协议，并同意豁免南一农集团因本次重大重组而应承担的要约收购义务。

（8）2009年8月6日，江苏省人民政府以苏政复[2009]59号文批复同意公司定向发行股票购买资产并进行资产重组。

（9）2009年9月29日，江苏省人民政府国有资产监督管理委员会以苏国资复[2009]80号文对《南京红太阳股份有限公司拟发行股份购买南京第一农药集团有限公司持有的三家公司股权项目资产评估报告书》（天兴评报字[2009]第118号）的评估结果予以核准。

（10）2009年10月26日，商务部反垄断局下发了商反垄调一[2009]81号文，商务部对本次交易涉及的经营者集中做出了不予禁止，交易可继续进行的决定。

（11）2010年2月4日，国家环境保护部出具了《关于南京红太阳股份有限公司上市环保核查情况的函》（环函[2010]53号），认为核查范围内企业（红太阳、南一农集团、南京生化、安徽生化）基本符合上市公司环保要求，原则同意红太阳通过上市环保核查。

（12）2010年12月6日，红太阳发行股份购买资产暨重大资产重组方案经中国证监会上市公司并购重组审核委员会审核通过。

（13）2011年7月26日，中国证券监督管理委员会出具《关于核准南京红太阳股份有限公司向南京第一农药集团有限公司发行股份购买资产的批复》(证监许可[2011]1167号)。

(14)2011年7月26日,中国证券监督管理委员会出具《关于核准南京第一农药集团有限公司公告南京红太阳股份有限公司收购报告书并豁免其要约收购义务的批复》(证监许可[2011]1168号)。

(15)截至2011年9月8日,南一农集团持有的南京生化、安徽生化、红太阳国际贸易100%的股权已过户至公司名下,已分别在南京市工商行政管理局化学工业园分局、当涂县工商行政管理局和南京市高淳县工商行政管理局办理完毕工商变更登记手续。

(16)2011年9月19日,公司收到中登公司深圳分公司出具的《证券登记确认书》,公司本次重组非公开发行的227 008 007股人民币普通A股已办理完毕股份登记手续。

(17)2011年9月21日,红太阳本次非公开发行股份完成变更注册资本等工商变更登记手续,取得了南京市工商行政管理局换发的《企业法人营业执照》,公司注册资本由280 238 842元人民币变更为507 246 849元人民币。

(18)2011年9月30日,公司披露新增股份变动报告及上市公告书,本次非公开发行新增有限售条件流通股227 008 007股上市。

三、本次重大资产重组的意义

(一)有利于完善公司产业链,提升公司整体实力

南一农集团通过多年自主创新,已掌握称为杂环类三药及三药中间体"芯片"的吡啶碱的生产技术,并已向产业链下游延伸。含吡啶环农药不仅高效、低毒、持效期长,而且对人及生物有良好的环境相容性,符合农药的发展要求和趋势。在不断加强自主创新能力的同时,南一农集团还积极开拓国际市场,打破了跨国公司的技术壁垒,产品已销往全球五大洲100多个国家和地区,并与世界大型跨国农药连锁公司和农药制造公司实现强强联合。

红太阳作为国家农药行业重点骨干企业之一,主要生产菊酯类、吡虫啉和毒死蜱等高毒有机磷的替代农药,公司一直注重国内终端市场的建设,其农资产品已销往全国28个省2 098个地市县。

本次重组有利于整合红太阳和南一农集团的品牌、技术、渠道和人才资源,使红太阳拥有拟除虫菊酯产业链、吡啶碱产业链和氢氰酸产业链三条产业链,相关产业更为完整、配套,形成"中间体—原药—制剂—销售渠道"的整体优势,实现红太阳的做大做强。

(二)有利于减少关联交易,规范上市公司运作

由于产业链上下游和渠道原因,公司一直与南一农集团及其控制的企业之间存在金额较大的经常性关联交易。本次重组后,安徽生化、南京生化、红太阳国际贸易等将成为公司的全资子公司,现有农药产业链上下游连接为一体,国内外销售网络更加齐全,南一农集团及其控制的企业与红太阳之间的关联交易将大幅减少,有利于上市公司的规范运作,更有利于维护社会公众股东的利益。

(三)优化整合模式,发挥示范作用

本次重大资产重组符合国家《"十二

五”农药工业发展规划》关于鼓励“通过兼并重组等方式组建大型农药企业集团”的精神。公司虽拥有较好的资本平台，但资产质量不高，难以利用该平台实现业务稳定增长和可持续发展。而南一农集团虽然资产质量较高，但受限于国内企业发行上市体制，短时间内难以登陆国内证券市场，做强做大的战略受到资本平台短板制约。

此次重组，南一农集团通过优质资产注入方式获得公司的控股权，该整合模式有别于传统的借壳模式。不仅实现了南一农集团对公司的收购，而且通过优质资产注入形式实现了两个公司之间的产业整合，对类似的上下游公司之间的并购整合有一定的借鉴意义和示范作用。

（江苏证监局供稿）

上海汽车整体上市案例

2011 年 2 月 14 日，上海汽车集团股份有限公司（以下简称“上海汽车”或“公司”）公告因重大事项停牌。2011 年 4 月 1 日，公司股票复牌并公告重组预案，向控股股东上海汽车工业（集团）总公司（以下简称“上汽集团”）及其附属公司定向发行股份，购买上汽集团零部件业务、服务贸易业务和新能源汽车业务的相关股权和资产。2011 年 8 月 2 日，重组方案获中国证监会并购重组委有条件通过。2011 年 12 月 30 日，新公司揭牌，股票简称变更为“上汽集团”。至此，上汽集团历时 6 年的整体上市工作正式收官。通过此次资产重组，上海汽车进一步整合了汽车产业链业务资源，有助于充分发挥协同效应，增强产业链的整体竞争优势，进一步提升公司的核心竞争能力和国际经营能力。

一、重组背景介绍

上海汽车于 1997 年 8 月由上汽集团独家发起设立，1997 年 11 月在上海证券交易所挂牌上市。此后历经 3 次重组，先后将整车核心业务、紧密零部件业务和汽车相关金融服务业务注入上市公司，并实现独立零部件业务重组上市。

截至 2010 年底，公司总股本达 92 亿股，总资产 2 288 亿元，归属于母公司所有者权益 661 亿元。2010 年销售整车 358 万辆，销量位居国内汽车集团榜首并跻身全球汽车行业前八强；营业总收入 3 133 亿元，归属于母公司股东净利润 137 亿元。

二、重组的有利条件

（一）资本市场快速发展创造有利条件

我国资本市场已经逐步发展成为社会主义市场经济体系的重要组成部分，截至 2010 年底，我国沪深股市总市值位居全球第二。资本市场已成为上市公司拓宽融资渠道，促进资本形成，优化资源配置的重要平台。同时,中国证监会大力推动和支持并购重组,提出了规范推进中国资本市场并购重组的10项工作,尝试为符合条件的上市公司并购重组提供"绿色通道",提高审批效率,为实现产业结构优化调整,促进资源有效配置,提升上市公司质量创造了有利条件。

(二)国资国企深化改革提供政策指引

党中央和国务院把进一步深化国资国企改革作为落实科学发展观的一项重要任务,上海市也颁布了《关于进一步推进上海国资国企改革发展的若干意见》,规划在"十二五"期间,进一步优化国有控股上市公司资源,创造条件实现企业整体上市或核心业务资产上市;到"十二五"末,上海市国资委系统经营性资产的证券化水平原则上不低于40%。

(三)上汽实现可持续发展的必然要求

加入WTO以来,中国汽车工业和上汽实现了跨越式发展,2010年中国成为全球第一大汽车生产国和消费国;上汽实现整车销售358万辆,成为国内首家整车销量突破300万辆的汽车集团,并且成功跻身全球汽车行业前八强。但从管理体制上看,上汽集团还是沿袭传统国有企业的管理模式,资本结构需要进一步优化,治理结构也有待进一步完善。从经营机制上看,激励考核机制还不到位,企业的经营活力尚未充分激发。从业务体系上看,上汽需要充分发挥上海汽车整车开发与华域汽车零部件开发的协同效应,积极拓展潜力广阔的汽车后市场业务,提升汽车产业链的整体竞争优势。

三、重组简要方案

本次交易,公司向上汽集团及其全资子公司上海汽车工业(集团)有限公司发行股票以购买其各自所持有的资产,发行价格为定价基准日前20个交易日股票交易均价。标的资产评估值291亿元。本次交易,公司共定向发行17亿股。发行后,上汽集团及附属公司合计持有公司77.28%股份。根据2010年备考财务数据测算,上海汽车归属于上市公司股东的净资产将由661亿元,增加至868亿元;归属于上市公司股东的净利润将由137亿元,增加至163亿元。

本次重组注入资产规模较大,涉及的企业数量较多,需要解决的土地、改制等问题也较复杂。但公司重组仅历时7个月即获得核准,执行效率创下近年来中国资本市场大型企业重组上市的纪录。重组过程中,交易双方坚决贯彻重大资产重组关于保密和信息披露的要求,杜绝了内幕交易的发生,保证了本次重组的顺利完成。

四、重组成效

(一)进一步完善公司治理结构,大幅减少关联交易

重组完成后,公司将从传统国有企业转变成公众公司。公司以此为契机,加快转变经营机制,重点完善激励机制建设。重组完成后,上汽集团控制的经营性优质资产将全部注入上海汽车,有效解决了前次重大资产重组遗留的同业竞争问题,进一步减少关联交易,实现集团整体上市。

(二)进一步提高资产证券化率,彰显国资国企改革标杆作用

上海市国资国企工作会议确定,全力推动企业集团实现整体上市,将经营性国资资本证券化率提高到35%左右。作为上海最大的工业企业,上汽集团通过本次重组,将集团资产证券化率从81%提升至99%。同时,本次重组还顺应了上海国资依托资本市场进行国企改革,克服了土地转性、股价波动、投资者预期等诸多困难,为后续其他国有企业加快重组步伐起到示范作用。

(三)进一步整合汽车产业链资源,加快提升生产能力和营销能力

本次重组中注入的独立供应零部件业务、汽车服务贸易业务和新能源汽车业务,对公司原有主营业务形成有效补充,在前端采购、后端销售、物流等领域丰富了公司的产业链体系,形成四方面优势:一是汽车产业链完整,有利于发挥协同效应,提升产业链整体竞争优势;二是营销网络快速增长,布局持续优化,有利于公司不断提升企业形象和实现良好的经济效益;三是初步构建起自主品牌全球研发体系框架,有利于公司技术创新能力的持续提高;四是公司新能源汽车产业化项目按计划顺利推进,有利于抢占发展制高点。

(上海证监局供稿)

兴业矿业重大资产重组案例

内蒙古兴业矿业股份有限公司(以下简称“兴业矿业”)的前身系赤峰富龙热电股份有限公司(以下简称“富龙热电”),2011年12月,公司完成重大资产重组,通过定向增发购买优质资产并剥离原有的城市供热资产,使公司主营业务由城市供热变更为有色金属的采选、冶炼。通过本次重大资产重组,公司有效化解了退市风险,置入兴业集团所持有的有色金属矿业公司股权,盈利能力获得较大提升,增强了公司抵御风险的能力,促进了公司的可持续发展。

一、基本情况

(一)被重组方富龙热电概况

富龙热电成立于1994年2月,主要从事城市集中供热业务。公司于1996年8月28日在深圳证券交易所上市。本次重大资产重组前,公司总股数3.8亿股,第一大股东赤峰富龙公用(集团)有限责任公司(以下简称“富龙集团”)持有公司1.71亿股国有法人股,占总股本的45%,公司实际控制人为赤峰市经济委员会。

截至2010年12月31日,富龙热电总资产16.26亿元,归属于母公司的所有者权益

11.18 亿元,2010 年度实现营业总收入 3.98 亿元,净利润 -0.51 亿元。

(二)重组方兴业集团概况

内蒙古兴业集团股份有限公司(以下简称“兴业集团”)是赤峰地区的民营投资控股型集团,主营业务以有色金属矿的采选为主,并积极从事探矿和冶炼业务。在以有色金属采选业务为主的基础上,积极进行多元化发展,拓展畜牧业务、宾馆服务业及工业品加工生产等。

截至 2010 年 12 月 31 日,兴业集团总资产 34 亿元,所有者权益 9.05 亿元,2010 年度实现营业总收入 9.05 亿元,净利润 1.11 亿元。

二、相关背景及重组过程

(一)重组背景

富龙热电主营业务为城市供热供电,因承担部分市政职能,终端产品价格受到政府严格的价格管制,同时受原料煤等原材料成本上涨等因素影响,公司主营业务经营状况不佳,热电产业经营处于持续亏损状态,面临退市风险。只有引入有实力的重组方,对公司实施重大资产重组,改善上市公司资产质量,提高上市公司盈利能力和持续发展能力,才能彻底解决上市公司的生产经营困难,推动上市公司利用优质资产做大做强,保护上市公司广大股东特别是中小股东的利益。兴业集团根据自身发展战略的需要,希望为其有色金属产业的发展提供一个资本运作平台来加快发展。基于上述背景,兴业集团决定对上市公司实施重大资产重组,将公司转变为一家具有较强竞争力的有色金属行业上市公司。

(二)重组方案

富龙热电重大资产置换及发行股份购买资产暨关联交易分为重大资产置换及发行股份购买资产、国有股公开征集及转让两部分,且互为条件。组合操作,同步实施。

重大资产置换及发行股份购买资产:富龙热电以其拥有的除包商银行 0.10 亿元出资份额及中诚信托 0.40 亿元出资份额外的全部资产及负债与兴业集团所持有的有色金属矿业公司股权进行资产置换,置入资产与置出资产之间的差额部分由上市公司向兴业集团以 14.5 元/股的价格非公开发行 0.17 亿股购买。

国有股公开征集及转让:富龙集团通过公开征集受让方的方式协议转让其持有富龙热电 1.14 亿股股份,约占富龙热电本次交易前总股本的 29.95%,兴业集团以置换所得兴业矿业除包商银行 0.37% 股权及中诚信托 1.63% 股权外的全部资产及负债为对价购买上述股份。

(三)重组过程

公司从 2008 年底启动与兴业集团的重大资产重组,历时 3 年、两度受阻,2011 年 10 月,重大资产重组获得中国证监会核准。2011 年 12 月 22 日,公司名称及证券简称正式变更为“内蒙古兴业矿业股份有限公司”和“兴业矿业”。2012 年 3 月 7 日,重大资产重组定向发行新增股份 0.17 亿股在深交所上市交易。重组完成后,兴业集团持有公司 33.02% 的股份,为公司控股股东。富龙集团仍持有公司 14.49% 股份,为公司第二大股东。公司主营业务由城市供热供电变更为有色金属矿采选业。

三、分析与评价

（一）涉矿企业资产重组审批环节多，周期长，难度大

由于本次重组置入资产为有色金属矿权，涉及行业准入、评估报告核准、储量重新核实备案、置入资产环保核查等环节，再加上还涉及国有股权转让、收购要约豁免等事项，涉及部门多，审核周期长，加大了本次重组的难度。

（二）重组双方位于同一地区，保障了重组的效果

上市公司、原控股股东富龙集团及交易对方兴业集团注册地均在内蒙古赤峰市，彼此较为熟悉，便于统筹协调，既能保证资产质量，又可较有效地规避或有负债风险。此外，根据重组协议，上市公司除包商银行及中诚信托部分股权外的全部资产和负债均置换到体外，基本上是“净壳”，从而有效避免了上市公司出现双主业的尴尬局面。

（三）公司资产质量提高，盈利能力改善，持续经营能力增强

重组前，上市公司主营业务为城市集中供热，受产品价格受到政府严格管制，同时受原料煤等原材料成本上涨等因素影响，2007年以来公司扣除非经常性损益的主营业务处于持续亏损状态，难以通过自身努力摆脱经营困境。通过重组，公司主营业务变更为有色金属的采选、冶炼。公司的资产质量和未来的盈利能力获得较大的提升。2011年，完成重大资产重组的当年，置入资产实现销售收入9.55亿元，净利润2.1亿元。

审稿人：方良平　韩永宁

撰稿人：王俊生

金马集团资产重组案例

2011年8月16日，广东金马旅游集团股份有限公司（以下简称“金马集团”）实施重大资产重组，实现了主业转换，有力提升了上市公司的资产质量及持续盈利能力，摆脱了经营困境。

一、重组各方的基本情况

（一）被重组方金马集团的基本情况

金马集团是1993年4月由潮州市旅游公司、广东省海外旅游总公司、广东省物资总公司、中国银行广州信托咨询公司和广东

发展银行潮州分行等5家发起人联合发起，以定向募集方式设立的股份有限公司，并于1996年8月在深圳证券交易所挂牌上市。公司控股股东为山东鲁能集团有限公司（以下简称“鲁能集团”），实际控制人为国务院国有资产管理委员会（以下简称“国务院国资委”）。本次重大资产重组前，公司主要从事信息通信业务和电解铝产品的生产销售业务。

（二）重组方鲁能集团的基本情况

鲁能集团是2002年12月12日成立的公司，截至2011年6月30日，注册资本172亿元。公司主营业务为房地产、煤炭、铝产业、电力生产、批发和零售贸易、物流等。公司的实际控制人为国务院国资委。

（三）注入资产的基本情况

本次重大资产重组注入资产有山西鲁能河曲电煤开发有限责任公司、山西鲁能河曲发电有限公司、山西鲁晋王曲发电有限责任公司（以下分别简称“河曲电煤”、“河曲发电”、“王曲发电”）。河曲电煤成立于2002年6月6日，主营煤炭地质勘探、原煤开采等，拥有上榆泉和黄柏两个煤矿；河曲发电成立于2002年9月26日，除燃煤发电业务外，还通过全资子公司内蒙古鲁能风电有限公司（以下简称“内蒙古风电”）分别持有包头鲁能白云鄂博风电有限责任公司、乌拉特中旗鲁能风电有限责任公司100%的股权；王曲发电成立于1998年1月12日，主营电力生产与销售及开发与电力相关的综合利用技术项目。

（四）出售资产眉山启明星铝业有限公司（以下简称“眉山启明星”）的基本情况

眉山启明星成立于2006年8月16日，主营生产、销售电解铝锭、合金铝锭及阳极，是金马集团的控股子公司，金马集团持有其40%的股权。2008年上半年，公司部分电解槽停产，2008年下半年至2009年1—8月期间，电解槽全部停产，公司生产经营遇到了重大的困难；截至2010年12月31日，公司总资产12.05亿元；2008年、2009年、2010年连续3年亏损，净利润分别为－7 049.86万元、－18 145.36万元、－22 382.67万元。

二、重组背景及方案

（一）重组背景

重组前，金马集团主营业务为通信服务业务和电解铝业务，自2008年以来，主营业务的盈利能力逐年下滑。特别是自2009年起，受电解铝行业产能过剩、生产成本上升，以及信息通信业务市场竞争激烈、服务价格逐渐下调的影响，公司2008年、2009年、2010年出现了连续亏损，唯有通过重大资产重组，向公司注入优质资产、剥离不良资产，金马集团才能摆脱经营困境。

（二）重组方案

金马集团重大资产重组方案可分为资产注入、资产出售和后续承诺三部分，具体情况如下：

1. 资产注入

金马集团向控股股东鲁能集团定向增发35 382.4149万股股票购买其持有的河曲

电煤70%股权、河曲发电60%股权和王曲发电75%股权，交易价格为公司2009年11月25日停牌前20个交易日公司股票交易均价14.22元/股。

2. *资产出售*

金马集团将持有的眉山启明星40%股权通过天津产权交易所挂牌出售给山西鲁能晋北铝业有限责任公司（由鲁能集团持有94.98%的股权，系金马集团的关联方）。资产转让的价格以资产评估净值为依据，截至评估基准日2009年10月31日，眉山启明经评估后净资产6 428.17万元，净资产评估增值3 142.11万元，交易价格为2 571.272万元。

3. *后续承诺*

重组完成后，鲁能集团承诺：在资产交割完成后的3年内，每年度末对所持的王曲发电75%的股权进行减值测试，如果3年的累计结果出现减值，则鲁能集团以现金方式向金马集团进行补偿；同时采取措施避免未来与金马集团可能产生的同业竞争，承诺在山西鲁能河曲能源有限公司（以下简称“河曲能源”）2×600MW火电项目核准后，将立即启动将持有的河曲能源60%股份注入上市公司的工作。

三、成效与评价

经多方努力和推动，金马集团在2011年8月份顺利实施了重大资产重组，剥离了不良资产，实现了主业转换，提升了经营业绩，国有资产利用新的平台调整产业布局，达到了多方共赢的效果。

（一）解除了公司的退市风险

重组实施前，公司连续3年亏损，面临退市风险；本次重组实施后，公司业务和资产结构得到优化，盈利能力大幅提高，重组当年即扭亏为盈，化解了退市风险。

表1　重组前后公司业绩情况对照表

项　目	重组前（2010－12－31）	重组后（2011－12－31）	增长/下降（%）
营业收入（万元）	159 692.25	508 217.32	218.25
净利润（万元）	－11 489.02	69 771.56	扭亏为盈
每股收益（元/股）	－0.18	0.94	扭亏为盈
总资产（万元）	201 989.41	1 374 117.98	580.29
净资产（万元）	51 077.86	498 785.78	876.52

（二）提高了公司现金分红能力

本次重组前，受限于公司盈利情况，金马集团已经连续7年未进行过现金分红。重组后，公司业绩大幅改善，未来经营预期得到明确，现金分红能力得到恢复，公司在2012年半年度实施了每10股派10元的现金分红方案，发放现金股利5.04亿元，位列全国上市公司2012年半年度现金分红第一位。

（三）规范公司治理，降低了关联交易比例

重组完成前，公司的利润主要来源于子

公司山东英大科技有限公司为关联方提供的电力通信服务，公司经营独立性存在较大不足。重组完成后，公司的利润主要来源于河曲电煤、河曲发电、王曲发电的煤电资产，解决了公司利润来源于关联交易的问题，规范了公司治理，为公司后续的健康、持续发展打下了坚实基础。

撰稿人：陈晓光

审稿人：程才良　李延振

科达机电重大资产重组案例

2011 年广东科达机电股份有限公司（股票代码：600499，以下简称“科达机电”）分别通过现金和发行股份的方式收购了竞争对手佛山市恒力泰机械有限公司（以下简称“恒力泰”）100% 的股权。利用资本平台，这两家同属陶瓷机械行业的龙头企业实现了强强联合。

一、基本情况

（一）科达机电概况

科达机电前身为顺德市科达陶瓷机械有限公司（以下简称为“顺德陶机”），成立于 1996 年 12 月。经广东省人民政府粤办函[2000]436 号文批准，顺德陶机于 2000 年 9 月整体变更为科达机电。科达机电注册地址在广东省佛山市，主营建筑陶瓷、墙材及石材机械的生产销售。该公司于 2002 年 10 月在上海证券交易所首次公开发行 A 股 2 000万股上市。2011 年度，公司总资产为 47.06 亿元，归属于上市公司股东的所有者权益为 19.95 亿元，营业收入 24.93 亿元，净利润 3.56 亿元，总股本为 6.32 亿股，其中自然人卢勤持有公司 17.25% 的股份，为公司第一大股东和实际控制人。科达机电自上市以来主营业务突出，经营业绩保持了较快增长的势头。

（二）恒力泰概况

恒力泰成立于 1999 年 5 月，与科达机电同处于广东省佛山市，企业性质为有限责任公司，是一家专业从事陶瓷机械设备制造的高新技术企业，主要研发制造 YP 系列压转机，其产品在国内外均有一定知名度及市场占有率，是科达机电的主要竞争对手之一。2010 年度，公司总资产为 10.46 亿元，净资产 3.98 亿元，营业收入 9.56 亿元，净利润 1.17 亿元。

二、收购议案基本情况

2011 年 6 月，科达机电以人民币 4 亿元收购恒力泰 33 名股东持有的恒力泰 51% 股权。同年 12 月，科达机电通过向恒力泰 10 名自然人股东以发行 2 493 万股股份（15.7 元/股）收购恒力泰其余 49% 股权，交易双方协商确定以恒力泰截至 2011 年 3 月 31 日收益法评估结果（恒力泰净资产评估价为 9.8

亿元，增值率131%）为主要依据，并考虑恒力泰于2011年6月3日向原股东现金分红8 960万元等因素，恒力泰49%股权作价3.9万元。同时，上述10位恒力泰原股东向科达机电承诺，本次交易实施完毕当年起3年内：①交易标的（恒力泰49%的股权）经会计师审计的2011年度净利润不低于4 243.50万元；②交易标的经会计师审计的2011年度、2012年度累计净利润不低于7 963.41万元；③交易标的经会计师审计的2011年度、2012年度和2013年度累计净利润不低于12 189.61万元。其中，上述累计预测净利润数为标的资产经审计扣除非经常性损益后截至当期期末的净利润累计数。如交易标的实际净利润不满足上述承诺，则恒力泰10名自然人股东负责向上市公司补偿净利润差额。

三、重组成效

恒力泰在陶瓷机械行业内具有良好的品牌形象和知名度，科达机电通过收购恒力泰，不仅有利于对产品的技术、制造、销售进行有效融合，实现各环节优势互补，增强采购原材料及销售产品的议价能力，提高毛利率水平，更可拓展海外销售渠道，拉动国产陶机整线装备的海外出口。科达机电收购恒力泰后的首个会计年度报告2011年年报显示，科达机电实现营业收入24.93亿元，同比增长20.72%；营业利润4.39万元，同比增长102.63%；净利润3.56万元，同比增长47.77%。

撰稿人：李赐芬

审稿人：程才良　陈　骞

太钢不锈并购重组案例

一、公司基本情况

山西太钢不锈钢股份有限公司（以下简称“太钢不锈”或“公司”）是太原钢铁（集团）有限公司1998年6月对不锈钢生产经营业务等经营性资产重组后，发行A种上市股票，公开募集资金设立的股份有限公司；2006年6月，太钢不锈完成对太原钢铁（集团）有限公司钢铁主业资产的收购，拥有完整的钢铁生产工艺流程及相关配套设施。现已成为全球最大、工艺技术装备水平最高、品种规格最全的不锈钢企业。

公司主要产品有不锈钢、冷轧硅钢、碳钢热轧卷板、火车轮轴钢、合金模具钢、军工钢等。不锈钢、不锈复合板、高牌号冷轧硅钢、电磁纯铁、高强度汽车大梁钢、火车轮轴钢、花纹板、焊瓶钢市场占有率国内第一。不锈钢等重点产品进入石油、石化、铁道、汽车、造船、集装箱、造币等重点行业，应用于秦山核电站、三峡大坝、“和谐号”高速列车、奥运场馆、神舟系列飞船和嫦娥探月工程等重点领域。

太钢不锈拥有700多项以不锈钢为主

的核心技术，技术中心在国家认定的企业技术中心中排名第二，多项不锈钢技术开发与创新成果获国家科技进步奖。“太钢牌”不锈钢材获“中国名牌产品”和“中国不锈钢最具影响力第一品牌”称号。

太钢不锈与全球80多个国家和地区开展了经贸合作，不锈钢等产品在国际市场广受好评。不锈钢深加工快速发展，欧美等知名企业投资踊跃。

太钢不锈全面履行企业社会责任，全力建设资源节约型和环境友好型企业，积极支持社会公益事业；坚持以人为本的核心理念，重视安全生产，改善职工生活，和谐发展呈现新局面。

面向未来，太钢不锈将以科学发展观为统领，持续推进技术创新、管理创新和制度创新，加快建设全球最具竞争力的不锈钢企业，实现以不锈钢为主的品种、质量、成本、研发、节能、环保、效率、服务等各项指标达到国际一流水平。

二、并购重组情况

2011年，为优化资源配置，太钢不锈实施了资产出售、设立特殊钢冶炼厂和对子公司增资扩股等三方面的有关并购重组行为，具体如下：

（一）资产出售

1. 基本情况

2011年1月7日，公司五届三次董事会审议并通过了出售子公司股权及资产的议案：公司向山西太钢工程技术有限公司（以下简称“工程技术公司”）出售山西太钢信息与自动化技术有限公司股权及公司电子产品制作与山西太钢焦化技术工程有限公司焦炉烘炉相关资产。

2. 出售的目的和对公司的影响

（1）有助于公司完善与控股股东之间的业务划分，有利于公司持续、快速、健康发展；

（2）有助于公司专心致力于不锈钢主业的做强做大，符合全体股东的利益。

（二）设立特殊钢冶炼厂

1. 基本情况

2011年2月18日，公司五届四次董事会审议并通过了设立特殊钢冶炼厂的议案：将第一炼钢厂（以下简称“一钢”）和第三炼钢厂（以下简称“三钢”）成建制划转至特殊钢冶炼厂。

2. 设立特殊钢冶炼厂对公司的影响

（1）优化人力资源配置

一钢和三钢两厂合并后，机关进行整合，大幅度减少机关管理人员的数量，补充和强化基层管理和技术人员的力量，有助于优化人力资源配置。

（2）整合相关辅助工序，提高劳动生产率

一钢、三钢的规模都相对较小，合并成立特殊钢冶炼厂，对相同的辅助工序进行整合后，可有效改善两厂现有“麻雀虽小、五脏俱全”的管理现状，提高劳动生产率。如将整模全部集中到一起，实行统一管理，可减少场地占用；合金等贵重金属实行统一管理，可减少人员的配置和能源的消耗；对检修和点检人员实行统一管理，可以强化检修力量，提高人员利用效率。

3. 提高管理水平，强化特殊钢冶炼管理

一钢和三钢都采用电炉炼钢，产品都为

特殊钢,合并管理可实现管理和技术资源共享,提高管理水平。一钢强化以质量为核心的各项基础管理,目前基本消除了产品上的白点,产品质量得到大幅度提升,各项工作受到公司肯定,而三钢的管理水平与一钢相比有一定的差距,合并成立特殊钢冶炼厂后,可对电炉炼钢实行统一管理,便于互相对标学习,最终达到整体提升管理水平,提高特殊钢产品质量的目的。

(三)对子公司增资扩股

1. 基本情况

2011 年 12 月 12 日,公司五届 11 次董事会审议通过了与天津大无缝投资有限公司(以下简称“天管投资”)和天津太钢天管不锈钢有限公司(以下简称“太钢天管”)签署的《增资扩股协议》,并经山西省国资委以晋国资改革函[2011]408 号文件批准。依据协议,增资后太钢天管的注册资本为18.63 亿元,公司原持股 50%,净资产按股权比例分配值 6.52 亿元,本次认购增资5.59 亿元,占增资后注册资本的65 %;天管投资原持股 50%,净资产按股权比例分配值6.52 亿元,占增资后注册资本的 35%。

2. 本次增资扩股对公司的影响

天津钢管集团是世界上规模最大的无缝钢管生产企业,目前无缝钢管生产能力达到 300 万吨,具有显著的装备优势、技术优势、产品优势和区位优势,正通过适度多元发展,成为一个综合性的大型企业集团。

公司通过本次与天管投资的合资合作,将对公司产生以下积极影响:

(1)提高公司对市场的控制能力,特别是北方市场;

(2)由于天津是公司最近的出海口,本次合作给公司未来进出口贸易带来直接的便利;

(3)通过本次整合重组,在不锈钢行业和资本市场给公司带来积极的影响。

(山西证监局供稿)

第七篇　倡导独立董事、监事会最佳实践专辑

- 倡导独立董事、监事会最佳实践综述
- 倡导独立董事、监事会最佳实践主要活动
- 倡导独立董事、监事会最佳实践专项活动方案（摘要）
- 倡议书
- 倡导独立董事、监事会最佳实践启动仪式在京举行
- 倡导独立董事、监事会最佳实践活动座谈会发言精粹
- 梁定邦：好的公司治理有助于提振市场信心

倡导独立董事、监事会最佳实践综述

公司治理实践的不断进步，有助于提升上市公司的核心竞争力，实现可持续增长。尤其是在持续困难、充满挑战的经济环境中，上市公司更须主动完善其公司治理实践，并发展新的方法。由于上市公司和股东的差异化，不存在适用于所有企业的唯一公司治理模式。每家企业都应当根据自身的需求和情况，以公司治理基本原则为指引，找到适合自己的架构、方法和流程。

2012 年下半年，在中国证监会的指导下，中国上市公司协会组织开展了“倡导独立董事、监事会最佳实践活动”工作（以下简称“最佳实践活动”）。最佳实践活动包括交流研讨、调查研究、培训传导、征集最佳实践案例等系列活动，并形成了“步步有声”的宣传效应。活动基本情况如下：

8 月 23 日，在中国上市公司协会的组织发动下，200 多家上市公司签署倡议书，积极响应“倡导独立董事、监事会最佳实践活动”，发动全体上市公司踊跃交流、奉献、分享公司治理的有效经验；9 月 27 日，中国证监会副主席庄心一在系统视频会议上，号召各地证监局及上市公司协会结合本地区上市公司的实际，有针对性地发掘和总结辖区上市公司独立董事、监事会行之有效的经验和做法。通过上述发动工作，形成了广泛动员，各方响应，务实交流、研讨最佳治理实践的氛围。

2012 年 9 月至 12 月，中国上市公司协会邀请了独立董事、监事、境内外审计机构、律师事务所、公私募机构投资者进行了 12 场交流研讨，13 位独立董事、7 位监事、境内外有影响力的 6 家审计机构、10 家律师事务所、9 家机构投资者参加了座谈会；走访调研了北京、杭州、宁波、成都、广州、深圳等地的 20 余家上市公司；分别与 OECD、德国国际合作机构和德国发行人协会举办了 2 场公司治理实践国际研讨会；邀请中国证监会首席顾问、前香港证监会主席梁定邦作“全球公司治理的最佳实践与中国资本市场的健康发展”的专题报告会；与香港交易所、香港特许秘书公会、亚洲公司治理学会、香港上市公司商会、香港董事学会，就公司治理最佳实践开展了深入的交流。在中国证监会相关部门支持下，邀请 179 家新上市公司董事长、总经理以及控股股东代表 215 人，举办了“防控内幕交易”专题研修活动。

各地证监局结合辖区实际，精心指导，悉心支持，形成了各具特色的工作成果，如广东证监局和广东上市公司协会利用粤港交流的优势，通过深入调研向辖区上市公司推介香港公司治理的最佳实践；深圳证监局和深圳上市公司协会针对辖区民营上市公司集中的状况开展调研，形成了具有影响力的研究报告并在媒体上公开发布，形成示范治理；北京、四川、浙江、新疆等证监局和地方协会务实探索促进独立董事、监事会发挥作用的交流机制，推动提高辖区公司治理水平。在各地证监局指导和地方协会的发动下，各地倡导独立董事、监事会最佳实践深入开展，形成了独立董事、监事会最佳实践案例近200篇。

在工作中，中国上市公司协会会长陈清泰亲自指导了整个活动，自始至终参加了12场研讨座谈，现场走访10多家上市公司，同与会者进行了深入的对话交流，广泛凝聚真知灼见。中国上市公司协会执行副会长李小雪带领中国上市公司协会领导班子团结协作，中国证监会办公厅、上市部、发行部、会计部、基金部等部门负责人参加交流、研讨，中国证监会上市部、相关证监局负责人陪同陈清泰会长调研，深入听取上市公司的反映和呼声，协会的桥梁和纽带作用得到有效发挥。

最佳实践活动在征集最佳实践案例、交流研讨、培训传导、调查研究等过程中获得了各方的积极反馈，包括：

第一，示范治理的做法得到广泛认同。在交流研讨中，大家认为由自律组织倡导最佳治理实践，形成示范治理，采用自律的“软法律”来促进公司治理水平的提升，既尊重了公司自治原则，也符合国际趋势，同时能够适应公司治理的差异性、实用性特征。发挥中国上市公司协会在完善上市公司治理中的特殊作用，是促进资本市场体系成熟和完善的重要体现。

第二，与媒体互动，传播正能量。最佳实践活动获得了主流媒体的积极响应。据统计，相关媒体共计刊发文字稿140余篇，图片报道7篇，电视新闻报道10条，网络首发稿件55条，网络转载稿件约1 600条；独立董事曹远征、管维立、吕红兵等分别接受了央视财经和第一财经的采访；人民网开设了“最佳治理实践”微博。大家反映，这次活动的宣传效果，是探索建设健康股市文化的一次有益尝试。

第三，广泛动员，提升公司治理自发性。中国上市公司协会以中间组织的角色，倡导最佳治理实践，体现出广泛、亲和的动员力，上市公司主动交流了许多在治理实践中的“特色化”做法，如独立董事在提升董事会决策科学化的专业咨询作用，独立董事与审计机构有效沟通在提高经营透明度的作用，PE/VC股权监事、外部监事有利于监事会发挥作用等。在提升公司治理有效性的建言献策中，普遍期待中国上市公司协会在独立董事、监事选聘机制、工作机制、激励机制、考核评价机制等方面，以指引形式倡导最佳实践，增强公司治理的自发性。

关于公司治理最佳实践的探索是长期的、与时俱进的过程。此次开展的最佳实践活动以“独立董事、监事会”为主题，形成了部分阶段性成果，尝试为上市公司探索符合自身特色的公司治理建立路标。最佳实践活动主要的阶段性成果包括：在组织交流、研讨、调研和各地推荐的基础上，梳理形成独立董事、监事会最佳实践案例集；编制《上市公司治理白皮书》，客观评价上市公司治理取得的最新进步，形成提振市场信心的积极信号；根据上市公司治理最佳实践，制定独立董事、监事会工作指引等自律体系。

倡导独立董事、监事会最佳实践主要活动

一、启动篇

• 8月23日，在中国上市公司协会的组织发动下，200多家上市公司签署倡议书，积极响应"倡导独立董事、监事会最佳实践"活动，发动全体上市公司踊跃交流、奉献、分享公司治理的有效经验。中国上市公司协会会长陈清泰、执行副会长李小雪、轮值会长张喜武宣布"倡导独立董事、监事会最佳实践活动"正式启动。中国上市公司协会秘书长安青松主持了启动仪式。

• 9月27日，中国证监会副主席庄心一在系统视频会议上，号召各证监局及各地上市公司协会结合本地区上市公司的实际，有针对性地发掘和总结辖区上市公司独立董事、监事会行之有效的经验和做法。通过上述发动工作，形成了广泛动员，各方响应，务实交流、研讨最佳治理实践的氛围。

二、座谈交流篇

• 9月25日，应中国上市公司协会之邀，刘纪鹏、吕红兵、贾小梁、甘培忠、陈瑛明、汤欣等6位资深独立董事就独立董事在选聘机制、工作机制、激励机制、考核评价机制等方面的最佳实践进行深入的交流与研讨。中国证监会上市公司监管一部副主任陆泽峰，中国上市公司协会会长陈清泰、执行副会长李小雪、副会长范辉、副监事长张新文参加了座谈交流。中国上市公司协会秘书长安青松主持了座谈会。

• 9月26日，应中国上市公司协会邀请，曹远征、王巍、管维立、巴曙松、王珠林、武立东、陈甦等7位知名独立董事和专家学者，就上市公司独立董事的选聘机制、工作机制、激励机制、考核评价机制等方面的最佳实践进行深入的交流与研讨。中国上市公司协会会长陈清泰、副会长范辉、副监事长张新文、中国证监会上市公司监管一部副主任周健男等出席座谈交流。会议由中国上市公司协会秘书长安青松主持。

• 10月9日，应中国上市公司协会邀请，上海锦天城律师事务所高级合伙人沈国权、北京金杜律师事务所合伙人张永良、天元律师事务所合伙人朱小辉等11位资深律师参加了"倡导独立董事、监事会最佳实践系列活动之律师事务所座谈会"。中国证监会上市公司监管一部主任欧阳泽华、上市公司监管一部处长陆芳、法律部处长杨文辉出席了座谈会，并与与会者进行了深入交流。中国上市公司协会会长陈清泰、执行副会长李小雪、副会长范辉、监事长刘森、副监事长张新文等参加了座谈交流。中国上市公司协会秘书长安青松主持了座谈会。

• 10月10日，国际知名的四大审计机构普华永道、德勤、安永、毕马威，国内排名居前的立信、信永中和、天职国际等6家审

计机构的13位资深注册会计师应中国上市公司协会邀请，参加了“倡导独立董事、监事会最佳实践系列活动之审计机构座谈会”。中国上市公司协会会长陈清泰、执行副会长李小雪、中国证监会会计部副主任李筱强、上市公司监管一部主任助理湛龙、上市公司监管一部处长赵银丽、财政部会计司注册会计师处副处长韩冰、中国上市公司协会副会长范辉、监事长刘森、副监事长张新文等参加座谈交流，中国上市公司协会秘书长安青松主持了座谈会。

• 10月12日，应中国上市公司协会邀请，中国建行、长江电力、中国重工、中国远洋、泛海建设、湘鄂情、光线传媒等7家上市公司监事会代表参加了“倡导独立董事、监事会最佳实践系列活动之监事座谈会”。中国上市公司协会会长陈清泰、执行副会长李小雪、副会长范辉、监事长刘森、副监事长张新文等参加座谈交流。座谈会由中国上市公司协会秘书长安青松主持。中国证监会上市公司监管一部主任助理湛龙出席了座谈会。

• 10月18日，“中德公司治理实践研讨会”在北京成功举行。该活动由中国上市公司协会和德国国际合作机构联合主办，德国发行人协会承办。作为“倡导独立董事、监事会最佳实践活动”的重要组成部分之一，研讨会邀请来自监管机构、自律组织、上市公司代表、机构投资者和专家学者齐聚一堂，共同探讨公司治理实践中独立董事和监事会如何发挥监督和制衡作用。

• 10月24日，华安基金、华夏基金、嘉实基金、鹏华基金、兴业基金、银华基金、长盛基金、中金公司和明达资产等9家机构投资者代表，应中国上市公司协会邀请参加“倡导独立董事、监事会最佳实践机构投资者座谈会”。中国证监会基金部副主任徐浩出席了座谈会并发表讲话，上市公司监管一部副主任周健男、上市公司监管二部副主任李冬萍，中国上市公司协会会长陈清泰、执行副会长李小雪等参加座谈交流。中国上市公司协会秘书长安青松主持座谈会。

• 11月2日，中国上市公司协会邀请一行三会研究部门和相关金融机构共十余位专家，就“倡导独立董事、监事会最佳实践”进行交流研讨。中国人民银行研究局副局长易诚、中国银监会法规部副主任刘晓勇、中国证监会研究中心副局级研究员黄明、中国保监会发展改革部公司治理处处长罗胜、中国上市公司协会副会长杨桦、秘书长安青松等出席了研讨会。

三、实地调研篇

• 9月17—21日，中国上市公司协会会长陈清泰赴浙江就“倡导独立董事、监事会最佳实践活动”开展调研。实地调研传化股份、万向钱潮、雅戈尔，并分别在杭州市、宁波市与近20家上市公司进行座谈。浙江证监局、浙江上市公司协会、宁波证监局、宁波上市公司协会相关负责人参加调研。

• 10月5—9日，中国上市公司协会秘书长安青松受邀出席“香港特许秘书公会第八届公司治理研讨会”，并率团访问了香港交易所、香港特许秘书公会、香港董事学会、凤凰卫视香港总部、亚洲公司治理学会及香港上市公司商会等机构，就公司治理、香港挂牌内地公司监管、自律组织的发展、各类专业化培训的开展、董秘专业委员会运作等专题与相关机构进行了深入交流与考察研讨。

• 10 月 15—17 日，中国上市公司协会会长陈清泰、副会长杨桦、副会长范辉等一行赴四川就“倡导独立董事、监事会最佳实践活动”进行专题调研，在成都分别召开了“上市公司独立董事和监事会最佳实践座谈会”、“上市公司控股股东座谈会”，并实地考察了东方电气公司。四川省证监局局长马坚等证监局和四川省上市公司协会相关负责人应邀一同参加调研。

• 11 月 5—9 日，中国上市公司协会会长陈清泰、副会长杨桦、中国证监会上市公司监管一部主任欧阳泽华、中国上市公司协会秘书长安青松一行前往广东就“倡导独立董事、监事会最佳实践活动”进行专题调研。期间分别在广州、深圳两地先后与 16 家上市公司及深圳证券交易所召开公司治理座谈会，并前往香雪制药、威创股份、格林美、达实智能等公司进行实地调研。广东证监局局长侯外林、深圳证监局局长焦津洪、广东上市公司协会、深圳上市公司协会相关领导一同参加了调研活动。来自南方航空、粤电力、广州发展、广船国际、棕榈园林、鸿利光电、广州药业、美的电器、中国平安、招商银行、长城开发、深高速、天虹商场、莱宝高科、广田股份、美盈森等 16 家上市公司的代表在座谈会上介绍了各自独立董事和监事会工作的做法。

四、培训传导篇

• 10 月 26 日，香港资深大律师、前香港证监会主席、中国证监会首席顾问，中国人寿和中国银行独立董事梁定邦先生在北京富凯大厦就《公司治理的全球最佳实践与我国资本市场的健康发展》做专题报告。中国上市公司协会北京、天津地区近百家会员单位，中国证监会机关和所属相关单位，中国上市公司协会和上市公司报道记者俱乐部成员共 300 余人参加此次报告会。

• 9 月 11 日，中国证监会、中国上市公司协会主办的“上市公司控股股东、董事长研修班”在北京举行。中国证监会主席助理吴利军出席开班仪式并致辞，上市公司监管一部主任欧阳泽华、稽查局局长兼稽查总队总队长欧阳健生、中国上市公司协会副会长范辉出席开班仪式，中国上市公司协会秘书长安青松主持开班仪式。

五、地区活动篇

• 广东地区凭借粤港毗邻优势，对香港上市公司的公司治理情况进行实地调研，走访了香港证监会、联交所、香港董事学会、香港特许秘书公会及在联交所挂牌上市的中原太平洋有限公司等机构，就香港公司的治理理念、法律框架、监管体系以及治理特点等情况进行了总结梳理，提出了《借鉴香港经验改进我国上市公司治理监管》的思考建议。

• 深圳地区根据民营企业较多的特点，成立了民营上市公司治理调研组，对辖区 132 家民营上市公司开展调研，形成了反映民营企业公司治理特点的《关于有效解决民营上市公司治理失衡，推动主要各方积极参与公司治理的建议》的研究报告。

• 四川地区以寻找监事会工作定位为突破口，对辖区公司的监事会运作情况进行摸底调查，总结梳理了监事会工作的履职现状及运行特点，形成了若干具有典型特色的监事会运行实践案例，为准确定位监事会职责范围提供参考建议。

• 北京地区组织动员上市公司深入挖掘、梳理公司治理实践中的最佳经验和特色做法，经过广泛交流与研讨，形成了 30 余个典型实践，为倡导最佳实践提供了鲜活的案例支持。

• 新疆地区以完善监事会为切入点，组织召开了上市公司监事会主席工作交流会，深入探讨如何在新形势下进一步发挥监事会在提高公司治理以及监督有效性方面的积极作用，提出要准确定位、注重人才、讲求工作艺术、完善制度保障等方面的工作建议。

• 其他地区，如江苏、河北、青岛、重庆、福建、宁波、甘肃、辽宁等地也积极推动倡导独立董事、监事会最佳实践活动，先后组织开展各种形式的座谈交流活动，发动辖区上市公司深入挖掘最佳实践经验和特色做法，共同推动此项工作的全面开展。

倡导独立董事、监事会最佳实践专项活动方案(摘要)

(2012年8月30日)

一、工作背景和目标

(一)背景

独立董事和监事会制度是我国上市公司治理实践的重要特色之一。经过22年的持续发展,上市公司已成为中国经济增长和转型的中坚力量,在国民经济各领域、行业发挥着重要的战略影响力。随着多层次资本市场体系逐步形成,上市公司结构不断健全,基本覆盖了不同规模、类型、控股性质的企业,形成了各具特色的公司治理模式,尤其是以独立董事和监事会制度为代表的制衡机制探索,以董事会秘书为代表的公司治理专业化建设,积累了许多行之有效的实践经验,但也存在"形似神不至"问题,或者认识不到位的问题。因此,发挥自律组织的作用,宣传、普及、推广独立董事、监事会最佳实践,促进董事会秘书专业化发展的最新实践,是促进我国上市公司治理成熟和完善的重要方式之一。

根据中国证监会领导的指示和要求,在中国证监会上市部的统一部署和指导下,中国上市公司协会制订《关于倡导独立董事、监事会最佳实践工作方案》(以下简称"工作方案")。

(二)工作目标

1. 总结上市公司独立董事、监事会运作经验,征集最佳实践和行之有效的做法,形成典型示范;

2. 通过培训、交流、研讨,宣传、导向、普及独立董事、监事会制度及其最佳实践,促进董事会秘书专业化发展的最新实践;

3. 通过深入调查研究,收集、梳理和分析独立董事、监事会制度在立法和实践中的不足之处,形成政策建议;

4. 探索发挥政府监管、市场自律、公司自治的积极作用,提高公司治理的实践性、适应性和协调性,针对不同规模、类型、控股性质的特点,倡导公司治理最佳实践分类指引。

二、工作方案

工作方案分为征集最佳实践、交流研讨工作、培训传导工作、调查研究工作和总结最佳实践五个模块,具体安排如下:

(一)征集最佳实践

1. 工作内容

通过向上市公司及其高管人员、专家学者、机构及公众投资者,征集独立董事、监事

(监事会)工作的实践案例、经验体会、研究成果和理论探索,分别设置不同的评选标准。征集方式拟通过主要证券媒体、中国上市公司协会网站等进行广泛征集。实现方式拟以媒体为平台的独立董事、监事圆桌会议等形式进行征集发动、专家点评,并设置优秀奖项。

2. 工作计划

(1)公开征集:①中国上市公司协会联合主要证券媒体发起征集独立董事、监事(监事会)最佳实践活动;②发动证券媒体记者走访会员单位发掘最佳实践;③邀请中央电视台财经频道新闻关注报道公开征集活动。

(2)系统征集:①发动各地上市公司协会组织研讨并推荐最佳实践案例;②未设地方协会的地区,请中国证监会上市部统一部署,邀请相关证监局推荐辖区最佳实践;③邀请证券交易所、中国基金业协会共同发动最佳实践征集活动。

(3)协会网络传导:①中国上市公司协会网站发布向社会各界征集独立董事、监事(监事会)最佳实践启事;②设立专区公布境内外关于独立董事、监事(监事会)法律法规和重要理论研究成果;③设立专栏讨论区。

(二)交流研讨工作

1. 发起召集上市公司独立董事座谈会,邀请境内外著名专家级独立董事交流任职体会和建议;

2. 组织召开上市公司监事会经验交流和研修班,邀请不同层次、来源的监事交流经验,研讨工作方法;

3. 在中国证监会上市部的指导协调下,组织部分中国证监会发审委委员、重组委委员,就发挥独立董事、监事会作用进行座谈。

(三)培训传导工作

中国证监会与中国上市公司协会联合举办“上市公司独立董事最佳实践研修班”、“上市公司监事(监事会)最佳实践研修班”、“上市公司防控内幕交易研修班”。研修班创新教学方式,以普及基本行为准则为主线,以倡导最佳实践为内容,开展互动式、交流式、引导式培训传导工作,研修课时三天,作为独立董事、监事持续教育必修课的组成部分。

(四)调查研究工作

1. 梳理基础规则:全面梳理目前我国上市公司治理的相关规则,包括国务院、中国证监会、交易所等监管机构出台的相关法律法规、规范性文件;

2. 建立基础数据库:在中国证监会上市部指导下,利用系统资源和数据库,梳理独立董事、监事基本信息数据,收集在选聘机制、工作机制、激励机制、问责机制等方面的基础数据;

3. 舆情监测分析:搜集境内外重要媒体关于我国上市公司治理及独立董事、监事会运作的相关舆情信息,综合分析不同诉求和反映;

4. 制定调研提纲:结合上市公司治理专项活动成果,综合分析独立董事、监事基本状况、舆情反映等,研究制定调研提纲;

5. 开展现场走访。

(五)总结最佳实践

1. 组织专家对征集到的最佳实践进行评审,并组织优秀征文作者进行交流研讨并颁发证书,在中国证监会和中国上市公司协会网站专栏发布最佳实践案例,主要证券媒体开辟专栏刊登最佳实践案例,组织平面媒体、网络、专刊、影视等多渠道宣传最佳实践案例;

2. 总结最佳实践。在前期征集、交流、培训、调研的基础上,梳理、总结独立董事、监事会的最佳实践案例,编辑出版《中国上市公司独立董事、监事会最佳实践案例》;

3. 在总结最佳实践的基础上,在中国证监会上市部的协调指导下,在沪深证券交易所的支持下,中国上市公司协会主编并发布《中国上市公司治理白皮书》;

4. 结合倡导独立董事、监事会最佳实践的经验,总结董事会秘书在规范公司治理的积极作用和专业化发展的实践效果,推动董事会秘书制度建设;

5. 在总结最佳实践的基础上,制定并发布独立董事、监事行为准则,在选聘机制、工作机制、激励机制、问责机制等方面形成具体行为指引,逐步形成上市公司治理的自律规范体系;

6. 推动现行法规的完善。全面梳理上市公司在治理实践中反映出来的普遍性问题,配合上市部推动现行法规的修订完善工作,促进提高上市公司治理的自觉性、实践性和协调性。

倡议书

经过20多年的持续发展，我国资本市场实现了从无到有的跨越式发展。作为资本市场的基石，我国2 400余家上市公司已经成为国家经济增长和结构转型的中坚力量，在国民经济各领域、各行业发挥着重要的影响。在经济体制改革和资本市场发展的双重推动下，上市公司在完善公司治理结构方面取得了显著成效，积累了宝贵经验。以独立董事、监事会制度为代表的制衡机制和以董事会秘书为代表的公司治理专业化履职，构成了我国公司治理的特色。

欣闻在中国证监会的支持和指导下，中国上市公司协会（以下简称“协会”）将以独立董事、监事会最佳实践为切入点，开展征集公司治理最佳实践、交流研讨、培训传导、调查研究和总结推广等系列活动。此活动旨在完善公司治理的有效机制，增强公司治理的实践性、适应性和科学性，宣传、普及、推广上市公司治理的最佳实践，促进上市公司提升治理水平和公司质量，进而促进资本市场的成熟和完善。

我们一致认为，倡导公司治理最佳实践，推动独立董事、监事会和董事会秘书等制度建设的最新实践，有利于引导上市公司完善治理结构，提高上市公司质量，有助于投资者深入了解上市公司治理现状和发展趋势，从整体上提高上市公司综合竞争力。鉴此，我们向协会全体会员、上市公司的利益相关者及关注资本市场发展的各界人士提出以下倡议：

积极回应协会征集公司治理最佳实践案例的工作，自觉参与公司治理实践的研讨与交流，为逐步形成务实、科学的上市公司治理体系做出贡献！

多样化、高质量的案例是本次征集活动的专业性基础。请大家认真研究协会《关于征集独立董事、监事会最佳实践的函》的内容，积极做好本公司治理实践的总结和提炼工作，贡献出独立董事和监事会的行之有效的机制和经验。我们相信，不同规模、不同地区、不同行业、不同经济所有制的上市公司在选聘机制、工作机制、激励机制、问责机制等各方面存在明显的差异，也不乏共性之处。让我们认真总结和提炼，将实践经验转化为鲜活的案例，供全体会员分享和交流。

广泛性、参与性是本次征集活动的代表性基础。实践出真知。作为公司治理的践行者，我们将认真总结自身实践的经验和优势，踊跃参与相关的研讨与交流；博采众长，为我所用，努力创新公司治理最佳实践的模式。同时，我们鼓励所有关注公司治理进步和资本市场发展的市场人士、专家学者、媒体记者及投资者，如果您亲身参与了上市公司治理实践，或是密切关注并深入了解某个上市公司，请积极贡献自己的感受体会、观点理论或相关研究成果。

践行、觉悟、奉献与分享是社会文明进步的不竭动力。总结、推广上市公司治理最佳实践，促进提高上市公司整体的综合竞争力，是我们共同的社会责任。我们倡议全体上市公司和资本市场相关专业人士积极回应协会最佳实践案例的征集工作，积极奉献才智与经验，共同推进中国上市公司治理的成熟与进步！

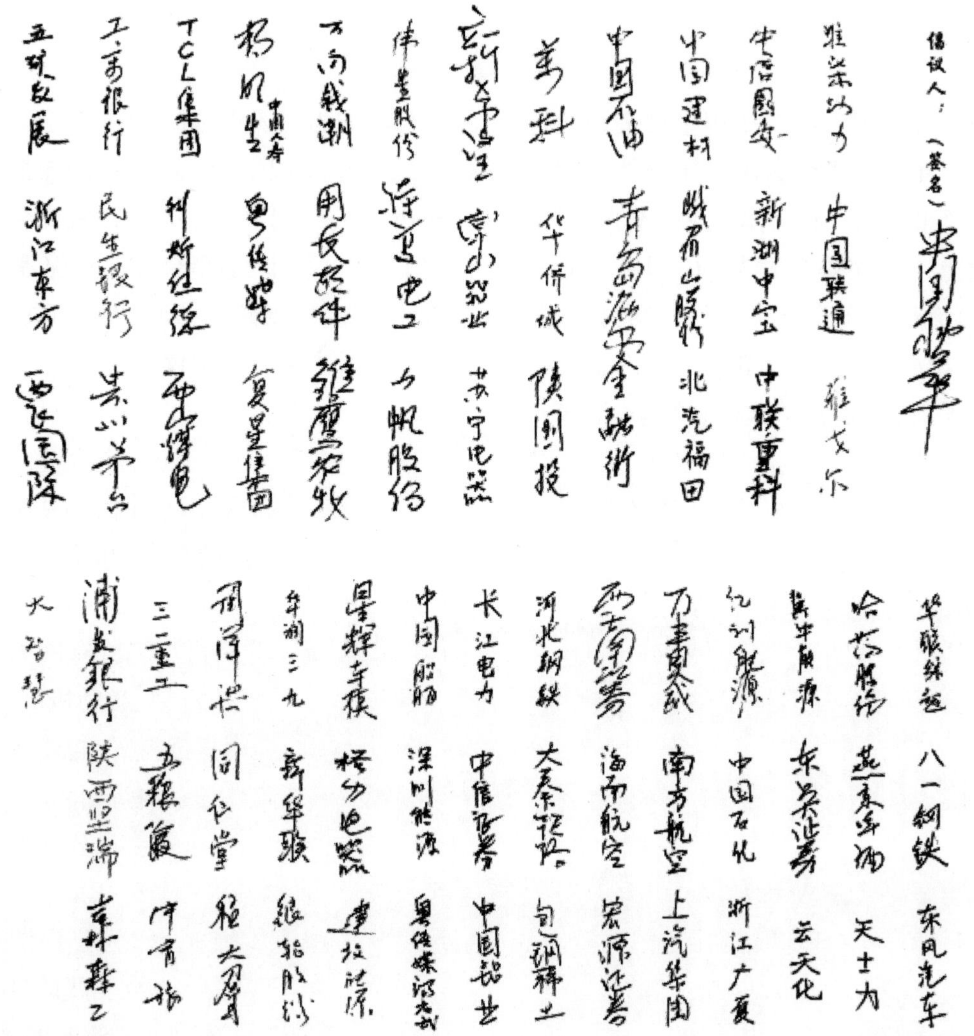

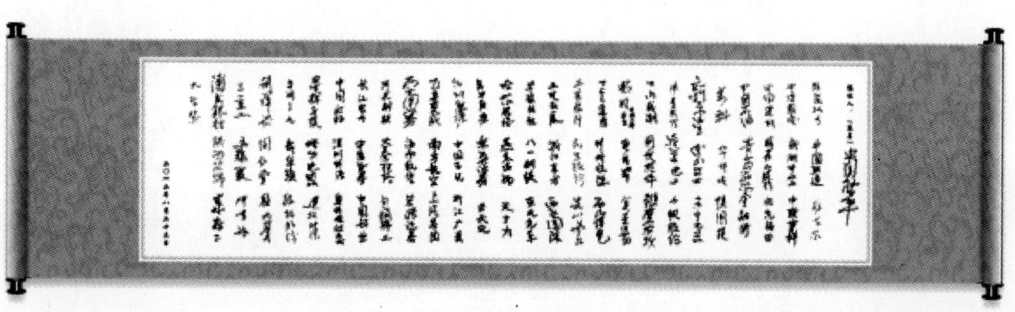

二〇一二年八月二十三日

倡导独立董事、监事会最佳实践启动仪式在京举行

2012年8月23日，中国上市公司协会召开第一届常务理事会第一次全体会议和第一届监事会第二次全体会议。会议期间，由中国上市公司协会发起的“倡导独立董事、监事会最佳实践活动”得到与会代表积极响应，出席会议的全体常务理事和监事单位签署了倡议书，倡议以独立董事、监事会最佳实践为切入点，进一步推进公司治理结构的完善。中国上市公司协会陈清泰会长、李小雪执行副会长、张喜武轮值会长宣布“倡导独立董事、监事会最佳实践活动”正式启动，与会代表共同见证了历史时刻。安青松秘书长主持了启动仪式。

倡导独立董事、监事会最佳实践活动座谈会发言精粹

——来自上市公司独董的声音(一)

刘纪鹏:建立独董公会,提升独董职业化水平

中国政法大学资本研究中心主任、博士生导师刘纪鹏建议,建立职业化独董制度,通过提升独董队伍的专业素质,促进提高公司治理的专业水平。

与此相关,刘纪鹏提出三点具体意见:首先是成立独董公会。考虑到公平性,在中国上市公司协会(以下简称“协会”)下成立独董公会较为妥当,由协会来进行独董职业资格管理也较为恰当。独董公会应该既具有行业协会的性质,同时也具有为独董(从业人员)提供职业规范的公会性质。

其次,独董公会要建立独董信息库。上市公司提出相关需求后,可由协会从独董信息库中选出5~6名候选人推荐给上市公司,公司再根据自己的实际情况从中选择。

第三,应完善独董的薪酬制度。可明确独董分级、分类标准,并进行监督考核。可以考虑由各上市公司承担独董的薪酬,缴纳至协会,并由协会统一协调和规范发放。

吕红兵:发挥独董作用须在工作机制上下功夫

国浩律师集团事务所首席执行合伙人吕红兵目前在5家不同所有制、不同治理模式的上市公司担任独董。他的体会是:独董在公司战略发展及重大投资时要做好事先沟通工作;在公司涉及重大信息披露、关联交易、高管薪酬、股权激励以及公司内控和风险防范等方面,也要积极参与、发挥作用。“总体而言,要通过发挥独董的监督制衡作用,让上市公司的大股东知规则,懂规则,重规则,推动公司健康发展。”

针对独董如何更好发挥作用,吕红兵提出如下几点:第一,独董不是提升公司治理结构的唯一主体,不能让独董承担不能承受之重;第二,独董的作用发挥不应仅着眼于制度建设层面,更应注重落实,在工作机制上将制度要求落到实处;第三,拒绝花瓶,不当愤青,提升自我。独董发挥职责不是一概否决就算好,要有想法、更要有办法,一切为企业发展服务;第四,要内外有别,更要内外结合,尤其是与董事长在工作层面的沟通;第五,独董团队要专业分工、协同作战、共担责任,这样才能更好配合;第六,独董与监事会的职责各异、两者并行不悖,不可轻废其一。两者可以优势互补,相互配合,实现对公司规范化运作的监督;第七,在社会评价方面,协会应发挥更大作用,帮助社会正确认识独董;第八,建议由协会来建立职业化的独董人才库,向有需求的上市公司推荐独董,在产生机制上形成独立性;第九,建议协

会适时发布独董履职白皮书。目前的媒体报道不够客观公正，总关注诚信度较低、履职能力较差、收入较高的那一小部分独董，协会应发挥作用以正视听，推崇信誉至上的独董制度。

贾小梁：尽快建立独董考评问责机制

“谁来考核评价独董工作成效？是市场、大股东还是小股东？公司董事会还是监管部门？会不会变成行政干预或形式主义？”独立董事贾小梁一连串的提问引人深思。

贾小梁认为，完善的公司治理，是保证上市公司规范运作的制度基础。制度只有与人结合，才能形成运行机制。目前，就独董工作机制而言，形式上上市公司提供的工作条件都能满足独董的要求，程序上也基本符合监管法规的要求，但是质量上，因管理水平的不同呈现出差异高低。在激励机制方面，政策实行初期是荣誉为主、薪酬为辅的激励制度，独董个人薪酬普遍偏低，但在制度执行一段时间后，采取了荣誉与薪酬结合的激励制度，根据不同公司在行业中的地位与效益，独董的薪酬（津贴）差距逐渐拉开。现行制度下，独董工作相关的机制除了工作机制、激励机制，还涉及选聘机制、问责考评机制等方面，其中建立健全有效的问责与考评机制，已是迫在眉睫

公司情况千差万别。要建立有效的考核与评价机制，总结典型经验或许是探索的方向之一。此外，问责机制也必须尽快建立起来，一旦发生违法违规，立即问责生效。相关的监管要及时到位，处罚要依法合规，效果要惩一儆百。

要实现上述目标，贾小梁建议，一方面，监管部门定期或不定期地组织上市公司相关人员进行专题培训，提高制度建设的执行力；另一方面，要加快建立诚信档案。协会可以发挥自律组织的作用，利用经济形势下行时期违规事件易发的机会，对上市公司及高管违法违规行为记入黑名单，并且配合监管机构，形成行业自律、管理有序的行业权威。最后，他还提出要加快研究建立失信惩戒制度和侵权补偿制度，保护投资者利益，提振市场信心。

甘培忠：独董是公司合规经营的看门人

北京大学法学院教授、资深独董甘培忠认为，不论是将独立董事制度看作防止大股东滥权损害中小股东利益的防火墙，还是作为公司利益的忠实维护者，抑或公司治理体系中的“法律大使”、政府监管部门的“隐形代表”，独董制度归根结底是公司合规经营的看门人。作为公司治理结构的规则性安排，独董是对公司负有信义义务的决策者，是负有特殊法定职责的董事。

他指出，经过数年的实践，现在公众已很少听闻到上市公司被大股东掠夺等丑闻，这一局面的改变，独董制度功不可没。

根据独董素养提升过程中的经验，甘培忠总结了三点看法：首先，独立董事进行专业学习是一种必须的职业义务。独董在公司治理的任何决策事务中都应该和其他董事一样参与讨论，如长期不了解相关业务，会影响到思考判断的质量。因此，要有针对性的学习安排，尽可能去掌握需要的知识。

其次，独董要保持常态的警觉心，对任何涉及控制股东利益的交易、公司重大事务

的决策、并购活动、财务数据报告、来自于证券监管部门和交易所的询问、股票价格的异动等事必须亲自过问，并且要在董事会上做出发言，绝对不能因为某些“情面”而温良恭俭让。如果独董立场不稳，态度不坚决，就会存在贻害公司、贻害中小股东、贻害其他董事和自己声誉的风险。

第三，独董要利用各种非正式场合与董事长、其他董事交流公司治理的各种信息。比如，介绍其他公司出现的虚假披露、内幕交易、控制股东滥权的案例，并表扬本公司在合规经营方面的合理做法，提出公司在发展进程中的某些计划安排的妥适性思考，扶持公司治理中的正面文化建设，向其他董事、高管灌输尊重法律、尊重中小股东利益的治理理念，促成董事会治理思想的一致与和谐。

陈瑛明：尽快出台独董行为准则和行为指引

瑛明律师事务所合伙人、平安银行股份有限公司独董陈瑛明结合多年来履职经历，就独董在董事会议、日常工作重点事项的作为这两方面与大家分享了自己的宝贵经验和感受。

他提出，为了参加董事会时发挥出独董应有的效用，独董平时都应该通过多种渠道掌握公司的各方面信息和动态，做好有关公司业务的调研工作。会前应该认真研读待讨论的议案，及时发现问题、提出问题；无论是董事会会议还是专业委员会会议上，独董发表的意见应当独立明确，依据要充分有理，论述时要周密严谨。作为外部董事，独董不能事无巨细地参与了解公司每一项工作，而是要善于抓住重点，在关联交易、对外担保、利润分配和年度报告等方面充分发挥监督制衡作用。

在涉及关联交易方面，要主动督促上市公司，了解公司是否存在被控股股东及其关联方占用、转移资金、资产及其他资源的现象为主。

在对外担保方面，要在董事会会议召开前，主动要求公司提供被担保方的经营和财务状况、资信情况、纳税情况等完整资料并在必要时要求公司聘请会计师事务所或其他证券中介服务机构对累计和当期对外担保情况进行复核。

在上市公司的利润分配方面，独董应该结合证监会有关政策以及公司章程和公司做出的承诺，根据公司的实际情况对董事会所提的预案发表中立的意见。

在上市公司的年度报告方面，独董要及时听取上市公司管理层和财务总监关于公司本年度生产经营及财务情况和投、融资活动等重大事项进展情况的汇报，必要时亲自参与有关重大项目的实地考察。此外，在年审注册会计师出具初步审计意见后和审议年度报告的董事会会议召开前，认真阅读初审报告，必要时与年审注册会计师会面，讨论初审意见，并形成相关的书面记录，由相关当事人签字认可。

最后，陈瑛明对现存的独立董事制度提出了三点意见，第一，协会应尽快出台独董行为规则和行为指引，为广大独董指明具体道路，为其履行勤勉尽责义务提供具体的参照；第二，改革现行的独董培训和资格考试制度，由协会统一负责独董培训和资格认证事宜；第三，推进独董数据库的建设，协会在这方面可以发挥独特的、良好作用。

汤欣:独董是监督者不是决策顾问

清华大学商法研究中心副主任汤欣从全球视野、法理角度阐述了独董的“独立性”、角色定位、法律责任问题,并且阐述了如何看待具有中国特色的独立董事和监事会双重监督制衡问题。

汤欣认为,上市公司独董制度从2001年开始实施至今,争议不断。尽管关于“花瓶独董”的说法屡见报端,但总体而言,多数独董能够认真履职,敢于负责,并且对提升公司治理起到了积极而有效的作用。独董能够发挥较大作用的公司,往往是股权结构比较分散、公司领导人规范公司治理的意愿较为强烈的企业。他建议,要深层次地解决上市公司治理的根本,尤其是股权结构的问题,股权结构的分散化、多元化和制衡机制,是包括独董在内的一系列上市公司治理命题的基本解决方案。

汤教授从法理研究的角度,对独董制度存在的问题提出如下思考:第一,独董究竟是独立于谁?现有的制度规则是要求独董独立于公司的整体,规定独董持股不超过公司总股本的1%。但其实若维持在小股东的持股比例上,就更能发挥独董监督公司大股东及高管的作用;第二,独董究竟是监督者还是决策顾问?目前有调查研究结论显示,独董的监督性特征日益显现;第三,独董是否有助于提升公司价值和业绩表现?独董的作用应体现在他对公司合法合规上的把控,比如独董在防止公司财务欺诈方面的作用越来越明显。不能以提升公司业绩等定量指标论英雄,而要深挖独董在提升公司治理结构等定性价值方面的作用;第四,独董的法律责任问题。国外研究表明,发达国家的独董责任大多采取了非常节制的态度,这点在我国也应当执行,同时,市场压力、声誉机制的诱因和思考也值得为我所用,我们可以同时考虑;第五,中国到底需不需要建立独董责任保险制度?结论是目前没有建立的迫切性,因为市场上缺乏现实的索赔案例;第六,独董与监事会制度的并立有无必要?如维持我国现有的监事会弱势制度,像日本那样引入选择制,估计在市场压力下,更多的公司会选择独董制度,放弃监事会制度。

倡导独立董事、监事会最佳实践活动座谈会发言精粹

——来自上市公司独董的声音(二)

曹远征:创业板独董遴选制度应该更具灵活性

经济学家、资深独董曹远征认为,目前上市公司董事会专门委员会的建设有待加强。在公司治理中,专门委员会的作用主要被局限在技术层面,而在统筹建设方面,专门委员会能够发挥的作用有限。目前公司治理结构不断改善,使得公司在技术方面有意违规的可能性逐渐减小,但战略上犯的错误,可能会给公司带来很大的问题。应该运用专家和独立董事的资源,把握战略发展方向,解决这一问题才能从根本上提高上市公司质量。

他还建议建立职业经理人市场。目前的独立董事制度难以把控和规范职业经理人的行为。中国上市公司协会应该更关注职业经理人市场建设和上市公司董事会的管理层矛盾,提高职业经理人的素质。

他还提出,对于不同板块的上市公司独董发挥的作用,应区别对待。目前主板、中小板、创业板之间在独立董事监管方面没有明显的区别。主板注重合规,但创业板更需要创新。如果跟主板要求一样,可能会妨碍创业板的创新热情。尤其是创业板独立董事的设计、遴选方面的标准和要求应该与主板有所不同。

王巍:独董职责在于保护各方面股东利益

万盟并购集团董事长、力帆股份有限公司独董王巍认为,独立董事制度的合理性体现在如何保护股东的权益。他从自己作为独董的实践经验中总结了独立董事的立场、态度,同时提出改进独董工作制度的四项建议。

王巍认为独董工作的立场可以从七个方面理解:第一,董事会构成各方实际是利益博弈的各方,任何一个决策对每一个利益方的结果不同,独董需要做的是“两害相权取其轻”,进行利害分析;第二,公司治理是提高上市公司质量的手段而不是目的,不能为了制度而制度,而是要依靠独董制度等治理工具实事求是地解决问题;第三,独立董事应关注各方面股东权益;第四,创业者和管理者之间的博弈,需要独立董事来把握;第五,独董要理解市场经济发展到今天所经历的过程,需要调和好学术理论和实际管理经验之间的矛盾;第六,独董必须尊重契约精神;第七,独董应正确对待媒体的关注。

王巍还针对如何改进独董制度提出四条建议:第一,独立董事专业委员会要具有民间性,由民间人士牵头研究建立规则,可以仲裁资本和维权。第二,应建立上市公司

董事行为规则指导原则。所有董事,不论是内部董事、股东董事还是独立董事,他们的行为规范应该由专业人士来评判。第三,应建立股东权益保障委员会。以其民间性质为社会维权,建立威信。第四,加强与民间协会合作。中国上市公司协会可以作为自律组织整合相关资源并发挥智囊的作用,为资本市场的下一步发展做出更大的贡献。

管维立:应从四方面创造条件 满足独董履职要求

中发国际资产评估公司名誉董事长管维立就独立董事定位、独立董事作用发挥现状及原因、独立董事法律责任三方面作出了详细分析并提出了可行性建议。

管维立认为,董事是独立董事的首要特征,即首先要具有一定的经营决策能力;然后才是独立性,即独董要独立地判断、监督企业行为是否合法合规,同时监督大股东不利用手中的权力损坏小股东利益。

管维立指出,从实际情况来看,目前独立董事制度在中国上市公司中发挥的作用有限,原因是多方面的。一方面,我国国企长期实行厂长经理负责制,在“一元化思想”和“金字塔式”权力结构影响下,“家长制”、“一言堂”式的个人决断作风盛行;另一方面,许多国有企业公司内部形成党委、党政联席会、高管层、CEO、董事会等多中心的局面,董事会很难正常行使职权;此外,我国国有控股上市公司多由非上市集团企业充任股东,后者之上又有专司出资人职能的国资委执掌产权管理职能。它们的产权管理理念、体制、实践,深刻影响着上市公司董事会的决策机制。

关于独董的法律责任问题,管维立认为在上市公司出现信息披露违规事项时,需要认真思考如何界定独立董事的责任,必须经过鉴别、界定,区分责任范围和程度,区别处理。

最后,管维立就独董履职所需要的条件提出了以下建议:①统一制订独董信息服务基础要求和比较详细的文件清单;②进一步落实独董到公司现场工作的要求;③统一制订独董集体对公司及公司下属单位生产经营进行巡检的办法;④要求独董在公司和董事会主要负责人不在场的条件下定期会见公司管理层成员;⑤倡导公司安排独董与公司股东,包括大股东及中小股东,进行交流、沟通,讨论公司生产经营中的重大事项以及股东关切的问题;⑥倡导公司安排独董在不承担具体管理责任的条件下,从观察巡视的角度,参与重大生产经营项目的计划和实施,包括市场营销、组织变革、重大装备、科研开发、筹资融资、财务审计、对外谈判、法律事务、国际经营等。

巴曙松:应对勤勉独董进行正向激励

国务院发展研究中心金融研究所副所长、研究员巴曙松总结了自己在海外上市公司里当独董的经验。他建议针对独董的考核、培训应更加市场化;对一些尽职勤勉并且在公司治理中发挥重要作用的独董,应该建立一种正向激励机制。

他指出,董事会能否借鉴金融机构的做法,在召开董事会会议前一天进行预备会议,可以由独董向经营管理人员进行询问。这样能够减少董事会走程序浪费的时间太多,真正讨论时间少的弊端。此外,运用电视、视频等手段,让独董进行企业调研时不会有太多负担。

王珠林：应建独董诚信记录

银华基金董事长王珠林结合自己多年在投行工作中的经验指出，独立董事制度能够提升公司治理水平，必须坚持执行。

他建议，中国上市公司协会成立后，可以考虑建立独董专业委员会，确定独董资格条件，建立独董专家库，明确评价标准，同时建立诚信记录，建立市场化的激励机制和问责机制。

根据独立董事制度在我国落实的实际情况，王珠林建议在实践中可以在以下方面加以改进：第一，对独董的调研，公司应该定期有回复；第二，目前监事会和独董同质化现象严重，二者应该有所区别，将来条件成熟时部分小规模公司可以考虑二选一；第三，一定要规范党政联席会，否则会导致迎合党委参与公司决策的现象，对公司治理产生较大的负面影响。

武立东：独董制度本土化嫁接成功

南开大学公司治理研究中心副主任武立东利用翔实的数据，论证独董制度作为一项舶来品，本土化的嫁接已经成功，这将坚定我国通过推动独董制度进而提高公司治理的信心。

他指出，2003 年监管层要求所有的上市公司独立董事的比例必须达到 1/3。到 2003 年以后，上市公司独立董事的比例逐年增加，到 2010 年，许多上市公司设立独董的数量在董事会席位中的占比已经超过法定的 1/3。这说明企业主动地去设立独立董事，而不是仅仅基于监管要求。

“企业能够主动设立独立董事，这是独立董事制度的生命力所在。”武立东说。经过一系列实证检验，他指出独董数量之所以出现大幅增长主要有四项原因：第一，设立独董数量，是做给别人看的，包括给监管部门看的、给投资者看的、给海外投资者看的；第二，企业需要经营顾问的角色，帮助其获取外部信息和资源；第三，增加独董有助于管理层的控制，尤其是科研院所背景的学者型独董，较少投反对票；第四，有利于发挥监督制衡作用，但这部分比例很小。

武立东指出，作为研究机构，他们观察到一个较好的现象，即一个行业里面的龙头企业是上市公司，它采取了独董制度，随后其他企业进行模仿，也设立独立董事制度，这样独立董事制度扩散的基础发生了变化，从强制性扩散开始向认知性扩散，这标志着独董制度从强制性到自主的演变。

陈甦：独董是资本市场的安慰剂

中国社会科学院法学研究所和国际法研究所副所长陈甦教授对独董发挥作用的空间及市场定位进行了深刻阐述。他认为：“公司若是想干好，且能干好，独董的作用是不大的；公司若是想干好，但干得不够好，独董能够发挥作用的空间是比较大的；公司若是不想干好，假装干好，独董是没有作用空间的。当前，大多数公司还是想干好，但是干得不够好，这就需要独立董事发挥更大的作用。”

他指出，独董是资本市场的安慰剂，他们有信誉、有专业能力、有制约手段，这样庞大的一支队伍对增强投资者信心能够起到安慰作用，且这个作用的发挥还是不错的。

此外，陈甦教授针对现有的独立董事制度提出如下建议：第一，独董的独立性不应仅体现在与上市公司之间的独立，也应当与证监会等政府机构保持独立，独董不能成为政府的钦差大臣，监管机构不能为了避免市场风险，而牺牲公司自治和公司自由；第二，独董培训及资格认证流于形式，未能发挥应有作用。独董工作质量的评判标准应当坚持品质重于能力，坚守职业道德标准是独董不可或缺的品质，这不是靠培训和认证出来的，在这方面，建议协会思考更多更好的评价指标；第三，独董决策应当坚持合规判断为主、商业判断为辅。独董的专业背景大多为金融、法律、会计等，在合规经营的判断上有着一定的优势，但在商业决策上缺乏判断能力，因此，不要对独董的作用发挥给予过高的期待和要求。

倡导独立董事、监事会最佳实践活动座谈会发言精粹

——来自监事代表座谈会的声音(三)

监事会的运作一直是困扰会员单位公司治理的普遍问题，为此，中国上市公司协会深入调研运作比较好的监事会，并于10月12日召开了监事座谈会。会上建设银行、长江电力、中国重工、中国远洋、泛海建设、湘鄂情、光线传媒等分别介绍公司监事会运作情况，中国上市公司协会领导总结分析了上市公司监事会运作的总体情况，并在座谈会上给予指导和建议。

一、上市公司监事代表发言精粹

(一)中国建设银行

建设银行监事刘进:“我们不断地深化了这方面(监事会的职责和定位)的认识，加强了研究讨论，紧密结合建设银行实际情况，也注意借鉴国内外公司治理的一些经验，注意总结原来国务院外派监事会工作的一些做法，同时听取大股东的一些意见和建议。从而逐步统一了认识，明确了职责任务。在监事会内部加强探索和创新，不断地改进和完善监督方法，丰富监督手段，梳理工作的切入点。”“建设银行监事会能够有效发挥作用的条件，是职责明确、机构独立、队伍专业，得益于在改制上市过程中重视监事会建设。”“建设银行监事会通过研究制定《监事会议事规则》、《监事会对董事会、高级管理层及其成员履职监督与评价办法》等制度办法，为监事会规范运作奠定了制度基础。”

(二)中国远洋

中国远洋监事会主席宋大伟:“这个机构里边是五个议题，纪检工作，监察工作，审计工作，另外还有巡视工作，现在中央要求搞巡视，还有一个是监事会。”“加强信息交流和业务培训。结合企业情况，在培训方面，新的董事，包括我做监事会主席也是，培训请谁呢?我们请香港的普华永道给我们讲，还要去新加坡学，所有的监事培训都有，而且还给你一整套的流程，这个很规范，加强培训和交流。”

(三)泛海建设

泛海建设监事会副主席王宏:“监事会履行职责主要通过以下的工作方式:一个是列席三会……第二个方面，定期和不定期地对公司的经营情况进行现场调查，并提出特别意见和建议。从去年开始，我们监事会主席去年和今年两次带队对大连和上海公司的内控情况进行了调研检查，通过调研检查对董事会或者经营层提出一些有关这方面工作的建议，通过我们这些日常巡查，我们感觉到这个应该是常态化，规范化。”

（四）光线传媒

光线传媒监事会主席袁若苇：“通过比较公司治理中监事会和独董的职责差异，提出监事会的监督应更侧重于对决策和日常工作管理行为的合法性、资产运行的安全性和财务成果真实性的审查。”“由于监事会与独立董事都会以维护股东和公司利益为目标，在共同关注的部分，监事会与独立董事采取资源共享的模式，加强相互的沟通和交流，相互协作，共同发挥作用，探索内部监督的新方法、新途径提高监事会的质量。”

二、中国上市公司协会领导发言精粹

（一）陈清泰会长

“我听了以后非常有启发，虽然监事会写入《公司法》已经有20年了，但是现在看看，我们还不敢说哪一种模式比较好，因为大家各有各的做法，也还不太敢说哪一个肯定就是最好的，所以我们开展了最佳实践活动。作为公司监督的力量之一，监事会得到绝大多数上市公司的重视，但是如何使其监督作用做到科学、规范、有效，以较低的管理成本获得较大的管理效果，这个问题并没有得到解决。除此之外，关于内部监督和外部监督如何分别发挥作用，有效配合，并令内部监督的执行具有可操作性等，这些都是值得深入探讨的问题。上市公司协会成立之后，我们关注的是如何提高上市公司质量的问题，就是提高上市公司的治理结构，提高上市公司的治理水平，在这方面我们开展了关于上市公司监事会最佳实践活动，进一步探索各种类型公司监事会发挥作用的不同模式。

在监事会的运行过程中，一个是有效性，一个是降低成本，能够使公司的监事会运作效率更高，争取能够建立这样一个原则。我们通过倡导监事会最佳实践，发掘各种行之有效的做法，能够让不同类型的企业可以相互借鉴，也能够帮助监管层形成具体的行为指引。目前我国上市公司监事会工作存在公司差异化较大的问题，因此，搜集最佳实践案例来让不同类型的上市公司进行探索研究，这是非常重要的。”

（二）李小雪执行副会长

“听了几家监事会代表的发言，我总结这几家的监督模式基本概括为两类：一是以建行为代表的综合型监督模式，另一个是以中国远洋为代表的单一型监督模式。无论哪种模式，总的来说，我先谈七个字。

首先是‘挺实’，监事会做了不少实事，从宏观层面看，‘实’表现在建行监事会经过8年的监督实践工作，已经形成了一整套行之有效的监督体系：构建了以履职尽职监督和财务与内控监督委员会为战略监督层面、以监事会办公室下设的综合处、尽职监督、财务监督、内控监督、风险监督等若干处室为日常执行监督层面的组织体系；夯实了从监事会到委员会再到具体监督内容的制度体系；形成了监督内容明确、监督手段丰富和监督结果及时反馈的工作机制；营造了一批专业化的监督工作队伍。我想这个监管体系是我们最佳实践活动将要推广的案例。从微观层面看，‘实’体现在监事会搜集信息，甚至本身就生产信息，比如说测评，直接发下去，履职是什么情况？打分下来，自己制作信息，这对监控一个企业很重要，我看好多机构，哪怕像我们中国重工，有点重叠，照样搜集，整体上是自己进行调查，这和独立董事有很大的不同。

第二是‘挺土’，怎么挺‘土’呢？《公司法》第54条、第55条规定了监事会的调查权、质询权、股东会召集权，内容不少；独立董事就只有一条，主要内容是可以设立独立董事，具体办法由国务院规定，内容很少，但通过交易所发的指引很具体。我们的监事会没有指引，因此监事会内容才显得很空，没有具体化，又缺乏统一的认识，也缺乏统一的规则，显得对自己的特色内容缺乏研究，缺乏系统。

第三是‘嘴不大’，大家干的很多事，股东不知道，除了大股东知道，其他股东谁也不知道你们干啥了，包括你们建行公开的也就两行字，另外媒体也不知道。而独立董事基本是专家学者，‘嘴大’，公开说的都是独立董事，而且也规定独立董事要发表意见，专家学者一出来就说话。

所以我觉得‘挺实’，‘挺土’，‘嘴不大’，其中干得‘挺实’是我们的特色。我前面谈到了两种监督模式，我想不同的上市公司会有不同的选择，同一上市公司在不同的发展阶段也会有不同的选择，就这两种模式，我们协会的同志要好好研究，帮助会员做好监事会的工作。”

（三）刘森监事长

“首先代表上市公司协会监事会，对7家公司同仁的到来表示热烈欢迎，同时对上市部和媒体朋友来参加这次会议表示欢迎。这次倡导独立董事、监事会最佳实践活动协会领导很重视，专门召开监事会座谈会交流、研究上市公司监事会建设。通过了解，7家公司的监事会工作都非常有特色，有很好的实践和做法，所以请大家来做个介绍并进行研讨。我相信这次会议一定会对这次活动起到很好的作用，同时给我们一个学习的机会，再次对大家百忙当中做了精心的准备和这次精彩的发言表示衷心感谢。”

（四）张新文副监事长

“我听了以后很受启发，各个公司有各公司的特点，我自己感觉结论性的思想是什么呢？我先谈一下我们监事会的现状，有三种情况：第一种情况是监事会发挥作用比较好的，其工作制度做得比较完善，非常健全；第二种情况是监事会发挥作用一般的，其工作制度是按照公司内部监督的实际要求，把监督的事项细分以后，制定了很多制度；第三种情况是一些工作制度就比较简单，仅按章程、证监会要求制定。国内监事会的工作有点像什么呢？就像战国时期百家争鸣，单靠公司自己完善监事会制度，这个很难。现在推动最佳实践活动能起到一定的作用，也符合现在的现状，具有积极意义。

我想我们在座的公司有各种不同的情况，行业风险比较大的单位主要负责人重视监事会工作，反之不重视。虽然公司法对监事会有法规的要求，但过于笼统，不像董事会那样有具体的工作要求，不便于指导公司开展监事会工作，因此，我们上层要有一个具体指导监事会工作的指引，但证监会到现在为止还没有制定具体的工作指引，一方面是认识问题，还有一个就是实践问题。我听了以后，在思考如何能帮助会员解决制度建设的问题，一方面我们积极呼吁法律及时修改，另一方面我们建议制定一个监事会工作指引，这是我一直在思考的问题。”

倡导独立董事、监事会最佳实践活动座谈会发言精粹

——来自律师事务所的声音(四)

2012年10月9日,中国上市公司协会邀请了国内9家知名律师事务所的11位资深合伙人就证券律师在独立董事和监事会制度中的作用发挥进行了座谈交流。中国证监会上市部欧阳泽华主任、陆芳处长、法律部杨文辉处长、中国上市公司协会陈清泰会长、李小雪执行副会长、范辉副会长、刘森监事长、张新文副监事长参加座谈,安青松秘书长主持座谈会。李小雪执行副会长指出,独立董事作用的发挥要与中国的实际相结合,合理界定独董的权利与责任,要创造和培育良好的独董文化,吸引更多高素质人才加入到独董队伍中来。现将参会人员发言要点汇编如下:

沈国权:律师是公司治理水平提升的辅导者和推动者

同时担任4家上市公司独立董事的上海锦天城律师事务所高级合伙人沈国权律师,从中国独立董事的特征出发,阐述了证券律师在上市公司治理中发挥的作用:

首先,律师是公司治理制度完善过程中的重要参与者。如何细化操作规则使内控制度更到位,需要律师依托专业知识,在实际工作中不断探索;其次,律师是公司治理制度完善的辅导者和推动者。强化公司治理需要在律师的帮助下将公司治理规则从文字细则变成可行规则并运用;第三,建议由证券律师担当监督上市公司治理情况的独立第三者,每年对公司治理制度执行情况进行核查、评估并出具专业意见。

最后,沈律师强调建立独董股权激励机制对提高独立董事职能的积极促进作用。

朱小辉:应当尽快出台独立董事行为指引

拥有18年律师经验的天元律师事务所合伙人朱小辉认为,一个好的公司治理结构并不必然造就一个好公司,但是一个坏的治理结构肯定会给公司造成坏的影响。他从上市公司董事会构成、独董产生机制以及独董发挥作用的局限性等方面揭示了独立董事是“弱势群体”这一现状,建议独立董事应积极参加董事会会议,并通过多种方式加强与公司管理层的沟通,通过专用邮箱等方式加强与所有股东的沟通,成为公司股东与管理层之间的桥梁。

朱小辉建议,由上市公司协会牵头制订独董行为指引,上市公司可自愿采用,但若不采用,需在年报中披露。行为指引包含以下内容:首先,在现有规则基础上,进一步提高独董的独立性要求,例如禁止公司主营供应商或客户、主要竞争对手的董事、高管担任公司独董等;其次,进一步增强独董在专

门委员会的作用，例如审计委员会全部由独董担任，并由审计委员会直接决定聘请外部机构等；最后，由上市公司协会下设独立董事自律组织，建立独董履职数据库，对独董的资格、任职等发表独立意见，方便公众查询。

唐金龙：要更加重视创造和培育良好的独董文化

中银律师事务所创始合伙人唐金龙律师结合自己作为律师和独立董事的工作实践，对独立董事制度提出一些感想。

唐金龙指出，人情董事和签字董事的存在、独董专业知识不足、缺乏相互沟通等问题，在一定程度上影响了独董作用的发挥。独董发表意见应该避免程式化、格式化，真正表达自己的独立意见。此外，应当创造和培育与独立董事制度相配套的独董文化体系，把独董文化的建设作为课题来深入研究。

对于发挥律师、独董、监事会三者的协同作用，唐金龙建议，在上市公司的日常工作中，把三者纳入工作流程中，明确三者之间的责任划分。

最后，他提出建立完善的独董激励机制，在充分发挥独董作用的前提下，建立正向的激励机制。

张永良：提高独立董事作用需要系统性的执法环境

金杜律师事务所张永良律师认为，目前我国的独立董事制度已较为完善，独董若能很好地贯彻执行这些制度，就构成了完美的实践，但问题可能出在部分独董的意识和经验缺失，以及系统性的执行力不足。

对此，张永良提出如下建议：第一，提高社会舆论的意识。要积极引导社会对独董作用和定位的正确认识，侧重于更好地保护公众股东的利益。第二，增强独董自身的意识。独董应确实摆正自己的位置，辩证地处理好在中国这个具有特别的人文环境和文化背景下的独立性的问题。第三，加强系统性建设。一是建立独董人才库和诚信档案，实现独董的自治。二是加强律师对独董最佳实践的引导作用。三是独董的薪酬和激励制度，应坚持市场化调整。

张雷：独立董事最大的问题是如何定位

擅长公司改制上市、并购重组的大成律师事务所高级合伙人张雷律师认为，独立董事只是公司治理结构的一个环节，监管层不应只单纯考虑独董在公司治理中要发挥多大的作用，而要更关注独董的职权范围及定位，现在独董制度存在的最大问题是定位问题。张律师认为独董还是应当定位于对公司的合规判断，而不应当附加以商业判断。

第二，独立董事的遴选。建议考虑由董事会、监事会或者借助外部第三方，如上市公司协会来推荐独立董事。从源头消除独董对大股东的依附关系。

第三，加强独董行使权力的职能和手段。独立董事应有自己的队伍，可以常规性地聘请律师、会计师等专业机构，以加强独董的履职能力。

第四，独立董事的薪酬问题。独董的职责与其所领取的津贴不足以让他们全身心地投入到工作之中，股权激励是有效的解决方式之一。

余永强：应赋予独立董事更多的权利和义务

君和律师事务所余永强律师结合自身的工作实践，提出独立董事制度与监事会制度在职责界定上应当有进一步的划分。他谈到，美国的独董权利是很大的，当公司受到SEC指控时，必须由外聘的审计师和会计师进行调查，然后由独立董事汇报给SEC。而我国的独董是不敢太强势的，应当在立法上赋予独董更多的权利和义务，如当公司受到违规指控时，由独董来牵头组织专业团队进行调查。

此外，余永强还针对我国现有规则中存在的制度漏洞和不足提出了明确具体的建议。

贺炜华：建立律师与独立董事之间的沟通机制

嘉源律师事务所的贺伟华律师详细地阐述了律师在公司治理中发挥的作用和局限性。他指出，目前的公司治理机制中，律师与独董和监事的接触沟通是有限的，因此，发挥作用的空间也是有限的，原因有两个方面：一是中国的律师很少参与公司董事会、监事会等日常会议，与独董和监事的碰面机会不多，没有建立起与独董和监事的沟通渠道；二是律师与独董存在定位差异，律师是由上市公司聘请的，更多代表公司利益，甚至是大股东利益。而独董制度的设立初衷，更多倾向于维护中小投资者的利益，在决策时，律师和独董的职责是有冲突的。建议在今后的行为指引中，鼓励律师事务所多参加公司董事会、监事会等日常会议，引导律师渗透到公司治理和公司重大事项的法律风险管控中去，给律师更多的作用发挥空间。

此外，贺伟华指出，要推动公司治理长期规范有效运行，就要鼓励律师多去担任常年法律顾问，以便及时了解和指导公司规范运营，但是由于薪酬问题，经验丰富的优秀律师更愿意参与专项法律服务工作，这就形成了一种恶性循环，因此，应当增加对常年法律顾问的激励机制；其次，律师从事证券业务的门槛较低，没有资格管理机制，律师的执业水平又参差不齐，责任承担混乱，建议由上市公司协会或者其他第三方做一些引导，对律师建立客观公正的评价机制。

徐建军：给予优秀独董更多的精神奖励

德恒律师事务所合伙人徐建军律师认为，要给予优秀的独董更多的精神奖励，像评选金牌董秘一样，使更多优秀的独董在市场上具有号召力和影响力。同时，徐律师建议引入证券发行律师持续督导制度，对上市公司在一定时间内的规范运作情况进行持续督导，帮助上市公司完善治理水平。

郭克军：提高独立董事制度的立法层次

中伦律师事务所合伙人郭克军律师从制度层面谈及对独立董事制度的理解，并提出如下切实可行的修改建议：

第一，提高独立董事制度的立法层次。根据《公司法》的授权，独董制度应当由国务院制定，建议在正在拟定的《上市公司监督管理条例》中专章规定或者由国务院单独立法。

第二，独立董事的职责需要重新定位。

独立董事的工作重点应该更侧重于公司治理的相应程序是否符合规定，而非公司经营决策的商业实质是否符合公司利益。

第三，独立董事的提名与选聘机制需要重新设计。建议把提名权交给小股东，并实行大股东回避制度。

第四，同步完善独立董事的约束与激励机制。在修订独董职责的同时，进一步完善激励机制，坚持约束与激励并存。

第五，进一步明确独立董事与监事会的权限与职责。目前中国公司监事会的职权主要集中于对公司董事、高管的监督上，需要进一步完善并强化监事会的此项职责。独立董事更多的作用在于制衡大股东，保护中小股东利益。

石铁军：程序合规比内容更重要

君合律师事务所石铁军律师建议，公司治理应该更加注重程序，应该更加明确独立董事、公司法人治理结构、律师参与等各方面的程序化的制度。上市公司协会可以出台更多指引性文件，向上市公司推荐、建议一些好的做法和工作方式。

对于公司治理水平的提高，石铁军提出三个方面的想法：首先，律师对公司重大活动的参与、对公司年报等重要事项的合规验证和与公司董事的密切沟通有助于公司治理水平的提升。其次，监事会的职权范围广，独立董事和监事会职责重大，但是其作用的发挥需要律师等服务机构的辅助，并且要对服务的内容、程序做明确的界定和要求。最后，上市公司治理应该遵循形式重于内容的原则，应该更加明确独立董事、公司法人治理结构、律师参与等各方面的程序化制度，程序做到了，内容也就到了，就能有所促进。

倡导独立董事、监事会最佳实践活动座谈会发言精粹

——来自会计师事务所的声音（五）

10月10日，中国上市公司协会邀请了国际知名的四大审计机构普华永道、德勤、安永、毕马威，国内排名居前的立信、信永中和、天职国际等6家审计机构的12位资深注册会计师，就证券会计师在独立董事和监事会制度中的作用发挥进行了座谈交流。中国证监会会计部李筱强副主任、上市部湛龙主任助理和赵银丽处长、财政部会计司韩冰副处长、中国上市公司协会陈清泰会长、李小雪执行副会长、范辉副会长、刘森监事长、张新文副监事长、杨琳副秘书长、张永伟副秘书长参加座谈，安青松秘书长主持座谈会。

陈清泰会长在总结讲话中指出，在公司治理结构中，审计机构和独立董事都是外部人士，而审计机构由于执业需要掌握了相对较多的公司信息，审计机构在自身发挥“看门人机制”作用的同时，可以为独立董事有效履行职务提供强有力的支持，共同促进提高上市公司治理质量。李小雪执行副会长在交流发言中表示，希望国内审计机构持续苦练内功，通过不断提高执业质量和体制创新，积极破解注册会计师行业发展过程中的阶段性问题，促进提升上市公司治理水平。现将参会人员发言要点汇编如下：

李明高：独立董事与监事会应明确分工并相辅相成，完善独立董事相关配套制度

立信会计师事务所合伙人李明高认为，监事会与董事会下属审计委员会功能重叠，监事会的机制设计在实际运行中难以发挥制衡作用。他建议两者应有明确分工并相辅相成，明确监事会对董事会重大事项具有否决权，被否决事项再次审议时独董必须明确提出意见，并要求监事会对独董持有异议即弃权或反对的事项进行专门审查。

李明高就如何深化独立董事制度方面提出六项建议：①在创业板、中小板上市公司试点中小股东推荐独董制度；②借鉴发审委候选委员提前公示制度，建立独立董事聘用前的公示制度；③在创业板、中小板上市公司积极探索和试点独立董事新型报酬激励机制；④积极推动修改《公司法》，使得独立董事制度有法可依；⑤在总结独立董事制度多年实施效果的基础上，由证监会制定相关配套性行政规章；⑥中国上市公司协会起草发布上市公司独立董事指引和公司章程独立董事指引。

何降星：应当限制大股东在独董聘任上的垄断权

天健会计师事务所合伙人何降星建议，应当限制大股东在独董聘任上的垄断权，董事会负责推荐两个以上候选人，由中小股东投票决定，避免被监督者聘请监督者。同时，建议独董的考评机制可以更加具体，如规定每季度独董必须在上市公司现场办公的天数等。在独立董事考核主体方面，何降星建议可以由证券监管机构定期或不定期对独立董事的业务进行考核。他还认为，要解决独立董事形似而神不至的问题，很重要的一点是要合理确定独立董事报酬。此外，何降星表示，独立董事制度与监事会制度，在职责上、在法理上存在重叠，需要进一步探讨。

丁勇：独立董事需要获得更多的支持和授权

中瑞岳华会计师事务所合伙人丁勇认为，企业应加强自我管理能力和执行能力，董事会应更多地关注和支持独董和监事会工作，让独董拥有更多权力，最好也拥有提名权与解聘权。丁勇表示，代表外部股东及其他相关利益者的独立董事应该以公司高层的身份对作为“内部人”的其他高层进行监督管理和自我管理，解决的是“内部人”和外部相关利益者的信息不对称问题。外部审计机构与独立董事的职能作用有共同之处，只不过所处的地位和履行职责的方式不同而已，两者之间应互相支持共同协调，为公司的相关利益者尤其是外部相关利益者服务。而在现实中，外部审计机构与独立董事接触和沟通的机会较少，独立董事应主动与外部审计机构进行积极有效的沟通，应严格执行《关于在上市公司建立独立董事制度的指导意见》中关于“向董事会提议聘用或解聘会计师事务所”的规定。丁勇还建议监管机构或中国上市公司协会在独立董事相关培训中，深入探讨独立董事与审计机构的合作机制。

罗玉成：应强化独董的市场化选聘以及对独董人员的结构优化调整

信永中和会计师事务所副总经理罗玉成结合实际经验发现，独董的信息来源容易被屏蔽和被安排，获取的有效信息量较少。罗玉成认为，在外部审计机构促进独立董事、监事会发挥的作用方面，一些好的经验值得继续强化，包括保持一年至少两次当面沟通（预审后及审计报告前）、沟通意见的书面确认及意见、重大事项提请审计委员会（包括独立董事）书面意见或履行告知义务、安排对独董及监事访谈以及审计委员会中应保持一位管理层决策成员（如总经理或董事长）。就完善独立董事制度、监事会制度及《关于在上市公司建立独立董事制度的指导意见》方面，罗玉成提出了几点建议，包括：对独立董事职责的进一步明确、强化独立董事的认定、对独立董事人员结构调整、强化对独立董事的持续考核评价、强化公司决策层及董秘的责任意识。

胡咏华：切实发挥独董有效性是独董任职的前提和意义所在

大信会计师事务所常务副总经理胡咏华曾经主动辞去独立董事，他表示切实发挥独董有效性是独董任职的前提和意义所在。针对独董作用发挥的有效性，他认为有三个问题必须予以解决：一是如何保证工作时间；二是如何完善专门针对独董行为的规范，从过程上进行控制而不是从结果进行惩罚；三是如何给予独董合理的待遇。

同时，他认为外部审计机构在调查公司内部环境和控制重大决策过程的合理性、合规性方面着手，强化内部控制审计制度，完善关于公司内部治理的审计内容，包括设定明确的审计目标等，进而可以在促进公司治理方面发挥更大作用。

此外，他也指出外部审计机构面临的一些困难，如大所特殊普通合伙制的改制，由于内部运营机制不同，改制后面临何去何从的问题，因此建议建立合理的内部控制制度规范，以便外部审计机构更好地履行责任。

邱靖之：外部审计机构是公司治理不可或缺的组成部分

天职国际会计事务所副主任会计师邱靖之认为，外部审计机构从制度上起到规范上市公司治理的有效保障作用。他特别指出外部审计机构的独立性是这种有效性的根本，对公司的规范治理起到不可或缺的作用。

他提出外部审计机构应主动、充分与董事会、监事会进行定期和不定期的沟通，并形成合力，才能够有效地履行职责。其中，和独董的沟通应是双向的，要充分关注所有者分散、管理者越位的情况。

与此同时他也提出外部审计面临的公司治理缺陷，比如股权结构和董事会结构的不合理会影响外部审计作用的发挥。针对这些问题，他提出三点建议：一是研究出台对拟上市公司的责任追究规范，加强监管力度；二是规范事务所外部竞争，避免审计市场上出现劣币驱逐良币的现象；三是行业招投标的方式需要进行完善和改进。

杨丰禹：沟通是缓解治理矛盾的有效途径

普华永道合伙人杨丰禹认为，有效沟通是缓解公司治理矛盾的重要途径。杨丰禹说，审计机构对于企业的审计，无论从国际审计还是中国审计准则来讲，一直以来都要求审计师要关注治理层。中国的审计准则1151号要求审计师要与治理层进行有效沟通，要求审计师无论是在计划阶段、执行阶段以及审计的发现阶段都要及时与治理层即审计委员会有正式沟通，同时，审计师按照需要也会与独董、监事会进行正式沟通。

杨丰禹表示，审计师与独董、监事会建立良好的沟通有益于公司治理。从董事会方面来看，一些有经验的独董会征求审计师的意见，请审计师提供公司所处行业存在哪些风险和障碍等方面的信息，审计师会为公司董事会、监事会提供一些更加翔实、有效的信息。同时，审计师也会针对一些业务比较复杂、行业风险依附性较大的企业提供培训服务，让审计师与董事会的信息沟通成为新董事入职能够迅速掌握关键信息的一个渠道。

杨丰禹表示，《指导意见》赋予独董的责任非常重大，要求独董要在重大关联交易当中发表意见，这对独董来说有一定难度。比如有些企业信息不透明，不对称，故意隐瞒，对独董加以防范，在这种情况下，独董很难获取有效信息，很难达到监管层的要求。那么，作为独董，如何应对信息不对称？采取哪些手段？杨丰禹提出的观点是利用好内部审计，如果对审计利用得好，审计委员会、独董、监事会就会了解到更多信息，就能使独董和监事会的工作真正扎实有效。

陈玉红、霍志恒：独立董事和外部审计机构携手促进上市公司完善公司治理

来自毕马威的审计合伙人陈玉红、霍志恒从外部审计机构在公司治理中的角色、公司治理经验分享、独立董事机制的观察和建议等三个方面作了介绍。2010 年，毕马威对 34 个不同国家的 1 240 位审计委员会成员（以独立董事为主）进行了问卷调查，调查显示，61% 的受访者利用外部审计师的报告来理解影响公司的复杂会计问题。全球金融危机爆发以来的三年半时间里，公司治理形势发生了巨大改变。

在问卷调研等工作的基础上，毕马威近期发布的研究报告显示，当前值得审计委员会关注的重点包括：①持续关注企业与财务报告相关的关键内部控制风险；②密切关注监管法规的变化，了解企业面临的重大风险；③考虑财务报表和披露是否能够如实反映企业的实际情况；④对可能出现的会计准则变化作好准备；⑤持续监控管理层对重要会计估计的假设；⑥重新考虑反舞弊机制和举报制度；⑦了解 IT 科技变革和创新技术如何改变商业前景并影响公司运作；⑧评估审计委员会在重大交易中的角色；⑨确保内部审计适当地关注重点领域及全面发挥作用；⑩监督审计独立性方案。

为了更好地解释香港上市公司治理规则的执行情况，霍志恒列举了两个案例，其一是当一家上市公司出现董事会主席兼任行政总裁这样偏离企业管治守则情况时，公司如何在年度企业管治报告中进行详细解释。另一则案例则展示了一家五度被《Corporate Governance Asia》授予亚洲最佳企业管治大奖的公司具体治理情况。

在增强独立董事作用方面，陈玉红、霍志恒提出三项建议，一是在制度建设上为独董顺利开展工作创造条件；二是发布独董机制运作的最佳实践，从建议过渡到要求；三是进一步加强审计师与独董的沟通。

梁定邦:好的公司治理有助于提振市场信心

10月26日,香港资深大律师,前香港证监会主席、中国证监会首席顾问,中国人寿和中国银行独立董事梁定邦先生在北京富凯大厦就《公司治理的全球最佳实践与我国资本市场的健康发展》做专题报告。他在演讲中指出,当前全球经济形势的影响导致市场低迷,但是中国上市公司整体的发展能力并没有被大幅削弱,只要上市公司扎实做好公司治理,可以为我国资本市场率先从低迷中复苏奠定基础。

梁定邦先生站在全球视野上,首先界定了与公司治理相关的"权力"、"权利"和"权益"等3个问题以及"法人"、"关联人(Stakeholder)"和"有限理念"等3个法律概念。他重点从历史、理论和实践三个纬度介绍了公司治理的相关理念和实践特色。

梁先生从历史维度观察得出:公司治理发轫于17、18世纪,由重商主义催生的集体投资行为导致公司所有权与经营权分离,为平衡股东和董事间的分歧而诞生了最初的公司治理;随着19世纪开始的资本主义经济的发展,投资主体的公司化促成资本市场的形成,真实财务信息等概念相继被重视;二战之后全球经济进入货币经济时代,大型公众公司迅速发展。国际会计准则委员会(1972年)提出的会计、审计规则成为公司治理最早的标准之一。世界各国金融理论和经济模型的演进、国际证监会组织和巴塞尔银行监管委员会的成立、经合组织(OECD)1999年提出的《公司治理准则》(2004年修订)、美国2002年萨班斯—奥克斯利法案(Sarbanes Oxley Act)以及各国促进企业内部治理的法律法规等,都极大地完善了全球公司治理的理论。

他介绍了国际上关于公司治理最佳实践的各种原则和标准,深入阐释了公司治理的"五个黄金原则",即明确制度操守标准,协调各关联人的利益,制定促进各关联方利益的公司战略,采用良好的治理结构以及促进透明与负有问责功能的报告制度。梁定邦指出,无论是何种经济环境下,都应该分清各种可适用的理论、模型及最佳实践的边界。过度强调采用某种理论或模型都是危险的。

在对比了中外不同的市场环境之后,梁定邦就"采取怎样的公司治理模式能促进中国上市公司健康发展"提出了五点建议:第一,应该坚持完善公司治理相关的指引。公司治理不仅是对上市公司提出的合规要求,而且要在推动公司成功发展方面更上一个台阶,必须依据最佳实践建立一系列公司治理具体行为指引。目前中国尚缺乏这样的指引,建议由中国上市公司协会担当这一角色,研究制定最佳实践指引;第二,要通过降低交易成本解决当前市场低迷问题,提高透明度,吸引投资人投资;第三,解决市场经济某些重要的、基础性的问题,如利率市场化等;第四,通过改革税制鼓励长期投资为目的的资金，如养老金等进入股票市场；第五，提升公司定期报告等信息披露的质量。

梁定邦特别强调，中国上市公司的管理者要认真思考公司治理问题，思考企业怎么面对多元化、多维度的生存和发展环境，思考完善公司治理与降低代理成本、增强投资者信任关系等。完善公司治理不是为了应付监管部门的合规检查，应旨在将治理理念和实践融入至公司管理和发展战略等每个环节。

中国上市公司协会执行副会长李小雪在总结中高度称赞梁定邦先生的演讲，称其是“根据大量公司治理实践提炼出的思考”。李小雪指出，良好的公司治理就是取信于人，在当前市场较为低迷的情况下尤其重要。如果公司治理做得不到位，投资者必将用脚投票，要想吸引投资者再次回来，就必须做好公司治理。李小雪表示，中国上市公司协会邀请了部分独立董事、监事、国内外较有影响的审计机构和律师事务所合伙人，以及知名的机构投资者，以研讨会、专题报告会等方式进行交流和讨论。中国上市公司协会将在前期交流、研讨的基础上，继续加强总结和归纳，集思广益，深入探讨如何在监管部门支持下，推动完善独立董事和监事会最佳实践的工作指引，形成自律体系，为促进我国上市公司可持续发展、提振投资者信心提供支持服务。

附　件

- **中国证券监督管理委员会公告[2012]31号**
  - 上市公司行业分类指引(2012年修订)
- **中国证券监督管理委员会公告[2013]4号**
  - 2012年4季度上市公司行业分类结果

中国证券监督管理委员会公告

[2012]31 号

现公布《上市公司行业分类指引》(2012 年修订),自公布之日起施行。

中国证监会

2012 年 10 月 26 日

上市公司行业分类指引

(2012 年修订)

为规范上市公司行业分类工作,根据《中华人民共和国统计法》、《证券期货市场统计管理办法》、《国民经济行业分类》等法律法规和相关规定,制定《上市公司行业分类指引》(以下简称《指引》)。

本《指引》自公布之日起施行。2001 年中国证监会公布的《上市公司行业分类指引》同时废止。

1. 分类对象与适用范围

1.1《指引》以在中国境内证券交易所挂牌交易的上市公司为基本分类对象。

1.2《指引》适用于证券期货监管系统对上市公司行业分类信息进行统计、评价、分析及其他相关工作。中国证监会另有规定的,适用其规定。

1.3 各证券期货交易所、中国证券登记结算公司、中国证监会派出机构以及其他相关机构,向中国证监会报送统计数据所涉及的上市公司行业分类应符合《指引》的规定。

1.4 市场机构基于投资分析目的所使用的上市公司行业分类可参照《指引》规定的行业类别,但非强制适用。

2. 分类原则与方法

2.1 以上市公司营业收入等财务数据为主要分类标准和依据,所采用财务数据为经过会计师事务所审计并已公开披露的合并报表数据。

2.2 当上市公司某类业务的营业收入比重大于或等于 50%,则将其划入该业务相对应的行业。

2.3 当上市公司没有一类业务的营业收入比重大于或等于 50%,但某类业务的收入和利润均在所有业务中最高,而且均占到公司总收入和总利润的 30% 以上(包含本数),则该公司归属该业务对应的行业类别。

2.4 不能按照上述分类方法确定行业归属的,由上市公司行业分类专家委员会根据公司实际经营状况判断公司行业归属;归属不明确的,划为综合类。

3. 编码方法

3.1 本《指引》参照《国民经济行业分类》(GB T4754－2011),将上市公司的经济活动分为门类、大类两级。与此对应,门类代码用一位拉丁字母表示,即用字母 A、B、C……依次代表不同门类;大类代码用两位阿拉伯数字表示,从 01 开始按顺序依次编码。

4. 管理机构及其职责

4.1 中国证监会统筹指导上市公司行业分类工作,负责制定、修改和完善《指引》,对《指引》及相关制度进行解释,对外发布上市公司行业分类结果。

4.2 中国上市公司协会负责按照《指引》组织对上市公司进行行业分类,向中国证监会报送上市公司行业分类结果,并向证券交易所、中证指数公司等相关机构通报上市公司行业分类结果。

4.3 中国上市公司协会建立上市公司行业分类专家委员会(以下简称专家委员会),由有关部委、证券期货监管系统和证券经营机构的专家组成。专家委员会负责就上市公司行业分类制度的修订提出意见和建议;依据专业判断,确定上市公司行业分类结果。

5. 沟通反馈机制

5.1 中国上市公司协会应当建立与上市公司的日常沟通机制,就行业类别划分及变更情况征求上市公司意见;上市公司提出不同意见的,应提请专家委员会讨论作出最终判断。

6. 行业分类流程

6.1 上市公司行业分类按季度进行。每年 3 月 20 日、6 月 10 日、9 月 20 日和 12 月 20 日为当季行业分类工作起始日;原则上应于季度末完成当季上市公司行业分类工作。

6.2 行业分类包括初次分类和定期调整。

6.2.1 初次分类是对新上市公司的行业分类,依据公司《招股说明书》进行。公司上市首日在每季度行业分类工作起始日(不含当日)之前的,纳入当季行业分类;上市首日在行业分类工作起始日至季末之间的,转入下一季度进行行业分类。

6.2.2 定期调整是对已上市公司行业分类结果的重新确认或变更。原则上未发生重大资产重组的公司,每年依据上市公司年报调整一次,纳入第二季度的行业分类工作;完成重大资产重组的公司,依据重大资产重组相关公告,纳入最近季度的上市公司行业分类。

6.3 行业分类的初评、沟通、确认和结果公布。

中国上市公司协会在行业分类工作起始日当日召开上市公司行业分类专家委员会会议,形成行业分类初评结果;从起始日开始(不含当日),7 日内完成与上市公司沟通工作,并形成由专家委员会确认的分类结果;从起始日开始(不含当日)第 8 日将上市公司行业分类最终结果报送中国证监会。

中国证监会于每季度末公布上市公司行业分类结果。

遇节假日或重大事项,上市公司行业分类工作进程可相应后延。

7. 分类结构与代码

代码 门类	代码 大类	类别名称	说明
A		农、林、牧、渔业	本门类包括 01～05 大类
	01	农业	指对各种农作物的种植
	02	林业	
	03	畜牧业	指为了获得各种畜禽产品而从事的动物饲养、捕捉活动
	04	渔业	
	05	农、林、牧、渔服务业	
B		采矿业	本门类包括 06～12 大类,采矿业指对固体(如煤和矿物)、液体(如原油)或气体(如天然气)等自然产生的矿物的采掘;包括地下或地上采掘、矿井的运行,以及一般在矿址或矿址附近从事的旨在加工原材料的所有辅助性工作,例如碾磨、选矿和处理,均属本类活动;还包括使原料得以销售所需的准备工作;不包括水的蓄集、净化和分配,以及地质勘查、建筑工程活动
	06	煤炭开采和洗选业	指对各种煤炭的开采、洗选、分级等生产活动;不包括煤制品的生产和煤炭勘探活动
	07	石油和天然气开采业	指在陆地或海洋,对天然原油、液态或气态天然气的开采,对煤矿瓦斯气(煤层气)的开采;为运输目的所进行的天然气液化和从天然气田气体中生产液化烃的活动,还包括对含沥青的页岩或油母页岩矿的开采,以及对焦油沙矿进行的同类作业
	08	黑色金属矿采选业	
	09	有色金属矿采选业	指对常用有色金属矿、贵金属矿,以及稀有稀土金属矿的开采、选矿活动
	10	非金属矿采选业	
	11	开采辅助活动	指为煤炭、石油和天然气等矿物开采提供的服务
	12	其他采矿业	
C		制造业	本门类包括 13～43 大类,指经物理变化或化学变化后成为新的产品,不论是动力机械制造,还是手工制作;也不论产品是批发销售,还是零售,均视为制造 建筑物中的各种制成品、零部件的生产应视为制造,但在建筑预制品工地,把主要部件组装成桥梁、仓库设备、铁路与高架公路、升降机与电梯、管道设备、喷水设备、暖气设备、通风设备与空调设备,照明与安装电线等组装活动,以及建筑物的装置,均列为建筑活动 本门类包括机电产品的再制造,指将废旧汽车零部件、工程机械、机床等进行专业化修复的批量化生产过程,再制造的产品达到与原有新产品相同的质量和性能
	13	农副食品加工业	指直接以农、林、牧、渔业产品为原料进行的谷物磨制、饲料加工、植物油和制糖加工、屠宰及肉类加工、水产品加工,以及蔬菜、水果和坚果等食品的加工

续表

代码		类别名称	说明
门类	大类		
	14	食品制造业	
	15	酒、饮料和精制茶制造业	
	16	烟草制品业	
	17	纺织业	
	18	纺织服装、服饰业	
	19	皮革、毛皮、羽毛及其制品和制鞋业	
	20	木材加工和木、竹、藤、棕、草制品业	
	21	家具制造业	指用木材、金属、塑料、竹、藤等材料制作的,具有坐卧、凭倚、储藏、间隔等功能,可用于住宅、旅馆、办公室、学校、餐馆、医院、剧场、公园、船舰、飞机、机动车等任何场所的各种家具的制造
	22	造纸和纸制品业	
	23	印刷和记录媒介复制业	
	24	文教、工美、体育和娱乐用品制造业	
	25	石油加工、炼焦和核燃料加工业	
	26	化学原料和化学制品制造业	
	27	医药制造业	
	28	化学纤维制造业	
	29	橡胶和塑料制品业	
	30	非金属矿物制品业	
	31	黑色金属冶炼和压延加工业	
	32	有色金属冶炼和压延加工业	
	33	金属制品业	
	34	通用设备制造业	
	35	专用设备制造业	
	36	汽车制造业	
	37	铁路、船舶、航空航天和其他运输设备制造业	
	38	电气机械和器材制造业	
	39	计算机、通信和其他电子设备制造业	
	40	仪器仪表制造业	
	41	其他制造业	
	42	废弃资源综合利用业	指废弃资源和废旧材料回收加工
	43	金属制品、机械和设备修理业	

续表

代码		类别名称	说明
门类	大类		
D		电力、热力、燃气及水的生产和供应业	本门类包括 44 ~ 46 大类
	44	电力、热力生产和供应业	
	45	燃气生产和供应业	
	46	水的生产和供应业	
E		建筑业	本门类包括 47 ~ 50 大类
	47	房屋建筑业	
	48	土木工程建筑业	指土木工程主体的施工活动;不包括施工前的工程准备活动
	49	建筑安装业	指建筑物主体工程竣工后,建筑物内各种设备的安装活动,以及施工中的线路敷设和管道安装活动;不包括工程收尾的装饰,如对墙面、地板、天花板、门窗等处理活动
	50	建筑装饰和其他建筑业	
F		批发和零售业	本门类包括 51 和 52 大类,指商品在流通环节中的批发活动和零售活动
	51	批发业	指向其他批发或零售单位(含个体经营者)及其他企事业单位、机关团体等批量销售生活用品、生产资料的活动,以及从事进出口贸易和贸易经纪与代理的活动,包括拥有货物所有权,并以本单位(公司)的名义进行交易活动,也包括不拥有货物的所有权,收取佣金的商品代理、商品代售活动;本类还包括各类商品批发市场中固定摊位的批发活动,以及以销售为目的的收购活动
	52	零售业	指百货商店、超级市场、专门零售商店、品牌专卖店、售货摊等主要面向最终消费者(如居民等)的销售活动,以互联网、邮政、电话、售货机等方式的销售活动,还包括在同一地点,后面加工生产,前面销售的店铺(如面包房);谷物、种子、饲料、牲畜、矿产品、生产用原料、化工原料、农用化工产品、机械设备(乘用车、计算机及通信设备除外)等生产资料的销售不作为零售活动;多数零售商对其销售的货物拥有所有权,但有些则是充当委托人的代理人,进行委托销售或以收取佣金的方式进行销售
G		交通运输、仓储和邮政业	本门类包括 53 ~ 60 大类
	53	铁路运输业	指铁路客运、货运及相关的调度、信号、机车、车辆、检修、工务等活动;不包括铁路系统所属的机车、车辆及信号通信设备的制造厂(公司)、建筑工程公司、商店、学校、科研所、医院等活动
	54	道路运输业	
	55	水上运输业	
	56	航空运输业	
	57	管道运输业	
	58	装卸搬运和运输代理业	
	59	仓储业	指专门从事货物仓储、货物运输中转仓储,以及以仓储为主的货物送配活动,还包括以仓储为目的的收购活动

续表

代码		类别名称	说明
门类	大类		
	60	邮政业	
H		住宿和餐饮业	本门类包括61和62大类
	61	住宿业	指为旅行者提供短期留宿场所的活动，有些单位只提供住宿，也有些单位提供住宿、饮食、商务、娱乐一体的服务，本类不包括主要按月或按年长期出租房屋住所的活动
	62	餐饮业	指通过即时制作加工、商业销售和服务性劳动等，向消费者提供食品和消费场所及设施的服务
I		信息传输、软件和信息技术服务业	本门类包括63～65大类
	63	电信、广播电视和卫星传输服务	
	64	互联网和相关服务	
	65	软件和信息技术服务业	指对信息传输、信息制作、信息提供和信息接收过程中产生的技术问题或技术需求所提供的服务
J		金融业	本门类包括66～69大类
	66	货币金融服务	
	67	资本市场服务	
	68	保险业	
	69	其他金融业	
K		房地产业	本门类包括70大类
	70	房地产业	
L		租赁和商务服务业	本门类包括71和72大类
	71	租赁业	
	72	商务服务业	
M		科学研究和技术服务业	本门类包括73～75大类
	73	研究和试验发展	指为了增加知识（包括有关自然、工程、人类、文化和社会的知识），以及运用这些知识创造新的应用，所进行的系统的、创造性的活动；该活动仅限于对新发现、新理论的研究，新技术、新产品、新工艺的研制研究与试验发展，包括基础研究、应用研究和试验发展
	74	专业技术服务业	
	75	科技推广和应用服务业	
N		水利、环境和公共设施管理业	本门类包括76～78大类
	76	水利管理业	
	77	生态保护和环境治理业	
	78	公共设施管理业	
O		居民服务、修理和其他服务业	本门类包括79～81大类
	79	居民服务业	
	80	机动车、电子产品和日用产品修理业	

续表

代码		类别名称	说明
门类	大类		
	81	其他服务业	
P		教育	本门类包括 82 大类
	82	教育	
Q		卫生和社会工作	本门类包括 83 和 84 大类
	83	卫生	
	84	社会工作	指提供慈善、救助、福利、护理、帮助等社会工作的活动
R		文化、体育和娱乐业	本门类包括 85 ~ 89 大类
	85	新闻和出版业	
	86	广播、电视、电影和影视录音制作业	指对广播、电视、电影、影视录音内容的制作、编导、主持、播出、放映等活动;不包括广播电视信号的传输和接收活动
	87	文化艺术业	
	88	体育	
	89	娱乐业	
S		综合	本门类包括 90 大类
	90	综合	

中国证券监督管理委员会公告

[2013]4 号

按照《上市公司行业分类指引(2012 年修订)》(证监会公告[2012]31 号)要求,中国上市公司协会组织上市公司行业分类专家委员会,充分征求了上市公司的意见,对 2012 年 4 季度上市公司行业分类进行了划分和确认,现予公布。今后,上市公司行业分类结果将按季度公布在中国证监会网站“统计数据”栏目中。

中国证监会派出机构、各证券期货交易所、中国证券登记结算公司以及证券期货监管系统其他单位,向中国证监会报送统计数据涉及的上市公司行业分类应遵照中国证监会公布的行业分类结果。市场机构、投资者基于投资分析目的所使用的上市公司行业分类可自行确定,不需强制使用中国证监会公布的分类结果。

中国证监会

2013 年 1 月 7 日

2012年4季度上市公司行业分类结果

门类名称及代码	行业大类代码	行业大类名称	上市公司股票代码	上市公司简称
农、林、牧、渔业(A)	01	农 业	000998	隆平高科
			002041	登海种业
			300087	荃银高科
			300143	菇木真
			300189	神农大丰
			600108	亚盛集团
			600354	敦煌种业
			600359	*ST新农
			600371	万向德农
			600506	香梨股份
			600540	新赛股份
			600598	北大荒
			601118	海南橡胶
	02	林 业	000592	中福实业
			000663	永安林业
			002200	*ST大地
			002679	福建金森
			600265	ST景谷
	03	畜牧业	000735	罗牛山
			002234	民和股份
			002299	圣农发展
			002321	华英农业
			002458	益生股份
			002477	雏鹰农牧
			002505	大康牧业
			300106	西部牧业
			300313	天山生物
			600965	福成五丰
			600975	新五丰
	04	渔 业	000798	中水渔业
			002069	獐子岛
			002086	东方海洋
			002447	壹桥苗业
			002696	百洋股份
			200992	中鲁B

续表

门类名称及代码	行业大类代码	行业大类名称	上市公司股票代码	上市公司简称
农、林、牧、渔业(A)	04	渔　业	300094	国联水产
			600097	开创国际
			600257	大湖股份
			600467	好当家
	05	农、林、牧、渔服务业	000713	丰乐种业
采矿业(B)	06	煤炭开采和洗选业	000552	靖远煤电
			000571	新大洲
			000780	平庄能源
			000937	冀中能源
			000939	凯迪电力
			000983	西山煤电
			002128	露天煤业
			600121	郑州煤电
			600123	兰花科创
			600157	永泰能源
			600188	兖州煤业
			600348	阳泉煤业
			600381	贤成矿业
			600395	盘江股份
			600397	安源煤业
			600403	大有能源
			600508	上海能源
			600652	爱使股份
			600714	金瑞矿业
			600971	恒源煤电
			601001	大同煤业
			601088	中国神华
			601101	昊华能源
			601666	平煤股份
			601699	潞安环能
			601898	中煤能源
			601918	国投新集
	07	石油和天然气开采业	300157	恒泰艾普
			300164	通源石油
			300191	潜能恒信
			600028	中国石化
			600583	海油工程
			601808	中海油服
			601857	中国石油
	08	黑色金属矿采选业	000629	攀钢钒钛
			000655	金岭矿业
			000762	西藏矿业
			600711	盛屯矿业
			600882	华联矿业

续表

门类名称及代码	行业大类代码	行业大类名称	上市公司股票代码	上市公司简称
采矿业(B)	09	有色金属矿采选业	000426	兴业矿业
			000603	盛达矿业
			000697	炼石有色
			000758	中色股份
			002155	辰州矿业
			600139	西部资源
			600259	广晟有色
			600311	荣华实业
			600489	中金黄金
			600497	驰宏锌锗
			600547	山东黄金
			601168	西部矿业
			601899	紫金矿业
			601958	金钼股份
			603993	洛阳钼业
	11	开采辅助活动	002207	准油股份
			002554	惠博普
			002629	仁智油服
			002683	宏大爆破
			300084	海默科技
制造业(C)	13	农副食品加工业	000048	康达尔
			000529	广弘控股
			000639	西王食品
			000702	正虹科技
			000860	顺鑫农业
			000876	新希望
			000893	东凌粮油
			000895	双汇发展
			000911	南宁糖业
			000972	*ST 中基
			002100	天康生物
			002124	天邦股份
			002143	高金食品
			002157	正邦科技
			002220	天宝股份
			002286	保龄宝
			002311	海大集团
			002330	得利斯
			002385	大北农
			002515	金字火腿
			002548	金新农

续表

门类名称及代码	行业大类代码	行业大类名称	上市公司股票代码	上市公司简称
制造业(C)	13	农副食品加工业	002557	洽洽食品
			002567	唐人神
			002582	好想你
			002604	龙力生物
			002695	煌上煌
			002702	腾新食品
			300138	晨光生物
			300175	朗源股份
			300268	万福生科
			600095	哈高科
			600127	金健米业
			600191	华资实业
			600251	冠农股份
			600438	通威股份
			600695	大江股份
			600737	中粮屯河
	14	食品制造业	000716	南方食品
			002216	三全食品
			002329	皇氏乳业
			002481	双塔食品
			002495	佳隆股份
			002507	涪陵榨菜
			002570	贝因美
			002626	金达威
			002650	加加食品
			002661	克明面业
			300146	汤臣倍健
			300149	量子高科
			600073	上海梅林
			600186	莲花味精
			600298	安琪酵母
			600305	恒顺醋业
			600429	三元股份
			600597	光明乳业
			600866	星湖科技
			600872	中炬高新
			600873	梅花集团
			600887	伊利股份
	15	酒、饮料和精制茶制造业	000019	深深宝
			000557	*ST广夏
			000568	泸州老窖
			000596	古井贡酒

续表

门类名称及代码	行业大类代码	行业大类名称	上市公司股票代码	上市公司简称
制造业(C)	15	酒、饮料和精制茶制造业	000729	燕京啤酒
			000752	西藏发展
			000799	酒鬼酒
			000848	承德露露
			000858	五粮液
			000869	张裕酒业
			000929	兰州黄河
			000995	ST 皇台
			002304	洋河股份
			002387	黑牛食品
			002461	珠江啤酒
			002646	青青稞酒
			600059	古越龙山
			600084	中葡股份
			600090	啤酒花
			600132	重庆啤酒
			600197	伊力特
			600199	金种子酒
			600238	海南椰岛
			600300	维维股份
			600365	通葡股份
			600519	贵州茅台
			600543	莫高股份
			600559	老白干酒
			600573	惠泉啤酒
			600600	青岛啤酒
			600616	金枫酒业
			600702	沱牌舍得
			600779	水井坊
			600809	山西汾酒
			600962	国投中鲁
	17	纺织业	000018	ST 中冠
			000158	常山股份
			000611	四海股份
			000726	鲁泰纺织
			000779	三毛派神
			000803	金宇车城
			000810	华润锦华
			000813	天山纺织
			000850	华茂股份
			000955	ST 欣龙
			000971	ST 迈亚

续表

门类名称及代码	行业大类代码	行业大类名称	上市公司股票代码	上市公司简称
制造业(C)	17	纺织业	000982	中银绒业
			002015	霞客环保
			002034	美欣达
			002042	华孚色纺
			002070	众和股份
			002072	ST德棉
			002083	孚日股份
			002087	新野纺织
			002144	宏达高科
			002193	山东如意
			002293	罗莱家纺
			002327	富安娜
			002394	联发股份
			002397	梦洁家纺
			002516	江苏旷达
			200160	ST南江B
			600061	中纺投资
			600070	浙江富润
			600152	维科精华
			600156	华升股份
			600220	江苏阳光
			600232	金鹰股份
			600273	华芳纺织
			600370	三房巷
			600448	华纺股份
			600483	福建南纺
			600493	凤竹纺织
			600630	龙头股份
			600689	上海三毛
			600851	海欣股份
			600987	航民股份
			601339	百隆东方
			601599	鹿港科技
	18	纺织服装、服饰业	000681	*ST远东
			002003	伟星股份
			002029	七匹狼
			002036	宜科科技
			002044	江苏三友
			002154	报喜鸟
			002239	金飞达
			002269	美邦服饰
			002291	星期六

续表

门类名称及代码	行业大类代码	行业大类名称	上市公司股票代码	上市公司简称
制造业(C)	18	纺织服装、服饰业	002404	嘉欣丝绸
			002425	凯撒股份
			002485	希努尔
			002486	嘉麟杰
			002503	搜于特
			002563	森马服饰
			002569	步森股份
			002612	朗姿股份
			002634	棒杰股份
			002656	卡奴迪路
			002687	乔治白
			200168	ST 雷伊 B
			300005	探路者
			600107	美尔雅
			600137	浪莎股份
			600177	雅戈尔
			600233	大杨创世
			600398	凯诺科技
			600400	红豆股份
			601566	九牧王
			601718	际华集团
	19	皮革、毛皮、羽毛及其制品和制鞋业	002494	华斯股份
			002517	泰亚股份
			002674	兴业科技
			600439	瑞贝卡
			600735	新华锦
			603001	奥康国际
	20	木材加工及木、竹、藤、棕、草制品业	000910	大亚科技
			002043	兔宝宝
			002240	威华股份
			002259	升达林业
			002354	科冕木业
			002631	德尔家居
			600189	吉林森工
			600321	国栋建设
			601996	丰林集团
	21	家具制造业	002174	梅花伞
			002489	浙江永强
			002572	索菲亚
			600337	美克股份
			600978	宜华木业
			603008	喜临门

续表

门类名称及代码	行业大类代码	行业大类名称	上市公司股票代码	上市公司简称
制造业(C)	22	造纸及纸制品业	000488	晨鸣纸业
			000576	*ST甘化
			000815	*ST美利
			000820	*ST金城
			000833	贵糖股份
			002012	凯恩股份
			002067	景兴纸业
			002078	太阳纸业
			002228	合兴包装
			002235	安妮股份
			002303	美盈森
			002511	中顺洁柔
			002521	齐峰股份
			002565	上海绿新
			200986	粤华包B
			600069	银鸽投资
			600103	青山纸业
			600163	福建南纸
			600235	民丰特纸
			600308	华泰股份
			600356	恒丰纸业
			600419	新疆天宏
			600433	冠豪高新
			600462	*ST石岘
			600567	山鹰纸业
			600793	ST宜纸
			600963	岳阳林纸
			600966	博汇纸业
	23	印刷和记录媒介复制业	000812	陕西金叶
			002117	东港股份
			002191	劲嘉股份
			002229	鸿博股份
			002599	盛通股份
			600836	界龙实业
			601515	东风股份
	24	文教、工美、体育和娱乐用品制造业	002103	广博股份
			002292	奥飞动漫
			002301	齐心文具
			002348	高乐股份
			002502	骅威股份
			002575	群兴玩具
			002605	姚记扑克

续表

门类名称及代码	行业大类代码	行业大类名称	上市公司股票代码	上市公司简称
制造业（C）	24	文教、工美、体育和娱乐用品制造业	002678	珠江钢琴
			300043	星辉车模
			300329	海伦钢琴
	25	石油加工、炼焦及核燃料加工业	000059	辽通化工
			000637	茂化实华
			000698	沈阳化工
			000723	美锦能源
			000819	岳阳兴长
			000835	四川圣达
			000968	煤气化
			002377	国创高新
			600179	黑化股份
			600281	太化股份
			600333	长春燃气
			600688	S 上石化
			600721	百花村
			600725	云维股份
			600740	山西焦化
			600792	云煤能源
			600997	开滦股份
			601011	宝泰隆
	26	化学原料及化学制品制造业	000155	*ST 川化
			000407	胜利股份
			000422	湖北宜化
			000510	金路集团
			000523	广州浪奇
			000525	红太阳
			000553	沙隆达
			000565	渝三峡
			000627	天茂集团
			000635	英力特
			000662	*ST 索芙
			000683	远兴能源
			000707	双环科技
			000731	四川美丰
			000737	南风化工
			000755	山西三维
			000791	甘肃电投
			000792	盐湖股份
			000818	方大化工
			000822	山东海化
			000830	鲁西化工

续表

门类名称及代码	行业大类代码	行业大类名称	上市公司股票代码	上市公司简称
制造业(C)	26	化学原料及化学制品制造业	000912	泸天化
			000930	中粮生化
			000950	建峰化工
			000953	ST河化
			000985	大庆华科
			000990	诚志股份
			002010	传化股份
			002018	华星化工
			002037	久联发展
			002053	云南盐化
			002054	德美化工
			002057	中钢天源
			002061	江山化工
			002068	黑猫股份
			002092	中泰化学
			002094	青岛金王
			002096	南岭民爆
			002109	兴化股份
			002113	ST天润
			002125	湘潭电化
			002136	安纳达
			002145	*ST钛白
			002165	红宝丽
			002167	东方锆业
			002170	芭田股份
			002192	路翔股份
			002211	宏达新材
			002215	诺普信
			002217	联合化工
			002226	江南化工
			002246	北化股份
			002250	联化科技
			002256	彩虹精化
			002258	利尔化学
			002274	华昌化工
			002319	乐通股份
			002326	永太科技
			002341	新纶科技
			002360	同德化工
			002361	神剑股份
			002386	天原集团
			002391	长青股份

续表

门类名称及代码	行业大类代码	行业大类名称	上市公司股票代码	上市公司简称
制造业(C)	26	化学原料及化学制品制造业	002407	多氟多
			002408	齐翔腾达
			002409	雅克科技
			002411	九九久
			002440	闰土股份
			002442	龙星化工
			002453	天马精化
			002455	百川股份
			002466	天齐锂业
			002470	金正大
			002476	宝莫股份
			002496	辉丰股份
			002497	雅化集团
			002513	蓝丰生化
			002538	司尔特
			002539	新都化工
			002562	兄弟科技
			002568	百润股份
			002581	万昌科技
			002584	西陇化工
			002588	史丹利
			002591	恒大高新
			002597	金禾实业
			002601	佰利联
			002632	道明光学
			002637	赞宇科技
			002643	烟台万润
			002648	卫星石化
			002666	德联集团
			002669	康达新材
			300019	硅宝科技
			300037	新宙邦
			300041	回天胶业
			300054	鼎龙股份
			300063	天龙集团
			300067	安诺其
			300072	三聚环保
			300082	奥克股份
			300107	建新股份
			300108	双龙股份
			300109	新开源
			300121	阳谷华泰

续表

门类名称及代码	行业大类代码	行业大类名称	上市公司股票代码	上市公司简称
制造业（C）	26	化学原料及化学制品制造业	300132	青松股份
			300135	宝利沥青
			300174	元力股份
			300192	科斯伍德
			300200	高盟新材
			300214	日科化学
			300225	金力泰
			300236	上海新阳
			300243	瑞丰高材
			300261	雅本化学
			300285	国瓷材料
			300343	联创节能
			600075	新疆天业
			600078	澄星股份
			600091	ST 明科
			600096	云天化
			600135	乐凯胶片
			600141	兴发集团
			600146	大元股份
			600155	*ST 宝硕
			600160	巨化股份
			600226	升华拜克
			600227	赤天化
			600228	昌九生化
			600229	青岛碱业
			600230	沧州大化
			600249	两面针
			600277	亿利能源
			600299	蓝星新材
			600301	南化股份
			600309	烟台万华
			600315	上海家化
			600319	亚星化学
			600328	兰太实业
			600339	天利高新
			600352	浙江龙盛
			600367	红星发展
			600378	天科股份
			600389	江山股份
			600409	三友化工
			600423	柳化股份
			600426	华鲁恒升

续表

门类名称及代码	行业大类代码	行业大类名称	上市公司股票代码	上市公司简称
制造业(C)	26	化学原料及化学制品制造业	600470	六国化工
			600481	双良节能
			600486	扬农化工
			600490	中科合臣
			600532	宏达矿业
			600589	广东榕泰
			600596	新安股份
			600599	熊猫烟花
			600618	氯碱化工
			600636	三爱富
			600722	ST 金化
			600727	鲁北化工
			600731	湖南海利
			600746	江苏索普
			600769	ST 祥龙
			600796	钱江生化
			600803	威远生化
			600844	丹化科技
			600985	雷鸣科化
			601208	东材科技
			601216	内蒙君正
			601678	滨化股份
			603002	宏昌电子
			603077	和邦股份
			900951	大化 B 股
	27	医药制造业	000004	国农科技
			000153	丰原药业
			000403	S＊ST 生化
			000423	东阿阿胶
			000513	丽珠集团
			000518	四环生物
			000522	白云山
			000538	云南白药
			000545	＊ST 吉药
			000566	海南海药
			000590	紫光古汉
			000597	东北制药
			000605	＊ST 四环
			000606	青海明胶
			000623	吉林敖东
			000650	仁和药业
			000661	长春高新

续表

门类名称及代码	行业大类代码	行业大类名称	上市公司股票代码	上市公司简称
制造业(C)	27	医药制造业	000739	普洛股份
			000756	新华制药
			000766	通化金马
			000788	西南合成
			000915	山大华特
			000919	金陵药业
			000952	广济药业
			000989	九芝堂
			000999	华润三九
			002001	新和成
			002004	华邦制药
			002007	华兰生物
			002019	*ST 鑫富
			002020	京新药业
			002022	科华生物
			002030	达安基因
			002038	双鹭药业
			002099	海翔药业
			002107	沃华医药
			002118	紫鑫药业
			002166	莱茵生物
			002198	嘉应制药
			002219	独一味
			002252	上海莱士
			002275	桂林三金
			002287	奇正藏药
			002294	信立泰
			002317	众生药业
			002332	仙琚制药
			002349	精华制药
			002365	永安药业
			002370	亚太药业
			002390	信邦制药
			002393	力生制药
			002399	海普瑞
			002412	汉森制药
			002422	科伦药业
			002424	贵州百灵
			002433	太安堂
			002437	誉衡药业
			002550	千红制药
			002566	益盛药业

续表

门类名称及代码	行业大类代码	行业大类名称	上市公司股票代码	上市公司简称
制造业(C)	27	医药制造业	002603	以岭药业
			002644	佛慈制药
			002653	海思科
			002675	东诚生化
			002688	金河生物
			002693	双成药业
			300006	莱美药业
			300009	安科生物
			300016	北陆药业
			300026	红日药业
			300039	上海凯宝
			300049	福瑞股份
			300086	康芝药业
			300110	华仁药业
			300119	瑞普生物
			300122	智飞生物
			300142	沃森生物
			300147	香雪制药
			300158	振东制药
			300181	佐力药业
			300186	大华农
			300194	福安药业
			300199	翰宇药业
			300204	舒泰神
			300233	金城医药
			300239	东宝生物
			300254	仟源制药
			300255	常山药业
			300267	尔康制药
			300289	利德曼
			300294	博雅生物
			600062	华润双鹤
			600079	人福医药
			600080	金花股份
			600085	同仁堂
			600129	太极集团
			600161	天坛生物
			600195	中牧股份
			600196	复星医药
			600201	金宇集团
			600216	浙江医药
			600222	太龙药业

续表

门类名称及代码	行业大类代码	行业大类名称	上市公司股票代码	上市公司简称
制造业(C)	27	医药制造业	600252	中恒集团
			600253	天方药业
			600267	海正药业
			600276	恒瑞医药
			600285	羚锐制药
			600329	中新药业
			600332	广州药业
			600351	亚宝药业
			600380	健康元
			600385	*ST金泰
			600420	现代制药
			600421	*ST国药
			600422	昆明制药
			600436	片仔癀
			600466	迪康药业
			600479	千金药业
			600488	天药股份
			600513	联环药业
			600518	康美药业
			600521	华海药业
			600530	交大昂立
			600535	天士力
			600538	北海国发
			600556	*ST北生
			600557	康缘药业
			600568	中珠控股
			600572	康恩贝
			600594	益佰制药
			600613	永生投资
			600614	鼎立股份
			600664	哈药股份
			600666	西南药业
			600671	ST天目
			600750	江中药业
			600771	ST东盛
			600781	上海辅仁
			600789	鲁抗医药
			600812	华北制药
			600829	三精制药
			600867	通化东宝
			600976	武汉健民

续表

门类名称及代码	行业大类代码	行业大类名称	上市公司股票代码	上市公司简称
制造业(C)	28	化学纤维制造业	000420	*ST 吉纤
			000584	友利控股
			000615	湖北金环
			000677	*ST 海龙
			000687	保定天鹅
			000703	恒逸石化
			000782	美达股份
			000936	华西股份
			000949	新乡化纤
			000976	春晖股份
			002064	华峰氨纶
			002127	新民科技
			002172	澳洋科技
			002206	海利得
			002254	泰和新材
			002427	尤夫股份
			002493	荣盛石化
			600063	皖维高新
			600527	江南高纤
			600810	神马股份
			600871	S 仪化
			600889	南京化纤
			601113	华鼎锦纶
			601233	桐昆股份
	29	橡胶和塑料制品业	000509	SST 华塑
			000589	黔轮胎
			000599	青岛双星
			000619	海螺型材
			000659	珠海中富
			000859	国风塑业
			000887	中鼎股份
			000973	佛塑科技
			002002	ST 金材
			002014	永新股份
			002108	沧州明珠
			002224	三力士
			002243	通产丽星
			002263	大东南
			002324	普利特
			002343	禾欣股份
			002372	伟星新材
			002381	双箭股份

续表

门类名称及代码	行业大类代码	行业大类名称	上市公司股票代码	上市公司简称
制造业(C)	29	橡胶和塑料制品业	002382	蓝帆股份
			002395	双象股份
			002420	毅昌股份
			002450	康得新
			002464	金利科技
			002522	浙江众成
			002585	双星新材
			002641	永高股份
			002676	顺威股份
			002694	顾地科技
			300021	大禹节水
			300031	宝通带业
			300169	天晟新材
			300180	华峰超纤
			300198	纳川股份
			300218	安利股份
			300221	银禧科技
			300230	永利带业
			300237	美晨科技
			300305	裕兴股份
			300320	海达股份
			300321	同大股份
			300325	德威新材
			600074	中达股份
			600143	金发科技
			600182	S 佳通
			600210	紫江企业
			600260	凯乐科技
			600444	国通管业
			600458	时代新材
			600469	风神股份
			600480	凌云股份
			600579	*ST 黄海
			600623	双钱股份
			601058	赛轮股份
	30	非金属矿物制品业	000012	南玻集团
			000023	深天地
			000401	冀东水泥
			000673	ST 当代
			000786	北新建材
			000789	江西水泥
			000795	太原刚玉

续表

门类名称及代码	行业大类代码	行业大类名称	上市公司股票代码	上市公司简称
制造业(C)	30	非金属矿物制品业	000877	天山股份
			000885	同力水泥
			000928	中钢吉炭
			000935	四川双马
			002066	瑞泰科技
			002080	中材科技
			002088	鲁阳股份
			002102	＊ST 冠福
			002162	斯米克
			002201	九鼎新材
			002205	国统股份
			002225	濮耐股份
			002233	塔牌集团
			002271	东方雨虹
			002297	博云新材
			002302	西部建设
			002346	柘中建设
			002392	北京利尔
			002457	青龙管业
			002571	德力股份
			002596	海南瑞泽
			002619	巨龙管业
			002623	亚玛顿
			002624	金磊股份
			002671	龙泉股份
			300064	豫金刚石
			300073	当升科技
			300080	新大新材
			300089	长城集团
			300093	金刚玻璃
			300160	秀强股份
			300179	四方达
			300196	长海股份
			300224	正海磁材
			300234	开尔新材
			300344	太空板业
			600145	国创能源
			600172	黄河旋风
			600176	中国玻纤
			600217	秦岭水泥
			600291	西水股份
			600293	三峡新材

续表

门类名称及代码	行业大类代码	行业大类名称	上市公司股票代码	上市公司简称
制造业(C)	30	非金属矿物制品业	600318	巢东股份
			600425	青松建化
			600449	宁夏建材
			600516	方大炭素
			600529	山东药玻
			600539	ST 狮头
			600552	方兴科技
			600562	高淳陶瓷
			600585	海螺水泥
			600586	金晶科技
			600660	福耀玻璃
			600668	尖峰集团
			600678	*ST 金顶
			600691	*ST 东碳
			600720	祁连山
			600801	华新水泥
			600802	福建水泥
			600819	耀皮玻璃
			600876	洛阳玻璃
			600881	亚泰集团
			601012	隆基股份
			601636	旗滨集团
			601992	金隅股份
	31	黑色金属冶炼及压延加工业	000708	大冶特钢
			000709	河北钢铁
			000717	韶钢松山
			000761	本钢板材
			000825	太钢不锈
			000898	鞍钢股份
			000932	华菱钢铁
			000959	首钢股份
			002075	沙钢股份
			002110	三钢闽光
			002318	久立特材
			600005	武钢股份
			600010	包钢股份
			600019	宝钢股份
			600022	山东钢铁
			600117	西宁特钢
			600126	杭钢股份
			600231	凌钢股份
			600282	南钢股份

续表

门类名称及代码	行业大类代码	行业大类名称	上市公司股票代码	上市公司简称
制造业(C)	31	黑色金属冶炼及压延加工业	600295	鄂尔多斯
			600307	酒钢宏兴
			600390	金瑞科技
			600399	抚顺特钢
			600408	安泰集团
			600507	方大特钢
			600569	安阳钢铁
			600581	八一钢铁
			600608	ST 沪科
			600782	新钢股份
			600784	鲁银投资
			600808	马钢股份
			601003	柳钢股份
			601005	重庆钢铁
	32	有色金属冶炼和压延加工业	000060	中金岭南
			000612	焦作万方
			000630	铜陵有色
			000657	*ST 中钨
			000751	*ST 锌业
			000807	云铝股份
			000831	*ST 关铝
			000878	云南铜业
			000933	神火股份
			000960	锡业股份
			000962	东方钽业
			002082	栋梁新材
			002114	*ST 锌电
			002149	西部材料
			002160	常铝股份
			002171	精诚铜业
			002182	云海金属
			002203	海亮股份
			002237	恒邦股份
			002295	精艺股份
			002333	罗普斯金
			002378	章源钨业
			002379	鲁丰股份
			002428	云南锗业
			002460	赣锋锂业
			002501	利源铝业
			002540	亚太科技
			002578	闽发铝业

续表

门类名称及代码	行业大类代码	行业大类名称	上市公司股票代码	上市公司简称
制造业(C)	32	有色金属冶炼和压延加工业	300034	钢研高纳
			300057	万顺股份
			300337	银邦股份
			600111	包钢稀土
			600219	南山铝业
			600255	鑫科材料
			600331	宏达股份
			600338	＊ST 珠峰
			600362	江西铜业
			600432	吉恩镍业
			600456	宝钛股份
			600459	贵研铂业
			600531	豫光金铅
			600549	厦门钨业
			600595	中孚实业
			600768	宁波富邦
			600961	株冶集团
			601137	博威合金
			601388	怡球资源
			601600	中国铝业
			601677	明泰铝业
			603399	新华龙
	33	金属制品业	000039	中集集团
			000055	方大集团
			000778	新兴铸管
			000790	华神集团
			000890	法尔胜
			000969	安泰科技
			002026	山东威达
			002032	苏泊尔
			002047	成霖股份
			002071	江苏宏宝
			002084	海鸥卫浴
			002132	恒星科技
			002150	江苏通润
			002328	新朋股份
			002342	巨力索具
			002352	鼎泰新材
			002359	齐星铁塔
			002374	丽鹏股份
			002403	爱仕达
			002443	金洲管道

续表

门类名称及代码	行业大类代码	行业大类名称	上市公司股票代码	上市公司简称
制造业(C)	33	金属制品业	002444	巨星科技
			002445	中南重工
			002478	常宝股份
			002487	大金重工
			002514	宝馨科技
			002541	鸿路钢构
			002545	东方铁塔
			002547	春兴精工
			002615	哈尔斯
			002652	扬子新材
			002701	奥瑞金
			300328	宜安科技
			300345	红宇新材
			600114	东睦股份
			600165	新日恒力
			600200	江苏吴中
			600558	大西洋
			600673	东阳光铝
			600992	贵绳股份
			601028	玉龙股份
			601700	风范股份
	34	通用设备制造业	000404	华意压缩
			000410	沈阳机床
			000519	江南红箭
			000530	大冷股份
			000570	苏常柴
			000595	＊ST 西轴
			000617	石油济柴
			000678	襄阳轴承
			000757	＊ST 方向
			000777	中核科技
			000811	烟台冰轮
			000816	江淮动力
			000837	秦川发展
			000862	银星能源
			000880	潍柴重机
			000903	云内动力
			000908	ST 天一
			002009	天奇股份
			002011	盾安环境
			002046	轴研科技
			002050	三花股份

续表

门类名称及代码	行业大类代码	行业大类名称	上市公司股票代码	上市公司简称
制造业(C)	34	通用设备制造业	002122	天马股份
			002131	利欧股份
			002147	方圆支承
			002152	广电运通
			002158	汉钟精机
			002164	东力传动
			002197	证通电子
			002202	金风科技
			002248	华东数控
			002255	海陆重工
			002266	浙富股份
			002270	法因数控
			002272	川润股份
			002282	博深工具
			002347	泰尔重工
			002366	丹甫股份
			002367	康力电梯
			002418	康盛股份
			002438	江苏神通
			002468	艾迪西
			002472	双环传动
			002480	新筑股份
			002483	润邦股份
			002520	日发数码
			002523	天桥起重
			002529	海源机械
			002530	丰东股份
			002532	新界泵业
			002534	杭锅股份
			002537	海立美达
			002552	宝鼎重工
			002553	南方轴承
			002559	亚威股份
			002598	山东章鼓
			002630	华西能源
			002633	申科股份
			002639	雪人股份
			002685	华东重机
			002686	亿利达
			002689	博林特
			200706	瓦轴B
			200771	杭汽轮B

续表

门类名称及代码	行业大类代码	行业大类名称	上市公司股票代码	上市公司简称
制造业(C)	34	通用设备制造业	300004	南风股份
			300024	机器人
			300090	盛运股份
			300091	金通灵
			300105	龙源技术
			300126	锐奇股份
			300145	南方泵业
			300152	燃控科技
			300154	瑞凌股份
			300156	天立环保
			300161	华中数控
			300176	鸿特精密
			300185	通裕重工
			300193	佳士科技
			300257	开山股份
			300260	新莱应材
			300263	隆华传热
			300266	兴源过滤
			300280	南通锻压
			600218	全柴动力
			600243	青海华鼎
			600416	湘电股份
			600475	华光股份
			600566	洪城股份
			600592	龙溪股份
			600619	海立股份
			600765	中航重机
			600806	昆明机床
			600835	上海机电
			600841	上柴股份
			600875	东方电气
			600894	广日股份
			601002	晋亿实业
			601177	杭齿前进
			601313	江南嘉捷
			601558	华锐风电
			601727	上海电气
	35	专用设备制造业	000010	SST 华新
			000157	中联重科
			000425	徐工机械
			000528	柳工
			000622	S＊ST 恒立

续表

门类名称及代码	行业大类代码	行业大类名称	上市公司股票代码	上市公司简称
制造业(C)	35	专用设备制造业	000666	经纬纺机
			000669	＊ST领先
			000680	山推股份
			000821	京山轻机
			000852	江钻股份
			000856	冀东装备
			000923	河北宣工
			000925	众合机电
			002006	精功科技
			002008	大族激光
			002021	中捷股份
			002031	巨轮股份
			002073	软控股份
			002097	山河智能
			002111	威海广泰
			002177	御银股份
			002190	成飞集成
			002196	方正电机
			002204	大连重工
			002209	达意隆
			002223	鱼跃医疗
			002278	神开股份
			002323	中联电气
			002337	赛象科技
			002353	杰瑞股份
			002423	中原特钢
			002430	杭氧股份
			002432	九安医疗
			002435	长江润发
			002459	天业通联
			002490	山东墨龙
			002499	科林环保
			002509	天广消防
			002526	山东矿机
			002535	林州重机
			002551	尚荣医疗
			002564	张化机
			002595	豪迈科技
			002611	东方精工
			002613	北玻股份
			002621	大连三垒
			002645	华宏科技

续表

门类名称及代码	行业大类代码	行业大类名称	上市公司股票代码	上市公司简称
制造业(C)	35	专用设备制造业	002651	利君股份
			002667	鞍重股份
			002680	黄海机械
			002690	美亚光电
			002691	石煤装备
			002698	博实股份
			300003	乐普医疗
			300023	宝德股份
			300029	天龙光电
			300030	阳普医疗
			300035	中科电气
			300045	华力创通
			300056	三维丝
			300092	科新机电
			300095	华伍股份
			300097	智云股份
			300099	尤洛卡
			300103	达刚路机
			300130	新国都
			300151	昌红科技
			300159	新研股份
			300171	东富龙
			300173	松德股份
			300195	长荣股份
			300201	海伦哲
			300202	聚龙股份
			300206	理邦仪器
			300210	森远股份
			300216	千山药机
			300228	富瑞特装
			300238	冠昊生物
			300246	宝莱特
			300249	依米康
			300273	和佳股份
			300276	三丰智能
			300278	华昌达
			300281	金明精机
			300293	蓝英装备
			300298	三诺生物
			300307	慈星股份
			300308	中际装备

续表

门类名称及代码	行业大类代码	行业大类名称	上市公司股票代码	上市公司简称
制造业(C)	35	专用设备制造业	300309	吉艾科技
			300314	戴维医疗
			300316	晶盛机电
			300318	博晖创新
			300326	凯利泰
			300334	津膜科技
			600031	三一重工
			600055	华润万东
			600169	太原重工
			600184	光电股份
			600262	北方股份
			600302	标准股份
			600320	振华重工
			600343	航天动力
			600346	大橡塑
			600388	龙净环保
			600499	科达机电
			600526	菲达环保
			600560	金自天正
			600582	天地科技
			600587	新华医疗
			600610	S 中纺机
			600656	ST 博元
			600710	常林股份
			600761	安徽合力
			600815	厦工股份
			600843	上工申贝
			600855	航天长峰
			600860	北人股份
			600879	航天电子
			600970	中材国际
			600984	建设机械
			601038	一拖股份
			601100	恒立油缸
			601106	中国一重
			601218	吉鑫科技
			601268	二重重装
			601608	中信重工
			601717	郑煤机
			601798	蓝科高新
			601908	京运通

续表

门类名称及代码	行业大类代码	行业大类名称	上市公司股票代码	上市公司简称
制造业(C)	36	汽车制造业	000338	潍柴动力
			000550	江铃汽车
			000559	万向钱潮
			000572	海马汽车
			000581	威孚高科
			000625	长安汽车
			000700	模塑科技
			000710	天兴仪表
			000760	博盈投资
			000800	一汽轿车
			000868	安凯客车
			000927	一汽夏利
			000951	中国重汽
			000957	中通客车
			000980	金马股份
			002013	中航精机
			002048	宁波华翔
			002085	万丰奥威
			002101	广东鸿图
			002126	银轮股份
			002213	特尔佳
			002265	西仪股份
			002283	天润曲轴
			002284	亚太股份
			002355	兴民钢圈
			002363	隆基机械
			002406	远东传动
			002434	万里扬
			002448	中原内配
			002454	松芝股份
			002488	金固股份
			002510	天汽模
			002536	西泵股份
			002555	顺荣股份
			002590	万安科技
			002592	八菱科技
			002593	日上集团
			002594	比亚迪
			002602	世纪华通
			002625	龙生股份
			002662	京威股份
			002664	信质电机
			002703	浙江世宝

续表

门类名称及代码	行业大类代码	行业大类名称	上市公司股票代码	上市公司简称
制造业(C)	36	汽车制造业	300100	双林股份
			300258	精锻科技
			300304	云意电气
			600006	东风汽车
			600066	宇通客车
			600081	东风科技
			600093	禾嘉股份
			600104	上汽集团
			600148	长春一东
			600166	福田汽车
			600178	东安动力
			600213	亚星客车
			600303	曙光股份
			600375	华菱星马
			600418	江淮汽车
			600501	航天晨光
			600523	贵航股份
			600565	迪马股份
			600609	金杯汽车
			600654	飞乐股份
			600686	金龙汽车
			600699	均胜电子
			600715	松辽汽车
			600741	华域汽车
			600742	一汽富维
			600760	中航黑豹
			600960	渤海活塞
			600988	ST 宝龙
			601238	广汽集团
			601633	长城汽车
			601777	力帆股份
			601799	星宇股份
			601965	中国汽研
			900953	凯马 B
			900956	东贝 B 股
			000017	*ST 中华

续表

门类名称及代码	行业大类代码	行业大类名称	上市公司股票代码	上市公司简称
制造业(C)	37	铁路、船舶、航空航天和其他运输设备制造业	000738	中航动控
			000768	中航飞机
			000901	航天科技
			000913	钱江摩托
			000920	南方汇通
			001696	宗申动力
			002023	海特高新
			002105	信隆实业
			002608	舜天船舶
			200054	建摩 B
			300011	鼎汉技术
			300123	太阳鸟
			600038	哈飞股份
			600072	中船股份
			600099	林海股份
			600150	中国船舶
			600316	洪都航空
			600372	中航电子
			600391	成发科技
			600495	晋西车轴
			600679	金山开发
			600685	广船国际
			600698	*ST 轻骑
			600818	中路股份
			600877	*ST 嘉陵
			600893	航空动力
			600967	北方创业
			601299	中国北车
			601766	中国南车
			601890	亚星锚链
			601989	中国重工
			603766	隆鑫通用
	38	电气机械及器材制造业	000049	德赛电池
			000070	特发信息
			000400	许继电气
			000418	小天鹅
			000521	美菱电器
			000527	美的电器
			000533	万家乐
			000541	佛山照明
			000585	*ST 东电
			000633	ST 合金

续表

门类名称及代码	行业大类代码	行业大类名称	上市公司股票代码	上市公司简称
制造业(C)	38	电气机械及器材制造业	000651	格力电器
			000676	ST思达
			000682	东方电子
			000806	*ST银河
			000836	鑫茂科技
			000921	ST科龙
			000922	ST佳电
			000967	上风高科
			002005	德豪润达
			002028	思源电气
			002035	华帝股份
			002056	横店东磁
			002074	东源电器
			002076	雪莱特
			002090	金智科技
			002112	三变科技
			002123	荣信股份
			002139	拓邦股份
			002168	深圳惠程
			002169	智光电气
			002176	江特电机
			002180	万力达
			002184	海得控制
			002212	南洋股份
			002227	奥特迅
			002242	九阳股份
			002249	大洋电机
			002260	伊立浦
			002276	万马电缆
			002290	禾盛新材
			002298	鑫龙电器
			002300	太阳电缆
			002309	中利科技
			002322	理工监测
			002334	英威腾
			002335	科华恒盛
			002339	积成电子
			002350	北京科锐
			002358	森源电气
			002364	中恒电气
			002380	科远股份
			002413	常发股份

续表

门类名称及代码	行业大类代码	行业大类名称	上市公司股票代码	上市公司简称
制造业(C)	38	电气机械及器材制造业	002451	摩恩电气
			002452	长高集团
			002471	中超电缆
			002473	圣莱达
			002491	通鼎光电
			002498	汉缆股份
			002508	老板电器
			002518	科士达
			002527	新时达
			002531	天顺风能
			002533	金杯电工
			002543	万和电气
			002546	新联电子
			002560	通达股份
			002576	通达动力
			002580	圣阳股份
			002606	大连电瓷
			002614	蒙发利
			002616	长青集团
			002617	露笑科技
			002622	永大集团
			002638	勤上光电
			002647	宏磊股份
			002665	首航节能
			002668	奥马电器
			002670	华声股份
			002677	浙江美大
			002684	猛狮科技
			002692	远程电缆
			200512	闽灿坤 B
			300001	特锐德
			300014	亿纬锂能
			300018	中元华电
			300032	金龙机电
			300040	九洲电气
			300048	合康变频
			300062	中能电气
			300068	南都电源
			300069	金利华电
			300120	经纬电材
			300124	汇川技术
			300129	泰胜风能

续表

门类名称及代码	行业大类代码	行业大类名称	上市公司股票代码	上市公司简称
制造业(C)	38	电气机械及器材制造业	300140	启源装备
			300141	和顺电气
			300153	科泰电源
			300207	欣旺达
			300208	恒顺电气
			300217	东方电热
			300222	科大智能
			300242	明家科技
			300247	桑乐金
			300252	金信诺
			300265	通光线缆
			300272	开能环保
			300274	阳光电源
			300279	和晶科技
			300283	温州宏丰
			300317	珈伟股份
			300341	麦迪电气
			300342	天银机电
			300356	光一科技
			600089	特变电工
			600105	永鼎股份
			600110	中科英华
			600112	长征电气
			600192	长城电工
			600202	哈空调
			600261	阳光照明
			600268	国电南自
			600290	华仪电气
			600312	平高电气
			600336	澳柯玛
			600379	宝光股份
			600468	百利电气
			600478	科力远
			600482	风帆股份
			600487	亨通光电
			600517	置信电气
			600520	中发科技
			600522	中天科技
			600537	亿晶光电
			600550	天威保变
			600577	精达股份
			600580	卧龙电气

续表

门类名称及代码	行业大类代码	行业大类名称	上市公司股票代码	上市公司简称
制造业(C)	38	电气机械及器材制造业	600590	泰豪科技
			600629	棱光实业
			600651	飞乐音响
			600690	青岛海尔
			600847	万里股份
			600854	春兰股份
			600869	三普药业
			600884	杉杉股份
			600973	宝胜股份
			600983	合肥三洋
			601126	四方股份
			601179	中国西电
			601311	骆驼股份
			601369	陕鼓动力
			601616	广电电气
			601877	正泰电器
			603333	明星电缆
			603366	日出东方
	39	计算机、通信和其他电子设备制造业	000016	深康佳
			000020	深华发
			000021	长城开发
			000032	深桑达
			000035	*ST 科健
			000050	深天马
			000063	中兴通讯
			000066	长城电脑
			000068	ST 三星
			000100	TCL 集团
			000413	宝石电子
			000536	华映科技
			000547	闽福发
			000555	ST 太光
			000561	烽火电子
			000586	汇源通信
			000636	风华高科
			000725	京东方
			000727	华东科技
			000733	振华科技
			000748	长城信息
			000801	四川九洲
			000823	超声电子
			000938	紫光股份

续表

门类名称及代码	行业大类代码	行业大类名称	上市公司股票代码	上市公司简称
制造业(C)	39	计算机、通信和其他电子设备制造业	000970	中科三环
			000977	浪潮信息
			000988	华工科技
			002017	东信和平
			002025	航天电器
			002027	七喜控股
			002045	国光电器
			002049	同方国芯
			002052	同洲电子
			002055	得润电子
			002079	苏州固锝
			002089	新海宜
			002104	恒宝股份
			002106	莱宝高科
			002115	三维通信
			002119	康强电子
			002129	中环股份
			002130	沃尔核材
			002134	天津普林
			002137	实益达
			002138	顺络电子
			002141	蓉胜超微
			002151	北斗星通
			002156	通富微电
			002161	远望谷
			002179	中航光电
			002185	华天科技
			002188	新嘉联
			002189	利达光电
			002194	武汉凡谷
			002199	东晶电子
			002214	大立科技
			002218	拓日新能
			002222	福晶科技
			002231	奥维通信
			002236	大华股份
			002241	歌尔声学
			002273	水晶光电
			002281	光迅科技
			002288	超华科技
			002289	宇顺电子
			002296	辉煌科技

续表

门类名称及代码	行业大类代码	行业大类名称	上市公司股票代码	上市公司简称
制造业(C)	39	计算机、通信和其他电子设备制造业	002308	威创股份
			002312	三泰电子
			002313	日海通讯
			002351	漫步者
			002362	汉王科技
			002369	卓翼科技
			002371	七星电子
			002376	新北洋
			002383	合众思壮
			002388	新亚制程
			002389	南洋科技
			002396	星网锐捷
			002402	和而泰
			002414	高德红外
			002415	海康威视
			002417	三元达
			002426	胜利精密
			002429	兆驰股份
			002436	兴森科技
			002446	盛路通信
			002449	国星光电
			002456	欧菲光
			002463	沪电股份
			002465	海格通信
			002475	立讯精密
			002484	江海股份
			002504	东光微电
			002506	超日太阳
			002512	达华智能
			002519	银河电子
			002528	英飞拓
			002577	雷柏科技
			002579	中京电子
			002583	海能达
			002587	奥拓电子
			002600	江粉磁材
			002618	丹邦科技
			002635	安洁科技
			002636	金安国纪
			002654	万润科技
			002655	共达电声
			002660	茂硕电源

续表

门类名称及代码	行业大类代码	行业大类名称	上市公司股票代码	上市公司简称
制造业(C)	39	计算机、通信和其他电子设备制造业	002681	奋达科技
			200468	宁通信B
			300028	金亚科技
			300038	梅泰诺
			300042	朗科科技
			300046	台基股份
			300053	欧比特
			300065	海兰信
			300076	宁波GQY
			300077	国民技术
			300078	中瑞思创
			300079	数码视讯
			300083	劲胜股份
			300088	长信科技
			300098	高新兴
			300101	国腾电子
			300102	乾照光电
			300111	向日葵
			300114	中航电测
			300115	长盈精密
			300118	东方日升
			300127	银河磁体
			300128	锦富新材
			300131	英唐智控
			300134	大富科技
			300136	信维通信
			300139	福星晓程
			300155	安居宝
			300162	雷曼光电
			300177	中海达
			300205	天喻信息
			300211	亿通科技
			300213	佳讯飞鸿
			300219	鸿利光电
			300220	金运激光
			300223	北京君正
			300227	光韵达
			300232	洲明科技
			300241	瑞丰光电
			300250	初灵信息
			300256	星星科技
			300269	联建光电

续表

门类名称及代码	行业大类代码	行业大类名称	上市公司股票代码	上市公司简称
制造业(C)	39	计算机、通信和其他电子设备制造业	300270	中威电子
			300282	汇冠股份
			300292	吴通通讯
			300296	利亚德
			300301	长方照明
			300303	聚飞光电
			300319	麦捷科技
			300322	硕贝德
			300323	华灿光电
			300327	中颖电子
			300331	苏大维格
			300340	科恒股份
			300346	南大光电
			300351	永贵电器
			300353	东土科技
			600060	海信电器
			600076	*ST 华光
			600083	ST 博信
			600100	同方股份
			600118	中国卫星
			600130	波导股份
			600151	航天机电
			600171	上海贝岭
			600183	生益科技
			600198	大唐电信
			600206	有研硅股
			600207	安彩高科
			600234	ST 天龙
			600237	铜峰电子
			600271	航天信息
			600288	大恒科技
			600330	天通股份
			600345	长江通信
			600353	旭光股份
			600355	精伦电子
			600360	华微电子
			600363	联创光电
			600366	宁波韵升
			600401	海润光伏
			600405	动力源
			600435	北方导航
			600460	士兰微

续表

门类名称及代码	行业大类代码	行业大类名称	上市公司股票代码	上市公司简称
制造业(C)	39	计算机、通信和其他电子设备制造业	600485	中创信测
			600498	烽火通信
			600525	长园集团
			600563	法拉电子
			600584	长电科技
			600601	方正科技
			600602	仪电电子
			600667	太极实业
			600680	上海普天
			600703	三安光电
			600707	彩虹股份
			600775	南京熊猫
			600776	东方通信
			600800	天津磁卡
			600839	四川长虹
			600870	ST厦华
			600885	ST宏发
			600888	新疆众和
			600980	北矿磁材
			600990	四创电子
			601231	环旭电子
	40	仪器仪表制造业	000607	华智控股
			002058	威尔泰
			002121	科陆电子
			002175	广陆数测
			002338	奥普光电
			002356	浩宁达
			002658	雪迪龙
			300007	汉威电子
			300066	三川股份
			300112	万讯自控
			300137	先河环保
			300165	天瑞仪器
			300203	聚光科技
			300259	新天科技
			300286	安科瑞
			300306	远方光电
			300338	开元仪器
			300349	金卡股份
			300354	东华测试
			600071	凤凰光学
			600848	自仪股份
			601222	林洋电子
			601567	三星电气

续表

门类名称及代码	行业大类代码	行业大类名称	上市公司股票代码	上市公司简称
制造业(C)	41	其他制造业	000030	*ST盛润
			000587	金叶珠宝
			002098	浔兴股份
			002120	新海股份
			002173	千足珍珠
			002247	帝龙新材
			002345	潮宏基
			002549	凯美特气
			002574	明牌珠宝
			002610	爱康科技
			300061	康耐特
			300116	坚瑞消防
			300163	先锋新材
			600086	东方金钰
			600612	老凤祥
	42	废弃资源综合利用业	002340	格林美
电力、热力、燃气及水生产和供应业(D)	44	电力、热力生产和供应业	000027	深圳能源
			000037	深南电
			000301	东方市场
			000531	穗恒运
			000539	粤电力
			000543	皖能电力
			000600	建投能源
			000601	韶能股份
			000602	金马集团
			000690	宝新能源
			000692	惠天热电
			000695	滨海能源
			000720	*ST能山
			000722	湖南发展
			000767	*ST漳电
			000875	吉电股份
			000883	湖北能源
			000899	*ST赣能
			000958	ST东热
			000966	长源电力
			000993	闽东电力
			001896	豫能控股
			002039	黔源电力
			002479	富春环保
			300335	迪森股份
			600011	华能国际

续表

门类名称及代码	行业大类代码	行业大类名称	上市公司股票代码	上市公司简称
电力、热力、燃气及水生产和供应业(D)	44	电力、热力生产和供应业	600021	上海电力
			600027	华电国际
			600098	广州发展
			600101	明星电力
			600116	三峡水利
			600131	岷江水电
			600167	联美控股
			600212	江泉实业
			600236	桂冠电力
			600292	九龙电力
			600310	桂东电力
			600396	金山股份
			600452	涪陵电力
			600505	西昌电力
			600509	天富热电
			600578	京能热电
			600644	乐山电力
			600674	川投能源
			600719	大连热电
			600726	华电能源
			600744	华银电力
			600758	红阳能源
			600770	综艺股份
			600780	通宝能源
			600795	国电电力
			600863	内蒙华电
			600864	哈投股份
			600868	梅雁吉祥
			600886	国投电力
			600900	长江电力
			600969	郴电国际
			600979	广安爱众
			600982	宁波热电
			600995	文山电力
			601991	大唐发电
			900948	伊泰B股
			900949	东电B股

续表

门类名称及代码	行业大类代码	行业大类名称	上市公司股票代码	上市公司简称
电力、热力、燃气及水生产和供应业(D)	45	燃气生产和供应业	002267	陕天然气
			002700	新疆浩源
			600635	大众公用
			600642	申能股份
			601139	深圳燃气
	46	水的生产和供应业	000544	中原环保
			000598	兴蓉投资
			000685	中山公用
			000712	锦龙股份
			600008	首创股份
			600168	武汉控股
			600187	国中水务
			600283	钱江水利
			600323	南海发展
			600461	洪城水业
			600874	创业环保
			601158	重庆水务
			601199	江南水务
			900935	阳晨 B 股
建筑业(E)	48	土木工程建筑业	000065	北方国际
			000090	深天健
			000498	＊ST 丹化
			000961	中南建设
			002051	中工国际
			002060	粤水电
			002062	宏润建设
			002135	东南网架
			002140	东华科技
			002307	北新路桥
			002310	东方园林
			002431	棕榈园林
			002542	中化岩土
			002586	围海股份
			002628	成都路桥
			002659	中泰桥梁
			002663	普邦园林
			300055	万邦达
			300197	铁汉生态
			300262	巴安水务
			300355	蒙草抗旱
			600039	四川路桥
			600068	葛洲坝

续表

门类名称及代码	行业大类代码	行业大类名称	上市公司股票代码	上市公司简称
建筑业(E)	48	土木工程建筑业	600170	上海建工
			600248	延长化建
			600284	浦东建设
			600326	西藏天路
			600463	空港股份
			600491	龙元建设
			600502	安徽水利
			600512	腾达建设
			600528	中铁二局
			600545	新疆城建
			600820	隧道股份
			600846	同济科技
			600853	龙建股份
			600986	科达股份
			601117	中国化学
			601186	中国铁建
			601390	中国中铁
			601618	中国中冶
			601668	中国建筑
			601669	中国水电
			601789	宁波建工
			601800	中国交建
	49	建筑安装业	000931	中关村
	50	建筑装饰和其他建筑业	002081	金螳螂
			002163	中航三鑫
			002314	雅致股份
			002325	洪涛股份
			002375	亚厦股份
			002482	广田股份
			002524	光正钢构
			002620	瑞和股份
			300117	嘉寓股份
			600209	罗顿发展
			600477	杭萧钢构
			600496	精工钢构
			600681	ST 万鸿
			601886	江河幕墙
			900939	ST 汇丽 B

续表

门类名称及代码	行业大类代码	行业大类名称	上市公司股票代码	上市公司简称
批发和零售业(F)	51	批发业	000008	ST 宝利来
			000025	深特力
			000028	国药一致
			000045	深纺织
			000096	广聚能源
			000151	中成股份
			000159	国际实业
			000408	金谷源
			000409	ST 泰复
			000411	英特集团
			000554	泰山石油
			000594	国恒铁路
			000626	如意集团
			000632	三木集团
			000652	泰达股份
			000701	厦门信达
			000705	浙江震元
			000829	天音控股
			000902	中国服装
			000906	物产中拓
			000996	中国中期
			002091	江苏国泰
			002221	东华能源
			002262	恩华药业
			002416	爱施德
			002441	众业达
			002462	嘉事堂
			002589	瑞康医药
			300184	力源信息
			600051	宁波联合
			600056	中国医药
			600058	五矿发展
			600113	浙江东日
			600120	浙江东方
			600128	弘业股份
			600136	道博股份
			600153	建发股份
			600175	美都控股
			600180	瑞茂通
			600203	福日电子
			600211	西藏药业
			600241	时代万恒

续表

门类名称及代码	行业大类代码	行业大类名称	上市公司股票代码	上市公司简称
批发和零售业(F)	51	批发业	600247	成城股份
			600250	*ST南纺
			600278	东方创业
			600287	江苏舜天
			600313	中农资源
			600382	广东明珠
			600387	海越股份
			600500	中化国际
			600511	国药股份
			600546	山煤国际
			600605	汇通能源
			600626	申达股份
			600634	ST澄海
			600648	外高桥
			600677	航天通信
			600687	刚泰控股
			600730	中国高科
			600739	辽宁成大
			600753	东方银星
			600755	厦门国贸
			600811	东方集团
			600822	上海物贸
			600826	兰生股份
			600892	ST宝诚
			600981	汇鸿股份
			600993	马应龙
			600998	九州通
			603003	龙宇燃油
	52	零售业	000026	飞亚达
			000078	海王生物
			000416	民生投资
			000417	合肥百货
			000419	通程控股
			000501	鄂武商
			000516	开元投资
			000560	昆百大
			000564	西安民生
			000591	桐君阁
			000593	大通燃气
			000672	*ST铜城
			000679	大连友谊

续表

门类名称及代码	行业大类代码	行业大类名称	上市公司股票代码	上市公司简称
批发和零售业(F)	52	零售业	000715	中兴商业
			000753	漳州发展
			000759	中百集团
			000785	武汉中商
			000851	高鸿股份
			000889	渤海物流
			000963	华东医药
			000987	广州友谊
			002024	苏宁电器
			002187	广百股份
			002251	步步高
			002264	新华都
			002277	友阿股份
			002336	人人乐
			002419	天虹商场
			002556	辉隆股份
			002561	徐家汇
			002607	亚夏汽车
			002640	百圆裤业
			002697	红旗连锁
			300022	吉峰农机
			300081	恒信移动
			600122	宏图高科
			600272	开开实业
			600280	南京中商
			600297	美罗药业
			600306	商业城
			600327	大东方
			600335	国机汽车
			600361	华联综超
			600386	北巴传媒
			600515	海岛建设
			600628	新世界
			600653	申华控股
			600655	豫园商城
			600682	南京新百
			600693	东百集团
			600694	大商股份
			600697	欧亚集团
			600704	物产中大
			600712	南宁百货

续表

门类名称及代码	行业大类代码	行业大类名称	上市公司股票代码	上市公司简称
批发和零售业(F)	52	零售业	600713	南京医药
			600723	首商股份
			600729	重庆百货
			600738	兰州民百
			600774	汉商集团
			600778	友好集团
			600785	新华百货
			600814	杭州解百
			600821	津劝业
			600824	益民集团
			600827	友谊股份
			600828	成商集团
			600830	香溢融通
			600833	第一医药
			600838	上海九百
			600856	长百集团
			600857	工大首创
			600858	银座股份
			600859	王府井
			600861	北京城乡
			600865	百大集团
			600891	秋林集团
			600898	三联商社
			601010	文峰股份
			601116	三江购物
			601258	庞大集团
			601607	上海医药
			601933	永辉超市
			603123	翠微股份
交通运输、仓储和邮政业(G)	53	铁路运输业	600125	铁龙物流
			601006	大秦铁路
			601333	广深铁路
	54	道路运输业	000088	盐田港
			000429	粤高速
			000548	湖南投资
			000828	东莞控股
			000900	现代投资
			000916	华北高速
			002357	富临运业
			002627	宜昌交运
			002682	龙洲股份

续表

门类名称及代码	行业大类代码	行业大类名称	上市公司股票代码	上市公司简称
交通运输、仓储和邮政业(G)	54	道路运输业	600012	皖通高速
			600020	中原高速
			600033	福建高速
			600035	楚天高速
			600106	重庆路桥
			600119	长江投资
			600269	赣粤高速
			600350	山东高速
			600368	五洲交通
			600377	宁沪高速
			600548	深高速
			600561	江西长运
			600611	大众交通
			600650	锦江投资
			600662	强生控股
			600676	交运股份
			600708	海博股份
			600834	申通地铁
			601107	四川成渝
			601188	龙江交通
			601518	吉林高速
	55	水上运输业	000022	深赤湾
			000507	珠海港
			000520	长航凤凰
			000582	北海港
			000905	厦门港务
			002040	南京港
			002320	海峡股份
			600017	日照港
			600018	上港集团
			600026	中海发展
			600087	*ST 长油
			600190	锦州港
			600242	中昌海运
			600279	重庆港九
			600317	营口港
			600428	中远航运
			600575	芜湖港
			600692	亚通股份
			600717	天津港
			600751	SST 天海

续表

门类名称及代码	行业大类代码	行业大类名称	上市公司股票代码	上市公司简称
交通运输、仓储和邮政业(G)	55	水上运输业	600798	宁波海运
			600896	中海海盛
			601000	唐山港
			601008	连云港
			601018	宁波港
			601866	中海集运
			601872	招商轮船
			601880	大连港
			601919	中国远洋
			603167	渤海轮渡
	56	航空运输业	000089	深圳机场
			000099	中信海直
			200152	山航B
			600004	白云机场
			600009	上海机场
			600029	南方航空
			600115	东方航空
			600221	海南航空
			600270	外运发展
			600897	厦门空港
			601111	中国国航
	58	装卸搬运和运输代理业	002245	澳洋顺昌
			603128	华贸物流
	59	仓储业	002492	恒基达鑫
			200053	深基地B
			300013	新宁物流
			300240	飞力达
			300350	华鹏飞
			600787	中储股份
			600794	保税科技
住宿和餐饮业(H)	61	住宿业	000007	零七股份
			000033	新都酒店
			000428	华天酒店
			000524	东方宾馆
			000613	ST东海
			000975	科学城
			600754	锦江股份
			601007	金陵饭店

续表

<table>
<tr><th>门类名称及代码</th><th>行业大类代码</th><th>行业大类名称</th><th>上市公司股票代码</th><th>上市公司简称</th></tr>
<tr><td rowspan="4">住宿和餐饮业(H)</td><td rowspan="4">62</td><td rowspan="4">餐饮业</td><td>000721</td><td>西安饮食</td></tr>
<tr><td>000796</td><td>易食股份</td></tr>
<tr><td>002186</td><td>全聚德</td></tr>
<tr><td>002306</td><td>湘鄂情</td></tr>
<tr><td rowspan="36">信息传输、软件和信息技术服务业(I)</td><td rowspan="15">63</td><td rowspan="15">电信、广播电视和卫星传输服务</td><td>000839</td><td>中信国安</td></tr>
<tr><td>000892</td><td>*ST 星美</td></tr>
<tr><td>000917</td><td>电广传媒</td></tr>
<tr><td>002148</td><td>北纬通信</td></tr>
<tr><td>002238</td><td>天威视讯</td></tr>
<tr><td>300025</td><td>华星创业</td></tr>
<tr><td>300288</td><td>朗玛信息</td></tr>
<tr><td>300310</td><td>宜通世纪</td></tr>
<tr><td>600037</td><td>歌华有线</td></tr>
<tr><td>600050</td><td>中国联通</td></tr>
<tr><td>600637</td><td>百视通</td></tr>
<tr><td>600804</td><td>鹏博士</td></tr>
<tr><td>600831</td><td>广电网络</td></tr>
<tr><td>601929</td><td>吉视传媒</td></tr>
<tr><td>000503</td><td>海虹控股</td></tr>
<tr><td rowspan="11">64</td><td rowspan="11">互联网和相关服务</td><td>002095</td><td>生意宝</td></tr>
<tr><td>002315</td><td>焦点科技</td></tr>
<tr><td>002439</td><td>启明星辰</td></tr>
<tr><td>002467</td><td>二六三</td></tr>
<tr><td>300059</td><td>东方财富</td></tr>
<tr><td>300104</td><td>乐视网</td></tr>
<tr><td>300113</td><td>顺网科技</td></tr>
<tr><td>300226</td><td>上海钢联</td></tr>
<tr><td>300295</td><td>三六五网</td></tr>
<tr><td>603000</td><td>人民网</td></tr>
<tr><td rowspan="11">65</td><td rowspan="11">软件和信息技术服务业</td><td>000688</td><td>*ST 朝华</td></tr>
<tr><td>000693</td><td>S*ST 聚友</td></tr>
<tr><td>000787</td><td>*ST 创智</td></tr>
<tr><td>000805</td><td>*ST 炎黄</td></tr>
<tr><td>000948</td><td>南天信息</td></tr>
<tr><td>000997</td><td>新大陆</td></tr>
<tr><td>002063</td><td>远光软件</td></tr>
<tr><td>002065</td><td>东华软件</td></tr>
<tr><td>002093</td><td>国脉科技</td></tr>
<tr><td>002153</td><td>石基信息</td></tr>
</table>

续表

门类名称及代码	行业大类代码	行业大类名称	上市公司股票代码	上市公司简称
信息传输、软件和信息技术服务业(I)	65	软件和信息技术服务业	002195	海隆软件
			002230	科大讯飞
			002232	启明信息
			002253	川大智胜
			002261	拓维信息
			002268	卫士通
			002279	久其软件
			002280	新世纪
			002316	键桥通讯
			002331	皖通科技
			002368	太极股份
			002373	联信永益
			002401	中海科技
			002405	四维图新
			002410	广联达
			002421	达实智能
			002474	榕基软件
			002544	杰赛科技
			002609	捷顺科技
			002642	荣之联
			002649	博彦科技
			002657	中科金财
			300002	神州泰岳
			300010	立思辰
			300017	网宿科技
			300020	银江股份
			300033	同花顺
			300036	超图软件
			300044	赛为智能
			300047	天源迪科
			300050	世纪鼎利
			300051	三五互联
			300052	中青宝
			300074	华平股份
			300075	数字政通
			300085	银之杰
			300096	易联众
			300150	世纪瑞尔
			300166	东方国信
			300167	迪威视讯
			300168	万达信息

续表

门类名称及代码	行业大类代码	行业大类名称	上市公司股票代码	上市公司简称
信息传输、软件和信息技术服务业(I)	65	软件和信息技术服务业	300170	汉得信息
			300182	捷成股份
			300183	东软载波
			300188	美亚柏科
			300209	天泽信息
			300212	易华录
			300229	拓尔思
			300231	银信科技
			300235	方直科技
			300245	天玑科技
			300248	新开普
			300253	卫宁软件
			300264	佳创视讯
			300271	紫光华宇
			300275	梅安森
			300277	海联讯
			300287	飞利信
			300290	荣科科技
			300297	蓝盾股份
			300299	富春通信
			300300	汉鼎股份
			300302	同有科技
			300311	任子行
			300312	邦讯技术
			300315	掌趣科技
			300324	旋极信息
			300330	华虹计通
			300333	兆日科技
			300339	润和软件
			300348	长亮科技
			300352	北信源
			600289	亿阳信通
			600392	*ST 天成
			600406	国电南瑞
			600410	华胜天成
			600446	金证股份
			600476	湘邮科技
			600536	中国软件
			600570	恒生电子
			600571	信雅达
			600588	用友软件

续表

门类名称及代码	行业大类代码	行业大类名称	上市公司股票代码	上市公司简称
信息传输、软件和信息技术服务业(I)	65	软件和信息技术服务业	600718	东软集团
			600728	佳都新太
			600756	浪潮软件
			600764	中电广通
			600797	浙大网新
			600845	宝信软件
			600850	华东电脑
			601519	大智慧
金融业(J)	66	货币金融服务	000001	平安银行
			002142	宁波银行
			600000	浦发银行
			600015	华夏银行
			600016	民生银行
			600036	招商银行
			601009	南京银行
			601166	兴业银行
			601169	北京银行
			601288	农业银行
			601328	交通银行
			601398	工商银行
			601818	光大银行
			601939	建设银行
			601988	中国银行
			601998	中信银行
	67	资本市场服务	000562	宏源证券
			000686	东北证券
			000728	国元证券
			000750	国海证券
			000776	广发证券
			000783	长江证券
			002500	山西证券
			002673	西部证券
			600030	中信证券
			600109	国金证券
			600369	西南证券
			600837	海通证券
			600999	招商证券
			601099	太平洋
			601377	兴业证券
			601555	东吴证券
			601688	华泰证券
			601788	光大证券
			601901	方正证券

续表

门类名称及代码	行业大类代码	行业大类名称	上市公司股票代码	上市公司简称
金融业(J)	68	保险业	601318	中国平安
			601336	新华保险
			601601	中国太保
			601628	中国人寿
	69	其他金融业	000563	陕国投
			600643	爱建股份
			600816	安信信托
房地产业(K)	70	房地产业	000002	深万科
			000005	世纪星源
			000006	深振业
			000011	深物业
			000014	沙河股份
			000024	招商地产
			000029	深深房
			000031	中粮地产
			000036	华联控股
			000038	*ST 大通
			000040	宝安地产
			000042	深长城
			000043	中航地产
			000046	泛海建设
			000056	*ST 国商
			000150	宜华地产
			000402	金融街
			000502	绿景控股
			000505	ST 珠江
			000506	中润资源
			000511	银基发展
			000514	渝开发
			000517	荣安地产
			000526	银润投资
			000534	万泽股份
			000537	广宇发展
			000540	中天城投
			000546	光华控股
			000558	莱茵置业
			000567	海德股份
			000573	粤宏远
			000608	阳光股份
			000609	绵世股份
			000616	亿城股份

续表

门类名称及代码	行业大类代码	行业大类名称	上市公司股票代码	上市公司简称
房地产业(K)	70	房地产业	000620	新华联
			000628	高新发展
			000631	顺发恒业
			000638	万方地产
			000656	金科股份
			000667	名流置业
			000668	荣丰控股
			000670	S＊ST天发
			000671	阳光城
			000691	亚太实业
			000711	天伦置业
			000718	苏宁环球
			000732	泰禾集团
			000736	中房地产
			000797	中国武夷
			000809	铁岭新城
			000838	＊ST国兴
			000861	海印股份
			000863	三湘股份
			000882	华联股份
			000886	海南高速
			000897	津滨发展
			000909	数源科技
			000918	嘉凯城
			000926	福星股份
			000965	天保基建
			000979	中弘股份
			000981	银亿股份
			002016	世荣兆业
			002077	大港股份
			002133	广宇集团
			002146	荣盛发展
			002208	合肥城建
			002244	滨江集团
			002285	世联地产
			002305	南国置业
			200770	＊ST武锅B
			600007	中国国贸
			600048	保利地产
			600052	浙江广厦
			600053	中江地产

续表

门类名称及代码	行业大类代码	行业大类名称	上市公司股票代码	上市公司简称
房地产业(K)	70	房地产业	600064	南京高科
			600067	冠城大通
			600077	宋都股份
			600094	大名城
			600133	东湖高新
			600158	中体产业
			600159	大龙地产
			600162	香江控股
			600173	卧龙地产
			600185	格力地产
			600193	创兴资源
			600208	新湖中宝
			600215	长春经开
			600223	鲁商置业
			600225	天津松江
			600239	云南城投
			600240	华业地产
			600246	万通地产
			600266	北京城建
			600275	武昌鱼
			600322	天房发展
			600325	华发股份
			600340	华夏幸福
			600376	首开股份
			600383	金地集团
			600393	东华实业
			600503	华丽家族
			600510	黑牡丹
			600533	栖霞建设
			600576	万好万家
			600604	市北高新
			600606	金丰投资
			600615	丰华股份
			600621	上海金陵
			600622	嘉宝集团
			600638	新黄浦
			600639	浦东金桥
			600641	万业企业
			600647	同达创业
			600649	城投控股
			600657	信达地产

续表

门类名称及代码	行业大类代码	行业大类名称	上市公司股票代码	上市公司简称
房地产业(K)	70	房地产业	600658	电子城
			600663	陆家嘴
			600665	天地源
			600675	中华企业
			600683	京投银泰
			600684	珠江实业
			600696	多伦股份
			600716	凤凰股份
			600724	宁波富达
			600732	上海新梅
			600733	S＊ST前锋
			600734	实达集团
			600736	苏州高新
			600743	华远地产
			600745	中茵股份
			600747	大连控股
			600748	上实发展
			600759	正和股份
			600766	＊ST园城
			600767	运盛实业
			600773	西藏城投
			600791	京能置业
			600807	天业股份
			600823	世茂股份
			600862	南通科技
			600890	中房股份
			601588	北辰实业
			900950	新城B股
			900957	凌云B股
租赁和商务服务业(L)	71	租赁业	000415	渤海租赁
	72	商务服务业	000058	深赛格
			000061	农产品
			000062	深圳华强
			002181	粤传媒
			002183	怡亚通
			002210	飞马国际
			002344	海宁皮城
			002384	东山精密
			002400	省广股份
			300058	蓝色光标
			300071	华谊嘉信

续表

门类名称及代码	行业大类代码	行业大类名称	上市公司股票代码	上市公司简称
租赁和商务服务业(L)	72	商务服务业	300178	腾邦国际
			600057	象屿股份
			600138	中青旅
			600258	首旅股份
			600358	国旅联合
			600415	小商品城
			600640	号百控股
			600790	轻纺城
			601888	中国国旅
			900929	锦旅 B 股
科学研究和技术服务业(M)	73	研究和试验发展	300347	泰格医药
			600645	中源协和
	74	专业技术服务业	002116	中国海诚
			002178	延华智能
			002398	建研集团
			002469	三维工程
			300008	上海佳豪
			300012	华测检测
			300125	易世达
			300215	电科院
			300284	苏交科
			300332	天壕节能
水利、环境和公共设施管理业(N)	77	生态保护和环境治理业	000826	桑德环境
			002573	国电清新
			002672	东江环保
			300070	碧水源
			300172	中电环保
			300187	永清环保
			300190	维尔利
	78	公共设施管理业	000069	华侨城
			000430	张家界
			000610	西安旅游
			000802	北京旅游
			000888	峨眉山
			000978	桂林旅游
			002033	丽江旅游
			002059	云南旅游
			002159	三特索道
			002558	世纪游轮
			300144	宋城股份
			600054	黄山旅游

续表

门类名称及代码	行业大类代码	行业大类名称	上市公司股票代码	上市公司简称
水利、环境和公共设施管理业(N)	78	公共设施管理业	600555	九龙山
			600593	大连圣亚
			600706	曲江文旅
			600749	西藏旅游
			600832	东方明珠
教育(P)	82	教　育	600661	新南洋
卫生和社会工作(Q)	83	卫　生	300015	爱尔眼科
			300244	迪安诊断
			600763	通策医疗
文化、体育和娱乐业(R)	85	新闻和出版业	000504	ST 传媒
			000719	大地传媒
			000793	华闻传媒
			300148	天舟文化
			600373	中文传媒
			600551	时代出版
			600633	浙报传媒
			600757	长江传媒
			600825	新华传媒
			600880	博瑞传播
			601098	中南传媒
			601801	皖新传媒
			601928	凤凰传媒
			601999	出版传媒
	86	广播、电视、电影和影视录音制作业	000156	华数传媒
			000665	湖北广电
			300027	华谊兄弟
			300133	华策影视
			300251	光线传媒
			300291	华录百纳
			300336	新文化
			600088	中视传媒
	87	文化艺术业	002699	美盛文化
综合(S)	90	综　合	000009	中国宝安
			000034	深信泰丰
			000421	南京中北
			000532	力合股份
			000551	创元科技
			000881	大连国际
			600082	海泰发展
			600149	廊坊发展
			600256	广汇能源

续表

门类名称及代码	行业大类代码	行业大类名称	上市公司股票代码	上市公司简称
综合(S)	90	综　合	600455	ST 博通
			600603	＊ST 兴业
			600620	天宸股份
			600624	复旦复华
			600701	工大高新
			600705	ST 航投
			600777	新潮实业
			600783	鲁信创投
			600805	悦达投资
			600817	＊ST 宏盛
			600883	博闻科技
			600895	张江高科
			600617	ST 联华

大事记

2011 年大事记

1 月 10 日 中国证监会制定并公布《〈上市公司收购管理办法〉第六十二条有关上市公司严重财务困难的适用意见——证券期货法律适用意见第 7 号》。

1 月 14 日 全国证券期货监管会议闭幕，会议提出 2011 年八项重点工作，包括扩大中关村新三板试点、研究推出发行体制后续改革措施、完善退市制度、完善打击证券期货违法犯罪协作机制等。

1 月 17 日 中国证监会制定并公布《〈上市公司收购管理办法〉第六十二条、第六十三条有关要约豁免申请的条款发生竞合时的适用意见——证券期货法律适用意见第 8 号》。

1 月 17 日 中国证监会制定并公布《〈上市公司收购管理办法〉第七十四条有关通过集中竞价交易方式增持上市公司股份的收购完成时点认定的适用意见——证券期货法律适用意见第 9 号》。

1 月 17 日 中国证监会制定并公布《〈上市公司重大资产重组管理办法〉第三条有关拟购买资产存在资金占用问题的适用意见——证券期货法律适用意见第 10 号》。

1 月 17 日 中国证监会制定并公布《〈上市公司重大资产重组管理办法〉第十二条上市公司在 12 个月内连续购买、出售同一或者相关资产的有关比例计算的适用意见——证券期货法律适用意见第 11 号》。

1 月 18 日 国务院总理温家宝主持召开国务院第五次全体会议，提出要坚定不移做好房地产调控，处理好银行体系风险防范与资本市场稳定的关系。

1 月 20 日 中国人民银行即日起上调存款类金融机构人民币存款准备金率 0.5 个百分点。

2 月 3 日 国务院办公厅印发《关于建立外国投资者并购境内企业安全审查制度的通知》，鼓励外资以参股、并购等方式参与国内企业改组改造和兼并重组。自发布之日起 30 日后实施。

2 月 9 日 中国人民银行即日起上调金融机构人民币存贷款基准利率，其中，一年期存款基准利率上调 0.25 个百分点，由 2.75% 提高到 3%；一年期贷款基准利率上调 0.25 个百分点，由 5.81% 提高到 6.06%；其他期限档次存贷款基准利率及个人住房公积金贷款利率作相应调整。

2 月 24 日 中国人民银行即日起上调存款类金融机构人民币存款准备金率 0.5 个百分点。

3 月 14 日 第十一届全国人民代表大会第四次会议通过《中华人民共和国国民经济和社会发展第十二个五年规划纲要》，《规划纲要》就资本市场明确提出“显著提高直接融资比重”。

3 月 25 日 中国人民银行即日起上调存款类金融机构人民币存款准备金率 0.5

个百分点。

4月6日 中国人民银行即日起上调金融机构人民币存贷款基准利率，其中，一年期存款基准利率上调0.25个百分点，由3%提高到3.25%；一年期贷款基准利率上调0.25个百分点，由6.06%提高到6.31%；其他各档次存贷款基准利率及个人住房公积金贷款利率相应调整。

4月6日 中国证监会制定《关于保荐项目尽职调查情况问核程序的审核指引》，建立问核机制，进一步落实保荐责任，提高保荐工作质量。

4月6日 中国证监会撤销“胜景山河”的上市资格，该公司在招股说明书中未披露关联方及客户信息，构成信息披露的重大遗漏。

4月21日 中国人民银行即日起上调存款类金融机构人民币存款准备金率0.5个百分点。

4月29日 中国证监会公布《信息披露违法行为行政责任认定规则》，明确保荐人、会计师事务所、律师事务所等证券服务机构的责任认定规则。即日起施行。

5月1日 人保部、中国银监会、中国证监会、中国保监会通过新修订的《企业年金基金管理办法》，将企业年金投资股票的比例放宽到30%。即日起施行。

5月4日 商务部公布《涉及外商投资企业股权出资的管理办法(征求意见稿)》，明确外商投资股权出资细项。自公布之日起30天后实施。

5月18日 中国人民银行即日起上调存款类金融机构人民币存款准备金率0.5个百分点。

5月24日 上海证券交易所和中证指数有限公司发布上证高端装备制造60指数、上证180等权重指数和行业分层等权重指数。

6月7日 “八菱科技”因初步询价机构数量不满20家，成为A股史上首家中止发行的公司。

6月20日 中国人民银行即日起上调存款类金融机构人民币存款准备金率0.5个百分点。

6月21日 中国证监会发布《保荐业务内部控制指引(公开征求意见稿)》，要求保荐机构建立健全保荐业务管理制度、操作规范和内部监管核查体系，加强保荐业务经营中的风险识别、评价和管理，确保对保荐业务质量和风险进行有效控制。

7月7日 中国人民银行即日起上调金融机构人民币存贷款基准利率。其中，一年期存款基准利率上调0.25个百分点，由3.25%提高到3.50%；一年期贷款基准利率上调0.25个百分点，由6.31%提高到6.56%；其他各档次存贷款基准利率及个人住房公积金贷款利率相应调整。

7月7日 工信部主持召开全国企业兼并重组工作经验交流会，提出“十二五”期间要推动汽车、钢铁、水泥、机械制造、电解铝、稀土、电子信息、医药八大重点行业企业兼并重组。

7月13日 最高人民法院印发《关于审理证券行政处罚案件证据若干问题的座谈会纪要》，明确内幕交易行为举证责任分配与转移的证据规则。

9月1日 中国证监会公布的《关于修改上市公司重大资产重组与配套融资相关规定的决定》即日起施行，有利于进一步规范、引导借壳上市活动，完善上市公司发行股份购买资产的制度规定。

9月23日 工信部发布《"十二五"中小企业成长规划》，提出进一步拓宽中小企业融资渠道、壮大中小企业板市场和发展创业板市场，制订实施细则引导民间资本进入垄断行业市场，出台系列财税支持措施降低中小企业营运成本。

10月1日 中国证监会公布的《创业板专家咨询委员会工作规则（试行）》即日起施行。

10月6日 中信证券在香港证券交易所挂牌交易，成为内地首只"A+H"券商股。

10月20日 中国证监会下发《关于进一步完善证券公司首次公开发行股票并上市有关审慎性监管要求的通知》，对券商上市的审慎性监管要求予以细化，对优质券商有一定程度的放宽，自2012年1月1日起实施。

10月26日 国务院总理温家宝主持召开国务院常务会议，决定自2012年1月1日起在部分地区和行业开展深化增值税制度改革试点，逐步将目前征收营业税的行业改为征收增值税。

11月25日 中国证监会制定的《关于上市公司建立内幕信息知情人登记管理制度的规定》中，要求上市公司建立内幕信息知情人登记管理制度，对内幕信息的保密管理等内容作出规定。即日起施行。

11月28日 深圳证券交易所推出《关于完善创业板退市制度的方案（征求意见稿）》，新增"连续受到交易所公开谴责"和"股票成交价格连续低于面值"两个退市条件，取消"退市风险警示处理"等方式。

12月1日 中国证监会第三届并购重组委委员吴建敏因涉嫌违规持有所审核上市公司股票，被中国证监会解聘。这是并购重组委设立以来，中国证监会首次对委员进行解聘处理。

12月5日 中国人民银行即日起下调存款类金融机构人民币存款准备金率0.5个百分点，为3年来首次下调准备金率。

12月12日 中央经济工作会议在北京举行，明确2012年经济工作的主要任务，要求把握好稳中求进的工作总基调，牢牢把握扩大内需这一战略基点。

12月16日 中国证监会、中国人民银行、外汇局联合发布《基金管理公司、证券公司人民币合格境外机构投资者境内证券投资试点办法》，允许符合一定资格条件的基金管理公司、证券公司的香港子公司作为试点机构，运用其在香港募集的人民币资金在经批准的人民币投资额度内开展境内证券投资业务。即日起施行。

12月28日 中国证监会发布《中国证券监督管理委员会上市公司并购重组审核委员会工作规程》（2011年修订），即日起施行。

12月30日 中国证监会发行部、创业板部联合制定《关于调整预先披露时间等问题的通知》，要求发行人将预先披露时间提前至反馈意见落实后、初审会前。自2012年2月1日起施行。

大秦铁路
DAQIN RAILWAY CO.,LTD.

大秦铁路股份有限公司（601006）是由太原铁路局控股的一家以煤炭等大宗货物运输为主的综合性铁路运输企业。公司于2004年10月26日创立，10月28日在国家工商总局注册。

公司于2006年7月在国内资本市场首次发行A股股票，发行价格为4.95元/股，发行数量30.30亿股，网下认购与网上申购共冻结资金5538亿元，募集资金147.34亿元。2006年8月1日，公司在上海证券交易所正式挂牌交易，成为中国铁路首家以路网核心干线为资产主体登陆国内资本市场的上市公司。2010年10月，公司成功收购太原铁路局运输主业相关资产及股权，收购规模328亿元，其中公开增发18.90亿股A股股票，募集资金165亿元，创下了当年资本市场非金融股发行量最大的纪录。

董事长：杨绍清

总经理：关柏林

公司管内的大秦线，全长658公里，是我国第一条单元双线电气化重载运煤专线，是国家“西煤东运”的重要战略通道，享有“中国重载运输第一路”的美誉。“十一五”期间，经大秦线输送的煤炭超过16亿吨，在保障国家能源安全、推动产业结构调整和促进区域经济协调发展中发挥出重要作用。

公司致力于煤炭重载运输的研究和实践，相继实验开行了万吨、1.5万吨、2万吨重载列车，形成具有独特优势的核心竞争力。公司装备HXD型大功率电力机车、CRH5型动车和C80型专用运煤货车，拥有CTC调度集中系统、LOCOTROL机车同步操纵系统、“5T”车辆检测系统、ZPW-2000型信号自动闭塞系统、GSM-R数字通信系统等一系列达到世界一流水平的重载技术装备。“十一五”期间，“大秦铁路重载运输成套技术及应用”荣获国家科技进步一等奖。

PUBLISHING & MEDIA

中南出版传媒

中南出版传媒集团股份有限公司（公司简称：中南传媒，公司代码：601098）业务涵盖图书、报纸、期刊、音像、电子、网络、动漫、手机报、数字报、框架媒体、移动媒体等多种媒介，集编辑、印刷、发行、物资供应各环节于一体，是中国第一家全产业链整体上市的出版传媒上市公司。

中南传媒致力于从优秀到卓越，积极建设“规范、高效、勤勉”的董事会，大力推动传统出版战略转型，积极布局新兴媒体产业，高标准、高质量、高速度打造中国出版传媒行业一流内部控制体系，取得公司治理不断提升、经营业绩高速增长的双丰收。中南传媒进入沪深300指数和上证公司治理板块，荣获第二届中国出版政府奖（先进出版单位奖），连续两年入选全国文化企业30强，并跻身《财富》2011中国企业500强、中国上市公司内部控制百强榜。2012年12月，中南传媒荣获上海证券交易所“2012年度上市公司董事会奖”。

面向未来，中南传媒将大力实施传播数字化、业态市场化、品牌集群化、经营国际化、运营资本化、管理标准化六大战略，努力打造成为世界知名的信息服务和传播解决方案提供商、华文全媒介内容运营商、重要的文化产业战略投资者。

多介质**传承文明**

全流程**创造价值**

凤凰传媒
PHOENIX MEDIA 股票代码: 601928

江苏凤凰出版传媒股份有限公司系凤凰出版传媒集团旗下专业从事图书出版、发行及相关文化产业的大型传媒公司，总资产逾120亿元，净资产超90亿元，是我国出版发行行业的龙头企业。公司2011年11月在上海证券交易所上市（股票代码：601928），成为目前我国证券市场中市值最大的文化传媒企业，2012年6月当选沪深300和上证180指数样本股，是唯一一家入选这两个指数样本股的传媒类公司。2011年，公司实现净利润7.45亿元，同比增长11.34%；归属于母公司股东的净利润7.41亿元，同比增长11.98%；每股收益0.36元，比上年增长9.09%。公司实现营业收入60.25亿元，同比增长11.44%，加权平均净资产收益率17.46%。公司经营活动产生的净现流量为9.29亿元，每股经营活动产生的现金流量净额为0.45元。

公司控股股东凤凰出版传媒集团是我国规模最大、实力最强的文化产业集团之一，总体经济规模和综合实力评估连续多年保持全国第一，在四届“全国文化企业30强”评比中均名列前茅，在世界品牌实验室发布的“2011年中国500最具价值品牌”中居第242位。

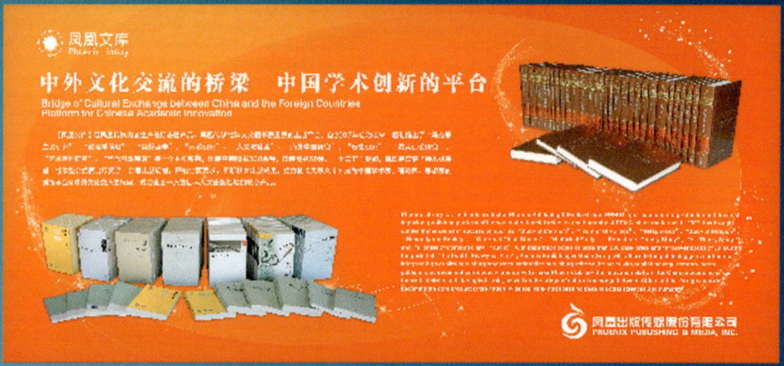

公司主营业务是教材、一般图书（含教辅）和音像制品的出版和发行。公司共有全资子公司85家，控股子公司31家，参股子公司12家。在所属9家出版社中， 6家被评为国家一级出版社，综合出版能力及出版能力的成长性被评为全国第一。“十一五”期间，荣获中宣部“五个一工程奖”、中国出版政府奖、中华优秀出版物奖三项国家级大奖的总数超过100项。作为我国第二大中小学教材出版基地，“凤凰”版教材被全国29个省市超过4,000万名学生使用，成为全国品牌教材，公司出版图书零售市场排名稳居全国前三。公司拥有销售网点856个，网点规模和数量居全国同行第一，拥有技术先进、规模巨大、全国一流的物流配送中心，图书发行规模连续20多年保持全国第一，是我国出版发行行业的龙头企业。

公司持续聚焦书业、聚焦传媒、聚焦文化产业，探索跨区域、跨媒体、跨所有制发展路径，构筑资本运营、数字化出版和高端人才的竞争优势，构建结构调整型、投入拉动型、数字技术提升型的增长方式，努力打造“国内第一、世界领先”的创新型文化领军企业。

董事长:陈海燕　　总经理:周 斌　　董事会秘书:徐云祥
地址:南京市百子亭34号
网址:www.ppm.cn　　邮箱:suxj@ppm.cn
电话:025-51883338　　传真:025-51883338

中粮集团

中粮集团有限公司（COFCO）成立于1949年，经过多年的努力，从最初的粮油食品贸易公司发展成为中国领先的农产品、食品领域多元化产品和服务供应商，致力打造从田间到餐桌的全产业链粮油食品企业，建设全服务链的城市综合体，利用不断再生的自然资源为人类提供营养健康的食品、高品质的生活空间及生活服务，贡献于民众生活的富足和社会的繁荣稳定。

中粮从粮油食品贸易、加工起步，产业链条不断延伸至种植养殖、物流储运、食品原料加工、生物质能源、品牌食品生产销售以及地产酒店、金融服务等领域，在各个环节上打造核心竞争能力，为利益相关者创造最大化价值，并以此回报全体客户、股东和员工。

通过日益完善的产业链条，中粮形成了诸多品牌产品与服务组合：福临门食用油、长城葡萄酒、金帝巧克力、屯河番茄制品、家佳康肉制品、香雪面粉、五谷道场方便面、悦活果汁、万威客肉制品、大悦城Shopping Mall、亚龙湾度假区、凯莱酒店、雪莲羊绒、中茶茶叶、金融保险等。这些品牌与服务铸就了中粮高品质、高品位的市场声誉。

作为投资控股企业，中粮旗下拥有中国食品（00506.HK）、中粮控股（00606.HK）、蒙牛乳业（02319.HK）、中粮包装（00906.HK）、侨福建设（00207.HK）五家香港上市公司，以及中粮屯河（600737.SH）、中粮地产（000031.SZ）和中粮生化（000930.SZ）三家内地上市公司。

面对世界经济一体化的发展态势，中粮不断加强与全球业务伙伴在农产品、粮油食品、番茄果蔬、饮料、酒业、糖业、饲料、肉食以及生物质能源、地产酒店、金融等领域的广泛合作。凭借其良好的经营业绩，中粮持续名列美国《财富》杂志全球企业500强，居中国食品工业百强之首。

四川川投能源股份有限公司

股票代码: 600674.SH

四川川投能源股份有限公司（简称川投能源，股票代码600674.SH）位于四川成都，于1993年在上海证券交易所上市，公司以水电清洁能源为核心主业，是一家主要以水电站投资、建设和运营的国有控股型上市公司。截至2012年末，川投能源总资产达156.83亿元，净资产达84.65亿元，电力总装机1191.47万千瓦，权益装机375.4万千瓦。

作为公司能源主业倾力打造的“两条黄金生命线”——雅砻江和大渡河均位列我国能源发展规划的十三大水电基地之一，与国内其他流域相比经济指标较为优越，是全国不可多得的优质水电资源。雅砻江干流规划可开发装机容量约2700万千瓦，大渡河流域规划开发装机容量1726万千瓦，未来5到10年公司的权益装机容量和盈利能力将大幅提升。随着国家西部大开发标志性工程、“西电东送”战略骨干电源点——官地水电站（装机240万千瓦）、锦屏二级水电站（装机480万千瓦）相继投产发电，拥有世界第一高坝的锦屏一级水电站（装机360万千瓦）也将于2013年投产发电，标志着雅砻江流域水电开发进入收获季节，其所贡献利润将大幅提升，川投能源业绩有望迎来爆发式增长。

近年来，川投能源备受资本市场和社会各界青睐，连续入选“上证治理板块”、“上证180指数样本股”、“沪深300指数样本股”，荣获上海证券交易“2011年度董事会奖提名奖”、“2011年度典型并购重组案例奖提名奖”；先后获得“中华全国总工会工人先锋号”、“全国汶川地震灾后恢复重建先进集体”、“全国模范劳动关系和谐企业”等多项国家级荣誉；并被代表市场2万亿元资金的广大投资者评选为“口碑榜”、“最具成长潜力上市公司”。

川投能源秉承科学发展的理念，始终把全体股东利益最大化作为追求的目标，坚持优化资产结构，完善公司治理，规范经营管理，提高营运水平，提升公司形象，持续健康发展，努力实现“能源旗舰，行业蓝筹”的发展愿景，为回报股东、报效社会做出贡献。

川投集团董事长、川投能源董事长黄顺福

川投集团副董事长、
川投能源副董事长、总经理赵德胜

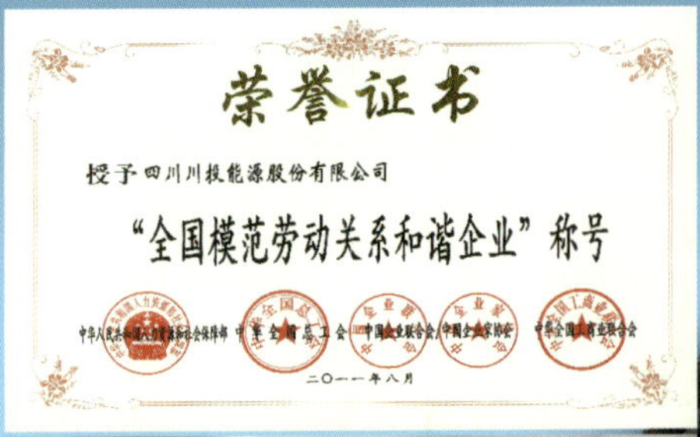

荣誉证书

授予四川川投能源股份有限公司

“全国模范劳动关系和谐企业”称号

二〇一一年八月

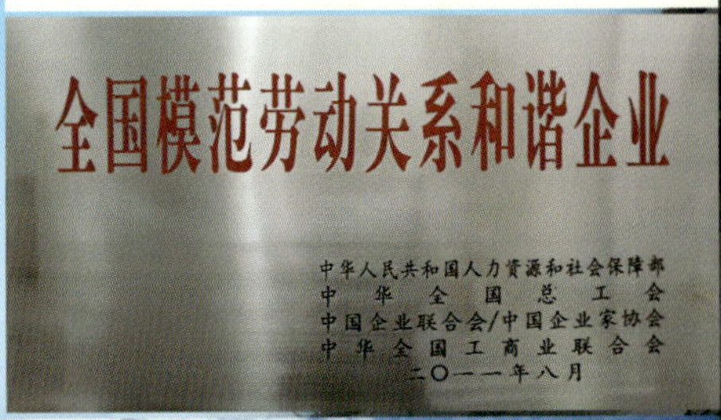

核心价值观
博学增才，融和兴企

企业宗旨
资本创造价值，实干铸就基业

发展愿景
能源旗舰、行业蓝筹

企业使命
“三个共同”，即回报股东是我们共同的事业，报效社会是我们共同的责任，企业兴衰是我们共同的荣辱

企业精神
“四个一样”，即管理像军队一样，学习像学校一样，公司像家庭一样，同事像亲人一样

正在建设中的锦屏一级电站，世界第一混凝土双曲拱坝(305米)

雅砻江官地水电站

地址：四川省成都市小南街23号川投大厦6楼证券事务管理部（投资者关系管理部）邮编610015
电话：028-86098649　传真：028-86098648
公司网址：www.scte.com.cn

天津滨海高新技术产业开发区

TIANJIN BINHAI HI-TECH INDUSTRIAL DEVELOPMENT AREA

天津滨海高新技术产业开发区是1991年经国务院批准的首批国家级高新技术产业开发区之一。20余年来，天津滨海高新区始终坚持自主创新、科学发展，培育了新能源、软件及高端信息制造、先进制造业、生物技术和现代医药、现代服务业五大主导产业，主要经济指标持续保持30%以上增长速度，被国家科技部列为全国首批4家建设国家创新型科技园区之一。

2012年，天津滨海高新区全面启动实施“二一三五”行动计划，着力提升高新区的规模竞争力、创新驱动力、空间承载力和服务发展力，全年工业总产值实际完成突破了千亿元大关，净增一倍以上；生产总值突破了600亿元，达到630亿元，净增285亿元。高新区GDP在全市各区县中排名第三，在全市总量的比重由去年的3.3%升至5%以上，占滨海新区的比重由6.8%提高到近10%。已成为滨海新区创新资源最为丰富、自主知识产权拥有量最多、经济增长最具活力的重要功能区，是滨海新区和天津市经济发展的强劲引擎。

作为国家知识产权示范创建园区、ISO14000国家示范区、国家海外高层次人才创新创业基地、全国未来科技城四家建设单位之一，“十二五”时期，天津滨海高新区将以建设“智慧经济城，创新先导城”和创建全国一流高新区为目标，全面实施赶超路线图，以建设科技金融高地和建设人才高地为两大突破口，力争在经济实力和效益、科技创新和发展方式转变、对外开放和合作、高端人才集聚和交流等方面实现跨越式发展，在绿色低碳、和谐社会建设等方面发挥示范带动作用，努力打造成为全国一流科技园区。

网址：www.sanyhi.com/company/hi/zh-cn/
电话：0731-84031888

履带式起重机的最大制造商；中国最大的液压旋挖钻机制造商。
2010年波士顿咨询集团发布报告，在对全球14个产业的712家上市公司进行调查后发现，2005年至2009年期间，公司股东回报率平均值为67.4%，位居全球第五，在全球工程机械企业中排名第一。2005—2011年股东回报率平均值达到88%。